Comentário ao Regime do Arrendamento Urbano

Comentário ao Regime do Arrendamento Urbano

2019

Jorge Pinto Furtado
Juiz Conselheiro
Jubilado do Supremo Tribunal de Justiça
Doutor em Direito

ALMEDINA

COMENTÁRIO AO REGIME DO ARRENDAMENTO URBANO

AUTOR
Jorge Pinto Furtado
EDITOR
EDIÇÕES ALMEDINA, S.A.
Rua Fernandes Tomás, nºs 76, 78 e 80
3000-167 Coimbra
Tel.: 239 851 904 · Fax: 239 851 901
www.almedina.net · editora@almedina.net
DESIGN DE CAPA
FBA.
PRÉ-IMPRESSÃO
EDIÇÕES ALMEDINA, S.A.
IMPRESSÃO E ACABAMENTO
ACD Print, S.A.

Outubro, 2019
DEPÓSITO LEGAL
462350/19

ALMEDINA | GRUPOALMEDINA

BIBLIOTECA NACIONAL DE PORTUGAL – CATALOGAÇÃO NA PUBLICAÇÃO
FURTADO, Jorge Henrique Pinto, 1925-
Comentário ao regime do arrendamento urbano. – 2ª ed. – (Legislação anotada)
ISBN 978-972-40-8123-6
CDU 347

Carpe die, quam minimum credula postero.

Horácio Flaco, *Odes*

"A independência é uma grande virtude,
mas é uma grande solidão.
E pode ser triste."

António Barreto, *Sol*, 27-01-2018

ABREVIATURAS E SIGLAS

AA	Autores
ABL	Área Bruta Locável
an.	anotação
ans.	anotações
BMJ	*Boletim do Ministério da Justiça*
BNA	Banco Nacional do Arrendamento
CAE-Rev. 3	Classificação das Atividades Económicas, 3ª publicação
CC	Código Civil
CC_{it}	Código Civil italiano
CCom	Código Comercial
CIMI	Código do Imposto Municipal Imobiliário
CIRE	Código da Insolvência e da Recuperação de Empresas
CIRS	Código do Imposto sobre o Rendimento de Pessoas Singulares
Colectânea	*Colectânea de Jurisprudência*
ColSTJ	*Colectânea de Jurisprudência – Acórdãos do Supremo Tribunal de Justiça*
coord.	coordenação
CPC	Código de Processo Civil
CPC_{1939}	Código de Processo Civil de 1939
CPC_{1961}	Código de Processo Civil de 1961
CPC_{1968}	Código de Processo Civil de 1968
CPC_{2013}	Código de Processo Civil de 2013
DUC	documento único de cobrança
EPECIA	Execução para entrega de coisa imóvel arrendada (art. 862 CPC_{2013})
LAU	Lei do Arrendamento Urbano

LCCG	Lei sobre Cláusulas Contratuais Gerais
LGT	Lei Geral Tributária
n.	nota
nCPC	Novo Código de Processo Civil (CPC_{2013})
NRAU	Novo Regime do Arrendamento Urbano
org.	organizado
PED	Procedimento especial de despejo
p.ex.	por exemplo
RABC	Rendimento anual bruto corrigido
RAU	Regime do Arrendamento Urbano
Rel. Cb.	Relação de Coimbra
Rel. Év.	Relação de Évora
Rel. Guim.	Relação de Guimarães
Rel. Lxª	Relação de Lisboa
Rel. Pt.	Relação do Porto
Rev. Dir. Civ.	*Revista de Direito Civil*
Rev.Fac.Dir.Lxª	*Revista da Faculdade de Direito de Lisboa*
Rev.Jvrs.	*Revista de Jurisprudência*
Rev.Leg.Jurs.	*Revista de Legislação e Jurisprudência*
RGEU	Regulamento Geral das Edificações Urbanas
RJOPA	Regime Jurídico de Obras em Prédios Arrendados – Decreto-Lei nº 157/2006
RJRU	Regime Jurídico da Reabilitação Urbana
RJUE	Regime Jurídico da Edificação e da Urbanização
RMNA	Retribuição mínima nacional anual
SIMA	Serviço de Injunção em Matéria de Arrendamento

NOTA PRÉVIA

Em Portugal, o estudioso do Direito arrendatício, não passa de um cultor do efémero.

Não há domínio legislativo mais prodigiosamente prolífico, mais instável e inconstante, entre nós, do que o Direito do Arrendamento Urbano.

Tendo gozado a estabilidade monárquica do Código Civil de SEABRA, logo cinco escassas semanas após a implantação da República, iniciou-se este vezo com o Decreto de 12 de novembro de 1910, a instaurar entre nós, com precedência sobre toda a Europa, o *vinculismo arrendatício habitacional.*

Depois, foi a vertigem, se não erro nas contas – e se pecar será só por defeito – de nunca menos de 180 e muitos diplomas, numa persistência afanosa, constante, inexorável, ao longo de um século e pouco.

Bem mais de um diploma por ano, é obra!

Nos últimos três anos, então, a pecha recrudesceu: Lei nº 42/2017; Lei nº 43/2017; Lei nº 30/2018; Lei nº 64/2018; Lei nº 2/2019; Lei nº 3/2019; Lei nº 12/2019; Lei nº 13/2019; Portaria nº 110/2019, de 12 de abril; Decreto-Lei nº 66/2019; Decreto-Lei nº 68/2019; Decreto-Lei nº 69/2019; Portarias n.os 175, 176, 177 e 179/2019, de 7 de junho, fora mais uma lei interpretativa de redação anterior e Lei de Bases da Habitação – nada menos de catorze diplomas num só ano, mais de um por mês!

Nunca se viu, aqui e em qualquer parte, tamanha fertilidade legislativa.

Por que, tão ludicamente se legisla assim?

Legislador sage, dispõe para cinquenta anos.

Por quê, então?

Julgo que, antes de mais, semelhante proliferação revela certamente insegurança, para além de um acentuado intento de revelação da diferença na alternância do Poder.

Nenhum outro instituto do Direito Civil produziu jamais tamanha soma de providências legislativas.

Naturalmente e porque assim é, dispõe-se quase sempre sobre pormenores de pormenores, caprichosas minudências de minudências, sucedendo-se umas às outras em regularidade inexorável, persistente – não diria teimosa, em suma, por dever de respeito.

Numa lei, por exemplo, estabelece-se que o *senhorio* só pode resolver o contrato por falta de pagamento de rendas pelo arrendatário, cumpridos que sejam *mais de três meses* de *mora* (art. 1083-3, na redação de 2006). Entretanto, uma nova legislatura acha o prazo excessivo, e reduze-lo para *dois meses* (redação de 2012) – mas, logo a seguir, outra legislatura não se convence, de todo, e volta à carga, fixando então a *mora*, já não nos iniciais *mais de três meses*, mas em *três meses ou mais* (redação de 2017).

Se, em 2006, se decretou que a resolução do contrato pelo senhorio, em virtude de oposição do arrendatário à realização de obra ordenada por autoridade, ficava sem efeito se o arrendatário cessasse a sua oposição no prazo de *três meses* (art. 1084-4), em 2012 desce-se este período para *um mês* (art. 1084-5) e, em 2017, rejeitando-se a modificação, não se fica exatamente pela primitiva dimensão, mas a meio caminho, pelos *60 dias*.

Só, para não se ficar.

Se, em 2006, o legislador considerou que o *arrendamento para habitação* em que não se tivesse estipulado o seu período de *duração* se tinha como celebrado por *duração indeterminada* (art. 1094-3) e, em 2012, se estabeleceu que se teria antes como de "*prazo certo*" de *dois anos*, já em 2017, nova redação do nº 3 do art. 1094 abandona a primitiva ideia de aplicação supletiva do tipo arrendatício de *duração indeterminada*, contemporiza com o recurso ao "*prazo certo*", mas recusa a dimensão deste, e, mais do que duplicando-a, fixa-a em *cinco anos*.

Por uma vez, acabe-se com o espetáculo. Tirem a média!

Mas ocorre também a alteração ocupar-se do pormenor mais inesperado.

Constando da anterior redação do art. 10-3 NRAU determinado texto, altera-se, no art. 4º da lei, a sua redação em termos tais que, à primeira vista, aparentam ser inteiramente iguais aos anteriores.

Lendo porém de novo, com mais atenção, o seu teor resume-se a apor ao discurso anterior que, no mais, se mantém integralmente, uma carinhosa vírgula entre "receção" e "decorridos".

Noutro ponto desta recentíssima Lei nº 13/2019, tornou-se o legislador temeroso de uma distração ou esquecimento do intérprete e, depois de, no seu art. 2º, ter dado nova redação, entre outros, aos arts. 1095-3 e 1104, copiando exatamente palavra por palavra, vírgula por vírgula, os termos grafados na Lei nº 6/2006, veio mais adiante, no art. 13, duplicar o que tinha decretado passos atrás, declarando, preto no branco, que os referidos preceitos de 2006 "são repristinados".

Chega a supor-se que, se o legislador se preocupa tão miudinhamente por estas puras questões menores de dize tu, direi eu, será porque, afinal, não existirá, mesmo, um verdadeiro problema social e económico no arrendamento para habitação, a preocupar-nos.

E será porventura assim, pois, sendo verdade, como se declara no preâmbulo do Decreto-Lei nº 69/2019, de 22 de maio, que *"73% dos alojamentos familiares clássicos de residência habitual em Portugal são ocupados pelos proprietários"*, só restarão, nesse caso, para o *arrendamento habitacional*, ao cabo de contas, escassos 27% das famílias clássicas.

Como, de entre elas, ainda uma boa parte permanece gozando, pelo resto dos seus dias, as inefáveis delícias do regime vinculístico cuja transição para o NRAU se vai paulatinamente adiando, e reduzindo-se deste modo o arrendamento habitacional de mercado, no fim de tudo, a uma simples fímbria num horizonte onde, ao invés, *"o endividamento dos agregados familiares para aquisição de habitação assume valores muito elevados"*, numa situação *"pouco favorável à mobilidade"* – impor-se-ão, portanto, segundo se antolha ao mais humilde intérprete, dois importantes objetivos de fundo, que se conjugam entre si: atrair as famílias à *habitação arrendatícia* e facilitar-lhes a *mobilidade*.

Para eles se atingirem, será contudo necessário, segundo parece evidente, fomentar, por um lado, o mercado do arrendamento e, por outro, deixar de se insistir em favorecer os arrendamentos longos.

Ora, entre o vasto acervo legislativo arrendatício de 2017 a 2019, situa-se a Lei nº 3/2019, que precisamente, altera o Código do Imposto sobre o Rendimento das Pessoas Singulares para, no nº 5 do seu art. 72, estabelecer uma redução de *dezoito pontos percentuais* da respetiva taxa autónoma relativamente aos arrendamentos *"de duração superior a vinte anos"*.

Mas isto não será, decerto, não é mesmo, promover a *mobilidade*; assim como também não o será substituir a dimensão supletiva para a sua omissão, no teor de contratos habitacionais de "prazo certo", que se encontrava fixada pelo legislador antecedente em *dois anos*, pela, agora, de *cinco anos* – mais do dobro.

Afirma-se o intento de mobilidade, e afinal promove-se a perdurabilidade.

No outro polo, fomentando a habitação arrendatícia acessível, há aspetos, a meu ver, que têm sido descurados, mas necessariamente deveriam ser tidos em conta e continuam por atender, mesmo nestes dias de tão propagandeada *Nova Geração de Políticas de Habitação*.

Quem é da minha idade e portanto goza da vantagem de perspetiva da vida, terá o estrito dever de não omitir que, no tempo de SALAZAR, a contribuição predial taxava-se a 12%, enquanto, nos dias que correm, a taxa autónoma de rendimento predial do IRS é de 28%, bem mais do dobro – a que acresce, em cúmulo, um pesadíssimo IMI, além da taxa de saneamento urbano.

Como poderemos nós, compassivos cidadãos, gozar de rendas baixas, quando os encargos se tornam tão altos?

Devo reconhecer e reconheço sem esforço que o legislador tem, ultimamente, afirmado e reafirmado, na vertiginosa inflação decretória a que se dedicou, uma louvável e acentuada preocupação em promover a *habitação em arrendamento*, preferindo-a à *habitação em propriedade própria*.

E proclamou-o enfaticamente.

Na Resolução do Conselho de Ministros nº50-A/2018, de 2 de maio, anunciou uma *Nova Geração de Políticas de Habitação*, estabelecendo um vastíssimo e palavroso programa de ação que se propõe passar "*de uma política de habitação cujos principais instrumentos assentaram na construção de novos alojamentos e no apoio à compra de casa para uma política que privilegia a reabilitação e o arrendamento*".

Quanto ao objetivo da *reabilitação*, foi editado o Decreto-Lei nº 66/2019, de 21 de maio, que parece teoricamente bem estruturado.

No tocante, por seu turno, ao abaixamento geral das rendas habitacionais, não se poderá, porém, contar com a, há pouco referida, Lei nº 3/2019, pois uma redução de *dois pontos percentuais* da taxa autónoma de rendimentos prediais, por cada arrendamento com duração "igual ou superior a *dois anos e inferior a cinco anos*"; em *cinco pontos*, aos de duração de *mais de cinco até dez anos*; e em *catorze pontos percentuais*, aos de *mais de dez até vinte anos* de duração – não persegue, propriamente, um objetivo de abaixamento geral das *rendas habitacionais* mas, antes, o de oferecer simples alongamentos de duração arrendatícia, qualquer que seja o estipêndio estipulado.

Mas lançou-se, ainda, um *Programa de Arrendamento Acessível*, que veio a ser criado pelo Decreto-Lei nº 68/2019, de 22 de maio, complementado por alguns diplomas posteriores, contemplando, digamos, uma classe média baixa, através de candidaturas que prestem um "seguro de arrendamento", destinado a custear incumprimentos do arrendatário.

Quanto a ele, o que está legislado não sugere muito, parecendo de esperar para ver.

Atribuiu-se, em acumulação, ao IHRU, I. P., que detém já a gestão do *arrendamento apoiado*, a respeitante a este *arrendamento acessível* de prédios pertencentes a entidades públicas ou privadas, com isenção de IRS e parâmetros de rendas que parecem, aliás, *pouco acessíveis*.

A apertada regulação que caracteriza e disciplina este assim chamado *arrendamento acessível*, em todo o pormenor da sua regulação e natureza, configura-o, nos seus termos e desenvolvimento, se me não engano, tão próximo, tão vizinho, tão igual ao *arrendamento apoiado* já existente, que mais parece, afinal, ser o próprio, com outro nome.

O legislador terá mesmo consciência disso, quando afirma, no preâmbulo do diploma, que se pretende contribuir "para dar resposta às necessidades habitacionais das famílias cujo nível de rendimento não lhes permite aceder no mercado a uma habitação adequada às suas necessidades, mas é superior ao que usualmente confere o acesso à habitação em regime de arrendamento apoiado".

Ou seja: mudando os nomes às coisas – e mais um ou outro retoque – damos prontamente a ideia de que as mesmas coisas passam a ser coisas diferentes.

Fora dele, a *Nova Geração de Políticas da Habitação* proclama que pretende um abaixamento nas rendas habitacionais, quando mantém, aí, uma oneração geral dos rendimentos prediais em mais do dobro da estabelecida pelo ditador.

Declara que pretende fomentar a mobilidade, e aumenta profusamente a duração dos arrendamentos.

Afirma-se *Nova*, e afinal desdobra-se em adiamentos e mais adiamentos à passagem dos arrendamentos vinculísticos residuais para o NRAU.

Literariamente pobre, em geral, incorre mesmo, vez por outra, em deslises que, em comentário, houve pedagogicamente que se referir.

Tudo visto, abateu-se de repente sobre as nossas cabeças uma floresta amazónica de diplomas arrendatícios em que boa parte das suas disposições são puros tiques de mera alternância legislativa, enquanto outra forma a vasta planura do *arrendamento acessível*, aparentemente estéril.

Creio firmemente que a legislação arrendatícia deve, quanto antes, deixar de constituir o condenável catavento belicoso, partidário e intermitente, que vem sendo, e tornar-se num definitivo e respeitado acordo de regime.

Impunha-o até, primacialmente, a Lei de Bases da Habitação, aprovada por uma simples maioria de votos favoráveis, em que culminou a espantosa postura legislativa do arrendamento a que assistimos.

Sem paralelo no Direito comparado, ela é, de resto, pela natureza das suas disposições, um Programa de Política Habitacional que exula claramente do específico âmbito da legislação arrendatícia.

O Código Civil o que regula é o *contrato de locação*, a que é notoriamente alheia esta *carta de intenções* sobre política habitacional, tenha ela o favor que venha a ter.

Em suma, o denso acervo legislativo que inesperadamente se abateu sobre as nossas cabeças impôs-me naturalmente, neste trabalho, um estudo miudinho e difícil, sobretudo nas implicações das alterações de preceitos em confronto com os existentes não alterados, o que não é nada fácil de coordenar, no receio de que pode sempre algo escapar à atenção mais cuidada.

Em tais circunstâncias, teve de ser realizado este trabalho, que apresento ao leitor benévolo, com humildade, mas também com plena independência.

Nesta, profissionalmente me firmei; a ela me não temo, não me entristece, antes me conforta e realiza.

Lisboa, agosto de 2019

PINTO FURTADO

Código Civil

CAPÍTULO IV – Locação

SECÇÃO I – Disposições gerais

Artigo 1022* – Noção

Locação é o contrato pelo qual uma das partes se obriga a proporcionar à outra o gozo temporário de uma coisa, mediante retribuição.

(Conserva a redação primitiva constante do CC)

1. Apontamento introdutório

O regime legal começa, neste artigo, por definir *locação,* um instituto jurídico de vetusta tradição, já conhecido do Direito romano, e tão antigo que, segundo a palavra qualificada de Santos Justo, se não conhece verdadeiramente a sua origem, pensando-se que terá começado por ser uma venda temporária[1].

A sua denominação descende, com efeito, de *locatio,* –o étimo latino que, associado numa expressão composta (*locatio conductio*=locação-condução), veio a representar já, no Direito romano, sensivelmente a mesma ideia, embora falte, nas fontes históricas de que dispomos, uma definição concreta a seu respeito.

Como na *emptio et venditio* (*compra e venda*), a denominação dobrada destinava-se a exprimir o ato de cada uma das partes no contrato: a *locatio,* por banda do detentor da

* Texto corrigido do sistemático erro ortográfico do *Diário da República,* ao grafar os artigos de lei superiores ao 9º como ordinais.

[1] A. Santos Justo, *Manual de Contratos Civis – Vertentes romana e portuguesa,* Petrony, 2017, p. 208.

coisa, que deste modo a trazia ao lugar, a *colocava*, por assim dizer, e a *conductio*, por parte do *accipiens*, que depois a *conduzia* para a sua esfera de utilização[2].

A *locatio conductio* que do fundo da história chega aos nossos dias tem, por outro lado, sido relacionada com três distintos institutos, tal como estes são definidos pela doutrina: a *locatio conductio rei* (*locação-condução de coisa*), indubitavelmente já tratada na jurisprudência do Direito romano da época clássica e pensada por GAIO[3]; a *locatio conductio operis* (*locação-condução de obra* [resultado]), também presente em alguns temas da jurisprudência clássica e em certos passos das *Instituições de Gaio* e das *Institutas de Justiniano*[4]; e a *locatio conductio operarum* (*locação-condução de trabalho*) de que nos dão notícia fontes literárias da República, de PLAUTO a CÍCERO.

A *locação* definida no presente artigo e disciplinada nas disposições seguintes assenta, pois, na *locação-condução*, uma expressão ainda usada, por vezes, entre os Autores

A definição do nosso preceito é, aliás, muito semelhante às dos ordenamentos positivos mais próximos de nós pela geografia e pela cultura, variando unicamente na expressão literária, mais ou menos desenvolvida, do texto.

Repare-se nas formulações dos diferentes Códigos:

A do Código de NAPOLEÃO:

O art. 1709 rezava assim: "*Le louage des choses est un contrat par lequel l'une des parties s'obblige à faire jouire l'autre d'une chose pendant un certain temps, et moyenant un certain prix que celle-ci s'obblige à le payer*"

A do Código Civil alemão (atualizada):

§ 535: "*Inhalt und Hauptflichten das Mietvertvertrags*

(1) *Durch den Mietvertrag der Vermiter verpflictet, dem Mieter den Gebrauch der Mietsache während der Mietzeit zu gewähren. Der Vermieter hat die Mietsage dem Mieter in einem zum vertragsgemäßen Gebrauch geigneten Zustand zu überlassen und sie während der Mietzeit in diuesem Zustand zu erhalten. Et hat die auf der Mietsache ruenden Lasten zu tragen.*

(2) *Der Mietzer ist verplflchtet, dem Vermieter, die vereibarte Miete zu enbrichten*".

A do Código Civil espanhol:

Art. 1543. "*En el arrendamento de cosas, una das partes se obliga a dar a outra el goce o uso de una cosa por tiempo determinado y precio certo*"

A do Código Civil italiano:

Art. 1571. "*La locazione e il contrato col quale una parte si obbliga a fare godere all'altra una cosa mobile o imobile per un dato tempo verso un determinato corrispettivo*".

[2] GIRARD, *Manuel Élémentaire de Droit Romain*, 1911, p. 568; LUIGI AMIRANTE, *Locazione (in generale) (diritto romano) – Novis. Digesto Italiano*, IX, UTET, 1963, p. 993; VAZ SERRA, *A Enfiteuse no Direito romano, Peninsular e Português*, 1925, p. 38; JOSÉ PINTO LOUREIRO, *Tratado da Locação*, 1946, 1º, p. 42, nota 2; MANUEL JANUÁRIO GOMES, *Constituição da Relação de Arrendamento Urbano*, 1980, p. 125.

[3] GAIO, 3, 135-137 e 142; *Dig.*, 44, 7, 2, 1.

[4] GAIO, 3, 147; *I*, 24; *Dig.*, 18, 1, 20.

Visivelmente, foi à versão do Código italiano que mais se apegou e se tem apegado, ao longo de sucessivas Reformas, o diploma português.

Como se dispõe no artigo seguinte, a *locação* é um género que compreende duas espécies: o *arrendamento*, que é a *locação de coisa imóvel*, e o *aluguer*, que constitui a *locação de coisa móvel*.

O *arrendamento*, por sua vez, decompõe-se em duas espécies: o *arrendamento urbano*, que é a *locação* que tem por objeto mediato um *prédio urbano*, e o *arrendamento rural*, que tem por objeto mediato um *prédio rústico* que é afetado a *fins agrícolas, florestais*, ou *outras atividades de produção de bens ou serviços associadas à agricultura, à pecuária ou à floresta* (art. 1108 CC, *in fine*; Lei nº 80/2009, de 14 de agosto, art. 9º-6 e Decreto-Lei nº 294/2009, de 13 de outubro, art. 9º-4)[5].

Só interessa ao nosso comentário o *arrendamento urbano* – mas é evidente que, para chegarmos a ele, temos de começar pelo comentário (que aqui, salvo o do presente artigo, tenderá naturalmente a ser mais breve), das disposições mais gerais que se dedicam à *locação*.

A sua primeira regulação sistemática, após esparsas referências das *Ordenações*, foi o Código do Visconde de Seabra que, dentro da *locação* (arts. 1595-1635), disciplinava o *arrendamento* (arts. 1606-1635), no interior do qual dedicava os arts 1623-1626 a *disposições especiais sobre o arrendamento de prédio urbano*.

Com a República, escassas cinco semanas após a sua implantação, é promulgado o Decreto de 12-11-10, que edita um conjunto de normas dedicadas especificamente ao *arrendamento de prédios urbanos para habitação*.

Desde então, o instituto passou a ter diplomas que especificamente se lhe dedicaram em atualização e completamento do seu regime legal.

Citando só os mais importantes, são de referir:

a) – Decreto nº 1:079, de 23 de novembro de 1914;

b) – Lei nº 828, de 28 de setembro de 1917;

c) – Decreto nº 4:499, de 27 de junho de 1918;

d) – Decreto nº 5:411, de 17 de abril de 1919 – o primeiro grande diploma, a regular sistemática e completamente o instituto;

e) – Lei nº 1:662, de 4 de setembro de 1924, que alterou algumas disposições do diploma anterior, atualizando-o e completando a sua disciplina, com carácter *transitório*, que foi sendo sucessivamente mantido.

f) – Em 22 de junho de 1948, já em pleno Estado Novo, foi promulgada a Lei nº 2:030, que passou a ser a lei fundamental do *arrendamento urbano* e tem inspirado a legislação subsequente até à atualidade.

[5] A Portaria nº 98-A/2015, de 31 de março, aprovou o modelo de recibo eletrónico de quitação de rendas.

g) – Seguiu-se-lhe o novo Código Civil, de 1966, onde a *locação* entrou nos seus arts. 1022-1120, compreendendo, além da identificação do *aluguer*, a regência do *arrendamento urbano e rústico não rural* e, bem assim, do *arrendamento rural.*

h) – Semelhante disciplina legal, depois de vários diplomas esparsos e pontuais que se publicaram durante o período revolucionário resultante do 25 de abril de 1974, foi entretanto arrancada ao CC e destacada para um diploma específico, em 15 de outubro de 1990, passando a constar de um diploma avulso: o Decreto-Lei nº 321-B/90.

Com ele, foi aprovado o *Regime do Arrendamento Urbano* (RAU) (autorização legislativa dada pela Lei nº 42/90, de 10 de agosto), que teve como particular e importantíssima inovação a suscetibilidade legal de os contratos celebrados *para habitação,* após a sua entrada em vigor, poderem ser realizados com *duração efetiva,* sem, portanto, o *vínculo* da *prorrogação forçada,* nem o do *bloqueio de rendas,* cujas atualizações, nesses contratos, passaram a ser legítimas sem se atender aos coeficientes puramente simbólicos, que em 1986, tinham sido instituídos.

i) – Cinco anos depois, o Decreto-Lei nº 257/95, de 30 de setembro (autorização legislativa: Lei nº 21/95, de 18 de julho), alterando, sob este aspeto, o disposto até aí para os *arrendamentos não habitacionais,* alargou aos *arrendamentos* realizados após a sua vigência, para *comércio ou indústria,* para *exercício de profissões liberais,* ou ainda *outros fins não habitacionais,* a faculdade de serem celebrados convencionando-se um prazo de *duração certa.*

Desde tal diploma, a matéria passou, portanto, a denominar-se unicamente como *arrendamento urbano,* amputando-se-lhe a parte final que se usava em vista da formulação primitiva do CC, "e rústico não rural", por nele se compreenderem "os arrendamentos de prédios urbanos e os arrendamentos de prédios rústicos não compreendidos no artigo 1064".

Note-se porém que, se bem pensamos, não pode dizer-se que a amputação seja significativa.

O *arrendamento urbano* não tem unicamente por *objeto mediato* os *prédios urbanos,* mas continua a reger o relativo a *prédios rústicos não rurais,* a que se reportava esta designação, isto é, aqueles prédios que, sendo *rústicos,* se não arrendem, para "*fins agrícolas, pecuários ou florestais, nas condições de uma exploração regular*", como se estabelecia no primitivo art. 1064 CC, mas para diferentes destinos, hoje fixados na Lei nº 80/2009, de 14 de agosto e no Decreto-Lei nº 294/2009, de 13 de outubro.

Estes podem continuar a perseguir-se, sob a disciplina do atual *arrendamento urbano,* a respeito de um *prédio rústico* que seja assim aplicado a um fim *habitacional* ou *não habitacional não rural,* como, por exemplo, uma *roulotte* ou um contentor instalados num campo ou num parque de campismo, que não são *prédios urbanos,* pois lhes falta o elemento de *incorporação no solo,* exigido pelo art. 204 CC.

É certo que se prevê atualmente a submissão dos "*arrendamento rústicos não sujeitos a regimes especiais*" às disposições editadas para os *arrendamentos não habitacionais* (art. 1108 CC), mas a sua previsão legal não é completa, pois exclui da sua previsão o *arrendamento de prédio rústico* para *fim habitacional* – que deverá entender-se, no seguimento do que acabamos de referir, que se sujeitará às normas do *arrendamento habitacional.*

j) – Dezasseis anos depois, a Lei nº 6/2006, de 27 de fevereiro, sob a denominação de *Novo Arrendamento Urbano* (NRAU), introduziu de novo no CC a matéria do *arrendamento urbano* e editou várias normas avulsas complementares dedicadas ao regime legal da matéria.

Entretanto e porque continuasse por fazer a grande Reforma de libertação do *vinculismo* dos *arrendamentos urbanos antigos* e fossem ainda muito desequilibradas as relações entre *senhorios* e *arrendatários*, estando o país sob resgate, impuseram-lhe os credores no *Memorando de Entendimento* aquilo que já há muito devia ter sido feito, mas para que faltara coragem política: o estabelecimento de relações equilibradas entre *senhorios* e *arrendatários*; ampliar as condições de acordo com as quais pode ser renegociado o *arrendamento habitacional indefinido* [vinculístico – *lease open-ended*], incluindo a limitação da possibilidade de transmissão do contrato para familiares em primeiro grau; eliminar gradualmente os mecanismos de controlo das rendas, tendo em conta os grupos mais vulneráveis; e encurtar o prazo do despejo para três meses.

k) – Surgiu assim a Lei nº 31/2012, de 14 de agosto, que voltou a disciplinar toda a matéria do *arrendamento urbano* constante do CC, liberalizando e equilibrando o seu regime legal e reformulando vários preceitos do NRAU, entretanto aperfeiçoada ou corrigida em alguns pontos pela Lei nº 79/2014, de 19 de dezembro.

l) – É, todavia, fundamentalmente aquela Lei nº 6/2006 que se encontra atualmente em vigor, com as profundas modificações que se lhe introduziram, mais as reposições e numerosas alterações surgidas após 2017, com a Lei nº 43/2017, de 14 de junho, modificando a redação dos arts. 1083, 1084, 1094 e 1103 CC, além de vários preceitos do NRAU e do Decreto-Lei nº 157/2006, que se republicou; a Lei nº 30/2018, de 16 de julho, que teve por objeto aprovar um regime extraordinário e transitório para proteção de pessoas idosas ou com deficiência que sejam arrendatárias e residam no mesmo local há mais de quinze anos; a Lei nº 64/2018, de 29 de outubro, que alterou a redação do art. 1091 CC para atribuir direito de preferência aos arrendatários na compra e venda ou dação em cumprimento de prédios urbanos não constituídos em propriedade horizontal; a Lei nº 2/2019, de 9 de janeiro, que, no âmbito do Programa de Arrendamento Acessível, autoriza o Governo a aprovar um regime especial de tributação resultante de contratos de arrendamento habitacional; a Lei nº 3/2019, de 1 de setembro, que altera o Código do Imposto sobre o Rendimento das Pessoas Singulares e cria condições de acesso a incentivos fiscais em programas de construção de habitação para renda acessível; a Lei nº 12/2019 que proíbe e pune o assédio no arrendamento; em suma, a Lei nº 13/2019, de 12 de fevereiro, destinada a corrigir situações de desequilíbrio entre arrendatários e senhorios, alterando a redação de vários preceitos do CC, aditando outros e revogando ainda partes de alguns, assim como em relação a preceitos do NRAU.

Sem cessar, surgem, ainda, no âmbito da denominada *Nova Geração de Políticas de Habitação*: o Decreto-Lei nº 66/2019, de 21 de maio, a alterar normas aplicáveis à intimação para a execução de obras de manutenção, reabilitação ou demolição e sua execução coerciva; o Decreto-Lei nº 68/2019, de 22 de maio, que cria o *Programa do Arrendamento Acessível*, para ser gerido pelo Instituto da Habitação e Reabilitação Urbana (IHRU, I.P.); o Decreto-Lei nº 69/2019, de 22 de maio, a estabelecer o regime especial de seguro de arrendamento acessível; a Portaria nº 179/2019, de 7 de junho, a estabelecer os requisitos das diferentes "garantias aplicáveis às garantias de seguro de arrendamento acessível" – e ainda outros diplomas que adiante se referirão.

Com esta catadupa de sucessivas providências, decalcadas as posteriores sobre as anteriores, e com objetivos de reforma, a legislação atual apresenta frequentemente dificuldades de concatenação, mantendo, por vezes, disposições que já não quadram com os novos regimes que têm vindo a ser nelas enxertados, de tal modo que o Direito arrendatício atual parece um *puzzle* com peças retiradas de *puzzles* anteriores que só muito forçadamente, por vezes se encaixam uns nos outros.

2. A noção legal de locação

Ao definir *locação*, este art. 1022 reporta o seu conceito legal às referências seguintes:

a) – Contrato;

b) – Que estabelece a obrigação

c) – De se proporcionar o gozo

d) – De uma coisa;

e) – Temporariamente;

f) – Contra uma obrigação de retribuição.

Analisemos, pois, estes caracteres definidores do conceito legal de *locação*.

3. O contrato

Nas ordens jurídicas que nos estão mais próximas, tem a *locação* sido entendida, realmente, como uma relação de constituição necessariamente contratual[6].

Isto levaria a supor que também entre nós só por *contrato* poderia, pois, constituir-se uma *relação de locação*.

Não é assim.

O CC contempla a *locação* como um *contrato* apenas porque esse é a figura mais vulgar por que a relação locativa se constitui e o mais adequado para se disciplinar de forma exaustiva.

[6] Itália: ANDREA TABET, *Locazione (in generale) (dir. civ.) – Novis. Dig. Italiano*, IX, UTET, 1963, pp. 998, 1000 e 1002; GIUSEPPE MIRABELLI, *La locazione* (Vol. VII, tomo IV, do *Tratado de Vassalli*), UTET, 1972, nº 2, pp. 3-10; GIOVANNI SILVIO COCO, *Locazione (dir. priv.) – Enciclopedia del diritto*, Giuffrè-Milano, 1974, XXIV, pp. 922-923.

Vemos deste modo, na regulação contida no nosso Código, o seu regime legal plasmado, não na *locação*, sem mais e em si, mas num *contrato* que é de *locação*.

I – Além dele, ainda pode constituir-se por *testamento* (art. 2179 CC) e, o *arrendamento habitacional*, por *decisão do juiz*.

Quanto a este, em caso de *divórcio* (portanto, também de *separação judicial de pessoas e bens* – art. 1794 CC), "*pode o tribunal dar de arrendamento a qualquer dos cônjuges, a seu pedido, a casa de morada de família, quer esta seja comum quer própria do outro, considerando, nomeadamente, as necessidades de cada um dos cônjuges e o interesse dos filhos do casal*" (art. 1793-1 CC).

Segundo se declara no nº 2 do artigo, este arrendamento "*fica sujeito às regras do arrendamento para habitação, mas o tribunal pode definir as condições do contrato [sic], ouvidos os cônjuges, e fazer caducar o arrendamento, a requerimento do senhorio, quando circunstâncias supervenientes o justifiquem*".

É assim a própria lei a denominar semelhante arrendamento de "contrato" – mas supomos que a qualificação não será adequada, não podendo sequer ver-se neste caso uma hipótese de *contrato imposto*.

Não é essa, obviamente, a hipótese do *arrendamento da casa de morada da família* por efeito de *divórcio* ou *separação judicial de pessoas e bens* de casal unido por *casamento*, ou de simples quebra de *união de facto* (art. 4º-4 da Lei nº 135/99, de 28 de Agosto), a que se reporta o art. 1793 CC.

Logo no momento genético começa, com efeito, por faltar o *acordo de vontades* na constituição da relação arrendatícia: é o tribunal, por *ato do juiz*, que, mediante pedido de um dos *cônjuges* ou *para-cônjuges*, lhe dá de arrendamento a *casa de morada da família*, quer esta seja comum quer própria do outro.

Em vez de *contrato*, temos aqui, portanto, um *despacho do juiz*: é esta a real fonte da relação arrendatícia que no caso se estabelece.

Mais. O *arrendamento* em presença "fica sujeito às regras do arrendamento para habitação", como se diz no art. 1793-2 CC, mas é ainda o tribunal que poderá definir-lhe autoritariamente "as condições" (o termo *condições*, aqui, não é usado em sentido técnico, rigoroso, mas na aceção da linguagem vulgar que significa os poderes e deveres que preenchem o objeto imediato da disciplina de interesses estabelecida), ouvidos os cônjuges, e fazê-lo "caducar"[7], a requerimento do *senhorio*, quando circunstâncias supervenientes o justifiquem.

Também no momento funcional, portanto, é ainda o juiz que intervém, a determinar-lhe as "condições" de funcionamento e a pôr termo ao *arrendamento*, discricionariamente, em manifestações de *arbítrio judicial*.

Ser-se-ia tentado a ver antes nesta hipótese, por conseguinte, aquilo que certos autores denominam de *relação de tipo contratual de fonte legal* – mas a isso, que seria uma expressão menos deformadora da realidade, teremos ainda de objetar que, não se tratando no caso

[7] Não se trata propriamente de *caducidade* (v. *infra*, art.1051).

em apreço, obviamente, do que por vezes costuma designar-se como um *contrato processual* (em que a relação contratual terá de ser gerada por um acordo entre os litigantes, constituído em *relação substantiva, bilateral*), o arrendamento do art. 1793 CC, dado pelo juiz no seio de uma *ação de divórcio* ou de *separação judicial de pessoas e bens*, situa-se numa *relação processual* e, portanto, *triangular* ou *trilateral*, *complexa* e *progressiva*, que pareceria extremamente forçado qualificar como uma *relação contratual* ou sequer *de tipo contratual*.

O que, para nós, tem de específico este *arrendamento* é, pois, ser ele um *arrendamento judicial*, isto é, que se estabelece no âmbito de uma *ação judicial*, mediante determinação do juiz, não por um *contrato*, pois é o *iussum iudicis* que, para além de o constituir, lhe fixa o conteúdo e efeitos, aliás, decalcando-os sobre o regime institucional do *arrendamento para habitação*.

Sendo este, em 1977, quando surgiu a redação em vigor do art. 1793 CC, disciplinado no Código Civil, pela sua constituição contratual, como um dos *contratos típicos* previstos na lei, a remissão para essa base do regime legal acabou por surgir, no art. 1793-2 CC, negligentemente, como as "condições do contrato", por uma incorreta substituição da sua fonte efetiva e concreta pela sua fonte normal e geral.

Não há, realmente, em conclusão, no *arrendamento* em presença, um *contrato*, nem sequer uma relação *de tipo contratual*, mas, envasado no regime institucional do *contrato de arrendamento* previsto na lei, o que melhor poderemos caracterizar como um *arrendamento judicial*[8], decretado pelo juiz, a pedido de um *cônjuge*, atendendo às necessidades deste e ao interesse dos *filhos do casal*.

II – Não falta ainda quem, por outro lado, encare o *arrendamento*, objeto de um *contrato-promessa*, a que tenha sido dada *execução específica* nos termos do art. 830 CC, como um arrendamento constituído por *sentença* (a sentença de execução específica).

O entendimento é defendido por Januário Gomes, especificamente em relação ao *arrendamento comercial ou industrial*, numa construção que pode, no entanto, generalizar-se a toda a *locação*.

Sustenta, com efeito, o Ilustre Autor que, "conforme refere o nº 1 do art. 830, a sentença obtida 'produz os efeitos da declaração negocial do faltoso', ou melhor, produz os efeitos do encontro das declarações negociais do faltoso e do contraente fiel. Conforme escreve Galvão Telles (*Direito das Obrigações*, 7ª ed., p. 134) 'fica a decisão judicial tendo valor *igual* ao do contrato prometido, cujos *efeitos* produz'"[9].

Não constitui uma opinião isolada o entendimento citado, de acordo com o qual a *decisão de execução específica* tem *valor igual ao do contrato*, sendo frequentemente reproduzido por outros autores nacionais.

[8] Não confundir com o *arrendamento* para que está legitimado o *depositário judicial* (v. *infra*, nº 2-I, *sub* art. 1024) e que constitui um verdadeiro *contrato*, não um *ato do juiz*.

[9] *Arrendamentos Comerciais*, 2ª ed. remodelada, Almedina, 1991, p. 43.

Ele reconduz-se, no fundo, à própria expressão formal do art. 2932 do Código Civil italiano (que inspirou o nosso art. 830 CC), quando declara que a parte que pretende a realização do contrato prometido "*puó ottenere una sentenza che produca gli effetti del contratto non concluso*", e revela bem que a chamada *execução específica* não constitui uma *execução judicial* do *contrato prometido*, mas um ato que, em homenagem à vontade privada que se formulou no *contrato-promessa* e em observância dele, tem a eficácia do *contrato prometido* e é, afinal, o equivalente deste.

Com razão, tem a doutrina italiana salientado que a decisão do juiz não se sobrepõe, aqui, à vontade do contraente remisso, nem contradiz a *autonomia privada*. Desde que as partes, com a *promessa*, se obrigaram a celebrar o *contrato definitivo*, demonstraram querer realizá-lo. "Em tais circunstâncias, a vontade dos contraentes é respeitada e melhor observada conservando o contrato do que considerando-o nulo"[10].

Nesta ordem de ideias, será inegável que a *sentença de execução específica* interfere, realmente, na formação do arrendamento prometido, mas unicamente em integração e com os efeitos do contrato que as partes prometeram celebrar. Não exprime uma vontade própria do juiz, alheia à vontade das partes; limita-se a impor a observância do que elas ajustaram – e, assim, no fundo das coisas, parece que é ainda o *contrato prometido*, quanto ao qual a sentença que faz a sua integração será como um mero *invólucro*, que verdadeiramente constituirá e moldará a relação arrendatícia.

III – Mais recentemente, no âmbito das Reformas em matéria de *habitação* levadas a cabo no final da década de 90 e início do século atual, foi instituída uma nova situação em que podia constituir-se um *arrendamento urbano* para pagamento de uma dívida respeitante à *reabilitação urbana* de determinado prédio.

Com o Decreto-Lei nº 555/99, de 16 de Dezembro, foi, efetivamente, estabelecido um regime de *obras coercivas* a executar pelo município.

O desenvolvimento da disciplina legal respetiva insere-se, hoje, no Decreto-Lei nº 157/2006, de 8 de agosto, com a redação e republicação constantes da Lei nº 30/2012, de 14 de agosto, além de posteriores alterações que ainda sofreu.

Para o efeito, deve ser previamente elaborado um orçamento do respetivo custo, que será comunicado ao *senhorio*, por *escrito* (art.14-1).

Ora encontrando-se devoluto algum fogo do prédio reabilitado, por o *senhorio* o não ter arrendado mediante *renda* não inferior à resultante dos critérios estabelecidos nas als. *a)* e *b)* do art. 35 NRAU, poderá o promotor da reabilitação *arrendá-lo*, mediante *concurso público*, pelo prazo de *três anos*, renovável nos termos do art. 1096 CC (art. 20-1 do Decreto-Lei).

Teríamos aqui uma fonte de *arrendamento urbano* diferente do *contrato?*

[10] PIETRO TRIMARCHI, *Istituzioni di diritto privato italiano*, 11ª ed., Giuffrè, Milano, 1996, nº 227, p. 327.

Pensamos que não.

Como se sabe, do Direito Administrativo, o *concurso público* não é senão um procedimento de escolha do outro contraente. Apurado este, terá então de se celebrar um *contrato de arrendamento* entre a entidade promotora da reabilitação (sub-rogando-se ao *proprietário*) e terceiro, como forma coerciva de obtenção do montante despendido.

Poderá pôr-se em causa a *constitucionalidade* de semelhante modo de compulsivo de recuperação das despesas feitas pelo *promotor da reabilitação*, mas a figura que se estabelece entre este e o novo ocupante é, sem dúvida a de um *acordo* – numa palavra, é um verdadeiro *contrato* e, mais, um *contrato de Direito privado*[11].

IV – Outros modos de constituição têm sido equacionados ou admitidos, como a *usucapião* ou a *falta de forma legal* quando a lei a imponha para o *arrendamento urbano* – mas o ponto restringe-se a esta modalidade de *locação* e será antes estudado no comentário ao preceito atinente à sua *forma* (cf. art. 1069).

V – A *locação*, na sua disciplina legal, é, como se disse, um *contrato* que a nossa lei contempla e regula, a par de vários outros tipos de contratos, ou seja, um *acordo* entre *sujeitos* de direitos e obrigações, a proporcionar um deles ao outro, como refere o preceito, o gozo remunerado de uma *coisa*.

É com esse *acordo* que os *sujeitos* constituem, especificam e concretamente disciplinam uma *locação*, a qual, consoante a natureza do *objeto mediato* sobre que incide, se denomina particularmente, desde o Código de Seabra, de *aluguer*, se se trata de uma *coisa móvel* ou *animal*, e de *arrendamento*, se respeita antes a uma *coisa imóvel*.

O último dos dois casos é, pelo valor material e pela sua complexidade, o que demanda uma disciplina mais vasta e complexa.

Enquanto o primeiro, que contempla ainda não poucos princípios que, pela sua generalidade, são comuns ao segundo, e se estende, no Código, do artigo 1022 ao art. 1063, a regulação deste vai do art. 1064 ao art. 1113.

Assim temos a *locação* disciplinada sob as vestes de um *contrato*, ora constituindo um *aluguer*, ora um *arrendamento* convencionado por sujeitos formando duas *partes* que são, de um lado, o *locador* ou *senhorio*, que é quem presta o *gozo da coisa*, e, de outro, o *locatá-*

[11] Contra: Soares Machado/Regina Santos Pereira, *Arrendamento Urbano*, 2ª ed. rev. e aumentada, s/data (2007?), Livraria Petrony, Lisboa, p. 15, com fundamento em que a celebração compulsiva de uma relação de arrendamento contra a vontade de uma das partes, neste caso o proprietário, retira a natureza de contrato à fonte dessa relação.
Queremos crer que haverá nesta argumentação, salvo o devido respeito, um erro de paralaxe: as partes do contrato são o *promotor* e o *arrendatário*, que entre si, sem dúvida alguma, celebram livremente o contrato. Quem é sub-rogado compulsivamente é o *proprietário* – para o efeito de o promotor, ocupando a posição deste no contrato, se fazer pagar do seu crédito. A compulsão não se situa, pois, no *contrato*, mas previamente, quanto à relação obrigatória estabelecida entre a *entidade promotora da reabilitação* e o *proprietário*.

rio ou *arrendatário*, que recebe a prestação desse *gozo* (sobre a legitimidade para dar em locação, v. infra, nº 2, sub art. 1024).

4. A obrigação de proporcionar

O preceito é muito claro em exprimir o *carácter obrigacional* do *contrato*, ao defini-lo como aquele pelo qual uma das partes *se obriga* a proporcionar à outra o gozo de uma coisa, arredando o traço real *quoad effectum* que, desde o Código de SEABRA, lhe vinha sendo declarado entre nós.

Na verdade, neste diploma, usavam-se antes estes termos:

"Dá-se o contrato de locação quando alguém traspassa a outrem, por certo tempo, e mediante retribuição, o uso e fruição de certa coisa" (art. 1595).

Isto era tanto mais estranho quanto é certo que a natureza obrigacional do *contrato de locação* já estava, como se viu pela transcrição feita acima (v. *supra*, nº 1) bem imprimida no Código de NAPOLEÃO que o influenciou muito sensivelmente.

Apesar disso, a imperfeição subsistiu no Decreto nº 5:411, de 17-04-1919, ao definir agora especificamente o arrendamento, seguindo na mesma trilha, mas substituindo "traspassa" por "transfere".

O seu art. 1º estava concebido nestes termos:

"Dá-se o contrato de arrendamento quando alguém transfere a outrem, por certo tempo e mediante determinada retribuição, o uso e fruição de uma coisa imóvel".

O erro técnico era evidente.

Pelo contrato não se transfere o *gozo* do imóvel. A parte fica apenas obrigada a efetuar, depois, essa transferência.

Por outro lado, a expressão *uso e fruição* não era correta, porque as duas palavras têm sentidos diferentes e o *arrendamento* pode, umas vezes, reportar-se só ao *uso* e outras só à *fruição*: devia ter-se grafado só o *gozo*, termo que envolve os dois conceitos, como se verá no número seguinte.

O carácter *obrigacional* do contrato é ainda confirmado, por um lado, pelo desdobramento de tal obrigação, no art. 1031, num *ulterior* comportamento do *senhorio*, de *entrega* da coisa, e no subsequente *dever de assegurar o respetivo gozo* e, por outro lado, pela circunstância de ser o próprio *locatário* que, mediante a *entrega* e a sucessiva passividade do *locador*, terá ativamente de realizá-lo.

Não é o *gozo do locador*, que se transmite para o *locatário*: são os meios a prestar pelo *locador*, e a que ele fica obrigado, que permitem ao *locatário* o *gozo* da coisa.

É portanto, e em síntese, uma obrigação que impende sobre o *locador*, contra a obrigação de retribuição que, em contrapartida, incide sobre o *locatário*.

Nesta ordem de ideias, na previsão da nossa lei (art. 1031 CC), tal *obrigação* executa-se, pois, através de duas distintas prestações:

a) – A de entrega da coisa locada;

b) – A de assegurar o gozo da coisa para os fins a que se destina.

A primeira é, na terminologia clássica, uma prestação de *dare*.

Quanto à segunda, tem sido tradicionalmente afirmado que ela representa uma *obrigação continuada* do *locador*, que dura por todo o tempo do contrato e em cada momento da eficácia dele (*quotidie et singulis momentis*), de fazer o *locatário* gozar a coisa locada, consistindo portanto numa prestação de *facere*.

O nosso CC comete-lhe expressamente esse comportamento omissivo, disciplinando-o com precisão, ao estatuir, no seu art. 1037-1, que, "*não obstante convenção em contrário, o locador não pode praticar atos que impeçam ou diminuam o gozo da coisa pelo locatário, com exceção dos que a lei ou os usos facultem ou o próprio locatário consinta em cada caso*".

Assim, a prestação de *non facere* que, cumprida a *entrega*, caberá ao *locador*, de não perturbar o gozo da coisa, é um imperativo legal que não poderá ser afastado pela vontade negocial e só admite as exceções consignadas na *lei*, as facultadas pelos *usos*, ou as constantes de autorizações pontuais do *locatário*.

Entre as exceções consignadas na lei, podem citar-se a prevista na al. *b)* do art. 1038 CC, que impõe ao *locatário* a obrigação de "facultar ao locador o exame da coisa locada" e a contemplada na al. *e)* do mesmo preceito, obrigando-o a "tolerar as reparações urgentes, bem como quaisquer obras ordenadas pela autoridade pública".

A obrigação de assegurar o gozo da coisa locada não se resume, no entanto, à prestação negativa de não perturbar o aproveitamento exercido pelo *locatário*, envolvendo ainda comportamentos positivos do *locador*, que analisaremos a seu tempo, como a realização de reparações ou outras despesas necessárias ao gozo da coisa (art. 1036 CC), que deverão bem configurar-se, na terminologia tradicional, como prestações de *facere*.

Assim, podemos concluir que, com o *contrato de locação*, se estabelece ou programa unicamente a obrigação, por parte do *locador*, de proporcionar o gozo da coisa ao *locatário*, cumprindo-lhe, *já em execução do contrato*, realizar a prestação de *dare* consistente na entrega da coisa e, seguidamente, uma prestação de *non facere*, de não impedir ou diminuir o gozo do *locatário*, e as prestações de *facere* que se mostrarem necessárias – e quando se mostrarem necessárias – para assegurar esse *gozo* (sobre a legitimidade para dar em locação, v. infra, nº 2, sub art. 1024).

5. O gozo

Entre as diferentes aceções gramaticais do vocábulo, aquela que mais se aproxima do seu alcance jurídico, em nossa opinião, exprime-se como a "ação de usar alguma coisa e retirar dela a satisfação que pode proporcionar"[12].

A sua expressão jurídica compreende dentro de si duas noções mais restritas e precisas: o *uso* e a *fruição*. *Gozar uma coisa* é *usá-la* ou *fruí-la*, ou mesmo *usá-la e fruí-la*. Toda a *coisa*, se não é *inútil*, tem aptidão para satisfazer necessidades humanas. Nisso consiste

[12] *Dicionário da Língua Portuguesa Contemporânea – Academia das Ciências de Lisboa*, entrada: *Gozo*.

a sua *utilidade*. O *uso* exprime exatamente o aproveitamento da sua aptidão para a satisfação de necessidades.

Para além desta aptidão, porém, uma *coisa* pode ainda ser suscetível de *produzir bens*, ser o que se chama uma *coisa produtiva* – e, nesse caso, o aproveitamento dos seus *frutos* designa-se especificamente por *fruição*.

Esta é a terminologia que vem já do Direito romano, através da distinção entre *uti* (*usar*) e *frui* (*tirar fruto de, fruir*), e que tem ainda agora interesse para caracterizar a espécie de *gozo* que se concede ao *locatário*.

Pode, pois, haver *locação* só *de uso*, e *locação de uso e fruição*.

Na Alemanha, com base nesta distinção, chegou o seu Código Civil a formar duas figuras autónomas e com regimes próprios: a *Miete*, ou *locação de uso* e a *Pacht*, ou *locação de uso e fruição*, já reguladas nos primitivos §§ 535 e ss e nos §§ 581 e ss.

A nossa lei não estabeleceu semelhante distinção de regimes legais e, embora defina o *direito real de uso e habitação*, no art. 1484-1 CC, como uma faculdade de o usuário "se servir de certa coisa alheia e haver os respetivos frutos"[13], por uma questão de rigor terminológico, não transigiu com a definição do Decreto nº 5:411, de 17-4-1919, e passou a referir-se genericamente ao *gozo* da coisa locada, admitindo assim a suscetibilidade de *locação de uso* e de *locação de uso e fruição* – não sendo mesmo inconcebível vir a ocorrer numa *locação* a *mera fruição*.

Nem todas as hipóteses referidas na doutrina como de *locação de mero uso* podem, contudo, ser tidas como tal.

Bastará lembrar o exemplo que se cita comummente a seu respeito, da *locação* de prédio urbano *para habitação*, com proibição de *sublocação* – o qual, quanto a nós, comportará ainda assim, inegavelmente, uma *fruição* possível por parte do *locatário*, dado que não ficará interdita a este, salvo estipulação em contrário, a faculdade de exercício de qualquer *indústria doméstica*, ainda que tributada (novo art. 1092 CC) e, também salvo cláusula em contrário, a admissão de um máximo de três *hóspedes* (al. *b)* do novo art. 1093-1 CC).

Exemplo retinto de uma *locação* que, por limitação legal, é apenas uma *locação de uso* é o *aluguer de veículos automóveis terrestres sem condutor*.

Ocorrerá, por seu turno, uma *locação de mera fruição* na hipótese de *sublocação total*.

I – O *gozo* proporcionado ao *locatário* pode compreender a generalidade das utilidades da coisa, ou restringir-se a alguma delas, como, p. ex., quando num *prédio urbano* se concede unicamente a utilização da superfície da sua fachada ou de um muro, para afixação de cartazes publicitários, ou se proporcionam apoios no telhado para implantação de estruturas de anúncios luminosos.

[13] O peso da tradição foi, neste passo, mais forte, levando a manter a designação de *uso*, da legislação anterior, para denominar um direito que mais rigorosamente se diria de *usufruição*.

Este entendimento veio a ser inequivocamente consagrado no nosso Direito positivo, através do passo da al. *e)* do art. 5º-2 RAU a excetuar do regime *vinculístico* "os arrendamentos de espaços não habitáveis, para afixação de publicidade".

Na nova redação arrendatícia do Código Civil deixou de haver uma previsão específica desta modalidade de *arrendamento*, que terá assim, em nossa opinião, de se reconduzir a um *arrendamento não habitacional*, sem mais.

Já se tem pretendido que, apresentando o *gozo* da coisa, na *locação*, as mesmas características de generalidade e abstração que se verificam, p. ex., na *propriedade* e no *usufruto*, não poderiam tais contratos ser tidos como de *locação*, devendo antes qualificar-se como *contratos inominados*[14] – mas a melhor doutrina ainda parece ser a de que são verdadeiros *contratos de locação*, visto que, ao invés dos *direitos reais*, de *numerus clausus*, os *direitos pessoais de gozo* de *coisa alheia* podem ter um conteúdo quantitativamente variável, segundo a autonomia privada[15].

II – Questão distinta é a de saber se pode, na *locação*, ser proporcionado um *gozo intermitente*, ou se, pelo contrário, semelhante figura só se compadecerá com um *gozo contínuo* da coisa.

A este respeito, sustenta-se por vezes, na doutrina italiana, que será elemento típico da *locação* o *gozo contínuo* e, por isso, não são de *locação* os contratos que proporcionam um *gozo intermitente*, como os relativos a *bancas de venda num mercado* ou a *frigoríficos de um armazém* em que perca o presumível locatário a detenção de tais instrumentos nos intervalos em que se encontram encerrados o mercado ou o armazém[16].

Não cremos, todavia, que, no nosso Direito positivo, só possa considerar-se como elemento essencial da *locação* a concessão ao *locatário* de um *gozo contínuo*. A definição do art. 1022 CC não o sugere, e não se vê motivo plausível para semelhante restrição, antes tudo leva a supor, em relação ao vocábulo *gozo*, constante da definição legal de *locação*, que terá, na verdade, um sentido amplo, suscetível de abarcar ambas as espécies, podendo portanto haver uma *locação de gozo intermitente*.

[14] BIONDI, *Astrattezza del diritto di godimento del locatario* (*Giur. it.*, 1952, I-I, p. 742).

[15] ANDREA TABET, *La locazione-conduzione*, Giuffrè-Milano, 1972, p. 234. No mesmo sentido, em Itália, se pronunciara já o mesmo autor, em *Locazione (in generale) (diritto civile) – Novis. Dig. It.*, UTET, Torino, 1963, IX, p. 1007, e ainda: GUARINO, *Locazione*, Casa Editrice Dr. Francesco Vallardi, Milano, 1965, p. 14, nota 64 e GIUSEPPE MIRABELLI, *La Locazione*, UTET, 1972, p. 250.
Era a doutrina também já sustentada entre nós, à luz do Código Civil: PIRES DE LIMA/ANTUNES VARELA, *Código Civil Anotado*, II, Coimbra Editora, 1986, pp. 365-366 (o passo foi depois reproduzido na 4ª ed., p. 344); ANTUNES VARELA, *Rev.Leg.Jurs.* 118º, p. 84. Salientavam, com razão, estes autores, nessa altura, que não se tratava, todavia, de um *arrendamento vinculístico*, enquanto OLIVEIRA ASCENSÃO sustentava a tese contrária (*Colectânea*, XVIII-III, pp. 15-22).
A solução não vinculística passou a ser incontestável com o art. 5º-2, al. e), RAU.

[16] RAGUSA, *A proposito di concessione in godimento dei banchi di vendita* (*Giur.it.*, 1955, p. 45); ANDREA TABET, *La locazione-conduzione*, Giuffrè-Milano, 1972, pp. 233-234.

Além dos exemplos acima apontados, estarão neste caso os chamados "alugueres de cofres" em bancos?

Quanto a eles, cremos que, antes de mais, haverá que recusar o acerto da denominação que lhes é dada.

Trata-se de contratos pelos quais o banco, equipado com uma estrutura de *cofres-fortes*, incorporada no prédio por si ocupado, proporciona ao seu cliente o uso de certo cofre dessa estrutura, por determinada *renda*, para nele guardar objetos não revelados, de suposto grande valor.

Logo se vê que, estando a estrutura presa ao edifício incorporado no solo, não se trata de uma *coisa móvel*, mas *imóvel*, à luz do preceituado de art. 204-2 CC; portanto, se se tratar de uma *locação*, não será nunca um *aluguer*, mas um *arrendamento*[17].

E sê-lo-á? Ou tratar-se-á, antes de um *contrato de depósito*?

Como se sabe, o *depósito* verifica-se quando *"uma das partes entrega à outra uma coisa móvel ou imóvel, para que a guarde, e a restitua quando for exigida"* (art.1185 CC).

Aqui, os objetos não são entregues ao banco, *para este os guardar.*

Ele apenas proporciona ao cliente o *uso* de um lugar imóvel, de segurança máxima, para aí guardar os seus valores de conta e risco próprios.

O cliente não exibe, nem sequer relaciona os objetos que ele próprio, cliente, encerra sigilosamente na estrutura cujo *uso* o *banco* se limita a proporcionar-lhe, assim faltando o elemento essencial ao *depósito* que consiste no dever de *guarda* imposto ao depositário.

Portanto, trata-se de uma verdadeira *locação*, de um *arrendamento*, ficando então por saber se será de *uso intermitente*, visto que o *arrendatário* só poderá chegar ao cofre quando o banco se encontre aberto ao público e lhe seja facultado o acesso por um empregado específico que, mediante a utilização de uma *chave* e de *passwords* próprias, o permitirá.

Se estas circunstâncias apontam para o uso *intermitente*, a verdade é que os objetos estão a ser guardados continuadamente, não parecendo poder verdadeiramente apresentar-se esta hipótese como uma *locação de uso intermitente.*

6. A coisa

Outro termo de referência da definição legal de *locação* é a *coisa* cujo *gozo* tem o *locador* de proporcionar ao *locatário.*

[17] F. M. Pereira Coelho afirma parecer-lhe uma locação, sem especificar a espécie, ou, quando muito, um contrato misto (*Arrendamento*, Coimbra, 1988, p. 34). Configurando-o, porém, como um *aluguer*, mas cremos que indevidamente pelo que referimos no texto, v. Inocêncio Galvão Telles, *Arrendamento* (lições), Pro Domo, 1944-1945, p. 37, e João de Matos Antunes Varela, *Das Obrigações em geral*, I, 9ª ed., Almedina, 1996, p. 287.
Impropriamente, a nosso ver, José Pinto Loureiro (*Tratado*, I, Coimbra Editora, 1942, p. 217) e Manuel Januário da Costa Gomes, (*Constituição da Relação de Arrendamento Urbano*, Almedina, 1980, pp.137-138) inclinam-se para a sua qualificação como um *contrato de depósito.*

Naturalmente, vale aqui a noção geral constante do art. 202-1 CC, formulada em termos amplíssimos, severamente criticados pela doutrina, "*como tudo aquilo que pode ser objeto de relações jurídicas*", levando a serem consideradas como coisas as *prestações*, os *direitos* e as próprias *pessoas*, pois todas estas realidades podem ser *objeto* de relações jurídicas[18].

A Lei nº 8/2017, de 3 de março, que estabelece o *estatuto jurídico dos animais*, dissociando-os da noção de *coisa* e "*reconhecendo a sua natureza de seres vivos dotados de sensibilidade*" (art. 201-B), alterou vários preceitos do CC e aditou outros, não modificando, contudo, o art. 202 e, do mesmo modo, também não tocou no art. 1022 onde, como vimos, se refere o objeto da *locação*.

Será, todavia, que, não sendo o *animal* uma *coisa*, poderá ainda ser *objeto* de *locação*?

Pela nossa parte, cremos que, alterando legalmente a natureza jurídica dos *animais* e excluindo-os do conceito de *coisa*, podem, neste aspeto, tornar-se duvidosas aquelas disposições que ainda sobraram referindo-se concretamente só a esta, levando a perguntar se ainda os compreenderão.

Entre outros, este é o caso do art. 1022.

Se a *locação* é o *gozo temporário, remunerado* de uma *coisa*, será que se pode ainda locar um *animal*, que *coisa* já não é?

Sim, certamente.

Segundo o art. 291-D, acrescentado pela Lei mº 8/2017, "*na ausência de lei especial, são aplicáveis subsidiariamente aos animais as disposições relativas às coisas, desde que não sejam incompatíveis com a sua natureza*".

Ora, não parecendo a *locação* incompatível com a sua natureza de *seres vivos dotados de sensibilidade* afigura-se perfeitamente legítima a *locação de animais*.

No dia-a-dia, isto é mesmo frequente, na prática de *equitação* e em outros domínios em que a utilização para um gozo temporário e remunerado de um ou mais *animais* revela interesse e não contraria a sua natureza de *seres vivos dotados de sensibilidade*.

Assim, o conceito de *coisa suscetível de locação* parece, efetivamente, poder ter a sua linha de partida na noção amplíssima do nosso Código Civil, ainda que certos outros objetos de *relações jurídicas* não devam ser verdadeiramente identificados como as *coisas* da linguagem comum (objetos inanimados, factos, toda a realidade existente que não seja uma pessoa).

Deste modo, a *locação de cadáveres*, ou de *partes destacadas do corpo humano*, não parece fisicamente *impossível*, por inadequação do *objeto mediato* da *locação*, mas ferida na *causa do contrato*, pela sua *ilicitude*, quando assim deva entender-se ou, sendo esse o caso, por *ofensa aos bons costumes*.

[18] *Sic*, designadamente: DIAS MARQUES, *Código Civil Anotado*, 1968, nota ao art. 202, e *Noções Elementares de Direito Civil* (com a colaboração de PAULO DE ALMEIDA), 1992, 7ª ed., p. 44.

Também relativamente aos *direitos* ou às *prestações* suscetíveis de enquadramento no mesmo preceito, não se levantará, em princípio, obstáculo a que constituam objeto de um *contrato de locação*.

No mesmo plano de generalidade em que se coloca a definição deste, no art. 1022 do nosso Código, poderia pois, mais explicitamente, ter-se declarado, em conjugação com o seu art. 202-1, que constitui, pois, o contrato pelo qual uma das partes se obriga a proporcionar à outra o *gozo temporário* de "tudo aquilo que pode ser objeto de relações jurídicas".

É inegável, todavia, que semelhante definição legal é excessivamente genérica. O *corpo humano* ou o *cadáver*, embora suscetíveis de serem objeto de relações jurídicas, não poderão afinal, como se viu, ser *locados* – salvo, porventura, em certos casos muito restritos.

Coisas há, por outro lado, que, integrando embora a mais apertada e retinta aceção do termo, não podem igualmente ser dadas em *locação*, ou são, por sua própria natureza, insuscetíveis de tal.

É o caso das *coisas fora do comércio* que, como se refere no art. 202-2 CC, são aquelas que "não podem ser objeto de direitos privados, tais como as que se encontram no domínio público e as que são, por sua natureza, insuscetíveis de apropriação individual".

É ainda o caso, entre as mencionadas no art. 203 CC, das *coisas consumíveis*, visto que é impossível o seu uso regular sem se lhes destruir a substância. Admitir-se-á que sejam objeto, unicamente, da chamada locação *ad pompam* (que se limita a ostentar, sem usar)[19].

Relativamente às *coisas fungíveis*, tem-se igualmente afirmado que elas são insuscetíveis de *locação*. O Código Civil brasileiro atual, aliás como o anterior, exige mesmo expressamente, na definição deste contrato (art. 565), que respeite a "coisa não fungível"[20].

As *coisas futuras*, essas, são, pelo contrário, suscetíveis de *locação*, se consideradas em tal qualidade[21].

Igualmente o são, fora de qualquer dúvida, as *coisas incorpóreas*; caso notável: a *locação de estabelecimento comercial ou industrial* (novo art. 1109 CC)[22].

Também as *coisas deterioráveis* podem ser objeto de *locação*, estatuindo-se na lei (art. 1043-1 CC) que, "*na falta de convenção, o locatário é obrigado a manter e restituir a coisa no*

[19] Sobre o ponto, v. Luís Manuel Teles de Menezes Leitão, *Direito das Obrigações*, III, 7ª ed., Almedina, 2010, p. 137.

[20] Orlando Gomes, *Contratos*, Editora Forense, Rio de Janeiro, 1987, 12ª ed., p. 303; Washington Barros Monteiro, *Curso de Direito Civil*, 1973, 5º, pp. 136 ss, para o Código anterior, cuja disposição (art. 1188) foi, aliás reproduzida no art. 565 $CC_{bras.2002}$.

[21] Giuseppe Mirabelli, *La locazione*, UTET,1972, p. 281.

[22] Este entendimento é, por vezes, contestado na doutrina. Vamos voltar a ele, quando tratarmos da *cessão de exploração* de *estabelecimento comercial ou industrial*. Na Itália, Andrea Tabet, depois de ter abraçado a solução afirmativa, passou a opor-lhe expressas reservas (*La locazione-conduzione*, Giuffrè-Milano, 1972, p. 241). Sustentando a solução afirmativa, em Itália, podem ver-se: Giuseppe Mirabelli, UTET, *La locazione*, 1972, p. 285; Massimo Dogliotti/Alberto Figone, *La locazione*, 1993, p. 29; Giulio Catelani, *Manuale della locazione*, Giuffrè Editore, 2001, 3ª ed., pp. 377-378.

estado em que a recebeu, ressalvadas as deteriorações inerentes a uma prudente utilização, em conformidade com os fins do contrato".

Em suma e como se tem julgado na jurisprudência italiana, as *coisas sujeitas a vínculos artísticos, históricos ou arqueológicos* podem também ser dadas em *locação.*

Atenta a destrinça fundamental, aliás, entre a alienação e a simples concessão do *gozo* de uma *coisa,* é ainda possível a própria locação de *coisas inalienáveis.*

A categoria específica da *coisa locada* é, por último, particularmente relevante para servir de critério distintivo para o estabelecimento de regimes especiais de *locação,* como nomeadamente sucede em Itália com o *affitto,* disciplinado no *codice civile* como *locação das coisas produtivas,* a par da *locação stricto sensu* e da *locação de bens fundiários* (*fondi*) – e, entre nós, em diferentes *tipos de locação* como, designadamente a *locação financeira* (*leasing*), entre outros casos, que referiremos oportunamente.

7. O elemento temporal

Outro ponto de referência do *contrato de locação* é o seu carácter *temporário,* expressamente proclamado na definição legal constante do art. 1022 CC.

Modernamente, porém, a *locação* pode não ter nada a ver com o *tempo* e reportar-se, em seu lugar, a outro elemento como a *simples utilização da coisa,* que ocorre na *portagem* que se paga pela *travessia de uma ponte* a ela sujeita, ou a *distância percorrida* numa *via* também sob *portagem* (*v., sobre este ponto infra, nº 6-IV-A, sub art. 1108*).

Mas no tocante ao *tempo,* a definição legal modificou radicalmente o que se dispunha no Código de Seabra, onde o seu art. 1600 estabelecia que a *locação* podia fazer-se "*pelo tempo que aprouver aos estipulantes*".

> Eram então frequentes os contratos estipulados por largos períodos. Jaime de Gouveia atesta que viu muitas escrituras de arrendamento por noventa e nove anos, não tendo encontrado nenhuma por período superior (*Responsabilidade Contratual,* 1932, p. 395). No Inquérito Agrícola publicado em 1934 (dirigido por E.A. Lima Bastos, vol. I, p. 148), dá-se conta de um arrendamento por trezentos anos. Pela nossa parte, topámos particularmente, há tempos, com um arrendamento ainda em vigor, celebrado no século passado, por quinhentos anos. Pires de Lima/Antunes Varela referem ter havido arrendamentos no nosso País que se celebraram por quinhentos e mil anos (*Código Civil Anotado,* II, Coimbra Editora, 1986, nota ao art. 1025, p. 369).

Agora, em complemento do carácter *temporário,* atualmente afirmado na lei, o art. 1025 CC preceitua que "*a locação não pode celebrar-se por mais de trinta anos; quando estipulada por tempo superior, ou como contrato perpétuo, considera-se reduzida àquele limite*".

Este limite abrange não apenas a *locação,* como categoria geral, mas a própria espécie de *arrendamento urbano* e, neste, não apenas o que é celebrado com *prazo certo* (cf. art. 1095-2) como o de *duração indeterminada* (cf. *infra,* 3 *sub* art. 1094; 2 *sub* art. 1095 e 2 *sub* art. 1099).

Visivelmente, esta é uma previsão legal, como muitas outras do nosso CC, em matéria de *locação*, pelas sucessivas Reformas de mera atualização a que tem estado sujeita a sua disciplina, e não de elaboração legislativa de raiz, que se recobrem assim da pátina acumulada pela sua vetustez.

Quem é que, nos tempos que correm, intenta celebrar um contrato de *arrendamento urbano* perpétuo?

De todo o modo, às *locações*, anteriores ao CC, quando estipuladas por mais de *trinta anos*, será aplicável o art. 1025, contando-se todavia os seus prazos só desde a entrada em vigor do Código, salvo se nessa data faltasse menos tempo para se completarem (art. 297-1 CC).

Os fundamentos deste limite são óbvios: evitar que seja o proprietário privado, em resíduo feudal, por tempo excessivo ou perpetuamente da livre disponibilidade da coisa; possibilitar a revisão dos termos iniciais do emprego de bens pelo seu titular; porventura, evitar o fracionamento do domínio, com o nascimento de um *direito real*[23].

I – Tal como acontece em Itália[24], também entre nós a redução ao limite máximo legal é *imperativa*, devendo ser aplicada oficiosamente pelo juiz, independentemente de alegação do interessado.

É uma *redução* diretamente imposta por lei, não a que, para a *nulidade* ou *anulação parcial* do *negócio jurídico*, se admite no art. 292 CC, se a vontade hipotética das partes não for no sentido da *invalidade total*[25].

É irrelevante, por isso, a *vontade conjetural* no sentido da *invalidade total* da *locação*, que será válida, apenas reduzida, *ex lege*, na sua cláusula de tempo, tal como acontece com outras *reduções legais* (p. ex., arts. 559-2, 631-2, 1130-1 e 1146-3 CC).

II – A proibição, porém, de se exceder o *prazo máximo* (cf. art. 1025) não implica que não possa a lei prever, como efetivamente prevê, contratos de arrendamento estipulados por *tempo indeterminado*.

[23] Abelo, *Trattato della locazione*, Napoli-Torino, 1915-1917, 2ª ed., p. 19; Fubini, *Il contrato di locazione di cose*, Milano, 1910-1917, 2ª ed., I, p. 250; Guarino, *Locazione*, Casa Editrice Dr. Francesco Vallardi, Milano, 1965, p. 32, nota 19; Lazzara, *Il contratto di locazione* (Profilli dogmatici), Milano, 1961, pp. 158 ss; Giannastasio, *Della locazione*, Firenze, 1947, p. 235; Giuseppe Mirabelli, *La locazione*, UIET, Torino, 1972, p. 268; Andrea Tabet, *La locazione conduzione*, Giuffrè, Milano, 1972, p. 279; Giovanni Silvio Coco, *Locazione (dir. priv.) – Enc. del diritto*, Giuffrè, 1974, XXIV, p. 940 e autores que cita.

[24] Giuseppe Mirabelli, *Locazione*, UTET, Torino, 1972, p. 269; Andrea Tabet, *La locazione-conduzione*, Giuffrè, Milano, 1972, p. 279; Giovanni Silvio Coco, *Locazione (dir. priv.) – Enc. del diritto*, Giuffrè, Milano, 1974, XXIV, p. 941.

[25] Sobre o ponto, veja-se F. M. Pereira Coelho, *Arrendamento* (ed. pol.), Coimbra, 1988, p. 10.

Após a Lei nº 6/2006, foi expressamente admitida esta categoria de contratos de *duração indeterminada*, que foi mantida com a Lei nº 31/2012 e com a Lei nº 43/2017 (arts. 1099-1103 CC).

Poderá, à primeira vista, duvidar-se da sua legitimidade em face do elemento temporâneo constante da definição legal: se é essencial a obrigação de proporcionar um *gozo temporário*, dir-se-á que isto será inconciliável com uma *indeterminação de tempo*.

A questão discutiu-se na doutrina italiana, aceitando-se hoje em dia que aquilo que poderia pôr em xeque o carácter temporário seria a suscetibilidade de se por termo à relação locatícia sem se dar tempo a que o *locatário* tirasse da coisa o *uso* que convencionalmente se tinha em vista.

Assim, desde que se admita que a *denúncia do senhorio* tenha um *pré-aviso* equilibrado e adequado, nada obstará à legitimidade da convenção de *duração indeterminada*[26].

Na nossa lei, isto é adequadamente preservado, ao estabelecer-se que a *denúncia ad nutum* do *senhorio* só poderá ocorrer mediante um *pré-aviso* de *cinco anos* (art. 1101, al. *c)*).

Também não é essencial à validade do contrato que se estipule expressamente o período de duração de um contrato de arrendamento, porque a lei contém disposições supletivas que proveem a tal omissão com adequadas *presunções legais*.

Assim, na *locação*, em princípio, "entende-se que o prazo de duração do contrato é igual à unidade de tempo a que corresponde a retribuição fixada" (art. 1026) e, por seu turno, os contratos de *arrendamento para habitação* em que se tenha omitido o seu prazo de duração, consideram-se "*celebrados com prazo certo, pelo período de cinco anos*" (art. 1094-3 CC), enquanto os para *arrendamentos não habitacionais* se têm por "*celebrados com prazo certo, pelo período de cinco anos*" (art. 1110-3 CC).

Ainda no que particularmente toca à *locação de bens imóveis* (*arrendamento*), o mesmo carácter *temporário* não a impede de prorrogar-se sucessivamente, pois a nossa lei estabelece expressamente, para esta espécie, no art. 1054-1 CC, que, "*findo o prazo do arrendamento, o contrato renova-se por períodos sucessivos, se nenhuma das partes o tiver denunciado no tempo e pela forma convencionados ou designados na lei*".

Naturalmente, se a prorrogação conduz, na prática, a uma duração superior a *trinta anos* sem que alguma das partes a isso se possa opor é tema que importa ao disposto no art. 1025 e de que então nos ocuparemos.

III – Voltando-nos para a *duração mínima*, não há, na lei, como para a *duração máxima*, qualquer previsão de duração mínima da locação, em geral, ou do arrendamento em particular.

[26] V., sobre o ponto, Giuseppe Mirabelli, *Locazione*, UTET, Torino, 1972, p. 535-537; Andrea Tabet, *La locazione-conduzione*, Giuffrè, Milano, 1972, p. 285-288

Temos apenas, quanto a este, a norma do art. 1096-2 a dispor que os contratos de *arrendamento para habitação* de prazo não superior a 30 dias não estão sujeitos a renovação, salvo cláusula em contrário.

Quer isto dizer que a nossa lei admite a existência de contratos de duração não superior a 30 dias. Ela está, aliás, aqui a pensar em *arrendamentos* para *curtos períodos de férias*, mas, por outro lado, não sofre dúvida a legitimidade de *arrendamentos* por lapsos ainda mais breves.

Fora disso e com inteira observância legal, surgem os *arrendamentos de espaços* para a *realização de eventos*: casamentos, congressos, assembleias gerais, etc.

Tudo dependerá do fim concreto para que é contratado o *arrendamento*.

No tocante, por seu turno, ao *aluguer*, a lei não estabelece, aí, qualquer limite mínimo de duração que, normalmente, será muito mais breve do que acolá, como a *locação* de uma *bicicleta* ou de um *veículo automóvel*.

Apenas um limite mínimo se exclui da duração do instituto: o da *duração instantânea*.

Em semelhante hipótese o *locatário* não poderá chegar a ter qualquer *uso* e, sendo assim, o contrato será irremediavelmente *nulo*, por *impossibilidade do objeto* nos termos em que é contratado (art. 280-1 CC).

8. A retribuição

O último elemento da definição legal de *locação*, na nossa ordem jurídica, é constituído pela *retribuição* a que fica o *locatário* obrigado, em contrapartida do *gozo temporário da coisa*, que lhe é facultado pelo *locador*

É um requisito essencial à composição da figura locativo. Não há *locações* gratuitas. Toda a *locaçao* é necessariamente onerosa. Por isso se distingue do *comodato* que, aliás, é um *contrato real quoad efectum* (arts. 1129-1141 CC)

Sempre assim foi, de resto.

Na *locatio conductio rei*, a remuneração era constituída pela *merces* que, no que veio a chamar-se *locatio conductio operarum*, deu origem ao *mercenarium*, porventura um trabalhador livre, mas muito próximo da servidão. O trabalho intelectual era, em Roma, de condição superior, sendo prestado através de *mandato gratuito* (*operae liberales*), ou remunerado com um *honorarium*, que só já na época clássica pôde ser reclamado em juízo por uma *cognitio extra ordinem*[27].

Curiosamente, da *merces* romana vieram a nossa *mercê*, uma forma de retribuição real de serviços prestados à Coroa, e as atuais *mercês honoríficas* – ao passo que a retribuição vulgar e "plebeia" da *locação* se designa agora, na ordem positiva, ou como *renda* ou como *aluguer* (al. *a)* do art. 1038 e arts. 1039 e ss CC), consoante se trate ou de um *arrendamento* (*locação de coisa imóvel*) ou de um *aluguer* (*locação de coisa móvel*).

[27] Luigi Amirante, *Locazione (in generale) (diritto romano) – Enc. del diritto*, Giuffrè-Milano, 1963, IX, p. 994.

A primeira denuncia o carácter *fracionário* da *retribuição*, que é *normal*, embora não *essencial*, concebendo-se *locações* de retribuição *una tantum*. O contrato de *aluguer* tem geralmente esta característica, que não é incompatível, com o próprio *arrendamento* – e é ainda legítima, em princípio, a acumulação de *prestação periódica* com *soma inicial*[28].

Na doutrina estrangeira, é frequente aproximarem-se as diferentes prestações retributivas de que é passível a *locação* ao vocábulo usado no Código de Napoleão – *preço* (*prix*) – e importado por outros Códigos, como o espanhol e o italiano de 1865.

A respeito do último, pondera a doutrina que, com o vocábulo *preço*, se inculcava a ideia de uma *prestação pecuniária*, tendo levado, por vezes a duvidar-se de que se estaria em presença de verdadeira *locação* quando a retribuição fosse constituída por uma prestação diferente de uma *soma em dinheiro*[29].

A dúvida desapareceu quando, com o Código de 1942, se substituiu a palavra *prezzo* pelo vocábulo, de sentido mais amplo, *corrispettivo*.

Salienta-se deste modo que não se descaracteriza a *locação* pelo facto de a obrigação de proporcionar o *uso*, por parte do *locador*, ter por contrapartida uma prestação diferente da *soma pecuniária*: uma prestação *em espécie*, uma prestação de *coisa indivisível*, ou uma prestação *de facere*.

Esta conceção é, em princípio, facilmente transponível para o nosso Direito, que fugiu aqui visivelmente à influência do Código de Napoleão, e vem adotando tradicionalmente a palavra *retribuição*, em vez de *preço*.

É assim que, já no Código Civil de 1867, se declarava, relativamente ao *locador*, que celebrava o contrato "mediante certa retribuição" (art. 1595) e se proclama, no Código vigente, ser a obrigação do *locador* assumida "mediante retribuição" (art. 1022).

> Analogamente ao que se verifica entre nós com o termo *retribuição*, que constitui um *género* que se desdobra nas *espécies* de *renda* e *aluguer*, também em outras ordens jurídicas, ou na respetiva doutrina, o conceito genérico admite por vezes denominações específicas ou particularizadas: *aluguel*, no Brasil; *renta* ou *alquiler*, em Espanha; *pigione* e *fitto*, na Itália; mas *loyer* (do latim, *locarium*), na França, e *Mietzins*, nos países de expressão germânica.

I – Se a aceção ampla em que a nossa lei se refere à *retribuição* locativa permite caracterizar como verdadeira *locação* casos em que a contraprestação do gozo não constitua uma *soma em dinheiro*, nem por isso deixam de surgir, na prática, certas figuras de fronteira em que não será fácil destrinçar se há efetiva *locação* ou um contrato diferente.

[28] Andrea Tabet, *Locazione (in generale) (dir. civ.)* – *Novis Dig. It.*, UTET, 1963, vol. IX, p. 1009.
[29] Neste sentido, designadamente, Giuseppe Mirabelli, *La locazione*, UTET, 1972, p. 493.

Com um conceituado autor italiano[30], podemos reconduzir a três as hipóteses em que a dúvida pode pôr-se com mais acuidade:

a) – *Retribuição* por *quota de frutos*;

b) – *Retribuição* consistente em prestação de *coisa indivisível*, objetiva ou subjetivamente;

c) – *Retribuição* estabelecida numa *prestação de serviço*.

A – A *retribuição* por *quota de frutos* (o *fitto*, da terminologia italiana) é própria do contrato que se chama *parceria* – a qual, constituindo incontestavelmente uma modalidade da *locação*, umas vezes, na nossa lei, acaba por ter tratamento autónomo, formando um contrato *sui generis* (ex., a *parceria pecuária* dos arts. 1023 ss CC), noutras, é expressamente proibida como acontece a propósito do *arrendamento rural* (art. 36-1[31] do Decreto-Lei nº 294/2009, de 13 de outubro).

B – No caso específico de um *aluguer* ou *arrendamento* de prestação *una tantum*, a *indivisibilidade da remuneração* não constituirá obstáculo intransponível ao preenchimento de uma verdadeira *locação*.

No próprio *arrendamento* do mesmo prédio ou fração a uma *pluralidade de arrendatários*, uma vez que nesse caso a *conjunção* é o seu princípio legal, a *renda* manter-se-á fiel à regra da *divisibilidade* – e, mesmo quando se tenha clausulado a *solidariedade*, o que se verifica não é uma *indivisibilidade*, mas simples *solidariedade passiva*[32].

Note-se, porém que, segundo a melhor doutrina, é sempre de considerar que a prestação fracionada não tem a natureza jurídica de uma *prestação de trato sucessivo*, e não estará sujeita, consequentemente, às normas respeitantes a prestações desse tipo, como as dos arts. 934 a 936 CC. Segundo o melhor entendimento, a *renda* tem, com efeito, a natureza jurídica de uma *prestação unitária fracionada*[33].

C – O caso mais complicado é o de a *retribuição* do *gozo* da *coisa* se reconduzir a uma *prestação de facere* e, mais concretamente, quando consista numa *prestação de trabalho subordinado*.

Tradicionalmente, a doutrina estrangeira vinha recomendando que se atendesse ao interesse primordial tido em vista. Se, por exemplo, a habitação for dada como o meio indispensável ao exercício da *prestação laboral*, como no caso dos *porteiros* de prédios urbanos, dos *caseiros* das quintas, ou outros análogos, embora não seja de afastar, de todo, a suscetibilidade de enquadramento na *locação* ou até, num esquema de coligação negocial,

[30] Giuseppe Mirabelli, *La locazione*, UTET, 1972, p. 494.

[31] Reza assim: "É proibida a celebração de contratos de parceria e de contratos mistos de arrendamento e parceria".

[32] Giuseppe Mirabelli, *La locazione*, UTET, 1972, p. 494, nota 4.

[33] Giuseppe Mirabelli, *La locazione*, UTET, Torino, 1972, p. 493.

deveria antes propender-se, em princípio, para não se ver aí uma *locação*, constituindo o gozo da casa a remuneração ou parte da remuneração da *prestação laboral*.

À luz do nosso Direito positivo, deve assinalar-se que, para a tese do *contrato misto* aponta muito claramente a expressa previsão constante da al. *g)* do novo art. 1051 CC do *caso de caducidade* do contrato.

II – Na definição do Código de Seabra, qualificava-se a *retribuição* locativa de *certa*, e no Decreto nº 5:411 de *determinada* – mas o Código vigente rejeitou qualquer destas expressões, referindo a *retribuição* sem a adjetivar (arts. 1022 e 1038, al. *a)*).

Isto levou a doutrina a sustentar, entre nós, que não tem ela de ser *certa* nem *determinada*[34].

Cremos, todavia, que deve ser esclarecido e precisado este ponto.

A *locação* é um contrato essencialmente *oneroso*, incompatível com a sujeição da *retribuição* a um facto de verificação incerta. Não poderia continuar a qualificar-se como *locação* o contrato com uma cláusula que, em determinadas hipóteses, isente o *locatário* de remunerar o *gozo* da *coisa*.

A *remuneração* não pode, pois, deixar nunca de existir ou de estar presente na *locação*. O nosso Código não precisou de afirmá-lo expressamente pois, ao estabelecer que deverá o *gozo* temporário da *coisa* ser feito "mediante retribuição", *ipso facto* proclamou esta como indissociável daquela obrigação – e, portanto, como certa, *hoc sensu*, isto é, como um elemento *que tem sempre de existir*, que não pode ficar dependente da verificação de um facto *incertus an*.

III – Questão distinta é a de saber se terá de ser também *determinada*. Tradicionalmente, vinha-se sustentando que não tinha a *renda*, forçosamente, de ser *determinada*, bastando que fosse *determinável*, de acordo com critérios fixados no *contrato*[35].

A exigência desta determinabilidade contratual veio a ser controvertida nos tribunais. Dispondo-se para a *compra e venda* que, não estando o preço fixado por entidade pública nem tendo sido convencionado o modo da sua determinação, valerá como preço contratual o que normalmente praticar o vendedor, à data da conclusão do contrato ou, na falta dele, o do mercado da bolsa e, na insuficiência destas regras, o determinado pelo tribunal, segundo *juízos de equidade* (art. 883-1 CC) e, preceituando-se por outro lado, no art. 939 CC, que são aplicáveis as normas da *compra e venda* aos outros *contratos onerosos* pelos quais

[34] F. M. Pereira Coelho, *Arrendamento*, 1984, p. 12 e 1988, p. 14; Pires de Lima/Antunes Varela, *Código Civil Anotado*, II, Coimbra editora, 1986, pág. 362 e 4ª ed. rev. at., 1997, p. 340.

[35] José Pinto Loureiro, *Tratado da Locação*, II, Coimbra Editora, 1946, pp. 72-73. No mesmo sentido: F. M. Pereira Coelho, *Arrendamento*, 1984, p. 12 e 1988, p. 14. Em orientação algo semelhante, Pires de Lima/Antunes Varela, *Código Civil Anotado*, II, Coimbra Editora, 1986, p. 365, e 1997, II, p. 343.

se alienam bens ou se estabeleçam *encargos* sobre eles, já se sustentou em juízo a aplicabilidade deste processo à fixação da *renda*, quando o contrato fosse omisso sobre o ponto.

O SUPREMO rejeitou, porém, esta construção[36], com o voto de vencido do Conselheiro PEDRO LIMA CLUNY[37]. Considerou que, para haver *arrendamento*, é preciso que dos termos do contrato resulte ou a determinação do quantitativo da retribuição a pagar pelo *arrendatário* ou um critério objetivo que permita operar tal determinação ulteriormente – e, nestes termos, faltando a determinação ou o critério, estaremos unicamente em presença de *negociações preliminares*, não podendo considerar-se concluído o *contrato de arrendamento*, "por falta de acordo num requisito essencial do negócio"[38].

Pela nossa parte, afigura-se-nos antes que a falta de acordo quanto a um critério de fixação da *renda* só seria relevante se a lei imperativamente o exigisse – e não é esse o caso. Por um lado, o Código Civil eliminou, no seu art. 1022, a exigência de *determinação*, que constava da lei anterior. Por outro, foi mesmo ao extremo de estabelecer uma norma supletiva – a do seu art. 883 – que lhe será aplicável pela remissão do art. 939, embora a letra deste não se adapte, *apertis verbis*, ao *contrato de locação*.

Bem vistas as coisas, a verdade é que não se encontra uma razão suficientemente forte para o afastamento desta aplicação ao nosso contrato – e, portanto, para não se considerar perfeita e válida a *locação* concluída em termos definitivos e logo posta em execução, em que se tenha diferido para momento ulterior um acordo sobre a determinação da *retribuição*[39].

[36] Ac. de 17-2-1983 (*BMJ* nº 324, p. 565).

[37] Que, aliás, apoiou o seu voto em doutrina na verdade omissa a tal respeito, pois a obra de JANUÁRIO GOMES, *Constituição da Relação de Arrendamento Urbano*, Almedina, 1980, pp. 70 ss., que cita, não contém qualquer referência à determinação da renda pelos critérios postos no art. 883-1 CC para a compra e venda, como se debatia concretamente no aresto em apreço.

[38] *BMJ cit.*, p. 568. Importa não confundir, no entanto, *negociação preliminar* com *negócio definitivo inválido*, por vício de um elemento essencial, nomeadamente por *indeterminação do objeto* (art. 280 CC).
Num contrato celebrado em termos definitivos, a falta ou vício de um requisito essencial insuscetível de integração afeta a sua *validade*, não a sua qualidade de *negócio definitivo*. O facto de se deixar para ulterior determinação algum dos pontos do objeto do contrato não lhe confere automaticamente a natureza de *contrato preliminar*. Este problema resolve-se pela interpretação do negócio jurídico. É ela que nos dirá se estaremos perante meras *negociações preliminares* ou antes em face de um *contrato definitivo*, eventualmente ferido de invalidade, por indeterminação do objeto (art. 280 CC).
Suposto que as partes quiseram mesmo vincular-se definitivamente (*in casu*, este ponto tinha a seu favor a circunstância, entre outras, de ter sido dado começo de execução ao contrato), chegar-se-ia assim à questão crucial: a de saber se a lei exige, efetivamente, a *determinação* ou *determinabilidade*, no próprio contrato, da *renda*. No caso afirmativo, estaríamos perante uma *invalidade* contratual.

[39] Em sentido um pouco diferente, PIRES DE LIMA/ANTUNES VARELA (*Código Civil Anotado*, II, 4ª ed., Coimbra Editora, 1997, p. 343), apelando para o disposto no art. 232 CC que, todavia, nos

IV – Também importa assinalar, por outro lado, que *determinação* não se identifica necessariamente com a ideia de *fixidez*. Retribuição *determinada* não quer dizer que tenha de ser *fixa*, isto é, *invariável*, sempre a mesma.

Daí, que seja, em princípio, admissível a estipulação, no contrato, de *rendas escalonadas*. Para certas espécies de *locação* e mais concretamente em relação ao *arrendamento urbano*, esta faculdade poderá, em certos casos particulares, ser posta em crise, como oportunamente veremos – mas, em linha de princípio, na *locação*, em geral, a faculdade de determinação de uma *retribuição escalonada* segundo certo critério afigura-se perfeitamente admissível – o que também pode, hoje em dia, ocorrer até mesmo em alguns *arrendamentos urbanos*.

Também, por outro lado, se afigura perfeitamente admissível, num *arrendamento não habitacional*, a estipulação de uma *renda variável*, em função do rendimento obtido pelo *arrendatário* no *bem arrendado*.

V – A *retribuição* poderá ser constituída, como se disse, por *quaisquer bens económicos* – uma *coisa* ou uma *prestação*, um *dare* ou *facere* do *locatário*, até mesmo, quando isso não esteja concretamente proibido e não conduza à configuração de um novo tipo legal de contrato, uma *quota de frutos*.

Em hipóteses especiais, no entanto, a nossa lei impõe, tradicionalmente que seja constituída por uma *prestação pecuniária* (art. 1075-1 CC), como no *arrendamento urbano*, ou passou a a ter essa natureza, como no *arrendamento rural* (art. 11-1 do Decreto-Lei nº 294/2009, de 13 de outubro).

A *quota-parte* que não seja constituída por uma quota de *frutos naturais* levará antes, em princípio, à integração da figura típica que tem o *nomen iuris* de *associação em participação*.

No atual art. 1075-1 CC, declara-se simplesmente que será constituída, como veremos, por "*uma prestação pecuniária periódica*".

VI – Embora a *retribuição* constitua a contrapartida do *gozo do locatário*, não é imperioso que as duas realidades se equivalham – mas sendo aquela insignificante (*numo uno*) comparativamente com o *gozo da coisa*, indiciará uma *simulação* ou um *negócio indireto*, podendo inclusivamente ocorrer um *negotium mixtum cum donatione*.

Caberá apurar então se, no caso concreto, predomina o intento de *liberalidade* ou de *retribuição locativa*. Na primeira hipótese, o contrato deverá ser disciplinado como uma *doação modal*; na segunda, como *locação*[40].

parece que nem sempre, na prática, poderá ser decisivo, como o ilustrará o caso do acórdão referido no texto e na nota anterior.

[40] É a doutrina sustentada em Itália por Geovanni Silvio Coco, *Locazione (dir. priv.) – Enc. del diritto*, Giuffrè, Milano, 1974, XXI, p. 962.

Assim, o "arrendamento" feito pela municipalidade vienense à *Organização das Nações Unidas*, das grandiosas instalações ocupadas por esta *Organização* na cidade de Viena, pela renda de 1 *schilling*, por ano (atualmente, € 1,00), é tudo menos um *arrendamento*.

VII – A retribuição denomina-se especificamente, na *locação*, em geral, ou no *arrendamento*, em particular, de *renda*.

Efetiva-se pelo seu *pagamento* – o qual vem disciplinado, para a primeira, nos arts.1039-1042 e, para o *arrendamento*, nos arts.1075 e 1076, para cujos comentários remetemos o desenvolvimento deste tema concreto.

9. O universo arrendatício

Como resulta do que deixamos exposto acima, a *locação*, em geral, e o *arrendamento urbano*, em particular, são atual e fundamentalmente disciplinados no Código Civil, de onde o *arrendamento urbano* (arts. 1083 ss) tinha sido retirado pelo RAU e para onde, depois, foi louvavelmente reconduzido pela Lei nº 6/2006

Aí formam, hoje, os arts. 1022 a 1113 que, depois dessa lei têm sofrido alterações de redação e até acrescento de preceitos, sucessivamente, pela Lei nº 31/2012, de 14 de agosto, pela Lei nº 79/2014 a que se seguiram as introduzidas pela Lei nº 43/2017, e, por fim, e mais ambiciosamente, proclamando um propósito de "corrigir situações de desequilíbrio entre arrendatários e senhorios", "reforçar a segurança e a estabilidade do arrendamento urbano e a proteger arrendatários em situação de especial fragilidade", em doze artigos e aditamento de dois, pela Lei nº 13/2019, de 12 de fevereiro.

Naturalmente, a par desta disciplina fundamental, há ainda a mencionar um vasto acervo de diplomas complementares de que valerá a pena salientar, como mais importantes, os seguintes:

a) – O vasto corpo de normas formado com a Lei nº 6/2006, denominado *Novo Regime do Arrendamento Urbano*, vulgarmente denominado pela sua sigla, NRAU, que reconduziu ao Código Civil as normas que lhe tinham sido retiradas pelo RAU (art. 3º); normas de *Direito transitório*, preceitos aplicáveis aos *arrendamentos vinculísticos* remanescentes e ao processo de despejo e de injunção;

A este diploma, porém, seguiu-se um vasto oceano de legislação complementar e, por vezes, corretiva, de que começaremos por enunciar:

b) – o Decreto-Lei nº 157/2006, de 8 de agosto (com as alterações introduzidas pelo Decreto-Lei nº 306/2009, de 23 de outubro, pela Lei nº 30/2012, de 14 de agosto, pela Lei nº 79/2014, de 19 de dezembro, pela Lei nº 43/2017, de 14 de junho e pela Lei nº 13/2019), que regulamenta o regime jurídico aplicável à "denúncia do contrato de arrendamento para demolição ou realização de obra de remodelação ou restauro profundos, nos termos do nº 11 do art. 1103, o aplicável à realização de obras coercivas ou à edificação em prédio rústico arrendado e não sujeito a regime especial;

c) – o Decreto-Lei nº 158/2006, de 8 de agosto (com as alterações introduzidas pelo Decreto-Lei nº 266-C, de 31 de dezembro e pela Lei nº 79/2014, de 19 de dezembro), que estabelece os regimes jurídicos de determinação do *rendimento anual bruto corrigido* (RABC) do agregado familiar do *arrendatário* e da atribuição de *subsídio de renda*;

d) – o Decreto-Lei nº 159/2006, de 8 de agosto, que estabelece os casos em que um prédio urbano é considerado devoluto, para efeitos de aplicação da taxa do Imposto Municipal sobre Imóveis (IMI);

e) – o Decreto-Lei nº 160/2006, de 8 de agosto (com as alterações introduzidas pelo Decreto-Lei nº 266-C/2012, de 31 de dezembro), que regula os elementos que devem constar do contrato de arrendamento e os requisitos a que deve obedecer a sua celebração;

f) – a Portaria nº 1192-A/2006, de 3 de novembro, a estabelecer o modelo único simplificado de pedidos e comunicações do *senhorio* ou do *arrendatário* para avaliação fiscal do prédio arrendado e para outros fins;

g) – a Portaria nº 1192-B/2006, de 3 de novembro, a estabelecer a ficha de avaliação que integra os elementos do prédio ou fração arrendada para determinação do nível de conservação;

h) – a Lei nº 30/2012, de 14 de agosto, da mesma data da Lei nº 31/2012, que altera e revoga disposições do Decreto-Lei nº 157/2006;

i) – o Decreto-Lei nº 266-B/2012, de 31 de dezembro, que revogou o Decreto-Lei nº 156/2006, de 8 de agosto e passou a estabelecer o regime legal de determinação do nível de conservação de prédios urbanos:

j) – o Decreto-Lei nº 266-C/2012, de 31 de dezembro, que adapta à Lei nº 31/2012, nos termos do seu art. 12, o Decreto-Lei nº 158/2006 e, bem assim, o Decreto-Lei nº 160/2006 à mesma Lei;

l) – o Decreto-Lei nº 1/2013, de 10 de janeiro, que procede à instalação e à definição das regras de funcionamento do Balcão Nacional do Arrendamento (BNA) e do procedimento especial de despejo;

m) – a Portaria nº 7/2013, de 10 de janeiro, a estabelecer a composição do mapa do pessoal do BNA;

n) – a Portaria nº 9/2013, de 10 de janeiro, que regulamenta vários aspetos do procedimento especial de despejo;

o) – a Portaria nº 226/2013, de 12 de julho, a aprovar o modelo do pedido de emissão da declaração de RABC do agregado familiar do arrendatário, o modelo de declaração do valor do RABC e a estabelecer os procedimentos relativos à entrega do pedido e à emissão da declaração, bem como os meios admissíveis para a prova de que o arrendatário é uma microentidade;

p) – a Lei nº 79/2014, de 19 de dezembro, que procedeu à alteração dos arts. 1072 e 1103 do CC, na redação que tinham com a Lei nº 31/2012, e de várias disposições dos Decretos-Leis n.os 157/2006 e 158/2006;

q) – a Lei nº 43/2017, de 14 de junho, que procedeu à alteração dos arts. 9º, 10,12, 35; 36; 54 NRAU, a que aditou ainda um art. 57-A; alterou a redação dos arts. 4º; 6º; 8ª e 25, do Decreto-Lei nº 157/2006, aditou-lhe um art. 9º-A, revogou-lhe o nº 7 do seu art. 8º e republicou o diploma; alterou a redação do art. 1083-3: aditou ao art. 1084 um nº 5; alterou a redação do art. 1094-3 e do art. 1103-4-6, *a)* e *b)*-8;

r) – a Portaria nº 3/2018, de 3 de janeiro, que estabeleceu os fatores de correção extraordinária das rendas aplicáveis nesse ano.

s) – a Lei nº 30/2018, de 16 de julho, que estabelece o regime extraordinário e transitório para proteção de pessoas idosas ou com deficiência que sejam arrendatárias e residam no mesmo locado há mais de quinze anos, à data da sua entrada em vigor;

t) – a Lei nº 64/2018, de 29 de outubro, que garante o exercício do *direito de preferência* pelos *arrendatários habitacionais* de prédios não constituídos em propriedade horizontal, em alteração do art. 1091 CC;

u) – a Lei nº 2/2019, de 9 de janeiro, a autorizar o Governo a aprovar um regime especial de tributação que preveja a isenção de tributação de rendimentos prediais decorrentes do arrendamento ou subarrendamento habitacional no âmbito do *Programa de Arrendamento Acessível*;

v) – a Lei nº 3/2019, da mesma data, que altera o CIRS, reduzindo aos rendimentos prediais decorrentes de arrendamento com duração igual ou superior a *dois anos* e inferior a *cinco, dois pontos percentuais* da respetiva taxa autónoma e, por cada renovação com igual duração é aplicada uma redução de *dois pontos percentuais*, até ao limite de *catorze pontos percentuais*; ao com duração superior a *cinco anos* e inferior a *dez, cinco pontos percentuais e, por cada renovação* de igual duração, é aplicada a redução de *cinco pontos* percentuais até ao limite de *catorze pontos* percentuais; ao com duração igual ou superior a *dez anos* e inferior a *vinte anos*, uma redução de *catorze pontos*; aos, por fim, com uma duração superior a *vinte anos*, uma redução de *dezoito pontos*;

x) – a Portaria nº 110/2019, de 12 de abril, que regulamenta os termos e condições previstas nos n.os 2, 3, 4 e 5 do art. 72 do Código do IRS.

y) – o Decreto-Lei nº 66/2019, de 21 de maio, que altera regras a aplicáveis à intimação de execução de obras de manutenção, reabilitação ou demolição e respetiva execução coerciva;

z) – o Decreto-Lei nº 68/2019, de 22 de maio, que cria o *Programa de Arrendamento Acessível*, estabelecendo as condições da sua aplicação.

A gestão deste programa é atribuída ao Instituto da Habitação e da Reabilitação Urbana, I.P. (IHRU, I.P.), primitivamente denominado Instituto Nacional de Habitação, incorporando ainda o IGHAPE e a DGEMN, que se constituiu através do Decreto-Lei nº 223/2007, de 30 de maio.

No uso da sua competência cabe-lhe celebrar contratos de *arrendamento habitacional* ou *subarrendamento* de prédios urbanos ou suas partes, mistos ou frações autónomas pertencentes a entidades públicas ou privadas, para *residência permanente*, pelo prazo mínimo de *cinco anos* renováveis ou *residência temporária de estudantes do ensino superior*, intervindo como *prestador* ou *em representação do proprietário*.

O limite específico do preço da renda, objeto de seguro obrigatório, quando não seja o IHRU o *arrendatário*, corresponderá 80% do valor de referência do preço de renda de habitação por tipologia, a definir por Portaria e os contratos fazem-se por apresentação de candidaturas, tendo em atenção o rendimento do agregado habitacional pretendente.

za) – o Decreto-Lei nº 69/2019, de 22 de maio, que fixa o regime especial dos contratos de seguro do *Programa de Arrendamento Acessível*;

zb) – a Portaria nº 175/2019, de 6 de junho, que estabelece regulamentação das disposições do Decreto-Lei nº 68/2019, de 22 de maio, relativas ao registo de candidatura ao *Programa de Arrendamento Acessível*;

zc) – a Portaria nº 176/2019, de 6 de junho, que regulamenta as disposições do Decreto-Lei nº 68/2019, de 22 de maio, relativas aos limites de renda aplicáveis no âmbito do *Programa de Arrendamento Acessível*;

zd) – a Portaria nº 177/2019, de6 de junho que procede à regulamentação das disposições do Decreto-Lei nº 68/2019, de 22 de maio, relativas à inscrição de alojamentos no Programa de Arrendamento Acessível;

ze) – a Portaria nº 179/2019, de 7 de junho, que estabelece os requisitos das garantias do seguro do *Programa do Arrendamento Acessível*.

zf) – Em suma, a Lei nº 43/2019, de 21 de junho, que faz uma interpretação autêntica do nº 7 do artigo 1041, e a chamada *Lei de Bases da Habitação*, a Lei nº 83/2010, de 3 de setembro.

10. Casos duvidosos

A larga cópia de diplomas acabados de referir respeita estritamente à espécie locativa que constitui o *arrendamento urbano*.

Embora o CC mantenha, na redação atual, um capítulo dedicado ao *contrato de locação*, certo é que se desinteressou do *aluguer*, bem como de arrendamentos como o *arrendamento rural*, que foi remetido para disciplina avulsa: a Lei nº 80/2009, de 14 de agosto e o Decreto-Lei nº 294/2009, de 13 de outubro.

I – Na versão primitiva do Código, tinham-se excluído ainda da sua regulação arrendatícia *arrendamentos urbanos* como os de prédios do Estado, os por curtos períodos de férias ou para outros fins especiais transitórios, os relativos à casa habitada pelo *senhorio* por período correspondente à sua ausência temporária e os sujeitos a legislação especial.

Hoje em dia, porém, não há disposição legal prevendo análoga exceção nem parece que faça falta.

Os arrendamentos de prédios do Estado, têm a sua disciplina em diplomas próprios.

Aqueles em que o Estado, em vez de *senhorio*, era *arrendatário*, já se consideravam então, uniformemente, submetidos ao regime geral do *arrendamento urbano*.

Os *arrendamentos por curtos períodos* só eram referidos particularmente porque se pretendia afastá-los do *vinculismo*, visto que não duravam o tempo suficiente para preencher o conceito de *habitação*, que exige uma *duração estável*, que integre a *morada*, a *residência* ou o *domicílio*; cessados os vínculos arrendatícios, desapareceu essa necessidade e a lei limitou-se agora a referi-los, no art. 1096-2, para decretar que, *salvo cláusula em contrário*, não estão sujeitos à *prorrogação legal* – o que se justifica plenamente porque, na realidade, não integram uma *habitação*.

O *arrendamento de casa habitada pelo senhorio*, por período correspondente à sua *ausência temporária*, também só tinha sido referido para o excecionar ao *vinculismo*, submetendo-se hoje, portanto, às mesmas normas do *arrendamento habitacional*, em geral.

Por último, os *arrendamentos sujeitos a legislação especial*, desde que, por definição, estavam sujeitos a legislação própria, nem sequer tinham que ser excecionados.

II – Ao invés, há certas relações de uso remunerado de uma coisa que, não tendo lei própria e não consistindo num *prédio urbano ou fração* nem em *prédio rústico não sujeito a regime especial* (art. 1108), quando se entenda que integrem uma verdadeira e própria locação, justamente nos interrogaremos se não deverão efetivamente enquadrar-se nesta disciplina legislativa.

Várias serão estas hipóteses.

Assim, a *utilização da superfície da fachada* ou de um *muro de prédio urbano*, a que nos referimos acima (cf. *supra*, 5-I, *sub* este mesmo artigo), constituindo, em si, como se viu, um efetivo *arrendamento urbano*, submete-se a esta regulação arrendatícia

Outro tanto diremos acerca da *afixação de cartazes publicitários*, ou da aplicação de apoios no telhado de prédio urbano para implantação de estruturas de anúncios luminosos.

Do mesmo modo, a concessão de *bancas de venda num mercado* ou de uso de *frigoríficos de um armazém* em que perca o presumível locatário a detenção de tais instrumentos nos intervalos em que se encontram encerrados o mercado ou o armazém estarão também sujeitos às presentes normas locatícia,

No tocante aos assim chamados "alugueres de cofres", em bancos, que, como se viu (cf. *supra*, 5, *sub* este mesmo artigo), parecem integrar também *contratos de locação*, do mesmo modo se sujeitarão ao regime do *arrendamento urbano*.

11. O vinculismo arrendatício e a tardia liberalização posterior

No discurso anterior temos já, por vezes, referido o *vinculismo*.

Que vem isso a ser?

Que relação terá com o *arrendamento urbano*?

Em tempos menos recentes, o *arrendamento* constituía-se normalmente mediante um contrato, com as suas normas próprias, é claro – mas que tradicionalmente beneficiavam, com a maior amplitude, como as dos outros contratos, em geral, do *princípio da autonomia da vontade*.

Com base neste princípio, as partes eram livres de o celebrarem, ou não celebrarem; de estabelecerem o seu programa, preenchendo-lhe o conteúdo como bem lhes parecesse; de o combinarem com outros tipos ou variantes negociais, compondo modelos próprios, e, em suma, de escolherem a pessoa com quem quisessem contratar.

Sendo *temporário* por natureza, o contrato cessava, findo o prazo estabelecido, só podendo *prorrogar-se* quando ambas as partes nisso concordassem.

Não havia, por conseguinte, *bloqueio* da *renda* primitiva – que, por outro lado, era contratada livremente e sem subordinação a qualquer *tabelamento* legal.

No Código Civil de SEABRA, estes princípios encontravam ainda plena consagração (arts. 1614, 1616, 1618, 1624).

I – Com o desenrolar da I Grande Guerra, porém, nos países envolvidos no conflito, ou por ele afetados, estabeleceram-se circunstâncias que vieram pô-los em crise.

De começo, foi imperioso assegurar aos mobilizados e suas famílias a *conservação da casa de habitação*; não, porém, apenas isso: as devastações da guerra reduziram os parques urbanos extravasando para os *arrendamentos não habitacionais* a necessidade de providências protecionistas.

Deste modo, por volta de 1915 surge na Europa legislação arrendatícia restringindo severamente a *liberdade contratual* prontamente generalizada a todos os arrendamentos de *prédios urbanos* – não apenas aos destinados à *habitação* – e não só nos Estados beligerantes, mas também em outros países influenciados pelo mesmo condicionalismo.

A mais importante das restrições foi a imposição de e impreterível *prorrogação legal* dos contratos de *arrendamento*, por parte do *senhorio*, findo o prazo que tinha sido convencionado.

Complementarmente, estabeleceu-se o *bloqueio da renda* primitivamente fixada, que assim deixou de acompanhar a desvalorização da moeda, sem prejuízo de eventuais ajustamentos, sempre controlados pelo Estado, em tabelamentos periódicos de atualização – e cercou-se, por fim, o conteúdo dos contratos de uma teia de *normas injuntivas* protetoras do *arrendatário*.

Como estas providências legislativas foram essencialmente limitativas da *liberdade contratual*, substituindo-a em boa parte por *ius cogens* e impondo restrições, ou *vínculos*, à *autonomia privada*, vieram os *arrendamentos* afetados por semelhante legislação a receber modernamente, na doutrina, a designação de *arrendamentos vinculísticos*[41].

Marcados pelas circunstâncias, os *vínculos* foram decretados como puras *exigências da conjuntura*, e expressamente taxados de *transitórios*, inserindo-se numa legislação que,

[41] A nossa primeira obra denominou-se por isso, precisamente, de *Curso de Direito dos Arrendamentos Vinculísticos*, Almedina, 1984 e 2ª ed., 1988.
Sobre o tema: TABET, *Locazioni vincolistiche (Novis.Dig.Italiano*, 1963, IX, pp. 1045 ss.); F. LAZZARO/R. PRENDEN/M. VARRONE, *Le locazioni in regime vincolistico*, Giuffrè, 1978, 2ª edição.

pelo seu carácter excecional, um Autor italiano veio a qualificar de *assintática*[42], e de que podemos assinalar, como pontos de referência principais, as matrizes seguintes:

a) – *Prorrogação legal* do contrato, sempre que pelo *arrendatário* não seja afastada;

b) – *Bloqueio da renda* e controlo do seu ulterior aumento, em vista da desvalorização da moeda, dentro de condicionantes periodicamente definidas pelo Estado;

c) – Carácter de *ordem pública* do regime jurídico do contrato;

d) – Afirmação da sua *natureza excecional* e *transitória*.

Apesar de *transitória*, a legislação *vinculística* foi perdurando na Europa, até eclodir a II Guerra Mundial – e, assim, com esta se formou, de novo, o circunstancialismo que é o seu *caldo de cultura*: população mobilizada para as frentes de batalha, devastação do parque imobiliário, inflação.

A legislação *vinculística* logrou, deste modo, novo alento – mas, depois, bastante mais tarde, a situação foi voltando lentamente à normalidade e, com isso, está ultimamente a assistir-se não só à colocação em causa do seu fundamento atual e eficácia, pela doutrina mais recente e pelos próprios tribunais constitucionais, como ainda à promulgação de novas leis, de nítido pendor para o afrouxamento dos *vínculos* e ensaiando o retorno ao liberalismo arrendatício.

À fase em que nos encontramos, pode hoje dizer-se de restabelecimento da liberdade contratual em matéria arrendatícia, erradicando-se o carácter *assintático*, mas estabelecendo-se *providências transitórias* de liquidação para as franjas sociais de menores rendimentos e idades mais avançadas, com base no rendimento do *agregado familiar*.

II – É vulgar ouvir-se dizer que o *vinculismo* foi implantado, entre nós, com Salazar. É um erro.

A – *Decreto de 12 de novembro de 1910*. Ele despontou logo com o Decreto de 12 de novembro de 1910, escassas cinco semanas após a implantação da República e bem antes de o resto da Europa o ter começado a aplicar.

Veio no bojo da revolução republicana.

Com esse decreto, inaugurou-se também uma era de *disciplina avulsa do arrendamento urbano*, que vai durar mais de meio século, até ao Código Civil do Estado Novo.

Na verdade, aquele diploma regulou então largamente o instituto, quer na sua vertente *habitacional* quer na *não habitacional*, tendo constituído, incipientemente, embora, o nosso primeiro código arrendatício que, na prática, veio a ser designado como a *Lei do Inquilinato*[43].

[42] A expressão é de Antonio Guarino, *Locazione* (*Trattato di Diritto Civile*, diretto da Giuseppe Grosso e Francesco Santoro-Passarelli), Casa Editrice Dr. Francesco Vallardi, 1965, p. 21.

[43] Impropriamente, pois dispunha tanto para o *arrendamento habitacional* como para o *não habitacional*: etimologicamente, *inquilino*, como temos advertido, é apenas o *arrendatário habitacional*.

Começou por exigir, para a celebração dos respetivos contratos, até aí não sujeitos a qualquer exigência formal[44], sempre, a forma de "documento autêntico ou autenticado", apenas substituída, nas freguesias onde não houvesse notário, por *documento particular* assinado, além de pelas partes, também por duas testemunhas e na presença de qualquer funcionário do Estado ou de indivíduo que "presida a corporação com autoridade pública" (art. 2º).

Estabeleceu que a *renda* passaria a ser sempre paga em dinheiro de "*moeda portuguesa corrente à data do pagamento*" (art. 6º), e regulou, ao longo dos seus 41 artigos, os pontos fundamentais do regime arrendatício urbano, inclusivamente os relativos ao *processo de despejo.*

Em suma, instituiu um incipiente *vinculismo,* que só em 1915, no contexto da I Grande Guerra, iria despontar no resto da Europa envolvida no conflito.

Os princípios restritivos que lhe estabeleceu foram os seguintes:

a) – Declarou-se o carácter de ordem pública do arrendamento de prédios urbanos (art. 39);

b) – Instituiu-se, para vigorar imediatamente, um *bloqueio de rendas,* sob tutela criminal (art. 9º);

c) – Criminalizou-se o recebimento de *chave,* pelo *senhorio* (caução pecuniária a mais do que a antecipação de renda paga ao mês), com a pena do art. 454 CP, de então – sintomaticamente, o *abuso de confiança sobre menores ou interditos* (§ 4º do art. 5º);

d) – Impôs-se ao *senhorio* que se opusesse à prorrogação do *contrato de arrendamento não habitacional* a obrigação de satisfazer ao *arrendatário* uma *indemnização,* sempre que, por facto deste, "a casa arrendada se encontrar em circunstâncias de valer mais renda do que valia ao tempo em que se fez o arrendamento" (art. 33);

e) – Consagrou-se o instituto do *trespasse de estabelecimentos comerciais,* sem autorização do *senhorio* (§ 4º do art. 33).

Criou-lhe, assim, uma apertada e bem definida armadura normativa.

Dispôs para todo o território do país. Abrangeu o universo dos arrendatários: *habitacionais* e *não habitacionais.*

Beneficiou o *arrendatário,* independentemente dos seus meios de fortuna.

Sujeitou os respetivos contratos a um sistema de disposições legais subtraídas à *autonomia privada.*

Impôs pesada sanção criminal ao *senhorio* que recebesse *antecipação de renda* que não fosse paga ao mês, ou qualquer quantia a título de *chave.*

Estabeleceu em suma, para os *arrendamentos não habitacionais,* duas muito significativas providências: a atribuição ao *arrendatário não habitacional,* no termo do contrato, de

[44] "O contrato de locação não está sujeito a prova especial, como já o não estava por direito anterior" – Jose Dias Ferreira, *Codigo Civil Portuguez Annotado,* IV, Imprensa Nacional, Lisboa, 1875, p. 54.

uma *indemnização correspondente ao aumento locativo* que teria proporcionado ao prédio arrendado, e o *trespasse de estabelecimento comercial*, que já antes se tinha tentado introduzir, mas sem êxito.

Todavia, por sobre toda esta monumental armadura vinculística, inteiramente alheia ao rendimento dos *arrendatários*, não havia mais, no fundo, do que um *brinde revolucionário* aos *arrendatários urbanos* – não obstante ter sido qualificada com vivo apreço pelos pensadores de esquerda. BARBOSA DE MAGALHÃES, por exemplo, referiu-a jubilosamente, quarenta anos depois, como "lei verdadeiramente republicana e de carácter socialista"[45], e de "orientação socialista"[46].

O *vínculo da prorrogação forçada* ficou, no entanto, por estabelecer, e o *bloqueio de rendas* foi imposto para durar apenas *um ano*, a contar da data da publicação do diploma (corpo do art. 9º).

Em cada novo contrato, que se celebrasse, poderia o *senhorio* exigir a renda *que lhe conviesse* (citado preceito).

Mas o fermento estava lá; a ideia tinha-se esboçado.

O seu efeito notável foi, portanto, o de ter constituído, afinal, o tiro de partida para o *vinculismo* português. As suas grandes linhas ficaram aí traçadas, com uma especial atenção dedicada à *forma dos contratos* (que se estendeu pouco depois pelo Decreto de 18 de novembro de 1910 e pelo de 5 de dezembro do mesmo ano), numa forte preocupação por podê-los identificar, na prática[47].

[45] *Parecer e projeto do antigo relator da Comissão de Legislação Civil e Comercial da Câmara de Deputados* (*Gaz. Rel. Lx,ª*, [1917-1918], p. 243).

[46] JOSÉ MARIA VILHENA BARBOSA DE MAGALHÃES, *Do estabelecimento Comercial*, Edições Ática, Lisboa, 1951, p. 44.

[47] De qualquer maneira, a lei despertou uma viva reação pública, de que BARBOSA DE MAGALHÃES deu conta no Relatório que elaborou, como Presidente da Comissão de Legislação Civil e Comercial da Câmara de Deputados, sobre a Proposta CATANHO DE MENEZES, de 1-9-1915, nos expressivos termos registados por PINTO LOUREIRO, no seu *Tratado da Locação*, I, Coimbra Editora Limitada, 1946, pp. 55-56, n. 2: "foi ela objeto de viva campanha, uma das maiores que se têm feito contra as leis, no nosso regime...não houve defeito que se lhe não assacasse; não havia inconveniente que ela não cometesse; o direito de propriedade era violado, desrespeitado, espezinhado; os senhorios eram espoliados...E, no entanto, seguiu-se um caminho que o nosso país foi o primeiro a percorrer".
Como prontamente se vê, BARBOSA DE MAGALHÃES não se dava conta de que o *vinculismo* só pode encontrar justificação no *estado de necessidade* ocorrido na Europa com a I Grande Guerra, muito diferente da que se verificava com a implantação da República em 1910.
Não era de admirar, porém, este entusiasmo doutrinal. Em pleno final do século XX, como daremos conta adiante (cf. *infra*, n. 270), quando já há seis anos, para os novos contratos que se estavam a celebrar, se tinha, entre nós, deixado de impor o *vinculismo habitacional*, há um ano, o *não habitacional*, ainda um dos mais insignes e lúcidos juristas desse século nos ameaçava, nas páginas da prestigiosa *Revista de Legislação e Jurisprudência*, com os *excessos de capitalismo selvagem* que seriam "tanto mais frequentes quanto mais facilitado for enquanto a carência de habitações

B – ***Decreto nº 12:079, de 23 de novembro de 1914.*** Nesta linha de orientação, o Decreto nº 1:079, de 23 de novembro de 1914, em total *vinculismo*, para vigorar "enquanto subsistir a crise que o motiva" (art. 6º), determinou ser proibido aos *senhorios* elevarem, na renovação dos contratos então em vigor, e nos que depois viessem a celebrar, os montantes das rendas que, à data da sua publicação, não ultrapassassem 18$00 mensais, em Lisboa; 15$00, no Porto; 10$00 nas outras cidades, e 5$00, em suma, em todas as restantes partes do país (arts. 1º e 2º).

C – ***Lei nº 828, de 28 de setembro de 1917.*** A seguir, com a Lei nº 828, de 28 de Setembro de 1917, a legislar expressamente para "*enquanto durar o estado de guerra e até seis meses depois de assinado o tratado de paz*" (art. 9º), manteve-se a vigência do diploma anterior, proibindo-se além disso, nas *renovações* ou em *futuros contratos*, entre outros, os aumentos de rendas que, posteriormente àquele diploma, não excedessem 25$00 mensais, em Lisboa; 20$00 no Porto; 13$00 nas outras cidades e 8$00 nas restantes terras, declarando-se ainda ser expressamente proibido aos *senhorios* e *sublocadores* "intentarem ações de despejo que se fundem em não convir-lhes a continuação do arrendamento" (art. 2º). É, pois, com este diploma que nasce, entre nós, o *vínculo* da *prorrogação forçada*, até aí timidamente evitado.

D – ***Decreto nº 5:411, de 17 de abril de 1919.*** Sucedeu-lhe o Decreto nº 4:499, de 27 de junho de 1918, mas o mais importante diploma a assinalar é o Decreto nº 5:411, de 17 de abril de 1919.

Foi este um parto difícil. Ainda em 1911 e no seguimento do Decreto de 12-11-1910, tinha sido criada, pela Portaria de 23 de janeiro daquele ano, do então ministro da justiça AFFONSO COSTA, uma vasta comissão composta por CATANHO DE MENEZES, por parte dos proprietários de Lisboa; DIAS FERRÃO, por parte dos do Porto; tenente-coronel SOUSA PINTO, por parte dos "inquilinos" de Lisboa; MORAES CARVELA, por parte dos "inquilinos" do Porto; advogado AMARO CONDE, contador RIBAS DE AVELLAR e o chefe de repartição BARBOSA DE MAGALHÃES, com o encargo de "codificar todas as disposições em vigor sobre arrendamento de prédios urbanos", de recolher e apreciar as propostas ou reclamações que o diploma tivesse suscitado e elaborar o seu relatório, "sem alteração porém dos princípios em que assenta a legislação".

Sem embargo da urgência posta na incumbência, só em 1915 se concluiu o trabalho, que CATANHO DE MENEZES, nessa altura ministro da justiça, apresentou à Câmara de Deputados, com as alterações que lhe introduziu, como Proposta de Lei de 1 de setembro de 1915.

persistir, o regresso do arrendamento ao regime da renda livre e da denúncia a curto prazo pelo próprio senhorio – retorno que aquele autor compreensivelmente tem preconizado".

Aí, foi objeto de um desenvolvido relatório do Presidente da Comissão de Legislação Civil e Comercial, que era então BARBOSA DE MAGALHÃES, mas a proposta perdeu-se durante largos anos pelos corredores da Câmara, até que, finalmente, sendo então ministro da justiça ANTÓNIO GRANJO, aproveitou-se o trabalho de BARBOSA DE MAGALHÃES, com algumas alterações, e deste modo se promulgou, enfim, o Decreto nº 5:411, de 17 de Abril de 1919, um diploma muito completo, que pode considerar-se o nosso primeiro grande código arrendatício de *prédios rústicos e urbanos*, que vigorou, aliás, por largo tempo.

Coordenou toda a legislação avulsa sobre arrendamento e, invocando a subsistência das circunstâncias de carácter económico e financeiro que motivaram o Decreto nº 1:079 (art. 117), estabeleceu, para os contratos cujas rendas mensais não ultrapassassem, nessa data, os valores de 50$00, em Lisboa; 40$00, no Porto; 20$00 nas outras cidades, e 15$00 nas restantes terras, a proibição de aumento das rendas com a renovação dos respetivos contratos (art. 106).

Os *senhorios* ficaram também proibidos de intentar *ações de despejo* com fundamento em não lhes convir a continuação do arrendamento, agora fosse qual fosse o montante da renda no caso considerado (citado artigo).

Nos futuros contratos a celebrar, continuou a não se poder aumentar o montante praticado no contrato anterior (art. 107).

Previu-se, todavia, a suscetibilidade de *resolução* imediata do contrato pelo *senhorio* quando o *arrendatário* não pagasse a renda; se usasse o prédio para fim distinto do convencionado ou, na falta de convenção, daquele que lhe é próprio; ou quando, por fim, houvesse necessidade de obras no prédio, indispensáveis e urgentes para a sua conservação, que não pudessem executar-se sem que fosse desocupado o prédio.

E – ***Lei nº 1:662, de 4 de setembro de 1924.*** Segue-se-lhe, com interesse pela sua capital importância, a Lei nº 1:662, de 4 de setembro de 1924, que regulou desenvolvidamente, desta feita, apenas o *arrendamento urbano*, introduzindo-lhe alguns, ténues, abrandamentos, a par de agravamentos e estreitamento da malha vinculística.

Assim, enquanto o Decreto nº 5:411 proclamava que não se extinguia o contrato por *morte do arrendatário* (art. 34), a Lei só admitia tal extinção quando ao *arrendatário* não sobrevivesse *cônjuge* ou *parente legitimário* que com ele estivesse habitando há mais de seis meses.

Aceitava ainda, porém, a extinção do contrato na hipótese, não prevista anteriormente, de transmissão do prédio, a título gratuito, a favor de escolas, bibliotecas, museus ou institutos científicos que dele carecessem para as suas instalações (§ 1º do art. 1º).

A sua inovação mais importante, que vai perdurar então por sucessivos diplomas, foi a de criar um rol taxativo dos fundamentos com base nos quais poderia o senhorio resolver o contrato.

Contavam-se nesse número, a *falta de pagamento de renda*; a *sublocação não autorizada*; *sendo o prédio arrendado para habitação,* ter sido aplicado a *fins ilícitos ou desonestos* ou ao exercício de *qualquer comércio ou indústria*; *sendo destinado a comércio ou indústria,* ter sido aplicado a *fins ilícitos ou desonestos* ou a *ramo de comércio ou indústria diverso do estipulado* – e, por fim, à de o *arrendatário* conservar *por mais de um ano* consecutivamente *desabitado* o prédio *destinado a habitação,* ou *encerrado* durante o mesmo prazo o *destinado a comércio ou indústria* (art. 5º, §§1º a 9º).

Fora das hipóteses que permitiam ao *senhorio* resolver o contrato, ficou proibida a propositura de qualquer *ação de despejo* até 31 de Dezembro de 1925 (arts. 5º e 13) – data que depois foi sendo sucessivamente prorrogada, por diversos diplomas, até que, com o Decreto nº 14:630, de 28-11-1927, se estabeleceu a proibição por período indefinido, enquanto não viesse a ser promulgada disposição em contrário.

O Decreto nº 5:411 e a Lei nº 1:662 vigoraram conjuntamente por largos anos, decerto muito para além das circunstâncias económicas e sociais que determinaram a exigência dos *vínculos* que estabeleceram.

F – *Lei nº 2:030, de 22 de junho de 1948.* Outro marco importante no nosso regime vinculístico foi a Lei nº 2:030, de 22 de junho de 1948.

Rejeitado, em 1942, um anteprojeto muito imperfeito (embora talvez mais liberalizante) de Pinto Loureiro, surgiu da iniciativa legislativa do deputado José Gualberto de Sá Carneiro, fundada num anteprojeto seu, o diploma que veio a constituir a Lei nº 2:030, a alargar, até onde a timidez da época o consentiu, as malhas do apertado vinculismo em que se tinha vivido.

Ela não editou qualquer norma acerca da *prorrogação contratual* – assim mantendo, *por omissão,* o princípio da *prorrogação forçada,* que tinha sido instituído, *transitoriamente,* durante a I Grande Guerra.

Consagrou, todavia, um capítulo à *atualização das rendas,* estabelecendo um sistema bastante compartimentado, a distinguir, nas suas grandes linhas:

a) – Os *arrendamentos urbanos de Lisboa e Porto,* dos de outros centros;

b) – Os *para habitação,* dos de outros fins;

c) – As *rendas convencionadas anteriormente a 1 de Janeiro de 1943,* das estipuladas desde essa data.

O processo técnico adotado para a *atualização* foi o de permitir o aumento de rendas até se igualar o montante correspondente ao duodécimo do rendimento ilíquido da matriz, facultando-se em certos casos ao *locador* a suscetibilidade de "correção" desse valor, requerendo para o efeito uma *avaliação fiscal.*

Dentro deste esquema, admitiu-se uma imediata possibilidade de atualização, *em todo o País,* das rendas de prédios *destinados a habitação* (arts. 47 e 48) ou *outros fins* (art. 49), desde que tivessem sido estipuladas *anteriormente a 1 de Janeiro de 1943.*

Quanto às rendas convencionadas *desde 1 de Janeiro de 1943*, destinando-se o *arrendamento a fim distinto do de habitação*, permitiu-se, *em todo o país*, a "correção do rendimento inscrito na matriz, através de avaliações fiscais requeridas pelo locador, de cinco em cinco anos, desde 1 de Janeiro de 1950".

Sendo o arrendamento *para habitação*, foi facultada, no futuro, a *avaliação fiscal* "corretiva", mas *unicamente para as localidades situadas fora de Lisboa e Porto*, porque para os *arrendamentos habitacionais* destas duas grandes cidades foi expressamente negada ao *senhorio* essa opção, *temporariamente* ("enquanto por lei se não facultar ao senhorio a avaliação" - art. 48).

Diga-se por fim que, para qualquer *arrendamento vinculístico*, sempre que por algum motivo viesse ele a cessar, facultava-se ao *senhorio* a suscetibilidade de, em novo arrendamento, estipular a renda que bem lhe parecesse, de acordo com livre jogo do mercado.

G – *Código Civil de 1966.* A Lei nº 2:030 viveu quase vinte anos, até à entrada em vigor do Código Civil de 1966, mas os seus princípios fundamentais foram conservados no novo Código que, nesta matéria, na expressão de um dos seus principais obreiros – o Prof. ANTUNES VARELA – "procurou menos Reformar o instituto que concentrar num texto único toda a regulamentação do arrendamento dispersa por vários diplomas legislativos, sistematizar os diferentes capítulos da locação, eliminar as contradições e sanar as deficiências da legislação vigente, e expurgar a nova lei de todos os preceitos de carácter transitório e de todas as disposições de puro direito local"[48].

Assim, logo no diploma por que foi aprovado, o Decreto-Lei nº 47:344, de 25-11-1966, ficou estatuído que, enquanto não fosse revista "*a situação criada em Lisboa e Porto pela suspensão das avaliações fiscais para o efeito da atualização de rendas dos prédios destinados a habitação*", se manteria "o regime excecional da Lei nº 2:030... quanto a esses arrendamentos" (art. 10) – e prontamente se esclareceu que a manutenção do regime dessa Lei, em relação à atualização das rendas dos prédios situados nas restantes localidades, era igualmente de entender, e só não tinha sido referida por se considerar ser matéria de "puro direito local", a que deveria o Código ser alheio.

Quer dizer: conservou-se o *bloqueio absoluto* das rendas *para habitação* de Lisboa e Porto – e o *mitigado* por correções de *cinco* em *cinco anos* não só para as de *habitação* do resto do país como ainda, em todo o território, para as de arrendamentos *destinados ao comércio, à indústria ou ao exercício de profissão liberal*.

Conservou-se igualmente o vínculo da *prorrogação forçada*, mas agora com carácter *permanente* ou *institucional* (art. 1095 do Código), ao invés da sua natureza *transitória* e *excecional* que por todo o Direito comparado sempre se reconheceu e contra o sábio aviso do Professor INOCÊNCIO GALVÃO TELLES, durante os trabalhos preparatórios: "É possível,

[48] *Do Projeto ao Código Civil* (comunicação feita na Assembleia Nacional, por Sua Excelência o Ministro da Justiça, no dia 26 de novembro de 1966) *BMJ* nº 161, p. 37.

e até provável – ponderou o Insigne Professor – que o princípio aceite a título excecional e provisório, venha a enraizar-se na legislação mesmo para além do eventual desaparecimento das circunstâncias de ordem económica e social que lhe deram origem. Mas ainda é cedo para formular um juízo seguro; e sobretudo não conviria de maneira nenhuma incorporar desde já num código, que por sua natureza aspira à estabilidade, uma solução como esta, que por enquanto se apresenta como anómala e transitória e que constitui na verdade um fundo desvio ao princípio do igual tratamento das partes contraentes. Seria dar solidez ao que ainda não se sabe de certeza se virá a ser definitivo"[49].

Por outro lado, continuou a admitir-se, como já vinha de trás, a subsistência do contrato de *arrendamento para habitação*, apesar da morte do locatário, mas apenas se lhe sobrevivesse cônjuge não separado judicialmente de pessoas e bens ou de facto, ou parentes ou afins na linha reta que com ele vivessem há pelo menos 1 ano (art. 1111 CC).

Tal como já se dispunha na Lei nº 2:030 (art. 45), também o CC aceitou, quanto à *situação de arrendatário*, fosse qual fosse o *regime matrimonial* deste, que não se comunicasse ao outro *cônjuge*, mas poderia acordar-se ou determinar-se que, em caso de *divórcio* ou de *separação judicial de bens*, ela passasse a quem fora *cônjuge* (art. 1110 CC).

Na enumeração dos casos de *resolução do contrato* pelo *senhorio*, não houve, igualmente, inovações de monta (art. 1093 CC), e outro tanto se pode dizer a respeito da *denúncia pelo senhorio*, excecionando o vínculo da *prorrogação forçada*, a qual foi consagrada, no art. 1098 CC, em termos fundamentalmente análogos aos da Lei nº 2:030 (art. 69).

Sobrava portanto unicamente ao *senhorio*, em qualquer modalidade de *arrendamento vinculístico*, a oportunidade de uma cessação do contrato para, em novo *arrendamento* do mesmo prédio, atualizar a sua *renda* – o que então poderia fazer livremente, segundo o simples jogo económico da lei da oferta e da procura.

Deve, todavia, ainda salientar-se que, no CC, se estremou perfeitamente, com o seu primitivo art. 1083, o campo dos *arrendamentos vinculísticos* do dos *não vinculísticos*. Pertenciam ao primeiro todos os *arrendamentos* de *prédios urbanos* (ou mesmo os *rústicos* não rurais, *desde que se não integrassem no elenco de exceções consignadas no nº 2 do preceito*.

As exceções compreendiam:

a) – Os arrendamentos de prédios do Estado;

b) – Os arrendamentos para "habitação por curtos períodos" em praias, termas ou outros lugares de veraneio, ou, em suma, para outros *fins especiais transitórios*;

c) – O arrendamento de casa habitada pelo *senhorio*, feito pelo período correspondente à ausência temporária deste, até ao máximo de *um ano*;

d) – Os arrendamentos sujeitos a legislação especial.

Resultava daí que, além dos arrendamentos especialmente disciplinados no Código pelo seu *fim*, portanto o arrendamento *para habitação* (arts. 1107-1111), o *para comércio ou indústria* (1112-1118) e o *para exercício de profissão liberal* (1119-1120), que formavam aque-

[49] Cf. *Rev.Fac.Dir.Univ.Lxª*, IX, pp. 193-195.

les a que chamámos *arrendamentos vinculísticos típicos*, ainda seriam de considerar como *vinculísticos* outros de fins não especificamente regulados, desde que não coubessem em nenhum dos termos do quadro de exceções acabadas de enumerar. Eram os que costumávamos designar por *arrendamentos vinculísticos atípicos*.

H – ***Revolução de 25 de abril de 1974.*** Em traços largos, foi esta a situação com que se confrontou a Revolução de 74 e, durante o período conturbado que se lhe seguiu, acentuou-se, naturalmente, o *vinculismo*; surgiram as *ocupações selvagens*, legitimadas pelo Poder instituído – até a situação, volvidos alguns anos, ter voltado a serenar.

I – ***Decreto-Lei nº 321-B/90 (RAU).*** Depois de várias promessas não realizadas e de algumas tímidas tentativas frustres, abriu uma nova era rompendo, para o futuro, com o *vinculismo português*, o Decreto-Lei nº 321-B/90, de 15 de outubro de 1990, ao estabelecer, *só para o arrendamento habitacional* – sem jamais se ter explicado a razão determinante desta estranha inversão, pois tudo indicaria que, a haver um hiato legislativo, se começasse pelos *não habitacionais*. – a suscetibilidade de celebração de contratos livremente não prorrogáveis pelo *senhorio*, que denominou, ora *de duração efetiva*, ora *de duração limitada*.

Foi um passo notável, que apenas pecou pelas suas limitações.

Nada justificava deixar de fora os futuros contratos para *fim não habitacional*, como só longos *cinco anos* depois veio a acontecer com o Decreto-Lei nº 257/95, de 30 de setembro.

O legislador não se preocupou muito, aliás, com esta injustificável delonga. Limitou-se a referir, no preâmbulo deste diploma, envergonhadamente, que "*cabe, agora, estender a Reforma aos arrendamentos destinados ao comércio, à indústria e ao exercício de profissões liberais e, bem assim, aos contratos destinados a outros fins não habitacionais*".

Outra limitação do RAU, em nossa opinião, foi a de não ter aproveitado a oportunidade que era a ideal para pôr termo ao *vinculismo* dos arrendamentos anteriores, editando as necessárias medidas sociais de transição que estavam, então, perfeitamente ao alcance do Estado.

Por esta omissão, em várias conferências, qualificámos então o RAU de *lei da oportunidade perdida*. A "audácia" conquistou-nos a "adversidade" de não mais termos voltado a ser convidados por certo setor, que não supúnhamos tão partidário do vinculismo, mas creia-se que, nem por isso, estamos nada arrependidos do "desplante".

De todo o modo, são muito de louvar as conquistas do RAU e do Decreto-Lei nº 257/95, pois, embora não tivessem ido tão longe como seria de esperar que fossem, constituíram decerto, ainda assim, um acontecimento notável e *vieram para ficar*.

J – ***A frustrada Reforma de 2004.*** Deve creditar-se ao efémero Governo Santana Lopes um novo impulso da Reforma do Arrendamento Urbano.

Até aí, a sua conversão em lei foi sujeita a poderosas resistências que a atardaram letalmente.

Dirigiu os trabalhos técnicos de elaboração o Prof. MENEZES CORDEIRO, e foi a única vez, entre as várias Reformas efetuadas, em que tivemos ensejo de modestamente colaborar, a convite seu.

Quando o diploma já estava aprovado, não chegou entretanto a publicar-se, porque a Assembleia da República foi dissolvida para se fazer cair um Governo que tinha afinal uma maioria de suporte no Parlamento.

O teor da lei e alguns dos trabalhos realizados encontram-se, no entanto, publicados[50] – e, das respetivas disposições, ressalta claramente que levava a cabo, não só apreciável aperfeiçoamento técnico ao normativo anterior, como se propunha atacar corajosa e frontalmente o problema dos *arrendamentos vinculísticos.*

Estatuía-se, em diploma complementar, um *Regime de Transição para o Novo Arrendamento Urbano*[51] que abria ao *senhorio* a faculdade de tomar a iniciativa dessa transição com proposta de uma nova renda. (art. 14-1), que o *arrendatário* poderia não aceitar com fundamento em idade superior a 65 anos ou rendimento anual bruto corrigido (RABC) a três ou cinco salários mínimos aferidos comprovados por cópia da última declaração de IRS (art. 20-6).

Só este aspeto representava já uma enorme conquista.

Lembremos que, desde a 1ª edição do nosso *Curso de Direito dos Arrendamentos Vinculísticos*, em 1984, numa pregação de vinte anos no deserto, vínhamos quase isoladamente, criticando o descaso a que o nosso *vinculismo* votava a condição económica do *arrendatário*, "que assim beneficia do bloqueio de rendas, mesmo que seja titular do mais avultado património"[52].

K – *A Lei nº 6/2006, de 27 de fevereiro.* Com a frustração de 2004, eleito um novo Governo, vinha este também animado do intuito de fazer a sua Reforma arrendatícia.

O propósito foi consumado com a Lei nº 6/2006, de 27 de fevereiro.

[50] Cf. *O Direito*, 136º, II-III

[51] Cf. *O Direito*, 136º, II-III, pp. 495-514

[52] Cf. *Curso de Direito dos Arrendamentos Vinculísticos*, Almedina, 1984, p. 154.Por essa altura e por longos anos mais, ensinava-se opostamente numa Universidade pública de referência que o princípio fundamental do Direito arrendatício era "o do melhor tratamento do arrendatário relativamente ao senhorio. Pode dizer-se que, como o Direito do trabalho e por motivos fundamentalmente análogos, o Direito do arrendamento predial não resolve *imparcialmente* os conflitos que surjam no âmbito da relação locativa, antes resolve esses conflitos, muitas vezes, de maneira *parcial*, por saber que o arrendatário é na generalidade dos casos (e para a generalidade dos casos se faz a lei) a parte social e economicamente mais fraca".
Hoje, insuperável, v. António Menezes Cordeiro, Leis do Arrendamento Urbano Anotadas, (coord. de António Menezes Cordeiro), Almedina, 2014, pp. 291-292 – que foi também, o grande obreiro técnico da libertação legal.

Este diploma fundou-se largamente no trabalho que estava feito para a frustrada Reforma de 2004 e não tinha chegado a converter-se em lei, mas foi por vezes prejudicado pelo preconceito ideológico que entretanto o passou a informar, estabelecendo um sistema marcadamente estatista, pesado e burocrático em certos aspetos.

Pretendeu levar a cabo a *atualização das rendas* dos *arrendamentos vinculísticos*, numa estranha réplica do método salazarista de aferição pelo rendimento tributário e, para cúmulo, agravado pela adoção de coeficientes exíguos e requisitos inaceitáveis, como atender-se aos sessenta e cinco anos de idade do *arrendatário*, sem referência ao rendimento respetivo, para uma atualização em *dez anos* (art. 38-3, referido ao art. 37-3 do NRAU), ou admitir-se o faseamento da atualização em *dois anos* relativamente ao *arrendatário* que... não ocupa o local nem tem justificação para o não ocupar (art. 39, referido ao art. 45-1 NRAU).

Atendia-se em geral, para a atualização, ao RABC do agregado familiar, mas confrontado com o valor do espaço arrendado, que seria apurado de novo quando a *avaliação fiscal* existente tivesse sido realizada há mais de *um ano* (art. 32-2 NRAU).

Constituíram-se, para determinação do nível de conservação dos prédios cuja renda se pretendia aumentar, Comissões Arbitrais Municipais (CAM) com uma composição desmesurada: em qualquer concelho de menos de 100.000 habitantes, nada menos de 8 membros e, nos outros, de 11.

No fundo, o processo era tão pesado e moroso que acabou por não ter tido execução prática relevante.

Em dois pontos principais, porém, deve ser louvada: na recondução do articulado ao CC, que o RAU tinha escavacado, mas em 2004 já se propunha emendar a mão, e, na *denúncia* do contrato, que abriu ao *senhorio*, após *cinco anos* sobre a ocorrência de *trespasse*, *locação de estabelecimento* ou alteração em mais de 50% da composição social de *arrendatária sociedade* (art. 1101, al. *c)*, CC, referido ao art. 26-6 NRAU), que também então já se previa, embora numa previsão muito incipiente e limitada.

L – *A Lei nº 31/2012, de 14 de agosto e a subsequente Lei nº 79/2014.* Segundo o nosso ciclo vegetativo que, desde 1851, nos tem feito cair em insolvência, mais ou menos de trinta em trinta anos, chegados a 2011, eis-nos então, mais uma vez, tombados nela, e, com a intervenção externa dos nossos credores e um novo Governo, a situação iria finalmente mudar.

Entre outras obrigações, impuseram-nos então, no *Memorando de Entendimento*, a necessidade de se alterar a Lei nº 6/2006, *a fim de se garantirem obrigações e direitos equilibrados de senhorios e arrendatários.*

Mais especificamente, ditaram a necessidade:

a) – De estabelecer as condições de acordo com as quais deverá ser renegociado o arrendamento habitacional indefinido (vinculístico – *lease open-ended*), incluindo a limitação da possibilidade de transmissão do contrato para familiares em primeiro grau;

b) – Eliminar gradualmente os mecanismos de controlo das rendas, tendo em conta os grupos mais vulneráveis;

c) – Encurtar o prazo do *despejo* para *três meses*.

Foi então editada a Lei nº 31/2012, de 14 de agosto, instituindo:

a) – Um processo efetivamente expedito de se atualizarem significativamente as rendas antigas, atendendo ao valor matricial do prédio e ao rendimento do agregado familiar ou do arrendatário não habitacional;

b) – Um balcão de arrendamento, tendente a cumprir o objetivo de obter despejos em três meses;

c) – A eliminação ou menorização de alguns desequilíbrios da lei existente.

Não temos ainda elementos que nos permitam avaliar os tempos de duração dos processos de despejo, mas podemos já concluir que, no restante, o diploma foi um êxito.

Em nossa opinião, é de creditar-se-lhe:

a) – Para os *arrendamentos vinculísticos* sobrantes, concedeu-se um período de *cinco anos*, findos os quais o *senhorio* poderá requerer a transição do contrato para o NRAU (art. 35-6 NRAU), ocorrência que exigirá a concordância do *arrendatário*, se ele tiver idade igual ou superior a 65 anos ou deficiência com incapacidade igual ou superior a 60% (era. 36-9, al. *b)*);

b) – A atualização, dependente apenas da iniciativa do *senhorio*, mediante a exibição de documento das Finanças comprovando o RABC do agregado, do valor matricial constante da caderneta predial (art. 30, al. *b)*, $NRAU_{2012}$) e de fotocópia do bilhete de identidade ou cartão de cidadão ou de comprovativo de incapacidade, fez-se rapidamente;

c) – Por outro lado, em função dos valores admitidos, as rendas foram atualizadas para valores significativos mas comportáveis.

Numa amostra que recolhemos, num prédio de vários *arrendatários habitacionais*, situado no bairro de Benfica, de Lisboa, com 45 anos de existência e frações iguais entre si, em que apenas seis dos *arrendatários* estavam com rendas antigas:

1) – Todos seis tinham idade superior a 65 anos;

2) – Todos seis pagavam, de renda mensal, entre € 52 e € 55;

3) – Todos seis tinham RABC do agregado familiar superior a 5 RMNA;

4) – Segundo os dados comprovados, as atualizações apuradas fixavam-se entre os € 301,00 e € 319,00;

5) – As *rendas livres* variavam entre os € 550,00 (só uma) e os € 400,00 (a esmagadora maioria);

6) – E o *senhorio* fixou, consoante cada caso particular, um, em € 300,00 e, os outros, em € 250,00 e € 275,00 – firmando-se deste modo a atualização por *acordo das partes*.

Se é visível que estas rendas ainda estão sensivelmente afastadas dos preços de mercado, a verdade é que já podem considerar-se aceitáveis perante o valor irrisório a que o *bloqueio* as tinha conduzido, a ponto de alguns *senhorios* ainda terem contemporizado perante as concretas situações pessoais dos seus *arrendatários*, não aferíveis pelos critérios objetivos da lei.

Pode, na verdade, dizer-se que, em geral, o sistema funcionou e foi acolhido pacificamente e com geral aceitação.

Nesta base, até já nem interessava tanto que cessasse, ou não, o *vinculismo* dentro do lustro então previsto na lei, mas em 2017 alargado para *oito* ou *dez anos*, porque não é propriamente a *prorrogação forçada* que violenta, mas a imposição de uma *renda* que se não afira pelo rendimento do *agregado familiar* que habita o prédio, em comparação com o valor de mercado que merece.

Referimos o *arrendamento habitacional*, que é o ponto mais sensível, mas outro tanto poderá dizer-se, *mutatis mutandis*, a propósito dos *arrendamentos não habitacionais*.

Há ainda a creditar-lhe a manutenção da abertura de 2006 à *denúncia do senhorio* em caso de *trespasse*, *locação de estabelecimento*, a *modificação relevante da composição societária*, e, ainda mais louvavelmente, o alargamento às transmissões *inter vivos* operadas por *profissionais liberais* a pessoas que continuem a exercer a mesma profissão, deixadas então de fora, sem se saber porquê, mas agora muito bem repescadas.

Com esta legislação, fechou-se, pois, um ciclo que durou mais de *cem anos* e de que alguma doutrina, num compreensível pudor, evita de fazer o seu balanço, tão negro ele é.

Pelo contrário, pensamos nós, sem quebra de todo o respeito por essa omissão, ser imprescindível fazê-lo rápida, mas frontalmente. Sem isso, o Direito positivo não avança e os erros passados correrão sérios riscos de, inadvertidamente, se repetirem.

Como se viu, o *vinculismo* nasceu, entre nós, não de uma necessidade sentida, mas com o típico carácter de uma prebenda revolucionária.

Pouco depois, a conjuntura de guerra europeia que só remotamente, no plano arrendatício, tocou ao País, criou, todavia, um clima favorável à conservação e densificação do vinculismo, que se foi, assim, radicando passo a passo no nosso Direito positivo.

Vinte anos depois, SALAZAR condenou-o severamente, nestas palavras certeiras do Relatório da sua Reforma Fiscal: "*com o sistema atual aparece o Estado a fazer uma assistência caríssima a quem precisa e a quem não a merece, parte paga por ele, que aliena uma receita importante, parte paga pelos proprietários, muitos dos quais, antes de poderem fazer caridade, estariam muito em condições de que lha fizessem*"[53].

Mas ficou-se por aqui.

Sem querer, *tinha-se criado uma clientela vasta e poderosa* que, daí por diante, reforçada entretanto pelos chavões revolucionários de 74, iria afastar inexoravelmente qualquer propósito de real Reforma legislativa.

Inquinou boa parte da doutrina.

Propagou-se em grande parte à jurisprudência.

[53] Relatório do Decreto no 16:371, de 15-4-1029.

E assim tivemos um *bloqueio absoluto* de rendas de arrendamento para habitação em Lisboa e Porto que durou *mais de quarenta e três anos.*

Ao longo de tanto tempo e tendo várias vezes atravessado épocas de altíssima inflação, em breve se tornaram, como temos assinalado, numa *despesa muito inferior ao custo do maço de cigarros diário de um fumador*[54] ou à própria *despesa de condomínio* que estivesse a cargo do *locador.*

Em 1985, as *rendas técnicas* estabelecidas pela Câmara Municipal de Lisboa para os *arrendamentos sociais,* que se fixavam segundo o rendimento do *agregado familiar,* atingiam um montante, em regra, *cerca de cinco vezes superior à média das rendas vinculísticas da cidade*[55].

Como não podia deixar de ser, um *vinculismo* tão intenso e prolongado, gerou uma rarefação no mercado arrendatício e na construção imobiliária que nos levou a citar, já em 1988, a seu propósito, a conhecida conclusão do humor britânico de acordo com a qual *as providências de controlo das rendas são as mais eficazes para destruir uma cidade, exceto os bombardeamentos.*

Para além de tudo o mais, foi completamente cego, pois jamais atendeu aos rendimentos do *arrendatário,* a ponto de se terem visto milionários, por vezes também proprietários prediais, habitarem casas arrendadas toda a sua vida, inteiramente a coberto de *rendas bloqueadas,* em detrimento de *senhorias viúvas* sem outros recursos patrimoniais, numa época em que ainda não existia proteção social (senão, como se vê, unicamente a favor de qualquer *arrendatário,* independentemente dos seus meios de fortuna).

Isto não é fantasia.

Conhecemos, pessoalmente, vários casos desses.

Nos *arrendamentos comerciais,* por sucessivos *trespasses,* ao longo de quase um século (ele foi instituído, como se viu, com o Decreto de 12-11-1910 e só veio a ser acautelado, em relação ao *senhorio,* com a Lei nº 6/2006, efemeramente, aliás, todos os *arrendatários comerciantes,* no termo dos respetivos exercícios profissionais, alcançavam, mercê da renda exígua e da localização favorável do prédio, chorudas *transmissões de estabelecimento* com que abençoavam as suas aposentadorias, à custa dos *senhorios* que, rápida e indefinidamente, deixaram de auferir da sua propriedade rendimento digno desse nome.

Em suma, no contexto das legislações europeias mais próximas de nós pela geografia e pela cultura, a nossa, como o vimos proclamando desde a primeira hora, pautou-se como *"a mais imperfeita, a de mais primário e duradouro vinculismo que se conhece"*[56].

[54] Assinalamo-lo já na 2ª ed. do nosso *Curso de Direito dos Arrendamentos Vinculísticos,* 2ª ed., 1988, onde explicamos à razão desta comparação e demos o cálculo para a época (p. 150, n. 21).

[55] Cf. o nosso *Manual do Arrendamento Urbano,* I, 5ª ed., Almedina, 2009, pp. 250-251.

[56] Cf. o nosso *Manual do Arrendamento Urbano,* I, 5ª ed., Almedina, p. 242. O juízo já era o mesmo no *Curso de Direito do Arrendamento Vinculístico,* Almedina, 1984, p. 147, embora por outras palavras não menos significativas: "o seu radicalismo primário – a proteção indiscriminada que dis-

Ao saudarmos a mudança de agulha operada pela Lei nº 31/2012, sob pressão dos nossos credores, pensamos que, por muito gratos que devamos estar à *troica*, pela sua benéfica e determinante imposição, nunca lhe estaremos o suficiente.

M – ***As Leis nº 42/2017 e 43/2017, de 14 de junho.*** Com a formação de um novo Governo, esperava-se por uma Reforma do Arrendamento Urbano marcante da alternância do Poder.

Surgiu ela, prontamente, com as Leis nº 42/2017 e nº 43/2017, ambas de 14 de junho.

A primeira limitou-se a estabelecer o regime de reconhecimento e proteção de estabelecimentos e entidades de interesse histórico e cultural ou social local.

A segunda teve um âmbito mais vasto: alterou em pontos muito restritos a redação dos arts. 1083, 1084, 1094 e 1103 do Código Civil, alguns preceitos da Lei nº 6/2006 e do Decreto-Lei nº 157/2006.

Com ela, em vez de se prosseguir na política de progressiva eliminação do controlo das rendas, abrandaram-se os termos desse processo, adiando a sua consumação: os cinco anos de dilação que se encontravam fixados, passaram para *oito* e *dez anos*.

Entretanto, retocou-se o art. 1083-3 CC, subindo de *dois* para *três* meses a *mora* no *pagamento de renda* por que se torna inexigível ao *senhorio* a manutenção do *arrendamento*; o art. 1084-5 CC, subindo de *um mês* para *60 dias* o prazo de cessação, pelo *arrendatário*, da sua oposição à realização de *obra ordenada pela autoridade*, para que fique sem efeito a *resolução do contrato* pelo *senhorio*; o art. 1094-3 CC, subindo para *cinco anos* o prazo de *dois anos* por que se considerava celebrado o contrato de *prazo certo* em que este seja omisso; e o art. 1103-4-6-8 CC, subindo de 15 para 60 dias o prazo de desocupação pelo *arrendatário*, referido no seu nº 4 anterior; subindo de *um* para *dois anos* de renda a *indemnização do senhorio* prevista no nº 6, al. *a)* do artigo; a garantir o realojamento previsto na al. *b)* desse número por *três anos*, prazo até então não previsto; a estabelecer, em suma, no seu nº 8, que a indemnização a pagar pelo *senhorio*, até aí, com a *desocupação*, agora se satisfaça, *metade*, "após a confirmação da denúncia" e a outra *metade* "no ato da entrega do locado".

Relativamente ao Decreto-Lei nº 157/2006, que tinha sido amplamente remodelado com a Lei nº 79/2014, limitou-se a alterar a redação dos seus arts. 4º, 6º, 8º e 25 e a aditar-lhe um art. 9º-A.

No tocante às *disposições transitórias* do NRAU, para um correto entendimento do seu regime e das suas alterações mais frequentes, importa começar por fixar os seus princípios fundamentais.

A regra básica estabelecida, e que se mantém inalterada com este diploma, é que os *arrendamentos vinculísticos, habitacionais* e *não habitacionais*, conservam essa qualidade.

pensa ao locatário, pelo só facto de o ser, penalizando o senhorio sem uma fundada contrapartida de justiça social".

Como se estabelece no art. 26-1, "*passam a estar submetidos ao NRAU*", com a particularidade de se regerem pelas regras aplicáveis dos *contratos de duração indeterminada*, mas entre outras especificidades, com a de lhes não ser aplicável a al. *c)* do art. 1101 CC (art. 26-4, al. *c)*, NRAU); ou seja, de não poder, assim, o *senhorio* denunciá-los após *cinco anos* de duração do contrato.

a) – Ao nº 7, al. *b)*, do seu art. 9º, a admitir a *comunicação ao arrendatário* da *resolução do contrato* pelo *senhorio*, através de contacto pessoal por *advogado*, *solicitador* ou *agente da execução*, acrescentou que estes deviam estar "comprovadamente mandatados para o efeito";

b) – No nº 1, al. *a)* do art. 10, onde se considerava como realizada a *comunicação* ao *arrendatário*, feita por *carta registada*, quando ele se tivesse recusado a recebê-la, ou quando não a tivesse levantado no prazo previsto no regulamento dos serviços postais, *eliminou-se esta segunda parte*;

c) – Ao nº 1 do art. 12, onde se estabelecia que, se o local arrendado constituir *casa de morada da família*, as comunicações do nº 2 do art. 10 devem ser "dirigidas a cada um dos cônjuges", acrescentou-se a expressão "sob pena de ineficácia";

d) – No nº 1 do art. 35, elevou-se para *oito anos* o prazo de *cinco anos* ali estabelecido para o contrato de *arrendatário* cujo RABC do seu agregado familiar seja inferior a cinco RMA "transitar para o NRAU":

e) – No nº 2, do mesmo artigo, subiu-se igualmente para *oito anos* o período da *renda atualização*;

f) – No mesmo nº 2, mas na al. *ciii)*, relativamente à *atualização da renda* dentro do referido período, que estava prevista para 10% do RABC do agregado familiar, dentro do *limite máximo* de 1/15 do valor do espaço arrendado, e "no caso de o rendimento do agregado familiar ser inferior a € 500 mensais", elevou-se a atualização do RABC para 15% e caso o rendimento mensal familiar seja inferior a € 1000 mensais;

g) – Acrescentou-se uma sub al. *civ)* ao referido número do artigo, a estabelecer os montantes e limites de atualização da renda em 13% do RABC do agregado familiar, sempre dentro do limite de 1/15 do valor do espaço arrendado, quando o rendimento mensal familiar seja inferior a € 750;

h) – Acrescentou-se ainda uma sub al. *cv)* ao referido número do artigo, a estabelecer os montantes e limites de atualização de renda em 10% do RABC do agregado familiar, dentro do limite de 1/15 do valor do espaço arrendado quando o rendimento mensal familiar seja inferior a € 500;

i) – No nº 4 do citado artigo 35, substituiu-se a referência anterior de *cinco anos* até ao ingresso no NRAU, com *renda igual à primeira renda devida*, pelos *oito anos* de carência, no mesmo regime;

j) – No nº 6 do mesmo artigo subiu-se para *oito anos* o prazo de *cinco anos* que, desde 2012, vinha sendo oposto ao *senhorio* para este promover a submissão do contrato ao NRAU;

k) – Na al. *b)* deste nº 6, no silêncio ou na falta de acordo das partes sobre o tipo ou a duração do contrato, estabeleceu-se que este se considera celebrado *com prazo certo*, subindo-se este de *dois* para *cinco anos*;

l) – Na al. *b)* do nº 7 do art. 36, relativo a *arrendatário com mais de 65 anos de idade ou deficiência com grau de incapacidade igual ou superior a 60%*, o *período de vigência da sua renda* que, em 2012, se tinha estabelecido em *cinco anos*, foi alargado para *dez anos*;

m) – Correspondentemente, no nº 9 do mesmo artigo, uma nova *atualização da renda solicitada pelo senhorio*, que podia fazer-se ocorridos *cinco anos*, passou a só poder fazer-se passados *dez anos* sobre a referida no nº 7;

n) – No nº 1 do art. 54, os *cinco anos* que o contrato espera para ser submetido ao NRAU, *na falta de acordo*, quando o arrendatário invoque ser uma microempresa, uma pessoa coletiva de Direito privado sem fins lucrativos ou funciona como uma casa fruída por uma república de estudantes, são elevados para *dez anos*;

o) – No nº 2 do mesmo artigo, os *cinco anos* de duração da primitiva renda, fixada segundo os critérios previstos nas als. *a)* e *b)* do art. 35 NRAU são elevados para *dez anos*.

p) – No nº 6 do mesmo artigo, é igualmente elevado para *dez anos* o período findo o qual o *senhorio* poderá promover a transição do contrato para o NRAU;

q) – Na al. *b)* deste número, o período de *três anos* por que se considerava fixado o *prazo certo* do contrato, no silêncio ou na falta de acordo das partes, eleva-se para *cinco anos*;

r) – Na al. c) do mesmo número, o período de *três anos* em que o *senhorio* pode atualizar as *rendas*, nos termos aí estabelecidos, é aumentado para *cinco anos*;

s) – Por último, foi aditado um art. 57-A ao NRAU, estabelecendo que, "*no caso de morte do arrendatário realojado por efeitos da alínea b) do artigo 1103 do Código Civil por iniciativa do senhorio, o arrendamento não caduca por morte do primitivo arrendatário, aplicando-se-lhe o regime previsto no artigo anterior*".

Neste breve percurso pela Reforma de 2017, que mais impressionará o intérprete familiarizado com o *arrendamento urbano*?

Pela nossa parte, firmamos a ideia de que o legislador não logrou, ainda, enfrentar adequadamente o *vinculismo* remanescente, em particular, no plano do *arrendamento habitacional*.

Pelo contrário, retrocedeu.

Não se conhecem estatísticas fiáveis sobre o tema, sendo no entanto bem de crer que cerca de 99,9% dos *arrendatários habitacionais* já tenham, hoje em dia, mais de *sessenta e cinco anos de idade* ou *deficiência* de comprovado grau de incapacidade igual ou superior a 60%.

Constituem um grupo vulnerável de pessoas e agregados familiares que não podem atirar-se sumariamente para Massamá.

O próprio *Memorando de Entendimento*, de 2012, admitiu que a eliminação do mecanismo de controlo de rendas se faria gradualmente.

Ora, tendo-se, em 2012, estabelecido um prazo de *cinco anos*, para a "admissão ao NRAU", nos casos platónicos de arrendatários de menos de sessenta e cinco anos do art. 35-1-6, esta Lei nº 43/2017, mesmo aí, veio prorrogar tal dilação para *oito anos* – e já se está mesmo a ver que, chegados às vésperas destes *oito anos*, será ela subida, sucessivamente, adiando-se indefinidamente o termo do processo.

Na nossa perspetiva, o problema, não apenas neste caso mas em geral, insere-se obviamente num quadro de *proteção social* que não deverá continuar indefinidamente a cargo do *senhorio*, como tem estado, há mais de um século, entre nós – mas passar para o Estado.

No mais, o diploma cingiu-se a modificações predominantemente cosméticas.

N – Os diplomas reformistas de 2018-2019. Os anos de 2018 e 2019 conheceram uma fertilíssima produção legislativa do arrendamento urbano sempre voltada para a proteção do *arrendatário*, afirmando a necessidade de equilíbrio na sua relação com o *senhorio*, que podemos enumerar, no momento em que escrevemos, referindo os diplomas seguintes:

a) – a Lei nº 30/2018, de 16 de julho, que estabeleceu um regime extraordinária de proteção de *arrendatários idosos* ou com deficiência, diploma este que produziria efeitos unicamente até 31 de março de 2019.

Tão estranho era o diploma que deu azo a especulações sobre o seu objetivo profundo. Veio a ser revogado antes do assinalado termo de vigência, pela Lei nº 13/2019, não se conhecendo que tenha tido, efetivamente, qualquer aplicação prática;

b) – a Lei nº 64/2018 de 29 de outubro, que alterou a redação do art. 1091, especialmente para atribuir ao *arrendatário* de parte de *prédio não constituído em propriedade horizontal*, direito de preferência na sua alienação relativamente à quota-parte correspondente à respetiva permilagem;

c) – a Lei nº 2/2019, de 9 de janeiro, que prepara o anunciado *Programa de Arrendamento Acessível*, autorizando o Governo a aprovar um regime especial de tributação que preveja a sua isenção em arrendamentos decorrentes do referido *Programa*;

d) – a Lei nº 3/2019, de 9 de janeiro, que altera os arts. 9º e 72 do Código de IRS, e estabelece que aos rendimentos prediais decorrentes de contratos de arrendamento de duração igual ou superior a *dois anos* e inferior a *cinco*, é aplicada uma redução de *dois pontos percentuais* da respetiva taxa autónoma – e, por cada renovação com igual duração, uma redução de *dois pontos percentuais* até ao limite de *catorze*; aos decorrentes de contratos de duração igual ou superior a *cinco anos* e inferior a *dez*, uma redução de *cinco pontos percentuais* e, por cada renovação, uma redução de *cinco pontos percentuais* até ao limite de *catorze*; em suma, aos arrendamentos de duração igual ou superior a *dez anos* e inferior a *vinte*, uma redução de *dezoito pontos percentuais*.

Parece visível a modéstia do incentivo perante a enormidade da duração dos respetivos contratos ou suas renovações;

e) – a Lei nº 12/2019, de 12 de fevereiro, que, com aditamento de um art. 13-A e de um art. 13-B ao NRAU, proíbe e pune o assédio ao arrendatário com o objetivo de provocar a desocupação do espaço arrendado;

f) – a Lei nº 13/2019, de 12 de fevereiro, que constitui, verdadeiramente, o diploma de fundo na nova legislação editada.

Autojustifica-se como tendo por objeto corrigir situações de desequilíbrio entre *arrendatários* e *senhorios*, reforçar a segurança e a estabilidade do arrendamento urbano e proteger arrendatários em situação especial de fragilidade – sendo bem de ver que, quanto aos "desequilíbrios", o serão apenas numa perspetiva própria, que não na do legislador anterior, nem, muitas vezes, na de um observador independente.

Alterou, assim, a redação dos arts. 1041, 1069, 1074, 1083, 1095, 1096, 1097, 1098, 1101, 1103, 1104 e 1110 do Código Civil e aditou-lhe os arts. 1067-A e 1110-A.

Estas alterações cifraram-se, fundamentalmente, em alongar prazos em favor do *arrendatário* e a duração do contrato, ao passo que, nos dois artigos adicionados, o primeiro preocupou-se com a não discriminação no acesso ao arrendamento habitacional e o, segundo, em introduzir inovações quanto à *denúncia* pelo *senhorio* do *arrendamento não habitacional* de *duração indeterminada*.

Relativamente ao NRAU, ao Decreto-Lei nº 156/2006 e ao Decreto-Lei nº 157/2006, alterou a redação de alguns dos respetivos preceitos, revogou e aditou outros, sempre no sentido de atribuir ao *arrendatário* um tratamento *mais favorável* do que o até aí vigente;

g) – o Decreto-Lei nº 66/2019, de 21 de maio, que altera as regras da intimação para execução de obras de manutenção, reabilitação ou demolição e sua execução;

h) – O Decreto-Lei nº 68/2019, de 22 de maio, que cria o *Programa do Arrendamento Acessível*;

i) – o Decreto-Lei nº 69/2019, de 22 de maio, que disciplina o regime especial de contratos de seguro de arrendamento acessível;

j) – as Portarias nº 175/2019, de 6 de junho, que regula o registo de candidaturas ao Programa de Arrendamento Acessível; nº 176/2019, da mesma data, que estabelece os limites de rendas do Programa de Arrendamento Acessível; a nº 177/2019, ainda da mesma data, que regula a inscrição de alojamentos do Programa de Arrendamento Acessível; e, em suma, a nº 179/2019, de 7 de junho, que estabelece as garantias do seguro de arrendamento acessível;

k) – a Lei nº 43/2019, de 21 de junho, que decreta uma "interpretação autêntica" do nº 7 do art. 1041 do CC, aditado pela Lei nº 13/2018;

l) – a Lei nº 83/2019, de 3 de setembro, que, culminando a produção legislativa iniciada em 2017, aprova uma denominada *Lei de Bases da Habitação*, promulgada pelo Presidente da República, numa síntese expressiva, "apesar de dúvidas", pelo "seu significado simbólico".

O futuro o dirá, embora, no imediato, se nos apresente como um diploma tecnicamente indigente, como logo o revelam o primário texto do seu art. 2º-1 e a descoordenação deste com o art. 1º, onde se declara o seu objeto como uma garantia de "todos os cidadãos", para depois, naquele preceito, se proclamar que o *direito à habitação* é uma garantia outorgada *independentemente da nacionalidade*.

Intitula-se, além disso, apocrifamente, Lei de Bases, quando foi aprovada unicamente com os votos decisivos de forças extremistas, em vez de por um *acordo de regime*, não passando assim, afinal, de uma simples *Lei Geringonça*.

O – A persistente ambiguidade das expressões "submete-se ao" ou "transita para o NRAU". Importa ainda ter em atenção uma ambiguidade literal do NRAU, que vem já da sua primitiva formulação e que as sucessivas alterações não têm corrigido.

Segundo o disposto art. 26-1 NRAU, os *arrendamentos urbanos* que vinham sendo qualificados de *vinculísticos* "*passam a estar submetidos* ao NRAU".

Depois, no art. 59-1 NRAU, proclama-se ainda que "*o NRAU aplica-se aos contratos celebrados após a sua entrada em vigor, bem como às situações contratuais constituídas que subsistam nessa data, sem prejuízo do previsto nas normas transitórias*".

Quer dizer: tanto os *arrendamentos vinculísticos* como os *arrendamentos livres habitacionais* que tenham sido celebrados após o RAU ou os *não habitacionais* posteriores ao Decreto-Lei nº 257/95, mas que venham a celebrar-se depois da entrada em vigor do NRAU ou cujas relações contratuais subsistam nessa data *passam a disciplinar-se por ele*.

Todavia, em várias disposições particulares seguintes, determina-se, na sua redação atual que, no plano da ambiguidade que vem já, como referimos, da sua primitiva versão:

a) – "*a transição para o* NRAU" e a atualização da renda dos mesmos arrendamentos dependem da iniciativa do *senhorio* (art. 30 NRAU);

b) – a *falta de resposta do arrendatário* vale como aceitação... "*ficando submetido ao NRAU* a partir do 1º dia do segundo mês seguinte..." (art. 31-9 NRAU);

c) – se o *senhorio* aceitar o valor da renda proposto pelo *arrendatário*... o contrato *fica submetido ao NRAU* a partir do 1º dia do 2º mês..." (art. 33-4 NRAU);

d) – "caso o arrendatário invoque e comprove que o RABC do seu agregado familiar é inferior a cinco RMNA, *o contrato só fica submetido ao NRAU* mediante acordo..." (art. 35-1 NRAU);

e) – "findo o prazo de *oito anos*... o *senhorio* pode *promover a transição do contrato para o NRAU*..." (art. 35-6 NRAU);

f) – "...o contrato *só fica submetido ao NRAU* mediante acordo entre as partes..." (art. 36-1 NRAU);

g) – "o contrato *só fica submetido ao NRAU* mediante acordo entre as partes" (al. *b)* do art. 36-9 NRAU);

h) – "*a transição para o NRAU* e a atualização da renda dependem da iniciativa do *senhorio*..." (art. 50 NRAU);

i) – o nº 9 do art. 35 é também aplicável aos arrendamentos não habitacionais;

j) – "caso o arrendatário invoque e comprove... o contrato *só fica submetido ao NRAU* mediante acordo entre as partes..." (art. 54-1 NRAU).

Como compreender isto?

Se os *arrendamentos vinculísticos* passam a submeter-se ao NRAU (art. 26-1 NRAU) e se este se *passa a aplicar* ainda aos *não vinculísticos* (art. 59-1 NRAU), como entender que, nos casos acabados de citar, os primeiros, só em certas circunstâncias *transitem para o NRAU* ou este lhes passe só então a ser aplicado?

Quem já lá estava, ou a ele se encontrava submetido, não pode, logicamente, *transitar* para onde já estava, ou *vir a submeter-se* a ele quando já a ele estava submetido.

E, para mais complicar, estas remissões fazem-se sempre em sigla.

Como entendê-las?

NRAU quer dizer *Novo Regime do Arrendamento Urbano* (art. 1º), o qual, sob um Título I, precisamente epigrafado de *Novo Regime do Arrendamento Urbano*, começou por estabelecer algumas alterações a preceitos reguladores da locação constantes do Código Civil (art. 2º), a que sucedeu o aditamento ao mesmo diploma dos novos preceitos reguladores do *arrendamento urbano* que, pelo RAU, tinham passado a constituir legislação avulsa: os novos arts. 1064 a 1113 (art. 3º); alterações ao Código de Processo Civil de 1961 (art. 4º); aditamento ao mesmo diploma (art. 5º); alteração ao Decreto-Lei nº 287/2003 (art. 6º); alteração ao Código do Imposto Municipal sobre Imóveis (art. 7º); alteração ao Código do Registo Predial (art. 8º); uma sequência de arts. do 9º ao 25, que compuseram um capítulo de *Disposições Gerais*, a que sucederam um Título II, epigrafado de *Normas Transitórias*, que vai do art. 26 ao art. 58 e um Título III, sob a epígrafe *Normas Finais*, que se inicia no art. 59 e finda no art. 65.

E como se tudo isto ainda não bastasse, foram também editados vários *diplomas complementares*: os Decretos-Leis n.os 156, 157, 158, 159, 160 e 161.

Em suma, aquilo que se denomina de *Novo Regime do Arrendamento Urbano* não é uno, mas um vasto e vário complexo de normas que formam, por assim dizer, permita-se-nos a metáfora, uma *galáxia jurídica*.

Com a Reforma de 2012 e, posteriormente, o conjunto manteve-se na sua estrutura fundamental, com alterações e aditamentos de preceitos concretos

Podemos pois salientar que, neste vasto complexo, avultam dois importantes *subsistemas*: o constituído pelas normas que se realojaram no Código Civil, formando os seus arts. 1022 a 1113 impostos pelos arts. 2º e 3º NRAU, e o constante dos arts. 26 a 58, subordinado à epígrafe *Normas transitórias*.

Só neste, como se viu, surgem disposições a mandar *submeter* ou *transitar* os respetivos contratos para o NRAU – e, se analisarmos, de per si, as respetivas hipóteses, verificaremos que tais preceitos de *submissão* ou de *trânsito*, começando por estabelecer que dependem de uma inicial iniciativa do *senhorio* nesse sentido (art. 30 NRAU), resultam depois, cominatoriamente, da *falta de resposta do arrendatário* (art. 31-10 NRAU); do *acordo do senhorio* à renda *proposta pelo arrendatário* (art. 33-4 NRAU); de que, se o RABC do agregado familiar do *arrendatário* for inferior a cinco RMNA se *ele nisso concordar* (art. 35-1 NRAU); de que, findo o prazo de *oito anos*, num contrato de arrendatário de RABC inferior a cinco RMNA, idade inferior a 65 anos e sem incapacidade igual ou superior a 60%, o *senhorio* promova *a transição do contrato para o NRAU,* não podendo o *arrendatário* já então invocar contra isso a sua situação económica, passando o respetivo contrato, na *falta de acordo sobre o seu tipo e duração,* a ser com *prazo certo* por *cinco anos* (art. 35-6, al. *b),* NRAU); de em suma, haver acordo das partes nesse sentido (art. 36-9, al. *b),* e 54-1 NRAU).

Quer dizer: a *transição* ou a *submissão* ao NRAU depende de *desinteresse do arrendatário* não dando resposta à iniciativa do *senhorio,* de assentimento seu, ou do decurso de um período de *regime transitório* que começou por ser de *cinco anos,* em 2012, e passou para *oito,* num caso, de *dez* (art.54-1), em 2017.

Esta hipótese parece elucidativa: findo o período estabelecido, o contrato passa a ser de *prazo certo* por *cinco anos,* se as partes não acordarem noutro tipo e duração.

Isto é: *deixa de ser um arrendamento submetido aos vínculos da prorrogação forçada e da renda legal para passar ao regime arrendatício livre do CC.* Transita ou submete-se ao NRAU quererá portanto dizer, se bem nos parece, que *passa a reger-se pelo subsistema constante do CC.*

P – Breve nota sobre a nomenclatura legal dos arrendamentos urbanos não vinculísticos. Referimos há pouco, acerca da inovação levada a cabo com o Decreto-Lei nº 321-B/90 (RAU), que se passou então a admitir que os *contratos de arrendamento urbano,* a celebrar daí para o futuro, o pudessem ser com "duração efetiva", como começou o legislador por denominá-los (arts. 98-1 e 117-1 RAU, 2º, als. *a)* e *b)* da Lei nº 21/95, de 18 de julho), pensamos que, com pouca felicidade (*duração efetiva* têm todos os contratos, em geral, que se efetivam), depois também designados *de duração limitada* (*v.g.* art. 100-1 RAU, art. 26-3 NRAU, etc.), que diretamente foram contrapostos ainda aos assim chamados *sem duração limitada,* para diretamente se referirem os *arrendamentos vinculísticos* remanescentes; ou ainda, *de prazo certo,* da expressão latina *dies certus* (*v.g.*, arts. 1094; epígrafe da subdivisão I da divisão II da subsecção VII; epígrafe do art. 1095; art. 1096-1, etc.), aqui, não apenas em sinonímia com as duas primeiras denominações, mas também para a contrapor diretamente aos contratos *de duração indeterminada* (arts. 1094-1-2 e 1099-1103).

É toda uma nomenclatura que fez carreira mas que, em nosso parecer, carecerá de alguma afinação.

A contraposição estabelecida no art. 1094-1, de *arrendamento com prazo certo* e *de duração indeterminada* pecará logo porque, à luz do expressamente estabelecido no art. 1025, não há *locações* sem limite temporal.

Duração efetiva, duração limitada, prazo ou *termo certo,* são denominações que só impropriamente se contrapõem a *arrendamentos vinculísticos,* pois também estes se celebraram sempre *a prazo* que, como era da natureza da *locação,* se renovava, findo ele, se nenhuma das partes se tivesse oposto a isso (art. 1054-1).

O que o legislador estabeleceu, em 1910, não foi propriamente, a revogação dos seus prazos, mas a sua geral *prorrogação forçada,* perpetuando aquilo que se contratara, e se continuou sempre a contratar depois disso, sob *dies certus quando.*

E o que inovadoramente se lhes contrapôs, em 1990 e, depois, em 1995, foi permitir daí para o futuro que se celebrassem contratos de arrendamento urbano *de livre prorrogação*.

A estes, passaram a contrapor-se os de *prorrogação forçada* existentes e que veem remanescendo, por prazos sucessivamente adiados.

12. Aplicação da lei arrendatícia no tempo, segundo o NRAU

Quando, com a Lei nº 6/2006 de 27 de fevereiro, se aprovou o Novo *Regime do Arrendamento Urbano* (NRAU), havia, para disciplinar, um velho corpo de de arrendamentos antigos que se encontravam sujeitos ao *vinculismo*; um grupo de contratos de *arrendamento habitacional* que, celebrados após a entrada em vigor do RAU, aprovado pelo Decreto-Lei nº 321-B/90, de 19 de outubro, tinham já sido outorgados sem *vínculos*; e outro ainda, este de *arrendamentos não habitacionais*, firmados no domínio do Decreto-Lei nº 257/95, de 15 de outubro, que puderam também ser concluídos com *duração limitada*.

Foi semelhante vário e vasto complexo de *arrendamentos urbanos* que, acertadamente, se optou por passar a reger-se conjuntamente no diploma entrado em vigor 28 de junho de 2006[57] (art. 65-2), que se denominou de *Novo Regime do Arrendamento Urbano* e que, naturalmente, em vista do acervo vinculístico, teve de conter algumas disposições intertemporais.

Nesta conformidade, desde a primeira hora, estabeleceu uma norma básica de *aplicação da lei arrendatícia no tempo* e que vem sendo repetida nas sucessivas redações que depois veio a ter, geralmente, só com ligeiras diferenças.

De acordo com essa *norma fundamental*, que se consignou no seu art. 59-1, **o NRAU passou a reger os contratos celebrados *posteriormente à sua entrada* em vigor, bem como *as relações contratuais que subsistam nessa data*, "sem prejuizo do previsto nas normas transitórias".**

Comanda ele, portanto, em todas as suas normas, mesmo as *transitórias* que *nele se contêm*, e, por sua força, passam a vigorar.

Nesta base, editou específicas *disposições transitórias*, dispersas por diferentes preceitos em que, por vezes, se torna difícil perscrutar a necessária harmonia de conjunto.

Tentemos concatená-las, subordinando-as aos seguintes pontos cardeais de *aplicação das leis no tempo*.

Começou por estabelecer duas grandes divisões de *normas transitórias*:

a) – A dos *contratos habitacionais* celebrados após a vigência do RAU e dos *não habitacionais*, constituídos sob o domínio do Decreto-Lei nº 257/95, num caso e noutro, anteriores ao NRAU – de que se ocupou no seu art. 26; e

b) – A dos *contratos habitacionais anteriores* àqueles dois diplomas – que regulou minuciosamente nos arts. 27 a 59.

[57] Sobre esta data, no mesmo sentido: Laurinda Gemas/Albertina Pedroso/João Caldeira Jorge, *Arrendamento Urbano*, 3ª ed., Quid Juris, 2009, p. 149.

No desenvolvimento dos dois pontos, não tem sido o legislador, porém, muito ordenado, pois, no primeiro caso, sob a epígrafe do capítulo I do titulo II, "contratos habitacionais celebrados na vigência do Regime do Arrendamento Urbano e contratos celebrados depois do Decreto-Lei nº 257/95, de 30 de setembro", contendo apenas o art. 26, o nº 4 deste preceito regula aspetos específicos de arrendamentos anteriores.

Passemos no entanto à análise do regime posto para cada uma destas duas grandes categorias, começando pelas *normas supletivas* respeitantes aos períodos de renovação dos *contratos de duração limitada* a que se refere o art. 26-3 NRAU, seguindo-se-lhes as restantes hipóteses de *normas supletivas* e os outros casos dispersos pela disciplina do *arrendamento urbano.*

I – ***Arrendamentos anteriores ao NRAU, mas posteriores ao início de vigência do RAU ou do Decreto-Lei nº 257/95: aplicação no tempo das normas supletivas de renovação dos arrendamentos de duração limitada.*** Em matéria de Direito intertemporal, veio o $NRAU_{2006}$ estabelecer, no seu art. 59-3 (reproduzido *ipsis verbis* em 2012 e deixado intocado em 2014, 2017 e 2019), que as *normas supletivas,* nele, contidas só se aplicam aos contratos celebrados, indiferentemente, antes da sua entrada em vigor, quando não sejam "*de sentido oposto ao da norma supletiva vigente, aquando da sua celebração, caso em que é essa a norma aplicável*".

Por que é que se fez prevalecer, entre duas *normas supletivas* de sentido oposto, a vigente ao tempo da celebração, em vez da lei mais moderna e naturalmente mais perfeita, mais justa e mais atual?

Não temos elementos que nos elucidem sobre o fundamento que terá influenciado o legislador mas, uma vez que a lei arrendatícia mais nova, ao desprender-se do *vinculismo,* tende a ser menos favorável ao *arrendatário,* será de crer que decidiu pela *supletiva* de então, para o favorecer.

A hipótese mais intuitiva que então se perspetiva, de contratos anteriores ao NRAU, reportar-se-á aos *arrendamentos de duração limitada*, tanto o *habitacional,* já sob a vigência do RAU, como os *não habitacionais,* ulteriores ao Decreto-Lei nº 257/95, em que se não tenha convencionado a dimensão dos respetivos *períodos de renovação.*

A – ***Arrendamento habitacional*** – Para esta hipótese, estabelecia-se, quanto ao *arrendamento habitacional,* no art. 100-1 RAU, que "*os contratos de duração limitada celebrados nos termos do artigo 98, renovam-se, automaticamente, no fim do prazo e por períodos mínimos de* **três anos***, se outro não estiver especificamente previsto, quando não sejam denunciados por qualquer das partes*".

Sem dúvida, tínhamos aqui uma *norma supletiva,* pois estabelecia um *prazo de renovação,* "*se outro não estiver especialmente previsto*" pelas partes.

Ao surgir, depois, o NRAU, com a Lei nº 6/2006, editou esta, no novo art. 1096-1 CC, para os *contratos de arrendamento habitacional convencionados sob a sua vigência*, que se renovavam por sucessivos *períodos supletivos* também de ***três anos***, "*se outros não estiverem contratualmente previstos*".

Especificamente para os anteriores, celebrados à sombra do RAU, determinou-se ainda, no art. 26-3 $NRAU_{2006}$, à margem do preceituado no art. 59-3 NRAU, que eles se renovavam, quanto ao arrendamento habitacional, "*pelo período de* **três *anos***, *se outro superior não tiver sido previsto*""[58].

Nesta versão, os dois preceitos não se contrariavam limitando-se o primeiro a determinar, repetidamente o que já resultava do segundo: se a norma supletiva do RAU fixava os **três anos** e, depois, o art. 1096_{2006} estabelecia os mesmos **três anos**, uma vez que o art. 59-3 determinava que a norma supletiva anterior só se aplicava quando não fosse de sentido oposto ao da norma vigente, já por ela resultava que o prazo supletivo de três anos, fixado no RAU, permanecia em vigor.

O art. $26\text{-}3_{2006}$, mandando aplicar aos contratos posteriores ao RAU os mesmos **três anos**, repetia, sem dúvida, o comando.

Com a Lei nº 31/2012, neste passo confirmada pela Lei nº 79/2014, de 19 de dezembro e ulteriormente mantida pelas Leis n.os 43/2017 e 13/2019, o art. 26-3, na sua nova redação, reduziu este prazo supletivo para **dois anos**.

Então despontou a contradição entre este preceito e o disposto no art. 59-3.

Ela ficou nessa altura, na verdade, muito clara: enquanto o art. 59-3 manda aplicar a norma supletiva anterior que não seja de sentido oposto à norma vigente (e as duas normas, até aí, não o eram, porque ambas se pautavam pelos **três anos**), o art. 26-3 atual ficou-se pelos **dois anos** que, nitidamente, são de sentido oposto aos **três anos**.

Qual delas deverá prevalecer?

Cremos que a do art. 26-3 por ter, sobre a do art. 59-3, carácter mais especial

Será, portanto, o termo de **dois anos**, em nosso parecer, a periodicidade renovatória supletiva aplicável aos contratos anteriores – mas pôr-se-á uma questão – a de saber se ela continuará a repetir-se, quando vieram a ocorrer, após a vigência de sucessivas legislações que, para as ulteriores prorrogações contratuais supletivas contemplem termos diferentes?

Cremos, pela nossa parte, que, constituindo o nº 3 do art. 26 NRAU uma disposição específica dirigida aos arrendamentos anteriores, deverá ele continuar a aplicar-se, indiferente ao que as novas leis prevejam para os contratos futuros: *generis per speciem derrogatur.*

Deste modo e em resumo, os contratos de *arrendamento para habitação*, celebrados com *duração limitada*, após o RAU, mas antes do NRAU, que desde então vinham a ser renovados *de três em três anos*, continuaram, após o $NRAU_{2006}$, sob a mesma periodicidade até 13 de dezembro de 2012, data em que passaram a ter *prorrogações supletivas* de ***dois em dois anos*** – se outro período, superior, não tiver sido previsto pelas partes– e assim se vão mantendo.

[58] A redação não é a mais cuidada: O termo *superior* deveria ter sido colocado entre vírgulas; doutro modo o adjetivo passa indevidamente a substantivo.

B – ***Arrendamentos não habitacionais.*** Por sua vez, sobre as *normas supletivas* de *renovação tácita* dos *arrendamentos não habitacionais* então especificados em destinados à *atividade comercial ou industrial*, ao *exercício de profissão liberal* ou *outra aplicação lícita* do prédio (art. 3º RAU), principiaram por fixar-se, diferentemente do *arrendamento habitacional*, em período *igual ao da duração limitada* (art. 118-1 RAU, aditado pelo Decreto-Lei nº 257/95): mínimo de *cinco anos* (art. 98-2, *ex vi* do art. 117-2 RAU).

Com o $NRAU_{2006}$, os períodos de *renovação supletiva* dos contratos que se convencionassem desde data da sua entrada em vigor, em 28 de junho desse ano, foram equiparados ao *arrendamento habitacional* (art. 1110-1), fixando-se desse modo em **três anos** (art. 1096-1).

Os anteriores, porém, mas posteriores à entrada em vigor do Decreto-Lei nº 257/95 (6 de outubro de 1995), submeteram-se ao preceituado no seu art. 26-3, o qual estabeleceu, indiferenciadamente para todo o *arrendamento urbano* vindo dessa época, o *período supletivo de renovação* de **três anos**, mas, para os *não habitacionais*, com a particularidade de uma primeira prorrogação de **cinco anos**.

Assim, os que já vinham de trás, há mais de cinco anos e vinham a renovar-se de **cinco em cinco anos**, passaram, depois daquela data, a renovar-se de **três em três anos**, os de transição, naturalmente, com observância do disposto no art. 297-1.

Entretanto, com a Lei nº 79/2014, alterado o art. 26-3, quanto aos *arrendamentos não habitacionais*, fixou-se então em **três anos,** o período de prorrogações supletivas, se outro, superior, não tiver sido previsto – e assim perdura à data em que escrevemos.

II – ***Arrendamentos anteriores ao NRAU, posteriores, ou não, ao RAU ou ao Decreto-Lei nº 257/95.*** Passemos então à análise da aplicação da lei no tempo aos contratos anteriores ao NRAU e sejam, ou não, posteriores ao RAU ou ao Decreto-Lei nº 257/95.

Aqui, comecemos pela aplicação intertemporal de outras *normas supletivas*, desta vez estabelecidas para o *arrendamento urbano* do apontado espaço temporal, mas volveremos ainda o nosso olhar para o Direito intertemporal de submissão às regras do arrendamento de *duração indeterminada*; do *direito de preferência do arrendatário*; do *trespasse, locação de estabelecimento, cessão de posição de arrendatário para exercício de profissão liberal e alteração de posição social em mais de 50%*; de, em suma, *transmissão por morte do arrendatário.*

A – Aplicação no tempo de outras normas supletivas. Sobre este ponto, há uma regra geral a que já temos aludido: "*as normas supletivas constantes do NRAU só se aplicam aos contratos celebrados antes da entrada em vigor da presente lei quando não sejam em sentido oposto ao de norma supletiva vigente aquando da sua celebração, caso em que é essa a norma aplicável*" (art. 59-3 $NRAU_{2006}$, reproduzido, *ipsis verbis*, em 2012 e deixado intocado em 2014, 2017 e 2019).

Como se sabe, *norma supletiva*, é aquela que *dispõe unicamente para a hipótese de as partes não terem declarado a sua vontade em determinado ponto em que poderiam ter-se livremente pronunciado.*

A disposição mais intuitiva de uma norma desta natureza consistirá na determinação de um concreto *conteúdo*, ou de certa *prescrição* que preencha o vazio deixado pela omissão das partes.

E, colmatado esse vazio pela disposição da norma decretada para tal omissão, *completou-se definitivamente o seu comando.*

a – Omissão do período de duração contratual.

1 – ***Arrendamento habitacional.*** É claramente este o caso do art. 1094-3, quando determina, para o *arrendamento habitacional* que, "*no silêncio das partes, o contrato considera-se celebrado com prazo certo, pelo período de cinco anos*".

Para se chegar a esta redação, hoje em vigor (art. 5º da Lei nº 43/2017), tinha-se começado por admitir, no RAU, que as partes de um *arrendamento para habitação* passavam a ter a faculdade de estabelecer um *prazo efetivo* de duração contratual que, todavia, não podia "*ser inferior a cinco anos*" (art. 98 RAU).

Quer dizer que, se o *arrendamento habitacional* então celebrado estabelecia que o contrato era convencionado com *prazo efetivo*, sem o especificar, havia de entender-se que era por *cinco anos*.

Depois, com a Lei nº 6/2006, a *norma supletiva* levada ao art. 1094-3 CC, determinou que, "*no silêncio das partes, o contrato tem-se como celebrado por duração indeterminada*".

E o legislador não se ficou por aqui.

Através da Lei nº 31/2012, o mesmo preceito passou a estabelecer: "*no silêncio das partes, o contrato considera-se celebrado com prazo certo, pelo período de dois anos*"; a Lei nº 43/2017, com a nova redação que imprimiu ao art. 1094-3, substituiu o prazo de *dois* por *cinco anos*; por fim, pelo menos por enquanto – a Lei nº 13/2019 foi omissa sobre o ponto.

Parece então de concluir de tudo isto, quanto à aplicação no tempo destas *normas supletivas*, que os *arrendamentos para habitação*, contratados depois do RAU e antes do $NRAU_{2006}$, com *prazo certo*, mas *sem indicação da sua duração*, de acordo com o referido art. 59-3 NRAU, uma vez que *as duas regras não coincidiam* (a do RAU e a do $NRAU_{2006}$), continuaram a considerar-se celebrados *com prazo certo* e por *cinco anos*.

Pelo contrário, os contratados ulteriormente à Lei nº 6/2006, até ao início de vigência da Lei nº 31/2012, de *duração limitada*, mas com *omissão do seu prazo*, passaram, desde esse período em diante, a considerar-se realizados com *duração indeterminada* (versão do art. art. 1094-3, de 2006), assim permanecendo até hoje, visto a oposição desta norma ao que se foi consignando, como vimos, nas sucessivas reformas, e atento o disposto no art. 59-3 NRAU.

Os convencionados depois de 2012, conservados em 2014, com a mesma impronuncia, passaram a entender-se firmados com o *prazo certo* de *dois anos*.

A seguir, à data em que escrevemos, a Lei nº 43/2017 reverteu o prazo do preceito, como referimos, para os *cinco anos* do RAU mas, os que se tinham celebrado depois de 2012 conservam-se como até aí, visto o disposto no art. 59-3 NRAU.

2 – *Arrendamentos não habitacionais.* Incompreensivelmente, só longos *cinco anos* depois do RAU, com o Decreto-Lei nº 257/95, de 30 de setembro, se permitiu a celebração de contratos de *arrendamento não habitacional* com *duração limitada*, fazendo-se inserir naquele diploma novos arts. 117 a 120, em substituição dos anteriores, dando outra redação aos antigos arts. 117 e 118, que passaram a ser os 121 e 122, e acrescentando-lhes um art. 123, além de outros breves ajustamentos.

Mediante remissão para o art. 98-2 RAU, o *prazo de duração efetiva* ficou então aberto às partes, não podendo, contudo, como nos *habitacionais*, ser inferior a *cinco anos*.

Depois, com a Lei nº 6/2006, remeteu-se a regência da *duração*, *denúncia* e *oposição à renovação*, em geral e na falta de estipulação em contrário, para o disposto relativamente ao *arrendamento habitacional* (art. 1110-1) – mas logo no art. 1110-2 estabeleceu-se, a propósito da sua *duração*, que, "*na falta de estipulação, o contrato considera-se celebrado com prazo certo, pelo período de* dez anos, *não podendo o arrendatário denunciá-lo com antecedência inferior a um ano*".

Sob este aspeto, estabeleceu-se portanto, para a *duração contratual*, um princípio *supletivo* que a subiu para *dez anos*, quando o Decreto-Lei nº 257/95 a tinha limitado a *cinco anos* (art. 98-2, *ex vi* do art. 117-2, 121 e 123 RAU) – prazo de *dez anos* que, segundo a norma do art. 59-3 NRAU não se aplicará, pois, aos *arrendamentos* realizados anteriormente à Lei nº 6/2006, mas apenas aos posteriores a esta.

No vaivém constante e teimoso, que caracteriza a nossa lei em matéria de *arrendamento urbano*, com a Lei nº 31/2012, o *prazo de duração*, na falta de cláusula em contrário, voltou aos *cinco anos* do RAU (art. 1110-2) – e assim, finalmente, ficou em 2014 e 2017.

Deste modo, a *duração supletiva* de *dez anos*, do *arrendamento urbano não habitacional*, só é aplicável aos contratos celebrados entre 2006 e 2012, perguntando-se, no tocante aos concretos casos em que, em 2006, os *cinco anos* do RAU ainda estavam a decorrer, se eles se completarão já na vigência da lei nova ou se, entretanto, se dilatará, com esta lei, para os *dez anos* que entretanto passaram a ser fixados.

Cremos que, à vista do disposto no art. 59-3 NRAU, uma vez que se suscita discrepância entre as duas leis, continuarão esses contratos fiéis aos *cinco anos* que a *supletiva* de origem lhes assinara.

A prevalência deste preceito afasta qualquer tentativa de sujeição da hipótese ao constante do art. 297-1 CC.

Por seu turno, quanto aos *arrendamentos não habitacionais*, celebrados depois de 2006, mas antes de 2012, com *prazo certo* e sem menção de prazo, é de entender-se, de acordo com o citado art. 59-3, como estabelecidos por *dez anos* – e como tal continuarão, independentemente do abrandamento posterior.

b – *Regime de encargos e despesas.* Caso idêntico de *normas supletivas* é ainda, designadamente, o respeitante ao *regime de encargos e despesas* aplicável na *falta de estipulação em contrário*, constante do art. 1078 que, desde a Lei nº 6/2006, foi sendo reproduzido ou mantido nos sucessivos diplomas arrendatícios.

Anteriormente, a versão primitiva do CC limitava-se a estabelecer que "*os encargos da coisa locada, sem embargo de estipulação em contrário, recaem sobre o locador*".

Com a ressalva introduzida pelo inesperado castelhanismo utilizado pelo legislador, admitia-se desse modo a estipulação em contrário, dando ao preceito a nota *supletiva*.

Claramente com o mesmo caracter, decretou-se depois, no RAU (art. 40), que "*as despesas correntes necessárias à fruição das partes comuns do edifício e ao pagamento de serviços de interesse comum podem, por acordo entre as partes, ficar a cargo do arrendatário*".

Portanto, sendo o contrato omisso, essas despesas correriam pelo *senhorio*.

Em 2006, com o novo art. 1078-3 CC, através de uma expressão verbal mais especificada, atribuíram-se esses *encargos* e *despesas*, no omisso do contrato, igualmente ao *senhorio*.

E o mesmo preceito foi reproduzido em 2012 e conservado em 2017.

Aqui, as *normas supletivas* ulteriores, sempre idênticas, decretaram uma imposição semelhante à existente sob o império das primitivas versões do CC e do RAU.

Nos termos da primeira parte da *facti species* do art. 59-3 NRAU, sendo tais normas idênticas às atuais, fica o instituto atido a estas que com elas se identificam.

c – Admissão até três hóspedes no arrendamento habitacional, Noutros casos de arrendamento omisso, porém, não se estabelece um *comando concreto*, preenchendo-se antes o silêncio convencional com a atribuição de uma simples *faculdade* que se pode aproveitar logo ou, pelo contrário, ir-se deixando em aberto, sem a perder de vista.

Exemplo disso era o disposto no art. 76-1, al. *b)*, RAU, segundo o qual, nos *arrendamentos para habitação*, o *inquilino* poderia ter, na casa arrendada, até um máximo de *três hóspedes*, "*salvo cláusula em contrário*".

Neste caso, se o *inquilino* não tivesse, por hipótese, aproveitado a oportunidade. à sombra da lei antiga, que aquela que se lhe seguiu deixou de admitir, perguntar-se-ia se lhe seria lícito, ainda, aproveitá-la já sob o império da lei nova.

Parece claro que, se esta fosse a situação, não seria aplicável a norma intertemporal do art. 59-3 NRAU, porque não se estaria então em presença de um conflito de sucessivas *normas supletivas*, mas de uma *norma supletiva* que deixou de ser sufragada pela lei nova.

Sendo assim, porém, embora com muitas dúvidas, afigura-se-nos de admitir que o *inquilino* poderia ainda, no domínio da ulterior legislação, aproveitar a oportunidade que deixara em branco, uma vez que, como se preceitua no art. 12-1 CC, *a lei nova só dispõe para o futuro*.

Digamos prontamente, porém, que não é tal a hipótese em presença, pois as sucessivas leis de 2006, 2012, e 2017 reproduziram ou mantiveram a *supletiva* do RAU e, deste modo, a *faculdade* persiste e poderá, realmente, só ser aproveitada mesmo já no domínio das sucessivas leis, como se prevê na primeira parte do art. 59-3: as *normas supletivas* ulteriores aplicam-se, se não forem de sentido oposto ao da *supletiva* anterior.

d – *Exercício de indústria doméstica*. Outro exemplo de *norma supletiva* que se preenche por uma *faculdade* aberta ao *arrendatário* é o do art. 1092-1 CC atual, onde se declara que, *"no uso residencial do prédio arrendado inclui-se, salvo cláusula em contrário, o exercício de qualquer indústria doméstica, ainda que tributada"*.

A ela correspondia, no Direto positivo anterior, o preceito constante do primitivo art. 1108-1 CC, segundo o qual *"no uso residencial de prédio arrendado inclui-se o exercício de qualquer indústria doméstica, ainda que tributada"* – o que depois se reproduziu literalmente no art. 75-1 RAU.

Como logo se vê, não se continha nestas duas disposições de então a ressalva de uma *cláusula em contrário*, suscitando logo a questão de saber se elas seriam *injuntivas* ou, pelo contrário, meramente *supletivas*.

Defendemos então, largamente, ser este o seu verdadeiro alcance[59] e, em tal entendimento, não haveria oposição, antes conformidade de *supletivas* – mas quem sustentasse o contrário defenderia estarmos antes em presença de uma *norma injuntiva* a que se sucedeu um preceito meramente *supletivo*, o que, aliás, sendo as duas normas no mesmo sentido e não tendo havido cláusula em contrário, pois seria *nula*, não acarretaria, obviamente, dificuldades de aplicação da lei no tempo e o inquilino poderá iniciar a sua opção de exercício de *indústria doméstica* unicamente já durante a vigência de qualquer das leis de arrendamento posteriores.

e – *Compensação por obras licitamente feitas.* – Um último *caso* de *disposição supletiva*, passamos agora a considerar.

É o do art. 29-1 NRAU, segundo o qual, *"salvo estipulação em contrário, a cessação do contrato dá ao arrendatário direito a compensação pelas obras licitamente feitas, nos termos aplicáveis às benfeitorias realizadas por possuidor de boa-fé"*.

Nem no RAU nem na versão primitiva do CC se disciplinava diretamente a compensação devida ao *arrendatário*, por *benfeitorias* realizadas no espaço arrendado, mas o art. 1093-1, al. *d)*, CC de então, tal como, depois, o RAU, no seu art. 64-1, al. *d)*, continham como fundamento de *resolução* do contrato pelo *senhorio* a realização de *obras* que não pudessem justificar-se, nos termos do art. 1043 CC.

Remetia, assim, para o dever de conservação e de restituição do *locatário* e, deste modo, não havendo disposição específica para as *benfeitorias do arrendatário*, considerava-se unanimemente que lhe seria aplicável o disposto no art. 1046, de acordo com o qual o *locatário*, "salvo disposição em contrário" era *"equiparado ao possuidor de má-fé quanto a benfeitorias que haja feito na coisa locada"*.

Tínhamos portanto aqui uma *disposição supletiva*, aplicável por esta remissão ao *arrendatário*, a equipará-lo ao possuidor de *má-fé*.

[59] Para quem esteja interessado em aprofundar o tema, remetemos para o que, nessa época, tivemos ensejo de sustentar largamente no nosso *Manual do Arrendamento Urbano*, Almedina, 3ª ed., 2001, pp. 236-238, ou ainda na 2ª ed., 1999, pp. 234-236, ou mesmo – então menos desenvolvidamente – na 1ª ed., 1996, pp. 220-222 e até no *Curso de Direito dos Arrendamentos Vinculísticos*, 2ª ed.,1988, pp. 239-240, ou na sua edição *princeps*, Almedina,1984, pp. 252-253.

Com o $NRAU_{2006}$, porém, no seu art. 29-1, reproduzido em 2012, dissociou-se o *arrendatário* da norma posta propriamente para o *locatário* e determinou-se concretamente para aquele, *também supletivamente*, a sua equiparação, antes, ao *possuidor de boa-fé*.

Não quis o legislador modificar a situação em que se encontrava o *arrendatário* e mandou então, no aludido art. 59-3 NRAU, que as *normas supletivas anteriores*, de sentido oposto, continuem a ser aplicáveis.

Os *arrendatários* antigos, sujeitos até então à *regra supletiva* do art. 1046 CC, ao contrário dos novos, mantêm-se portanto, em matéria de *benfeitorias* que não possam justificar-se, equiparados ao possuidor de *má-fé*.

Aqui temos, pois, um caso de *normas supletivas* de sentido oposto, em que, por sinal, a primitiva é mais desfavorável ao *arrendatário*, mas é ela a aplicável.

B – *O princípio básico de submissão às regras do arrendamento de duração indeterminada com particularidades.* Os *arrendamentos sem duração limitada*, anteriores ao NRAU mas *posteriores* ao RAU ou ao Decreto-Lei nº 257/95 (epígrafe do capítulo I do título II), por direta imposição do art. 26-4-5-6 NRAU e os *anteriores* a estas metas, com algumas especificidades que se registarão, passaram ainda, mediante a remissão constante do art. 28-1 NRAU, a reger-se, em regra, pelas normas dos contratos de *duração indeterminada* do CC, criados pela Lei nº 6/2006, *mas com particularidades*.

a – *Arrendamentos posteriores ao RAU ou ao Decreto-Lei nº 257/95*:

a) – Continuam sujeitos à proibição constante da al. *a)* do art. 107 RAU, relativa à *denúncia*, pelo *senhorio*, por necessidade de *habitação, pessoal* ou de *descendente seu em 1º grau* ou para nele *construir a sua habitação*.

Eram estas as *denúncias* para que remetia o preceito.

Efetivamente, havendo alguma dessas *necessidades*, apesar de o arrendamento ser *vinculístico*, o *senhorio* poderia pôr-lhe fim, no termo do prazo obrigatoriamente renovável, opondo-se à sua *renovação*, mas a alínea interditava tais "*denúncias*" – como então lhes chamava a lei (art. 69-1, al. *a)*, RAU) e, por vezes, ainda assim denomina – quando o *arrendatário*, tivesse mais de *sessenta e cinco anos de idade*, se encontrasse na situação de *reforma por invalidez absoluta* ou, não beneficiando de reforma, sofresse de *incapacidade absoluta para o trabalho* ou fosse portador de *deficiência correspondente a incapacidade superior a dois terços*.

Hoje em dia, tais denúncias correspondem, conjugadas com o preceituado no art. 1102, às facultadas nas als. *a)* e *b)* do art. 1101, aos contratos de *duração indeterminada* – que são precisamente aqueles a que, como se disse acima, passaram a sujeitar-se os antigos *arrendamentos sem duração limitada*, como se declara logo no começo do nº 4 do art. 26 NRAU.

Repare-se, contudo, em que as *incapacidades* da al. *a)* do art. 107 RAU não jogam com as que, depois, na al. *c)* deste mesmo nº 4 do art. 26 NRAU, poderá opor o *arrendatário* ao *senhorio* que contra ele use da *denúncia potestativa* que a al. *c)* do art. 1101 lhe confere nos *arrendamentos de duração indeterminada*: 65 ou mais anos de idade, ou "*deficiência com grau comprovado de incapacidade superior a 60%*".

Não se compreende a diferença, nos dois casos, que deviam já ter sido harmonizados nas sucessivas reformas realizadas.

Importa, contudo, ponderar ainda que semelhantes restrições, em nosso entender, não poderão, naturalmente, ser opostas pelo *arrendatário* perante um *senhorio* com idênticas ou superiores limitações: a senectude ou as incapacidades, de um, merecem certamente tanto respeito como as do outro

Já se julgou entre nós, todavia, o contrário.

Certamente, mal, em nosso entender.

Cremos, na verdade, que a análise do julgado no ac. do Tribunal Constitucional nº 420/2000, de 11-10-2000 (Processo nº 204/2000), em contrário do que acabamos de subscrever, só poderá suscitar a mais severa censura de um são sentimento de justiça.

Apresentamos uma súmula do aresto e a sua breve análise crítica *infra*, 2, *sub* art. 1101.

É, se bem pensamos, a mais eloquente ilustração da inanidade do pretenso princípio do *melhor tratamento do arrendatário*.

Já o estudámos detidamente no nosso *Manual do Arrendamento Urbano*, escusando-nos agora de reproduzir o que então se disse.

Contentemo-nos com uma síntese, muito breve, mas que temos por elucidativa.

Um casal de emigrantes portugueses, a residir em França, *há mais de trinta anos*, estando a mulher com *setenta e um anos* de idade e querendo regressar a Portugal, para passar a viver em Lisboa, num prédio de que ela era *senhoria* nesta cidade, foi ao 17º Juízo Cível de Lisboa, intentar contra o seu *arrendatário* uma *ação de despejo* atinente à obtenção da *denúncia* do arrendamento por *necessidade de habitação própria*.

O réu contestou, alegando, ter *mais de sessenta e cinco anos de idade* – e o juiz declarou-se habilitado a conhecer do pedido logo no saneador, onde prontamente julgou a ação *improcedente* em virtude de o *arrendatário* ter mais de *sessenta e cinco anos de idade* e *não ser inconstitucional não se atender à superior idade da senhoria*.

Apelou a Autora para a Relação, invocando a ofensa ao *princípio constitucional da igualdade*, visto ser mais idosa do que o inquilino – mas sem êxito.

Recorreu, por fim, para o Tribunal Constitucional que, ao longo de toda sua decisão, jamais referiu o princípio do melhor tratamento do arrendatário, sem embargo de, em cada juízo, em cada palavra, ter claramente propendido para ele o prato da balança.

Reconhecendo embora que o *senhorio*, "se tiver *sessenta e cinco anos de idade ou mais*, encontra-se, no que concerne à idade e à necessidade da casa, em situação idêntica à do inquilino que já tenha atingido aquela idade", acabou afinal por desatender a sua pretensão com fundamento em que, com a iniciativa da denúncia do contrato, "provoca um tratamento desigual em situações onde está ausente a diferença material que justificou a solução da lei" pois, com a denúncia do contrato, o inquilino "vê-se forçado a mudar os hábitos e rotinas de vida, que foi criando pelo facto de viver muitos anos no mesmo sítio, e, bem assim, a afastar-se dos amigos que aí fez".

Dificilmente se encontrará, entre as decisões dos nossos tribunais, aresto mais chocante do que este.

Repare-se.

Começou por declarar haver igualdade entre *senhorio* e *inquilino*, com pronto atropelo, pois sendo o primeiro mais idoso do que o segundo, havia uma precedência dentro da igualdade – que foi injustamente omitida.

Acabou depois por, surpreendentemente, fundamentar apenas o *decisum* na *futilidade lamecha* e completamente estranha ao conflito de não se dever privar o *arrendatário* de continuar a viver no mesmo sítio e do convívio dos amigos que fez no bairro!

Mas, porventura, este convívio não será preterido e desprezado pelo legislador quando a *denúncia* legitimamente se dirija a *arrendatário* com menos de sessenta e cinco anos?

E era isso que afinal se debatia?

Obviamente, não.

A controvérsia que tinha sido submetida ao pretório era a de saber, pura e simplesmente, se o art. 107-1, al. *a)*, RAU, ao impedir a *denúncia do arrendamento*, fundada em *necessidade de habitação*, quando o *arrendatário* tenha *sessenta e cinco anos ou mais*, poderia ser oposto ao *senhorio* mais idoso do que ele, sem violação do princípio consagrado no art. 13-1 da nossa Constituição, segundo o qual "*todos os cidadãos têm a mesma dignidade social e são iguais perante a lei*".

O que havia a decidir, em suma, era se o tribunal entendia que a senectude da *senhoria* era, ou não, constitucionalmente tão digna proteção como a do *arrendatário*: se aquele preceito, pensado para o *arrendatário*, sem mais distinções, teria de ser aberto à idade *do senhorio* e então afastado, quando este fosse mais idoso do que ele.

O conhecimento do Direito comparado até concitava a isso[60], mas o acórdão, na preocupação não exteriorizada, mas claramente praticada, de dar ao *arrendatário* o estatuto de *tratamento mais favorável*, derivou para fundamentos descabidos e de uma

[60] Só o Direito francês, que tenhamos presente, tinha e tem uma norma a ponderar a idade do arrendatário idoso que receber *congé* senhorio. Aí se dava já então e se mantém hoje em dia, no art. 15-III da Lei 89-462: a *denúncia* (*congé*) para utilização própria, para venda ou "por um motivo sério e legítimo", não poder ser oposta a um inquilino com *mais de setenta anos* de idade e cujos *rendimentos anuais sejam inferiores a uma vez e meia o montante anual de salário mínimo*, sem que lhe seja oferecido um alojamento que satisfaça às suas necessidades e às suas possibilidades, dentro dos limites geográficos considerados numa lei de 1948; esta limitação cessa, todavia, se o *senhorio* for uma pessoa física com *mais de sessenta anos*, ou se os seus rendimentos forem *inferiores a uma vez e meia o montante anual de salário mínimo*.

Sobre o ponto: ALAIN BOITUZAT, *La Loi Quilliot du 22 juin 1982*, 1982, pp. 119-120; JEAN-LUC AUBERT/PHILIPE BIHR, *La location d'habitation*, Sirey-Paris, 1990, p. 182.

desconcertante puerilidade, que o tornam alvo, com todo o respeito, da mais severa condenação.

Nele, só seguramente se salva o voto de vencida da Conselheira Maria dos Prazeres Beleza, ao declarar-se como tal, por considerar que "a norma que constitui o objeto do presente recurso, contida na al. *a)* do nº 1 do artigo 107º do Regime do Arrendamento Urbano, interpretada no sentido de que '*a limitação ao direito de denúncia para habitação do senhorio aí contemplada pode ser oposta mesmo ao senhorio de idade igual ou superior à do inquilino*', é inconstitucional por ofensa do princípio da igualdade". Ex digito, gigans.

b) – Aa *indemnizações*, devidas pelo *senhorio*, no caso de *denúncia para habitação* própria ou de *descendente em 1º grau* (*um ano de rendas* – art. 1102-1); de *demolição ou realização de obra ou restauro profundo*, também de *um ano de rendas* (al. *a)* do art. 1103-6); e a de *dez anos de rendas*, por não ir, dentro de *três meses* e por um período de *dois anos*, ocupar a casa, depois de desocupada, ou não dar início à obra no prazo de *seis meses* (art. 1103-5-9), sofrem, de acordo com o disposto na al. *b)* do art. 26-4 NRAU, um tratamento diverso do correspondente aos *arrendamentos de duração indeterminada*.

Com efeito, não se identificam com as rendas do *montante mensal vigente*, e, com o acrescento de 2012, no art. 1103-6, al. *a)*, e 1103-9, são antes calculadas de acordo com o critério estabelecido nas als. *a)* e *b)* do art. 35 NRAU (al. *b)* do art. 26-4 NRAU).

c) – O disposto na al. *c)* do art. 1101 CC (*denúncia potestativa* do *senhorio*), admitida nos contratos de *duração indeterminada* cuja espécie, em princípio, é mandada aplicar aos *sem duração limitada*, no corpo do nº 4 do referido art. 26, e que, simplesmente, não se aplicava a esses contratos, no $NRAU_{2006}$ – passa, com o $NRAU_{2012}$, mantido em 2017, a não se aplicar, unicamente, se o *arrendatário* tiver mais de *sessenta e cinco anos* ou deficiência com grau de *incapacidade comprovada igual ou superior a 60%*.

Deve prontamente notar-se, porém, que este curioso abrandamento surge apenas para os *contratos sem duração limitada* que sejam *posteriores* ao RAU ou ao Decreto-Lei nº 257/95.

Particularmente para os arrendamentos *anteriores* a estes diplomas, este abrandamento não é aplicável: tenham os *arrendatários* a idade que tiverem, a al. *c)* do art. 1101 CC não lhes é aplicável (art. 28-2 $NRAU_{2012}$).

d) – Deve notar-se ainda que, relativamente aos *arrendamentos habitacionais*, a *denúncia* por *necessidade de habitação*, que era estritamente proibida, em 2006, nos casos do art. 107 RAU, passou, com o $NRAU_{2012}$, a permitir-se, quando tiver havido *transmissão* do arrendamento *por morte*, para o *filho* ou *enteado*, ocorrida depois da entrada em vigor do NRAU (art. 26-5): 28 de junho de 2006.

b – *Arrendamentos anteriores ao RAU ou ao Decreto-Lei nº 257/95:*

a) – Já referimos, há pouco, que os contratos desta época, apesar de pautarem o seu regime, também, pelo dos atuais *contratos de duração indeterminada*, não admitem *nunca* a *denúncia potestativa* do *senhorio*, tenha o *arrendatário* a idade que tiver (art. 28-2 NRAU);

b) – Além disso, seguem as particularidades postas há pouco para os posteriores ao RAU ou ao Decreto-Lei nº 257/95, com as especificidades que em cada caso são assinaladas (art. 28-1 NRAU), em particular, as relativas à atualização de rendas, constantes do arts. 30-37 e 50-54 NRAU (art. 28-1 NRAU).

C – *Trespasse, locação de estabelecimento comercial ou industrial, cessão de posição de arrendatário para exercício da mesma profissão liberal e alteração de titularidade de posição social em mais de 50%.* No Direito arrendatício, permite-se tradicionalmente ao *arrendatário*, que, *sem necessidade de autorização do senhorio*, ceda a sua posição por *ato entre vivos*, em caso de *trespasse de estabelecimento comercial*, de *cessão da posição de arrendatário para exercício da mesma profissão liberal* (art. 1112 CC) ou de *locação do estabelecimento* (art. 1109 CC).

Isto vinha sendo sempre admitido, sem mais, mesmo para os *arrendamentos vinculísticos*, deixando o *senhorio* inerme contra os sucessivos *trespasses*, cessões de *posição de arrendatário para exercício de profissão liberal* ou *locações de estabelecimento* que, ao longo dos tempos e das gerações, se iam sucedendo em seu prejuízo, pelo *bloqueio de rendas* a que o *arrendamento* estava vinculado.

A Lei nº 6/2006, meritoriamente, quis opor um travão a esse estado de coisas.

Passou então a estabelecer, em Direito transitório, concretamente para os *arrendamentos posteriores* ao RAU e ao Decreto-Lei nº 257/95, mas extensível igualmente para os arrendamentos anteriores, *ex vi* do disposto no art. 28 $NRAU_{2006}$ de então, que cessava, para eles, a proibição do uso da *denúncia livre* da al. *c)* do art. 1101 CC, que se lhes tinha oposto, em princípio, no art. 26-4 NRAU quando, além doutro caso que se referirá a seguir, ocorresse "*trespasse ou locação do estabelecimento após a entrada em vigor da presente lei*" (art. 26-6, al. *a)*, $NRAU_{2006}$).

Foi uma verdadeira pedrada no charco.

O *senhorio* passou, nestes estritos casos, a poder livremente *denunciar* o contrato de *arrendamento para fim não habitacional*, mediante *comunicação* com a antecedência de *cinco anos*, que era, então o *pré-aviso* estabelecido no art. 1101, al. *c)*, CC.

E outro tanto acontecia se, sendo o *arrendatário não habitacional* uma *sociedade*, ocorresse nela transmissão *inter vivos* de *posições sociais* que determinassem a alteração da titularidade em mais de 50% (art. 26-6, al. *b)*, $NRAU_{2006}$).

Só ficou então no tinteiro a *cessão* do espaço arrendado para *exercício de profissão liberal* (art. 26-6, al. *a)*, $NRAU_{2006}$), que se acrescentou em 2012 (art. 28-3, al. *a)*, $NRAU_{2012}$) ao *trespasse* e à *locação de estabelecimento*, como a terceira forma de transmissão *sem necessidade de autorização do senhorio*.

Perante aquela primitiva omissão, passou a doutrina a interrogar-se se, nesse caso, também poderia o *senhorio* denunciar o contrato, passados *cinco anos* – e as respostas não foram uniformes, defendendo uns que, apesar da omissão, o *senhorio* teria direito à *denúncia*[61], enquanto outros a negavam[62].

Ao surgir, em 2012, a expressa referência à cessão do *arrendamento para exercício de profissão liberal*, sustentou-se, então, que tal referência, afastando "dúvidas de interpretação", deveria operar retroativamente, nos termos do art. 13-1 CC[63].

Não cremos, todavia, que a omissão anterior fosse de índole duvidosa.

Simplesmente, havia opiniões antagónicas e a nova lei, ao contemplar expressamente o caso, não indiciou estar a dar-lhe carácter interpretativo, mas a impô-lo simplesmente para o futuro, partindo da ideia de que a lei anterior o não admitia, exprimindo mesmo que o novo dispositivo só passava a aplicar-se após a sua entrada em vigor: "*o disposto no nº 3 apenas é aplicável quando as situações referidas nas respetivas alíneas a) e b) ocorram após a entrada em vigor da presente lei*" (art. 28-4 $NRAU_{2012}$).

Não parece pois aceitável, em nossa opinião, que, perante tão expressiva disposição, se lhe queira atribuir *natureza retroativa*.

Falta fundamento específico para tanto.

Por outro lado, ao ser retomado o tema, em 2012 (art. 28-1-2 NRAU), veio estranhamente impor-se, que a *denúncia livre*, pelo *senhorio*, da al. *c)* do art. 1101 CC, cuja antecedência fora, em geral, reduzida para *dois anos*, mantendo-se a *comunicação* do *senhorio*, com a anterior antecedência de *cinco anos* (art. 28-3 NRAU), só operaria quando os seus fundamentos (*trespasse, locação de estabelecimento*, etc.) ocorressem "*depois da entrada em vigor da presente lei*" – ou seja, *desde 12 de dezembro de 2012*[64].

Ficaram, deste modo, inutilizados todos os casos posteriores à vigência do $NRAU_{2006}$ (27-06-2006)[65] que, entretanto, se não tinham ainda consumado.

Foi, certamente, um benefício injustificado ao *arrendatário* (v., ainda, sobre o ponto, *infra*, n.os 2-VII, *sub* art. 1112, e 7, *sub* art. 1112) – mas, nem por isso, em nossa opinião, poderá o intérprete deixar de respeitá-lo (art. 8º-2 CC)[66].

[61] Neste sentido, Luís Menezes Leitão, *Arrendamento Urbano*, 2ª ed., Almedina, 2006, n. 172.

[62] Laurinda Gemas/Albertina Pedroso/João Caldeira Jorge, *Arrendamento Urbano*, 3ª ed., Quidjuris, 2009, p. 90.

[63] Francisco de Castro Fraga, *Leis do Arrendamento Urbano Anotadas* (coord. de António Menezes Cordeiro), Almedina, 2014, p. 477, an. 8.

[64] A Lei nº 31/2012, de 14 de agosto, estabeleceu, como a anterior, três períodos diferentes de entrada em vigor: um, em geral de 90 dias após a sua publicação (art.15 da Lei); outro, para os arts. 63 e 64 NRAU, que são de aplicação imediata ("dia seguinte ao da publicação"), e ainda outro, dedicado genericamente às "restantes" disposições do NRAU, que é o de 120 dias, aqui referido (art. 65 NRAU).

[65] Cf. art. 65 $NRAU_{2006}$. Comparar com a n. antecedente.

[66] Contra: Fernando de Gravato Morais, *As novas regras transitórias na Reforma do NRAU (Lei 31/2912), Julgar*, nº 19, Coimbra Editora, 2013, pp. 33-34.

Não cremos, na verdade, que a norma de 2012 fosse propriamente inútil, porque, se não existisse, todos os casos de *trespasse*, *locação de estabelecimento* ou *transmissão de posição social de mais de 50%*, cujos *cinco anos* estavam a decorrer, à data da sua entrada em vigor, continuariam a contar-se depois dela até à respetiva consumação dentro do prazo por último estabelecido, *ex vi* do disposto no art. 297, n.os 1 e 2, CC – o que efetivamente se afastou.

Entretanto, o art. 12, al. *b)*, da Lei nº 13/2019, de 13 de fevereiro, revogando, sem explicar porquê os n.os 3 a 5 do art. 28 NRAU, acabou por fazer perder todo o interesse do tema (v., para mais desenvolvimento sobre o ponto, *infra*, nº 2-VII, *sub* art. 1112 e nota ao art. 28 NRAU).

D – *Direito intertemporal de preferência do arrendatário*. Na versão primitiva do CC, o seu art. 1117-1 atribuía ao *arrendatário comercial ou industrial*, com *mais de um ano* de arrendamento, *direito de preferência* na *venda* ou *dação em cumprimento* do espaço arrendado que, depois, o art. 1119, de então, alargava ao *arrendatário para exercício de profissão liberal*, nas mesmas condições.

Só o art. 1º da Lei nº 63/77, de 25 de agosto, depois o veio a conceder ao *arrendatário habitacional*, e independentemente de qualquer duração do seu contrato.

O RAU generalizou a atribuição deste direito, uniformemente, a qualquer *arrendatário*, desde que, quanto ao respetivo espaço, estivesse investido em tal qualidade há *mais de um ano* (art. 47-1 RAU).

Posteriormente, na versão da Lei nº 6/2006, o novo art. 1091-1, al. *a)*, CC, só passou a reconhecer tal direito a qualquer *arrendatário* ao cabo de *mais de três anos* de *arrendamento* – mas a mesma lei prontamente dispôs, *em norma transitória*, que a dilatação do prazo não se aplicava a quem *já fosse titular* desse direito sobre o prédio ou fração arrendada à data da sua entrada em vigor.

Nos seus precisos termos, a aplicação da referida al. *a)* "*não determina a perda do direito de preferência por parte do arrendatário que dele seja titular aquando da entrada em vigor da presente lei*" (art. 59-2 NRAU).

A versão de 2012 reproduziu esta norma.

A sua formulação, porém, não parece feliz.

É claro que, se o *arrendatário* já se tinha tornado *titular* do *direito de preferência*, quando a nova lei entrou em vigor, não poderia perdê-lo: havia *ius quæsitum*.

Não seria preciso dizê-lo.

Cremos, para a norma ter algum sentido útil, que estará a pensar no disposto sobre a *alteração dos prazos* no art. 297-2 CC.

De acordo com esta disposição, se o prazo foi *alongado* por uma nova lei, esta aplica-se *imediatamente* àqueles que já se encontravam em curso, *computando-se neles todo o tempo entretanto decorrido*.

Se o *arrendatário*, por hipótese, tinha já *seis meses* de contrato, passaria a precisar, agora, de *dois anos e meio*.

O que, pois, se terá querido afastar terá sido que, se ele já o fosse *há mais de um ano* e não pudesse logo exercer a *preferência* numa alienação só ocorrida após a entrada em vigor da Lei nº 6/2006, fosse ainda obrigado, apesar disso, a perfazer, nos termos do art. 297-2 CC, o tempo que faltasse para completar os *três anos* que passaram a exigir-se.

É o que supomos que se terá querido salvaguardar quando diretamente se refere que a nova lei não determina "a *perda* do direito de preferência por parte de arrendatário que dele *seja titular*"[67].

Não parece esta, contudo, a solução mais perfeita *de iure condendo*, mas antes a que se estabelece virtuosamente no citado preceito do CC.

O legislador, aqui, tomado ainda pela sua ancestral pecha vinculística, rendeu-se ao *favor conductoris* de que muito dificilmente consegue libertar-se.

E – *Transmissão por morte do primitivo arrendatário*. É que aqui, topamos logo com o disposto no nº 2 do art. 26, para os contratos posteriores ao RAU ou ao Decreto-Lei nº 257/95, a estabelecer uma norma transitória de *transmissão por morte* do arrendamento que afinal, depois, por força do disposto no art. 28-1 NRAU, é igualmente aplicável aos próprios *arrendamentos anteriores a essas épocas*.

Esta transmissão por *morte* do *primitivo arrendatário* submete-se ao disposto nos arts. 57 NRAU (*arrendamento habitacional*) e 58 NRAU (*arrendamento não habitacional*), e não ao preceituado relativamente aos *novos arrendamentos*, nos arts. 1106 e 1113 CC.

As diferenças de regime entre semelhantes *arrendamentos* e o dos novos não são, na verdade, muito acentuadas.

À cabeça, o regime específico de *transmissão por morte* do espaço arrendado começa por, para eles, só ser aplicável o seu regime específico se se estiver perante a *morte* do *primitivo arrendatário* (arts. 57-1 e 58-1 NRAU).

Se ao contratante tiver sucedido, no *arrendamento*, outra pessoa e esse sucessor for o falecido, já não terá cabimento nenhum dos preceitos transitórios de *transmissão por morte*, mas o regime do CC.

Primitivo arrendatário é, naturalmente, aquele que celebrou o *contrato de arrendamento* como *arrendatário*; não, quem, depois dele, adquira esta qualidade.

Não parece aceitável – como já foi aventado – que se envolva o *cônjuge* na posição de *primitivo arrendatário*, já porque o preceito o não inclui nesta expressão, mas antes na condição de primeiro sucessor do *arrendatário*, como desde a origem, com a elaboração da Lei nº 2:030, expressa e claramente se manifestou essa *intentio legis*, já porque não serão, em nosso entender, salvo o devido respeito, procedentes os receios manifestados de que,

[67] Para este sentido, se bem nos parece, se inclina também Luís Menezes Leitão, *Arrendamento Urbano*, 7ª ed., Almedina, 2013, p p. 186-187.

não sendo assim, "o seu falecimento no quadro do NRAU, impediria a transmissão para os ascendentes ou para os filhos"[68].

Na nossa perspetiva, evitá-lo, foi precisamente o que se teve em vista com a redação outorgada ao art. 57 NRAU. Mantendo-se a expressão *primitivo arrendatário*, pretendeu-se situar especificamente o *cônjuge* a nascente da cascata de devoluções por *morte* e, não se reproduzindo a ressalva constante do art. 87-4 RAU[69], que o repetia para o *cônjuge*, delimitou-se a sua foz.

Parou-se aqui, como se compreenderá.

Estamos em liquidação do *vinculismo*; não, na sua perpetuação.

Além disso, é ainda de notar, como também tivemos ensejo de o sustentar logo na 1ª edição do nosso *Manual do Arrendamento Urbano*[70], se, sucedendo no arrendamento, o *cônjuge* voltar a casar ou passar a uma *união de facto*, não lhe sucederá, por sua morte, o segundo *marido* ou *unido*, nesse arrendamento.

Já se pretendeu fugir a isto, acoimando imaginosamente semelhante opinião de *inconstitucional* – mas, aí, o Tribunal Constitucional rejeitou, e bem, a qualificação, decidindo o seguinte:

> Não julgar inconstitucional a norma extraída, por interpretação conjugada, dos n.os 1, 2 e 3 do art. 85 do Regime Jurídico do Arrendamento Urbano, aprovado pelo Decreto-Lei nº 321-B/90, de 15 de Outubro, segundo a qual se o cônjuge do arrendatário predefunto, encabeçado na posição contratual de arrendatário por força do disposto no art. 85, nº 1, alínea *a)* do mesmo Regime de Arrendamento Urbano, voltar a casar, a posição contratual que adquiriu não se transmite, por sua morte, a este novo cônjuge.
>
> TRIBUNAL CONSTITUCIONAL, 28-02-2007 (Processo nº 711/06 – 2ª Secção)

a – ***Transmissão por morte do primitivo arrendatário habitacional.*** Sendo, então, *o primitivo arrendatário habitacional que morre*: o arrendamento passa ao *cônjuge sobrevivo* que tenha residência no espaço arrendado; se não houver *cônjuge*, passa para o *paracônjuge*

[68] Fernando de Gravato Morais, *Arrendamento para Habitação– Regime Transitório*, Almedina, 2007, pp. 60-61. No mesmo sentido: Laurinda Gemas/Albertina Pedroso/João Caldeira Jorge, *Arrendamento Urbano*, 3ª ed., Quid Juris, 2009, p. 130.
Em sentido oposto: com que concordamos, Francisco de Castro Fraga, *Leis do Arrendamento Urbano Anotadas* (coord. de António Menezes Cordeiro), Almedina, 2014, 16, pp. 521-522.

[69] *"A transmissão a favor dos parentes ou afins também se verifica por morte do cônjuge sobrevivo quando, nos termos deste artigo, lhe tenha sido transmitido o direito ao arrendamento"*.

[70] Almedina, 1996, p. 454: "Esta norma [art. 85-3 RAU] é clara em significar que, portanto, se o cônjuge do arrendatário predefunto, encabeçado na posição contratual ex vi da al. a) do art. 85 RAU, voltar a casar, não se transmitirá por sua morte, a posição ao novo cônjuge – nem, decerto, à pessoa com quem, em vez de casado, tivesse passado a viver 'em condições análogas às dos cônjuges'".

(*unido de facto*), *há mais de dois anos*, com residência no espaço arrendado por *mais de um ano*; na sua falta, passa ao *ascendente em 1º grau* que com o *arrendatário* falecido estivesse a conviver há mais de *um ano*; na sua falta, passa ao *filho ou enteado* com menos de *um ano de idade* ou que com o *arrendatário* falecido convivesse há mais de *um ano* e *seja menor* ou, não o sendo, tenha *idade inferior a vinte e seis anos* e frequente o 11º ou 12º ano de escolaridade ou estabelecimento de ensino médio ou superior; na sua falta, *filho* ou *enteado* que com o falecido convivesse há mais de um ano e seja portador de *incapacidade superior a 60%*; não sendo o caso, filho ou enteado que com ele vivesse há mais de *cinco anos*, com idade igual ou superior a *sessenta e cinco anos*, se o RABC do agregado for inferior a 5 RMNA (hipótese, esta, adicionada pela Lei nº 13/2019).

A ordem destas sucessões encontra-se estabelecida no nº 2 do art. 57 $NRAU_{2012}$.

Segundo este preceito, havendo em cada um destes grupos mais de uma pessoa, o direito transmite-se ao *mais velho* (citado nº 2, *in fine*).

A preferência entre *filho* e *enteado mais velho* não deve levar a supor que se formará prevalência do *enteado mais velho* sobre o *filho mais novo*, colocados na mesma alínea de sucessão.

De acordo com as palavras da lei, a posição de *arrendatário* transmite-se, "preferindo em igualdade de condições, *sucessivamente*, [*itálico, nosso*] o ascendente, filho *ou* [*itálico, nosso*] enteado mais velho" (nº 2 do art. 57).

Por esta linha de sucessão, e não dentro de cada alínea do preceito, é que se vai fazendo, *em cada um dos casos enunciados entre si*, a preferência do mais velho.

Mandando, porém, este número fazer a sucessão por ordem das alíneas, será de ponderar que, incluindo-se nas mesmas alíneas o *filho ou enteado* (als. *d)* e *e)* do art. 57), o primeiro prefere naturalmente ao segundo, independentemente das idades relativas, quer porque vem enunciado em primeiro lugar, na alínea, quer porque o *parentesco* com o falecido é um elo mais forte do que a mera *afinidade* quer ainda porque o *ou* que se encontra entre *filho* e *enteado*, em Gramática corretamente se qualifica como uma conjunção *disjuntiva*, isto é, que *disjunge, desune, separa* – que, portanto, *exclui o termo seguinte* e não deve, pois, ser entendida como *equiparação*[71].

A transmissão para o *ascendente* far-se-á ainda, em 2º grau, quando tenha sucedido o *ascendente* mais velho em 1º grau, e este tenha depois falecido, deixando o *ascendente em 1º grau* mais novo do que ele (nº 4).

Falecido este, é que não haverá mais transmissões.

[71] Já assim o sustentávamos no nosso *Manual do Arrendamento Urbano*, I, 5ª ed., Almedina, 2009, pp. 174-175. No mesmo sentido: José Diogo Falcão, *ROA*, 67º, 3. P. 1188; Fernando de Gravato Morais, *Arrendamento para Habitação*, Almedina, 2007, p. 70; Laurinda Gemas/Albertina Pedroso/João Caldeira Jorge, *Arrendamento Urbano*, 3ª ed., Quid Juris, 2009, p. 132; Luís de Menezes Leitão, *Arrendamento Urbano*, 6ª ed., Almedina, 2013, p. 189. Em sentido contrário: Francisco de Castro Fraga, *Leis do Arrendamento Urbano Anotadas* (coord. de António Menezes Cordeiro), Almedina, 2014, an. 37, p. 524.

É de salientar, porém, que, quando tenha sucedido um ascendente em 1º grau de *idade inferior a sessenta e cinco anos*, à data da morte do *arrendatário primitivo*, o contrato fica submetido ao NRAU, "*aplicando-se, na falta de acordo entre as partes, o disposto para os contratos com prazo certo, pelo período de dois anos*" (nº 5 do art. 57).

Quando, em vez disso, tenha sucedido o *filho* ou *enteado* com menos de *um ano* de idade ou, não sendo esse o caso, que seja *menor* e com ele convivesse *há mais de um ano*, ou então, naturalmente com a mesma convivência, e com *menos de vinte e seis anos de idade* e as frequências escolares acima referidas, nos termos da al. *d)* do art. 57-1 NRAU, o contrato também se submeterá ao NRAU *logo que atinja a maioridade* ou, sendo o caso da mencionada escolaridade, logo que o *filho* (ou *enteado*) em causa perfaça os *vinte e seis anos de idade* (nº 6 do art. 57 NRAU).

Propriamente no tocante ao *filho*, convirá assinalar que, na falta dele, na sua situação, deverá enquadrar-se o próprio *filho adotivo* quer por *adoção plena* quer por *adoção restrita*.

Assim o temos vindo a entender, visto, por um lado, o disposto no art. 1586 CC, onde se declara que "a adoção [*sem mais*] é o vínculo que, *à semelhança da filiação natural*, [*itálico, nosso*] mas independentemente dos laços de sangue, se estabelece legalmente entre duas pessoas nos termos dos artigos 1973 e seguintes" e, por outro, o preceituado especialmente no art. 1999-2 CC, onde se lhe reconhece, na falta de *cônjuge*, *descendentes* ou *ascendentes*, a qualidade de *herdeiro legítimo*. Nesta base, parece excessivo não o considerar na sucessão *mortis causa* do direito ao *arrendamento para habitação*[72].

[72] Desde a 1ª ed. do *Manual do Arrendamento Urbano*, Almedina, março de 1996, p. 454, sendo doutrina quase unânime neste sentido. Anteriormente, já assim tinha entendido António Pais de Sousa, *Anotaçoes ao Regime do Arrendamento Urbano (RAU)*, 3ª ed., Rei dos Livros, s/data (1993?). E, depois, neste sentido, o mesmo Autor: p. 233; 4ª ed., Rei dos Livros, s/data (mas 1996), p. 240; 6ª ed., Rei dos Livros, 2001, p. 272; Januário Costa Gomes, *Arrendamentos para Habitação*, 2ª ed., Almedina, julho de 1996, p. 176, que se seguiram, entre outros, Jorge Alberto Aragão Seia, *Arrendamento Urbano*, 6ª ed., Almedina, 2001, p. 559 e 7ª ed., Almedina, 2003, p. 583; João Sérgio Teles de Menezes Correia Leitão, *Morte do Arrendatário Habitacional e Sorte do Contrato* (*Estudos em Homenagem ao Professor Doutor Inocêncio Galvão Telles*, III – *Direito do Arrendamento Urbano*, Almedina, 2002, pp. 326-327); Laurinda Gemas/Albertina Pedroso/João Caldeira Jorge, *Arrendamento Urbano*, 3ª ed., Quid Juris, 2009, p. 132; Francisco de Castro Fraga, *Leis do Arrendamento Urbano Anotadas* (coord. de António Menezes Cordeiro, Almedina, 2014, p. 524, 39.
Já se tem arrolado Gravato de Morais entre os opositores a este entendimento, mas supomos que não poderá ser considerado, em nossa opinião, como defensor da tese oposta, pois o Ilustre Professor limita-se a concluir que o *adotado em adoção restrita* se deve situar "num ponto intermédio entre o filho e o enteado" – *Arrendamento para Habitação – Regime Transitório*, Almedina, 2007, p. 63. Logo – concluímos nós – não levanta oposição a que, não havendo *filho*, preterirá o próprio *enteado* que com ele concorra nos termos da al. *d)* ou da al. *e)* do art. 57 NRAU.
Verdadeiramente, só F. M. Pereira Coelho levantou "muitas dúvidas" à extensão à *adoção restrita* com o argumento central que, a nosso ver e salvo o devido respeito, não belisca o que referimos em texto, de que "a circunstância de o adotante ser obrigado a prestar alimentos ao ado-

Assim, de resto, se tem julgado[73].

Importa referir, por último, que, com a Lei nº 43/2017, foi acrescentado ainda ao NRAU um art. 57-A a estabelecer que, no caso de *morte de arrendatário* alojado para efeitos da al. *b)* do art. 1101, o arrendamento não caduca, sendo ainda aplicável este art. 57 NRAU

b – ***Transmissão por morte do primitivo arrendatário não habitacional.*** Aplica-se então o art. 58 $NRAU_{2012}$, na redação que lhe outorgou a Lei nº 79/2014, de 19 de dezembro.

Antes de passarmos à sua análise, importará lembrar, para melhor o compreendermos, o teor dos preceitos que mais proximamente o antecederam: o art. 1113, da versão primitiva do Código, e o art. 112 RAU, que o reproduziu, num primeiro número, e lhe aditou dois números meramente regulamentares.

Estabelecia-se precisamente naquela disposição e nº 1 da segunda:

"*O arrendamento* não caduca *por morte do arrendatário, mas os sucessores podem renunciar à transmissão, comunicando a renúncia ao senhorio no prazo de 30 dias*".

O que se determina agora, no referido art. 58-1 $NRAU_{2012}$ (na redação da Lei nº 79/ /2014, de 19 de dezembro, que já vinha basicamente de 2006), é fundamentalmente o oposto:

"*O arrendamento para fins não habitacionais* termina por *morte do primitivo arrendatário, salvo existindo sucessor que há mais de três anos exerça profissão liberal ou explore estabelecimento comercial, no locado, em comum com o arrendatário primitivo*".

A inovação que logo salta à vista é que, enquanto então se estabelecia que o *arrendamento não caducava por morte do arrendatário*, agora estabelece-se o princípio segundo o qual o "arrendamento para fins não habitacionais *termina* por *morte do primitivo arrendatário*".

tado (alimentos que incluem o que for indispensável à habitação – artigo 2003, nº 1), na falta de cônjuge ou ex-cônjuge, de descendentes seus ou do progenitor do adotado com quem seja casado (artigo 2000, nº 2) não exige, obviamente, que o adotante cumpra a obrigação de alimentos a que esteja vinculado recebendo o adotado em sua casa, nem, muito menos, que o falecido o adotante, o direito ao arrendamento para habitação, de que ele era titular, se transmita ao adotado como seu 'descendente'" – (*Breves Notas ao Regime do Arrendamento Urbano* [*Rev. Leg. Jur.*, 131º, p. 232]).

Cremos dever ponderar-se, decisivamente, que, na altura em que o Ilustre Professor escrevia, ainda não se admitia como sucessor do direito ao arrendamento para habitação o *enteado* – o que definitivamente destruirá a argumentação aduzida.

Que tenhamos presente, só num caso se restringiu, mas sem análise, a sucessão à *adoção plena*: Mário Frota, *Arrendamento Urbano*, (com a colaboração de Paulo Ferreira da Cunha), Coimbra Editora, 1988, p. 469.

[73] I – O artigo 1111 do Código Civil deve ser interpretado extensivamente, no sentido de abranger a pessoa adotada pelo arrendatário, mesmo no caso de adoção restrita. II – Para efeitos de transmissão do arrendamento, o adotado deve considerar-se descendente. Relação do Porto 20-09-88 (*Colectânea*, XIII-4, p. 175).

Trata-se de uma regra que recusa a própria *comunicabilidade conjugal*, logo seguida de uma ressalva: havendo um *sucessor* que, *há mais de três anos*, estava a trabalhar *em comum* com ele, a transmissão ainda se verifica.

Desde a versão de 2006 deste art. 58, agora aperfeiçoada, na redação não muito feliz, que tinha, perseguiu-se, pois, o propósito de restringir a *transmissão* de *arrendamento não habitacional*, aceitando-a unicamente quando excecionalmente se verifique a hipótese seguinte: haver *sucessor* de *primitivo arrendatário* que com ele explore, *em comum*, o *estabelecimento*, há *mais de três anos*, ou, tratando-se de *arrendamento para exercício de profissão liberal*, com ele exerça a *profissão* há mais desse mesmo tempo.

Estamos, na verdade, em presença de uma regra, logo seguida de uma exceção a ela.

A regra é a de que o *arrendamento não habitacional posterior ao DL nº 257/95*, seja *livre*, ou seja *vinculístico*, caduca ou "termina" por *morte do primitivo arrendatário*.

Primitivo arrendatário, por quê?

Se, anteriormente a 2006, se referia o *arrendatário*, sem mais, o que terá levado, desde então, a especificar o *primitivo arrendatário*?

A redação do preceito, aqui, deixa realmente a desejar.

O legislador tinha a estrita obrigação de ser mais claro, mas parece, ainda assim, poder compreender-se o que quis estabelecer.

Se o arrendamento para *fins não habitacionais* termina *por morte do primitivo arrendatário*, por *maioria de razão*, cessará também por *morte* de um *ulterior arrendatário*. O *elemento racional* da interpretação não admitirá outra conclusão.

Refere-se: *primitivo arrendatário* porque se pretende limitar a exceção seguidamente formulada à estrita hipótese de se estar em presença de um *arrendatário* com essa qualidade.

Um legislador tecnicamente mais atento teria formulado a regra e a exceção de modo mais claro e rigoroso – mas, ainda assim, cremos que o alcance do preceito não poderá ser diferente.

Portanto, a regra do artigo é a que se acabou de fixar.

Passemos à exceção que nele se consigna, então, unicamente em presença do *primitivo arrendatário*.

Ora, para que possa ocorrer a *transmissão* do *direito ao arrendamento não habitacional anterior ao NRAU* e *posterior, ou não, ao DL nº 257/95* (cf. remissão do art. 28-1 NRAU), exige-se:

a) – Que exista um *sucessor*;

b) – Que, com o *primitivo arrendatário;*

c) – Há mais de *três anos*;

d) – Exerça, *em comum*:

  da) – Profissão liberal no espaço arrendado;

  db) – Ou a exploração do respetivo *estabelecimento comercial*.

Que exista um sucessor. A lei parece pretender referir como *sucessor* somente aquele que detenha a qualidade de *herdeiro legal* do *primitivo arrendatário*.

Jã se tem, todavia considerado como *sucessor*, além do *herdeiro legal*, o próprio *legatário* por, como se tem referido, *sucessor* ser ele também, nos termos do art. 2030-1 CC[74].

Convirá, quanto a nós, ter em vista que, quando neste entendimento se contrapõe *legatário* a *herdeiro* (*legítimo ou legitimário*), não se está a qualificar a natureza jurídica da própria *transmissão por morte do direito ao arrendamento* como um *legado ex lege*[75] – mas a eleger, antes disso, o colaborador do *arrendatário* como alguém que já seria *legatário*, constituído como tal, em vida, por prévia vontade do *arrendatário falecido*.

Semelhante qualidade teria então de lhe ter sido outorgada por *deixa testamentária*, conferindo-lhe, *mortis causa*, a *titularidade do estabelecimento*.

Haverá, de facto, situações em que não repugnará aceitar, em teoria, a transmissão a este *legatário*.

Imagine-se a hipótese de pessoa, *sem herdeiros*, que explora o seu *estabelecimento* em comum com um afilhado (ou um velho amigo), a que não se associou nunca. Pode legar-lho por morte. E se o beneficiado já colaborava na exploração, *há mais de três anos*, não chocaria abrangê-lo na *facti species* do art. 58.

Certo é, porém, que o preceito não refere *herdeiro*, mas *sucessor* e, quando usa esta palavra, reporta-se sempre a *herdeiro legal*; não, também, ao *herdeiro voluntário*, e será precisa uma apreciável dose de boa vontade do intérprete para, de sua conta, aduzir este ao comando legal.

Primitivo arrendatário. Temos vindo a exprimir o alcance natural da expressão *primitivo arrendatário* mas, especificamente a propósito da sucessão por sua *morte*, no *arrendamento não habitacional anterior ao NRAU*, a adjetivo legal não tem passado sem controvérsia.

Salientem-se estes entendimentos fundamentais.

Maria Olinda Garcia é radical. "Teria sido preferível a eliminação de qualquer adjetivação relativamente à pessoa do arrendatário, pois é evidente que este só pode

[74] E o entendimento de Fernando de Gravato Morais, *Novo Regime do Arrendamento Comercial*, 3ª ed., Almedina, 2011, p. 92.

[75] Para o *arrendamento habitacional*, à luz do ainda do RAU, pronunciou-se neste sentido Inocêncio Galvão Telles, *Direito das Sucessões – Noções Fundamentais*, 6ª ed., (reimp.), Coimbra Editora, 1996, p.162.

Quanto ao mesmo tipo arrendatício, num belíssimo e notável ensaio, João Sérgio Teles de Menezes Correia Leitão – *Morte do Arrendatário Habitacional e Sorte do Contrato* (*Estudos em Homenagem ao Professor Doutor Inocêncio Galvão Telles*, III – *Direito do Arrendamento Urbano*, Almedina, 2002, pp. 364-365) – qualifica-o de *legado legitimário*, no quadro de uma *sucessão anómala* (p.356).

Pereira Coelho é, neste quadro, mais radical, considerando a transmissão por morte do direito ao arrendamento uma "transmissão *à margem do fenómeno sucessório*, em condições e segundo regras inteiramente diversas" (*Breves Notas ao Regime do Arrendamento Urbano* [*Rev. Leg. Jur.*, 131º, p. 383]).

ser o arrendatário que faleceu... e não necessariamente o que celebrou o contrato de arrendamento"[76].

MENEZES LEITÃO, no mesmo sentido, assevera que não se vê "razão justificativa para que quem explore o estabelecimento em conjunto com o anterior arrendatário se veja excluído da transmissão apenas porque este não era o *arrendatário* do contrato. Tendemos por isso – acrescenta ainda – a interpretar esta expressão 'primitivo arrendatário' apenas como fazendo referência ao arrendatário falecido"[77].

Algo diferentemente, pretendem ainda outros Autores que, com o referir-se o *primitivo arrendatário*, se quer significar uma "*limitação da transmissão em mais de um grau*", que é esse "o sentido útil da expressão". "Na verdade, falecendo o novo arrendatário, o direito ao arrendamento caducará"[78].

Não se aduz, como se vê, a nenhum destes entendimentos qualquer argumento em abono das respetivas conclusões, mas é ainda no mesmo sentido que se exprime outro credenciado Autor, reforçando que "não se encontra outra explicação adequada"[79].

Pela nossa parte, rejeitamos convictamente todos estes entendimentos que, no fundo, a nosso ver, substituem a vontade legislativa.

Assim:

a) – No tocante à ideia de que a expressão "arrendatário primitivo" significaria, não aquilo que verbalmente exprime, mas a "limitação da transmissão em mais de um grau", o que prontamente se verifica, a nosso ver, é que *as contas não estarão certas*: se o *arrendatário falecido* não é o *signatário do contrato*, já só o será, pelo menos, em 2º grau, pois obteve tal qualidade por cessão de anterior *arrendatário*.

Se, depois disso, lhe sucede o *herdeiro* que, com ele, *há mais de três anos*, exerce *profissão liberal*, ou explora o *estabelecimento*, é incontestável que semelhante transmissão já o será, ao menos, em 3º grau; logo, a construção eleita realizar-se-ia, ela própria, *em mais de um grau*.

b) – Quanto ao argumento de que não se encontraria outra explicação adequada para a expressão, parece evidente que, nem os últimos IIAA nem os anteriormente acabados de citar, desenvolvem, ou sequer apresentam, a menor justificação para os argumentos aduzidos.

Teria sido preferível a eliminação de qualquer adjetivação, por quê? Será, porventura, impensável estabelecer que, com a *morte* do *arrendatário não habitacional*, só haverá sucessão quando se esteja em presença do *arrendatário primitivo*?

[76] MARIA OLINDA GARCIA, *Arrendamento Urbano para Habitação – Regime Substantivo e Processual*, 3ª ed., Coimbra Editora, 2014, p. 176.

[77] LUÍS DE MENEZES LEITÃO, *Arrendamento Urbano*, 8ª ed., Almedina, 2013, p. 192.

[78] LAURINDA GEMAS/ALBERTINA PEDROSO/JOÃO CALDEIRA JORGE, *Arrendamento Urbano*, 3ª ed., Quid Juris, 2009, p. 138.

[79] Referimo-nos a FRANCISCO DE CASTRO FRAGA, *Leis do Arrendamento Urbano Anotadas* (coord. de ANTÓNIO MENEZES CORDEIRO, Almedina, 2014, p. 532, 7 e an. 10.

Por que é que não haverá razão para se determinar que não seja transmissário do *arrendamento* quem não explore o *estabelecimento* ou não exerça *profissão liberal*, em comum, com um *arrendatário* que não é o *primitivo*?

Então o legislador já não pode circunscrever a sucessão à *morte* do *primitivo arrendatário*?

Tudo isto, em nosso modo de ver, são meros apriorismos que sobrepõem a ilação do intérprete àquele mínimo de correspondência verbal da lei que não se pode deixar de respeitar (art. 9º-2 CC);

Quanto a nós, a verdade é que o art. 58-1 $NRAU_{2006}$ já referia expressamente um princípio, uma regra, que não havia até então: a de que "o arrendamento para fins não habitacionais *termina* com a morte do arrendatário".

A esta regra, prontamente se lhe acrescentou uma limitação ou exceção: o arrendamento já não terminava havendo *"sucessor que, há mais de três anos, explore, em comum com o arrendatário primitivo, estabelecimento a funcionar no local"*.

Esta redação, proclamando a regra e a sua exceção, afigura-se-nos de uma clareza cristalina.

Quid iuris se o *arrendamento não habitacional*, em vez de *para exercício do comércio,* fosse para *exercício de profissão liberal*? Como poderia então falar-se unicamente de *exploração* em comum de *estabelecimento*?

Aqui é que o enunciado se tornava imperfeito e foi assim que, em 2012, insistindo-se na referência ao *primitivo arrendatário*, se ofereceu para o texto uma redação intencionalmente mais clara, embora decerto não irrepreensível: *"O arrendamento para fins não habitacionais termina com a morte do primitivo arrendatário, salvo existindo sucessor que, há mais de três anos, explore, em comum com o arrendatário primitivo, estabelecimento a funcionar no local"*.

Não contente, em 2014 voltou o legislador à carga e redigiu o torturado art. 58-1 deste modo: *"O arrendamento para fins não habitacionais termina com a morte do primitivo arrendatário, salvo existindo sucessor que há mais de três anos exerça profissão liberal ou explore estabelecimento comercial, no locado, em comum com o arrendatário primitivo"*.

Foi pois, por assim dizer, um aperfeiçoamento legislativo pelo método das aproximações sucessivas que completou um texto que é perfeitamente compreensível.

Estabeleceu uma regra de cessação do arrendamento por morte, mas logo lhe opõe uma ressalva: se o *primitivo arrendatário* estiver, à data da sua morte, a trabalhar *há mais de três anos* e *em comum* com um *sucessor* (*id est*, um *herdeiro legal*, porventura um *legatário*, não, qualquer *empregado* ou *sócio* ou mero *familiar*), a sucessão ocorrerá.

Esta insistente repetição da expressão *primitivo arrendatário*, das várias formulações legais, apesar da oposição dos credenciados AA que a ela se referiram, revela inequivocamente, quanto a nós, que esta é a vontade da lei, a qual, aliás, não tem nada de irrazoável ou de doutrinalmente condenável;

Repare-se. *Primitivo arrendatário* é uma expressão de inequívoco alcance concreto: *é aquele que tem, no contrato, a posição de arrendatário, aquele que, por si ou por seu representante, o celebrou.*

Quem, depois, lhe sucedeu nessa posição, *inter vivos* ou *por morte*, já não será, obviamente, o *primitivo*, mas um *ulterior arrendatário.*

Há mais de três anos. A expressão não tem suscitado dúvidas dignas de registo.

O exercício em comum. A doutrina tem, por vezes, desvalorizado este requisito, a ponto de se chegar a uma interpretação verdadeiramente revogatória.

Impõe-se, por isso, que se deixe cair sobre ele uma ainda que muito breve palavrinha.

Chegou a sustentar-se que, se fosse a entender-se tal expressão à letra, o preceito só se aplicaria a escassíssimas hipóteses, havendo casos como os do *cônjuge meeiro* ou do *filho* que tenha vantagens com a *exploração do estabelecimento* quanto aos quais, embora não se exerça uma *exploração em comum*, constituem situações em que "a tutela mais se impõe"[80].

A nosso ver, esta ponderação esquece que a hipótese em presença não contempla exclusivamente *arrendamentos vinculísticos* mas, indiferentemente, os próprios *arrendamentos de duração limitada* em que o *senhorio*, no termo do prazo, pode livremente opor-se à sua *prorrogação*, seja quem for que suceda ao *primitivo arrendatário.*

De qualquer modo, tratando-se de um *estabelecimento comercial*, a cessação do *arrendamento* poderá, realmente, ser a sua ruína. Haverá, no entanto, que obtemperar: os *herdeiros* que o queiram continuar a explorar não estão impedidos de celebrar um *novo arrendamento* com o *senhorio.* Se, ao invés, pretenderem liquidá-lo, não ficarão impedidos de o fazer, negociando um breve período transitório para o efeito.

Quanto ao *profissional liberal*, a coisa é mais simples: ou obtém novo *arrendamento*, ou vai exercer a profissão para outro lado.

Particularmente em relação à *atividade comercial*, que levanta mais problemas do que o *exercício de profissão liberal*, também envolvido no preceito, a *exploração em comum*, não compreende uma posição derivada de anterior *locação do estabelecimento*, a qual seria até possível sem *autorização do senhorio*, mas de *colaboração* ou *participação* na atividade a que está afetado o *estabelecimento*, não envolvendo a titularidade dele[81].

[80] Fernando de Gravato Morais, *Novo Regime do Arrendamento Comercial*, 3ª ed., Almedina, 2011, pp. 93-94. O Autor omite a situação de *exercício de profissão liberal*, igualmente contemplada nesta hipótese de *arrendamento não habitacional.*

[81] Maria Olinda Garcia parece envolver neste caso a *contitularidade do estabelecimento* (*Arrendamentos para comércio*, Coimbra Editora, 2006, p. 74), mas importa atentar em que, quem seja *contitular do estabelecimento*, certamente será também *coarrendatário.*

Um colaborador, com *mais de três anos*, que não detenha a qualidade de *sucessor*[82] e um *sucessor* que não tenha *colaboração* no *estabelecimento*, isto é, não *trabalhe regularmente* com o *arrendatário* na sua *exploração*, não poderá aceder ao *direito de arrendamento* que, nestes casos, terminará com a própria *morte do primitivo arrendatário*[83].

Por outras palavras: a expressão legal "explore em comum com o primitivo arrendatário", que a doutrina em geral tem interpretado – e bem – em *sentido lato*, não vai a ponto de requerer que necessariamente exista um *contrato de trabalho* nem que tenha o *sucessor* de estar permanentemente sediado no *estabelecimento* ou aí trabalhe *a tempo inteiro*, mas apenas que, da sua parte, haja *uma colaboração, não meramente episódica, com carácter de certa regularidade e constância, ao longo de mais de três anos, em tarefa ou tarefas da gestão*[84].

Importará ainda, por último, afastar algumas dúvidas menores que já têm sido levantadas a propósito deste artigo, por isso que, em nosso parecer:

[82] Não basta, pois, ser *familiar*. Contra, segundo parece, mas simplesmente de passagem, MANTEIGAS MARTINS/A. RAPOSO SUBTIL/LUÍS FILIPE CARVALHO, *O novo regime do arrendamento urbano* (*Vida Económica*, 2006, p. 72).

[83] Já se tem pretendido estender a *sucessão por morte*, nestes contratos, a todos os que retirem *vantagens* do estabelecimento e, portanto, ao próprio *cônjuge*, mesmo quando ele não o explore efetivamente (FERNANDO DE GRAVATO MORAIS, *Novo Regime do Arrendamento Comercial*, Almedina, 2006, p. 52) – mas, salvo melhor opinião, a tese em presença será incontornavelmente contrária à lei.

[84] Sensivelmente no mesmo sentido, MENEZES LEITÃO exprime-se nestes termos: "A nosso ver, esta disposição apenas exige que o sucessor trabalhe no estabelecimento a funcionar no locado, independentemente da natureza do vínculo que o liga a esse estabelecimento" – LUÍS MANUEL TELES DE MENEZES LEITÃO, *Arrendamento Urbano*, 3ª ed., Almedina, 2007, p. 135.
No mesmo entendimento fundamental, é de salientar que se pronunciam também MARIA OLINDA GARCIA e MANTEIGAS MARTINS/A. RAPOSO SUBTIL/LUÍS FILIPE CARVALHO. A primeira sustenta, em síntese: "Deverá compreender-se aqui qualquer modo de participação regular na exploração da atividade económica desenvolvida no local arrendado. O facto de entre o arrendatário e o seu sucessor (por exemplo, um filho) existir um vínculo laboral (estabelecido eventualmente por razões de conveniência contabilística ou fiscal) não desvirtua a 'exploração em comum'" (*Arrendamentos para comércio e fins equiparados*, Coimbra Editora, 2006, p. 74). Os segundos defendem que a expressão legal seja entendida com o alcance de abranger os familiares do arrendatário que, com ou sem remuneração, trabalhavam no estabelecimento e dele retiravam o seu sustento (*O novo regime do arrendamento urbano*, Vida Económica – Lisboa, 2006, p. 72). Quanto aos últimos, convirá, em nossa opinião e salvo o devido respeito, esclarecer: o termo "familiares" só poderá abranger quem *é sucessor* ou se inscreva entre os *sucessores* do *arrendatário*. A lei é muito clara a esse respeito.
Por outro lado, quanto ao requisito de tirarem da colaboração *o seu sustento*, isto afigura-se-nos dito de modo excessivo e decerto não querido. Em parte alguma impõe a lei que a *exploração* do *sucessor do arrendatário*, há mais de três anos, constitua *o seu sustento*: pode, perfeitamente, aquilo que daí receba não passar de um mero complemento dos seus ganhos – ou, até, nem receber remuneração específica, por se determinar pelo objetivo de ajudar gratamente a manter e assegurar uma fonte de rendimento que, na ordem natural, um dia virá a ser sua. É uma situação que merece ser tutelada.

a) – A colaboração com o *arrendatário*, num *estabelecimento comercial*, ou num espaço arrendado para exercício de *profissão liberal*, não viola, obviamente, o *contrato* porque não integra uma transmissão do *direito de arrendamento* sobre o *estabelecimento* ou o *espaço profissional* nem o contrato normalmente proibirá, em suas cláusulas, semelhante colaboração;

b) – A "cedência não autorizada a terceiro" não tem, igualmente em nossa opinião, de ser chamada para o caso, porque não há, neste art. 58, nenhuma *cessão inter vivos*, pois o *arrendatário* não cede a sua posição arrendatícia a outrem: apenas se faz acompanhar de um colaborador que não se torna, por esse facto, num *arrendatário* ou *subarrendatário*;

c) – A compatibilização da transmissão *ex lege* para o *sucessor*, que *há mais de três anos* trabalhava *em comum* junto do *de cuius*, com a existência de outros *herdeiros*, *legítimos* ou *legitimários* do bem patrimonial que é o *estabelecimento* parece-nos muito simples, desde que se tenha presente que aquilo que se transmite é o *direito de arrendamento*; o *estabelecimento comercial*, esse, permanecerá naturalmente no acervo da herança, nos termos legais, e continua, até, a ser suscetível de *trespasse* ou de *locação*, nos termos dos arts. 1112 e 1109 CC, pelos seus *herdeiros*[85].

O *sucessor* tem de, no prazo de *três meses* posteriores ao decesso, *comunicar ao senhorio o falecimento* e a *vontade de "continuar a exploração"* (nº 2 do artigo).

A *comunicação* deve ser feita por *carta registada com aviso de receção* (art. 9º da Lei nº 6/2006), juntando-se cópia dos documentos comprovativos (da morte e da qualidade de sucessor – novo art. 1107-1 CC, *a simile*).

F – *Atualização de rendas vinculísticas, em 2012, e ulterior transição para o NRAU.* O art. 28-1 $NRAU_{2012}$, no seguimento do 2006, mas numa forma muito mais simples e adequada, estabeleceu, nos seus arts. 30 a 37, para os arrendamentos habitacionais anteriores ao RAU ou ao Decreto-Lei nº 257/95 providências de atualização de rendas – que analisaremos oportunamente (cf. *infra*, art. 1075) – e de promoção de *transição do contrato para o NRAU*, isto é, que fica sujeito *ao novo regime do arrendamento urbano*.

Mais recentemente, à data em que escrevemos, a Portaria nº 3/2018, de 3 de janeiro, aprovou os *fatores de correção extraordinária* de rendas a aplicar no ano de 2018, nos termos do nº 4 do art. 12 da Lei nº 46/85, aos *arrendamentos habitacionais anteriores a 1 de janeiro de 1980*.

À primeira vista, supor-se-á que semelhante portaria não tem objeto, pois esses arrendamentos foram atualizados à luz do $NRAU_{2012}$, por um período de *cinco anos*, dentro do

Por último, importará ainda mencionar que este nosso entendimento obteve o apoio valioso de Francisco de Castro Fraga, *Normas Transitórias* (*Leis do Arrendamento Urbano Anotadas* [coord. de António Menezes Cordeiro], Almedina, 2014, p. 534).

[85] Cremos serem fundamentalmente estas as dúvidas ou objeções suscitadas a esta transmissão por Manteigas Martins/Carla Santos Freire/Carlos Nabais/José M. Raimundo, *Novo Regime do Arrendamento Urbano Anotado e Comentado*, 3ª ed., VidaEconómica, 2013, p. 84.

qual não haveria outra atualização, período, esse, que nem chegou a cumprir-se porque, entretanto, o NRAU$_{2017}$ o dilatou para *oito* e *dez anos*.

Simplesmente, casos haveria, e houve, em que tais períodos não chegaram a efetivar-se, como quando o *senhorio* não tomou a iniciativa de comunicar ao *arrendatário* a sua intenção de atualizar a renda, como lhe facultava o art. 30 NRAU.

Nesse casos e quando se entenda que não poderá o *senhorio* ter ainda a iniciativa e fazer a atualização nesses termos ou, fundamentalmente, quando, em vez de a atualização concretizada dentro dos parâmetros do NRAU$_{2012}$, acabou ela por se concluir por um *acordo* a atualização já não se consolida pelos *cinco* e, depois, *oito* ou *dez anos* seguintes, parecendo que os *arrendamentos anteriores a 1980* poderão, em semelhante hipótese, sujeitar-se aos fatores de correção extraordinária da portaria.

G – ***Direitos do subarrendatário autorizado ou ratificado.*** Os direitos reconhecidos ao *arrendatário*, para estes arrendamentos *anteriores* ao RAU ou ao Decreto-Lei nº 257/95, no art. 28 NRAU, podem igualmente ser "*invocados pelo subarrendatário quando se trate de subarrendamento autorizado ou ratificado nos termos da lei*" (art. 28-6 NRAU).

13. Interpretação e integração da lei arrendatícia

A *interpretação* das leis reguladoras do *arrendamento urbano* não mobiliza normas especiais.

I – Regula-se pelos *princípios gerais* estabelecidos na lei para a *declaração negocial* que se contêm nos arts. 236 a 238 CC.

Nestes termos, ela vale com o sentido que um *declarante normal*, colocado na posição do *real declaratário*, possa deduzir do comportamento do *declarante*, salvo se este não puder razoavelmente contar com ele (art. 236-1).

Em caso de dúvida sobre o sentido da declaração, como se trata de um *contrato oneroso*, vale o que conduzir ao *maior equilíbrio das prestações* (art. 237).

Sendo o *contrato de arrendamento* necessariamente *formal* (art. 1069), não pode a declaração valer com um sentido que não tenha *um mínimo de correspondência* no texto do respetivo documento (art. 238-1).

São estes, em nosso entender, os princípios a ter em conta em matéria de *arrendamento urbano*, seja ele o *livre* ou o *vinculístico*.

II – No domínio do *arrendamento vinculístico*, em vista dos limites à autonomia da vontade impostos ao *senhorio*, chegou a defender-se, entre nós, dominar aqui o *princípio do melhor tratamento do arrendatário*

Pela nossa parte, pensamos que não será aceitável aplicar-se a regra *in dubio pro conductoris* que resultaria da ideia, por vezes defendida em pleno domínio do *vinculismo*, de que dominaria, em matéria de *arrendamento urbano* (e até de *arrendamento rural*) o *princí-*

pio do melhor tratamento do arrendatário: "pode dizer-se que, como o direito do trabalho e por motivos fundamentalmente análogos, o direito do arrendamento não resolve *imparcialmente* os conflitos que surjam no âmbito da relação locativa, antes resolve esses conflitos, muitas vezes, de maneira *parcial*, por saber que o arrendatário é na generalidade dos casos (e para a generalidade se faz a lei) a parte social e economicamente mais fraca"[86].

Na nossa perspetiva, este entendimento tem de começar por ser interpretado à luz da época em que foi emitido (1988, data da obra acabada de citar e já algo fora de tempo, 1993[87]).

O mais expressivo afloramento de tal princípio seria então, como nessa altura se referiu, o art. 1095 CC daquele tempo (hoje, sem paralelo no Código), que proclamava, para os *arrendamentos de prédios urbanos e rústicos não rurais*, não gozar o *senhorio*, neles, "do direito de denúncia, considerando-se o contrato renovado, se não for denunciado pelo arrendatário nos termos do artigo 1055".

Era, exatamente, o *vínculo* da *prorrogação forçada* que, com outras restrições à *autonomia privada* como, designadamente, o *bloqueio da renda*, o carácter de *ordem pública* da legislação arrendatícia, a instituição do *trespasse*, a nossa lei estabeleceu, como se viu (cf. *supra* nº 11, *sub* art. 1022).

A questão, portanto, só se poria em relação aos *arrendamentos vinculísticos*, sendo estranhos a ela os *arrendamentos livres*.

Mesmo no entanto para aqueles, importará contudo, quanto a nós, não perder de vista que, por um lado, o *vinculismo* tinha carácter *transitório* e natureza *excecional*, enquanto, por outro lado, os *vínculos* não constituíam afloramentos de um princípio geral arrendatício, mas *restrições excecionais* determinadas por força de circunstâncias criadoras de um *estado de necessidade*.

Em todo o mundo, foram decretadas com carácter *excecional* e *transitório*, sendo severamente condenável a consagração do vínculo da ,*prorrogação forçada* com natureza estrutural, como se registou no art. 1095 da primitiva redação do CC, e, pior ainda, associado ao *bloqueio de rendas habitacionais* de Lisboa e Porto, por tempo indefinido, que vinha já da Lei nº 2:030 e foi conservado pelo art. 10 do Decreto-Lei nº 47 344 (diploma preambular do Código).

Evidentemente, não se nega o direito de cada cidadão ter uma habitação condigna. Simplesmente, a sua satisfação tem de ser proporcionada, não pelos proprietários imobiliários por tempo indefinido e com renda de favor, mas diretamente pelo Estado, através da edificação de residências sociais, da realização de uma política favorável ao fomento imobiliário e da atribuição de subsídios de rendas às famílias mais carenciadas.

[86] F. M. Pereira Coelho, *Arrendamento*, Coimbra, 1988, pp. 61-62. Em sentido análogo, citado por este Autor, Brandão Proença, *Um exemplo do princípio do melhor tratamento do arrendatário habitacional: termo final do arrendamento e "renovação forçada"*, 1982.

[87] *Rev. Leg. Jur.*, 126º, p. 196.

Os *vínculos contratuais* que se estabeleceram, entre nós, no mais completo desinteresse pela condição económica do *arrendatário* e sem um pingo de equidade distributiva, ao longo de mais de *cem anos*, numa transferência autoritária do pretenso "encargo social" para o proprietário de um imóvel, são certamente *imorais* e, no rigor dos princípios, *inconstitucionais*[88] – ainda que o nosso Tribunal Constitucional julgue o contrário.

Pode admitir-se que, na generalidade dos casos, o *arrendatário* seja, perante o *senhorio*, a parte económica e socialmente mais fraca, mas recusamos frontalmente que a proteção das classes mais débeis se deva fazer e se faça para a generalidade da categoria, porque a atribuição de um *subsídio de renda* estatal ou de uma *habitação social* se fazem sempre tendo em vista o caso concreto e a necessidade especificamente experimentada.

Exemplo tardio, mas preclaro disso, é a regulação estabelecida no NRAU, com a Lei nº 31/2012, ao levar em conta, para o resíduo *vinculístico*, o *rendimento do agregado familiar do arrendatário.*

Deste modo, mesmo no estrito âmbito desses *arrendamentos*, o carácter transitório dessa espécie e a natureza excecional e estritamente pontual dos *vínculos* que foram estabelecidos não permite arvorá-los em afloramentos de um princípio geral do *tratamento mais favorável do arrendatário*, regendo, para além deles, a *autonomia contratual* consagrada no art. 405 CC.

[88] Aragão Seia reconhece ser ao Estado que cabe este encargo social, mas legitima, ainda assim, o *vinculismo* que perdurou entre nós ponderando que, como não o pode conseguir só por si, "impõe que os particulares colaborem na realização desse objetivo" – *Arrendamento Urbano*, 6ª ed., Almedina, 2002, p. 609.
Desconheceu assim o vício de nascença do *vinculismo* português, de prebenda da revolução republicana que, só em 2012, e por imposição da troica se preocupou com o *rendimento do agregado familiar.* Sem isso, que perdurou por mais de cem anos e atravessou todos os regimes, a indesmentível verdade é que não haverá *proteção social* mas *abuso de poder.*
Em 1955, fomos obsequiados com um jantar oferecido por um milionário, proprietário de várias roças no ultramar e residente num espaçoso andar de um belo prédio de Lisboa. Como era natural, a sua residência estava ricamente mobilada e decorada. Nas paredes, chamavam a atenção quadros de pintores notáveis. Havia mesmo, entre eles, um Silva Porto, certamente legítimo.
Ao jantar assistiam cerca de dez convivas. A loiça era Companhia das Índias; os talheres, de prata. Serviam dois criados de libré e luvas brancas.
Pois, acreditem se quiserem. A casa era arrendada já desde o pai, entretanto falecido, por uma viúva que vivia de parcas rendas que o marido lhe deixara, entre elas a desse andar, bloqueada há mais de trinta anos!
Se este exemplo é de uma eloquência meridiana, e conhecido é ainda que floresciam como cogumelos os casos de rendas vinculadas a *arrendatários* bem instalados na vida, certo é que alguns dos nossos mais reputados juristas, entretanto, pelos vistos, não viviam entre nós: teriam emigrado para a Utopia.

III – Como se viu acima (cf. *supra*, 9, *sub* este mesmo artigo), é vasto o campo normativo por que se espraia a disciplina legal da *locação*, localizando-se o núcleo da sua regulação nos arts. 1022 a 1113 CC, como se referiu já.

Nestes 92 artigos (mais 2 entretanto intercalados, o 1067-A e o 1110-A), especificamente o *arrendamento urbano* compreende 52: os que vão do art. 1064 a 1113, desenvolvendo-se, aliás, o seu tratamento, como toda a estrutura do Código construído no quadro da chamada *sistematização germânica*, segundo um método expositivo que parte do *geral* para o *particular*.

Se no CC, o seu articulado se inicia por uma Parte Geral, que é o Livro I, seguem-se-lhe quatro livros dedicados aos diferentes ramos especiais do Direito Civil: o Livro II, que se ocupa das *Obrigações*; o Livro III, respeitante ao *Direito das Coisas*; o Livro IV, que trata do *Direito da Família*, e o Livro V do *Direito das Sucessões*.

Idêntico sistema foi depois adotado, dentro de cada livro especial, para os diferentes institutos contemplados.

Na parte que nos interessa, começou assim o nosso contrato pela *locação*, como o amplo *género* em que se inclui, além de outros desdobramentos particulares, que relegou para legislação própria, a sua *espécie* constituída pelo *arrendamento de prédios urbanos* (arts. 1064 ss), dentro da qual especializou ainda o *arrendamento para habitação* (arts. 1092 a 1107) e o *arrendamento para fins não habitacionais* (arts. 1108 a 1113).

Deste modo, cada instituto especial encontra a sua regulação na parte que especificamente lhe é dedicada, mais, no que aí for omisso, pelas do *género* em que se contém e que se lhe adaptem; mais, nas que lhe devam caber entre as da *parte geral* do Livro espacial; mais, por último, nas da Parte Geral do Código.

Exemplificando: entre as normas do *arrendamento de prédio urbano*, não há nenhuma relativa à *duração máxima* da sua contratação. Não pode, contudo, admitir-se que não estará este *arrendamento* sujeito a qualquer limite temporal pois, como *locação* que não deixa de ser, encontra-se vinculado ao estabelecido para esta, a impor um *limite máximo de trinta anos* (art. 1025).

Por outro lado, se existe norma a estabelecer que diploma especial define os elementos que o contrato de arrendamento urbano deve conter (art. 1070-2) e o Decreto-Lei nº 160/2006 determina extensos róis desses elementos, certo é que não se disciplina, nem para a *locação*, em geral, nem para nenhuma das suas espécies, como deverão ou poderão moldar-se dentro deles as vontades individuais dos contraentes.

É a parte geral da *Parte Especial* que compõe o *Livro das Obrigações* que dita então a lei. Segundo o seu art. 405-1, "dentro dos limites da lei, as partes têm a faculdade de fixar livremente o conteúdo dos contratos".

Mas, em qualquer idade?

Nem as normas próprias do *arrendamento urbano* nem as das *Obrigações*, em geral, respondem à pergunta.

É a própria Parte Geral do Código que esclarece o ponto. "Salvo disposição em contrário, os menores carecem de capacidade para o exercício de direitos" (art. 123).

"É menor quem não tiver ainda completado dezoito anos de idade" (art. 122).

Assim se vai resolvendo, laboriosa mas facilmente, a aplicação da lei no nosso *arrendamento urbano.*

Mas se, corrida a escala, não se encontra, para o caso concreto, uma disposição que o regule?

Se nos encontramos perante uma *lacuna*?

Aqui, será ainda a Parte Geral a guiar o intérprete.

É o art. 10 que comanda.

Artigo 1023 – Arrendamento e aluguer

A locação diz-se arrendamento quando versa sobre coisa imóvel, aluguer quando incide sobre coisa móvel.

(Versão da redação primitiva do CC)

Na Itália, a grande distinção que se faz, no seio da *locação,* é a que separa as *coisas produtivas* das que não o são.

A *locação* daquelas constitui o *affitto,* e a das *coisas não produtivas* é uma *locação stricto sensu.* Depois, consideram-se outras distinções; mas esta é a grande linha divisória a considerar dentro da *locação*, nesse país.

Análoga sistematização adotara já, de resto, o Código Civil alemão, ao distinguir a *Miete,* que se apresenta como a *locação do uso* (*Gebrauch*), regulada especialmente nos §§ 535 a 580, da relativa à *Pacht,* que constitui antes uma *locação de uso e fruição* (*Gebrauch und Genuss der Früchte*), disciplinada nos §§ 581 a 587, com as atualizações que têm vindo a sofrer e as atualizações legislativas que veem ocorrendo.

Entre nós, preferiu-se o critério tradicional, que distribui a *locação* por duas categorias básicas, a de *coisas móveis* e a de *imóveis.* Como se declara no art. 1023 CC, *"a locação diz-se arrendamento quando versa sobre coisas imóveis, aluguer quando incide sobre coisa móvel"*.

Lembremos a distinção legal dos dois conceitos.

Segundo se qualifica no art. 204-1 CC, são *coisas imóveis*:

a) – Os prédios rústicos e urbanos;

b) – As águas;

c) – As árvores, os arbustos e os frutos naturais enquanto estiverem ligados ao solo;

d) – Os direitos inerentes aos imóveis mencionados nas alíneas anteriores

e) – As partes integrantes dos prédios rústicos e urbanos.

Por seu turno, o art. 205-1 CC completa a classificação, afirmando que "são móveis todas as coisas não compreendidas no artigo anterior".

É, portanto, *arrendamento* a *locação* de um *prédio rústico* ou *urbano*; de *águas* (do domínio privado, claro está), de *árvores, arbustos* ou *frutos naturais ligados ao solo*, ou de um *direito inerente a tais imóveis*; é *aluguer* a *locação* de qualquer *coisa* não compreendida nas apontadas categorias.

No âmbito normativo, porém, a distinção entre *arrendamento* e *aluguer* é profundamente escolástica, circunscrevendo-se à mera perspetiva terminológica, sem sequência na sistematização da sua disciplina jurídica.

Em todas as diferentes secções em que se divide o capítulo dedicado à *locação*, nem uma, com efeito, se ocupa do *aluguer*, que é assim, no Código, uma categoria completamente desprezada desde a sua versão inicial até às que posteriormente as reviram e Reformaram.

As duas grandes espécies de *locação* que na versão primitiva se distinguiam eram, antes, o *arrendamento rural*, por um lado, e o *arrendamento de prédios urbanos e dos rústicos não compreendidos na categoria precedente* – ambas formando *locações de coisa imóvel*.

Substituídas as suas secções pelas atualmente em vigor, ficámos com o *arrendamento de prédios urbanos* no CC, formando a Secção VII, constituída pelos arts. 1064-1113, relegando-se o outro grande arquétipo para legislação avulsa que disciplina o *arrendamento rural* que, à data em que escrevemos, se desdobra em três tipos legais: o *arrendamento agrícola*, o *arrendamento de campanha* e o *arrendamento florestal* (a Lei nº 80/2009, de 14 de agosto, que autorizou o Governo a estabelecer o novo regime do *arrendamento rural* e o Decreto-Lei nº 294/2009, de 13 de outubro, que regulou esse novo regime).

Em contrapartida, para o *aluguer*, não sobrou mais do que a presente disposição classificativa.

Na linguagem corrente, é entre nós comum, aliás, falar-se de *aluguer* em termos amplos, em sinonímia com *locação*, e, portanto, reportado também a *coisa imóvel*.

Já as *Ordenações Afonsinas* referiam, de resto, os *alugueres das casas* (Tít. LXXIII), ignorando o termo *arrendamento* ou as diferentes variantes gramaticais deste vocábulo.

De onde terá vindo, então, a ideia de fixar a palavra *aluguer* ao *nomen iuris* de *locação de coisa móvel* quando, nas Ordenações Filipinas (Liv. IV, Tít. 9), ainda ela vinha, indiferentemente mencionada pelo termo *arrendamento*, referido à "cousa de raiz"?

Pela nossa parte, supomos que, aproveitando a pista etimológica, poderemos esboçar uma explicação plausível.

Nesse domínio, não encontramos sombra do vocábulo nem em França nem em Itália, e o dicionarista MORAIS interroga-se se não o terá importado a nossa língua do castelhano antigo *aloguer*.

A ser assim, ficar-nos ia ainda por desvendar de onde, por seu turno, teria tal idioma recolhido este termo. JOSÉ PEDRO MACHADO, no seu *Dicionário Etimológico da Língua Portuguesa* (3ª ed., 1977), dá às entradas *aluguel* e *aluguer* origem latina, derivando-as de *locariu* – "preço de aluguer". Para o verbo *alugar* regista igualmente uma origem latina: *allocare* (colocar).

Outros dicionaristas, registam a mesma origem, que não explicará de forma convincente o aproveitamento do termo para designar a *locação da coisa móvel* que, aliás, não foi conhecida, ao que supomos, do Direito romano (confronte-se, hoje, curiosamente, o HOUAISS com o que se regista a seguir e vem já de anteriores investigações nossas).

Para a palavra *locarium* ainda se pode encontrar alguma conotação com a ideia de *remuneração da locação de coisa móvel*, para que a nossa lei utiliza também a designação de *aluguer*; para exprimir a própria ideia de *locação*, em si, é que de modo nenhum a vemos.

Propendemos antes, por isso, como em trabalhos anteriores já temos defendido (v. *Vinculismo Arrendatício – Origens, Características e Tendência Evolutiva – Tribuna da Justiça*, 1990, nº 2, pp. 26-28), a supor que, provavelmente, tanto na aceção de *locação de coisa móvel* como quando exprime apenas a sua remuneração, o termo *aluguer* remontará mais propriamente ao vocábulo árabe *al-kirâ* ("aluguer, penhor, salário; carga de mula; "pensão que se paga de alquilé"; árabe vulgar *kilé* "alugar" – *Elucidário de Viterbo*, ed. crítica de MÁRIO FIUZA).

Com esta origem, na verdade, registam-se, no português antigo, a palavra *alquilé*, exactamente para exprimir a ideia de *locação de coisa móvel* (cf. MORAIS, *Grande Dicionário da Língua Portuguesa* [por AUGUSTO MORENO, CARDOSO JÚNIOR e JOSÉ PEDRO MACHADO], e as suas variantes *alquier* (*Foral de Anhoura*, de 1275), *alquiar* (Doc. de S. Cristóvão de Coimbra, de 1280: "adubassem as ditas casas. e as alquiassem, e os dinheiros de alquier ...") e *alquilar* (*Crónica João I*, cap. 76: "e se alguém pode aqui haver trigo e dele quer fazer farinha, alquila a mó àquele que a tem" – cf. as últimas informações no *Elucidário*, ed. crítica de MÁRIO FIÚZA).

Seguindo neste rumo, o Código Civil de SEABRA adotou a palavra *alquilaria*, ao disciplinar (arts. 1410-1418) uma trilogia de figuras contratuais sob a epígrafe "Da recovagem, barcagem e alquilaria".

Foi, mais precisamente, nos seus arts. 1416 e 1417 que tratou da figura denominada em último lugar.

Efetivamente, no primeiro destes preceitos, determinou que "o alquilador deve declarar as manhas ou os defeitos das cavalgaduras, e responderá pelos danos e prejuízos que resultarem da falta desta declaração"; no segundo, que, "se as cavalgaduras morrerem ou se arruinarem durante o serviço, será a perda por conta do alquilador, se não se provar que houve culpa por parte do alugador".

Em nosso entender, semelhante disciplina revela indubitavelmente o carácter de *locação de cavalgaduras* do *contrato de alquilaria* do Código de 1867, em que aquele que proporcionar o uso dos animais é denominado de *alquilador* e quem os recebe, para os utilizar segundo o fim convencionado, tem o nome de *alugador*.

Com esta palavra fica, enfim, estabelecida a ponte de ligação com o vocábulo *aluguer* – que, remontando à denominação árabe da *locação de animais*, se fixa para designar mais genericamente a *locação de coisa móvel*.

É assim que, no seu art. 1596, se exprimia o Código de SEABRA nestes termos: "A locação diz-se arrendamento, quando versa sobre coisa imóvel; aluguer, quando versa sobre coisa móvel" – e é, sem tirar nem pôr, a nomenclatura que, um século depois, o Código Civil em vigor perfilha e reproduz, com brevíssimos apuros de forma, neste seu art. 1023: "A locação diz-se arrendamento quando versa sobre coisa imóvel, aluguer quando incide sobre coisa móvel".

O termo – tudo leva a crer, em suma – veio-nos, pois, da designação árabe, para exprimir tanto a *locação de animais* como, estritamente, da sua *remuneração* (*al kirâ*), não do *locarium*, do Direito romano, com que não tem mais do que uma analogia fónica.

Só no século XIX, com o Código Civil de SEABRA, terá sido fixado o seu sentido atual, de *locação de coisa móvel*. No nosso direito mais antigo, as *Ordenações Afonsinas* empregaram o termo *aluguer* (por vezes, *alugamento* – Tít. LXIII-7) para designar, por um lado, a própria *locação de imóveis* ("*Dos alugueres das casas, e da maneira que se deve ter acerca deles*" – Título LXXIII do Livro IV), à semelhança, aliás, do que se verifica na linguagem comum dos nossos dias, e, por outro, na aceção de *retribuição* desse contrato ("... são teúdos a ter as ditas casas, e pagarem o *aluguer* do ano que vier" – Tít. LXXIII-1; "... tomar o penhor em sua casa pelo *aluguer*" – Tít. LXXIII-2; "... que lhe pague o *aluguer*" – Tít. LXXIII-3; "... e pero que diga o que em ela morar, que pagará o *aluguer*" – Tít. LXXIII-4; "... não pagando o alugador da casa o *aluguer* dela ao tempo, que prometeu pagá-lo" – Tít. LXXIII-6; "... sendo pagado do dito *aluguer* em todo ou em parte" – Tít. LXXIII-7).

Como se vê, no CC, o *aluguer* não precisou de um normativo institucional específico, não havendo a salientar mais, no fundo, no plano da legislação avulsa, do que, como a mais importante e frequente, a particularmente dedicada ao *aluguer de veículos automóveis de passageiros, sem condutor*.

Artigo 1024 – A locação como ato de administração

1 – A locação constitui, para o locador, um ato de administração ordinária, exceto quando for celebrada por prazo superior a seis anos.

2 – O arrendamento de prédio indiviso feito pelo consorte ou consortes administradores só é válido quando os restantes proprietários manifestem, por escrito e antes ou depois do contrato, o seu assentimento.

(O nº 1 tem a versão primitiva do Código. O nº 2 reproduz o texto que lhe foi dado com a Lei nº 6/2006).

1. Premissa introdutória

O artigo será, porventura, o menos feliz e mais maltratado de toda a corografia do CC.

Repare-se.

O seu nº 1 encerra uma afirmação singular: a *locação* é, para o *locador*, um ato de *administração ordinária*, exceto quando for celebrada por mais de *seis anos*.

Que *locação*?

Tanto o aluguer como o *arrendamento*?

Quando o Código foi publicado, o *arrendamento*, era *vinculístico* e, portanto, todo ele obrigava o *locador* por mais de *seis anos*; logo, não era a *locação*, em geral, que podia ser *ato de administração ordinária* quando fosse celebrada por período até *seis anos*, mas apenas o *aluguer*.

Nessa base, o *arrendamento*, seria sempre um *ato de administração extraordinária*.

Daí, porém, salta-se para o nº 2 onde, na sua redação primitiva, se proclamava, iniciando o normativo por uma adversativa: "Porém[89], o arrendamento de prédio indiviso, feito pelo consorte ou consortes administradores só se considera válido quando os restantes comproprietários manifestem, antes ou depois do contrato, o seu assentimento; se a lei exigir escritura pública para a celebração do arrendamento, deve o assentimento ser prestado por igual forma".

Ora se o *arrendamento*, logo no nº 1, haveria de considerar-se, em si mesmo, um *ato de administração extraordinária*, a que título se passava a proclamar, no nº 2, uma regra que derivava já do normativo precedente e, para cúmulo, com a esquisita particularidade de a referir singularmente ao *arrendamento de coisa indivisa*?

Não era já isso que resultava indiretamente do disposto no nº 1?

Certo é que assim se foi mantendo o artigo, ao longo de quarenta anos, e, já tinha deixado de se impor o *vinculismo*, em 1990 e 1995, quando surgiu a Reforma de 2006, a mexer nele.

Para o adaptar ao novo regime arrendatício surgido naquelas datas?

Não. Apenas para, deixando intocado o nº 1, aperfeiçoar a redação do seu nº 2, retirando-lhe a adversativa inicial e aligeirando-lhe a forma de consentimento nele exigida, sem dar por que esse número deixara, afinal, de se justificar em face da legalização do *arrendamento de duração limitada*.

E assim vem o artigo subsistindo, enigmático e fossilizado, sem que as sucessivas Reformas deem conta disso.

[89] É sabido que grandes Mestres da língua, como o Padre ANTÓNIO VIEIRA e HERCULANO usaram e abusaram do emprego da adversativa no início da frase. VASCO BOTELHO DO AMARAL apresenta umalonga lista de escritores que usaram o "porém" no início da frase (*Dicionário de Dificuldades da Língua Portuguesa*, Editora Educação Nacional, Porto, 1938, entrada "Porém"). O facto não revogou a norma gramatical comum às línguas românicas.

2. A locação, como um ato de administração

Na gestão de um património, podem realizar-se duas importantes categorias de atos: a dos que se destinam a *conservar* ou *rendibilizar* um bem, e a dos que se destinam a *aliená-los*.

Os primeiros dizem-se *atos de administração*, enquanto os segundos costumam designar-se como *atos de disposição*.

A lei distingue ainda, entre os primeiros, os atos de *administração ordinária* dos atos de *administração extraordinária*.

Em parte alguma dá ela, porém, a definição geral de uma ou de outra destas duas categorias de *administração*. Não existe, assim, uma definição técnica de aplicação genérica mas, por vezes, a declaração de que certo negócio jurídico é *ato de administração ordinária* ou, antes, de *administração extraordinária*.

É o que acontece no nº 1 deste artigo quando declara, como vimos, que a *locação* constitui, para o *locador*, um *ato de administração ordinária*, exceto quando for celebrada por mais de *seis anos*.

I – ***O arrendamento urbano como ato de administração.*** A referida especificação da *administração* em *ordinária* e *extraordinária* é importante, designadamente, quando alguém detenha poderes de *administração de bens alheios*.

O *mandatário*, por exemplo, se estiver apenas munido de um *mandato geral*, este "*só compreende os atos de administração ordinária*" (art. 1159-1 CC).

Apenas poderá, portanto, *locar* um bem do seu *mandante* por prazo até *seis anos*.

E em exercício de *administração ordinária*, mais administradores se podem mencionar. Entre outros:

a) – Os pais, relativamente a bens dos filhos que estejam sob a sua administração (arts. 1878-1; 1889-1, *m)* e 1897 CC);

b) – Cada um dos cônjuges, por si, relativamente aos bens comuns (art. 1678-3):

c) – O cabeça de casal da herança (arts. 2079 e 2087 CC);

d) – O curador provisório (art. 94-1, referido ao art. 1159-1 CC) ou definitivo dos bens de *ausentes* (art. 110 CC, em referência aos ultimamente citados);

e) – O tutor (art. 1935-1 CC, referido aos arts. 1878-1, 1889-1, *m), a contrario,* e 1897 CC);

f) – O administrador da insolvência (art. 55 CIRE);

g) – O depositário judicial de bens penhorados (art. 843-1 CPC), arrolados (art. 424-5 CPC), arrestados (art. 406-2 CPC) ou consignados em depósito (art. 1024-2 CPC);

h) – O mandatário geral (art. 1159-1 CC);

i) – O consignatário (als. *b)* e *c)* do art. 661-1 CC).

Especificamente, porém, quanto ao *arrendamento de duração limitada*, que constitua um *ato de administração extraordinária*, por ser prestado por *mais de seis anos*, carecem os *pais*, em relação aos bens dos *filhos*, de autorização do *tribunal* (al. *m)* do art. 1889-1 CC e art. 1014 CPC_{2013}) para concedê-lo, outro tanto ocorrendo quanto ao *tutor* relativamente ao do *pupilo* (art.1938-1).

Para além destas disposições particulares, pode ainda reconhecer-se um princípio geral de *legitimidade* para *dar em locação*: está nestas condições *quem detenha o poder de gozo da coisa locada*.

Assim, antes de mais, tem *legitimidade* para tal quem, entre outros, seja *proprietário* da *coisa* (art. 1305), *usufrutuário* (art. 1446) ou *fiduciário* (art. 2290-1).

O próprio *locatário*, com base no direito que lhe advém do precedente contrato locativo, tem, se o contrato lho não proibir, *legitimidade* para *sublocar* (art. 1060).

Quanto à *legitimidade do comproprietário* para locar *bem indiviso*, dispõe então o nº 2 deste artigo, reportando-se especificamente ao *arrendamento*, como passaremos a ver.

Será, contudo, que a regra posta neste nº 1 do artigo, para a *locação*, em geral, compreenderá, efetivamente, também a que constitui, não apenas um *aluguer*, mas, hoje em dia, o próprio *arrendamento*?

Tem-se geralmente entendido, sem mais, que sim[90], mas a afirmação, imputada ao preceito, não se nos afigura linear, carecendo de desenvolvimento.

Com efeito, na nossa perspetiva, para se compreender perfeitamente o alcance das normas conjugadas dos dois números do artigo, será indispensável atender à data em que elas surgiram, na versão inicial do CC e para a qual, logo de começo, chamámos a atenção, pois importa não passar em claro que o *arrendamento* estava, todo ele, sujeito ao regime de *prorrogação forçada*.

Arrendava-se um prédio ou fração autónoma, preenchendo um impresso em *papel selado* e seu duplicado, emitidos pela Casa da Moeda e vendidos nas tabacarias, ostentando dizeres normalizados, onde figurava, invariavelmente, a afirmação de que o *arrendamento* era dado por *seis meses*, prorrogáveis por iguais períodos.

Como as sucessivas *prorrogações* eram então obrigatórias, o *senhorio* ficava vinculado, afinal, por toda a vida do *arrendatário* – e mais do que isso, porque, com a sua morte, ainda a lei lhe atribuía sucessores, no *arrendamento urbano*.

Nesta conformidade, pretender que um *arrendamento* constituía um *ato de administração ordinária*, quando realizado por período até *seis anos*, não tinha, nessa época, a menor espécie de sentido, porque, contratado por apenas *seis meses*, que fosse, constituiria sempre uma vinculação muitíssimo superior àqueles *seis anos*.

Sendo assim, não parecerá admissível que, ao determinar-se, na versão original do Código, que a *locação* constituía um *ato de administração ordinária*, "exceto quando for celebrada por prazo superior a seis anos", o termo *locação* compreendesse o próprio *arrendamento urbano* que, estando então submetido ao *vinculismo*, jamais poderia, nesses termos,

[90] Assim, p.ex., F. M. Pereira Coelho, *Arrendamento* (ed. pol.), Coimbra, 1988, pp. 100, texto e nota, e 101, embora considere a distinção da lei " muito discutível"; Laurinda Gemas/Albertina Pedroso/João Caldeira Jorge, *Arrendamento Urbano*, 3ª ed., QuidJuris, 2009, p. 159 ("No que concerne à 2ª parte do nº 1 do art. 1024, atinente aos contratos de arrendamento por mais de seis anos..."); Luís Menezes Leitão, *Arrendamento Urbano*, 6ª ed., Almedina, 2013, p. 75; Soares Machado/Regina Santos Pereira, *Arrendamento Urbano (NRAU)*, Petrony, 2014, p. 27.

constituir um *ato de administração ordinária*, visto perdurar, quando o *arrendatário* o pretendesse e contra a vontade do *senhorio*, sempre por *mais de seis anos*.

Quando muito, se se entender que o *arrendamento rural*, então disciplinado no âmbito da *locação* do CC, podia ser celebrado por apenas *seis anos* (primitivo art. 1065--1) e que a primeira *prorrogação* por *três anos*, prevista no nº 2 desse artigo, não era coerciva, teríamos aí um *arrendamento* que poderia ser, efetivamente, *ato de administração ordinária*, quando celebrado por *seis anos*, e de *administração extraordinária* quando o fosse por período superior.

O *arrendamento urbano*, porém, fosse qual fosse o período por que se contratasse, prolongava-se, obrigatória e indefinidamente indiferente e imune à baliza dos *seis anos*, não podendo nunca, portanto, constituir um *ato de administração ordinária*.

Supor o contrário é, necessariamente, sobrepor a *letra* – que nem sequer é específica, mas vaga e imprecisa – ao *espírito*.

Na nossa perspetiva, não se tendo, até à data, aliás, atualizado a redação do preceito, estaremos neste aspeto, provavelmente, ante uma *lacuna de lei*, como passaremos a explanar.

II – ***A legitimidade arrendatícia conjugal.*** Curiosamente, estabelecia-se, no art. 1682-3 dessa época, em matéria que toca ao ponto que estamos referindo, que os *imóveis próprios* ou *comuns* e o *estabelecimento comercial*, salvo no *regime da separação*, só podiam ser alienados por ato entre vivos, "ou *locados* por *prazo superior a seis anos*, consentindo ambos os cônjuges".

É bem de ver que o preceito era um autêntico *non-sense*, ao reportar-se à *locação de imóveis por mais de seis anos*, quando, como se referiu, qualquer que fosse o período por que se arrendasse um *imóvel*, prorrogava-se o contrato obrigatoriamente por todo o tempo que o *arrendatário* quisesse e vivesse, mais quem lhe sucedesse por lei, não havendo, portanto, *arrendamentos* suscetíveis de perduração realmente inferior a *seis anos*.

Apesar disso, o legislador de então reincidiu no contrassenso, ao proclamar, no art. 1887-1, al. *i)*, desta vez, reportando-se à administração pelo pai dos bens de filho menor, que não podia, sem autorização do tribunal, "*locar bens do menor por mais de seis anos*" quando, afinal, contratasse por que prazo contratasse, ficaria sempre vinculado por *mais de seis anos*.

E como se tal não bastasse, com a Reforma da Família, de 1977, em vez de se corrigir o preceito, foi ele distraidamente reeditado no novo e atual art. 1889-1, al. *m)*.

O Prof. PEREIRA COELHO, que, como se sabe, foi o grande responsável técnico da Reforma, reconhece, fundadamente, que a distinção entre os *arrendamentos* por *prazo igual ou inferior a seis anos* e os dados por *prazo superior* (incluindo o do nº 1, al. *m)* do art. 1889) "é muito discutível *de jure condendo*": o "prédio arrendado por um ano fica tão *gravado*, praticamente, como o arrendado por mais de seis"[91].

Se, porém, era assim, por que se reproduziu *ipsis verbis* o comando do art. 1887-1, al. *i)*, num novo art. 1889-1, al. *m)*?

Cremos que, só por inconsideração.

Não fecharemos este breve parêntesis sem um brevíssimo comentário à interpretação desta alínea, feita pelo SUPREMO, e que se nos afigura inaceitável.

Encontra-se ele sumariado assim, neste ponto:

– A necessidade de autorização do tribunal para a celebração de arrendamento de prédio pertencente a menor apenas é exigida quando o prazo inicial do contrato for superior a seis anos, independentemente das suas prorrogações – Supremo, 22-10-1996 (*Colectânea STJ*, IV-III, p. 65).

Ao firmar esta conclusão, relativamente a um arrendamento celebrado em 1 de novembro de 1981, não deixa o aresto de censurar, citando PEREIRA COELHO, que, não podendo o *senhorio* opor-se à renovação do contrato, fica o prédio tão gravado como se tivesse sido arrendado por mais de *seis anos*, mas remata: "essa é a solução atualmente consagrada na lei" (p. 67).

E por que se sustenta que é essa a solução da lei?

Porque se declara, na alínea, que a autorização do tribunal só é exigida para *arrendamentos* de mais de *seis anos*, ao passo que o constante dos autos foi ajustado por seis meses e "o prazo previsto naquele preceito é apenas o prazo inicial do contrato".

Em nossa opinião, não se declara em nenhum passo do preceito ou da lei, em geral, que o prazo de *seis anos*, exigido para a imposição da autorização do tribunal seja, caprichosamente, só o inicial: se este for inferior, mas o *senhorio* se obrigar a manter o arrendamento por sucessivas *prorrogações* obrigatórias que atinjam a dimensão estabelecida, está visto que a vinculação foi atingida.

Por outro lado, quando se arrazoa que, embora discutível, essa é a solução da lei, parece evidente que, na captação do seu alcance se limitou ao momento literal, olvidando que "a interpretação não deve cingir-se à letra da lei, mas reconstituir, a partir dos textos, tendo sobretudo em conta a unidade do sistema jurídico, as circunstâncias em que a lei foi elaborada e as condições específicas em que é aplicada" (art. 9º-1)

De tudo isto, que é essencial, ponto por ponto, terá feito o acórdão tábua rasa, a nosso ver.

Não seriam só, pois, os *arrendamentos* celebrados por períodos superiores a *seis anos* que exigiriam o consentimento de *ambos os cônjuges*: eram todos eles, mesmo que contratados por períodos inferiores.

[91] F. M. PEREIRA COELHO, *Arrendamento* (ed. pol.), Coimbra, 1988, pp. 100, texto e nota, e 101,

Com a Reforma da Família, de 1977, porém, o artigo desapareceu – mas surgiu então, em seu lugar, um art. 1682-A-1, al. *a)*, a determinar, *inter alia*, para regime que não fosse o da *separação*, que carecia de *consentimento* de *ambos os cônjuges* o *arrendamento* de *imóveis próprios* ou *comuns*.

Numa al. *b)*, do mesmo número, estabeleceu-se idêntica exigência para a *locação de estabelecimento próprio* ou *comum*.

E, por último, num nº 2, outro tanto se preceituou a respeito do *arrendamento* da *casa de morada da família*.

Quanto a esta, aliás, ainda num art. 1682-B se exigiu o *consentimento dos dois cônjuges* para *a resolução*, a *denúncia*, ou para a *revogação* do seu *arrendamento*, bem como para o respetivo *subarrendamento* ou *empréstimo*.

Importa prontamente salientar que também nessa altura pontificava ainda o *vinculismo* e, por isso, era correto exigir que qualquer *arrendamento*, fosse por que período fosse – exceto, claro, o por curto período – carecesse do *consentimento* de *ambos os cônjuges* e que, no tocante à *casa de morada da família*, o mesmo acontecesse relativamente à *cessação* do respetivo *arrendamento*, ou ao seu *subarrendamento*.

Ainda então, qualquer *arrendamento urbano* constituía, necessariamente, não apenas um *ato*, mas um *gravíssimo ato de administração extraordinária*, justificando-se plenamente, por isso, que tais convenções exigissem o assentimento de *ambos os cônjuges*.

Tudo era assim claro e extremado

O problema surgiu só quando, após 1990, para o *arrendamento habitacional*, e 1995, para os *não habitacionais*, se abandonou o *vinculismo*, para o futuro.

Quando, portanto, desde aí, se deverá considerar o *arrendamento* um *ato de administração extraordinária*?

Uma vez que o nº 1 deste preceito, como se viu, na sua caracterização de *ato de administração ordinária* e de *administração extraordinária*, não poderia considerar-se como compreendendo o *arrendamento*, mas apenas o *aluguer*, não teremos, agora, disposição legal que àquele se refira – e, se bem nos parece, nada, em princípio, poderá garantir que o período por que passa a constituir-se como *administração extraordinária* seja, necessariamente, o mesmo perante uma *locação de coisa móvel* ou, pelo contrário, relativamente a um *imóvel*.

O legislador, com a legalização do *arrendamento de duração limitada*, deveria ter intervindo, a estabelecer se este, que até então, era sempre um *ato de administração extraordinária*, em que termos o deveria passar agora a ser.

Simplesmente, não o fez, nem tão pouco atualizou preceitos que então o justificavam plenamente, uma vez que o *arrendamento* era, sempre, um ato de *administração extraordinária* e que serão hoje, certamente, injustificáveis, em presença de *arrendamentos de duração limitada*.

Tal condenável omissão presta-se a dúvidas de interpretação e a entendimentos desencontrados.

Como entender, hoje em dia, o disposto no intocado art. 1682-A-1, que há pouco referimos, quando, por inércia legislativa, depois de se determinar, no art. 1678-3 atual, que "*cada um dos cônjuges tem legitimidade para a prática de atos de administração ordinária relativamente aos bens comuns do casal*", continua a estabelecer, ainda agora, que carece do *consentimento dos dois cônjuges* o *arrendamento de imóveis comuns* ou mesmo *próprios* (al. *b*)), e outro tanto aconteça com a *locação de estabelecimento*, seja este *comum* ou mesmo *próprio* do *cônjuge locador* (al. *c*))?

Este duplo consentimento justificava-se plenamente na era *vinculística*, porque qualquer *arrendamento* superior a 30 dias, por breve que fosse a *duração* estipulada para o seu prazo, protelava-se por toda a vida do *arrendatário* e mais dos que lhe sucedessem, constituindo uma grave oneração prédio ou fração.

Hoje em dia, porém, já não parecerá aceitável quanto a *dações de arrendamento* ou *locações de estabelecimento*, de *duração limitada*, particularmente quando convencionadas para períodos inferiores aos *seis anos* mencionados neste artigo.

Não há como a aplicação prática para se testar o rigor de uma construção jurídica Repare-se.

Num casal, um dos *cônjuges* tem como *bem próprio* um *prédio urbano* numa praia. Embora detenha a administração exclusiva desse bem, nos termos do art. 1678-1, não teria *legitimidade* para o *arrendar*, só por si, *por 30 dias*, a uma família veraneante, em vista do disposto no art. 1682-A-1, al. *a*).

Mas se o mesmo casal detiver, em *comum*, um iate, já qualquer dos *cônjuges* disporia de *legitimidade* para, isoladamente, o *alugar* a terceiro por *seis anos* (art. 1678-3).

Se, realmente, a versão primitiva do preceito não podia, na época em que surgiu, referir o *arrendamento* como *ato de administração ordinária*, por não poder deixar de ser, *vinculístico*, só se evitará o contrassenso fazendo-se, hoje, pensamos nós, uma integração da lacuna entretanto aberta com as legalizações dos *arrendamentos de duração limitada*.

E, uma vez que, em abstrato, nada nos diz que os períodos delimitadores das duas espécies de *administração* não sejam necessariamente os mesmos para o *aluguer* e para o *arrendamento*, aquele primitivo art. 1682-3, há pouco referido e então sem nexo, poderá talvez agora servir-nos para se entender que, no pensamento do legislador, estará a ideia de que o *arrendamento de duração limitada*, que então não existia, só deverá agora constituir *ato de administração extraordinária* quando seja prestado por mais de *seis anos*.

Isto, a menos, que se possa chegar ao mesmo entendimento por simples *interpretação atualística*.

Temos, assim, que a *locação* constituída como um *arrendamento rural*, porque não pode dar-se por menos de *sete anos*, será sempre, um ato de *administração extraordinária*, ainda que, na prática, talvez devesse não o ser.

No tocante, por seu turno, ao *arrendamento urbano de duração indeterminada* (arts. 1099--1107), que só surgiu entre nós, em 2006, uma vez que pode ser denunciado potestativamente com uma antecedência de *cinco anos*, parece dever poder também considerar-se um ato de *administração ordinária*[92].

Por outro lado, não se tratando de *regime da separação*, tendo cada um dos *cônjuges* legitimidade para a prática de *atos de administração ordinária* dos *bens comuns* do casal, nos termos do preceituado no art. 1678-3, poderá ainda, nesta ordem de ideias, admitir-se que o disposto nas als. *a)* e *b)* do art. 1682-A-1 terá assim deixado de ter aplicação, em presença de um *arrendamento de duração limitada* por *seis anos*, ou menos do que isso – e poderá qualquer dos *cônjuges*, só por si, *dar de arrendamento* prédio ou fração, *próprio* ou *comum* até esse limite.

Doutro modo, ficaria sem sentido afirmar-se que o *arrendamento* é um ato de *administração ordinária*, se for celerado *até seis anos*: dava-se com a mão direita o que logo se tirava com a esquerda[93].

E outro tanto se dirá concretamente quanto â *locação de estabelecimento*, que, desde a versão primitiva do CC, já era tratada como *locação não vinculística*, na carregada expressão de então "*não é havido como arrendamento de prédio urbano ou rústico*" do art. 1085-1 dessa altura, particularizando-se ainda, no primitivo art. 1682-3, esquecendo o que se declarava naquele preceito, mas ainda com alguma lógica, que o *consentimento de ambos os cônjuges* era exigido para a *locação de estabelecimento comercial* "por prazo superior a seis anos".

O que não tinha sentido nem nos parece que algum dia se justificasse, era exigir, sempre, o consentimento de *ambos os cônjuges* para a *locação de estabelecimento*, como se

[92] Já temos sido apontados em sentido contrário, embora não tenhamos consciência disso, nem conste do lugar citado.
No mesmo sentido: Laurinda Gemas/Albertina Pedroso/João Caldeira Jorge, *Arrendamento Urbano*, 3ªed., QuidJuris, 2009, p. 159. Contra: Luís Manuel Teles de Menezes Leitão, *Arrendamento Urbano*, 6ªed., Almedina, 2013, p. 75.

[93] Não assim, Laurinda Gemas/Albertina Pedroso/João Caldeira Jorge, *Arrendamento Urbano*, 3ªed., QuidJuris, 2009, p. 543; Luís Manuel Teles de Menezes Leitão, *Arrendamento Urbano*, 6ªed., Almedina, 2013, p. 75; Francisco Pereira Coelho/Guilherme de Oliveira, *Curso de Direito da Família*, I, Coimbra Editora, 2003, p. 428. Os últimos IIAA sustentam o seu ponto de vista afirmando, quanto à exigência de consentimento de *ambos os cônjuges*, que "a inclusão neste regime, da proibição de dar de arrendamento, ainda que a locação seja considerada, em princípio, um ato de administração ordinária" e abonam-se em que o mesmo se passa no Direito italiano.
Com o devido respeito, o entendimento parecerá mera reminiscência vinculística.
Um ato, ou é de *administração ordinária*, ou não é. Não concebemos *atos de administração ordinária*, só *em princípio* e não também depois. Uma *administração ordinária* que exija a autoria dos *dois cônjuges* só será tal, a nosso ver, na denominação.
A abonação no Direito italiano não nos admira, sabido que, na data da citação do A. italiano, o país continuava mergulhado no *vinculismo* que, mesmo depois, com a Lei nº 431/1998, abrandou apenas para prever contratos obrigatoriamente renováveis por quatro anos e mais quatro.

fez com a Reforma da Família na versão que se deu então ao art. 1882-1, al. *b)*[94] (sobre o ponto, pode ver-se ainda, para mais desenvolvimentos sobre este tipo arrendatício, *infra*, nº 3, *sub* art. 1094 e nº 1, *sub* art. 1099).

III – ***A legitimidade arrendatícia conjugal e a específica referência à casa de morada da família.*** Num nº 2 do artigo, por seu turno, análoga disciplina se estabeleceu para a *locação* da *casa de morada da família*.

Quanto a esta, exigiu-se o consentimento de ambos os *cônjuges* para ser *prestada em arrendamento*, mesmo no regime de *separação de bens* (art. 1682-A-2 CC).

E não se ficou o legislador por aqui.

Num art. 1682-B, como se referiu acima, estabeleceu ainda a necessidade do *consentimento dos dois cônjuges* para *a resolução*, a *denúncia*, ou para a *revogação* do seu *arrendamento*, bem como para o respetivo *subarrendamento* ou *empréstimo*.

A *casa de morada da família*, como a expressão prontamente o revela, é *a casa onde mora a família*.

Para saber o que é *casa*, o que é *morada* e o que se tem por *família* é que, em cada um destes passos, se podem suscitar dificuldades.

Vale como *casa* um *barco ancorado*, onde a família se instalou a viver como ocorre em Amsterdão?

Têm-se como *casas* as *roulottes* que se instalam em certos acampamentos ou parques de campismo, como nos Estados Unidos, onde os seus proprietários passam a viver quando se aposentam?

Ocupando-nos nós, aqui, do *arrendamento urbano*, só temos como *casa* o *edifício* que, etimologicamente designa a construção destinada a *habitação*, em suma, o *prédio urbano* que o art. 204-2 define como "qualquer edifício incorporado no solo, com os terrenos que lhe sirvam de logradouro" e que no contrato de arrendamento, nos termos da al. *c)* do art. 2º do Decreto-Lei nº 160/2006, deverá ser identificado.

A noção de *morada* apresenta igualmente as suas particularidades.

O que se quer significar, na expressão legal, é que a prestação de *arrendamento*, por apenas um dos *cônjuges*, da casa afetada à *habitação permanente* da *família nuclear* será *anulável*, a requerimento do outro *cônjuge*, nos termos do art. 1687 CC.

Podem, no entanto, suscitar-se algumas dificuldades na qualificação de um dado edifício como *casa de morada da família*, que interessará ponderar.

Assim, pode dar-se o caso de a *família* ter *mais de uma casa* em que tenha *habitação permanente*: o arrendamento de uma delas a terceiro será irregular, se contratado ape-

[94] Contra: Francisco Pereira Coelho/Guilherme de Oliveira, *Curso de Direito da Família*, I, Coimbra Editora, 2003, p. 428. Estes IIAA abonam-se no "vulto" da importância do *estabelecimento*, que leva a requerer o *duplo consentimento* para a sua *alienação* – de que aqui não curamos – mas certo é que a *locação* de *duração limitada* e renovável *ad libitum* não tem, nem de longe, a mesma importância da *alienação*.

nas por um dos *cônjuges*? Embora a lei pareça reportar-se à existência de uma só *casa de morada da família*, arrendada uma, ainda fica a outra para o mesmo efeito, supomos que a resposta deverá ser a afirmativa, porque mesmo o *arrendamento* da segunda casa não deixará de ser de uma *casa de morada da família* e de caber, portanto, na *facti species* legal.

Outra dificuldade é a que resultará da verificação de divisões no seio da *família nuclear*, originando *separações de facto*, que levaram a cada um dos *cônjuges* ter *habitação permanente* em edifícios distintos.

Pereira Coelho sustenta, a este respeito, que seria um absurdo entender-se que deixava de haver *casa de morada da família* quando um dos *cônjuges* abandonasse o outro, ou o forçasse a abandonar a casa, assim como não teria sentido manter-se a *ilegitimidade negocial* se, consolidada a rutura, cada um dos *cônjuges* estivesse a viver em *união de facto* com outra pessoa e tivesse estabelecido a sua *habitação* em outro local já há longos anos.

Tem, pois, de haver um critério geral que habilite a fixar, em caso de *separação de facto*, quando deixará de haver *casa de morada da família*, e esse retira-se do preceituado no art. 1673 CC, segundo o qual a residência da família é escolhida pelos *cônjuges* em comum. Deste modo, não poderá ela ser alterada por *ato unilateral*, mas apenas por novo acordo, *expresso* ou *implícito*, nos termos gerais (art. 217 CC)[95].

Estamos inteiramente de acordo.

No tocante. por último, ao conceito de *família*, será mais fácil de determiná-lo; surge com o *casamento* e alastra-se: são *pai*, *mãe*, *filhos* e *parentes* mais chegados que vivem em comum.

O ponto de rutura encontra-se quando estejamos perante uma *união de facto*. A lei não a compreende, na proteção dispensada à *casa de morada da família*, que podemos, assim, já que a morada tem de ser estável ou permanente e atento o preceituado no art. 82-1, sintetizar na expressão que temos usado de *domicílio familiar*.

Mas, se a *casa de morada da família* ainda terá alguma importância na vida familiar, certo nos parece que toda a proteção que lhe foi dispensada, em matéria de *arrendamento*, pela Reforma de Família de 1977 está desatualizada, devendo passar a ser entendida à luz da *duração limitada* que lhe respeite.

Assim, quando se proclama que carece do *consentimento de ambos os cônjuges* o *arrendamento da casa de morada da família*, que se determina no nº 2 do art. 1682-A, parecerá de ponderar que, para se dar de *arrendamento* a *casa de morada da família*, será preciso começar por desocupá-la.

Ora, se os *cônjuges* a desocuparam, já por esse facto estiveram de acordo em desativar a ocupação.

A que título se exigirá, por cima disso, o *consentimento* dos *dois cônjuges* no *arrendamento* subsequente, se o prédio até nem já será então a *casa de morada da família*? Para burocratizar o contrato?

[95] Cf. *Rev.Leg.Jurs.*, 123º, pp. 169-170.

Relativamente, por seu turno, ao disposto no 1682-B, quando nele se proclama que *resolver, denunciar, revogar* o contrato em que se ocupa a posição de *arrendatário, ceder esta posição, subarrendar* ou *emprestar* carecem do *consentimento* de *ambos os cônjuges*, só poderá ter efetivo significado se o contrato for anterior à entrada em vigor da Lei nº 6/2006, visto ter então sido decretado que o *arrendamento* é *comunicável* ao outro *cônjuge* (art. 1068).

Exigia-se o consentimento de ambos, porque só um era *sujeito contratual* do arrendamento e havia a pretensão de proteger o outro. Sendo os dois titulares da relação arrendatícia, ambos terão de a desfazer.

A *comunicabilidade*[96] tornou inútil e repetitivo, para esses contratos, o *duplo consentimento* na destruição deles, constante do art. 1682-B.

Quanto aos *arrendamentos habitacionais* celebrados entre 1990 e 2006, o *arrendamento* de contrato subscrito apenas por um dos *cônjuges* era, por disposição legal, *incomunicável* (art. 83 RAU) – mas que relevância jurídica terá, que valor será preservado com a exigência, da intervenção dos *dois cônjuges* para se poder *resolver, denunciar, ceder a posição de arrendatário, subarrendar* ou *emprestar* a *casa de morada da família*, quando, independentemente de qualquer consentimento dos *cônjuges*, o *senhorio*, opondo-se-lhes à *renovação* do contrato, os pode, sem mais tir-te nem guar-te, pôr na rua?

3. A exceção, que deixou de o ser, relativa à dação arrendamento de prédio indiviso

Começámos por pôr em dúvida a utilidade atual do nº 2 do presente artigo.

Qual será, com efeito, a utilidade e o efetivo alcance de uma disposição, como a do nº 2 do presente artigo, a proclamar que o *arrendamento de prédio indiviso* só é válido se os restantes *comproprietários* manifestarem, *por escrito* o seu *assentimento* a esse contrato?

A entender-se atualmente, à letra e sem mais, o assim disposto, se não houvesse o *assentimento* de um só consorte, que fosse, entre todos, seria impossível o *arrendamento de duração limitada* da *coisa indivisa*, ainda que esse fosse o imprescindível e instante destino dela.

Teríamos então um preceito legal que acabava por ser prejudicial ao comércio jurídico e, decerto, inconveniente.

Suponha-se o caso de três irmãos que herdaram, em comum, um palacete que vem de família há várias gerações. Não têm condições de o habitar e, por isso, pretendem, dois deles, arrendá-lo por períodos renováveis de *três anos*, para aí se explorar um *alojamento local*.

Um dos irmãos, porém, não se dá com os outros dois, ou apenas não quer, de maneira nenhuma, que se lhe dê essa aplicação até, por hipótese por simples capricho e má vontade.

[96] Sobre o valor eo interesse prático da *comunicabilidade conjugal* arrendatícia, v. *infra*, nº 2, *sub* art. 1068.

Como os outros dois não pretendem vender as suas quotas, por ser um património de estimação que lhes advém já dos avós, teriam de ter o prédio imobilizado e sem destino ou de mergulhar num doloroso pleito de suprimento do consentimento, pois, segundo o preceituado no nº 2 do presente artigo, o *arrendamento* de *prédio indiviso* só é válido quando os restantes *comproprietários* manifestem, por escrito, o seu assentimento.

Já se decidiu, sobre este ponto, o seguinte:

– I – A norma do art. 1024, nº 2, não se inspira em razões de interesse e ordem pública, visando tão só a defesa dos direitos particulares dos demais consortes do prédio arrendado.

II – O referido art. 1024, nº 2, constitui norma especial para os arrendamentos de prédios indivisos que afasta a aplicação da regra geral do art. 1407 do CC, relativa à administração de coisas comuns.

SUPREMO, 28-11-2002 (Processo nº 02B3643)

O inciso II, que interessa ao nosso tema, reportando-se a dois contratos de *arrendamento habitacional sub judice*, datados, um de 12 de Setembro de 1974, e outro de 9 de Abril de 1976 e, portanto, *vinculísticos*, como se retira da leitura do acórdão, está, em nossa opinião, inteiramente certo – o que já não aconteceria, naturalmente, se se estivesse em presença de *contratos de duração limitada*, posteriores à entrada em vigor do RAU.

Quanto a nós, é essencial ponderar que a proclamação ainda hoje constante do nº 2 do presente artigo remonta à versão primitiva do Código, compreendendo-se então perfeitamente, pois todo o *arrendamento urbano* era, nessa época, *vinculístico* – e arrendar *coisa indivisa*, como arrendar, em geral, constituía uma oneração tão pesada que era tida, geralmente, como uma *quase-alienação*.

O *consorte* não interveniente via-se, perante um *arrendamento* desta natureza, com a sua quota *quase-alienada*.

Como, em anteprojeto do CC_{1966}, referiu Braga da Cruz, num passo, tantas vezes citado, "o arrendatário goza, na verdade, segundo a legislação da época moderna, duma situação tão estável, que o ato de arrendar representa muitas vezes, para o senhorio, um verdadeiro ato de alienação, que não pode ser praticado de ânimo leve"[97]

E compreendia-se então perfeitamente a regra assim editada neste nº 2.

Com a contenção, porém, do vinculismo no âmbito dos contratos passados e a legalização dos *arrendamentos de duração limitada*, parece evidente que a regra deixou de ter sentido.

[97] Guilherme Braga da Cruz, *Anteprojeto* (BMJ nº p. 24)

Agora, ante os *arrendamentos* do regime vigente, *já não se onera a coisa indivisa para toda a vida*; antes se faz uma aplicação por período limitado, que se pode fazer cessar livremente no seu termo ou, tratando-se de *arrendamento de duração indeterminada*, de acordo, razoavelmente, com o disposto no art. 1100-1, ou deixá-lo perdurar ou renovar-se periodicamente, se assim for considerado economicamente preferível.

Nesta base, já não se vê razão para se postergar, entre os *consortes* de *coisa indivisa*, o regime legal da compropriedade, antes parece de toda a conveniência passar a recorrer-se a ele.

Sob o regime de vinculismo arrendatício, a recusa de consentimento *de coisa indivisa* de um *consorte* não era nunca um capricho, mas a respeitável vontade de não querer *quase-alienar* a sua *quota*. Em presença de um *arrendamento de duração limitada* por tempo até porventura não superior a *seis anos*, pelo contrário, a contratação ficará muito mais adequada e justamente submetida ao regime legal da *compropriedade*.

Mas se a razão de ser do nº 2 era, precisamente proteger o consorte de uma quase-alienação, o desaparecimento do vinculismo imperativo e absoluto em que se fundava o preceito faz, quanto a nós, admitir que, tendo cessado tal razão, cessará, igualmente, a sua vigência: *cessante ratione legis, cessat ipsa lex*.

Não será de admitir que, não tendo o legislador modificado o preceito, adequando-o ao regime atual, teria querido mantê-lo inalterado ante a *duração limitada*, pois seria isso perfeitamente absurdo.

Haverá antes de entender-se que estamos perante uma *lacuna* que, como referem os Autores para casos destes, não será uma *lacuna de previsão*, mas de *colisão*, como lhe chama Betti[98] ou, não uma *lacuna prima facie*, mas de *restrição*, como preferem apelidá-la, no seguimento de outros Autores alemães, Enneccerus/Nipperdey[99].

Caberá portanto ao intérprete, quanto a nós, ante a *lacuna*, submeter o *arrendamento de duração limitada* de *coisa indivisa* ao regime legal da *compropriedade* e, portanto, entre os *consortes*, a *administração* dela rege-se, como se determina no art. 1407-1, pelo disposto no art. 985.

Assim, pertencendo a *administração* a todos os *consortes*, qualquer deles tem o direito de se opor ao ato que o outro pretenda realizar, cabendo à *maioria* decidir sobre o mérito da oposição (art. 985-1, *ex vi* do citado art. 1407-1).

Segundo a lei, considerar-se-ão *deliberações maioritárias*, aquelas que recolham os sufrágios de *mais de metade do valor total das quotas* (n.os 2, 3 e 4 do art. 985).

[98] Emilio Betti, *Interpretazione della legge e degli atti giuridici*, Dott. A. Giuffrè – Editores, Milano, 1949, p. 28;

[99] Ludvig Enneccerus/Hans Carl Nipperdey, *Tratado de Drecho Civil* (trad. espanhola de Blas Pérez González/José Alguer), I-1º, 2ª ed., ao cuidado de José Puig Brutau, Bosch, Barcelona, 1953, pp. 221, n. e 223.

Deste modo, temos defendido que a oposição de um ou mais *consortes* contra o *arrendamento de duração limitada*, celebrado por outros, só poderá fazer-se valer quando o ato de *administração extraordinária* do *consorte administrador* seja *minoritário*.

Suponha-se o caso de uma *herança indivisa* na titularidade do *cônjuge supérstite* e de *três filhos maiores*, constituída por uma quinta, que foi dada de *arrendamento*, só pelo *cônjuge*, por *sete anos*, período mínimo do *arrendamento rural*.

Os *três filhos*, além de não terem subscrito o contrato, opuseram-se frontalmente a esse *arrendamento*.

Pensamos que não podem atacá-lo juridicamente, porque o *cônjuge cabeça de casal*, no prévio debate que teve com eles sobre esse *arrendamento*, sem chegarem a acordo, deteve 5 quotas, *mais de metade*, enquanto os filhos, ainda que somados, contavam apenas 3 quotas.

Na verdade, ao invés do que ocorre num *conselho de família*, em processo de inventário, em que o voto se faz *por cabeça*, na administração de uma *compropriedade* constituída pela *herança indivisa*, o voto apura-se *pelas quotas*, nos precisos termos do preceituado no art. 1407-1.

Em conclusão, e se bem pensamos, com o acantonamento do *vinculismo* e a superveniência, em seu lugar, dos *arrendamentos de duração limitada*, este nº 2 esvaziou-se completamente do seu conteúdo legal, abrindo a *lacuna de restrição* que há pouco referimos e impondo ao intérprete a tarefa de a colmar através do regime da *compropriedade*.

Nesta base, nem poderá já, sequer, considerar-se uma exceção ao disposto no nº 1, que se limita a definir a natureza de *ato de administração* que a *locação* pode ter.

Artigo 1025 – Duração máxima

A locação não pode celebrar-se por mais de trinta anos; quando estipulada por tempo superior, ou como contrato perpétuo, considera-se reduzida àquele limite.

(Versão da primitiva redação do CC, com preguiçosa inobservância da grafia por extenso da expressão em anos que tinha sido adotada para o diploma e que aqui emendamos)

Como tivemos ensejo de ver em comentário ao art. 1022 (cf. nº 7., *sub* art. 1022) um dos pontos do *contrato de locação* é o seu carácter *temporário*, expressamente proclamado na definição legal constante desse artigo, que modificou radicalmente o que se dispunha no Código anterior, onde o seu art. 1600 estabelecia que a locação podia fazer-se "pelo tempo que aprouver aos estipulantes".

Eram então frequentes os contratos estipulados por largos períodos. Jaime de Gouveia atesta que viu muitas escrituras de arrendamento por 99 anos, não tendo encontrado nenhuma por período superior (*Responsabilidade Contratual*, 1932, p. 395). No Inquérito Agrícola publicado em 1934 (dirigido por E.A. Lima Bastos, vol. I,

p. 148), dá-se conta de um arrendamento por 300 anos. Pela nossa parte, topámos particularmente, há tempos, com um arrendamento ainda em vigor, celebrado no século passado, por 500 anos. PIRES DE LIMA/ANTUNES VARELA referem ter havido arrendamentos no nosso País que se celebraram por 500 e 1000 anos (*Código Civil Anotado*, II, Coimbra Editora, 1986, nota ao art. 1025, p. 369).

Agora, em complemento do carácter *temporário*, atualmente afirmado na lei, o art. 1025 CC preceitua que *"a locação não pode celebrar-se por mais de trinta anos; quando estipulada por tempo superior, ou como contrato perpétuo, considera-se reduzida àquele limite"*.

Para os *arrendamentos* celebrados para *fins florestais*, previa-se primitivamente um prazo máximo de *noventa e nove anos*, a que seria igualmente redutível a estipulação mais longa (primitivo art. 1065 CC) – mas este prazo está hoje em *setenta anos*, nos mesmos termos (artigo 9º-6 da Lei nº 80/2009, de 14 de agosto e art. 9º-4 do Decreto Lei nº 294/2009, de 13 de outubro).

Às outras *locações*, anteriores ao Código Civil, quando estipuladas por mais de *trinta anos*, será aplicável o art. 1025, contando-se todavia os seus prazos só desde a entrada em vigor do Código, salvo se nessa data faltasse menos tempo para se completarem (art. 297-1 CC).

Os fundamentos deste limite são óbvios: evitar que seja o proprietário privado, em resíduo feudal, por tempo excessivo ou perpetuamente da livre disponibilidade da coisa; possibilitar a revisão dos termos iniciais do emprego de bens pelo seu titular; porventura, evitar o fracionamento do domínio, com o nascimento de um *direito real*[100].

I – Tal como acontece em Itália[101], também entre nós a redução ao limite máximo legal é *imperativa*, devendo ser aplicada oficiosamente pelo juiz, independentemente de alegação do interessado.

É uma *redução* diretamente imposta por lei, não a que, para a *nulidade* ou *anulação parcial* do *negócio jurídico*, se admite no art. 292 CC, se a vontade hipotética das partes não for no sentido da *invalidade total*[102].

[100] ABELO, *Trattato della locazione*, Napoli-Torino, 1915-1917, 2ª ed., p. 19; FUBINI, *Il contrato di locazione di cose*, Milano, 1910-1917, 2ª ed., I, p. 250; GUARINO, *Locazione*, Casa Editrice Dr. Francesco Vallardi, Milano, 1965, p. 32, nota 19; LAZZARA, *Il contratto di locazione* (Profilli dogmatici), Milano, 1961, pp. 158 ss; GIANNASTASIO, *Della locazione*, Firenze, 1947, p. 235; MIRABELLI, *La locazione*, UIET, Torino, 1972, p. 268; TABET, *La locazione conduzione*, Giuffrè, Milano, 1972, p. 279; GIOVANNI SILVIO COCO, *Locazione (dir. priv.) – Enc. del diritto*, Giuffrè, 1974, XXIV, p. 940 e autores que cita.

[101] MIRABELLI, *Locazione*, UTET, Torino, 1972, p. 269; TABET, *La locazione-conduzione*, Giuffrè, Milano, 1972, p. 279; GIOVANNI SILVIO COCO, *Locazione (dir. priv.) – Enc. del diritto*, Giuffrè, Milano, 1974, XXIV, p. 941.

[102] Sobre o ponto, veja-se PEREIRA COELHO, *Arrendamento* (ed. pol.), Coimbra, 1988, p. 10.

É irrelevante, por isso, a *vontade conjetural* no sentido da *invalidade total* da *locação*, que será válida, apenas reduzida, *ex lege*, na sua cláusula de tempo, tal como acontece com outras *reduções legais* (p. ex., arts. 559-2, 631-2, 1130-1 e 1146-3 CC).

II – A proibição, porém, de se excederem os tempos máximos fixados não implica, decerto, nas suas consequências lógicas, que, mediante uma cláusula temporal do *contrato de locação*, se estabeleçam *prazos determinados*: pode certamente haver *indeterminações* do período de vigência, dentro dos limites impostos na lei.

Só tem de ser *certo*, naturalmente, que tenha um *termo final*, uma vez que não é permitida a *locação perpétua*. Nesta base, é certamente legítima a cláusula que, sujeita ao limite legal, estabeleça um termo final *certus an* e *incertus quando*.

Apesar de este contrato ser imprescindivelmente *temporário*, não é essencial à sua regularidade que se estipule concretamente uma duração *determinada*, pois há *leis supletivas* que estatuem, sendo ele omisso a tal respeito, aquela que no caso deverá ter (cf. arts. 1026, 1094-3 e 1110-3 CC).

Além disso e no que particularmente toca à *locação de bens imóveis* (*arrendamento*), o mesmo carácter *temporário* não a impede de prorrogar-se sucessivamente, pois a nossa lei estabelece expressamente, para esta espécie, no art. 1054-1 CC: "*findo o prazo do arrendamento, o contrato renova-se por períodos sucessivos, se nenhuma das partes o tiver denunciado no tempo e pela forma convencionados ou designados na lei*".

Semelhante *prorrogação* por períodos sucessivos (que é expressamente excluída para os *arrendamentos florestais*, salvo cláusula em contrário [art. 9º-6, da Lei nº 80/2009, de 14 de agosto]), não deveria decerto, em boa e sã justiça, impor-se unilateralmente a qualquer das partes para além do *prazo máximo de duração locatícia*, previsto no art. 1025 CC.

Convirá, por outro lado, lembrar, como adiante mais desenvolvidamente veremos, que, para o *arrendamento habitacional*, mas também aplicável ao *não habitacional*, de acordo com o que se dispõe no art. 1094 CC, o contrato poderá ser celebrado com *prazo certo* ou com *duração indeterminada*.

No primeiro caso, a sua *duração* não poderá ser superior a *trinta anos* (novo art. 1095-2 CC); para o segundo, não há preceito específico determinativo de um limite máximo mas, evidentemente, também aí não poderá ser imposta sua duração acima desse limite.

Tem todavia de referir-se que, relativamente aos *arrendamentos vinculísticos*, é exatamente o oposto que tem sido entendido entre nós[103] – e até já tem sido julgado[104].

[103] Pires de Lima/Antunes Varela, *Código Civil Anotado*, IV, Coimbra Editora, 1997, 4ª ed., rev. e act., p. 348.

[104] I – O contrato de locação não pode celebrar-se por mais de 30 anos, nos termos do art. 1025 CC II – Tal preceito vale apenas para a constituição do contrato, mas já não para a renovação do mesmo – SUPREMO, 02-03-2004 (*www.dgsi.pt* [campo/processo 04A023]).

Com efeito, esta decisão, a propósito de um *arrendamento para fim comercial*, ateve-se a subscrever a justificação apresentada por Jorge Alberto Aragão Seia (*Arrendamento Urbano Anotado*

Sustenta-se que o limite do art. 1025 CC só terá aplicação ao prazo inicialmente fixado pelas partes, não funcionando para ulteriores *renovações*, imperativamente impostas a uma das partes.

Em nossa humilde opinião, semelhante *prorrogação* por períodos sucessivos, se legalmente imposta, deveria, naturalmente, considerar-se apenas possível enquanto se não tivesse esgotado o *prazo máximo de duração locativo*, previsto no art. 1025 CC.

Não é na mera convenção das partes que se situa a privação da disponibilidade da coisa. Não é aí que o proprietário fica impossibilitado de rever os termos iniciais do emprego do seu bem. Não é com ela que se dá o fracionamento da propriedade. É com a perduração ao longo do vasto tempo que tudo isso se materializa e vem a acontecer. É o arrastar por tanto tempo a vinculação de qualquer das partes ao contrato.

Quem não pode convencionar a perpetuação, também não pode suportá-la ao longo do tempo, sem com isso deixar de ser colocada em *estado de sujeição*.

e Comentado, Almedina, Coimbra, 2003, 7ª ed., pp. 497 e 638) para o *arrendamento para habitação*, segundo a qual o limite dos trinta anos só se estabelecia para a celebração do contrato, e não para as suas prorrogações, porque esse "é um modo de defender o arrendatário que, sendo no contrato a parte mais fraca, podia ver-se coagido a aceitar arrendamentos por prazos que lhe retiravam toda a liberdade".

Não se atardou em investigar as fontes do nosso art. 1025 CC e os entendimentos que nessas fontes tivessem sido suscitados, e não chegou, assim, a compreender o carácter bilateral da tutela dos interesses em confronto – não apenas do *arrendatário*, mas também do *senhorio*, como se viu no texto – e que, nestes termos, não faria sentido restringir o limite apenas à estipulação contratual do prazo de duração.

De resto, o reconhecimento dessa bilateralidade está no seguimento do passo citado, quando se reflete, a respeito das prorrogações, que "para acautelar a imposição do senhorio, é suficiente a possibilidade de denúncia do contrato, verificadas as condições legais, ou da sua resolução quando ocorra motivo de despejo".

A pretensa "suficiência" dessa tutela do *senhorio* é que, como parece evidente, foi frontalmente desmentida pelo RAU e pelo NRAU – o primeiro dos quais foi afastado, no aresto, com a consideração falaciosa de que só dispôs para o futuro, sem explicar por que estranho princípio o que passou a ser consagrado para o futuro, como justo, deixará de o ser para os casos existentes, e como poderá isso ocorrer sem afetar o imperativo constitucional de *igualdade*.

Não será este o lugar próprio para se fazer uma análise exaustiva do aresto, mas há um ponto que, da nossa parte, não pode deixar de ser, uma vez mais, assinalado.

É o de que a proclamação, sem mais, de que, num arrendamento, o *arrendatário é a parte mais fraca*, numa época em que já tinha sido estatisticamente denunciado apresentar a nossa balança arrendatícia um *superavit* de quinhentos mil fogos, não pode, evidentemente, como vimos demonstrando repetidamente, há longos anos, constituir um princípio científico, não passando de um mero *slogan*.

Artigo 1026 – Prazo supletivo

Na falta de estipulação, entende-se que o prazo de duração do contrato é igual à unidade de tempo a que corresponde a retribuição fixada, salvas as disposições especiais deste Código.

(Versão da primitiva redação do CC)

Para o *arrendamento habitacional*, rege o art. 1094 e, para o *não habitacional*, dispõe o art. 1110-1.

Artigo 1027 – Fim do contrato

Se do contrato e respetivas circunstâncias não resultar o fim a que a coisa locada se destina, é permitido ao locatário aplicá-la a quaisquer fins lícitos, dentro da função normal das coisas de igual natureza.

(Versão da primitiva redação do CC)

1. Premissa introdutória

Esta disposição parece, à primeira vista, desnecessária.

É claro que, se o contrato é omisso e dos seus termos não pode retirar-se qual o fim a que a *coisa locada* se destina, o *locatário* só poderá legitimamente utilizá-la dentro da sua *função normal*.

Seria abertamente disparatado alugar-se um fato de cerimónia sem que do contrato se pudesse depreender-se a que fim poderia ser destinado e pretender-se que ele podia ser utilizado numa prova de natação.

O preceito tem, no entanto, em vista eliminar todas as dúvidas que, na sua falta, poderiam acaso suscitar-se – e, assim, justifica a sua necessidade quando prontamente afirma que, se não puder retirar-se dos termos do contrato, e das respetivas circunstâncias, qual o *fim* a que a *coisa* se destina, só poderá ser aplicada pelo *locatário* a quaisquer *fins lícitos*, dentro da *função normal* das *coisas de igual natureza*.

Importa salientar, em nosso entender, que o seu campo de aplicação é restrito à *locação*.

No tocante ao *arrendamento urbano*, dispõe o art. 1067.

2. Interpretação do contrato

A *interpretação* do contrato sobre o *fim* a que se destina a *coisa locada* obedece, obviamente, ao disposto nos arts. 236 e 237.

Deste modo:

a) – A *declaração negocial* vale com o sentido que um declaratário normal, colocado na posição do real declaratário, possa deduzir do comportamento do declarante, salvo se este não puder razoavelmente contar com ele;

b) – Sempre que o declaratário conheça a vontade real do declarante, é de acordo com ela que vale a declaração emitida;

c) – Em caso de dúvida, prevalece o sentido que conduzir ao maior equilíbrio das prestações.

3. Violação do fim que deve ser dado à coisa locada

O *locatário* que viole o *fim* que pode ser dado à *coisa locada* infringe a obrigação expressamente enunciada na al. *c)* do art. 1038.

È corrente afirmar-se que daqui decorre a suscetibilidade de o *senhorio resolver* o contrato, nos termos do art. 1083-2, al. *c)* – mas temos alguma dúvida quanto à aplicabilidade à *locação* deste preceito, que é específico do *arrendamento urbano,* parecendo-nos antes que tal *resolução,* por *incumprimento do locatário* da obrigação a que está adstrito pela disposição da al. *c)* do art. 1038, obedecerá ao disposto nos arts. 432 a 436.

Artigo 1028 – Pluralidade de fins

1 – Se uma ou mais coisas forem locadas para fins diferentes, sem subordinação de uns a outros, observar-se-á, relativamente a cada um deles, o regime respetivo.

2 – As causas de nulidade, anulabilidade ou resolução que respeitem a um dos fins não afetam a parte restante da locação, exceto se do contrato ou das circunstâncias que o acompanhem não resultar a discriminação das coisas ou partes da coisa correspondentes às várias finalidades, ou estas forem solidárias entre si.

3 – Se, porém, um dos fins for principal e os outros subordinados, prevalecerá o regime correspondente ao fim principal; os outros regimes só são aplicáveis na medida em que não contrariem o primeiro e a aplicação deles se não mostre incompatível com o fim principal.

(Versão da primitiva redação do CC)

1. As hipóteses postas no artigo e a localização deste

Tem-se em vista *contratos mistos* de *locação para diferentes fins.*

Propriamente a respeito do arrendamento, em particular, não se prevê o misto de finalidades.

O art. 1067 tem em vista uma realidade diferente, a *omissão do fim,* estabelecendo--se que o prédio poderá então ser gozado no âmbito das suas aptidões, de acordo com a licença de habitação; não a havendo, entende-se como habitacional, se o espaço em causa for habitável.

Aqui, previne-se antes o caso de, num *contrato único,* se contemplar a *locação* de uma ou várias coisas para diferentes fins, discriminando o relacionamento que poderá estabelecer-se entre estes: ou sem subordinação entre eles; ou descriminando as suas finalidades, sem mais; ou considerando-as como solidárias entre si; ou, por fim, ordenando-as por um fim principal e outro ou outros subordinados.

São, com efeito, quatro as diferentes hipóteses enunciadas no preceito:

a) – Uma ou mais coisas locadas para diferentes fins sem subordinação entre eles (nº 1):

b) – As coisas ou partes de coisas discriminam-se por correspondentes finalidades (nº 2, *in principio*);

c) – As coisas ou partes de coisas discriminam-se por correspondentes finalidades, solidárias entre si (nº 2, *in fine*);

d) – Um fim principal e outro ou outros subordinados (nº 3).

Elas estão aqui previstas para a *locação*, mas parece difícil admitir um tão vasto leque fora do *arrendamento urbano*, levando a perguntar se seria este o lugar mais apropriado para semelhante disposição legal.

Certo é que, numa revista pela jurisprudência sobre o tema, não se encontra um só caso que não seja de *arrendamento* e, quando a doutrina de referência exemplifica as hipóteses previstas no preceito, reporta-se sempre ao *arrendamento*.

2. Jurisprudência pertinente

– I – Num arrendamento celebrado para exercício do comércio, no rés-do-chão, e para habitação e pequena indústria nos dois andares superiores, é anódina, incaracterística e subjetiva a pretensão de se considerar principal o fim comercial sobre o habitacional pela circunstância de, por lei o primeiro estar sujeito a escritura pública.

II – Não resultando do contrato que as partes tivessem querido dar relevância a um dos fins em relação ao outro, parecendo mesmo de inferir que pretenderam manter ambos em pé de igualdade, o fundamento de resolução específico do arrendamento habitacional, em conformidade com a regra do art. 1028-1 CC, não se propaga ao arrendamento comercial, havendo assim que fracionar o contrato e determinar a renda da parte sobrevivente de acordo com o disposto no art. 1048-2 CC e socorrendo-se, por fim, do preceituado nos arts.568 ss CC (*sumário da nossa responsabilidade, em substituição do apresentado pela Colectânea, tentando dar ideia mais completa do essencial do aresto*).

Relação do Porto, 17-03-1987 (*Colectânea*, XII-2, p. 217).

Artigo 1029 – Exigência de escritura pública

(*Revogado*)

Artigo 1030 – Encargos da coisa locada

Os encargos da coisa locada, sem embargo de estipulação em contrário, recaem sobre o locador, a não ser que a lei os imponha ao locatário.

(Versão da primitiva redação do CC)

Não parece muito feliz a redação deste artigo.

À cabeça, a expressão "sem embargo de" é um castelhanismo que nem um iberista convicto, como nós, pode deixar passar sem reparo, num código civil português, escrito em língua portuguesa.

Preferivelmente escrever-se-ia "não obstante estipulação", "exceto havendo estipulação" ou "salvo estipulação em contrário" – tudo, menos "sem embargo de".

Mesmo assim, a redação continuava a sair imperfeita porque, quando se declara que os *encargos* da coisa locada, exceto, salvo ou "sem embargo" de estipulação em contrário, recaem sobre o *locador*, exprime-se que esses *encargos* recaem sobre ele, *apesar de haver estipulação em contrário* – quando não é isso, evidentemente, o que se quis dizer, mas antes que tais *encargos* recaem sobre o *locador, se não houver estipulação em contrário*; a linguagem, em palavras claras, devia situar-se a seguir a "recaem sobre o locador".

É este o real sentido do preceito, não obstante a sua torturada expressão verbal[105].

A fonte da presente disposição legal do nosso Código remonta ao art. 24 do Decreto nº 5:411, de 17-04-1919.

Declarava ele, concretamente, o seguinte:

""*O arrendatário só é obrigado a satisfazer os encargos do prédio nos casos em que a lei expressamente o determine, e ainda nesta hipótese serão pagos esses encargos por conta da renda, salvo se outra coisa tiver sido estipulada*".

Como se vê, a ideia que estava na base do preceito era a permissão de se estipular, nos *contratos de arrendamento*, que, além da *renda*, correriam por conta do *arrendatário* os *encargos* do prédio.

A *Revista* exprimiu isto mesmo nas suas colunas[106].

[105] Neste sentido, nos vínhamos já pronunciando, há largo tempo (cf. o nosso *Curso de Direito dos Arrendamentos Vinculísticos*, 2ª ed., Almedina, 1988, p. 290, n. e, bem assim, *Manual do Arrendamento Urbano*, 1ª ed. Almedina, 1996, pp. 376-377, n;...5ª ed., Almedina, 2009, p. 500) – e é agora, superiormente, também entendido por António Menezes Cordeiro, *Leis do Arrendamento Urbano Anotadas* (coord. de António Menezes Cordeiro), Almedina, 2014, p. 41, an. 7, contrariando as opiniões de M. Januário C. Gomes, *Arrendamentos para Habitação*, 2ª ed., Almedina, 1996, pp. 148-150 e Luís Menezes Leitão, *Arrendamento Urbano*, 5^ed. , p. 90, e, agora, na 7ª ed., Almedina, 2013, p. 92.

[106] *Revista de Legislação e Jurisprudência*, 72º, p. 342.

Apenas, por vezes, se excluíam desta permissão, na doutrina e na jurisprudência, os *arrendamentos para habitação*, perante a necessidade de se harmonizar o citado art. 24 com o art. 110 do mesmo diploma, segundo o qual se proibia, estritamente nesses arrendamentos, que o *senhorio* recebesse qualquer recompensa além da renda.

Era designadamente este o entendimento de Pinto Loureiro[107].

A repetição do preceito neste lugar da *locação*, em geral, levava seguramente a concluir que a permissão era geral deixando de excluir o arrendamento habitacional.

Realmente, este era, por exemplo, o alcance que então lhe atribuíam Pires de Lima/Antunes Varela, nas primeiras edições do *Código Anotado*, quando referiam serem "encargos da coisa as contribuições, designadamente a predial, os prémios de seguro, a taxa de saneamento, o imposto de incêndios...etc.

Pode estipular-se, em princípio, que o seu pagamento seja feito pelo locatário" [108].

Pereira Coelho começou, porém, a defender, nas suas *Lições*, um entendimento intermédio que aceitava a aplicação deste art. 1130 aos *arrendamentos não habitacionais*, mas excluía a sua observância quanto ao *arrendamento para habitação*, com fundamento, primeiro, em que a lei fixava valores máximos das rendas para habitação[109] e, depois, reconhecendo que, se anteriormente, se aceitava a cláusula de encargos pelo arrendatário já que o art. 1071 a aceitava expressamente para o arrendatário rural, que, tendo entretanto surgido a Lei nº 46/85 de 20 de setembro, e o complementar Decreto-Lei nº13/86, de 23 de janeiro, que fixavam o justo valor da renda segundo determinado coeficiente e depois só permitiam atualizações anuais dentro desse valor, não poderia este ser excedido com valores de *encargos*[110].

Entretanto, Pires de Lima/Antunes Varela, já no domínio do RAU, passaram ainda a generalizar este entendimento aos *arrendamentos urbanos*, sem mais, por a lei, para eles indicar "as diversas categorias de obras a cargo de cada um dos contraentes (arts. 12 e segs. do RAU)" [111].

[107] José Pinto Loureiro, *Tratado da Locação*, I, Coimbra Editora, 1946, p. 181.

[108] Fernando Andrade Pires de Lima/João de Matos Antunes Varela, *Código Civil Anotado*, II, 3ª ed., Coimbra Editora, 1986, p. 379. As opiniões, no entanto, variaram, se Rui Vieira Miller assim entendia (*Arrendamento Urbano – Breves notas às correspondentes disposições do Código Civil*, Almedina, 1967, pp. 32-33), João de Matos, pelo contrário, interpretou o art. 1030 no sentido de que os encargos, "apesar de estipulação em contrário, recaem sobre o locador, a não ser que a lei os imponha ao locatário" (*Manual do Arrendamento e do Aluguer*, II, Livraria Fernando Machado, Porto, 1968, p. 83.

[109] F. M. Pereira Coelho, *Arrendamento* Sumários das lições, Datilografados por João Abrantes, Coimbra, 1977, p. 130.

[110] F. M. Pereira Coelho, *Arrendamento–Direito Substantivo e Processual*, Coimbra, 1988, pp. 144-145.

[111] Fernando Andrade Pires de Lima/João de matos Antunes Varela, *Código Civil Anotado*, II, 4ª ed., Coimbra Editora, 1997, p. 357.

Efetivamente e mais do que isso, o RAU, ao estabelecer, no seu art. 40, que podiam ficar a cargo do *arrendatário "as despesas correntes necessárias à fruição das partes comuns do edifício e ao pagamento de serviços de interesse comum"* e, depois, no art. 41, al. *b)*, que tal acordo devia, sob pena de *nulidade, "reportar-se a edifícios cujas frações autónomas se encontrem nas condições referidas no artigo 1415 do Código Civil, devidamente constituídas em propriedade horizontal"*, acabou por se tornar – exacerbado, pois alargou a restrição do preceituado no art. 1030 ao próprio *arrendamento não habitacional*, que sempre, até aí, tinha sido poupado – num *último suspiro* das limitações ao entendimento do preceito.

Na nossa perspetiva, parece descabido estabelecer tais limitações doutrinais à faculdade que a lei abria ao *senhorio*, com fundamento no tabelamento das rendas.

Em que é que os *encargos* deturpavam as atualizações das rendas?

E porque é que eles podiam conviver com rendas bloqueadas, como perante o Decreto nº 5:411, precisamente quando se previu que podiam ser estabelecidos e já não o poderiam quando se abriu a faculdade de atualizações anuais?

De qualquer modo, tais considerações têm agora mero interesse histórico, sendo, hoje, indiscutivelmente legítima estipulação de *encargos por conta do arrendatário.*

SECÇÃO II – Obrigações do locador

Artigo 1031 – Enumeração

São obrigações do locador:

***a)* – Entregar ao locatário a coisa locada;**

***b)* – Assegurar-lhe o gozo desta para os fins a que a coisa se destina.**

(Versão da primitiva redação do CC)

Não é o *gozo do locador*, que se transmite para o *locatário*: são os meios a prestar pelo *locador*, e a que ele fica obrigado, que permitem ao *locatário* o *gozo* da *coisa* ou *animal.*

É portanto, e em síntese, uma obrigação que impende sobre o *locador*, contra a obrigação de retribuição que, em contrapartida, incide sobre o *locatário.*

Nesta ordem de ideias, na previsão da nossa lei (art. 1031 CC), tal *obrigação* executa-se, pois, através de duas distintas prestações:

a) – A de entrega da coisa locada;

b) – A de assegurar o gozo da coisa para os fins a que se destina.

A primeira é, na terminologia clássica, uma prestação de *dare.*

Quanto à segunda, tem sido tradicionalmente afirmado que ela representa uma *obrigação continuada* do *locador*, que dura por todo o tempo do contrato e em cada momento da eficácia dele (*quotidie et singulis momentis*), de fazer o *locatário* gozar a coisa locada, consistindo portanto numa prestação de *facere*.

O ponto não pode, todavia, considerar-se pacífico.

Carnelutti contestou-o, sustentando vigorosamente que a obrigação do *locador* se reconduz, na realidade, a um *deixar gozar*, um consentir (*pati*) em que se use ou frua a coisa.

Na obrigação de entrega haveria um *facere* imposto ao *locador* – mas, na obrigação sucessiva, já não haveria tal, subsistindo unicamente a sujeição à actividade de gozo do locatário[112].

A tese da sujeição foi retomada por Natoli[113], e a configuração da obrigação do *locador* como uma prestação negativa, de *non facere*, é definida por Messineo[114].

De facto, primitivamente, tinha-se configurado a obrigação do *locador* como um *vínculo unitário*, constituindo uma conquista moderna a distinção, nela, das duas obrigações que, como se disse, o nosso Código assinala: a *obrigação de entrega*, antes de mais, e, depois, a de *assegurar ao locatário o gozo da coisa locada*.

A primeira, tendo por objeto a *entrega de uma coisa*, corresponde ao que tradicionalmente se costuma designar como uma prestação de *dare*.

Quanto à segunda, parece haver uma grande parte de verdade nas observações que referimos. Feita a entrega da coisa, será efetivamente ao *locatário* que se imporá a tarefa de ativamente aproveitá-la, para os fins que foram convencionados, cabendo fundamentalmente ao *locador* a obrigação passiva de não perturbar o exercício desse aproveitamento.

O nosso Código Civil comete-lhe expressamente esse comportamento omissivo, disciplinando-o com precisão, ao estatuir, no seu art. 1037-1, que, "não obstante convenção em contrário, o locador não pode praticar atos que impeçam ou diminuam o gozo da coisa pelo locatário, com exceção dos que a lei ou os usos facultem ou o próprio locatário consinta em cada caso".

Assim, a prestação de *non facere* que, cumprida a *entrega*, caberá ao *locador*, de não perturbar o gozo da coisa, é um imperativo legal que não poderá ser afastado pela vontade negocial e só admite as exceções consignadas na *lei*, as facultadas pelos *usos*, ou as constantes de autorizações pontuais do *locatário*.

Entre as exceções consignadas na lei, podem citar-se a prevista na al. b) do art. 1038 CC, que impõe ao *locatário* a obrigação de "facultar ao locador o exame da coisa locada" e a contemplada na al. e) do mesmo preceito, obrigando-o a "tolerar as reparações urgentes, bem como quaisquer obras ordenadas pela autoridade pública".

A obrigação de assegurar o gozo da coisa locada não se resume, no entanto, à prestação negativa de não perturbar o aproveitamento exercido pelo *locatário*, envolvendo ainda comportamentos positivos do *locador*, que analisaremos a seu tempo, como a rea-

[112] Cf. *Diritto e processo nella teoria delle obbligazione*, 1928, p. 194.

[113] Cf. *Il conflitto dei diritti e l'art. 1280 cod. civ.*, 1950, p. 102.

[114] *Manuale di diritto civile e commerciale*, 1967, III, p. 164.

lização de reparações ou outras despesas necessárias ao gozo da coisa (art. 1036 CC), que deverão bem configurar-se, na terminologia tradicional, como prestações de *facere*.

Assim, podemos concluir que, com o *contrato de locação*, se estabelece ou programa unicamente a obrigação, por parte do *locador*, de proporcionar o gozo da *coisa* ou *animal* ao *locatário*, cumprindo-lhe, *já em execução do contrato*, realizar a prestação de *dare* consistente na entrega da coisa e, seguidamente, uma prestação de *non facere*, de não impedir ou diminuir o gozo do *locatário*, e as prestações de *facere* que se mostrarem necessárias para assegurar esse *gozo*.

Artigo 1032 – Vício da coisa locada

Quando a coisa locada apresentar vício que lhe não permita realizar o fim a que é destinada, ou carecer de qualidades necessárias a esse fim ou asseguradas pelo locador, considera-se o contrato não cumprido:

***a*) – Se o defeito datar, pelo menos, do momento da entrega e o locador não provar que o desconhecia sem culpa;**

***b*) – Se o defeito surgir posteriormente à entrega, por culpa do locador.**

(Versão da primitiva redação do CC)

I – Comprovado que os danos no locado derivaram de sinistro causado por terceiro, não impende sobre o locador a obrigação de assegurar ao locatário o gozo do locado, reparando-o, antes assistindo ao locatário o direito de demandar o terceiro turbador, nomeadamente com vista a ser indemnizado pelos prejuízos sofridos.

II – A inexistência da obrigação do locador de reparar o locado preclude [*sic*][115] a possibilidade de o locatário recusar o pagamento de rendas com fundamento em exceção de não cumprimento do contrato de arrendamento.

SUPREMO, 24-09-2015 (*ColSTJ*, nº 267, pp. 73-74)

[115] A conjugação "preclude", que é da responsabilidade do Autor do sumário (CA), diga-se em favor do seu I. Relator, não ocorre no texto do douto acórdão.
Deve notar-se que, nem nos mais recentes dicionários portugueses de referência, como o *Dicionário da Academia das Ciências* ou, designadamente, o excelente *Dicionário da Língua Portuguesa* da Porto Editora, figura qualquer verbo correspondente ao substantivo *preclusão* – o único que registam.
Não assim, nos grandes dicionários da língua portuguesa, de origem brasileira que, além de *preclusão*, mencionam o verbo *precluir* (e não *precludir*), como sendo a legítima derivação do latim *prœcludĕre*, que terá entrado para o vocabulário jurídico no século XX (ANTÔNIO GERALDO DA CUNHA, *Dicionário Etimológico Nova Fronteira*), o *Novo Dicionário Aurélio da Língua Portuguesa* e, mais completamente, o monumental *Dicionário Houaiss da Língua Portuguesa*, que, complementarmente, na entrada *uir*, regista uma longa lista desta derivação verbal.
Escudados nesta informação, temos censurado o registo de *precludir* e as suas flexões, que vão surgindo em certas decisões judiciais e, até, na própria lei: art. 226-5 CPC_{2013} (v. Nota prévia da nossa 1ª edição de *Recursos em Processo Civil*, Quid Juris,, .nov. de 2013, p. 8).

Artigo 1033 – Casos de irresponsabilidade do locador

O disposto no artigo anterior não é aplicável:

***a*) – Se o locatário conhecia o defeito quando celebrou o contrato ou recebeu a coisa;**

***b*) – Se o defeito já existia ao tempo da celebração do contrato e era facilmente reconhecível, a não ser que o locador tenha assegurado a sua inexistência ou usado de dolo para o ocultar;**

***c*) – Se o defeito for da responsabilidade do locatário;**

***d*) – Se este não avisou do defeito o locador, como lhe cumpria.**

(Versão da primitiva redação do CC)

Artigo 1034 – Ilegitimidade do locador ou deficiência do seu direito

1 – São aplicáveis as disposições dos dois artigos anteriores:

***a*) – Se o locador não tiver a faculdade de proporcionar a outrem o gozo da coisa locada;**

***b*) – Se o seu direito não for de propriedade ou estiver sujeito a algum ónus ou limitação que exceda os limites normais inerentes a este direito;**

***c*) – Se o direito do locador não possuir os atributos que ele assegurou ou estes atributos cessarem posteriormente por culpa dele.**

2 – As circunstâncias descritas no número antecedente só importam a falta de cumprimento do contrato quando determinarem a privação, definitiva ou temporária, do gozo da coisa ou a diminuição dele por parte do locatário.

(Versão da primitiva redação do CC)

1. Ideia geral

A epígrafe, referindo a *ilegitimidade* ou a *deficiência do direito* a que se arroga o *locador*, parece uma sinonímia.

Obviamente, não ignoramos que o *Dicionário Priberam* regista o verbo *precludir*, mas sem a menor ilustração desse vocábulo, que os Dicionários de referência fundamentadamente ignoram, registando a entrada correta, em vez do que o Priberam ostenta.
Com esta profusa citação de dicionários, lembramo-nos da prevenção de CASTANHEIRA NEVES contra "os juristas a procurarem nos dicionários comuns o sentido dos textos-normas do direito que lhes cumpre e aplicar juridicamente", que bem melhor fariam se tivessem em mente a prevenção dos juristas anglo-saxões; *never cite a diccionary as autority* (*Rev.Leg.Jurs.*, 117º, p. 195, n. 57). Importa, quanto a nós, não confundir. Nenhum jurista de bom senso procurará solucionar, no dicionário, uma questão jurídica mas, revelando-se a lei através da língua, não poucas vezes tem o jurista de começar por consultar um dicionário para, sem confundir o vulgar com o jurídico, descortinar o sentido da lei. Não há lei sem língua e, em suma, quem tem má língua não é bom legislador.

Enunciam-se, nas três alíneas do nº 1, as diferentes hipóteses de deficiência do direito invocado pelo *locador*, que podem integrar a sua *ilegitimidade*, mas logo no nº 2 esclarece-se que essas só importam *incumprimento do contrato* quando determinem a privação ou a diminuição do *gozo da coisa*.

2. Ilegitimidade do locador: ausência da faculdade de proporcionar o gozo da coisa

A regra geral da *legitimidade negocial* para *prestar locação*, seja esta um *aluguer* ou um *arrendamento*, é, naturalmente, a de que estará para tal legitimado o titular do *gozo* da *coisa* ou *animal* que, pelo contrato, como parte, se obriga a proporcionar à contraparte: *presta-se aquilo que se detém*.

Deste modo, terão elementarmente *legitimidade negocial* para *prestá-los* o *proprietário* (art. 1305 CC), o *usufrutuário* (art. 1446 CC), o *fiduciário* (art. 2290-1 CC) ou próprio *locatário* habilitado a tanto, entre outros[116].

O próprio *locatário*, na verdade, disporá de *legitimidade* para, por seu turno, *sublocar* a terceiro o bem locado, se isso lhe tiver sido *autorizado* pelo *locador*, na forma exigida para o contrato (al. *f)* do art. 1038 CC), ou lhe for *facultado por lei* (arts. 1109-2 e 1112-1 CC).

A norma a seu tempo referida, do art. 1024-1 CC, segundo a qual "a *locação* constitui, para o *locador*, um ato de *administração ordinária*, exceto quando for celebrado por prazo superior a *seis anos*", oferece-nos, ainda, um princípio que baliza a *legitimidade negocial* da *locação*.

De acordo com semelhante norma, detém portanto *legitimidade* para *prestar locação* quem for *administrador* da *coisa ou animal* a locar quando constitua um ato de *administração ordinária*.

(*Para mais desenvolvimentos, v. comentário ao art. 1024*).

3. Deficiências do direito do locador e suas consequências

O nº 1 do preceito faz uma enumeração de deficiências que podem afetar o poder do *locador* para locar a concreta *coisa* ou *animal*.

Mas começa por afirmar que, quanto a elas, serão aplicáveis os dois artigos anteriores, ou sejam: o art. 1032, que se reporta ao *vício da coisa*, e o art. 1033, que descreve casos de *irresponsabilidade do locador*.

O primeiro implica o *incumprimento do contrato*, como nele próprio se declara, que será também a consequência das *deficiências* constantes do presente art. 1034.

O segundo, porém, contemplando casos de *irresponsabilidade do locador*, não se vê bem que aplicação possa ter.

Ao enumerar as deficiências do *locador*, aponta-se imediatamente a ausência da faculdade de proporcionar a outrem o *gozo da coisa* (al. *a)* do nº 1) – que, depois, se passa a

[116] Sustentando a legitimidade da *locação de coisa alheia*: Manuel H. Mesquita, *Rev.Leg.Jurs.*, 125º, p. 101, nota.

especificar: não ser *proprietário* da *coisa ou animal*; estar sujeito a um *ónus* ou "limitação que exceda os limites normais" inerentes ao seu direito; afirmação de um direito que "não possuir" os atributos assegurados ou que cessarem posteriormente por culpa dele.

Em suma, afigura-se-nos um preceito que não estará muito bem concebido, desde a aplicação que começa por determinar, onde inclui, como se viu, um preceito inaplicável, passando depois, sem reparo de maior, pela especificação que acrescentou ao inicial enunciado genérico, para, em suma, compor um somatório casuístico dispensável e sem deixar de preciosamente aludir à *limitação dos limites* e ao *direito que não "possui" atributos*.

Recordemos, por fim, que as deficiências do direito *do locador* com base no qual se obrigou a locar só implicarão *incumprimento contratual*, como se refere no nº 2 do preceito, *se causarem privação ou diminuição definitiva ou temporária do gozo* da *coisa ou animal*.

Artigo 1035 – Anulabilidade por erro ou dolo

O disposto nos artigos 1032 e 1034 não obsta à anulação do contrato por erro ou dolo, nos termos gerais.

(Versão da primitiva redação do CC)

Arts. 241 e 257 CC.

Artigo 1036 – Reparações ou outras despesas urgentes

1 – Se o locador estiver em mora quanto à obrigação de reparações ou outras despesas e uma ou outras, pela sua urgência, se não compadecerem com as delongas do procedimento judicial, tem o locatário a possibilidade de fazê-las extrajudicialmente, com direito ao seu reembolso.

2 – Quando a urgência não consinta qualquer dilação, o locatário pode fazer as reparações ou despesas, também com direito a reembolso, independentemente da mora do locador, contanto que o avise ao mesmo tempo.

(Versão da primitiva redação do CC)

1. Mora do locador quanto à realização de reparações e outras despesas

Quando é que o locador fica em *mora* quanto à realização de *reparações* e *outras despesas urgentes*?

Só, certamente, quando o *locatário* tenha dado conta da sua concreta necessidade ao *locador*, e este a elas não tenha procedido em devido tempo.

2. Urgência que não consinta dilação

Se a sua necessidade se não compadecer com delongas, terá, então, o *locatário* legitimidade para as levar a cabo, ficando com o direito de ser reembolsado pelo *locador*.

(*Vejam-se as particularidades que, a este respeito, ocorrem no arrendamento urbano – art. 1074*)

As obras urgentes que não consentem qualquer dilação, a que se faz referência no art. 1036, nº 2, do CC, são aquelas que, em geral não permitam a utilização do locado, no todo ou em parte, se não forem executadas imediatamente, razão pela qual a existência de humidade numa das paredes de um dos cómodos do locado, cuja não utilização não está demonstrada, não integra referida urgência.

Relação do Porto, 08-05-2017 (*Colectânea*, nº 279, p. 363).

Artigo 1037 – Atos que impedem ou diminuam o gozo da coisa

1 – Não obstante convenção em contrário, o locador não pode praticar atos que impeçam ou diminuam o gozo da coisa pelo locatário, com exceção dos que a lei ou os usos facultem ou o próprio locatário consinta em cada caso, mas não tem obrigação de assegurar esse gozo contra atos de terceiros.

2 – O locatário que for privado do gozo da coisa ou perturbado no exercício dos seus direitos pode usar, mesmo contra o locador, dos meios facultados ao possuidor nos artigos 1276 e seguintes.

(*Versão da primitiva redação do CC*)

1. Perturbação do gozo do locatário

O modo de redação que tinha sido normalizado para o próprio CC, de não iniciar a regra pela adversativa ou pela sua exceção, foi aqui infringido, no nº 1.

Corretamente, ter-se-ia escrito antes "o locador, não obstante convenção em contrário, não pode..."

A expressão verbal do preceito, muito atrapalhada, resultaria, ainda assim, ambígua.

Quando se declara que o *locador* não pode praticar atos que perturbem o gozo do locatário, "não obstante convenção em contrário", quer-se significar, não que, havendo convenção em contrário, a perturbação se pode fazer – mas, antes, que ele não pode praticar atos que impeçam ou diminuam o gozo da coisa pelo locatário, *mesmo que haja convenção a permiti-la*.

A perturbação só será legítima se houver *lei* ou *uso* a facultá-la, ou em cada caso o *locatário* a consentir, como se declara na parte final do nº 1.

2. Meios possessórios de que pode usar o locatário

O nº 2 concede ao *locatário* perturbado no gozo da coisa "*os meios facultados ao possuidor nos artigos 1276 e seguintes*" CC.

Pode assim o *locatário*, perante *justo receio* ou *ameaça* de perturbação ou esbulho, usar a *ação de prevenção* do art. 1276 pela qual o autor da ameaça ou aquele de quem se tenha justo receio será intimado a abster-se "*de lhe fazer agravo*".

Essa *ação de prevenção* é, hoje, o *procedimento cautelar comum*, dos arts. 362 ss CPC, *ex vi* do preceituado no art. 379 CPC.

Em vez da *ameaça*, pode haver mesmo *perturbação* ou *esbulho violento* e, nesse caso, o *locatário* pode, antes de mais, recorrer à *ação direta*, isto é, "restituir-se por sua própria força e autoridade" (art. 1277 CC) ou recorrer a tribunal a pedir a *restituição provisória da posse* (arts. 377 e 378 CPC).

Se a perturbação consistir em *obra, trabalho* ou *serviço novo*, poderá opor *embargo de obra nova*, nos termos dos arts. 397 ss CPC.

Estes *meios possessórios* têm de ser utilizados pelo próprio *locatário*: o *locador*, como deslocadamente se declara na parte final do nº 1, não está obrigado a isso.

SECÇÃO III – Obrigações do locatário

SUBSECÇÃO I – Disposição geral

Artigo 1038 – Enumeração

São obrigações do locatário:

_a_) – Pagar a renda ou aluguer;

_b_) – Facultar ao locador o exame da coisa locada;

_c_) – Não aplicar a coisa a fim diverso daqueles a que ela se destina;

_d_) – Não fazer dela uma utilização imprudente;

_e_) – Tolerar as reparações urgentes, bem como quaisquer obras ordenadas pela autoridade pública;

_f_) – Não proporcionar a outrem o gozo total ou parcial da coisa por meio de cessão onerosa ou gratuita da sua posição jurídica, sublocação ou comodato, exceto se a lei o permitir ou locador o autorizar;

_g_) – Comunicar ao locador, dentro de 15 dias, a cedência do gozo da coisa por algum dos referidos títulos, quando permitida ou autorizada;

_h_) – Avisar imediatamente o locador sempre que tenha conhecimento de vícios na coisa ou a ameaça algum perigo ou que terceiros se arrogam em relação a ela, desde que o facto seja ignorado pelo locador;

_i_) – Restituir a coisa locada findo o contrato.

(Versão da primitiva redação do CC)

O Código começa aqui, desde a sua primitiva redação, e vai-se espraiando até ao art. 1064 em *disciplinas particularizadas* que se referem conjuntamente ao *aluguer* e ao *arrendamento* criando uma confusão de disciplinas que deveria ter evitado se tivesse antes criado uma seção especificamente para o *aluguer* e outra, depois, especificamente para o *arrendamento.*

a) – ***Pagamento da renda ou aluguer***: v. subsecção seguinte (arts. 1039-1042) e, especificamente para a *renda*, os arts. 1075-1077.

b) – ***Facultar ao locador o exame da coisa locada***: é um dever de *locatário* que pouco interessa ao *aluguer*, onde só se suscitará, normalmente, para se verificar a causa de alguma avaria mecânica reclamada pelo *locatário*.

No caso do *arrendamento* já o seu interesse sobe de ponto, pela circunstância de o *senhorio* ter um legítimo interesse relevante de inspecionar o interior do bem arrendado, quer para verificar se o uso do *arrendatário* é prudente e correto quer porque tem algum interesse relevante nessa inspeção (necessidade de realização de obras, de mostrar o interior da casa arrendada a um candidato a comprador, etc.).

A imposição não se limita ao *exame do senhorio*, na vigência do contrato, mas alarga-se ainda ao dever que ocorre no *arrendamento urbano* de mostrar a casa a quem pretenda recebê-la em *arrendamento*, findo o contrato com o *arrendatário*, nos termos que vêm hoje disciplinados nos n.os 3 e 4 do art.1081 CC.

Tradicionalmente, entre os casos taxativos de *resolução* pelo *senhorio*, não se estabelecia, no *arrendamento urbano*, nenhum poder de *resolução* do contrato, por ele, em face da violação desta norma pelo *arrendatário* – mas certo é que não podíamos, já nessa época, retirar daqui a ilação de que não estaríamos em presença de uma verdadeira *obrigação* do *arrendatário*.

Sobre ele impendia, na verdade, um efetivo *dever jurídico* de *facultar o exame do prédio arrendado*, cuja infração, não dando o *direito de resolução* à contraparte, porque esta, no *arrendamento urbano*, só era facultada nos casos então taxativamente enumerados na lei, mas poderia ser fonte de *responsabilidade civil*, nos termos gerais.

Hoje em dia, com a passagem da taxatividade à natureza enunciativa das *causas de resolução*, operada pelo NRAU, já, pelo contrário, poderá a violação deste *dever* do *arrendatário* conferir ao *senhorio* um poder de *resolução* do contrato.

É o que acontecerá quando, pelas circunstâncias em que tenha ocorrido, seja possível configurar essa violação como um "incumprimento que, pela sua gravidade ou consequências, torne inexigível à outra parte a manutenção do arrendamento" (art. 1083-2 CC).

c) – ***Não aplicar a coisa a fim diverso daqueles a que ela se destina***: como tem sido salientado, o preceito que diretamente inspirou semelhante disposição legal foi o nº 3º do art. 22 do Decreto nº 5:411, de 17-4-1919, onde se obrigava o *arrendatário* "a servir-se do prédio tão-somente para uso convencionado ou conforme com a sua natureza".

Há de convir-se em que a expressão formal deste texto era bem mais perfeita do que é a do Código Civil, quanto à qual nos parece particularmente censurável o emprego do plural "daqueles" (o fim pode ser único) e a falta de previsão de uma omissão convencional do fim.

Na localização atual e referindo-se à *locação*, em geral, tanto respeita ao *aluguer* como ao *arrendamento*, mas a sua importância releva certamente muito mais a este do que àquele.

Semelhante obrigação é, evidentemente, distinta da de não se fazer do imóvel arrendado uma *utilização imprudente*.

A utilização do *arrendatário*, mesmo que *prudente*, não poderá afastar-se do *fim* a que, pelo contrato ou por disposição da lei, se destina o prédio arrendado.

Tão importante é esta obrigação que, se for violada, dará ao *senhorio* fundamento para *resolução do contrato* (al. *c)* do art. 1083-2 CC) quando, como adiante se verá, nem toda a violação do contrato de *arrendamento urbano*, pelo *arrendatário*, torna inexigível à outra parte a manutenção do *arrendamento*, como lhe é legalmente requerido para que se abalance à *resolução* por causa atípica.

Admitem-se, no entanto, algumas raras exceções à imposição que resulta desta *obrigação*, de o *arrendatário* aplicar o prédio arrendado unicamente ao *fim* a que se destina.

Assim, no *uso residencial* do prédio arrendado inclui a nossa lei e legitima, salvo cláusula em contrário, "*o exercício de qualquer indústria doméstica, ainda que tributada*" (novo art. 1092-1 CC).

No mesmo *uso residencial* poderá ainda incluir-se a *hospedagem* a um máximo de *três hóspedes*, "salvo cláusula em contrário" (al. *b)* do art. 1093-1 CC).

Coisa diversa, porém, da hospedagem doméstica é a *hospedagem prestada através de um alojamento local* que, na realidade, não presta, em rigor, *habitação*, como já se tem pretendido, mas verdadeira e própria *hospedagem* (sobre o ponto, para mais desenvolvimentos, v. *infra*, nº 3., *sub* art. 1067 e nº 3-II, *sub* art. 1093).

d) – ***Não fazer da coisa uma utilização imprudente***: a obrigação do locatário – e, bem assim, do *arrendatário* – de não fazer da coisa locada uma *utilização imprudente* tem autonomia conceptual, relativamente à anterior.

A *utilização* pode, na verdade, situar-se dentro do *fim* a que se destinar o gozo da coisa, e vir a assumir, todavia, um carácter *imprudente*.

A caracterização desta *imprudência* tem de fazer-se caso a caso, através de um também *prudente* arbítrio do juiz.

A expressão do Código italiano – e também da lei espanhola – pode ajudar a fixar esta cláusula geral, aferindo-a pela "diligência do bom pai de família", isto é, pelo comportamento que, nas circunstâncias concretas, deverá exigir-se a uma *pessoa de bem*.

A *facti species* desta al. *d)* do art. 1038 constitui uma aplicação do *dever de guarda e conservação* que impende sobre o *locatário*, em geral.

A utilização deve ser *prudente*, porque é isso mesmo que decorre do *dever de guarda e conservação* da coisa locada.

Ao dever de *prudente utilização* da *coisa locada* se refere ainda o art. 1043-1 CC – mas, para a sua violação, propriamente no *arrendamento*, não se previu nunca, especificamente, uma *causa de resolução do contrato*.

O *senhorio*, mesmo nesse âmbito, só dispunha, tradicionalmente, do direito de ser ressarcido dos prejuízos que com a sua *imprudente utilização* o *arrendatário* lhe causasse[117].

[117] Ver sobre este ponto: Supremo, 14-4-1972 (*BMJ* nº 216, p. 137).

A *resolução* do contrato apenas poderia ser solicitada ao tribunal se o *uso imprudente* fosse, como podia ser, de molde a descrever um caso típico de *resolução*: p. ex., consistir em *obras não consentidas* que *alterassem substancialmente a estrutura externa do prédio* ou lhe causassem *deteriorações consideráveis* (al. *d)* do primitivo art. 1093-1 CC e, depois, do art. 64-1 RAU).

Hoje em dia, além desses casos, que subsistem ainda à luz do disposto no atual art. 1083 CC, a *resolução* está neste preceito mais facilitada, podendo decerto vir a ser utilizada quando as circunstâncias de que se revista o *uso imprudente* seja tal que torne inexigível ao *senhorio* a manutenção do contrato nessa base.

Exemplo justo de um caso desses poderá ser o sobrepovoamento do prédio por *familiares* ou pessoas *em economia comum* em número tão elevado que constitua um *uso imprudente* que torne inexigível a manutenção do contrato pelo *senhorio* em tais condições.

O célebre caso francês da idosa que, num pequeno apartamento, se fazia acompanhar de vinte e sete gatos também poderia caber aqui como um *uso imprudente* intolerável pelo *senhorio.*

e) – ***Tolerar as reparações urgentes, bem como quaisquer obras ordenadas pela autoridade pública***: há, portanto, duas categorias de *reparações* que terá o *arrendatário* de "tolerar": as *urgentes* e as *obras ordenadas pela autoridade.*

Não havia e não há propriamente uma definição legal de *reparação urgente.*

O Código Civil reproduziu aqui, *ipsis verbis,* a disposição 4ª do art. 25 do *Anteprojeto* Galvão Telles, que a inovava, pois não constava ela nem do Decreto nº 5:411 nem, que nos lembre, de outro diploma legal – e, na exposição de motivos, não se dizia uma palavra a esclarecer o sentido desta expressão.

Pires de Lima/Antunes Varela também não chegaram a esclarecer o que deveria entender-se como tal[118].

Atendendo ao que consta do art. 1036-1, podemos no entanto, com um apreciável grau de esclarecimento, considerar *urgentes* aquelas que "se não compadecerem com as delongas do procedimento judicial" – e, com base no nº 2 do mesmo artigo, entender ainda, como *urgentíssimas,* aquelas cuja realização "não consinta qualquer dilação".

Sobre as *obras ordenadas pela autoridade,* prevê o art. 89-2 do Regime Jurídico da Urbanização e da Edificação (RJUE) que a câmara municipal territorialmente competente "pode a todo o tempo, oficiosamente, ou a requerimento de qualquer interessado, determinar a execução de obras de conservação necessárias à correção de más condições de segurança ou de salubridade ou à melhoria do arranjo estático".

[118] *Código Civil Anotado,* II Coimbra Editora, 1997, 4ª ed. rev. e act., nº 6, p. 371.
Abílio Neto fez uma exemplificação com interesse, enumerando como *reparações urgentes* as destinadas "a eliminar roturas nas canalizações de água ou de gás, para suprimir deficiências na instalação elétrica, para evitar ruína ou ameaça de ruína de parte do prédio" – *Leis do Inquilinato,* 1988, 6ª ed., nota 5, pp. 40-41.

f) – ***Não proporcionar a outrem o gozo da coisa por meio de cessão da sua posição jurídica, sublocação ou comodato, exceto se a lei o permitir ou locador o autorizar***: a alínea enumera três figuras de transmissão do gozo "total ou parcial" (*rectius*, da coisa ou de parte dela):

a) – Cessão da posição jurídica de locatário;

b) – Sublocação;

c) – Comodato.

A primeira refere-se à *cessão da posição contratual*, do art. 424 ss, e é uma aplicação particular da regra constante do art. 424-1: quanto ao contrato com *prestações recíprocas*, como é a *locação*, em geral, e o *arrendamento urbano* em particular, qualquer das partes pode transmitir a terceiro a sua *posição contratual*, "desde que o outro contraente, antes ou depois da celebração do contrato, consinta na transmissão".

Bastava, pois, já esta disposição para o *arrendatário* estar logo impedido de ceder a sua posição contratual *sem consentimento do senhorio*.

A *sublocação* é disciplinada nos arts. 1060 a 1063; o *subarrendamento*, nos arts. 1088-1090. De ambos nos ocuparemos em comentário aos respetivos preceitos.

Ao *comodato* reportam-se os arts.1129-1141.

Restará salientar que estes três casos não esgotam as hipóteses em que está proibido ao *arrendatário urbano* proporcionar o gozo do prédio a terceiro.

A enumeração é exemplificativa. Em qualquer hipótese, diferente destas, desde que não haja autorização legal ou convencional, o *arrendatário* fica abrangido pela proibição.

Por outro lado, a sua violação é considerada tão grave que a lei a sanciona com a faculdade de o *senhorio* pedir nesse caso ao tribunal a *resolução* do contrato (al. *e)* do art. 1083-2 CC), salvo se tiver *reconhecido* o beneficiário da cedência como tal (art. 1049 CC).

g) – ***Comunicar ao locador, dentro de 15 dias, a cedência do gozo da coisa por algum dos referidos títulos, quando permitida ou autorizada***: alude-se a "referidos títulos" unicamente porque são os previstos na alínea anterior.

Como estes, porém, constituem apenas uma enumeração exemplificativa, é óbvio que a presente *facti species* será aplicável também quando a *cessão* se fizer, legitimamente, por outro título.

O prazo considera-se observado mesmo que venha o *senhorio* a ter conhecimento da *comunicação* só mais tarde[119].

A *comunicação* não está sujeita a nenhum requisito especial de *forma*[120].

Não cumprindo o *arrendatário* tal *obrigação*, não poderá a cedência ser oposta ao *senhorio*, a menos que ele a tenha *reconhecido* (art. 1061), podendo assim o *locador* proceder à *resolução* do contrato, na falta desse *reconhecimento* (art. 1049 e al. *e)* do art. 1083-2, *in fine*).

[119] SUPREMO, 24-05-1974 (*BMJ* nº 237, p. 227).

[120] *Rev.Trib.*, 85º, p. 100.

Não assume gravidade suficiente que torne inexigível às senhorias a manutenção do contrato de arrendamento, a não comunicação da cedência do uso do locado – ainda que às mesmas pessoas físicas, mas agora enquanto sócias gerentes da sociedade exploradora do estabelecimento instalado no locado –, quando tal foi acolhido pelas próprias senhorias que, já então conhecedoras da exploração daquele estabelecimento pela dita sociedade, comunicaram aos réus que consideravam o contrato celebrado com eles por cinco anos, contados a partir dessa comunicação.

Relação de Évora, 21-04-2016 (Processo nº 391/13.3TBTMR.E1)121.

O ponto central deste acórdão não nos parece aceitável, ao considerar que a falta de *comunicação* de um *trespasse* só poderá ser relevante quando assuma *gravidade suficiente.*

Se bem que assim já tenha sido entendido, em alguma doutrina (v. *infra*, artigo 1109, *sub* nº 3 – IV, **B**), a *comunicação* é um facto, um acontecimento, uma ocorrência, insuscetível, em si mesma, de um juízo de valor: simplesmente existe, ou não existe.

E quando, sem mais, tenha faltado, a menos que a tenha por outro meio conhecido e reconhecido, resulta da al. *e)* do art. 1083-2 que a cessão do gozo do prédio será *ineficaz* "perante o senhorio" (cf., ainda, art. 1112, *sub* nº 2-V).

De acordo com a descrição fáctica, que, aliás, não prima pela clareza, as AA são titulares de um rés-do-chão da Praça da República da cidade de Tomar que vem sendo ocupado por arrendatários desde 1908, ao longo de sucessivos *trespasses.*

Desde 1 de agosto de 2004, por um último *trespasse*, exploravam o café CC e sua mulher DD, sendo os recibos passados ao marido.

E, 23-01-2013, aconteceu que as *senhorias* enviaram uma carta ao CC comunicando-lhe o propósito de transitar o contrato de *arrendamento* em vigor para o NRAU, propondo-lhe a atualização das rendas, nos termos da nova legislação em vigor.

Em resposta, por carta datada de 15-02-2013, e subscrita por ambos os R.R., estes informam que é a sociedade *EE*, Lda., representada pelos seus dois sócios gerentes, CC e DD, que explora o local arrendado e o estabelecimento comercial e que a mesma sociedade declara opor-se ao valor da renda proposto.

A esta *comunicação*, retorquiram as senhorias nestes termos: *"estamos a ter agora conhecimento que quem ocupa o locado é uma entidade diversa do titular do contrato de arrendamento, o que por si só consubstancia um facto legitimador da competente ação de despejo, com base na resolução do contrato, nos termos do artigo 1083, nº 2, al. e) do código Civil.*

Assim, as informações contabilísticas da empresa são irrelevantes, já que não é titular do direito ao arrendamento.

[121] A *Colectânea* nº 279, p. 317, publicou, meramente, um sumário formalmente diferente deste, da autoria da sua Redação.

Pelo exposto, tendo em conta que V. Exa. subscreve pessoalmente a carta de resposta e manifesta oposição à proposta de nova renda e ao prazo do contrato, nos termos dos artigos 38 e seguintes do CIMI, e as regras constantes do artigo 35º, nº 2 alíneas a) e b) da Lei nº 6/2006, de 27 de Fevereiro, com a redação da Lei 31/2012, de 14 de Agosto, aplicável por força do artigo 52º e 33º do mesmo diploma, a renda mensal passará a ser de 257,27 euros, a partir de 1 de Abril de 2013, considerando o contrato celebrado por prazo certo de cinco anos a contar da presente comunicação

Além disso, advertimos que não iremos tolerar o uso do locado poe entidade diversa do arrendatário".

Parece evidente, em face do exposto, que a Relação caiu no equívoco de supor que a carta das *senhorias*, ao referir a duração de *cinco amos* do contrato se reportava ao reconhecimento da *cessão*, nos termos do art. 28-3 NRAU, quando esses cinco anos eram os do arrendamento com o CC, nos termos expressamente por elas referidos, das als. *a)* e *b)* do art. 35-2 NRAU.

Tão segura é esta conclusão que as próprias AA não prescindiram de expressamente proclamar que não iriam "tolerar o uso do locado por terceiro".

Ora se o uso por terceiro estava confessado e se as *senhorias*, no seguimento da imediata proclamação de que não iriam tolerar a infração, logo propuseram ação a resolver o contrato, a que título se poderá recusar-se-lhes esse direito?

h) – ***Avisar imediatamente o locador sempre que tenha conhecimento de vícios na coisa ou que a ameaça algum perigo ou que terceiros se arrogam em relação a ela, desde que o facto seja ignorado pelo locador***: é um afloramento ou aplicação do *dever de custódia e manutenção* da coisa, que impende sobre o *locatário*, em geral, e sobre o *arrendatário vinculístico*, em particular.

A violação deste *dever jurídico* não constitui fundamento de *resolução* do contrato de *arrendamento urbano* por parte do *senhorio*, mas tem importância, em tema de *irresponsabilidade do locador* por vícios da coisa locada, de acordo com o disposto na al. *d)* do art. 1033.

i) – ***Restituir a coisa locada, findo o contrato***: deve ser restituída no *estado em que foi recebida*, "ressalvadas as deteriorações inerentes a uma prudente utilização, em conformidade com os fins do contrato" (art. 1043-1 CC).

Como se retira desta e das disposições seguintes, o nosso Código aproveitou, algo forçadamente, a subsecção respeitante à *restituição da coisa locada* para disciplinar, aí, matéria correspondente ao *dever de custódia e de manutenção* do *locatário.*

Na verdade, não é só no *momento da restituição* que deve conservar-se a coisa no estado em que foi recebida, "ressalvadas as deteriorações inerentes a uma prudente utilização", *mas a todo o momento, após a sua receção.*

Literalmente, *deteriorações* (do latim, *deter* = pior) são *estragos.*

A nossa lei só se refere, obviamente, àqueles *estragos* que são produzidos pela *utilização* – portanto, aos provocados por uma *ação do locatário.*

Ficam ressalvados os decorrentes da simples *usura do tempo*, ou *vetustez*.

As legislações francesa e italiana são expressas no sentido de o *locatário* não responder pela *degradação* resultante do *envelhecimento* da coisa.

O art. 1730 do Código Civil francês, com efeito, obriga-o a restituir a coisa no estado em que a recebeu, "*excepté ce qui a peri ou a été dégradé par la vetusté ou force majore*" e, no mesmo sentido, o art. 1590-III do italiano proclama que "*il conduttore non risponde del perimento o del deterioramento devuti a vetustà*".

É, repete-se, o que deve entender-se também entre nós[122].

Segundo o preceituado no art. 1044, o *locatário* "responde pela perda ou deterioração da coisa, não excetuadas no artigo anterior, salvo se resultarem de causa que lhe não seja imputável nem a terceiro a quem tenha permitido a utilização dela".

Pela *perda* da coisa arrendada ou pelos *estragos* nela produzidos, não imputáveis a *prudente utilização*, é, pois, o *arrendatário* responsável, em princípio: não o será, se não tiver sido causa deles; nem ele nem terceiro a quem tenha permitido a sua utilização.

Quer isto dizer que lhe incumbe o *ónus da prova* de que nem ele nem terceiro a quem tenha permitido a utilização foram causadores da *perda* ou *deteriorações*.

Bastará que tenham sido a causa dos *estragos*, ou será necessário, ainda, que tenham agido com *culpa* o causador locatário ou o terceiro utilizador?

O tema tem sido debatido, entre nós.

Pires de Lima/Antunes Varela consideram que a expressão do art. 1044 "*imputável* ao locatário ou a terceiro... significa apenas *devida* a facto do locatário ou de terceiro, pois não é necessário que haja culpa do locatário na perda ou deterioração da coisa... É uma espécie de responsabilidade *objetiva*, que tem alguma justificação, quer por ser o locatário quem utiliza a coisa no seu próprio interesse, quer como estímulo legal a uma utilização prudente da coisa que lhe não pertence"[123].

Pereira Coelho, por seu turno, sustenta que não é o *locatário* responsável "se as deteriorações provierem de *facto* seu mas facto *não culposo*". Seria injusto – escreve – "o *agravamento excecional* da responsabilidade do locatário", a que conduziria aquela interpretação[124].

Pela nossa parte, defendemos que é este, sem dúvida, o melhor entendimento.

Se a obrigação que impende sobre o *locatário* é a de fazer uma utilização *prudente*, logicamente decorre daqui que a sua *responsabilidade* estará ligada a um comportamento *imprudente* – quer dizer *negligente, culposo.*

[122] *Sic*: Pires de Lima/Antunes Varela, *Código Civil Anotado*, II, Coimbra Editora, 1997, 4ª ed. rev. e act., p. 380.

[123] *Código Civil Anotado*, 1997, II (4ªed. rev. e act.), p. 381.

[124] *Arrendamento* (ed. pol. por João Abrantes), 1988, p. 204.

O argumento de que é a responsabilidade *objetiva* que estimula o *locatário* a ser *prudente* não parece de molde a convencer: bastará, para o efeito, a responsabilidade *por imprudência* – e é essa a que melhor se adapta a semelhante estímulo.

Não é justo, por outro lado, que a responsabilidade do *locatário* seja mais grave do que a do *comodatário* (art. 1136) ou do próprio *depositário* (art. 1188) que, como todos reconhecem, são responsáveis pela *perda* ou *deterioração* da coisa, *unicamente a título de culpa.*

Seria efetivamente chocante responsabilizar-se o *arrendatário* perante o *senhorio*, por exemplo, pela *perda* ou *deterioração* do prédio, resultante de, ao chegar a casa e tentando acionar o funcionamento do gás, vir a ser surpreendido por inesperada explosão demolidora que só uma impercetível rutura na canalização – e, portanto, *sem culpa sua* – tornou possível.

Deve, por fim, salientar-se que também na doutrina e jurisprudência estrangeiras é o entendimento que defendemos aquele que geralmente se preconiza[125].

Se a coisa não for restituída por qualquer causa, logo que finde o contrato, o *locatário* é obrigado a pagar ao *senhorio*, a título de *indemnização*, a renda ou aluguer estipulado, como resulta do disposto no art. 1045-1.

Quer dizer que a quantia correspondente à *renda* terá sempre de continuar a ser satisfeita, enquanto a *entrega* (ou a *consignação em depósito* – art. 1045-1, *in fine*) não for realizada, agora a título de *indemnização*.

Se, porém, a *entrega* desta não se realizar, constituindo o *locatário* em *mora*, a *indemnização* "é elevada ao dobro" (art. 1045-2).

Semelhante cominação tem que se lhe diga.

Ela é, de facto, a dimensão legal da *indemnização* a que fica sujeito o *locatário*, e não choca associá-la aos *novos arrendamentos* – pois, aí, as *rendas* estão atualizadas, segundo as leis de mercado, e o *dobro do seu quantitativo*, fixado neste preceito, é então certamente adequado.

Não, assim, nos *arrendamentos vinculísticos*, onde o bloqueio estabelece *rendas de império*, em proteção do *arrendatário*, de que este não deve naturalmente beneficiar, sem patente injustiça, quando se coloque em *mora* na restituição do prédio arrendado, beneficiando amplamente das delongas judiciais.

Para estes, a *indemnização* deveria ser aferida pela *renda* que seria praticável, se a *mora* não tivesse ocorrido, segundo o princípio estabelecido no art. 483-1, que deveria impor-se neste caso[126].

[125] Enneccerus/Lehmann, *Tratado de Derecho Civil* – Tomo II-2º – *Derecho de Obligaciones,* (trad. esp.), Bosch, Barcelona, 1950 p. 166; Barbero, *Sistema del diritto privato italiano,* II, UTET, Torino, 1965, nº 766-III, b), p. 354; Giulio Catelani, *Manuale della locazione,* Giuffrè Editore, Milano, 2001, 3ª ed., p. 288 e nota 80.

[126] Justamente assim estabeleceu o legislador italiano, no art. 1591 do seu código civil, ao prever, para além do pagamento das rendas em mora, a satisfação do "*il maggior dano*".

Ao fazer a sua *utilização prudente* da coisa locada, pode o *locatário* ter introduzido nela algumas *benfeitorias*.

Nesta matéria, o art. 1046 equipara-o, salvo estipulação em contrário, ao *possuidor de má fé*.

Isto quer dizer que, quando não conste do contrato (e, geralmente, consta) uma cláusula a declarar perdidas a favor do *senhorio* todas as *benfeitorias* realizadas pelo *locatário* durante a sua *prudente utilização*, terá este direito a ser indemnizado unicamente pelas *benfeitorias necessárias*, e a *levantar* as *benfeitorias úteis*, que o possam ser *sem detrimento da coisa* (art. 1273).

SUBSECÇÃO II – Pagamento da renda ou aluguer

Artigo 1039 – Tempo e lugar do pagamento

1 – O pagamento da renda ou aluguer deve ser efetuado no último dia de vigência do contrato ou do período a que respeita, e no domicílio do locatário à data do vencimento, se as partes ou os usos não fixarem outro regime.

2 – Se a renda ou aluguer houver de ser pago no domicílio, geral ou particular, do locatário ou de procurador seu e o pagamento não tiver sido efetuado, presume-se que o locador não veio nem mandou receber a prestação no dia do vencimento.

(Redação da versão primitiva do CC, com exceção de uma vírgula que existia entre "seu" e "e o pagamento", que caiu, com a Reforma de 2012, mas que parece fazer falta)

Sustenta-se a este respeito esclarecedoramente na doutrina, traduzindo: "O maior dano é de facto constituído pela falta de disponibilidade da coisa que não consentiu ao locador nem cedê-la em gozo a outrem a um preço superior ou dispor dela pessoalmente num determinado período para um escopo bem preciso, nem ainda efectuar nela trabalhos com poupança de despesa ou de desvalorização monetária (*disaggio*)" – Giulio Catelani, *Manuale della locazione*, Giuffrè Editore, Milano, 2001, 3ª ed., p. 295.
Ao menos, na inferioridade do nosso Direito positivo, não foi a jurisprudência ao extremo de, sendo a indemnização fixada em quantitativo determinado, não atender à pretensão de um arrendatário relapso que, ainda por cima, queria não pagá-la sem prévia demonstração do senhorio de que sofreu prejuízos.
Assim:
– Para que a indemnização a que se refere o art. 1045 do CC seja devida, basta a falta de cumprimento oportuno da obrigação de restituição do bem, não estando a obrigação dependente da prova da existência de uma utilização lucrativo que o proprietário daria ao local arrendado – Relação de Lisboa, 20-01-2005 (*Colectânea*, nº 180, p. 83).

1. Tempo do pagamento

Inicia-se, com este artigo, na sistematização que se estabeleceu com a redação inicial do CC_{1966}, uma série de disposições denominadas como próprias da *locação*, em geral, mas que, fundamentalmente, se pautaram pelo *arrendamento* e, por isso, não se ajustam de todo ou ajustam-se mal ao *aluguer*.

E não só isso; mas, depois – vamos vê-lo repetidamente – na disciplina específica do *arrendamento*, ou se duplicaram regras fixadas nesta área do CC, ou foram, mesmo, contrariadas.

O vício tem-se mantido, e até agravado, ao longo das sucessivas modificações que a matéria tem sofrido, fazendo falta, em nosso entender, uma revisão sistemática deste setor.

A abrir, importará ponderar que, nesta versão, que é a inicial do CC, passou entretanto a ocorrer, com as alterações introduzidas na matéria, uma descoordenação entre o regime supletivo do *tempo do pagamento* na *locação*, em geral, e no *arrendamento*, em particular.

Repare-se.

Enquanto na presente disposição, logo no nº 1, se declara que, *na falta de convenção*, a *renda* ou *aluguer* paga-se "*no último dia de vigência do contrato ou do período a que respeita*" (nº 1 do presente artigo), a propósito do *arrendamento urbano*, declara-se depois que, "*na falta de convenção em contrário, se as rendas estiverem em correspondência com os meses do calendário gregoriano, a primeira vencer-se-á no momento da celebração do contrato e cada uma das restantes no 1º dia útil do mês imediatamente anterior àquele a que diga respeito*" (art. 1075-2 CC).

Renda é a contraprestação devida no *arrendamento*.

Aluguer é a contraprestação do *aluguer*.

Na versão inicial, não se previa, para o *arrendamento rural*, nenhuma disposição supletiva quanto ao tempo do pagamento da *renda* e, assim, funcionava para ele este preceito, embora apenas nessa parte.

Agora, porém, com o Decreto-Lei nº 294/2009, de 13 de outubro, prevê-se expressamente que, "salvo cláusula em contrário", nesse *arrendamento*, "*o pagamento da renda deve ser efetuado até ao último dia do ano a que respeita*" (art. 11-4).

Assim, a determinação supletiva do preceito presente, na parte relativa à *renda*, duplica-se no normativo do *arrendamento rural*, o que se aceita por surgir num diploma avulso, e é contrariada quanto ao *arrendamento urbano* pelo art. 1075-2 CC.

A contradição resolve-se pela prevalência desse artigo, que é de índole especial, para o *arrendamento urbano* sobre este, que é um preceito de portada geral para a locação: *generis per especiem derrogatur*

2. Lugar do pagamento

O Código de SEABRA mandava observar "*o costume da terra*" (art. 1608, 1º).

Foi o Decreto nº 5:411 (art. 23) que passou a estabelecer o *domicílio do arrendatário* como o lugar supletivo do *pagamento da renda*.

A orientação está de acordo com o princípio geral supletivo do lugar do cumprimento das obrigações constituído pelo *domicílio do devedor* (art. 772 CC) e que, no caso específico da *locação* é também seguido, por vezes, no Direito comparado[127].

Nunca demos, porém, com um contrato que fosse omisso quanto ao *lugar de pagamento* da *renda*.

Estipulava-se nos contratos antigos, quase sempre, o *domicílio do senhorio* e, cá está, a prática, em matéria de *aluguer*, é generalizadamente a de que o pagamento se faz no estabelecimento de *locador*.

Atualmente, a cláusula mais frequente, no *arrendamento*, é a de *transferência bancária*, por *multibanco*[128].

3. Presunção de que o locador não se apresentou a receber a renda

Ao determinar-se, no nº 2, que, quando a *renda* ou o *aluguer* deva ser pago no domicílio do *locatário* e não o tiver sido, presume-se que foi o *locador* que não se apresentou a cobrá-lo, por si ou por seu mandatário constitui uma inversão do *ónus da prova* estabelecido no art. 799-1 segundo o qual "incumbe ao devedor provar que a falta de cumprimento ou o cumprimento defeituoso da obrigação não procede de culpa sua".

Tem-se justificado esta particularidade apontando a dificuldade que o *arrendatário* teria de provar que não fora interpelado[129].

Este regime, como se vê, é mais próprio do *arrendamento* do que de um *aluguer*, demonstrando o desacerto do legislador, que temos denunciado, e que já vem da versão original do Código, de editar esta disciplina em comum para os dois tipos de *locação*, em vez de regular esta específica matéria separadamente para cada um deles.

Artigo 1040 – Redução da renda ou aluguer

1 – Se, por motivo não atinente à sua pessoa ou à dos seus familiares, o locatário sofrer privação ou diminuição do gozo da coisa locada, haverá lugar a uma redução da renda ou aluguer proporcional ao tempo da privação ou diminuição e à extensão desta, sem prejuízo do disposto na secção anterior.

[127] Assim, em Espanha: na "*vivienda arrendada*" (art. 17-3 da Ley 29/1994, de 25 de novembro); mas, ao invés, na Itália, se renda é em dinheiro, no *domicílio do locador* (MASSIMO DOGLIOTTI/ALBRTO FIGONE, *La locazione* Giuffrè Editore, 1993, p. 96).

[128] Na Itália, dava-se conta que, já em 1990, de ser frequente a prática de pagamento da renda por transferência bancária (GIULIO CATELANI, *Manuale della locazione*, Dott. A. Giuffrè Editore, MMilano, 1990, p. 256).

[129] PIRES DE LIMA/ANTUNES VARELA, *Código Civil Anotado*, II, 4ª ed. rev.. e at., Coimbra Editora, 1997, p. 374.

2 – Mas, se a privação ou diminuição não for imputável ao locador nem aos seus familiares, a redução só terá lugar no caso de uma ou outra exceder um sexto da duração do contrato.

3 – Consideram-se familiares os parentes, afins ou serviçais que vivam habitualmente em comunhão de mesa e habitação com o locatário ou o locador.

(Versão da primitiva redação do CC)

O preceito não oferece margem para desenvolvidos comentários, sendo apenas de anotar a indigência da sua redação: logo no nº 1, note-se o estrangeirismo "haverá lugar"; o nº 2 inicia-se, contrariamente à norma gramatical, pela adversativa "mas", desnecessária, no contexto do dispositivo legal, e reincide no "terá lugar".

Note-se também aqui a edição de uma disciplina da *locação*, em geral, fundamentalmente voltada para o *arrendamento*.

Artigo 1041 – Mora do locatário

1 – Constituindo-se o locatário em mora, o locador tem o direito de exigir, além das rendas ou alugueres em atraso, uma indemnização igual a 20% do que for devido, salvo se o contrato for resolvido com base na falta de pagamento.

2 – Cessa o direito à indemnização ou à resolução do contrato se o locatário fizer cessar a mora no prazo de 8 dias a contar do seu começo.

3 – Enquanto não forem cumpridas as obrigações a que o nº 1 se refere, o locador tem o direito de recusar o recebimento das rendas ou alugueres seguintes, os quais são considerados em dívida para todos os efeitos.

4 – A receção de novas rendas ou alugueres não priva o locador do direito à resolução do contrato ou à indemnização referida, com base nas prestações em mora.

5 – Caso exista fiança e o arrendatário não faça cessar a mora nos termos do nº 2, o senhorio deve, nos 90 dias seguintes, notificar o fiador da mora e das quantias em dívida.

6 – O senhorio apenas pode exigir do fiador a satisfação dos seus direitos de crédito após efetuar a notificação prevista no número anterior.

7 – Em contratos sujeitos ao regime de arrendamento apoiado, o senhorio pode, no âmbito de acordo de regularização de dívida, reduzir ou dispensar a indemnização prevista no nº 1, sem prejuízo do direito à resolução do contrato e à cobrança de juros de mora, em caso de incumprimento do acordo.

(Versão da Lei nº 13/2019 de 12 de fevereiro, que reduziu a taxa da indemnização do nº 1 para a dimensão que dele agora consta e acrescentou os n.os 5 a 7))

1. A indemnização a que se sujeita o locatário por mora de pagamento de aluguer ou renda

Também aqui, a disciplina editada a pensar no caso específico do *arrendamento*, dificilmente terá aplicação prática relativamente ao *aluguer*.

É especificamente no âmbito do *arrendamento* que este comando tem cabimento.

A indemnização devida pelo *arrendatário*, no caso de *mora* sua, quanto a pagamento da *renda*, era constituída, na versão primitiva do CC, pelo "*dobro do que for devido*".

Este montante foi reduzido para 50%, com o Decreto-Lei nº 293/77, de 20 de julho, que, por fim, foi reduzido para a percentagem atual de 20% pela Lei nº 13/2019.

É com o montante em dívida, mais 20%, que se sana agora a *causa de resolução* e se põe termo ao *despejo*; mas, se não for prestado e a ação, por isso, prosseguir, já não poderá o *senhorio* haver tal indemnização, como o preceito também o refere – nem lhe interessará, aliás, pleitear por ela, pois tem então direito a receber o *dobro do que estiver em dívida*, nos termos do art. 1045-2, até à entrega forçada ou voluntária da *coisa*.

Aliás, no que respeita especificamente ao *arrendamento*, esta disposição deve ainda aproximar-se do disposto no art. 15-F-3-4-5 NRAU, que a complementa: se o *arrendatário* que não for beneficiário de *apoio judiciário*, não prestar a sanatória constante deste art. 1041 e a ação, por isso, prosseguir, deverá, apesar de ter apresentado *oposição* ao *despejo*, depositar uma caução de seis meses de *rendas*, *encargos* e *despesas* de sua conta, se não quiser ser logo despejado.

Declara a parte final do nº 1 que a indemnização de 20% das rendas deixa de ser devida se o contrato for resolvido por falta de pagamento.

Quererá significar-se que, nesse caso, a *mora* deixará de ser indemnizada?

Significa unicamente que os 20% deixarão de ser devidos, mas o *senhorio* terá naturalmente sempre direito, pela mora que ocorrer, à indemnização correspondente aos *juros de mora* (art. 806-1), quando não tenha sofrido um dano maior (art. 806-3).

2. A mora do "locatário" na satisfação dos encargos a que esteja obrigado

Ao fixar-se, no nº 1, a indemnização de 20% "do que for devido", temos mais uma norma própria do *arrendamento*, irrelevante em matéria de *aluguer*, aqui tratada em conspecto global, indevida e confusamente.

O que é "o que for devido"?

A *mora do locatário* tanto pode respeitar ao valor da *renda*, *stricto sensu*, como aos *encargos*, legal ou convencionalmente de conta dele?

A este respeito, importa ter em vista o disposto no art. 1030, onde se estabelece, para a *locação*, em geral, que "*os encargos da coisa locada, sem embargo de estipulação em contrário, recaem sobre o locador, a não ser que a lei os imponha ao locatário*" *(v., sobre o ponto, comentário a esse preceito)*.

Também, a respeito especificamente do *arrendamento*, se dispõe, no art. 1083-3, se referem, além da *renda*, propriamente dita, "*os encargos ou despesas que corram pelo arrendatário*".

Estes acrescem ao simples *valor de gozo* do prédio, formando conjuntamente com este, o *total retributivo* imposto ao *locatário*, constituindo assim o *aluguer, lato sensu*, que sobre ele impenderá.

É certo que, ao aludir especificamente às *rendas* (ou *alugueres*), o nº 1 deste artigo parece apontar só para elas (e para eles), mas deve dar-se um sentido amplo à expressão que se lhe segue (o que for devido) há que coordenar este preceito com o disposto nos referidos arts. 1030 e 1083-3 e que considerar que, havendo *encargos* e mais *despesas* legitimamente convencionadas, o montante final da dívida deverá naturalmente envolvê-las.

Os *encargos* e despesas devem, pois, ser encarados como uma *renda acessória*, submetendo-se ao regime da *renda stricto sensu*, em matéria de *cumprimento* e de *não cumprimento*.

Este ponto, ao estabelecer que, pela moratória do *locatário*, ficará ele atido a uma indemnização fixada em 20% "do que for devido", deverá ser cotejado com o disposto no art. 1045-2 onde se dispõe, para a *mora do locatário* aí contemplada, uma indemnização elevada ao *dobro* da *renda* ou *aluguer*.

3. Recusa de recebimento pelo locador

Conforme se dispõe no nº 3 do preceito, o *locador* pode legitimamente recusar o recebimento de *alugueres* ou *rendas* seguintes às que se encontram em *mora*, considerando-se ainda então como estando em dívida.

E quanto à responsabilidade do *locatário* pelos *encargos* e *despesas*?

Todo o artigo refere-se unicamente a "rendas ou alugueres"[130], mas acabámos de ver que também se podem convencionar *encargos* e *despesas* convencionalmente por conta do *locatário* ou *arrendatário*.

Não regulando neste ponto a lei, concretamente em relação a elas, deve todavia inferir-se que a *mora*, ainda que restrita a tal hipótese, é de entender-se compreendida na regulação do presente artigo, por *interpretação extensiva*.

4. Receção de novos alugueres ou rendas apesar da mora do locatário

O nº 4 esclarece prontamente que não poderá inferir-se, como poderia resultar da omissão de preceito sobre o ponto, que o recebimento de *alugueres* ou *rendas* seguintes à *mora* constitua uma *purgatio moræ*.

Em face do que acabámos de referir, nos números anteriores, o mesmo é de entender a respeito dos *encargos* ou *despesas* convencionadas.

[130] É a expressão sempre usada pelo CC, já desde a sua redação primitiva, que as sucessivas Reformas têm conservado.
Parece que, encontrando-nos nesta altura no âmbito da locação, a ordem de referência deveria ser a inversa: "alugueres ou rendas".

5. Alcance do aditamento dos n.os 5 a 7 e a norma transitória do art. 14-1, relativa a este nº 7

Os n.os 5 e 6 preenchem uma lacuna sobre a relação do *locador* com o *fiador*, que exista, do locatário, em face de *mora* deste no pagamento de rendas.

No nº 5, estabelece-se que o *senhorio* deve dar-lhe conhecimento da *mora* e da quantia em dívida "nos 90 dias seguintes".

A notificação deve, naturalmente, fazer-se desde a primeira *mora* e se, após a notificação, o se acumularem outras rendas que continuem em falta, certamente deverá dar-se imediatamente conta da dívida acumulada.

A notificação é indispensável porque, como se declara no nº 5, só após ela poderá o *senhorio* exigir do *fiador* a quantia em dívida.

Isto era o que já se praticava anteriormente ao aditamento destes n.os 5 e 6. Apenas se acrescentou agora, à prática adotada, um prazo de notificação, talvez com o objetivo moralizador de evitar que o *senhorio* prolongue a ocorrência da *mora* para ir avolumando a dívida.

O preceituado no nº 7, igualmente acrescentado em 2019, esclarece as consequências da *violação de acordo* sobre dívida de rendas, no *regime de renda apoiada*: declara que, se nesse acordo, se tiver reduzido a dívida ou dispensado a indemnização de 20%, do nº 1, com a violação dele, terá o *senhorio* o direito à resolução do contrato e â cobrança de juros da mora.

Uma vez que resolve o contrato, perde, naturalmente, a indemnização de 20% sobre a mora, restando-lhe os juros de mora, mas temos como certo que não perderá o direito ào montante total das rendas em dívida, sem a redução que no acordo teria sido ajustada.

De acordo, por fim, com o disposto no art. 14-1 da Lei nº 13/2019, o preceituado neste número por ela acrescentado ao artigo é retroativamente aplicável a dívidas constituídas anteriormente a data da sua entrada em vigor.

Artigo 1042 – Cessação da mora

1 – O locatário pode pôr fim à mora oferecendo ao locador o pagamento das rendas ou alugueres em atraso, bem como a indemnização fixada no nº 1 do artigo anterior.

2 – Perante a recusa do locador em receber as correspondentes importâncias, pode o locatário recorrer à consignação em depósito.

(Redação da Reforma de 2006, adotando o correspondente preceito da frustrada Reforma de 2004)

A *mora do locatário* que se prolongue por mais de *cinco anos* determinará, naturalmente, a *prescrição* das *rendas* correspondentes a esse ou maior período, em face do preceituado no art. 310, al. *b)*, CC.

Importa, contudo, ter em vista que, qualquer pagamento de renda posterior à dívida, *desde que feito pelo próprio,* interrompe a *prescrição,* nos termos do art. 325-1.

Só prescrevem, pois, as *rendas* de *cinco anos* sem pagamento ulterior pelo próprio, ou com pagamento feito por *terceiro.*

No domínio do Código de SEABRA qualquer pagamento, fosse do *próprio* fosse de *terceiro,* interrompia a prescrição: "nas obrigações com juro ou renda – estabelecia o seu art. 545 – o tempo da prescrição do capital começa a correr desde o dia do último pagamento".

O preceito foi justamente condenado por DIAS MARQUES: "é evidente que, se o devedor do capital for estranho àquele pagamento de juros pelo terceiro, nenhum reconhecimento existe, mesmo tácito, e então a dívida do capital prescreveria a seu favor"[131].

Não é, como se disse, o que resulta do dispositivo do Código atual.

A *mora creditoris,* por seu turno, dá ao *devedor* a faculdade de recorrer à *consignação em depósito,* como se declara na parte final do nº 2.

A *consignação em depósito* segue o processo dos arts. 916-924 CPC_{2013}.

SUBSECÇÃO III – Restituição da coisa locada

Artigo 1043 – Dever de manutenção e restituição da coisa

1 – Na falta de convenção, o locatário é obrigado a manter e restituir a coisa no estado em que a recebeu, ressalvadas as deteriorações inerentes a uma prudente utilização, em conformidade com os fins do contrato.

2 – Presume-se que a coisa foi entregue ao locatário em bom estado de manutenção quando não exista documento onde as partes tenham descrito o estado dela ao tempo da entrega.

(Versão da primitiva redação do CC)

Note-se a inversão do discurso: "na falta de convenção, o locatário é obrigado", em vez de "o locatário é obrigado, na falta de convenção...".

Artigo 1044 – Perda ou deterioração da coisa

O locatário responde pela perda ou deteriorações da coisa, não excetuadas no artigo anterior, salvo se resultarem de causa que lhe não seja imputável nem a terceiro a quem tenha permitido a utilização dela.

(Versão da primitiva redação do CC)

131 JOSÉ DIAS MARQUES, *Prescrição Extintiva,* Coimbra Editora, Limitada, 1953, p.203.

Artigo 1045 – Indemnização pelo atraso na restituição da coisa

1 – Se a coisa locada não for restituída, por qualquer causa, logo que finde o contrato, o locatário é obrigado, a título de indemnização, a pagar até ao momento da restituição a renda ou aluguer que as partes tenham estipulado, exceto se houver fundamento para consignar em depósito a coisa devida.

2 – Logo, porém, que o locatário se constitua em mora, a indemnização é elevada ao dobro.

(Versão da primitiva redação do CC)

Sendo o *locatário* obrigado a restituir a *coisa*, findo o contrato (al. *i)* do art. 1038), dispõe-se, naturalmente, no nº1 do presente artigo, que, pela falta de imediata restituição, fica ele obrigado a pagar a *renda* ou *aluguer* estipulado, salvo se houver fundamento para *consignar em depósito* a *coisa* devida.

E não só.

O nº 2, impõe-lhe ainda, logo que se constitua em *mora*, o dever de indemnizar o *locador* pelo *dobro* do *aluguer* ou da *renda*

Este preceito deverá, em nossa opinião, ser aproximado do art. 1041-1, onde se preceitua que o *locatário* em *mora* ficará sujeito a uma *indemnização* "igual a 20% do que for devido".

Num caso, pela *mora* do *locatário*, fixa-se uma indemnização de 20% do montante em dívida, enquanto noutro, pauta-se pelo seu *dobro*.

Na versão primitiva do Código, não havia esta discrepância porque em ambos os preceitos se impunha a indemnização pelo *dobro*, mas o Decreto-Lei nº 293/77, de 20 de julho, reduziu-a, no primeiro caso, para 50%, deixando incólume o segundo e a Lei nº 13/2019 reduziu esta percentagem para a de 20%, continuando a manter o disposto neste preceito.

Como se coordenam as duas hipóteses?

Pensamos que, considerando o primeiro caso, como deve entender-se, agora, e já devia ser assim entendido antes, restringindo-o a um valor sanatório: é o preço da *purgatio moræ*, para se evitar a *resolução* por falta de pagamento do *aluguer* ou *renda* até aí em dívida.

O segundo caso reporta-se antes ao *quantum* indemnizatório devido pelo *locatário* que, *findo o contrato, não entregou o objeto locado*, desde a sua entrada em *mora* até que o soltou.

Não podem, pois, em nosso entender confundir-se as duas indemnizações.

O fim do contrato, no *arrendamento* em que se deixou de pagar as rendas respetivas é determinado pela data fixada na respetiva *comunicação de resolução* (art. 1084-2).

O *aluguer* finda, em regra, com o termo do contrato (art. 1051, al. *a)*).

Artigo 1046 – Indemnização de despesas e levantamento de benfeitorias

1 – Fora dos casos previstos no artigo 1036 e salvo estipulação em contrário o locatário é equiparado ao possuidor de má-fé quanto a benfeitorias que haja feito na coisa locada.

2 – Tratando-se aluguer de animais, as despesas de alimentação correm sempre, na falta de estipulação em contrário, por conta do locatário.
(Versão da primitiva redação do CC)

1. Apontamento introdutório

O Código contém uma definição e classificação fundamental de *benfeitorias*, no seu art. 216, que reza assim:

Artigo 216 – **Benfeitorias**

1 – *Consideram-se benfeitorias todas as despesas feitas para conservar ou melhorar a coisa.*

2 – *As benfeitorias são necessárias úteis ou voluptuárias.*

3 – *São benfeitorias necessárias as que têm por fim evitar a perda, destruição ou deterioração da coisa; úteis as que, não sendo indispensáveis para a sua conservação, lhe aumentam, todavia, o valor; voluptuárias as que, não sendo indispensáveis para a sua conservação, nem lhe aumentando o valor, servem apenas para recreio do benfeitorizante.*

A classificação do nosso CC radica no Direito romano, quanto à disciplina das *despesas (impensæ)*, que o marido aplicava nos *bens dotais*, e o direito que poderia ter a ser indemnizado por elas.

ULPIANO distinguiu-as exatamente em *impensæ necessariæ*; *impensæ utiles*, e *impensæ voluptuosæ*[132] – e foi, rigorosamente, a mesma distinção, como se vê, que se fez no nº 3 do citado preceito.

O Código de SEABRA, ocupou-se igualmente delas, mas sem as definir.

No corpo e § 1º do seu art. 499, referiu-se apenas, em particular, às *benfeitorias úteis*, que identificou no citado parágrafo como "*aquelas que, não sendo indispensáveis para a conservação da coisa, lhe aumentam todavia o valor*".

Depois, no § 1º do art. 500, definiu *benfeitorias voluptuárias* como "*aquelas que, sem aumentarem o valor da coisa a que são aderentes, servem só para recreio do possuidor*".

Já no proémio do art. 498 se tinha estabelecido que, "*tanto o possuidor de boa-fé como o de má-fé têm direito a serem indemnizados das* despesas *que houverem feito para a conservação da coisa*" – evitando aqui referir-se *benfeitorias*, porque se preferiu, em sua vez, designá-las de *despesas*.

Quis-se com isto estabelecer que haveria *benfeitorias úteis* e *voluptuárias*; as *necessárias* não seriam *benfeitorias*, mas antes *despesas*.

E DIAS FERREIRA justificou a asserção, sustentando: "há efetivamente mais rigor de linguagem na fraseologia 'despesas necessárias para a conservação da coisa', porque, tendo estas despesas por único fim ou resultado *conservar* o que está e não aumentar o seu valor, mal podem dizer-se *benfeitorias*...Na verdade, há mais rigor de linguagem em

[132] D. 25, 1. 1.

substituir a palavra '*benfeitorias*' pela palavra 'despesas', especialmente quando úteis porque a *benfeitoria* envolve já a ideia de utilidade. *Benfeitorias úteis* parece redundância"[133].

Quer dizer: o vocábulo *benfeitoria* segundo este Autor, não se prestaria para designar a que é *necessária*, porque, destinando-se apenas a *conservar* a coisa, não lhe aumenta o valor; e se, por outro lado, se dirige àquela que é *útil*, não passará de uma expressão pleonástica: "parece redundância".

Não supomos que seja exatamente assim.

A palavra *benfeitoria*, no seu sentido gramatical, deriva de *benfeitor* que, elementarmente, é *aquele que faz bem*.

E se um *bem* se deve entender como aquilo que nos faz felizes – *bona ex eo dicuntur, quod beant, hoc est beatos faciunt* – por natureza terá de ser *útil*, terá de nos servir para alguma coisa; doutro modo, não a produzíamos ou aproveitávamos.

Sendo assim, compreender-se-á perfeitamente que essa utilidade possa consistir em *reparar* ou *repor o que se deteriorou* – como, por exemplo, substituir a vidraça quebrada de uma janela ou porta (e teremos assim uma *benfeitoria necessária*); em aumentar a utilidade do prédio, instalando-lhe um elevador que faculte o acesso aos andares superiores sem o esforço de subir pela escada (e teremos nesse caso uma *benfeitoria útil*); ou em instalar uma estátua no jardim, ou um baloiço para crianças, que, fundamentalmente, têm só a utilidade de servir de *recreio* para o utente (e então estaremos perante uma *benfeitoria voluptuária*).

Não há, pois, que temer denominar qualquer destes casos de *benfeitorias* e, muito menos, que substituí-las por *despesas*, até porque estas integram uma realidade diferente.

Efetivamente, é denominando-as como *despesas* que, no nº 1 do art. 216, há pouco transcrito, o CC atual as define – mas trata-se de uma repescagem da nomenclatura do Direito romano, que supomos pouco feliz.

Em rigor, as *despesas* não são *benfeitorias*, como prontamente o denuncia o teor literal dos dois termos. *Benfeitorias* são, como o próprio nome indica, *melhorias* que se introduzem na coisa.

Muito sugestivamente, são assim chamadas, designadamente em Espanha (*mejoras*)[134], na Itália (*miglioramenti*)[135] e em França (*améliorations*)[136].

As *despesas* são apenas o seu *preço* ou o *custo* em que importaram, e são sempre *necessárias* para a sua realização, parecendo despropositado dizer delas, como pode dizer-se

[133] José Dias Ferreira, *Codigo Civil Portuguez Annotado*, II, Imprensa Nacional, Lisboa, 1871, p. 32.

[134] Cf. aert. 22 LAU e, oor exemplo, Jose Manuel Finez, *in* Fernando Pantaleón Prieto (Director)/Luis Rojo Ajuria/Jose Manuel Finez/Maria Eugenia Fraile, *Comentario a la Ley de Arrendamientos Urbanos*, Editorial Civitas, Madrid, 1995, p. 265

[135] P.ex., arts. 985 e 1592 CC_{it}.

[136] Art. 861 CC francês:

da *obra* que custearam, que são *úteis* (a utilidade esgotou-se com o pagamento) ou que são meramente *voluptuárias.*

No fundo, as *benfeitorias* constituem, verdadeiramente, *obras* realizadas no espaço locado, compreendendo-se por isso que os textos legais mais recentes prefiram disciplinar o seu regime legal reportando-se expressamente a estas em vez de àquelas.

Neste art. 1046, porém, o nº 1 referiu-se expressamente às *benfeitorias* para estabelecer o seu regime, de que vamos ocupar-nos de seguida, aqui, estritamente quanto à *locação.*

Para o *arrendamento de prédio urbano,* rege o art. 1074, que já não lhes chama *benfeitorias,* mas, propriamente, *obras.*

2. Direitos do locatário em vista de benfeitorias que haja feito

O nº 1 do preceito reporta-se a *benfeitorias* (*obras*) que o *locatário* tenha feito no bem locado, mas logo excluindo as que tenham sido realizadas nos termos do art. 1036 – isto é aquelas quanto às quais o *locador* estava em *mora* e que, pela sua *urgência,* não se compadeciam "com as delongas do procedimento judicial".

E acrescenta-lhe ainda uma ressalva: que não haja "estipulação em contrário".

> – Clausulado no contrato só serem permitidas as obras autorizadas por escrito pelo senhorio, e ficarem as feitas nestas condições a pertencer ao prédio, não podendo o arrendatário exigir benfeitorias nem invocar direito de retenção, tal significa que ficou afastado, por consenso entre as partes, o direito do arrendatário a ser indemnizado por quaisquer benfeitorias no locado, autorizadas ou ilicitamente feitas.
>
> Relação de Lisboa, 10-04-2018 (*Colectânea*, nº 285, p. 115)

O preceito só, pois, se ocupa, salvo convenção em contrário, das realizadas pelo *locatário,* sem que o *locador* as devesse fazer e estivesse em *mora* no cumprimento desse dever – determinando que o *locatário* é, então, quanto a elas, "*equiparado ao possuidor de má fé*".

Em síntese, salvo disposição em contrário, quantio às *obras* realizadas pelo *locatário* sem que o *locador* as devesse fazer e a seu respeito estivesse em *mora,* é que será equiparado ao *possuidor de má fé.*

O *possuidor de má fé,* segundo o disposto no art. 1271, "*deve restituir os frutos que a coisa produziu até ao termo da posse e responde, além disso, pelo valor daqueles que um proprietário prudente poderia ter obtido*".

Relativamente às *obras necessárias* que tenha realizado, tem direito a ser indemnizado, por elas.

Quanto às *úteis,* tem o direito de levantá-las, desde que o possa fazer sem detrimento da *coisa locada* (art. 1273-1) – mas se não puderem, neste caso, ser levantadas, haverá o direito ao valor delas, "*segundo as regras do enriquecimento sem causa*" (art. 1273-3), mas sem prejuízo de ter de sofrer *compensação* por *deteriorações* que tenha feito (art. 1274).

Já no tocante às *obras voluptuárias,* perde-as, irremissivelmente (art. 1275-2).

Todo o preceito nos parece algo teórico, pois não se vê facilmente, na prática, que o *locatário* faça *obras* de qualquer espécie numa *coisa móvel*.

3. Aluguer de animais

O nº 2 do preceito estabelece que, salvo estipulação em contrário, a alimentação de animais alugados, corre por conta do *locatário*.

Seria necessária tal disposição?

Sobre a suscetibilidade de *locação de animais*, v. *supra*, 6, *sub* art. 1022.

SECÇÃO IV – Resolução e caducidade do contrato

SUBSECÇÃO I – Resolução

Artigo 1047 – Resolução

A resolução do contrato de locação pode ser feita judicial ou extrajudicialmente.

(Redação da Lei nº 6/2006)

Com este artigo, inicia-se uma nova secção, no seguimento das que, depois das *disposições gerais*, se dedicam às *obrigações do locador* e às *obrigações do locatário*, a que então se segue a respeitante à *transmissão do contrato* e a relativa à *sublocação*.

A sequência não tem lógica. Não se deve tratar da *cessação*, antes dos factos que podem ocorrer anteriormente a esta ocorrência, ao longo da sua duração, como a *transmissão* e a *sublocação*.

É um lapso, que vem já da primitiva redação do Código e que nenhuma das Reformas ulteriores atacou e corrigiu.

Além disso, continua a parecer-nos, salvo melhor opinião, censurável que se discipline aqui a *resolução* do *aluguer* e do *arrendamento*, para depois, quanto a este, ter de se voltar a ela nos arts. 1083-1087.

Teria sido preferível cingir-se aqui a lei à *resolução* do *aluguer*.

Artigo 1048 – Falta de pagamento da renda ou aluguer

1 – O direito à resolução do contrato por falta de pagamento da renda ou aluguer, quando for exercido judicialmente, caduca logo que o locatário, até ao termo do prazo para a contestação da ação declarativa, pague, deposite ou consigne em depósito as somas devidas e a indemnização referida no nº 1 do artigo 1041.

2 – O locatário só pode fazer uso da faculdade referida no número anterior uma única vez, com referência a cada contrato.

3 – O regime previsto nos números anteriores aplica-se ainda à falta de pagamento de encargos e despesas que corram por conta do locatário.

4 – Ao direito à resolução do contrato por falta de pagamento da renda ou aluguer, quando for exercido extrajudicialmente, é aplicável, com as necessárias adaptações, o disposto nos n.ºs 3 e 4 do artigo 1084.

(Redação da Lei nº 31/2012)

Neste preceito, pelo desenvolvimento da sua disciplina, mais intensamente se funde o regime jurídico do *aluguer* e o do *arrendamento.*

E, quando não redunda numa repetição inútil, mais complica do que explica, a nosso ver.

No nº 1, admite-se que o *direito à resolução* por *falta de pagamento* de *renda* ou *aluguer* se exerça *judicialmente,* quando, no art. 1084-2, se estabelece que ela se faz por *comunicação*; logo, extrajudicialmente.

Depois, declara ainda que esse direito *caduca* se o *arrendatário* pagar até ao *termo do prazo para a contestação,* quando no art. 1084-3 se estabelece que ele *caduca* se se puser termo à mora no prazo de *um mês.*

O nº 2 refere que o arrendatário só poderá purgar a mora "*uma única*" vez, repetindo o que depois se declara no art. 1084-4 com a mesma coloquial expressão "*uma única*".

No nº 3, estabelece-se que o regime previsto nos números anteriores se aplica também à *falta de pagamento de encargos e despesas* que corram por conta do *locatário,* quando o mesmo se declara no nº 3 do art. 1083 para o arrendatário.

E termina no nº 4 a mandar aplicar ao *alugatário* e *arrendatário* o disposto nos n.ºs 3 e 4 do art. 1084 quando este preceito já se dirigia, por si, ao *arrendatário.*

Mas para que serve, afinal, este artigo?

Artigo 1049 – Cedência do gozo da coisa

O locador não tem direito à resolução do contrato com fundamento na violação do disposto nas alíneas *f*) e *g*) do artigo 1038, se tiver reconhecido o beneficiário da cedência como tal, ou ainda, no caso da alínea *g*), se a comunicação lhe tiver sido feita por este.

(Versão da primitiva redação do CC)

Com o devido respeito, cotejado o que neste preceito se exceciona, com o que se dispõe nas referidas alíneas, levam-nos a concluir que nos encontramos aqui num verdadeiro e inútil *bis in idem.*

Artigo 1050 – Resolução do contrato pelo locatário

O locatário pode resolver o contrato, independentemente de responsabilidade do locador:

***a*) Se, por motivo estranho à sua própria pessoa ou à dos seus familiares, for privado do gozo da coisa, ainda que só temporariamente;**

***b*) Se na coisa locada existir ou sobrevier defeito que ponha em perigo a vida ou a saúde do locatário ou dos seus familiares.**

(Versão da primitiva redação do CC)

Este preceito deve ser aproximado dos arts. 1032 ss. Que se referem às circunstâncias em que se considera "o contrato não cumprido".

a) – De assinalar, na al. *a)*, a descabida ênfase na expressão "sua própria", que a versão primitiva do CC grafou e que nenhuma das Reformas tentou aperfeiçoar.

Na mesma alínea parece também estranho a expressão "por motivo estranho à pessoa...dos seus familiares" – mas é a redação original e que persiste.

A privação do gozo, ainda que apenas temporária, que dá direito a resolver o contrato pelo arrendatário não pode fundar-se numa causa *pessoal* ou *familiar.*

Os *familiares* são, aqui, os que já se definem no art. 1040-3: "*os parentes, afins ou serviçais que vivam habitualmente em comunhão de mesa e habitação com o locatário*".

A privação do gozo é estranha quando não resulta de ação ou omissão do locatário ou dos parentes ou afins que vivam com ele em comunhão de mesa e habitação, normalmente, avaria do móvel locado não passível de móvel de substituição.

É a hipótese de *aluguer* de um automóvel, sem condutor, que, entretanto, sofreu uma avaria, sem possibilidade de se proporcionar uma viatura de substituição. Ou de *locação* de um cavalo para participação num cortejo ou numa prova hípica em que o animal entretanto adoeceu, não permitindo o seu uso para o fim em vista.

Em casos destes, a *resolução* do contrato pelo *locatário* pode fazer-se "independentemente da responsabilidade do locador", isto é, mesmo que não haja culpa por parte deste.

Noutras hipóteses a situação pode não ser tão clara. Se, p.ex., o locatário teve uma acidente que lhe não permite conduzir ou montar, poderá, acaso, pretender resolver o contrato, porque não foi ele que, por sua voluntária conduta provocou a sua impossibilidade física, mas cremos que em casos destes não se poderá dizer que a impossibilidade é estranha ao locatário, não podendo, portanto, resolver o contrato.

b) – Não será fácil idealizar um vício existente ou que sobrevier que ponha em perigo de vida ou simples risco para a saúde do locatário ou, ainda mais dificilmente as dos seus familiares.

SUBSECÇÃO II - Caducidade

Artigo 1051 – Casos de caducidade

O contrato de locação caduca:

***a*) – Findo o prazo estipulado ou estabelecido por lei;**

***b*) – Verificando-se a condição a que as partes o subordinaram ou tornando-se certo que não pode verificar-se, conforme a condição seja resolutiva ou suspensiva;**

***c*) – Quando cesse o direito ou findem os poderes legais de administração com base nos quais o contrato foi celebrado;**

***d*) – Por morte do locatário ou, tratando-se de pessoa coletiva, pela extinção desta, salvo convenção escrita em contrário;**

***e*) – Pela perda da coisa locada;**

***f*) – Pela expropriação por utilidade pública, salvo quando a expropriação se compadeça com a subsistência do contrato;**

***g*) – Pela cessação dos serviços que determinaram a entrega da coisa locada.**

(A redação primitiva deste artigo foi sucessivamente alterada pelo Decreto-lei nº 496/77, de 25 de novembro, pela Lei nº 46/85, de 20 de setembro, pelo RAU, vindo a fixar-se com a Lei nº 6/2006)

1. Natureza exemplificativa da enumeração constante do preceito

Esta enumeração, que é restringida pelo preceito seguinte, a esclarecer que, em certas hipóteses em que isso poderia em princípio supor-se, *não haverá caducidade* (art. 1052 CC), suscita-nos uma questão prévia, que será a de saber se ela é *taxativa* – ou se, pelo contrário, para além dos casos aqui enunciados, outros haverá que sejam suscetíveis de produzir a *caducidade* da *locação.*

A expressão verbal do presente artigo, poderia fazer pensar que só os eventos aqui considerados fariam caducar o *contrato de locação,* mas parece fora de dúvida que, muito embora a enumeração em referência seja vasta e *tendencialmente exaustiva*, não terá real carácter *taxativo,* bem podendo ocorrer, na prática, onde a imaginação criadora é sempre insuperável, eventos caducantes não cobertos por qualquer das descrições do preceito.

Pela própria natureza deles, de resto, será, em princípio, plenamente admissível a ocorrência de eficácia extintiva de certo evento, independentemente de ter sido como tal concretamente descrito na lei[137].

[137] No sentido do carácter *exemplificativo* da enumeração dos casos de *caducidade* do art. 1051 CC se pronunciou também, no domínio do Direito anterior, Cunha de Sá (*Caducidade do Contrato de Arrendamento*, I, Centro de Estudos Fiscais da Direcção-Geral das Contribuições e Impostos, 1968, pp. 90-91).

Um desses casos é o que tem sido considerado pela jurisprudência de *caducidade* por *venda judicial*, nos termos do art. 824-2 CC.

Segundo este preceito, com a *venda judicial*, *"os bens são transmitidos livres dos direitos de garantia que os onerarem, bem como dos demais direitos reais que não tenham registo anterior ao de qualquer arresto, penhora ou garantia, com exceção dos que, constituídos em data anterior, produzam efeitos em relação a terceiros independentemente de registo"*.

Assim, um *arrendamento* posterior ao registo de determinada garantia real que impenda sobre a fração locada, *caduca* com a sua *venda judicial*.

Só assim não sucederia se fosse *anterior* àquela garantia e fosse oponível a terceiros independentemente de registo.

Pode dizer-se constante a jurisprudência do SUPREMO sobre o tema. A mais recente tem uniformemente julgado que caduca o *arrendamento* anterior à garantia, na esteira do ac. de 03-12-98, assim sumariado, na parte que nos interessa:

> – V – Na expressão "direitos reais" constante do artigo 824, nº 2, do Código Civil inclui-se, por analogia, o arrendamento registado ou não.
>
> VI – Assim, a venda judicial, em processo executivo, de um imóvel hipotecado faz caducar o arrendamento, não registado, dessa coisa celebrado posteriormente à constituição daquela garantia real.
>
> SUPREMO, 03-12-1998 (*BMJ* nº 482, p. 219).

> No mesmo sentido:
>
> – A venda judicial, em processo executivo, de fração hipotecada faz caducar o seu arrendamento, não registado, quando posteriormente celebrado à constituição e registo daquela hipoteca, por na expressão "direitos reais" mencionada no art. 824, nº 2, do CC se incluir, por analogia, aquele arrendamento
>
> SUPREMO, 06-07-2000 (*ColSTJ*, VIII-II, pp. 150-151).

> E ainda no mesmo sentido: SUPREMO, 31-10-2006, (Processo nº 063241); SUPREMO, 15-11-2007 (Processo nº 07B3456); SUPREMO, 27-05-2009 (Processo nº 5425/03.7TBSXL.S1).

É de notar que toda a jurisprudência se tem reportado, não propriamente à *locação* em geral, mas, em particular, ao *arrendamento* e, mais especificamente, ao *arrendamento vinculístico*.

Ainda no mesmo domínio, v. Eridano de Abreu, *Da caducidade do contrato de arrendamento de prédios urbanos* (o direito, 92º, fasc. IV). Mais recentemente, Pedro Romano Martinez, *Da cessação do contrato*, 2ª ed., Almedina, 2006, p. 327.

Quanto a este, ela compreende-se perfeitamente, pois semelhante *arrendamento* é então, economicamente, como o referiu em tempos OLIVEIRA ASCENSÃO, "uma oneração, é um peso ou gravame que nada distingue dos restantes que foram considerados no art. 695"[138].

Não assim, se o *arrendamento* foi celebrado em regime de *duração limitada*, depois do RAU, ou do Decreto-Lei nº 257/95, de 30 de setembro, consoante o caso.

Na primeira hipótese, o comprador da *venda judicial* pode pôr termo ao contrato no seu termo de duração.

Na segunda, se for celebrado *com prazo certo*, pode igualmente impedir a *renovação* do contrato nos termos do art. 1092 CC e, se for celebrado *por tempo indeterminado*, pode denunciar o contrato nos termos da al. *c)* do art. 1101 CC.

Nestes casos, o *arrendamento* já não pode considerar-se um gravame, mas um investimento ou rendibilização do bem hipotecado, em que o *arrendatário* tem direito a que lhe seja respeitado o respetivo contrato.

A *hipoteca* não impõe que o bem por ela onerado fique paralisado, sem qualquer aplicação, até que venha, eventualmente, a ser executado.

A questão só poderá pôr-se se o *arrendamento* for ulterior a uma *penhora* ou *arresto* que estão já muito próximos da *venda executiva*, não se justificando que se proceda nesse intervalo a um *arrendamento*.

– I – É vedado às SGPS serem proprietárias de estabelecimentos comerciais, mesmo que locados a terceiros, bem como serem titulares do direito ao arrendamento do local onde eles funcionam. II. Se uma sociedade comercial comum, proprietária de um estabelecimento locado funcionar em local arrendado, se transforma em SGPS, caduca o respetivo arrendamento –

SUPREMO, 29-9-1998 (*ColSTJ*, VI-III, pp. 38 ss).

Não será fácil de subscrever o entendimento consagrado neste acórdão.

Se, na verdade, uma *sociedade gestora de participações sociais* tem como *único objeto social* a gestão de *participações* noutras *sociedades* "como forma indireta de exercício de atividades económicas" (art. 1º-1 do Decreto-Lei nº 495/88, de 30 de Dezembro), isso não lhe retira sequer legitimidade para *dar em locação um estabelecimento* que não pode, ela própria, gerir – e nem se vê como é que a mera *transformação* da *sociedade* que vinha explorando esse *estabelecimento* e que operou a respetiva cessão a terceiro, em *sociedade gestora de participações sociais*, terá virtualidade para fazer caducar a *locação do estabelecimento*.

[138] Cf. J. OLIVEIRA ASCENSÃO, *Locação de bens dados em garantia – Natureza jurídica da locação ROA*, 45º [1985], II, p. 361.

Muito menos parecerá poder considerar-se que *caducou* o próprio *contrato de arrendamento* do prédio, por *transformação* da primitiva *sociedade* arrendatária em *sociedade gestora de participações sociais*, em conformidade com o que se dispunha no art. 114 RAU – preceito que nada tinha a ver com o tema, nem se percebe bem a que título terá sido invocado nesta decisão.

Ao invés, pode acontecer – e acontece – que denomine a lei de *caducidade* certo facto extintivo do *contrato*, que não tenha afinal essa natureza jurídica.

É o que manifestamente acontece logo em relação à hipótese contemplada no art. 1793-2 CC segundo a qual, tendo sido dada de *arrendamento* a um dos *cônjuges*, perante o *divórcio*, a *casa de morada da família*, vir o tribunal ulteriormente a fazer cessar o *arrendamento* ("fazer caducar", na expressão legal), a requerimento do *senhorio*, "quando circunstâncias supervenientes o justifiquem".

Obviamente, não será correta a terminologia legal deste passo, pois a extinção da relação arrendatícia, por *ato do juiz*, não cabe no conceito técnico de *caducidade*.

A hipótese corresponde antes, se bem nos parece, a um *caso de resolução* do contrato, por iniciativa do *senhorio*.

Estranhamente, o art. 1105, após a Reforma de 2006, repete por outras palavras aquele preceito, agora sem referir a *caducidade* no que terá andado bem – mas sem adaptar o art. 1793 à nova disposição levada ao Código – no que terá andado mal.

No presente art. 1061, sob a epígrafe "casos de caducidade", enumeram-se seis eventos – uns que, como veremos, não o são, enquanto outros só o são para o *aluguer* e não para o *arrendamento*, apesar da sua referência à *locação*, em geral.

2. O termo do prazo da locação, e do arrendamento, em particular

O primeiro caso enunciado no preceito é o findar do prazo que, nos termos da sua al. *a)*, acarreta realmente a *caducidade* da *locação*, não sendo porém, decerto, aplicável às *locações renováveis*; logo, não funciona quanto ao *arrendamento urbano* com *prazo certo*, que se renova *automaticamente* no seu termo, salvo disposição em contrário (art. 1096-1).

Como se refere no art. 1054-1, "*findo o prazo do arrendamento, o contrato renova-se por períodos sucessivos se nenhuma das partes se tiver oposto à renovação e pela forma convencionados os designados na lei*".

Quando, pois, uma das partes se opõe à *prorrogação* do *arrendamento*, este não se extingue, em nossa modesta opinião, por *caducidade*, mas por se ter produzido uma *manifestação de vontade* a que a lei atribui a eficácia de afastar a *prorrogação* – isto é, através de um *negócio jurídico unilateral*[139].

[139] O que parece demonstrar, decisivamente, e tínhamos sustentado já na 1ª ed., p. 485, nota, e na 2ª ed., pp. 442-445, do *Curso de Direito dos Arrendamentos Vinculísticos*, que a *renovação* a que alude o art. 1054 CC, na falta de tempestiva *oposição à renovação*, não é *renovação*, mas *prorrogação*

Uma *locação* que não se subsume nunca à previsão da al. *a)* deste artigo é o *arrendamento de duração indeterminada*, que não tem *prazo de duração* (arts. 1099-1103); logo, jamais chega ao fim de um *prazo* que não tem.

No próprio *arrendamento de curto período*, celebrado por *prazo* não superior a *30 dias*, se se tiver convencionado a sua *renovação*, também não tem cabimento a *caducidade* que se prevê na al. *a)* da presente disposição legal. Só não havendo convenção nesse sentido, o *arrendamento* não é *renovável*, e *caduca* no seu termo (art. 1096-2).

Sendo assim e em conclusão, no *arrendamento urbano*, o findar do *prazo certo* por que se estabeleceu não integrará, em princípio, uma verdadeira *caducidade*, pois o contrato tem aí a virtualidade de se *prorrogar* indefinidamente, até que uma das partes manifeste a vontade de afastar a chamada *renovação "automática"*.

Esta, no entanto, só ocorrerá no silêncio contratual, pois pode, em vez disso, legitimamente convencionar-se que o contrato com *prazo certo* não se prorrogue, antes cesse no seu *termo*.

Então, preenchido ele, o contrato, aí, verdadeiramente *caduca*.

E importará ainda referir que, no caso particular dos contratos celebrados por *prazo não superior a 30 dias*, como se referiu e convirá recordar, salvo estipulação em contrário, não há *prorrogação* e, deste modo, também quanto a eles, nesse caso, o contrato, como ficou dito, *caducará* no seu *termo* (*v., sobre o tema, infra, nº 2, sub art. 1096*).

3. Locação sob condição suspensiva ou resolutiva

Na al. *b)*, determina-se que *caduca* a *locação* quando, submetida a *condição resolutiva*, se verifica esta – ou se, celebrada sob *condição suspensiva*, se tornar certo que não poderá verificar-se.

do contrato primitivo por períodos sucessivos. Contra: ANTUNES VARELA, *Código Civil Anotado*, II, (4ª ed.), Coimbra Editora, 1997, p. 399.
No sentido que vimos sustentando pode ver-se, também M. JANUÁRIO GOMES, *Constituição da relação de arrendamento urbano*, Almedina, Coimbra, 1980, pp. 44-46 e *Arrendamentos para habitação*, 2ª ed., Almedina, Coimbra, 1996, p. 275 e *Disposições especiais do arrendamento para fins não habitacionais* (O DIREITO, 2005-II, p. 379 citando no mesmo sentido INOCÊNCIO GALVÃO TELLES).
A nossa conceção é desenvolvida a seguir, no texto, e, segundo ela, a destrinça entre *prorrogação* e *renovação* não tem que ver com a dimensão temporal ulterior do contrato, mas antes com a circunstância de este protelar a sua duração (caso em que haverá *prorrogação*) ou se extinguir para logo se constituir de novo (caso em que deverá falar-se antes de *renovação*). É este o sentido etimológico mais genuíno dos vocábulos e o que na doutrina italiana se pretende também fixar: MIRABELLI, *La locazione* (Tratado de VASSALLI), UTET-Torino, 1972, pp. 560-561 e Autores que cita; v. ainda TABET, *La locazione-conduzione*, Giuffrè – Milano, 1972, p. 739.
A afirmação feita no texto, segundo a qual o termo de duração só determinará a cessação do contrato no *aluguer*, visto que, nos outros casos, determinará necessariamente a *prorrogação da locação*, é contrariada por PEDRO ROMANO MARTINEZ, *Cessação do contrato*, 2ª ed., Almedina, 2006, pp. 44-45 e n. 58.

Este normativo não levanta dificuldades na *locação* que não é *arrendamento*. Celebrada ela sob a condição de se *resolver*, logo que se verifique determinado evento, p. ex., o nascimento de um filho do casal do senhorio, a *locação caduca*.

Se, em vez disso, o contrato tem a sua eficácia *suspensa* da verificação desse evento, logo que se torne certo que este não pode verificar-se, p. ex., por verificação da impossibilidade de procriação entretanto surgida, caducará igualmente a *locação* sujeita a esta *condição suspensiva*.

No tocante a ela, é assim, tanto para a *locação* que não integra um *arrendamento* como em relação ao próprio *arrendamento urbano*. Em ambos os casos, é perfeitamente admissível a aposição de uma *condição suspensiva* ao contrato, produzindo-se a *caducidade* nos termos que ficaram referidos.

O caso muda, porém, de figura, antes de mais, em relação ao *arrendamento vinculístico*.

Sujeito a *prorrogação forçada*, primeiro, e, depois da Lei nº 6/2006, a *duração indeterminada*, não admitirá a sua submissão a *condição "resolutiva"*.

Quanto à *condição suspensiva*, a aplicabilidade aos *arrendamentos vinculísticos* não suscita quaisquer dificuldades[140].

Simplesmente, para o *arrendamento urbano*, se tivermos em atenção o disposto no art. 1056, segundo o qual "*se, não obstante a caducidade do arrendamento, o locatário se mantiver no gozo da coisa pelo lapso de um ano, sem oposição do locador, o contrato considera-se igualmente renovado nas condições do artigo 1054*", parece termos de concluir que a verificação da condição "resolutiva" não acarretará a *caducidade*, só por si, pois se o *arrendatário* continuar a ocupar a casa, por *um ano*, com a aquiescência do *senhorio*, não obstante a ocorrência da *condição*, "*o contrato considera-se igualmente renovado*".

Há pois, também aqui, que interpretar restritivamente esta al. *b)* do presente artigo.

4. Cessação do direito ou dos poderes legais de administração com base nos quais foi celebrado o contrato

Segundo o disposto na al. *c)* deste artigo, em dois casos caduca a *locação*: quando *cesse o direito* com base no qual o *locador* celebrou o contrato e quando findem os seus *poderes legais de administração*.

A *cessação do direito* verifica-se em várias hipóteses que costumam citar-se: a do *usufrutuário* (art.1476); a do *fiduciário* (art. 2290) ou a do *sublocador*, que dá em locação com base no *direito de locatário* que lhe advém de um precedente *contrato locativo* (art. 1060).

Assim, findo o *usufruto* por uma das causas constantes do referido art. 1476, ou o *fideicomisso* (art. 2290-2), ou deixando o *sublocador* de ser *locatário*, *caduca a locação* que algum deles deu ao *locatário*.

[140] Inocêncio Galvão Telles, *Arrendamento*, prodomo, Lisboa, 1944-1945, pp. 102-103; F. M. Pereira Coelho, *Arrendamento* (Lições datilografadas), Coimbra, 1988, p. 94.

Por sua vez, a cessação dos *poderes legais* de *administração* reporta-se, por exemplo, aos *pais* relativamente aos bens dos *filhos* que estejam sob a sua administração (arts. 1878-1, 1889-1, al. *m)*, e 1897), ao *curador provisório do ausente*, nomeado nos termos do art. 89, ou o *definitivo* (art. 99), ao *curador especial de menores*, em *inventário* (art. 7º-1 da Lei nº 23/2013, de 5 de março), ao *tutor de menores* (art. 1921), ao *administrador de bens de menor*, instituído nos termos do art. 1922, ao *cabeça de casal da herança* (art. 21-1 da Lei nº 23/2013, de 5 de março); ao *administrador da insolvência* (art. 55 CIRE), ao *agente de execução*, relativamente aos bens *penhorados* (art. 756-1 CPC), etc.

Cessando estes *poderes legais*, caduca a *locação* que, durante o exercício das suas funções, tenham realizado, seja ela um *aluguer* ou um *arrendamento urbano*.

Note-se que se refere a cessação de *poderes legais*.

Com isso, pretendeu-se excluir os meros portadores de *poderes convencionais*.

A *locação* celebrada através de *mandato* não caduca com a cessação dos poderes do *mandatário*.

Também aqui, a verificação do disposto no art. 1056, afastará a *caducidade* do *arrendamento urbano*.

5. Morte do locatário ou extinção de pessoa coletiva nesta situação

Na al. *d)*, reporta-se a *caducidade da locação* à *morte do locatário* ou à *extinção da pessoa coletiva* investida nesta situação, *"salvo convenção escrita em contrário"*.

Esta disposição aplica-se estritamente ao *aluguer*.

Quanto ao *arrendamento urbano*, com a *morte do arrendatário*, o contrato *não caduca*, transmitindo-se, no *habitacional*, às pessoas referidas no art. 1106, sendo o *arrendamento livre* e, no *vinculístico* subsistente, para as mencionadas no art. 57-1 NRAU.

6. Impossibilidade objetiva superveniente

Os *casos de caducidade* esparsos pelas als. *e)* (*perda da coisa locada*) e *f)* (*expropriação por utilidade pública que se não compadeça com a subsistência do contrato*), do art. 1051, reconduzem-se à hipótese de Direito geral da *impossibilidade objetiva da prestação*, como causa de extinção das obrigações (art. 790-1 CC), de que não representam mais do que simples aplicações particulares.

Apesar de o art. 1051 CC ter autonomizado os dois casos, não se aproveitou esta circunstância para destrinçar especificidades de regime dignas de nota. O legislador tem-se esquecido até, ao longo de várias edições legislativas da matéria, de as excluir dos *efeitos retardados* de *caducidade* que estabeleceu no art. 1053 CC.

É apodítico que a *perda da coisa locada* produz, naturalmente, em todos os casos de *locação*, uma *caducidade de efeito imediato*, com a verificação do evento, pois parece inaceitável que, desaparecido o imóvel arrendado e tornando-se por isso impossível o seu uso pelo arrendatário, só lhe possa exigir-se a restituição (de quê, se o imóvel se perdeu?)

"passados seis meses sobre a verificação do facto que determina a caducidade", como se declara no art. 1053.

Forma-se deste modo uma *impossibilidade objetiva* de sobrevivência do contrato, que extingue a sua vigência.

I – ***Perda da coisa***. A propósito da *perda da coisa*, valerá a pena começar por assentar em que, propriamente, consistirá ela.

Enunciando-se esta, no art. 1051 CC, a respeito da *locação*, poderemos explicá-la, quanto à *coisa móvel*, pelo seu *extravio*: uma *coisa móvel* perde-se quando se *extravia* ou *desaparece*, sem que dela se saiba parte ou, bem assim, quando se destruiu, perdendo a sua identidade.

Alugou-se um automóvel e, num acidente, despistou-se, embateu contra um obstáculo, e ficou praticamente destruído, há então a sua *perda* que determina a *caducidade* do contrato respetivo.

Suponha-se agora o caso, que mais nos interessa, do *arrendamento de um prédio urbano*.

Então, haverá *perda do imóvel* quando ocorra a sua *ruína*, por *aluimento das suas estruturas* em virtude de um cataclismo natural, de um incêndio, ou até por vetustez[141].

II – ***Causa humana* versus *causa natural ou causa jurídica***. Levanta-se aqui um problema: há *perda da coisa*, determinante de *caducidade do arrendamento*, só quando o perecimento tenha tido uma *causa natural* ou *jurídica* (ex., uma *expropriação*), ou enquadra-se também nela o que resulta de uma *ação humana* nesse sentido.

Poderá falar-se ainda de *perda da coisa* quando o prédio arrendado, por hipótese, estando implantado próximo de um aeroporto é destruído pelo embate de uma aeronave? Quando a Câmara Municipal, sob parecer de peritos de que está o imóvel em risco de ruína a todo o tempo, determina e realiza a sua destruição controlada? Quando o *senhorio*, o *arrendatário* ou um *terceiro* o incendeiam criminosamente, destruindo-o totalmente?

Cremos que só deverá considerar-se que há *perda da coisa* quando esta perece por uma *causa natural*, quando o seu desaparecimento não é provocado por mão humana.

Porquê?

Porque só a este caso se ajusta rigorosamente o regime jurídico da *caducidade* do contrato: o efeito extintivo produzido pelo evento caducante.

Nas outras hipóteses, situamo-nos, mais propriamente, perante um *dano* que tornou impossível a prestação e que deverá ser submetido ao regime próprio de *responsabilidade civil*: o contrato cessa, não por *caducidade*, mas por se ter impossibilitado a *prestação* por *facto do responsável*.

[141] Parece-nos excelente esta definição dada na Itália: por perda "deverá entender-se a ruína ou desintegração dos elementos principais da coisa, de modo a tornar duravelmente impossível qualquer gozo" – Massimo Dogliotti/Alberto Figone, *La locazione*, Giuffrè Editore, 1993, p. 107.

Neste caso, entrará em aplicação o disposto no art. 801 CC, com o *caso de resolução* que prevê; não, de *caducidade.*

Na hipótese de implosão determinada pela Câmara Municipal terão aplicação os princípios constantes de legislação própria.

Jurisprudência seleta sobre o tema:

– Para que haja perda da coisa locada, basta que essa perda seja de tal monta que determine a impossibilidade da utilização do locado para os fins a que se destinava, não sendo de exigir a destruição total do locado.

SUPREMO, 15-01-2002 (Processo nº 01A3474)

1. Cessando o contrato de arrendamento por perda do bem arrendado, por sua culpa, o senhorio está obrigado a indemnizar o arrendatário pelos prejuízos decorrentes do incumprimento da obrigação contratual de assegurar o gozo correspondente.

2. No âmbito da responsabilidade contratual, pode haver lugar a indemnização por danos não patrimoniais.

3. Objetivamente considerados – ou seja, apreciados segundo um padrão de normalidade –, devem ter-se como graves danos (não patrimoniais) que se traduzem na perda do local onde os autores instalaram a sua residência e onde exerciam a atividade que constituía a sua única fonte de rendimento.

SUPREMO, 13-07-2010 (Processo nº 60/10.6YFLSB)

I – A demolição de imóvel arrendado, ainda que por causa imputável ao proprietário/locador, não deixa de implicar a extinção do arrendamento por perda total da coisa locada, dada a impossibilidade de prestação de gozo da coisa (arts. 790, nº 1, 1031, al. *b*), e 1051, al. *e*),, do CC).

II – No entanto, porque o vínculo obrigacional se mantém, face à impossibilidade de prestação que se traduz na obrigação de o locador proporcionar o gozo da coisa para os fins a que se destina (art. 1031, al. *b*), do CC), *o direito e o dever de prestar são substituídos pelo dever de indemnizar.*

III – O ex-locatário não pode exigir a prestação de gozo da coisa correspondente à obrigação do locador no contrato sinalagmático de arrendamento que se extinguiu por perda da coisa locada; pode pedir ao proprietário indemnização correspondente aos prejuízos sofridos com base em danos emergentes e lucros cessantes, estes últimos até que lhe seja, em sede de indemnização específica (art. 562 do CC), proporcionado alojamento em condições equivalentes às que detinha, tratando-se aqui do ressarcimento do interesse de cumprimento ou interesse positivo.

SUPREMO, 09-03-2010 (Processo nº 440/07.4TVPRT.S1)

1. A caducidade do contrato de arrendamento, nos termos do art. 1051, *e)*, do C.C., não acontece tão só na hipótese de a perda da coisa locada não ser imputável ao locador, verificando-se, outrossim, quando tal sucede por causa imputável ao proprietário/locador.

2. A culpa do senhorio na situação referida em 1., apenas releva em sede de indemnização ao locatário.

3. O STJ deve intervir na decisão de facto, a terem as instâncias incluído facticidade não alegada e que não se possa considerar instrumental.

4. Só é possível deixar para liquidação, através da dedução do incidente a que alude o art. 378 do CPC, a indemnização respeitante a danos relativamente aos quais, embora com existência provada na ação declarativa, não existam elementos, nem sequer recorrendo à equidade, para fixar o seu "quantum".

SUPREMO, 31-05-2012 (Processo nº 1332/07.2TBCHV.P1.S1)

IV – Em matéria de *locação*, o critério aconselhável sobre a impossibilidade total ou parcial da prestação por parte do locador tem de depreender-se do grau de destruição do prédio, pelo que, tendo deflagrado num prédio um incêndio que não atingiu o rés-do-chão arrendado, deixando a inquilina em condições de continuar a exercer a sua atividade comercial (ainda que com determinadas limitações de cómodos, dadas as danificações ocorridas nos andares superiores desse prédio), não pode dizer-se que tenha havido perda da coisa locada.

V – A tal conclusão não obsta o facto de a arrendatária ter deixado de poder exercer aí, temporariamente, o seu comércio em razão de obras levadas a cabo no prédio por imposição da entidade camarária.

VI – Obrigando as obras de remodelação ou de restauro profundos – que, no âmbito do NRAU, constituem obrigação do senhorio – à desocupação do locado, este, quando notificado para as realizar, tem duas possibilidades: a denúncia do contrato de arrendamento com indemnização do inquilino ou a suspensão do contrato com realojamento daquele num local transitório enquanto durarem as obras – arts. 4º, 5º, 10 e 26 do DL nº 157/2006 de 08-08.

VII – Não tendo o senhorio optado por nenhuma das referidas hipóteses e não tendo havido perda total do locado não pode operar a caducidade do arrendamento.

VIII – Tendo as benfeitorias levadas a cabo, pela inquilina, no arrendado sido destruídas, em parte, por efeito da intervenção dos bombeiros no combate ao incêndio que deflagrou nos andares superiores do prédio e, em parte também, por imposição camarária de realização de obras no prédio sinistrado, mostra-se ilidida a presunção de culpa, a que se refere o art. 799º do CC, que recairia sobre o senhorio, não existindo, em consequência, por parte deste, atenta a inexistência de incumprimento contratual, qualquer obrigação de indemnizar a inquilina a esse título – arts. 798º e 1031º, al. b), do CC.

SUPREMO, 29-10-2015 (Processo nº 915/09.0TVPRT.P1.S1)

III – ***Perda parcial.*** A dificuldade maior de qualificação deste fundamento de *caducidade* do contrato surge quando, em vez da *perda* (total) da coisa locada, materialmente ocorra, como é vulgar, um *perecimento apenas parcial.*

Sendo significativo tal *perecimento,* poderá já dizer-se que se verifica a *perda da coisa,* que determina a *caducidade* do contrato, ou que, pelo contrário, nos encontramos apenas ainda em presença de uma *deterioração* a inscrever na *obrigação do senhorio* de reparar os danos ocorrido?

Na jurisprudência nacional (cf. neste sentido Relação de Lisboa, 21-10-2003/*Colectânea,* nº 169, p. 111 e, mais incisivamente o ac. do SUPREMO, de 29-10-2015, acabado de sumariar) e em certa doutrina, parece estar a notar-se a tendência para se lançar mão de um critério aferidor, que parece razoável: é o *critério funcional.*

Haverá, assim, *perda do prédio arrendado,* não apenas quando todo ele ou todo o espaço arrendado se tenha materialmente perdido, mas ainda quando, ruído apenas em parte, a *perda* sofrida seja tão significativa que determine *a impossibilidade de aplicação desse espaço ao fim para que foi arrendado.*

Na doutrina estrangeira, usa-se antes, por vezes, *um critério naturalístico* e, com base nele, apela-se para a distinção entre *reparar* e *reconstruir*: *o senhorio tem o dever de reparar; não tem o de reconstruir* – e, assim, se se torna necessário *reconstruir paredes ou telhados* que ruíram sem culpa sua, por efeito, por exemplo, de um incêndio ou de um sismo, haverá *perda da coisa,* que determinará a *caducidade do contrato*[142].

Qualquer dos dois critérios poderá suscitar, no limite, algumas dificuldades de qualificação, que só poderemos superar, se bem pensamos, com uma apreciação, caso por caso, aferida sem preconceitos protecionistas, com equilíbrio, proporcionalidade e um são sentido de justiça distributiva.

No tocante ao *critério funcional,* importará ainda salientar que não vale aferi-lo pela simples recusa do *arrendatário* em continuar a ocupar o prédio, ou do *senhorio* em *restaurar a parte inutilizada.*

Não soluciona o problema a disposição atual do art. 1083-4 CC, a dar ao *arrendatário* a faculdade de resolver o contrato em presença da não realização de obras que caibam ao *senhorio,* "quando tal omissão comprometa a habitabilidade do prédio", pois esta hipótese não serve para impor ao *senhorio* a *reconstrução de ruína parcial* mas, evidentemente,

[142] GIUSEPPE MIRABELLI, *La locazione* (*Trattato di diritto civile italiano,* de VASSALLI), UTET, 1072, pp. 394-395: "deve ainda admitir-se a extinção quando subsista uma grave desproporção entre a parte da coisa até aí eficiente e a parte destruída" (p.394)
Não falta contudo, mesmo na Itália, quem, mais apegado à corrente jurisprudencial, se sirva do *critério funcional*: "a destruição de um particular elemento essencial ou estrutural não equivale à destruição parcial de um imóvel locado se os outros elementos permanecem em eficiência, assegurem a consistência complexiva do imóvel e a sua funcionalidade" – GIUSEPPE DE LUCIA, *Le locazioe* (a cura di MAURIZIO DE GIORGI/DOMENICOMAFFEI/CORRADO MARVASI), Wolters Kluwer/CEDAM, 2015, p. 1018.

para o caso de *obras de conservação* cuja omissão esteja a comprometer a habitabilidade do espaço arrendado.

Também de pouco servirá, para o efeito, a mera *vistoria camarária*, a concluir que poderá o espaço arrendado continuar a ser utilizado, se forem realizadas as *obras* que se tornaram necessárias com a *destruição* ocorrida.

Não é a autarquia o juiz da *caducidade* ou *não caducidade* do contrato. Têm, em nossa opinião, de ser os tribunais a dizê-lo, segundo o seu prudente arbítrio, e como acabámos de referir: *caso por caso, sem preconceitos, mas com equilíbrio e proporcionalidade.*

A *expropriação por utilidade pública*, por seu turno, produz a *impossibilidade objetiva* da prestação do *senhorio* nos termos especialmente previstos no Código das Expropriações, impossibilidade que coincidirá cronologicamente, consoante os casos, com a *posse administrativa*, se a houver, ou com a *adjudicação da propriedade ao expropriante.*

IV – ***Obrigação de restituição dos salvados.*** Pode acontecer, como temos visto, que, da ruína, subsistam partes do prédio urbano que não permitam a sua utilização pelo arrendatário, mas interessem ao *senhorio*, para efetuar reconstrução. Então surgirá, para o *arrendatário*. a *obrigação de restituição* dos *salvados* do prédio perdido, passados *seis meses* (prazo manifestamente excessivo) sobre a data do *evento caducante* (art. 1053 CC) e nos precisos termos do disposto na al. *i)* do art. 1038.

Se o não fizer, ficará decerto obrigado a prestar ao *senhorio* a *indemnização* do art. 1045 CC.

A este respeito, foi proferido um interessante ac. do SUPREMO, que vale a pena analisar.

Vem sumariado assim:

– O preceituado no artigo 1045 do Código Civil é inaplicável aos casos de caducidade do arrendamento por perda da coisa locada. Daí que, o artigo 1053, do mesmo diploma legal, se deve interpretar de modo hábil, excluindo da sua previsão o caso de o arrendamento "caducar" pela perda da coisa locada.

SUPREMO, 07-07-2009 – Processo Nº 360/09.8YFLSB.

O acórdão é algo extenso e este sumário é inexpressivo, mas a hipótese sobre que se debruçou é muito simples e descreve-se em poucas linhas.

A proprietária de um imóvel da cidade do Porto deu-o de arrendamento a dois comerciantes, que instalaram aí uma *casa de pasto* que foi sendo explorada até que, em 1998, houve um incêndio espontâneo que destruiu o edifício em termos de não poder voltar a ser utilizado.

Os *arrendatários*, porém, que pretendiam obrigar a *senhoria* a restaurar-lhe o prédio, não lho restituíram, vedando-lhe o acesso ao que dele restava e continuando a pagar-lhe as rendas, até que, querendo a proprietária libertar-se dessa ocupação, foi a juízo intentar contra eles uma *ação de despejo*, fundada na *caducidade do arrendamento.*

O pedido foi julgado procedente e o *despejo* decretado, mas a autora reconvinda ainda se viu condenada a reconhecer o facto de ter recebido as rendas desde o incêndio até Dezembro de 2003.

Transitada esta decisão, voltaram os *arrendatários* ao pretório, desta vez para intentarem, contra a proprietária uma *ação* atinente a obter a sua condenação no pagamento das rendas por eles indevidamente pagas, desde a data do incêndio até fevereiro de 2007, num total de € 25.473,83.

Contestada esta nova *ação*, invocando-se a ocupação indevida dos ora *autores*, já reconhecida no primeiro processo, deduziu-se ainda, por esse facto, um pedido reconvencional de indemnização de montante a liquidar em execução de sentença.

Esta nova *ação* foi, em 1ª instância, julgada procedente no *saneador*, mas improcedente o *pedido reconvencional* – o que, mediante recurso, então levado pela ré, veio a ser plenamente confirmado pela Relação do Porto.

Oposto então recurso para o SUPREMO, foi confirmado o decidido, através das duas perturbantes proposições que principiámos por sumariar:

1ª – *O preceituado no art. 1045 CC é inaplicável aos casos de caducidade por perda da coisa locada;*

2ª – *O art. 1053 CC tem de ser entendido de "modo hábil", excluindo da sua previsão o caso de o arrendamento "caducar" por perda da coisa locada.*

Dissemos *perturbantes* porque, tendo-se dado por assente que a proprietária ficou privada, desde a data do incêndio, em 1998, até fevereiro de 2003, do acesso ao que restou do prédio, *por ato dos ex-arrendatários, a que só se conseguiu pôr termo por ato judicial, com o trânsito em julgado da sentença de despejo,* não se vê, logo à primeira vista, como será possível desligarmo-nos da aplicação ao caso dos mencionados preceitos.

O que, com efeito, se proclama no art. 1045 CC é precisamente isto:

"1. *Se a coisa locada não for restituída, por qualquer causa, logo que finde o contrato, o locatário é obrigado, a título de indemnização, a pagar até ao momento da restituição a renda ou aluguer que as partes tenham estipulado, exceto se houver fundamento para consignar em depósito a coisa vendida.*

2. *Logo, porém, que o locatário se constitua em mora, a indemnização é elevada ao dobro".*

Por seu turno, o art. 1053 CC estabelece insofismavelmente que *"em qualquer dos casos de caducidade previstos nas alíneas b) e seguintes do artigo 1051* [logo, também no caso da sua al. *e)*, de *"perda da coisa locada"*] *a restituição do prédio, tratando-se de arrendamento, só pode ser exigida passados seis meses* [na altura eram *três meses*] *sobre a verificação do facto que determina a caducidade".*

Se o art. 1045 refere, latamente, "*logo que finde o contrato*", sem excecionar a *perda da coisa*, e se, por seu turno, o art. 1053, sem nenhuma restrição, impõe um prazo de *seis meses* [na altura, *três*] sobre o evento caducante para o *arrendatário* restituir o prédio ao *senhorio*, não parece fácil, na verdade, sem atentar contra lei expressa, deixar de aplicar estes preceitos à *perda da coisa locada*.

O SUPREMO afastou-os fazendo este raciocínio.

"É que se o contrato finda e a coisa locada continua a existir, compreende-se bem o regime sancionatório do artigo 1045. Não assim se o contrato finda pela singela razão de que a coisa, objeto do contrato, se perdeu.

Ali, extinta a relação contratual, justifica-se a aplicação de tal regime em homenagem ao equilíbrio prestacional que a norteou; aqui, o contrato findou, é certo, mas não há nada a liquidar, já que a coisa se perdeu e, portanto, deixou de haver qualquer possibilidade de gozo: injustificável, portanto, a pretensão da recorrente.

Daí que o artigo 1053 do Código Civil se deva interpretar de modo hábil, excluindo da sua previsão, o caso de o arrendamento ter caducado por perda da coisa, pois não faria qualquer sentido a imposição de entrega da coisa que ... deixou de existir".

E mais adiante:

"É que, como é sublinhado no aresto impugnado, 'o que se mostra decisivo para solucionar a questão em análise nestes autos – saber se há ou não lugar à restituição das rendas recebidas pela senhoria – não é a posse das chaves, mas sim a impossibilidade de gozo do imóvel locado resultante da sua perda total'.

Resta dizer, para concluir, que os AA. têm toda a razão no pedido que formularam com base no instituto do enriquecimento sem causa, o qual, vistas bem as cousas, foi reconhecido pelo juiz que proferiu a sentença no processo instaurado pela aqui recorrente contra os aqui recorridos e que decretou o despejo, ao considerar que 'as rendas recebidas pela A. desde a data do incêndio até Dezembro de 2003, foram indevidas, devendo consequentemente ser devolvidas aos RR.'"

(*A citação foi longa, mas pareceu-nos indispensável para bem se conhecerem as razões por que se decidiu assim*).

Atentando nelas, com vagar, devemos então ponderar que as decisões do SUPREMO e das instâncias, com o devido respeito, nos parecem:

a) – Estar divorciadas da realidade que se lhes defrontava, enfermando ainda de uma ideia desfocada do instituto da *perda coisa locada*;

b) – Desconhecer o real fundamento político da disposição contida no art. 1045 CC;

c) – Pecar, por se terem limitado a uma perspetiva meramente unilateral e incompleta do tema.

Raciocinaram, na verdade, como se a *perda da coisa locada* se traduzisse na sua *evaporação,* e esqueceram-se completamente, como daqui a pouco veremos, de que a *perda da coisa locada* pode ser *total* ou *parcial*, passando por cima de toda a realidade provada nos autos e de que se dá conta no próprio acórdão.

A prova provada de alheamento da realidade *sub iudice* é, liminarmente, o objeto material do contencioso suscitado.

Tratava-se, com efeito, de um prédio com três pisos acima do rés-do-chão que ficaram destruídos, *mas restou este*, com as paredes divisórias interiores destruídas e o espaço arrendado "inutilizável", concluindo-se, na respetiva *ação de despejo* (se a coisa tivesse desaparecido totalmente, como poderia ter-se decretado o despejo dos arrendatários?) que, "após o incêndio, o estabelecimento ficou impedido de ser explorado".

A questão não configurava, portanto, o *vazio absoluto* em que assentaram o SUPREMO e as instâncias.

A continuação do pagamento das rendas não se deveu, aliás, a necessidade dos *arrendatários*, mas – relata-o o próprio acórdão – ao contencioso que entretanto eles abriram, através do qual continuavam a arrogar-se essa qualidade, *não restituindo as chaves*, porque pretendiam a restauração, pela *senhoria* da parte arruinada que ocupavam.

Perdido esse contencioso, por decisão transitada em julgado, e imposta, *manu iudicis*, a restituição à *senhoria* da parte até aí ocupada, embora sem exploração, pelos *arrendatários*, ficou *ipso facto* assente que não tinha, até aí, sido cumprida a *obrigação de restituição* e já não havia que falar em *rendas*, que não seriam devidas por não poder ser proporcionado o gozo dessa parte, mas em *indemnização*, como o próprio art. 1045 CC lhe chama, e bem, *pela privação da disponibilidade do resíduo, sofrida pela senhoria em função do incumprimento por parte dos ex arrendatários da obrigação de restituição, findo o contrato* (al. *i)* do art. 1038 CC.

Aqui, como principiámos por opinar, nem as instâncias nem o SUPREMO evidenciaram compreender, em nossa opinião, o real fundamento político da disposição contida naquele art. 1045 CC.

Torna-se isso bem patente quando, no acórdão, se refere – como se respigou há pouco – que, "desde que deixou de haver qualquer possibilidade de gozo", será "injustificável, portanto, a pretensão da recorrente".

O fundamento do preceito – repita-se – não é esse ou apenas esse, mas qualquer coisa de mais vasto e profundo, pois se destina a *indemnizar o senhorio* pela *privação da simples disponibilidade das faculdades em que se desdobra o direito com base no qual foi dado o arrendamento.*

Assim, mesmo que a destruição tivesse sido *total* e só restasse o *chão* de um edifício destruído, se os *arrendatários* tivessem, por hipótese, feito *demarcação de território*, impedindo o acesso da *senhoria* à sua propriedade, incumpririam, com isso, o seu *dever de restituição*, imposto na al. *i)* do art. 1038 CC, *incorrendo, portanto, na obrigação de lhe pagarem as indemnizações dos n.os 1 e 2 do art. 1045 CC.*

Desprezando esta realidade, instâncias e SUPREMO acabaram, segundo cremos, por incorrer no *vício da unilateralidade.*

O processo tem duas partes e o tribunal não pode fixar-se apenas nas razões de uma: tem de atender às duas partes.

Ora quando a Relação primeiro afirmou – e, depois, o SUPREMO subscreveu – que não era "a posse das chaves, mas sim a impossibilidade de gozo do imóvel locado resultante da sua perda total" que constituía o cerne do problema, parece evidente que incorreram num desvio de perspetiva.

A *senhoria* não estava obrigada a restaurar o rés-do-chão para os *arrendatários* voltarem a usufruir a renda vinculística de que vinham beneficiando, mas estava no pleno direito de fazer do que restava do incêndio aquilo que bem quisesse, no que foi impedida por eles até ter conseguido despejá-los.

O comportamento dos ocupantes foi, obviamente, um *facto ilícito* e *culposo* pelo qual, incorreram na responsabilidade civil contratual sancionada no art. 1045 CC.

Decidiu-se que a *senhoria* não podia fazer suas as rendas pagas até ao *despejo*, porque desse modo *enriqueceria sem causa* (quando, afinal, eles não pagaram para retribuir o *gozo*, mas para alimentar um contencioso que perderam) – e desatendeu-se o *pedido de indemnização* da *senhoria* pela falta de restituição tempestiva dos *arrendatários*, oferecendo-lhes deste modo, inegavelmente, um *enriquecimento sem causa*, – um verdadeiro *locupletamento à custa alheia*.

V – ***Cessação dos serviços que determinaram a entrega da coisa locada.*** Esta hipótese passou a constituir a al. *g)* do presente art. 1051 apenas com a Reforma de 2006, sob direta influência do seu acrescentamento pela frustrada Reforma de 2004, a qual se terá fundado numa preocupação didática de corrigir tecnicamente a primitiva formulação da antiga al. *j)* do art. 1093-1 CC e do art. 64-1 RAU, segundo as quais o *senhorio* poderia *resolver* o arrendamento quando o *arrendatário* deixasse "*de prestar ao proprietário ou ao senhorio os serviços pessoais que determinaram a ocupação do prédio*".

Deste modo, configurou-se antes tal facto como uma *caducidade* da *locação*[143].

Tem-se considerado como seguindo na mesma orientação de *caducidade* o acórdão assim sumariado pela *Colectânea*:

> Tendo a prestação de trabalho como feitor numa quinta sido determinante para a cedência, ao trabalhador, de uma casa aí existente, mesmo que se queira qualificar tal ocupação como uma relação locatícia, deve entender-se que ela se subordina à relação laboral e que não se mantém depois da extinção desta última, por Reforma do trabalhador.
>
> Relação de Lisboa, 12-04-2005 (*Colectânea*, XXX-II, pp. 90-92).

Como ressalta deste sumário, o acórdão constitui, curiosamente, uma decisão de base hipotética. Não deu por apurado que concreto contrato foi realizado e não

[143] Neste sentido, designadamente, António Pinto Monteiro/Paulo Videira Henriques, *A cessação do contrato no Regime dos Novos Arrendamentos Urbanos* (*O Direito*, 136º, II-III, (2004], p. 300).

refere, minimamente, que o feitor estivesse obrigado a pagar uma renda. Sem isso, jamais poderia estar em causa uma *locação*.

Mas, se o mais provável era o que não se teve por demonstrado, então *parece* que o contrato teria necessariamente caducado.

Artigo 1052 – Exceções

O contrato de locação não caduca:

***a*) – Se for celebrado pelo usufrutuário e a propriedade se consolidar na sua mão;**

***b*) – Se o usufrutuário alienar o seu direito ou renunciar a ele, pois nestes casos o contrato só caduca pelo termo normal do usufruto;**

***c*) – Se for celebrado pelo cônjuge administrador.**

(As duas primeiras alíneas são as da versão inicial do CC; a al. c) é igualmente a mesma, despojada da sua expressão final "e a coisa locada tiver natureza dotal", pelo Decreto-Lei nº 496/77, de 25 de novembro, que, entre outras importantes alterações, aboliu o regime de bens dotal)

Com relação ao disposto na al. *c)* do artigo anterior, excecionam-se nesta disposição legal à caducidade aí determinada as hipóteses em que, cessando embora o direito ou findem os poderes legais de administração, não funcionará ela.

São aliás, intuitivas estas hipóteses.

Se o *usufrutuário* se tornou *proprietário*, ficou com um direito mais forte do que aquele com base no qual tinha dado em *locação*. Por que haveria então esta de caducar?

Se o *usufrutuário* deixou de o ser, porque outrem passou a ocupar o seu lugar e o *usufruto* persiste com outro sujeito, por que haveria a *locação* de caducar?

Se cessaram os *poderes legais* do cônjuge administrador, com base nos quais deu a *locação*, atenta a frequência e a naturalidade com que nestes casos se dá em *locação* bens *próprios do outro cônjuge* ou *comuns do casal*, esta era a solução que se impunha e que já vinha da Lei nº 2:030[144].

Artigo 1053 – Despejo do prédio

Em qualquer dos casos de caducidade previstos nas alíneas *b*) e seguintes do artigo 1051, a restituição do prédio, tratando-se de arrendamento, só pode ser exigida passados seis meses sobre a verificação do facto que deter-

[144] Sobre o ponto: PIRES DE LIMA/ANTUNES VARELA, *Código Civil Anotado* 4ª ed. rev. e at., Coimbra Editora, 1997, p. 395.

mina a caducidade ou, sendo o arrendamento rural, no fim do ano agrícola em curso no termo do referido prazo.

(Versão da primitiva redação do Código com a subida de três para seis meses, que se operou só com a Lei nº 6/2006)

O preceito, referindo-se especificamente ao *arrendamento*, está, manifestamente deslocado, aqui, na parte dedicada â *locação*.

Como se vê, intenta atribuir um *prazo de conveniência* para a restituição do prédio, após a cessação do contrato.

O prazo de três meses, concedido na versão primitiva do preceito era, certamente o mais adequado, como com razão, refere Menezes Cordeiro.

O seu alongamento para nada menos do dobro, surgiu con a Reforma de 2006.

Excluiu este preceito, dentro da *caducidade*, aquela que se refere, na al. *a)* do art. 1051, a qual, consistindo no *termo do prazo de duração do arrendamento*, está sujeita a eventual *oposição à renovação* do art. 1098-1 dentro de certos prazos, o mais elevado deles de apenas 120 dias, ante os exagerados 180 dias aqui concedidos.

Não vislumbramos por que não se excluíram também, entre os *casos de caducidade* contemplados no art. 1051, a *morte do locatário sem sucessores* (al. *d)*) e a perda da coisa (al. *e)*) – que também não requererão, supomos, um prazo de carência para a restituição do prédio arrendado.

Artigo 1054 – Renovação do contrato

1 – Findo o prazo do arrendamento, o contrato renova-se por períodos sucessivos se nenhuma das partes se tiver oposto à renovação no tempo e pela forma convencionados ou designados na lei.

2 – O prazo da renovação é igual ao do contrato; mas é apenas de um ano, se o prazo do contrato for mais longo.

(Redação da versão primitiva do CC, com substituição do termo denúncia por oposição à renovação)

O que imediatamente impressiona, neste preceito, é, situando-se ele entre as secções respeitantes à *locação*, anteriormente às que, com a secção VII, passaram a ocupar-se particularmente do *arrendamento de prédio urbano* se pretenda consignar aqui uma regra específica do *arrendamento* dispondo, em ambos os seus dois números, o que, depois, na secção especial a este dedicada, é concreta e diferentemente disciplinado, inutilizando-os.

Nem sequer, pensamos nós, poderá esta disposição restringir-se estritamente ao caso particular de um *arrendamento* estipulado *sem renovações*, que necessariamente caducaria no termo da sua *duração*, porque a verdade é que o próprio artigo expressamente se refere, nem mais nem menos, do que ao *arrendamento* que se renova por períodos sucessivos, se não houver *oposição à renovação.*

Quererá isto dizer que não haverá *arrendamentos* destituídos de *renovação?*

Compulsando, na secção especificamente dedicada ao *arrendamento,* verificamos que não há aí disposição particular, sobre esta matéria, mas podemos verificar, em especial quanto ao *arrendamento habitacional,* que, segundo o preceituado no art. 1094, ele pode estipular-se com *prazo certo* ou por *duração indeterminada.*

A última espécie, como prontamente se intuirá, em face da sua natureza e se confirma compulsando o art. 1099, não é passível de *renovações,* mas é-o o de *prazo certo,* a respeito do qual o art. 1096-1 declara, para o *arrendamento habitacional,* que, "*salvo estipulação em contrário, o contrato celebrado com prazo certo renova-se automaticamente no seu termo e por períodos sucessivos de igual duração ou de três anos se esta for inferior*".

Por seu turno, o art. 1110-1, para os *arrendamentos não habitacionais,* manda aplicar-lhes essa mesma regra, com as particularidades que nele e no art. 1110-A se especificam.

Fica assim fixado que, por um lado, nem todo o *arrendamento,* mas apenas o de *prazo certo* se renova por períodos sucessivos e que o *prazo da renovação* do *arrendamento habitacional* não é o de *um ano,* mas de *três,* para a *primeira renovação* (art. 1097-3).

Quanto, por seu turno, aos *não habitacionais,* a *primeira renovação* é, necessariamente, de *cinco anos.*

Não existem, portanto, arrendamentos, como aqui se declara, cujo *prazo de renovação* seja de *um ano,* quando a sua duração seja mais longa.

Há uma efetiva contradição entre o que se declara neste preceito e o que se determina na secção especialmente dedicada ao *arrendamento.*

Deve prontamente denunciar-se, no entanto, que este incontornável desconcerto não vem da primitiva versão do CC, mas das alterações que posteriormente lhe têm sido introduzidas pelas sucessivas Reformas arrendatícias, as quais, dispondo especialmente de forma diferente sobre a *renovação* do arrendamento, não cuidaram de fazer a coordenação deste artigo com as novas disposições.

Assim, realmente, tem continuado a ocorrer com todas as sucessivas Reformas de 2006, 2012, 2014, 2017, 2018 e 2019.

No tocante, contudo, à questão que principiamos por equacionar relativamente à existência, ou não, de *arrendamentos sem renovações,* registemos, desde já, dever distinguir o *arrendamento de duração indeterminada* do *arrendamento de prazo certo.*

O primeiro, por natureza, não está sujeita a *renovações*: protela-se, por natureza, indefinidamente no tempo.

Quanto ao de *prazo certo,* o princípio que o governa é o de, nada dispondo as partes sobre isso, a sua *duração* não determinará, sem mais, a *caducidade,* porque espontaneamente se renovará, no seu termo, se nenhuma das partes a isso se não opuser.

Mas, como se estabelece no art. 1096-1, isto só acontece "*salvo estipulação em contrário*".

As partes podem, portanto, estabelecer – e, para isso, têm de o fazer expressamente – que, no termo da sua duração, o contrato não se renovará.

A regra é válida para o *arrendamento habitacional* e para os *não habitacionais* (art. 1110-3).

Outro tanto não acontece, porém, relativamente aos arrendamentos impropriamente denominados de *habitação não permanente* ou para *outros fins especiais transitórios*, os quais não se renovam espontaneamente, embora possa estipular-se a *renovação* (arts. 1096-2 e 1110-3).

Quanto por outro lado, ao presente art. 1054, encontrando-se ele na secção dedicada à *locação* e pretendendo dispor sobre a *renovação*, deveria antes conter uma disposição para o *aluguer*, por um lado, e outra para o *arrendamento*.

Deveria antes ser mais corretamente concebido sensivelmente assim:

"Findo o prazo da locação e salvo estipulação em contrário, o aluguer não se renova, mas o arrendamento de prazo certo sujeita-se a renovações espontâneas nos termos designados na lei." [145]

Só por inconsideração assim se não tem declarado nas sucessivas Reformas arrendatícias.

Artigo 1055 – Oposição à renovação

1 – A oposição à renovação tem de ser comunicada ao outro contraente com a antecedência mínima seguinte:

***a*) – 120 dias, se o prazo de duração inicial do contrato ou da sua renovação for igual ou superior a seis anos;**

***b*) – 60 dias, se o prazo de duração inicial do contrato ou da sua renovação for igual ou superior a um ano e inferior a seis anos;**

***c*) – 30 dias, se o prazo de duração inicial do contrato ou da sua renovação for igual ou superior a três meses e inferior a um ano;**

***d*) – Um terço do prazo de duração inicial do contrato ou da sua renovação, tratando-se de prazo inferior a três meses.**

2 – A antecedência a que se refere o número anterior reporta-se ao termo do prazo de duração inicial do contrato ou da sua renovação.

(Redação da Reforma de 2012, baseada na de 2006, com redução dos prazos)

Reincide-se aqui, numa secção dedicada à *locação*, em regular os prazos de *oposição à renovação* do *arrendamento* que, depois, nos arts. 1097 e 1098 se voltam a disciplinar de forma diferente.

[145] Importa, no entanto, mencionar que não falta, em qualificada doutrina, quem admita uma validade restrita do presente artigo: "opera no arrendamento comum, quando o mesmo caduque pelo decurso do prazo". António Menezes Cordeiro, *Leis do Arrendamento Urbano Anotadas* (coord. de António Menezes Cordeiro), Almedina, 2014, p. 115, an. 13.

O presente artigo, tal como está concebido, é, pois, como o anterior, deslocado e sem sentido[146], pois, sendo aqueles preceitos inseridos na específica regulação do *arrendamento*, serão *especialíssimos*, enquanto este poderá dizer-se apenas, e quando muito, *especial*.

É puro psitacismo, que as diferentes Reformas têm conservado por mera inadvertência e descuido, com o curioso requinte de lhe terem alterado a nomenclatura, sem darem pela sua inutilidade, nos termos em que se encontra redigido.

Artigo 1056 – Outra causa de renovação

Se, não obstante a caducidade do arrendamento, o locatário se mantiver no gozo da coisa pelo lapso de um ano, sem oposição do locador, o contrato considera-se igualmente renovado nas condições do artigo 1054.

(Versão da primitiva redação do Código)

Mais um preceito, a acrescer aos dois anteriores, a disciplinar, *para o arrendamento*, no seio de secções dedicadas à *locação*.

Este art. 1056 CC considera, com efeito, "renovado" o *contrato*, "nas condições do art. 1054" se, não obstante a "caducidade do arrendamento", o "*locatário*" se mantiver no gozo da coisa pelo lapso de *um ano*, sem oposição "do locador".

A *caducidade do arrendamento*, em si, à míngua de preceito próprio, resulta de algum dos vários factos descritos nas diversas alíneas do art. 1051, *para a locação*.

Tem assim de se selecionar, entre elas, as que, pela sua natureza, se ajustem concretamente ao *arrendamento* e, ao mesmo tempo, tornem apesar disso possível a subsistência da ocupação do prédio pelo *arrendatário*.

São, naturalmente, apenas as das als. *b)* (verificação da condição resolutiva ou certeza da não verificação da condição suspensiva), *c)* (cessação do direito ou do fim com que foi celebrado o contrato) e *g)* (cessação dos serviços que determinaram o contrato).

Se, pois, mantendo-se o gozo do *arrendatário*, sem oposição do *senhorio*, o contrato se considera "renovado", não serão, decerto, se bem nos parece, os selecionados eventos que produzirão, por si, a *extinção do contrato*, mas a *oposição do locador* – a qual, de resto, se não vier a verificar-se, fará com que o mesmo contrato se "renove", *naquelas condições*, isto é, se *prorrogue* automaticamente no seu termo de *duração*, como resulta do regime do art. 1054, mandado aplicar no presente preceito.

Objetar-se-á, contra esta conclusão, que a necessidade de *oposição do senhorio*, para o contrato não se "renovar", pode não retirar natureza caducante ao evento, como tal pre-

[146] Como, com plena razão, refere MENEZES CORDEIRO: "o relevo prático do 1056 [queria decerto referir o 1055, que estava a analisar] é, hoje, muito limitado, quiçá nulo" – ANTÓNIO MENEZES CORDEIRO, *Leis do Arrendamento Urbano Anotadas* (coord. de ANTÓNIO MENEZES CORDEIRO), Almedina, 2014, p. 118, an. 12.

visto no art. 1051 CC: o contrato caducaria efetivamente, *ipso iure*, mas o gozo do prédio sem oposição, pelo prazo de *um ano*, viria a constituir uma *situação de facto* a que legalmente se associaria a consequência de produzir, retroativamente, a *renovação* do contrato – aqui, verdadeira *renovação* e não *prorrogação*. Assim como a lei confere a certo facto efeito extintivo, assim também poderá conferir a outro facto poder de *renovação retroativa*[147].

A semelhante objeção, supomos no entanto dever contrapor-se que não passará, no fundo, de uma construção meramente hipotética, e até inadequada à *facti species* legal.

Na verdade, ela não explica nem justifica o fenómeno em presença: limita-se a afirmar que é possível à lei atribuir efeitos caducantes a um facto, e renovadores a outro.

Ora não pode deixar de se afigurar artificioso admitir semelhante sequência – pois, se a lei, de antemão, quer excluir que, em certas circunstâncias, ocorra determinado efeito extintivo de um contrato, normalmente não o deverá deixar produzir, para logo a seguir ressuscitar o contrato: *adiará, simplesmente, a extinção, até que essas circunstâncias se não verifiquem.*

Além disso, parece de ponderar que, se essa foi, apesar de tudo, a construção teórica que incontestavelmente inspirou o *Projeto* Galvão Telles, sempre se poderá opor-lhe agora que, por um lado, o art. 57 do *Projeto* onde tal construção era concretamente reproduzida foi profundamente alterado no art. 1056 CC, em que veio a precipitar-se, de modo que, não só não se reproduziu a afirmação do *Projeto* segundo a qual "o contrato considerar-se-á de novo em vigor, como se não tivesse findado", como ainda veio a afirmar-se (o que não sucedia no texto proposto) que a "renovação" se fará "nas condições do art. 1054", ou seja, na nossa perspetiva, *operando precisamente como prorrogação.*

Por último, não deixaremos de salientar que a conceção de um facto restaurador nos não parece realista, porque, no período que mediasse da *caducidade* até à *restitutio in pristinum*, viveriam as partes uma época de *situação de facto*, não coberta pelo Direito – o que temos por indesejável e inconveniente.

Tudo isto levará antes a admitir, por conseguinte, que, nos *casos de caducidade da locação* em que, para o *arrendamento*, ocorra a *facti species* do art. 1051 CC, não se verificarão, pelo presente preceito, eventos caducantes; não estaremos em presença de hipóteses de verdadeira e própria *caducidade*, mas de autênticas *justas causas* de cessação do contrato mediante declaração unilateral de vontade de uma das partes perante a outra.

E, não havendo ela, o contrato não cessa, mas prolonga a sua *duração*, pois continua o mesmo; portanto, verdadeiramente, *prorroga-se.*

Nos termos do art. 1054, como se refere na parte final da presente disposição?

[147] É a construção de I. Galvão Telles, na exposição de motivos que acompanhou o seu *Projeto* para esta parte do Código Civil (*Contratos Civis – BMJ*, nº 83, pp. 152-153) e que Cunha de Sá retomou e desenvolveu, já no domínio de vigência deste (*Caducidade do Contrato de Arrendamento*, I, Centro de Estudos Fiscais da Direcção-Geral das Contribuições e Impostos, 1968, p. 72) e II, pp. 61-73)

No nº 2 desse preceito, declara-se que *"o prazo da renovação é igual ao do contrato; mas é apenas de um ano, se o prazo do contrato for mais longo"* e seria a ilação a tirar da parte final deste art. 1056 que, para ele, expressamente remete.

Ao declarar-se, pois, neste art. 1056, que o contrato se renova "nas condições do artigo 1054", ele não durará apenas mais um período renovatório, mas entra em sucessivas renovações que, segundo o nº 2 do art. 1054 serão iguais à duração por que o *arrendamento* foi contratado, ou de apenas *um ano*, se o período de *duração* era superior.

No art. 1096-1, porém, na secção especificamente dedicada ao *arrendamento*, contrariamente ao que resultaria desta remissão, proclama-se que o contrato com *prazo fixo* se "renova" por *"períodos sucessivos de igual duração ou de três anos, se esta for inferior"*, salvo estipulação em contrário.

Qual das duas disposições deverá então prevalecer?

O contrato prorroga-se apenas por *um ano*, se a sua *duração* for superior? Ou prorroga-se por períodos sucessivos de *duração igual* à contratada, ou *de três anos*, se a sua *duração* for inferior?

De acordo com o que já referimos, em comentário ao art. 1054, encontrando-se o art. 1096 inserido na secção dedicada especificamente ao *arrendamento*, sendo por isso *especialíssimo*, deverá afastar o art. 1054, que, em bom rigor se tem por não escrito, assim como por não escrita se deverá ter esta remissão, que há muito deveria ter sido corrigida, desde a Reforma de 2006[148].

SECÇÃO V – Transmissão da posição contratual

Artigo 1057 – Transmissão da posição de locador

O adquirente do direito com base no qual foi celebrado o contrato sucede nos direitos e obrigações do locador, sem prejuízo das regras do registo.

(Redação da versão primitiva do Código)

Consagra, como se vê, o princípio que se exprime pela regra latina *emptio non tollit locatum.*

Em Roma, uma Constituição do Imperador Alexandre Aurélio Fusco, de que nos dá conta o *Código justinianeu*, estabelecia: *"emptori quidem fundi necesse non est colonum, cum prius locavit, nisi ea lege emit"* (Cod., III, 65, 9)[149].

[148] Contra: António Menezes Cordeiro, *Leis do Arrendamento Urbano Anotadas* (Coord. de António Menezes Cordeiro), Almedina, 2014, p.122, an. 19.

[149] Segundo a edição de Paulus Krueger, *Corpus Iuris Civilis*, Berlim, 1902, 2º volume.

Também no *Digesto*, análoga disposição logrou ser formulada: "*qui fundum fruendum vel habitationem alicui locavit, si aliqua ex causa fundum vel aedes vendat, curare debet, ut apud emptore quoque eadem pactionem et colono frui et inquilino habitare liceat: alioquin prohibitus is aget cum ea ex conducto*" (D., 19, 2, 25, 1)[150].

O comprador não era obrigado a conservar o *locatário*.

Daí, que se aconselhasse o vendedor a curar de saber do adquirente do fundo rústico ou habitação locados, se ele permitiria a manutenção do *locatário* – e compreende-se porquê.

É que, pondo-se termo à *locação*, o *locatário* teria direito a pedir ao *locador* uma indemnização, em virtude da inutilização por essa forma abatida sobre o seu contrato[151].

Estes princípios foram mais tarde sintetizados numa máxima de expressão latina, mas de formulação já não romana, que é célebre: *emptio tollit locatum – a compra suprime o contrato de locação.*

Ela não é inteiramente correta. Não é apenas a *compra* que produz a consequência em apreço, mas qualquer forma de aquisição, em geral. Não se trata, além disso, propriamente de uma total preterição do contrato anterior, visto que a *locação* ainda produz alguns efeitos e o *locatário* deverá ser indemnizado – mas, em todo o caso, tem a virtude de representar uma síntese muito breve e expressiva do alcance fundamental da *locação*, no âmbito do Direito romano, revelando-a como um *direito entre pessoa e pessoa*, isto é, de índole pessoal.

Semelhante característica vai manter-se no Direito medieval dos Estados de tradição romanista, até que, em 1804, o *Código Napoleónico*, influenciado pelos costumes e estatutos locais da França setentrional, a veio preterir radicalmente, em favor do estabelecimento da regra inversa (*emptio non tollit locatum*), que resume o sentido do preceituado no seu art. 1743.

De acordo com esta disposição, "*si le bailleur vend la chose louée, l'aquéreur ne peut expulser le fermier ou le locataire qui a un bail authentique, ou dont la date est certaine, à moins qu'il ne soit pas réservé ce droit par le contrat de bail*"[152] – e a opção veio a ser seguida, mais ou menos

[150] Segundo a edição de Paulus Krueger e Theodorus Momsen da obra citada na nota anterior, Berlim, 1911, 1º volume.

[151] É a conclusão mais aceitável. *Sic*: Emílio Costa, *La locazione di cose nel diritto romano*, 1915, p. 68 e António Masi, *Locazione (storia) – Encicl. del diritto*, Giuffrè, Milano, 1974, XXIV, p. 913, embora Girard (*Manuel élémentaire de droit romain*, 1911, p. 574) sustente, antes, que a pretensão de indemnização seria dirigida contra o próprio adquirente.
No sentido de que, no Direito romano, a regra era, pelo contrário, a da sobrevivência da *locação*, no caso da venda da coisa, sendo ainda frequente a praxe contratual de o comprador assumir a obrigação de respeitar a locação contratada pelo precedente *dominus*, v. Tabet, *La locazione-conduzione*, Giuffrè, Milano, 1972, p. 650.

[152] A formulação atual do preceito não é exatamente esta, mas a seguinte: « *Si le bailleur vend la chose louée, l'acquéreur ne peut expulser le fermier, le colon partiaire ou le locataire qui a un bail authentique ou dont la date est certaine.*
Il peut, toutefois, expulser le locataire de biens non ruraux s'il est réservé ce droit par le contrat de bail».

de perto, por vários outros Códigos, como o italiano, de 1865 e o atual (art. 1602); o português, de 1867[153], e o atual; o austríaco – além de outros.

Análoga regra, que já terá exercido a sua influência na inovação do Código Napoleónico, e enunciada de forma igualmente aforística, *Kauf bricht nicht Miete* (*a compra não rompe o arrendamento*), se sancionava ainda no *Landrecht* prussiano, como consequência da natureza real atribuída ao direito de arrendatário, vindo a consagrar-se mais tarde no Código alemão, de 1900 (§ 571)[154] – desta feita, também sob alguma influência francesa[155].

Ora quando o Código Napoleónico iniciou esta corrente, logo abriu caminho a uma questão prontamente suscitada por um grande jurista da época: TROPLONG. "Se *emptio non tollit locatum*; se, no caso de venda da coisa locada, o adquirente não poderá expulsar o *locatário*, isso quererá então dizer que neste se configura um direito imediato sobre a coisa, capaz de segui-la por toda a parte, um verdadeiro *direito real*, e não apenas um *direito de crédito* sobre o *locador*, acerca da coisa".

Com efeito, na expressão de TROPLONG, após o Código de Napoleão, "fica portanto como um dado adquirido que a locação parcela o direito do proprietário e constitui em proveito do locatário um vínculo (*charge*) de tal modo inerente à coisa que ele não a poderá transmitir sem o vínculo.

Ora o que é um direito que da pessoa ressalta para a coisa, por uma afetação direta e incessante, que segue esta coisa de mão em mão, que sobrevive às alienações e mudanças de proprietários? É um direito desconhecido na jurisprudência? Não! Os jurisconsultos de todos os tempos chamam-lhe direito real"[156].

Efetivamente, o debate acerca da natureza jurídica do *direito de locatário* centra-se, fundamentalmente, em determinar se ele constitui um *direito real*, ou se é apenas um *direito*

[153] O princípio tradicional do nosso Direito era exatamente o oposto, herdado do Direito romano, como se ilustra no passo do liv. IV, tít. 9, das Ordenações Filipinas que, em boa parte, é uma tradução do excerto do Digesto, há pouco citado: "Se algum homem vender uma casa ou uma herdade, ou qualquer outra cousa de raiz, a qual ao tempo da venda tinha já arrendada ou alugada a outrem... não é o comprador obrigado a manter o contrato de aluguer ou arrendamento ao dito rendeiro ou alugador, mas podê-lo-á demandar e constranger que lhe deixe a dita cousa, sem embargo do aluguer ou arrendamento, que lhe foi feito".

[154] ENNECCERUS/LEHMANN, *Derecho de obligaciones*, trad. esp., BOSCH, Barcelona, 1950, II-2º, p. 187.

[155] EMMERICH/SONNENSCHEIN, *Miete*, Walter de Gruyter, Berlin-New York, 1991, § 571, Abs. 1.

[156] TROPLONG, *Le droit civil expliqué suivant l'ordre des articles du code – De l'échange et du louage*, 1859 (3ª ed.), II, pp. 29-30. Deve dizer-se que, em verdade, não terá sido rigorosamente TROPLONG o iniciador do tema – pois, anteriormente ao *Côde Civil*, já a tese realista tinha sido sustentada em França, a propósito da locação por toda a vida, por MERLIN, *Répertoire de jurisprudence* (vocábulo *Usufruit*, § 1, nº 3) e por POTHIER, *Traité du louage*, nº 27.
Independentemente disso, resta saber que influência terá tido nestes autores a conceção germânica do direito real de arrendatário, que imperava no *Landrecht* prussiano.

de crédito, um direito entre pessoa e pessoa, como seria concebido no Direito romano. Sendo esta a controvérsia fundamental, surgem no entanto construções que preferem aderir a uma conceção *dualista* ou *eclética*.

O interesse do problema, para além da finalidade de rigor dogmático, estaria em que as omissões do direito positivo seriam, em princípio, tratadas de acordo com o regime próprio da natureza jurídica atribuída ao *direito de locatário*: como um *direito real* ou, pelo contrário, como um *direito de crédito* – senão mesmo, segundo as *teses dualistas*, ora naquela qualidade ora nesta.

Tem, no entanto, de reconhecer-se que, apesar da entusiástica vivacidade posta por Troplong na defesa da sua tese, esta não logrou impor-se, contando com muito poucos seguidores no mundo inteiro.

De facto, é sem dúvida em Portugal que a *tese da realidade* (*realista*, *realística*, ou como se lhe queira chamar) do *direito de locatário* vem a ganhar mais peso relativo, praticamente só no campo da doutrina[157].

[157] Entre os paladinos da *tese realista* podem citar-se, entre nós: Paulo Cunha, *Direitos Reais* (ed. pol. de lições fixadas pelos alunos Maria Fernanda Santos e João de Castro Mendes), 1950, pp. 227 ss; Luís Pinto Coelho, *Direitos Reais* (ed. pol.), 1954, p. 127; Dias Marques, *Direitos Reais*, 1960, pp. 25 e 127 ss; Oliveira Ascensão, *Direitos Reais*, 1971, pp. 519 ss, *Locação de bens dados de garantia* (*ROA*, 45º [1985], II, pp. 346-390) e *Direito Civil–Reais*, 1993, pp.534 ss; Menezes Cordeiro, *Direitos Reais*, 1979, II, pp. 938 ss e *Da natureza do direito do locatário* (*ROA*, 40º [1980], n°s 1 e 2 – que constitui a defesa mais desenvolvida e aprofundada da tese realista. Na *Leis do Arrendamento Urbano Anotadas*, Almedina, 2014, p. 124, na. 17, refere que não foi possível, por motivos histórico-culturais, "dar o passo em direção a essa natureza real".
Com alguma reserva e hesitação, revelou-se também partidário desta tese Mota Pinto, *Direitos Reais* (ed. pol. de lições fixadas por Álvaro Moreira e Carlos Fraga), 1972, pp. 147-166.
Sustentam a conceção personalista: Inocêncio Galvão Telles, *Arrendamento* (lições publicadas pelos alunos Bento Garcia Domingues e Manuel A. Ribeiro), 1944-45, pp. 58 e 305-307 e *Contratos Civis* (*BMJ* nº 83, pp.144-146); Pinto Loureiro, *Tratado da Locação*, 1946, I, pp. 146-174; Gomes da Silva, anteriormente adepto da tese realista, *Curso de Direitos Reais* (ed. pol. de lições fixadas pelo aluno António Pedro da Ponte); Fernando Pires de Lima (*Rev.Leg. Jurs*, 89º, p. 280) e *Código Civil Anotado*, 1981, 2º, p. 331; Manuel Henrique Mesquita, *Direitos Reais* (ed. pol.), 1967, p. 54; Adriano Vaz Serra (*Rev.Leg.Jurs.* 100º, p. 203); João de Matos, *Manual do Arrendamento e do Aluguer*, 1968, I, pp. 28 ss; Cunha e Sá, *Caducidade do Contrato de Arrendamento*, 1968, I, pp. 30-31; Jacinto Rodrigues Bastos, *Dos Contratos em Especial*, 1974, II, pp. 9-13; Pereira Coelho, *Arrendamento* (ed. pol.), 1980-81, pp. 18-22; 1984, pp. 16-20; 1988, pp. 16-20; Manuel Januário Gomes, *Constituição da Relação de Arrendamento Urbano*, 1980, p. 123; Pires de Lima/Antunes Varela, *Código Civil Anotado*, 1981, II, p. 331,1986, II (3ª ed. rev. e act.), p. 364, e 1997, II (4ª ed. rev. e act.), p. 340; António dos Santos Lessa, *Usufruto e Arrendamento*, 1984, p. 52.
A tese dualista ou mista, abraçada anteriormente, entre nós, por Cunha Gonçalves, *Tratado de Direito Civil*, 1935, IX, p. 61 e José de Albuquerque de Almeida Ribeiro, *Natureza jurídica do direito do arrendatário* (*ROA*, 8º [1948], n.ºs 1 e 2, pp. 165-200), é hoje em dia aproveitada, mais ou menos marcadamente por certos autores que professam a proeminência legal da vertente obri-

Não se repete o fenómeno no seio da jurisprudência nacional que, pelo contrário, tem consagrado, sem discrepâncias, a conceção personalista do *direito de locatário*[158].

É a solução que nos parece francamente preferível.

Com efeito, os argumentos mais importantes que têm sido alinhados em favor da *tese realística* podem resumir-se aos seguintes:

1º – A consagração legal do princípio *emptio non tollit locatum*, nas diferentes legislações surgidas após o Código Napoleónico e, em particular, no art. 1057 do nosso Código Civil, confere ao *direito de locatário* a *sequela* e a oponibilidade *erga omnes* de um *direito absoluto*;

2º – O gozo do *locatário* exerce-se imediatamente sobre a coisa, sem necessidade de cooperação ativa e permanente do *locador*;

3º – O *locatário* dispõe inclusivamente, nos termos do art. 1037-2 CC, de *legitimidade* para, autonomamente, defender contra terceiros o seu gozo da coisa através de *tutela possessória* – o que significa, ainda, que ele se encontra numa situação de *soberania* em tudo semelhante à que decorre da titularidade de um *direito real de gozo*;

4º – Embora como simples reflexão e sem pretender assumir uma posição definitiva sobre o problema, ponderou MOTA PINTO que, não se vendo motivo para a *usucapião* não poder aproveitar ao *arrendatário*, tal como aproveitava ao *enfiteuta* ou aproveita ao *usufrutuário*, daí resultaria para o *arrendatário* um *índice* de realidade ao admitir-se, como supunha que devia admitir-se, a constituição da qualidade de arrendatário, por *usucapião*, em contratos *nulos*, por *falta de forma*, e que, não obstante isso, perdurassem em execução pelo período necessário à formação dela[159].

Deste modo, se bem nos parece, semelhante conceção parece, antes de mais, inconveniente porque, ao arrepio da moderna tendência legislativa, hiperboliza ou potencia-

gacional do *direito de locatário*. É nitidamente o caso de MANUEL HENRIQUE MESQUITA, em *Obrigações Reais e Ónus Reais*, Almedina – Colecção Teses, 1990, pp. 175-186 e, se bem nos parece, também de PEREIRA COELHO (v. *Arrendamento*, 1984, p. 20; 1988, pp. 21-22).

[158] Efetivamente, os dois únicos acórdãos do Supremo, creditados por MENEZES CORDEIRO (*Da Natureza do Direito do Locatário – ROA*, 40º, nº 1, pp. 106-107) à *teoria da realidade*, foram tirados no domínio do Código de SEABRA, à luz do disposto na al. e) do § 2º do seu art. 949, que expressamente declarava considerar-se ónus real "o arrendamento por mais de um ano, havendo adiantamento de renda, ou por mais de quatro, não o havendo", e ambos se limitaram a proclamar que, à face de semelhante disposição, só poderia ter-se como *ónus real* o arrendamento nas condições aí referidas.

O Código vigente não reproduz tal preceito e, no seu domínio de aplicação, o Supremo tem julgado, invariavelmente e sempre por unanimidade, que não tem o direito de locatário natureza *real*, mas *pessoal* ou de *crédito*: Supremo, 14-6-1957 (*BMJ*, nº 68, p. 584); Supremo, 22-7-1960 (*BMJ* nº 99, p. 804 e *Rev.Leg.Jurs.* 94º, p. 124); Supremo, 22-11-1966 (*BMJ* nº 161, p. 393 e *Rev.Leg.Jurs.* 100º, p. 197); Supremo, 19-2-1974 (*BMJ* nº 234, p. 237); Supremo, 3-5-1984 (*BMJ* nº 337, p. 322).

[159] *Direitos Reais* (ed. pol. de lições fixadas por ÁLVARO MOREIRA e CARLOS FRAGA), 1972, pp. 157-176.

liza o *direito de locatário*, dando força à tendência que se nota em determinados sectores mais estatizantes para *feudalizá-lo*, convertendo-o numa espécie de *enfiteuse* dos tempos modernos, ou aproximando-o estreitamente do *usufruto*, e sobrepondo-o, em certos aspetos, a outra figura típica que se prevê e regula no nosso Código Civil– o *direito real de uso e habitação* (arts. 1484-1490 CC).

No plano do Direito positivo, o *elemento histórico* da interpretação jurídica depõe, como dissemos – e sem deixar réstia de dúvida – contra a conceção do *direito de locatário* como um *direito real*.

Efetivamente, o autor do projeto correspondente à disciplina da locação, no nosso Código Civil, teve o cuidado de afirmar, fundamentando a opção legal proposta, que a delimitação rigorosa do *contrato de locação* regulado nos arts. 1022 e ss CC, por uma parte, e do *direito de uso e habitação* disciplinado nos arts. 1484-1490 CC, por outra parte, "um de conteúdo pessoal e o outro de conteúdo real, representou um progresso que se não deve desprezar... A subsistência do direito locativo como direito pessoal torna mais maleável o sistema, porque põe à disposição dos interessados maior variedade de instrumentos jurídicos e tanto permite o desfrute de bens doutrem sob real forma como sob forma creditória"[160].

Assim, tendo esta conclusão sido inequivocamente expressa, denunciando um propósito legislativo concreto, em *trabalho escrito*, preparatório da publicação do Código, onde foi acolhido, distribuindo a disciplina legal por distintas normas propositadamente incluídas em *livros* diferentes, a *locação* no livro dedicado ao *direito das obrigações* (Livro II – arts. 397-1250), e o *direito de uso e habitação* no reservado aos *direitos das coisas* (Livro III – arts. 1251-1575) – a tentativa de integração do *direito de locatário* na natureza *real* não poderá deixar de evidenciar uma clara violação do *pensamento legislativo*, cujo respeito é imposto por lei (art. 9º CC).

O Código levou o seu cuidado ao extremo de exprimir enfaticamente este pensamento legislativo, introduzindo um *elemento literal* na própria definição de *locação* do seu art. 1022, onde a declara como um contrato pelo qual uma das partes "se *obriga a proporcionar* à outra o gozo temporário de uma coisa", deste modo salientando o carácter *obrigacional* do instituto.

Foi até mais longe, sendo o único, na Europa, a estabelecer expressamente a *tipicidade dos direitos reais*, determinando, no seu art. 1306-1, que "não é permitida a constituição, com carácter real, de restrições ao direito de propriedade ou de figuras parcelares deste direito senão nos casos previstos na lei".

Não existe, para o caso da *locação*, em observância deste preceito, que é uma garantia fundamental do *direito de propriedade*, nenhuma disposição a declarar o carácter *real* do gozo do *direito de locatário* – e aquilo a que chamamos *vínculos* (que esclareceremos opor-

[160] Inocêncio Galvão Telles, *Contratos Civis* (*BMJ* nº 83, p. 144).

tunamente) não passa de meras restrições *conjunturais* e *transitórias* à *autonomia privada*, em defesa de certos *arrendatários*.

Os aspetos referidos constituem, portanto, seguras afirmações da *pessoalidade* do *direito de locatário* que, além disso, nos parecem reforçadas pelo facto de a nossa lei estabelecer ainda, expressa e concretamente, a obrigação de o *locador* assegurar ao *locatário* o gozo da coisa (al. b) do art. 1031 CC) e de se abster da prática de atos diminutivos ou impeditivos desse gozo (art. 1037-1 CC), bem como de proceder às reparações e despesas que para ele se tornem necessárias – o que não faria sentido se se estivesse em presença de um *direito real*.

Quanto aos argumentos aduzidos pelos defensores da *tese realística*, há pouco sintetizados, há importantes objeções a opor-lhes, com a melhor doutrina.

a) – É certo que a nossa lei consagra o princípio *emptio non tollit locatum*, no presente art. 1057 CC, e que não pode explicar-se a sobrevivência da *locação* à transferência da coisa a terceiro apelando para a ideia de *cessão da posição contratual*, pois para esta existir validamente, teria de ser autorizada pelo *locatário* (art. 424 CC) – mas aquele preceito, ao referir que "sucede" o adquirente da coisa nos direitos e obrigações do *locador*, sem prejuízo das regras do registo, faz assentar a subsistência da *locação*, antes, numa transmissão da posição contratual por *transmissão* ou *sucessão ex lege*[161], também dita *sub-rogação legal* no contrato[162] – uma figura jurídica que tem sido geralmente admitida na doutrina – e, aceita a verificação desta, *ipso facto* ficam arredadas a *sequela*, o carácter *absoluto* do *direito de locatário* e a sua oponibilidade *erga omnes*, pois ele não seguirá, nesta construção, a coisa *ubicumque sit* nem beneficiará de uma obrigação universal de respeito, porque apenas se oporá ao *locador* e, singularmente, a quem eventualmente venha a suceder na posição contratual deste.

b) – Os realistas têm razão quando afirmam o carácter *direto* do gozo do *locatário*, pois é verdade que, a um direito em sentido próprio, corresponderá, no seu titular, uma situação de satisfação *direta* dos interesses respetivos – mas isto não implica, necessariamente, que se esteja em presença de um *direito real*, porque nos *direitos de gozo*, não obstante a utilização *direta* da coisa pelo respetivo titular, subsistirá sempre uma destrinça essencial entre *direito de gozo de natureza real*, potencialmente *ilimitado*, e *direito de gozo de natureza pessoal*, intrínseca e individualmente *limitado* ao fim expresso ou implícito no contrato.

O *usufrutuário*, salvo eventuais limitações do título constitutivo, goza "plenamente" a coisa, enquanto o *locatário* usa-a unicamente para o fim que no contrato se lhe destinou, sendo fundamento de *resolução contratual* a sua utilização para *fim diverso* (cf. o que se dispunha na al. *b)* do art. 64-1 RAU e, hoje em dia, o preceituado no novo art. 1083-1 CC, referido à al. *c)* do art. 1038 CC).

161 Inocêncio Galvão Telles, *Contratos Civis* (*BMJ* nº 83, p. 145).

162 Carlos Alberto Mota Pinto, *Cessão da Posição Contratual*, Almedina, Coimbra, 1982 (reimpressão), p. 86.

No primeiro caso, temos um *gozo de natureza real*, um *direito real de usufruto*; no segundo, um *gozo de natureza pessoal*, embora também direto, um *direito pessoal de locatário*[163].

c) – No tocante à *tutela possessória*, de que dispõe o *locatário*, é certo que ele pode utilizar, nas palavras da lei, os "meios facultados ao possuidor nos artigos 1276 e seguintes" (art. 1037-2 CC) – mas é seguro que se trata aqui de uma *equiparação*, de uma *atribuição analógica*, que se evidencia muito claramente, aliás, na disciplina constante do nosso Código Civil, que dá relevância jurídica não apenas aos *possuidores* mas ainda aos *simples detentores* ou *possuidores precários*, entre os quais se incluem *"os representantes ou mandatários do possuidor e, de um modo geral, todos os que possuem em nome alheio"* (al. *c)* do art. 1253 CC) e, portanto, também decerto aos *locatários*[164].

A mesma atribuição de tutela possessória ocorre, aliás, com o *comodatário* (art. 1133-2 CC) e com o *depositário* (art. 1188-2 CC) que, segundo geralmente se tem entendido, são titulares de um *direito pessoal* e não de um *direito real*[165].

d) – Com a Reforma de 1977 do Código Civil, a natureza *pessoal* do *arrendamento* foi de novo expressamente afirmada pelo legislador, ao proclamar-se, na al. *a)* do nº 1 do art. 1682-A, que carece do consentimento de ambos os cônjuges, salvo se entre eles vigorar o regime de *separação de bens*, *"a alienação, oneração, arrendamento ou constituição de outros direitos pessoais de gozo sobre imóveis próprios ou comuns"* – pensamento que, de resto, foi poderosamente reforçado depois, ao instituir-se, com o Decreto-Lei nº 130/89, de 18 de Abril, a par do *direito real de habitação periódica*, o *direito obrigacional de habitação turística*.

e) – Por último, quanto à ideia de fazer funcionar a *usucapião*, para se fazer sobreviver a posição de *locatário* ao próprio contrato que a teria constituído com *vício de forma*, o aprofundamento do tema, longe de fundamentar o recurso àquele instituto, antes reforçará a tese da *pessoalidade*.

[163] *Sic*: Giuseppe Mirabelli, *La locazione*, UTET, 1972, pp. 47-48. Ver ainda no mesmo sentido Domenico Barbero, *Istituzini di diritto privato italiano*, UTET, 1965, I, p. 40

[164] Pires de Lima/Antunes Varela, *Código Civil Anotado*, 3º, Coimbra Editora, 1987, reimpressão da 2ª ed. com a colaboração de Henrique Mesquita, pp. 10 e 11; Antunes Varela, *Rev.Leg. Jurs.* 117º, p. 338.

[165] Por último, considerando "pacífico, mas não unânime" o entendimento como *pessoal* do *direito de comodatário*, v. Manuel Henrique Mesquita, *Obrigações Reais e Ónus Reais*, Almedina – Colecção Teses, 1990, p. 137, n. 16. Entre nós, com efeito, Menezes Cordeiro (*Direitos Reais*, 1979, II, pp 1000-1003) sustenta a natureza *real* do *direito de comodatário*, não, todavia, a do *direito de depositário* (*ob. cit.*, pp. 1005-1007).

De salientar, a este respeito, que Oliveira Ascensão – outro categorizado defensor da tese realista do *direito de locatário* – embora inclua no seu *Direito Civil–Reais* (5ª ed., 1993, pp. 534 ss) o estudo do *arrendamento*, ignora, pelo contrário, tanto o caso do *comodatário* como o do *depositário*. Curiosamente, o Ilustre Professor, falando agora de *arrendamento*, denota uma inflexão no seu pensamento, atribuindo a realidade a este, não já à categoria básica da *locação*, talvez porque, quanto a ela, cai pela base a negação do carácter *transitório* que, quanto ao *arrendamento*, ainda se persiste em negar, em nosso parecer, sem fundamento, numa conceção moderna.

Repare-se.

No primitivo art. 1029, al. *b)*, CC, estabelecia-se, sem mais, que deveriam ser reduzidos a *escritura pública* os contratos de arrendamento para *comércio ou indústria*, ou *exercício de profissão liberal*.

Porque esta exigência, quando tratada pelo regime geral de *nulidade* por *falta de forma legal* (art. 220 CC) poderia levar a situações de injustiça, sentiu o legislador necessidade de intervir – e o que fez? Admitiu a *usucapião* para os arrendatários com mais de vinte anos nessa situação de facto, deixando despejar os outros, conforme sugeria MOTA PINTO?

Nada disso. Com o Decreto-Lei nº 67/75, de 19 de Fevereiro, aditou um número a esse art. 1029 CC (*artigo, hoje, inteiramente revogado*), a estatuir, para semelhantes *arrendamentos*, que, nas suas palavras, "*a falta de escritura pública é sempre imputável ao locador e a respetiva nulidade só é invocável pelo locatário, que poderá fazer a prova do contrato por qualquer meio*".

Quer dizer: editou uma solução específica de *invalidade atípica*, inteiramente despegada da *tese realística*, a qual foi, assim, uma vez mais rejeitada.

Análoga providência se adotou depois também, aliás, através do art. 1º do Decreto-Lei nº 188/76, de 12 de Março, relativamente aos *arrendamentos para habitação* não reduzidos a *escrito*, apesar da imposição legal nesse sentido.

Vamos ver adiante que passou a ser diferente o regime estabelecido para os contratos celebrados depois da entrada em vigor do Decreto-Lei nº 321-B/90 e ultimamente com a Lei nº 6/2006 de 27 de Fevereiro – sem, todavia, se subscrever qualquer sugestão de recurso à *usucapião* para manter o *locatário* investido como tal há mais de vinte anos por um contrato *nulo*, por inobservância da forma legal.

Deste modo, uma conclusão se impõe: a *tese da realidade* do *direito de locatário* não deve ser subscrita, pois o regime legal a que se submete não pressupõe o seu carácter *real* em nenhum passo e, pelo contrário, foi intencionalmente configurado e enquadrado pelo legislador como um *direito pessoal*.

Artigo 1058 – Liberação ou cessão de rendas ou alugueres

A liberação ou cessão de rendas ou alugueres não vencidos é inoponível ao sucessor entre vivos do locador, na medida em que tais rendas ou alugueres respeitem a períodos de tempo não decorridos à data da sucessão.

(Redação da versão primitiva do Código)

Assenta este comando, nitidamente, no critério do *facto passado*, que foi adotado para presidir à sucessão das leis no art. 12 CC[166] – e, nesta conformidade, as normas regulado-

[166] Na Itália, na falta de disposição semelhante, defende GIUSEPPE MIRABELLI que "não pode recorrer-se a outro critério que não seja o do facto passado" (*La locazione* [*Tratado de VASSALLI*], UTET, Torino, 1972, p. 614).

ras da *aplicação das leis no tempo* ajudarão preciosamente a resolver os casos duvidosos dos direitos e obrigações que, do *tradens*, devem passar ao *sucessor ex lege*.

I – Deste modo, tal como se tem entendido em outras ordens jurídicas perante disposições semelhantes, também entre nós parece de considerar que poderá o novo *senhorio* acionar o *arrendatário* para obter a indemnização de danos produzidos anteriormente à transmissão de coisa locada, mas que ainda subsistam; que poderá prosseguir a *ação de despejo* em curso, intentada pelo anterior *senhorio*; mas lhe não será legítimo pedir a *resolução do contrato* com fundamento em factos anteriores à data da transmissão e já exauridos nessa data[167]. Dir-se-á que, sendo assim, ficará em crise a natureza jurídica de *prestação unitária* que se atribuiu à *renda*, quanto à qual, como referimos, nem por dever ser *fracionável*, deixará de consistir numa *prestação unitária repartida*, não devendo ser encarada como uma *prestação de trato continuado*, ou *periódica*.

Esta conclusão, que é perfilhada pela generalidade da doutrina italiana, insiste em proclamar que se forma o crédito do *senhorio* à retribuição arrendatícia *com a conclusão do contrato de arrendamento*, com a natureza de um *crédito atual*, embora sujeito a *prazos de exigibilidade*, convencionados pelas partes ou estabelecidos na lei – não podendo, pois, tal *crédito* ser entendido como uma *prestação continuada* nem pôr-se em relação *sinalagmática direta* com o período de gozo a que a *renda* se refere[168].

Ora, na verdade, a esta construção já se opôs, também na doutrina italiana, que, se a *renda* é um *fruto civil* que se adquire "dia a dia na razão em que dura o direito", como se declara no art. 821 do Código italiano, esta norma, "uma vez que reconduz a aquisição do crédito ao decurso do tempo, impõe… a conclusão de que o direito do locador se completa com o decurso do tempo ao qual se refere a retribuição"[169].

Ao estabelecer-se aliás, na lei ou no contrato, a *antecipação* da prestação do *locatário*, esta qualificação não pode deixar de aludir ao facto de o pagamento respeitar, afinal, à *retribuição do gozo futuro* – e, no mesmo rumo de pensamento, seria de ponderar ainda que, se o *crédito de renda* nasce e se completa com a própria celebração do contrato, não se compreenderia que tivesse o *arrendatário*, como resulta da lei, de efetuar um novo cumprimento ao terceiro, titular do bem, não obstante a existência de um precedente pagamento efetuado ao *locador* segundo as cláusulas do contrato[170].

O vício desta doutrina está, como se tem notado, em não se distinguir a essência da questão, por um lado, da oponibilidade a terceiros, por outro.

Entre as partes, o *crédito* surge *no momento da celebração do contrato*, com as antecipações e os prazos de exigibilidade que forem fixados. O *amadurecimento* dos *frutos civis* – como

[167] Para a jurisprudência relativa a estes casos, v. Giuseppe Mirabelli," (*La locazione* [Tratado de Vassalli], utet, Torino, 1972, p. 614, n. 7).

[168] Giuseppe Mirabelli, *La locazione* (Tratado de Vassalli), utet, Torino, 1972, pp. 402-493.

[169] Carmelo Lazzara, *Il contrato di locazione*, Giuffrè, Milano, 1961, p. 97.

[170] Carmelo Lazzara, *Il contrato di locazione*, Giuffrè, Milano, 1961, pp. 96-97.

claramente o denuncia a própria epígrafe do nosso art. 213 CC (*Partilha dos frutos*) – bem como a repartição da *renda* antecipada respeitam à *inoponibilidade a terceiros*.

Esta *inoponibilidade* justifica-se em face da solução específica da *locação*, configurada na sucessão *ex lege*, a que fica atido o adquirente do bem. Aquele que ascende à posição de *locador* tem interesse em receber a *retribuição* que se encontra atribuída a outros, o que justifica que se lhe tornem inoponíveis as antecipações e cessões que, doutro modo, o onerariam como parte que entra para a relação[171].

Em resumo, o *crédito de renda* fica perfeito com a conclusão do contrato, como um *crédito unitário*; logo, não se lhe aplicam as regras postas para as *prestações periódicas*. São, porém, *inoponíveis* ao adquirente, pelo *arrendatário*, as *antecipações de renda* satisfeitas ao anterior titular, relativamente a períodos de *gozo* compreendidos após a aquisição do bem.

II – Já se debateu porém, entre nós, se o adquirente poderia obter o despejo do *arrendatário* com fundamento na *falta de pagamento de rendas* anteriores à data da aquisição.

A Relação de Lisboa consagrou a solução negativa[172]. Pires de Lima/Antunes Varela aprovaram esta jurisprudência[173] e, em face do que acabámos de referir, esta é a boa solução.

O sucessor *ex lege* não é, com efeito, um *herdeiro* do *tradens*: sub-roga-se na posição dele *unicamente desde a data da aquisição* e "sem prejuízo das regras do registo", como se diz neste art. 1057 CC.

III – Na *sucessão universal mortis causa*, ocorre, pelo contrário, uma simples substituição da pessoa do *locador* falecido pelas dos *herdeiros* que lhe sucedem, não chegando, no mais, a conformar-se uma verdadeira situação de *modificação* da *relação de arrendamento*.

Tudo fica como estava, agora com os *herdeiros*, colocados, para todos os efeitos, na *posição contratual* do *de cuius*.

IV – Não assim, se a sucessão *mortis causa* no prédio arrendado se faz a *título particular* (*legado*).

O *legatário*, ao invés do *sucessor universal*, fica sujeito ao regime jurídico dos arts. 1057 e 1058 CC e é, verdadeiramente, um mero *sucessor ex lege* na posição de *locador*.

[171] Mirabelli, *La locazione* (Tratado de Vassalli), UTET-Torino, 1972, p. 491.

[172] Ac. de 27-3-1968 (*Rev.Trib.*, 87º, p. 238). Ulteriormente, a Relação de Coimbra, no seu ac. de 23-5-1989 (*Colectânea*, XIV-3, p. 71) enfileirou por esta jurisprudência.

[173] *Código Civil Anotado*, II, 4ª ed. rev. e act., Coimbra Editora, 1997, p. 401, onde se não dá conta, ainda, de que tínhamos modificado a nossa primitiva posição já na 1ª ed. dessa obra.

Daí, que, se ocorrer por efeito de tal disciplina que não possa o *arrendamento* opor-se ao *legatário*, como *sucessor ex lege*, o poderá ser todavia aos *herdeiros universais*, que entram na relação arrendatícia como continuadores da posição subjetiva do *de cuius*[174].

V – Se o adquirente do prédio for o próprio *arrendatário*, extingue-se naturalmente a relação de arrendamento, por *confusão*, visto reunirem-se então na mesma pessoa as qualidades de *credor* e *devedor* (art. 868 CC)[175].

Artigo 1059 – Transmissão da posição do locatário

1 – A posição contratual do locatário é transmissível por morte dele ou, tratando-se de pessoa coletiva, pela extinção desta, se assim tiver sido convencionado por escrito.

2 – A cessão da posição do locatário está sujeita ao regime geral dos artigos 424 e seguintes, sem prejuízo das disposições especiais deste capítulo.

(*Redação da versão primitiva do Código*)

1. A regra do nº 1

A primeira proposição do nº 1 encontra-se manifestamente em oposição ao disposto no art. 1051, al. *d)*, que determina a *caducidade* da *locação* por *morte do locatário*.

Se o contrato caduca, como pode transmitir-se?

Responde a parte final do nº 1: se houver convenção em contrário.

Quer dizer, enuncia uma regra que só é válida se houver convenção nesse sentido. Foi uma emenda feita ao *Projeto* GALVÃO TELLES manifestamente infeliz[176].

2. A regra do nº 2

Também aqui se começa por enunciar a sujeição ao regime geral da *cessão da posição contratual* que, na parte final, ressalva precisamente a regra em matéria de *locação*: a *intransmissibilidade* sem *autorização do locador* (cf. al. *f)* do art. 1038).

174 ANDREA TABET, (*Novis. Digesto It.*), 1963, IX, p. 1032) e *La locazione-conduzione* (*Trattato di diritto civile, diretto da* ANTONIO CICU/FRANCESCO MESSINEO), Giuffrè, Milano, 1972, p. 661; ANTONIO GUARINO, *La locazione* (*Trattato di diritto civile*, direto da GIUSEPPE GROSSO/FRANCESCO SANTORO-PASSARELLI), Casa Editrice Dr. Francesco Vallardi, Milano, 1965, pp. 44-45 e ns. 88-91; GIUSEPPE MIRABELLI, " (*La locazione* [Tratado de VASSALLI], UTET, Torino, 1972, p. 599, n. 1.

175 Assim se entende tamb+em no Direito italiano: RENATO MICIO, *La locazione*, UTET, Torino, 1980, p. 388.

176 V., sobre o ponto, ANTÓNIO MENEZES CORDEIRO, *Leis do Arrendamento Urbano Anotadas* (coord. de ANTÓNIO MENEZES CORDEIRO), Almedina, 2014, p. 127, ans. 9 e 10.

Especificamente no tocante à *forma*, à falta de preceito próprio e como resulta do disposto neste nº 2, define-se "em função do tipo de negócio que serve de base à cessão" (art. 425).

SECÇÃO VI – Sublocação

Artigo 1060 – Noção

A locação diz-se «sublocação» quando o locador a celebra com base no direito de locatário que lhe advém de um precedente contrato locativo.

(Redação da versão primitiva do Código)

Nesta secção, nas disposições seguintes ao presente artigo, definem-se normas para a *locação*, por vezes aludindo ao *arrendamento*, na referência às "rendas ou alugueres", quando há por outro lado, algumas disposições específicas do *subarrendamento*, constantes dos arts. 1088-1090.

É uma dispersão que não existia na versão primitiva do Código, nascida com o RAU (respetivo art. 44).

Como a *cessão da posição de locatário*, a que se refere o artigo anterior, a *sublocação* só é válida sob *autorização* do *locador*, salvo havendo *convenção* ou *disposição de lei* que a permita (al. *f)* do art. 1038).

Como o *subarrendamento* (art. 1089), também a *sublocação caduca* com a extinção, por qualquer causa, da *locação*.

E se o *locatário* adquire a posição de *locador* e o *sublocatário* a de *locador*, ou de *locatário*?

Em qualquer dos casos, em nosso parecer, a *sublocação* cessa por *confusão*.

É que, se o *locatário* adquire a posição de *locador*, passa a ser *senhorio*, não de si próprio, visto que perdeu essa qualidade, mas do *sublocatário*, transformando-se deste modo a *sublocação* em *locação*: o antigo *locatário* torna-se *locador* direto do antigo *sublocatário*, agora constituído em *locatário*.

Se é o *locador* que toma a posição do *locatário*, a *sublocação* deixa de o ser, assumindo-se como *locação direta*.

Se é o *sublocatário* que se torna *locatário*, cessa a *sublocação*, passando a constituir uma *locação* direta entre o *senhorio-locador* e o *sublocatário*, feito então *locatário*.

Se o *sublocatário* se torna *senhorio*, sê-lo-á então do *locatário-sublocador*, mantendo-se deste modo a *locação*. Como, porém, não haverá coincidência dos montantes de *alugueres*, os respetivos créditos apenas se compensam, tornando-se o novo *senhorio sublocatário* apenas pela diferença: não chega a haver *confusão*, mas apenas *compensação*.

Menos óbvio será o caso de aquisição, pelo *sublocatário*, do direito de *usufrutuário*, de *superficiário* ou de *usuário*.

A chave para a solução de tais hipóteses estará em determinar se estes direitos proporcionarão, afinal, um *uso mais limitado* da coisa do que a *locação* em presença – porque, então, não se verificará naturalmente a *confusão.*

Servindo-nos deste critério, a resposta afirmativa intuir-se-á, a um primeiro relance, quanto ao *usufruto,* uma vez que, na definição da lei, consiste ele no direito de gozar, temporária mas *plenamente,* a coisa (art. 1439 CC) – o que parece conferir-lhe um gozo de âmbito mais vasto do que aquele que cabe ao de *locatário.*

A não ocorrência da *confusão* pela assunção da posição de *superficiário* ou de *usuário* parece, por seu turno, não suscitar dificuldades de maior[177].

Artigo 1061 – Efeitos

A sublocação só produz efeitos em relação ao locador ou a terceiros a partir do seu reconhecimento pelo locador ou da comunicação a que se refere a alínea *g*) do artigo 1038.

(Redação da versão primitiva do Código)

Idêntico preceito se edita em relação ao *subarrendamento* (art. 1088-2).

A inexistência de qualquer dos factos aqui previstos é *fundamento de resolução pelo senhorio.*

Como resulta do disposto no art. 1049.

Artigo 1062 – Limite da renda ou aluguer

O locatário não pode cobrar do sublocatário renda ou aluguer superior ou proporcionalmente superior ao que é devido pelo contrato de locação, aumentado de 20%, salvo se outra coisa tiver sido convencionada com o locador.

(Redação da versão primitiva do Código)

Trata-se de uma disposição genérica que é comum ao *aluguer* e ao *arrendamento,* como ressalta da expressa referência a "renda ou aluguer".

A al. *g)* do primitivo art. 1093-1 CC, reproduzida pelo art. 64-1 RAU, previa ainda um *caso de resolução* do contrato de *arrendamento urbano* pelo *senhorio* consistente em, no caso de *subarrendamento autorizado,* o *arrendatário* "cobrar do subarrendatário renda superior à que é permitida nos termos do artigo 1062 do Código Civil".

[177] Cf., a este respeito, ANDREA TABET, *La locazione-conduzione,* (*Trattato di diritto civile e commerciale,* de ANTÓNIO CICU/FRANCESCO MESSINEO), Giuffrè – Milano, 1972, p. 197.

O limite imposto pelo art. 1062 CC era, e continua a ser, visto que tal preceito se mantém inalterado, o dos 20% proporcionalmente superiores ao que é devido pelo contrato de *locação*, "salvo se outra coisa tiver sido convencionada com o locador".

Assim, sendo permitido o *subarrendamento*, a cobrança em montante superior ao limite legal, não convencionalmente afastado, constitui uma violação dos deveres legais decorrentes do contrato e constituía, portanto, nos termos do art. 406 CC um *incumprimento contratual*.

Como, porém, os casos de resolução eram taxativamente estabelecidos, foi preciso prever este incumprimento na mencionada al. g) para poder ser considerado relevante como *caso de resolução pelo senhorio*

Tendo desaparecido, com a Lei nº 6/2006, a taxatividade, deixou de ser necessária uma expressa previsão deste *incumprimento* para poder considerar-se *fundamento de resolução*.

A sua relevância mantém-se exatamente no mesmo pé, tornando-se claramente inexigível a manutenção do contrato pelo *senhorio*, perante um incumprimento desta gravidade, que desestabiliza em dimensão relevante o equilíbrio económico estabelecido convencionalmente.

Não restam dúvidas, quanto a nós, de que, não obstante não figurar a hipótese entre os exemplos de *fundamentos de resolução pelo senhorio*, enumerados no atual art. 1083-2 CC, este caso resolutivo tradicional continua a subsistir como tal[178].

Não se têm levantado dificuldades de maior na sua aplicação.

Com interesse, convirá atentar fundamentalmente em que, como já foi referido na jurisprudência, no domínio das formulações legais anteriores, não será *a mera estipulação* de *sub-renda* superior ao limite que integrará o *fundamento de resolução*, mas a efetiva *cobrança*.

Uma subtileza, em tema de prova, a que se tem de estar atento.

Na doutrina, aceita-se geralmente que o *senhorio* terá direito a fazer suas as rendas cobradas acima do limite estabelecido no presente artigo, com base em *enriquecimento sem causa*[179].

[178] Sensivelmente, neste sentido: Luís Manuel Teles de Menezes Leitão, *Arrendamento Urbano*, 6ª ed., Almedina, 2013, p. 129.

[179] Rui de Alarcão, *A limitação de renda*, pp. 120-121; Fernando Andrade Pires de Lima/ João de Matos Antunes Varela, *Código Civil Anotado*, II, 4ª ed., Coimbra Editora Limitada, 1986, p. 407; António Menezes Cordeiro, *Leis do Arrendamento Urbano Anotadas* (Coord. de António Menezes Cordeiro), Almedina, 2014, p.135, an. 11.
Em sentido oposto: Estelita de Mendonça, *Da sublocação*, Coimbra, 1972, pp. 94 ss.

Artigo 1063 – Direitos do locador em relação ao sublocatário

Se tanto o locatário como o sublocatário estiverem em mora quanto às respetivas dívidas de renda ou aluguer, é lícito ao locador exigir do sublocatário o que este dever, até ao montante do seu próprio crédito.

(Redação da versão primitiva do Código)

Também este preceito, como o anterior é claramente comum ao arrendamento e ao aluguer, como claramente ressalta da referência que se faz à "renda ou alugier".

Se o *sublocatário* pagar o inteiro crédito do *locador*, naturalmente, fica o débito saldado mas, se houver apenas satisfação de uma parte, o *locatário* continua obrigado e poderá ver o contrato *resolvido* por falta do pagamento integral, ficando assim incurso em *incumprimento do contrato* (art. 1083-1).

SECÇÃO VII – Arrendamento de prédios urbanos

Artigo 1064 – Âmbito

A presente secção aplica-se ao arrendamento, total ou parcial, de prédios urbanos e, ainda, a outras situações nela previstas.

(Redação da Lei nº 6/2006)

1. Evolução histórica do preceito

O preceito da redação inicial do CC era o do então art. 1089, com um conteúdo bastante distinto.

Ele referia-se, antes de mais, aos *prédios urbanos* e, bem assim, aos *rústicos não compreendidos no regime do arrendamento rural*, excetuando depois, dentro do objeto em princípio nele contemplado, os *arrendamentos de prédios do Estado*, os *arrendamentos por curtos períodos de férias*, o *arrendamento de casa habitada pelo senhorio para o período da sua ausência* e os *sujeitos a legislação especial*.

As mesmas exceções, acrescentadas de outras, foram ainda arroladas depois, no art. 5º-2 RAU.

Com a Lei nº 6/2006, preferiu-se enunciar apenas a aplicação da secção aos *prédios urbanos* "e, ainda, a outras situações nela previstas".

Com esta indicação pela positiva, prescindiu-se de lhe acrescentar, pela negativa, qualquer exceção.

Foi esta, também, a opção da Lei nº 31/2012, que reproduziu integralmente o preceito.

Não sabemos se terá sido a solução formalmente mais perfeita, visto que, deste modo, não havendo exceções, todo o arrendamento de *prédio urbano* acabará por ficar incluído na previsão da primeira parte do artigo, impondo-se ao intérprete a tarefa individual de excluir os *arrendamentos disciplinados por legislação especial.*

2. Âmbito de aplicação do preceito

A redação deste preceito, em nosso parecer, deixa a desejar.

Não merecia ter sido perfilhada, sem aperfeiçoamento, pela Lei nº 31/2012.

I – ***Imperfeições formais.*** Na nossa maneira de ver, a epígrafe da secção exprimindo um título, na sua generalidade, deveria antes grafar-se toda no singular: *Arrendamento de prédio urbano* – mas falta-lhe ainda alguma coisa que daqui a pouco revelaremos.

Depois, no próprio texto do presente artigo, em *primeiro lugar,* referindo-se ele ao *arrendamento,* no singular, não é curial que, depois, o reporte a *prédios urbanos,* no plural, visto que o caso típico não é o de, por um contrato isolado, *arrendar-se mais de um prédio urbano.*

Não será vulgar, com um só *arrendamento,* locarem-se vários prédios.

Propriamente nos aglomerados urbanos de maior dimensão, geralmente o que se arrenda nem é o *prédio todo,* mas uma *parte* ou *fração* autónoma dele.

A inversa é que, pois, seria aceitável, visto haver duas modalidades fundamentais de *arrendamento de prédio urbano*: o *habitacional* e o *não habitacional*; portanto, dois tipos legais de *arrendamento.*

Seria por isso mais compreensível – pensamos nós – grafar o começo do preceito reportando-o aos *arrendamentos de prédio urbano*

Já não, *de prédios urbanos.*

E aqui se nota, *em segundo lugar,* outra imperfeição formal do artigo, ao consignar o "arrendamento, total ou parcial, de prédios urbanos", quando é evidente que não é, tipicamente, o *arrendamento* que é *total* ou *parcial,* mas *o prédio* ou *fração* que integra o seu objeto mediato. Portanto, mais corretamente se diria "*de prédio urbano ou fração*".

A parte final do preceito, ao referir que a secção trata, além do *arrendamento de prédio urbano,* de "outras situações", enferma ainda, em nosso parecer, de uma *terceira imperfeição*: a da incompletude da epígrafe da secção.

Ela refere-se apenas ao *arrendamento de prédio urbano,* quando no seu seio inclui a regulação de casos que, ou não o têm por objeto, mas antes um *prédio rústico,* ou envolvem outras *locações* coligadas a um *arrendamento de prédio urbano.*

Para ser mais completa, a epígrafe deveria antes referir algo como isto: *Arrendamento de prédio urbano, ou rústico não sujeito a regime especial, e situações a ele assimiláveis.*

II – ***Os diferentes tipos de arrendamento urbano.*** Que situações foram então contempladas nesta secção, para além do chamado *arrendamento,* puro e simples, de um *prédio urbano*?

Antes de mais, incluiu-se no *arrendamento não habitacional* o tratamento respeitante ao de *prédio rústico não sujeito a regime especial* como, desde a Lei nº 6/2006, se estabelece no art. 1108, aliás, também ele não muito bem redigido, como a seu tempo se verá.

Além desta hipótese, já chegou a enunciar-se como incluídas nessas *outras situações*, os *arrendamentos mistos* (art. 1066 CC), a *locação de imóveis mobilados e seus acessórios* (art. 1065 CC), a *locação de estabelecimento* (art. 1109 CC) e o *trespasse* (art. 1112 CC)

O assim chamado *arrendamento misto* que, no caso de ser havido como de *prédio rústico*, cairá sob a alçada do art. 1108 CC. A bem dizer, não forma uma situação distinta, pois se reconduz sempre, ou a um *arrendamento de prédio urbano*, ou *de prédio rústico não sujeito a regime especial*.

A *locação de imóveis mobilados e seus acessórios* não passa de um *aluguer* coligado a um *arrendamento de prédio urbano* que o consome.

A *locação de estabelecimento* não é mais do que o *aluguer de estabelecimento* instalado em *prédio urbano arrendado* que não exorbita do *subarrendamento* deste, coligado ao *aluguer* – não deixando, pois, de envolver um caso particular de *subarrendamento de prédio urbano*.

O *trespasse*, por fim, semelhantemente ao caso anterior, tem de específico, fundamentalmente, a cessão do *arrendamento de prédio urbano* e do *estabelecimento comercial* ou *industrial* nele instalado.

Não parecem, portanto, situações que exorbitem do *arrendamento de prédio urbano*, não passando de meras particularidades dentro do *arrendamento de prédios urbanos* a que esta secção se reporta.

Um caso particular quanto ao qual se discute e, entre nós, tem sido julgado que não integra a figura do *arrendamento urbano*, a que alude este art. 1064, é o dos contratos celebrados pelos gestores de *centros comerciais* (*shopping centers*), que, pela importância que adquiriu, merece um tratamento particular mais desenvolvido (*v. infra, nº 3., sub este artigo*).

III – ***Arrendamentos urbanos regulados por lei especial.*** Claro que, além dos *arrendamentos* regulados nesta secção há leis especiais a disciplinar outras situações de *arrendamentos de prédio urbano*.

São de referir, neste caso, por um lado, a dação em *arrendamento* de "imóveis do domínio privado do Estado", que se disciplina hoje em dia pelo disposto nos arts. 59-66 do Decreto-Lei nº 280/2007, de 7 de agosto, que os retira, já desde a anterior legislação, quer do *regime vinculístico* quer de *ação judicial* para a *denúncia* (art. 64).

Por outro, lembre-se ainda a *receção em arrendamento pelo Estado e pelos institutos públicos* "de imóveis necessários à instalação de serviços públicos" – que é regulada pelo Decreto-Lei nº 228/95, de 11 de setembro.

Outro segmento, ainda, é o dos *arrendamentos sociais*, que se regem pelo disposto no Decreto-Lei nº 166/93, de 7 de maio, e pela Lei nº 21/23009, de 20 de maio.

Apresentamos, de seguida, um pequeno apanhado de jurisprudência sobre os *arrendamentos sociais*.

I. Nos termos do art. 212 da Constituição consagra-se o princípio da competência ordinária dos Tribunais Administrativos e Fiscais, nos termos dos quais são os mesmos competentes para o julgamento das ações e recursos contenciosos que tenham por objeto dirimir os litígios emergentes das relações jurídicas administrativas e fiscais.

II. Assim, deixam os Tribunais Administrativos e Fiscais de ter uma competência especial ou excecional face aos Tribunais Judiciais, para constituírem os tribunais comuns ou ordinários em matéria administrativa.

III. A existência de várias categorias de tribunais pressupõe um critério de repartição de competências, estabelecendo o legislador um critério de natureza objetiva, atendendo essencialmente à natureza das questões e não um critério subjetivo, em função da categoria das pessoas.

III. O litígio que opõe vários inquilinos ao Município de Faro, visando a impugnação dos atos de aumento de renda nos arrendamentos de habitações camarárias, integradas em dois bairros sociais do concelho de Faro, do qual o Município de Faro é o locador, apresenta vários indícios da administratividade.

IV. Não só uma das partes é uma pessoa coletiva de direito público, o Município de Faro, como os contratos de arrendamento celebrados têm a natureza jurídica de direito público, pois resulta dos autos que se encontram submetidos a um regime jurídico de direito público, por serem celebrados ao abrigo do regime aprovado pela Portaria nº 288/83, de 17/03, ao abrigo de Renda Condicionada e ainda, no regime de Renda Apoiada, estabelecido no D.L. nº 166/93, de 07/05.

V. Atendendo estarem em causa contratos especificamente a respeito do qual existem normas de direito público, que regulem aspetos específicos do respetivo regime substantivo e por respeitar, quer a causa de pedir, quer o pedido, a questões relativas à execução do contrato (de arrendamento), improcederá a exceção de incompetência material deste tribunal, declarando-se a sua competência, nos termos da 2ª parte da al. f) do art. 4º do ETAF.

(Tribunal Central Administrativo – 2º Juízo, 11-04-2013 Net. Processo Nº 09548/12)

MUNICÍPIO DE FARO NO CONFLITO NEGATIVO DE JURISDIÇÃO ENTRE O 1º JUIZO CÍVEL DO TRIBUNAL JUDICIAL DE FARO E O ADMINISTRATIVO E FISCAL DE LOULÉ:

É da competência material do Tribunal Administrativo dirimir litígio emergente de contrato de arrendamento para habitação social (ou arrendamento social), sujeito ao regime de renda apoiada, celebrado entre um Município e um particular, designadamente quando se trate de ação que vise a impugnação judicial de depósitos efetuados pelo arrendatário.

TRIBUNAL DE CONFLITOS, 18-04-2013 (Net. Processo Nº 028/12)

Resta saber se haveria ainda cabimento para uma outra espécie de *arrendamento* – o *arrendamento a lojistas de centros comerciais.*

Analisamos largamente o tema a seguir (*infra*, nº 3).

3. O contrato de fruição temporária e remunerada de espaços integrantes de centros comerciais (*shopping centres* ou *shopping centers*)

Nem a legislação de *arrendamento* contém a menor disposição especial, nem qualquer diploma específico disciplina, entre nós, a atribuição temporária e remunerada da fruição de espaços em *centros comerciais* aos respetivos *lojistas*, que o Direito comparado geralmente qualifica de *arrendamentos comerciais* ou, mais genericamente, de *arrendamentos não habitacionais.*

A nossa jurisprudência começou por lhes atribuir esta qualificação mas, a certa altura, nitidamente influenciada por um poderoso e muito eficaz *lóbi* dos titulares de *centros comerciais* e por grande parte da doutrina portuguesa de referência, alheia ao Direito comparado, passou a considerá-los como *contratos atípicos* e *inominados*, retirando daí consequências práticas que, por vezes, admitiram a mais ampla liberdade contratual de que os titulares de *lojas-âncora* ficaram naturalmente a salvo, mas que acabou por submeter os pequenos *lojistas* a uma intensa exploração capitalista, clamorosamente injusta.

Combatemo-la há mais de vinte anos, sem êxito; mas, apesar do completo fracasso por que se tem saldado esta luta, não esmoreceu a nossa convicção.

Vamos, então, desenvolver um pouco mais o tema.

E porque, em muitos casos, se tem opinado e até julgado sobre *centros comerciais*, em presença de realidades que estão muito longe de corresponder a essa categoria concreta, impõe-se que procuremos, antes de mais, lançar alguma luz e a necessária precisão técnica sobre semelhante figura, a qual tem particularidades que, sem embargo da falta de legislação que se faz sentir, demandam um regime jurídico ou apenas algumas disposições legais particulares, tal como o *arrendamento habitacional* ante os *não habitacionais*, o *arrendamento urbano* ante o *arrendamento rural.*

I – ***Conceito e definição de centro comercial.*** Basicamente, um *centro comercial* é, como as *feiras* e os *mercados* que nos vêm da época medieval, aquilo que, segundo a terminologia do nosso Código Comercial, inspirada, nesse passo, pelo *Código de Comércio* espanhol, se denomina de *lugar de comércio*, com as características próprias desta categoria mercantil.

Numa primeira aproximação, podemos pois dizer que ela constitui um *mercado* dos tempos modernos, que não se pode identificar com uma simples designação da linguagem vulgar, destituída de rigor, nem confundir-se com outras realidades que lhe são apenas vizinhas.

Entre nós, esta censurável indistinção tem sido frequente, já porque falta legislação que especificamente lhe respeite, já porque a novidade do instituto, associada a essa ausência, provocou por vezes, na jurisprudência, e mesmo em certa doutrina, algum deslumbramento obscurecedor, a ponto, por incrível que pareça, mas vamos ver, de um acórdão de tribunal superior qualificar um decrépito prédio de rendimento da Rua Filipe Folque, de Lisboa, de *centro comercial* – e, como tal, noutros casos, simples *drugstores*, meras *galerias*, ou até um vulgar prédio, situado na Avenida de Ceuta da mesma cidade, onde funcionava então um autointitulado *supermercado* em cujo andar superior se improvisaram cinco *lojas* separadas por tabiques amovíveis.

Impõe-se por isso, quanto a nós, que, de acordo com os ensinamentos que se retiram do Direito comparado, se precise com rigor a realidade em presença, destrinçando-a o mais perfeitamente possível do seu género próximo e fixando-lhe a diferença específica.

É o que tentaremos fazer de seguida, com algum pormenor, objetivamente e sem preconceitos.

Vejamos então.

É efetivamente verdade que o nosso Direito positivo, relativamente ao horário de abertura e encerramento de grandes superfícies, chegou a apresentar, na Portaria nº 424/85, de 25 de Julho, uma definição nesses termos genéricos, inconclusivos, já fora do prazo da autorização legislativa outorgada no art. 7º do Decreto-Lei nº 417/83, de 25 de novembro, mas a título provisório e estritamente para efeitos de horário de abertura e de encerramento[180].

Semelhante definição nem já nessa altura, em nossa opinião, podia servir validamente de mera hipótese de trabalho.

É que, independentemente de outra razão, parece a todos os títulos evidente que ela era tão vaga e genérica que poderia aplicar-se a qualquer agregado de, pelo menos, 12 lojas do mesmo edifício, ou de edifícios contíguos interligados, mesmo sem *tenant mix*, sem *mall*, sem *lojas-âncora*, sem *parque de estacionamento* – e isso, vamos vê-lo, seria tudo menos um *centro comercial*.

Tecnicamente, pensamos nós, esta definição legal demonstrava uma monumental ignorância da realidade sobre que se pretendia dispor.

Nenhuma construção jurídica rigorosa é possível erigir sobre semelhante enunciado.

[180] Definia assim os elementos constitutivos de um *centro comercial*:
a) "área bruta mínima de 500 metros quadrados e um número mínimo de 12 lojas de venda a retalho e de prestação de serviços, devendo estas, na sua maior parte, prosseguir atividades diversificadas e especializadas";
b) "continuidade num único edifício ou em edifícios ou pisos contíguos e interligados, de molde a que (*sic*) todos usufruam de zonas comuns privativas do centro pelas quais prioritariamente o público tenha acesso às lojas implantadas";
c) "unidade de gestão, entendendo-se por esta a implementação (*sic*), direção e coordenação dos serviços comuns, bem como a fiscalização do cumprimento de todas a regulamentação interna";
d) "o período de funcionamento (abertura e encerramento) das diversas lojas deverá ser comum, com a exceção das que pela especificidade das diversas lojas se afastem do funcionamento usual das outras atividades instaladas".

E, todavia, como se disse há pouco, isso aconteceu e continua a acontecer, mesmo depois de a aludida portaria ter sido substituída pela legislação subsequente, editada ainda, apenas, para efeitos de horário de abertura e de encerramento – mas, então, também para licenciamento administrativo, primeiro reportando-o expressamente a *grandes superfícies comerciais* e, depois, a *unidades comerciais de dimensão relevante* (Decreto-Lei nº 218/97, de 20 de Agosto; Decreto-Lei nº 48/96, de 15 de Maio, e Portaria nº 153/96, da mesma data).

Portanto, qualquer que fosse a ideia anterior, atualmente não há lei a definir *centro comercial,* mas apenas a estabelecer, estritamente, para todas as *superfícies de dimensão relevante,* o seu horário de abertura e de encerramento, pautando-se toda a sucessão de diplomas que se emitiram pelo mais notório empirismo, em que fundamentalmente relevou a área, sem distinguir, dentro dela, diferentes tipos de grandes superfícies que. pelas suas características próprias, reclamavam regimes legais específicos.

Por último, à data em que escrevemos, a Lei nº12/2004, de 30 de março, veio apresentar uma noção, não propriamente de *centro comercial,* mas, desta feita, de *conjunto comercial,* apresentando uma noção vaga e indefinida, descrevendo-o, quilometricamente, como "*o empreendimento planeado e integrado, composto por um ou mais edifícios nos quais se encontra instalado um conjunto diversificado de estabelecimentos de comércio a retalho e de prestação de serviços quer sejam ou não propriedade ou explorados pela mesma entidade, que preencha cumulativamente os seguintes requisitos: disponha de um conjunto de facilidades concebidas para permitir a uma mesma clientela o acesso aos diversos estabelecimentos; seja objeto de uma gestão comum responsável, designadamente pela disponibilização de serviços coletivos, pela instituição de práticas comuns e pela política de comunicação e animação do empreendimento*".

A ideia que a norteou foi a de estabelecer a necessidade de *autorização* do Ministro da Economia para as *grandes superfícies,* assentando numa distinção de base entre *comércio a retalho* e *comércio por grosso.*

Para o primeiro, exigia-se essa *autorização* quando tivesse uma área de venda igual ou superior a 500 m^2 ou, pertencendo a uma mesma empresa, utilize uma ou mais insígnias ou esteja integrada num grupo, que disponha, a nível nacional, de uma área de venda acumulada, em funcionamento, igual ou superior a 5000 m^2, independentemente da área de venda dos estabelecimentos (art. 4º-1).

Para o *comércio por grosso,* os requisitos de sujeição cobrem os estabelecimentos que tenham uma área de venda igual ou superior a 5000 m^2 ou, pertencendo a uma mesma empresa que utilize uma ou mais insígnias ou estejam integrados num grupo, disponham, a nível nacional, de uma área de venda acumulada, em funcionamento, igual ou superior a 30 000 m^2, independentemente da área de venda dos estabelecimentos.

Como se vê, o propósito legislativo era muito limitado e dirigido: pretendia-se submeter a autorização ministerial a instalação de grandes superfícies, em geral, sem caracterizar ou distinguir os diferentes tipos por que poderiam nem, muito menos, editar o regime jurídico que a cada um deveria caber.

Ora, se um *centro comercial* é, necessariamente, uma *grande superfície comercial* – ou uma *unidade comercial de dimensão relevante* – certo é que nem sempre as *grandes* ou *relevantes* superfícies são *centros comerciais*; podem ser *supermercados* ou mesmo *hipermercados*; podem ser *grandes armazéns*.

Seja como for, será fora de dúvida que qualquer dessas grandes superfícies carece, como se viu de autorização e de registo como tal (art. 19 da Lei nº 12/2004).

Pelo contrário, as lojas múltiplas, que não constituam *grandes superfícies*, jamais podem ser qualificadas como *centros comerciais*, como as simples *galerias*, ou os meros pequenos *agregados espontâneos ou improvisados de lojas*.

Sendo institutos diferentes, mesmo quando irmanados por constituírem, aqueles que se arrolem entre as *grandes superfícies*, num comum horário de abertura e de encerramento, hão de, naturalmente, divergir, todos eles, no restante nos seus regimes jurídicos.

Vamos portanto tentar, numa breve análise, destrinça-los e defini-los.

Os *supermercados* e *hipermercados*, igualmente inseridos entre as *grandes superfícies*, terão, segundo parece, origens distintas.

Os primeiros remontarão a sua origem ao empresário norte-americano chamado CLARENCE SAUNDERS, que montou em 1916, em *Menphis*, no *Tenessee*, um estabelecimento de venda de produtos alimentares, previamente pesados e embalados, que os clientes escolhiam, servindo-se a si próprios e pagavam em *caixas* que, primeiro, se localizaram dispersamente pelo recinte e depois se dispuseram à saída, para evitar os furtos que tinham ocorrido.

O processo reduzia substancialmente os custos, permitindo a prática de preços muito concorrenciais.

A respetiva dimensão nunca foi muito grande e variou a ponto de terem surgido mais tarde, por toda a parte, estabelecimentos desse modelo, de reduzidas dimensões, que passaram, por isso, a denominar-se, por contraposição aos primeiros, de *minimercados*.

Com ambos, as velhas *mercearias*, quando se não converteram nos últimos, sofreram uma concorrência devastadora.

Veio depois o *hipermercado*, que os Autores franceses apontam como uma criação do seu país, atribuindo-a a um comerciante de Anency, na Alta Savoia, de seu nome MARCEL FOURNIER, e que costumam definir como *um armazém, geralmente implantado na periferia de uma cidade, constituído por um edifício de piso único, de porte "pequeno-grande" armazém, de 1000m², dotado de parque de estacionamento de viaturas, vendendo a baixos preços artigos alimentares ou outros de grande rotação em regime de serviço a si próprio*[181].

Por último, a *galeria* é, hoje em dia, geralmente, de dimensões restritas.

Tendo começado por ser *um aglomerado de pequenas lojas especializadas numa reunião de comércios independentes e justapostos de um conjunto imobiliário de superfície considerável, na passagem coberta entre duas ruas, transferiu-se depois, já em menores dimensões, para o interior de um*

[181] JACQUES VIGNY, *La distribution – Structures et pratiques*, 2ª ed., Dalloz, 1997, p. 85.

grande hotel, da gare de um aeroporto, de uma estação de caminho-de-ferro ou do metropolitano, ou, até, de um simples prédio urbano[182].

Formam, nestes casos, um conjunto autónomo, *mas perdem esta autonomia quando assim também se denominam as constitutivas da correnteza de lojas de um centro comercial, à face do seu* mall.

Todos estes casos, incluindo as *galerias autónomas*, têm características próprias, como se vê – e aquelas que, por seu turno, constituam um elemento de *centro comercial* não se resumem nem se qualificam com a simples reunião dos requisitos arrolados pela referida portaria.

Propriamente quanto ao *centro comercial*, temos de reportar-nos a uma realidade, distinta da *galeria autónoma*, digamos assim, que constitui uma realidade bem definida, constituindo um moderno precipitado da evolução que, iniciada com o primeiro grande espaço comercial da era moderna, o *armazém de novidades*, fundado em Paris por Boucicaut e Videau, em 1852, passa depois aos *grandes armazéns* ou *lojas do povo* e aos *armazéns populares*, ainda no séc. XIX, e, já no séc. XX, aos *supermercados* (1916) e *hipermercados* (1963).

O *centro comercial* (*shopping center*, na terminologia americana ou *shopping centre*, na britânica) surgiu só com o segundo pós-guerra, como um subproduto da *era do automóvel* e, assim, não por acaso, nos Estados Unidos da América.

Como logo se nota, a sua denominação portuguesa não assimilou a expressão americana ou britânica. À letra, traduzir-se-ia por *centro de compras*, que veio a constituir a denominação germânica (*Einkaufszentrum*) ou a italiana (*centro d'acquisti*). A nossa veio-nos do francês (*centre commercial*).

Com o *shopping center*, pretendeu-se criar um polo de atração de clientela, fortemente potencializador de vendas.

A sua filosofia inspiradora, dirigiu-se primacialmente à burguesia endinheirada, proprietária de viatura própria, já então bastante numerosa naquele país.

Configura-se num *prédio urbano*, a construir numa localização estratégica da cidade e com determinada estrutura arquitetónica.

Nesta base, deverá ser facilmente acessível a quem se desloque por aquele meio de transporte, tornando-se portanto elemento primário da sua composição a existência de um *parque de estacionamento de viaturas* próprio, com lotação adequada ao número vasto e variado de *lojas* que deverá comportar.

Estas terão de ser, de facto, em número apreciável, capaz de atrair um vasto caudal de visitantes, potenciais clientes, e de estar voltadas para o interior do edifício; portanto, não poderão ser dotadas de porta própria para o exterior.

[182] Jean Beauchard, *Droit de la distribution et de la consummation*, PUF – Presses Universitaires Françaises, 1996, p. 228; Jacques Vigny, *La distribution – Structures et pratiques*, 2ª ed., Dalloz, 1997, p. 182..

Haverá apenas uma (ou poucas, consoante a dimensão e localização do prédio), mas sempre de acesso direto a este.

Entre as diversas *lojas*, devem contar-se algumas de *reconhecida grande clientela*, em geral já existentes em outros locais, e que instalarão filiais, colocadas estrategicamente no edifício, funcionando como *locomotivas*, *lojas-âncora* ou *magnéticas*, a *puxar* os visitantes ao longo de um *mall* (*passeio público, alameda;* em França usa-se mais frequentemente o vocábulo, do mesmo significado, *mail*), por onde, no seu percurso, em agradável *lèche vitrine*, se espera que, vão parando e, desejavelmente, entrando numa ou noutra, fazendo despesa, *in itinere* – e, para além disso, também, por sua vez, recebendo algum impulso, em direção às *lojas-âncora*, que trazem na mira.

Por último, os diferentes estabelecimentos devem diversificar e complementar, entre si, as mercadorias e mesmo *serviços* (cinemas, teatros, ginásios, SPA...) que oferecem, formando, no seu conjunto, uma vasta e variada gama de oferta: é o seu característico *tenant mix* (*locação vária*), que lhe dá o toque de *lugar de comércio agregado.*

Estas características técnicas foram exatamente aquelas que se adotaram para a constituição da nova figura e, mais do que isso, as que têm fundamentalmente sido estabelecidas como seus típicos elementos caracterizadores nos diferentes países em que a ideia foi copiada e tem feito carreira[183].

De resto, o *centro comercial* deverá ser licenciado administrativamente como tal.

Assim, qualquer definição que se queira dar desta figura deverá, antes de mais, ser essencialmente descritiva, pois é dessa concreta realidade material que brota e se especifica a negociação e a atividade que desenvolve.

Nestes termos, de acordo com os elementos que o caracterizam e lhe dão identidade, temo-lo definido como um *lugar de comércio integrado, de dimensão relevante, devidamente licenciado, concebido, instalado, gerido e fiscalizado no seu funcionamento em obediência a uma ordem unitária, com nome de estabelecimento e, por vezes, com insígnia própria, dotado de parque de estacionamento de viaturas, e composto de um ou vários estabelecimentos de maior superfície e grande capacidade de atração de clientela* (lojas-âncora, magnéticas ou locomotivas), *às quais só poderão os visitantes aceder por uma ou várias alamedas* (mall), *ornadas de galerias de lojas de venda artigos de ramos diferentes umas das outras, mas complementares entre si* (tenant mix), *e de estabelecimentos de prestação de serviços, em qualquer caso, sem acesso direto para a rua, servindo-se de entradas obrigatoriamente comuns*[184].

Como integrar juridicamente este *lugar de comércio* atendendo a tais características e à sua gestão e funcionamento?

[183] Assim: Raoul d'Heuckville, *La notion de centre comercial* (*Révue de droit immobilier*, nº 4, 1994, p. 532).

[184] É, de resto, sensivelmente a definição que temos vindo a dar desde a publicação da 1ª edição do nosso opúsculo *Os centros comerciais e o seu regime jurídico*, Almedina, 1998, p. 23 (2ª ed., p. 21); *Manual do Arrendamento Urbano*, 2ª ed., Almedina, 1999, p. 256; 3ª ed., 2001, p. 260; 4ª ed., I vol., 2007, p. 153; 5ª ed. I vol., 2009, p. 157.

Pensemos, por agora, apenas no caso de o *centro comercial* se encontrar na titularidade de um proprietário que o administra, por si ou por intermédio de um seu representante, geralmente uma sociedade dominada por si.

Desenvolveremos o ponto adiante, mas salientemos desde já que, neste caso, ele há de dotar o imóvel de estruturas congregadas e serviços para que o *lugar de comércio* possa habilitar a receber os seus visitantes, e os *lojistas* a exercerem a sua atividade.

Forma assim, nesta base, um *estabelecimento comercial*. Além deste, contam-se, ainda, os *estabelecimentos comerciais* dos *lojistas*, havendo por isso quem considere o *centro* como um *estabelecimento comercial complexo*[185].

Não aceitamos, no entanto, este entendimento como um *conjunto unitário* e *singular*, pela singela mas decisiva razão de que os *estabelecimentos dos lojistas* não são do titular do *centro*, mas dos *lojistas*, não se integram no *estabelecimento-centro*, mas nas *lojas* criadas pelos *lojistas*, que as receberam *em tosco*.

São *estabelecimentos* individualizados e autónomos, tanto quanto a ele como quanto aos relativos aos outros *lojistas*.

No tocante a estes, apenas os aproxima o compartilharem de um *espaço comum*, para além do espaço próprio de cada *loja*. Têm, decerto, funções distintas entre si, porque especificamente adequados à atividade de cada um.

São, portanto, diferentes as suas funções, como o são, aliás, as do *estabelecimento-centro*, que é afetado a colocar o espaço comum ou "condomínio" ao serviço da atividade dos *lojistas* e, bem assim, a atrair e receber os visitantes e potenciais clientes.

Em suma, não há, em nosso parecer, um *estabelecimento complexo*, mas um *complexo de estabelecimentos* que, mesmo os dos *lojistas*, entre si, são próprios de cada um deles, numa grande diversidade de comércio, que não é espontânea, mas preordenada.

Enquanto numa rua, praça ou largo, cada empresário procurará, por si, um negócio ou serviço que não seja concorrente do empresário do lado, porque a concorrência acabará por os arruinar a ambos, aqui é o *gestor do centro* quem varia e os distribui geograficamente, numa mistura cuidadosamente estudada.

Chama-se a isto o *misturar de locações* ou *de locatários*, o internacionalmente denominado *tenant mix*.

Note-se prontamente que semelhante figura não é um instituto de Direito, não dispõe de qualquer relevância jurídica: constitui uma simples *qualidade material de puro interesse económico*.

Por outro lado, importará ainda referir, para além do exposto, que, para quem, como nós, admita a distinção entre *estabelecimento* e *empresa*[186], ocorre ainda, num *centro comer-*

[185] José de Oliveira Ascensão, *Integração empresarial e centros comerciais (Rev. Fac. Dir. L.ª*, XXXII, [1991], p. 35).

[186] Como designadamente e muito bem o faz o art. 2555 do *codice civile*: " *L'azienda è il complesso dei beni organizzati dall'imprenditore per l'esercicio dell'impresa*".

cial gerido pelo respetivo titular ou seu representante, para prover ao seu funcionamento, uma *empresa* composta pelo elemento pessoal que, "em diversas posições hierárquicas e funcionais, prosseguem a atividade económica"[187] a que se destina.

Obviamente, os *lojistas*, também eles, se inserem nas respetivas *empresas* específicas – as *empresas-lojistas*[188].

Posto isto, importará então ponderar que não será minimamente aceitável, cremos nós, qualificar, rigorosa e juridicamente, o contrato celebrado entre o *lojista* e o *gestor de um centro comercial*, mesmo quando a nossa lei não refira expressamente o que seja esse *lugar de comércio integrado*, sem o relacionar com as suas características próprias e modo agir: *qualificar é integrar adequadamente um facto concreto na lei que contenha a sua imagem*.

Em nossa opinião, será manifestamente acientífico, mas já tem acontecido entre nós, como adiante desenvolveremos, proclamar-se que a concessão do uso de *lojas* em *centros comerciais* requere uma qualificação especial diferente da vulgar *locação*, em vista da sua específica estrutura e natureza e, depois, a atribuírem a meros *drugstores*, *galerias de lojas de hotel*, um estabelecimento de venda de artigos alimentares no rés-do-chão de um prédio de rua, com cinco lojas improvisadas no seu 1º andar, separadas por tabiques amovíveis de vidro, ou até um velho prédio de rendimento doutra rua, entretanto abatido pela reorganização urbana – e o mais que uma, quanto a nós e salvo o devido respeito, muito criticável jurisprudência tem vindo a descobrir, numa fuga patente à ideia de *arrendamento*[189].

Elementarmente, tais realidades não se identificam com um *centro comercial*, no rigoroso sentido técnico que o caracteriza e especifica – e, por isso, jamais poderiam ter um regime jurídico especial que só coubesse a essa figura jurídica[190].

[187] Segundo a noção clássica de Paolo Greco, que nos parece a mais perfeita e singela (*Corso di diritto commerciale*, 2ª ed., Malfasi, Milano, 1948, p. 51).

[188] Não aceitamos assim, por contrária à realidade, a tese de que o *centro comercial* constitui "uma unidade empresarial de conjunto" (Pedro Malta da Silveira, *A empresa nos centros comerciais e a pluralidade de estabelecimentos – Os centros comerciais como realidade jurídica relevante*, Almedina, 1999, p. 190). Será bem de ver, quanto a nós, que cada *lojista* tem a sua *empresa*, por vezes de muito pequena dimensão, mas que não se integra na organização que constitui a *empresa* do *gestor do centro*, constituída por outro pessoal e afeta à gestão do *centro*, em si, ao passo que as *empresas* dos *lojistas* estão afetas à atividade específica de cada um deles, formando organizações próprias com outras hierarquias.

[189] Como adverte Jacques Vigny: "*Il faut bien distinguer les centres commerciaux spontanés regroupant en centre-ville ou en périphérie des magasins ne dépendant d'aucune struture commune*" – *La distribution – Structures et prat pratiques*, 2ª ed., Dalloz, 1997, pp. 179-180

[190] Isto é tão evidente que até defensores da natureza de *contratos atípicos* dos *centros comerciais* o parecem ressalvar, quanto a *galeria*, como, por exemplo, Pedro Malta da Silveira, quando conclui, com razão, "que a tais lojas não estão reservados os benefícios que até agora descrevemos e que supõe a existência de uma entidade de conjunto" (*A empresa nos centros comerciais e a pluralidade de estabelecimentos – Os centros comerciais como realidade jurídica relevante*, Almedina, 1999, p. 97).

Independentemente disto, porém, importará ainda aprofundar a análise, para se descobrir se a natureza própria de um *centro comercial* requer que os contratos a atribuir o uso das suas *lojas* exorbitam, efetivamente, de uma *locação*, apenas porque algumas das suas cláusulas não costumam ocorrer num *arrendamento não habitacional*.

Para mais e melhor nos identificarmos com a natureza e regime jurídico destes contratos, parece incontornável que tenhamos em vista, antes de mais, a rápida síntese do Direito comparado que se segue.

II – ***Breve revista de Direito comparado.*** O instituto conquistou, por todo o mundo um êxito retumbante.

Impõe-se, por isso, que nos atardemos numa ainda que muito breve análise dos aspetos relevantes que se têm suscitado nos países mais próximos de nós pela geografia ou pela afinidade cultural, sobretudo quanto às relações entre *gestores* e *lojistas* e recolher daí os ensinamentos que podem resultar do estudo do Direito comparado.

A – ***Brasil.*** Neste país, segundo informação de ANTUNES VARELA, foi objeto de debate, num *Simpósio Nacional sobre Centros Comerciais*, realizado no Rio de Janeiro em 1983, a questão da natureza jurídica dos contratos celebrados entre o *gestor* do *centro comercial* e os seus *lojistas* – e, de acordo com a mesma fonte, teria sido, como na jurisprudência, "progressivamente dominante" a tese da *atipicidade* desses contratos[191].

Certo porém, é que, a Lei nº 8.245, de 18-10-1991 (*Lei de Locação de Imóveis Urbanos*) caminhou inteiramente no sentido oposto, pois compreendeu dentro de si a disciplina dessa *locação* e com muito ligeiras particularidades, no seu art. 54.

Esta disposição foi integralmente mantida na mais recente alteração daquele diploma, levada a efeito pela Lei nº 12.112/2009, de 9 de dezembro.

O referido preceito é do teor seguinte (*em grafia brasileira*):

> "Art. 54. *Nas relações entre lojistas e empreendedores de shopping center, prevalecerão as condições livremente pactuadas nos contratos de locação respectivos e as disposições procedimentais previstas nesta lei.*
>
> 1º *O empreendedor não poderá cobrar do locatário em shopping center:*
>
> *a) as despesas referidas nas alíneas a), b) e d) do parágrafo único do art. 22; e*
>
> *b) as despesas com obras ou substituições de equipamentos, que impliquem modificar o projeto ou o memorial descritivo da data do habite-se e obras de paisagismo nas partes de uso comum.*
>
> 2º *As despesas cobradas do locatário devem ser previstas em orçamento, salvo casos de urgência ou força maior, devidamente demonstradas, podendo o locatário, a cada sessenta dias, por si ou entidade de classe exigir a comprovação das mesmas*".

[191] Cf. *Rev. Leg. Jur.*, 127º, p. 177.

As despesas referidas nas als. *a), b)* e *d)* do § único do art. 22 são as seguintes, ainda em grafia brasileira:

> *"Parágrafo único. Por despesas extraordinárias de condomínio se entendem aquelas que não se refiram*
>
> *a) obras de Reforma ou acréscimos que interessem à estrutura integral do imóvel;*
>
> *b) pintura das fachadas, empenas e poços de aeração e de iluminação, bem como das esquadrias externas;*
>
> *d) indemnizações trabalhistas e previdenciárias pela dispensa de empregados em data anterior ao início da locação".*

B – ***Itália.*** Aqui, pelo contrário, não se produziu legislação específica para a exploração dos *centros comerciais* – o que foi prontamente aproveitado para se estabelecer uma prática de contratos leoninos fortemente adversa ao *pequeno lojista* não titular de *lojas-âncora.*

Os litígios foram, nesses contratos, geralmente reservados a *tribunais arbitrais*, rarefazendo a jurisprudência sobre o tema.

Enfrentando o problema do *vinculismo arrendatício*, os contratos, segundo os *modelos de contratos* que se celebram, resolveram prontamente o problema qualificando as *locações* que realizam de *affitto d'azienda* ou *affitto di ramo d'azienda*, que podemos traduzir pela nossa *locação de estabelecimento.*

A qualificação enfrenta uma dificuldade liminar.

Como também aí ressalta, a seu respeito, a descaracterização que entre nós se contempla a respeito do *trespasse* na al. *a)* do art. 1112-2, segundo o qual o *estabelecimento* deverá ser acompanhado, em conjunto, das instalações, utensílios, mercadorias ou outros elementos que o integrem – e, no *centro comercial*, o *lojista* recebe unicamente o espaço, em tosco, e vazio de mercadorias, ultrapassa-se este obstáculo considerando que o conjunto conforma já a *azienda*, constituindo as *mercadorias* uma componente variável que se vai preenchendo a cada momento segundo as necessidades.

Além disso, a configuração legal do *affitto* atenua, de algum modo, a dificuldade referindo-o como a "*locação que tem por objeto o gozo de uma coisa produtiva*" (art. 1615 do CC_{it}).

E, para mais blindar a qualificação, os modelos de contratos costumam estabelecer expressamente uma cláusula segundo a qual as partes, "tendo consciência da substancial afinidade das duas distintas tipologias contratuais da locação comercial e do *affitto di ramo d'azienda* e da possibilidade de se suscitarem contestações futuras relativamente à disciplina concretamente aplicável à presente relação declaram e reconhecem depois de atentamente avaliadas as diferentes consequências, que aquilo que hoje é aqui estipulado é, para todos os efeitos, uma relação de *affitto di ramo d'azienda*, e que quiseram fazer referência ao normativo que ao mesmo é referível".

É claro que a afirmação das partes sobre a qualificação do contrato configura uma *questio iuris* que não obriga o tribunal, mas parece que tem passado, nos casos que têm chegado ao pretório.

Doutrina e jurisprudência, no encalço da lei, designam-no, por isso, indiferentemente, de *affitto* e de *locação*.

Assim se distancia, antes de mais, do *vinculismo locatício* italiano, submetendo-se largamente, no mais, ao regime da *locação*.

A *renda* é, nos mesmos *modelos de contrato*, prevista num montante fixo, além de IVA, a que acresce uma percentagem sobre o *volume de negócios* do *lojista* que, para este fim, se obriga a ter registos fiscais e livros de escrita, quanto aos quais reconhece ao *locador* o direito de os consultar.

É proibida a *sublocação*, sem expressa autorização do *locador*.

Nos *modelos de contrato* figura ainda uma expressa afirmação de que a *duração* do *affitto di ramo d'azienda* cessa na data do termo que lhe é assinalado, "sendo pelas partes explicitamente excluída qualquer possibilidade de tácita renovação".

Prontamente se afirma, todavia, que ocorrerá esta "na hipótese de o *locatário do estabelecimento* (*affittuario*) prosseguir na ocupação do estabelecimento para além da data convencionada" – o que logo revela que a exclusão da *relocação tácita* só é admitida convencionalmente para o titular do *centro* que, deste modo, soberanamente pode deixar, ou não, renovar-se o contrato.

Por vezes, convenciona-se mesmo que, no caso de não renovação do contrato pelo senhorio, não terá o *affituario* direito à indemnização que a lei italiana estabelece por perda de *aviamento*.

Esta cláusula tem sido considerada *nula*, nos tribunais, salientando-se a este respeito, uma interessante decisão recentemente proferida pela Cassação.

Trata-se da sentença nº 18748, de 23-09-2016 (Terceira Secção).

O caso envolvia uma situação de facto muito simples.

A *lavandaria "Lavasecco 1 ora"*, que tinha iniciado a sua atividade ainda antes da abertura do *centro comercial "La Klecar Italia"*, sito em Burolo[192] onde veio a instalar-se, foi depois demandada pelo *gestor* deste *shopping*, no termo de duração do seu *contrato*, em *oposição* à *prorrogação*.

Nesta ação, deduziu a *lavandaria* um *pedido reconvencional*, por *perda de aviamento*, que a 1ª instância desatendeu, decretando o *despejo*, sem mais.

Levado recurso, confirmou a Apelação de Turim o *despejo*, mas atendeu ao *pedido reconvencional*, condenando a Autora na indemnização à Ré de *dezoito meses* de *renda*.

Levado, finalmente, recurso para a Cassação, confirmou esta a decisão da Apelação, ponderando o seguinte, na síntese que passamos a fazer:

[192] (como se vê, a Cassação italiana não se verga à lusitana saloiice de ocultar os nomes das partes de julgamentos públicos, por imperativo constitucional.

I – *Os centros comerciais assumem uma função apelativa de clientela que, realmente, constitui a atração operada pelas particulares atividades que aí têm sede, numa sorte de sinergias recíprocas.*

II – *Não é assim de distinguir um aviamento "próprio" do centro que não seja, também, "próprio" de cada uma das atividades nele desenvolvidas, desde que, obviamente, tenham contacto com o público utente e consumidor e não tenham natureza profissional ou carácter transitório.*

III – *Daqui decorre que também em relação aos contratos de locação relativos aos imóveis internos ou complementares de centros comerciais, deve ser reconhecida a indemnização por perda de aviamento que ocorra nas condições contantes do art. 34-1 da Lei nº 392/78.*

Por último, importa assinalar a curiosa cláusula que costuma apor-se aos contratos de *centros comerciais*, segundo a qual, uma vez *resolvido* o contrato pelo *locador* e decorridos 10 dias sem que o *lojista* haja procedido à desocupação, presta desde já "o seu consentimento e autorização ao locador e lhe confere irrevogável mandato *ex* art. 1723 CC, a aceder ao estabelecimento, mesmo na sua ausência, tomar legitimamente a sua posse, substituindo as fechaduras das portas de acesso e realizar todas as operações e precauções necessárias a assegurar ao locador a manutenção da posse do estabelecimento"[193]. Por ela, o *lojista*, ou aceita a *resolução* e desocupa o estabelecimento nos 10 dias seguintes, ou dá, estranhamente, de antemão, "mandato" ao *locador* para apossar-se de todo o recheio que lá conserve e substituir as fechaduras das portas de acesso.

C – ***França.*** É o país da Europa que, a seguir ao Reino Unido, maior número apresenta de *centros comerciais*, submetendo-se a uma muito equilibrada aplicação prática, sabiamente enquadrada pela jurisprudência e pela doutrina.

Aceita-se aí que podem os *centros* recorrer a diferentes formas de cessão da exploração dos seus espaços de oferta:

a) – A *locação*, com *arrendamentos* por *três*, *seis*, *nove* ou *doze* anos;

b) – *Compra* do local de exploração, no momento da constituição do *centro*;

c) – Recurso ao *crédito-locação*, em que o retalhista se torna proprietário do local no termo do contrato respetivo;

d) – Aquisição de ações de uma *sociedade* ou *agrupamento de interesse económico* que lhe dá direito à fruição do local[194].

[193] Cf. sobre estas cláusulas, o fórmulário de contratos com *centros comerciais* de MICHELE AVESANI/FABIO BALESTRA/ALESSANDRO MASTROMATTEO, *Affitto d'azienda*, 4ª ed., Maggioli Editore, Santarcangelo di Romagna, 2015, pp. 231-232.

[194] JACQUES VIGNY, *La distribution,tructures et practique*, 2ª ed., Dalloz, 1997, p. 185; JEAN BEAUCHAED, *Droit de la distribution et de la consummation*, Presses Universitaires de France, 1996, pp. 229-230.

O *contrato de locação* apresenta aqui algumas especificidades comparativamente com o *arrendamento comercial* habitual. Assim, a *renda* estabelece-se com uma *renda mínima*, ajustada segundo o índice do custo de construção, acrescida de uma *renda variável* estabelecida em função do volume de negócio realizado, também dita *cláusula-receitas* ou *cláusula financeira* (entre 2% e 8%). A estipulação supõe que o *arrendatário* se obriga a revelar o montante do seu negócio e deixará proceder à verificação[195].

A legitimidade desta *renda variável* começou por ser discutível, até que a jurisprudência a admitiu no célebre caso do *Théatre Saint-Georges* (sentença de 10 de março de 1993)[196] – não, sem profunda e vasta controvérsia que veio a saldar-se pelo entendimento doutrinal de lógica extensão da suscetibilidade de *renda variável* aos restantes *arrendamentos comerciais*: "em breve – sustenta-se – as rendas comerciais, mesmo para as mais pequenas lojas isoladas nas mais pequenas vilas, vão encontrar uma total liberdade de fixação e de determinação[197].

Além disso, aceita-se geralmente que o *lojista* tem o dever de participar das despesas de funcionamento do *centro*; de proceder, sob o controlo do gestor deste, à instalação e apresentação do seu espaço, que recebe em tosco; de não exercer, em determinado raio, atividade similar à sua; não poder, em suma, *locar* o seu *estabelecimento* a outrem, sem autorização do *proprietário do centro*[198].

Por outro lado, na prática francesa, o contrato faz-se, geralmente, por um período longo, de *doze anos*, frequentemente com o direito, por parte do titular do *centro*, de *prorrogação* por igual período[199].

Quanto, por seu turno a um *direito de prorrogação* do *locatário* e, por conseguinte, ao seu *direito de evicção*, jurisprudência[200] e doutrina[201] mais recentes, ao invés das primitivas, respondem afirmativamente, fundados em que se cumulam aqui duas *clientelas* – a do *centro* e a do *lojista* – sendo apenas mais difícil o seu cálculo, em função dos contributos de cada uma, a ter em consideração.

195 Jacques Vigny, *La distribution,tructures et practique*, 2ª ed., Dalloz, 1997, p. 185.

196 Jean Derruppé, *La vie du centre commercial* (*Révue de Droit Immobilier*, Sirey, extrait du nº 4, 1994, p. 571).

197 Jean Derruppé, *La vie du centre commercial* (*Révue de Droit Immobilier*, Sirey, extrait du nº 4, 1994, p.572.

198 Jacques Vigny, *La distribution – Structures et pratiques*, 2ª ed., Dalloz, 1997, p. 186.

199 Jean Derruppé, *La vie du centre commercial* (*Révue de Droit Immobilier*, Sirey, extrait du nº 4, 1994, p. 572).

200 Sentença do 18^Câmara, 1ª Sec. do Tribunal de Grande Instância de Paris, de 24-11-1992 (*Gazètte du Palais*, de 30-31 de março de 1994, p. 7; Cassation, 3ª sec. 1-12-1976 (*Bulletin des arrêts de la Cour de cassation. Chambres civiles*, III, n. 476).

201 Jean Derruppé, *La vie du centre commercial* (*Révue de Droit Immobilier*, Sirey, extrait du nº 4, 1994, pp. 572-575

D – ***Reino Unido.***

(1) As disposições desta II Parte aplicam-se a todas as locações em que o uso esteja compreendido na locação ou em que se incluam pertenças [*premises*] ocupadas pelo locatário e que são assim ocupadas para as finalidades de uma atividade exercida por ele ou para estas e outras finalidades.

(2) Nesta Parte, a expressão "atividade" [*business*] inclui um comércio [*trade*], profissão ou emprego e inclui qualquer exercício levado a cabo por um conjunto de pessoas, associadas ou não associadas.

(3) Nas disposições seguintes desta Parte, a expressão "o arrendamento" ["*the holding*"] em relação com uma locação a que esta Parte se aplica significa a locação propriamente nela compreendida, excluindo toda aquela que se refira ao locatário ou a uma pessoa empregada pelo locatário e também empregada para o exercício de uma atividade em razão da qual a locação é uma daquelas a que esta Parte se aplica.

(4) Quando o locatário exerça uma atividade, no todo ou em parte compreendida numa locação, violando proibição expressa dessa aplicação, que todavia se estende ao todo da propriedade [*property*] não será aplicada à locação, a menos que o senhorio predecessor tenha consentido a violação ou o senhorio imediato tenha aquiescido a ela.

III – ***Surgimento e expansão dos centros comerciais em Portugal.*** Depois de uns esboços, que não passavam de pequenos conjuntos de lojas constituindo os chamados *drugstores*, um destes veio a ser conhecido, na linguagem comum, por *centro comercial*.

Foi o *APOLO 70*. Aberto ao público em Lisboa, já no ano de 1971, quando pretendia abrir com a nova década.

De começo, ainda era referido como *drugstore*, com uma ABL (*Área Bruta Locável*) modesta, sem *lojas-âncora*, sem *mall*, sem *parque de estacionamento* próprio – situado nos baixos de um vulgar "prédio de rua", na Avenida Júlio Diniz, de Lisboa, não se enquadrava então, nem hoje em dia se enquadra minimamente no conceito de *centro comercial*, embora não falte quem, benevolamente, mas sem rigor, lhe atribua essa qualificação; e até já foi sentenciado como tal.

Outro tanto ocorre com o *IMAVIZ*, fundado em Lisboa, em 1973, e que, em nossa opinião, também de *centro comercial* nada tem, embora igualmente já tenha sido qualificado como tal, por acórdão que adiante analisaremos.

Seguiu-se-lhes o *JUMBO*, de Cascais, ainda de pequeno porte, apesar do nome, fundado em 1974, mas já com uma ABL apreciável, de 8.000m^2, e perfeitamente qualificável, quanto a nós, como um verdadeiro *centro comercial*.

Foi um *JUMBO* precursor de outros *JUMBOS*: o JUMBO de Alfragide, com 10.000m^2, fundado em 1988; o *JUMBO* da Maia, de 1991, com 11.000m^2; o JUMBO de Setúbal, de 1992, com 16.000m^2.

Em 1985, tinha surgido o *AMOREIRAS*, de Lisboa, com 39.000m^2. Depois, veio o *GAIASHOPPING*, de 56.000m^2 de ABL; a seguir, o CASCAISHOPPING, de 63.000m^2.

Em finais de 1997, nasceu o *COLOMBO*, de Lisboa, com a ABL de 123.000m^2 e 500 lojas e serviços.

Entretanto e daí por diante, seria fastidioso enumerá-los a todos, porque a lista, em Lisboa, Porto, Coimbra, Braga e nas restantes cidades do território, não tem parado de ser substancialmente acrescentada.

À sua escala, Portugal é, na verdade, um dos países mais dotados de verdadeiros *centros comerciais*, no rigoroso sentido técnico da expressão.

IV – ***Qualificação jurídica da atribuição do gozo de loja em centro comercial.*** Deixemos de parte a análise dos diferentes possíveis sistemas de gestão de um *centro comercial*, se pelo seu titular, se através de uma *sociedade afiliada*, que é o processo mais corrente entre nós, se mediante mandato conferido para o efeito, se por outro sistema.

As relações entre o *titular* e o efetivo *gestor* não oferecem, realmente, particularidades assinaláveis.

Já entre *gestor* e *lojista* se têm apresentado, entre nós, diversos entendimentos.

Interessa-nos por isso, para não dispersarmos a nossa atenção por aspetos mais distantes ou mesmo sem qualquer relação com o *arrendamento*, objeto do presente *Comentário*, fixar-nos estritamente sobre a qualificação jurídica da negociação pela qual o *lojista* entra na ocupação da sua *loja*.

Em França, por exemplo, a doutrina francesa dá, a este respeito, notícia de três figuras diferentes que aí se praticam.

a) – A *sociedade*;

b) – A *compropriedade*;

c) – A *locação*.

Da *sociedade*, que será aí a forma que mais se usa, pela sua flexibilidade[202], não cremos que haja algum exemplo em Portugal.

Não vale pois a pena perdermos tempo com ela

Relativamente à *compropriedade*, temos, entre nós, exemplos raros, mas a nossa doutrina já a tem recusado como forma possível de atividade de um *centro comercial*.

O que se tem oposto à ideia?

Que, sendo cada *lojista* titular de um *direito de propriedade* sobre a sua *loja*, a poderá explorar como entender, e até "proceder a uma modificação total ou mesmo substituição do estabelecimento; vender o imóvel a quem entender; trespassar o estabelecimento comercial a quem entender; ceder a sua exploração; locar a fração ou de outro modo onerá-la".

Certo, os arts. 1422 e 1424 ss CC imporem "especiais restrições, atendendo apenas à compatibilidade de gozo pela comunhão de espaço", mas sempre deixariam de ser

[202] Jean Beauchard, *Droit de la distributionet de la consummation*, PUF, 1996, p. 230

abrangidas restrições muito maiores resultantes da necessária compatibilização da sua exploração com a "integração empresarial".

Em definitivo, quando a violasse, "seria muito difícil obter a sua evicção com justa causa"[203].

Talvez não seja bem assim.

Antes de mais, a *venda*, o *trespasse*, a *locação de estabelecimento* ou a oneração da fração própria são negócios jurídicos que não implicam, por si, a *alteração do ramo de negócio.*

Está inclusivamente por provar que seja legítima a cláusula proibitiva do *trespasse* ou da *locação de estabelecimento* que figura na generalidade dos contratos celebrados em Portugal entre os *gestores* e os seus *lojistas.*

Se o contrato configurar um *arrendamento não habitacional*, há preceitos injuntivos e, portanto, irrevogáveis por oposta cláusula contratual, atribuindo tais direitos ao *arrendatário* (arts. 1109 e 1112 CC).

Depois, o Regulamento do Condomínio, a estabelecer o sistema agregado de *lojas* não pode ser violado pelos *condóminos* e, muito menos, o *título constitutivo da propriedade horizontal*, que disponha sobre a integração das *lojas* (art. 1422-2, als. *c)* e *d)*, CC).

Para evitar que terceiros adquirentes arguam a *ineficácia*, como terceiros de boa-fé, deve submeter-se a registo a integração, diretamente ou mediante uma afirmação diretriz, com remissão para o Regulamento do Condomínio.

Daí resulta que, se uma infração ocorrer, o *administrador* poderá ir a juízo e obter a proibição do comportamento ilícito (art. 1437 CC).

Não parece a afirmação contestável.

Nem falta jurisprudência nesse sentido[204], assim como não deixam de existir, entre nós, verdadeiros *centros comerciais* constituídos em *propriedade horizontal*, com *lojistas condóminos.*

Quanto, por sua vez, à terceira hipótese, é que se tem suscitado um aceso problema jurídico, tanto na doutrina como na jurisprudência do nosso país.

Na esmagadora maioria dos casos, o que nós temos é sociedades de avultado capital que constroem um *centro comercial*, de que ficam titulares, se tornam o seu *gestor*, por si

[203] Pedro Malta da Silveira, *A empresa nos centros comerciais e a pluralidade de estabelecimentos – Os centros comerciais como realidade juridicamente relevante*, Almedina, 1999, pp. 148-149. Cremos, porém, que esta afirmação é contrariada por abundante jurisprudência sobre condomínio. Assim, p.ex.:

– Se um condómino dá à sua fração um uso diverso do fim a que, segundo o título constitutivo da propriedade horizontal ela é destinada, ou seja, se ele infringe a proibição contida no art. 1423, nº 2, al. *c)*, do Código Civil, o único remédio para essa afetação é a reconstituição natural (afetação da fração em causa ao fim a que ela estava destinada)

SUPREMO, 19-05-1981 (*BMJ*, nº 305, p. 303).

[204] Cf., neste sentido, Sandra Passinhas, *A assembleia de Condóminos e o Administrador na Propriedade Horizontal*, 2ª ed., Almedina, 2009, pp. 138-143 e jurisprudência que cita; João Alves, *Propriedade Horizontal*, Coimbra Editora, 2011, pp. 161-172 e jurisprudência vária.

ou por intermédio de uma *afiliada*, e contratam com terceiros a atribuição temporária e remunerada do gozo das *lojas* respetivas.

Em Portugal, a corrente que diremos clássica, à semelhança do que ocorre em geral no Direito comparado, vê nestes contratos uma verdadeira e própria *locação*, e por isso os qualifica como *contratos de arrendamento*, ainda que admita a sua *coligação* com outra figura.

Outra corrente, próxima desta, tem adicionado ao *arrendamento* uma *prestação de serviços* e configura-o então como *contrato misto*.

Outra, ainda, hoje em dia unânime na jurisprudência dos nossos tribunais superiores e largamente defendida na doutrina nacional[205], qualifica-os de *atípicos* ou *inominados*, assinalando-lhes um regime jurídico próprio moldado pela liberdade contratual.

Semelhante a esta, mas destacando-se dela pelo específico regime que lhe reserva, poderá ainda referir-se a tese do contrato *atípico misto* ou *inominado impróprio* – e podemos aludir ainda aos entendimentos da *integração empresarial*, ou ao recurso, que por vezes se faz, à figura das *bases contratuais gerais*.

Interessa salientar, liminarmente, que, entre nós, sendo numerosas as opiniões emitidas sobre o tema, se têm fundado, inicialmente, em *pareceres* emitidos em processos judiciais.

[205] A jurisprudência qualifica-a de *fortemente maioritária*, quando não, de *generalizada*.
Certamente influenciado por essa apressada afirmação, também Menezes Cordeiro tem vindo a afirmar que ela tem o "apoio da generalidade da doutrina" – *Tratado de Direito Civil Português*, II, tomo II, Almedina, 2010, p. 225; *Leis do Arrendamento Urbano Anotadas* (Coord. de António Menezes Cordeiro), Almedina, 2014, p. 142.
Se, porém, quisermos fazer um apuramento mais rigoroso das opiniões *pró contrato atípico* ou *não contrato atípico*, salvo alguma involuntária omissão, poderemos estabelecer o seguinte balanço que, pelos vistos, está muito longe da propalada *generalidade*, pois se saldará por um simples *empate técnico*:
a) Em favor do *contrato atípico*: Antunes Varela; Oliveira Ascensão; Pedro Pais de Vasconcelos; Pedro Romano Martinez (que, aliás, exclui os *centros comerciais pequenos* e as *galerias de lojas*); Rui Pinto Duarte; Lebre de Freitas; Calvão da Silva; Malta da Silveira; Carlos Olavo; Aragão Seia – dez Autores;
b) Em favor do arrendamento: Inocêncio Galvão Telles; Januário Costa Gomes; Coutinho de Abreu; Marcelo Rebelo de Sousa; Rui Rangel; Cassiano Santos; Rui de Alarcão; Ana Afonso; Osório de Castro; Pinto Furtado – dez Autores.
Arrolámos Ana Afonso neste sentido, porque a I.A. defende a tese, não propriamente de um contrato "atípico puro", mas de um *contrato misto impróprio*, uma *deformação* do *arrendamento*, a cujo regime jurídico apela em cada caso para construir o regime final.
Como refere, pretende confirmar o seu entendimento evidenciando os pontos em que os interesses dos contraentes se afastam do tipo normativo do *arrendamento comercial*, mas também os aspetos em que a aproximação estrutural a esse arrendamento justificam a aplicação das normas que o compõem (*Os contratos de instalação e lojistas em centros comerciais – Qualificação e regime jurídico*, Publicações da Universidade Católica, Porto, 2003, p. 233).

Outra característica muito vulgar dessas opiniões é que não se reconduzem nunca a uma definição rigorosa de *centro comercial* e frequentemente se divorciam da realidade controvertida, chegando mesmo, por vezes, a confundir e identificar a negociação externa entre *proprietário* e *gestor* e a estabelecida entre *gestor* e *lojista*[206].

Por último, é quase total a ausência de uma referência ao Direito comparado[207].

Postas estas importantes prevenções, passemos a analisar sucintamente os diferentes entendimentos, para concluirmos com a solução que adotamos.

A – ***A tese do contrato atípico.*** O grande iniciador e entusiástico defensor da qualificação do contrato entre o *gestor* de *centro comercial* e o seu *lojista* como *contrato atípico* foi, entre nós, Antunes Varela.

Porque o seu pensamento se espraiou, com prioridade temporal, fundamentalmente por diversos comentários de jurisprudência, alongando a pesquisa, temos de demorar-nos algo mais na exposição das soluções que o Saudoso Professor propôs e que influenciaram profundamente os nossos tribunais.

Assim, comentando um velho acórdão do SUPREMO, proferido então há mais de cinco anos[208], sobre a *locação* de uma *loja* da *galeria* de um hotel da cidade de Lisboa, na *Revista de Legislação e Jurisprudência*, assimilou-a, sem mais, a um *centro comercial* e censurou a qualificação de *arrendamento comercial*, feita no aresto.

Exprimiu o seu entendimento deste modo: "no caso do *shopping center*, o fundador do centro não se limita a proporcionar ao lojista o imóvel que ele vai gozar. Cede-lhe um *local privilegiado* para o comércio, dá-lhe a vizinhança de estabelecimentos selecionados, assegura-lhe a integração numa grande e solidária unidade de exploração mercantil, define-lhe o ramo do negócio mais rentável que há de ter, trata da decoração, da iluminação da limpeza e da higiene do recinto que envolve o estabelecimento, assegura-lhe por via de regra o estacionamento das viaturas automóveis da sua clientela e muitas vezes lhe presta serviços fundamentais para a vida dos estabelecimentos desde a energia ao ar

[206] Vamos concretizá-lo adiante, quando nos ocuparmos da análise crítica de jurisprudência.

[207] Salientemos que apenas nos escritos de Antunes Varela se referem as tendências que terá detetado num seminário do Rio de Janeiro, de 1988, cujos resultados, de que dá conta, foram, aliás, desmentidos pelo Direito positivo entretanto promulgado. Numa dissertação de mestrado de 1997 (Pedro Malta da Silveira, *A empresa nos centros comerciais e a pluralidade de estabelecimentos – Os centros comerciais como realidade relevante*), é típico este incompreensível alheamento: apesar de se reconhecer, logo de começo, que, na Alemanha, na França e na Itália, "a problemática dos centros comerciais foi, de algum modo, absorvida pelo contrato de locação" pois, esquecendo mesmo assim, pelo menos, o Brasil e o sistema anglo-americano, desprezou o filão e partiu, sem mais, para a tese do *contrato atípico*.
Mas por que é que um instituto, que não nasceu em Portugal e foi importado do estrangeiro, há de dar origem a figuras que no estrangeiro não são seguidas, sem que tenha havido no país da receção uma única disposição legal a modifica-lo? A isto não se dá resposta.

[208] O ac. de 26-4-1984 (*BMJ* nº 336, p. 406); (*Rev. Leg. Jur.*, 122º, p. 59).

condicionado, à circulação dos clientes, à montagem de polos de atração para crianças e adolescentes e à segurança exterior"[209].

O trecho respigado situa-se nas pp. 83-84 da citada *Revista* – e o mais curioso, a nosso ver, é que ANTUNES VARELA era tão entusiástico na defesa do seu entendimento que nem deu por que, naquele caso, não se estava, evidentemente, perante um *centro comercial*, mas apenas em presença de *uma pequena galeria de hotel*, sem qualquer fundamento, portanto, para se pautar pelo regime jurídico das *lojas* de *centro comercial*.

Chegou a censurar os signatários do acórdão por, na sua análise, só terem equacionado duas hipóteses: a do *arrendamento* e a da *cessão de exploração de centro comercial*; "esqueceram, por completo, a existência de uma terceira figura – a dos *shoppinng centers*" (*Revista citada*, p. 64, 1ª col.).

Não esqueceram, em nossa opinião: simplesmente, a terceira figura não se ajustava à matéria de facto sobre que o acórdão se debruçou.

No caso, a exploração da *galeria* era animada do propósito de se furtar ao *vinculismo*, para o que o hotel intitulara os respetivos *arrendamentos* de "cessão de exploração de estabelecimento" – o que não foi suficiente, ainda então, para iludir o SUPREMO, neste notável acórdão, superiormente relatado pelo Saudoso Conselheiro MAGALHÃES BAIÃO.

ANTUNES VARELA terá, aliás, configurado como *centros comerciais*, situações concretas que, em rigor, em nosso parecer e com perdão que pedimos, não se ajustavam a tal[210] e que em devido tempo tentaremos assinalar.

O seu entendimento fundamental sobre o tema foi afirmado, tempos depois, em comentário concordante com o ac. do SUPREMO, de 12-07-1994[211], que adiante comentaremos mais de espaço (v. *infra*, V, *sub* este mesmo artigo), tirado no sentido de que se estava em presença de um "*contrato de implementação de centro*" – que, na nossa perspetiva e salvo o devido respeito, que é muito, que é todo, não constituiria, sequer, um contrato entre *gestor* e *lojista* nem, naturalmente, se poderia confundir com ele.

Aproveitou então para fazer um autêntico e valioso ensaio jurídico em três capítulos, no primeiro dos quais sustentou que, na *instalação do lojista num centro comercial*, o *organizador* assume múltiplas obrigações próprias do *shopping* como, entre outras, a iluminação, a higiene, limpeza, policiamento e segurança, comunicações com o exterior, funcionamento de serviços de interesse comum, etc. que, não constituído prestações a que se tenha previamente vinculado, não integravam um *contrato misto* nem quadravam à estreita e acanhada figura do *arrendamento*[212].

[209] Cf. *Rev. Leg. Jur.*, 122º (1989), pp. 59 ss.

[210] Salvo, assinalavelmente, quanto à hipótese do ac. da Relação de Lisboa, de 22-10-1992 (*Colectânea*, XVII-IV; *Rev. Leg. Jur.*, 128º, p. 286) do prédio de rendimento da Rua Filipe Folque, de Lisboa, arvorado pela Relação em *centro comercial*, no mais completo despropósito – erro que ANTUNES VARELA prontamente denunciou, como veremos adiante em texto.

[211] *Rev. Leg. Jur.*, 127º, pp. 174 ss.

[212] Cf., *Rev. Leg. Jur.*, 127º, *maxime*, pp. 184-185.

Ulteriormente, voltou ao tema, ainda nas páginas da *Rev. Leg. Jur.*, ante um conjunto de cinco acórdãos que tinha antes selecionado e apresentado, para análise e debate, a um seminário da *Associação Portuguesa dos Centros Comerciais*, realizado em Lisboa, em 28 de novembro de 1994, em que interveio, insistindo no afastamento da ideia do *arrendamento* e abraçando, como anteriormente, a qualificação dessa figura como *contrato atípico*[213].

Nos cinco acórdãos, julgara-se uniformemente, e em síntese, que, embora o contrato para *instalação de lojista* em *centro comercial* contenha elementos típicos da *locação*, representa *uma realidade nova e distinta, que se não compadecia com o regime locatício.*

No mesmo sentido, referiu o Saudoso Professor ainda, com efeito, que "o contrato através do qual se instala o lojista na complexa unidade integrada que constitui o centro comercial constitui uma operação negocial que transcende sob múltiplos aspetos o esquema clássico da *locação* de imóveis"[214].

Acerca do regime jurídico que resultaria desta qualificação, limitou-se a afirmar que, no âmbito da liberdade contratual consagrada no art. 405 CC, ela se desmultiplica "na livre celebração de contratos diferentes dos previstos na lei, aos quais a doutrina dá compreensivelmente a designação genérica de contratos inominados ou atípicos"[215].

E analisa ainda alguns aspetos particulares, que importa referir.

No tocante à *forma legalmente exigível*, o tema que compôs a al. *A)* da teoria geral que pretendeu elaborar através dos cinco acórdãos selecionados, isentou-os, a propósito do que vinha sendo denominado de *Centro Comercial da Fonte Nova*, ou também de *Centro Comercial de Benfica*, da *exigência de forma* estabelecida no então art. 89, al. *k)*, CN – mas, independentemente disso, logo ressalvou que "resta sempre a dúvida sobre a possibilidade de o contrato de instalação do lojista no centro constituir um *contrato misto* de espetro negocial mais abrangente do que o simples *binómio arrendamento-prestação de serviços*, e de entre os seus *elementos* constitutivos figurar a *prestação típica* do locador (*rectius*, do senhorio)" e, nesta base, se submeter antes à *forma* então estabelecida para o *arrendamento* no art. 1029 CC e art. 89, al. *j)*, CN[216].

Seguiu-se-lhe uma al. *B)* em que, sobre outro dos cinco casos, pôs a interrogação sobre se esse contrato *inominado* ou *atípico* estaria sujeito a *renovação obrigatória* – mas logo referiu que a pergunta não vinha a propósito porque, afinal, o acórdão selecionado tinha-se enganado, pois qualificara como *centro comercial* um vulgar *prédio de rendimento* de uma rua de Lisboa.

213 *Rev. Leg. Jur.*,128º, (1996), pp. 278 ss.
214 *Rev. Leg. Jur.*,128º, (1996), p. 316 (2ª col.).
215 *Rev. Leg. Jur.*,127º (1994), pp. 180-181.
216 *Rev. Leg. Jur.*,128º (1996), pp. 369-370.

Passando em claro uma terceira alínea, que não interessa ao caso[217], equacionou o tema do montante a pagar pelo *lojista*[218], sobre o qual também não veio aí a emitir opinião.

Noutra altura, porém, exprimiu-se, salientando a diferença que se verifica entre o *arrendamento comercial* e aquilo que denomina de "contrato de instalação do lojista no centro", o primeiro com uma *renda certa*, então obrigatoriamente fixada em "escudos", e o segundo em que a retribuição do *lojista* contém, a mais da parte fixa, uma parte variável consoante o lucro do exercício respetivo[219].

Foi o único Autor que, em defesa deste entendimento, procurou apoio no Direito comparado. Reportou então, a favor da sua ideia, um seminário realizado no Rio de Janeiro, em 1988, onde teria havido "significativas adesões" à tese do *contrato atípico.*

Era um apoio, aliás, fosse qual fosse o seu valor efetivo, que, entretanto, já tinha desaparecido com o surgimento, anterior à época em que escrevia, da *lei de locação de imóveis urbanos*, a Lei nº 8.245, de 18-10-1991, que expressamente contemplou os contratos com os *lojistas* de *centros comerciais*, como efetivas *locações*, no seu art. 54, estabelecendo úteis particularidades dignas de regulação como *arrendamento*[220].

Desde então, até esse isolado e vago apoio do Direito comparado se silenciou[221].

B – *A associação da integração empresarial à ideia de contrato atípico.* Dentro da conceção de *contrato atípico*, tentou-se aprofundá-la lobrigando no exercício da atividade global do *centro* um todo coletivista, gerido, comandado e controlado pelo *gestor* onde se insere o *lojista*.

[217] Investigava o ponto concreto da necessidade de autorização do proprietário de um *centro comercial* para o seu *gestor* contratar com o *lojista* (*Rev. Leg. Jur.*, 129º (1996), p. 142).

[218] *Rev. Leg. Jur.*, 128º, (1995), p. 172 (1ª col.).

[219] *Rev. Leg. Jur.*, 128º, (1995), p. 373, n.1 (1ª col.).

[220] Cf. o nosso *Manual do Arrendamento Urbano*, Almedina, 1996, p. 243, n. 25. Aí registámos que, perante a lei, a doutrina brasileira expressamente referiu, sobre o tema que, em presença de uma tendência, que havia, de "conceituar a locação firmada pelos lojistas como um contrato atípico", " a nova lei espanca qualquer dúvida no sentido de que a relação jurídica nesse caso é de locação, com cabimento inclusive da ação renovatória" – Sílvio de Salvo Venosa, *A Nova Lei do Inquilinato Comentada*, Editora Atlas SA, 1992, p. 196.
E referimos ainda que, acerca da jurisprudência anterior, o mesmo A. afirmava ser essa a orientação dos tribunais, "com poucas ressalvas" (p. 197) e o mesmo referia ainda Dinah Sonia Renault Pinto, *Shopping Center – Uma Nova Era Empresarial*, 1989, pp. 87 ss.

[221] Só muito mais tarde, na belíssima dissertação de Mestrado de Ana Isabel da Costa Afonso, se fez uma brevíssima alusão ao caso francês e ao brasileiro, atual, inteiramente certa, mas que se desprezou totalmente na investigação profunda e valiosa que realizou. Como poderá, porém, estudar-se com objetividade o regime português de um instituto criado no estrangeiro, adotado por diferentes países e, depois, desprezar-se inteiramente o que se passa nesses países?

A tese do *contrato atípico* veio assim a ser defendida e aprofundada por outros Autores, acrescentando-se-lhe os traços seguintes, assentes na comparação com *tipos legais* conhecidos:

a) – Quanto ao *objeto*, o contrato com o *lojista* advém da integração deste num *centro comercial*, inserindo-se portanto numa *pluralidade integrada* e na dualização entre o que é próprio da *loja* e o que é comum do *centro*;

b) – A contrapartida comporta, além de uma quantia fixa, uma parte variável, fundada em determinada percentagem sobre o volume de negócios, envolvendo assim algo de parciário;

c) – O sentido do contrato, que é o de uma *integração empresarial* que informa o conjunto e cada um dos contratos: "a entidade exploradora é um empresário, o centro comercial é uma empresa e tem o seu estabelecimento, assim como, individualmente considerados, os lojistas são empresários, as suas lojas são empresas e têm aí o seu estabelecimento"[222];

d) – A estipulação das partes que, utilizando as designações de *concessão* ou *licença de utilização de espaços ou de lojas* acentuam a vontade de evitar a qualificação como *contrato de arrendamento*, de *subarrendamento* ou de *locação de estabelecimento*;

e) – Nesta base, também aqui se proclama que o contrato com o *lojista* não está minimamente sujeito à forma então imposta para o *arrendamento*[223].

O contrato atributivo de um lugar para o *lojista* aí montar o seu *estabelecimento*, sob o domínio do *gestor*, seria, assim, um *contrato atípico*, mas que poderia dizer-se *nominado*: o *contrato de integração empresarial*.

O fundador desta conceção é OLIVEIRA ASCENSÃO.

Para o Ilustre Professor, na *locação*, o *locatário* assume uma posição autónoma relativamente ao gozo da *coisa*; diferente é a situação do *lojista* no *centro comercial*, onde "o seu gozo passa forçosamente pela mediação do concedente", que controla apertadamente toda a sua atividade, a tal ponto que ele nem tem posse exclusiva da sua *loja*, pois é o *ges-*

[222] É a formulação de PEDRO PAIS DE VASCONCELOS, *Contratos de utilização de lojas em centros comerciais. Qualificação e forma* (*ROA*, 56-II [1996], p.541), retomando uma ideia primitivamente formulada por ANTÓNIO DE OLIVEIRA ASCENSÃO.

[223] Segundo a excelente formulação de PEDRO PAIS DE VASCONCELOS, *Contratos de utilização de lojas em centros comerciais. Qualificação e forma* (*ROA*, 56-II [1996], pp. 535-549).
A ideia de *atipicidade* e qualificação como *contratos de integração empresarial*, foi formulada em primeira linha por JOSÉ DE OLIVEIRA ASCENSÃO, *Integração empresarial e centros comerciais* (*BFFDUL*, XXXII [1991], pp. 29-70) e *ROA*, 54-III (1994), pp. 835-842 – e, depois, seguida por PEDRO PAIS DE VASCONCELOS que viu aqui uma "integração empresarial que informa o conjunto e cada um dos contratos"(*Contratos de utilização de lojas em centros comerciais. Qualificação e forma* [*ROA*, 56-II, (1996)], p. 541) e também, depois, por PEDRO MALTA DA SILVEIRA, *A empresa nos centros comerciais e a pluralidade de estabelecimentos – Os centros comerciais como realidade jurídica relevante* (Dissertação de Mestrado), Almedina, 1999, pp. 150-190.

tor que detém a chave de acesso ao local coletivo e pode, a todo o momento, além disso, interromper-lhe a corrente elétrica, impossibilitando a sua utilização[224].

Tem-se combatido este entendimento, referindo que ele só seria relevante para quem partisse da ideia de que o *direito de locatício* é um *direito real*, a velha construção, em face do princípio *emptio non tollit locatum*, formulada por TROPLONG[225], hoje praticamente abandonada, dentro da qual o seu gozo constituiria um *direito autónomo* em relação à *coisa*.

No enquadramento obrigacional, em que, na verdade, está investido, ou mesmo numa perspetiva *eclética*, "não é possível retirar um argumento seguro que permita fundar uma diferenciação substancial entre a posição do típico arrendatário e a posição do lojista de centro comercial"[226].

OSÓRIO DE CASTRO terá formulado este pensamento, em primeira linha, num parecer inédito a que não tivemos acesso, mas de que ANA COSTA AFONSO extrata a seguinte ideia fundamental: "nada prova no sentido da atipicidade por defeito apontar que o concessionário só acede ao gozo da coisa por mediação do concedente, por isso que tal é o traço característico da locação, sendo lícito retorquir que esse traço se nos depararia aqui apenas algo mais 'carregado' do que ocorre habitualmente. Tão pouco a eventual proliferação de restrições ao gozo do lojista é de molde a legitimar, só por si, a tese da atipicidade. Não é possível divisar qualquer conforto legal para a ideia de que apenas há locação se for *pleno* o gozo da coisa propiciado ao locatário: este é justamente limitado aos fins a que a coisa se destina, segundo o contrato"[227].

Isto parece-nos incontestavelmente certeiro mas, se bem pensamos, não atacará diretamente a ideia da *integração empresarial*, pois o que visa é contrariar direta, e convenhamos que eficazmente, a tese da *atipicidade*.

Propriamente quanto à chamada *integração empresarial*, o que logo impressiona é que, dos fundamentos em que a alicerçam, se fica afinal sem saber em que consistirá ela, efetivamente.

OLIVEIRA ASCENSÃO funda-a, como vimos, em haver, na relação entre o *lojista* e a sua *loja*, uma "mediação do concedente", pois não detém a posse exclusiva dela, visto que é o *gestor* quem detém a chave de acesso ao local coletivo e quem pode, a todo o momento, além disso, interromper-lhe a corrente elétrica, impossibilitando a sua utilização.

Resta porém saber é se esta *ação direta* será legítima, à face da lei.

Porque, se não o for – e cremos firmemente que não o é – o entendimento cai necessariamente por terra. E ainda resta que, com a mesma possibilidade material, também

[224] JOSÉ DE OLIVEIRA ASCENSÃO, *Integração empresarial e centros comerciais* (*BFFDUL*, XXXII [1991], pp. 29-70).

[225] Cf. o nosso *Manual do Arrendamento Urbano*, I, 5ª ed., Almedina, 2009, p. 60.

[226] ANA ISABEL DA COSTA AFONSO, *Os contratos de instalação de lojistas em centros comerciais – Qualificação e regime jurídico*, Publicações Universidade Católica, Porto, 2003, pp. 141-143.

[227] ANA ISABEL DA COSTA AFONSO, *Os contratos de instalação de lojistas em centros comerciais – Qualificação e regime jurídico*, Publicações Universidade Católica, Porto, 2003, p. 143, n.

qualquer *senhorio* de um vulgar prédio urbano poderá fazer o mesmo ao seu *inquilino* ou *arrendatário não habitacional*: normalmente, os *senhorios* guardam, para si, cópias das chaves de entrada das frações arrendadas e, mesmo quando não as guardem, também costumam substituir as fechaduras das portas de acesso – como se sabe já ter ocorrido.

Além disso, estará, quanto a nós, finalmente por saber, ao certo, na vagueza dos fundamentos em que se alicerça, o que quererá dizer *integração empresarial*.

Teremos antes de mais de saber se, quando se usa esta expressão, se refere indiferentemente *empresa* e *estabelecimento*, pois há Autores que unificam os dois conceitos usando uma ou outra palavra para indicar a mesma realidade.

Rigorosamente, porém, parece que as devemos distinguir: *empresa* é *empresa*, e outra coisa é *estabelecimento*.

Nas *empresas* que são *sociedades comerciais*, as ligações que possam estabelecer-se entre elas não são nunca legalmente conformadas como *integração* mas, em geral, como *coligação* – e, dentro deste amplo género, as relações de *participação*, por um lado, e, por outro, as de *grupo*.

Ora, a qualificarmos a *coligação empresarial* que se verificaria então num *centro comercial*, taxá-la-íamos de *grupo paritário*, já que as *empresas* dos *lojistas* não são, em si mesmas, dependentes da *empresa* do titular, mas apenas se submeteriam "a uma direção comum e unitária" (art. 492-1 CSC).

Não parece ser isto o que se quer significar.

Pedro Pais de Vasconcelos refere, como se viu, que a *integração empresarial* que informa o conjunto e cada um dos contratos resulta de a entidade exploradora ser um *empresário*; o *centro comercial* ser uma *empresa*, assim como, individualmente considerados, os *lojistas* são *empresários*, e os contratos com estes advém da integração deles num *centro comercial*, inserindo-se portanto numa *pluralidade integrada*.

O que, porém, quanto a nós, afasta decisivamente a ideia da *integração empresarial* é que entre a *empresa-centro comercial* e as diferentes *empresas-lojistas* não há um nexo inclusivo, de *pertença* ou de *integração*, mas simples *relações de vizinhança* e de *comunhão do espaço*, que formam o chamado "condomínio", sem chegarem a sê-lo, mas apenas a parecê-lo, e em cujas despesas e gestão meramente participa o *lojista*, ou deve ser admitido a participar.

Não se nos afigura pois aceitável, se bem pensamos, a ideia de Pedro Romano Martinez, dentro desta corrente, quando afirma que, "ao ceder o espaço, o centro comercial integra o lojista na empresa, que ele próprio constitui"[228]

A realidade, para nós, é que o *lojista*, por mais amarrado que esteja, na sua atividade empresarial, ao *gestor do centro*, nem mesmo na prática comum do nosso país será seu subordinado; não participa da *empresa-centro*, pois antes chefia, ele próprio, uma *empresa autónoma*, a sua; logo, genuinamente, não chega, em tais contratos, a formar-se uma efetiva *integração empresarial*.

[228] Pedro Romano Martinez, *Direito das Obrigações – Contratos*, 2ª ed., Almedina, 2001, p.291.

Não é que não possa a exploração de determinado *centro comercial* adotar uma prática de *integração empresarial*, estabelecendo *empresas afiliadas* suas, dispersas pelas *lojas*.

Vemo-la, por exemplo, na prática francesa de exploração da chamada *sociedade civil*, que se diz ser, aí, a fórmula mais usada, e que consiste em a propriedade do *centro* pertencer a uma *sociedade* em que os seus *sócios* adquirem o direito de fruição de uma ou várias *lojas*, guardando a *sociedade* titular do *centro* uma posição maioritária que lhe proporciona uma posição de *domínio* sobre os utentes dos espaços fruídos[229].

Não poderá, por outro lado, ver-se, porém, na *renda parciária* que os contratos com os *lojistas* invariavelmente estabelecem, para além da *renda fixa*, um afloramento de *integração empresarial*?

Já se tem visto nesta contrapartida do *lojista* "algo de parciário que é típico da associação em participação e da comandita"[230] – mas, além de o *simile* com a *comandita* parecer algo forçado, também a *associação em participação* se distancia desta remuneração recebida pelo *gestor*, antes de mais, por se reportar ao *rendimento bruto* do *lojista* (apenas líquido de IVA e da renda fixa), ao passo que o *associado* participa no *lucro líquido* do *associante*.

De qualquer modo, esta forma de remuneração aproxima-se, por um lado, muito mais da *parceria* do que de uma *associação em participação*, a qual, por outro lado, não é, entre nós, uma *sociedade* e não constitui, pois, um traço representativo de *integração*.

C – *A qualificação como contrato misto.* A conceção do contrato com o *lojista* de *centro comercial* como *contrato misto* foi várias vezes aventada e, outras tantas, rejeitada, saldando-se, por isso, por uma teoria pouco seguida entre nós.

É que a tendência para lhe fixar essa natureza suscitava-se logicamente por quem recusasse qualificá-lo como um *arrendamento*, visto apresentar características que transcendiam marcadamente as fronteiras dessa figura.

Seria então um *contrato misto* de *arrendamento* e de *prestação de serviços* – o que acabaria afinal por despojá-lo da natureza de *contrato atípico* para ser disciplinado pelas regras fundamentais do *arrendamento* combinadas com as da *prestação de serviços* a ele associado.

No descritivo há pouco realizado, ANTUNES VARELA afastou a qualificação de *contrato misto*, por nenhuma das múltiplas obrigações geralmente assumidas pelo gestor do centro ("a iluminação, higiene, limpeza, policiamento e segurança dos edifícios, às comunicações com o exterior, ao funcionamento dos serviços de interesse comum, à conservação e reparação das coisas de utilização de interesse comum, à promoção da publicidade do centro, etc."), corresponder, apesar da sua remuneração, "a uma prestação contratual de serviços realizada a favor do *titular* das *lojas beneficiárias*, porque não há aí nenhum *com-*

[229] Cf. o nosso *Os centros comerciais e o seu regime jurídico*, 1ª ed., Almedina, jan. 1998, p. 25; 2ª ed., Almedina, nov. 1998, p. 23.

[230] PEDRO PAIS DE VASCONCELOS, *Contratos de utilização de lojas em centros comerciais. Qualificação e forma* (*ROA*, 56-II [1996], p. 540).

portamento positivo (serviço) a que o organizador se tenha *previamente vinculado* e a que corresponda um verdadeiro *direito subjetivo* (de crédito), como é próprio do *contrato de prestação de serviço* descrito no artigo 1154 do Código Civil"[231] (*itálicos do Autor*).

Propriamente quanto à natureza jurídica do contrato do *gestor* com cada *lojista*, não o aflorou o mesmo Autor então, sequer, mas veio a enunciá-la em ulterior comentário, sustentando que "resta sempre a dúvida sobre a possibilidade de o contrato de instalação do lojista no centro constituir um *contrato misto* de espetro negocial mais abrangente do que o simples binómio *arrendamento-prestação de serviços*, e de entre os seus *elementos* constitutivos configurar a *prestação típica* do locador (*rectius*: do senhorio), subordinada à forma prescrita no art. 7º, nº 2, do RAU"[232].

Deste modo, fundando-se essencialmente na qualificação como *contrato atípico*, admitiu, pois, que sempre restaria a dúvida sobre a configuração como um *contrato misto*.

Pelo contrário, Ana Costa Afonso considera como qualificação preferível a de um contrato "atípico misto" ou "inominado impróprio"[233] – configurando-se o contrato com o *lojista*, deste modo, não como um contrato "atípico puro", mas como uma espécie de *deformação* do *tipo legal*[234].

Daí viria, segundo Orlando de Carvalho, que semelhante categoria seria regulada, por analogia, com o contrato "deformado"[235], ou então, de acordo com Pedro Pais, que não se prescindirá "do concurso dos modelos regulativos típicos na procura da solução das questões suscitadas, designadamente na integração das estipulações das partes"[236].

Tal como tem sido aplicada esta conceção, a principal dificuldade que levanta está, quanto a nós, em determinar em que extensão se deverá recorrer à analogia.

Não importa dar ao contrato uma natureza, em princípio, aceitável e compreensível e, depois, passar-se a uma aplicação prática em que – mesmo sabendo-se que a contratação do *centro comercial* com o *lojista* apresenta particularidades que deviam ser legisladas – jamais depois se recorra a qualquer integração analógica do contrato *deformado*.

Não nos parece ser este o caso de Ana Costa Afonso, que procede a um estudo pormenorizado dos diferentes aspetos que ressaltam da contratação, assinalando-lhe um regime jurídico geralmente equilibrado e aceitável.

[231] *Rev. Leg. Jur.*, 127º (1994), p. 184.

[232] *Rev. Leg. Jur.*, 128º (1995), p. 370.

[233] Ana Isabel da Costa Afonso, *Os contratos de instalação de lojistas em centros comerciais – Qualificação e regime jurídico*, Publicações Universidade Católica, Porto, 2003, p. 233.

[234] Ana Isabel da Costa Afonso, *Os contratos de instalação de lojistas em centros comerciais – Qualificação e regime jurídico*, Publicações Universidade Católica, Porto, 2003, p. 133, seguindo, neste passo, Orlando de Carvalho, *Negócio jurídico indireto (teoria geral)* (*BFDC*, Suplemento X, 1952, pp. 71-72) e Pedro Pais de Vasconcelos, *Contratos atípicos*, Almedina, Coimbra, 1995, pp. 211-214,

[235] Orlando de Carvalho, *Negócio jurídico indireto (teoria geral)* (*BFDC*, Suplemento X, 1952, pp. 71-72

[236] Pedro Pais de Vasconcelos, *Contratos atípicos*, Almedina, Coimbra, 1995, p. 214 e *ROA*, 56 (1956), p. 538.

D – *O problema da aplicação do regime das cláusulas contratuais de gerais.* Reportando-nos às *cláusulas contratuais gerais*, temos prontamente em vista o regime legal específico que o nosso Direito positivo particularmente lhes dedica: o dos Decretos-Leis n.os 448/86, de 25 de outubro; 220/95, de 31 de janeiro e 249/99, de 7 de julho.

E a pergunta que, antes de mais, se põe é se os contratos com os *lojistas* de *centros comerciais* deverão integrar-se nessa categoria.

Como as estipulações firmadas pelos *gestores*, na negociação com os seus *lojistas*, se reproduzem, com pequenas diferenças de contrato para contrato, e estão, por assim dizer, de algum modo padronizadas, a nossa jurisprudência mais recente tem, por vezes, chamado à colação, nesta matéria, as disposições legais em referência[237].

Menezes Cordeiro preconizou-o sugestivamente, se bem o interpretamos, no passo seguinte: "Na verdade, 'contrato atípico' é pouco. A construção que se impõe será outra: o centro comercial é, antes de mais, uma imensa teia de serviços organizados. Sem eles, não há comércio integrado pensável. O contrato de lojista, traduzindo embora uma organização comercial, deveria ser reconduzido ao universo dos serviços devidamente filtrado pela Lei sobre as Cláusulas Contratuais Gerais"[238].

Ora o âmbito de aplicação destas cláusulas vem definido, na redação constante do art. 1º-1 do Decreto-Lei nº 220/95, de 31 de janeiro, que a atualizou, nos termos seguintes: "*as cláusulas gerais elaboradas sem prévia negociação individual que proponentes ou destinatários indeterminados se limitem, respetivamente, a subscrever ou aceitar, regem-se pelo presente diploma*".

Semelhante *facti species* insere-se, claramente, no quadro da figura que em França se designou de *contrat d'adhésion – contrato de adesão.*

É aquela categoria de *contratos estandardizados*, de numerosas cláusulas apresentadas pelo proponente contratante e que, pela sua extensão e letra miudinha, se tornam de difícil leitura, acabando, as mais das vezes, por serem subscritas sem uma negociação sopesada e esclarecida.

Não parece ser este o caso dos contratos com os *lojistas* de *centros comerciais* pois, embora se sirvam de modelos fixos muito divulgados, são geralmente negociados com assinalável particularização.

[237] Relação de Lisboa, 16-4-2009 (IGFEJ – Processo nº 8849/05); Relação de Lisboa, 24-09-2009 (Processo nº 4477/05.0TVLSB.L1-6); SUPREMO, 11-4-2013 (IGFEJ – Processo nº 2357/07) – este referindo mesmo que a jurisprudência tem entendido pacificamente que é válida a *cláusula do contrato de adesão* segundo o qual o *lojista* se obriga a realizar todas as obras necessárias ao funcionamento da *loja* no *centro comercial* e aceita que tais obras não lhe confiram qualquer *direito de indemnização* ou *direito de retenção* pelas mesmas *benfeitorias*: assim, não tem qualquer crédito que possa opor ao seu credor não sendo admissível qualquer *compensação.*
Em sentido contrário, porém: SUPREMO, 1-7-2010 (IGFEJ – Processo nº 4477/05.0TVLSB.L1.S1)

[238] António Menezes Cordeiro, *Leis do Arrendamento Urbano Anotadas*, Almedina, 2014, p. 144, frag. 22.

As cláusulas mais específicas incluídas neles reconduzem-se a pouco mais de meia dúzia, muito conhecidas, e que, portanto, dificilmente escapam à perceção e específica negociação do outro contratante.

Não parecerá portanto ajustado, se bem pensamos, qualificar os ajustes com os *lojistas* de *centros comerciais* como *contratos de adesão* e, consequentemente, as suas estipulações como *cláusulas contratuais gerais*, embora a nossa jurisprudência, como se referiu, os tenha, por vezes, considerado como tais.

O que pode e deve mesmo ter-se em consideração, quando se pretenda ajuizar a *boa-fé* de certas estipulações, serão os seus róis enunciativos de cláusulas *absolutamente proibidas* ou só *relativamente proibidas* (arts. 18, 19 e 20 e 21), quer entre empresários quer com os consumidores finais, para, através delas, mais nitidamente se revelar a verificação desse conceito indeterminado[239].

E – *A tese do contrato de arrendamento.* A qualificação do contrato que constituiu o entendimento primitivamente consagrado na nossa jurisprudência foi repetida e vigorosamente defendida, entre nós, por Inocêncio Galvão Telles.

Para o nosso Saudoso Mestre (escreveu em janeiro de 1990[240], e novembro de 1991[241]), a tese do *contrato atípico* era animada pelo propósito de subtrair os *arrendamentos* dos *lojistas* de *centros comerciais* ao *regime vinculístico* que os afetava – o que só poderia ser obtido "por *via legislativa*".

"Em última análise, ao resvalar para um *pretenso negócio atípico ou inominado,* o que se visa é subtrair o ato ao *regime* do arrendamento urbano, no que se tem por mais restritivo ou desvantajoso para o senhorio, nomeadamente no que toca ao seu carácter *vinculístico*"[242].

"Só o legislador pode fazer aqui alguma coisa, intervindo no sentido de *modificar* a lei"[243].

[239] Cf., neste sentido, António Menezes Cordeiro, *Tratado de Direito Civil Português*, I, tomo I, 2ª ed., Almedina, 2000, p. 430.
Não seguiu este entendimento o SUPREMO, 1-7-2010 (IGFEJ – Processo nº 4477/05.0TVLSB.L1.S1).

[240] Então, com a colaboração de Januário Gomes (Parecer sobre o Centro Comercial das Amoreiras – *Colectânea,* XV-II [1990], pp. 23-34).

[241] *O Direito,* 123º-IV (1991), pp. 521-534.

[242] *Contratos de utilização de espaços nos centros comerciais* (*O Direito,* 123º-IV [1991], p. 529). E, de algum modo, é o que parece confirmado quando, anteriormente, já Antunes Varela fazia votos por que o legislador disciplinasse especificamente a matéria (*Os centros comerciais (shopping centres),* Separata do BFDC, *Estudos em homenagem ao Prof. Doutor António de Arruda Ferrer Correia* – 1984", 1988, p. 29.

[243] Citada conferência realizada no Congresso Internacional da Universidade Católica do Porto, *Contratos de utilização de espaços nos centros comerciais* (*O Direito,* 123º-IV [1991], p. 530.

O mesmo entendimento fundamental vinha, aliás, a ser por nós já antes defendido, desde uma conferência que proferimos no Ciclo de Conferências realizado em 1988, na Universidade Lusíada de Lisboa, com a colaboração da Ordem dos Advogados[244], em que sustentámos que os elementos novos introduzidos pelos *centros comerciais* "não descaracterizam a *facti species* do *arrendamento mercantil*"[245] – e depois vimos repetindo em escritos posteriores, acabando por desaguar na conceção do *contrato misto*[246].

Ainda outros Autores têm defendido a mesma tese do *contrato de arrendamento*, salientando que os traços que configuram a atribuição da fruição de *lojas* em *centros comerciais* integram, perfeitamente esse *contrato típico*.

Podem citar-se como defensores desta tese, além de nós próprios, em escritos anteriores, INOCÊNCIO GALVÃO TELLES; JANUÁRIO COSTA GOMES; COUTINHO DE ABREU[247]; RUI RANGEL[248]; FILIPE CASSIANO SANTOS[249]; MARCELO REBELO DE SOUSA[250]; RUI DE ALARCÃO[251].

F – ***Solução adotada.*** Quanto a nós, numa análise sedimentada ao longo dos anos, tudo aponta primacialmente, em face do exposto, para a qualificação do negócio jurídico entre *gestor* de *centro comercial* e o seu *lojista* como um verdadeiro *contrato de arrendamento*, se bem que com algumas características específicas que não lhe retiram a qualificação e apenas a particularizam.

À cabeça, a nomenclatura da língua inglesa, em que o *centro comercial* foi gerado, vai logo nesse sentido. Ao referir que ele deverá superiorizar-se a determinada dimensão, o que, na nossa língua, definimos pela sigla ABL, temos já aí a *área bruta locável*. Note-se bem: *locável*.

244 Que veio a ser publicada na *Tribuna da Justiça*, nº 2, 1990, pp. 25 ss.

245 *Tribuna da Justiça*, nº 2, 1990, pp. 51-52.

246 Cf. os nossos *Manual do Arrendamento Urbano*, Almedina, 1996, pp. 239-247; *Os centros comerciais e o seu regime jurídico*, Almedina, jan. 1998 (1ª ed., pp. 29-40; 2ª ed., nov. 1998, pp. 28-36); depois, em desenvolvimento sempre crescente, *Manual do Arrendamento Urbano*, 2ª ed., Almedina, 1999, pp. 254-269; 3ª ed., Almedina, 2001, pp. 259-274; 4ª ed., I vol., Almedina, 2007, pp. 151-172; 5ª ed. I vol., Almedina, 2009, pp. 155-176.

247 JORGE MANUEL COUTINHO DE ABREU, *Da empresarialidade – As empresas no Direito*, Almedina, Coleção Teses, 1996, pp. 320-323: "...é um contrato de arrendamento n0os termos do art. 1º do RAU".

248 RUI RANGEL, *Espaços comerciais – Natureza e regime jurídico dos contratos de utilização*, 1998, pp. 67-71.

249 FILIPE CASSIANO SANTOS, *O contrato de instalação de lojista em centro comercial (e a aplicação do art. 394 do Código Civil), quando celebrado por adesão*, *Cadernos de Direito Privado*, nº 24, pp. 3-20.

250 Parecer inédito citado por PEDRO MALTA DA SILVEIRA neste sentido (*A empresa nos centros comerciais e a pluralidade de estabelecimentos – Os centros comerciais como realidade juridicamente relevante*, Almedina, 1997, p. 172, n. 424),

251 Parecer inédito referido no ac. do SUPREMO, de 13-9-2007 (Rev. Leg. Jur., 136º, p. 337.

Depois, toda a terminologia é do mesmo teor: o *gestor do centro*, que se obriga a proporcionar o gozo da *loja*, é o *landlord* (*senhorio*, ou *locador*); o *lojista* é o *tenant* (*locatário*); a diversidade e complementaridade de comercializações é o *tenant mix* (*mistura de locatários*).

Não será fácil de explicar, e jamais o foi, na nossa doutrina, como é que um instituto, criado no estrangeiro e importado por nós, poderá, *sem a menor legislação interna modificativa, sem o menor regime legal específico*, apresentar uma qualificação jurídica diferente daquela com que foi instituído: a *cópia infiel* do objeto copiado não será uma *cópia*, mas uma *contrafação*.

E, para além disto, que já é significativamente revelador, ressalta ainda do apontamento que demos do Direito comparado que é fundamentalmente como *locação* que o tema é encarado e disciplinado em todos os países mais próximos de nós pela geografia ou pela cultura.

Não é por acaso que os grandes Autores nacionais que recusam a ideia do *contrato de arrendamento*, omitam por completo, *et pour cause*, a qualificação ao Direito comparado.

Abstraindo, por outro lado, de qualquer propósito preconceituoso que, como vimos, terá estado na raiz do entendimento como *contrato atípico*, importará ainda aduzir e realçar que, para qualificarmos o contrato do *gestor* do *centro comercial* com o *lojista*, naturalmente teremos de ter em vista as cláusulas contratuais *lícitas* (as ilícitas e fraudatórias não contam para o caso[252]) que costumam estipular-se, para compará-los com os tipos consagrados na lei.

Assim, o que se verifica nesses contratos é que o *gestor* se obriga a proporcionar ao *lojista* a *fruição temporária* de uma *loja*, isto é, um espaço material, um lugar, uma *coisa*, em suma, mediante uma *renda*.

Ora isto compõe, inexoravelmente, um contrato típico de *locação*, tal como ele é descrito no art. 1022 CC.

Fugiu-se a esta qualificação, essencialmente, para furtá-lo ao *vinculismo arrendatício* que, anteriormente a 1995, prejudicialmente o afetava, mas deixou já de ser imposto, para os novos contratos, abduzindo o fundamento íntimo por que era negado quanto aos *centros comerciais*.

[252] Por isso, não aceitamos, frontalmente, a ideia sustentada por PEDRO PAIS DE VASCONCELOS de que as designações adotadas pelas partes, de *concessão* ou *licença de utilização de espaços*, "têm um sentido muito claro de acentuar a precariedade e a atipicidade do contrato de modo a evitar a qualificação como arrendamento ou subarrendamento...que acarretariam... um regime vinculístico que se quer afastar" (*ROA*, 56-II [1996], p. 543).
É que, por um lado, quando esta conferência foi proferida, em 28 de novembro de 1995 (p.535, n.) o *vinculismo* dos *arrendamentos comerciais* já tinha sido afastado pelo Decreto-Lei no 257/95, de 30 de setembro, para o futuro, e, portanto, o entendimento só valeria para o passado; por outro lado, se, para esse caso, o propósito era tal – e de facto era – não podia, manifestamente, ser tido em vista, por, como se sabe, *atentar contra um princípio de ordem pública*, como é elementar que constituía o *vinculismo*, a menos que se aventasse, como também referimos no texto, que esse princípio visava estritamente outros objetivos e não se reportava a este tipo de negociação.

Negar agora a sua condição arrendatícia não só já não responde àquela primitiva necessidade como parecerá, em nossa opinião, contradizer a própria evidência.

Afirmar desde então que, aqui, o que se proporciona é um *lugar privilegiado* – o grande argumento de ANTUNES VARELA, ecoado a cada passo pela nossa jurisprudência – *não exclui a facti species legal*, que não distingue nem quer saber se a *coisa* que se arrenda é preciosa, ou não: *qualquer coisa poderá ser objeto de uma locação*, desde uma *mina de ouro* às modestíssimas *trotinetas* que nos enxameiam a cidade.

Fugir a esta evidência, lembrando além disso que o *gestor* não se limita, como qualquer *locador*, a proporcionar *o simples gozo da coisa*, mas antes a prestar um sem-número de serviços e a oferecer apreciáveis qualidades que se traduzem em aspetos ou circunstâncias acrescidas em benefício do *lojista*, parece um argumento que, claramente, *não serve para desqualificar, mas para qualificar o arrendamento*. A *locação* de qualquer lojeca do Regueirão dos Anjos é exatissimamente tão *arrendamento* como a de um sofisticado espaço da Avenida da Liberdade.

O que, por seu turno, verdadeiramente particulariza o contrato com o *lojista* não é, pois, em nossa opinião, o *lugar privilegiado*, que efetivamente é (qualquer *locação* o pode ter por objeto, por mais *privilegiado* que ele seja), *mas a comparticipação de um lugar em espaço comum aos outros lojistas, na ementa da oferta comercial e no programa oferecido pelo gestor*.

São elementos, como prontamente se vê, que *não excluem* o *arrendamento* que essa contratação paladinamente encerra e no Direito comparado, como se viu, generalizadamente como tal se qualifica.

Apenas a *especificam*, dentro desse amplo género.

Repare-se.

A *locação*, em si, é passível de diversificar-se por vários *subtipos* a considerar: o *aluguer* (e, dentro deste, a pedir o regime específico, o *aluguer de veículos automóveis sem condutor*) e o *arrendamento* que, por si, se espraia por várias *categorias* ou *subtipos* como, entre outros, o *arrendamento rural* e o *arrendamento urbano*, este ainda subdividido em *arrendamento habitacional*, *arrendamento social*, o *arrendamento não habitacional*, onde já se especificou e tipificou o *arrendamento para exercício de profissão liberal*, e onde se integra com acentuada importância o *arrendamento comercial*, no interior do qual a legislação brasileira, como vimos, insere uma disposição específica para os *lojistas* de *centros comerciais* (art. 54 da Lei nº 8.245).

Nem parece correto, por outro lado, dizer-se antes que não há, da parte do *gestor*, um proporcionar do *gozo*, mas uma *instalação do lojista*.

Também então, supomos incontestável que se desdiz a realidade: *instalar* é colocar uma *coisa* num dado espaço, ou *empossar alguém num cargo*. Ora, nem o *lojista* é uma *coisa* que se pranta numa *loja*, nem exerce um *cargo* no *centro comercial*, porque apenas obtém a possibilidade de *fruir um espaço* cedido, *em tosco*, e que ele tem de apetrechar, de dar-lhe uma aparência ao gosto do *gestor*, e de rechear de mercadoria, compondo um *estabelecimento comercial* dentro daquela caverna.

Como ponderava Clara Lopes, no seminário referido há pouco, o *lojista* recebia uma "loja vazia, um tosco, só com uma chave, sem telefone, água ou chão...rigorosamente nada...teria de completar tudo, instalar balcões, pisos intermédios muitas vezes, contador de água, tudo enfim"[253].

Onde haverá então aqui uma *instalação*, pelo *gestor*, do *lojista*?

Se alguma *instalação* há, é, decerto, a propriamente operada por este, de um *estabelecimento* no despido *lugar* cuja *fruição* lhe é proporcionada.

Quanto, propriamente, à localização das várias *lojas* que compõem um *centro comercial*, há, cremos nós, uma assinalável particularidade, que Pedro Pais de Vasconcelos, muito assertivamente, realçou assinalando-lhe as "semelhanças indisfarçáveis com a estrutura da propriedade horizontal: existem partes próprias...Embora com grandes diferenças em relação à propriedade horizontal, existe sem dúvida algo de comunhão. A parte comum é muito importante: basta mencionar a segurança, a limpeza, o ar condicionado, as redes de saneamento e de energia, de telefone, a publicidade, etc. Toda esta componente de pluralidade integrada e de comunhão é estranha ao típico arrendamento e conduz o contrato para além dos *limes* do tipo contratual do arrendamento"[254].

Se poderá, eventualmente, duvidar-se de que algumas das características indicadas não deverão dizer-se *partes comuns*, pois o ar condicionado, a luz e o telefone fixo, partindo embora de centrais dominadas pelo *gestor*, são de uso e custo *próprios*, há, de facto, as restantes: a utilização e gestão do espaço comum e as respetivas despesas, a conservação e policiamento, a que, na prática, até se dá o nome de *condomínio*.

Simplesmente, se a observação é certeira, como nos parece, também ocorre iniludivelmente que o Ilustre Professor prescindiu de tirar daí as conclusões jurídicas que supomos devidas: a gestão e a utilização do "condomínio" não poderão ficar juridicamente suspensas, no vazio, sem a regulação adequada – mas foi isso mesmo que, em nossa humilde opinião, se não teve em vista, nesse entendimento.

Acontece que a gestão do "condomínio" tem sido, entre nós, geralmente realizada autoritariamente pelo *gestor*, o qual impõe as comparticipações dos *lojistas* e as alterações de espaços que mais lucros lhe deem, sem qualquer contemplação pelo *coletivo de lojistas*, que nem sequer existe, *ao contrário do que ocorre em outros países mais evoluídos do que nós, neste ponto.*

Demos acima nota pormenorizada do que particularmente se passa em França, onde acompanhámos mais de perto o tema, e, ainda, em obras anteriores, para que remetemos

253 Cf. *Shopping – Centros Comerciais em Revista*, VI, nº 13, nov-dez-jan.1996, p. 16.

254 Cf. *Contratos de utilização de lojas em centros comerciais. Qualificação e forma* (*ROA*, 56-II, [1996], p. 540).

– anotando agora, apenas, que o sistema tem, por vezes dado azo, na prática, nem sempre com a condenação judicial que, a nosso ver, se impunha (v. *infra*, V)[255].

Portanto e em suma, se bem nos parece, tudo se conjuga no sentido de que a natureza jurídica do contrato do *gestor* com o *lojista* de *centros comerciais* integra, basicamente, um *contrato de arrendamento não habitacional*, a que se começou por fugir, entre nós, mediante designações desajustadas e argumentos que temos por improcedentes e, como se viu, sem o mínimo apoio do Direito comparado, basicamente para o afastar do *vinculismo* anterior a 1995 e, depois, perdurou, digamos que por velocidade adquirida.

Sobre tudo isto, pairou, e paira ainda, a omissão do legislador ao longo de todas as Reformas arrendatícias que de 88 para cá têm sido feitas – a de 2006, a de 2012, com promessas incumpridas nesta matéria, numa incúria certamente condenável, quanto à qual, a de 2017, como depois as de 2018 e 2019, para não reincidirem, acabaram por guardar de Conrado o prudente silêncio.

De tal omissão resultou, como vamos ver, quando a seguir passarmos à revista das decisões dos nossos tribunais superiores, que, com a inércia legislativa e a generalizada aceitação do "atipismo", por não poucas vezes e se bem pensamos, acabou por se ter toldado em muito apreciável parte o desejável equilíbrio jurisprudencial das relações estabelecidas entre *gestores* e pequenos *lojistas*.

Mas, posto que o contrato não poderá deixar de configurar um *arrendamento*, importará ponderar, enquanto faltar específica legislação do tema, se, associado a esse especial *arrendamento não habitacional*, haverá, ou não, ligada a ele, outra figura contratual.

Ora, a este respeito, quando se contestou a ideia de *contrato misto*, invocou-se, a nosso ver, com toda a razão, que a energia elétrica, o telefone fixo, a água, o parque de estacionamento de viaturas, os espaços de diversão de crianças, ou outras existências semelhantes não constituem verdadeiras *prestações de serviços*.

Isto parece certo; mas também não deixa de o ser que, para além da fruição da *loja*, ocorrem, nos *centros comerciais*, como elementos constitutivos ou circunstanciais que se não inserem no quadro do *arrendamento* e acrescem necessariamente a ele.

São as que derivam da concentração num *espaço comum* de que compartilham os *lojistas*.

Já vimos que Pedro Pais de Vasconcelos chamou agudamente a atenção para este facto – e a verdade é que dele deriva uma situação que, não constituindo propriamente um *condomínio*, pois os *lojistas* não são *comproprietários* do prédio urbano em que se estabelece o *centro comercial*, apresenta, todavia, fortes e patentes analogias com ele.

Cremos, na verdade, que a *gestão* e a *ocupação* desse espaço, não sendo propriamente tal, envolverão um regime de estreita analogia com a *propriedade horizontal*.

[255] *Manual do Arrendamento Urbano*, Almedina, 1996, pp. 239-247.
Em especial, desenvolvemos o ponto em *Os centros comerciais e o seu regime jurídico*, 1ª e 2ª eds., Almedina, 1998, pp. 24-25 e 50-51 (1ª ed.) e 22 e 45-50 (2ª ed., rev. e at.) – uma obra, de facto, muito comprada (num ano esgotaram-se as duas edições de consideráveis tiragens), mas que... supomos muito pouco lida.

Formarão o que poderemos configurar, aí sim, nesse ponto restrito, como um *contrato atípico* – mas, atenção, não subsumível a todas as cláusulas que às partes bem lhes parecerem estabelecer, mas tão somente àquelas que, em comparação com as próprias do *condomínio*, equilibradamente a ele se ajustem à gestão e uso do espaço de que todos os *lojistas* usufruem.

A grande omissão dos contestatários do *arrendamento* dos *lojistas* foi, precisamente, a de se desinteressarem do regime jurídico do pretenso *contrato atípico*, abandonando-o assim *à mais ampla e desbragada liberdade privada* que, como veremos a seguir, a nossa jurisprudência nem sempre soube refrear.

Ora o que a seu respeito em geral se entende é que tal categoria se tem de reger pelas regras gerais dos contratos e, complementarmente, pelas disposições não excecionais dos *contratos típicos* com que apresentem mais forte *analogia*[256].

Nesta conformidade, pensamos que o regime do chamado "condomínio" dos *centros comerciais* deve pois pautar-se, analogamente, pelo legalmente estabelecido para a *propriedade horizontal*, com as particularidades que essa analogia deverá, legitimamente, comportar e de que, daqui a pouco, daremos nota das mais importantes[257].

Em trabalhos anteriores, chamamos neste ponto a atenção para o que exemplarmente se passa em França, onde a gestão do condomínio é entregue a um *groupement d'ínterêt économique* a que os *lojistas* são obrigados a aderir[258].

Entre nós, alguns raros contratos preveem também associações de *lojistas* – o que demonstra que, pelo menos, ainda haverá, entre nós, titulares de *centros comerciais* que se encontram a par do que se passa no estrangeiro, mas falta uma prática significativa desta abertura para o mundo que nos rodeia.

Deste modo, aprofundando o pensamento que temos defendido, diremos agora que o *contrato com o lojista de centro comercial* deverá ser disciplinado fundamentalmente pelas normas legais do *arrendamento não habitacional*, em convivência, quanto ao uso do "condomínio", com as que se possam adaptar equilibradamente com recurso à *propriedade*

256 Entre muitos outros: Inocêncio Galvão Telles, *Manual dos contratos em geral*, Coimbra Editora, 2002, p. 468.Cf., particularmente, também, António Menezes Cordeiro, *Leis do Arrendamento Urbano Anotadas* (coord. de António Menezes Cordeiro) Almedina, 2014, p. 144, na. 21.

257 Por último, *Os Centros Comerciais e o seu Regime Jurídico*, 2ª ed. rev. e at., Almedina, 1998; *Manual do Arrendamento Urbano*, I, 5ª ed. rev. e at., Almedina, 2009, pp. 155-176.

258 Já no nosso *Os centros comerciais e o seu regime jurídico*, 2ª ed. rev. e at., Almedina,1998, p. 46 chamamos a atenção para o facto, lembrando que, em França, no plano dos *interesses coletivos*, a decisão depende de deliberação dos *lojistas*.

Repare-se neste passo de Jean Beauchard, professor da Faculdade de Direito de Poitiers; *""Qui gère? Il est d'abord de l'intérêt de la colletivité que l'ensemble des exploitants, participe aux charges colletives soitent non seulement consultés, mais participent aux décisions colletives. Il faut donc, une structure colltuive réunissant les commerçants concernés" – Droit de la distribution et de la consummation*, PUF – Presses Universitaires de France, 1996, p. 231.

horizontal – e a questão que imediatamente se põe será a de saber se este conjunto forma, no seu todo, um *contrato misto*, ou uma *união de contratos*.

Cremos que o último termo da alternativa será a resposta certa. Os dois contratos não se fundem; apenas convivem necessariamente um com o outro. Constituem, pois, uma *união* ou *coligação* de contratos com *dependência unilateral* do segundo ao primeiro; não, um *contrato misto*[259].

Neste pressuposto, as cláusulas relativas à *locação* convencionada, ainda que com nomes de fantasia que pretendem iludir a realidade, deverão, quanto a nós, ajustar-se o mais possível às disposições legais reguladoras dos *arrendamentos não habitacionais* – e, se nelas bem atentarmos, não levantarão dificuldades de maior.

Assim, o *contrato*, antes de mais, não poderá ser meramente *verbal*: terá de ser reduzido a *escrito* (art. 1069 CC).

Deverá, além disso, conter as menções constantes dos arts. 2º e 3º do Decreto-Lei nº 160/2006, de 8 de agosto (*v. infra, 3, sub art. 1070*).

A *renda*, fixa ou cumulada com uma percentagem sobre o rendimento, que costuma praticar-se nos *centros comerciais*, não é, hoje em dia, afastada pela disposição do art. 1075 CC, o qual, no seu nº 1, refere latamente que ela "corresponde a uma prestação periódica", já não exigindo que seja "certa" ou sequer submetida estritamente ao *princípio nominalista*, que o *bloqueio vinculístico* impunha.

Mas esta pluralidade de *rendas* não se distribui pelo *gozo da loja* (a certa), e pela *prestação de serviços* (a variável), mas constituem ambas a *remuneração do arrendamento*; para as *despesas do condomínio*, acrescerá ainda uma *comparticipação do lojista* que, quanto a nós, deverá ser fixada na respetiva *assembleia*, em correlação com a área ocupada.

As suas regras relativas à *duração*, *denúncia* e *oposição à renovação* "são livremente estabelecidas pelas partes" (art. 1110-1 CC).

Se o *lojista* for *comerciante em nome individual*, o direito de *lojista* comunica-se ao *cônjuge*, "de acordo com o regime de bens vigente" (art. 1068 CC) e, por sua *morte*, não caduca, podendo os seus sucessores continuar na titularidade do contrato, até ele cessar (arts. 1113 e 1107 CC).

[259] Neste sentido, mas associando ao *arrendamento*, não um *contrato atípico* moldado sobre a *propriedade horizontal*, mas numa *prestação de serviços*, pode ver-se Inocêncio Galvão Telles, num Parecer em colaboração com Januário Gomes (*Colectânea*, XV-II, p. 32); Inocêncio Galvão Telles, *Contratos de utilização de espaços nos centros comerciais* (*O Direito*, 123º-IV [1993], p. 533) e, ainda, Marcelo Rebelo de Sousa, num Parecer inédito a que Pedro Malta da Silveira terá tido acesso e cita como perfilhando tal orientação (*A empresa nos centros comerciais e a pluralidade de <estabelecimentos – Os centros comerciais como realidade jurídica relevante*, 1997, p. 164, n.400).

Também o preço ou "valor de ingresso", como hoje se lhe chama, na prática, para fugir ao anátema criminal da *chave*[260], que era a sua denominação tradicional, parece agora permitido, uma vez que cessou a criminalização que o *vinculismo* lhe tinha imposto.

Portanto, em princípio, como se vê, a qualificação arrendatícia não cria ao *gestor do centro* dificuldades de maior, tanto nos aspetos práticos vomo no âmbito legal.

Coisa diferente será a legitimidade de certas cláusulas específicas que, pelo seu desequilíbrio ou *excesso manifesto*, devam ser proscritas.

Com efeito, a querela doutrinária sem remédio; os abusos e prepotências gritantes que muitos *gestores* de *centros*, com indesejável frequência, têm perpetrado contra os pequenos *lojistas* e a jurisprudência insatisfatória sobre o tema imporiam que o legislador abandonasse a passividade condenável a que se tem remetido há dezenas de anos.

Em vão vimos lutando, com a nossa fraca voz, no sentido de, por uma vez, se pôr temo a este estado de coisas.

No âmbito de preparação da frustrada Reforma de 2004, atendendo à solicitação que nos foi feita, de opinarmos sobre os trabalhos que se fossem produzindo e de apresentar sugestões que parecessem oportunas, tivemos ensejo de propor que fosse, finalmente, encarado e resolvido o tema, na lei que se perspetivava, sugerindo a introdução, no seu texto, de dois artigos com a redação que para eles prontamente formulámos, como proposta de trabalho[261].

[260] Ana Isabel Costa Afonso parece pensar que será nossa a autoria desta designação: ("'chave' como a designa") (*Os contratos de instalação de lojistas em centros comerciais – Qualificação e regime jurídico*, Publicações Universidade Católica, Porto, 2003, p. 333) – mas, honestamente, queremos prontamente afastar paternidades indevidas.
O termo *chave* é de uso antigo e tão generalizado na linguagem vulgar, que o Dicionário da Academia lhe regista esta aceção. No anterior Código da Propriedade Industrial, aprovado pelo Decreto nº 30 679, de 24-8-1940, o § 3º do seu art. 118 incluía entre os elementos do *estabelecimento comercial ou industrial* aquilo que expressamente designou de *chave*.
No Brasil, também o usa o Houaiss, na aceção de *valor do trespasse* ou *de negócio*, mas a denominação específica aí preferida é antes a, pejorativa, de *luvas*.
Na literatura jurídica, pode ver-se José Pinto Loureiro, *Tratado da Locação*, II, Coimbra Editora Limitada, 1947, p. 207 e *passim*.

[261] Aqui damos à estampa o teor do artigo fundamental por nós então proposto. Ele não resolvia tudo. Faltava uma parte importante que era a regulação do espaço do "condomínio". Foi preliminarmente omitida *para não assustar as hostes*. Se viesse a ser aceita, seguir-se-ia essa. Não o foi. Era do teor seguinte o artigo a que nos referimos.
"1. O arrendamento de espaço autónomo situado em centro comercial rege-se pelas disposições no âmbito das cláusulas lícitas do regulamento interno e do contrato.
2. São lícitas, designadamente:
a) – A estipulação de renda fixa cumulativamente com uma parte variável em função do rendimento bruto do arrendatário;
b) – A exigência de um preço de chave;

A nossa sugestão não veio a ser refletida na frustrada Reforma de 2004 mas, ulteriormente, aquando da publicação da Lei nº 6/2006, de 27 de fevereiro, era ela tão instante que *expressamente se previu a publicação de uma legislação especial reguladora da utilização de espaços em centros comerciais* (al. *d)* do art. 64-2 da citada Lei nº 6/2006) – o que não veio a fazer-se.

Mais tarde, com a publicação da Lei nº 31/2012, de 14 de agosto, *voltou a anunciar-se a apresentação de um diploma regulador dessa matéria*, que, como de costume, não chegou a ver a luz do dia.

A quem convirá a censurável perduração deste estado de coisas?

Cabe ao jurista e, principalmente, à jurisprudência, evitar que a condenável omissão do legislador redunde, na prática, nos *abusos do direito* e ultrajes à *boa-fé* que, com alguma indesejável frequência, se têm imiscuído na execução destes contratos.

Na proposta de inovação legislativa que tivemos ensejo de propor, sem êxito, como referimos, exorcizávamos duas figuras mais patentes que se encontram muito difundidas na prática:

a) – A sujeição contratual ou regulamentar à fiscalização unilateral e discricionária, pelo *gestor* ou seu representante, dos elementos de escrita comercial do *lojista*;

b) – A permissão contratual ou regulamentar, salvo por motivo de *força maior*, se restituir, por seus próprios meios, à detenção do *estabelecimento* do seu *lojista*.

Por que o fazíamos então, e agora o referimos?

Porque, quanto à primeira, embora por vezes se saliente que são tantas as exceções à natureza *secreta* da *escrita do comerciante* que acabou por ter deixado de existir (são, hoje, mais as exceções do que a regra), ainda estamos em pensar que, havendo embora um fundo de verdade em semelhante asserção, não deixa também de se pôr nela algum exagero.

Também nos não convence o argumento aduzido em seu favor de que os obstáculos a ela opostos, não "representando necessariamente nenhuma devassa da intimidade da vida privada do arrendatário, não afetam a validade da cláusula"[262].

c) – A imposição de observância de um horário global;
d) – A comparticipação em despesas comuns, aprovadas regularmente em assembleia geral de lojistas, presidida pelo gestor;
e) – A submissão a prévia autorização escrita do trespasse ou aluguer do estabelecimento do arrendatário.
3. Não é lícita, designadamente:
a) – A sujeição contratual ou regulamentar a fiscalização unilateral e discricionária, pelo gestor ou seu representante, dos elementos de contabilidade do arrendatário;
b) – A permissão contratual ou regulamentar, salvo por motivo de força maior, se restituir, por seus próprios meios, à detenção do estabelecimento do arrendatário.
4. Quando o contrato definitivo seja precedido de contrato preliminar, deve imediatamente facultar-se ao arrendatário um exemplar devidamente assinado deste contrato que lhe permita estabelecer a compatibilidade integral das suas cláusulas com as do contrato definitivo".

[262] J. ANTUNES VARELA, *Os centros comerciais (shopping centres)*, Separata do *BFDC*, 1988, pp. 23-24.

Obviamente, ninguém está preocupado com a vida privada do *lojista*; só o carácter *secreto* da *escrita do comerciante* é que se equaciona.

Na verdade, o art. 43 CCom, apesar de tantas e tão variadas exceções, continua a estabelecer, desde a sua origem, que "só *poderá proceder-se a exame nos livros e documentos dos comerciantes, a instância de parte, ou de ofício, quando a pessoa a quem pertençam tenha interesse ou responsabilidade na questão em que tal apresentação seja exigida*".

Sobre ele, foi proferido o *acórdão uniformizador*, de 22 de abril de 1997, do teor seguinte: "*o artigo 43 do Código Comercial não foi revogado pelo artigo 519, nº 1, do Código de Processo Civil de 1961, na versão de 1967, de modo que só poderá proceder-se a exame dos livros e documentos dos comerciantes quando a pessoa a quem pertençam tenha interesse ou responsabilidade na questão em que tal apresentação for exigida*"[263].

O CPC de 2013 continua a estabelecer agora, no seu art. 435, como dantes, esta ressalva para a *escrita comercial*: "*a exibição judicial por inteiro, dos livros de escrituração comercial e os documentos a ela relativos rege-se pela legislação comercial*".

Fora, portanto, de um *litígio judicial*, não deve qualquer particular ter poder para consultar autoritariamente a *escrita* de um *comerciante em nome individual*. Isto seria uma prepotência. Mesmo tratando-se de uma *sociedade comercial*, só os seus *sócios* o poderiam fazer, dentro de um legítimo exercício do *direito à informação* que lhes assista.

Dir-se-á que existe uma cláusula assinada pelo *comerciante* que, assim, nela consentiu – mas a isto deverá retorquir-se que semelhante estipulação contratual está claramente inquinada de *excesso manifesto*, integrante de *abuso do direito*, pois irresistivelmente incorre na ilegitimidade decretada no art. 334 CC.

Surge no entanto, na prática, em quase todos os contratos de *centros comerciais*, a completar a tarefa de *olheiros* que, policialmente, os *gestores* colocam à porta da *loja* vigiada, a fiscalizar o volume da sua clientela.

Só o *lojista*, voluntariamente *no ato*, ou então perante a concreta *ação judicial*, poderá, nos termos da lei, apresentar a sua *escrita* a *exame*.

Assim e em conclusão, em nosso parecer, semelhante estipulação contratual não pode ser admitida – e, quando convencionada, estará ferida de *nulidade*[264].

Quanto à segunda cláusula há pouco referida, não parece de perder muito tempo com ela, pois a *resolução do contrato* pelo *gestor*, acompanhada da corte de energia, de abertura da porta com a chave própria que reservou para si, o apoderamento da mercadoria e a sua colocação em depósito por 30 dias, sob pena de ser alienada, integra uma clara e aberta *ação direta* que é expressamente proibida no art. 1º CPC: "*a ninguém é lícito o recurso à força com o fim de assegurar o próprio direito, salvo nos casos e dentro dos limites declarados na lei*".

[263] *Diário da República* de 8 de janeiro de 1998.

[264] Nesta altura, já não somos só nós a defendê-lo: também Ana Costa Afonso assim entende: "a cláusula afigura-se-nos abusiva" (*Os contratos de instalação de lojistas nos centros comerciais – Qualificação e regime jurídico*, Publicações Universidade Católica, Porto, 2003, p. 336).

Os casos em que a *ação direta* é permitida são, além do enunciado, em geral, no art. 336 CC – a sua indispensabilidade pela impossibilidade de se recorrer em tempo útil aos meios coercivos normais – os de *legítima defesa* (art. 337 CC), *estado de necessidade* (art. 339 CC), a *perturbação* ou *esbulho* do possuidor (art. 1277 CC), a *defesa da propriedade ou outros direitos reais* em *ação direta* (arts. 1314 e 1315 CC).

Sobre o ponto, porém, desafortunadamente, não tem havido uniformidade de jurisprudência, como veremos a seguir.

Uma terceira questão interessa ainda analisar, a qual, não tendo constado da nossa proposta de Reforma, merecerá, contudo, ser agora ponderada.

Há, com efeito, uma cláusula, invariavelmente constante dos formulários de contratos com os *lojistas de centros comerciais*, que exclui o *direito de retenção* destes sobre as *benfeitorias* realizadas nas *lojas* recebidas *em tosco* e à realização das quais contratualmente se obrigam, para a atividade comercial que se tenha em vista.

A jurisprudência tem-na julgado legítima, uniformemente[265].

Sucede, contudo, que a LCCG declara *em absoluto proibidas*, entre empresários, as *cláusulas gerais* que "*excluam ou limitem o direito de retenção*" (al. *g)* do art. 18).

Para o *arrendamento*, porém, dispõe o art. 1074-5 CC (e o art. 29-1 NRAU repete-o) que, "*salvo estipulação em contrário, o arrendatário tem direito, no final do contrato, a compensação pelas obras licitamente feitas, nos termos aplicáveis às benfeitorias realizadas por possuidor de boa-fé*".

Na sua parte final, o preceito remete para o disposto no art. 1275-1 CC, que concede ao *possuidor de boa-fé*, a mais do de *má-fé*, o direito a levantar as *benfeitorias voluptuárias*, "não se dando detrimento da coisa".~

Está de acordo com a ordem natural das coisas que, sendo o *senhorio* obrigado a proporcionar ao *arrendatário* o *gozo da coisa*, fique também, em princípio, obrigado a realizar as *obras de conservação* que se forem tornando necessárias ao longo da duração do contrato. O nº 1 do citado art. 1074 CC declara-o expressamente, decorrendo dessa obrigação sua que, aquelas que forem *licitamente* realizadas pelo *arrendatário*, devam atribuir-lhe direito a uma *compensação*.

Tudo isto, porém, salvo estipulação em contrário.

Simplesmente, esta regulação para o *arrendamento* reporta-se a *obras de conservação* ou *reparação*. Pressupõem a entrega da coisa *em estado de ser gozada*, ao passo que o *gestor do centro*, que começa, como se viu, por receber uma quantia avultada de *chave*, ou "valor de ingresso", afinal faz uma entrega imperfeita, de *coisa que precisa de ser acabada*.

Se o contrato vier a durar menos do que o esperado, por causa não imputável ao *lojista*, perderá este todo o investimento feito, que acabará por reverter para o *gestor*, o qual obterá assim, parece-nos, um *enriquecimento sem causa*.

[265] Relação do Porto, 6-11-2001 (*Colectânea*, XXVI-V, p. 172; Relação de Lisboa, 24-09-2009 (Processo nº 4477/05.0TVLSB.L1-6); SUPREMO, 1-7-2010 [IGFEJ – Processo nº 4477/05.0TVLSB.L1.S1); SUPREMO, 11-4-2013 (IGFEJ – Processo nº 2357/07).

Nesta conformidade, ainda que, em princípio, se possa considerar a cláusula legítima – deverá, nesse caso específico, atender-se ao disposto na aludida alínea do art. 18 LCCG e, ainda à luz do art. 334 CC, considerá-la *nula*, cabendo então ao *lojista* o direito a uma adequada *compensação*[266].

Deve ponderar-se que, no Direito comparado, tanto em França, como segundo a mais recente jurisprudência italiana, a mera oposição à renovação do contrato pelo gestor, obriga-o, como tivemos ensejo de referir acima, a uma compensação pela perda do aviamento.

Passando agora ao contrato coligado que as partes estipulam no mesmo ato em que se desenha o *arrendamento* e que é integrado pelas estipulações que se reportam à utilização e gestão do chamado "condomínio", será devida uma breve nota acerca dos traços principais que deverão integrar o seu regime jurídico.

Aqui, faz-se sentir, ainda mais do que relativamente ao setor arrendatício, o interesse e a necessidade da intervenção legislativa que tem faltado.

Perante a omissão que se regista, tentaremos fixar os aspetos mais importantes que julgamos deverem preservar-se.

Nesta base, tenhamos os olhos postos no exemplo que, nesta matéria, nos vem de França e que há pouco enaltecemos.

Na sua senda, sustentamos convictamente que deverá prever-se um *coletivo de lojistas*, presidido naturalmente pelo *gestor*, mas em que a aprovação do orçamento anual, uma mudança relevante na ocupação do espaço comum por novos vendedores ou, em suma, qualquer assunto de *interesse comum relevante* deverá estar sujeito a deliberação desse *coletivo*, em vez de depender, unilateral e autoritariamente, do *gestor*, como lamentavelmente acontece entre nós, quase generalizadamente, por vezes com ofensa dos legítimos interesses de algum *lojista* lesado – e até com uma ou outra descuidada sanção judicial.

V – ***Análise crítica de jurisprudência relativa a centros comerciais.*** O maior problema que os *centros comerciais* enfrentavam em Portugal, quando aqui começaram a estabelecer-se, era o do *vinculismo arrendatício* que, como vimos, logo se pretendeu iludir através do enquadramento da negociação com os *lojistas* como uma categoria de *contratos atípicos* tão fora do padrão da *atipicidade* que *se regeriam pela mais completa liberdade negocial* e sem admitir o mínimo paralelo com qualquer *tipo legal* que lhe fosse análogo, como por Direito necessariamente compete a um *contrato atípico*.

[266] Veremos adiante que não tem sido esta a jurisprudência dos nossos tribunais superiores. O ac. da Relação de Lisboa, de 16-4-2009 ainda decidiu, timidamente e sem lógica, que haveria um direito de retenção, mas sem direito a indemnização – o que o SUPREMO, 1-7-2010 revogou radicalmente, a nosso ver, não seguindo o entendimento preferível, pois deste modo legitimou um locupletamento injusto do titular do *centro*.

Por vezes, afirmava-se a submissão a esta analogia mas, na prática, jamais ela chegou a ser aplicada significativamente.

O entendimento radicou-se deste modo e foi perdurando, apesar de, logo em 1990, o RAU ter passado a admitir que, de futuro, se celebrassem *arrendamentos para habitação sem regime vinculístico*, e outro tanto ter acontecido relativamente aos *arrendamentos comerciais*, só em 1995, não se sabe porquê.

Anote-se que a esmagadora maioria dos nossos verdadeiros *centros comerciais* vieram a fundar-se depois desta data.

Um dos primeiros e mais notáveis, mas ainda anterior a ela, já com uma ABL (*área bruta locável*) apropriada à sua condição, foi o AMOREIRAS, de Lisboa, que surgiu em 1985 – sendo de salientar que os *modelos de contratos* a celebrar com os *lojistas*, que começou por adotar, estabeleciam-se como *arrendamentos comerciais* e eram concluídos por *escritura pública*, como então legalmente se exigia para estes *arrendamentos*.

A jurisprudência assim considerava então esses contratos, sem no entanto dar mostras de que dominava um conceito técnico rigoroso de *centro comercial*.

Podem citar-se neste sentido os seguintes acórdãos:

SUPREMO, de 26-4-1984 (*BMJ* nº 336, p. 406)

– O arrendamento, para comércio, de um local urbano nu, desprovido de instalações, utensílios e mercadorias, sem atividade mercantil e clientela, isto é, desprovido de quaisquer elementos integradores de uma existente unidade económica complexa e caracterizadora da universalidade designada juridicamente por *estabelecimento comercial*, integra a figura do *contrato de arrendamento para comércio* (artigo 1112 do Código Civil) e não a de cessão de exploração de estabelecimento (artigo 1085).

É o aresto a que já nos referimos acima (v. *supra*, IV–**A e** n. 209) e que não tinha em presença um *centro comercial*, mas uma simples e modesta *galeria de hotel*;

SUPREMO, 8-7-1986 (IGFEJ – Processo nº 073729; *BMJ* nº 359, p. 713)

– I – As frações autónomas de que um edifício se compõe podem pertencer a proprietários diversos em regime de propriedade horizontal seja qual for a finalidade licita a que se destinem. II – São as próprias frações, não os centros comerciais em que porventura elas estejam integradas, que devem ter as características impostas pelo artigo 1415 CC. III – Se as frações, alem de constituírem unidades autónomas, são distintas e isoladas entre si, com saída própria para uma parte comum do prédio ou para a via publica, a circunstancia de, o centro comercial de que os estabelecimentos instalados nas frações façam parte, não reunir os mesmos requisitos, não obsta a que as ditas frações sejam consideradas objeto de propriedade horizontal. IV – As despesas necessárias à conservação e fruição das partes comuns, são pagas pelos condóminos em proporção do valor das respetivas frações, de harmonia com o artigo 1424, nº 1, CC;

Relação de Lisboa, de 17-1-1991 (*Colectânea*, XVI-I, p. 141):

Caso de uma ação de condenação de rendas e prestações devidas por um lojista do Centro Comercial Amoreiras a que foi junto o Parecer do Prof. INOCÊNCIO GALVÃO TELLES em colaboração com o Prof. JANUÁRIO COSTA GOMES, acima referido.

Provada que estava a dívida, seria indiferente a natureza do contrato realizado – mas, ainda assim, vindo este qualificado como de *cessão de exploração de estabelecimento comercial*, o acórdão fez questão de assumir posição na matéria e proclamou, com um voto de vencido, que se tratava de *subarrendamento* (a sociedade titular do Amoreiras arrendava então todo *centro* a uma sua afiliada, para esta, depois, negociar diretamente o gozo das *lojas*), unido a um contrato de *prestação de serviços*

Entrementes, noutra ação semelhante da mesma sociedade contra outro *lojista* do referido *centro comercial*, com o ac. do SUPREMO, 6-12-1990 (IGFEJ – Processo nº 079450) iniciou-se, ainda timidamente, a reviravolta, mas com um voto de vencido.

Daqui por diante, passou-se afoitamente a subscrever a tese do *contrato atípico*, com uma referida e manifestamente injurídica particularidade: em vez de se pautarem pela disciplina legal dos *contratos típicos* com que mais se aparentassem, como é de regra, *funcionavam em roda livre ao sabor da mais ampla liberdade contratual*.

Foi esta lamentável pecha repetidamente aplicada, sem exceção, pelos nossos tribunais superiores, como ressalta da recensão de sumários dos arestos proferidos que apresentaremos de seguida.

A sua extensão poderá tornar-se fastidiosa, mas cremos que será útil e esclarecedora.

SUPREMO, 6-12-1990 (IGFEJ – Processo nº 079450):

Caso da ação de despejo intentada pela MUNDICENTER contra um seu *lojista* do Centro Comercial das Amoreiras, de Lisboa, por falta de pagamento de rendas, expressamente fundada num *contrato de arrendamento*, como tal declarado pelas partes e como tal celebrado, que, em juízo a Autora, qualificou de *misto* de "subarrendamento quanto à 'cedência do espaço' e de 'prestação de serviços' no que concerne ao seu restante objeto", mas que o acórdão acabou por qualificar como *contrato atípico*, sujeito à *forma dos arrendamentos comerciais*, com um voto de vencido.

Temos de discordar, neste acórdão, do próprio voto de vencido.

Está assim sumariado:

I – Os contratos celebrados entre o titular do direito de arrendamento de um Centro Comercial e cada um dos que exerce a sua atividade comercial nas respetivas lojas que o integram são contratos inominados e não contratos de arrendamento para fins comerciais nem de locação de estabelecimento comercial.

II – Por isso, o meio próprio para aquele titular obter a entrega das lojas e a ação de processo comum, e não a ação de despejo

III – Tais contratos estão sujeitos a escritura publica, nos termos da alínea *h)* do nº 1 do artigo 89 do Código do Notariado, dado que a formula vaga e imprecisa que utiliza abrange o contrato de cessão de loja integrada em centro comercial.

IV – Sendo nulos os contratos por falta de escritura publica, o autor podia ter pedido a declaração de nulidade com a consequente devolução das lojas e o pagamento do devido.

O que impressiona negativamente neste acórdão é a citação insistentemente repetida e servil do entendimento de um grande Autor, omitindo-se totalmente a anterior jurisprudência de sentido contrário, a importantíssima controvérsia doutrinal que sobre o tema se tinha suscitado[267], e a adverso orientação do Direito comparado: tudo isto foi soberanamente ignorado.

Quanto ao voto de vencido, a pretender, dentro da mesma inclinação, que, da primitiva ação de despejo se aproveitassem os articulados para, no seu prosseguimento, se chegar à *declaração de nulidade* do contrato por *falta de forma legal*, como se poderia obter tal desiderato quando o pedido era a *resolução de um contrato de arrendamento*? Julgava-se *contra petita*?

SUPREMO, 24-3-1992 (IGFEJ Processo nº 080755):

Está assim sumariado:

– I – O contrato de cedência de exploração de loja celebrado entre um centro comercial – *shopping center* – e o lojista que vai exercer atividade comercial nessa loja integrada no centro comercial não e um arrendamento de imóvel para o exercício de comércio nem locação de estabelecimento comercial mas sim apenas um contrato de cedência de exploração inominado ou atípico.

Enfermará, a nosso ver, salvo o devido respeito, sensivelmente e *mutatis mutandis*, dos vícios do acórdão anterior;

[267] Em que figuravam vultos, nada menos como os de INOCÊNCIO GALVÃO TELLES, RUI DE ALARCÃO, MARCELO REBELO DE SOUSA, JANUÁRIO COSTA GOMES, COUTINHO DE ABREU e FILIPE CASSIANO DOS SANTOS – quando se não queira ajuntar PEDRO SOARES MARTINEZ, que inclui na tese do *arrendamento* as *galerias* e os *pequenos aglomerados de lojas* que o entendimento do *contrato atípico* engloba geralmente, qualificando-os, indiferenciadamente, de *centros comerciais*.

Relação de Lisboa, 22-10-1992 (*Colectânea*, XVII-IV; *Rev.Leg.Jurs.*, 128º, p. 286)[268]:

– Caso de um prédio vulgar da Rua Filipe Folque, de Lisboa, entretanto demolido e substituído por outro e que a Relação, *oniricamente, tomou por um centro comercial;*

Relação de Lisboa, 18-3-1993 (*Colectânea*, XVIII-II, p. 115; *Rev. Leg. Jurs.*, 128º, p. 292):

– Caso do empiricamente denominado "Centro Comercial" de Alcântara, de um *arrendamento*, dado pela CUF à SUPA, em 1971, do prédio nº 43 da Avenida de Ceuta, de Lisboa, para instalação aí de um supermercado, respetivos armazéns e escritórios da arrendatária, podendo abranger a exploração de um *centro comercial*, a que se seguiu, já em 1987, a sublocação pela arrendatária ao PINGO DOCE, do supermercado e do "centro comercial".

Isto levou a QUIMIGAL, sucessora da CUF, a propor uma *ação de despejo* contra o PINGO DOCE, fundada na *causa de resolução* da al. *f)* do art. 1093 CC, de então: subarrendar ou emprestar o prédio, ou ceder a sua posição contratual.

O prédio tinha o rés-do-chão ocupado por um dito supermercado, e um 1º andar com escassas cinco lojas improvisadas, separadas[269] por "paredes de vidro amovíveis" – e este acórdão, perfilhando o entendimento de que os contratos de concessão de fruição de *lojas* de *centros comerciais* são contratos *atípicos*, não aceitou então como válida a *resolução* do contrato por cessão de exploração do estabelecimento fundada na analogia com o regime do *trespasse*;

SUPREMO, 1-7-1993 (IGFEJ – Processo nº 07B1857):

Está oficialmente sumariado assim:

– I – Na locação do estabelecimento, ou concessão da exploração, ou ainda cessão da exploração, há uma forma de negociação do estabelecimento comercial traduzida na transferência temporária do seu gozo, diferenciando-se do trespasse porque neste a transferência do estabelecimento é definitiva, perdendo o trespassante a titularidade da empresa e a ligação ao dono do locado, quando o trespassante era locatário do local onde funcionava o estabelecimento.

[268] Seria de referir, antes deste, o ac. do SUPREMO, de 24-3-1992, que a *Rev. Leg. Jurs,* junta ao rol e publica (128º, p. 278) – mas o aresto é silencioso quanto à qualificação e é extremamente duvidoso que a Fonte Nova, a que respeita, seja, pela sua tipologia e tecnicamente, um verdadeiro *centro comercial.* Por isso não arrolámos este acórdão entre os enfeudados à tese do *contrato atípico.*

[269] ANTUNES VARELA, no comentário a este acórdão (*Rev. Leg. Jur.*, 129º, 1996, p. 143, [2ª col.]), afirma, benevolamente, que o Relator revelou "ter perfeito conhecimento da realidade económico-jurídica que é o centro comercial". Um rés-do-chão da Avenida Ceuta, de Lisboa, então tipo armazém, a servir de supermercado e com o seu 1º andar aproveitado com 5 lojas improvisadas, separadas umas das outras por tabiques de vidro amovíveis será, algum dia, um *centro comercial*? Com o devido respeito: qualificando assim, nem Relator nem Adjuntos faziam a mais pequena ideia, a nosso ver, do que é um *centro comercial.*

II – No contrato de arrendamento comercial, o locador transfere para o locatário o gozo dum prédio urbano, para um fim diretamente relacionado com uma atividade comercial.

III – A cedência de gozo temporário do espaço destinado a cada loja dentro do centro comercial, não constitui um simples contrato de arrendamento para o exercício do comércio e também não integra um contrato de locação de estabelecimento comercial.

IV – À falta de uma regulamentação legal precisa sobre a cedência do gozo temporário do espaço destinado a cada loja dentro do centro, a doutrina tem-na considerado prevalentemente como representando um contrato atípico, ou inominado, "sui generis".

V – Tal contrato tem, em certos aspetos, forte analogia com o arrendamento comercial e, na totalidade e, por isso, a falta de pagamento da renda na totalidade (a parte fixa e a parte variável) traduz-se no incumprimento do contrato, dando ao proprietário do centro o direito de resolver o contrato;

SUPREMO, 26-4-1994 – (*ColSTJ*, II-II, p. 59; *Rev.Leg.Jurs.*, 128º, p. 302):

Caso do APOLO 70, em que a alegada arrendatária do conjunto, que denominou de "*drugstore*", pediu a condenação do lojista a quem tinha cedido a exploração de vários espaços no pagamento de comparticipações nas despesas comuns não pagas, o que este contestou, por não estar, da parte da Autora, a ser cumprido o bom funcionamento do conjunto.

A ação tinha sido julgada procedente, em parte, o que veio a ser confirmado por este acórdão, com fundamento em que não se tratava de arrendamento, mas de um *contrato inominado* que "em certos aspetos tem forte analogia com o arrendamento comercial".

Este caso afigura-se-nos, além do mais, como retinto exemplo de um excesso de *capitalismo selvagem*.

Choca o exagero manifesto dos sucessivos aumentos que vinham sendo impostos, como neste aresto se relata, em que o titular do *shopping center* [como lhe chamaram], depois de ter contratado uma renda mensal de 164 500$, em 1975, passou a exigir, em 1988, 324 500$ e, em 1989, ia já, disparado, em 393 396$ – quase o triplo!"[270].

[270] Vimos desde há muito denunciando o exagero: *Manual do Arrendamento Urbano*, Almedina, 1996, p. 246.
ANTUNES VARELA, à nossa crítica aos excessos que, à sombra da teoria do *contrato atípico*, os tribunais têm, com mais frequência do que a desejável, passado em claro, contrapôs dois pontos. No primeiro, retorquiu-nos, quanto aos encargos com que o grande capital tem esmagado os pequenos *lojistas* de *centros comerciais* e pretensos *centros*, que os excessos não derivariam da conceção do *contrato atípico*. Logo acrescentou, porém, que eles "poderão sempre existir, desde que as partes convencionem a *atualização* da parte da prestação a cargo do locatário, correspondente

SUPREMO, 12-7-1994 (*ColSTJ*, II-II, p. 176; *Rev.Leg.Jurs.*, 127º, p. 163):

– Caso IMAVIZ, ação em que a Autora, com fundamento em ter celebrado com a Ré um contrato pelo qual lhe deu de *arrendamento* a *cave, loja, sobreloja* e *sanitários* do prédio urbano situado no gaveto da Avenida Fontes Pereira de Melo com a Rua Latino Coelho, para ela, parcelando-os em *lojas*, as explorar diretamente ou as subarrendar, depois de preparadas.

Pediu a *resolução* desse contrato, nos termos do preceituado nos arts. 1038, al. *g)*, 1049 e 1093, nº 1, als. *f)* e *g)*, CC, por não lhe ter sido feita *comunicação* das *sublocações* realizadas, e por ter recebido quantias excessivas pelos contratos entretanto celebrados.

A ação foi julgada procedente nas instâncias, com base em *incumprimento contratual* por parte da demandada, mas o SUPREMO, revogou o acórdão da Relação, ponderando que aquilo que as partes pretendiam era *vivificar um centro comercial.*

aos serviços prestados pelo locador, e não haja *norma* que permita corrigir os *exageros* da atualização faturada" (*Rev.Leg.Jurs.* 129º, p. 54, n. 1).

Admita-se-nos, quanto a esta observação, que mantenhamos a nossa ideia, alterando unicamente a ordem dos advérbios adotados pelo Saudoso Professor: os *excessos* não poderão existir *nunca*, porque haverá *sempre* norma que os corrija: é o art. 334 CC, *que é de indeclinável aplicação oficiosa pelos tribunais*, além de todos os outras que tutelam a *boa-fé*, porque estará então em causa um *imperativo de interesse e ordem pública*.

No segundo, finaliza a réplica com um gostoso remoque bem próprio da amizade com que sempre nos honrou: "Os excessos do capitalismo selvagem a que o P. F. se refere e dos quais a tese do contrato de instalação do lojista como contrato atípico – pobre coitado! – lava as suas mãos, arriscam-se a ser tanto mais frequentes quanto mais facilitado for enquanto a carência de habitações persistir, o regresso do arrendamento ao regime da renda livre e da denúncia a curto prazo pelo próprio senhorio – retorno que aquele autor compreensivelmente tem preconizado" (*Rev. Leg. Jur.*, 129º [1996], p. 180, 1ª e 2ª cols.).

Escrevia isto, o Saudoso Professor, precisamente quando, já então, havia *seis anos* que os contratos de *arrendamento para habitação* estavam a ser celebrados em *renda livre* e *sem prorrogação obrigatória*. E assim continuam, volvidos que vão mais de vinte anos. E até os próprios contratos antigos estão sofrendo justas revisões. E os não habitacionais, há *um ano*, libertados tinham sido também.

Tratava-se, porém, como logo se vê, de um mero arrobo argumentativo: menos de um ano depois, quando PIRES DE LIMA já era falecido, escrevia justamente isto: "O resultado inevitável da errada política de tutela excecional do inquilinato, à custa dos senhorios, que entrou nos *hábitos* da vida económico-social, foi a progressiva e impressionante degradação do património imobiliário dos maiores centros populacionais do país" – PIRES DE LIMA/ANTUNES VARELA, *Código Civil Anotado*, II, 4ª ed., rev. e at., Coimbra Editora, 1997, p. 511.

E era esta conclusão, no fundo, que verdadeiramente se harmonizava com aquele pensamento que, com o profundo rasgo que era seu apanágio, tinha já corajosamente proclamado, antes de todos, na sua conhecida comunicação à Assembleia Nacional, de 26 de novembro de 1966, sobre o novo Código Civil (cf. *BMJ* nº 161, pp. 39-40).

Não realizaram, portanto, um *arrendamento*, mas um contrato de "implementação de centro", investindo-se deste modo a Ré numa *"situação contratual atípica de implementação de um centro comercial"* que, nessa conformidade, não estava sujeita a comunicações dos contratos celebrados.

Propriamente quanto à *falta de comunicação*, considerou que, no contrato que se celebrou entre A. e R., deu-se corpo a uma integração de *centro comercial* e, por isso, não havendo *subarrendamentos*, não tinha sentido haver *comunicação* de cada um desses contratos à Autora – a qual, aliás, ao longo de mais de quinze anos, não tinha levantado qualquer oposição a tal facto e, deste modo, pretender-se agora *resolver* o contrato com esse fundamento era um patente e imoral *venire contra factum proprium*.

Este acórdão, que, em quatro anos, era já, pelo menos, a sétima[271] decisão de um tribunal superior a sobraçar a ideia do *contrato atípico*, oferece todavia uma importância especial muito relevante, por ter sido objeto do mais elogioso comentário jamais registado na prestigiosa *Revista de Legislação e Jurisprudência*, que o arvorou, com isso, em *aresto modelo*, com particular e decisiva influência na orientação judicial que se lhe seguiu.

Merece, portanto, uma ponderação mais detida.

Por acréscimo, este acórdão, foi relatado por um dos mais ilustres e influentes Juízes que passaram pelo SUPREMO.

Na nossa perspetiva, ressalvado o devido respeito e a grande admiração que nos merecem o Ilustre Relator e os restantes Subscritores do acórdão, estaremos em crer que terá sido o menos feliz dos sempre doutíssimos arestos por si relatados.

Digamos porquê.

Primeiro. O que esta decisão ponderou, de diferente das instâncias, foi que, constituindo o *centro comercial* que, aliás, se descreveu com certeiro pormenor (complementaridade das lojas; prestação de serviços; aparcamento; zonas de lazer), uma realidade "estruturalmente *diferente* do vulgar e isolado estabelecimento, dito de rua", seria desrazoável aplicar-se ao contrato celebrado regulamentação diferente dessa realidade preexistente.

Simplesmente, não tendo nunca afivelado o IMAVIZ à sua descrição de *centro comercial*, não tendo jamais aferido em todo o arrazoado que ele correspondia efetivamente a esse conceito, faltou assim ao seu *silogismo judiciário* a *premissa maior* – e

[271] No Seminário da Associação de Proprietários de Centros Comerciais em que, na altura, em presença do Relator do aresto, foi debatida a natureza jurídica dos contratos celebrados pelos gestores de *centros comerciais* com os seus *lojistas*, afirmou-se, a seu respeito, que seria a "primeira vez" que um acórdão se pronunciara "a favor das teses que consideram esses contratos como não sendo de simples arrendamento" (*Shopping – Centros Comerciais em Revista*, janeiro de 1996, pp. 13-14) – mas, como se vê até pela recensão acabada de fazer, sem grande rigor.

bastará portanto que, de facto, não se esteja perante um verdadeiro *centro comercial*, para, tanto a conclusão como toda a fundamentação deixarem de proceder.

No caso, esta fragilidade parece até tanto mais evidente quanto, reconhecidamente, como é facto notório, em Lisboa, o IMAVIZ não tem *parque de estacionamento de viaturas*; não tem *zonas de lazer*; não sabemos se tem *complementaridade de lojas*, e nem tem, sequer, *prestação de serviços*.

Pela sua área e disposição arquitetónica, é *facto notório* que não passará de um simples *agregado de lojas* na "*cave, loja, sobreloja* e *sanitários*" de uma torre aplicada, esta, a habitações, escritórios e a salão de uma conhecida cabeleireira.

Portanto, além de omisso, na sua *premissa maior*, o acórdão é mesmo, se bem pensamos, menos feliz na qualificação do real *objeto mediato* do litígio – e, sendo assim, seria indispensável que, ao menos, se tivesse então equacionado e estabelecido a equiparação do regime legal de *centros comerciais* a um conglomerado de *lojas* na "*loja, cave, subcave* e *sanitários*" de um *prédio urbano*.

Segundo. Outra fragilidade, na nossa perspetiva, é a patente confusão em que se enreda, no que se nos afigura um desvio de paralaxe, ao tomar o contrato efetivamente celebrado entre as que seriam então *titular* e *gestora* desse imaginário *centro comercial*, por um contrato entre *gestora* e um seu qualquer *lojista*, que *não estava minimamente em causa* no litígio.

Efetivamente, a ação propunha-se obter, como se referiu, a *resolução* do *contrato de arrendamento* da "*cave, loja, sobreloja* e *sanitários*", celebrado entre a *Mundial e* a *Sulgina*.

E o que decidiu então o acórdão?

Que a *causa final*, aquilo que as partes pretendiam, com este contrato, era *vivificar um centro comercial*. Não realizaram um *arrendamento*, mas, segundo o barbarismo então usado, um contrato de "implementação de centro", investindo-se deste modo a Ré numa "*situação contratual atípica de implementação de um centro comercial*" que, portanto, não estava sujeita a *comunicações* dos contratos celebrados.

Com isto, criou-se uma nova figura, até aí inteiramente desconhecida – e, depois disso, jamais tratada pelos Autores – de *contrato de implementação de centro*.

E o pior de tudo foi que se confundiu o regime desta nova figura com o que entendia dever aplicar-se aos próprios contratos celebrados entre *gestores* e *lojistas* de *centros comerciais* – acabando por atribuir àquele distinto contrato a qualificação de *contrato atípico*, que certa corrente reserva, como se viu, a*os realizados entre gestores de centros comerciais e os seus lojistas*; não, *entre titular e gestor de centro comercial*.

Ou seja: o acórdão aplicou ao *contrato entre titular e gestor* o regime jurídico que só poderia caber, em certo entendimento, a um *contrato entre gestor e lojista*.

Deste modo, ou confundiu e trocou a *causa de pedir da ação* (o contrato celebrado entre *proprietária* das frações de prédio urbano e *arrendatária* do referido espaço de prédio urbano) com um pretenso contrato entre *gestor* e *lojista* de pretenso *centro comercial*, que nunca esteve em causa, baseando-se portanto em diferente *causa de pedir* e incorrendo assim em *nulidade* (arts. 668-1, al. *d)*, 461, al. *d)* e 268 CPC, de então, correspondentes aos atuais arts. 615-1, al. *d)*; 552-1, al. *d)* e 260 CPC_{2013}), ao fazer uma qualificação inédita e basicamente contrastante com a negociação que as partes, clara e expressamente, quiseram e disseram celebrar: um vulgar *arrendamento* com direito de *subarrendamento*.

Terceiro. O afastamento da *obrigatoriedade de comunicação*, operado pelo acórdão, fundou-se em duas razões.

A primeira foi a de que, tratando-se de um *contrato atípico*, essa obrigatoriedade não existia.

Acontece, como se viu, que o "contrato atípico" seria o celebrado entre uma hipotética *gestora* e um hipotético *lojista* do hipotético *centro comercial*, continuando portanto aqui a subsistir a confusão e troca de contratos, acabada de evidenciar.

Quarto. O acórdão regista que, mesmo no plano locatício, "até no caso de simples *locação de estabelecimento* ou de *cessão de exploração*, a necessidade *de comunicação* é, pelo menos, discutível, atenta a limitada descrição da alínea *g)* do art. 1038 do C. Civil (em sentidos divergentes, ou seja, desnecessidade e necessidade, v, g., Estilita de Mendonça, *Da Sublocação*, 55, e, por outro lado, Pais de Sousa, *Anotações ao RAU*, 3ª edição, 288)"[272].

Com isto, parece-nos, incorrer o acórdão, primeiro, num claro equívoco; depois, numa afirmação, perdoe-se-nos, mas algo ligeira.

O equívoco situa-se na referência à *locação de estabelecimento* ou *cessão de exploração*, mas aquilo que estava em causa não era nenhum "estabelecimento", mas a *cave, loja, sobreloja e sanitários* que se deram de arrendamento, *completamente vazios* do que quer que pudesse, um dia, vir a constituir um *estabelecimento*, clausulando-se expressamente no contrato celebrado, que o seu regime jurídico se pautaria pelas disposições legais do "contrato de arrendamento para comércio e indústria".

Mais.

A afirmação do carácter *limitado* da expressão da al. *g)* do art. 1038 CC não parece, por outro lado, em nossa fraca opinião, corresponder rigorosamente aos termos amplos em que se encontra redigida, em conjunção com o disposto na al. *f)*, a que se reporta, a exigir assim, latamente, a *comunicação* quando haja *cessão onerosa ou gratuita da posição jurídica de locatário, sublocação, comodato* ou ainda *nos casos em que "a lei o permitir"*.

Nesta frase final, entravam, necessariamente, à época, o *trespasse*, a *cessão da posição de arrendatário para exercício de profissão liberal* e, claro está, a própria *locação de estabelecimento*, então ainda denominada, no próprio RAU, de *cessão de exploração*.

[272] Cf. *Rev. Leg. Jur.*, 127º, p. 171, 1ª col.

Nessa época, o entendimento oposto ao subscrito pelo acórdão era generalizadamente subscrito pela generalidade dos Autores[273];

SUPREMO, 1-2-1995 (*ColSTJ* III-I, p. 46; *Rev.Leg.Jurs.*, 128º, p. 307):

– É o caso do ac. da Relação de Lisboa, de 18-3-1993, resumido acima. Revogou o acórdão recorrido, julgando improcedente tanto a ação do *lojista* como a reconvenção da demandada, por não haver cedência locativa de um espaço, se este se insere no âmbito e para a exploração de um *centro comercial*, dado que, embora contenha elementos típicos da *locação*, o contrato de instalação de *lojistas* em *centro comercial* representa uma *realidade nova* e distinta, que se não compadece com o regime locativo;

SUPREMO, 24-10-1996 (*BMJ* nº 460, p. 742; *ColSTJ*, IV-III, p. 72):

– Caso Euromarché (corte de energia elétrica e de água ao estabelecimento do *lojista*). A *providência cautelar* posta pelo *lojista* que o sofreu, foi julgada improcedente.

SUPREMO, 18-3-1997 (*ColSTJ*, V-II, p. 26):

– Caso Pingo Doce, relativamente ao dito Centro Comercial Pão de Açúcar de Alcântara (contrato-promessa não reduzido a definitivo, contendo proibição de trespasse): o pedido do *lojista*, de declaração de nulidade do contrato prometido, foi julgado improcedente, por se estar em presença de um contrato atípico;

Relação de Lisboa, 8-4-1997 (*Colectânea*, XXII-II, p. 91):

– Caso do desparecido *Centro Comercial Gemini*, a considerar, contra a pretensão do *lojista*, que um contrato constante apenas de escrito particular, celebrado com este, é válido porque não constitui um *arrendamento comercial*;

SUPREMO, 7-10-1997 (IGFEJ – Processo nº 97A897):

– O contrato-promessa em que uma das partes se obriga a entregar à outra lojas em tosco, em *centro comercial*, e esta a proceder ali a obras de montagem dos estabelecimentos comerciais e a pagar as prestações convencionadas relativas não só à exploração das *lojas* mas também aos serviços do *centro*, não é de *sublocação*, nem *misto de locação e prestação de serviços*, nem de *cessão de exploração*, mas *contrato atípico* de *instalação de lojista em centro comercial*, não submetido a forma especial.

[273] À data do acórdão: Isidro Matos, *Arrendamento e aluguer*, Atlântida Editora, 1968, p. 319; Fernando Andrade Pires de Lima/João de Matos Antunes Varela, *Código Civil Anotado*, II, 2ª ed., rev. e at., Coimbra Editora Limitada, 1986, pp. 395 e 548; Rui Vieira Miller, *Arrendamento Urbano*, Livraria Almedina, 1987, p. 134; Mário Frota, *Arrendamento Urbano Comentado e Anotado* (com a colaboração de Paulo Cunha), Coimbra Editora, 1988, p. 202; F. M. Pereira Coelho *Arrendamento*, (ed. policopiada), Coimbra, 1988, p. 217; Pinto Furtado, *Curso de Direito dos Arrendamentos Vinculísticos*, 2ª ed., Almedina,1988, pp. 310-311.

Nota. Apenas se publica o sumário assim relatado, mas retira-se dele que a ação terá sido proposta pelo *lojista*, a pedir a declaração de nulidade do contrato, por inobservância da *forma legal*, o que foi julgado improcedente;

SUPREMO, 14-10-1997 (*ColSTJ*, V-III, p. 77):
– Caso do dito Centro Comercial "Shopping dos Clérigos", a decidir que, desde que não há elementos para caracterizá-lo como centro comercial, o contrato com o *lojista* é um *arrendamento comercial*.

Nota. A dúvida que este aresto poderá apresentar será a de que, porventura, constituirá um *facto notório*, na cidade do Porto, que o *Shopping dos Clérigos* obedecerá, realmente, à tipologia de um *centro comercial*;

Relação de Lisboa, 11-11-1997 (*Colectânea*, XXII-V, p. 77):
– Caso do Centro Comercial de Carnaxide em que, mediante um dito "contrato promessa de cessão de exploração de estabelecimento comercial", se proporcionou a um *lojista*, desde 1 de dezembro de 1991, a exploração da loja nº 13, como *snack-bar*, pela renda de, então, 600 contos mensais, acrescidos de IVA e dos valores de consumo de energia elétrica e de água.

Nota. O *lojista*, como era previsível em face dos exorbitantes encargos a que ficou sujeito, não se aguentou, denunciando entretanto o contrato para 30 de novembro de 1992.

Como tivesse ficado a dever os dois últimos meses de renda e mais 1.141.452$00, a Relação condenou-o nestas quantias, ficando-se sem saber, do extrato publicado do acórdão, qual terá sido a defesa do *lojista*.

SUPREMO, 20-1-1998 (*Rev.Leg.Jurs.*, 131º, p. 138):
– Caso Carrefour de penhora do recheio do estabelecimento de um seu *lojista* que foi julgado improcedente com fundamento em que o contrato com o lojista tem a natureza de contrato atípico que proibia legitimamente o *trespasse* sem autorização do *gestor*;

Relação do Porto, 17-11-1998 (IGFEJ Processo nº 9820956; *BMJ* nº 481, p. 539 [sumário]):
– I – Os centros comerciais, mais conhecidos por "Shopping Centers", consubstanciam um novo tipo de organização mercantil cuja estrutura se caracteriza, sobretudo, por uma unidade global e por um funcionamento solidário dos diferentes elementos que os integram, não podendo ver-se a funcionar isoladamente.

– II – O contrato que tenha por objeto um estabelecimento comercial ou apenas o local onde vai funcionar, num Centro Comercial, é um contrato atípico ou inominado pelo que, regulando-se dentro dos princípios da liberdade contratual e da autonomia da vontade e tendo em conta as normas dos contratos em geral, é válido e eficaz sem que para isso tenha de ser celebrado por escritura pública, o que não ocorre com um típico contrato de arrendamento comercial.

SUPREMO, 21-10-1999 (IGFEJ – Processo nº 99B202):
– I – São válidas as cláusulas apostas num contrato de subarrendamento de loja em "Centro Comercial", em que o inquilino se obriga a participar nas despesas de policiamento, segurança, água, luz, higiene e limpeza das partes comuns, e bem assim nas despesas de publicidade do Centro. II – Esta convenção é acessória em relação ao subarrendamento, e as despesas indicadas não se confundem com os encargos quesitos no art. 1030 do CC.

Relação do Porto, 8-5-2000 (IGFEJ – Processo nº 0050361):
Considerou *atípico* ou *inominado* o *contrato de instalação de lojista* em *centro comercial*, não podendo, ser qualificado como de *arrendamento* ou *subarrendamento*; mas o recurso à ação direta para ser restituída a *loja* ao *centro comercial* só seria lícito no caso, que não ocorreu, da impossibilidade de recorrer em tempo útil aos meios coercivos normais.

SUPREMO, 28-9-2000 (*ColSTJ*, VIII-III, p. 49):
Caso do Carrefour de Vila Nova de Gaia: recurso da decisão do Tribunal Arbitral que condenou o *lojista* em indemnização, por ter desobedecido à determinação de desocupação da *loja* por falta de pagamento de rendas e desatendeu à reconvenção por prejuízos causados com o corte de energia elétrica e a proibição de acesso de que o *lojista* se considerava vítima, recurso a que foi negado provimento na base da qualificação do contrato como *contrato atípico*, omitindo-se qualquer juízo sobre o emprego da ação direta;

Relação do Porto, 6/11/ 2001 (*Colectânea*, XXVI-V, p. 172):
Caso do *lojista* da *loja* nº 257 do Centro Comercial Gaiashopping, a decidir não sofrer já dúvida, "depois de alguma divergência", que a qualificação de um contrato de "usufruição" de *loja* de *centro comercial* é a de *contrato atípico*, e é assim válida a cláusula segundo a qual o *lojista* se obriga a realizar todas as obras necessárias ao funcionamento da *loja* e aceita que tais obras não lhe conferem qualquer direito de indemnização ou direito de retenção por essas benfeitorias;

SUPREMO, 11-4-2002 (IGFEJ – Processo nº 02B826) – Eis um exemplo típico do que tem sido a jurisprudência do SUPREMO em matéria de *centros comerciais*. Para a utilização temporária e remunerada do prédio da *freguesia* de Fraião, do concelho de Braga, "que passou a receber a denominação de *Minho Center*" de que é titular, *Fundo de Investimento Imobiliário Gespatrimónio Rendimento.*

Terceiro, então não habilitado a tal, cedeu nele, a um lojista, a fruição de três *lojas*, as n.os 11, 15 e 15-A, com a designação de *contratos de utilização de espaço integrado em galeria do centro comercial,* contra a entrega imediata de uma chave de 18.632.185$00, as rendas mensais de 833.859$00 pela loja 11, 413.595$00, pela loja 15 e 339.300$00 pela loja 15-A, que recebeu em tosco e teve de equipar, mais uma renda variável de 9% da faturação bruta da loja 11, 7% da faturação bruta da loja 15 e outros 7% da faturação bruta da loja 15-A

Com a celebração do contrato, em 26 de março de 1997, o lojista chegou a junho do mesmo ano e já não conseguiu pagar as rendas desse mês.

Acionado, alegou que a A. não tinha legitimidade para celebrar o contrato a que se tinha obrigado e que deveria qualificar-se de subarrendamento.

O que julgou o SUPREMO?

Que "os factos trazidos aos autos das instâncias, designadamente as referências encontradas nos contratos entre as partes, não deixam dúvidas de que as lojas em causa fazem parte de um centro comercial".

Mas se não foi exibido registo da superfície como *centro comercial*; se não foram avaliadas as suas características morfológicas, bastou a qualificação das partes?

Desde quando é que uma qualificação das partes obriga o tribunal?

Não tem o SUPREMO repetidamente julgado que a qualificação de arrendamento dada pelas partes é errada, porque a locação de um centro comercial deve antes qualificar-se como contrato atípico?

E se um *contrato atípico* se rege, como este acórdão reconhece, "em primeira linha pelas normas gerais dos contratos, e só depois pelas do contrato mais próximo, que, em regra será pelas razões expostas, o de locação", como se explicará que o crime de especulação de receber qualquer quantia a título de chave, nos termos, à época, do art. 14 do Decreto-Lei nº 321-B/90, se afaste do seu próximo tanto que se transmude de ilícito criminal em lícito civil?

Não choca a exorbitância das quantias clausuladas, num pretenso *centro comercial* que se iniciava, na altura, e nem tinha ainda concluído acessos a que se tinha obrigado?

Desde quando é que o *abuso do direito* terá deixado de ser de conhecimento oficioso?

Parece, todavia, de concordar com o acórdão quando decide que a *ilegitimidade* do dador de *contrato atípico* de *centro comercial* (admitindo, sem conceder, que deveria ser essa a real qualificação) se tem de sujeitar ao disposto na al. *a)* do art. 1034-1 CC, da *locação*, e, assim, não poder o *equiparado a locatário* invocar o defeito do *equiparado a locador*; não, porém, quando não se deu, como aqui, por demonstrado que o defeito era já então conhecido do *equiparado a locatário*.

Relação do Porto, 7-5-2002 (IGFEJ – Processo nº 0220469), assim sumariado: Quando do início dos centros comerciais em Portugal, na década de 80, Jurisprudência e Doutrina dividiram-se quanto à qualificação da cedência de espaços comerciais ou instalação de lojistas em centro comercial; no entanto, após o acórdão do Supremo Tribunal de Justiça, de 12 de Julho de 1994 (Centro IMAVIZ), sobretudo a partir da anotação favorável do Prof. ANTUNES VARELA na *Revista de Legislação e Jurisprudência* – de que foi publicada separata com título "Centros Comerciais Shopping Centers", Coimbra Editora, 1995 –, tais cedências têm vindo a ser qualificadas como contratos atípicos, e não como contratos de arrendamento comercial, o que implica o afastamento das normas vinculativas do Regime do Arrendamento Urbano.

Nota. Este sumário é, decerto, bem demonstrativo do que referimos a propósito do ac. de 12-7-94 e uma confissão ingénua mas autêntica da influência da *Revista* na jurisprudência. Para ela, só conhecemos uma terapêutica: fazer como Ulisses;

SUPREMO, 14-5-2002 (*ColSTJ* nº X-II, p. 60) – Caso de uma galeria situada nos baixos do *Hotel Meridian,* quanto à qual decidiu que, não se tratando embora de um *centro comercial,* " no sentido vulgar", "mas de um complexo comercial instalado nos fundos de um hotel, apenas frequentado pelos clientes deste e por demais pessoas cuja entrada no hotel seja permitida, nem por isso deixa de haver a analogia de situações que justifica a aplicação...de regime idêntico", pois o hotel funciona como "loja-âncora".

Deste modo, confirmou-se o ac. da Relação a dar por improcedente a pretensão de declaração de nulidade da denúncia feita pela gerência do hotel do contrato, por se entenderem aplicáveis os princípios respeitantes aos "contratos de instalação de lojista em centro comercial ou espaço análogo".

Apresenta uma declaração de voto do Conselheiro AFONSO DE MELO, qualificando o contrato como uma *locação de estabelecimento,* não sujeita ao regime vinculístico.

Note-se que o contrato era de 1997 e, portanto, como *arrendamento não habitacional,* já poderia então realizar-se sem vinculismo – mas não se deu por isso nem, tão pouco, pelo entendimento de PEDRO ROMANO MARTINEZ segundo o qual, mesmo sendo-se seguidor da tese do *contrato atípico,* onde esse aspeto não exista, como nos *centros mais pequenos,* ou em simples *galerias comerciais,* tal qualificação "não se justifica" (*Shopping – Centros Comerciais em Revista*, nº 13, nov-dez-jan,1996, p. 14)

SUPREMO, 9-3-2004 (*ColSTJ*, nº 173, XII-I, p. 114; comentado por M. HENRIQUE MESQUITA em *CDP*, nº 9 [2005], pp. 54-60):

Caso do dito Centro Comercial Cidade Nova, de Loures, constituído por um conjunto de frações autónomas, em *regime de condomínio,* situadas nos níveis 0, -1 e -2 num total de 126 lojas, tendo o litígio resultado da falta de pagamento por parte da ré, da sua comparticipação nas *despesas comuns* imputáveis às lojas n.os 91, 92, 93, 100 e 113, de que era *condómina* e da loja 89, de que era *locatária*.

A controvérsia não se prendia, portanto, com o regime jurídico específico de um *centro comercial* em que há um titular do *centro* que, por si, ou por intermédio de uma sociedade sua afiliada, cede a exploração de espaços em condições que pretendem extravasar do regime do *arrendamento*, mas o SUPREMO não se coibiu de afirmar aqui, sem que isso afinal tivesse interesse para o fundo da causa, que "um *centro comercial* instalado num edifício em propriedade horizontal não passa, por isso, a constituir um condomínio" – o que nem parece exato: se os *lojistas* são *condóminos*, não pode deixar de haver *condomínio*; e este, como se sabe, não é incompatível com a integração de um *centro comercial* de *lojistas condóminos* (cf. *supra* IV, *sub* este artigo);

Relação de Lisboa, 4-11-2004 (IGFEJ Processo nº 7145/2004-6):

Caso de um assim chamado *centro comercial*, em que o dono ocupou uma *loja*, por falta de pagamento de rendas, e no qual se admitiu, em procedimento cautelar, a restituição do estabelecimento ao *lojista*.

Decidiu-se neste notável aresto, relatado por MANUEL GONÇALVES, não bastar que se denomine um aglomerado de lojas de "Centro Comercial" ou "Shopping Center", para se concluir que, juridicamente, se está perante a "categoria" de "centro comercial" – e, sendo, por outro lado, nula a "cláusula contratual determinando que o atraso no pagamento da referida contrapartida por um período superior a 30 dias motiva a implícita revogação da autorização, ficando a 1ª outorgante no direito de, sem outras formalidades, tomar posse da loja, arrombando, se necessário for, a respetiva porta de acesso", determinou a restituição da posse do estabelecimento ao lojista.

Nota. Plenamente de acordo com esta decisão.

Relação de Lisboa, 20-1-2005 (*Colectânea*, XXX-I, p. 91):

Caso do chamado "Centro Comercial S. João de Deus", de Lisboa (e que afinal será, segundo o constante da escritura notarial a que alude o acórdão, um "prédio urbano em regime de propriedade horizontal"), em que o titular do "centro", por contrato preliminar dito de "cessão por sua conta e risco da exploração" da loja nº 504, correspondente à "fração autónoma individualizada pelas letras CL, a uma tal Maria Teresa, a qual, entretanto a deu em *trespasse*" a uma determinada Paula, sem que o respetivo proprietário tivesse dado autorização para tal.

Esta, que tinha ocupado o *estabelecimento*, acabou por resolver o contrato, um mês depois, com fundamento em não ser válido o *trespasse* por a trespassante "não dispor de poderes bastantes para a celebração".

A 1ª instância julgou a ação improcedente por a *trespassante* ter a qualidade de *arrendatária*, mas a Relação, neste acórdão, assentando tacitamente e sem a mínima demonstração em que se estava perante um *centro comercial*, aderiu à tese do *contrato atípico* ou *inominado* de *centro comercial*.

Nesta base, considerou que o *trespasse* "não pressupõe que o trespassante seja arrendatário do espaço onde tem instalado e em funcionamento o estabelecimento comercial", e, portanto, era afinal válido – quando, nesta base, seria indispensável a autorização do gestor do "centro", a qual, segundo estava provado (al. *n)* da prova dos autos), não tinha sido dada. Não se explica minimamente onde se terá descoberto a figura de um *trespasse por não arrendatário*;

SUPREMO, 19-5-2005 (IGFEJ – Processo nº 05A198):

Caso do Centro Comercial da Quinta da Malata, de Portimão, em que o *lojista*, durante mais de um ano não pagou as despesas comuns e, no litígio, pretendia não devê-las por o contrato ser de *arrendamento*, o que não foi atendido, pois, muito embora o afastamento das normas vinculísticas do *arrendamento* poder conduzir, por vezes, a soluções injustas, tal não impede a qualificação jurídica como *contrato atípico* que não necessita de ser celebrado por *escritura pública*, impondo-se, se for caso disso, o recurso aos mecanismos da boa-fé e do *abuso do direito* (artigo 334 CC);[274]

SUPREMO, 12-10-2006 (IGFEJ – Processo nº 05B2093):

Repetição do caso do acórdão do IMAVIZ, de 12-7-94, referido acima, em que a titular, agora em 2001, propôs uma nova ação contra a sua arrendatária, pedindo concretamente a resolução do contrato de arrendamento entre ambas celebrado por escritura pública de 21 de Março de 1975 "de um prédio urbano composto por cave, loja e sobreloja e sanitários situado em Lisboa, com destino ao exercício de qualquer ramo do comércio ou indústria, bem como à exploração direta ou indireta desses ramos através de concessões ou participações".

Decidiu, segundo o sumário: I – A qualificação do contrato como sendo de "cessão de gozo de imóvel para instalação e exploração de um centro comercial", operada na ação despejo movida pela autora (cuja causa de pedir era a cedência do locado não comunicada ao senhorio), constitui um antecedente lógico da decisão que ali foi proferida e, como tal, está abrangida pelo caso julgado. II – Deste modo – e porque na economia do contrato referido em I, à ré não se impõe que comunique à autora a identidade dos novos lojistas a quem cede os espaços comerciais em que dividiu o centro comercial que instalou no prédio da autora –, deve ser julgada improcedente

[274] Não inserimos no ponto que se segue o ac. do TRIBUNAL CONSTITUCIONAL de 15-11-2005 (IGFEJ – Processo nº 540/03), por entendermos que não tomou partido na controvérsia e abertamente decidiu que o "entendimento, onde se renova a qualificação jurídica operada pelas instâncias, é, na perspetiva do recurso de inconstitucionalidade, insindicável, não cabendo a este Tribunal qualquer pronúncia sobre o mérito jurídico da decisão recorrida, na aplicação que aí vai feita ao caso concreto".

a ação que a autora moveu posteriormente contra a ré insistindo na qualificação do contrato em apreço como sendo de arrendamento e noutras (posteriores) não comunicações da identidade dos novos lojistas.

Nota. Também nos parece que, nestes caso, não haveria outra alternativa.;

SUPREMO 23-1-2007 (IGFEJ – Processo nº 06A4201) – Caso de um dito *centro comercial*, não identificado nem localizado[275], em que o titular pediu a condenação em indemnização do *lojista* a quem tinha dado de *arrendamento comercial*, em 1 de fevereiro de 2003, a loja nº 26, por ter passado a exercer o mesmo comércio de venda de flores em estabelecimento seu da loja nº 20, em violação do Regulamento do Centro, condenação que foi confirmada, considerando-se que o regulamento de um *centro comercial*, devidamente aprovado, é imperativo para todos os *lojistas*, qualquer que seja o título sob o qual ocupa a referida loja;

SUPREMO, 5-7-2007 (IGFEJ – Processo nº 07A2107):

Caso do *Maia-Shopping* e *Norte-Shopping*, sobre o qual se decidiu que é *atípico*, ou *inominado*, o contrato de cedência temporária do gozo de um espaço para instalação de uma *loja* num *centro comercial*; não está sujeito a *escritura pública* e tem o ónus de alegar os factos, com indicação expressa das cláusulas contratuais, quem pretenda fazer-se valer da sua natureza abusiva ou iníqua. A garantia bancária é estabelecida em benefício do credor, não podendo o devedor invocar o seu não acionamento como causa do agravar da sua prestação;

SUPREMO, 13-9-2007 (IGFEJ – Processo nº 07B1857):

Outro caso do *Maia-Shopping*, inaugurado em 18 de Novembro de 1997, em que determinada sociedade contratou com a titular do *centro comercial* (Grupo SONAE) a obtenção *em tosco* para fruição da loja 139/140 que terá aberto ao público no dia 5 de Dezembro de 1997, não tendo depois o gestor admitido o trespasse e, estando ela encerrada, resolveu o contrato, apoderou-se da mercadoria, que deixou em depósito até o *lojista* a levantar.

O contrato foi qualificado de *atípico*, por se não confinar aos contratos típicos de *arrendamento* e, mesmo, de *contrato misto de arrendamento e prestação de serviços*, tornando-

[275] Ainda não conseguimos perceber, sendo, por imperativo constitucional (art. 206 CRP), as audiências dos tribunais públicas, "salvo quando o próprio tribunal decidir o contrário, em despacho fundamentado", por que estranha razão se omitem, no registo público das sentenças, os nomes das partes ou dos bens e sua localização, quando esse despacho não foi proferido.
No caso presente, o estudioso precisa de saber de que pretenso *centro comercial* se trata, como aliás, todos os restantes arestos os referiram, para avaliar a justeza da qualificação e se poder fazer um escrutínio seguro da jurisprudência aplicada.

-se necessário, para se averiguar se o contrato contém cláusulas contratuais abusivas, à face do contido no DL 446/85, que, preliminarmente, se definam as cláusulas integrantes desse contrato, não ofendendo os princípios da *boa-fé*, da *ordem pública* ou dos *bons costumes* a cláusula que permite o acesso do promotor à contabilidade, pois ela visa tão só a controlar o apuramento da faturação para a incidência da *renda variável*;

Relação de Lisboa, 12-3-2009 (IGFEJ – Processo nº 251/2009-6):

Caso do *Centro Comercial GPS* da Avenida Fontes Pereira de Melo, de Lisboa (apesar da muralha de tapumes que a mal entendida privacidade opõe à constitucional e necessária publicidade do caso judicial[276], salvou-se esta informação pelas frestas).

Decidiu que o contrato celebrado pelas partes, que se denominou de "utilização de loja em centro comercial", não tem a natureza de um *contrato de arrendamento*, nem de *cessão de exploração de estabelecimento comercial*, sendo um *contrato atípico* que se rege essencialmente pelas normas estipuladas pelas partes.

Correspondendo a penalização de um só mês de atraso no pagamento da contrapartida mensal ao montante total das contrapartidas durante o período da vigência normal do contrato, esta sanção é manifestamente abusiva e desproporcionada perante o quadro contratual estabelecido entre as partes, pelo que a referenciada cláusula é proibida por manifesta ofensa ao artigo 19, alínea *c*), da LCCG.

SUPREMO, 25-03-2009 (IGFEJ – Processo nº 08B0270):

Caso do *Centro Comercial W. Shopping*, de Santarém. Trata-se de um pedido de restituição de quantia de € 68.201,49, entregue com a proposta de contrato, como *chave*, e de condenação em indemnização por incumprimento contratual.

Decidiu-se, em síntese, que, seja como for, e mesmo que se aplique à cláusula estipulada o regime das *cláusulas contratuais gerais*, a verdade é que cabia à Autora ter demonstrado que o montante em causa era desproporcionado relativamente aos prejuízos sofridos pela ré.

[276] Não se trata de *voyeurismo*, mas de necessidade de conhecimento preciso e completo da matéria de facto, para se poder avaliar, com rigor, a justeza da decisão – e constitui, com pleno fundamento um imperativo constitucional, que se está tornando letra morta: "as audiências dos tribunais são públicas, salvo quando o próprio tribunal decidir o contrário, em despacho fundamentado, para salvaguarda da dignidade das pessoas e da moral pública ou para o seu normal funcionamento" (art. 206 CRP).
Ora, em que é que estas questões de controvérsias creditícias entre operadores mercantis afeta a dignidade dos intervenientes ou a moral pública?
A verdade é que, muitas vezes, se perde um tempo imenso para decifrar qual é a real controvérsia levada ao pretório, no emaranhado confuso de letras representativas dos nomes das partes.

O SUPREMO decidiu que não havia elementos que permitissem fazer a respetiva ponderação; não chegando, por exemplo, saber se as lojas 38 e 39 foram cedidas a outrem.

Na realidade, não releva, neste âmbito, saber qual a percentagem das quantias entregues a título de *"contrapartida da reserva de localização"*, de *"estudos de viabilização económica, de projetos e de distribuição do «tenant mixt»"* e que, segundo a referida cláusula, a autora perderia, se desistisse da celebração do contrato de utilização: interessaria era comparar o montante concretamente perdido com os prejuízos efetivamente sofridos pela Ré, só assim se tornando possível formular o juízo requerido pela al. *c)* do artigo 19 do Decreto-Lei nº 446/85.

No contexto desta ação, sendo a Autora que invoca a *nulidade,* cabia-lhe o *ónus* de provar os factos que a provocam, nos termos do disposto no nº 1 do artigo 342 CC; a lei não prevê qualquer inversão que permita chegar a conclusão diversa.

Relação de Lisboa, 31-3-2009 (IGFEJ – Processo nº 5646/2008-1):

Caso do *Centro Comercial de Alcochete,* em que um *lojista* que contratou, em 24 de janeiro de 2005, a utilização de um espaço, pela renda mensal de € 3.920,28 + IVA e a realização de uma faturação anual de € 244.670,80 veio pedir, em 2006, a resolução do contrato, por erro, visto estes cálculos se terem baseado na expectativa gerada pelo titular do Centro de vir a ter uma frequência de 20 milhões de visitantes quando o *o resultado de uma projeção encomendada pela Associação de Lojistas do Centro com data de17 de Maio de 2006* foi o de que, na melhor das hipóteses, de janeiro a dezembro de 2006, o Centro teria sido visitado por 2.881.339 pessoas.

A pretensão foi considerada improcedente porque a situação não preenchia a figura de erro sobre o objeto definido pelas partes contraentes, o qual não enunciava nenhum índice de ocupação ou qualquer garantia de afluência de público; qualquer tutela de expectativas relativamente ao lucro a obter para o lojista.

A garantia de lazer e da eventual ocupação de 95% dos espaços comerciais do Centro e a afluência de 20.000.000 de visitantes, logo no primeiro ano, podem ser qualidades atribuídas ao centro comercial, que não a qualidades atribuídas ao objeto do contrato de cedência de espaço ao *lojista.*

Nota. Será de perguntar se será mesmo assim, se as qualidades do centro serão alheias e indiferentes à contratação com os lojistas

Relação de Lisboa, 16-4-2009 (IGFEJ – Processo nº 8849/05):

Caso de um dito *Centro Comercial de Telheiras ou Galeria Comercial do Centro Comercial,* de Lisboa, que não se encontra identificado no acórdão, e em que se julgou, quanto à qualificação do contrato, constituir ele um "parente afastado" do de *locação* [mas *afastado,* porquê? Qual seria, na ideia do acórdão, para além de uma reprodução mecânica deste conhecido *slogan* do *atipismo,* o contrato típico mais próximo do que o de *locação*?], retendo deste o essencial dos elementos constitutivos, i. é, o acordo pelo qual alguém proporciona o gozo temporário de uma coisa mediante remuneração que, como negócio atípico, será regulado, em primeira linha, pelas normas dos gerais dos contratos e, só depois, pelas do contrato mais próximo [contrato mais próximo, já não é *afastado*?], que, em regra, será o de *locação*.

A *lojista* tinha deixado, a certa altura, de pagar rendas, tendo alegado, no recurso, que o contrato celebrado era leonino, abusando da sua posição de fraqueza negocial, bem como do seu *estado de necessidade*, pelo que sendo violador dos princípios mais elementares da *boa-fé*, constituía manifesto *abuso do direito*, ponto sobre o qual se decidiu que, tendo ficado assente que a Autora resolveu o contrato devido ao incumprimento da ré – não pagamento das remunerações e encargos devidos – a resolução do contrato foi lícita, pois a Autora limitou-se a exercer um direito que lhe assistia, inexistindo assim *abuso do direito* da sua parte, improcedendo a conclusão da apelante;

Relação de Lisboa, 24-09-2009 (Processo nº 4477/05.0TVLSB.L1-6):

Caso relativo ao *Centro Comercial Colombo* a decidir que o *contrato de cedência temporária de utilização de loja* em *centro comercial* é um *contrato inominado* e sem regime legal específico, criado, desenvolvido e densificado pelos agentes económicos ao abrigo do princípio da liberdade negocial consagrado no artigo 406 do Código Civil, aplicando-se as normas jurídicas de carácter geral relativas aos contratos e, depois, os regimes jurídicos que, em termos de negócios jurídicos tipificados na lei, melhor se afeiçoem à natureza e características desse contrato de índole *mista*, em que se combinam uma *faceta locativa* com uma de *prestação de serviços* (muito embora para alguns não se esgote aí), devido à sua inserção num espaço económico e de consumo mais vasto, que é *o centro comercial*, elemento verdadeiramente unificador e conformador do conjunto de lojas, atividades e tipo de exploração a desenvolver, coletiva e individualmente.

Nota. Da economia do extenso e complexo aresto – mais ensaio académico, a nosso ver, do que decreto judicial – de acordo com o modismo que se apegou ultimamente aos nossos juízes, importará reter que o pleito se desenrolou entre uma sociedade *lojista* e a *gestora* do *Centro Comercial Colombo*, de Lisboa, em que aquela pretendia, perante esta, a declaração de *nulidade* do contrato celebrado entre ambas, por permitir, em infração do diploma regulador das *cláusulas contratuais gerais*, que, com a sua cessação, todas as *benfeitorias* introduzidas na sua *loja*, incluindo a instalação de equipamentos, ficariam a fazer parte integrante dessa *loja*, não conferindo direito a qualquer indemnização, nem *direito de retenção* em relação às mesmas benfeitorias.

Subsidiariamente, para a hipótese de improceder a invocada *nulidade*, pedia-se uma indemnização por incumprimento do contrato assinado entre ambas, por não ter aceitado a modificação do contrato por alteração das circunstâncias, visto, por um lado a loja se situar numa rua do centro que não é muito comercial e, por outro, se ter desrespeitado o *tenant mix* programado ao instalar-se, no mesmo *centro*, uma, grande superfície espanhola que vendia a mesma gama de artigos, a preços incomportáveis para a concorrência.

Julgou-se que a Autora não logrou provar que uma das condições do negócio em análise foi, precisamente, a manutenção do número de *lojas* de eletrodomésticos no período da sua vigência, tendo, ao invés, a Ré demonstrado a possibilidade (senão mesmo, a necessidade) de mutação desse fator, por forma a responder às flutuações, variações e evolução do mercado e permitir a satisfação otimizada das preferências e expectativas do consumidor.

Quanto à alegada infração do diploma regulador das *cláusulas contratuais gerais*, entendeu-se que a cláusula 10ª, número 1, do contrato dos autos, ao excluir o *direito de retenção*, mostra-se atingida na sua validade jurídica, não devendo, contudo, o restante conteúdo da mesma (*benfeitorias* e não indemnização pela realização das mesmas) ser considerado *nulo*, pois aquele direito não está dependente ou é determinado por essa outra parte da regra nem esta se acha abrangida pela alínea *g)* ou por qualquer outra parte desse artigo 18 ou mesmo do art. 19 (cláusulas relativamente proibidas), como, finalmente, tal acordo não viola qualquer norma ou princípio de ordem pública.

De referir, que o contrato levado a pretório datava de 29 de agosto de 1997 e, portanto, era de uma data em que o *vinculismo* já não o atingia, não parecendo, por outro lado, que, como este, os celebrados com *centros comerciais*, nos termos em que eram e são concluídos pelas partes, pudessem qualificar-se como *contratos de cláusulas gerais* (v. *supra* 3.IV-**D**, *sub* este artigo);

Relação de Lisboa, 16-11-2009 (IGFEJ Processo nº 4009/05-2):

Caso de um *centro comercial* de Lisboa não identificado em que se decidiu, *inter alia*, que uma cláusula penal manifestamente excessiva pode ser reduzida, desde que o devedor formule pedido nesse sentido, o qual não tem de ser formal, bastando que resulte do contexto dos articulados.

SUPREMO, 30-6-2009 (IGFEJ Processo nº 1398/03.4TVLSB.S1):

Caso de um *complexo de multisserviços* de Lisboa, não identificado, mas que se intitula de *centro comercial*, com uma área bruta de construção superior a 350.000m^2, onde o respetivo titular demandou um seu *lojista*, por ter entretanto deixado de pagar a renda e outros encargos, tendo-se aqui julgado que tal contrato não se confunde com o de *arrendamento*, de carácter *vinculístico*, regulado por disposições imperativas, que afastam o princípio geral da liberdade de estipulação – mas a sua cláusula a estabelecer que, resolvido o contrato, a entidade gestora do *centro comercial* "tem o direito de utilizar a chave, em seu poder, da porta exterior da loja, para reassumir a detenção desta, ou, não tendo aquela chave sido entregue, usar os meios que se mostrem necessários e adequados para reassumir a detenção da mesma loja", confere uma verdadeira *ação direta* fora do âmbito próprio, estrito e tipificado em que a lei a prevê, ultrapassando os limites previstos no art. 405 do CC, e por isso padece de *nulidade*, nos termos gerais, previstos no art. 294 CC.

Nota. De salientar que o contrato levado neste caso ao pretório era de 11.11.96 e, portanto, *já não estava abrangido pelo vinculismo*, mas merece encómio, a nosso ver, a sujeição a *nulidade* da cláusula que permitia a *ação direta do gestor do centro*.

SUPREMO, 1-7-2010 (IGFEJ – Processo nº 4477/05.0TVLSB.L1.S1):

Caso da *lojista* do *Centro Comercial Colombo*, de Lisboa, que foi julgado pelo ac. da Relação de Lisboa, de 24-09-2009, há pouco recenseado

Ponderando que é hoje pacífica a doutrina e a jurisprudência[277], no sentido de considerar como *contrato atípico* ou *inominado* a cedência de espaços ou a instalação de *lojas* em *centros comerciais* por se não coadunarem essas suas especificidades com as regras do *arrendamento urbano*; que tal contrato não está sujeito ao regime de *cláusulas contratuais gerais*; que embora se tivesse provado que, no ano de 2000, se instalou uma *loja* no Centro Comercial que comercializava os mesmos artigos que a *lojista* Autora e que a instalação desta loja se refletiu negativamente na sua atividade comercial, certo é que o *centro* não lhe garantiu a exclusividade.

Quanto à cláusula contratual que estabeleceu que todas as obras e benfeitorias realizadas ficariam a fazer parte integrante da *loja*, decide-se aqui, ao invés do que tinha considerado a Relação no acórdão em referência que se não estava perante um contrato de adesão e, deste modo, não se podia sujeitar ao diploma das *cláusulas contratuais gerais*, pois o contrato não foi apresentado hermeticamente fechado, tendo a Autora tido prévio conhecimento das suas cláusulas, às quais aderiu livremente e sem restrições, apesar de ter podido sugerir alterações, e nem, além disso, ela atenta contra quaisquer princípios de direito, nomeadamente da *boa-fé* ou *ordem pública*, não sendo, por isso, *nula*.

E também não o é, acrescenta-se ainda, quando permite que o *gestor* reassuma a detençao da *loja*, porque apenas atribui essa permissão após a resolução do contrato e para a hipótese de a entrega não ser feita dentro de determinado prazo, pela *lojista*, pois foi negociada livremente entre as partes e, a não haver a possibilidade de o *gestor* obter a desocupação da loja, isso poderia criar embaraços ao normal desenvolvimento do comércio do *centro*.

Nesta conformidade, negou a revista, exceto quanto à *nulidade parcial* que a Relação tinha determinado.

[277] Se, no tocante à jurisprudência, a afirmação é verdadeira, relativamente à doutrina não o é, de todo em todo, como já tivemos ensejo de o demonstrar indesmentivelmente (v. *supra*, n. 205, als. *a)* e *b)*),

NOTA: comparar com a decisão em sentido contrário da Cassação italiana, que se refere *supra*, nº 3-II-B.

Relação do Porto, 19-12-2012 (IGFEJ – Processo nº 2279/08):

Caso de um *centro comercial* não identificado nem localizado (porventura, situar-se-á em Paços de Ferreira), em que se decidiu (ao invés do acórdão do SUPREMO acabado de resumir) que aos contratos de *instalação de lojista* em *centro comercial*, tratando-se de contratos atípicos, se aplica, em geral, o regime do DL nº 448/85, e ficam sujeitos ao princípio geral segundo o qual as convenções especificamente negociadas prevalecem sobre aquelas que foram simplesmente objeto de *adesão*.

A apresentação do *centro comercial* aos *lojistas* pelo *promotor/gestor*, na fase da negociação do contrato, com recurso a uma brochura da qual constam especificações respeitantes à identificação do "produto" que constituiu o *centro comercial* em formação, com a indicação do número de *lojas* existentes, espaços de estacionamento, número de salas de cinema, a existência de bares e restaurantes, e de "um piso temático dedicado exclusivamente ao mobiliário, decoração e casa, com uma área de 6.500 m^2", levará a que tais características assumam carácter vinculativo para o *promotor/ /gestor*.

O incumprimento por parte deste de tal obrigação de criação e manutenção de uma área temática do móvel, bem como da publicitação de tal área temática, com o consequente encerramento de todas as *lojas* envolventes, torna inexigível o pagamento da respetiva renda por parte do único *lojista* sobrevivente, atribuindo-lhe o direito à rescisão do contrato.

SUPREMO, 11-4-2013 (IGFEJ – Processo nº 2357/07):

Caso de um dito *centro comercial*, de Lisboa, apenas identificado por "G. Sottomayor" e de que se não conhece nem foram registadas as respetivas características tipológicas – ficando-se deste modo sem se saber se efetivamente o é.

Nota. Tratava-se de uma ação posta pelo lojista destinada a resolver o contrato por alteração das circunstâncias.

Confirmando o decidido pela Relação, considerou que, no "*contrato de exploração de loja*" instalada num *centro comercial*, o *lojista* tem direito à resolução do contrato e, consequentemente, de fazer cessar o vínculo contratual, por não lhe ser exigível manter-se vinculado a um contrato do qual lhe advêm prejuízos por causa do insucesso do *centro comercial*, traduzido, designadamente, no encerramento significativo de *lojas* e ausência de um determinado nível mínimo de clientela que se repercutiu na inviabilização das perspetivas de lucro do *lojista*.

Estes factos configuram uma *alteração superveniente das circunstâncias* em que fundou a sua decisão de celebrar o aludido *contrato de exploração*, pressuposto em que assentou essa decisão – e, sendo assim, não se pode falar, em bom rigor, em que tenha havido incumprimento por parte da entidade exploradora do *centro comercial* das suas obrigações contratuais e, daí que aquele *direito de resolução* não estava condicionado à prévia interpelação para fazer a sua prestação (com vista a cessar a mora) nem à demonstração por parte do *lojista* da perda objetiva do seu interesse na prestação (cf. art. 808 CC).

A jurisprudência tem entendido pacificamente que é válida a *cláusula do contrato de adesão* segundo o qual o *lojista* se obriga a realizar todas as obras necessárias ao funcionamento da *loja* no *centro comercial* e aceita que tais obras não lhe confiram qualquer *direito de indemnização* ou *direito de retenção* pelas mesmas *benfeitorias*: assim, não tem qualquer crédito que possa opor ao seu credor não sendo admissível qualquer *compensação*.

Aqui, temos um extenso levantamento de decisões dos nossos tribunais superiores, abrangendo um acervo de 43 acórdãos, proferidas no arco de quase um quarto de século: vinte e três anos.

Que juízo deverá fazer-se sobre esta jurisprudência dos nossos tribunais superiores, verdadeiramente constante, mas muitas vezes estranha, quanto a nós?

Antes de formularmos o nosso, ponderemos o superiormente proclamado a tal respeito por Menezes Cordeiro, num veredicto objetivo e profundo – como o são sempre os deste notável Autor: "a jurisprudência deparou com um problema de articulação valorativa: sendo o contrato com o lojista um contrato misto e vingando, como quereria a doutrina maioritária, a teoria da combinação, aplicar-se-ia ao segmento 'gozo da coisa' o regime do arrendamento: precisamente o que se queria evitar! A solução encontrada foi a radical: o contrato do lojista seria algo de totalmente atípico de tal modo que se pudesse esconjurar o arrendamento. E por essa via, acaba-se nos princípios gerais e em Schreiber: o recurso à analogia mas só na medida do conveniente... Os excessos do arrendamento, que levaram ao seu erradicar deste universo, deixaram o lojista sem proteção"[278].

Pois o que podemos, pela nossa parte, ajuizar é que, comungando muito desta ideia, já não somos só nós que o concluímos: o facto notoriamente indesmentível é que, ao longo de todo este tempo, *o pequeno lojista tem ficado sem proteção.*

E que preço tem pago por isso!

Mas, se nos é permitido, não pode deixar de se salientar que a justificação formulada para a orientação adotada de se pretender evitar a qualificação arrendatícia só terá razão de ser, se fizermos bem as contas, quanto às decisões anteriores ao Decreto-Lei

[278] António Menezes Cordeiro, *Tratado de Direito Civil Português*, II, Almedina, 2010, p. 228 e *Leis do Arrendamento Urbano Anotadas* (Coord. de António Menezes Cordeiro), Almedina, 2014, p. 214, frag. 21.

nº 257/95, cobrindo assim, unicamente, escassas *oito* das *quarenta e três* decisões recenseadas.

E ainda acresce que, em bastantes decisões mais, nem sequer estava em causa ter de se afastar a figura do próprio *arrendamento*, fosse ele *vinculístico*, ou deixasse de o ser.

Não terá sido esse problema que fez ver um centro comercial numa galeria de hotel de cinco estrelas, para serviço dos seus clientes, em que o próprio hotel – cúmulo dos cúmulos – seria a loja-âncora.

Ou que o vislumbrou num simples e decrépito prédio de rua, com escritórios, duas ou três lojas de rés-do-chão e casas de habitação nos andares superiores.

Ou no barracão de Alcântara e noutros e noutros casos mais.

Que, sob uma capa de *implemento de centro*, à *relação arrendatícia* entre um *proprietário* e um *arrendatário* de uma superfície vazia, a fim de nela se estabelecerem compartimentos para futuras lojas a subarrendar, se adotou o regime que seria, segundo a sua perspetiva, o aplicável entre os *lojistas*, que não existiam, e o *gestor do centro*, também inexistente.

Em suma e para não nos alongarmos mais, fastidiosamente, cremos que bastará, *ad instar*, exemplificar que não refletirá a necessidade de evitar o *arrendamento vinculístico* julgar, como se julgou, que o *gestor de centro* tem o direito de admitir outro *lojista* do mesmo ramo, habilitado a praticar preços muito mais baixos e mover uma concorrência ruinosa ao *lojista* em exercício; que tem o direito de o expulsar, em *ação direta*, sem o indemnizar do recheio e arranjo da loja, que recebeu em tosco e compôs com um dispêndio de mais de 200.000 €, retirar as mercadorias pôr-lhas à disposição, em armazém, para as levantar, em 30 dias, sob pena de serem vendidas pelo preço que for obtido – tudo isto, e o mais que fica por dizer, não parece ser consequência lógica de se pretender afastar um *arrendamento vinculístico* que, desde 1995, aliás, deixou de ser legalmente imposto.

Estamos antes em crer que semelhante jurisprudência se tem fundado muito mais num *deslumbramento* dos nossos tribunais ante a nova figura do *centro comercial* que os tem levado a vislumbrá-lo onde, por vezes, realmente não existe, e em admitir mais do que seria razoável, a nosso ver, e ainda num total encandeamento provocado pelos poderosos holofotes da propaganda do "lugar privilegiado".

Se, se compreende, nestas circunstâncias, a turbação sofrida pela máquina judicial, já se compreenderá muito menos a omissão do legislador, apesar das sucessivas promessas incumpridas (cf. *supra*, nº 3-IV-**F**, *sub* este mesmo artigo).

À data em que escrevemos a situação parece, todavia, algo atenuada, sem que se possa dizer, aliás, que a jurisprudência tenha contribuído minimamente para isso.

Resulta, antes, da abertura de numerosos *centros comerciais*, por todo o país, em tão elevada cópia que a concorrência acabou por conduzir ao fenecimento de muitos deles, obrigando os que subsistiram a retraírem-se na exploração infrene que praticavam.

Artigo 1065 – Imóveis mobilados e acessórios

A locação de imóveis mobilados e seus acessórios presume-se unitária, originando uma única renda e submetendo-se à presente secção.

(Redação da Lei nº 6/2006)

1. Breve apontamento formal introdutório

A referência a *locação*, em vez de *arrendamento* foi iniciada com a frustrada Reforma de 2004, pois antes em seu lugar usava-se sempre a palavra *arrendamento*, referindo-se então o *arrendamento* do prédio acompanhado do *aluguer* da respetiva mobília.

A substituição é irrepreensível, pois esta figura é complexa, envolvendo um *arrendamento* do prédio ou fração, a que se associa o *aluguer* da mobília.

Ao aludir genericamente a *imóveis mobilados*, só podia então qualificar o contrato de *locação*.

Onde a redação claudica, quanto a nós, é na utilização do plural para referir o *imóvel mobilado*. Não é preciso que sejam vários, para que o artigo se aplique. A generalidade deve ser preferencialmente expressa pelo singular.

2. Bosquejo histórico

O expediente logo tentado pelo *senhorio*, perante o *vinculismo* estabelecido em Portugal, antes de toda a Europa, pelo Decreto de 12-11-1910, foi o de associar ao *arrendamento* de uma casa o *aluguer* da respetiva mobília.

Já não estaríamos então perante um estrito *arrendamento habitacional*.

Atento, o legislador, prontamente cortou cerce o expediente, estabelecendo, no art. 112 do Decreto nº 5:411, de 17-4-1919, convenhamos que de modo verdadeiramente sibilino: "*Nos arrendamentos de casas mobiladas considera-se, para os efeitos deste decreto, como renda qualquer prestação estipulada pelo aluguer dos móveis*".

Durante o processo legislativo da Lei nº 2:030, tinha o Projeto Sá Carneiro proposto um art. 21 que repetia a ideia de que "*os contratos mistos de arrendamento e aluguer reputar-se-ão, para todos os efeitos, de arrendamento, sendo considerada renda tudo o que o locatário pagar*".

O Parecer da Câmara Corporativa, relatado por Pires de Lima, reconheceu que se pretendia "evitar certas fraudes ou certas injustiças, resultantes da discriminação entre o quantitativo pago a título de renda e o pago a título de preço pela locação dos, móveis" – mas, entendendo que não podia o preceito admitir-se com a generalidade com que foi formulado, não podia o princípio ser formulado "para todos os efeitos", mas apenas "para certos efeitos" e acabou por se desinteressar dele.

Foi assim que, na Lei nº 2:030, não figurou tal norma[279].

A disposição legal de 1919 vigorou, porém, até à publicação do novo CC, onde o seu primitivo art. 1107, depois literalmente reproduzido pelo art. 74 RAU, a hipótese já apa-

[279] Cf. *Diário das Sessões*, Suplemento ao nº 83, de 5 de fevereiro de 1947, p. 470 (46), nº 48.

receu mais claramente descrita, nos termos seguintes: "*Quando o arrendamento do prédio para habitação seja acompanhado do aluguer da respetiva mobília ao mesmo locatário, considera-se arrendamento urbano todo o contrato e renda todo o preço locativo*".

Com o novo art. 1065 CC, em vez de se prefigurar apenas o *arrendamento para habitação*, como dantes, generalizou-se a hipótese a todos os casos de *locação de móvel mobilado* "e seus acessórios", considerando-os a ambos como um *arrendamento de prédio urbano* para o fim especial a que se destinam, presumindo-se *unitária a reunião dos dois contratos*.

Realmente, estão a generalizar-se muito os *arrendamentos não habitacionais* de *espaço mobilado*, compreendendo-se perfeitamente a ampliação do horizonte a que a presente norma procedeu.

A *presunção de unidade*, constituindo uma *presunção legal*, é simplesmente *tantum iuris*, podendo, por conseguinte, ser afastada pela vontade das partes.

Com isto, surge uma rutura com o *vinculismo* que tinha determinado o aparecimento da norma, em 1919[280].

Podem agora as partes, livremente, afastar a unificação prevista neste preceito e estabelecer, uma dualidade distribuída pela *renda* e pelo *aluguer*.

Talvez até, nesta base, nem se justificasse continuar a prever este artigo.

3. Regime

No exercício da *autonomia privada*, as partes podem estabelecer um *programa* que, em vez de se confinar a um *arrendamento de prédio urbano*, reúna e compreenda dentro de si espécies diferentes de *locação*.

Na *facti species* da disposição em presença, equaciona-se o casamento de um *aluguer* (da mobília) com um *arrendamento* (do prédio urbano ou fração).

Isto é legítimo, sem dúvida, como aplicação do *princípio da liberdade contratual* ("*as partes podem ainda reunir no mesmo contrato regras de dois ou mais negócios, total ou parcialmente regulados na lei*" – art. 405-2 CC) e tal como é disciplinado em concreto para a *locação* com *pluralidade de fins* no art. 1028 CC.

Configura-se de tal modo um genuíno *contrato misto* de *contratos combinados* (de *arrendamento* de prédio ou fração *combinado com aluguer* de mobília) e que, quando se presuma a *unidade*, será todo ele, naturalmente, tratado como um *arrendamento de prédio urbano* e submetido, por isso, ao regime jurídico desta secção VII.

Mas *quid iuris*, se a *presunção* de tal unidade for ilidida?

Será, à mesma, o *aluguer* a submeter-se ao *arrendamento de prédio urbano*, ou deverá cada um dos elementos deste composto reger-se pelo seu regime específico?

[280] Era, de resto, com o *vinculismo* que os Autores costumavam justificar esta norma: MANUEL JANUÁRIO DA COSTA GOMES, *Constituição da Relação de Arrendamento Urbano*, Almedina, 1980, pp. 164-166; LUÍS MENEZES LEITÃO, *Arrendamento Urbano*, 6ª ed., Almedina, 2013, p. 60.

Para a *locação* – e portanto, em princípio, igualmente para os *arrendamentos de prédio urbano* (e também para os velhos *arrendamentos vinculísticos*) – dispomos do preceito genérico do art. 1028 CC que nos dá a regra aplicável aos *contratos mistos*[281].

Aí se estatui, com efeito, que, "*se uma ou mais coisas forem locadas para fins diferentes, sem subordinação de uns a outros, observar-se-á, relativamente a cada um deles, o regime respetivo*" (nº 1).

No nº 2, estabelece-se a disciplina da *nulidade, anulação* ou *resolução* de *locação com pluralidade de fins* e, no nº 3, completa-se o sistema de critérios esboçados no nº 1, afirmando o seguinte: "*se, porém, um dos fins for principal e os outros subordinados, prevalecerá o regime correspondente ao fim principal; os outros regimes só são aplicáveis na medida em que não contrariem o primeiro e a aplicação deles se não mostre incompatível com o fim principal*".

Nestas disposições, contém-se, pois, a regra geral da disciplina dos *contratos mistos*, regra que podemos sintetizar assim: *se as diversas componentes do contrato se cumulam sem que se estabeleça uma subordinação dos respetivos fins, entre si, a cada uma se aplicará o seu próprio regime.*

É a *regra da combinação.*

Se, pelo contrário, o contrato visa, nas suas componentes, um *fim principal* entre outros, que são a ele *subordinados*, vigora só o regime próprio do *fim principal*; os outros regimes só serão aplicáveis se, e até onde, não contrariarem o *fim principal* – e desde que tal aplicação se não mostre incompatível com este.

É a *regra da absorção.*

A norma do presente artigo, ao determinar que a "locação de imóveis mobilados e seus acessórios presume-se unitária" estabelece apenas uma *presunção iuris tantum*, como referimos acima.

Parece, portanto, que importará, perante o caso concreto, apurar se as partes pretenderam contratar *principalmente* o *arrendamento do prédio ou fração*, caso em que todo o negócio será subordinado a esse *arrendamento* (é a regra da *absorção*), ou se tiveram antes em vista, sem um fim principal, simplesmente reunir, sem mais, no mesmo programa, o *arrendamento do prédio ou fração* e *um aluguer de mobília*, hipótese em que os dois regimes se aplicam cada um à sua espécie.

É a regra da *combinação.*

Em suma, é a interpretação do contrato que, em última análise, decidirá qual o regime ou regimes aplicáveis.

4. Jurisprudência

Hipótese prática muito curiosa, de *arrendamento de imóvel* combinado com *aluguer de mobília*, com rendas distintas, mas formando "um contrato único e indivisível", é a que foi objeto do seguinte aresto:

[281] Anteriormente ao CC de 1966, notava-se alguma dificuldade prática em qualificar estes contratos e surpreender o seu regime jurídico. Para um *arrendamento* realizado *para habitação e exercício de alfaiataria*, v. José Pinto Loureiro, *Temas jurídicos*, Coimbra Editora, 1948, pp. 137-146.

I – A interpretação de um contrato destinado à fixação do sentido normativo ou juridicamente relevante das declarações de vontade, constitui matéria de direito da competência do Supremo Tribunal.

II – O contrato em que se deu de arrendamento um prédio para exploração da indústria hoteleira e de aluguer o recheio do hotel nele instalado, e em que o objeto imediato é a concessão da exploração do hotel como universalidade deve qualificar-se como de cessão de exploração ou locação de estabelecimento e não está sujeito a renovação obrigatória, podendo denunciar-se por qualquer dos contraentes.

SUPREMO, 13-04-94 (*Colectânea STJ*, II-II, p. 32) – relativo ao conhecido *Hotel Afonso III*, de Viana do Castelo.

Sem equacionar a figura do *contrato misto*, o SUPREMO acabou por considerar integrada uma *cessão de exploração*, forçando um pouco a expressão literal do contrato.

Artigo 1066 – Arrendamentos mistos

1 – O arrendamento conjunto de uma parte urbana e outra rústica é havido por urbano quando essa seja a vontade dos contratantes.

2 – Na dúvida, atende-se, sucessivamente, ao fim principal do contrato e à renda que as partes tenham atribuído a cada uma delas.

3 –Na falta ou insuficiência dos critérios referidos no número anterior, o arrendamento tem-se por urbano.

(Redação da Lei nº 6/2006)

1. Antecedentes históricos

Na redação primitiva do CC, correspondia a este preceito o art. 1084, que tinha como critério de prevalência o *valor* comparativo das partes, *urbana* ou *rústica*, constantes da matriz, e, na falta ou deficiência deles, a *renda* atribuída a cada uma dessas partes, procedendo-se a *avaliação* quando ela não tenha sido discriminada.

Fundava-se esta disposição nos três §§ do art. 1º do Decreto nº 5:411, de 17-04-1919, que lhe serviram de fonte e foram unicamente atualizados, à vista do normativo do novo CC em matéria de definição de *prédio urbano* e de *prédio rústico* (art. 204-2), e formalmente aperfeiçoados.

O preceito passou depois a constituir o art. 2º RAU, que o reproduziu literalmente, tendo voltado ao CC, com este artigo, através da Lei nº 6/2006, que o bebeu na frustrada Reforma de 2004, emendando apenas o nº 3, aliás, deficientemente, como aponta, com razão, Menezes Cordeiro[282]: é que não há um critério único, "constante do número

[282] António Menezes Cordeiro, *Leis do Arrendamento Urbano Anotadas* (Coordenação de António Menezes Cordeiro), Almedina, 29014, pp. 147-148.

anterior", mas um, fundamental, que figura no nº 1 e outro, subsidiário, para aplicar em caso de dúvida a que chegou após a aplicação daquele critério.

Com este tropeço literal, por fim, foi aproveitado pela Lei nº 31/2012 que lhe manteve integralmente a redação, sem dar pelo lapso.

2. Prédio urbano e prédio rústico

Quando o preceito nasceu, com o Decreto nº 5:411, adotou este uma definição de *prédio urbano* e de *prédio rústico* diferente da que já existia então no Código de SEABRA, onde § único do seu art. 374 os definia assim: "*Por prédio rústico entende-se o solo ou terreno, e por prédio urbano qualquer edifício incorporado no solo*".

Nessa altura, havia ainda outra definição distintiva para efeitos da então denominada *contribuição predial*, que constava do Código respetivo, de 1913, mas aquele Decreto preferiu estabelecer expressamente uma definição própria, mais completa e definida: "*Entende-se por prédio urbano o edifício incorporado no solo e o terreno que lhe sirva de logradouro e que não seja de valor superior; e por prédio rústico o solo ou terreno que não faz parte dum prédio urbano, e os edifícios que nele estejam incorporados e que não sejam de valor superior*".

As atuais disposições, relativas ao arrendamento, não estabeleceram uma distinção própria, devendo por isso servirem-nos, nessa matéria, as definições estabelecidas na parte geral do CC.

Aí, o art. 204-2 enuncia-as assim: "*Entende-se por prédio rústico uma parte delimitada do solo e as construções nele existentes que não tenham autonomia económica, e por prédio urbano qualquer edifício incorporado no solo, com os terrenos que lhe sirvam de logradouro*".

Compreende-se a desnecessidade de se apresentar agora uma definição própria para o *arrendamento*, pois a consagrada atualmente, em termos gerais, conserva todos os elementos do Decreto nº 5:411 e com muito maior perfeição formal, não obstante o deslise semântico do pronome "nele", reportando as *construções do prédio rústico* ao solo, em geral, em vez do pronome "nela", que deveria ter sido usado para cingir essas *construções* às existentes na *parte delimitada de solo* que integra um *prédio rústico*, pois são só elas que interessam à sua noção.

Nesta base, importa assinalar, desde já, que o presente art. 1066, ao contemplar o contrato que tem por objeto um *prédio urbano* e um *prédio rústico*, não se refere àquele que tem um terreno adjacente que lhe serve de logradouro.

Neste caso, à luz do disposto no citado art. 204-2 CC, estaremos unicamente perante um *prédio urbano*: o solo adjacente, compondo o *logradouro do edifício*, faz parte dele, é ainda *prédio urbano adjacente*.

Ao invés, uma *construção* situada numa *parte delimitada do solo* que forma um *prédio rústico* sob arrendamento, ainda que nela habite uma família e mesmo que a *construção* esteja incorporada nesse solo, participa do *prédio rústico* e é engolfado por ele.

Em qualquer destes casos, não estaremos ainda perante o arrendamento de uma *parte urbana* e de outra *rústica*. O *arrendamento* é, simplesmente e consoante os casos, de *prédio urbano* ou de *prédio rústico* – e o presente artigo não entra em cena.

Ele só se refere e só se aplica a *arrendamento* que envolva uma *parte rústica* e uma *parte urbana*.

Mas pode ainda acontecer outra coisa.

Pode a dúvida crepitar quando o *logradouro* assuma proporções que se aproximem ou se assimilem a um *prédio rústico*, ou quando, doutra parte, a *construção* apresente a majestade de um real *prédio urbano*.

E pode, por último, enriquecer-se esta realidade quando se atender à finalidade do *arrendamento com pluralidade de fins*, que se disciplina no art. 1028 CC.

É então que se suscita a necessidade de se lançar mão de critérios de solução que tanto o artigo citado como a presente disposição oferecem, para se dirimirem as dificuldades e que vamos analisar de seguida.

3. O critério atual de prevalência; uma parte urbana e outra rústica

Com este preceito, o critério tradicional mudou.

Já para nada importa o *valor das partes componentes* do *arrendamento*.

Primacialmente, há de atender-se à *vontade contratual*.

São as partes que fixam, independentemente dos valores respetivos, se querem celebrar um *arrendamento de prédio urbano* ou antes *rústico*, não obstante a natureza composta ou dupla do *prédio* objeto do contrato.

Normalmente, ela surgirá com a referência à finalidade do arrendamento, que deve constar do contrato e que, nos termos do art. 1028, servirá também para se definir o regime aplicável.

Se tal vontade não resulta da interpretação do contrato, deverá então atender-se ao *fim principal* dele.

Não confundamos, porém, o *contrato misto* com outras categorias, como cremos que tradicionalmente vinha fazendo a nossa lei com a epígrafe do art. 2º do RAU (que, por sua, vez reproduzia, com ligeira alteração de forma, o antigo art. 1084 CC), ao intitular de *arrendamentos mistos* uma espécie que nos parece não casar perfeitamente com semelhante figura jurídica.

Aquelas disposições limitavam-se a estabelecer qual a qualificação, *urbana* ou *rústica*, que deveria prevalecer pela superioridade de valor de uma parte do *prédio* sobre a outra ("envolvendo o contrato uma parte urbana e uma parte rústica – declarava-se –, só se considera como urbano o arrendamento se a parte urbana for de valor superior à rústica")[283].

[283] O RAU limitou-se a reproduzir neste preceito o primitivo art. 1084 CC (que já tinha, por sua vez, sido retirado de um texto legal anterior), desprezando a evidente necessidade de aperfeiço-

Ora, a destrinça dos *tipos legais* de *contratos de arrendamento* não se faz pelo *tipo de prédio* (*urbano* ou *rústico*), mas pelo *fim* objetivo do *contrato*, pela sua *causa-função*.

A hipótese legal não espelhava propriamente uma coligação de distintos contratos mas a qualificação a dar ao *prédio*, este realmente *misto*.

Com a nova disciplina levada ao art. 1066-1 CC (indo de algum modo ao encontro da nossa observação de edições anteriores nesse sentido), alteraram-se, no entanto, os critérios de aferição da natureza do contrato em função da *natureza mista do prédio*, substituindo o do *maior valor* de uma das partes do *prédio* pelo da *vontade dos contraentes*.

Agora, na verdade, declara-se: "*O arrendamento conjunto de uma parte urbana e de uma parte rústica é havido por urbano quando essa seja a vontade dos contratantes*".

"*Na dúvida* – acrescenta-se no nº 2 do artigo – *atende-se, sucessivamente, ao fim principal do contrato do contrato e à renda que os contratantes tenham atribuído a cada uma delas*".

"*Na falta ou insuficiência de qualquer dos apontados critérios* – conclui o nº 3 – *o arrendamento tem-se por urbano*".

Quer dizer: o *arrendamento* será *urbano*, primeiro, se os contraentes quiseram que o fosse, isto é, assim o declararam, expressa ou implicitamente[284]; segundo, se foi esse o *fim principal* do contrato; terceiro, se for *superior a renda atribuída à parte urbana*; quarto, será ainda *urbano* se nada disto for decisivo.

Artigo 1067 – Fim do contrato

1 – O arrendamento pode ter fim habitacional ou não habitacional.

2 – Quando nada se estipule, o local arrendado pode ser gozado no âmbito das suas aptidões, tal como resultem da licença de utilização.

3 – Na falta de licença de utilização, o arrendamento vale como habitacional se o local for habitável ou como não habitacional se o não for, salvo se outro destino lhe tiver vindo a ser dado.

(Redação da Lei nº 6/2006)

amento de redação. Convirá atentar, contudo, em que não era decerto o contrato, em si, que em parte era *urbano* e em parte era *rústico*, como se configurava na *facti species* legal, mas o seu *objeto* (mediato) é que podia ser constituído por *parte rústica* e *parte urbana*.

Mais corretamente se exprimiria, pois, a realidade em presença, assim: "envolvendo o prédio uma parte urbana e uma parte rústica, só se considera o contrato como de arrendamento de prédio urbano se a parte urbana for de valor superior à parte rústica".

[284] Deve considerar-se também o que é implícito, em vista do princípio geral de interpretação do negócio jurídico constante do art. 236 CC. A declaração negocial vale com o sentido que um declaratário normal, colocado na posição do real declaratário, possa deduzir do comportamento do declarante, salvo se não puder razoavelmente contar com ele.

1. Antecedentes históricos

Este preceito foi mantido inalterado, pela Lei nº 31/2012, na forma que lhe tinha dado a Lei nº 6/2006.

Corresponde ao art. 1086 da primitiva redação do CC, substituído com pequenas alterações pelo art. 3º RAU.

Estas redações eram as seguintes:

Artigo 1986
Fim do contrato

1 – *O arrendamento pode ter como fim a habitação, a atividade comercial ou industrial, o exercício de profissão liberal ou outra aplicação lícita do prédio.*

2 – *Se o prédio for urbano e do contrato não resultar o fim a que ele se destina, o arrendatário só pode usá-lo para habitação.*

Artigo 3º
Fim do contrato

1 – *O arrendamento urbano pode ter como fim a habitação, a atividade comercial ou industrial, o exercício de profissão liberal ou outra aplicação lícita do prédio.*

2 – *Quando nada se estipule, o arrendatário só pode usá-lo para habitação.*

Como se vê, na redação atual do nº 1, a disciplina do *arrendamento* foi reduzida, desde a Lei nº 6/2006, a duas finalidades fundamentais, mas exaustivas: a *habitacional* e a *não habitacional*.

Era a solução que vínhamos considerando preferível desde a 2ª edição do nosso *Manual do Arrendamento Urbano*[285] e que tínhamos sugerido, sem êxito, para a frustrada Reforma de 2004[286], mas que a Lei 6/2006 aproveitou.

Já se tem sustentado que, com isso, se empobreceu consideravelmente o regime[287] ou que tal solução "não parece a mais adequada – aliás, não era este o caminho seguido no anteprojeto de 2004. Com efeito, não só se desconsidera a especificidade do arrendamento comercial... de modo apressado, incompleto e pouco simplificado, as regras que subjazem à transmissão do estabelecimento instalado em imóvel arrendado (e também todas as outras, *v.g.*, as relativas ao arrendamento para exercício de profissão liberal)"[288].

Se é certo que o anteprojeto de 2004 foi superiormente presidido e, exceção feita quanto à nossa modesta participação, assessorado pelos mais distintos nomes da nossa ciência jurídica, tendo produzido um trabalho notável que, não tendo vingado unica-

[285] Cf. *Manual do Arrendamento Urbano*, 2ª ed., Almedina, 1999, pp. 228-229.

[286] Cf. *O Direito*, 136º-II-III (2004), pp. 490 ss.

[287] Luís Menezes Leitão, *Arrendamento Urbano*, 6ª ed., Almedina, 2013, p. 65.

[288] Fernando de Gravato Morais, *Novo Regime do Arrendamento Comercial*, 3ª ed., Almedina, 2011, p. 24.

mente porque a Assembleia da República foi entretanto dissolvida, veio depois a exercer uma notória e justificada influência na ulterior Reforma de 2006.

Nem por isso, porém, aspirará, como é natural, a concitar a concordância dos Autores relativamente a todas e a cada uma das suas opções.

Cremos que esta será uma delas.

Não se leve, pois, a mal que mantenhamos a opinião então manifestada, quanto à qual nem falta quem aplauda a solução que veio a ser consagrada em 2006, e que tínhamos proposto em 2004[289].

Na nossa perspetiva, a antiga quadripartição dos tipos de *arrendamento urbano*, reconduzindo-o ao destinado a *habitação*, a *fim comercial ou industrial*, a *exercício de profissão liberal* e a *outro fim não habitacional*, estava desatualizada e divorciada da realidade atual, em que as atividades económicas apresentam uma riqueza incompatível com o espartilho que constituía

Basta dar uma olhada à CAE–Rev. 3, para se ter, de pronto, ideia disso.

Tanto não era realista concentrar as diferentes classes de *arrendamento urbano* em *para habitação*, *para comércio ou indústria* e *para exercício de profissão liberal* que prontamente se lhe acrescentava uma quarta categoria caldeirão dedicada a *outros fins não habitacionais* – acabando, com isto, por admitir um arrendamento *caldeirão*.

Parecia-nos pois preferível agrupar esses arrendamentos em apenas duas amplas categorias, os *habitacionais* e os *não habitacionais*, como depois a Reforma de 2006 veio consagrar.

É uma classificação que, quanto a nós, apresenta a vantagem de eliminar tipos arrendatícios artificiais, destituídos de um regime próprio, como o anterior *arrendamento para exercício de profissão liberal*, já de si de difícil determinação prática[290] perante a *indústria* e o *artesanato* (onde entraria este?) e que, por sobre isso, era composto por apenas dois artigos – um, contendo remissões para todos os artigos do *arrendamento comercial*, incluindo

[289] Pedro Romano Martinez, *Celebração e execução do contrato de arrendamento segundo o NRAU* (*O Direito*, 137º, II [2005], p. 339). O IA estranha, no entanto, que não subsista regime diverso para os *arrendamentos não habitacionais nem comerciais*, como *o de uma casa de praia*, de um *painel de publicidade* ou de um lugar para *estacionamento de um automóvel*, a que se aplicava o regime geral da locação de acordo com o disposto no art. 5º RAU. Aludiremos à hipótese, adiante, em texto (*v. comentário ao art. 1108*).
Januário Costa Gomes dá conta da nossa iniciativa no sentido de se adotar a bipartição na frustrada Reforma de 2004, não tomando, porém, partido na controvérsia (*O Direito*, 137º, II, [2005], p. 373, n. 3).

[290] "É em muitos casos duvidosa a qualificação duma atividade lucrativa como livre, ou como comercial ou industrial" – Fernando Andrade Pires de Lima/João de Matos Antunes Varela, *Código Civil Anotado*, II, 3ª ed., Coimbra Editora, 1986, p. 645.

(imagine-se) o relativo ao próprio *trespasse*[291], e outro, a regular um instituto homólogo deste, para o *exercício de profissão liberal*.

E como o último "tipo", de arrendamento, aditado ao RAU pelo Decreto-Lei nº 257/95 e dedicado a "outros fins não habitacionais", constituído por um único artigo admitindo a possibilidade de serem convencionados com *duração efetiva*.

A bipartição de tipos surgida em 2006, se bem pensamos, não descaracterizou o *arrendamento comercial*. Ele continua a ter a importância prática e a complexidade que sempre teve, mas certo é que, para cúmulo, a sua regulação nominalmente autónoma seria então descabida no Código Civil e teria de ser exportada para o Código Comercial, seguindo o exemplo francês e de desmembrar a regulação sistemática do *arrendamento urbano*.

O que, a nosso ver, de modo nenhum se justificava era o parcelamento de cariz escolar do regime do *arrendamento urbano*, desdobrado por nada menos de quatro tipos de arrendatícios, nos termos acima referidos, em que dois deles não passavam de uma criação artificial.

Parece até estranho que se levante crítica à bipartição de 2006, quando é mesmo neste sentido que, se não estamos em erro, vai a lição do Direito comparado.

Vemo-la, por exemplo, desde logo, no *Bürgerlichegesetzbuch* alemão, quando divide os *arrendamentos* em dois tipos: por um lado, os *de uso* (*Miete*, §§ 535 a 580) e, por outro, os de *uso e disfrute* (*Pacht*, §§ 581 a 597).

Vemo-la na Itália, primeiro, no *codice civile* (arts. 1615-1627), depois, na Lei nº 392/1978, de 27 de julho, onde se disciplina, por um lado, a *locazione di immobili urbani adibiti ad uso di abitazione* (arts. 1º a 26) e, por outro, a *locazione di immobili urbani adibiti ad uso diverso da quello di abitazione* (arts. 27 a 42).

Vemo-la em Espanha, na Ley 29/1994, de 24 de novembro, com os *arrendamientos de vivienda* (arts. 6º-28) e os *arrendamientos para uso distinto del de vivienda* /arts. 29-35).

Vemo-la, por fim, no Brasil, onde a Lei nº 8.245, 18 de setembro de 1991, em vigor, também aglutina numa secção as normas relativas à *locação não residencial* (arts. 51 a 57) (*v. comentário ao art. 1108*).

2. A *summa divisio* arrendatícia e os seus dois subtipos temporais

Como se vê, o artigo começa por estabelecer os seus dois grandes arquétipos arrendatícios pelos fins que os caracterizam: o *fim habitacional*, por um lado, e o *fim não habitacional* por outro, que envolve ainda os "arrendamentos rústicos não sujeitos a regimes especiais" (art. 1108, *in fine*).

A disciplina de cada um deles vem adiante.

Do *arrendamento habitacional* ocupam-se os arts. 1092 a 1107.

Do *não habitacional* tratam os arts. 1108 a 1113.

[291] Como ocorria no RAU (arts. 117, depois, 121), o que, aliás, louvavelmente, não se verificava na versão primitiva do CC (art. 1119) nem, ulteriormente, na frustrada Reforma de 2004.

A maior extensão do primeiro, relativamente ao segundo, deriva de grande parte dos princípios firmados a respeito do *arrendamento habitacional* serem paradigmáticos e, portanto, também aplicáveis ao *não habitacional*, que, para aquele, remete depois, em grande parte (art. 1110 CC).

Dentro destes dois *géneros* fundamentais, e como se declara no art. 1094-1 CC, situam-se duas *espécies* que se pautam pela duração dos respetivos contratos, a saber: com *prazo certo* (arts. 1095-1098) e de *duração indeterminada* (arts. 1099-1107).

Estão, portanto, reguladas no quadro do *arrendamento habitacional*, mas estendem-se ao *não habitacional*, com as particularidades que lhe são próprias (art. 1110 CC).

Estabelecer quais sejam os *arrendamentos não habitacionais*, parece fácil de fixar, pois afirmam-se por contraposição: *são todos aqueles que não são habitacionais*. Mais difícil se nos afigura determinar o que constituirá um *arrendamento habitacional*, uma vez que este se caracteriza pela sua qualidade intrínseca.

Apurar, pois, o alcance destas duas categorias, parece muito importante, já porque, à cabeça, o fim a que se destina o *arrendamento* deve figurar no contrato (art. 2º, al. *d*), do Decreto-Lei nº 160/2006), já porque por ela se regerá a respetiva disciplina legal, já porque, enfim, a afetação pelo arrendatário do prédio ou fração arrendada a *uso diferente* constituirá fundamento de *resolução* do contrato pelo *senhorio* (al. *c*) do art. 1083-2 CC).

3. Fim habitacional

Embora em vários preceitos, a lei se refira à *habitação*, em parte alguma definiu tal conceito, nem mesmo na legislação de *arrendamento* anterior à vigente.

I – ***O conceito jurídico de habitação.*** Tem de ser, portanto, a doutrina a surpreendê-lo segundo os princípios gerais e disposições esparsas e indiciantes da lei.

Ana Prata (com a colaboração de Jorge Carvalho) refere apenas a noção legal do *direito real de habitação*, que nos não interessa[292], mas Gerard Cornu, além dessa, apresenta duas noções que se nos afiguram utilíssimas.

Refere então "*Habitation*: (traduzindo) *Residência; lugar (casa ou apartamento) onde mora uma pessoa, onde ela vive (só ou com a sua família) e que pode ser também o lugar onde ala trabalha mas que é frequentemente oposta ao lugar onde ela exerce a sua profissão. Comp moradia, residência, domicílio*".

E sobre "*Résidence*: (traduzindo, ainda) *Lugar onde uma pessoa física mora efetivamente de um modo assaz estável, mas que pode não ser o seu domicílio (ex. residência secundária, residência conjugal que não coincide com o domicílio profissional da mulher numa cidade vizinha, etc.) e à qual a lei liga principalmente, subsidiariamente ou concorrentemente com o domicílio, diversos efeitos de direito (ex. determinação da competência territorial das jurisdições, NCPC, art. 43)*"[293].

292 Cf. *Dicionário Jurídico*, I, 5ª ed.,, Almedina, 2018, entrada *Habitação*.

293 *Vocabulaire juridique*, 2ª ed., rev. e aum., Presses Universitaires de France, 1990.

Estas definições referem-se ao objeto onde se *habita*, *mora* ou *reside*, mas é fácil retirar daí o verbo, a própria ação de *habitar* definindo-a então assim: *morar ou residir de um modo assaz estável, embora possa não coincidir com o domicílio, mas à qual a lei liga, principal, subsidiária ou concorrentemente com o domicílio, certos efeitos de direito.*

A diferença da *residência*, *morada* ou *habitação* para o domicílio está fundamentalmente em que este *é o ponto legal da localização do sujeito de Direito*, o lugar onde mais obvia e oficialmente possa ser encontrado, ao passo que a *habitação, residência ou morada* não tem esse objetivo e só servirá para localizar o seu sujeito, na ausência de uma específica constituição legal.

Em princípio, para uma *pessoa física*, esse sítio, como se decreta no art. 82-1 CC, será, portanto, "*o lugar da sua residência habitual; se residir alternadamente em diversos lugares, tem-se por domiciliada em qualquer deles*".

A epígrafe denomina-o de "*domicílio voluntário geral*" – mas esta designação não parece correta, pois semelhante *domicílio* não resulta de uma *declaração de vontade* do sujeito, sendo apenas aquele que, na falta dela, a lei designa como tal.

É, portanto, um *domicílio implícito* ou *tácito*.

Mas, em princípio, a pessoa pode eleger outro lugar, como se faculta no art. 84 CC, segundo o qual "*é permitido escolher domicílio particular para certos negócios*".

Este, sim, é um *domicílio voluntário* ou *eletivo* como a lei, aqui corretamente, o designa.

Além disso, as pessoas sem capacidade plena, como os *menores* e os *acompanhados*, têm, por lei, o *domicílio do progenitor* ou do *acompanhante* e será de ter ainda em atenção que as pessoas que exerçam uma profissão têm, para as relações que a esta se referem", e só para estas, um domicílio profissional (art. 83-1 CC) e se a exercerem em lugares diversos, em qualquer deles (art. 83-2 CC).

Como aliás sucede no Direito comparado, a nossa lei relaciona certos efeitos jurídicos com o *domicílio* e, por essa via, concorrentemente, à *residência habitual*, quando não diretamente a ela.

Assim, a regra geral da *competência do tribunal em razão do território*, fixa-se pelo *domicílio* do *réu* que tenha *residência habitual* (art. 80-1-2 CPC) e, bem assim, a *competência internacional*, pauta-se pela regra da *competência interna* (al. *a)* do art. 62 CPC); a ação a exigir o *cumprimento de uma obrigação*, ou *indemnização* por *não cumprimento* ou *cumprimento defeituoso* pode ser proposta no lugar do *domicílio do réu* ou, por opção do autor, no lugar onde a obrigação devia ser cumprida (art. 71-1 CPC); as *ações de divórcio e de separação de pessoas e bens* devem ser propostas no tribunal do *domicílio ou residência* do *autor* (art. 72 CPC); as *ações de honorários*, por serviços prestados numa Relação ou no SUPREMO devem ser propostas no tribunal do *domicílio do autor* (art. 73-2 CPC); as ações por *abalroação de navio* podem ser propostas no *lugar do domicílio do autor* (art. 75 CPC); as *notificações avulsas* são requeridas no tribunal da área de *residência* da pessoa a notificar (art. 79 CPC).

Isto, no plano civil.

No plano fiscal, conforme o disposto na Lei Geral Tributária, o *domicílio fiscal* do *sujeito passivo*, pessoa singular, é "o local da residência habitual" (art. 19-1, al. *a*)) e, sendo residente no estrangeiro ou ausente de Portugal por mais de seis meses, deve "para efeitos tributários, designar um representante com residência em território nacional" (art. 19-4 LGT).

Também para efeitos de IRS consideram-se *residentes* em território português as pessoas que, no ano a que respeitam os rendimentos, nele hajam permanecido por mais de 181 dias seguidos ou interpolados.

Estes aspetos dão ideia dos efeitos de Direito que se ligam à *residência* ou *habitação*.

Em todas estas hipóteses, está presente o elemento referido na definição dada, de *assaz estabilidade* que, como costuma acrescentar-se, não precisa de coincidir com *exclusividade*.

É que, como se viu, além de uma *habitação, morada* ou *residência primária*, pode ter-se ainda uma *residência secundária*, que o nosso CC denomina, impropriamente, de *residência ocasional* (art. 82-2)

Isso costuma acontecer com pessoas ou famílias que se fixam na cidade, onde têm as suas ocupações habituais, e que, ao mesmo tempo, são proprietárias de uma quinta, no campo, onde residem, estavelmente, não apenas em férias, mas em acompanhamento da sua exploração.

Saliente-se que, para que se preencha o conceito de *2ª residência*, é naturalmente essencial que ela apresente um carácter de *instalação estável*.

Uma *casa de fim-de-semana*, p.ex., não chega a constituir uma *2ª residência*; forma, simplesmente, uma *ocupação por curtos períodos*.

O primitivo art. 1083-2 CC tinha excluído da regulação desenvolvida para o *arrendamento de prédios urbanos* e *de prédios rústicos não compreendidos no arrendamento rural*, "*os arrendamentos para habitação, por curtos períodos, em praias, termas ou outros lugares de vilegiatura ou para outros fins transitórios*".

Parev3e evidente que havia aqui uma imprecisão terminológica: se habitação é uma residência assaz estável, escapa necessariamente ao seu conceito a ideia de "*habitação por curtos períodos*" de *lazer* ou de outros fins *transitórios*.

Configurá-lo é tão contraditório e absurdo como admitir que determinada realidade *prolongada* e estável é *instantânea*.

Arrendamentos destes, se verdadeiros *arrendamentos* forem, não serão decerto *habitacionais*, pois tombam inexoravelmente para o caldeirão dos *não habitacionais*.

Deveria antes referir-se *acomodação, alojamento*, ou *instalação*.

O legislador, neste pormenor, tem todavia andado distraído, pois ainda na Reforma de 2006 continuava a qualifica-los, contraditoriamente, como tal (art. 1095-3, de então)[294]

[294] "3 – O limite mínimo previsto no número anterior não se aplica aos contratos para habitação não permanente...".

Na Reforma de 2012, o preceito foi revogado, mas para se acrescentar, não os denominando embora de *arrendamentos habitacionais* (mas, censuravelmente, no âmbito da disciplina desses arrendamentos) que, *"salvo disposição em contrário, não há lugar a renovação automática nos contratos celebrados por prazo não superior a 30 dias"*.

O lugar correto para semelhante disposição seria, naturalmente, entre as normas estabelecidas para os *arrendamentos não habitacionais.*

A nossa lei, desde a formulação primitiva do CC, tem admitido ainda que, com o *arrendamento habitacional*, o *arrendatário*, se cumule uma de duas diferentes *atividades não habitacionais*: o exercício de uma *indústria doméstica* e a *hospedagem* até *três hóspedes* – e, desde a Reforma de 2006, expressamente "salvo cláusula em contrário"[295].

Estes dois casos, adiante-se desde já, constituem puros resíduos arcaicos que, desde o RAU, deveriam ter sido varridos da nossa legislação, mas que têm sobrevivido a todas as Reformas arrendatícias e, por isso, deles nos ocuparemos nos comentários aos arts. 1092 e 1093.

II –***A perversa tentativa de assimilação a habitação do alojamento local.*** Tão vasto e tão rendoso tem sido, nos últimos anos, o surto de turistas do nosso país que, no afã de lhes proporcionarem alojamento barato e retirarem daí considerável vantagem económica, desdobraram-se os agentes económicos e presidentes dos principais municípios, em repetidas intervenções públicas, a assimilar, sem razão, o *alojamento local* à *habitação.*

Deste modo, passaram muitas vezes por cima da autorização dos *condóminos* e plantaram-se estabelecimentos de *alojamento local* nos próprios condomínios, em frontal violação do expressamente estabelecido no art. 1422-2, al. *c)*, CC.

Elementarmente, *alojamento local* não se identifica com a *habitação*: Em verdade e rigorosamente, não passa de uma das várias espécies de *hospedagem*, disciplinada como tal em lei própria.

Contratos para *habitação não permanente*, constitui, decerto, uma contradição nos termos, uma vez que *habitar* é, necessária e essencialmente, uma residência, morada ou vivência *estável, permanente.*

[295] Já antes de se ter previsto esta cláusula, se devia entender que as disposições eram supletivas, como sempre defendemos (cf., desde o nosso *Curso de Direito do Arrendamento Vinculístico*, 1ª ed. Almedina, 1984,, pp, 252-253, até ao *Manual do Arrendamento Urbano*, 3ª ed., rev. e at., Almedina, 2001, pp. 236-238) o que veio a ser valiosamente apoiado por Menezes Cordeiro (*Leis do Arrendamento Urbano Anotadas*, 2014, p. 284, n. 7) que, louvavelmente, na frustrada Reforma de 2004 já tinha preconizado que esta atividade só seria lícita quando houvesse cláusula contratual nesse sentido (art.1097-1 então proposta).

Opinião oposta foi defendida pelo Ilustre Professor Januário Gomes, que arduamente combatemos, no citado *Manual.*

Reservaremos, por conseguinte, um espaço para este instituto no comentário ao art. 1093, que será o lugar mais adequado para ele. (Para desenvolvimentos sobre o ponto, v. *infra*, nº 4-V-**B**, *sub* art. 1083; *infra*, nº 3-II *sub* art. 1093)

4. Fim não habitacional

O fim *não habitacional*, denominado assim pela negativa, pode comportar atividades diferentes, distintas entre si, mas todas *não habitacionais*, conglobadas num único regime.

Na primitiva redação do CC e até à Reforma do de 2006, especificavam-se, em vez dos arrendamentos *não habitacionais*, as suas espécies constituídas pelo *arrendamento para comércio ou indústria*, o *arrendamento para o exercício de profissões liberais* e, desde o RAU, o *arrendamento para outros fins não habitacionais.*

Dentro desta sistematização, a disciplina do primeiro, no RAU, estendia-se por onze artigos; o segundo, dois artigos, e, o terceiro, um.

Os dois artigos do arrendamento para o *exercício de profissões liberais* serviam, um, para mandar aplicar todos os artigos do *arrendamento para comércio ou indústria*, e o outro, para adaptar o *trespasse* ao *exercício de profissão liberal* e repetir a exigência de forma estabelecida para o primeiro.

O artigo do *arrendamento para outros fins não habitacionais* mandava aplicar todas as normas do *arrendamento comercial* e estabelecia ainda uma particularidade relativa ao exercício de uma atividade não lucrativa.

Como se vê, das três classes de *arrendamentos não habitacionais*, as duas últimas acabavam por cingir-se, cada uma delas, a uma simples particularidade em relação ao *arrendamento para fim comercial ou industrial* e, a última delas, era afinal uma categoria genérica abrangendo todos os outros *fins não habitacionais.*

Vê-se bem, assim, como se justificava envolver todas estas espécies numa categoria única, a dos *arrendamentos não habitacionais*, como vínhamos preconizando e como a Reforma de 2006 e a atual vieram a adotar.

Não foi esta alteração, portanto e em nosso modesto entender, um empobrecimento, mas uma síntese das escolásticas destrinças que vinham da primitiva redação do CC.

Deste modo, a ampla categoria dos *arrendamentos não habitacionais* envolve agora, numa subsecção com apenas sete artigos, a regulação de qualquer das suas distintas e variadas finalidades: o *arrendamento para o exercício do comércio*; de uma *indústria*; de um *artesanato*, como o de *cabeleireiro, alfaiate, sapateiro* (não, o *industrial de sapataria* que fabrica sapatos ou o *comerciante de sapatos* que, numa sapataria, os vende), *ferreiro, ferrador, fotógrafo, padeiro, marchante, pasteleiro*; de uma *profissão liberal*, como para um *escritório de advogado* ou *sociedade de advogados*, um *consultório médico*, um *laboratório de análises clínicas*, uma *instalação de fisioterapia* ou de *radiologia*; a instalação de uma *associação regional, beneficente, recreativa* ou *desportiva*, etc., etc. (*Desenvolvemos este ponto no comentário ao art. 1108, onde o CC definiu o âmbito destas categorias*).

5. Arrendamento sem estipulação de fim

O nº 2 dispõe para o caso de o contrato de arrendamento não ter estipulado o seu *fim*.

Este deve constituir uma das *menções do contrato* (v. *infra*, nº 3-IV, *sub* art. 1070), como o exige o art. 2º, al. *d)*, do Decreto-Lei nº 160/2006, de 8 de agosto, na redação do Decreto-Lei nº 266-C/2012, de 31 de dezembro, mas, se se tiver omitido, isso não invalida o contrato pois, como se começou por afirmar, o aludido nº 2 supre tal lacuna.

Com efeito, como nele se prevê, *"quando nada se estipule, o local arrendado pode ser gozado no âmbito das suas aptidões, tal como resultem da licença de utilização"*.

Governa neste caso a aptidão do prédio arrendado.

Não deixemos de anotar, de caminho, que a expressão literária do preceito reincide aqui numa deficiência que vem de anteriores redações, a exprimirem o *imóvel arrendado* pela sua *localização*. Temos salientado inúmeras vezes e havemos de repeti-lo até à saciedade, que não é o *local* que se dá de arrendamento mas o *prédio ou parte de prédio urbano* ou *rústico* que nesse *local* se situa, o *espaço urbano*, se se quiser.

Não é, pois, rigoroso referir *local arrendado*, mas *prédio arrendado*: incorre-se, com semelhante forma de expressão, numa condenável metonímia.

Deve portanto entender-se este nº 2 como significando que, se no contrato não for estipulado o *fim* a que se destina o arrendamento respetivo, deve o prédio (não, o *local*) arrendado ser gozado no âmbito das suas aptidões, tal como resulte da respetiva *licença de utilização*.

O preceito pressupõe que estamos aqui em presença de um *prédio ou parte de prédio urbano*.

É só ele que pode ser, ou não, dotado de *licença de utilização*.

Esta foi, entre nós, criada apenas em 1951, através do Regulamento Geral das Edificações Urbanas (RGEU), aprovado pelo Decreto-Lei nº 38:382, de 7 de agosto de 1951: *"a utilização de qualquer edificação nova, reconstruída, ampliada ou alterada, quando da alteração resultem modificações importantes nas suas características, carece de licença municipal"*.(art. 8º).

Se, pois, o *prédio urbano* se situa no continente e é de construção, reconstrução, ampliação ou alteração importante anterior a 12 de agosto desse ano (data em que entrou aqui em vigor – Decreto-Lei nº 22:470, de 11-4-1933) e se, na Madeira ou nos Açores *em geral*, tais factos são anteriores a 22 de agosto, ou, nas Flores e Corvo, a 26 de setembro, datas das respetivas entradas em vigor do RGEU nesses territórios, não estará tal *prédio*, naturalmente, dotado de *licença de utilização*.

Mais recentemente, pormenorizando os princípios gerais constantes do RGEU, o Decreto-Lei nº 555/99, de 16 de dezembro, determinou também, no seu art. 4º:

> "1. *Estão sujeitas a autorização administrativa:*
>
> ....
>
> *f) – A utilização de edifícios ou suas frações, bem como as alterações à mesma que não se encontrem previstas na alínea e) do número anterior*".

E ainda, no seu art. 62:

"1 – *A licença de utilização prevista na alínea e) do nº 2 do artigo 4º destina-se a verificar a conformidade do uso previsto com as normas legais e regulamentares que lhe são aplicáveis e a idoneidade do edifício ou sua fração autónoma para o fim a que se destina.*

2 – *A autorização de utilização prevista na alínea f) do nº 3 do artigo 4º destina-se a verificar a conformidade da obra concluída com o projeto aprovado e com as condições do licenciamento ou autorização*".

Relativamente aos prédios posteriores à vigência do RGEU, dotados de *licença de utilização*, será pois a esta que terá de atender-se, para se fixar o *fim* a que o prédio ou fração é destinado.

Mais. O próprio contrato não pode afetar o arrendamento a *fim* diferente do aprovado pela *licença de utilização*, assim como, depois, não poderá, legitimamente, ter aplicação que não se enquadre nele.

Em alguns casos, muito apertados, a lei alarga este fim.

A seu tempo, desenvolveremos estes temas específicos.

6. Falta de licença de utilização

Nos casos anteriores, à imposição de *licença de utilização*, funcionará a regra constante do nº 3 deste artigo: "*o arrendamento vale como habitacional se o local for habitável ou como não habitacional se o não for, salvo se outro destino lhe tiver vindo a ser dado*".

No mais, o aqui disposto era o que já se determinava desde a Lei nº 6/2006 e que suscitou alguma polémica, de que, depois, o legislador de 2012 fez tábua rasa – e bem, quanto a nós.

Por um lado, afirmava-se que a lei não indicava minimamente, como continua a não indicar, os fatores a que se deve atender para se concluir se o prédio *é mesmo habitável ou não*, e, se falta a *licença de utilização*, "é porque, por certo (pelo menos deve presumir-se...), não reúne as condições legais para ser usado seja para habitação seja para outro fim qualquer"[296].

Por outro, censurou-se a circunstância de, em última análise, a determinação do *fim* resultar do destino que, *de facto*, se esteja a dar ao imóvel[297].

Considerou-se, por último, que o destino por que se afere o *fim*, pode, na prática, ser *misto* ou *ambíguo*, criando-se deste modo uma fonte de "litigiosidade"[298].

[296] Soares Machado/Regina Santos Pereira, *Arrendamento Urbano*, 2ª ed., LP, 2007, pp. 81-82.

[297] Carlos Lacerda Barata, *Celebração do contrato de arrendamento no novo regime do arrendamento urbano* (*ROA*, 66º, III [2006], p. 1281).

[298] António Menezes Cordeiro, *Lei nº 6/2006, de 27 de fevereiro: primeiras notas* (*O Direito*, 138º, II, [2006], p. 240).

Cremos, com o devido respeito, que não serão fundadas estas críticas.

Antes de mais, é um exagero manifesto afirmar-se que, se falta a *licença de utilização*, o prédio não reúne condições legais para um *fim* qualquer.

Já se referiu que esta licença só passou a ser instituída, em todo o continente, depois de 12 agosto de 1951 – e todos nós conhecemos prédios imponentes, anteriores a essa data, de manifesta aptidão para os *fins* a que veem sendo destinados.

Havia, é certo, as barracas de periferia, que podem hoje em dia considerar-se erradicadas, tendo sobrado um ou outro bairro clandestino, que se tolerou por se ter considerado com condições mínimas de habitabilidade e que as Câmaras Municipais dotaram de água e de luz elétrica nas casas e nas vias.

Estes abencerragens nem são, se não excecionalmente, utilizados em *arrendamento.*

Ora quanto aos prédios legalmente construídos em plenas cidades, anteriormente à instituição da *licença de utilização*, e que veem sendo ocupados, desde a sua construção, como *habitação, lojas de comércio, escritórios* ou *consultórios*, por vezes há mais de um século, e cujos *contratos de arrendamento* só em casos muito excecionais não indicaram o *fim* para que foram arrendados – por que outro critério se haviam de fixar as respetivas finalidades, a não ser por aquela que lhes vem sendo dada, *de facto*, ao longo de todo este tempo?

É conhecido que, nas grandes cidades, muitos desses prédios, tendo sido construídos para *habitação*, eram dotados de tão amplas e numerosas divisões que acabaram por ser arrendados para *escritórios* e *consultórios médicos.*

Se é esse o *destino que lhes vem sendo dado*, à sombra da lei, ao longo de tanto tempo, por que haveria agora de interditar-se esse *fim*, aplicando-se-lhe retroativamente o regime instituído só em 1951?

O sistema anterior à Lei nº 6/2006, baseado numa *licença de utilização* para cada *contrato de arrendamento*, passada pela Câmara, não só era excessivamente burocrático, como também podia ainda não contemporizar com situações consolidadas há longos anos – e acabou, louvavelmente, por ser abolido.

De qualquer modo, como serão decerto escassíssimas as hipóteses em que o *fim* a que foi destinado o *contrato de arrendamento* terá sido na prática omitido, certo é que nem se vê que dificuldade poderia suscitar a destinação lícita e efetivamente dada ao prédio arrendado, quando nem sequer se conhece, desde 2006 para cá, qualquer litígio que o tema tenha suscitado.

Artigo 1067-A – Não discriminação no acesso ao arrendamento

1 – Ninguém pode ser discriminado no acesso ao arrendamento em razão de sexo, ascendência ou origem étnica, língua, território de origem, nacionalidade, religião, crença, convicções políticas ou ideológicas, género, orientação sexual, idade ou deficiência.

2 – O anúncio de oferta de imóvel para arrendamento e outra forma de publicidade ligada à disponibilização de imóveis para arrendamento não pode conter qualquer restrição, especificação ou preferência baseada em categorias discriminatórias violadoras do disposto no número anterior.

(Aditado pela Lei nº 13/2019, de 12 de fevereiro)

A norma-insígnia

O estabelecido neste artigo particulariza mais intimamente a norma fundamental constante do art. 13-2 da Constituição, onde se estabelece que "*ninguém pode ser privilegiado, beneficiado, prejudicado, privado de qualquer direito ou isento de qualquer dever em razão de ascendência, sexo, raça, língua, território de origem, religião, convicções políticas ou ideológicas, instrução, situação económica, condição social ou orientação sexual*",

É, como prontamente se vê, pela sua particularização, um preceito mais apropriadamente de natureza regulamentar do que constitucional.

Com a Lei nº 93/2017, de 23 de agosto, tendo por objeto estabelecer o "*regime jurídico da prevenção, da proibição e do combate à discriminação, em razão da origem racial e étnica, cor, nacionalidade, ascendência e território de origem*" editou-se uma norma que, sem referir a chamada *orientação sexual* e pormenorizando o texto constitucional, qualificou como discriminatória a "*recusa ou condicionamento de venda, arrendamento ou subarrendamento de imóveis*" (art. 4-2, al. *c)*).

Aparece aí um primeiro relacionamento de práticas discriminatórias com o *arrendamento* e, até, com o *subarrendamento*, que, no presente artigo, recebeu uma previsão mais circunstanciada, passando a envolver a própria *orientação sexual* incluída na Constituição, mas omitida naquela Lei.

Não conhecemos a seu respeito, no Direito comparado, preceito homólogo, tendo surgido unicamente por aditamento da Lei nº 13/2019 e, se bem pensamos, a inovação será algo estranha.

Qualquer oferta de *arrendamento* ao público aparece em geral, como se sabe, como um anúncio indicando as características, a localização do espaço a arrendar e, por vezes, o montante da renda.

No nº 2, onde, com precária gramática, se grafou a conjunção aditiva "e", em vez da alternativa "ou", declara-se que o anúncio ou outra forma de publicidade para arrendamento não podem conter restrição, especificação ou preferência baseadas em categorias discriminatórias – mas onde se terá visto já semelhante publicidade?

Por vezes, surgem, é certo, meras particularizações, em anúncios de *arrendamento de partes de casa*, que declaram: "para pessoa solteira", "para estudante", ou outro pormenor do género, que não envolve, obviamente, qualquer discriminação pejorativa.

Importa ter presente que não há, nos preliminares de um *contrato de arrendamento*, qualquer concurso público dos candidatos mais habilitados ao lugar – e se, acaso, algum *senhorio* algum dia vier a declarar que exclui certo pretendente porque se integra numa das categorias discriminatórias arroladas no nº 1 do artigo, isso constituirá uma injúria do foro penal, e nunca um fundamento para se impor o *arrendamento* a seu favor.

Mas se, porventura, alguma das particularizações agora legalmente descritas for causa de exclusão do candidato a *arrendatário* de qualquer *senhorio*, continuará agora desesperadamente a sê-lo, não prevendo o preceito nenhuma forma de investi-lo no espaço urbano pretendido.

É que, antes de tudo, sempre foi, é e será da natureza da *locação*, que esta se celebra *intuitu personæ* e, em semelhante ordem de ideias, o *senhorio* escolhe, de facto, o candidato, de entre os que lhe surgem, segundo o seu íntimo critério de preferências, em que nenhuma lei pode interferir, nem consegue sindicar – o qual, aliás, por via de regra se pautará, na prática, pelos seguintes parâmetros: *bom pagador, bom vizinho* e *cuidadoso do espaço arrendado*.

Se se trata de *arrendamento para comércio ou indústria*, costuma, por vezes, ponderar-se, como é sabido, a prosperidade do negócio e o desenvolvimento que trará para a área.

Por que surgiu, então, semelhante preceito?

Pensamos que, com desconhecimento total do que é e como se processa um *arrendamento*, essencialmente em abstrata proclamação de grandes princípios vanguardistas completamente fora de contexto.

Se não nos enganamos, este art. 1067-A jamais constituirá, de facto, uma efetiva disciplina de relação. Não passará nunca, nem porventura aspira a tanto, de uma norma sem exequibilidade, meramente simbólica e emblemática – no fundo, de uma simples *norma-insígnia*.

Artigo 1068 – Comunicabilidade

O direito do arrendatário comunica-se ao seu cônjuge nos termos gerais e de acordo com o regime de bens vigente.

(Redação da Lei nº 6/2006)

1. Apontamento introdutório

O quadro social arrendatício, na primeira metade do século XX, pautava-se por contratos celebrados pelo *chefe de família*, preenchendo impressos em *papel selado*, contendo a fórmula de um *arrendamento para habitação* pelo prazo de *seis meses* renováveis.

A *mulher* não tinha, em geral, rendimentos próprios, sendo por via de regra apenas dotada, como então se dizia, das chamadas *prendas domésticas*: *saber cozinhar, tocar piano e falar francês*.

Como o *arrendamento*, depois de 1910, com a implantação da República, se prorrogava forçosamente no seu termo e a *renda* estivesse bloqueada por longas décadas, tornando-se desse modo numa prestação meramente simbólica, fosse qual fosse o rendimento do *arrendatário*, estabelecia-se aí o que veio mais tarde a denominar-se a *casa de morada da família* (v. *infra*, 3 *sub* art. 1105).

Com o RAU, em 1990, ao admitir os *arrendamentos habitacionais livres* e a evolução social já então vastamente ocorrida, este quadro mudou-se radicalmente.

A *mulher*, entrada entretanto no mercado de trabalho em concorrência com o *homem* e os *arrendamentos de duração efetiva*, apareceu a negociar juntamente com o *marido*, quando não ela própria, isoladamente, o *arrendamento habitacional*.

Passou a ter um papel fundamental na escolha da *casa* e na determinação dos pormenores do contrato. Deixou de ser incomum pedir-se ao *senhorio* que assine um recibo por cada metade da renda, como responsabilidade de cada um, especialmente quando se está em presença de arrendamento a uma *união de facto*.

E se o casal adrega de encontrar, um ou dois anos depois, uma casa melhor e mais barata no bairro, para lá se muda prontamente, com armas e bagagens, deixando o *senhorio* a contas com, pelo menos, os pregos nas paredes e os indispensáveis retoques na pintura da fração arrendada, para um novo lançamento do seu bem no mercado.

A tanto ficou reduzida a *casa de morada da família*.

Pois foi precisamente num quadro destes que a Lei nº 6/2006 se lembrou de entronizar no nosso Direito positivo, *para os novos arrendamentos* (para os anteriores – v. *infra*, nº 2, *sub* art. 1105), com este preciso artigo, a *comunicabilidade* do *direito de arrendatário* ao *cônjuge*, "de acordo com o regime de bens vigente".

Embora enuncie um regime do *direito de arrendamento* que, pela sua generalidade, deveria regê-lo desde a formação até à sua extinção, entra em crise, em nossa opinião e como se verá, com o que, por sua vez se dispõe sobre à *sucessão por morte*, no *arrendamento habitacional* e até no *não habitacional*.

Ele relaciona-se mais ou menos proximamente com os preceitos seguintes:

Art. 1059: transmissão da posição de locatário;

Art. 1105: comunicabilidade e transmissão em vida ao cônjuge;

Art. 1106: transmissão por morte;

Art. 1107: comunicação ao senhorio;

Art. 1113: morte do arrendatário;

Art. 57 NRAU: transmissão por morte no arrendamento para habitação;

Art. 58 NRAU: transmissão por morte no arrendamento para fins não habitacionais.

O debate sobre o seu interesse e valia foi muito aceso até quando havia ainda uma vasta ganga de *arrendamentos vinculísticos*, mas vai perdendo interesse com o desaparecimento desses *arrendamentos*, agora, que o *vinculismo* se encontra, entre nós, em liquidação e, mais ainda, quando o *arrendamento para habitação* está a fazer-se, nos grandes centros urbanos, muito principalmente, não a *casais casados*, mas a *casais de namorados* que por este preceito não são abrangidos pela *comunicabilidade*.

Além disso, cremos ainda, salvo melhor opinião, que o presente artigo, tal como está concebido, não deveria ter sido sequer editado, pois:

a) – Só pode ter como significativo campo de aplicação os *arrendamentos vinculísticos*;

b) – Na sua expressão verbal, é pleonástico, pois, ao mandar aplicar os *termos gerais* e o que está de acordo com o *regime de bens* dos contraentes, apenas reafirma o que nesses lugares já é estabelecido;

c) – Para a *sucessão por morte do arrendatário*, editou, nos arts. 1106 (*arrendamento habitacional*) e 1113 (*arrendamento não habitacional*), regimes que, independentemente da sua desatualização, desaplicam a *comunicabilidade conjugal* aqui afirmada.

2. Bosquejo histórico e o debate da comunicabilidade

Sobre o tema, importará assinalar que a ideia de *comunicabilidade* ao *cônjuge* do *direito do arrendatário* começou por fundar-se, difusa e incipiente, no âmbito do *arrendamento vinculístico*, com a aplicação da Lei nº 1:662, de 4 de setembro de 1924, quando, no seu art. 1º, dispunha que o *contrato de arrendamento de prédios urbanos* não se considera "rescindido" nem pela morte do *senhorio* ou *arrendatário* nem pela transmissão do prédio, seja qual for a natureza desta transmissão.

Depois, no nº 3 do seu § 1º, aplicou tal princípio à *transmissão por morte do arrendatário*, quando a este não sobrevivesse *cônjuge* ou qualquer *herdeiro legitimário*, que com ele estivesse habitando *há mais de seis meses*.

Da conjugação dos dois preceitos retirava-se que não caducaria o *contrato de arrendamento* com a *morte do arrendatário*, se lhe sobrevivesse o *cônjuge* ou um *herdeiro legitimário* que com ele estivesse habitando no prédio para além do referido período.

À luz desse regime vinculístico, e como o salientou José Alberto dos Reis, pouco a pouco foi-se "insinuando na jurisprudência dos tribunais a ideia da comunicabilidade do direito ao arrendamento"[299].

Admitida esta identificação na prática dos tribunais, pelo contrário na doutrina, só praticamente Barbosa de Magalhães se fidelizou à ideia da *comunicabilidade*, defendendo então constituir o *direito ao arrendamento* um *valor do casal*, valor comum, mesmo no *regime de bens de separação absoluta*, pois resulta da obrigação dos *cônjuges* de viverem juntos, e do dever que têm ambos, em qualquer *regime de bens*, de concorrerem para os *encargos comuns*[300].

A generalidade dos Autores, porém, recusava a *comunicabilidade*[301].

[299] *Transmissão do arrendamento* (*Rev.Leg.Jurs.* 79º [1947], p. 387.

[300] Cf. *Gaz.Rel.Lxª*, 46º, p. 84 e 50º, p. 202. Pela *comunicabilidade* pronunciou-se também Artur Anselmo de Castro, que só a excetuava nos arrendamentos anteriores ao casamento com *regime de separação de bens* (*RDES*, 2º, n.ºs 2 e 3. pp. 146-149).

[301] Assim: Luiz da Cunha Gonçalves, *Tratado de Direito Civil*, Coimbra Editora, 1935, vol. IX, pp. 134 ss.; José Gualberto de Sá Carneiro (*Rev.Trib.*, 63º, p. 84); José Pinto Loureiro, *Tratado da locação*, Coimbra Editora, 1947, 2º vol., pp. 148 ss., *maxime*, p. 159; José Alberto dos Reis, *Transmissão do arrendamento* (*Rev.Leg.Jurs.* 79º, pp. 385 ss. e 80º, pp. 17 ss.).

Os preceitos da Lei nº 1:662 impunham uma *transmissão*, e – afirmavam – isso não é *comunicabilidade*.

Através desta, o *cônjuge* teria, nessa época, direito à *meação* no *arrendamento*, e a outra *meação* transmitir-se-ia necessariamente aos *filhos* que vivessem com o *pai* há mais de *seis meses*[302].

Com a Lei nº 2:030, de 22 de junho de 1948, dirimiu-se a questão no sentido da *incomunicabilidade*.

Pires de Lima, relator do Parecer nº 16 da Câmara Corporativa, de 4 de fevereiro de 1947, sobre os trabalhos preparatórios deste diploma, justificou a declaração que veio a ser proclamada no art. 44 da mesma Lei de que *"o direito ao arrendamento, seja qual for o regime matrimonial não se comunica ao cônjuge do arrendatário e caduca por sua morte, salvo nos casos indicados nesta lei,"* pelo *intuitus personæ* do *senhorio* em relação ao *arrendatário habitacional* e pela circunstância de que semelhante direito do arrendatário adaptava-se mal "ao mecanismo de uma contitularidade entre marido e mulher"[303].

Foi assim que a regra da *incomunicabilidade* passou a ser proclamada, no nosso Direito positivo, desde 1948; veio ela depois a ser novamente consagrada no CC de 66, onde o seu primitivo art. 1110-1, muito clara e perentoriamente, declarava que, *"seja qual for o regime matrimonial, a posição de arrendatário não se comunica ao cônjuge e caduca por sua morte, salvo o disposto no artigo seguinte"*.

No artigo seguinte, estabelecia-se então o rol de sucessíveis daquele direito individual, por *morte do arrendatário*.

A norma passou depois para o RAU, em 1990, onde o seu art. 83 reproduziu o art. 1110-1 CC – e foi semelhante princípio sendo sempre geralmente aceito, até que o Prof. Pereira Coelho, após ter-se conformado com ele nas sucessivas edições das suas *Lições*, de 1977-78[304], de 1983-84[305] e de 1988[306], pouco depois, em análise de jurisprudência crítica ao ac. do SUPREMO, de 2 de abril de 1987, rompeu com o bem fundado do preceito, considerando-o "uma originalidade do direito português" e, ponderando que "a comunicabilidade do direito ao arrendamento significa apenas que a posição do cônjuge arrendatário se comunica ao outro, ou seja, que este também é arrendatário para todos os efeitos daí decorrentes," e não que "a lei veja no direito de arrendamento habitacional um 'elemento patrimonial comum' como qualquer outro, sujeito, por isso, às regras da partilha nos casos de divórcio ou separação ou de falecimento de algum dos cônjuges".

302 Muito claros, neste sentido: José Pinto Loureiro, *Tratado da locação*, Coimbra Editora, 1947, 2º vol., p. 159 e José Alberto dos Reis, *Transmissão do arrendamento* (*Rev.Leg.Jurs.* 79º, p. 390).

303 Parecer nº 16 da Câmara Corporativa, *Diário das Sessões*, Suplemento ao nº 83, de 5 de fevereiro de 1947, p. 470-(11); *Rev.Leg.Jurs.* 96º, p. 79.

304 *Arrendamento*, Sumários, Coimbra,1977-28, pp. 163-164

305 *Arrendamento*, Lições do Ciclo Complementar, Coimbra, 1984, pp. 195-198.

306 *Arrendamento*, Lições ao curso do 5º ano de Ciências Jurídicas, 1988, pp. 226-227.

Nestes termos, atenta a singularidade do regime arrendatício e ponderando que o *direito de arrendamento*, embora tendo um conteúdo patrimonial, é constituído *intuitu personæ* e, *dada a sua finalidade*, reveste-se de um carácter *pessoal* "que marca decisivamente importantes aspetos do seu regime", defendeu que o *falecimento do arrendatário*, determinará, em princípio, a *caducidade* do *arrendamento habitacional*, mas deve subsistir nos casos excecionais de sucessão por morte, previstos na lei, sem todavia criar "um valor partilhável da herança" e deferindo-se a "transmissão à margem do *fenómeno sucessório* em condições e segundo regras inteiramente diversas"[307].

Discordámos, desde a primeira hora, do fundamento em que assentou este entendimento[308].

Quando, porém, tivemos ensejo de participar dos trabalhos preparatórios da frustrada Reforma de 2004, deparámos, surpresos, com um projetado art. 1109-1 CC, a afirmar a *comunicabilidade*, nos termos preconizados por Pereira Coelho.

Pela nossa parte, contestámos a iniciativa, afirmando: "creio ter demonstrado, no meu *Manual* (3ª ed., pp. 312-313), ser excessiva a afirmação do Prof. Pereira Coelho de que a chamada *incomunicabilidade* é 'uma originalidade do Direito português'. Sem pretender renovar a querela, perdoe-se que pondere, unicamente com os olhos postos no Projeto, que a regra enunciada no nº 1 não corresponderá a qualquer efeito útil".

Para nós, como então sustentámos, decretar a *comunicabilidade* estritamente para a hipótese em que ela existe já, segundo as regras gerais, e depois retirar daí um regime sucessório que é incompatível com ela, constitui uma inutilidade, do mesmo passo que uma irredutível contradição nos termos.

A nossa posição[309] não foi, no entanto, acolhida.

[307] *Rev.Leg.Jurs.* 122º [1989], p. 140.

[308] *Manual do Arrendamento Urbano*, 1ª ed., Almedina, 1996, p. 282; 2ª ed., Almedina, 1999, pp. 306-307; 3ª ed., Almedina, 2001, pp. 3112-313; 1027-1028; I, 4ª ed., Almedina, 2007, pp. 352-353; I, 5ª ed., Almedina, 2009, pp. 360-361; II, 5ª ed., Almedina. 2011, pp. 634-638.

[309] Rita Lobo Xavier defendeu análoga orientação fundamental (de que só viemos a ter conhecimento com a publicação que depois foi feita em *O Direito*, pois as intervenções dos colaboradores não se processaram em assembleia mas, pelo menos da nossa parte, por sucessivos *mails*), destrinçando: "ou se considerava que o direito ao arrendamento relativo ao local onde os cônjuges fixaram a residência da família pertence a ambos qualquer que seja o regime de bens – a referência será então a da 'contitularidade', dispondo a lei que 'ambos os cônjuges são havidos como arrendatários da casa de morada da família'. Inclinamo-nos para esta última solução; – ou se mantinha o regime da incomunicabilidade, sem prejuízo das disposições que visam a proteger a casa de morada da família" – *O Regime dos Novos Arrendamentos Urbanos e a perspetiva do Direito da Família* (O Direito, 136º [2004], II-III, p. 326).

Não fomos convincentes, nos argumentos que invocámos e nos termos sucintos em que nos exprimimos;[310] mantemo-nos, todavia, cada vez mais firmes e supomos que mais conscientes no nosso entendimento.

Consagrava-se então, no mencionado preceito, o seguinte: "*o direito do arrendatário comunica-se ao seu cônjuge, nos termos gerais e de acordo com o regime de bens vigente, sem prejuízo do disposto nos artigos 1682-B e 1793*".

Não tendo semelhante opção do *Anteprojeto* de 2004 culminado em diploma legal, nas condições que são conhecidas, acabou a sua solução por vir a ser basicamente sufragada com a Reforma de 2006, e não apenas para o *arrendamento habitacional*, como antes se tinha previsto, mas entre as *disposições gerais* do *arrendamento de prédios urbanos*.

Surgiu, portanto, esse novo art. 1068 CC, a proclamar o seguinte: "*o direito do arrendatário comunica-se ao cônjuge, nos termos gerais e de acordo com o regime de bens vigente*" – que, como agora se vê, foi mantido sem a menor alteração, na Reforma de 2012 e, depois, nas subsequentes.

Dispondo o preceito atual para todo o *arrendamento de prédios urbanos*, apenas deixou, pois, de conter a referência final do texto de 2004.

A sua generalização da *comunicabilidade*, abrangendo portanto também os *arrendamentos não habitacionais*, foi prontamente criticada, afirmando-se só dever ser aplicável ao *arrendamento habitacional*, e não ao *arrendamento comercial*[311] – mas, quanto a isso e se foi o que então se quis dizer, certo nos parece que, mesmo quando a nossa lei afirmava a *incomunicabilidade* para o *arrendamento habitacional* já, pelo contrário, se admitia geralmente a *comunicabilidade*, nos restantes tipos arrendatícios, segundo o respetivo *regime de bens*, quando, claro está, o *arrendatário* fosse *pessoa física*[312].

[310] De acordo com o que refere, MENEZES CORDEIRO propendeu, na época, para a *comunicabilidade*, "aceitando rever essa posição caso surgissem argumentos bastantes, no período do debate público" – *O Direito*, 137º-II, [2005], p. 332.

[311] ANTÓNIO MENEZES CORDEIRO, *O novo regime do arrendamento urbano* (*O DIREITO*, 137º II [2005], p.332); CARLOS LACERDA BARATA, *Celebração do contrato de arrendamento no Novo Regime do Arrendamento Urbano* (*ROA*, 66º [2006], III, p. 1286, n. 56).

[312] Não éramos os únicos a afirmar a *comunicabilidade* nos outros tipos de *arrendamento urbano* (cf. *Manual do Arrendamento Urbano*, 2ª ed., Almedina, 1999, p. 763; 3ª ed., Almedina, 2001 pp. 311, n.17, e 1012-1013, nn. 24 e 25 – e por daí a diante), mas ainda ANTUNES VARELA, particularmente quanto ao *arrendamento comercial* (*Rev.Leg.Jurs.* 119º [1986], p. 247); F. M. PEREIRA COELHO (*Rev.Leg.Jurs.* 122º [1990], pp. 138-139, n.); M. JANUÁRIO C. GOMES, *Arrendamentos comerciais*, 2ª ed., rem., Almedina, Coimbra, 1991, p. 40; ANTÓNIO PAIS DE SOUSA, *Anotações ao Arrendamento Urbano*, Editora Rei dos Livros, Lisboa, 2001, 6ª ed., p. 264-265; JORGE ALBERTO ARAGÃO SEIA, *Arrendamento Urbano*, Almedina, Coimbra, 2002, 6ª ed., p. 543.
Também a jurisprudência vinha julgando neste sentido: Supremo, 21-12-1982 (*BMJ*, nº 322, p. 338; *Rev.Leg.Jurs.* 119º, p. 236); Relação do Porto, 26-2-1987 (*Colectânea*, XII-I, p. 245) e 31-5-1990 (*Colectânea*, XV-3, p. 205). Apenas no ac. da Relação de Coimbra, de 30-3-1982 (*Colectânea*, VII, 2, p. 95), contra a corrente, se considerou a *incomunicabilidade* um princípio geral,.

O problema, a nosso ver, não estará, portanto, propriamente aí, mas em dois níveis essenciais em que, na nossa conceção, se levantam contra a *comunicabilidade conjugal*, aqui declarada, fortíssimas objeções:

a) – Antes de mais, pela sua insanável incompatibilidade com um *arrendamento não vinculístico*;

b) – Depois, porque o regime sucessório que concretamente se estabelece não se harmoniza com o, em geral, decorrente da *comunicabilidade conjugal*.

Comecemos pelo primeiro ponto.

É para nós apodítico que o dilema da *comunicabilidade* ou *incomunicabilidade* é uma questão exclusiva do *vinculismo* – e foi, aliás, no seio dele que o tema despontou – mal se compreendendo que, em 2006, ao pautar o regime de *arrendamentos de duração limitada*, em vez de se eliminar o preceito que decretava a *incomunicabilidade*, se tivesse, neste artigo, substituí-lo pelo decretamento da comunicabilidade, obviamente já fora de época.

Parece ainda incontestável que um *arrendamento urbano* é, em qualquer caso, concedido pelo *senhorio* ao outro contraente, *intuitu personæ*.

Sendo assim, a *comunicabilidade* ao *cônjuge* de um arrendamento feito exclusivamente a um deles estará, logo por aí, em contradição com o disposto no art. 1733-1, al. *c)*, CC, segundo o qual são "excetuados da comunhão" todos os "direitos estritamente pessoais" – portanto, os constituídos *intuitu personæ*[313].

Mais.

Numa tomada de *arrendamento de duração limitada*, a assunção subjetiva dessa qualidade, assumirem-se os dois *cônjuges* como *arrendatários*, ou só um deles, deve ser, quanto a nós, uma *opção do casal*, caso por caso; não, uma imposição legal absoluta.

Por outro lado e segundo o regime legal em vigor neste *arrendamento*, a regra que domina, quanto à *sucessão por morte*, é a constante da al. *d)* do art. 1051 CC: o contrato *caduca* "*por morte do locatário ou, tratando-se de pessoa coletiva, pela extinção desta, salvo convenção escrita em contrário*".

As restrições à disposição do *direito ao arrendamento*, impostas no art. 1682-B CC, surgiram no auge do *vinculismo* e pressupõem imprescindivelmente um *arrendamento* de tal natureza.

Quando o vínculo da *prorrogação forçada* vigora, o legislador pode impor ao regime do *contrato de arrendamento* as maiores violências, como tem acontecido entre nós, que ao *senhorio* não restará senão sofrê-las estoicamente.

Faltando esse vínculo, porém, liberta-se prontamente delas com a primeira *oposição à renovação* e, se o *arrendamento* foi dado a apenas um dos *cônjuges*, não poderá impor-se-lhe que aceite o outro também como *arrendatário*.

313 Assim, designadamente, Rita Lobo Xavier, *O Regime dos Novos Arrendamentos Urbanos e a perspetiva do Direito de Família* (o direito, 136-II-III, [2004], p. 325).

Não sendo este art. 1068 extensível aos *arrendamentos livres*, será pois, se bem pensamos, um preceito que, segundo parece, terá de ser interpretado restritivamente, como sendo aplicável exclusivamente aos *arrendamentos vinculísticos* remanescentes, nos termos do preceituado no art. 26-1 NRAU.

Passemos ao segundo ponto.

Julgamos que, para esse caso restrito, os dois regimes legais, o da *comunicabilidade* e o da *sucessão*, não são suscetíveis de se harmonizarem plenamente entre si. Há que despegá-los um do outro[314].

Cremos até, convictamente, que a norma em causa surgiu e tem resistido, mais propriamente por influência da grande autoridade do seu estrénuo defensor, o Prof. PEREIRA COELHO, do que pela sua plausibilidade.

Na verdade, a afirmação de que a *incomunicabilidade* estabelecida anteriormente na nossa lei era uma "originalidade do direito português" foi logo desmentida, quando observámos que tal orientação era também a abraçada pelo Direito italiano[315].

Por outro lado, quanto às pretensas vantagens que desta resultam, como sejam evitar o ilogismo de, tendo o bem sido adquirido por um dos *cônjuges*, a título oneroso e, na constância do matrimónio, ficar apenas na titularidade do contratante, em vez de passar a ser *comum*; dar melhor justificação para o *cônjuge não contratante* também ser responsabilizado pela *dívida de rendas*; justificar mais perfeitamente que, quando o *cônjuge arrendatário* abandone a casa arrendada onde deixa o outro *cônjuge* e os *filhos*, ou quando faleça, na casa arrendada e o outro dele esteja *separado de facto*, não poder o *senhorio*, no primeiro caso, *resolver o contrato* e, no segundo, este não caducar – parece não valer a pena perdermos tempo a criticá-la porque o seu Autor reconheceu, imediatamente ao respetivo enunciado, que as referidas questões já eram efetivamente resolvidas ou minimizadas no regime que estabelecia a *incomunicabilidade*.

Arrolou no entanto, ainda, outros *malefícios* desta, que sustenta não serem solucionados com tal opção.

São eles:

a) – A *indemnização* devida pela desocupação do prédio arrendado para *habitação do senhorio* "pertence exclusivamente ao cônjuge arrendatário";

b) – A circunstância de o *cônjuge do arrendatário* ter sessenta e cinco ou mais anos de idade não impede que o *senhorio* denuncie o contrato para habitação sua;

c) – O *direito de preferência*, no caso de *venda* ou *dação em cumprimento* do *prédio ou fração arrendada*, cabe exclusivamente ao *cônjuge arrendatário*;

[314] Como o proclama RITA LOBO XAVIER, com toda a razão, quanto a nós, "o regime de bens, em sentido estrito, não tem a ver com a situação que se pretende salvaguardar" – *O Regime dos Novos Arrendamentos Urbanos e a perspetiva do Direito da Família* (O DIREITO, II-III, 136º [2004], p. 328).

[315] *Manual do Arrendamento Urbano*, 1ª ed., Almedina, 1996, p. 282; 2ª ed., Almedina, 1999, pp. 306-307; 3ª ed., Almedina, 2001, pp. 312-313; 1027-1028; I, 4ª ed., Almedina, 2007, pp. 352-353; I, 5ª ed., Almedina, 2009, pp. 360-361; II, 5ª ed., Almedina. 2011, pp.634-638.

d) – O *cônjuge do arrendatário*, não tendo posse ou composse do prédio arrendado, não tem meios possessórios que possa opor à turbação do seu uso[316].

Em nosso parecer e salvo o devido respeito, estas considerações estão claramente marcadas pela época em que foram feitas (em 1989, ainda antes do RAU), abertamente influenciadas pelo generoso propósito de robustecimento da posição do *cônjuge* mais fraco, mas também ainda por uma feição fortemente *vinculística*, já então desatualizada que, de algum modo, nos serve para assinalar o carácter serôdio da adesão à *comunicabilidade* do nosso Direito positivo, dezassete anos depois, em 2006.

De resto, estes *malefícios*, se é que todos eles o são, podem perfeitamente evitar-se mesmo à sombra da declaração da *incomunicabilidade* com uma adequada regulação específica da *sucessão por morte do arrendatário* e da distribuição dos efeitos do arrendamento pelo casal, como já sustentava Pires de Lima e como afinal foi feito em 1948, com a Lei nº 2:030, e vem sendo repetido desde 2006, por cima da *comunicabilidade*.

Para além disso, a *indemnização* pela *denúncia do senhorio* para *habitação própria*, ou dos seus *descendentes em 1º grau*, da al. *a)* do art. 1101 CC, devia ser atribuída ao casal que vive no prédio, e não apenas ao *cônjuge arrendatário*? Pois, se é que tal indemnização não entra já para a *comunhão*, nos termos do preceituado no art. 1724, al. *b)*, CC, certo parece que a *incomunicabilidade* não impediria que o legislador, se entendesse dever ser isso a estabelecer, o determinasse especificamente, e cremos que então até para os casamentos do *regime da separação*.

O facto, por outro lado, de o *cônjuge* residente com o *arrendatário* ter mais de *sessenta e cinco anos* de idade deveria ser, também, obstáculo à *denúncia pelo senhorio*? Certo é que, apesar de tal entendimento doutrinário, essa exclusão da faculdade de *denúncia* vem sendo sucessivamente reeditada, reportando-a unicamente ao *arrendatário*, sem jamais se lhe aditar o *cônjuge* da mesma idade, assim demonstrando que só a idade do *arrendatário* poderá obstar a ela.

O *direito de preferência* na *venda* ou *dação em cumprimento* do *prédio arrendado* deveria caber tanto ao *arrendatário* como ao seu *cônjuge*, com ele convivente? Mas será que, declarada agora a *comunicabilidade do direito de arrendamento*, na lei, já deverá entender-se que, sem embargo de, no art. 1091-1, se declarar que "*o arrendatário tem direito de preferência*" poderá o *cônjuge*, porventura nem residente, exercer o *direito de preferência* por si só, à margem do *arrendatário*?

Note-se que, nos *regimes da comunhão*, embora o exercício da *preferência* caiba diretamente ao *arrendatário*, o prédio adquirido entrará para a *comunhão* (arts. 1724, al. *b)* e 17822, al. *d)*, *a contrario*, e art. 1734 CC).

316 F. M. Pereira Coelho, *Rev.Leg.Jurs.*122º [1989], pp. 139-143.

No tocante, por seu turno, à *tutela possessória* nem vale a pena ocupar-nos do tema porque está desatualizado; já não há, hoje em dia, *embargos de terceiro*[317].

Assim e em suma, a declaração de *comunicabilidade* não pode deixar de nos parecer tecnicamente menos feliz já porque o *arrendamento habitacional* dos *cônjuges* não deveria variar em função do *regime de bens*, já porque acabou por não interferir na forma de *sucessão arrendatícia* que vinha e continua a vir concretamente regulada especialmente na lei, inteiramente à margem da *comunicabilidade*. As ligeiras alterações ocorridas representam simples opções diferentes, introduzidas entretanto na escala sucessória, em nada relacionadas com a opção de *comunicabilidade*.

Com efeito, mesmo que se defenda que a *comunicação conjugal* não constitui propriamente uma *transmissão*, mas apenas uma assim chamada *coassunção de titularidade* ou, se se preferir, um *encabeçamento na contitularidade* – não vamos discutir isso – sempre o *direito de arrendatário*, nessa perspetiva, tendo começado por ser individual, encabeçado no *cônjuge* contratante, se tornaria automaticamente, com o decesso do *arrendatário*, num *regime da comunhão*, em *bem comum*, não estritamente pessoal, mas de *natureza patrimonial*.

Logo, nos termos do art. 1730-1 CC, cada um dos *cônjuges* começaria por participar nele "por metade... sendo nula qualquer estipulação em sentido diverso" – e, no decesso de um deles, havendo descendentes, não poderia ser inferior a essa *metade* e mais *um quarto* (art. 2139-1 CC).

Esta seria a direta e legal consequência da *comunicabilidade*.

Foi exatamente para se afastar semelhante consequência que, desde a Lei nº 2:030, afastando-se a regra geral estabelecida para os *cônjuges dos regimes matrimoniais da comunhão* (arts. 1724, al. *b*), 1725, 1732 e 1734 CC), se passou a declarar a *incomunicabilidade* da *posição de arrendatário*, encabeçando-se deste modo o *direito do arrendamento*, individualmente, na pessoa do *contratante arrendatário*, para depois, em caso de morte, se subtrair o seu cônjuge ao Direito sucessório comum e estabelecer-se uma sucessão específica do *arrendamento habitacional*.

Tecnicamente, a construção era irrepreensível.

Em 2006, ao invés, por puro preconceito político, proclamou-se uma *comunicabilidade* estritamente, aliás, já decorrente da lei para, em seguida, se manter, contraditoriamente, o regime sucessório arrendatício anterior.

[317] Como se sabe, as ações possessórias com processo especial, originalmente previstas no CPC, foram erradicadas com o Decreto-Lei nº 329-A/95 de 12 de dezembro. O seu preâmbulo fundamentou assim a orientação adotada: "A única razão que justificava a autonomização das ações possessórias como processo especial era a possibilidade conferida ao réu de alegar a titularidade do direito de propriedade sobre a coisa que constitui objeto da ação...Ora não se vislumbrando qualquer inconveniente na sujeição da questão da +propriedade às regras gerais do pedido reconvencional, falece qualquer justificação à manutenção das ações possessórias como processo especial".

Quer dizer: declarou-se o *direito de arrendamento habitacional* um *bem comum* apenas quando já o fosse pela lei geral e, depois, regulou-se a sua transmissão em vida, por *divórcio* ou *separação judicial* (art. 1105 CC), e, por *morte* (arts. 1106 e 1107 CC), como se esse bem fosse *próprio*.

Para desatar o embrulho, qualificou esta *unificação* como uma "concentração".

Mas que figura dogmática vem, afinal, a ser a *concentração*? É algum instituto conhecido do Direito, de consagração firmada na nossa lei? Como é que ela se compatibiliza com uma *comunicação "nos termos gerais e de acordo com o regime de bens vigente"*?

É que esses termos são incompatíveis com uma "concentração". *Comunicabilidade*, assim, não é a *comunicabilidade* regulada na lei quanto aos regimes matrimoniais.

Se o que o legislador queria era que o *cônjuge*, dissolvido o matrimónio, se tornasse *titular exclusivo do direito de arrendamento*, tinha uma forma muito mais aceitável de o fazer.

Era, em vez de declarar que "o direito do arrendatário comunica-se ao seu cônjuge *nos termos gerais e de acordo como regime de bens vigente*", proclamar, antes, que o *direito de arrendatário*, por força da residência marital no prédio ou fração arrendada, constituía um *direito indivisível de ambos os cônjuges*, mesmo quando adquirido por apenas um deles, antes ou durante o casamento, e que, dissolvido este, se manteria na titularidade de um dos *cônjuges*, consoante fosse decidido.

Nunca, chamar à colação a *comunicabilidade*, "nos termos gerais e de acordo com o regime de bens vigente" – quando, afinal, *acaba por afastar esses termos e regimes*.

Pereira Coelho sustentou que a solução defendida por Pires de Lima era mais *técnica* do que *política* e substituiu-a, afinal, em nosso parecer, por uma tese mais *política* do que *técnica*.

Simplesmente, a construção de Pires de Lima, sendo tecnicamente rigorosa, não deixava de ser *política*, pois assegurava ao *cônjuge não arrendatário* o gozo pleno do *direito de arrendamento* do outro *cônjuge*, pela *coabitação matrimonial* e, além disso, blindava-o nesse gozo pleno (1793 CC), que depois veio a ser reforçado, ainda no domínio da *incomunicabilidade*, com a exigência da sua autorização para o titular poder pôr-lhe termo (art. 1682-B CC).

Quando se proclama que o *direito de arrendatário* é *incomunicável*, situando-o na exclusiva titularidade do contraente, não se toma, com isso, posição quanto à sua hereditariedade que poderá depois, logicamente, ser regulada com especialidade, como se fazia desde 1948.

A própria responsabilização do outro *cônjuge* pelas *dívidas de rendas* da *casa de morada da família*, continuava a considerar-se, e bem, *comunicável*, no art. 1691-1, al. *b)*, CC, por ser uma *incomodidade* da *comodidade* resultante do *uso comum* do prédio com base num direito de que é titular o outro cônjuge: *ubi commoda, ibi incommoda*.

Pelo contrário, uma declaração de *comunicabilidade* transporta impreterível e imediatamente o direito para as *meações* de ambos os *cônjuges*, operando, *ipso facto*, uma transmissão *inter vivos* e, a seu tempo, *mortis causa* segundo um desajustado regime sucessório –que, por isso, logo teve afastar com a inventiva da "*concentração*".

Enquanto, no primeiro caso, o afastamento desta é inteiramente lógico, no segundo incorre-se numa irredutível incoerência.

Já temos visto sustentar-se, em defesa da tese da *comunicabilidade*, que não há contradição entre a proclamação desta, no presente art. 1068, e a regulação da transmissão ou "concentração" em caso de *divórcio* ou de *separação judicial de pessoas e bens*, do art. 1105 e da sucessão por *morte do arrendatário* constante dos arts. 1106 e 1107, porque semelhantes disposições têm o cuidado de destrinçar quando se trate de transmissão própria do *regime matrimonial da separação*, por um lado, e, por outro, da "concentração" que se verifica nos *regimes das comunhões*.

Aceitamos que tal seja admissível mas, se é assim, para que serviu chamar à colação a *comunicabilidade*, "*nos termos gerais e de acordo com o regime de bens vigente*" se, afinal, ela não se aplica em qualquer dos regimes, o da *incomunicabilidade-transmissório* ou o da *comunicabilidade-concentracionário*, pois acabam por serem ambos precisamente os mesmos, com a simples diferença de um deles se denominar de *transmissão* e, o outro, de "concentração"?

Em face do exposto, cremos dever retirar-se uma conclusão.

Porque a norma deve sempre ter algum sentido útil, à afirmação de *comunicabilidade*, nos termos em que se encontra estabelecida na presente disposição e no confronto com os regimes de *transmissão em vida* e *por morte*, constantes dos arts 1105, 1106 e 1113, terá de reconhecer-se-lhe o alcance limitado de estabelecer, para os *regimes da comunhão*, que o *cônjuge não arrendatário* gozará, mas unicamente *na constância do casamento*, do estatuto de *coarrendatário*.

Não vislumbramos outra solução para a desconformidade do que consta deste preceito com o disposto nos mencionados arts. 1105, 1108 e 1113. No fundo, será essa situação, na *constância do casamento*, que afinal se pressupõe nos arts. 1682-A e 1682-B CC quando aí se exige o *consentimento de ambos os cônjuges* para a *alienação* ou *oneração* do *arrendamento*, a *alienação do estabelecimento comercial*, ainda que próprio do outro *cônjuge*, a *resolução*, *denúncia*, *revogação*, a *cessão do arrendamento* e até o *subarrendamento*.

Por isso, parece ser de bom aviso, mencionar no *contrato de arrendamento*, se ele for celebrado isoladamente com um *arrendatário*, embora a lei não o exija, e o *arrendatário* for *casado*, o nome do *cônjuge* e o respetivo *regime de bens*.

3. Aplicação no tempo do preceito

Alguns dos partidários da *comunicabilidade* do *direito de arrendamento*, decretada neste art. 1068, vão ainda a ponto de sustentar que ela *é de aplicação imediata* – e, por isso, quando os diplomas complementares da Lei nº 31/2012 estabeleceram os termos de uma *atualização de rendas* e *transição para o regime do NRAU* dos remanescentes *arrendamentos vinculísticos*, cumpriram também relativamente ao *cônjuge*, na prática, a exigência da notificação ao *arrendatário*, então imposta, curiosamente, sem terem tido o cuidado de previamente averiguar se o *casamento* tinha sido realizado num *regime de comunhão*, ou antes em *separação de bens*[318].

Costumam referir, se bem os apreendemos, que o imediatismo resulta de o NRAU ter mandado aplicar a nova lei de arrendamento aos contratos antigos; logo, a *incomunicabilidade* deles teria sido substituída pela *comunicabilidade*.

Cremos que, quanto a este ponto concreto, não será assim, embora no tocante, concretamente, às *comunicações* do *senhorio* ao *arrendatário*, já deva entender-se o contrário.

Para o vermos, comecemos pela análise das *disposições transitórias* relevantes para este tema.

São os seus arts. 26 e 27 e 28 $NRAU_{2012}$, que vêm já de 2006, com ligeiríssimas diferenças (a Lei nº 43/2017, assim como a Lei nº 13/2019 não tocaram nestes artigos), começando, pois, por pôr-se, no fundamental, desde então.

O primeiro inicia o Capítulo I, que se refere aos *contratos habitacionais* e *não habitacionais celebrados na vigência do RAU*.

O seu nº 1 dispõe assim: "*Os contratos celebrados na vigência do Regime do Arrendamento Urbano (RAU), aprovado pelo Decreto-Lei nº 321-B/90, de 15 de outubro, passam a estar submetidos ao NRAU, com as especificidades dos números seguintes*".

O art. 27, por sua vez, abre o Capítulo II, que se dedica aos *arrendamentos habitacionais anteriores ao RAU* e aos *não habitacionais anteriores ao Decreto-Lei nº 257/95*, a declarar precisamente, no seu nº1 o seguinte: "*as normas do presente capítulo aplicam-se aos contratos de arrendamento para habitação celebrados antes da entrada em vigor do RAU, aprovado pelo Decreto-Lei nº 321-B/90, de 15 de outubro, bem como aos contratos para fins não habitacionais celebrados antes da entrada em vigor do Decreto-Lei nº 275/94, de 30 de setembro*".

Depois, o art. 28-1 estabelece ainda que, "*aos contratos a que se refere o artigo anterior aplica-se, com as necessárias adaptações, o disposto no artigo 26, com as especificidades constantes dos números seguintes e dos artigos 30 a 37 e 50 a 54*".

Na nossa perspetiva, é bem de ver que, para mais integrando-se os dois capítulos num Título II que tem por epígrafe "Normas transitórias", restringem o seu dispositivo ao estabelecimento de algumas *regras de transição* desses contratos para o novo normativo que passou a estabelecer-se.

Não há aqui uma determinação de submissão geral dos contratos antigos ao novo articulado, mas unicamente a certas normas específicas que parte deles concretamente requeriam.

Socorrendo-nos da fórmula mais perfeita, do Prof. Menezes Leitão, a aplicação no tempo do NRAU regula-se no seu art. 59, de acordo com o qual ele se aplica "*aos contratos celebrados após a sua entrada em vigor, bem como às relações contratuais constituídas que subsis-*

[318] Francisco Castro Fraga, *O regime do novo arrendamento urbano – As normas transitórias*, *ROA*, 66º, I (2006), pp. 51-77; Luís Menezes Leitão, *Arrendamento Urbano*, 6ª ed., Almedina, 2006, pp. 185-215.

tam nessa data, sem prejuízo do previsto nas normas transitórias" – o que se harmoniza com o disposto no art. 12-2 CC, de acordo com o qual, quando se dispuser sobre o *conteúdo* de certas relações jurídicas, *abstraindo dos factos que lhes deram origem, "entender-se-á que a lei abrange as relações já constituídas que subsistam à data da sua entrada em vigor"*.

Ora, a aprovação de um novo regime do arrendamento é manifestamente uma disposição sobre o *conteúdo* das relações jurídicas, pelo que deverá aplicar-se imediatamente aos arrendamentos já existentes[319].

Este entendimento parece inquestionável.

O *conteúdo* das relações de arrendamento existentes passa a ser, em geral, o novo, em vez do antigo, *como vinho novo em odre velho* – mas, como o próprio art. 12-2 CC se condiciona a si mesmo, *só quando a lei não abstraia dos factos que deram origem à relação.*

Neste caso – o preceito é claro – e, portanto, quando a lei, pelo contrário, abstraia dos factos que deram origem ao contrato, continuará a reger a lei antiga.

Então, para não nos desviarmos do nosso tema concreto, perguntemos: e quando o presente art. 1068 proclama que o *direito de arrendatário* é *comunicável* ao cônjuge, *nos termos gerais e de acordo com o regime de bens vigente*, declara-o desinteressando-se realmente das relações que já se concretizaram em conformidade com a lei anterior, perante os factos que as originaram? Ou desinteressa-se desses factos?

Pela nossa parte, pensamos que a lei nova não se desinteressa, pois não estabelece, sem mais, um *direito de arrendamento comunicável*. Ela declara concretamente isto: "o direito do arrendatário comunica-se ao seu cônjuge, *nos termos gerais* e *de acordo com o regime de bens vigente*".

Dispôs, portanto, sobre o *regime matrimonial* e, segundo consta do art. 1714-1 CC, "fora dos casos previstos na lei, não é possível alterar, depois da celebração do casamento, nem as convenções antenupciais nem os regimes de bens *legalmente fixados*".

Celebrado um contrato de *arrendamento habitacional* e fixado nessa altura, de harmonia com a lei então vigente, que o *direito de arrendatário* é *incomunicável*, parece evidente que este direito, assim configurado, se radicou na esfera jurídica do seu titular. Já há um efeito produzido pelos factos que a lei se destina a regular, e que é, assim, ressalvado ainda que à lei nova fosse "atribuída eficácia retroativa" (art. 12-1 CC).

Se certa dívida, à luz de determinada legislação, é *incomunicável* e, depois de contraída, uma nova lei a passa a considerar *comunicável*, não poderá o outro *cônjuge* vir a ser responsabilizado por ela, quando não o era, à data da sua constituição – e mesmo que, para novas dívidas semelhantes, venha a sofrer os efeitos da *comunicação*, como sofrerá.

Se, em 1966, o *regime matrimonial supletivo* passou a ser o da *comunhão de adquiridos*, em substituição da *comunhão geral de bens*, até aí previsto, porventura os casamentos celebrados anteriormente passaram a reger-se pela *comunhão de adquiridos*?

[319] Luís Menezes Leitão, *Arrendamento Urbano*, 6ª ed., Almedina, 2013, p. 185.

E, com a extinção do *regime dotal*, em 1977, será que os casados neste regime se submeteram a algum dos estabelecidos na lei nova?

Pois também a *incomunicabilidade* de arrendamentos celebrados individualmente, antes da entrada em vigor da Lei nº 6/2006, não poderá, quanto a nós, tornar-se agora em *comunicabilidade*, visto que:

a) – Constitui um efeito produzido por *facto passado*, imune à lei nova, nos termos do art. 12-1 CC;

b) – A lei nova, referindo que a *comunicabilidade* que decreta só se verificará, "nos termos gerais e de acordo com o regime de bens vigente", abertamente revela que o conteúdo que regula não se abstrai, antes se subordina aos factos que lhe deram origem.

Isto será assim, em geral.

No tocante, porém, à *comunicação do senhorio*, na sua iniciativa de *atualização da renda* e *transição para o regime do NRAU* de um remanescente *arrendamento vinculístico*, de acordo com a Lei nº 31/2012 e diplomas complementares, devem ser feitas só ao *arrendatário*, ou também ao *cônjuge* que com ele vive na fração arrendada, estes princípios gerais cedem perante o especial Direito transitório estabelecido e deve antes recorrer-se ao disposto nos arts 30 e 50, em conjunção com os arts. 12-1 e 10-2, todos do NRAU, na sua formulação atual, que não foi modificada pela Lei nº 43/2017 nestes passos.

A concordância de tais preceitos, porém, nem sempre será rigorosa.

Com efeito, segundo os dois primeiros, a *comunicação* deve ser feita "ao arrendatário" – o primeiro, no *arrendamento habitacional* e, o segundo, no *não habitacional*; portanto, não contempla o *cônjuge*.

Logo, porém, contrariamente, o art. 12-1 estabelece que, "*se o local arrendado constituir casa de morada da família, as comunicações previstas no nº 2 do artigo 10 devem ser dirigidas* a cada um dos cônjuges".

Ora como a *casa de morada de família* se restringe ao *arrendamento habitacional*, a este se circunscreve o regime que aponta – o qual é, pois, o que se segue.

O art. 10-2, para que remete, tem duas alíneas, referindo-se a sua al. *a)*, não propriamente a *comunicações*, mas a *cartas* do *senhorio* "para a transição para o NRAU".

Percebe-se, no entanto facilmente o que se quer dizer: essas *cartas comunicam* a iniciativa do *senhorio* de encaminhar o *arrendamento vinculístico em causa "para o NRAU"*.

São elas, portanto, que devem dirigir-se, quando se está em presença da *casa de morada da família*, "a cada um dos cônjuges".

Mas, pergunta-se: mesmo quando o *regime de bens* dos *cônjuges* não conduza à *comunicabilidade* do *direito de arrendamento*?

Se a lei teve o cuidado de restringir esta *comunicabilidade* aos *regimes da comunhão*, seria de crer que só haveria *comunicação* ao *cônjuge* do *arrendatário* nesses casos, mas certo é que o citado art. 12-1 não distingue as duas hipóteses e, além disso, nos termos do latamente preceituado nos arts. 1682-A-2 e 1682-B, al. a) CC, o *arrendamento* e a sua *resolu-*

ção ou *denúncia* carecem, sempre, seja qual for o regime de bens, do consentimento de ambos os *cônjuges*.

É pois de crer que estas regras sobre as *comunicações* do *senhorio* serão de observar, seja qual for o *regime de bens*, haja ou não haja *comunicabilidade* do *direito de arrendamento*.

Passando, então, à al. *b)* do art. 10-2, estaremos aqui perante *cartas*, contendo *comunicações*:

a) – Que integrem título para pagamento de rendas, encargos ou despesas;

b) – Que possam "servir de base ao procedimento especial de despejo, nos termos dos artigos 14-A e 15, respetivamente, salvo nos casos de domicílio convencionado".

Que quererá dizer-se com *cartas do senhorio* que constituam *título* para *pagamento de rendas*, de *encargos* ou *despesas*?

Este inciso não constava da lei anterior, que se limitava a exigir *cartas* para cada um dos *cônjuges* quando constituíssem "iniciativa do senhorio para atualização de renda" ou "título executivo para despejo" (artigo 10-2 $NRAU_{2006}$).

Ele surgiu só com o $NRAU_{2012}$, na redação que por ele se imprimiu à atual al. *b)* do art. 10-2, a aditar ao título executivo para despejo o *título para pagamento de rendas, encargos ou despesas*.

Não há trabalhos preparatórios nem outros escritos que nos ajudem a fixar o alcance da expressão.

Pensamos que, apesar de referir *título*, não quererá tal palavra significar propriamente *título executivo*, mas *um documento escrito que reivindique o pagamento de rendas, de encargos ou de outras despesas imputáveis ao arrendatário*.

O art. 12-1 $NRAU_{2017}$ terá querido acrescentar estas *cartas* ao número das que o *senhorio* deverá dirigir a *cada um dos cônjuges*, quando o arrendamento respeite à *casa de morada de família* e, como se disse, seja qual for o *regime de bens*.

A elas acrescem, na mesma hipótese, *mas unicamente se não houver domicílio convencionado*, como vimos, as que possam *servir de base* ao *procedimento especial de despejo*, "nos termos dos artigos 14-A e 15, respetivamente, salvo nos casos de domicílio convencionado".

E quais são estas?

O art. 14-A $NRAU_{2012}$ refere o *contrato de arrendamento*, "acompanhado do comprovativo da comunicação ao arrendatário do montante em dívida". É claro que só a "comunicação ao arrendatário" do montante em dívida deverá então fazer-se, não apenas ao *arrendatário*, mas também ao seu *cônjuge*, salvo havendo *domicílio convencionado*.

O art. 15 $NRAU_{2012}$, por seu turno, faz, no seu nº 2, uma enumeração do que pode *servir de base* a *procedimento de despejo*:

a) – Para o procedimento fundado em *revogação* do *contrato de arrendamento*, o *contrato*, acompanhado do *escrito de acordo revogatório*, previsto no art. 1082-2 CC;

b) – Para o procedimento por *caducidade pelo decurso do prazo* de contrato não renovável, o *contrato de arrendamento*;

c) – Para o procedimento por cessação por *oposição à renovação*, o contrato, acompanhado da *comunicação* prevista no art. 1097-1 ou no art. 1098-1 CC;

d) – Para o procedimento por *denúncia*, o contrato, acompanhado de comprovativo da *comunicação* prevista no art. 1101, al. *c)*, CC, ou 1103-1 CC;

e) – Para o procedimento de *resolução por comunicação*, o contrato, acompanhado do comprovativo da comunicação prevista no art. 1084-2 CC, bem como, quando aplicável, o comprovativo emitido pela autoridade competente da oposição à realização da obra.

De todo este enunciado, retira-se então que deverão ainda comunicar-se, *a cada cônjuge*, o *escrito do acordo revogatório*; a *carta de oposição à renovação*, nos termos do art. 1097-1 ou 1098-1, consoante o caso; a *carta de denúncia*, nos termos do art. 1101, al. c) ou1103-1, consoante o caso; e a *comunicação de resolução*, bem como, quando aplicável, o *comprovativo da autoridade competente da oposição à realização da obra*.

É um vasto rol de *comunicações* que burocratizam e complicam a vida desnecessariamente.

Não há em todo o Direito comparado paralelo de semelhante exigência que faz tábua rasa da presunção de facto de que conhecimento de um *cônjuge* é conhecimento do outro *cônjuge* e que, felizmente, hoje em dia só aparece muito raramente no *arrendamento habitacional* porque, na sua generalidade, está a fazer-se aos simples namorados que ou exigem assumir os dois o contrato e a divisão dos recibos de renda pelos dois ou é a namorada, muitas vezes que celebra o contrato, numa tarefe doméstica da mulher dos nossos dias, confidenciando-se por vezes, curiosamente, que a renda é paga um mês por um, e outro mês por outro.

Reportando-nos, por fim, ao *arrendamento não habitacional*,

A ele não se aplica, obviamente, o art. 12 NRAU que se refere especificamente à *casa de morada de família*.

Ficam pois, segundo a expressão do art. 50 NRAU, as *comunicações de transição para o* $NRAU_{2012}$ que, segundo aí se dispõe, serão feitas *para o arrendatário* (a Lei nº 43/2017 não tocou neste artigo).

Como agora, não tem aplicação o disposto no art. 12 NRAU, pois não se está perante a *casa de morada de família*, não fica abrangido o *arrendamento a pessoa física*, comerciante em nome individual ou profissional liberal, e não terão de ser feitas a cada *cônjuge* as *comunicações* para que remete esse preceito.

SUBSECÇÃO II – Celebração

Artigo 1069 – Celebração

1 – O contrato de arrendamento urbano deve ser celebrado por escrito.

2 – Na falta de redução a escrito do contrato de arrendamento que não seja imputável ao arrendatário, este pode provar a existência de título por qualquer forma admitida em direito, demonstrando a utilização do locado pelo arrendatário sem oposição do senhorio e o pagamento mensal da respetiva renda por um período de seis meses.

(Redação da Lei nº 31/2012, de 14 de agosto, com o acrescentamento do nº 2 pela Lei nº 13/2019, de 12 de fevereiro)

1. Breve bosquejo histórico

I – O Código Civil de SEABRA não estabelecia qualquer exigência legal de *forma* para o *contrato de arrendamento.*

Foi o Decreto de 12-11-1910 que instituiu a exigência de *forma legal*, começando pela mais solene e generalizada; para os *arrendamentos de prédios urbanos*, o "título autêntico ou autenticado" (art. 2º). Em alguns casos particulares, abrandava este princípio.

Depois dele, o Decreto nº 5:411, de 17-4-1919, reduziu esta exigência formal, requerendo apenas a redução a *escrito* do contrato de arrendamento de *prédios urbanos* de renda superior a 2$50, por mês, ou *sujeitos a registo* (arts. 44 e 45).

Como a falta de *forma legal* determinasse a *nulidade* do contrato, veio a Lei nº1:662, de 4-9-1924 (art. 4º), e, mais tarde, o Decreto nº 22 661, de 13-6-1933 (art. 1º), temperar o rigor desta consequência, admitindo, a primeira, que os *arrendamentos de prédios urbanos* seriam, não obstante a falta de *título escrito*, reconhecidos em juízo, em qualquer estado da causa e por qualquer meio de prova, quando se demonstrasse que a falta era "imputável a negligência, coação, dolo ou má-fé do senhorio" e, o segundo, que bastaria fazer a prova de que "a falta é imputável ao senhorio ou ao arrendatário", mas unicamente na contestação, nas ações contra o arrendatário, ou na petição, se invocada pelo senhorio.

Este sistema perdurou por largos anos, segundo parece sem grande consenso doutrinário. Ainda em 1947, referia-se-lhe PINTO LOUREIRO testemunhando, em proféticas palavras, que ele tinha dado origem "às mais acesas controvérsias, que não se desvaneceram ainda, e que certamente não atingirão o seu termo até que se recupere, pelo regresso à liberdade contratual, a perdida harmonia nas relações entre senhorios e arrendatários"[320].

A preparação da Lei nº 2:030, de 22-6-1948, foi, naturalmente, o momento asado para se reequacionar a questão – e, realmente, este diploma instituiu um novo regime, a

[320] Cf. JOSÉ PINTO LOUREIRO, *Tratado da Locação*, II, Coimbra Editora, 1947, p. 48.

consagrar (fora dos casos especiais de *arrendamentos sujeitos a registo* e *comerciais ou industriais* – para que exigiu a *escritura pública*) um sistema intermédio que voltava à regra da *consensualidade*, embora mitigada, pois, não obstante proclamar que o contrato de arrendamento de prédios urbanos não carecia, em geral, de "ser reduzido a escrito", logo acrescentava que, nesse caso e na falta de título, o *arrendatário* só poderia fazer a prova do contrato desde que exibisse *recibo de renda*, "assinado pelo proprietário ou por quem as suas vezes fizer" (art. 36).

Equivalia ao *recibo*, nos termos da mesma disposição, o *depósito*, dentro dos três meses posteriores ao vencimento da primeira renda, "quando não seja impugnado ou a impugnação improceda".

A exigência de *recibo* para a prova do contrato pelo *arrendatário* filiava-se em que, como se mencionou no Parecer da Câmara Corporativa que instruiu o projeto de diploma, "se o senhorio não recebe rendas nem assina recibos, o contrato pode confundir-se com um comodato e não é conveniente que a cedência gratuita duma casa possa transformar-se num contrato de arrendamento pelo simples depoimento de duas testemunhas".

Por outro lado, contra uma eventual fraude do *senhorio*, deu-se ao *arrendatário*, já na fase final da aprovação da lei, a possibilidade de provar o contrato pelo *depósito da renda*.

Em síntese, no domínio de vigência da Lei nº 2:030, concitavam a solenidade de uma celebração por *escritura pública*:

a) – Por constituírem categoria de maior complexidade e melindre – os *arrendamentos comerciais ou industriais* e os *para exercício de profissão liberal* (al. *b)* do seu art. 37-1);

b) – Os *sujeitos a registo* (al. *a)* do seu art. 37-1).

No *arrendamento para habitação*, o que se pretendeu, especificamente, foi conjurar simultaneamente dois vícios de sinal contrário: por um lado, a fuga ao *regime vinculístico* através da realização de contratos informais cuja existência poderia, depois, ser facilmente negada pelo *senhorio*; por outro lado, a tentativa de um ocupante de fazer passar por *arrendamento vinculístico* um contrato doutra natureza, designadamente um *comodato*.

Ora, se a eliminação do segundo risco levaria à exigência legal da *forma escrita*, a verdade é que esta, por seu turno, iria pôr em xeque aquela primeira finalidade, dado que, impondo ao *arrendatário* que aceite ficar no imóvel sem título escrito, o *senhorio* ficará a coberto de lhe oporem um *contrato de arrendamento habitacional* (que, de facto, celebrou), visto que faltará ao *arrendatário* nessas condições a *forma legal*, indispensável à prova do *arrendamento* efetivamente contratado; contra isto, entrava então em jogo a exibição de *recibo assinado pelo senhorio* a manter de pé o *arrendamento*.

Foi este mecanismo engenhoso que, no essencial, passou em 1966, para o Código Civil.

O seu primitivo art. 1029-1, als. *a)* e *b)*, exigia *escritura pública* para a celebração dos *arrendamentos sujeitos a registo*, bem como relativamente aos para *exercício do comércio ou indústria*, ou *de profissão liberal*.

Omitindo o *arrendamento habitacional*, depois, no art. 1088 de então, estabelecia-se que, "*se o arrendamento for válido independentemente de título escrito e este não existir, o arrendatário só pode provar o contrato desde que exiba recibo de renda*".

O para-quedas continuava a ser o *recibo de rendas*.

E as coisas funcionavam assim, satisfatoriamente, recusando-se reconhecer ao *arrendatário* esta qualidade sem que ele demonstrasse que pagava rendas[321].

Depois do 25 de abril, porém, registaram-se várias modificações da exigência de *forma* do *contrato de arrendamento.*

Logo com o Decreto-Lei nº 67/75, de 19 de fevereiro, acrescentou-se um nº 3 ao art. 1029 CC, a determinar, quanto aos referidos arrendamentos, *mesmo os existentes e com ação pendente*, na falta de *escritura pública*, que "a respetiva nulidade só é invocável pelo locatário, que poderá fazer a prova do contrato por qualquer meio"[322].

Em 1990, o RAU, no seu art. 7º, manteve a mesma exigência de *forma escrita* para os *arrendamentos habitacionais*, e de *escritura pública* para os *sujeitos a registo* e para os *comerciais ou industriais*, ou *para exercício de profissão liberal.* Para os primeiros, a falta de *documento escrito* era suprida pela exibição de *recibo* e determinava a aplicação do *regime de renda condicionada.* Para os segundos, os arrendamentos *sujeitos a registo* seriam então válidos e plenamente eficazes pelo prazo máximo por que o poderiam ser, sem exigência de *escritura pública*, "desde que tenha sido observada a forma escrita" mas, nos restantes tipos arrendatícios, a falta de forma era insuprível.

Depois, com o Decreto-Lei nº 64-A/2000, de 22 de abril, publicado a coberto da autorização legislativa outorgada pela Lei nº 4-A/2000, de 13 de abril, e que começou a aplicar-se em 1 de maio seguinte, acabou-se definitivamente com a exigência de *escritura pública* para qualquer contrato de arrendamento, dependendo todos eles de celebração por mero *escrito particular*, cuja falta seria suprível por exibição de *recibo de renda* e determinava a aplicação do regime de *renda condicionada.* Os próprios *trespasse* e *locação de estabelecimento* passaram então a poder ser celebrados por mero *escrito particular*, na redação que deu aos arts. 111 e 115-3 RAU. Quanto aos *arrendamentos sujeitos a registo*, manteve-se sensivelmente o regime anterior.

Ulteriormente, a frustrada Reforma de 2004 previa pura e simplesmente isto: "*o contrato de arrendamento urbano deve ser celebrado por escrito*", mas a Lei nº 6/2006, de 27 de

[321] Menezes Cordeiro censura este expediente: "se o arrendamento é consensual, para quê exigir um recibo de renda como meio (exclusivo) de prova? O argumento da confusão com o comodato não colhe: basta atentar no ónus da prova a cargo de quem queira invocar o arrendamento". Cf. António Menezes Cordeiro, *Leis do Arrendamento Urbano Anotadas* (coord. de António Menezes Cordeiro), Almedina, 2014, p. 158, 15.

[322] Nessa altura, ainda pretendemos ver, no preceito, uma simples *presunção legal*, mas Antunes Varela, considerando *sectária* a disposição da lei, certeiramente rebateu-nos o entendimento (cf. *Rev.Leg.Jurs.* 122º, p. 86, n. 2.).

fevereiro, quis afiar o bico ao lápis e estabeleceu a *forma escrita* só para os arrendamentos *"de duração superior a seis meses* (art. 1069 CC, de então).

Acabou, por outro lado, a previsão do suprimento da falta de *forma* legal pela exibição do *recibo de rendas.*

Atualmente, na formulação deste art. 1069, vinda já da Lei nº 31/2012, a exigência de *forma escrita* deixou de estar dependente de qualquer duração do contrato.

Tanto o *arrendamento* com qualquer *prazo certo* como o de *duração indeterminada* estão *sempre* sujeitos à *forma escrita.*

Nem os *arrendamentos por curtos períodos,* para férias ou outros fins determinados, escapam a esta regra e todos têm, hoje em dia, de ser celebrados por *escrito.*

Se não constarem dessa *forma* e forem apenas *verbais,* serão *nulos,* nos termos gerais, constantes do art. 220 CC, segundo o qual "*a declaração negocial que careça da forma legalmente prescrita é nula, quando outra não seja a sanção especialmente prevista na lei*".

Quanto, propriamente, às *menções* a inserir no conteúdo dos contratos, v. *infra*, nº 3, *sub* art. 1070.

2. Submissão atual do arrendamento urbano, por qualquer tempo, a escrito particular; invalidade formal, o problema da sua inalegabilidade e o aditamento do nº 2 pela Lei nº 13/2019

No domínio da Lei nº 31/2012, de 14 de agosto, que regressou – e bem – ao sistema que 2004 tinha em vista, não havia razão plausível para o assomo de simplificação que tinha sido adotado em 2006, que para o *arrendamento urbano* só exigia a *forma escrita* quando ele fosse de duração *superior a seis meses.*

Além do mais, ele prestava-se à clandestinidade, celebrando-se contratos verbais por meros *seis meses,* prorrogáveis por iguais períodos no seu termo, que assim não eram comunicados oficialmente e apenas tinham uma existência de facto.

Mas há, entretanto, algo de novo a considerar, antes de mais, no plano jurídico.

I – É a questão do tratamento da *falta de forma* resultante de *má-fé,* como uma *inalegabilidade formal.*

A construção nasceu na jurisprudência alemã, perante a injustiça que acarretaria à parte inocente a mera indemnização correspondente a uma *nulidade* arguida pelo próprio inspirador do *vício de forma* num *venire contra factum proprium.*

Esta jurisprudência tem variado ao longo tempo, restringindo mais recentemente a *inalegabilidade* e a conservação do negócio estritamente à circunstância de a sua destruição acarretar "para a parte contra quem é atuada efeitos 'não apenas duros, mas insuportáveis'"[323].

[323] António Manuel da Rocha e Menezes Cordeiro, *Da boa-fé no Direito Civil,* Almedina, 2013, p. 784.

A divulgação do entendimento jurisprudencial alemão, em Portugal, gerou um acolhimento muito vasto na nossa doutrina, mostrando-se, no entanto, a jurisprudência bem mais reservada a seu respeito.

Concretamente a propósito do *arrendamento*, um Autor como MENEZES LEITÃO, dando conta da nossa tradição perante a *invalidade formal* imputável ao *senhorio*, sustenta que, hoje em dia, apesar de a inobservância de *forma* constituir uma *invalidade típica* (art. 220 CC), poderá ainda ser equacionada a existência de uma *inalegabilidade formal*, no caso de a invocação de *falta de forma* ser *contrária à boa-fé* e haver, assim, um *abuso do direito*[324].

Deve contudo salientar-se prontamente, quanto a nós, que a inobservância da *forma legal* já não ocorre, geralmente, por *má-fé do senhorio*, como o Ilustre Professor prefigura.

É verdade que, sob o império do *vinculismo*, os *senhorios*, na ânsia de fugirem a um contrato que os amarrava por toda a vida e até para além dela, fugiam da formalização dos *arrendamentos* como o diabo da cruz e, com alguma frequência, lançavam mão de artifícios para escapar ao rigor da lei.

Nessa altura, quando o dano causado à vítima fosse de uma *lesão enorme*, compreendia-se a tentação de se opor à invocação da *falta de forma* a respetiva *inalegabilidade*, por *venire contra factum proprium*, passando o contrato a valer como se não fosse *nulo*.

Atualmente, porém, o mais vulgar, na prática, será que, na *falta de forma*, *tenham colaborado ambas as partes*.

Isso, em nossa opinião, não deve ser esquecido, sob pena de podermos vir a abstrair-nos da vera realidade e incorrermos numa injustiça.

Quem tenha alguma prática da atividade arrendatícia (apesar da cerrada luta que se tem desenvolvido ultimamente entre o gato e o rato, este ainda vai conseguindo esgueirar-se, às vezes, pelas frinchas do soalho), já terá certamente deparado com acordos entre *senhorio* e *arrendatário* de *contratos informais*.

A negociação, em regra, é esta. Diz o candidato a *senhorio*: a renda, *com contrato*, é de € 450,00; *sem contrato*, é de € 400,00.

Se o *arrendatário* optar pela ilegalidade, a que título poderá depois invocar o *abuso do direito* do *senhorio*? A sua *má-fé*?

Aqui, não há inocentes e não parece pertinente continuar a raciocinar-se em termos *vinculísticos*, quando estamos em presença de *arrendamentos* que já não o são.

A imputação, em princípio, do artifício ao *senhorio*, iludindo desse modo a *boa-fé* do *arrendatário*, teria, naturalmente, de ser alegada e provada pela vítima, mas como? Aqui, insistimos, não há vítima alguma; *há dois aproveitadores fraudulentos*.

De qualquer modo, poderá ainda remotamente ocorrer que, nalgum caso particular, uma das partes tenha, com *má-fé*, induzido a parte contrária à inobservância formal e, depois venha invoca-la, em requintado *venire contra factum proprium*, colocando-nos deste modo ante o caldo de cultura do entendimento favorável à *inalegabilidade formal*.

[324] LUÍS MENEZES LEITÃO, *Arrendamento Urbano*, 6ª ed., Almedina, 2013, pp. 79-80.

Será então de observá-lo?

Pela nossa parte, numa preocupação de rigor, cremos dever-se salientar, antes de mais, que semelhante corrente é, como se disse, de criação jurisprudencial germânica, formada a partir dos primórdios do século XX, aliás, com "uma reação grande por parte da doutrina", que a acusou de *contrariar a letra e o espírito da lei*[325].

De todo o modo, o apelo à *inalegabilidade formal*, embora mais restritamente, ainda tem sido aplicado na Alemanha, sendo certo, segundo cremos, que não transpirou para outros países.

Entre nós, será de salientar, pois frequentemente tem sido isso ignorado, que, segundo a justa tese de Menezes Cordeiro, o entendimento da *inalegabilidade formal é inaplicável ao Direito português*.

É perentório, e com razão, o Ilustre Professor neste sentido. No âmbito do nosso Direito positivo, "o exercício de um direito que implique a alegação de nulidade formal pode ser abusivo por contrariar a boa-fé. O titular exercente, em abuso, incorre em previsões de indemnizações ou outras, consoante os efeitos práticos a ponderar. Não podem, à face do Direito português, manter-se por via direta da boa-fé, os efeitos falhadamente procurados pelo ato nulo"[326].

Daqui, não poderá, pois, deixar de se concluir, pensamos nós, que será irrefragavelmente *ilegal*, na nossa Ordem Jurídica, qualquer decisão a determinar uma *inalegabilidade formal*.

Presentemente, o *contrato de arrendamento urbano, habitacional* ou *não habitacional – seja qual for a sua duração* – obedece sempre à *forma escrita*, que não poderá ser suprida por outro meio (art. 1069 CC).

O *arrendamento verbal* é, pois, *nulo*, nos termos gerais (art. 220 CC)[327].

E, não havendo, como em geral não haverá, *inalegabilidade*, o que se passa é que a parte que pretenda pôr termo à *situação de facto* assim criada só terá que alegar a *nulidade* e pedir, por aí, os efeitos previstos no art. 289 CC: "*a restituição de tudo o que tiver sido prestado ou, se a restituição em espécie não for possível, o valor correspondente*".

Aliás, haja que não haja *inalegabilidade* suscitada pela parte, *iura novit curia*, e sempre deverá o tribunal decretar *ex officio* a *nulidade*, não lhe sendo lícito omitir este dever, no silêncio das partes (art. 286 CC).

Para o caso de utilização como se fosse *arrendatário*, terá o pretenso *senhorio* direito a obter compensação igual ao da respetiva *renda* com base no princípio do *enriquecimento sem causa*. Como se estabelece no nº 1 do art. 473-1: "*aquele que, sem causa justificativa, enriquecer à custa de outrem é obrigado a restituir aquilo com que injustamente se locupletou*".

325 António Manuel da Rocha e Menezes Cordeiro, *Da boa-fé no Direito Civil*, Almedina,2013, pp. 775-776.

326 António Manuel da Rocha e Menezes Cordeiro, *Da boa-fé no Direito Civil*, Almedina,2013, p. 795.

327 *Para as simples irregularidades nas menções que devem constar do contrato, v. artigo seguinte.*

E aceita-se prontamente que a vítima do *vício de forma* terá direito a que se reconstitua a situação de facto que existiria, "*se não se tivesse verificado o evento que obriga à reparação*" (art. 562 CC).

Menezes Cordeiro, tendo concluído pela contrariedade à nossa lei da *inalegabilidade formal*, admite, contudo, que se possa *retirar da nulidade*, no nosso Direito positivo, uma consequência mais funda: "constatando a iniquidade da ocorrência, o tribunal, embora adstrito às regras plenas da nulidade, tem a possibilidade de, a título indemnizatório, determinar o cumprimento do contrato"[328].

Com o devido respeito, queremos antes crer que semelhante conclusão irá longe demais e será até contraditória, nos seus termos: se o tribunal está adstrito à aplicação das consequências da *nulidade*, pensamos nós que não poderá ele, ao mesmo tempo, determinar o *cumprimento do contrato*.

O que pode é, declarando-o *nulo* e sentindo necessidade, de adscrever o culpado a realizar como *indemnização*, no caso concreto, as prestações que seriam devidas se ele fosse válido.

Declará-lo *nulo* e mandá-lo cumprir, não terá sentido, em nossa opinião.

II – Vale a pena, antes de passarmos adiante, volver o nosso olhar para um exemplo prático lançado por Maria Olinda Garcia.

No regime atual – ponderava a Ilustre Professora, à luz da Lei nº 31/2012, que passou a exigir a *forma escrita* ao *arrendamento*, fosse qual fosse a sua duração – se alguém toma verbalmente de *arrendamento* um apartamento, em maio, para passar férias em agosto, mas posteriormente muda de planos e não chega a ocupar o imóvel, pode invocar a *nulidade* do contrato e pedir a restituição da renda que antecipadamente tinha pago, nos termos do art.289 CC[329].

Pela nossa parte, pensamos que a hipótese estava lançada em termos muito lineares, podendo induzir em erro.

É claro que, na prática, todo o *senhorio* que contrata um *arrendamento para férias* e só o faz *verbalmente*, ou é clandestino, ou não se considera ainda vinculado e não receberá então o *valor total da renda* com uma antecipação de *dois meses*.

Nem o *arrendatário*, de sua parte, passará o dinheiro para a mão da outra parte senão contra *escrito* comprovativo da sua entrega – pois, doutra forma, arriscava-se a não poder demonstrar o pagamento.

Admitamos contudo que, numa hipótese muito remota, tudo foi celebrado assim muito primariamente, como é suposto no exemplo imaginado.

[328] António Manuel da Rocha e Menezes Cordeiro, *Da boa-fé no Direito Civil*, Almedina, 2013, p. 796.

[329] Maria Olinda Garcia, *Arrendamento Urbano Anotado*, 3ª ed., Coimbra Editora, 2014, p. 26.

Então, ou muito tempestivamente tudo se pode desfazer ou, pelo contrário, chega-se a agosto e o pretenso *arrendatário* mudou tardiamente de planos e pretende, apesar de tudo, reaver a *renda* que pagou.

Quid iuris?

Aqui – pensávamos nós, ainda anteriormente ao atual nº 2 do presente artigo – para além da *nulidade* do contrato, que o tribunal, em princípio, não poderia deixar de reconhecer, há uma pretensão de restituição por parte do desistente que, não contente com *dar o dito por não dito*, ainda quer receber o montante adiantado com base numa *invalidade formal* em que colaborou.

Não veríamos portanto, neste caso, uma efetiva *inalegabilidade formal*. O contrato não poderia deixar de ser considerado *nulo*, mas a restituição da quantia entregue, que seria a normal consequência da *nulidade* é que não poderia ser devolvida ao pretendente porque então se consagraria um autêntico *venire contra factum proprium*.

Como escrevemos há pouco, só a vítima do *vício de forma* terá direito a que se reconstitua a situação de facto que existiria, "*se não se tivesse verificado o evento que obriga à reparação*" (art. 562 CC).

Esta conclusão parece-nos agora ainda mais perfeitamente sustentável ante o disposto no nº 2 do presente artigo, introduzido pela Lei nº 13/2019.

Aqui se declara, com efeito, que o *arrendatário* poderá provar a existência de título por qualquer forma admitida em Direito, mas unicamente desde que a falta de título lhe não seja imputável.

O exemplo estará, aliás, hoje desfasado, visto se exigir ainda, na parte final do nº 2 do artigo, que o arrendatário para além de poder servir-se de qualquer forma admitida em Direito, teria de, sobre isso, demonstrar a *utilização do locado* (que não tinha chegado a realizar-se) e *o pagamento da renda por seis meses* – o que também não ocorria, na hipótese idealizada.

Curiosamente, já perante este nº 2, José França Pitão/Gustavo França Pitão retomam este exemplo e concluem que, celebrado verbalmente um contrato para gozo de férias, adiantando-se o seu preço, poderá o veraneante que "posteriormente muda de planos" sem chegar a ocupar o imóvel, invocar a nulidade do contrato e pedir a restituição da renda paga[330].

O problema, quanto a nós, é atualmente acrescido com a exigência, por lei expressa, de o vício de forma não ser imputável ao arrendatário e, em qualquer caso, a validade do arrendamento depender ainda de se demonstrar a utilização do locado e "o pagamento mensal da respetiva renda por um período de seis meses".

[330] José António França Pitão/Gustavo França Pitão, *Arrendamento Urbano Anotado*, 2ª ed., Quidjuris, 2019, p. 274.

III – Não seria completa a nossa análise do tema, sem uma mirada pela jurisprudência nacional sobre o tema.

Cremos piamente que ela tem sido, de um modo geral, muito segura e louvável.

Conseguimos arrolar os arestos seguintes:

– Deve ter-se em conta que nos casos de nulidade formal dos negócios, não é qualquer atuação que justifica o impedimento do exercício do direito de requerer a nulidade, porquanto as regras imperativas de forma visam, por norma, fins de certeza e segurança do comércio em geral.

Nestes casos específicos de pedido de declaração de nulidade de um negócio jurídico só excecionalmente é que se pode admitir a invocação do abuso de direito, desde que, no caso concreto, as circunstâncias apontem para uma clamorosa ofensa do princípio da boa-fé e do sentimento geralmente perfilhado pela comunidade, situação em que o abuso de direito servirá de válvula de escape no nosso ordenamento jurídico, tornando válido o ato formalmente nulo, como sanção do ato abusivo.

SUPREMO, 14-05-2003 (Processo nº 03B3125)

– Só se justifica submeter a invocação da nulidade à proibição do *venire contra factum proprium* se se verificarem as seguintes condições:

a) Ter uma das partes confiado em que adquiriu pelo negócio uma posição jurídica;

b) Ter essa parte, com base em tal crença, orientado a sua vida por forma a tomar disposições que agora são irreversíveis, pelo que a declaração de nulidade provocaria danos vultosos de vária ordem que se revelem irremovíveis através de outros meios jurídicos, designadamente através do recurso ao artigo 227º do CC;

c) Poder a situação criada ser imputada à contraparte por esta ter culposamente contribuído para a inobservância da forma exigida, ou então ter o contrato sido executado e ter-se a situação prolongado por largo período de tempo, sem que hajam surgido dificuldades.

No caso de ambas as partes terem acordado, por escrito, na vigência do art. 7º do RAU, na sua redação original, em celebrar um contrato-promessa de arrendamento comercial e em formalizar, posteriormente, o contrato prometido, a invocação de nulidade por parte dos senhorios em ação de despejo não constitui abuso de direito.

Com efeito, ambas as partes sabiam que o contrato que celebraram não tinha a forma legal exigida e, tanto assim, que se comprometeram a celebrar a respetiva escritura logo que a documentação estivesse em ordem.

Relação de Lisboa, 25-03-2004 (Processo nº 1785/2004-6)

– Não atua com abuso de direito quem cede para comércio um local a título de arrendamento, sem haver escritura pública, peticionando passados seis anos a desocupação do local com base na nulidade do contrato desde que não se demonstre que haja determinado o "inquilino" à celebração sem a forma legal ou que este desconhecesse aquela exigência.

Relação do Porto, 03-03-2005 (Processo nº 0530531)

– I – O abuso de direito pode operar excecionalmente no caso de negócios formais, impedindo a procedência da arguição de falta de forma do negócio.

– II – É o caso de um arrendamento de um prédio urbano legalmente sujeito a escritura pública, mas celebrado só por escrito particular, que perdurou vários anos, por forma pacífica, nada fazendo prever que o arrendatário viesse invocar tal nulidade por vício de forma, num manifesto "*venire contra factum proprium*".

SUPREMO, 30-05-2006 (Processo nº 06A1267)

– Não pode generalizar-se e banalizar-se o recurso à figura do abuso de direito como forma de – sindicando os motivos pessoais e subjetivos que estão na base da invocação da nulidade pelo interessado cujo interesse é por ela prosseguido – acabar por se precludir[331] a aplicação sistemática do regime legal imperativo que comina determinada invalidade por motivos de deficiências de forma do ato jurídico – dependendo a subsistência do invocado abuso de direito da alegação e prova de ter ocorrido um particular e fundado «investimento de confiança» na estabilidade e definitividade do contrato promessa.

SUPREMO, 08-06-2010 (Processo nº 3161/04.6TMSNT.L1.S1)

– Constitui abuso de direito, consubstanciado no "venire contra factum proprium", quer a invocação, por parte dos senhorios contratantes, da nulidade do contrato de arrendamento decorrente da falta de observância da forma legalmente prescrita, quando, segundo os termos do contrato, estava também na disponibilidade deles a marcação da escritura pública, quer a invocação da causa de resolução prevista no art. 64, nº 1, al. *b)* do RAU, quando os autores senhorios, ao longo de cerca de 8 anos, consentiram, pelo menos tacitamente, que os réus desenvolvessem, no locado, ramo de comércio distinto daquele a que se destina o locado.

Relação de Guimarães, 22-02-2011 (Processo nº 2019/06.9TBVCT.G1)

I – O instituto do abuso de direito paralisa a declaração de nulidade, o que conduz à manutenção de eficácia de um contrato nulo e à produção dos seus efeitos, quando não foi esse o resultado pretendido pelo legislador.

[331] Os *dicionários* de referência não registam a forma "precludir", mas *precluir* (cf. rodapé do art. 1032)

II – Contudo, deve ser admitida a invocação do abuso de direito desde que, no caso concreto, as circunstâncias apontem para uma manifesta (clamorosa) ofensa da boa-fé e do sentimento geral perfilhado pela comunidade.

III – Mas mesmo admitindo a aplicação, neste domínio, do abuso de direito, a verdade é que tal aplicação terá sempre natureza excecional, não sendo, pois, qualquer atuação que justifica a paralisação da declaração de nulidade do contrato (desde logo porque as regras imperativas de forma visam fins de certeza e segurança do comércio em geral), mas uma atuação que se revele intoleravelmente ofensiva do nosso sentido ético-jurídico.

Relação de Lisboa, 31-01-2012 (Processo nº 5991/08.0TBOER.L1-7)

Em sete acórdãos do SUPREMO e de tribunais superiores, cinco, uma larga maioria, recusaram expressamente a aplicação da *inalegabilidade formal*, pois o último – o da Relação de Lisboa, de 31-01-2012 – sumariado pela própria Ilustre Relatora, não resumiu, surpreendentemente, aquilo que foi decidido, mas uma construção abstrata e teórica que o acórdão não subscreveu e até expressamente afastou.

O que estritamente se decidiu – e citamos – foi o seguinte: "...A terminar dir-se-á, ainda, que, para que se conclua pela verificação do abuso de direito, e como já supra referido, é necessário que se verifique a necessidade de proteção da confiança e que esta saia defraudada, o que, **no caso, não se verifica plenamente**, uma vez que se é verdade que os RR efetuaram as obras, não o é menos que pediram o reembolso dos valores despendidos e o tribunal lhes reconheceu esse direito.

Por tudo quanto se deixa dito conclui-se que, face à factualidade provada, **não se verifica o invocado abuso de direito capaz de "paralisar" a entrega da fração ordenada**, improcedendo a apelação"(*negritos, do acórdão*).

Tamanho foi o gosto de demonstrar erudição que se chega a isto: sumaria-se, como decidida, uma bela construção teórica que expressamente se afastou na decisão.

Mas, fora deste ornato, o que é de salientar é que, nas sete decisões respigadas, cinco recusaram, meritoriamente, assumir como válido um contrato que era *nulo* por *vício de forma*.

Divorcia-se daquela notável jurisprudência o acórdão do SUPREMO, de 30 de maio de 2006, que validou um contrato *nulo* por *vício de forma* com este breve fundamento: "no caso presente há manifesto abuso de direito por parte da Autora, que quer exercer o seu direito em contradição com a sua conduta anterior em que fundamentadamente a Ré confiou".

E confirma ainda que "A. e R. já naquele escrito dão e tomam de arrendamento de imediato, assumem logo o cumprimento das obrigações típicas do contrato de arrendamento, só deixando para mais tarde a mera formalização deste então exigida por lei (o que elas próprias aceitam no processo)".

Como resulta daqui, converte-se descabidamente em *abuso do direito* a simples alegação de *nulidade por vício de forma,* por a considerar em contradição "com a sua conduta anterior em que fundadamente a Ré confiou", quando a conduta anterior, como acórdão deu por verificado, era afinal *de ambas as partes*: A. e R. tinham, entre si, acordado na celebração com *vício de forma.*

Como é que a R. podia então confiar "fundamentadamente" na conservação de um contrato para cuja *nulidade* tinha, também ela, contribuído?

Como se vê, fez-se uma pura aplicação mecânica da *inalegalidade formal,* perante uma *concordância convencional de ambas as partes na inobservância da forma exigida por lei* e sem minimamente se preocupar com um dano do "lesado" que teria de ser superior ao que lhe poderia ser atribuído à luz do disposto no art. 473-1 CC.

Deste modo, o aresto limitou-se a validar, cremos que indevidamente, um contrato eivado de *nulidade,* em infração frontal do disposto no art. 286 CC e com a agravante de não poder servir-se da *má-fé* do A., pois ambas as partes confluíram na inobservância formal.

No mesmo evidente vício incorreu, a nosso ver, a Relação de Guimarães perante um *arrendamento nulo por vício de forma,* em que ambas as partes colaboraram, aqui, até com a particularidade de o contrato sem a *forma* exigida por lei *ter sido redigido pela própria arrendatária.*

Como poderia então julgar-se que ela tinha confiado na validade de um contrato que, desde o início, sabia estar ferido de *nulidade* e para ela até tinha poderosamente contribuído?

Dir-se-á: mas como a situação de facto perdurou por oito anos, confiou em que nunca mais a outra parte viria a suscitar a *nulidade.* A que título, então, é que o tribunal poderia atender a uma *confiança* que não foi provocada por *má-fé* da parte contrária e se baseava, afinal, na perduração de uma ilegalidade conhecida desde o início e praticada pela própria parte?

Não há prazo para se alegar a *nulidade* e até o tribunal deve conhecer dela oficiosamente (art. 286 CC); aliás, é sabido que quem a alega não incorre em *abuso do direito* pois *neminem lædit qui suo jure utitur.*

Em suma, os dois arestos destoantes da corrente jurisprudencial ainda podiam ser significativos se tivessem feito uma aplicação irrepreensível do entendimento da *inalegabilidade formal,* mas o que ocorre em ambos é aquilo que por vezes se verifica quando surgem novidades jurídicas.

Alguns dos julgadores, que não terão estudado o novo tema com a atenção devida, inebriam-se e acabam por aplica-lo indevidamente.

IV – Ante as dificuldades e desencontros de opinião que se suscitavam, veio o legislador da Lei nº 13/2019 dar a sua achega, acrescentando o atual nº 2 ao artigo, a estabelecer que, "*na falta de redução a escrito do contrato que não seja imputável ao arrendatário, este pode provar a existência de título por qualquer forma admitida em direito, demonstrando a utilização do locado pelo arrendatário sem oposição do senhorio e o pagamento mensal da respetiva renda por um período de seis meses*".

Depois, no seu art. 14-2, declarou ainda o mesmo diploma, retroativamente, que a disposição acabada de transcrever "aplica-se igualmente a arrendamentos existentes à data da entrada em vigor" da referida Lei nº 13/2019.

Em nosso entendimento, a fórmula do nº 2 acrescentado ao presente art. 1069 apresentará uma redação que não será irrepreensível pois, na frase "na falta de redução a escrito do contrato que não seja imputável ao arrendatário" falta uma vírgula entre "contrato" e "que".

Sem ela, aquilo que se está a declarar não imputável ao arrendatário é o *contrato*, e não a *falta de forma deste.*

Mas, independentemente desta deficiência formal, é realmente de entender que o *arrendatário* só poderá fundar-se num título se a falta deste lhe não for imputável.

Apesar da deficiência formal do preceito, retira-se claramente que este requisito negativo é essencial para que o arrendatário possa prevalecer-se de um arrendamento.

Ora, sendo assim, naquele exemplo há pouco formulado, do contrato cuja renda é mais barata sem título de arrendamento do que com ele, há, decerto, culpas repartidas, não parecendo legítimo, à vista do acrescentado nº 2 ao preceito admitir-se que o *arrendatário* possa valer-se do contrato de renda mais em conta, mas sem título, como ele próprio preferiu.

É, pois, agora, se bem nos parece, literalmente consagrado aquele mesmo entendimento que, na falta desta disposição já preconizávamos em oposição à doutrina da inalegabilidade formal.

Acrescenta-se depois, neste preceito acrescentado, que a posição de arrendatário se demonstrará pela sua utilização do espaço urbano em causa, sem oposição do *senhorio* e pelo pagamento de seis meses de renda.

Isto, claro, se a falta de título lhe não puder ser minimamente imputável.

3. Modificações do contrato

As *modificações* do *contrato de arrendamento* envolvem *estipulações posteriores* à conclusão deste e, portanto, estarão, em princípio, sujeitas à *forma* prescrita para a *formação do contrato*, uma vez que também para elas obviamente se mantêm, de regra, as exigências especiais postas na lei para a *constituição convencional* do *arrendamento* (art. 221-2 CC).

Assim, o regime de *forma* da *celebração* do contrato aplica-se ainda, como se disse há pouco, quer à *cessão da posição de arrendatário* (art. 1058 CC) quer ao *subarrendamento* (arts. 1060-1063 e 1088 CC), ou a qualquer *modificação atípica.*

Quanto ao *subarrendamento*, aliás, por expressa disposição da lei, o próprio *consentimento do senhorio* deverá ser dado ainda pela mesma *forma* (art. 1088-1 CC).

Naturalmente, porém, de acordo com o disposto no art. 221 CC, não estão abrangidas pelas exigências legais de *forma* certas estipulações modificativas *menores*, como as relativas ao *lugar* ou ao *tempo* do pagamento das rendas ou ao *modo de realização* ou *quitação* desse pagamento, as quais podem fazer-se *verbalmente* e provar-se *por confissão* ou *escrito particular*, nos termos gerais[332].

4. Direito intertemporal: o caso particular do nº 2 e o preceituado no art. 14-2 da Lei nº 13/2019

Tanto a *forma da celebração do arrendamento* como a das suas *modificações*, em contratos de pretérito, estavam a pautar-se, naturalmente, pelo regime legal que se encontrava em vigor à data da ocorrência de uma ou de outras, como aliás resulta claramente do disposto na 1ª parte do art. 12-2 CC.

Quando a lei dispõe sobre as condições de validade substancial ou formal de quaisquer factos – preceitua-se nesta disposição legal – ou sobre os seus efeitos, "entende-se, em caso de dúvida, que só visa os factos novos".

Com o disposto no art. 14-2 da Lei nº 13/2019, a determinação agora constante do nº 2 do artigo presente torna-se aplicável aos arrendamentos anteriormente existentes.

Em particular, as respeitantes às *modificações* do contrato de *arrendamento* regulam-se, não por aquelas que presidiram à sua *celebração contratual*, como ocorria até aqui, mas pelo agora disposto neste nº 2.

A este princípio obedeceram ainda as estipulações de *atualizações anuais de rendas* posteriores à celebração do contrato, admitidas com as Reformas de 1993 e de 1995 (arts. 78-2 e 119 RAU).

Artigo 1070 – Requisitos de celebração

1 – O arrendamento urbano só pode recair sobre locais cuja aptidão para o fim do contrato seja atestada pelas entidades competentes, designadamente através de licença de utilização, quando exigível.

2 – Diploma próprio regula o requisito previsto no número anterior e define os elementos que o contrato de arrendamento urbano deve conter.

(Redação da Lei nº 6/2006)

[332] Sobre o tema: Vaz Serra, *Provas* (*BMJ* nº 112, n.os 134 e ss); Pires de Lima/Antunes Varela, *Código Civil Anotado* (com a colaboração de M. Henrique Mesquita), Coimbra Editora, I. 1987, 4ª ed., rev. e act., pp. 211-212 e 343-344.

1. Bosquejo histórico; fundamento da exigência e menção da licença de utilização

A previsão dos requisitos específicos que o contrato de *arrendamento urbano* deve conter é de época recente e está ligada à exigência que se passou a fazer de correspondência do tipo arrendatício à *licença de utilização* do respetivo prédio urbano.

Esta só tarde passou a existir entre nós. Precisamente, com o Regulamento Geral da Edificação Urbana (RGEU), aprovado pelo Decreto-Lei nº 38 382, de 7 de agosto de 1951.

Até aí, os prédios iam sendo construídos e, depois de prontos, aplicavam-se aos destinos que mais quadravam à utilização que espreitava.

Foram, assim, sendo sucessivamente distraídos do fim habitacional pra que tinham sido arquitetados para outras aplicações mais rendosas que o mercado proporcionava.

É vulgar, hoje em dia, por essa Lisboa, irmos ao nosso médico particular, na Avenida Guerra Junqueiro, na Avenida António Augusto de Aguiar, ou noutra assim, e depararmos com um *consultório médico* instalado num espaço notoriamente construído para *habitação*.

Porquê?

Porque nas construções anteriores ao RGEU não se exigia *licença de utilização* nem elas se distinguiam, oficialmente, pelas utilizações para que eram construídas e, na prática, aplicavam-se ao sabor da procura do mercado.

Até depois do RGEU, continuou a suceder o mesmo, pois o *contrato de arrendamento urbano*, inclusivamente o para *fim não habitacional*, que tinha então de ser celebrado por *escritura pública*, não requeria que estivesse habilitado pela respetiva *licença de utilização*.

O desfasamento entre os destinos de construção e os da aplicação quotidiana de tais destinos passou, assim, a ser tão frequente e por vezes tão insólito que o legislador sentiu necessidade de intervir.

Foi só com o Decreto-Lei nº 329/81, de 4 de dezembro, que se começou a pôr alguma ordem na concordância do *fim do arrendamento* com aquele para que a *licença de utilização* tinha sido dada e, mesmo assim, apenas relativamente aos arrendamentos que só podiam celebrar-se por *escritura pública*.

O seu art. 1º-1, com efeito, estabelecia precisamente que "*só poderão ser efetuadas escrituras de arrendamento para comércio, indústria ou profissão liberal mediante a apresentação pelo locador de licença camarária donde conste ser essa a finalidade do imóvel ou que autorize a mudança de finalidade se for outra, ou der certidão emitida pela repartição de finanças competente comprovativa de que foi declarado anteriormente o arrendamento do imóvel com essa finalidade, nos termos do artigo 116 do Código da Contribuição Predial e do Imposto sobre a Indústria Agrícola*".

No art. 6º ainda se admitia a suscetibilidade, excecional, de se regularizarem, por todo o ano de 1982, *arrendamentos para comércio ou indústria* ou para *exercício de profissão liberal* entretanto realizados sem a declaração.

Seguiu-se-lhe o Decreto-Lei nº 13/86, de 23 de janeiro, que veio estabelecer as *menções obrigatórias* a incluir na redação dos *contratos de arrendamento para habitação*, no seu art. 2º, entre as quais, a seguinte:

> "1. *Os contratos de arrendamento para habitação mencionarão expressamente:*
>
> ....
>
> *e) – A data da licença de utilização, quando exigível, e o número de inscrição na matriz predial ou declaração de que o prédio se encontra omisso na matriz*".

O legislador não parecia então, porém, razoavelmente informado acerca da matéria sobre que estava a decretar, pois a data da *licença de utilização* era uma exigência vaga (no mesmo dia podiam ter sido passadas várias); deveria ter preferido exigir o seu *número de identificação.*

Além disso, só a requeria "quando exigível". Ora ela só era exigível para os *arrendamentos não habitacionais,* de acordo com o diploma acima referido, e, aqui, estava a legislar-se apenas para o *arrendamento habitacional,* em que a menção da licença jamais tinha sido requerida.

Foi, assim, só com o RAU (Decreto-Lei nº 329-B/90) que a exigência se institucionalizou generalizadamente.

No seu art. 8º-2, depois de num nº 1 se ter estabelecido *o que deve constar do contrato de arrendamento urbano,* declarava-se o seguinte:

> "2. *O contrato de arrendamento urbano deve mencionar também, quando o seu objeto ou o seu fim o impliquem:*
>
> ....
>
> *c) A existência de licença de utilização, o seu número, a data e a entidade emitente*".

Depois, no art. 9º, completava-se a exigência proclamando:

> "1. *Só podem ser objeto de arrendamento urbano os edifícios ou as suas frações cuja aptidão para o fim pretendido pelo contrato seja atestado pela licença de utilização, passada pela autoridade municipal competente, mediante vistoria realizada menos de oito anos antes da celebração do contrato*".

Pensamos que se incorria aqui num claro equívoco.

A *licença de utilização* era conferida *para um prédio,* que fora construído segundo um projeto aprovado pelo município, o qual depois fiscalizava a sua construção e, no fim, mediante a respetiva vistoria, a outorgava.

Só após a sua concessão, podia dar-se utilização ao prédio, para o fim que lhe era assinado.

O RAU, contudo, no convencimento de que ela era concedida *para o contrato,* passou a estabelecer que este devia mencionar a respetiva *licença de utilização,* "mediante vistoria" realizada menos de oito anos antes da celebração.

Nada justificava esta mudança de agulha.

Com ela, não se evitavam fraudes; apenas se dava origem a que se estabelecesse uma monstruosa burocracia, de que adiante daremos conta.

Quando, depois, se começou a trabalhar na frustrada Reforma de 2004, o *Projeto* inicial reincidia ainda na perspetiva do RAU, exigindo uma "licença de utilização passada pela entidade competente mediante vistoria", como se consignava para os então projetados arts 1067-3, 1071-1, al. *e*), e 1072 CC.

Com a nossa participação nessa Reforma, combatemos cerradamente a ideia, propondo que se varresse do Código "qualquer exigência de licença de utilização para cada contrato. Pelo menos, para cada contrato de arrendamento urbano para habitação, restringindo-se portanto a sua exigência para os contratos de arrendamento não habitacional de espaço não destinado a tal fim no contrato anterior".

Se este era para um *fim habitacional* e, depois, se pretendia contratar para destino diferente, compreendia-se que o município tivesse de aprovar, com outra licença, a mudança pretendida; não assim, se as coisas se mantivessem no destino inicial.

Fundamentámos esta conclusão denunciando com minúcia o monstro burocrático e os custos a que o RAU, sem querer, acabou por dar origem. Vale a pena reproduzir para memória futura.

Com a entrada em vigor do RAU, a Câmara Municipal de Lisboa não estava preparada para fazer todas vistorias que ele exigia. O que se praticou foi o sistema das *vistorias parcelares*.

A Câmara exigia uma vistoria para cada espaço que se quisesse arrendar – e, assim, de cada vez que, num prédio com vários espaços arrendáveis, se pretendesse fazer um arrendamento, teria de ser requerida a *vistoria parcelar* respetiva.

Esta era feita, geralmente, com largo atraso mas, no próprio dia do requerimento (pelo menos em Lisboa), estava a passar-se um documento justificativo do pedido, com base no qual, nos termos do nº 4 do art. 9º RAU, se poderia celebrar imediatamente o contrato, mencionando o número do processo aberto, a Câmara Municipal a quem fora feita a solicitação e a data desta.

Era importante o cumprimento de tal formalidade habilitante da celebração do contrato, porque a sua omissão determinava uma *coima* pesada sobre o *senhorio*: "não inferior a 1 ano de renda" (Art. 9º-5 RAU) – e, se o arrendamento fosse para fim *não habitacional* de local licenciado apenas *para habitação*, seria *nulo* (art. 9º-7 RAU), ficando ainda o arrendatário, segundo parece, sujeito a *despejo sumário*, decretável pela Câmara Municipal, nos termos constantes do art. 165 do *Regulamento Geral das Edificações Urbanas*[333].

[333] Havia quem entendesse que tal preceito estava revogado pelo disposto nos arts. 57 e 58 do Decreto-Lei nº 445/91, de 20 de Novembro (José da Silva Paixão/Carlos Cadilha, *Legislação da Administração Local*, 1993, p. 692, anotação 2) – mas o ponto era discutível, porque entre os preceitos em presença havia apenas sobreposição parcial, em que prevaleceria, naturalmente, a lei posterior, não havendo qualquer conflitualidade relativamente à imposição de *despejo sumá-*

A redação final que era dada ao art. 1071 do *Projeto* veio a ser a seguinte: "*O contrato de arrendamento urbano deve conter os elementos previstos em portaria*"[334].

Do apanhado constante de *O Direito*, não se vislumbra o rasto de tal portaria que, pelos vistos, não terá chegado a ser formulada.

Mais tarde, porém, com a Lei nº 6/2006, de 27 de fevereiro, surgiu o art. 1070 CC, ulteriormente mantido pela Lei nº 31/2012 com a mesma redação e número de ordem.

Remeteu-se então, como agora, para outro diploma, a regular o requisito segundo o qual o "arrendamento" só pode recair sobre "locais" *cuja aptidão para o fim do contrato seja atestado pelas entidades competentes* e os "*elementos*" *que o contrato deve conter.*

A remissão era e é, como logo se vê, excessiva.

A aptidão do "local", *rectius*, do *prédio ou fração* arrendada (v. *supra*, nº 5, *sub* art. 1067) estava e está já há muito definida em leis próprias, como tivemos ensejo de o referir, a seu tempo (cf. *supra*, nº 6, *sub* art. 1067).

A que título, pois, se estabeleceu aqui a necessidade de um diploma regulamentar ulterior, descriminando um vasto número de menções contratuais?

Se alguma referência era tão importante que não deveria omitir-se na formalização do contrato, bastaria impô-la neste mesmo art. 1070 poupando-se o legislador a este estilo regulamentar em que acabou por se situar numa descabida volúpia legislativa.

2. Ideia geral sobre o Decreto-Lei nº 160/2006

Isto é tanto assim que a remissão veio pouco depois a concretizar-se, com o Decreto--Lei nº 160/2006, de 8 de agosto, mantido em vigor, em complemento da Lei nº31/2012, pelo Decreto-Lei nº 266-C/2012, de 31 de dezembro, com as ligeiras alterações que então lhe introduziu nos seus arts. 1º a 3º – o qual se limitou a estabelecer, inutilmente, no seu art. 5º-1, que "*só podem ser objeto de arrendamento urbano os edifícios ou suas frações* [aqui já substituíram as descabidas referências, que vimos denunciando do Código ao "local", por "edifícios ou suas frações"] *cuja aptidão para o fim pretendido pelo contrato seja atestado por licença de utilização*".

No mais, o diploma apresentava e apresenta, ao todo, seis artigos, o primeiro dos quais se limita a proclamar, com notória deficiência técnica e em português indigente, que o seu objeto é regular "os elementos" do "contrato de arrendamento urbano a que obedece a sua celebração *conforme previsto* no número 2 do artigo 1070 do Código Civil", e o último a estabelecer a data da sua entrada em vigor.

Nos restantes escassos quatro, o art. 2º estabelece o "conteúdo necessário" do contrato; o 3º, o "conteúdo eventual"; o 4º, a "omissão de elementos"; e o 5º trata da *licença de utilização.*

rio da lei antiga, que parecia permanecer em vigor e continuava a ser utilizada por algumas câmaras.

[334] Cf. *O Direito*, 136º-II-III (2004), p. 479.

A interrogação liminar que se nos impõe é que razão útil recomendará a existência de um diploma especial para estabelecer as cláusulas essenciais e as eventuais de um contrato de *arrendamento urbano*?

O CC disciplinou dezasseis contratos típicos sem, para nenhum deles, enunciar ou remeter para diploma específico as cláusulas que qualquer deles deveria inserir no respetivo instrumento de formação.

Por que é que, para este, agora se fez, com o auxílio de um decreto regulamentar?

Não parece haver uma razão plausível que o justifique.

A versão inicial do Código não o fazia, e foi o Decreto-Lei nº 13/86, de 23 de janeiro, que veio estabelecer, no seu art. 2º, em regulamentação da Lei nº 46/85, só para o *arrendamento para habitação,* de que se ocupavam, que *menções obrigatórias* o respetivo contrato deveria conter, fundamentando a inovação, como se referiu no preâmbulo, que a exigência se fazia "*por forma a contribuir para a clarificação e registo dos contratos de arrendamento e a ultrapassar a situação de completo caos nesta matéria*".

A que "completo caos", este legislador burocrata e regulamentador infatigável de pormenores inúteis se referia, nunca veio a saber-se – mas certo é que, das menções então arroladas, grande parte era completamente abstrusa, e as outras, em geral, desnecessárias.

Entretanto, porém, chegou o RAU e reproduziu-as, nos seus arts. 8º e 9º, com um ou outro pequeno aperfeiçoamento meritório. Daí por diante, muito provavelmente por força do *vir de trás,* passaram a ser remetidas para diploma especial regulamentar, tão vasto é o seu rol.

A exuberância só se explica, em nossa opinião, pelo que acabámos de referir e pela pecha vinculística que ainda remanesce insidiosamente no subconsciente do nosso legislador.

Vamos ver, de seguida, uma a uma, as *menções* que se estabelecem neste inteiramente inútil Decreto-Lei nº 160/2006.

São *menções,* note-se bem; não, *elementos,* como o presente art. 1070-2 ainda refere, com notória deficiência técnica.

Se por *elemento* quisermos designar a *parte constitutiva de um todo,* então podemos dizer, como classicamente costuma referir-se, que *elemento* do contrato é o *acordo* que, metaforicamente, se denomina também como o seu *conteúdo.*

Os *causalistas* acrescentam-lhe a *causa* – e, a eles, como *elementos essenciais,* que são, classicamente ainda lhes podemos ajuntar os *elementos naturais* (*naturalia negotii*), acrescidos por *normas supletivas,* e os *elementos acidentais* (*accidentalia negotii*), a *condição,* o *termo* e o *modo*[335].

[335] É a nomenclatura adotada por exemplo, entre nós, por Inocêncio Galvão Telles, *Manual dos contratos em geral – Refundido e atualizado, 4ª ed., Coimbra Editora,* 2002, pp. 253 ss. No Direito

Aqui, não se trata de nada disto, mas de *menções*, isto é, *referências que devem inscrever-se no teor formal do contrato.*

3. Menções do contrato de arrendamento urbano; generalidades

O Decreto-Lei nº 160/2006, na redação do Decreto-Lei nº 266-C/2012, de 31 de dezembro, conserva no seu art. 2º, o rol do que designou, como na versão inicial, de *conteúdo necessário*.

Reza assim:

"Conteúdo necessário

Do contrato de arrendamento urbano deve constar:

a) A identificação das partes, indicando os seus nomes, números de identificação civil e de identificação fiscal e, quando aplicável, naturalidade, data de nascimento e estado civil;

b) O domicílio ou a sede do senhorio;

c) A identificação e localização do arrendado, ou da sua parte;

d) O fim habitacional ou não habitacional do contrato, indicando, quando para habitação não permanente, o motivo da transitoriedade;

e) A existência da licença de utilização, o seu número, a data e a entidade emitente, ou a referência a não ser aquela exigível, nos termos do artigo 5º;

f) O quantitativo da renda;

g) A data da celebração."

Depois, no seu art. 3º:

Conteúdo eventual

1 – O contrato de arrendamento urbano deve mencionar, quando aplicável:

a) – A identificação dos locais de uso privativo do arrendatário, dos de uso comum a que ele tenha acesso e dos anexos que sejam arrendados com o objeto principal do contrato;

b) –A natureza do direito do locador, sempre que o contrato seja celebrado com base num direito temporário ou em poderes de administração de bens alheios;

c) – O número de inscrição na matriz predial ou a declaração de o prédio se encontrar omisso;

d) – O regime da renda, ou da sua atualização;

e) – O prazo;

f) – A existência de regulamento da propriedade horizontal;

g) – O domicílio convencionado;

comparado, segue o mesmo entendimento, designadamente, ORLANDO GOMES, *Contratos* 12ª ed., Forense, Rio de Janeiro, 1987, pp. 45 ss.

h) – Quaisquer outras cláusulas permitidas por lei e pretendidas pelas partes, diretamente ou por remissão para regulamento anexo.

2 – Devem ser anexados ao contrato e assinados pelas partes os regulamentos a que se referem as alíneas *f)* e *h)* do número anterior e um documento onde se descreva o estado de conservação do local e suas dependências, bem como do prédio, aplicando-se, na sua falta ou em caso de omissão ou dúvida, o disposto no nº 2 do artigo 1043 do Código Civil.

3 – Para o efeito do disposto na alínea *g)* do nº 1, o domicílio convencionado do arrendatário, ainda que não coincida com o endereço do imóvel arrendado, constitui o local para o qual lhe devem ser remetidas as comunicações e notificações relativas ao contrato de arrendamento.

I – ***Identificação das partes, indicando os seus nomes, números de identificação civil e de identificação fiscal e, quando aplicável, naturalidade, data de nascimento e estado civil.*** Obviamente, para identificarmos as partes, teremos de, previamente, saber quem pode dar ou receber em arrendamento.

Sobre o ponto, porém, não vale repetir: veja se o apontado *supra*, nº 2, *sub* art. 1024.

A redação anterior era menos completa. Limitava-se a requerer que se mencionasse "a identidade das partes, incluindo a naturalidade, data de nascimento e estado civil".

Agora, densificou-se a menção.

Naturalmente, a indicação dos *nomes das partes* deverá referir os nomes completos. É a prática que vem de sempre.

O *número de identificação civil* costuma, na prática, ser mencionado mais completamente, indicando-se, quando *cartão de cidadão*, a data até onde é válido e, quando *bilhete de identidade*, o local e data da sua emissão.

O diploma não prevê, apesar da sua minúcia, que o *arrendatário* seja *cidadão estrangeiro*, circunstância que leva, na prática, a mencionar-se o número do *cartão de residência* e a *data até onde é válido*.

O *número de identificação fiscal* inscreve-se sem mais pormenores.

A indicação da *naturalidade* é uma esquisitice que vem sendo exigida só desde a redação inicial do Decreto-Lei nº 160/2006 e que, obviamente, não tem o mínimo interesse para o *arrendamento*. Que importa ao contrato que o *senhorio* tenha nascido em Freixo de Espada à Cinta, o *arrendatário* em Paio Pires e o *fiador* em Fornos de Algodres, ou em outros sítios quaisquer? Isso é perfeitamente irrelevante para os efeitos do *arrendamento*. A exigência é puramente escolástica.

A *data do nascimento* é outra desnecessidade.

A menção do *estado civil* é compreensível, tem interesse – e, tanto quanto sabemos, é sempre observada na prática.

A indicação de que a *naturalidade, data do nascimento* e *estado civil* serão referidas "quando aplicável" previne a hipótese de o *arrendamento*, em vez de ser celebrado por *pessoa física*, o venha a ser por *pessoa coletiva*.

II – ***O domicílio ou sede do senhorio.*** É compreensível a necessidade desta menção, que sempre se praticou.

Para a indicação do *domicílio*, há de ter-se em atenção o disposto nos arts. 82 a 86 CC. Em princípio é o do lugar da *residência habitual* e, se esta for, alternadamente, em vários lugares, é o de qualquer destes (art. 82-1 CC).

No tocante à *sede*, é *"a que respetivos estatutos fixarem ou, na falta de designação estatutária, o lugar em que funciona normalmente a administração principal"* (art. 159 CC).

III – ***A identificação e localização do prédio arrendado, ou da sua parte.*** É também uma referência tão essencial que sempre se praticou.

A expressão verbal utilizada pelo legislador é que não parece a melhor. Antes de mais, não se identifica nenhum *prédio urbano* ou *fração* sem se referir a sua *localização* e, nesta conformidade, a expressão "identificação e localização" é certamente pleonástica.

Depois, parece impróprio, por coloquial, referir "do arrendado" por "do prédio arrendado". Por último, a expressão final "do arrendado, ou da sua parte" é, no mínimo, indigente.

Em português escorreito dir-se-ia antes: *"A identificação do prédio ou fração arrendada"*.

Na prática, esta menção, na forma que preconizamos, é referida assim: "...fração autónoma M, constituída pelo 4º andar direito do prédio urbano situado na Rua ... nº ..., de ..., inscrito na matriz predial urbana sob o art. ... da freguesia de ...."

IV – ***O fim habitacional ou não habitacional do contrato, indicando, quando para habitação não permanente, o motivo da transitoriedade.*** Mais uma redação indigente.

Como logo se vê, o *fim* não é o do *contrato*, mas o do *arrendamento*, de que ele constitui a sua *causa-função*.

O "motivo da transitoriedade" não quererá propriamente exprimir a razão que a determina, mas o destino que se dá a esse *arrendamento habitacional transitório*: para férias, estada em tratamento termal, transitório período de estudo ou de docência, etc.

Quanto à *habitação permanente*, na prática, costuma referir-se que ela é concedida ao *arrendatário* e *seu agregado familiar*, acrescentando-se por vezes, "de dimensão compatível com a lotação normal do fogo", para prevenir certos casos de sobrelotação que por vezes ocorrem.

Quando o fim é *comercial*, concretiza-se a *espécie de comércio* para que o arrendamento é dado.

V – ***A existência da licença de utilização, o seu número, a data e a entidade emitente, ou a referência a não ser aquela exigível, nos termos do artigo 5º*** – Também a primeira parte desta menção apresenta uma expressão verbal deficiente: não tem sentido exigir "a existência" da licença, quando simultaneamente se requer que se refira o seu número, data e entidade emitente.

VI – ***O quantitativo da renda.*** Normalmente, é na prática, expresso em algarismos, seguidos da sua expressão por extenso, entre parênteses.

Faltou requerer uma alusão à finalidade para que a *licença de utilização* permitiu o uso do prédio. Na prática, é de referir, mais circunstanciadamente, num exemplo de fantasia, que ao prédio dado de arrendamento no contrato "corresponde a licença de utilização nº 168, para fim habitacional, emitida pela Câmara Municipal de Lisboa, em 25 de abril de 1974".

Se a construção do prédio é anterior a entrada em vigor do RGEU, dir-se-á *"a que não corresponde licença de utilização por a sua construção ser anterior à data da entrada em vigor do RGEU"*.

VII – ***A data da celebração.*** É o último requisito do conteúdo necessário.

Passando ao conteúdo eventual, temos então.

VIII – ***A identificação dos locais de uso privativo do arrendatário, dos de uso comum a que ele tenha acesso e dos anexos que sejam arrendados com o objeto principal do contrato.*** É uma menção pouco comum que pode acontecer nos casos raros em que, para além, do uso estritamente habitacional se anexa uma *garagem*, com renda acessória, ou, ainda mais raramente, quando haja um salão de festejos que cada *arrendatário* poderá ocupar sob marcação.

Dum modo geral, mesmo quando o espaço arrendado é dotado de garagem, a renda é única, constituindo esta mais uma comodidade que o prédio ou fração oferece.

Para observar este requisito, já temos visto uma cláusula caricatural a estipular que o *arrendatário* e seu *agregado familiar* têm direito ao uso das escadas, elevadores e porta de acesso à rua. Pois não teriam de o ter?

IX – ***A natureza do direito do locador, sempre que o contrato seja celebrado com base num direito temporário ou poderes de administração de bens alheios.*** É uma previsão salutar, embora só com importância relevante para os contratos sujeitos ao *vinculismo.*

Tem em vista os arrendamentos dados, no primeiro caso, pelo *usufrutuário* e. no segundo, pelo *administrador legal de bens alheios.*

Nestes casos, a *locação* caduca (al. *c)* do art. 1051 CC) e, no *arrendamento de prédio urbano ou fração*, o *senhorio*, após um prazo intercalar de seis meses (art. 1053 CC) fica com direito a exigir a restituição.

Justifica-se, portanto, mesmo tratando-se de arrendamento que já não é *vinculístico*, que tal menção conste do contrato, para o *arrendatário* saber em que reais circunstâncias está a contratar.

X – ***O número de inscrição na matriz predial ou a declaração de o prédio se encontrar omisso.*** Antes de mais, não é *número*, mas *artigo*.

Além disso, não se consegue descortinar por que razão veio esta menção para o rol das *eventuais*, isoladamente, quando o lugar que para ela pareceria mais certo seria na al. *c)* do art. 2º, quando aí se requer a *identificação do prédio ou fração arrendada*.

XI – ***O regime da renda, ou da sua atualização.*** A referência ao *regime de renda* é um anacronismo que ameaça tornar-se crónico, pois esta referência descabida vem já da Lei nº 6/2006.

Com efeito, a necessidade de estabelecer um *regime de renda* tinha resultado da criação da *renda condicionada*, com a Revolução de abril, através do Decreto-Lei 445/74, de 12 de setembro, que daí, passou para o Decreto-Lei nº 148/81, de 4 de junho, com outro alcance; a seguir, para a Lei nº 46/85, de 30 de setembro, que abriu o seu art. 1º a estabelecer três *regimes de rendas*: o de *renda livre*; o de *renda condicionada*; e o de *renda apoiada*.

Com o Decreto-Lei nº 13/86, de 23 de janeiro, exigiu-se que se mencionasse, no contrato, o *regime de renda* (art.2º-1, al. *f)*), proclamando-se ainda que, quando este não fosse declarado, no contrato, "presume-se ser o regime de renda condicionada" (art. 2-6).

O RAU ainda sistematizou os três tipos, no seu art. 77-1, e regulou-os largamente mas, depois, com a Lei nº 6/2006, as disposições reguladoras da *renda* do *arrendamento urbano*, constituídas pelos arts. 1075 a 1078 CC, disciplinaram-na unitariamente, desaparecendo qualquer referência atinente à *renda condicionada*. A *renda apoiada*, por seu turno, respeita ao *arrendamento social* que se rege por disposições específicas.

Foi, assim, por mera reprodução acrítica do art. 7º RAU que o Decreto-Lei nº 160/2006 veio aludir à necessidade de menção, no contrato, do *regime de renda*, quando a Lei tinha passado a regular um único tipo, tal como agora a Lei nº 31/2012. Inadvertência que aliás ocorre também no art. 1077-1.

No tocante à *atualização* é que tem interesse a menção, quer para estabelecer uma atualização específica, quer para a ligar às tabelas oficiais, fixadas anualmente no mês de outubro.

XII – ***O prazo.*** Que pode ser *prazo certo* ou *duração indeterminada*.

A *duração indeterminada* foi uma inovação da Lei nº 6/2006, de interesse prático reduzido, pois quem se obriga por *prazo certo*, que sucessivamente se prorroga indefinidamente, não tem qualquer vantagem em se obrigar, *d'avance*, com *duração indeterminada*: a *renovação* ou *prorrogação indefinida* vai dar ao mesmo, com vantagem.

O *prazo certo* tem um limite máximo de *trinta anos* (art. 1095-2 CC). Não há limite mínimo. Se não houver menção de *prazo*, tem-se o *arrendamento* como celebrado por *prazo certo* de *cinco anos* (art. 1094-3, na redação de 2017).

Não tem pois sentido, hoje em dia, requerer que tal menção conste do contrato.

XIII – ***A existência de regulamento da propriedade horizontal.*** Há, à cabeça, um lamentável desfasamento literal entre o que neste passo se dispõe no Decreto-Lei nº 160/2006 e o CC.

Segundo o disposto no art. 1418-2, al. *b)*, CC, o *título constitutivo da propriedade horizontal* "pode ainda conter", além das especificações que o compõem, o "regulamento do condomínio, disciplinando o uso, fruição e conservação, quer das partes comuns, quer das frações autónomas".

Como claramente resulta do verbo "pode", a inclusão do regulamento no *título de constituição da propriedade horizontal* é facultativa – e o regulamento denomina-se *do condomínio*, e não *da propriedade horizontal*.

Nem a *propriedade horizontal* precisa, em si, de ser regulamentada; ao *condomínio* é que ele poderá ser útil.

Como este *regulamento* só facultativamente fará parte do título de constituição da *propriedade horizontal*, dispõe ainda o CC no seu art. 1429-A:

> "1 – *Havendo mais de quatro condóminos e caso não faça parte do título constitutivo, deve ser elaborado um regulamento do condomínio disciplinando o uso, a fruição e a conservação das partes comuns.*
>
> 2 – *Sem prejuízo do disposto na al. b) do nº 2 do artigo 1418, a feitura do regulamento compete à assembleia de condóminos ou ao administrador, se aquela o não houver elaborado.*"

Aqui, quando haja mais de quatro condóminos, já se estabelece um *dever* de elaboração de *regulamento de condomínio*, a aprovar pela *assembleia de condóminos* ou, não o tendo esta votado, pelo *administrador*.

Não há sanção para o incumprimento deste dever.

Quando o *regulamento* exista, estabelece o nº 2 do referido art. 3º, na redação que lhe foi imprimida pelo Decreto-Lei nº 266-C/2012, de 31 de dezembro, que deverá uma cópia sua ser anexada ao contrato de arrendamento, assinada pelas partes.

Na prática, geralmente não se cumpre esta incómoda obrigação, substituindo-se ela pela inclusão, no contrato, de uma cláusula a especificar as partes comuns de que o arrendatário poderá fazer uso. É mais cómodo e suficientemente eficaz.

Ex.: "*Integra-se no uso do fogo arrendado a utilização em comum das escadas e ascensores do prédio, bem como, mediante autorização prévia do administrador nos termos que se encontram aprovados, o uso particular do salão de condomínio para qualquer evento de exclusivo interesse e da iniciativa do arrendatário*".

Aliás, o referido nº 2 na apontada redação, refere ainda outra anexação: a de "um documento onde se descreva o estado de conservação do local e suas dependências, bem como do prédio, aplicando-se na sua falta ou em caso de omissão ou dúvida, o disposto no nº 2 do artigo 1043 do Código Civil".

Esta é uma redação que vem já, nestes termos singulares (repare-se na alusão ao "estado de conservação do local e suas dependências bem como do prédio"), da fórmula primitiva alterada apenas nas referências a alíneas do artigo que foram modificadas, quando se impunha, ao menos, corrigi-la, no primarismo da sua expressão literária.

Não é preciso, de resto, anexar ao contrato documento nenhum a descrever o estado da fração ou prédio arrendado (não do local e suas dependências), porque a própria lei, como se viu, supre a falta com o disposto no art. 1042-2, onde se declara que *"presume-se que a coisa foi entregue em bom estado de manutenção quando não exista documento onde as partes tenham descrito o estado dela ao tempo da entrega"*.

Em muitos contratos topa-se, no entanto, com uma cláusula, recomendável, do teor seguinte, ou análogo: "Para os devidos efeitos, declaram ambos os contraentes encontrar-se o fogo arrendado em bom estado de conservação, designadamente o pavimento, as paredes, portas e janelas, canalizações, instalação elétrica e tetos",

De resto, acrescenta-se muitas vezes, quando é caso disso, porque está a ocorrer com frequência, uma cláusula nestes termos: *"A cozinha está equipada com frigorífico, máquina de lavar roupa, fogão e esquentador, todos em estado novo, que a arrendatária se obriga a conservar e reparar quando necessário"*.

XIV – ***O domicílio convencionado.*** Domicílio *convencionado*, para que efeito? Certamente, *para receber comunicações.*

A exigência desta menção surgiu só no Decreto-Lei nº 160/2006 com a redação do Decreto-Lei nº 266-C/2012 que, além da alínea que a prevê, aditou sobre ela um nº 3 ao artigo, a estabelecer que *"o domicílio convencionado do arrendatário, ainda que não coincida com o endereço do imóvel arrendado, constitui o local para o qual devem ser remetidas as comunicações e notificações relativas ao contrato de arrendamento"*.

Por vezes, tem-se referido haver alguma utilidade prática nesta menção pois, convencionando-se expressamente um *domicílio* para o *arrendatário* receber *comunicações* e *notificações* relativas ao *arrendamento*, deixa ele de poder alegar desconhecimento ou falta de receção.

A ideia parece algo imaginosa pois, se o *arrendatário* celebra um *contrato de arrendamento para habitação*, o prédio ou fração arrendada passará, logicamente, a ser o seu *domicílio* para tal efeito. É, de resto, o que já vinha a acontecer, na prática.

É, portanto, uma indicação mais, que, embora algo artificiosa, deverá passar a estipular-se no contrato. Principalmente porque, com a estipulação de *domicílio convencionado* fica o *senhorio* dispensado de remeter uma *segunda carta ao arrendatário*, quando este recuse o recebimento da *comunicação de resolução* por *falta de pagamento de rendas*, ou *qual-*

quer outra, ou não as levante no prazo previsto no regulamento dos serviços postais (arts. 10-2, al. *b)*, e 9º-7, al. *c)*, NRAU; art. 3º-3 do Decreto-Lei nº 160/2006).

XV – ***Quaisquer outras cláusulas permitidas por lei e pretendidas pelas partes, diretamente ou por remissão para regulamento anexo.*** Geralmente, não há regulamento que, a existir, também deverá ser anexado ao exemplar entregue ao arrendatário (art. 3º-2 do Decreto-Lei nº 160/2006).

É ainda a respeito desta referência que se acrescentará ao contrato, designadamente e se for caso disso, uma cláusula a estabelecer as despesas e encargos que recaiam sobre o *arrendatário*, como refere LACERDA BARATA[336].

XVI – ***Certificado energético.*** Por último, parece de anotar a omissão que se nota, no Decreto-Lei nº 160/2006, na sua redação de 2012 bem como, depois, em 2019, de qualquer referência à menção do *certificado energético*, já nessa altura requerido para cada *contrato de locação*, e atualmente exigido pelo Decreto-Lei nº 118/2013 (art. 3º-4) – um diploma inçado de siglas, muito ao gosto dos engenheiros, que obrigam muitas vezes o leitor a voltar atrás, para as decifrar.

O *prazo de validade* do *certificado* é, hoje, de *dez anos* (art. 15-3, al. *b)*), e, assim, se o arrendamento anterior foi feito há menos tempo, o certificado será ainda válido para o novo contrato.

A inobservância dessa imposição legal implica a sujeição a pesada coima (art. 20-1, referido ao art. 14-1, al. *f)*, *ii)*).

4. Menções necessárias e menções eventuais; as omissões

Como vimos, as menções arroladas foram repartidas por dois artigos distintos, um sob a epígrafe *Conteúdo necessário* e outro definido como *Conteúdo eventual.*

Esta destrinça não é certamente sem um alcance, mas o que quer que seja não foi referenciado preambularmente, deixando ao intérprete o embaraço da solução.

Pela nossa parte, cremos que, quando se taxam umas menções de *necessárias* e outras de *eventuais*, pensamos não se querer dizer que as primeiras serão essenciais, indispensáveis, e as segundas que podem faltar sem consequências para a validade do contrato, mas antes que as primeiras são aquelas que se reportam a qualquer contrato em geral, são as ordinárias, enquanto as segundas só serão requeridas para certos contratos.

O preâmbulo do Decreto-Lei confirma-o quando declara que *são suficientes* para celebração de um *contrato de arrendamento urbano* "a identidade das partes, a identificação do local arrendado, a existência de licença de utilização, o valor da renda e a data da celebração. Com apenas estes elementos é possível a celebração de um contrato perfeito".

336 CARLOS LACERDA BARATA, *Celebração do contrato de arrendamento no Novo Regime do Arrendamento Urbano* (*ROA*, 66º [2006], III, pp. 1288-1289)

É porém ainda de notar que os arts. 2º e 3º não esgotam o *rol de menções* que possam interessar ao *arrendamento* constituído pelo contrato.

Limitam-se a referir aquelas mais correntes.

Podem assim ocorrer omissões, no contrato, sem que este venha a padecer de qualquer vício, porque a lei supre, no caso, a falta de regulação convencional indicando, supletivamente, o regime daí decorrente.

Isso pode acontecer inclusivamente em relação alguma das menções expressamente previstas nos aludidos preceito, como expressamente aliás se admite no art. 4º do diploma em referência, quando aí se declara que "*a falta de algum dos elementos referidos nos artigos 2º e 3º não determina a invalidade ou ineficácia do contrato, quando possam ser supridas nos termos gerais e desde que os motivos determinantes da forma se mostrem satisfeitos*".

Deve até dizer-se que não há aqui inovação alguma.

Por um lado, o preceito é uma reprodução muito chegada do nº 4 do art. 8º RAU que, por sua vez, não era mais do que uma regulamentação específica do princípio geral constante do art. 239 CC, segundo o qual "*na falta de disposição especial, a declaração negocial deve ser integrada de harmonia com a vontade que as partes teriam tido se houvessem previsto o ponto omisso, ou de acordo com os ditames da boa-fé, quando outra seja a solução por eles imposta*".

Os regimes das omissões referentes a *menções expressamente previstas para o seu conteúdo* costumam por isso sistematizar-se formando os três grupos seguintes[337]:

a) – Omissão a que corresponde uma previsão supletiva da lei:

b) – Omissão sem disposição legal supletiva, mas integrável de acordo com as regras gerais;

c) – Omissão insuscetível de integração.

No tocante à primeira hipótese, podemos apontar exemplos dela.

Assim, no art.1094-3 (redação de 2017), estabelece-se, quanto ao *arrendamento para habitação*, que, "no silêncio das partes" quanto à duração do contrato, considera-se ele "*celebrado com prazo certo pelo período de cinco anos*".

Também no art. 1110-2, os *arrendamentos não habitacionais*, nas mesmas condições, se consideram estipulados "*com prazo certo por cinco anos*".

Quanto à segunda hipótese, estará o intérprete perante a ausência de uma menção prevista no Decreto-Lei nº 160/2006 para que as disposições sobre o arrendamento não declaram o seu suprimento.

Terá então de recorrer-se, como o declara o art. 4º do diploma, aos "termos gerais" e, nesta conformidade, de se atender ao disposto no art. 239 CC segundo o qual deverá a declaração negocial ser integrada "*de harmonia com a vontade que as partes teriam tido se houvessem previsto o ponto omisso, ou de acordo com os ditames da boa-fé quando outra seja a solução por eles imposta*".

[337] Como, aliás, já se distingue em CARLOS LACERDA BARATA, *Celebração do contrato de arrendamento no Novo Regime do Arrendamento Urbano* (*ROA*, 66º [2006], III, pp. 1289-1290).

Como se vê, estabelecem-se aqui dois princípios a ter em conta.

Primeiro princípio. Integra-se o não conjeturado por aquilo que as partes teriam querido, "*se houvessem previsto o ponto omisso*". Tem de perscrutar-se então a sua *vontade conjetural* ou *hipotética*.

Chegados à determinação desta, importa atender ao princípio referido pelo preceito em segundo e último lugar.

Segundo princípio. O resultado decorrente daquela primeira análise só poderá ser atendido desde que seja compatível com a *boa-fé*.

Se não puder compatibilizar-se com ela, então, só os ditames desta prevalecem e, se a *vontade conjetural* os ofender, não poderá ser atendida.

Não se preenchendo assim a lacuna, o contrato só será no entanto *nulo* se, sem a cláusula, o seu *objeto não puder ser determinado*, como resultará do disposto no art. 280 CC[338].

A determinação da *vontade conjetural*, embora já tenha sido julgado o contrário, deve considerar-se *matéria de direito*[339].

5. Diligências complementares: o registo do contrato e o pagamento do imposto do selo devido

Até há pouco tempo, após a assinatura do contrato, o *senhorio* tinha dez dias para submeter à Direção de Finanças mais próxima o registo do contrato e para pagar o *imposto do selo* devido.

Com o art. 206 da Lei nº 82-B/2014, de 31 de dezembro (Lei do Orçamento), porém, foi alterado o art. 60 do Código do Imposto do Selo (CIS), passando a estabelecer-se o seguinte:

"Artigo 60

[...]

1 – *Os locadores e sublocadores comunicam à Autoridade Tributária e Aduaneira os contratos de arrendamento, subarrendamento e respetivas promessas, bem como as suas alterações e cessação.*

2 – *A comunicação referida no número anterior é efetuada até ao fim do mês seguinte ao do início do arrendamento, do subarrendamento, das alterações, da cessação ou, no caso de promessa, da disponibilização do bem locado, em declaração de modelo oficial, nos termos a regulamentar por portaria do membro do Governo responsável pela área das finanças.*

3 – (*Revogado.*)

[338] Neste sentido, no âmbito da legislação anterior já entendia F. M. Pereira Coelho, *Arrendamento*, Coimbra, 1988, p. 115.

[339] Neste sentido: Adriano Vaz Serra (*Rev.Leg.Jurs.* 103º, pp. 213-214; Pires de Lima/Antunes Varela, *Código Civil Anotado*, I, 4ª ed., (rev. e at. com a colaboração de M. Henrique Mesquita), Coimbra Editora, 1987, pp. 286-287.

4 – *A comunicação a que se referem os números anteriores considera-se submetida no serviço de finanças da área da situação do prédio."*[340].

Em execução do preceito, veio a ser publicada a Portaria nº 98-A/2015, de 31 de março, mediante a qual, a declaração às Finanças da celebração de *contrato de arrendamento* ou *subarrendamento*, respetivas *alterações* e *cessação*, bem como a simples *promessa com disponibilização do bem locado*, passou a ser feita por transmissão eletrónica no *Portal das Financas* (art. 3º-1).

A liquidação do imposto do selo passou então a ser posteriormente efetuada pela Autoridade Tributária e Aduaneira, mediante o respetivo documento de cobrança (AT) (art. 4º).

A mesma Portaria estabeleceu ainda a obrigatoriedade e emissão de *recibos de renda eletrónicos* (art. 5º-1).

Notemos antes de mais, os seguintes princípios.

A *comunicação eletrónica do contrato* é, por suposto, meramente... *eletrónica*, não se dispensando, por isso, a prévia celebração do contrato *em papel*, agora apenas em duplicado, o *original* para uma das partes e o *duplicado* para a outra.

Ela tem um prazo para ser feita: *"até ao fim do mês seguinte ao do início do arrendamento"* (art. 60-2 CIS, há pouco transcrito, na redação da Lei nº 82-B/2014, de 31 de dezembro).

Fica portanto certo que os *modelos de contrato, em papel*, apresentados no número anterior, continuam em uso.

Por outro lado, no tocante aos *recibos eletrónicos* que, ao serem submetidos às Finanças surgem em *duplicado*, o *original* é para ser entregue ao *arrendatário* e o *duplicado* para ficar com o *senhorio* (art. 6º-3 da Portaria nº 98-A/2015, de 13 de março) – e não anulam antes se juntam aos *recibos* em papel emitidos de janeiro a abril de 2015 (art. 11-2 da referida Portaria).

Oferecemos um breve *vade-mécum* do preenchimento eletrónico, no **Formulário** que oferecemos em *Anexo*.

[340] O nº 2 do citado art. 206 determinou ainda que esta alteração apenas produzisse efeitos depois de 1 de abril de 2015 mas, depois, veio a estabelecer-se que poderia só ser observada depois de novembro de 2015, sem qualquer sanção.

SUBSECÇÃO III – Direitos e obrigações das partes

DIVISÃO I – Obrigações não pecuniárias

Artigo 1071 – Limitações ao exercício do direito

Os arrendatários estão sujeitos às limitações impostas aos proprietários de coisas imóveis, tanto nas relações de vizinhança como nas relações entre arrendatários de partes de uma mesma coisa.

(Redação da Lei nº 6/2006)

Com o presente artigo inicia-se uma breve sucessão de preceitos que preveem obrigações ou deveres do *arrendatário*.

Esta disposição não constava nem da versão inicial do CC nem do RAU, tendo sido inovada, no nosso Direito, com a Lei nº 6/2006, aliás na sequência do que já tinha sido inserido no anteprojeto da frustrada Reforma de 2004, sob o influxo da jurisprudência francesa, quando ela faz compreender na violação pelo *locatário* das suas obrigações legais e contratuais as *troubles de voisinage*, como as causadas pela presença de cães e de gatos, ou por se dar alimentação aos pombos[341].

Serviu assim, entre nós, para teorizar um novo fundamento típico de *resolução do contrato* pelo senhorio, introduzido pela mesma Reforma na al. *a)* do art. 1083-2 CC.

Nesta base, as limitações impostas aos proprietários de imóveis pelas *relações de vizinhança* que se aplicam aos prédios urbanos resolver-se-ão em:

a) – Não emitir fumo, fuligem, vapores, cheiros, ruídos, produzir trepidações ou quaisquer factos semelhantes, sempre que importem um prejuízo substancial ou não resultem da utilização normal do prédio de que emanem (art. 1346 CC);

b) – Não construir ou manter obras, instalações ou depósitos de substâncias corrosivas ou perigosas, se for de recear que tenham efeitos nocivos sobre o prédio vizinho (art. 1347-1 CC);

c) – Perante o perigo de ruína ou desmoronamento do seu prédio, que possa causar danos para o prédio vizinho, adotar as providências necessárias para a eliminação do perigo (art. 1350 CC);

d) – O dono de prédio inferior sujeito ao escoamento de águas ou terra, que decorram naturalmente e sem obra do homem, do prédio superior, não pode fazer obra que estorve o escoamento nem o dono do prédio superior fazer obra capaz de agravar o mal (art. 1351 CC).

[341] Bernard Santourens/Jacques Lafond/Béatrice Vial Pedroletti, *Côde des baux*, LITEC, 2007, p. 154.

As limitações impostas entre arrendatários de partes da mesma coisa serão certamente as constantes do *regulamento do condomínio*, sem prejuízo das que forem deliberadas em *assembleias de condóminos*.

A violação destas regras constitui um fundamento típico de resolução do contrato pelo senhorio, contemplado no art. 1083-2, al. *a*). (*v. o comentário a esse preceito*).

Artigo 1072 – Uso efetivo do locado

1 – O arrendatário deve usar efetivamente a coisa para o fim contratado, não deixando de a utilizar por mais de um ano.

2 – O não uso pelo arrendatário é lícito:

***a*) – Em caso de força maior ou de doença;**

***b*) – Se a ausência, não perdurando há mais de dois anos, for devida ao cumprimento de deveres militares ou profissionais do próprio, do cônjuge ou de quem viva com o arrendatário em união de facto;**

***c*) – Se a utilização for mantida por quem, tendo direito a usar o locado, o fizesse há mais de um ano;**

***d*) – Se a ausência se dever à prestação de apoios continuados a pessoas com deficiência com grau de incapacidade igual ou superior a 60%, incluindo a familiares.**

(Redação da Lei nº 31/2012, com alteração, na al. d), introduzida pela Lei nº 79//2014, de 19 de dezembro)

1. Apontamento introdutório

A epígrafe do preceito não é adequada. Aqui já não está a disciplinar-se a *locação*, em geral, mas o *arrendamento*, em particular.

Deveria pois, com propriedade, ter-se escrito *uso efetivo da coisa arrendada*.

Trata-se de uma segunda disposição enunciando mais uma *obrigação do arrendatário*.

Aqui, contempla-se o *dever de uso do prédio arrendado*.

O preceito, em vez de prédio, refere o uso efetivo "da coisa", como se ainda estivesse a disciplinar a *locação*, em geral, quando na verdade se encontra a regular, já, o *arrendamento de prédios urbanos*.

A matéria tem interesse fundamental no âmbito dos *arrendamentos vinculísticos*, a respeito dos quais constitui uma elementar porta de saída – pois, se o arrendatário não usa o prédio ou fração arrendada, não se justifica minimamente que o senhorio não possa libertar-se de quem não passaria então, afinal, de um puro açambarcador arrendatício à sombra de uma renda favorável.

Para os modernos arrendamentos, porém, pensamos que o preceito é praticamente inútil: se o senhorio entender que a falta de uso deprecia a sua propriedade, pode opor-

-se à renovação do contrato, nos termos gerais, libertando-se do arrendatário no termo da sua duração – e parte para outro.

I – No art. 1038, ao enumerar vastamente as *obrigações do locatário*, não se incluiu o *não uso*, que, tradicionalmente, também não se costumava enunciar autonomamente na matéria especificamente dirigida ao *arrendamento*.

Só com a Lei nº 6/2006 se introduziu o presente artigo, que a Lei nº 31/2012 conservou na redação que tinha, acrescentando-lhe apenas a al. *d)* do seu nº 2.

É, todavia, de referir que, anteriormente, embora não existisse um preceito homólogo deste, nem na primitiva redação do CC nem no RAU, já havia, entre os nessa altura taxativos fundamentos de *resolução pelo senhorio*, um deles, constituído pelo *não uso*.

Implicitamente, estava assim estabelecido o *dever de uso* do prédio ou parte de prédio arrendado.

Com a presente disposição, passou tal dever, portanto, a ser expressa e concretamente havido como uma *obrigação do arrendatário*, cujo incumprimento é depois tipicamente descrito, na al. *d)* do art. 1083-2, como um fundamento típico de *resolução pelo senhorio*.

Alterou-se a previsão das excecionais causas de *licitude* do *não uso*, que constam agora do nº 2 do presente artigo, quando antes elas eram estabelecias como circunstâncias em que o fundamento de *resolução* não operava.

Reuniu-se, além disso, num único dever, as formulações legais anteriores dispersas por duas alíneas diferentes, uma prevendo o encerramento por mais de um ano do prédio *arrendado para comércio, indústria* ou *exercício de profissão liberal* (als. *h)* dos arts. 1093-1 [primitivo] CC e 64-1 RAU) e a outra reportando-se à *não habitação* por mais de um ano ou à *falta de residência permanente* (als. *i)* dos arts. 1093-1 [anterior] CC e 64-1 RAU).

O acrescentamento operado pela Lei nº 6/2006 desta previsão atual parece-nos, pois, louvável[342], não só porque dissipa frontalmente qualquer dúvida acerca de que tal matéria continuará depois a ser um só caso em que *se torna inexigível ao senhorio a manutenção do contrato* como ainda porque, de uma penada, ao unificar as duas anteriores *causas de resolução*, se desfaz uma densa teia de desencontros jurisprudenciais e doutrinais que se tinham suscitado à sombra da anterior dispersão.

[342] MENEZES CORDEIRO condenou esta inovação, quando ainda em *Projeto*, sugerindo a sua eliminação. O preceito – escreve – "impõe um uso efetivo que não se justifica para o futuro; uma pessoa pode querer tomar de arrendamento um local para o ter disponível; se pagar a renda e respeitar o contrato, não há obstáculo" (*O novo regime do arrendamento urbano* [O DIREITO, 137º, 2005, II, pp. 334-335]).
Com a formulação definitiva em lei, o preceito tornou-se, porém, igualmente aplicável aos *arrendamentos antigos*, para os quais não podia realmente deixar de ser previsto, sendo essa a sua maior, senão a única, utilidade atual.
As partes podem agora, todavia, contratar o *não uso* por determinado período, ou até segundo o livre critério do *arrendatário*. É uma cláusula que supomos *lícita*, em princípio e em conformidade com a observação do Ilustre Professor.

Atualmente, é um dado certo que, estejamos perante o *encerramento* da atividade a que estava afetado o prédio ou parte de prédio arrendado para *comércio, indústria ou exercício de profissão liberal*, ou então perante a *não habitação* ou *simples falta de residência permanente* no prédio, ou parte dele, arrendado *para habitação*, sempre, em qualquer destes casos, a *falta de uso por mais de um ano* constitui, em princípio, violação de um *dever de arrendatário*, seja ele *habitacional* ou *não habitacional*.

Em suma, deixou de haver a nossa anterior distinção entre *falta de residência permanente* e *não habitação*: o *não uso por mais de um ano* tanto pode consistir numa *total desocupação* do espaço arrendado como apenas numa simples *residência intermitente* ou *não permanente*, quando o *arrendamento* tenha sido dado para a *residência primária* do *arrendatário* e *seu agregado familiar*.

Tudo isto é, atualmente, *não uso efetivo* do espaço predial arrendado "para o fim contratado", a que se refere o nº 1 do preceito em apreço – e quer se trate de *arrendamento para habitação* quer *para fins não habitacionais* (art. 1110-1 CC).

Complementarmente, a utilização da expressão *não uso* substitui com vantagem o termo *encerramento* ou a expressão *conservar encerrado*, dos diplomas anteriores.

Efetivamente, o *encerramento*, como de resto a *cessação da atividade*, eram meros *índices ostensivos* ou factos reveladores do que, no fundo, se traduzia no *não uso* do prédio ou fração arrendada – e é este *não uso* que, na sua essência, tornará inexigível a manutenção do *arrendamento* por parte do *senhorio*, e justifica a rutura contratual, de que a seu tempo nos ocuparemos (v. art. 1082 CC), pois a *não utilização* sujeita o prédio a desgaste e deterioração que causa dano digno de tutela, e seria a todos os títulos injustificável num *arrendamento vinculístico*.

A substituição da expressão legal não teve, por conseguinte, em vista arredar o alcance da lei anterior, mas formulá-lo mais expressivamente no seu preciso conteúdo, esclarecendo-o poderosamente, não apenas para o futuro, mas também relativamente aos casos ocorridos à luz da lei anterior.

> Pode dizer-se com perfeita segurança que, neste sentido, ia já a jurisprudência mais esclarecida e frequente que se ocupou do tema, tanto no domínio, ainda, da primitiva redação arrendatícia do Código Civil como perante o Regime do Arrendamento Urbano.
>
> Respiguemos os sumários das decisões mais importantes a tal respeito.
>
> – Não pode considerar-se encerrado o prédio onde está instalado um estabelecimento comercial cujo proprietário continua a vender a mercadoria do seu ramo que tem em armazém, embora a porta da rua deixasse de se encontrar aberta (Relação de Évora, 02-12-76, *BMJ* nº 265, p. 289).
>
> – O facto de o arrendado ter deixado de ser o local principal do estabelecimento, e passando a ser um simples armazém de mercadorias, não integra o conceito de

encerramento do estabelecimento, para o efeito da resolução do contrato (Relação do Porto, 20-05-80, *Colectânea*, V-III, p. 78).

– Se a loja, a fábrica ou o escritório estiverem encerrados por muito tempo, o arrendamento deixa de ter justificação. Acresce que, para além de o edifício se estragar, o local desvaloriza-se, o que se traduz num prejuízo injusto para o senhorio. E também para o interesse geral que se não compadece com logradouros não aproveitados (Relação do Porto, 07-10-80, *BMJ* nº 300, p. 448).

– Não há encerramento se, destinando-se o prédio a atividade industrial, passa a ser usado como armazém de matérias-primas e produtos acabados, diretamente relacionados com aquela atividade (Relação de Évora, 16-01-86, *Colectânea*, XI-I, p. 222).

– O encerramento do locado só fundamenta a resolução do contrato se, para o arrendatário, nada ali existe de relevante (Relação do Porto, 11-03-93, *BMJ* nº 425, p. 618).

– Mantendo-se o local arrendado a funcionar como armazém, não pode considerar-se que o prédio está encerrado, mesmo que não se exerça ali outra atividade ou não permaneçam lá empregados da arrendatária, se estiver compreendido aquele uso no destino que, contratualmente, se lhe pode dar (SUPREMO, 02-03-95, *BMJ* nº 445, p. 441).

II – A regra é, pois, a de que esta *falta de uso* para o fim contratado, quando perdure por *mais de um ano*, constitui violação de um específico *dever de arrendatário* – e vale aqui, quanto à noção de *não uso*, a conclusão, que já era consensual no domínio das formulações anteriores, de que *não o interrompem* os simples *usos intervalados*, entretanto ocorridos ao longo de um *não uso continuado*.

Não relevam, como bem se julgava já, anteriormente, meras utilizações ou *aberturas esporádicas*, que não descaracterizam o *estado de desocupação* em que é essencialmente mantido o espaço arrendado com o seu *não uso*.

Foi exatamente por isso que, com a redação do RAU, se eliminou o advérbio *consecutivamente*, que sempre tinha figurado nas formulações das leis anteriores, e a despeito das quais se entendia geralmente já assim: para evidenciar que as breves aberturas *esporádicas* não relevam; não, para retirar ao *encerramento* o *trato contínuo* ou *permanente* (na aceção de *não intermitente*), que devia ter.

2. Não uso lícito

O nº 2 deste art. 1072 exceciona da obrigação certas hipóteses temporárias em que o *não uso* será ainda lícito.

São, como se disse, os genericamente enunciados para ambos os tipos de *arrendamento urbano*:

a) – Caso de *força maior* ou de *doença*;

b) – Ausência não superior a *dois anos*, devida a cumprimento de *deveres militares* ou *profissionais* do *arrendatário*, do *cônjuge* ou de quem viva com o arrendatário em *união de facto*;

c) – Se se mantiver a utilização por quem, tendo direito a usar o prédio arrendado, o fizesse há mais de um ano;

d) – Se a ausência se dever a prestação de apoios continuados a deficientes com mais de 60% de incapacidade, incluindo a familiares.

Esta previsão legal inspirou-se em disposições anteriores esparsas pelo final das als. *h)* (dos arts. 1093-1 [primitivo] CC e 64-1 RAU) e pelos n.os 2 (dos mesmos artigos), com o acrescento da prestação de cuidados continuados.

A concentração operada na lei atual tende a acabar com as injustificáveis diferenças de regime que surgiam na legislação anterior para as ressalvas dos *arrendamentos não habitacionais*, por um lado (als. *h)*), e dos *habitacionais* (als. *i)*), por outro.

Analisemos, então, as diversas hipóteses temporariamente saneadoras da *ilicitude* do *não uso* do prédio ou parte de prédio.

I – ***Força maior ou doença.*** A referência ao *caso de força maior* parece-nos despegada do sistema estruturado no nosso CC, surgindo aqui como simples e indesejável sobrevivência de velhas e obsoletas disposições legais.

O *caso de força maior* era uma figura já conhecida do Direito romano, onde se contrapunha diretamente ao *caso fortuito*.

Ulpiano distinguia-os pela *irresistibilidade* que caracterizava o primeiro, ante a *imprevisibilidade* em que se resolvia o segundo.

Deste modo, o *casus maior* designava *omnem vim cui resisti non potest,* enquanto o *casus fortuitus* se definia como aquele quanto ao qual *nullum humanum consilium prævidere potest*.

Era, fundamentalmente, nesta base que, no Código Civil de Seabra, se admitiam as duas figuras, integrando-as entre as três causas justificativas do incumprimento contratual: o *facto do outro contraente*, a *força maior* e o *caso fortuito* (art. 705).

O velho Código, sem embargo de as utilizar em numerosas disposições, não definia nem a *força maior* nem o *caso fortuito*, reconduzindo as duas figuras às noções de Ulpiano que a doutrina se limitava, então, a desenvolver e aplicar.

Na verdade, entendia-se, geralmente, que não havia, de facto, uma distinção de regime jurídico entre a *força maior* e o *caso fortuito*, salvo em áreas especiais de responsabilidade, como as dos *acidentes de viação* ou dos *acidentes de trabalho*, devendo para a generalidade dos efeitos falar-se indiferentemente de *força maior* ou de *caso fortuito*, em consonância, aliás, com a circunstância de, tanto no Código de Seabra como no Código Comercial, serem elas referidas quase sempre conjuntamente.

Nesta base, distribuíam-se essas áreas por três classes de factos que as podiam produzir: os cataclismos desencadeados pelas forças da natureza (tempestades, terramotos, inundações...), o acto de autoridade (*factum principis*) e o ato de terceiro (no qual se inclui a *guerra*)[343].

No fundo, independentemente da sua origem e natureza, todos estes factos vinham a traduzir-se numa situação relevante – a *impossibilidade de cumprimento* por *causa não imputável ao devedor.*

É, efetivamente, a este conceito que recorre o Código Civil em vigor, no seu art. 790-1, em detrimento das antigas categorias da *força maior* e do *caso fortuito.*

Realmente, proclamando-se no art. 790-1 CC, como um princípio geral, que a obrigação se extingue "quando a prestação se torna impossível por causa não imputável ao devedor", compreende-se mal que, depois, no tratamento pontual das hipóteses em que essa *impossibilidade* se manifeste, volte a referir-se esta, lançando mão das velhas expressões *força maior* ou *caso fortuito.*

As referências que ainda se encontrem no Código à *força maior* (p. ex., arts. 321; 505; 509-2, e os revogados 1093-1, al. *h)*, 1093-2, al. *a)* e 1099-2) devem ser tidas, em geral, como puras reminiscências de textos anteriores, que nele afloraram por mera inconsideração.

É o caso da que nos ocupa agora e que, da al. *h)* do primitivo art. 1093-1 CC, foi transposta acriticamente para o atual art. 1072-2 CC, diretamente respigada do art. 64-1 RAU.

O alcance da expressão *força maior*, usado no atual preceito do CC, deverá compreender assim, em nossa opinião, as hipóteses tradicionalmente apresentadas como ilustrações da *força maior* e do *caso fortuito*, mas enformadas segundo o molde do art. 790-1 CC, isto é, modelando-se como uma *impossibilidade* de ocupação do prédio, que seja *objetiva*, e *não imputável ao arrendatário.*

Esta era, de resto, a jurisprudência consagrada pelo SUPREMO[344], a propósito do *caso de resolução* da *não habitação* ou *falta de residência permanente.*

Subscrevemos pois, sem reservas, a tese fundamental sobraçada pelo SUPREMO, nesse aresto, e o alcance que deve ser atribuído à ressalva da *força maior*, a que aludia a al. *h)* do primitivo art. 1093-1 CC: o *não uso* pelo *arrendatário*, por *mais de um ano*, do espaço arrendado, não será fundamento de *resolução* do contrato de arrendamento pelo *senhorio* se foi determinado por factos naturais, da autoridade ou de terceiros, constitutivos de *impossibilidade objetiva de utilização, não imputável ao arrendatário.*

Nesta ordem de ideias, rejeitamos a ideia, por vezes sustentada na doutrina, de encarar esta *impossibilidade* no âmbito de um *juízo de valor* acerca da *razoabilidade* do comportamento omissivo do *arrendatário*: do que se trata é de uma *impossibilidade*, não de uma *causa de justificação* ou de uma *não exigibilidade.*

343 Por todos, no domínio de vigência do Código de Seabra, v. Inocêncio Galvão Telles, *Manual de Direito das Obrigações*, I, Coimbra Editora, 1957, pp. 197-201.

344 Ac. de 6-1-1983 (*BMJ* nº 323, p. 352; *Rev.Leg.Jurs.* 119º, p. 251 – brilhantemente relatado por Mário de Brito).

A esta luz, definem-se claramente as soluções de algumas das hipóteses mais frequentes que põem em jogo o conceito de *força maior* justificativa do *não uso* até ao limite de *dois anos*, tratadas até aqui, quer a propósito do *encerramento* do espaço arrendado para fim *não habitacional*, quer relativamente à *não habitação* ou *falta de residência permanente*.

A – Afigura-se-nos atual a jurisprudência firmada no sentido de a impossibilidade em que estará colocado o *arrendatário* de realizar por si, *ab initio*, a exploração a que se destina o estabelecimento, lhe é imputável, e não poderá assim, atento o disposto no art. 790 CC, considerar-se *força maior* impeditiva [apenas até aos *dois anos*, obviamente] da *resolução* por encerramento há mais de *um ano* – como bem se julgou no ac. Relação do Porto, de 7-4-1987 (*Colectânea*, XII-2, p. 231).

Não só a impossibilidade inicial, mas ainda a subsequente *deterioração económica da atividade* desenvolvida no prédio pelo *arrendatário*.

De um modo geral, convirá a este respeito atentar em que, atendendo à regra estabelecida no art. 791 CC, a *impossibilidade subjetiva* só releva quanto à prestação de *facto infungível*.

O *encerramento* resultante de *dificuldades económicas* do *arrendatário* ou da sua *insolvência* constituirá, portanto, ou uma simples *dificultas præstandi* ou uma *impossibilidade* meramente *subjetiva*, insuscetíveis de integrar *força maior*.

Nesta matéria, deverá, pois, em nossa opinião, considerar-se paradigmático, pelo acerto da sua decisão, o aresto assim sumariado:

– Não constitui motivo de força maior o facto de a arrendatária comercial, atendendo à concorrência, ter vindo a sofrer prejuízos que a levaram a encerrar o estabelecimento. Assim, tal encerramento, durante mais de 1 ano, é causa de resolução contratual e de consequente despejo – Relação de Évora, 4-11-1982 (*Colectânea*, VII-5, p. 261).

A própria *declaração de insolvência*, constituindo uma *impossibilidade* meramente *subjetiva*, não deve ser entendida como *força maior*[345], impondo-se a realização do *trespasse* e regresso à atividade dentro do ano, no âmbito do processo respetivo, sem o que a *massa insolvente* perderá o *direito de locação* do *insolvente*.

Na mesma ordem de ideias e por maioria de razão, não se configura a *força maior* quando o *estabelecimento* (ou apenas o seu *recheio*) seja objeto de *penhora* ou *arresto*.

[345] Foi no que não atentou o ac. Relação de Lisboa, de 4-5-1975 (*BMJ* nº 247, p. 208), ao considerar como *força maior* a *insolvência* não propositadamente provocada pelo *arrendatário*, esquecendo-se de que a *inevitabilidade* tem de ser *objetiva*, e não apenas *subjetiva*, de que podia, com o *trespasse*, evitar-se o *encerramento* e, por cima de tudo isto, de que, em qualquer caso, o *encerramento* jamais poderia protelar-se para além de dois anos sem que, então inexoravelmente, determinasse a resolubilidade do contrato pelo *senhorio*, mesmo que existisse *força maior*.

Estas providências constituem simples *apreensões judiciais*, meras afetações ao fim processual prosseguido, que não envolvem o *encerramento* e não impossibilitam, senão *subjetivamente*, a continuidade da sua laboração.

Importará aliás não esquecer que, nestes casos, é o comportamento do *depositário* (*gestor* ou *liquidatário*) *judicial* que releva, e será a sua omissão, coberta ou não pelos titulares dos interesses que representa, que integrará o fundamento de *resolução* do contrato pelo *senhorio*, como bem se compreenderá e como referimos logo no início deste número.

B – Outra das questões que têm sido controvertidas é a da *deterioração do edifício*, tornando-o impróprio para a aplicação do *estabelecimento* ao fim a que se destina, ou para habitação primária, sem que se realizem as *obras* de *reparação* necessárias.

No ac. da Relação do Porto, de 3-2-1981 (*Colectânea*, VI-1, p. 146), julgou-se que a chuva introduzida pelas fendas do telhado no interior de um estabelecimento comercial, tornando-o impróprio, constitui, em si, *força maior* justificativa do seu encerramento pelo arrendatário.

Para este acórdão, a chuva "é, para o arrendatário, força maior que ele não pode evitar 'dentro das suas forças normais' (cf. ISIDRO MATOS, *Arrendamento e Aluguer*, Atlântida Editora, Coimbra, 1968, p. 114)".

Em nosso parecer, a qualificação não foi rigorosa: nem o *arrendatário* nem o *senhorio* podiam, decerto, evitar que chovesse, mas este facto não era impeditivo da laboração do estabelecimento.

O estado de conservação do edifício é que era o facto interferente na laboração – e a vencibilidade dessa situação estava, pelos vistos, ao alcance de qualquer das partes, não podendo, de modo nenhum, qualificar-se como *força maior*.

Era, portanto, por outro rumo que deveria ser resolvida a controvérsia, não por este – quanto ao qual, aliás, nem curou o aresto de saber se já teriam passado os *dois anos*, caso em que, mesmo havendo *força maior*, a *resolução* teria de ser decretada.

Deu-se efetivamente como provado que se encontrava, "há anos", o prédio "em estado lastimoso e impróprio para o exercício de qualquer atividade".

A *necessidade de obras* só, porventura, em hipóteses muito especiais poderá pois, em nossa opinião, ser tida como *força maior* dilatória da *resolução* por *dois anos* de *não uso*.

C – Em sentido diferente da nossa conceção, foi defendida, a propósito de uma hipótese versada pelo SUPREMO, no seu acórdão de 6-1-1983 (*BMJ* nº 323, p. 352), uma aplicação da *força maior* como *causa justificativa* da *não residência permanente*, com base em esta omissão do *arrendatário* ser, no caso, *aceitável*, *compreensível* e *perfeitamente explicável*.

A controvérsia era a seguinte: em 25 de Maio de 1978, ruiu a parte sul de um prédio da Rua Saraiva de Carvalho, de Lisboa, afetando a parte sul de outro, que ficou por isso sem uma das paredes de duas das nove divisões do andar que no último prédio estava arrendado por 750$00 mensais.

Depois disso, em Abril de 1979, o *arrendatário* mudou a mobília para outra casa que arrendou, no mesmo bairro, e onde passou a fazer a sua vida doméstica.

Na ação de despejo movida pela *senhoria* do andar da Saraiva de Carvalho contra o arrendatário, por *falta de residência permanente*, deu-se como provado que "foi o facto de a autora não ter feito obras no andar arrendado que levou o réu a procurar outra casa".

O SUPREMO julgou configurada a *força maior*, na perspetiva da *impossibilidade* do art. 790-1 CC – pois a derrocada que destruiu a parede das duas divisões era um facto que tornava impossível, por causa não imputável ao *arrendatário*, gozar o andar arrendado, para os fins a que este se destinava, sendo irrelevante, para o efeito, poder o arrendatário realizar as *obras de reposição* necessárias, com direito a reembolso.

Comentando este aresto, o Saudoso Prof. ANTUNES VARELA, aprovou a conclusão jurisprudencial e desaplicou o art. 790-1 CC, sustentando que, ao afastar o *direito de resolução* com base em *força maior* ou em *doença*, a lei queria "efetivamente abranger os casos em que a não habitação ou a falta de residência permanente se torna *compreensível, aceitável, perfeitamente explicável*", em consequência daqueles factos.

Nesta perspetiva, a causa justificativa da saída do *locatário* não estava propriamente em o andar ter deixado de satisfazer à sua necessidade ou em se ter tornado *impossível* ao *arrendatário* gozar o andar arrendado para o fim a que se destinava, mas "em ele, *compreensivelmente, justificadamente, razoavelmente*, o *não querer* habitar, em consequência do facto de força maior registado" (*Rev.Leg.Jurs.*, 119º, p. 275; *os sublinhados da citação são do próprio texto, evidentemente*)[346].

Permanece para nós como inaceitável, neste acórdão, o ter-se convertido a *força maior* (que é uma *força superior* e *insuperável*) numa simples razão *atendível, justificável, compreensível* – e isto era tanto mais inaceitável quanto era certo que a intenção legis-

[346] Na mesma orientação: JANUÁRIO GOMES, *Arrendamentos para habitação*, Almedina, Coimbra, 1994, p. 234 e, segundo parece, ANTÓNIO PAIS DE SOUSA, *Anotações ao Regime do Arrendamento Urbano (RAU)*, 6ª ed., act., Editora Rei dos Livros, 2001, p. 220, nota 53.
Não se pense, porém, que não há jurisprudência representativa desta orientação. Com efeito, relativamente a um prédio urbano que ruiu parcialmente em consequência de um sismo, nos Açores, e quanto ao qual o *arrendatário* insistia em querer continuar a habitar o rés-do-chão respetivo, que ameaçava também ruir, foi julgado, a dado passo: "a imperiosidade de proceder à demolição do prédio tornou precária a continuação do apelante [o *arrendatário*] no gozo do rés-do-chão conforme o fim para que foi arrendado.... impõe-se concluir que a caducidade do arrendamento operou-se então temporalmente com a produção do sismo" – Relação de Lisboa, 19-12-1985 (*Colectânea*, X-5, p. 118).

lativa tinha sido a de cortar as asas ao *arbítrio judicial*, impedindo uma "prudente" mediação do julgador na caracterização dos *casos de resolução* pelo *senhorio*[347].

D – A *falta de residência permanente*, relacionada com *deteriorações não reparadas* pelo *senhorio*, foi encarada em perspetiva diferente pela Relação do Porto, numa decisão que considerou o comportamento do *arrendatário* enquadrável na *exceção de não cumprimento*, e excluiu por esta porta o *caso de resolução* da al. i) do art. 64-1 RAU.

Decidiu-se, com efeito:

– Justifica-se a falta de residência permanente do arrendatário no prédio locado, se os tetos desse imóvel, por se encontrarem em precário estado de conservação, ameaçarem ruína, pondo em perigo a integridade física dos moradores. Trata-se de uma exceção de não cumprimento do contrato por parte do locatário e não de um caso de força maior – Relação do Porto, 16-1-1992 (*Colectânea*, XVII-I, p. 226. V., sobre este acórdão, a anotação de António Pais de Sousa [relator do aresto], nas suas *Anotações ao Regime do Arrendamento Urbano (RAU)*, 1994, 3ª ed., p. 186, nota 46).

Em 1972, pela renda mensal de 700$00, tinha sido arrendado para habitação o 1º andar de um prédio urbano situado em Águas Santas – Maia.

Em data não precisada pelo relatório do acórdão, os tetos começaram a ameaçar ruína, em consequência da humidade, tendo mesmo o teto do quarto de dormir acabado por desabar, em data igualmente não referida – deterioração que foi reparada pelo *arrendatário*.

Apesar das instâncias deste, o *senhorio* jamais reparou o teto e, antes que ele desabasse, o casal *arrendatário* pediu abrigo ao pai ou sogro dos respetivos cônjuges, indo estes residir para Ermesinde, onde passaram a fazer a sua vida.

Com estes dados, a Relação concluiu que, "embora o inquilino seja obrigado a residir permanentemente no imóvel... pode residir noutro local enquanto o senhorio não lhe assegurar o gozo do local com o mínimo de segurança", e era assim "manifesto que em seu favor tinha de funcionar a *exceptio non adimpleti contractus*" (p. 227).

A descrição do acórdão apontava para que deveriam as *obras* em causa considerar-se de *conservação extraordinária*.

[347] Cabe chamar aqui de novo a atenção para a regra de "direito certo", anotada por Pires de Lima – e ainda para estes passos, referidos à aplicação a fim diferente, mas plenamente adaptáveis ao nosso caso, porque de índole geral: "não há aqui violações *não abusivas* ou *pouco abusivas*" – Vasco Lobo Xavier (*Rev.Leg.Jurs.* 116º, p. 179, nota 27); "... é doutrina comum que, no caso de se verificar certa violação do contrato que, por virtude de uma *cláusula resolutiva*, é fundamento de resolução, já não cabe ao juiz apreciar a *importância* dessa violação para efeitos resolutivos" – J. Baptista Machado (*Resolução do contrato de arrendamento comercial/Colectânea*, IX-2, p. 18).

A ser assim, o *senhorio* só seria então obrigado a realizá-las (salvo havendo acordo escrito nesse sentido), *se a sua execução lhe fosse ordenada pela câmara municipal competente* (art. 13-1 RAU).

O *arrendatário*, em presença da necessidade de *obras de conservação extraordinária* tinha, pois, de requerer à câmara que as determinasse – o que, no caso afirmativo, daria direito a *atualização das rendas* (art. 13-2 RAU).

Não o fazendo, de uma coisa, quanto a nós, não poderia certamente lançar mão sem incorrer num autêntico *venire contra factum proprium*: era retirar-se para Ermesinde até à consumação dos séculos, e vir invocar depois, contra a *falta de residência permanente*, a necessidade dessas mesmas *obras* cujo decretamento pela câmara ele não instaurou.

Sobre o mesmo tema decidiu-se ainda:

– I. Ruturas na canalização de água em termos de, logo que aberta a respetiva torneira de segurança, a água se infiltrar e cair no andar inferior não traduz o caso de força maior a que se reporta a al. *a*) do nº 2 do art. 64 RAU. II. Não há entre a obrigação de realização de obras na casa arrendada e o ónus de habitação por parte do arrendatário a correspetividade justificativa da invocação da exceção de incumprimento – Relação de Lisboa, 11-3-1999 (*Colectânea*, XXIV-II, p. 89).

Concordamos plenamente com estas conclusões do douto aresto.

E – Outro caso que se tem analisado, no âmbito da *força maior*, é o de *não habitação* ou *falta de residência permanente* ocorrida em virtude de *prisão* do *arrendatário*.

No sentido de que a *prisão*, em *cumprimento de pena*, deve ser considerada *força maior* que impossibilita o *arrendatário* de viver com carácter de permanência na casa arrendada e, portanto, exclui a *resolução* pelo *senhorio*, decidiu-se no acórdão da Relação de Lisboa, de 5-4-1961 (*Jurs. Relações*, 7º-II, p. 275).

Em contrário, julgou-se, porém, no ac. Relação de Coimbra, de 8-11-1988 (*Colectânea*, XIII-5, p. 69), a considerar procedente a conclusão do recurso de acordo com a qual "o cumprimento de uma pena de prisão como consequência da prática de um crime tipificado na lei, é um evento absolutamente previsível, consequente, evitável e com cuja verificação o agente, ao cometer tal crime praticamente se conforma, não renunciando, apesar de poder prever a cominação da pena, a agir dessa forma" (p. 70).

Na doutrina, Pais de Sousa assumiu uma posição eclética, distinguindo a prisão em *cumprimento de pena*, que não seria caso de *força maior*, da *prisão preventiva incaucionável*, hipótese em que poderia o *arrendatário* "alegar e provar que foi indevidamente preso e pronunciado por não ter cometido o crime".

No primeiro caso, não haveria *força maior* e a *resolução* seria decretável; no segundo, não (*Extinção do arrendamento urbano*, 1985, 2ª ed., p. 291).

Em publicação ulterior, porém, o Ilustre Magistrado não faz distinção alguma e, aderindo à tese de Antunes Varela do *caso de força maior* "compreensível, justificável, perfeitamente razoável, aos olhos de um julgador compreensivo e avisado", passa a sustentar que "a pena de prisão não é caso de força maior" (*Anotações ao Regime do Arrendamento Urbano (RAU)*, 6ª ed., act., Editora Rei dos Livros, 2001, nota 53, p. 220).

Em nossa opinião, é esta a conclusão preferível.

A *resolução* do contrato de *arrendamento* não é uma *pena acessória* e, portanto, seja a *não habitação* ou *falta de residência permanente* devida a *cumprimento de pena* ou a mera *prisão preventiva*, sempre constitui ela uma *impossibilidade* que lhe é imputável, visto que, em última análise, se reconduz a facto seu ou presumivelmente seu.

Não tem a menor relevância para o caso a *presunção de inocência* do arguido até à condenação com trânsito em julgado.

Esta consideração respeita ao puro campo penal; não tem nada a ver com a *resolução* do contrato de arrendamento, que é, neste caso, admitida pelo legislador, em proveito do *senhorio*, sem atinência à culpa criminal e relevando unicamente a não imputabilidade da impossibilidade de habitação a facto do arrendatário.

Por maioria de razão e em face do que ficou dito acima, não há que ter em linha de conta a razoabilidade da omissão do *arrendatário*: a *impossibilidade* tem de ser apurada *objetivamente*, em *direito certo*; não, segundo o *prudente arbítrio* do julgador.

F – Sobre o *ónus da prova* decidiu-se, ainda, com interesse.

– O caso de força maior ou [a] ausência forçada do arrendatário surgem na alínea b) do art. 1093 CC como factos impeditivos da resolução do arrendamento, a provar, portanto, pelo arrendatário (réu), conforme dispõe o nº 2 do art. 342 CPC – Relação de Évora, 12-12-1995 (*BMJ* nº 452, p. 503).

II – ***Ausência devida a cumprimento de deveres militares ou profissionais do arrendatário, seu cônjuge ou paracônjuge.*** Além da *força maior* ou da *doença*, também a *ausência* determinada pelo cumprimento de deveres militares ou simplesmente profissionais (*que não perdurem por mais de dois anos*) constituem segundo motivo de sanação do *ilícito* de *não uso*.

Na doutrina, esta categoria legal, antes qualificada como *ausência forçada*, não tinha concitado grandes desenvolvimentos.

De resto, contemplava apenas o cumprimento de deveres militares ou profissionais do arrendatário, mas a Lei nº 6/2006, num arrobo feminista, incluiu também a ausência determinada pela observância desses deveres por parte do *cônjuge* ou *paracônjuge*.

Repare-se então no caricato da previsão.

O *arrendatário* vive placidamente com a família, na casa arrendada, e, a certa altura, o seu *cônjuge* ou *paracônjuge* é mobilizado para a Bósnia, ou tem de ir fazer uma comissão civil em Angola, por um, dois ou mais anos.

E o que prevê então a lei?

Que o arrendatário meta uma licença ou deixe o seu emprego – e vá também para esses lugares a fazer-lhe companhia. Previdentemente, determina de pronto que, nesta onírica hipótese, o *não uso* da casa estará legitimado até *dois anos*.

E certo é que o legislador de 2012 lhe foi ainda no encalço: *abyssus, abyssum*.

Obviamente, a *ausência* tanto diz respeito ao *arrendamento habitacional* como ao *não habitacional* e não é aplicável ao caso de o *arrendatário* ser uma *pessoa coletiva*. Só tem naturalmente sentido equacioná-la relativamente ao *arrendatário pessoa individual* e, no fundo, não integra uma nova modalidade saneadora, mas apenas uma aplicação particular da *força maior* que, em boa técnica, nem precisava sequer de ser enunciada, para além da *impossibilidade*.

A referência específica à hipótese deriva de se ter querido assinalar-lhe uma duração de eficácia própria, mais longa decorrente da sua especificidade – o limite de *dois anos* de *não uso* dentro dos quais terá eficácia esta espécie legitimadora.

III – ***Utilização mantida por quem, tendo direito a usar o prédio arrendado, já nele vivesse há mais de um ano.*** O terceiro caso de sanação da *ilicitude* do *não uso* é, como vimos, o de se ter deixado, no prédio arrendado, quem o continue a utilizar, suprindo a omissão do *arrendatário*.

Por este aspeto, logo se vê que se insere unicamente no quadro do *arrendamento habitacional*.

É uma previsão legal que vem sendo tradicionalmente prevista na nossa legislação arrendatícia, agora numa *facti species* mais ampla: as leis anteriores aludiam aos *familiares*, e, hoje em dia, refere-se latamente que pode ficar na utilização do prédio ou parte do prédio arrendado, durante o *não uso* do seu *arrendatário*, "quem, tendo direito a utilizar o locado, o fizesse há mais de um ano".

No fundo, abrangem-se aqui, mais claramente, não apenas os *parentes* ou *familiares*, mas *todas as pessoas que vivam em economia comum com o arrendatário*, pertençam ou não à sua *família*[348].

Mas há que insistir na exigência de a pessoa considerada dever preencher dois requisitos:

a) – Há de ter direito a viver na casa;

b) – Já lá deve viver há mais de um ano.

Quem tem direito a viver na casa são, antes de mais, os *familiares* que componham o seu *agregado familiar*: *pais*, *avós*, *filhos*, *netos*, *afins*, etc.

É também a pessoa que com o *arrendatário* viva em *união de facto*, como decorre do disposto no art. 1106-1, al. *b)*).

São, em suma, todos os que vivam com ele *em economia comum* (art. 1093-1, al. *a)*).

[348] Este era já o alcance que MENEZES CORDEIRO/CASTRO FRAGA atribuíam à lei anterior (*Novo Regime de Arrendamento Urbano*, Almedina, Coimbra, 1990, p. 111, nota 4 ao art. 64).

Não basta, no entanto, ter direito a viver na casa; há de, além disso, já lá habitar há mais de *um ano*, quando o *arrendatário* iniciou o seu *não uso*.

Mas pode acontecer que, se se trata, por exemplo, de alguém que tenha vivido até aí *em economia comum* com o arrendatário e, com o *não uso*, ocorra uma cessação dessa situação.

Em tal hipótese, a jurisprudência anterior era firme no sentido de que não se verificava a legitimação do *não uso* do arrendatário[349].

IV – ***Não uso em virtude de prestação de apoios continuados a deficientes com mais de 60% de incapacidade.*** Esta é uma hipótese de legitimação do *não uso* acrescentada apenas com a Lei nº 31/2012.

Parece óbvio, sem embargo da deficiência verbal de que a alínea padece, que só releva a prestação de apoios continuados a pessoa a quem o arrendatário está obrigado a prestar assistência.

Se ele pertence a um voluntariado, no exercício do qual proporciona esses apoios, tal facto não servirá para legitimar o seu *não uso* da casa arrendada.

São certamente pessoas a quem deva assistência: o *cônjuge* (art. 1672 CC), os *pais* e os *filhos* (art. 1874-1 CC).

3. Dilação temporal

Se, pois, não há dúvida de que se encontram agora – e bem – identificadas as ressalvas temporárias à ilicitude do *não uso* por parte do *arrendatário*, para todos os *arrendamentos urbanos*, sobrou ainda, do aproveitamento muito substancial e preguiçoso que se fez de textos da antiga legislação, um discurso de entendimento não muito claro.

Repare-se.

Só para a *ausência* (al. *b)*) se afirmou um limite temporal, de *dois anos*, de eficácia da ressalva. Para os casos de *força maior* ou de *doença* (al. *a)*) ou de utilização do prédio ou fração por quem, sem ser o arrendatário, tenha o direito de o usar e já o use há mais de um ano (al. *c)*) ou ainda de afastamento para prestação de cuidados continuados (al. *d)*), deste art. 1072-2 CC, não se estabeleceu qualquer referência ao respetivo limite temporal de relevância legitimadora do *não uso*.

Na legislação anterior à Lei nº 6/2006, ainda se estabelecia expressamente, para o *encerramento por mais de um ano* do prédio arrendado para *uso não habitacional*, que a *força maior* ou a *ausência forçada*, detersivas da infração do arrendatário, só a sanavam desde que não se prolongassem "por mais de dois anos"[350].

[349] Assim, designadamente: Relação do Porto, 12-06-80 (*BMJ* nº 298, p. 363; Relação de Lisboa, 24-04-81 (*Colectânea*, VI-2, p. 205); Relação do Porto, 04-05-92 (*BMJ* nº 417, p. 815; Relação do Porto, 27-09-94 (*BMJ* nº 439, p. 646); Relação do Porto, 15-04-99 (*BMJ* nº 486, p. 365).

[350] Rezava assim a al. *h)*, tanto na primitiva redação do art. 1093-1 CC como na do art. 64-1 RAU: "*h)* – Conservar encerrado, por mais de um ano, o prédio arrendado para comércio, indústria ou

Eram os mesmos *dois anos* que justificavam a *falta de uso habitacional* motivado por cumprimento de *deveres militares* ou *comissões de serviço público ou particular.*

Só não havia limite para a sanação da ilicitude para a *falta de habitação por caso de força maior ou doença*, ou que se socorresse da presença de *familiares* na *casa de morada da família* – mas, quanto a esta, a jurisprudência encarregou-se de a limitar firmando que a ocupação por familiares do arrendatário só era relevante se se mantivesse entre aqueles e este *um vínculo de dependência económica* e o arrendatário continuasse numa *permanente ligação económica com o prédio*[351].

Na redação atual, a dimensão temporal do facto sanatório só subsiste, como se disse, relativamente ao caso da *ausência* em *cumprimento de deveres militares* ou *profissionais* do *arrendatário*, do seu *cônjuge*, ou de quem com o primeiro viva em *união de facto*.

O que então perguntamos, perante a falta de uma referência concreta para os outros casos, é por quanto tempo poderá perdurar então a eficácia sanatória do facto legitimador do *não uso do arrendatário?*

Não dispomos de trabalhos preparatórios que nos ajudem a dar resposta à pergunta. Não há ainda, que tenhamos dado conta disso, jurisprudência; e a doutrina tem sido geralmente omissa a seu respeito.

Começámos, pela nossa parte, a gizar uma construção sobre ela, de que não estamos já muito certos.

Meditando hoje mais maduramente sobre o tema, continuamos no entanto a pensar que, a entender-se que a sanação do incumprimento do *dever de uso* seria por tempo ilimitado, isso conduziria a eternizar a violação: estabelecia-se um *dever de uso* e, ao mesmo tempo, *sanava-se o não uso indefinidamente.*

Suponhamos estes casos práticos de *força maior* e de *doença.*

O *arrendatário* vive sozinho numa casa arrendada. Entretanto, é condenado a vinte anos de prisão. O *não uso* da casa fica justificado por todo esse tempo?

Ou então o *arrendatário* tem um acidente e fica em coma hospitalizado durante dezoito anos como o célebre caso do toureiro? O *não uso* da residência ao longo desse período é lícito?

Parece indiscutível que tem de haver um limite temporal para a justificação.

Sendo assim, continuamos a pensar que, fora dos casos de *ausência* cuja legitimação só é eficaz até *dois anos*, nas outras hipóteses de *não uso* terá de haver também um limite temporal de eficácia da respetivo facto legitimador – o qual terá de ser menor, que os *dois anos* de ausência em comissão militar ou civil, pois este termo tem sempre, tradicionalmente, sido considerado como o de maior duração.

exercício de profissão liberal, salvo caso de força maior ou ausência forçada do arrendatário, que não se prolongue por mais de dois anos".

[351] Assim: Relação do Porto, 12-06-80 (*BMJ* nº 298, p. 363; Relação de Lisboa, 24-04-81 (*Colectânea*, VI-2, p. 205); Relação do Porto, 04-05-92 (*BMJ* nº 417, p. 815; Relação do Porto, 27-09-94 (*BMJ* nº 439, p. 646); Relação do Porto, 15-04-99 (*BMJ* nº 486, p. 365).

Se, por outro lado, ao estabelecer-se o *direito de resolução pelo senhorio* em vista do *não uso* do arrendatário, se referiu que ele se consolidava, passado *mais de um ano* sobre a violação (art. 1083-2, al. *d)*), tem de ser este o limite máximo de não utilização.

Ao fixar, porém, esse *mais de um ano*, a alínea ressalva, a final, os "casos previstos no nº 2 do artigo 1072".

Que quer isto dizer?

Que, nesses casos, temos de esperar mais um ano, como a princípio, nos pareceu?

Pensando melhor, parece-nos hoje que não.

O que se ressalva é a causa justificativa de um *não uso*, e este, como se declara no art. 1072-1 CC, *não pode ultrapassar um ano*.

Dentro desse ano, é sempre *ilícito*, salvo se tiver uma causa de legitimação que se não prolongue por *mais de um ano* – porque, completado este período, até aí paralisado pela sanação, dispara o direito de resolução do senhorio, nos termos da citada al. *d)* do art. 1083-2 CC.

Artigo 1073 – Deteriorações lícitas

1 – É lícito ao arrendatário realizar pequenas deteriorações no prédio arrendado quando elas se tornem necessárias para assegurar o seu conforto e comodidade.

2 – As deteriorações referidas no número anterior devem, no entanto, ser reparadas pelo arrendatário antes da restituição do prédio, salvo estipulação em contrário.

(redação da Lei nº 6/2006)

1. Pequenas deteriorações

A locução *pequenas deteriorações* "necessárias para assegurar o conforto e comodidade" do *arrendatário* parece uma forma de expressão pouco feliz, que tem sobrevivido a todas as revisões e continua a aparecer artigo.

Na nossa perspetiva, não se concebem facilmente, com efeito, *deteriorações* que se destinem a assegurar o *conforto* ou *comodidade* – a menos que se tratasse de um *arrendatário troglodita*.

Deteriorar é *estragar*. O que poderá um *arrendatário prudente* estragar para, precisamente, assegurar o seu conforto e comodidade?

Antunes Varela revelou que tal afirmação do Código Civil (o primitivo art. 1092) constituía uma inovação trazida pelo *Anteprojeto Galvão Telles*, e exemplificava assim as *pequenas deteriorações* voluntariamente provocadas no prédio para assegurar o *conforto* e *comodidade* do *arrendatário*, depois de proclamar que também elas não contrariavam as regras da *utilização prudente* do prédio: introdução nas paredes de canos para o aquecimento, colocação de postes ou de antenas para o serviço de rádio ou de televisão, introdução de pequenos suportes para a colocação de espelhos, retratos, gravuras, armários, abertura de uma janela ou postigo para ventilação da casa, abertura e colocação de uma porta destinada a facilitar a comunicação entre duas salas da casa[352].

Em nossa opinião, porém, por um lado, os casos apontados não podem considerar-se como verdadeiras *deteriorações*, mas como *adições* ou *obras de beneficiação* (pelo menos, *alterações*) e, por outro lado, se caíssem sob a alçada das regras de *prudente utilização*, ou tornariam inútil o preceito que as refere ou o colocavam em conflito com a disposição do art. 1043-1 CC, segundo o qual, "na falta de convenção em contrário, o locatário é obrigado a manter e restituir a coisa no estado em que a recebeu, ressalvadas as deteriorações inerentes a uma prudente utilização, em conformidade com os fins do contrato".

A lei faz pois aqui, se bem nos parece, uma confusão simplista, se nos ativermos aos exemplos apresentados, entre *deteriorações* e *inovações materiais* – confusão que importará deslindar, para uma compreensão perfeita do tema e do próprio significado profundo do seu texto.

I – Assim, no rigoroso sentido do termo, as *deteriorações* constituem o *desgaste produzido através do uso do prédio, ou por direta ação do arrendatário.* É propriamente a elas que se refere, para a *locação*, a ressalva final do art. 1043-1 CC.

II – As *inovações materiais*, por seu turno, correspondem a uma realidade distinta. São *transformações ou acrescentamentos à identidade física do prédio, mais ou menos importantes, que se destinam a conservá-lo, a melhorá-lo ou a dar-lhe aptidão para proporcionar ao utente um uso mais confortável.*

Não constituem, portanto, *uma forma de uso*, mas *uma obra* ou *implantação*, uma ou outra, destinadas a manter ou elevar a qualidade, ou a proporcionar algum "conforto e comodidade" ao *uso do arrendatário.*

O nosso Código Civil chama-lhes *benfeitorias*, que define como "*todas as despesas feitas para conservar ou melhorar a coisa*" (art. 216-1), e distribui-as por três modalidades específicas: as *benfeitorias necessárias*, as *benfeitorias úteis* e as *benfeitorias voluptuárias* (art. 216-2).

[352] PIRES DE LIMA/ANTUNES VARELA, *Código Civil Anotado*, II, 4ª ed., Coimbra Editora, 1997, p. 485. Para mais exemplos, na mesma corrente de pensamento, à luz da primitiva redação do Código Civil: MÁRIO FROTA, *Arrendamento Urbano Anotado e Comentado*, Coimbra Editora, 1987, pp. 225-226.

Oliveira Ascensão considera duplamente incorreta a definição do nosso Código Civil. Por um lado – nota – a *benfeitoria* pode não representar uma *coisa*, como quando consiste na simples pintura do prédio; por outro, pode não representar uma *despesa*, como quando tenha exigido apenas trabalho[353].

Na verdade, nós não nos situámos na perspetiva patrimonial do Código, quando tentámos dar ideia da *inovação material*, reconduzindo-a a uma simples *despesa*, mas iluminando a própria realidade material consistente na *obra*, ou *implantação* que a *inovação* ou *benfeitoria* encerra.

Ainda assim, cremos que a crítica do Ilustre Professor será excessiva, pois o nosso Código Civil, no seu art. 216-1, não define a *benfeitoria* como uma *coisa*, mas como uma *despesa para conservar ou melhorar a coisa* (e a pintura das paredes constitui um *opus* que envolve uma *despesa*, pois sempre envolve um trabalho, o qual, como costuma dizer-se, *custa dinheiro*).

Como já tem sido precisado na doutrina estrangeira, umas vezes, estas *inovações* ou *benfeitorias* constituem modificações "na essência intrínseca da coisa", denominando-se então *intrínsecas*, porque se unem e incorporam, sem identidade própria, na substância do prédio, sendo absorvidas pela essência dele – e *extrínsecas*, quando são separadas ou, embora unidas e incorporadas na estrutura do prédio, não chegam a fundir-se na sua essência, permanecendo com autónoma identidade[354].

Tanto as *inovações* ou *benfeitorias* como as *deteriorações* podem, naturalmente, ser *de maior ou menor importância* e classificar-se, nessa perspetiva e adotando a nomenclatura da nossa lei para as *deteriorações*, em *consideráveis* ou, pelo contrário, *pequenas* ("pequenas deteriorações" – nº 1 deste artigo).

Aqui, quando se declara que "*é lícito ao arrendatário realizar pequenas deteriorações no prédio arrendado quando elas se tornem necessárias para assegurar o seu conforto ou comodidade*", rigorosamente o que se tem em vista não são, pois, *deteriorações*, mas *benfeitorias*.

É quanto a estas que, no termo do contrato, o *arrendatário*, para o efeito do seu levantamento ou indemnização pelo *senhorio*, "salvo estipulação em contrário", é equiparado no art. 1046 CC ao *possuidor de má-fé*.

Com semelhante equiparação, remete-se implicitamente para os arts. 1273-1275 CC, onde se disciplina o regime legal das, como vimos (cf. *supra*, nº 1, *sub* art. 1074), *benfeitorias necessárias*, *úteis* ou *voluptuárias* do *possuidor de boa* ou, pelo contrário, *de má-fé*.

Dizem-se *necessárias* as *benfeitorias indispensáveis à conservação da coisa*.

[353] Cf. *Direito Civil-Reais*, 5ª ed. rev. e ampliada, Coimbra Editora, 1993, p. 109.

[354] Sobre o tema, em especial, podem ver-se: Andrea Tabet, *La locazione-conduzione*, (*Trattato di diritto civile e commerciale*, de António Cicu/Francesco Messineo), Giuffrè – Milano, 1972, pp. 571-579; Massimo Dogliotti/Alberto Figone, *La locazione*, Giuffrè Editore – Milano, 1993, pp. 122-126; Fortunato Lazzaro, *Le locazioni per uso abitativo*, 2ª ed., Giuffrè Editore – Milano, 1993, pp. 449-462.

São *úteis*, na preciosa expressão do Código de SEABRA, aquelas que, "*não sendo indispensáveis à conservação da coisa, lhe aumentam todavia o valor*" (§ 1º do seu art. 499).

São *voluptuárias*, na definição do mesmo Código, "*aquelas que, sem aumentarem o valor da coisa a que são aderentes, servem só para recreio do possuidor*" (§ 1º do art. 500).

Deste modo, o *arrendatário*, como *possuidor de má-fé*, tem direito a ser indemnizado das *benfeitorias necessárias* que tenha feito (primeira parte do art. 1273-1 CC).

Quanto às *benfeitorias úteis*, terá apenas direito a levantá-las, *se o puder fazer sem detrimento da coisa* ou, não o podendo, *a ser indemnizado segundo as regras do enriquecimento sem causa* (art. 1273-1-2 CC) – ou seja, deverá o *senhorio* prestar-lhe "tudo quanto tenha obtido à custa do empobrecimento ou, se a restituição não for possível, o valor correspondente" (art. 479-1 CC).

No tocante às *benfeitorias voluptuárias*, como *possuidor de má-fé*, não pode nem levantá-las nem haver o valor delas: perde-as, em qualquer caso (art. 1275 CC).

Deve, quanto a elas, o *arrendatário*, no momento de as realizar, ter presente o custo delas, que irá perder, pois o *senhorio* não é obrigado a ressarcir dispêndios que serviram apenas para recreio do *arrendatário*, e não do seu.

Relativamente aos contratos anteriores ao RAU ou ao Decreto-Lei nº 257/95, a Lei nº 6/2006 trouxe, no entanto, uma inovação: o *arrendatário*, quanto a esses contratos, na sua cessação e "salvo estipulação em contrário", passa a ter direito de *compensação* "pelas obras licitamente feitas, nos termos aplicáveis às benfeitorias realizadas por possuidor de boa-fé" (art. 29-1, conservado *ipsis verbis* pela Lei nº 31/2012).

Esta disposição deve ser aproximada do estatuído no novo art. 1074-5 CC, para os *contratos posteriores*, segundo a qual, também *salvo estipulação em contrário* e no final do contrato, o *arrendatário* terá direito a uma *compensação* "*pelas obras licitamente feitas, nos termos aplicáveis às benfeitorias realizadas por possuidor de boa-fé*".

O *direito à compensação* no final do contrato, estabelecido nos dois preceitos, parece perfeitamente compreensível, dado que se reportam, ambos, a *obras lícitas*, realizadas pelo *arrendatário* no *espaço arrendado*.

É justo que seja indemnizado – e dado que não se está agora, como há pouco, perante "*deteriorações*" *feitas para maior conforto e comodidade*, parece-nos perfeitamente aceitável a sua aferição pelos direitos do *possuidor de boa-fé*.

No fundo, porém, a diferença entre as duas perspetivas (a do *possuidor de má-fé* e a do de *boa-fé*) afigura-se-nos insignificante, e traduz-se nisto.

Quanto às *benfeitorias necessárias* e *úteis*, a *compensação* não varia de um caso para outro.

Quanto às *voluptuárias*, o *arrendatário* poderá levantá-las, "*não se dando detrimento da coisa*" (art. 1275-1 CC, segunda parte).

É precisamente o recurso ao regime das *benfeitorias* que o artigo 1075, que se segue, manda aplicar (art. 1075-5).

III – Nesta conformidade, a *reparação de deteriorações* que deve, segundo o nº 2, fazer-se antes da restituição do prédio ou fração, restringe-se àquelas que resultaram da própria *benfeitoria* introduzida pelo *arrendatário.*

Artigo 1074 – Obras

1 – Cabe ao senhorio executar todas as obras de conservação, ordinárias ou extraordinárias, requeridas pelas leis vigentes ou pelo fim do contrato, salvo estipulação em contrário.

2 – O arrendatário apenas pode executar quaisquer obras quando o contrato o faculte ou quando seja autorizado, por escrito, pelo senhorio.

3 – Excetuam-se do disposto no número anterior as situações previstas no artigo 1036 e no artigo 22-A do regime jurídico das obras em prédios arrendados, aprovado pelo Decreto-Lei nº 157/2006, de 8 de agosto.

4 – (*Revogado*)

5 – Salvo estipulação em contrário, o arrendatário tem direito, no final do contrato, a compensação pelas obras licitamente feitas, nos termos aplicáveis às benfeitorias realizadas por possuidor de boa-fé.

(Redação da Lei nº 6/2006 e da Lei nº 13/2019 de 12 de fevereiro, que alterou o nº 3 e revogou o nº 4)

1. Apontamento introdutório

O nº 1 deste preceito, ao atribuir ao *senhorio* a obrigação de executar *obras de conservação,* insere-se no quadro básico das obrigações do *locador,* sujeito jurídico da *locação,* de que o *arrendamento* de prédio urbano ou fração, que se começou a regular desde o art. 1064, é uma espécie particular, como o temos vindo a referir.

Nesse quadro, proclama, com efeito, o art. 1031 CC, que são *obrigações do locador*:

a) – Entregar ao locatário a coisa locada;

b) – Assegurar-lhe o gozo desta para os fins a que a coisa se destina.

Ora, assente neste *dever de assegurar o gozo da coisa para os fins a que esta se destina,* inscreve-se, para o *senhorio* do *arrendamento de um prédio urbano* ou fração a obrigação de proceder às *reparações* que se tornarem necessárias para que se assegure o fim a que ele se destina.

É assim que se declara, no nº 1 do artigo presente, que o *senhorio* deverá mandar efetuar as *obras de conservação, ordinárias* ou *extraordinárias,* requeridas pelas leis vigentes ou pelo fim do contrato.

Da primitiva redação do CC, não constava preceito semelhante.

Este começou a ser editado com a Lei nº 46/85, de 20 de setembro, onde se inseriu um capítulo III, composto pelos arts. 16 a 21, subordinado à epígrafe *Obras de conservação e beneficiação,* definindo-as assim, no primeiro destes artigos:

"1 – *São obras de conservação, a cargo do senhorio, as obras de reparação e limpeza geral do prédio e suas dependências e todas as intervenções que se destinem a manter ou a repor o prédio com um nível de habitabilidade idêntico ao existente à data da celebração do contrato e as impostas pela Administração, face aos regulamentos gerais ou especiais aplicáveis para lhe conferir as características habitacionais existentes ao tempo da concessão da licença de utilização, sem prejuízo do estabelecido nos artigos 1043 e 1092 do Código Civil.*

2 – *Constituem obras de beneficiação todas as intervenções não referidas no número anterior nem determinadas por defeitos de construção, caso fortuito ou caso de força maior*".

O preceito, como logo se vê, estava redigido numa expressão literária algo rudimentar e sem ideias muito precisas.

Com o RAU, intentou-se melhorá-lo e, deste modo, estabeleceu-se uma disposição do teor seguinte:

Artigo 11
Tipos de obras

1 – *Nos prédios urbanos e para efeitos do presente diploma, podem ter lugar obras de conservação ordinária, obras de conservação extraordinária e obras de beneficiação.*

2 – *São obras de conservação ordinária:*

a) – A reparação e limpeza geral do prédio e suas dependências;

b) – As obras impostas pela Administração Pública, nos termos da lei geral ou especial aplicável, e que visem conferir ao prédio as características apresentadas aquando da concessão da licença de utilização;

c) – Em geral, as obras destinadas a manter o prédio nas condições requeridas pelo fim do contrato e existentes à data da sua celebração.

3 – *São obras de conservação extraordinária as ocasionadas por defeito de construção do prédio ou por caso fortuito ou de força maior, e, em geral, as que não sendo imputáveis a ações ou omissões ilícitas perpetradas pelo senhorio, ultrapassem, no ano em que se tornem necessárias, dois terços do rendimento líquido desse ano.*

4 – *São obras de beneficiação todas as que não estejam abrangidas nos dois números anteriores.*

Daqui, veio depois a ser transposto para este novo art. 1074 CC, com a Lei nº 6/2006, de 27 de fevereiro, e outra redação – que a Lei nº 31/2012 e, depois, a Lei nº 43/2017 respeitaram, e é, portanto, a atual.

Há de reconhecer-se que o preceito se encontra agora expurgado da carga inicial de inspiração vinculística que vinha de trás, a qual imiscuía no Direito arrendatício obrigações da legislação administrativa, estabelecia um apertado e minucioso regime de conservação material do prédio e pesava violentamente sobre o *senhorio* – para além de uma *renda de favor* que tinha de suportar por mais de uma vida, quando não de duas.

2. Obras de conservação a cargo do senhorio

Por isso, o nº 1 do presente artigo aligeirou a *facti species* legal, limitando-se a prescrever que cabe ao *senhorio* executar todas as *obras de conservação, ordinárias* ou *extraordinárias,* requeridas pelas leis vigentes ou pelo fim do contrato – sem mais especificações e ressalvando expressamente que, no contrato, esta obrigação se subtraia à responsabilidade do *senhorio* e se atribua antes à do *arrendatário,* o que dantes não se estabelecia.

Já não se perde tinta a definir o que são *obras de conservação,* ou quais serão as que se consideram *ordinárias* e quais as que se têm como *extraordinárias.*

Ficou apenas no art. 4º-1 do diploma complementar desta matéria, que é o Decreto-Lei nº 157/2006, de 8 de agosto, uma definição abstrata de *obras de remodelação ou restauro profundos*: as "*nomeadamente de conservação e reconstrução que obrigam, para a sua realização, à desocupação do locado*" – e curiosamente, se recorrermos à legislação especial para encontrar aí a sua caracterização, acabaremos por identificar a *conservação* com o próprio *restauro,* como ocorre na al. *f)* do art. 2º do Decreto-Lei nº 555/99, de 16 de dezembro (redação conservada com o Decreto-Lei nº 136/2014, de 9 de setembro), que disciplina a *urbanização e edificação,* onde se declara que são *obras de conservação* as "*destinadas a manter uma edificação nas condições existentes á data da sua construção, reconstrução, ampliação ou alteração, designadamente as obras de restauro, reparação ou limpeza*".

De qualquer modo, a distinção tem um interesse muito limitado, visto a relevância prática do tema se encontrar, hoje em dia, confinada ao resíduo vinculístico subsistente.

No *arrendamento urbano,* agora contemplado, a regulação pormenorizada e apertada das *obras* a cargo do *senhorio* é inútil, porque é a prática que as impõe, ao ter que se apresentarem ao *arrendatário* instalações que o conservem na casa.

I – De todo o modo, é de fixar que a disciplina do nº 1 do presente artigo se reporta estritamente a *obras de conservação,* sejam elas *ordinárias* ou *extraordinárias,* requeridas *por lei* ou *pelo fim do contrato.*

Mas o que são *obras de conservação, ordinárias* ou *extraordinárias,* em cuja definição e destrinça, como se disse, a lei não se preocupou?

Propriamente, quanto à ideia de *obras,* valerá a pena referir que em outros pontos relativos à *locação,* em geral, ou ao *arrendamento,* em particular, o Código nomeia-as, designadamente, no art. 1038, al. *e),* quando impõe ao *locatário* que tolere "quaisquer *obras* ordenadas pela autoridade pública"; no art. 1083-3, quando, em correlação com este preceito, confere ao *senhorio,* o *direito de resolução* do contrato em virtude de o *arrendatário* se opor em termos contrários aos concedidos nos n.os 3 e 5 do art.1084, "à realização de *obra* ordenada pela autoridade"; ou no art. 1101, al. *b),* ao reconhecer ao *senhorio* o direito de *denúncia* de um *arrendamento urbano* de *duração indeterminada* "para demolição ou realização de *obra de remodelação ou restauro profundos*".

Além disso, o presente art. 1074, no seu nº 5, estabelece ainda, em termos que adiante desenvolveremos, que, no final do contrato, salvo estipulação em contrário, o *arrenda-*

tário tem direito "a compensação pelas *obras* licitamente feitas, nos termos aplicáveis às *benfeitorias* realizadas por possuidor de má-fé".

Aproxima, assim, as *obras* das *benfeitorias* – e certo é que esta aproximação ocorre ainda no art. 1046-1, *in fine*, quando, relativamente ao *locatário*, se referem as "*benfeitorias* que haja feito na coisa locada".

Que destrinça ou que afinidade haverá entre os dois termos?

Já vimos, em comentário àquele preceito (*supra*, 1. *sub* art.1046), que, no fundo, são termos sinónimos: as *benfeitorias* constituem as *obras* realizadas no espaço arrendado; as *obras* são as *benfeitorias* aí levadas a cabo.

Compreende-se, por isso, que os textos legais mais recentes prefiram disciplinar o seu regime legal reportando-se expressamente a *obras*, em vez de a *benfeitorias* (reveja-se também sobre o tema o referido em comentário ao art. 1073 (*sub* 1-II).

Umas e outras constituem, em si, uma *edificação*, no sentido em que, atendendo à definição legal, o art. 2º do Decreto-Lei nº 555/99, de 16 de dezembro, a descreve como constituindo "*a atividade ou o resultado da construção, reconstrução, ampliação, alteração ou conservação de um imóvel destinado a utilização humana, bem como de qualquer outra construção que se incorpore no solo com carácter de permanência*".

Obra é, pois, mais simplesmente, *uma realização de construção civil*, como a pintura da parede, a substituição de uma janela de madeira apodrecida, de uma telha partida ou de todo o telhado, a implantação de um anexo, de um tanque, de estátuas de embelezamento do jardim, ou de um baloiço para recreio das crianças, etc.

Obra ou *benfeitoria* é tudo isto.

II – Como, porém, se distinguirão, entre si, as *obras de conservação* das que a não são?

Interessa a distinção, porque só as primeiras, não também as segundas, estão compreendidas neste art. 1074, mas nem no preceito nem noutro lugar do CC se faz hoje uma sistematização dos diferentes tipos de *obras* que constituam obrigações do *senhorio.*

Também no Direito antigo não existia esta distinção.

O Código de Seabra, no seu art. 1606, 2º *item*, consignava apenas que o *senhorio* estava obrigado "*a conservar a coisa arrendada no mesmo estado durante o arrendamento*" e o Decreto nº 5:411, de 17 de abril de 1919, limitou-se a reproduzir esta norma, no seu art. 15, nº 2º, e a glosar esta disposição estatuindo que ele estava obrigado "*a conservar o prédio arrendado no mesmo estado durante o arrendamento*".

Foi só com a Lei nº 46/85, de 20 de setembro, que veio a estabelecer-se uma sistematização mais completa. Dispunha assim:

Artigo 16
(Conceito)

1. São obras de conservação, a cargo do senhorio, as obras de reparação e limpeza geral do prédio e suas dependências e todas as intervenções que se destinem a

manter e repor o prédio com um nível de habitabilidade idêntico ao existente à data da celebração do contrato e as impostas pela Administração, face aos regulamentos gerais ou locais aplicáveis, para lhe conferir as características habitacionais existentes ao tempo da concessão da licença de utilização, sem prejuízo do estabelecido nos artigos 1043 e 1092 do Código Civil.

2. Constituem obras de beneficiação todas as intervenções não referidas no número anterior nem determinadas por defeitos de construção, caso fortuito ou caso de força maior".

Aqui se incluía, como se vê, entre as obrigações que resultavam para o *senhorio* do contratado arrendamento, as impostas pela Administração, pelo só facto de ser proprietário do prédio

O RAU retomou o tema, no seu art. 11, dando-lhe uma arrumação melhor, mas mantendo-a, no essencial.

De qualquer modo, a destrinça ficou clara e podíamos então enuncia-la assim: *obras de conservação* são aquelas que *se destinam a manter o prédio ou fração arrendada no estado físico que apresentava aquando do arrendamento.*

Obras de beneficiação são *todas as outras.*

Com a Lei nº 6/2006 a matéria levou uma volta e, neste art. 1074-1, vazou a disciplina que, primeiro, a Lei nº 31/2012 e, depois, a Lei nº 43/2'17 mantiveram integralmente.

Como logo se vê, a disposição continua a incorrer num equívoco, que vem já do Decreto nº 5:411, ao incluir aqui, entre obrigações que decorram do *contrato de arrendamento* e ligam *senhorio* e *arrendatário*, as decorrentes da relação entre o *senhorio* proprietário do prédio e a Administração Pública, quanto às quais, obviamente, só esta tem legitimidade para exigi-las, restando assim ao arrendatário não mais do que solicitar que ela intervenha.

Perante o *arrendatário*, o *senhorio* só está obrigado pelas que derivam do *fim do contrato* sejam destinadas apenas *à manutenção da fração arrendada no seu estado de conservação física* (de *conservação ordinária*) ou quaisquer outras (*de conservação extraordinária*) e, mesmo assim, só *se não houver estipulação em contrário.*

Pode acontecer é que o *senhorio* pretenda, não apenas fazer *obras*, mas *demolir* o prédio ou fração arrendada – e, para esse efeito, há de previamente *denunciar* então o contrato:

a) – De *arrendamento por tempo indeterminado*, como se prevê no art. 1101, al. *c)*; ou,

b) – De *arrendamento vinculístico*, nos termos estabelecidos nos arts. 24 e 25 do Decreto-Lei nº 157/2006.

Vamos, naturalmente, estudar estes dois casos a propósito do art. 1101 (*cf. infra, n.os 2, 3 e 4, sub art. 1101*).

3. Surgimento da legitimação legal da ressalva contratual que ponha a realização de obras a cargo do arrendatário

No nosso Direito mais antigo, as *obras de conservação ordinária* ou *extraordinária*, segundo alguma doutrina, incumbiam injuntivamente ao *senhorio*, como decorreria, à falta, então, de uma concreta disposição legal nesse sentido, da al. *b)* do art. 1031 CC, quando esta preceituava, nessa altura como agora, que o *locador* tinha a obrigação de assegurar ao *locatário* o gozo da *coisa*, para os fins a que ela se destina[355].

Este entendimento, porém, não era pacífico, havendo Autores que, pelo contrário, entendiam que a lei não impedia que todas ou algumas reparações corressem por conta do *locatário*[356].

Entretanto, com a Lei nº 46/85 (arts. 16 e 17) e, depois, no próprio RAU (arts. 12 e 13), com a concretização que os textos legais observaram quanto às *obras* a cargo do *senhorio* e as a cargo do *arrendatário*, perdeu-se um pouco a ideia do carácter supletivo da repartição feita na lei[357].

Simplesmente, com a entrada em vigor do Decreto-Lei nº 257/95, de 30 de setembro, que veio alargar aos *arrendamentos não habitacionais* a faculdade de celebração de *contratos não vinculísticos* que, no RAU, tinha sido estabelecida unicamente para *arrendamentos habitacionais*, expressamente passou-se a permitir que, naqueles *arrendamentos*, se pudesse convencionar que a responsabilidade pelas *obras de conservação* ou de *beneficiação* corressem de conta do *arrendatário*.

O art. 120-1, introduzido no RAU por aquele diploma, proclamou-o abertamente, dispondo nestes termos: "*as partes podem convencionar, por escrito, que qualquer dos tipos de obras a que se refere o artigo 11 do presente diploma fique, total ou parcialmente, a cargo do arrendatário*".

Desde aí, os sucessivos diplomas abriram de par em par, nesta matéria, as portas à liberdade contratual.

Com a frustrada Reforma de 2004, o respetivo art. 1069-1 CC rezava assim, para todo o *arrendamento de prédio urbano*: "*cabe ao senhorio executar todas as obras de conservação, ordinárias ou extraordinárias, requeridas pelas leis vigentes ou pelo fim do contrato, salvo estipulação em contrário*".

Estava lançada a nova ordem.

A Lei nº 6/2006, reproduziu textualmente o preceito – e a Lei nº 31/2012 seguiu-lhe o exemplo, como se vê, sem que a Lei nº 43/2017 ou a 13/2019 modificassem esta disciplina.

[355] F. M. Pereira Coelho, *Direito Civil*, I *Arrendamento*, ed. pol., Coimbra, 1977, p. 118; *Arrendamento*, ed. pol., Coimbra, 1984, pp. 126-128

[356] Assim: Pires de Lima/Antunes Varela, *Código Civil Anotado*, II, Coimbra Editora, 1981, p. 346. Aderimos a este entendimento no nosso *Curso de Direito dos Arrendamentos Vinculísticos*, Almedina, 1984, p. 306.

[357] Embora não faltasse quem continuasse a sustentar o carácter supletivo da repartição legal. Assim: Pedro Romano Martinez, *Direito das Obrigações – Contratos*, 2ª ed., 4ª reimpressão, Almedina, 2002, p. 191, n. 1.

E compreende-se bem que assim o deva ser. Se é o *senhorio*, que se obriga a proporcionar o gozo da coisa para o fim a que ela se destina, também, naturalmente, deverá ser ele, em princípio, a responsabilizar-se pelas *obras de conservação* de que a fração ou prédio arrendado venham a carecer, no decurso da duração do contrato.

Por outro lado, será igualmente de admitir, em alternativa, que, sendo o *arrendatário* quem vai dar uso ao prédio ou fração – e o uso desgasta – que, livremente, se possa estabelecer no contrato que seja antes o *arrendatário* a suportar o peso das *obras de conservação*.

– A partir da entrada em vigor do Novo Regime do Arrendamento Urbano aprovado pela Lei nº 6/2006, de 27/02, o legislador permite que as partes no contrato de arrendamento urbano, no uso da sua autonomia contratual, procedam à definição das obras que competem a cada um dos sujeitos desse contrato
– Relação do Porto, 23-03-2015 (*Colectânea*, nº 261, p. 308).

– Clausulado no contrato só serem permitidas as obras autorizadas por escrito pelo senhorio, e ficarem as feitas nestas condições a pertencer ao prédio, não podendo o arrendatário exigir benfeitorias nem invocar direito de retenção, tal significa que ficou afastado, por consenso entre as partes, o direito do arrendatário a ser indemnizado por quaisquer benfeitorias no locado, autorizadas ou ilicitamente feitas.
– Relação de Lisboa, 10-04-2018 (*Colectânea*, nº 285, p. 115)

4. Autorização contratual, ou avulsa, por escrito, de realização de obras pelo arrendatário

Não havendo, porém, uma cláusula, como a prevista na parte final do nº 1, passará a reger o nº 2 deste art. 1074, segundo a qual o *arrendatário* apenas poderá executar quaisquer *obras* quando o contrato o facule, nos termos da referida ressalva do nº 1, ou quando seja autorizado, *por escrito*, pelo *senhorio*.

Em regra, os *contratos de arrendamento* não prescindem de reproduzir esta norma, acrescentando, geralmente, que a sua realização pelo *arrendatário* não lhe dá *direito a indemnização* nem *direito de retenção*.

Isto faz-se para evitar o expediente dilatório, muito usado, de, quando acionado, o *arrendatário*, para retardar o seu *despejo*, invocar a realização de *obras de conservação*, pelas quais pede, em *reconvenção*, que seja indemnizado, subindo assim o *valor da causa* e a sua manutenção no prédio no exercício de um *direito de retenção*.

Hoje em dia, o expediente já não resulta.

Consagrado expressamente, no contrato, que o *arrendatário* não pode realizar *obras* sem expressa autorização, *por escrito*, do *senhorio*, ficam no entanto de fora as que, como se refere no nº 3 deste preceito, são ressalvadas no art. 1036, isto é, aquelas que se imponham para se assegurar a realização do fim contratual e quanto às quais o *senhorio* incorra em *mora* na sua realização, que se não compadeça com a delonga judicial (art. 1036-1), ou que, pela sua natureza, são de tal forma *urgentes* que não consintam "qualquer dilação", impondo que o *arrendatário* as faça logo, avisando ao mesmo tempo o *senhorio* (art. 1036-2).

Num caso e no outro – na necessidade de se assegurar a realização do *fim contratual* ou perante a *urgência* da sua execução – mesmo que o contrato proíba expressamente o *arrendatário* de realizar *obras* que não sejam autorizadas *por escrito*, não entrará ele em *violação contratual* pelo facto de, então e só então, as realizar. E se não tiver sido convencionado que todas as *obras de conservação* correrão de conta do *arrendatário*, poderá então este, naturalmente, responsabilizar, nesse caso, o *senhorio*, como decorre do preceituado no nº 1 deste art. 1074.

5. Situações excecionais em que, sem que o contrato o faculte ou sem autorização escrita do senhorio, o arrendatário poderá realizar licitamente obras de conservação

À regra posta no nº 2 deste artigo, de que o *arrendatário* só poderá realizar *obras de conservação* no prédio ou fração desde que o contrato o permita ou, não sendo esse o caso, se a tanto o *senhorio* o autorizar, imprescindivelmente *por escrito*, opõe o seu nº 3 exceções muito precisas. São "as situações previstas no artigo 1036".

Que situações são essas?

De um modo geral, são as *reparações* ou *outras despesas*, umas e outras de natureza *urgente*.

Neste momento, importa atentar apenas no que se dispõe, na parte final do prsente número. O *arrendatário* poderá, em tal caso, mandar proceder às *reparações* ou outras obras *urgentes*, com direito a uma *compensação* do seu crédito pelas despesas que tiver realizado "com a obrigação de pagamento da renda".

Para o efeito, deverá, porém, observar o comportamento estabelecido no nº 4: comunicar esse propósito de compensação ao *senhorio* com o próprio *aviso*, que tem de fazer, *antes começar a executar a obra* que vai realizar, e, depois, juntar os *comprovativos das despesas* "até à data do vencimento da renda seguinte".

Obviamente, tais *comprovativos* – escusado seria dizê-lo – deverão observar a legalidade e, assim, incluir o montante de IVA devido.

No tocante à data limite da apresentação deles, a expressão legal não é feliz, apesar de vir já de 2006.

Se os comprovativos datam, por exemplo, de 15 de janeiro e têm de ser apresentados até à data do vencimento da *renda seguinte*, será bem de ver que a *renda seguinte* seria a de fevereiro, a qual, no entanto, de acordo com o preceituado no art. 1075-2, vence-se "no 1º dia útil do mês imediatamente anterior àquele a que diga respeito".

A ser assim, não estaria já o *arrendatário* a tempo de fazer a *compensação*.

Será, pois, mais crível e razoável entender que se terá querido significar que os comprovativos deverão de ser apresentados *até à data em que o arrendatário terá de fazer o pagamento seguinte de renda* que, no caso, é a relativa ao mês de março, vencível em 1 de fevereiro (art. 1075-2).

Em rigor, o que devia ter-se antes consignado seria antes "até â data do vencimento seguinte da renda".

6. Compensação do arrendatário, no fim do contrato, nos termos aplicáveis às benfeitorias por obras licitamente feitas por ele

De acordo com o disposto no nº 5 deste artigo, o *arrendatário* ainda terá direito, *no final do contrato*, e *se isso não tiver sido contratualmente ressalvado*, a outra *compensação*: a de ser indemnizado pelas *obras* "licitamente feitas", nos termos aplicáveis "às benfeitorias realizadas pelo possuidor de boa-fé".

Agora, estão em causa, não as *obras* que foram feitas sem que o contrato facultasse ao *arrendatário* a sua realização e sem que houvesse *autorização escrita* do *senhorio* para tal nem que fossem *urgentes* – essas estão atidas ao regime do nº 3, como se viu – mas outras, *não urgentes* e "licitamente feitas", portanto, contratualmente estipuladas a cargo do *arrendatário* ou autorizadas, *por escrito*, pelo *senhorio*.

Quanto a elas, desde que não haja "estipulação em contrário", isto é, desde que não se tenha estipulado que constituam encargo do *arrendatário*, dar-lhe-ão, "no final do contrato", direito a uma *compensação*, "nos termos aplicáveis às benfeitorias realizadas por possuidor de boa fé".

Esta é uma disposição que não existia no Direito anterior e só apareceu com a Lei nº 6/2006, sem que a frustrada Reforma de 2004 tivesse contemplado preceito análogo – mas parece perfeitamente compreensível.

Se o *arrendatário* realizou *obras*, licitamente, *e se estas não estavam a seu cargo*, só poderia ser considerado de *boa fé*.

Terá, assim, dentro do exposto e nos termos constantes do art. 1273 CC, direito a ser indemnizado pelas *benfeitorias necessárias* que haja feito e a levantar as *úteis* que o possam ser sem detrimento do prédio.

Não podendo elas ser levantadas, deverá o *senhorio* satisfazer o valor delas, "segundo as regras do enriquecimento sem causa".

Até aqui, de nada adiantou tê-lo declarado de *boa fé*, pois o art. 1273 é expressamente aplicável, na sua própria letra, quer o possuidor esteja nessa qualidade, quer esteja de *má fé*.

Quanto às *benfeitorias voluptuárias* é que importa a declaração feita no preceito, pois poderá assim, nos termos do art. 1275-1 CC, levantá-las, "não se dando o detrimento da coisa"; no caso contrário, não as poderá levantar nem haver o valor delas.

Menezes Leitão põe ainda uma hipótese, pouco vulgar mas possível, de o contrato ser totalmente omisso e as obras virem a ser realizadas ilicitamente pelo arrendatário, sustentando que, nesse caso, embora o facto seja *fundamento de resolução* pelo *senhorio* (art. 1083-1 CC), sugere a aplicação da regra geral da *locação* e, assim, do regime do art. 1046-1 CC[358].

[358] Luís Menezes Leitão, *Arrendamento Urbano*, 6ª ed., Almedina, 2013, p. 94.

Não vemos outra solução para essa remota hipótese.

O *arrendatário* deverá, então, nos termos do art. 1273-1 CC, ser indemnizado pelas *benfeitorias necessárias* e levantar as *úteis* que o possam ser sem detrimento do prédio ou ser por elas indemnizado segundo as regras do *enriquecimento sem causa* (art. 1273-2 CC), mas perderá, em qualquer caso, as *voluptuárias*, visto o preceituado no art. 1275-2 CC.

7. O caso particular do regime jurídico de obras realizadas pelo arrendatário em substituição do senhorio

O nº3 do artigo, na redação que lhe foi imprimida pela Lei nº 13/2019, excetua da regra do nº 2, segundo a qual o arrendatário só pode realizar obras no espaço arrendado "*quando o contrato o faculta ou quando seja autorizado, por escrito, pelo senhorio*" as situações previstas no artigo 1036 e no artigo 22-A" do RJOPA.

O primeiro destes preceitos vem tradicionalmente, com efeito, estabelecendo que o arrendatário perante a necessidade de reparações e outras despesas urgentes, quanto às quais o locador esteja em mora e que, por sua natureza, se não compadeçam com as delongas do procedimento judicial, poderá fazê-las, com direito a reembolso.

O art. 22-A, por seu turno, foi acrescentado ao Decreto-Lei nº 157/2006 (que estabeleceu o RJOPA), regula as obras intimadas em execução do disposto no nº 2 do art. 89 do Regime Jurídico da Urbanização e da Edificação, aprovado pelo Decreto-Lei nº 555/99 ou no nº 1 do art. 55 do RJRU aprovado pelo Decreto-Lei nº 307/2009.

Aquele art. 22-A, acrescentado dos arts. 22-B a 22-D foram aditados pela Lei nº 13/2019 disciplinando largamente a imposição de realização das obras constantes dos referidos arts. 89-2 e 55-1.

As primeiras reportam-se àquelas que "a Câmara Municipal pode a todo o tempo, oficiosamente ou a requerimento de qualquer interessado, determinar a execução de obras de conservação necessárias à correção de más condições de segurança ou de salubridade"

As segundas constituem as que são intimadas "ao proprietário de um edifício ou fração a obrigação de o reabilitar, determinando a realização e o prazo para a conclusão das obras ou trabalhos necessários à restituição das suas características de desempenho e segurança funcional, estrutural e construtiva, de acordo com critérios de necessidade, adequação e proporcionalidade"..

São, como se vê, obras que, na prática, são realizadas pelo *senhorio*, que é o fundamental interessado na conservação do edifício e que, só teoricamente, virão a ser realizadas pelo *arrendatário*, em sua substituição, visto que, se a casa deixou de estar em condições, o que geralmente este faz é larga-la e partir para outra que satisfaça as suas necessidades e interesse.

A larga disciplina que o legislador dedicou à compensação do arrendatário, que se substitui ao senhorio na realização destas obras não parece ter volume prático relevante, constituindo a vasta disciplina legal que, por último, lhe foi dedicada, fundamentalmente emblemática.

8. Sanção pecuniária compulsória

– Tirando o caso específico das obrigações pecuniárias previsto no nº 4 do art. 829-A do Código Civil, apenas pode ser imposta ao devedor uma sanção pecuniária compulsória quando este haja sido condenado numa prestação de facto infungível, de carácter negativo ou positivo, e desde que não se trate de prestação que requeira especiais qualidades artísticas ou científicas do obrigado.

Relação do Porto, 23-03-2015 (*Colectânea*, nº 261, p. 308)

DIVISÃO II – Renda e encargos

Artigo 1075 – Disposições gerais

1 – A renda corresponde a uma prestação pecuniária periódica.

2 – Na falta de convenção em contrário, se as rendas estiverem em correspondência com os meses do calendário gregoriano, a primeira vencer-se-á no momento da celebração do contrato e cada uma das restantes no 1º dia útil do mês imediatamente anterior àquele a que diga respeito.

(O conteúdo básico do preceito corresponde ao que se estatuía nos primitivos arts. 1089 e 1090 do CC, agora na redação da Lei nº 6/2006)

1. Obrigação de pagamento da renda

O nº 1 define o *preço* do *arrendamento.*

Como consta do art. 1022, a *locação* presta-se sempre mediante uma *retribuição* (*cf. comentário ao art. 1022, sub 8*).

Não há *locações* gratuitas e o *arrendamento* tem, pois, uma retribuição que particularmente se designa, como resulta deste nº 1, de *renda.*

Esta denominação é significativa. O termo dá logo ideia de que se trata de uma retribuição diuturna, isto é, que se vai fazendo por períodos sucessivos.

A declaração constante deste nº 1 é assim, antes de mais, uma definição do significado verbal do termo: "*a renda corresponde a uma prestação pecuniária periódica*".

Apenas lhe especifica a natureza *pecuniária,* que é própria do *arrendamento de prédio urbano* de que aqui se está a tratar.

O nosso Código Civil refere-se tradicionalmente a *renda* ou *aluguer,* por influência da terminologia espanhola (*renta o alquiler*) que, porém, usa os dois termos em sinonímia, enquanto o legislador português dá a cada um deles um significado preciso, servindo-se do primeiro para exprimir, aqui, a remuneração correspondente a uma *locação de coisa imóvel* e, do segundo, para significar a correspondente à *locação de coisa móvel.*

Não se vê uma razão séria para esta destrinça terminológica, que supomos ser específica da legislação portuguesa: os espanhóis exprimem a contraprestação do locatário indiferentemente pelos vocábulos *renta* ou *alquiler*; os franceses chamam-lhe *loyer*; os italianos, *canone* – mais frequentemente do que *pigione*, ou ainda do que *fitti* [359]; os alemães, *Mietzins*.

I – A natureza *pecuniária* da prestação do *arrendatário* não estava ainda imposta no Código de SEABRA, onde se estabelecia que a *locação*, em geral, podia consistir em certa soma *em dinheiro*, *"ou em qualquer outra cousa que o valha"* – mas passou, com a República, a ser estreitamente estabelecida e confinada a um *princípio nominalista* exclusivamente reportado à *moeda nacional*, como severa garantia vinculística.

Foi efetivamente com o Decreto de 12-11-1910, o diploma que instituiu, entre nós, o *vinculismo arrendatício*, que se começou a estabelecer a imposição de a *renda* ser constituída exclusivamente por "*dinheiro e moeda portuguesa corrente à data do pagamento*" (art. 6º), expressão que, por se ter omitido no Decreto nº 5:411, foi repetida no Decreto nº 9:496, de 14-03-1924 (art. 1º), e veio a ser afinada na versão inicial do CC, onde se exigiu simplesmente que fosse fixada "em escudos" (art. 1089 de então).

A mesma expressão passou depois a constar do RAU (art. 19-1)[360].

Em preparação para a passagem ao *euro*, o Decreto-Lei nº 343/98, de 6 de novembro, substituiu, em diversas disposições legais que referiam à moeda nacional, pela expressão "em moeda com curso legal no País", mas aquela disposição do RAU não foi contemplada.

Foi, pois, só com a Reforma de 2006, que se substituiu a referência a *escudos* pela expressão "prestação pecuniária", que já estava, aliás, projetada com a frustrada Reforma de 2004 e que a Lei nº 31/2012 conservou.

Acabou assim a exigência nominalista que vinha sendo imposta.

[359] "... con le parole 'pigione' e 'fitti', ormai ripudiate dal linguaggio tecnico-giuridico, ma tuttora usate nella pratica, deve intendersi qualsiasi corrispettivo, senza alcuna limitazione, e quindi anche la prestazione unitaria che sia stata esiguida anticipatamente e per intero dal conduttore ed abbia come controprestazione il godimento locativo" – MIRABELLI, *La locazione* (*Tratado* de VASSALLI), 1972, p. 218.

[360] Ainda no art. 19 RAU se determinava que a *renda* seria fixada *em escudos* (depois em *euro*), sendo nula a cláusula pela qual se convencionasse a sua composição em *moeda específica* ou em *moeda estrangeira*, sem prejuízo da validade do contrato (art. 19-2 RAU): *vitiatur, sed non vitiat*.
Como o contrato se mantinha, a estipulação de *moeda estrangeira* era convertida no seu equivalente em *escudos*, "segundo o câmbio do dia e do lugar de celebração do contrato" (art. 19-3 RAU).
Com esta disposição, tinha-se em vista afastar a aplicação do preceituado no art. 558-1 CC, que faria acertar a *renda* em cada vencimento, em oposição ao *bloqueio* arrendatício.

II – A *renda mediante quota de frutos* caracteriza, em princípio, uma *parceria*.

A *parceria pecuária* (arts. 1121-1128 CC) foi expressamente mantida no art. 36-4 do Decreto-Lei nº 294/2009, de 13 de outubro. A *parceria rural*, porém, foi por este diploma proibida para o futuro[361].

Mas a retribuição do *arrendamento* não tem de ser sempre *certa*.

Ela pode, em relação a um *prédio urbano*, ou *fração* e num *arrendamento não habitacional*, ser representada por uma *percentagem de certos lucros*.

É corrente, quanto aos *arrendamentos* de *lojas de centros comerciais*, estipular-se, além da *renda fixa*, uma *renda variável* estabelecida por uma percentagem dos lucros brutos do arrendatário, líquidos de IVA.

Discute-se, no Direito comparado, se é legítima esta *renda variável*.

A nossa jurisprudência admite-a uniformemente, com fundamento em que tal contrato não é de *arrendamento*, mas um *contrato atípico que se rege pela liberdade contratual*.

É um entendimento peculiar que não nos parece de subscrever, como desenvolvidamente referimos em outro lugar (cf. *supra*, art. 1064, *sub* nº 3).

No estrangeiro, porém, encarando estes contratos como verdadeiros *arrendamentos*, e discutindo-se arduamente, nessa base, a legitimidade da *renda variável*, preconiza a doutrina que supomos preferível e mais liberal a sua aceitação, desde que o mesmo se entenda a respeito dos outros *arrendamentos*[362].

Não vemos, no nosso Direito positivo atual, obstáculo à validade de uma cláusula contratual desse teor em *arrendamento não habitacional*.

III – *Periodicidade*. Na definição constante do nº 1 deste artigo, não se declara apenas que a *renda* é uma *prestação pecuniária*.

Acrescenta-lhe, como vimos, outra característica.

Deve ser *periódica*.

Será, porém, ela, uma característica *essencial*; ou apenas *natural*?

[361] É o seguinte o teor do preceito proibitivo:
Artigo 36
Parcerias
1 – É proibida a celebração de contratos de parceria e de contratos mistos de arrendamento e parceria
2 – Os contratos de parceria e contratos mistos de arrendamento e parceria existentes à data da entrada em vigor do presente decreto-lei devem ser convertidos em contratos de arrendamento rural nos 30 dias que antecedem a sua renovação.
3 – No caso de não ter sido convencionada qualquer duração para os contratos de parceria e contratos mistos de arrendamento e parceria existentes à data de entrada em vigor do presente decreto-lei, os mesmos permanecem válidos até à cessação do contrato, por acordo entre os parceiros, ou por iniciativa e vontade expressa, ou morte do parceiro cultivador.

[362] Cf. Jean Derruppé, *La vie du centre comercial* (*Révue de Doit Immbilier*, 1994, nº 4, pp. 571-573).

A propósito da *locação*, em geral, atentámos na sua *retribuição* e tivemos então ensejo de referir que prestação que se faz de uma só vez (*una tantum*) é corrente no *aluguer*, mas pode também ocorrer em certos casos particulares do *arrendamento urbano*.

Isso acontece legitimamente quando o *arrendamento* é de *curta duração* e, portanto, não se compadece com uma retribuição periódica, como nos *arrendamentos de varandas*, para se assistir a cortejos, ou outros *arrendamentos por curtos períodos*, para férias ou serviços determinados ou, em suma, como se referia na versão primitiva do CC, "*para outros fins especiais transitórios*".

Em casos tais, o *arrendamento* é tão breve que não se coaduna com uma *retribuição periódica* e é então geralmente feito *de uma vez* – e, segundo os usos, com o início da sua duração.

Perguntar-se-á se será legítima a *una tantum* em *arrendamentos com prazo certo* de apreciável dimensão temporal.

Será admissível o *arrendamento urbano*, por *quatro anos*, em que a *renda* correspondente a esses quatro anos deva ser paga por inteiro, no primeiro *dia útil* da duração contratual?

É óbvio que não.

Entraria aqui em aplicação o disposto no art. 1076-1 CC, que proíbe uma *antecipação* superior a *três meses*.

E seria assim de concluir que o carácter *periódico* da *renda* só seria essencial quando o contrato tivesse sido estabelecido *com prazo certo* superior a *três meses*.

Mas, e se for o inverso?

Se o contrato for estabelecido pelo *prazo certo* de *quatro anos*, com uma renda mensal de € x, a pagar, na sua totalidade, *no termo do prazo*? Ou *no fim de cada ano civil*, em que manteria o seu carácter *periódico*?

Pode acontecer, na prática, que tenham interesse estipulações deste género – e cremos que serão, estas, inteiramente legítimas.

IV – A *obrigação de pagamento de renda* constitui a *obrigação fundamental do arrendatário*. A sua natureza de verdadeira *obrigação* não suscita a menor dúvida.

Na al. *a)* do art. 1038 CC, exprime-se como a primeira das *obrigações do locatário* a de "*pagar a renda ou aluguer*".

Ela é, na verdade, a fundamental *obrigação* que lhe incumbe, formando a sua contraprestação do sinalagma e constituindo, incontestavelmente, uma *obrigação* em sentido próprio.

São-lhe aplicáveis os preceitos dos arts. 550 a 558 CC.

A sua violação permite ao *senhorio* a *resolução do contrato* (art. 1083-2 CC), em circunstâncias hoje em dia mais suaves, para o infrator, pois só será fundamento de *resolução* quando a *mora* seja igual ou superior a *três meses de renda*, além de o fazer certamente incorrer em *responsabilidade*, pelo *ato ilícito* que por ela comete, nos termos gerais (art. 800-2 CC) (para um desenvolvimento deste ponto, v. *infra*, nº 3-II, *sub* art. 1084).

As mesmas consequências estarão presentes, sem dúvida, nos *arrendamentos vinculísticos* dos contratos antigos (art. 26, n.os 1, 4 a 6 da Lei nº 31/2012).

V – O normativo atual dos *arrendamentos* não prevê, para os novos contratos que se celebrarem, tipos diferentes de *rendas* dentro de qualquer espécie arrendatícia, mas há ainda, para os *arrendamentos vinculísticos* que remanescem, disposições a admiti-los e a estabelecer os seus *regimes*.

O RAU contemplava, para o *arrendamento habitacional*, três tipos

a) – A *renda livre*;

b) – A *renda condicionada*;

c) – A *renda apoiada* (art. 77-1).

No regime de *renda livre*, ela estipulada "por livre negociação entre as partes" (art. 78-1).

No de *renda condicionada*, esta era também de livre negociação, "não podendo, no entanto, exceder por mês o duodécimo do produto resultante da aplicação da taxa das rendas condicionadas ao valor atualizado do fogo, no ano da celebração do contrato" (art. 79-1).

No de *renda apoiada*, "o montante das rendas é subsidiado, vigorando, ainda, regras específicas quanto à sua determinação e atualização" (art. 82-1).

Estes regimes, para os contratos já existentes, foram mantidos em vigor "até à publicação de novos regimes" (art. 61 NRAU).

Tal publicação jamais se fez, como é natural.

Subsistem assim, nos contratos antigos, em particular, aqueles que ainda se encontram em regime de *renda condicionada*.

Quanto aos de *renda apoiada*, têm regime próprio, com legislação específica, no âmbito dos *arrendamentos sociais*[363].

2. Vencimento das rendas

O nº 2 deste preceito, como se vê, ocupa-se do *vencimento das rendas*, estabelecendo a data de cumprimento da obrigação a que o *arrendatário* fica adstrito pelo contrato, a qual, como se viu há pouco, tem carácter *periódico* – ou seja, cada renda constitui uma *prestação distinta* de cada uma das outras e relaciona-se e circunscreve-se ao período a que corresponde.

Isto é diferente de um *cumprimento em prestações*, onde a obrigação do devedor é *única*, mas para ser prestada "por partes", em datas sucessivas, justificando-se por isso, quanto a estas, que o *incumprimento* de uma, determine, como se declara no art. 781 CC, "*o vencimento de todas*".

[363] Sobre este tema específico, para mais desenvolvimentos, cf. o nosso *Manual do Arrendamento Urbano*, I, 5ª ed., Almedina, pp. 575-604.

Não pode, por isso, aplicar-se esta consequência à *falta de pagamento de uma renda*, cabendo a tal incumprimento o regime específico do art. 1083 CC, onde, como pode ver-se, até se concede ao *arrendatário* incumpridor um *termo de graça*.

Note-se ainda que a disciplina específica do nº 2 do presente art. 1075 relaciona-se, mais ou menos estreitamente com outras disposições da lei, como de seguida se verá.

I – O *tempo* e o *lugar* do *pagamento* da *renda* relativos à *locação*, em geral, são disciplinados pelos normativos dos arts. 1039 a 1042 CC. e, para o *arrendamento*, pelos arts. 1075 a 1078 CC.

A – A expressão "na falta de convenção em contrário" assinala o *carácter supletivo* da disposição, mas se esta se faz incluir no articulado do contrato, reproduzindo-a, como acontece geralmente, a convenção aceita o comando legal, que subsiste assim exatamente como se nada tivesse sido convencionado sobre o tema.

A regra supletiva manda considerar que *a primeira renda* se vence "*no momento da celebração do contrato*" e, portanto, se o contrato é celebrado a 25 de certo mês, para ter início no dia 1 do mês seguinte, a renda do primeiro mês da vigência do contrato vencer-se-á, não nesse dia 1, mas, *por antecipação, na própria data do contrato.*

Por seu turno a *renda* do mês seguinte, *ainda por antecipação*, no "*primeiro dia útil do mês imediatamente anterior*".

Nestes casos, note-se que, ao estabelecerem-se tempos de vencimento das *rendas* que antecedem o respetivo período de gozo do prédio, o legislador mistura a disciplina do *vencimento*, que é objeto deste nº 2, com a da *antecipação de pagamento*, de que se ocupa no artigo seguinte (*desenvolveremos, portanto, o ponto no comentário a esse preceito*).

B – O preceito refere que o *vencimento da renda* se faz *em dia útil* e, portanto, se o 1º do mês imediatamente anterior não for *dia útil*, transferir-se-á o vencimento para o *dia útil* seguinte.

Esta exigência específica vem já do Decreto nº 5:411 (art. 37 e § único).

O que seja *dia útil* parece simples de determinar: é tomado como tal o *dia de trabalho*, por contraposição ao que não o é; mas suscitou-se já, entre nós, no limite, jurisprudência desencontrada.

Não tem havido dúvida de que não são *dias úteis* os *domingos*, os *sábados* e os *feriados*.

Onde os tribunais divergiram foi quanto à *tolerância de ponto*, com acórdãos a considerá-la equiparada a *feriado*, e outros no sentido oposto.

Chegou a haver uma Convenção Europeia, de 1976, que equiparava a *feriado* a *tolerância de ponto*[364], aprovada por Portugal, em 1979, e depois aprovada para ratificação pelo

[364] Na versão inglesa, "*a day which shall be considered as an official holiday*" e, na francesa, "*ou considéré comme tel*".

Decreto nº 31/82, de 9 de março, mas entretanto este diploma veio a ser revogado pelo Decreto do Governo nº 49/84, de 17 de agosto, com fundamento em que ele se encontrava em antagonismo com o nosso CPC.

De qualquer modo, a redação do art. 138-3 CPC_{2013} é, hoje em dia, perentória no sentido daquela Convenção: "*para efeitos do disposto no número anterior, consideram-se encerrados os tribunais quando for concedida tolerância de ponto*".

Havendo estipulação diferente no *contrato de arrendamento*, vigora, naturalmente, essa convenção.

C – Pode, todavia, não ter sido adotada uma correspondência exata com o início e termo de cada mês do calendário (por exemplo, convenciona-se o início do arrendamento no dia 15 de certo mês e, a par disso, não se estabelece uma disciplina para a data do vencimento das *rendas*).

Este caso já não se enquadrará, segundo a doutrina, na *facti species* do art. 1075-2 CC, sustentando-se que, se nada se estipular quanto ao *vencimento*, aplica-se a norma geral do art. 1039: os 15 dias de *renda*, "não havendo convenção ou uso em contrário, o pagamento da renda deve efetuar-se no último dia de vigência do contrato"[365].

Na verdade, nesta hipótese, a *renda* já não condiz com os *meses* do calendário gregoriano, mas com os *dias* desse calendário e parece aceitável que se caia, então, na regra geral, para a *locação*, do art. 1039-1 CC – mas, aqui, não nos parece que se possa concluir logo que a *renda* deverá ser paga no *último dia do período a que respeita*, desde que seja *dia útil*, pois há que respeitar também a ressalva que o preceito estabelece de "*uso em contrário*".

Nas *rendas de prédio urbano*, mesmo de ocupação por curtos períodos, o *uso* é que ninguém entra na casa sem pagar a renda única, a renda inicial e a antecipação legal ou convencional.

É legítima, decerto, a correspondência convencional das *rendas* a períodos superiores a um mês, mas apenas, segundo cremos até ao máximo de *três meses* (*bimensais, trimestrais*), parecendo então, se não houver cláusula acerca do *vencimento*, de aplicar a regra do art. 1039 CC, consoante o contrato se inicie com um *mês* do calendário, ou não.

A regra supletiva estabelecida no nº 2 deste artigo pode assim ser contrariada no sentido acabado de referir (cf. *supra*, este mesmo artigo, *sub* 1-III, *in fine*).

Quanto ao *lugar do pagamento da renda*, não havendo *estipulação* ou *usos* em contrário, deve este ser feito no *domicílio do arrendatário* (cf. *supra*, art. 1039, *sub* 2) – e presume-se

[365] Pires de Lima/Antunes Varela, *Código Civil Anotado*, II, 4ª ed., rev. e at., Coimbra Editora, 1997, p. 524. No mesmo sentido: António Menezes Cordeiro, *Leis do Arrendamento Urbano Anotadas*, Almedina, 2014, p. 203.

então, se não tiver sido efetuado o pagamento, que terá sido o *senhorio* que "*não veio nem mandou receber a prestação no dia do vencimento*" (nº 2 do art. 1039)[366].

Por outro lado, tem-se julgado que não poderá o *senhorio*, quando a *renda* deva ser paga no seu *domicílio*, recusar o recebimento daquela que lhe seja oferecida pelo *arrendatário* antes da data do *vencimento*, uma vez que a fixação do prazo da remuneração locativa se deve entender como um benefício do *locatário*, e não do *locador*[367].

II – No *arrendamento urbano*, como na *locação*, em geral, também pode ocorrer que, por privação ou diminuição do gozo da coisa, venha o *arrendatário* a ter direito à redução da *renda* inicialmente prevista, de acordo com o estabelecido no art. 1040 CC.

III – Para a *mora* no *pagamento da renda*, é aplicável a disciplina geral da *locação*, constante dos arts. 1041 e 1042 e a particular do art. 1083 CC.

Ela constituirá, como referimos há pouco, fundamento de *resolução* do contrato, pelo *senhorio*, e de responsabilidade civil do *arrendatário vinculístico*, nos termos especiais que adiante desenvolveremos[368] – mas salientaremos imediatamente que poderá o *arrendatário* (como o *locatário*, em geral) fazer *cessar a mora*, realizando o pagamento da *renda* vencida *dentro dos oito dias subsequentes ao vencimento* (art. 1042-2 CC).

> – Se a renda dever ser paga por depósito em conta bancária do senhorio, o arrendatário deve providenciar eficaz e oportunamente no sentido de ser creditada até ao dia 8 do mês em que se vencer
>
> Relação de Lisboa, 18-2 1982 (*Colectânea*, VII-I, p. 186).

Se o senhorio não quiser receber a *renda*, nestas condições, ou em qualquer outro caso de *mora creditoris*, o *arrendatário* poderá *consignar em depósito* a *renda* não recebida, em conformidade com o preceituado nos arts. 17 a 23 NRAU.

O regime estabelecido nestas disposições regulamenta, particularmente para o *arrendamento urbano*, o instituto da *consignação em depósito* que se prevê no Código Civil como um meio de o devedor (ou um terceiro "a quem seja lícito efetuar a prestação" – art. 842 CC) se livrar da obrigação quando encontre obstáculos à realização da sua prestação por qualquer motivo respeitante à pessoa do credor (art. 841 CC).

[366] Tem-se julgado já que funciona esta presunção também quando nada tiver sido alegado quanto ao lugar e ao tempo do pagamento da *renda* (Relação de Coimbra, 5-5-1981/*BMJ* nº 310, p. 319; Relação de Coimbra, 5-5-1981/*Bol.* nº 310, p. 340).

[367] Relação do Porto, 2-7-1985 (acórdão inédito – Proc. nº 19 660).

[368] A respeito da *mora*, o acórdão do Supremo, de 11-12-1984 (*BMJ* nº 342, p. 355), aplicou a *exceptio non adimpleti contractus* (*supra*, nº 56-IV).

Se o *arrendatário* fizer a *consignação em depósito* (que deve realizar-se "em qualquer agência de instituição de crédito" – art. 18-1 NRAU), deverá comunicá-la ao *senhorio*, embora a lei atual tenha deixado de assinar qualquer prazo para o efeito[369].

A *comunicação* é feita por escrito assinado pelo declarante, e remetido por carta registada com aviso de receção (art. 9º-1 NRAU).

Produz os efeitos da *comunicação*, a junção do duplicado ou duplicados dos depósitos à contestação ou "figura processual a ela equivalente" do processo judicial instaurado pelo *senhorio*, por falta de pagamento de rendas (art. 19-2 NRAU).

A *consignação em depósito* não é uma obrigação do *arrendatário*.

Como resulta do Direito geral, é *facultativa* (art. 841-2 CC) – mas constitui um meio expedito de fazer a prova de que ofereceu a prestação, libertando-se dos efeitos prejudiciais de *mora* sua.

Especialmente, quando haja litígio entre os dois e o *senhorio* queira despejar o *arrendatário* por *falta de pagamento de renda*, a *consignação em depósito* será muito útil a este, para obviar a expedientes utilizados pelo *senhorio*.

Adiante, a propósito da *resolução* por *falta de pagamento de renda*, voltaremos portanto ao tema, com mais desenvolvimentos.

Artigo 1076 – Antecipação de rendas

1 – O pagamento da renda pode ser antecipado, havendo acordo escrito, por período não superior a três meses.

2 – As partes podem caucionar, por qualquer das formas legalmente previstas, o cumprimento das obrigações respetivas.

(Redação da Lei nº 6/2006)

1. Apontamento introdutório

Embora a epígrafe refira apenas o que se dispõe no nº 1, como logo se nota, omitiu o nº 2 que se refere à legitimidade de convencionarem as partes o cumprimento das obrigações respetivas "por qualquer das formas legalmente previstas".

[369] Soares Machado/Regina Santos Pereira, considerando que a comunicação não estará, assim, dependente de qualquer prazo, classificam a disposição de "estranha" (*Arrendamento Urbano – Novo Regime do Arrendamento Urbano Comentado e Anotado*, Livraria Petrony Editores, 2006, p. 6).
Teria realmente sido preferível estabelecer expressamente determinado prazo.
Não o tendo feito e assimilando à *comunicação* a simples junção do duplicado à contestação ou figura processual a ela equivalente, parece ter-se tornado facultativa a *comunicação* enviada por carta, permitindo um comportamento omissivo que não abona a *boa fé* dos comportamentos conflituais.

É pois uma epígrafe incompleta que deveria antes compreender "antecipação de rendas e caução de cumprimento de obrigações".

A distinção que os dois números estabelecem tem um valor pedagógico, pois destrinça claramente *antecipação de vencimento de renda* e *caução de obrigações*, conceitos que, na prática, andam geralmente confundidos, considerando-se a *antecipação* como *a caução*.

Até em contratos patrocinados por importantes imobiliárias se nota esta confusão que, de certo modo, é, aliás, compreensível, pois a *antecipação de vencimento de rendas* constitui uma garantia prática para o *senhorio*: *candeia que vai à frente alumia duas vezes*.

2. Antecipação de rendas

A norma do nº 1, segundo a qual "*o pagamento da renda pode ser antecipado, havendo acordo escrito, por período não superior a três meses*", é *imperativa* e, assim, não é legítimo estipular-se um pagamento das rendas com antecedências superiores a esse período.

A *antecipação do pagamento de rendas* é tradicional, entre nós, e estava reconhecida já desde o Decreto nª 5:411; mas foi sempre prevista por apenas *um mês*, e foi somente a Lei nº 6/2006 que veio permitir esta ampliação até *três meses* que a Lei nº 31/2012 respeitou.

Pires de Lima/Antunes Varela, quando a antecipação era só de *um mês*, já referiam – e bem – que a antecipação podia abranger, de facto, *dois meses*, pagar-se, por exemplo, em 1 de janeiro, a renda de fevereiro[370].

Quando a lei permite que se antecipe por certo período o vencimento da renda, essa antecipação reporta-se, naturalmente, à data do início do contrato, e não ao termo de qualquer período ulterior, que não é referido com a decretação da antecipação.

Deste modo, no Direito anterior, era, como agora, à data do início do contrato que se adicionava o mês de antecipação[371] que expressamente já se previa na lei – e se prevê hoje na parte final do nº 2 do art. 1075 – assim se perfazendo então, como agora, *dois meses*.

Ao admitir-se agora *três meses* de antecipação, no nº 1 deste art. 1076, deverá entender-se, quanto a nós, que, ao cabo das contas, foi afinal permitido antecipar-se apenas mais *um mês*.

No exemplo de Pires de Lima/Antunes Varela, em 1 de janeiro, pagar-se a renda deste mês, a de fevereiro e a de março. Apenas isso.

Convenção que ultrapasse esta meta é necessariamente reduzida a ela, *salvo quando se mostre que o contrato não teria sido concluído sem a parte viciada* (art. 292 CC)[372].

[370] Pires de Lima/Antunes Varela, *Código Civil Anotado*, II, 4ª ed., rev. e at., Coimbra Editora, 1997, p. 525.

[371] Como refere Luís Menezes Leitão, "a lei consagra mesmo supletivamente a regra da antecipação" (*Arrendamento Urbano*, 6ª ed., Almedina, 2013, p. 97).

[372] É o bom entendimento na doutrina. Neste sentido: António Menezes Cordeiro, *Lei do Arrendamento Urbano Anotadas* (Coord. de António Menezes Cordeiro), Almedina, 2014, p. 205.

3. Caução

Na linguagem comum, costuma, como se disse, chamar-se a esta *antecipação* a *caução*.

Na verdade, a *antecipação de vencimento* constitui, para o *senhorio*, uma garantia de cumprimento da *obrigação de renda* que impende sobre o *arrendatário*, tanto mais útil quanto é certo que, especialmente no *arrendamento para habitação*, se está hoje em dia a generalizar a dispensa de apresentação, que dantes era de ordinário, de um *fiador* pelo *arrendatário*.

Mas essa garantia não constitui, juridicamente, a *caução* que, com a Lei nº 6/2006, passou a ser especificamente referida no nº 2 deste art. 1076.

Entende-se em geral como *caução* qualquer garantia especial de cumprimento de uma obrigação.

No Direito anterior, disciplinava-se unicamente a *fiança do locatário*, estabelecendo o art. 655 CC que, salvo disposição em contrário, esta abrangia apenas o *período inicial do contrato*. Estipulando-se a extensão da garantia aos períodos de prorrogação sem se limitar os períodos desta, *"a fiança extingue-se, na falta de nova convenção, logo que haja alteração da renda ou decorra o prazo de cinco anos sobre o início da primeira prorrogação"*.

Não se previa pois, na lei, outra forma de garantia de cumprimento das obrigações do *arrendatário* – mas, no art. 623-1 CC, preveem-se ainda diferentes espécies de *caução* legalmente admissíveis, quando alguém for obrigado ou autorizado a presta-la.

Quais?

O *depósito de dinheiro, títulos de crédito, pedras ou metais preciosos, penhor, hipoteca* ou *fiança bancária*.

Tudo isto são espécies de *caução*.

Não sendo possível nenhuma delas, poderá ser prestada por *"outra espécie de fiança, desde que o fiador renuncie ao benefício da excussão"* (art. 623-2 CC).

São portanto estas as diferentes espécies de *caução* que o *arrendatário* poderá prestar, sendo certo que, quanto à *fiança*, com *renúncia do benefício da excussão*, o art. 655 CC, referido acima, foi revogado pelo art. 2º-1 da Lei nº 6/2006.

Não há já, portanto, as restrições que aquele preceito impunha à *caução* prestada por *fiança* pelas obrigações do *locatário*.

Artigo 1077 – Atualização de rendas

1 – As partes estipulam, por escrito, a possibilidade de atualização da renda e o respetivo regime.

2 – Na falta de estipulação, aplica-se o seguinte regime:

***a*) – A renda pode ser atualizada anualmente, de acordo com os coeficientes de atualização vigentes;**

***b*) – A primeira atualização pode ser exigida um ano após o início da vigência do contrato e as seguintes, sucessivamente, um ano após a atualização anterior;**

c) – O senhorio comunica, por escrito e com a antecedência mínima de 30 dias, o coeficiente de atualização e a nova renda dele resultante;

d) – A não atualização prejudica a recuperação dos aumentos não feitos, podendo, todavia, os coeficientes ser aplicados em anos posteriores, desde que não tenham passado mais de três anos sobre a data em que teria sido inicialmente possível a sua aplicação.

(Redação da Lei nº 6/2006)

1. Bosquejo introdutório

Este é um preceito que, no seu nº 2 – e só nesse – surgiu tradicionalmente no nosso Direito positivo algum tempo após a implantação do *vinculismo.*

Entre os *vínculos* impostos ao *arrendamento urbano,* figurou, desde a primeira hora, em 12 de novembro de 1910, o *bloqueio das rendas,* isto é, a proibição de se atualizarem os montantes contratualmente estabelecidos.

Com o perdurar desse *bloqueio,* é claro que a inflação desvalorizava os montantes contratados e, então, no seguimento dessa política vinculística, o Estado começou a ter de prever montantes de atualização que salvaguardassem, em seu critério, a proteção que se pretendia dispensar aos *arrendatários.*

Ainda assim, resistiu muito a isso.

O Decreto nº 5:411, de 17 de abril de 1919, só permitia atualizações, e por livre vontade do senhorio, em novos contratos cujas rendas, praticadas em anteriores arrendamentos, fossem superiores a 50$00, em Lisboa; 40$00, no Porto e 15$00, nas outras localidades.

As inferiores consideravam-se afetadas a arrendatários de rendimentos mais modestos e, portanto, estavam absolutamente bloqueadas durante e em posterior *arrendamento.*

Foi só com a Lei nº 1:368, de 21 de setembro de 1922, que, pela primeira vez, se admitiram modestas *atualizações estatais* de *rendas* que não excedessem o rendimento ilíquido coletável (art. § 3º do art. 25)[373].

Depois dela, o Decreto nº 9:118, de 10 de setembro de 1923, foi um pouco mais além e admitiu, na constância do arrendamento para habitação ou para comércio, que os *senhorios* aumentassem as *rendas* de prédios inscritos na matriz predial, desde 21 de novembro de 1914, até ao produto do rendimento ilíquido constante da matriz predial, naquela data, pelo coeficiente 2,5, para os *arrendamentos habitacionais,* e pelo coeficiente 3,5 para os *arrendamentos comerciais.*

[373] Do teor seguinte: "§ 3º – Não é permitido aos proprietários de prédios urbanos elevar as respetivas rendas, quanto a cada arrendatário, além do rendimento ilíquido correspondente ao respetivo rendimento coletável calculado nos termos deste artigo, ficando assim modificados, pelo que respeita ao quantitativo das rendas, os artigos 106, 107, 108 e 115 do Decreto nº 5:411, de 17 de abril de 1919".

Quanto aos prédios inscritos na matriz predial entre 21 de novembro de 1914 e 17 de abril de 1919, o coeficiente era de 1,5, para os *arrendamentos habitacionais*, e 2, para os *comerciais* (art. 7º).

A seguir, a Lei nº 1:662, de 4 de setembro de 1924, dispôs também sobre a *atualização de rendas* (art. 10).

Sucedeu-lhe o Decreto nº 15:289, de 30 de março de 1928, que elevou substancialmente os coeficientes por que devia multiplicar o rendimento ilíquido constante da matriz (arts. 23 e 24).

Forma-se entretanto um hiato até à Lei nº 2:030, de 22 de junho de 1948, que, fundando-se nos rendimentos inscritos na matriz predial, consagrou as suas atualizações fiscais rendimentos, em todo o País, unicamente para as rendas estipuladas anteriormente a 1 de janeiro de 1943 (arts. 47 a 49) pois, para as posteriores, seriam então atualizadas de *cinco em cinco anos*, só desde *1 de janeiro de 1950*, exceto os *arrendamentos para habitação de Lisboa e Porto*, que ficaram absolutamente bloqueados.

Para estas rendas, foi, como temos assinalado em obras anteriores, o *bloqueio absoluto* mais longo de que se tem memória em todo o mundo, pois, tendo ele sido, mantido pelo Diploma Preambular do CC de 1966 (art. 10 do Decreto-Lei nº 47 344, de 25-11-1966), perdurou de 1-1-1943 a junho 1986, mais de *quarenta e três longos anos*, atravessando períodos de inflação que ultrapassaram os 25%[374].

Apesar de tudo, o Código de 66, depois de ter ressalvado, nesse diploma, os arrendamentos de Lisboa e Porto, excetuados pela Lei nº 2:030, fez questão de apresentar, no seu art. 1104, um preceito a referir genericamente o direito de o *senhorio* exigir do *arrendatário* uma atualização quinquenal da renda.

Obviamente, a ressalva do Diploma Preambular não perdia o seu valor, mas o art. 1104 de então veio a ser vazado, agora, neste art. 1077 e atualizado na sua versão que consta atualmente do seu teor.

2. Atualizações convencionais

O preceito começou por admitir, no seu nº 1, que as partes estipulassem *por escrito*, a possibilidade de *atualização de renda* e o *respetivo regime*.

O caso ocorrerá mais propriamente nos *arrendamentos não habitacionais*.

No *habitacional* – embora não haja estatísticas sobre isso – a informação que se colhe em associações de proprietários é que a estipulação de *atualizações convencionais* será de escassa aplicação prática.

É de salientar que, quando não constem do próprio *contrato de arrendamento*, terão, ainda assim, de constar de *documento escrito*.

A exigência é salutar, para se evitarem encargos escondidos, embora a liberdade contratual existente no setor não seja atreita a isso.

[374] Cf. o nosso *Manual do Arrendamento Urbano*, I, 5ª ed., Almedina, 2009, pp. 250-251.

A seu respeito, importará referir aqui que, com a Lei nº 13/2019, surgiu uma importante consequência para certos contratos de *arrendamento habitacional*, que convém referir.

Segundo esse diploma, só será legítima a *oposição à renovação*, pelo *senhorio*, em *arrendamentos habitacionais* de *duração limitada*, previstos no art. 26-1 NRAU, cujo *arrendatário*, à data da sua entrada em vigor (13-02-2019), resida, há mais de *vinte anos* no espaço arrendado e tenha idade igual ou superior a *sessenta e cinco anos* ou grau comprovado de *deficiência igual ou superior a 60%*, se o contrato estiver sujeito a "*atualização ordinária da renda nos termos gerais*".

Os *contratos de duração limitada* previstos no nº 1 do art. 26 NRAU são os posteriores ao RAU e por ele admitidos, mas anteriores à Lei nº 6/2006, estipulados com "prazo certo".

Eles estão, por via de regra, na prática, submetidos a *atualização anual ordinária*, mas podem, como referimos, conter ou ser acompanhados de estipulação de *atualizações convencionais*, nos termos do nº 1 do presente artigo.

Neste caso, com a expressão "*apenas pode opor-se...havendo lugar à atualização ordinária da renda nos termos gerais*" parece querer significar-se, difusamente, que, pelo contrário, os contratos de *arrendamento habitacional* sob *atualizações convencionais* e em que os *arrendatários* estejam nas condições descritas, passam a ser *vinculísticos*, pois os *senhorios* deixaram de poder opor-se às respetivas *renovações*, apesar de terem sido celebrados com prazo certo, como tinhas passado a ser permitido pelo RAU.

É, sem dúvida, uma *imposição retroativa*, sobre o que a lei permitia antes, expressamente neste art. 1077-1, e que se nos afigura abertamente *inconstitucional*

Além disso, injustificada. Por que é que o *arrendatário habitacional*, nas referidas condições, mas sujeito a *atualizações convencionais*, está livre de *oposição à renovação* do contrato pelo *senhorio* e o *arrendatário* nas mesmíssimas condições, mas de atualizações supletivas de renda, já não o está?

3. Atualização ordinária de rendas

Hoje em dia, aprática mais generalizada obedece a um regime legal próprio dos *arrendamentos habitacionais* e *não habitacionais* que, ou se integram no resíduo *vinculístico* e se pauta pelos arts. 30 ss NRAU ou, pelo contrário, nos próprios *arrendamentos livres* de ambos os tipos, constantes deste art. 1077, complementado pelos arts 24 e 25 NRAU.

Analisemo-los.

I – ***Atualização de rendas de contratos de arrendamento para habitação anteriores à entrada em vigor do RAU e dos contratos de arrendamento para fins não habitacionais anteriores à entrada em vigor do Decreto-Lei nº 257/95, de 30 de setembro.***

A – É debatida a data da entrada em vigor do RAU, pois o Decreto-Lei nº 321-B/90, de 15 de outubro, só terá sido distribuído a 18 desse mês, apesar e ostentar a data de 15.

Há uma velha questão sobre o tema, tendo havido quem defendesse que era a data da *distribuição* que devia prevalecer[375], enquanto doutra parte se sustentava que deveria prevalecer a certeza jurídica, atendendo-se sempre, antes, à data da *publicação*[376].

Entretanto, surgiu um elemento novo a levar em consideração; o art. 2º da Lei nº 74/ /98, de 11 de novembro, que dispõe o seguinte:

> "1 – *Os atos legislativos e os outros atos de conteúdo genérico entram em vigor no dia neles fixado, não podendo, em caso algum, o início da vigência verificar-se no próprio dia da publicação.*
>
> 2 – *Na falta de fixação do dia, os diplomas referidos no número anterior entram em vigor no 5º dia após a publicação.*
>
> 3 – *A entrada em vigor dos mesmos diplomas ocorrerá, nas Regiões Autónomas dos Açores e da Madeira, no 15º dia após a publicação e, em Macau e no estrangeiro, no 30º dia.*
>
> 4 – *Os prazos referidos nos números anteriores contam-se a partir do dia imediato ao da publicação do diploma, ou da sua efetiva distribuição, se esta tiver sido posterior*".

Em princípio, a questão está transitada.

É pela data da *distribuição*, "se tiver sido posterior" [seria difícil ser anterior] que se pauta o início de vigência das leis que *não fixem o dia em que entram em vigor.*

Parece que, nem mesmo assim, porém, a questão do início de vigência do RAU ficará incontestavelmente resolvida: é que, no art. 2º-1 do Decreto-Lei nº 321-B/90, declara-se expressamente, que ele entra em vigor "30 dias após a sua publicação".

Note-se.

À data da entrada em vigor está expressamente fixada: 30 dias após a *publicação*; não, após a *distribuição.*

O art. 2º-4, de acordo com o seu próprio teor, só se aplica aos casos em que a lei é omissa quanto à sua entrada em vigor – e este, como se viu, não é o caso do Decreto-Lei nº 321-B/90.

Na nossa perspetiva e salvo melhor opinião, não faz, pois, sentido prolongar por mais quatro dias a agonia do nosso *vinculismo* habitacional.

B – Já quanto ao Decreto-Lei nº 257/95, de setembro, não há dúvidas: o diploma não estabelece nenhuma data específica para a sua entrada em vigor e a folha oficial terá sido

[375] Neste sentido: Inocêncio Galvão Telles, *Introdução ao Estudo do Direito*, Coimbra Editora, 1999, p. 80; Jorge Alberto Aragão Seia, *Arrendamento Urbano*, 6ª ed., rev. e at., Almedina, 2002, pp. 21-22; Relação de Lisboa, 05-11-92 (*Colectânea*, XVII-5, p.117).

[376] José de Oliveira Ascensão, *O Direito – Introdução e Teoria Geral*,4ª ed., Almedina, 1987, nº 117; António Menezes Cordeiro/Francisco Castro Fraga, *Novo Regime do Arrendamento Urbano*, Almedina, 1990, p. 16. Nós próprios pautámo-nos por este entendimento (*Manual do Arrendamento Urbano*, Almedina, 1996, p. 182).

distribuída na própria data da sua publicação; logo, começou a vigorar em 5 de outubro de 1995.

C – Em síntese, a *atualização de rendas* de contratos de *arrendamento para habitação*, celebrados *até 14 de novembro de 1990*, e a dos de *arrendamento para fim não habitacional*, celebrados até *4 de outubro de 1995* pautaram-se antes pelos princípios primeiro imprimidos, pesadamente e sem relevante aplicação prática, pela Lei nº 6/2006; depois, já adequadamente, pela Lei nº 31/2012, logo suavizados pela Lei nº 79/2014, de 19 de dezembro, e ultimamente revistos e ainda mais suavizados a favor do *arrendatário*, pela Lei nº 43/ /2017.

Importa estabelecer de pronto, que, desde a Lei nº 31/2012, não se tratou propriamente de *atualizações anuais*, mas de uma *atualização única*, destinada a presidir a um período transitório, fixado então em *cinco anos*, em 2012, mas alongado em 2017 para *oito anos*, a contar da data da resposta do *arrendatário* à proposta de atualização (art. 31-4 NRAU).

Como, para o *arrendatário* de *menos de sessenta e cinco anos* e *sem incapacidade igual ou superior a 60%*, se refere no art. 35-4 NRAU e na parte que interessa ao caso, "o valor atualizado da renda no período de oito anos referido no nº 1 corresponde ao valor da primeira renda devida".

Paralelamente, para o *arrendatário* com essa idade, ou superior, ou com a referida incapacidade, repete-se no art. 36-4 NRAU que, "no período de oito anos referido no nº 1, corresponde ao valor dà primeira renda devida".

Fora de dúvida, admitiu-se uma *atualização única* para determinado período, findo o qual, poderá o *senhorio* promover a "transição do contrato para o NRAU" (art. 35-6 NRAU), mas unicamente se, então, o *arrendatário* tiver menos de *sessenta e cinco anos* ou não sofrer de *incapacidade superior a 60%*, pois, de contrário, só transitará "mediante acordo das partes" (art. 36-9, al. *b)*, NRAU).

É estranho, se os *arrendamentos vinculísticos* já se encontram, por si, submetidos ao regime "transitório" do NRAU, dizer-se que os seus contratos, como se ainda lá não estivessem, *transitam para o NRAU*.

Esta expressão sibilina é, no fundo e se bem nos parece, um eufemismo basicamente esclarecido pelas disposições conjugadas dos arts. 35-6 e 30 NRAU.

Refere, com efeito, o primeiro destes normativos, na formulação da Lei nº 43/2017, que, findo o prazo de *oito anos* de renda atualizada, o *senhorio* "pode promover a transição do contrato para o NRAU, aplicando-se com as necessárias adaptações, o disposto nos artigos 30 e seguintes, com as seguintes (*sic*) especificidades...".

E estabelece o segundo dos preceitos, por seu turno, que "a transição para o NRAU e a atualização da renda depende da iniciativa do senhorio, que deve comunicar a sua intenção ao arrendatário, indicando":

- o valor da renda;
- o tipo;

- a duração do contrato;
- o valor da fração arrendada, avaliado nos termos dos arts. 38 ss CIMI; e juntando;
- além disso, juntará cópia da caderneta predial.

Se o *arrendatário* não responder à *comunicação*, valerá semelhante comportamento, nos termos do art. 36 NRAU, como "aceitação da renda, bem como do tipo e da duração do contrato proposto pelo senhorio, ficando o contrato submetido ao NRAU a partir do 1º dia do 2º mês seguinte" ao termo do prazo legalmente concedido, o qual, de acordo com o disposto no nº 2 do mesmo artigo, é de 30 dias ou, no caso de *vários arrendatários*, o termo do que findar em último lugar.

Ora como a *comunicação* do *senhorio*, nestes termos, envolverá, naturalmente, uma *renda de mercado*, um tipo de contrato de *prazo certo*, muito raramente de *duração indeterminada*, fixando, no primeiro caso, a sua *duração efetiva*, segue-se daí que o contrato em causa diz-se que "transita para o NRAU", mas afinal ingressará, verdadeiramente, na categoria de um *arrendamento livre*; deixa de regular-se pelas disposições transitórias do NRAU para submeter-se ao CC – e, porque assim é, completa e confirma o art. 36-10, que, caso de *arrendatário* com idade igual ou superior a 65 anos ou incapacidade superior a 60%, "*pode ter uma resposta social, nomeadamente através de subsídio de renda, de habitação social ou de mercado social de arrendamento nos termos a definir em disposição própria*".

Tudo, pois, se conjuga no sentido de que esta *transição para o NRAU* constitui, afinal, um real ingresso no quadro legal do *arrendamento livre*, submetido ao regime arrendatício do CC – e não será fácil apurar o que terá levado o legislador de 2012 a exprimir esta transição de regimes usando uma fórmula verbal tão descabida e anódina.

Certo, certo, é que a *transição para o NRAU* constitui antes um verdadeiro *ingresso no CC*.

E porque isso, entre nós, fere tradicionalmente o Poder, particularmente quando ele é de Esquerda, entrando esta a governar, e estando prestes a concluir-se, em 2017, o prazo de *cinco anos* fixado na Lei nº 31/2012, para se poder operar esse ingresso, prontamente o alongou para *oito anos* a Lei nº 43/2017, sendo naturalmente previsível que, chegados perto deste prazo, o adie para *dez* – e assim, sucessivamente, pois não parece previsível, por este andar, que, algum dia, um Governo aceite, entre nós, substituir-se aos *senhorios* na proteção social do *arrendatário* carecido,

Medio tempore, houve, porém, uma significativa atualização das rendas que, se em 2006, não obtiveram relevante aplicação prática, já em 2012, abolidas as *comissões arbitrais municipais* e sob pressão da troica, vieram a ser efetivamente significativas.

Houve nelas que distinguir a atualização dos *arrendamentos habitacionais* dos *não habitacionais*.

a – Quanto aos primeiros, a atualização dependeu sempre da iniciativa do *senhorio*, o qual devia comunicar a sua intenção por *carta registada, com aviso de receção e dirigida* *ao arrendatário, "na falta de indicação deste em contrário", para a casa arrendada* (art. 9º-1--2 NRAU)[377].

Se se tratasse da *casa de morada de família,* idêntica *comunicação* devia também ser enviada para o *cônjuge* (art. 12-1 NRAU).

Para a *união de facto,* a lei foi omissa, mas cremos que a mesma norma seria aplicável, por analogia.

A intenção de atualização, manifestada na carta ou cartas, deveria indicar:

a) – O montante da renda, o tipo e a duração do contrato;

b) – O valor da casa arrendada, nos termos do art. 38 CIMI, constante da caderneta predial;

c) – Cópia da caderneta predial

d) – Que o prazo de *resposta* era de 30 dias (al. *d)* do art. 30, acrescentada pela Lei nº 79/2014);

e) – O *conteúdo* que pode apresentar a *resposta,* nos termos do nº 3 do art. 31 NRAU (al. *e)* do art. 30 NRAU, acrescentada pela Lei nº 79/2014);

f) – As circunstâncias que o *arrendatário* poderia invocar, isolada ou conjuntamente com a sua resposta e no mesmo prazo, "conforme previsto" (*sic*) no nº 4 do art. 31 NRAU e "a necessidade de serem apresentados os respetivos documentos comprovativos nos termos do disposto no artigo 32" (al. *f)* do art. 30 NRAU, acrescentada pela Lei nº 79/2014);

g) – As consequências da falta de resposta, bem como da não invocação de qualquer das circunstâncias previstas no nº 4 do art. 31 (art. 30 NRAU, na redação da Lei nº 79/2014).

O montante atualizado da *renda,* a propor pelo *senhorio,* tinha, à luz das Leis n.os 31/2012 e 79/2014, como limite máximo anual 1/15 do valor matricial da fração arrendada, determinando-se depois a importância *mensal,* dividindo-a, obviamente, por 12 (art. 35 NRAU).

A indicação do *tipo de contrato,* exigida no art. 30 NRAU, era sempre a mesma: *contrato com prazo certo,* o qual era o então previsto no art. 35-1 NRAU, de *cinco anos.*

Se o *arrendatário* (ou o *cônjuge*) se escusassem a receber ou não levantassem a respetiva *comunicação,* teria ela de ser repetida, "decorridos que fossem 30 a 60 dias sobre a data do envio da primeira carta" (art. 10-1-2-3 NRAU).

Perante esta *comunicação,* caberia ao *arrendatário* e seu *cônjuge* reagirem em *comunicação* subscrita por *ambos* ou por *um só* deles (art. 12-2 NRAU).

Poderiam fazê-lo, no prazo de 30 dias, a contar da data da receção da *comunicação,* igualmente por *carta registada com aviso de receção* (art. 9º-1 NRAU).

Se as *comunicações* ao *arrendatário* e seu *cônjuge* se tivessem feito em dias diferentes, valeria, para o caso, *a data ocorrida em último lugar* (art. 31-2 NRAU).

[377] A lei admite também que a entrega seja feita "em mão", devendo então "o destinatário apor em cópia a sua assinatura" (art. 9º-6 NRAU) – mas isto não é prático nem tem sido usado, senão porventura em alguma hipótese esporádica de que se não tem notícia.

Se *não respondessem*, dentro de tal prazo, o silêncio valia como *aceitação da proposta* quer quanto à *renda* quer quanto ao *tipo* e *duração do contrato* (art. 31-6 NRAU).

Na resposta, podiam:

a) – Aceitar a renda proposta;

b) – Pronunciar-se quanto à duração do contrato;

c) – Denunciar o contrato;

d) – Propor um valor de renda diferente em função da idade ou incapacidade relevantes (art. 31-3, al. *b)*, referido ao art. 36 NRAU) e do rendimento anual bruto corrigido do agregado familiar, protestando juntar documento comprovativo passado pelas finanças (art. 31-3, al. *b)*, referido ao art. 35 NRAU).

Se aceitassem a *renda*, o contrato ficava submetido ao NRAU, com o valor proposto, tipo de contrato e duração, desde o 1º dia do segundo mês seguinte á *receção da resposta* (art. 31-7 NRAU).

Mas o *arrendatário* ou o seu *cônjuge* poderiam ainda *denunciar* o contrato, produzindo a *denúncia* efeitos no prazo de dois meses a contar da data da receção da resposta pelo senhorio (art. 34 NRAU).

Não sendo esse o caso, poderiam antes opor-se ao *valor de renda* proposto, prevalecendo-se de circunstâncias específicas de *rendimento anual corrigido do agregado familiar* (RABC) inferior a cinco *retribuições mínimas nacionais* (RMNA) idade igual ou superior a *sessenta e cinco anos, incapacidade igual*[378] *ou superior a 60%* (art. 31-4 NRAU), nos termos que passamos a especificar.

Quanto ao RABC:

a) – RABC inferior a cinco RMNA: a renda a fixar para os cinco anos seguintes tinha como limite máximo 25% do RABC, mas dentro de 1/15 do valor matricial da casa (al. c_i) do art. 35-2 NRAU);

b) – Se, porém, o RABC fosse inferior a € 1.500,00 mensais, desceria o limite da *renda*, dentro dos parâmetros anteriores, para 17% do RABC (al. c_{ii}) do art. 35-2 NRAU);

c) – E se ainda o RABC fosse inferior a € 500,00 mensais, desceria o limite da *renda*, dentro dos parâmetros anteriores, para 10% do RABC (al. c_{iii}) do art. 35-2 NRAU).

Atualizada nestes termos, seria a *renda* devida desde 1º dia do *segundo* mês seguinte à receção pelo *arrendatário* da *comunicação* de aceitação do *senhorio* (art. 35-3 NRAU) e mantém-se este acordo pelo prazo de *cinco anos* (art. 35-1-2-4 NRAU), mas com a particularidade de o *inquilino* ter de fazer, até 30 de setembro de cada ano prova das suas circunstâncias, quando o senhorio a exija até 1 desse mês (art. 35-5, na redação da Lei nº 79/2014).

Findos os *cinco anos*, poderia então o *senhorio*, como se referiu, promover a transição do contrato para o NRAU, nos termos e condições referidas no art. 35-6 NRAU.

Quanto à *idade superior a sessenta e cinco anos ou incapacidade*, por seu turno, a *atualização da renda* obedeceu igualmente aos termos acabados de referir, com a particulari-

[378] Retificação introduzida com a Declaração de Retificação nº 59-A/2012, de 12 de outubro.

dade notável de o *arrendatário* poder alcançar uma *resposta social* "nos termos e condições a definir em diploma próprio" – Decreto-Lei nº 158/2006, de 8 de agosto, arts. 6º e ss – e, após os *cinco anos*, podia o *senhorio* promover *nova atualização da renda*, nos termos já referidos (art. 36-9, al. *a)*)[379], o contrato só seria então submetido ao NRAU se houvesse *acordo das partes* (art. 36-10 NRAU).

b – No tocante aos *arrendamentos para fim não habitacional*, celebrados *até 4 de outubro de 1995*, os termos de atualização estabelecidos pela Reforma de 2012, com as alterações introduzidas, primeiro, pela Lei nº 79/2014, de 19 de dezembro e, depois, com raros abrandamentos, pela Lei nº 43/2017, de 14 de junho, regem-se eles fundamentalmente pelos princípios expostos para o *arrendamento habitacional*, com as particularidades mais importantes que passamos a enunciar.

Também aqui, a *atualização da renda* depende impreterivelmente de *iniciativa do senhorio*.

Esta deve, naturalmente, ser endereçada para a *fração arrendada* (art. 9º-2), conter as indicações homólogas às mencionadas para o *arrendamento habitacional*.

A *comunicação* do *senhorio* deve mencionar:

O *valor da renda mensal*, que será proposto dentro dos limites já referidos (1/15 do valor matricial da fração a dividir por 12 – art. 35-2 als. *a)* e *b)*, com referência ao art. 54-2 NRAU); o *tipo de contrato* e sua *duração* (necessariamente de *prazo certo*, por *oito anos* – art. 35-2 NRAU, na redação de 2017); o valor do prédio ou fração arrendado; cópia da caderneta predial; prazo de resposta, que é também de 30 dias; o conteúdo que pode apresentar a resposta, nos termos do nº 3 do art. 51 NRAU; as circunstâncias do art. 51-4 NRAU e a necessidade de apresentar a prova delas, nos termos do nº 6 do art. 51 NRAU; as consequências da falta de resposta, bem como da não invocação de qualquer das aludidas circunstâncias do art. 51-4 (art. 50 NRAU, na redação da Lei nº 79/2014).

Se, em vez de uma *sociedade*, o *arrendatário* o for *em nome individual*, também aqui deverá ser enviada idêntica proposta para o *cônjuge* ou *unido de facto*.

Na *falta de resposta*, ou se o arrendatário *aceitar a renda proposta*, as consequências são as já mencionadas para o *arrendamento habitacional* (art. 31-6-7 NRAU, referido ao art. 51-7 NRAU).

Neste caso, o *arrendatário*, pode *denunciar* o contrato nos mesmos termos do *arrendamento habitacional* (art. 34 NRAU, referido ao art. 53 NRAU).

A *oposição* ao *valor da renda* proposta é que já pode fundar-se nos seguintes aspetos próprios, *comprovados por documentos* (art. 51-6 NRAU):

a) – O *estabelecimento* do *arrendatário* está aberto ao público e é uma *microempresa*;

[379] Parece isto um autêntico *flatus vocis*, pois, se as circunstâncias do *arrendatário* não mudaram, não se vê como possa atualizar-se uma renda dentro de parâmetros que se mantêm os mesmos.

b) – O prédio ou fração arrendada é a sede de uma *pessoa coletiva* de direito privado regularmente constituída, sem fins lucrativos, que se dedica à atividade cultural, recreativa, de solidariedade social ou desportiva não profissional, declarada de interesse público, nacional ou municipal, ou ainda uma entidade privada declarada de interesse nacional;

c) – O prédio ou fração é fruído por uma *república de estudantes* sujeita à Lei nº 12/85, de 20 de junho (art. 51-4 NRAU, na redação da Lei nº 79/2014).

Quanto à *microempresa*, considera-se tal aquela que, independentemente da sua forma jurídica, se apresente dentro de dois dos seguintes três limites:

a) – Total do balanço: € 2.000.000,00;

b) – Volume de negócios líquido: € 2.000.000,00;

c) – Número médio de empregados durante o exercício: 10 (art. 51-5, na redação da Lei nº 79/2014).

O termo *microempresa* só aparece com a mencionada redação da Lei nº 79/2014.

Na redação anterior, que vinha já da Lei nº 6/2006, chamava-se-lhe "microentidade", e foi para esta designação que a Portaria nº 226/2013, de 12 de julho, estabeleceu que a prova de tal qualidade poderia ser "*efetuada por qualquer meio legalmente admissível*", designadamente, cópia do comprovativo da declaração anual da Informação Empresarial Simplificada (art. 4º-2, al. *a)*, da Portaria); declaração emitida pelo Instituto de Apoio às Pequenas e Médias Empresas (al. *b)* do referido artigo); ou cópia do comprovativo da declaração modelo 3 para efeito de IRS (al. *c)* do mesmo artigo).

A Portaria nº 115/2014, de 29 de maio, revogou, no entanto, a al. *b)*, acabada de mencionar, que estava a mais, passando assim a estabelecer-se que os documentos a comprovar a "microentidade" seriam apenas a declaração de Informação Empresarial Simplificada ou a cópia do comprovativo da declaração de IRS.

Com a aludida Lei nº 79/2014, de 19 de dezembro, substituiu-se, como se disse, a designação de "microentidade" por *microempresa* e, nessa base, veio por fim, à data em que escrevemos, a Portaria nº 69/2015, de 10 de março, mandar aplicar os anteriores meios probatórios daquela a esta.

Assim, se se comprova que o prédio ou fração arrendada se integra em alguma daquelas características (se alberga uma *microempresa* aberta ao público, república de estudantes, ou pessoa coletiva de Direito privado, sem fins lucrativos, de interesse nacional, público ou municipal...), o *arrendatário* poderá então opor ao *senhorio* uma *renda* aferida pelo disposto nas als. *a)* e *b)* do art. 35-2 para as *rendas habitacionais*, de acordo com o seu RABC que as finanças atestarem (art. 54-2, *in fine*, NRAU).

Se, porém, o cálculo a que se chegar, por este sistema, for inferior ao que resultaria da *atualização ordinária anual*, do art. 24-1 NRAU, prevalecerá este valor, sobre aquele (art. 54-3 NRAU).

Também para estes arrendamentos, a *renda* atualizada torna-se exigível no 1º dia do *segundo* mês seguinte ao da receção pelo arrendatário da aceitação do senhorio (art. 54-4 NRAU): se, por exemplo, a aceitação do *senhorio* foi recebida pelo *arrendatário* num qualquer dia de março, até, por hipótese, no dia 31, a *renda atualizada* passará a ser devida desde o 1º de maio seguinte.

E manter-se-á nesse valor pelo período de *dez anos*, se o *arrendatário*, exigindo-o o *senhorio* até 1 de setembro de cada ano, fizer prova da circunstância até 30 desse mês (art. 54-5 NRAU).

Se o *arrendatário* não fizer a prova, perderá a circunstância, passando o *senhorio* a poder exigir a *renda* calculada em 1/15 do valor do prédio ou fração arrendada, nos termos das als. *a)* e *b)* do art. 35-2 NRAU.

Passados os *dez anos*, se não houver acordo, haverá mais *três anos* de contrato dentro dos quais o *senhorio* terá direito à renda atualizada dentro do critério acabado de enunciar, acrescida, em cada ano, do *coeficiente de atualização anual* do art. 24-1 (art.54-6, al. *c)*, NRAU).

II – ***Atualização de rendas dos contratos de arrendamento celebrados desde 15 de novembro de 1990 ou 5 de outubro de 1995.*** Como principiámos por dizer, a *atualização legal* de rendas surge com o protelar do *vinculismo*, perdendo quase toda a sua importância a respeito de *arrendamentos* em que as partes podem convencionar as atualizações que bem lhes parecerem, como sucede com os contratos celebrados depois das apontadas datas, seja no *arrendamento para habitação*, seja no *não habitacional*.

Efetivamente, segundo o disposto no nº 1 deste art. 1077, "*as partes estipulam, por escrito, a possibilidade de atualização da renda e o respetivo regime*".

Logo a seguir, porém, prevê-se, em quatro alíneas do seu nº 2, um sistema de *atualizações*, para o caso de as partes as não terem disciplinado contratualmente.

Na al. *a)*, estabelece-se que a *renda* poderá ser atualizada, anualmente, aplicando-se "*os coeficientes de atualização vigentes*".

Radicam estes, modernamente, na previsão inicialmente constante da Lei nº 46/85, de 20 de setembro, que nos seus arts. 11 e 12 previu a *correção extraordinária de rendas* de prédios *arrendados para habitação* anteriormente a 1 de janeiro de 1980, segundo tabelas que publicou.

Este normativo vei a ter execução com o Decreto-Lei nº 13/86, de de 23 de janeiro.

Daí por diante, começou a publicar-se, todos os anos, durante o mês de outubro, uma Portaria do Ministério das Finanças, depois, conjuntamente de outros Ministérios, a dar conhecimento dos *coeficientes anuais* de *atualização*.

A última Portaria publicada foi a nº 1151/2006, de 30 de outubro, dimanada dos Ministérios das Finanças e Administração Pública, do Ambiente do Ordenamento do Território e do Desenvolvimento do Território.

Posteriormente, passaram a publicar-se apenas os Avisos do Instituto Nacional de Estatística.

O quadro dos publicados nos últimos anos é o seguinte:

Coeficiente para o ano de 2010: 1,000 – Aviso nº 16247/2009

Coeficiente para o ano de 2011; 1,003 – Aviso nº 18370/2010
Coeficiente para o ano de 2012: 1,0319 – Aviso nº 19512/2011
Coeficiente para o ano de 2013: 1,0336 – Aviso nº 12912/2012
Coeficiente para o ano de 2014: 1,0099 – Aviso nº 11753/2013
Coeficiente para o ano de 2015: 0,9969 – Aviso nº 11680/2014
Coeficiente para o ano de 2016: 1,0016.– Aviso nº 10784/2015
Coeficiente para o ano de 2017: 1,0054 – Aviso nº 11562/2016
Coeficiente para o ano de 2018: 1,0112 –_Aviso nº 11053/2017
Coeficiente para o ano de 2019: 1,0115 –_Aviso nº 13745/2018

A *renda atualizada* é, claro está, o resultado do *produto da renda atual pelo coeficiente respetivo.*

Deste modo, por exemplo, uma renda de € 400,00 mensais manteria o seu montante, em 2010; subiria, em 2011, para € 401,20; em 2012; para 414,00; em 2013; para 428,00; em 2014, para 432,2372 – e assim sucessivamente.

Como último destes produtos se elevava fracionariamente, de regra, até à *décima milésima*, a lei vinha impondo um *arredondamento* que, na redação do Decreto-Lei nº 329-B/2000, de 30 de dezembro, do art. 32-3 RAU, se fazia "*para a centena de escudos imediatamente superior*" e, na do art. 25-1 NRAU$_{2006}$, "*para a unidade de euro imediatamente superior*".

Impõe-se contudo agora, à luz da redação do mesmo preceito, constante da Lei nº 31/2012, estranhamente, "*para a unidade de cêntimo imediatamente superior*".

É uma alteração que não passa com efeito, em nosso parecer, de uma desconcertante picuinha. Um "arredondamento" para a *unidade de cêntimo imediatamente superior* não é, evidentemente, *arredondamento* nenhum, mas um verdadeiro afiar o bico ao lápis até à sua ínfima ponta.

Uma renda dos referidos € 400,00, em 2015, subirá assim, nos três sucessivos anos: em 20016, para € 400,64; em 2017, para 402,81; e em 2018, para € 407,33.

Pelo arredondamento de 2006, teríamos antes: em 2016, € 401,00; em 2017, € 404,00; e, em 2018, € 409,00.

Ou seja: no decurso de três *atualizações*, o "arredondamento", pelo cômputo atual, poupará ao *arrendatário* a "considerável" importância de € 1,87 mensais.

Valerá a pena semelhante alteração legislativa que, verdadeiramente, não integra um *arrendamento*, pois o produto continua *bicudo*?

A primeira *atualização*, nos termos acabados de referir, só pode realizar-se *um ano* depois do começo de vigência do contrato e, as seguintes, "sucessivamente, um ano após a atualização anterior" (al. *b)* deste art. 1077-2).

As *não atualizações* perdem-se, embora não na totalidade

O preceito, na sua redação, que já vem de trás, é sibilino: declara que se podem aplicar "*desde que não tenham passado mais de três anos em que teria sido inicialmente possível a sua aplicação*", o que poderia levar a pensar que, se o *senhorio* esteve mais de *três anos* sem exigir nenhuma atualização, não poderia já servir-se de qualquer atualização retroativa.

Cero é que unanimemente se tem interpretado a expressão legal – e bem – que só não podem recuperar-se os *coeficientes* que estão *a mais de três anos para trás*; só se perdem, pois, aqueles que, à data da *atualização*, se situam *a mais de três anos*, podendo compreender-se, no máximo, os correspondentes ao triénio anterior (al. *d)* deste art. 1077).

Além disso, assim como é facultativo recuperar esses coeficientes, do mesmo modo se poderá contabilizar apenas *dois* ou unicamente o *ano anterior.*

A *atualização* não é automática.

Tem de realizar-se, por iniciativa do *senhorio.*

Mas poderá, em vez dele, o *arrendatário* impô-la?

A hipótese é algo fantasista mas, se acontecer, entendemos que não poderá obrigar o *senhorio* a aceitá-la: "o devedor cumpre a obrigação quando realiza a prestação a que está vinculado" (art. 762-1 CC).

Não pode obrigar o *credor* a que receba *coisa diferente*, ainda que de *mais valor* (art. 837 CC): *alliud pro alio invito creditori solvit non.potest* – e, constituindo a *renda* uma *prestação pecuniária*, o devedor cumpre a sua obrigação, nos termos do art. 550 CC, isto é, segundo o *princípio nominalista*; não será obrigado a prestar mais do que o *valor nominal da moeda*, nem o credor poderá ser obrigado a receber mais do que o seu quantitativo, a menos que considere o montante oferecido como devido, em face da *atualização.*

Se o *senhorio* preferir, porém, que esta se não faça, a oferta do *arrendatário* envolverá uma *proposta de doação* que, nos termos do preceituado no art. 945-1CC, caduca, se por ele não for aceita: *invito non datur beneficium.*

A *comunicação* pelo *senhorio* de *atualização da renda* realiza-se por *carta registada*, com *aviso de receção*, endereçada para a fração arrendada (se não tiver sido estabelecido *domicílio*) com a antecedência mínima de 30 dias (al al. *c)* deste art. 1077-2, conjugada com o art. 9º NRAU) – e como o *aviso* é publicado até 30 de outubro e o *senhorio* tem de respeitar essa antecedência, dificilmente poderá, na prática, abranger a renda de janeiro do ano da atualização pois, mesmo que esteja atento e envie a *comunicação* logo no dia 31 de outubro, ainda que não se interponha depois um *sábado* ou *domingo*, como o 1º de novembro é feriado, só chegará a *carta* ao destinatário, no mínimo dos mínimos, no dia 2 de novembro, cumprindo-se os 30 dias unicamente em 2 de dezembro, dia em que já estaria vencida a renda de janeiro seguinte (art. 1075-2)

A *carta* não terá apenas a *assinatura* do *senhorio subscritor*, mas também o seu "*endereço completo*", como duplicadamente se exige no art. 9º-5 NRAU, pois uma *carta registada* e *com aviso de receção* já, por sua natureza, obrigatoriamente ostenta.

A lei estabelece ainda, sem conhecida aplicação prática, que a *carta*, em vez de enviada pelo seguro do correio, poderá "*ser entregue em mão, devendo o destinatário apor em cópia a sua assinatura, com nota de receção*" (art. 9º-6 NRAU).

Quanto à *comunicação* por *carta*, pensamos que não se justifica, neste caso, o envio também para o *cônjuge do arrendatário*, como se deve praticar no caso de *resolução* (v. *infra*, 3-I, *sub* art. 1084), pois não se trata agora de pôr termo ao contrato mas, simplesmente, de atualizar uma *renda* que vem sendo paga individualmente pelo *arrendatário*, exclusivamente em nome do qual, se preenche o respetivo *recibo eletrónico*.

(Damos nota, no Formulário que oferecemos em Anexo, de um modelo de comunicação de atualização de renda).

Artigo 1078 – Encargos e despesas

1 – As partes estipulam, por escrito, o regime dos encargos e despesas, aplicando-se, na falta de estipulação em contrário, o disposto nos números seguintes.

2 – Os encargos e despesas correntes respeitantes ao fornecimento de bens ou serviços relativos ao local arrendado correm por conta do arrendatário.

3 – No arrendamento de fração autónoma, os encargos e despesas referentes à administração, conservação e fruição de partes comuns do edifício, bem como o pagamento de serviços de interesse comum, correm por conta do senhorio.

4 – Os encargos e despesas devem ser contratados em nome de quem for responsável pelo seu pagamento.

5 – Sendo o arrendatário responsável por um encargo ou despesa contratado em nome do senhorio, este apresenta, no prazo de um mês, o comprovativo do pagamento feito.

6 – No caso previsto no número anterior, a obrigação do arrendatário vence-se no final do mês seguinte ao da comunicação pelo senhorio, devendo ser cumprida simultaneamente com a renda subsequente.

7 – Se as partes acordarem uma quantia fixa mensal a pagar por conta dos encargos e despesas, os acertos são feitos semestralmente.

(Redação da Lei nº 6/2006, que inovou este preceito no nosso Direito positivo)

1. Encargos e despesas

Na referência a *encargos* e *despesas*, não há uma sinonímia, embora os primeiros constituam também, em si, uma espécie de *despesas*.

O CC emprega o termo *encargos* em várias disposições com sentidos nem sempre coincidentes.

Num caso, reporta-se ao *modo* de uma *doação* ou *herança* (arts. 963 e 2244).

Aqui, pretende especificar aquelas *situações passivas que resultam diretamente da titularidade do prédio ou fração arrendada*, como a prestação periódica de condomínio, o seguro do edifício, o vencimento da porteira, a iluminação das partes comuns, a sustentação e conservação dos ascensores, os tributos e taxas devidos ao Fisco, etc.

Em suma, os *encargos* são as *obrigações fiscais ligadas ao prédio ou fração arrendada e as situações passivas permanentes, necessárias à sua utilização.*

As *despesas*, na aceção restrita em que este preceito adota o termo, serão apenas as que *ocorrerão ocasionalmente*, como as decorrentes de *reparações*.

2. Regime geral

O regime de uns e de outras pode ser largamente disciplinado pela *autonomia contratual*.

O nº 1 do artigo é claro e perentório: "*as partes estipulam o regime dos encargos e despesas*". É assim perfeitamente legítimo estipular-se que qualquer *encargo* do prédio ou fração, qualquer *despesa* a que tenha de se fazer face, ao longo do *arrendamento*, decorram por conta do *arrendatário* como, em vez disso, do *senhorio*: "as partes estipulam, por escrito, o regime".

Como podem repartir-se uma parte por um, e outra por outro.

3. Distribuição, na falta de convenção das partes

Nada se tendo convencionado no contrato, sobre *encargos* e *despesas*, vigora o disposto nos n.os 2 e seguintes deste artigo.

Sobre a *aplicação intertemporal* destas *normas supletivas*, v. *supra*, nº 12-II-**A**-**b**, *sub* art. 1022

I – ***Encargos ou despesas com o fornecimento de bens ou serviços relativos ao local arrendado.*** Correm, segundo o preceituado no nº 2 do artigo e na falta de estipulação em contrário, "por conta do arrendatário", os *encargos* e *despesas correntes* relativos ao fornecimento de "bens ou serviços" relativos ao prédio arrendado.

A expressão "fornecimento de bens ou serviços relativos ao local arrendado" não parece feliz.

Que *bens* serão esses?

Que *serviços* relativos ao "local" arrendado se têm em vista?

No art. 40 RAU e no art. 1078 da frustrada Reforma de 2004, vinha a matéria muito mais perfeitamente redigida.

O nº 1 do artigo terá, pois, de servir para elucidar o que pretende o legislador exprimir aqui: são os *encargos* e *despesas correntes* com o fornecimento de energia elétrica ou térmica, de água, de gás, de limpeza, de segurança ou outros respeitantes ao *prédio ou à parte de prédio arrendado*.

É assim que deverá entender-se a palavra *local* do nº 3 do preceito: o prédio ou a sua parte ou fração dada em arrendamento.

II – ***Encargos e despesas que, no arrendamento de uma fração autónoma correm de conta do senhorio, na falta de estipulação em contrário.*** É o que se disciplina no nº 3.

Como é natural, pertencendo a *fração* arrendada a um prédio em *propriedade horizontal*, na falta de convenção em contrário, os *encargos* e *despesas* relativos à administração, conservação e fruição das *partes comuns do prédio*, bem como a serviços de *interesse comum*, correm por conta do *senhorio*.

III – ***Os encargos e despesas devem ser contratados em nome de quem for responsável pelo seu pagamento.*** Dispõe-se isto, como se vê, no nº 4, em proclamação de uma inutilidade evidente, constituindo um preceito que jamais tinha existido quer no RAU quer na frustrada Reforma de 2004, mas que a Lei nº 6/2006 se lembrou de editar, e a Lei nº 31/2012 reproduziu acriticamente.

IV – ***Apresentação pelo senhorio do comprovativo de encargo ou despesa por ele contratado em seu nome mas da responsabilidade do arrendatário.*** A expressão do nº 5, reproduzida acriticamente da redação da Lei nº6/23006, dificilmente poderia ser mais arrevesada.

O que se quer significar poderia ter sido muito mais claramente referido assim: *quando o senhorio tiver pago algum encargo ou despesa da responsabilidade do arrendatário, deve apresentar-lhe o correspondente comprovativo no prazo de um mês.*

É simplesmente isto o que o nº 5 do artigo quer dizer.

V – ***Vencimento da obrigação de pagamento do comprovativo apresentado ao arrendatário.*** É o que se regula no nº 6 – mas também aqui a redação que foi servilmente copiada da Lei nº 6/2006, deixa a desejar. Repare-se no enunciado: "*no caso previsto no número anterior, a obrigação do arrendatário vence-se no mês seguinte à comunicação pelo senhorio, devendo ser cumprida simultaneamente com a renda subsequente*".

Onde é que, no número anterior se refere alguma *comunicação*?

O que aí se exprime é a *entrega do comprovativo*.

Depois, em "cumprida simultaneamente com a renda", será bem de ver que não é a *renda* que se cumpre, mas a respetiva *obrigação*.

Em suma, o que interessa fixar é que, segundo este nº 6, o arrendatário que recebe o comprovativo em determinada data, tem um mês para o pagar, não, porém no trigésimo dia mas no dia em que, depois, se vencer a obrigação de pagamento da sua renda.

Assim, entregue o comprovativo ao arrendatário em, por ex., 21 de março, este só estará obrigado a satisfazê-lo com o pagamento da renda cuja a obrigação se vença em 1 de maio seguinte.

VI – ***Acertos semestrais.*** Como consta do nº 7, "*se as partes acordarem uma quantia fixa mensal a pagar por conta dos encargos e despesas, os acertos são feitos semestralmente*".

É ainda a reprodução acrítica pela Lei nº 31/2012 de preceito inovado com a Lei nº 6/2006 – e o que logo salta à vista é que ele está visivelmente deslocado, no artigo.

Se este começou por prever o que as *partes* podem estipular e, depois, nos números 2 a 6, contempla sucessivas hipóteses da sua *falta*, parece evidente que este nº 7, regulando uma convenção concreta, deveria ocupar o nº 2.

No fundo, porém, oque parece é que este número será perfeitamente inútil, pois se as partes estabeleceram uma quantia fixa mensal para custear encargos e despesas, também não deixarão de fixar as datas dos acertos de contas que podem, evidentemente, ser diferentes da aqui estabelecida.

SUBSECÇÃO IV – Cessação

DIVISÃO I – Disposições comuns

Artigo 1079 – Formas de cessação

O arrendamento urbano cessa por acordo das partes, resolução, caducidade, denúncia ou outras causas previstas na lei.

(Redação da Lei nº 6/2006)

1. Apontamento introdutório

Este preceito mantém-se na linha de orientação, estabelecida pelo RAU (art. 50), de dedicar uma disposição, em jeito de manual, a enunciar as formas concretas por que pode cessar o contrato de *arrendamento urbano.*

Se isso se compreendia num diploma avulso, como o RAU, já parecia mais difícil de aceitar na Lei nº 6/2006, em que a disciplina do arrendamento voltou a incorporar-se no CC e, mais ainda, com a Lei nº 31/2012.

A primitiva versão do Código não continha uma disposição semelhante, embora, naturalmente, assentasse numa determinada nomenclatura de base, que podia até nem ser a melhor mas, por mais perfeita que seja a nova terminologia da *cessação* do *contrato de arrendamento urbano* que as Reformas de 2006 e 2012 nele introduziram, ficou esta inexoravelmente desarmónica com a existente, consistindo assim, se bem nos parece, num condenável vazar de vinho novo em odre velho.

Damo-nos conta disso logo que desçamos ao pormenor.

Com efeito, o Código de 66 distinguiu vários institutos conducentes à extinção da eficácia do contrato válido, embora na sua aplicação dispositiva nem sempre tenha observado a perfeição técnica.

Assim, substituiu a *rescisão,* do Código de Seabra, pela *resolução,* e distinguiu ainda a *revogação,* a *caducidade* e a *denúncia.*

Vemos isso perfeitamente no presente artigo, reportado concretamente ao arrendamento urbano quando nele se enuncia que a sua cessação poderá ocorrer por "acordo das partes, resolução, caducidade, denúncia ou outras causas previstas na lei".

Como porém, segundo referimos, nem sempre terá sido rigoroso, ou na sua caracterização técnica ou na aplicação particular do seu normativo, surgiram assim alguns desencontros na doutrina a par da necessidade de correção das imperfeições técnicas encontradas.

Já referia, na verdade, BAPTISTA MACHADO que, "em face dos textos legais, é tarefa melindrosa e difícil destrinçar claramente e de raiz entre a revogação, resolução e a denúncia de um contrato duradouro válido em vias de execução".

Em todo o caso, fundando-se no ensinamento de ANTUNES VARELA, forcejou por destrinçar os diferentes institutos assim: "a *denúncia* parece caracterizar-se por ser privativa dos contratos com prestações duradoiras e por dever ser feita para o termo do prazo da renovação do contrato, salvo se se trata de um contrato por tempo indeterminado...A *resolução*, diversamente, caracterizar-se-ia por ser comum aos contratos com prestações instantâneas e aos contratos duradoiros e por produzir os seus efeitos em plena vigência do prazo contratualmente fixado, tendo normalmente por fundamento (embora nem sempre: cfr. o art. 1140 do Código Civil) uma perturbação na execução do contrato que afeta o interesse do credor. Distingue-se ainda da denúncia porque esta opera apenas *ex nunc* e tem efeito meramente liberatório (quer dizer extingue a relação obrigacional duradoira nos mesmos termos que o próprio decurso do prazo desta relação), ao passo que a resolução teria, em princípio, eficácia retroativa (efeito restitutório), salvo nos casos de execução continuada ou periódica, nos termos do nº 2 do art. 434 do Código Civil... Pelo que respeita à *revogação* unilateral como meio de extinção *ex nunc* de uma relação contratual que entrou na fase executiva...ela caracterizar-se-ia por ser originariamente uma faculdade discricionária cujo exercício a lei, no entanto, condiciona por vezes à existência de uma justa causa (cfr. art. 1170, 2, do Código Civil)"[380].

[380] *Rev.Leg.Jurs.* 118ª, pp. 278-279, n. 2.
Sobre o ponto é, mesmo entre nós, vasta a doutrina. Vejam-se, principalmente: INOCÊNCIO GALVÃO TELLES, *Manual dos Contratos em geral, Reprint*, Lex, 1995, pp. 349-354 (ainda em terminologia anterior ao CC em vigor); ADRIANO PAES DA SILVA VAZ SERRA, *Resolução do Contrato* (*BMJ.* nº 68, pp. 153 ss), em preparação do CC em vigor e (*Rev.Leg.Jurs.* 112º, pp. 29-31), já no domínio do CC atual; JOÃO CARLOS BRANDÃO PROENÇA, *A resolução do contrato no direito civil. Do enquadramento do regime*, Coimbra, 1982; JOÃO DE MATOS ANTUNES VARELA, *Das Obrigações em Geral*, II, 5ª ed., Almedina, Coimbra, 1992, pp. 272-279; MÁRIO JÚLIO DE ALMEIDA COSTA, *Direito das Obrigações*, 8ª ed., Almedina, 2000, pp. 279-284; CARLOS ALBERTO DA MOTA PINTO, *Teoria Geral de Direito Civil* (4ª ed. por ANTÓNIO PINTO MONTEIRO/PAULO DA MOTA PINTO), Coimbra Editora, 2002, pp. 627-632; PEDRO ROMANO MARTINEZ, *Da Cessação do Contrato*, 2ª ed., Almedina, 2006, pp. 91-227 (em geral) e 321-359 e *Direito das Obrigações. Contratos*, 2ª ed., Almedina, 2010, pp.217-230; ANTÓNIO MENEZES CORDEIRO, *Tratado de Direito Civil*, II/IV, Almedina, 2010, pp. 126 ss; PEDRO PAIS DE VASCONCELOS, *Teoria Geral do Direito Civil, 6ª ed., Almedina*, 2010, pp. 773-776; JANUÁRIO COSTA GOMES, *Sobre a (vera e própria) denúncia do contrato de arrendamento* (*O Direito*, 143-I [2011], pp. 9 ss, e *A desvinculação* ad nutum *no contrato de arrendamento urbano* (*ROA*, 72º-II--III [2012]).

Com esta prevenção, vamos enunciar a sistematização que, na nossa perspetiva e de acordo com a terminologia legal, se nos afigura aplicável à *cessação do contrato de arrendamento urbano.*

Pode ela resultar:

a) – De determinação direta da lei;

b) – De vontade das partes.

A cessação por *vontade das partes* ainda pode ser:

a) Por vontade bilateral ou *acordo*;

b) Por vontade unilateral, seja do *senhorio*, seja do *arrendatário.*

Vamos pois adotar, no nosso comentário, esta ordem sistemática, preferindo-a à seguida pelo presente artigo, pois se abandonou a um enunciado a esmo e desordenado.

2. Cessação do contrato

I – Por *determinação direta da lei*, os *factos extintivos* de maior interesse para a nossa matéria denominam-se *caducidade* e *confusão.*

A – ***Caducidade.*** A própria denominação já indicia o seu alcance: *caducidade* é o ato ou efeito de *cair* e, assim, o contrato *caduca* quando *cai* – e *cai*, naturalmente, quando, sendo temporário, chega ao fim da sua duração ou, em geral, quando por outra causa cesse o seu objeto.

O Código refere vários casos de *caducidade do contrato*: no art. 1141, declara que o *comodato "caduca por morte do comodatário"*; no art. 1174, que o *mandato caduca*, por *morte* ou *interdição* do *mandante* ou do *mandatário*, ou por *inibição do mandante*, *"se o mandato tiver por objeto atos que não possam ser praticados sem intervenção do curador"*; no art. 1716, que a *convenção antenupcial caduca*, nas hipóteses aí previstas; no art. 2317, que as *disposições testamentárias caducam* além de, em outros casos, nos aí enumerados; e o art. 1051 que a *locação caduca* nas ocorrências enumeradas nas suas seis alíneas.

Além destas hipóteses legais, ainda se prevê, no art. 270, que podem as partes subordinar a um *acontecimento futuro e incerto* a *resolução* da produção dos efeitos do *negócio jurídico*: é o que se chama *condição resolutiva* – outro tanto sucede, como principiamos por salientar, com a verificação do *termo final* (art. 278).

Quando, no art. 270, se declara que se pode estabelecer a *resolução* da produção dos efeitos do negócio, se vier a ocorrer determinado acontecimento futuro e incerto, denominando-o então de *condição resolutiva*, incorre-se, necessariamente, numa dupla impropriedade de linguagem, porque o acontecimento futuro e incerto, embora previsto pelas partes, não constitui, em si, uma *manifestação de vontade*, não podendo portanto valer como *resolução* nem, por outro lado, pode dizer-se *resolutiva* a *condição*, embora assim se denomine geralmente, nas diferentes legislações: ela é, antes, *condição extintiva* ou *caducante.*

Com a sua verificação, o negócio, mantendo embora os efeitos produzidos até então, perde automaticamente a sua eficácia; logo, não é objeto de *resolução.*

Cai ou caduca diretamente por força dessa ocorrência.

Ao invés, quando no há pouco referido art. 1051 se exprime um enunciado de *casos de caducidade* da *locação*, vimos que, nessa altura, nem sempre se exprimiu a lei apropriadamente, apesar de o Código, em geral, ter assentado num quadro dogmático que se pretendia tecnicamente rigoroso.

Estritamente quanto à *caducidade*, cremos que, em si, deverá ela definir-se, relativamente ao *negócio jurídico*, como a sua *objetiva extinção automática (ipso iure) e para o futuro, isto é, sem retroatividade, pela verificação de um evento com essa relevância (evento caducante)*.

Perguntar-se-á se o termo do prazo será apenas aquele que ocorre só por si, como se considerava na formulação primitiva do CC, ou se envolverá também o que vem a ocorrer porque uma das partes se opôs à sua *prorrogação* ou *"renovação"*.

A lei prescindiu de o mencionar concretamente (v. *sobre o ponto, o problema que resulta desta omissão, no comentário ao art. 1080 sub 1 e 1098, sub 2-II*)

B – ***A confusão***, Verifica-se quando, simultaneamente, se reúnam na mesma pessoa as qualidades de *senhorio* e de *arrendatário* do próprio prédio (ou parte de prédio) arrendado (cf. arts. 868 ss CC).

No fundo, parece poder dizer-se que será esta uma das *"outras causas determinadas por lei"* a que se refere este art. 1079, na sua parte final.

II – ***Manifestação de vontade das partes.*** A cessação do *contrato de arrendamento urbano* através de *manifestação da vontade das partes*, ou de alguma ou algumas delas, pode, segundo uma terminologia legal mais recente, em tema de *arrendamento urbano*, revestir-se das formas seguintes: *revogação*; *oposição à renovação*; *denúncia*, e *resolução*.

A – ***Revogação.*** Em geral, diz-se *revogação*, a abolição potestativa (*ad nutum*), pelo sujeito de um *negócio jurídico unilateral* ou sujeitos de um *contrato*, desde então[381] ou desde agora, fundada na lei ou convencionalmente.

Não tem, como outras formas de extinção, de se fundamentar numa *justa causa*: opera livremente, sem necessidade de basear-se em qualquer circunstância de eficácia extintiva.

Em princípio, deve ser *bilateral*, constituindo um *distrate* mas, em certos casos, é também admissível a *revogação unilateral*, quando, em determinado *contrato*, se reserva a uma

[381] Alguns Autores recusam-lhe a suscetibilidade de eficácia retroativa (p.ex., VAZ SERRA, *Rev. Leg.Jurs.* 112º [1980], p. 30, citando MIRABELLI e sustentando que, se o contrato já se realizou, no todo ou em parte, se forma antes um "negócio de modificação da situação resultante do ato"; ANTUNES VARELA, *Das Obrigações em Geral*, II, 5ª ed., Almedina, 1992, p. 277; ALMEIDA COSTA, *Direito das Obrigações*, 8ª ed., Almedina, 2000, p. 283). Há quem admita essa faculdade, de acordo com o princípio da autonomia da vontade (PEDRO ROMANO MARTINEZ, *Da Cessação Contrato* 2ª ed., Almedina, 2006, p. 112) – mas cremos que a *autonomia da vontade* se desenvolverá então exatamente através de um *negócio de modificação*.

das partes a faculdade de o fazer cessar e quando nele ou num *negócio unilateral* se está perante uma relação em que a parte dispõe de um poder discricionário, sendo certo que nem sempre a terminologia legal é a mais correta.

Assim, o *contrato de venda a retro* é definido no art. 927 CC como aquele em que "*se reconhece ao vendedor a faculdade de resolver o contrato*", quando é certo que aquilo que se lhe reconhece é uma *faculdade*, isto é, um poder de vontade livremente determinada de pôr temo ao contrato, mas configurando uma verdadeira e própria *revogação*; nunca, a *resolução*, que só poderá ser disparada quando se verifique um fundamento relevante que retire o interesse da parte inocente na manutenção do contrato.

Na sua base de iniciativa livremente assumida, a *revogação unilateral* surge ainda no caso do art. 265-2 CC (*revogação de procuração*); no do art. 448-2, 1ª parte (*revogação* do promissário de um contrato a favor de terceiro, não celebrado no interesse de ambos os contraentes); ou nos dos arts. 1170 a 1173 CC (*revogação do mandato*)[382].

Por vezes, porém, a *revogação unilateral* é legitimada pelo concurso de determinado condicionalismo, como na hipótese do art. 974 CC (*revogação de doação por ingratidão do donatário*).

No tocante ao *arrendamento urbano*, a *revogação unilateral* não é admissível, mas reconhece-se legalmente a *bilateral*, que vem definida na lei como a cessação do contrato por "*acordo a tanto dirigido*" – a elegante anáfora que surgiu com o RAU (art. 62-1) e que vem sendo reproduzida nas sucessivas Reformas da matéria.

Foi efetivamente este diploma que, primeiro, teorizou as diferentes formas de cessação do *arrendamento urbano*.

O acordo revogatório a que a definição legal alude constitui um *distrate*, ou *distrato*, se assim se preferir dizer, um *mútuo consenso* abolitivo do contrato antes celebrado.

Já se lhe tem chamado – e não só entre nós – um "*mútuo dissenso*", o que é decerto um contrassenso, pois o *dissenso* é um *desacordo*, e um *desacordo* não pode traduzir-se num *acordo extintivo*. Seria, obviamente, uma contradição nos termos.

À primeira vista, nem sequer pareceria isto curial.

Se o contrato é um *acordo de vontades* pelo qual as partes se vinculam entre si, como poderão depois desvincular-se por sua alta recriação? *Pacta sunt servanda*.

Simplesmente, as circunstâncias da vida podem variar, no decurso do tempo e, com isso, perder-se entretanto interesse naquilo que antes se tinha ajustado.

Então, congregam-se, num segundo *acordo*, a desfazer o que antes tinham feito.

[382] Mas importa assinalar que esta qualificação, relativa ao *mandato*, não será pacífica na nossa doutrina. VAZ SERRA, por exemplo, contesta-a: "o chamado 'mútuo dissenso' ou '*contrarius consensus*' (ou distrate) de um contrato é um ato de revogação deste, não o sendo, porém, o ato com que o mandante dissolve a relação de mandato (Cód. Civ. Arts. 1170 e sgs.) apesar de assim ser designado pela lei" (*Rev.Leg.Jurs.* 112º, pp. 29-31).

A doutrina brasileira chama, por vezes, a isto um *desfazimento*[383], embora a lei, mais classicamente, o qualifique como *mútuo acordo* (art. 9º-I da Lei nº 8.245).

E é perfeitamente legítimo, porque se realiza no âmbito da *autonomia contratual* consagrada no art. 405 CC.

Assim como as partes têm liberdade para celebrar o contrato constitutivo, assim a têm para destruí-lo[384].

Expressa e concretamente o declara o art. 406-1 CC quando proclama: "o contrato deve ser pontualmente cumprido, e só pode modificar-se ou *extinguir-se por mútuo consentimento dos contraentes*".

É uma disposição que teve por fonte direta o Código Civil de SEABRA, onde o art. 702 expressamente já admitia que só podiam os contratos legalmente celebrados "ser *revogados*...por *mútuo consenso*".

Assim tem, de resto, sido geralmente admitido entre nós[385].

Especialmente quanto ao *arrendamento urbano*, a *revogação por acordo*, a sua consagração legal apareceu, primeiro, no art. 1682-B CC, introduzido pelo Decreto-Lei nº 496/77, de 25 de novembro, onde se estabeleceu, desde então, quanto à *casa de morada da família*, carecer do consentimento de *ambos os cônjuges* "*a revogação do arrendamento por mútuo con sentimento*" (art. 1682-B, al. *b)*).

As partes podem, decerto, querer destruir o contrato primitivo só para o futuro (*ex nunc*), ou, pelo contrário, naturalmente, então, através de um *negócio de modificação*, desde a sua celebração (*ex tunc*).

Segundo a nomenclatura francesa, só esta se diz *revogação* (*revocation*).

A primeira tem outra denominação. Chama-se-lhe, por não ser retroativa, *résiliation*.

Os AA brasileiros, seguindo por esta via, distinguem também a *revogação* da *resiliação* – mas, entre nós, não se reconhece a *resiliação* e fala-se sempre de *revogação*, quer esta se faça *ex tunc*, por negócio jurídico abolitivo (*contrarius consensus*), quer se faça unicamente para o futuro.

O não reconhecimento, por outro lado, da *revogação unilateral*, no *arrendamento urbano*, ter-se-á fundado, de uma parte, na necessidade de proteção do *arrendatário*, mesmo em *arrendamento livre*, e, de outra, no interesse de preservação de certa estabilidade que é conatural ao instituto.

383 ORLANDO GOMES, *Contratos*,12ª ed., Forense, Rio de Janeiro, 1987, p. 204.

384 Cf., neste sentido, entre outros AA, INOCÊNCIO GALVÃO TELLES, *Manual dos Contratos em Geral*, Coimbra Editora, 2002, p. 380.

385 Cf. INOCÊNCIO GALVÃO TELLES, *Arrendamento*, Pro Domo, Lisboa, 1944-45, p. 238; JOÃO DE MATOS, *Manual do Arrendamento e do Aluguer*, II, Livraria Fernando Machado, Porto, 1968, pp. 164-165; ADRIANO VAZ SERRA, *Rev.Leg.Jurs.* 112º, pp. 29 ss; ANTUNES VARELA, *Das Obrigações em geral*, II, 5ª ed., Almedina, Coimbra, 1992, pp. 277-278.
Na jurisprudência: SUPREMO, 08-06-1978 (*BMJ* nº 278, p. 169).

Segundo alguma terminologia, porém, haverá ainda uma verdadeira *revogação unilateral*, nas que se dizem, então, *denúncias atípicas*, do nº 3 e do nº 4 do art. 1098, quando permitem ao *arrendatário* pôr termo ao contrato, *a todo o tempo*, nos casos aí previstos[386].

Convirá ainda ter em conta que não precisa o *acordo* de se manifestar por declarações *expressas*, podendo igualmente, como se admite no art. 217-1 CC, constituir-se através de factos que com toda a probabilidade o revelem: teremos, nesse caso, a *revogação implícita*, de que se ocupou o ac. do SUPREMO, de 29-4-1992[387].

O problema particularmente suscitado por esta forma de *revogação* é o de saber se os *facta concludentia* carecem da *forma* prescrita na lei para a constituição do contrato.

A resposta geralmente dada na doutrina, e que se consagrou no citado acórdão, é a negativa, à luz do disposto no art. 221-2 CC.

INOCÊNCIO GALVÃO TELLES fundou a forma da *revogação* no *princípio da identidade ou correspondência do contrarius actus*[388].

Salvo na hipótese de *revogação implícita* resultante ou acompanhada de execução material do acordo abolitivo – *revogação real* – que se encontra expressamente prevista na parte final do art. 1082-2 CC, aquela regra continua a pontificar.

B – *Oposição à renovação.* Num *contrato de arrendamento com "prazo certo"*, seja *para habitação*, seja para um *fim não habitacional*, a que não se tenham aposto as cláusulas especiais que se referem no art. 1110-1, o *arrendatário* pode, com determinadas antecedências especificadas na lei (art. 1098-1), *despedir-se*, como outrora se dizia[389], *para o termo do contrato.*

Além disso, pode ainda *despedir-se* mesmo antes do termo contratual, nesses contratos e condições, desde que decorrido *um terço* da sua duração inicial ou da entretanto prorrogada (art. 1098-3).

É-lhe, por último, ainda admitido, se o *senhorio* lhe tiver comunicado que não quer continuar vinculado após o termo contratual, *despedir-se*, em resposta, com um *aviso prévio* não inferior a 30 dias sobre o termo pretendido (art. 1098-4).

386 Assim: JANUÁRIO COSTA GOMES, *A desvinculação* ad nutum *no contrato de arrendamento urbano na Reforma de 2012. Breve nota,* (*ROA*, Ano 72, II e II, 2012, pp. 628 ss) e *Separata.*

387 *Rev.Leg.Jurs.* 125º, p. 86, com comentário de M. HENRIQUE MESQUITA, pp. 92 ss.

388 *Arrendamento,* (Lições ao 5º ano jurídico publicadas pelos alunos BENTO GARCIA DOMINGUES/MANUEL RIBEIRO), Pro Domo, Lisboa, 1944-1945, p. 238.

389 O Código de SEABRA usava, para este caso, o termo *despedimento*: "Presume-se renovado o contrato, se o arrendatário se não tiver despedido, ou o senhorio o não despedir ao tempo e pela forma costumados na terra" (art. 1624 CC_{SEABRA}).
O Decreto nº 5:411, reproduziu-o substituindo-lhe apenas a parte final: "...no tempo e pela forma designados na lei" e, na própria doutrina anterior ao CC_{1966}, PINTO LOUREIRO, a cada passo (cf. *maxime, Tratado da Locação,* II, Coimbra Editora, 1947, pp. 138-139), referia o *despedimento* para designar o que depois passou a denominar-se *denúncia* e, com a Lei nº 6/2006, *oposição à renovação.*

Por seu turno, o *senhorio* também pode, seja o arrendamento *para habitação* ou *não habitacional* (este, tendo em, vista o disposto no art. 1110-1) *despedir* o *arrendatário* para o termo da duração do contrato (art. 1097).

O nosso legislador, perseguindo um louvável propósito de afinação técnica, começou a chamar àquele primeiro e a este último, desde a Reforma de 2006, *oposição à renovação.*

Ao segundo e terceiro, denomina-o, indiferentemente, de *denúncia.*

Desta, trataremos daqui a pouco.

Daquela, falemos já.

A expressão *oposição à renovação* não pertencia ao nosso vocabulário legal até à sua introdução nas epígrafes dos arts. 1097 e 1098 CC da Reforma de 2006, por influência direta dos arts. 1102 e 1103 CC da frustrada Reforma de 2004.

Com a formulação daqueles dois preceitos pela Reforma de 2012, esta expressão terminológica consolidou-se, embora sem a necessária uniformidade: nuns casos, refere-se "*opor-se à renovação*" (art. 1096-3), enquanto noutros exprime-se "*impedir a renovação*" (arts. 1097-1 e 1098-1).

Com o devido respeito pela opinião em contrário, não a temos por muito feliz, pois ela afasta eficazmente, por si a *relocação tácita*, quando uma *oposição* pode não bastar, em si mesma, porque, por natureza, estaria ainda dependente de réplica da contraparte.

Melhor se diria, quanto a nós, *afastamento, exclusão* ou *elisão da prorrogação.*

No RAU, referindo-se, pela primeira vez, "*impedir a renovação*", declarava-se prontamente que tal comportamento consistia na *denúncia* regulada no art. 1055 CC (art. 68 RAU).

E este era o termo efetivamente usado na terminologia anterior recente (o qual ainda continua a figurar, com este sentido, no nº 3 do art. 26 da Lei nº 6/2006, na própria redação da Lei nº 31/2012, supomos que porque está a reportar-se ainda aos contratos celebrados à sombra do RAU ou do Decreto-Lei nº 257/95).

A atualmente denominada *oposição à renovação* poderá, na verdade, definir-se deste modo, em nosso entender, como a *declaração de vontade de um dos contraentes perante o outro, comunicada com determinada antecedência, segundo os casos, de recusa da prorrogação do contrato com prazo certo, fazendo-o assim cessar no último dia da sua duração.*

Tal declaração efetiva-se por *carta registada*, com *aviso de receção* (art. 9º-1 NRAU).

Se o destinatário se tiver recusado a recebê-la ou a não tiver levantado no prazo regulamentar, ou ainda quando o aviso venha assinado por pessoa diferente do destinatário, deverá "*o senhorio remeter nova carta registada com aviso de receção decorridos que sejam 30 a 60 dias sobre a data do envio da primeira carta*" (art. 10-1-2-3 NRAU).

No Direito comparado, é comum prever-se uma forma de cessação do *arrendamento com prazo certo* para o termo da sua duração, com diferentes denominações segundo as respetivas ordens jurídicas.

Na Itália, a *oposição à renovação*, da nossa lei atual, designa-se de *disdetta*[390] [à letra, *desdizimento; desquite*] já, pelo menos, desde ABELLO e é empregada como tal no *códice civile* (arts. 1596 e 1597).

Foi primeiro definida, *proprio jure*, pela Cassação, como "*uma declaração unilateral recetícia pela qual uma parte comunica à outra que não consente na renovação tácita do contrato ou na sua prossecução*"[391].

Ultimamente, designou-a assim (traduzindo): "a *disdetta* de um contrato de locação é um ato recetício, que produz os seus efeitos (consistentes em impedir a renovação do contrato e não já a dissolução do contrato em curso) só desde que chega ao destinatário, salvo diversa convenção das partes; é, portanto, tardia a expedida antes de termo contratualmente previsto... mas só chegada ao destinatário posteriormente a tal data"[392]

Têm-se dado na doutrina definições de *disdetta*, mas a que temos por mais perfeita ainda é a clássica, de MIRABELLI; traduzindo, é "*o ato com o qual uma das partes de uma relação de locação de duração legal, comunicando à outra a sua determinação de fazer cessar a relação, torna operante o termo previsto pela lei, no vencimento que imediatamente se lhe segue, ou seja, fixa definitivamente o termo da relação*"[393].

Esta *disdetta* é, atualmente, livre para o *arrendatário* logo no termo do primeiro período de duração do contrato, no *arrendamento habitacional* mas, relativamente ao *senhorio*, nesse mesmo arrendamento, só poderá ele opor-se, não á primeira, mas à segunda renovação e mediante fundamentos justificativos como a necessidade de habitação própria ou de familiar, a pretensão de adaptar o imóvel a outro fim, ou realizar nele obras, quando gravemente danificado (art. 3º da Lei nº 431/1998, de 9 de dezembro).

[390] Sobre esta categoria, v. ROMAGNOLI, *Disdetta* (*Enciclopedia del diritto*, Giuffrè-Milano, XIII, 91 ss) e também, com interesse, GIUSEPPE MIRABELLI, *La locazione* (Tratado de VASSALLI), UTET--Torino, 1972, p. 548.

[391] GIULIO CATELANI, *Manuale della locazione*, 3ª ed., Giuffrè – Milano, 2001, p. 354, n.

[392] Sentença de 2-4-2009 (*Giust. Civ.*, 2010, I, p. 2010)

[393] GIUSEPPE MIRABELLI, *La locazione* (Tratado de VASSALLI), UTET-Torino, 1972, pp. 548-549. Outras definições:"trata-se de um negócio jurídico unilateral e recetício tendo como conteúdo a declaração de uma, ou de ambas as partes, de não querer a renovação do contrato no termo da pendência legal e que tem, justamente, o efeito de impedir tal renovação" – ANDREA TABET, *La locazione-conduzione*, Giuffrè Editore, Milano, 1972, p. 723; a *disdetta* (comunicação de recusa de renovação no primeiro período de duração) é um ato unilateral, recetício, que tem a função de impedir a prossecução ou a renovação do contrato mas não é idóneo para determinar, antes do seu termo convencional ou legal, a cessação da relação, que continua de pleno direito até ao momento de expirar o termo pactuado" – GIUSEPPE DE LUCIA, *Cessione, successione e risoluzione del contratto di locazione* (*Le locazioni* [a cura di MAURIZIO DE GIORGI/DOMENICO MAFFEI/CORRADO MARVASI], Wolters Kluwer/CEDAM, 2015,p. 697).

Além dela, que se reporta sempre a data do termo de duração contratual, existe, o *recesso*.

O que é este *recesso*?

Etimologicamente, a palavra deriva, naturalmente, do latim, filiando-se no conhecido *recedo, recessi, recessum*= caminhar para trás; retirar-se; cessar.

Em geral e segundo a definição de um Autor da nacionalidade, "*consiste na possibilidade de uma das partes contraentes de dissolver unilateralmente um contrato, desvinculando-se de todas as obrigações que dele para si derivam, sem o consentimento da outra parte e sem incorrer em penalidades*"[394].

A definição é muito completa e clara mas, como logo se vê, não é rigorosa.

Obviamente, o instituto não é, *summo rigore*, uma possibilidade mas o próprio ato da parte, em si.

Em Espanha, o *arrendamento habitacional* pode estipular-se com um *prazo certo* de qualquer duração, e o *senhorio*, com uma antecedência 30 dias, manifestar "*su voluntasd de non renovarlo*", e então ele durará, necessariamente, por mais *um ano* (art. 10-1 da Ley 29/1994, segundo a redação da Ley 4/2013) – que não dá qualquer designação a esta manifestação de vontade,

Especificamente para o *arrendatário*, atribui-lhe a denominação de *desistência* (*desistimiento*): "*El arrendatario podrá desistir del contrato de arrendamento, una vez que hayan transcorrido al menos seis meses, siempre que comunique al arrendador com una antelación minima de treinta dias*" (art. 11 Ley 29/1994, segundo a redação da Ley nº 4/2013)

Em França, as leis usam, por vezes, segundo parece sem uma preocupação de grande rigor, o termo *résiliation* (de *resilier*; *resilire*=retirar-se) para exprimir a extinção *não retroativa* do contrato de *duração ilimitada*, ou mesmo de *prazo certo*, então para o termo da sua duração – mas usa-se ainda, para exprimir o próprio ato de cessação de um *contrato de locação* (ou de trabalho), na definição de GERARD CORNU, como o ato unilateral pelo qual uma parte dá a conhecer à outra a sua intenção de não manter a continuidade do contrato, se este é de *duração indeterminada*, ou de não o renovar se é de *duração determinada*[395].

O termo *congé* que, segundo o mesmo Autor, etimologicamente derivará do latim *commealus* (de *comeare*=andar para cá e para lá), terá sido especialmente bebido da linguagem militar com o sentido de *deixar o seu posto*, parecendo, pois, próximo do que, nas nossas leis de arrendamento, por vezes se refere como *despedimento*.

[394] GIUSEPPE DE LUCIA, *Le locazionwe* (a cura di MAURIZIO DE GEORGE/DOMENICO MAFFEI/CORRADO MARVASI), Wolters Kluwer/CEDAM, 2015, p. 627.

[395] GÉRARD CORNU, *Vocabulaire juridique*, 2ª ed., Presses Universitaires de France, 1990, vocábulo *congé*. Sobre o ponto, v. ainda, designadamente, MICHEL VENCEAU, *Guide du Locataire 2000*, Éditions du Rocher, 1999, pp. 176 ss; BERNARD SAINTOURENS/JACQUES LAFOND/BÉATRICE VIAL PEDROLETTI, *Code des Baux*, Litec, 2007, p. 154.

No Brasil, no *arrendamento habitacional*, ajustado por prazo igual ou superior a *trinta meses*, ocorrerá a respeito do contrato aquilo que a lei designa de *resolução* (art. 46 da Lei nº 8.245, de 18-10-1991) mas, se o *arrendatário*, findo esse prazo, continuar na posse do imóvel, sem oposição do *senhorio*, presume-se que o contrato foi prorrogado com *duração indeterminada* (§ 1º desse art. 46).

Em *arrendamento residencial*, admite-se a *denúncia* do contrato antes do seu termo, pelo *arrendatário*, pagando a multa pactuada proporcional ao período de cumprimento do contrato ou na falta desta, a judicialmente determinada (art. 4º), ao passo que, no não residencial, a multa a pagar não poderá exceder o valor dos aluguéis correspondentes ao período contratual que faltar cumprir (art. 54, § 2º).

.A lei designa de *denúncia* tanto a que é oposta a uma locação de imóvel *por tempo indeterminado* (art. 6º) como à que se faz naquela que é ajustada por prazo igual ou superior a trinta meses (arts.46, § 2º; 50, § único, e 54-A, § 2º).

Em Angola, por último, a lei vigente (Lei nº 26/15, de 23 de outubro), recusou referir a *oposição à renovação* e continua a designar o instituto, à imagem da primitiva redação do CC_{1966}, de *denúncia* (arts,62; 80-85; 113 e 123).

Em suma, o que parece retirar-se desta rápida visitação ao Direito comparado é que, mesmo quando se use uma denominação própria para a cessação do *contrato de prazo certo* para o termo da sua duração ou prorrogação, sempre se tem ela como um ato determinante da cessação, em si; não, propriamente, como simples detersivo da relocaçao tácita

A palavra *renovação*, que se inclui na expressão em referência, tem vindo a ser reproduzida de normativos anteriores; é mesmo usada, por vezes, no Direito comparado e, todavia, nem por isso designa com rigor, como referimos a seu tempo (cf. *supra*, comentário ao art. 1054), o efeito jurídico do instituto.

Não tem sido consensual, por outro lado, a definição que apresentamos acima de *oposição à renovação,* como um modo autónomo de cessação do arrendamento.

Na verdade, a falta de expressa inclusão desta figura entre os casos de extinção do *arrendamento urbano* enumerados neste art. 1079 CC não se deverá a lapso legislativo; terá sido uma opção deliberada[396].

Tem ela, efetivamente, apoio no entendimento de uma parte muito qualificada da doutrina portuguesa, tendente a ignorar a *oposição à renovação* como forma autónoma de cessação do *arrendamento urbano,* preferindo vislumbrar, aqui. uma autêntica hipótese de *caducidade* (o findar do prazo de duração do contrato estipulado ou estabelecido por lei), como tal contemplada na al. *a)* do art. 1051 CC.

[396] Mas rapidamente esquecida, na al. *c)* do art. 15-1 NRAU, onde expressamente se refere a autónoma natureza extintiva da *oposição à renovação*: "em caso de cessação do contrato por oposição à renovação...".

Esta será, contudo, uma inteligência que, como prontamente se vê, enfrentará uma dificuldade liminar: a de nos encontramos então ante uma irreconhecível *caducidade não ipso jure.*

É que, com a assim chamada *oposição à renovação*, certo é que a parte, de sua livre vontade e espontânea iniciativa, verdadeiramente emite, perante a contraparte, uma declaração recetícia atinente a pôr termo ao contrato.

Sem ela, a *prorrogação* não será afastada e sem o seu afastamento, não haverá *caducidade*, mas *relocação tácita*.

Em face de semelhante dificuldade, num primeiro momento, afirmaram os seus seguidores, ainda à sombra do RAU, onde o instituto era denominado simplesmente de *denúncia*, umas vezes, que não seria esta, em sentido técnico, pois "atua dirigida ao funcionamento da caducidade do contrato", sendo antes uma *denúncia-oposição à prorrogação*[397] e, outras vezes, sensivelmente no mesmo sentido, que seria uma "denúncia que desencadeia a caducidade, na medida em que esta não opera de *per si*"[398].

Modernamente, já à sombra da Lei nº 31/2012, sustenta-se ainda, em doutrina de referência, não ser a *oposição à renovação, summo rigore*, "uma forma de extinção do contrato, que irá, neste caso, cessar por *caducidade* e não pela *oposição*; mas extingue, de facto, a relação complexa que se conserva, ao longo das sucessivas renovações"[399].

Será, supomos, um entendimento possível, embora estejamos em crer, com o devido respeito, que é muito, que é todo, que não se ajustará ele perfeitamente à realidade.

Nesta perspetiva, a parte não se dirigiria, com a sua *comunicação*, a pôr termo ao contrato para o fim da respetiva duração, mas, unicamente, a afastar a sua *renovação* para que o findar do prazo estipulado acarretasse, por si, a *caducidade*.

Por que não admitir, em vez disso, que, com a chamada *oposição à renovação*, o *arrendatário* o que direta e efetivamente pretende declarar e realmente declara é, pura e simplesmente, como por lei lhe é facultado, que *irá sair da casa arrendada*, na data assinalada? E que, por seu turno, o *senhorio*, o que realmente comunicará será antes que, por seu direito e vontade, o *arrendamento* cessará na data referida, *não se prorrogando*?

Nessa base, a *caducidade* que, no último dia do prazo, estaria destinada a não funcionar, ao entretanto se ter manifestado uma vontade de fazer cessar o contrato na data da sua *relocação tácita*, acabará, se bem pensamos, por não poder sequer verificar-se, porque

[397] M. Januário da Costa Gomes, *Arrendamentos para habitação*, 2ª ed., Almedina, 1996, p. 272: uma *denúncia* que "atua dirigida ao *funcionamento da caducidade*", mas rejeitando a imagem (sem darmos por isso, um tanto *militarista*, convenhamos) com que a pretendemos então traduzir, de "detonadora da caducidade". Neste entendimento, o I.A. abonou-se ainda em Menezes Cordeiro, por sua vez inspirado em Pessoa Jorge.

[398] Pedro Romano Martinez, *Da cessação do contrato*, 2ª ed., Almedina, 2006, p. 105.

[399] António Menezes Cordeiro, *Leis do Arrendamento Urbano Anotadas* (Coord. de António Menezes Cordeiro), Almedina, 2014, p. 219

o contrato já foi, entretanto, objeto de uma voluntária destruição, no momento em que ela não iria ocorrer.

Será porventura por isso, que, no Direito comparado, não encontramos facilmente a denominação de *oposição à renovação*, mas designações que *apontam antes para a vontade da parte de, diretamente, pôr termo ao contrato impedindo a sua renovação.*

É o que ressalta da denominada *disdetta*, do Direito italiano; da expressão, no Direito espanhol, de *desistimiento del contrato*; de *denúncia*, nos Direitos brasileiro, angolano, ou português anterior; ou de *dar conta de saída* (*donner le congé*) do francês.

Tecnicamente, a nossa pouco feliz expressão *oposição à renovação* constituirá, mais certeiramente, se bem pensamos, uma "*declaração de vontade de um sujeito destinada a fazer cessar a relação que o vincula ao outro sujeito*", um verdadeiro *negócio jurídico*, já que, como agudamente se salienta na Itália, desde ABELLO, e é reforçado por MIRABELLI, "é o ato que determina, ele próprio, a cessação"[400].

A *ineficácia* superveniente do contrato deve, portanto, ser igualmente entendida, entre nós, como um efeito direto da *vontade* do *opoente à renovação* (*rectius*, à *prorrogação*) – e, consequentemente, uma específica forma de *cessação do arrendamento urbano*, despegada da *caducidade*[401].

Doutro modo, dificilmente se compreenderá, aliás, a sua expressa referência como uma das formas de cessação do *arrendamento urbano não habitacional* que consta do art. 1110-1.

C – ***Denúncia.*** Outro dos modos de cessação do *arrendamento* por *vontade unilateral* de um dos contraentes é a *denúncia*, que vinha sendo usada impropriamente, por vezes, na aceção de *oposição à prorrogação* (como surgia ainda, designadamente, nos arts. 68, 69, 89-A e 100-1-2-3-4 RAU); outras vezes, chamava-se-lhe *revogação* (*unilateral*) (art. 100-4 RAU).

O CC continua aliás, ainda hoje, a utilizar o termo *denúncia* com diferentes sentidos, em certos passos (art. 916 – *denúncia de defeito da coisa comprada*; arts. 1220, 1224-2 e 1225-2 – *denúncia dos defeitos de obra*).

Seja como for, a *denúncia*, no seu mais genuíno significado, constitui uma rutura *ad nutum* por uma das partes de um contrato *por tempo indeterminado*.

É um poder que se justifica pela tutela da liberdade individual perante uma vinculação duradoura e, portanto, característica de contratos de tal natureza, parecendo dificilmente adaptável ao *arrendamento urbano* que, de si mesmo, é temporário e repartido por períodos pouco longos e só voluntariamente renováveis.

[400] GIUSEPPE MIRABELLI, *La locazione* (Tratado de VASSALLI), UTET-Torino, 1972, p. 549, texto e nota 3.

[401] Hoje em dia, o debate parece estar acalmado no sentido do texto, pois referem a *oposição à renovação* como um dos modos de cessação do arrendamento urbano: LAURINDA GEMAS/ALBERTINA PEDROSO/JOÃO CALDEIRA JORGE, *Arrendamento Urbano*, 2ª reimp., Quid Juris, 2006, p. 162; LUÍS MENEZES LEITÃO, *Arrendamento Urbano*, 6ª ed., Almedina, 2013, pp. 170 ss.

Ainda assim, desde a Lei nº 6/2006 criou-se o tipo legal de *arrendamento de duração indeterminada*, em que passou a ser admitida a *denúncia* nesta estrita aceção.

E não só, pois veio a ser ainda, por vezes, usada com um alcance mais amplo, para lá do seu sentido técnico rigoroso.

Não sendo embora definida na lei, consistirá assim, rigorosamente, tal como é hoje disciplinada quanto ao *arrendamento de duração indeterminada*, na *cessação do contrato, mediante declaração unilateral e recetícia de vontade, de uma das partes ante a outra, com determinado pré-aviso, de pôr termo ao contrato no último dia desse prazo.*

Claramente se distingue, pois, da denominada *oposição à renovação.*

Não se restringe, porém, aos *contratos de duração indeterminada* com que, por vezes, se pretende que se confine o seu conceito em estado de pureza[402].

A *denúncia*, na aceção atual da nossa lei, já não aguarda, pois, pelo termo de duração contratual para aferir por este a data da cessação da sua eficácia, como é próprio, agora, da assim chamada *oposição à renovação*: é um direito que, em certos casos, assiste ao seu autor, de voluntariamente pôr termo à relação contratual, umas vezes em qualquer altura da sua vigência e outras apenas depois de algum tempo decorrido sobre o início desta, *mas sempre mediante um pré-aviso.*

Nos próprios *contratos de arrendamento urbano com prazo certo*, como veremos mais desenvolvidamente, a seu tempo (cf. *infra*, art. 1098), o *arrendatário* – e só ele – tem a possibilidade de denunciá-los após decorrido *um terço do prazo inicial do contrato* ou *da sua prorrogação*, mediante *aviso prévio* de 120 dias, se o prazo do contrato for superior a *um ano*, ou de 60 dias se a duração estabelecida for inferior (art. 1098-2 CC).

Nos *de duração indeterminada*, tanto o *senhorio* (al. *c)* do art. 1101 CC) como o *arrendatário* (art. 1100-1 CC) podem exercer a *denúncia*, variando apenas os prazos dos respetivos *avisos prévios.*

Na nomenclatura atual, contemplam-se duas variantes da *denúncia*: aquela que ficou definida, que não precisa de qualquer justificação por parte do seu sujeito ativo, a *denúncia potestativa*, e uma *denúncia* que a própria lei denomina de *denúncia justificada*, a qual só terá cabimento perante certas circunstâncias legalmente consideradas para se pôr termo imediato ao contrato (cf. arts. 1101 a 1103 CC).

Esta outra *denúncia* apresenta assinaláveis pontos de contacto com a *resolução* – de que todavia se distingue, além do mais, porque, não tendo também, como esta, eficácia retroativa as suas circunstâncias relevantes são alheias ao *incumprimento da contraparte* que sempre tem de prefigurar-se na *resolução.*

[402] Maria Olinda Garcia, p. ex., pretende que os casos de *denúncia* disciplinados na nossa lei, relativamente a *arrendamentos com prazo certo,* corresponderão mais adequadamente à *revogação unilateral*, pois a *denúncia* é "um modo de extinção próprio dos contratos de duração indeterminada" – *Arrendamento Urbano Anotado*, 3ª ed., Coimbra Editora, 2014, p. 54.
Parece todavia desajustado configurar uma *revogação unilateral* condicionada, em si, a *avisos prévios.*

D – *Resolução.* A *resolução*, no âmbito do *arrendamento urbano*, pode definir-se como a *declaração de vontade de um dos contraentes perante o outro, destinada a pôr termo imediato ao contrato e com eficácia* ex nunc, *em virtude de determinado incumprimento da contraparte que, pela sua gravidade ou consequências, lhe torne inexigível a manutenção do arrendamento.*

A designação deste tipo de extinção do *contrato de arrendamento urbano*, como *resolução*, surgiu apenas com a versão inicial do CC de 1966 (arts. 1047-1050 e 1093-1094), em consonância, aliás, com a nomenclatura que este Código adotou a respeito dos princípios gerais dos contratos (arts. 432 ss), segundo cremos por influência do Código Civil italiano (*risoluzione*, arts. 1453-1469), senão também do espanhol (art. 1124) e da *Ley de Arrendamientos Urbanos* espanhola, de 1964 (*resolución* – art. 114) – e que a atual continua a usar *Ley* nº 29/1994 (art. 27-1).

Anteriormente, intitulava-se este instituto de *rescisão*[403], de acordo com a terminologia do Código de Seabra (arts. 1610 e 1611).

A dificuldade principal do uso do termo *resolução* está no efeito apenas *ex nunc* que, no nosso caso, lhe é assinalado, quando – diz-se – seria preferível reservar a denominação para, como por exemplo, se fazia na Lei nº 2:030, exprimir apenas o próprio *efeito* extintivo, em si, e quando este fosse *retroativo.*

A verdade é que a *locação* é um contrato de *execução continuada*, e o Código Civil, embora assinale, em regra, efeito retroativo à declaração de vontade que se denomina de *resolução* (art. 434-1), logo expressamente também afirma que, "*nos contratos de execução continuada ou periódica a resolução não abrange as prestações já efetuadas*" (art. 434-2).

Nesta base, não se vêm reservas sérias à adoção de semelhante terminologia para designar, não apenas o efeito, mas o ato que propriamente o desencadeia, questão que, de resto, uma vez mais o dizemos, acaba por reconduzir-se sempre, como tal, a um puro problema de convenção[404].

[403] Inocêncio Galvão Telles, *Arrendamento*, Pró Domo, Lisboa, 1944-45, p. 241. Convirá atentar em que, na moderna terminologia italiana, a *rescisão* (*rescissione*) é estritamente reservada às hipóteses em que a vontade unilateral de cessação se funda em desequilíbrio dos valores recíprocos das prestações contratuais: *rescisão* de contrato celebrado em situação de perigo, em estado de necessidade e por alteração anormal das circunstâncias (cf. Pietro Trimarchi, *Istituzioni di diritto privato*, Giuffrè, Milano, 1996, capítulo XL, n.ºs 239-242, pp. 340-342).
A terminologia do nosso Código atual estabilizou-se, tendo desaparecido a *rescisão* da nomenclatura obrigacional (Inocêncio Galvão Telles, *Direito das Obrigações*, 7ªed. [rev. e act.], Coimbra Editora, 1997, pp. 454 ss).

[404] Em França, costuma reservar-se o termo *résiliation* para exprimir, ou uma *resolution* sem retroatividade ou uma *revocation* igualmente sem retroatividade (Gérard Cornu, *Vocabulaire juridique*, 1990, 2ª ed., entrada *Résiliation*). Para o Brasil, veja-se Orlando Gomes, *Contratos*, 12ª ed., 1987, pp. 188 ss.
Sobre o tema, podem ver-se, entre nós: Inocêncio Galvão Telles, *Manual dos Contratos em Geral*, 3ª ed., n.ºs 172 e 173; *Direito das Obrigações*, 7ª ed., 1997, pp. 454 ss, nota 1; Vaz Serra, *Resolução do contrato* (*BMJ* nº 68, pp. 153 ss) e *Rev.Leg.Jurs.* 112º, pp. 29 ss: José Carlos Bran-

O modo de operar desta *forma de cessação* do contrato, depende do concreto caso de *incumprimento* em jogo e, por vezes, varia consoante a parte que se manifesta.

Há, primeiro que tudo, um princípio geral: a regra constante do art. 1083-1, a estabelecer que "*qualquer das partes pode resolver o contrato nos termos gerais de Direito com base em incumprimento pela outra parte*".

Vale, portanto, antes de mais, a norma do art. 432-1, de acordo com a qual "*é admitida a resolução do contrato fundada na lei ou em convenção*".

Por vezes, refere-se a certas hipóteses especiais, concretamente previstos na lei ou relativas à parte que a invoca.

Assim, a *resolução* pelo *senhorio*, quando fundada em *mora do arrendatário* superior a dois meses, bem como a *resolução* pelo *arrendatário*, em geral, operam pela *comunicação* à contraparte, onde se alegue o *incumprimento* ocorrido (arts. 1084-2 CC e 9º-7 NRAU).

A *resolução* pelo *senhorio*, nos outros casos, porém, em que também se torne inexigível, para si, a manutenção do contrato, designadamente nos típicos, por banda do *arrendatário*, de violação das regras de higiene, sossego, boa vizinhança ou do regulamento do condomínio; de utilização contrária à lei, de ofensa aos *bons costumes* ou à *ordem pública*; de uso do espaço locado para fim diverso; de não uso dele por mais de um ano – ou, em suma, de cessão total ou parcial ilícita, inválida ou ineficaz (als. *a)* a *e)* do art. 1083-2 CC) – terá de ser "decretada nos termos da lei de processo" (art. 1084-1 CC).

Quer isto dizer que se corporiza então através de uma *proposição* da ação ainda designada de *despejo*, a qual, já sem a natureza anterior de *processo especial*, seguirá a forma do *processo comum de declaração* (art. 14 NRAU).

Artigo 1080 – Imperatividade

As normas sobre a resolução, a caducidade e a denúncia do arrendamento urbano têm natureza imperativa, salvo disposição legal em contrário.

(Redação inovada pela Lei nº 31/2012)

A imperatividade arrendatícia

Este preceito radica na disposição homóloga do art. 51 RAU, com o qual começou a incluir-se, na nossa legislação arrendatícia, uma constante norma de *imperatividade*.

Ela é, em nosso parecer, inteiramente inútil mas, ainda assim, tem, por vezes, paralelo no Direito comparado como, por exemplo, no Direito espanhol (art. 6º da Ley nº 29/1994, de 24 de novembro).

DÃO PROENÇA, *A resolução do contrato no direito civil. Do enquadramento e do regime*, 1982; ANTUNES VARELA, *Das Obrigações em geral*, II, Almedina, Coimbra, 5ª ed., 1992, pp. 272 ss e *Rev.Leg. Jurs*, 118º, p. 60, nota; MÁRIO JÚLIO DE ALMEIDA COSTA, *Direito das Obrigações*, 10ª ed., reelaborada, Almedina, Coimbra, 2006, pp. 317 ss.; ANTÓNIO MENEZES CORDEIRO, *Leis do Arrendamento Urbano Anotadas*, (coord. de ANTÓNIO MENEZES CORDEIRO), Almedina, 2014, p. 232.

A Reforma de 2012 deveria, quanto a nós, tê-la banido.

Na matéria, serão *imperativas* as concretas normas que a si se atribuam essa natureza, e não faz falta uma disposição de índole genérica que pode, como esta, resultar, por vezes, desmentida.

Com a atual redação do preceito, teve-se em vista reduzir o largo âmbito de *imperatividade* de que o *vinculismo* tinha revestido a legislação arrendatícia.

Ainda na Lei nº 6/2006, este artigo a estendia a toda a subsecção em que se inseria o preceito e que se iniciava já no artigo anterior.

Agora, porém, o Código restringiu-a, como se vê, à *resolução*, à *caducidade* e à *denúncia* do arrendamento, mas abrindo margem a sérios problemas interpretativos.

Se se enunciaram estas *formas de cessação* do *arrendamento*, por que ficou de fora a *oposição à renovação*?

Se o preceito, pela sua colocação e teor, é genérico para o *arrendamento de prédios urbanos*, como se explica que o art. 1110, para os *arrendamentos não habitacionais*, declare que as regras da *denúncia* e da *oposição à renovação* "são livremente estabelecidas pelas partes"?

Naturalmente, isto não parece muito coerente e, decerto, dá margem a importantes dúvidas de entendimento e sensíveis desencontros de opinião.

Maria Olinda Garcia, por exemplo, afirma a este respeito que, embora a nova redação deva considerar-se positiva, no plano da sua adequação, ao deslocar a *imperatividade* das normas do âmbito da sua inserção sistemática, em que a incluía a Lei nº 6/2006, para o dos concretos institutos, há de notar-se que peca pelo seu alcance normativo, pois a *imperatividade* deve resultar do conteúdo específico de cada norma.

E salienta, muito agudamente, que se omite a *oposição à renovação*, quando, afinal, os arts. 1097 e 1098, que lhe respeitam, serão imperativos (v., sobre o ponto, especialmente, o comentário ao art. 1098, *sub* 2.II) e, por outro lado, quanto à sua referência à *imperatividade da denúncia*, sustenta que só podem considerar-se com essa natureza as relativas ao *arrendamento habitacional*[405].

Menezes Cordeiro vai mais longe, referindo, por seu turno, que não seria correto dar liberdade às partes em matéria de *oposição à renovação*. No tocante à omissão da *oposição à renovação*, é, a seu ver, a *caducidade* que deve considerar-se abrangida pelo preceito[406].

Não nos parece, no entanto, sage o legislador que, num artigo, trata como *caducidade* aquilo que noutro expressamente designa de *oposição à renovação*; e que, num lado, considera esta um modo de *cessação do arrendamento* (art. 1110-1) e noutro, como neste art. 1080, a omite, levando grande parte da doutrina a considera-la também sujeita à *imperatividade* aqui decretada, não obstante a omissão deste preceito.

[405] Maria Olinda Garcia, *Arrendamento Urbano Anotado*, 3ª ed., Coimbra Editora, 2014, pp. 29-32.

[406] António Menezes Cordeiro, *Leis do Arrendamento Urbano* (coord. de António Menezes Cordeiro), Almedina, 2014, p. 220.

A nossa interpretação quanto à *imperatividade*, ou não, das normas que estabelecem as antecedências legais da *oposição à renovação* é desenvolvida nos comentários aos arts.1097, 1098 e 1110.

Aqui, conclui-se como se começou, fazendo votos por que uma futura revisão revogue o presente preceito, ou o omita, sem mais.

Artigo 1081 – Efeitos da cessação

1 – A cessação do contrato torna imediatamente exigível, salvo se outro for o momento legalmente fixado ou acordado pelas partes, a desocupação do local e a sua entrega, com as reparações que incumbam ao arrendatário.

2 – Com antecedência não superior a três meses sobre a obrigação de desocupação do local, o senhorio pode exigir ao arrendatário a colocação de escritos, quando correspondam aos usos da terra.

3 – O arrendatário deve, em qualquer caso, mostrar o local a quem o pretender tomar de arrendamento durante os três meses anteriores à desocupação, em horário acordado com o senhorio.

4 – Na falta de acordo, o horário é, nos dias úteis, das 17 horas e 30 minutos às 19 horas e 30 minutos e, aos sábados e domingos, das 15 às 19 horas.

(Redação da Lei nº 6/2006)

1. Cessação do contrato

Também para este preceito não encontramos homólogo no Direito comparado.

Começando por estabelecer que, com a cessação do contrato se torna imediatamente exigível a desocupação do "local" e a sua entrega com as reparações que são devidas, parece muito mais uma exposição professoral do que um texto de lei.

Claro que, com a cessação do contrato, *ipso facto*, se extingue a legitimidade da *desocupação*.

Apenas haverá que atribuir ao ocupante uma dilação de conveniência para a restituição do prédio que, aliás, se encontra estabelecida no art. 1053.

Nem era preciso dizê-lo. Já a al. *f)* do art. 1038 CC estabelece a obrigação de o locatário "restituir a coisa locada findo o contrato".

2. Obrigações do arrendatário

Mas o preceito aproveita a oportunidade para enunciar duas obrigações do *arrendatário*, ambas, afinal, anteriores ao efeito extintivo: a colocação de escritos, quando correspondam aos usos da terra, e a de mostrar o prédio arrendado a quem o pretenda vir a ocupar.

I – A *aposição de escritos* nas *portas* ou *janelas* é um uso antigo e muito generalizado entre nós.

Já o CC de 1867 estabelecia que, "nas terras onde se usarem escritos, haver-se-á por despedido o arrendatário que os puser". Depois, o § 3º do Decreto nº 5:411 passou a estabelecer que o *senhorio* que não quisesse continuar o arrendamento pudesse exigir que o arrendatário ou quem ocupasse o prédio ficava obrigado "a pôr escritos, se o senhorio o tiver reclamado".

O preceito situava-se no âmbito da disciplina do *despejo* (arts. 67 e ss) e, assim, foi fácil vir a figurar, depois, entre o normativo do *processo de despejo* do CPC_{39}, onde o seu art. 970 estabelecia, menos generalizadamente, que, "*com o aviso para a cessação do arrendamento pode o senhorio reclamar do arrendatário a colocação de escritos, se o prédio for urbano e na terra se usarem. A colocação de escritos importa para o arrendatário a obrigação de mostrar a casa, das 13 às 16 horas a quem pretender arrendá-la*".

Deve notar-se que esta disciplina tinha em vista, não a cessação do contrato por parte do *arrendatário* mas por banda do *senhorio* que, então, a teria de fazer mediante a intervenção do tribunal.

Compreende-se pois, perfeitamente, que tenha estacionado no âmbito do Direito processual.

Curiosamente, veio a ser agora a lei civil (Lei nº 6/2006 e, mais desenvolvidamente, a Lei nº 31/2012) que passou a disciplinar amplamente o *processo de despejo* (arts. 14-23 NRAU).

De qualquer modo, pode dizer-se que o *uso* de *aposição de escritos* parece estar em declínio.

Não deve ter grande efeito, na verdade, a aposição de escritos nas janelas de um 7º andar.

II – A obrigação de mostrar a casa "*durante os três meses anteriores à desocupação*", a que se refere o nº 2, nem sempre se harmoniza com o prazo mínimo de que dispõe o *arrendatário* para desocupar a casa.

Assim, havendo *resolução* do contrato – e, se outro prazo não tiver sido estipulado, o *arrendatário* tem *um mês* para desocupar a casa (art. 1067 CC): como poderá apor escritos *três meses* antes?

Num *contrato de arrendamento para habitação* com o prazo de duração *inferior a um ano*, mas *igual ou superior a seis meses*, o *senhorio* pode *opor-se à sua prorrogação* com a antecedência de *60 dias* (art. 1097-1, al. *c*)) – e esta será ainda menor (*um terço*), se o prazo de duração contratual for inferior (art. 1097-1, al. *d*)).

O *arrendatário*, por sua vez, no mesmo *tipo* de arrendamento e com os mesmos períodos de duração, pode *opor-se à prorrogação* com iguais antecedências (art. 1098-1) – e pode ainda, *depois cumprido um terço da duração convencionada* que seja inferior a *um ano*, *denunciar* o contrato *a todo o tempo*, com uma antecedência de 60 dias (art. 1098-3, al. *b*)).

Em todos estes casos, como poderá o arrendatário durante os três meses anteriores à desocupação, se o prazo para esta é inferior a ele?

DIVISÃO II – Cessação por acordo entre as partes

Artigo 1082 – Revogação

1 – As partes podem, a todo o tempo, revogar o contrato, mediante acordo a tanto dirigido.

2 – O acordo referido no número anterior é celebrado por escrito quando não seja imediatamente executado ou quando contenha cláusulas compensatórias ou outras cláusulas acessórias.

(Redação da Lei nº 6/2006)

1. Apontamento introdutório

A admissibilidade de um contrato a extinguir um anterior, celebrado pelos mesmos contraentes, é reconhecida, com âmbito geral, na nossa lei.

Estabelece-se efetivamente no art. 406 CC, para o contrato em geral, que este deve ser cumprido com pontualidade – mas pode, por *mútuo consentimento* dos contraentes (ou por lei), modificar-se ou *extinguir-se.*

A convenção que faz extinguir o primeiro contrato é, naturalmente, um novo contrato (*contrato de revogação; distrate*).

Como a legislação vinculística se diz de *ordem pública,* e estabelece *vínculos* com carácter *imperativo,* levantava-se no Direito anterior a questão de saber se poderia admitir-se esta forma de *cessação* de um contrato de *arrendamento vinculístico.*

Não parecia, já nessa altura, duvidosa a solução afirmativa.

Assim como o *arrendatário* era livre de recusar a *prorrogação* do *contrato de arrendamento,* assim poderia também pôr-lhe termo, em acordo com o *senhorio,* num *contrato de revogação,* firmado por ambos.

Na jurisprudência, aceitou-se sem mais, por evidente, a legitimidade de semelhante acordo, qualificando-o como uma *revogação,* "a meio termo entre a *resolução* e a *denúncia,* operando com eficácia *ex nunc*" e com valor vinculativo, nos termos do art. 406 CC[407].

Efetivamente, o *contrarius consensus* de um *contrato de arrendamento,* visto este ser de execução continuada, deverá, como a *resolução,* em tal caso, (art. 434-2 CC), ter eficácia unicamente *para o futuro* e vincular as partes ao seu cumprimento pontual, nesta direção, como qualquer outro contrato (art. 406-1 CC).

Semelhante entendimento, porém, que podia então fundar-se unicamente no campo dos princípios, tem hoje, quanto ao *arrendamento de prédios urbanos,* como se vê, expressa consagração legal.

[407] SUPREMO, 8-6-1978, (*BMJ* nº 278, p. 169).

Declara-se neste art. 1082-1 CC (aliás, à imagem do que se estabeleceu inicialmente no art. 62-1 RAU) que *"as partes podem, a todo o tempo, revogar o contrato, mediante acordo a tanto dirigido"*[408].

Não pode portanto, agora, suscitar-se a menor dúvida – que já antes se não suscitava seriamente, aliás – da legitimidade de um segundo contrato, destruindo o primeiro para o futuro.

É o que na lei se chama *revogação*, o *acordo* celebrado entre *senhorio* e *arrendatário* com a finalidade de porem termo ao contrato arrendatício a que se tinham vinculado.

2. Forma da revogação

Anteriormente ao RAU, também não havia no CC, norma específica a disciplinar a *forma* da *revogação*, como bem se compreenderá, aliás, se tivermos em vista que só com aquele diploma, como se referiu, passou a haver uma consagração legal da figura que, até aí, era apenas difusamente reconhecida pela jurisprudência ou pela doutrina.

A admissibilidade de um contrato a extinguir um anterior, celebrado pelos mesmos contraentes, é reconhecida, com âmbito geral, na nossa lei.

Estabelece-se efetivamente no art. 406 CC, para o contrato, em geral, que este deve ser cumprido com pontualidade – mas pode, por *mútuo consentimento* dos contraentes (ou por lei), modificar-se ou *extinguir-se*.

A convenção que faz extinguir o primeiro contrato é, naturalmente, um novo contrato (*contrato de revogação; distrate*).

Efetivamente, o *contrarius consensus* de um *contrato de arrendamento*, visto este ser de *execução continuada*, deverá, como a *resolução*, em tal caso, (art. 434-2 CC), ter eficácia unicamente *para o futuro* e vincular as partes ao seu cumprimento pontual, nesta direção, como qualquer outro contrato (art. 406-1 CC).

Semelhante entendimento, porém, que podia então fundar-se unicamente no terreno dos princípios, tem hoje, quanto ao *arrendamento de prédios urbanos*, expressa consagração legal. Declara-se, com efeito, no atual art. 1082-1 CC (aliás, à imagem do que se estabeleceu inicialmente no art. 62-1 RAU) que "as partes podem, a todo o tempo, revogar o contrato, mediante acordo a tanto dirigido".

A *revogação* imediatamente executada é a chamada *revogação real*.

Enquadrado o *distrate* na sua própria execução, não haverá fundamento para se estabelecer a seu respeito uma exigência de *forma legal*, e bem andou assim a lei em dispensar, para a *revogação real*, a *forma escrita*.

A *revogação* não enquadrada no abandono do prédio pelo arrendatário, por seu turno, deve portanto constar sempre de *escrito particular*.

Ainda que se trate de *revogação real*, a *forma escrita* será indispensável para a prova de "cláusulas compensatórias ou outras cláusulas acessórias".

Nesse caso, teremos então que, se o *arrendatário* abandonou a casa, sem receber as *prestações compensatórias* ou outras *acessórias*, se elas foram estipuladas por escrito, poderá

[408] Era a sua literal expressão, na prosa inconfundível de MENEZES CORDEIRO.

ainda exigi-las; se, porém, foram estipuladas por mero *acordo verbal*, parece que já não poderão ser então exigidas, por *falta de forma* – a menos que se possa imputar o vício à *má-fé* da parte contrária.

Ao admitir-se a existência no *acordo revogatório* de *cláusulas compensatórias*, a letra da lei torna-a permeável à legitimidade de se fazer incluir no acordo uma quantia a prestar pelo *senhorio* para *compensar a saída do arrendatário*.

São as chamadas *luvas do arrendatário*.

Com os *arrendamentos vinculísticos*, ocorria por vezes esta prática e, pela nossa parte, combatemo-la sempre.

Mais recentemente, Menezes Cordeiro ponderou, referindo o nosso entendimento, haver distinções a fazer.

É inaceitável, para o Ilustre Professor, a gratificação perante uma causa de cessação operacional, conseguida com a ameaça de não sair; mas uma resolução transparente pode justificar a retribuição.

Com o devido respeito, continuamos a não pensar assim.

Para nós, a questão não se põe, obviamente, quanto aos, chamemos-lhes assim, *arrendamentos livres*, fundados no princípio da liberdade contratual, estabelecido no art. 405 CC – e, mesmo quanto ao próprio *vinculismo residual* da Lei nº 31/2012, já se não equacionará o problema exatamente nos termos clássicos.

Relativamente àqueles *arrendamentos*, toda a negociação entre *senhorio* e *arrendatário*, de saída ou de entrada na casa, é perfeitamente legítima, desde que se enquadre nos princípios gerais de Direito.

Já para os *arrendamentos vinculísticos*, independentemente dos motivos que ditaram a sua instituição, entre nós, e certos períodos da sua vigência (e temos de admitir que nem sempre foram os mais recomendáveis), o aplicador da lei nunca poderá, pensamos nós, afastar-se dos fundamentos éticos que o justificam, como *lei de ordem pública*, pautando-se estritamente por eles.

Os constrangimentos da liberdade privada e do direito de propriedade só serão legítimos, no nosso entendimento, quando se enquadrem na justa proteção da parte mais fraca perante a parte mais forte – e não podem ser desviados desse fim.

Não apenas a parte mais forte, mas também, com a mesma intensidade, a parte mais fraca poderá portanto, legitimamente, aproveitar-se da sua situação para, fraudando a lei, obter vantagem contrária aos seus fins.

Na nossa perspetiva, é assim inaceitável, nesses *arrendamentos*, que o *senhorio* multiplique o valor das rendas para lá dos limites estabelecidos, por meio da chamada "chave", ou de outro estratagema que conduza ao mesmo fim[409], ou que por sua vez o arrendatário

[409] Simplesmente, entre nós, salvo num estreito período, nunca precisou disso porque sempre teve a liberdade de estabelecer, no contrato, a renda que pretendia e que o arrendatário estava disposto a pagar.

negocie o privilégio excecional que lhe é concedido, trocando-o por uma gratificação: *o bloqueio de rendas não é negociável.*

Nesta base, para tais *arrendamentos*, rejeitamos frontalmente a ideia de que, sendo a *revogação* um acordo livremente celebrado por ambas as partes, a *chave* seja *leal e transparente*: se a parte tem para onde ir, não poderá, cremos nós, aproveitar-se da legislação protecionista ao abrigo da qual e desviando-se do fim para que lhe é concedida, fazer um negócio rendoso.

Ponto é fixar se, revogado o Decreto-Lei nº 321-B/90 pelo art. 60 da Lei nº 6/2006, se terá efetivamente "branqueado" semelhante conluio especulativo.

O problema que se põe é essencialmente o seguinte.

O art. 14 do diploma preambular determinava que o *senhorio* que recebesse *chave* ou o *arrendatário* que recebesse qualquer quantia pela desocupação cometiam o *crime de especulação.*

Ora a previsão penal da *especulação* que mais se aproxima deste enunciado é a de "*alterar sob qualquer pretexto ou por qualquer meio e com a intenção de obter lucro ilegítimo, os preços que do regular exercício da atividade resultariam para os bens ou serviços ou, independentemente dessa intenção, os que resultariam da regulamentação legal em vigor*".

Isto revela que, sem a específica previsão daquele art. 14, não parece poderem aqueles comportamentos integrar-se numa *facti species* do *crime de especulação.*

Depois de 2012, com a atualização das rendas vinculísticas em função do rendimento do agregado familiar e a possibilidade de ingresso no NRAU, dentro de cinco anos, supomos que não fará falta para a conduta do arrendatário, embora fizesse no período anterior em que deparámos com dois ou três casos da sua prática.

No tocante ao *senhorio,* não se sabe por que haveria de criminalizar-se a sua exigência de *chave* quando ele, salvo um breve período episódico, nunca esteve obrigado, como há pouco referimos, a observar qualquer renda nos contratos que celebrava.

Para que precisava ele então de *chave*?

Onde esta continua a praticar-se é no *arrendamento de loja do centro comercial,* que hoje em dia, com a concorrência entretanto estabelecida, parece ter perdido o carácter de exorbitância que começou por ter.

DIVISÃO III – Resolução

Artigo 1083 – Fundamento da resolução

1 – Qualquer das partes pode resolver o contrato, nos termos gerais de direito, com base em incumprimento pela outra parte.

2 – É fundamento de resolução o incumprimento que, pela sua gravidade ou consequências, torne inexigível à outra parte a manutenção do arrendamento, designadamente quanto à resolução pelo senhorio:

a) A violação das regras de higiene, de sossego, de boa vizinhança ou de normas constantes do regulamento do condomínio:

b) A utilização do prédio contrária à lei, aos bons costumes ou à ordem pública;

c) O uso do prédio para fim diverso daquele a que se destina, ainda que a alteração do uso não implique maior desgaste ou desvalorização para o prédio;

d) O não uso do locado por mais de um ano, salvo nos casos previstos no nº 2 do artigo 1072;

e) A cessão, total ou parcial, temporária ou permanente e onerosa ou gratuita, do gozo do prédio, quando ilícita, inválida ou ineficaz perante o senhorio.

3 – É inexigível ao senhorio a manutenção do arrendamento em caso de mora igual ou superior a três meses no pagamento da renda, encargos ou despesas que corram por conta do arrendatário ou de oposição por este à realização de obra ordenada por autoridade pública, sem prejuízo do disposto nos n.os 3 a 5 do artigo seguinte.

4 – É ainda inexigível ao senhorio a manutenção do arrendamento no caso de o arrendatário se constituir em mora superior a oito dias, no pagamento da renda, por mais de quatro vezes, seguidas ou interpoladas, num período de doze meses, com referência a cada contrato, não sendo aplicável o disposto nos n.os 3 e 4 do artigo seguinte.

5 – É fundamento de resolução pelo arrendatário, designadamente, a não realização pelo senhorio de obras que a este caibam, quando tal omissão comprometa a habitabilidade do locado e, em geral, a aptidão deste para o uso previsto no contrato.

6 – No caso previsto no nº 4, o senhorio apenas pode resolver o contrato se tiver informado o arrendatário, por carta registada com aviso de receção, após o terceiro atraso no pagamento da renda, de que é sua intenção pôr fim ao arrendamento naqueles termos.

(Redação inovada pela Lei nº 31/2012, mas alterada com a Lei nº 43/2017,de 14 de junho, para subir o período de mora conferida ao arrendatário de dois para os três meses que constavam da Lei nº 6/2006 e com o aditamento do nº 6 pela Lei nº 13/2019, de 12 de fevereiro)

1. Apontamento introdutório

Para uma ideia geral de *resolução*, v. o que se referiu *supra*, nº 2-II-**D**, *sub* art. 1079.

Concluído um contrato, as partes ficam definitivamente vinculadas às obrigações aí estabelecidas, não podendo nenhuma delas dar-se unilateralmente por desobrigada, de modo arbitrário.

Há, assim, uma regra de estabilidade contratual que costuma exprimir-se através da máxima latina *pacta sunt servanda* e que, na nossa lei, recebeu consagração no art. 406-1 CC: "*o contrato deve ser pontualmente cumprido, e só pode modificar-se ou extinguir-se por mútuo consentimento dos contraentes ou nos casos admitidos na lei*".

Não havendo acordo na *revogação* do contrato, cada um dos contraentes poderá, pois, libertar-se dele apenas excecionalmente, em casos pontuais concretamente "admitidos na lei".

Se assim não fosse, se uma das partes pudesse, contra a outra, a qualquer momento e unicamente porque lhe desse na vontade, desprender-se das obrigações a que se vinculou, o contrato não teria afinal a sua força vinculativa e deixaria de poder ser considerado como a *lex privata* que verdadeiramente constitui.

Compreende-se perfeitamente, pois, que, ao longo da sua duração, só possa ele ser rompido por efeito da vontade de apenas um dos contratantes "nos casos admitidos na lei".

Independentemente de outras hipóteses que possam verificar-se de rutura unilateral (vejam-se a *denúncia* ou a *oposição à renovação*) aqui, há um *rompimento* unilateral, imediato, do contrato, sem *aviso prévio* ou *confirmação,* afrontando o princípio *pacta sunt servanda e* em contraponto com a sua natureza de *contrato sinalagmático,* em que a prestação de um dos contraentes tem por causa e depende da prestação do outro.

Esta é, aliás, uma suscetibilidade admitida na nossa lei, em geral, para todos os contratos (arts. 432 ss CC). Como se declara no art. 432-1, "*é admitida a resolução do contrato fundada na lei ou em convenção*".

Falta uma vírgula entre "contrato" e "fundada", mas compreende-se o que se quer significar: a *resolução* só é legítima quando, no caso, a lei a admita; mas, para além de um fundamento legal, podem, a seu respeito, convencionar-se, no contrato ou posteriormente, *causas justificativas de resolução.*

Nunca, pois, poderá esta constituir, uma livre desvinculação unilateral.

O presente artigo destina-se, precisamente, a regulá-la no concreto âmbito do *arrendamento urbano* e tanto para os contratos *habitacionais posteriores ao RAU* ou para *fins não habitacionais posteriores a 5 de outubro de 1995*, como para os *anteriores.*

Os *arrendamentos vinculísticos* deixaram, desde a Lei nº 6/2006, de se governar por *causas taxativas de resolução* pelo *senhorio* (arts. 26-29 NRAU), estando agora atidos ao disposto neste art. 1083.

No seu nº 1, ocupa-se ele da *resolução* por *qualquer das partes;* pelo *senhorio,* nos seus n.os 2 a 4; e, pelo *arrendatário,* no nº 5.

2. Observações formais

Uma primeira observação não poderá deixar de se fazer relativamente aos aspetos formais que vêm sendo negligenciados pelo legislador, desde 2006, sem se ter em conta que este texto se destinava a ser inserido, como foi, num diploma com a eminente dignidade do Código Civil.

Num simples artigo, o *espaço arrendado* é impropriamente designado, ora pelo todo, como *prédio*, (utilização *do prédio*, na al. *b)*; uso *do prédio*, na al. *c)*; gozo do *prédio*, na al. *e)*, todas do nº 2); ora com omissão parcial simplificativa e coloquial usada em certo jargão judicial, tão somente como *o locado* (não uso *do locado*, na al. *d)* do nº 2 e habitabilidade do *locado*, no nº 5).

Isto é tanto mais de notar quanto é certo que as deficiências já abundavam na redação da Lei nº 6/2006 e não foram emendadas com a Lei nº 31/2012, nem, depois disso, com a Lei nº 43/2017 e a Lei nº 13/2019, que se preocuparam unicamente com minudèncias de mero favor do *arrendatário*, ao melhor estilo de 1910-1990.

3. O princípio geral resolutivo do nº 1

Dispondo para a *resolução* por *qualquer das partes* do *contrato de arrendamento urbano*, o preceito manda aplicar, expressa e concretamente, a disciplina legal dos contratos em geral, proclamando categoricamente: "*qualquer das partes pode resolver o contrato, nos termos gerais de Direito, com base no incumprimento da outra parte*".

Com esta declaração, remete-se portanto, diretamente, para o disposto no art. 432-1 CC, há pouco transcrito: "*é admitida a resolução do contrato fundada na lei ou em convenção*".

A parte final revela prontamente que será legítimo, num *contrato de arrendamento urbano*, convencionarem-se *cláusulas de resolução*, que serão naturalmente lícitas, quando não estejam, é claro, em oposição a *normas imperativas* ou a princípios de *ordem pública*.

Esta conclusão é ainda reforçada pela circunstância de haver, no nº 2, um rol de *causas de resolução* que, como se verá, é *exemplificativo* e, pois, poderá ser completado por outras causas que se contratem.

Estipulado assim, licitamente, determinado facto como *cláusula de resolução*, a sua ocorrência, só por si, autoriza que logo se resolva o contrato.

É o que acontecerá, quando se estabeleça, designadamente, que é fundamento de resolução a concessão de *hospedagem*, ainda que a menos de três pessoas, o exercício de qualquer *indústria doméstica*, a instalação na casa, de mais do que determinado *número de pessoas* considerado compatível com a lotação máxima da casa, ou a proibição de aí manter um *animal de companhia* ou, como tal, qualquer *cão* ou mais do que *um gato*.

A violação efetiva, perfeitamente caracterizada da cláusula contratual é, sem mais, incumprimento que constitui *justa causa* de *resolução*.

A respeito da manutenção de um *cão*, como *animal de companhia*, pelo *arrendatário*, contrariamente à proibição expressa do *contrato de arrendamento* e do próprio *regulamento do condomínio* em que situava a *fração autónoma* arrendada, já se decidiu, contrareando este princípio, patentemente, em ac. da Relação do Porto, que comentaremos daqui a pouco (v. *infra*, nº 4-V-A).

Fora disso e no tocante propriamente à *resolução* que não se baseie numa *cláusula contratual* e que terá então de ser *fundada na lei*, esta expressão genérica do art. 432-1 concretiza-se em disposições legais que se reportam ao *incumprimento das obrigações* que impendam sobre a contraparte, suscitando por isso o *direito de resolução* por banda da parte inocente.

O art. 801-2 CC estabelece, a este respeito, um princípio geral, para os *contratos bilaterais*, como é o de *arrendamento*, que importa considerar à cabeça: "*tendo a obrigação por fonte um contrato bilateral, o credor, independentemente do direito à indemnização, pode resolver o contrato e, se já tiver realizado a sua prestação, exigir a restituição dela por inteiro*".

O *incumprimento* de obrigação é, pois, a causa geral da legitimidade de *resolução* do contrato pela parte cumpridora.

Do conjunto de disposições sobre o *incumprimento das obrigações* retira-se que ele envolve o próprio *cumprimento defeituoso* (arts. 801-1; 802, 793 CC, a *mora no cumprimento* (art. 808 CC) e até a *alteração anormal das circunstâncias* (art. 437-1 CC, que, em vez da *resolução*, admite que se opte apenas pela *modificação* que nos não interessa).

Assim, de acordo com o estabelecido no nº 1 deste art. 1083, poderá o *senhorio* resolver o contrato sempre que o *arrendatário* incumpra, cumpra defeituosamente ou se coloque em *mora*, em termos que façam perder o interesse que tinha na prestação (citado art. 808 CC) qualquer das obrigações enumeradas no art. 1038 CC, bem como quando ocorra uma *alteração anormal das circunstâncias*[410].

Há aqui um importante pormenor a ponderar.

Não é qualquer *incumprimento* ou *cumprimento defeituoso* que releva; doutro modo, por uma insignificante falta, logo poderia a contraparte desembaraçar-se do seu compromisso.

Na frustrada Reforma de 2004, para dar a medida do incumprimento justificativo de resolução, apelava-se para o conceito de *justa causa* e formulava-se a norma seguinte: "*Qualquer das partes pode resolver o contrato nos termos gerais de direito, com base em justa causa*".

Do mesmo modo, poderá o *arrendatário* resolver o contrato sempre que, em idênticas circunstâncias, se veja o *senhorio* relativamente às obrigações que para ele estabelecem os arts. 1031-1037.

[410] Modificamos pois, neste sentido, numa ponderação mais detida, o nosso entendimento anterior.

4. As balizas enformadoras da resolução pelo senhorio, do nº 2

Com a regulação levada para o nº 1 e acabada de analisar, o legislador desviou-se notoriamente, como se vê, dos fundamentos de *resolução pelo senhorio* que vinham sendo estabelecidos na legislação anterior.

I – Até à Lei nº 6/2006, só o *arrendatário* poderia resolver o *contrato de arrendamento* segundo os *princípios gerais* dos contratos.

O *senhorio* estava estreitamente vinculado por um rol *taxativo* dos únicos casos em que poderia *resolvê-lo*.

Foi assim importantíssima a modificação introduzida pela Reforma de 2006 e que a Lei 31/2012 manteve, com algumas alterações de pormenor.

Daquele estreito *rol taxativo* até aos *termos gerais de Direito* que se estabeleceram no nº 1 do presente artigo e que acabámos de referir, vai manifestamente uma grande distância.

II – Simplesmente, assustado com este desplante liberal, prontamente recuou o legislador na sua proclamação, logo neste nº 2, decretando agora, estritamente para a *resolução pelo senhorio*, já não equiparada à do *arrendatário*: "*é fundamento de resolução o incumprimento que, pela sua gravidade ou consequências, torne inexigível à outra parte a manutenção do arrendamento*".

A manutenção dos dois números, sem solução de continuidade, não deixa de constituir uma contradição[411]: o primeiro considera *fundamento de resolução* o *incumprimento nos termos gerais de Direito*; logo, atento o princípio da interdependência das prestações dos contratos bilaterais, é fundamento *qualquer incumprimento definitivo*, de acordo com o art. 801-2 CC.

O segundo não se contenta com o primeiro, mas requer um *incumprimento tão grave que, pelas suas consequências, torne inexigível a manutenção do contrato pela outra parte.*

Parece evidente que aquilo que se acrescenta agora desdiz o que se tinha dito antes, criando no intérprete um pesado embaraço.

Afinal, em que ficamos?

Qual é, em definitivo, o *incumprimento* que autoriza a *resolução pelo senhorio*?

Qualquer *incumprimento objetivo*, mesmo um *cumprimento defeituoso* ou uma simples *mora* que faça perder, no *senhorio*, o interesse pela manutenção do contrato?

Ou tem de ser um *incumprimento tão grave* e *de consequências tais que torne inexigível ao senhorio que mantenha o contrato*?

[411] Como o referíamos já, no âmbito de vigência da Lei nº 6/3006 (*Manual do Arrendamento Urbano*, II, 5ª ed., Almedina, 2011, p. 1038). No mesmo sentido: António Menezes Cordeiro, *Leis do Arrendamento Urbano Anotadas* (Coord. de António Menezes Cordeiro), Almedina, 2014, p. 232.

Há certamente, nos dois termos da alternativa, uma insanável incoerência, dificilmente justificável numa lei em cuja elaboração intervieram tantas e tão ilustres personalidades, incoerência que vinha já da Lei nº 6/2006, como se tinha reiteradamente denunciado na literatura[412], e pela qual a revisão de 2012 passou inteiramente em branco, apesar de, para cúmulo, ter mexido no artigo.

Pela nossa parte, pensamos que este deslize legislativo, se não se justifica, pode todavia explicar-se pela circunstância de o *vinculismo*, na sua longa e fortíssima influência, ter formatado tão impressivamente o próprio legislador que, mesmo quando ele se encontra já no domínio da liberdade contratual, ainda, sem dar por isso, continua a sofrer, por vezes, de descabidas reminiscências dos antigos quadros normativos.

O mal já não é de agora. Quando, em 1990, o legislador veio pôr termo ao *vinculismo* do *arrendamento habitacional*, para o futuro, também então ainda permaneceu a raciocinar *à antiga*, e continuou a estabelecer, com carácter geral, no art. 64 RAU, os *casos de resolução* que o CC tinha fixado para um *arrendamento institucionalmente vinculado*, mas deixava de fazer sentido para *arrendamentos livres*.

A disposição manteve-se intocada mesmo quando, em 1995, pelo Decreto-Lei nº 257/95, se estendeu a liberalização aos arrendamentos futuros para outros *fins não habitacionais*.

É assim que, progredindo lentamente na liberalização do instituto, primeiro com a Lei nº 6/2006, depois, com a Lei nº 31/2012, e agora, com a Lei nº 43/2017, o nosso legislador permaneceu afinal enformado pela traça vinculística e gizou este preceito específico em que, tendo começado, no seu nº 1, por mandar corajosamente aplicar os *termos gerais de Direito* à *resolução* de *senhorios* e *arrendatários*, ao passar à *resolução pelo senhorio*, assustou-se do desplante e deslizou para circunstancialismos de raiz vinculística[413].

Deste modo, após essa proclamação, afirmada expressamente para *senhorios* e *arrendatários*, volvendo de seguida o seu olhar, logo no nº 2, especificamente para a *resolução pelo senhorio*, já não referiu *qualquer incumprimento objetivo* da outra parte, para referir concretamente aquele que, "*pela sua gravidade ou consequências, torne inexigível à outra parte a manutenção do arrendamento*".

Esta disparidade cria necessariamente, no espírito do intérprete, alguma perplexidade.

A qual dos preceitos deve dar-se prevalência?

[412] Cf. o nosso *Manual do Arrendamento Urbano*, II, 4ª Almedina, 2008, p. 1038 e II, 5ª ed., Almedina, 2011, p. 1038-.

[413] Apesar de não ter chegado a reservar o velho rol taxativo aos antigos *arrendamentos vinculísticos* que remanesceram, como seria natural, pois deixou-os entregues às novas disposições dos *arrendamentos livres*, ao estabelecer para eles apenas as particularidades que refere nos arts. 27 ss NRAU, em que se não inclui esse rol.

A dúvida dá, obviamente, pano para mangas e as opiniões podem dividir-se, consoante o pendor mais tendencialmente vinculístico ou antes liberal dos intérpretes.

Os primeiros propenderão a entender que o nº 1 deste artigo enuncia um princípio geral que o nº 2 particulariza e delimita dentro dele.

O *senhorio* tem direito à *resolução* do contrato por *incumprimento do arrendatário*, mas, dir-se-á, não de todo e qualquer *incumprimento*, mas apenas daquele que, *pela sua gravidade e consequências*, o intérprete, *em seu prudente arbítrio*, venha a considerar justificativo de *resolução*.

Nesta ordem de ideias, diversificaram-se os entendimentos que levaram o Professor Januário Gomes a agrupá-las em várias teorias classificativas[414]:

a) – A *teoria da interação*, onde se situam os defensores de que os vários factos típicos descritos nas alíneas do nº 2 deste artigo não bastariam para permitir a *resolução* e cada uma deles só relevaria quando, nos termos do corpo do nº 2, assumisse a gravidade e consequências indispensáveis a legitimá-la[415];

b) – A *teoria da independência*, dentro da qual se incluem os Autores e a jurisprudência que defendem que, ocorrido um dos casos exemplificados nas alíneas do nº 2, não será preciso demonstrar os factos indiciadores da gravidade e consequências[416];

c) – A *teoria da presunção*, onde se arrolaria a jurisprudência que considera cada um dos factos descritos nas alíneas como simples *presunções de inexigibilidade* da continuação do contrato[417];

d) – A *teoria da ponderação móvel*, em que se inserem aqueles que sustentam que cada um dos casos referidos nas alíneas solicita em grau diverso as exigências de gravidade e consequências do corpo do nº 2 deste artigo[418].

[414] Cf. Januário Costa Gomes/Cláudia Madaleno, *Leis do Arrendamento Urbano Anotadas* (coord. de António Menezes Cordeiro), Almedina, 2014, pp. 233-234.

[415] Inclui nesta teoria: António Pinto Monteiro/Paulo Videira Henriques (*A cessação do contrato no RNAU, O Direito*, 106ª, 2004, pp, 292-294); Sousa Ribeiro (*O NRAU; contributo para uma análise, CDP*, nº 14, 2006, pp. 20-21); Maria Olinda Garcia (*A nova disciplina*, p. 23) e Baptista de Oliveira (*A resolução do contrato NRAU*, 2007, pp. 29-30).

[416] Arrola nesta teoria Soares Machado/Regina Santos Pereira (*Arre3ndamento Urbano – Novo Regime do Arrendamento Urbano comentado e anotado*, 2ª ed., Livraria Petrony, 2007, p. 125) e nós próprios, (*Manual*, II, 5ª ed., Almedina, p. 1039).

[417] Relação de Coimbra, 17-11-2009 (Processo nº 1737_/06.6); Relação do Porto, 3-11-2010 (Processo nº 3077/07.4).

[418] É a própria teoria perfilhada por Januário Costa Gomes (v. Januário Costa Gomes/Cláudia Madaleno, *Leis do Arrendamento Urbano Anotadas* [coord. de António Menezes Cordeiro],Almedina, 2014, p. 234) que cita, na mesma orientação, Joaquim de Sousa Ribeiro (antes apontado como corifeu da *teoria da interação*), em *O NRAU; contributo para uma análise, CDP*, nº 14, 2006,p. 21, n. 32 e David Magalhães em *A Resolução do Contrato de Arrendamento Urbano*, Coimbra Editora, 2009, p. 166.

Olhando esta teorização dos diversos entendimentos, cremos dever observar-se que a própria *teoria da ponderação móvel* não fará mais, se bem nos parece, do que ordenar os diversos exemplos contidos nas alíneas por graus de intensidade crescente, desde a *má vizinhança* até à *cessão não autorizada*, sem que daí se possa retirar qualquer índice de gravidade e consequências para as respetivas eficácias, porque a verdade é que os diferentes fundamentos preenchem-se de acordo com as circunstâncias de facto que, em concreto, os rodearam, na prática, e não em vista da própria gravidade intrínseca de cada um deles.

Esta relevará unicamente para se observar uma lógica de ordenação enunciativa dos diversos factos típicos, acontecendo que, aqui, o legislador, nas diferentes alíneas deste nº 2, os alinhou, ou sem critério, ou numa sequência censurável: nunca seria por *ordem crescente* que deveria fazer-se a enumeração, mas por *ordem decrescente*, como tradicionalmente vinha sendo feito.

E nem parece aceitável considerar que a *utilização contrária à lei, aos bons costumes ou à ordem pública* seja menos grave que qualquer dos outros factos típicos, e apareça enunciada, desgarradamente, no segundo grau de menor intensidade.

O que, quanto a nós, poderá explicar a diversidade dos apontados entendimentos é a persistência nos espíritos do *preconceito vinculístico* que, ao longo deste século de vigência intensa e mal fundada, se apegou, não só ao legislador, como ainda a grande parte da nossa doutrina e jurisprudência, como limos a casco de navio velho.

Compreende-se mal, com efeito, que ainda agora a lei se afaste dos *termos gerais* para enunciar *casos* ou *justas causas de resolução* quanto a *arrendamentos livres* e, bem assim, que emita uniformemente o mesmo normativo para estes e para os *arrendamentos vinculísticos* que ainda remanescem entre nós, propiciando no espírito do intérprete a tendência para lhes emprestar uma feição protecionista que só o *vinculismo* justificaria.

Pela nossa parte, pensamos antes, pois, que o espírito liberalizador que informou a Reforma de 2012 aconselhará a tentar harmonizar-se os dois termos do artigo e, assim, o especificado no nº 2, rigorosamente, deverá servir apenas para oferecer uma precisão mais nítida e caracterizadora da noção de *incumprimento*, de contornos mal definidos, em si, acrescentando-lhe um *enunciado exemplificativo* de cinco casos (a que se adita mais um, no nº 3) que tipicamente representam *hipóteses legais de incumprimentos do arrendatário que tornam inexigível a manutenção do arrendamento pelo senhorio*.

Não constituirá, assim, este entendimento, a bem dizer, a *teoria da independência*, como vimos que se lhe tem chamado, mas uma *teoria da conjunção* ou *complementaridade*.

Os dois comandos, o do corpo do nº 2, quando refere genericamente um *incumprimento* de *gravidade e consequências* que justifiquem a inexigibilidade da persistência do contrato, explica-se, desenvolve-se e completa-se em alguns exemplos mais marcantes por que se desdobram as alíneas, enunciativamente.

São, portanto, quanto a nós, *casos típicos de resolução*; não, meras *presunções ilidíveis* de *inexigibilidade da manutenção do arrendamento pelo senhorio*.

Provados tais, factos exemplificativos, nenhum juízo de valor se tem de lhe acrescentar para se constituir ou afastar o direito à resolução por parte do senhorio porque eles já são, em si, ilustrações de incumprimentos que, pela sua gravidade e consequências, tornam inexigível a continuidade contratual.

Se bem interpretamos, cremos que outro não será o pensamento, sempre lúcido e profundo de Menezes Cordeiro quando refere que "as cinco alíneas do art. 1083/2 correspondem a situações típicas de incumprimento aptas a preencher o *quantum* necessário de gravidade e de consequências para ditar a inexigibilidade"[419].

Semelhante conclusão, que resultava já firme, aliás, da Lei nº 6/2006, foi ainda, quanto a nós, claramente reforçada na versão de 2012, ao retirarem-se ou acrescentarem-se, em alguns dos exemplos de *casos de resolução*, expressões que os amarravam então, mas libertam agora, de ponderações casuísticas e juízos de calibração subjetiva que arvoram o juiz em ditador.

É o caso, na al. *a)*, da eliminação da expressão anterior "reiterada e grave", e, na al. *c)*, do acrescento da expressão "ainda que alteração do uso não implique maior desgaste ou desvalorização para o prédio"[420], as quais têm o claro intuito de expurgar os exemplos resolutivos das expressões que se prestavam a formular juízos pessoais valorativos.

Na coordenação do corpo do nº 2 com as suas alíneas, não há, pois, que adicionar temperamentos valorativos à fixação dos exemplos apontados: há uma regra geral constituída por uma cláusula geral, contida no início do preceito, seguida de vários exemplos de casos concretos que, no pensamento do legislador, corporizam os tipos mais correntes e vincados de verificação concreta da regra estabelecida no corpo do nº 2 deste artigo.

III – O intérprete tem aqui, ainda, um seguro esteio, reforçado pelas palavras da lei, mais incisivas agora, na sua formulação atual, para encarar qualquer dos antigos *casos de resolução*, não como banidos dos novos textos, mas como conservados e reforçados *fundamentos de resolução pelo senhorio*, à luz do Direito atual.

A interpenetração daquelas *facti species* à margem destas será sempre, para nós, um exercício exegético esclarecedor e enriquecedor do alcance dos fundamentos atuais.

Se o eram então, não deixam de o ser agora. Simplesmente, aos expressos na lei anterior acrescerão todos aqueles que, não tendo sido aqui exemplificados ou como tal

[419] António Menezes Cordeiro, *Leis do Arrendamento Urbano Anotadas* (coord. de António Menezes Cordeiro), Almedina, 2014, p. 234, an. 35.

[420] Além da simples correção de uma omissão que se verificava na al. *e)*, que já tínhamos apontado como necessária.

declarados em outras disposições legais, devam ser encarados como suscetíveis de tornar *inexigível ao senhorio a manutenção do contrato.*

IV – Este é o consectário mais significativo da opção pelo sistema exemplificativo dos *fundamentos de resolução*, claramente exteriorizado através da sua enunciação precedida do advérbio "designadamente", que se lê no corpo do nº 2 do novo art. 1083 CC.

Foi a solução certa, inaugurada com a frustrada *Reforma de 2004* – mas, nós que tanto a desejámos e por ela pleiteámos, tememo-nos agora, neste primeiro momento, de algum eventual renascimento restritivo que poderá advir para a *cláusula geral* que, do nº 1 (*termos gerais de Direito*), transborda para o corpo do nº 2 (*gravidade e consequências*) e, daí, para as suas alíneas desdobrando-se em individualizações típicas (*má vizinhança*, etc.).

Volvamos então um breve olhar sobre a análise dos concretos exemplos de *incumprimento* enunciados, seguindo a ordem por que se encontram enunciados, embora não tenha sido a melhor.

V – ***Violação de regras de boa vizinhança ou do regulamento do condomínio.*** Este exemplo de causa de *resolução pelo senhorio*, levado à al. *a)* do art. 1083-2 CC, foi inovado pela Lei nº 6/2006, no seguimento do que já constava, aliás, do *Anteprojeto* de 2004.

No Direito anterior a 2006, o *senhorio* não podia resolver o contrato com este acervo de fundamentos.

A – A opção – que, de resto, tinha já sido adotada na lei espanhola de 1994, e também se pratica em França, com recurso ao *motif légitime et serieux*[421] – parece de louvar, pois se trata de casos censuráveis ao *arrendatário* que extravasam do seu foro interno e atingem os vizinhos.

Na versão de 2004 (art. 1086, de então), que passou para 2006, a violação tinha de ser "reiterada e grave", como expressamente se referia.

Com a Reforma de 2012 caiu esta expressão, para passar a contemplar-se apenas a "violação", despida de quaisquer qualificativos de apreciação subjetiva que a patine vinculística tinha começado por introduzir.

Não há, agora, que esperar pela *reiteração*; não há que avaliar se a violação é *grave* ou *ligeira*. Pura e simplesmente, ou há *violação sem mais*, sem ter que se saber qual o seu grau, *ou não há*.

[421] Relegado para o prudente arbítrio do juiz. Têm sido admitidas como tal, designadamente, as perturbações causadas pela *presença de cães*, pelo facto de *atrair e alimentar pombos* ou pelo *comportamento agressivo* para com os vizinhos (cf. Bernard Santourens/Jacques Lafond/Béatrice Pedroletti, *Code des baux*, Litec, Paris, 2007, p. 154).

A alteração legislativa tem assim o nítido propósito de afastar da aplicação da lei não só a exigência de *reiteração* como também qualquer *juízo subjetivo de valor sobre a intensidade da violação.*

Relevante passou a ser, unicamente, *haver, ou não, violação.*

Temos portanto,agora, e por mais claramente contrário à lei o seguinte acórdão, assim sumariado:

– III – O juiz, ao interpretar um contrato, e ao decidir da sua conformidade com a lei, não pode esquecer a lei constitucional, uma proibição, validamente estabelecida num contrato de arrendamento, segundo a lei civil, pode apresentar-se, materialmente, como violadora de direitos fundamentais do arrendatário

– IV – Ainda que estabelecida em contrato é opinião corrente que a proibição genérica de deter animais não deve ser interpretada à letra, antes deve ter em conta o concreto distúrbio provocado, segundo o substrato valorativo e os limites protetores das normas da vizinhança e da tutela da personalidade.

– V – ... Os animais...fazem parte daquele tipo de propriedade a que tradicionalmente se chama propriedade pessoal, ou seja propriedade de certos bens que estão ligados à autoconstrução da personalidade, pelo que, na sua atividade valorativa e coordenadora, o juiz tem de atender ao valor pessoalmente constitutivo que o animal possa ter para o seu dono.

VI – Por essa razão não deve o arrendatário, pese embora a existência de cláusula contratual proibitiva, ser compelido à retirada do de um canídeo do locado quando se prove que, além de não ser fonte de qualquer prejuízo para o sossego, a salubridade ou a segurança dos restantes moradores e do locador, o mesmo reveste importância no seio da da família e no bom desenvolvimento de um filho que tem perturbações de ansiedade, devendo, nestes casos, a referida cláusula considerar-se não escrita.

Relação do Porto, 21-11-2016 – Proc. nº 3091/15.6T8GDM.P1 (*Colectânea* nº 274, p. 165).

Segundo o que se retira do acórdão, com alguma dificuldade, o casal da autora desta ação, sendo então vivo o marido, entretanto falecido, tinha dado a C de *arrendamento, para habitação*, de *duração limitada*, em 1 de maio de 2004, por cinco anos, o rés-do-chão de um prédio urbano de sua propriedade.

Havia nesse contrato uma cláusula 13ª, a estabelecer o seguinte: "Fica o 2º outorgante impedido de possuir cão como animal doméstico" (*sic*).

Ora, como a inquilina tivesse passado a albergar na fração arrendada um animal dessa espécie, endereçou-lhe a autora uma carta, através do seu mandatário, em 2 de setembro de 2015, a intimá-la a retirar o animal da habitação até ao dia 15 seguinte, sem o que intentaria uma ação a pedir a *resolução do contrato*.

Não tendo sido atendido o desiderato, foi então proposta ação pedindo a *resolução do contrato*, "sem prescindir, caso se entenda que não há razão legal para a resolução do contrato, que seja decretada a retirada imediata do cão do locado".

Foi certamente uma opção desastrada.

Se tinha à sua mão *opor-se à renovação* do contrato, por que deixou passar o respetivo prazo, entregando-se à álea de uma ação judicial?

Assim, a 1ª instância, esquecida da redação atual da al. *a)* do art. 1083-2, a afastar qualquer juízo de valor acerca deste fundamento de resolução, pegou-lhe na palavra e limitou-se a decretar a retirada do animal.

Foi então, pela ré, levado recurso desta sentença, que a Relação revogou, decidindo na forma por que foi sumariado o aresto.

Por que começámos por afirmar que, em nossa opinião, ele, é claramente contrário à lei?

Porque esta conclusão torna-se logo patente num passo em que o acórdão expressamente reconhece, que, "lançando mão destas regras interpretativas [os arts 236 e 238-1-2 CC], resulta evidente que a vontade do senhorio foi, efectivamente (*sic*)[422] não permitir no locado a existência de animais domésticos, proibição com a qual a apelante se conformou ao celebrar o contrato" (*Colectânea cit.*, p. 167) – para, logo de seguida a desrespeitar.

É que, com semelhante procedimento, não podia deixar de se concluir que a rê incorria em *má fé* pois, atento o disposto no art. 762-2 CC, " no cumprimento da obrigação, assim como no exercício do direito correspondente, devem as partes proceder de boa fé".

Ora não está de *boa fé* quem aceita uma cláusula contratual que depois desrespeita e insiste em desrespeitar definitivamente.

E de que se serviu a Relação para lavar essa *má fé*?

Nestes três pontos, qual deles o mais improcedente:

1º – No art. 202-2 CRP, que se limita a proclamar, em termos genéricos, que imporiam, aliás, a observância do disposto no referido art. 762-2 CC, deverem os tribunais, na administração da justiça "assegurar a defesa dos direitos e interesses legalmente protegidos dos cidadãos".

[422] É curioso, num documento oficial, como é este acórdão, ou qualquer sentença, que continue a observar-se ainda o acordo ortográfico de Salazar, quando, pelo Aviso nº 255/2010, do Ministério dos Negócios Estrangeiros se estabeleceu a entrada em vigor, em Portugal, em 13 de maio de 2009, do Novo Acordo Ortográfico, completando-se o seu período transitório no mesmo dia e mês de 2015, e, mediante Resolução do Conselho de Ministros nº 8/2011, se mandou adotar o mesmo, desde 1 de janeiro de 2012, na ortografia do *Diário da República*, na dos serviços públicos governamentais e no próprio sistema educativo.

Ora, não são *direitos e interesses legitimamente protegidos* os que se fundam na *má fé* do seu sujeito.

2ª – No passo de um estudo de SANDRA PASSINHAS, a referir que "num determinado edifício, o título constitutivo da propriedade horizontal ou o regulamento de condomínio proíbe ter animais nas frações autónomas. Se um dos futuros condóminos tiver um filho autista, para cujo desenvolvimento é essencial a companhia de um cão, ou for um invisual que necessite de ter um cão-guia, esta disposição do título ter-se-á por não aplicável".

Semelhante *opinião*, por respeitável que seja, faz lei? Sobrepõe-se à *má fé* em que a recorrente incorreu?

Claro que não.

Acresce, aliás, que o entendimento citado é, *in limine*, inteiramente inaceitável.

Se o *regulamento do condomínio* proíbe a manutenção de *animais domésticos* nas *frações autónomas*, é incontestável que, quem tenha necessidade desse animal, não poderá impor-se à vontade dos restantes *condóminos* e aspirar a obter essa qualidade: tem de procurar outro *condomínio* em que não exista essa proibição.

Onde o caso poderá pôr-se, isso sim, será, por exemplo, na *incapacidade superveniente* de quem *já é condómino*. Suponha-se que um deles cegou e necessita de um *cão-guia*.

Aí é que a questão se poderia pôr, suscitando a dúvida sobre se a permissão da exceção seria uma *obrigação jurídica* ou, simplesmente, um *dever moral*. Pela nossa parte, inclinar-nos-íamos para a segunda hipótese: a piedade é *imperativo de consciência*; não, um *dever jurídico* que se imponha por sentença.

3º O argumento final do elogio idílico do animal como companheiro do homem, a proteção que dele carecia o filho da *inquilina*, comprovada por simples atestado médico(!), é enternecedora, mas obviamente irrelevante: todos nós gostamos dos nossos animais de companhia mas, obviamente, não devemos ser obrigados a suportar os dos outros.

Se a necessidade do animal era, de facto essencial e superveniente à celebração do contrato, teria de ser negociada com a *senhoria*, e não imposta pelo tribunal, como indevidamente foi, em nossa opinião, declarando-se não escrita uma cláusula contratual que não enfermava do mínimo vício.

Quer a violação da *higiene* quer a do *sossego* são, naturalmente, indissociáveis da *boa vizinhança* – mas a alínea tem o cuidado de a especificar autonomamente, fazendo sentir que, independentemente da preterição das *regras de higiene* e do *sossego* (*id est*, pela produção de *ruído incómodo*), a *boa vizinhança* poderá ser ainda afetada *em si mesma*, ou por outros meios que não os dois referidos.

Afetada em si própria é o que, segundo pensamos, se verificará quando ocorra *incivilidade do trato* que perturbe e atinja a vida normal dos vizinhos.

É o caso sancionado pela jurisprudência francesa, como referimos na nota de rodapé anterior, de *comportamento agressivo* para com eles.

Quanto à *má vizinhança*, em si, já se decidiu o seguinte, num caso de habitação atribuída pelo município a "pobres ou indigentes":

– As ofensas verbais não são fundamento razoável por si só para que se peça que o agregado familiar, que foi fundamental para a concessão do alvará, deixe de habitar o fogo em questão – Relação do Porto, 26-03-2007 (JusNet 1652/2007).

Tratava-se de uma habitação concedida à autora pela Câmara Municipal do Porto, *a título precário*, mediante *alvará* de 24 de Fevereiro de 1986, em conformidade com o disposto no Decreto nº 35:106, de 6 de Novembro de 1945.

Para o efeito, a autora tinha constituído um agregado familiar formado por ela, um seu sobrinho e a mulher deste.

A dada altura, em vésperas do Natal de 2003, o sobrinho dirigiu insultos à autora e cortaram-se as relações entre a titular do alvará e o casal com ela coabitante.

Dai, a ação, intentada no tribunal comum, a pedir a condenação do casal na entrega à autora da parte de casa que ocupa.

A Relação, em consonância com a 1ª instância, considerou que as ofensas verbais não são suficientes para a pretendida desocupação – mas parece-nos difícil, naquelas circunstâncias, impor a continuidade da coabitação quando as relações estão cortadas e os insultos foram dirigidos a uma idosa de 70 anos de idade.

A nosso ver, decisões como esta, em vez de educarem, legitimam a banalizam comportamentos incivis.

De qualquer modo, o que nos provoca maior perplexidade, ainda, é o facto de se ter considerado – e bem – que a relação habitacional constituída não tinha origem contratual, mas decorria de atividade administrativa munida de *ius imperii* e, não obstante isso, ter-se considerado competente a jurisdição comum para dirimir este pleito.

Parece que a questão deveria ter sido remetida para a decisão da autarquia.

Há, de resto, uma destrinça a fazer. A habitação concedida nos termos do Decreto nº 35:106 não forma um *arrendamento social* nem integra uma *locação* mas, verdadeiramente, aquilo que, na dogmática, se designa por *precário oneroso*[423].

Só o chamado *arrendamento social*, de *renda apoiada*, constitui verdadeiro e próprio *arrendamento* – e não era esta figura que estava em causa, nem era esse regime jurídico o aplicável.

[423] Cf. o nosso *Manual do Arrendamento Urbano*, I, 5ª ed., Almedina, 2009, pp. 92-94.

Para a configuração de mais modalidades de *má vizinhança* lembremos as perturbações enunciadas no art. 1346 CC: *fumo, fuligem, vapores, cheiros, calor* ou *ruídos, trepidações* e factos semelhantes.

No tocante à ofensa às *regras da higiene*, não há que devassar a intimidade ou a vida privada do *arrendatário* para averiguar se ela existe. Na verdade, só se torna relevante se interferir na esfera dos vizinhos e constituir um incómodo que faz *má vizinhança*. É no fundo, como principiámos por salientar, uma das modalidades desta, expressamente referida na al. *a)* do novo art. 1083-2 CC.

O mais corrente dos casos, relevantes, de *violação da higiene* é a colocação, por períodos mais ou menos prolongados, em áreas comuns do prédio, de resíduos deteriorados ou rebotalhos de cozinha, sujeitos a putrefação rápida.

A perturbação do *sossego*, por seu turno, traduz-se geralmente na emissão de *ruídos incómodos*, incluindo a própria música em registo elevado e a desoras, que se propagam para os espaços vizinhos, dificultando o sono ou a simples tranquilidade e bem-estar.

Um dos casos mais frequentes de *ruídos incómodos* é o produzido por certos *animais de companhia*.

B – A *má vizinhança* e, em geral, a perturbação da tranquilidade das pessoas é objeto de uma tríplice tutela:

a) – A de natureza pública, exercida mediante *regulamentos administrativos*;

b) – A que se estabelece no seio de uma *propriedade horizontal*;

c) – A respeitante ao *arrendamento urbano*, através da alínea referida há pouco, acrescentada ao nosso CC com a Reforma de 2006.

São como que três círculos distintos, mas que se intersetam.

Os *regulamentos administrativos* impõem princípios e comportamentos que, para lá do regime que estabelecem, não podem deixar de influenciar e de ajudar a caracterizar o fundamento de *resolução arrendatícia*.

Quando não existia esta alínea, o princípio era o de os casos de *má vizinhança* só poderem resolver-se pela *via administrativa*.

Ainda assim, houve jurisprudência, digamos precursora, que já então se imiscuiu pela *má vizinhança*, admitindo-a como *fundamento de resolução*, à luz da proteção do *direito de personalidade* consagrado no art. 70 CC.

Exaramos aqui o sumário de um interessante aresto neste sentido:

– Tendo-se provado que, no andar arrendado a uma sociedade comercial para os seus escritórios, gabinete de estudos e elaboração de projetos de construção, casais novos não identificados, no máximo em número de dois, nele entravam de noite, com frequência, procurando evitar ser vistos e conhecidos, fazendo suspeitar que aí iam praticar atos sexuais, e, além disso, aí ouviam música ruidosa, perturbando, assim, a tranquilidade moral e física dos habitantes do prédio, justifica-se a resolução do arrendamento com base na alínea *c)* do artigo 1093, nº 1, do Código Civil, já que o prédio era aplicado para práticas imorais e desonestas e ainda para práticas hoje ilícitas (ruídos noturnos...) em virtude da proteção concedida pelo artigo 70 do atual Código Civil, à personalidade física da pessoa, em que cabe, perfeitamente, o direito ao sono ou sossego noturno –

Relação de Lisboa, 11-02-1976 (*BMJ* nº 256, p. 165).

Analisaremos o primeiro fundamento quando, daqui a pouco, nos ocuparmos do respetivo *caso de resolução*.

Quanto ao segundo, ele estaria certo se já houvesse tutela arrendatícia da violação do referido *direito da personalidade* – mas a verdade é que ainda a não havia, e, nessa altura, as *causas de resolução* pelo *senhorio* eram taxativas.

Em nossa opinião, só restavam pois, aos lesados, os meios administrativos para a cessação do ruído noturno.

Por sua vez, o *contencioso da propriedade horizontal* é chamado à colação pelo próprio Direito arrendatício quando a nossa alínea expressamente manda atender ao respetivo *regulamento*, considerando a sua ofensa como *fundamento de resolução* invocável pelo *senhorio*.

No estrito plano da utilização da sua fração do *condomínio*, nas relações com os outros *condóminos*, a jurisprudência é vasta e, até há pouco, de rara uniformidade, como ressalta do extrato seguinte, em mera amostragem:

– Para o fins da alínea *c)* do artigo 1422 do Código Civil, constitui uso diverso do fim para que foram destinados a instituição de um laboratório de análises clínicas e de um consultório médico em dois andares do prédio em regime de propriedade horizontal cujo título de constituição os destinou a habitação, sendo irrelevante que o instituidor da propriedade horizontal tivesse prometido vender ao condómino infrator uma fração autónoma para o exercício de profissão liberal.

SUPREMO, 29-01-1974 (Processo nº 064824)

– Se um condómino dá à sua fração um uso diverso do fim a que, segundo o título constitutivo da propriedade horizontal ela é destinada, ou seja, se ele infringe a proibição contida no art. 1423, nº 2, al. *c)*, do Código Civil, o único remédio para essa afetação é a reconstituição natural (afetação da fração em causa ao fim a que ela estava destinada)

SUPREMO, 19-05-1981 (*BMJ*, nº 305, p. 303)

– I – No regime de propriedade horizontal, constando do respetivo título constitutivo que determinada fração tem destino habitacional só lhe pode ser dado outro destino mediante acordo de todos os condóminos, formalizado em escritura pública.

– II – A deliberação da assembleia de condóminos, tomada por maioria, no sentido de permitir em tal fração a instalação e funcionamento de um salão de cabeleireiro, além de exorbitar da respetivos competência administrativa, está ferida de nulidade que pode ser conhecida em qualquer tempo, sendo-lhe inaplicável o regime do nº 2 do artigo 1433 de Código Civil.

– III – Ao regime da propriedade horizontal é também inaplicável o regime do artigo 1108 do Código Civil [atual art. 1092], só à relação de arrendamento diz respeito.

SUPREMO, 01-06-1983 (Processo nº 070822)

– II – Segundo o artigo 1422, nº 2, do Código Civil é especialmente vedado ao condómino dar à sua fração um fim diverso do fim a que se destina, o que aconteceu com o Réu, pois sendo a sua fração destinada a garagem, ele afetou-a a bobinagem e novelagem de fios, com o correspondente armazenamento.

– III – Assim, a única solução para o caso é a da reconstituição material, ou seja, a afetação da fração ao fim a que está destinada – garagem – e dada a sua natureza real, esta solução é obrigatória tanto para o condómino, como para terceiro, que com ele contratasse.

SUPREMO, 14-11-1985 (Processo nº 072997)

– Não podem ser utilizadas para atividade de esteticista nem para consultório médico as frações que no título de propriedade horizontal são destinadas a habitação.

Relação de Coimbra, 17-01-1993 (*BMJ*, nº 436, p. p. 614)

– I – A escritura de constituição da propriedade horizontal, como direito real válido "erga omnes", não pode ser alterada, quanto à finalidade das frações, por licença camarária, sem o acordo dos demais condóminos.

– II – Constando do título constitutivo da propriedade horizontal que a fração autónoma se destina a habitação, em consonância com o projeto aprovado pela

Câmara Municipal, existe desvio do seu fim inicial se tal fração é dada de arrendamento.

– III – É meramente obrigacional a relação objeto da escritura pública da constituição do arrendamento.

SUPREMO, 15-02-1999 (Processo nº 99B957)

II – É o título constitutivo da propriedade horizontal que define, em primeira linha, as relações dos condóminos entre si.

III – Os contratos celebrados com os adquirentes das várias frações não podem proceder contra o que constar do título constitutivo da propriedade horizontal.

SUPREMO, 07-06-2001 (Processo nº 01B1350)

– Os termos utilizados nos atos constitutivos de propriedade horizontal, para definição do destino das frações autónomas, devem ser interpretados em função das características do imóvel bem como do destino dado às demais frações.

Tratando-se de um imóvel destinado à habitação e em que apenas uma fração serve como "loja" (fls.16 a 20), há que admitir que com este destino se pretendeu garantir a tranquilidade dos que no imóvel habitam, e que, por isso, importa dar a tal noção um sentido restritivo, ou seja, de que se trata de espaços destinados ao exercício do comércio...

Não se percebe como de tal evolução possa resultar dever a palavra "loja" abranger espaços onde é exercida a atividade industrial.

Observe-se enfim que tendo a palavra "loja" o sentido mencionado, de nada releva que a atividade industrial em causa tenha reduzidas dimensões.

SUPREMO, 28-05-2002 (Processo nº 02B1432) [ac. sem sumário, de que se retiraram os extratos constantes da sua caracterização]

– I – O título constitutivo da propriedade horizontal consubstancia a matriz do respetivo estatuto, o qual, atendendo à sua natureza real, tem eficácia *erga omnes.*

– II – Constando do título o destino da fração autónoma, tal finalidade ou destino faz parte do estatuto do condomínio, obrigando o condómino, seu proprietário ou o futuro (eventual) adquirente, que não pode dar-lhe uso diverso, enquanto não for alterado o título constitutivo, nos termos previstos na lei.

– III – O sentido normal e vulgar da expressão "estabelecimento comercial", constante de um título constitutivo de propriedade horizontal, «e o de que a fração se destina exclusivamente a local de exposição e venda ao público, em geral, de mercadorias, ou seja, exercício do comércio.

– IV – Não existe similitude entre um estabelecimento comercial e um consultório médico, porquanto, quanto a este, o elemento preponderante é o próprio médico.

– V – A doutrina e jurisprudência vêm entendendo que, no âmbito de profissões liberais, não há trespasse, embora possa ocorrer cessão de posição contratual nos termos do art. 122 RAU e, atualmente, do art. 1112, nº 1, al. b) do CC.

– VI – Tendo os autores acabado de ingressar no condomínio, sobre eles impendia o ónus de se informarem se estava ou não agendada alguma assembleia geral. A ausência dos mesmos naquela assembleia é, por isso irrelevante, para efeitos do disposto no artigo 1432, nº 6, do CC, pois só pode considerar-se ausente quem devia ser convocado e não compareceu.

SUPREMO, 22-03-2011 (Processo nº 321/2002.E1.S1)

– Se um condómino dá à sua fração um uso diverso do fim a que, segundo o título constitutivo da propriedade horizontal, ela é destinada ou seja, se ele infringe a proibição contida no artigo 1422, nº 2, al. *c)*, do Código Civil, o único remédio para essa afetação é a reconstituição natural afetação da fração em causa ao fim a que ela estava destinada.

– Destinando-se a fração autónoma, segundo o título constitutivo, a habitação, não lhe pode ser dado outro destino (alojamento mobilado para turistas) sendo para tanto irrelevante o licenciamento do local para a atividade comercial acima referida, dado pelo Serviço de Finanças de Lisboa, pela Câmara Municipal de Lisboa e pelo Serviço de Turismo (*sumário corrigido neste ponto*)

– As autorizações de entidades administrativas, segundo as quais determinada fração autónoma de prédio constituído em regime de propriedade horizontal pode ser destinada a comércio, não têm a virtualidade de alterar o estatuto da propriedade horizontal constante do respetivo título constitutivo segundo o qual essa fração se destina a habitação.

Relação de Lisboa, 20-10-2016 (Processo nº 12579-16.OT8LSB. L1-8)

– I Todo o conjunto das circunstâncias de facto – quer anteriores, quer simultâneas à declaração feita no título de constituição da propriedade horizontal de que a fração se destina a habitação leva a considerar que a intenção que presidiu à declaração foi o de considerar que o conceito de habitação se reporta ao sitio onde o condómino ou arrendatário têm um centro de vida doméstica, pequeno ou grande, temporário ou permanente mas, ainda assim, algo que não esteja totalmente desligado desse centro de vida.

Em suma, quando uma fração se destina a habitação, quer dizer que se trata de uma residência, de um domicílio, lar, ou seja, de um espaço de vida doméstica com a inerente necessidade de tranquilidade e sossego, não cabendo nela o alojamento local.

Relação do Porto, 27-04-2017 (Processo nº 1q3721/16.7T8PRT.P1)

A esta jurisprudência abriram exceção:

– I – Se no título constitutivo da propriedade horizontal apenas se estabelece que determinada fração se destina à habitação, não existe, *em princípio,* impedimento a que o seu proprietário a afete a **alojamento local** de turistas.

– II – O conceito de **alojamento** está contido no conceito de *habitação.*

– III – O facto de determinada utilização ser feita mediante prestação de serviços não é bastante para caracterizar a finalidade dessa utilização, tudo dependendo da forma como essa prestação de serviços é efetuada.

– IV – O Regulamento do Condomínio não pode, a pretexto de regular a utilização do imóvel, impor *restrições materiais* ao conteúdo do direito de propriedade de cada condómino sobre a sua fração que não resultem do título de constituição da propriedade horizontal ou a que o condómino tenha dado o seu consentimento.

Relação do Porto, 16-09-2016 (Processo nº 4910/16.5T8PRT-A.P1)

– I – Constitui violação do conteúdo do título constitutivo da propriedade horizontal o exercício de atividade comercial ou industrial na fração que ali está destinada a habitação (art. 1418º do CC).

– II – O arrendamento da fração a turistas por curtos períodos, designado por alojamento local, não é um ato de comércio, nem consta do art. 2º do CCom, onde já podia ter sido incluído dadas as sucessivas alterações legislativas desde o DL nº 39/2008, 07-03, e Portaria nº 517/2008, de 25-06, que o referencia, até ao seu atual regime jurídico estabelecido no DL nº 128/2014, de 29-08.

– III – Na cedência onerosa de fração mobilada a turistas, a fração destina-se à respetiva habitação e não ao exercício de atividade comercial.

– IV – Respeita o conteúdo do título constitutivo da propriedade horizontal onde consta que determinada fração se destina a habitação, se essa fração for objeto de alojamento local.

– V – Por conseguinte, é de confirmar a decisão da 1ª instância que determinou a suspensão da deliberação da assembleia de condóminos na parte em que proíbe o exercício do alojamento local na referida fração.

SUPREMO, 29-03-2017 (IGFEJ Proc. nº 12579/16.0t818lsb.L1.S1)

Importa liminarmente referir que, segundo o disposto no art. 6º-1, al. *a)*, do Decreto--Lei nº 128/2014, de 29 de agosto, para se iniciar a exploração da atividade de *alojamento local*, expressamente qualificada como *atividade económica* correspondente à secção I, subclasses 55201 ou 55204 (*Alojamento, restauração ou similares*), terá de apresentar "*autorização de utilização ou título de utilização válido do imóvel*".

No Direito comparado, o instituto vem sendo internacionalmente denominado de B&B, da denominação inglesa *bed and breakfast*, que, no Brasil, se traduziu por *cama e café*, integrado no *Sistema Brasileiro de Classificação de Meios de Hospedagem*, aprovado pela Portaria nº 100, de 18 de junho de 2011.

Ora, se um prédio urbano se encontra constituído em *propriedade horizontal*, e se não é junta *autorização dos restantes contitulares* para a aplicação a *alojamento local* e se faz *vista grossa* à sua aplicação a *habitação*, que o próprio município inicialmente tinha fixado, com a *licença de utilização*, tem de decorrer daí uma *responsabilidade civil* que lhe poderá ser assacada.

Como a este respeito muito agudamente refere FERNANDA PAULA OLIVEIRA, "a intervenção administrativa, em caso de desconformidade do projeto com normas, só pode operar-se *a posteriori*, mas tal não significa, ao contrário do que se possa pensar, que a operação[424] deixa de ser objeto de controlo municipal nem, muito menos, que deixa de haver um dever de o órgão competente impedir que seja levada a cabo a operação que não cumpra as normas legais ou regulamentares em vigor". E mais: "existe ainda um dever acrescido (sob pena de responsabilidade por omissão, uma culpa *in vigilando*) de impedir (inviabilizar) que a operação ilegal se execute"[425].

Esta omissão é tanto mais condenável quanto é certo que, segundo informação da Ilustre Professora, semelhante específico ponto, juntamente com outros, sobre o tema, terá sido objeto de um vasto número de ações de formação dos seus técnicos, promovidas pelas câmaras municipais e por si monitoradas[426].

Independentemente desta consideração liminar, importará então referir que estamos em total desacordo com a jurisprudência que assimila o *alojamento local* (uma atividade de *hospedagem* pelo próprio diploma regulador deste instituto inserida, como se referiu,

[424] A disposição foi visivelmente influenciada pelo art. 1598 do Código Civil italiano que, depois de, no seu art. 1597, especificamente ter mencionado a *renovação tácita do contrato* (*rinnovazione tacita del contratto*) e que a locação se tem por *renovada* (*rinovatta*) se, caducado o termo dela, o arrendatário permanece e é deixado na detenção da coisa locada, declara que, traduzindo, "as garantias prestadas por terceiros estendem-se às obrigações derivadas da prorrogação (*proroghe*) da duração do contrato".

[425] FERNANDA PAULA OLIVEIRA, *As Alterações ao Regime Jurídico da urbanização e Edificação*, Almedina, 2017, p. 47.

[426] *Ob. cit.*, p. 5.

na CAE-Rev.3, secção I, como uma das figuras de *Alojamento, restauração e similares*), à *habitação* ou ao *arrendamento habitacional de curta duração.*

Não pode seriamente duvidar-se de que a *indústria de hospedagem* a que, como se vê, se entrega o gestor de um *alojamento local*, constitua um *ato de comércio*, quando a mera *habitação* é um *ato civil* – e não é só o *hóspede* que ocupa a fração urbana onde se instala.

São também o *alojador* e seus empregados, que aí realizam os serviços relacionados com o *alojamento*, no âmbito de uma verdadeira, autónoma e própria *hospedagem*.

O concreto uso dado ao *estabelecimento de hospedagem*, como lhe chama a lei, não é, pois, o exclusivamente dado pelo *hóspede*, mas a laboração da indústria de hospedagem que necessariamente aí se processa.

Fugir a isto é iludir a realidade complexa em questão. O B&B que, na terminologia alemã, é eloquente e incontornavelmente definido assim: "*Eine B&B ist ein Unternehmen in Haus*", ou seja, traduzindo: *um B&B é uma empresa em casa*.

A sua destrinça, relativamente à *habitação* é, pois, patente e incontestável, integrando, sem sombra de dúvida, a *diversidade de fim* que, na al. *c)* do art. 1422-2 CC, se veda aos *condóminos* de uma *propriedade horizontal* que, pelo seu título constitutivo, se destine a *habitação*.

Bastará ter presente o embaraço necessariamente resultante para eles, sobretudo num condomínio pequeno, da permanente e cosmopolita rotação de pessoas estranhas, povoando constantemente as zonas comuns do edifício.

Estudámos mais detidamente este tema no nosso ensaio intitulado *Do alojamento local, na sua relação com a propriedade horizontal*, que foi publicado na *Revista de Direito Civil*, II (2017), nº 3, pp. 529-574, para onde remetemos o leitor interessado em aprofundar este tema.

Bastará por agora referir que, em nossa opinião, análogo ao *alojamento local* ou ao *hostel*, será ainda, por exemplo, um arrendamento do *condómino* de um prédio destinado em *propriedade horizontal* a *habitação*, em que é permitido, pelo Regulamento do Condomínio, arrendar a sua fração para esse fim, aproveitar tal faculdade, *sem autorização dos condóminos*, para a dar de *arrendamento* a uma empresa que recruta trabalhadores indiferenciados estrangeiros e aí os vai alojando, temporária e sucessivamente, em regime de *hospedagem* à margem da própria legislação de *alojamento local* (sobre este ponto, v. *infra*, nº 4-V-B, *sub* art. 1083).

C – Reportando-nos aos *regulamentos administrativos*, salientemos particularmente o Decreto-Lei nº 146/2006, de 31 de julho, que transpôs para a ordem jurídica interna a Diretiva nº 2002/49/CE, do Parlamento Europeu e da Comissão, de 25 de Junho, sobre a elaboração de mapas estratégicos de ruído, e, principalmente, o Decreto-Lei nº 9/2007, de 17 de janeiro, que aprova o *Regulamento Geral do Ruído* em vigor.

Em relação a *animais de companhia*, importará fundamentalmente atentar no Decreto-Lei nº 313/2003, de 17 de dezembro, que criou o *Sistema de Identificação de Caninos e Felinos* (SICAFE) e bem assim, num primeiro momento, num importante diploma, o Decreto-Lei nº 312/2003, de 17 de dezembro, que dispôs sobre a posse e detenção de *animais perigosos* e *potencialmente perigosos*, em regulamentação do qual foi publicada a Portaria nº 422/2004, de 24 de abril – ambos com alterações introduzidas pela Lei nº 40/2007, de 31 de agosto.

Foi ainda publicada a Portaria nº 585/2004, de 29 de abril, que definiu o capital mínimo e outros critérios qualitativos necessários para a celebração do contrato de seguro referido no artigo 13 do Decreto-Lei nº 312/2009.

No respeitante a *animais suscetíveis de raiva*, na mesma altura publicou-se ainda o Decreto-Lei nº 314/2003, de 17 de dezembro, em regulamentação do qual surgiu a Portaria nº 421/2004, de 24 de abril[427].

Posteriormente, porém, a Lei nº 82/2009, de 21 de agosto, autorizou o Governo a criminalizar os comportamentos correspondentes à promoção ou participação com animais em lutas entre estes, bem como a ofensa à integridade física causada por animal perigoso ou potencialmente perigoso, por dolo ou negligência do seu detentor.

No âmbito desta autorização, foi promulgado e está agora em vigor o Decreto-Lei nº 315/2009, de 29 de outubro, que revogou o Decreto-Lei nº 312/2003.

Apesar de aquele decreto-lei, no nº 2 do seu art. 44, ter estabelecido que, "na data da entrada em vigor dos correspondentes diplomas regulamentares do presente decreto-lei, são revogadas as Portarias n.os 422/2004, de 24 de abril, e 585/2004, de 29 de abril", a verdade é que não foram editados nenhuns diplomas regulamentares nem qualquer portaria, entendendo a Direcção-Geral de Veterinária que as duas portarias se encontram, pois, plenamente em vigor, não estando prevista a publicação de outros diplomas sobre esta matéria.(Para mais desenvolvimentos, v. infra, nº 3-II, sub art. 1093)

a – O *Regulamento Geral do Ruído* tem por objeto a prevenção do *ruído* e o controlo da *poluição sonora*, visando a salvaguarda da saúde humana e o bem-estar das populações.

Na parte que nos interessa mais diretamente, define como *ruído de vizinhança* "o ruído associado ao uso habitacional e às atividades que lhe são inerentes, produzido diretamente por alguém ou por intermédio de outrem, por coisa à sua guarda ou ani-

[427] Exorbitam já do nosso interesse, naturalmente, os diplomas legais que estabelecem normas protetoras dos *animais de companhia*, tais como o Decreto nº 13/93, de 13 de abril, que aprovou a *Convenção Europeia para a Proteção dos Animais de Companhia*; o Decreto-Lei nº 276/2001, de 17 de outubro, que regulamentou este decreto; e o Decreto-Lei nº 315/2003, de 17 de dezembro, que alterou numerosas disposições deste e o republicou em anexo.

mal colocado sob a sua responsabilidade, que, pela sua duração, repetição ou intensidade, seja suscetível de afetar a saúde pública ou a tranquilidade da vizinhança" (al. *r)* do art. 3º).

Quanto ao tempo da sua produção, prevê "períodos de referência": são, em geral, o *diurno*, das 7 às 20 horas; o do *entardecer*, das 20 às 23 horas; e o *noturno*, das 23 às 7 horas (als. *p)*, *i)*, *ii)* e *iii)*, do art. 3º).

Assim e quando uma situação seja suscetível de constituir *ruído de vizinhança*, estabelece a lei que as autoridades policiais podem ordenar ao produtor do *ruído* entre as 23 e as 7 horas a adoção das providências adequadas à *cessação imediata da incomodidade* (art. 24-1) – e, ao de *ruído* entre as 7 e as 23 horas, *fixar um prazo para o fazer cessar* (cf. art. 24 do *Regulamento*).

As atividades ruidosas temporárias nas proximidades de edifícios de habitação são interditas no período compreendido entre as 20 e as 8 horas, e aos sábados, domingos e feriados, salvo licença especial (al. *a)* do art. 14 e art. 15-1 do *Regulamento*).

As *obras* de *recuperação*, *remodelação* ou *conservação* no interior de habitações apenas podem produzir *ruído* nos dias úteis entre as 8 e as 20 horas (art. 16-1 do *Regulamento*).

Além disso, há todo um amplo conjunto de disposições e diplomas que impõem planos municipais de ordenamento do território que tenham em vista assegurar a qualidade do ambiente sonoro, mapas de ruído e exigências de emprego de materiais de insonorização nas novas construções.

Se a *emissão* de *ruído de vizinhança* é infratora das *regras regulamentares administrativas* podem desencadear as providências policiais atinentes à sua cessação e à aplicação das correspondentes *coimas* por *contraordenação*, que não estão aqui em causa – e podem ainda, para nós com particular interesse, e em relação ao *arrendatário* que reiteradamente nelas incorrer, constituir um *fundamento de resolução* pelo *senhorio*, nos termos da al. *a)* do art. 1083-2 CC.

Convém todavia evitar alguns zelos de noviça na jurisprudência que venha a sair daqui, sobretudo tendo em vista a tendência que por vezes se tem revelado, não propriamente no âmbito do Direito arrendatício, mas no da tutela dos *direitos da personalidade*, quando se pondera que deverá esta atender à sensibilidade do lesado "tal como ele é, na realidade" e sem atender a uma *tolerabilidade normal* ou, ao menos, *razoável* – mandando silenciar o *ruído* imitido ainda quando ele se situe sensivelmente abaixo dos limites regulamentares e fazendo incorrer o *causador* em responsabilidade civil, apesar da observância da disciplina regulamentar.

Como nos parece ter sido o caso do ac. da Relação do Porto, de 27-04-95 (*Colectânea*, XXIX-II, p. 213).

Tratava-se de um litígio com um banco, que tinha instalado um aparelho de ar condicionado no edifício que ocupava, a cerca de 1 metro de distância da janela mais próxima do proprietário do prédio vizinho.

Não se apurou o facto essencial do *período de frequência do ruído* e, muito perfunctoriamente, estabeleceu-se, sem mais que, "com o funcionamento do ar condicionado e por causa do ruído que em funcionamento repercute na habitação dos autores, têm estes sido afetados nas suas necessidades de repouso e descanso e na sua saúde. O que significa dizer que, por causa da conduta do réu, os autores têm sido atingidos e lesados na sua personalidade física. Essa ofensa é ilícita, não obstante o nível sonoro do ruído produzido pelo sistema de ar condicionado ser inferior ao limite permitido de dez decibéis" (p. 215)

O *ruído médio* apurado foi de 4,8 decibéis, não ultrapassando em *carga máxima* 5,7 decibéis (p. 214) quando o limite máximo então regulamentarmente fixado era de 10 decibéis.

Em nossa modesta opinião, parecia evidente que, sem ter sido apurado (o acórdão é inteiramente omisso a esse respeito) se o *ruído* compreendia o *período noturno,* não podia concluir-se que perturbava o *repouso* e *descanso*: dorme-se de noite; não, de dia.

O aresto ainda ponderou – e bem – que havia que confrontar o direito do banco que se encontrava em circunstâncias regulamentares com o direito à saúde e ao repouso mas, salvo o devido respeito, fê-lo em termos muito pouco rigorosos.

É apodítica a superioridade deste direito ao de procurar um aperfeiçoamento climático para o respetivo ambiente de trabalho, aliás, também em tutela da saúde e conforto próprios – mas o que tem de se respeitar, numa *colisão de direitos*, é a máxima conciliação do conflito, e não, como prontamente se fez, o sacrifício de um em favor do outro.

O lesado, se tinha uma sensibilidade superior à regulamentarmente admitida, tinha um dever: o de tentar insonorizar a sua janela – e não o fez.

Não pode, como por vezes tem sido julgado, atender-se à sensibilidade do lesado, preterindo *à la légère* a do *homem médio*, sem se apurar se a sua específica *sensibilidade* será *razoável*, sob pena de se tutelar o *direito ao repouso* contra o simples zumbido de uma mosca.

Já profissionalmente nos confrontámos com o caso de um *inquilino* que, pretendendo a rutura imediata do contrato perante o *senhorio*, se queixava de que não conseguia dormir por causa do *ruído* da remoção noturna, pela Câmara Municipal, dos contentores de resíduos domésticos, a qual, aliás, fazia-se em condições regulamentares, e foi apurado que não demorava mais de dez minutos, entre as 23,50 e as 0 horas; em virtude do ruído de um anúncio luminoso de prédio fronteiro, a ligar e a desligar automaticamente – e, por sobre tudo isto, ainda havia, contemporaneamente à remoção camarária dos resíduos e a prolongar-se pelo resto da noite, o insuportável ressonar do vizinho do lado, cujo sono passava, incólume, sobre as sonoridades que, a si, lhe interrompiam o repouso.

Incomodado, o *senhorio,* acabou por não lhe resistir, *e* concedeu-lhe a imediata *denúncia* do contrato – mas parece de acentuar que não devem os nossos tribunais levar a tutela dos *direitos da personalidade* ao ponto de sacrificarem as normas regulamentares administrativas, sobretudo a *hipersensibilidades caprichosas* e alheias ao correspondente dever de colaboração com obras de *insonorização.*

Sobre este ponto e independentemente das aplicações concretas que fizeram e que já exorbitam do estrito plano do arrendatício, afiguram-se-nos seguramente razoáveis as seguintes proposições jurisprudenciais.

– 1 – A produção ou emissão de ruído, seus efeitos lesivos para o homem e a sociedade e a tutela dos direitos e interesses envolvidos pode ser encarada por três óticas

– a do direito do ambiente, enquanto causa de poluição (arts. 21 e 22 da LBA);
– a do direito de propriedade, no domínio das relações de vizinhança (art. 1346, do Cód. Civil);
– a dos direitos de personalidade, enquanto possível ofensa à personalidade física ou moral de alguém (art. 25 da C. República e art. 70 do Cód. Civil).

2 – O direito ao repouso, à tranquilidade e ao sono são aspetos do direito à integridade pessoal, que faz parte do elenco dos direitos fundamentais.

3 – A ilicitude de um comportamento ruidoso, que prejudique o repouso, a tranquilidade e o sono de terceiros, está no facto de, injustificadamente e para além dos limites do socialmente tolerável, lesar tais baluartes de integridade pessoal.

4 – A ilicitude, nesta perspetiva, dispensa a aferição do nível do ruído por padrões legais estabelecidos.

SUPREMO, 17-01-2002 (Processo nº 01B4140)

– A definição de superioridade de um direito em relação a outro tem de ser feita em concreto apreciando casuisticamente a situação e após ponderação séria dos interesses que se procuram alcançar de modo a atingir uma solução que o princípio da proporcionalidade.

SUPREMO, 20-09-2005 (*ColSTJ* nº 187, p. 33).

I – Os direitos ao sossego, ao repouso e ao sono traduzem-se em factores que se mostram potenciadores, em grau muito elevado, da recuperação física e psíquica da pessoa, nomeadamente nas situações da vida quotidiana em que a suspensão da atividade laboral, por motivo de férias, tem como principal escopo a prossecução de tais fins, constituindo-se esses direitos como uma emanação do direito à integridade física e moral da pessoa e a um ambiente de vida sadio, direitos esses acolhidos, como direitos de personalidade, na DUDH (art. 24º), encontrando-se constitucionalmente consagrados, como direitos fundamentais, nos arts. 16e 66 da CRP, e sendo objeto de proteção na lei ordinária no âmbito do preceituado no art. 70º do CC, nos arts. 2º e 22 da Lei nº 11/87, de 07-04 (LBA) e do DL nº 292/2000, de 14-11 (Regulamento Geral do Ruído), atualmente substituído pelo DL nº 9/2007, de 17-01.

II – A atividade musical desenvolvida no estabelecimento do qual o réu era proprietário, e ao qual pertencia a respetiva exploração, não pode deixar de ser considerada como um facto diretamente dependente da sua vontade, já que, nada em contrário vindo provado por parte do mesmo (art. 342, nº 2, do CC), aquela atividade lúdica era direta e inquestionavelmente por si controlável, nomeadamente numa zona de lazer e de elevada projeção turística.

III – Provada a impossibilidade de adormecer, por parte do autor, enquanto decorria a atuação de uma banda musical, bem como o estado psíquico de irritação e nervosismo de que foi portador durante o Verão de 2004, em consequência do ruído e da impossibilidade de conseguir um sono retemperador, constituem-se como danos de natureza não patrimonial que, pela sua gravidade, se não configuram como simples incómodos, atendendo a que tais situações se mostram suscetíveis de enquadramento no âmbito da violação do direito à saúde, devendo, consequentemente, esses danos ser objeto de ressarcimento pela via indemnizatória, atendendo-se, no respetivo cálculo, ao critério da equidade – art. 496, n.os 1 e 3, do CC.

IV – Embora tenha sido considerado provado, pela Relação, que a música e as vozes audíveis no interior da residência do autor provinham de diversas bandas que realizavam espetáculos de "música ao vivo" nos bares da zona onde aquela se localizava, bandas essas entre as quais se englobava a que atuava no bar do réu, tal circunstância não se constitui como fator dirimente da responsabilidade indemnizatória deste.

V – Se a obrigação a cargo do agente se traduz num comportamento negativo por parte do mesmo, de natureza continuada, o autor tem direito, igualmente, a peticionar a condenação do réu numa sanção pecuniária compulsória, por cada dia de incumprimento da não produção de som musical no seu estabelecimento, que perturbe o direito de personalidade daquele.

SUPREMO, 17-04-2012 (Processo nº 1529/04.7TBABF.E1.S1)

b – Quanto aos *animais de companhia*, independentemente do referido no Decreto-Lei nº 313/2003, de 17 de dezembro, que, como se disse, instituiu um *Sistema de Identificação* *de Canídeos e Felinos*, importará atentar, principalmente, no regulado no Decreto-Lei nº 315/2009, de 29 de outubro, (regulamentado pela Portaria nº 422/2004, de 24 de abril, que, como também se referiu, continua em vigor), o qual estabelece normas aplicáveis à *detenção de animais perigosos e potencialmente perigosos enquanto animais de companhia* – e, bem assim, no Decreto-Lei nº 314/2003, de 17 de dezembro (regulamentado pela Portaria nº 421/2004, de 24 de abril), que aprovou o *Programa Nacional de Luta e Vigilância Epidemiológica da Raiva Animal e Outras Zoonoses*, e regulou ainda o *alojamento de cães e gatos em prédios urbanos*.

c – No tocante ao conceito de *animal perigoso*, a delimitação legal é esta: é-o qualquer animal que se encontre numa das seguintes situações:

a) "Tenha mordido, atacado ou ofendido o corpo ou a saúde de uma pessoa";

b) "Tenha ferido gravemente ou morto um outro animal fora da esfera de bens imóveis que constituem a propriedade do detentor";

c) "Tenha sido declarado, voluntariamente, pelo seu detentor, à junta de freguesia da sua área de residência, que tem um carácter e comportamento agressivos";

d) "Tenha sido considerado pela autoridade competente como um risco para a segurança de pessoas ou animais, devido ao seu comportamento agressivo ou especificidade fisiológica" (al. *b)* do art. 3º do Decreto-Lei nº 315/2009).

Por outro lado, *potencialmente perigoso* é qualquer animal que, "*devido às características da espécie, ao comportamento agressivo, ao tamanho ou potência de mandíbula, possa causar lesão ou morte a pessoas ou outros animais, nomeadamente os cães pertencentes às raças previamente definidas como potencialmente perigosas em portaria do membro do Governo responsável pela área da agricultura, bem como os cruzamentos de primeira geração destas, os cruzamentos destas entre si ou cruzamentos com outras raças, obtendo assim uma tipologia semelhante a algumas das raças referidas naquele diploma regulamentar*" (al. *c)* do art. 3º).

À data em que escrevemos, as *raças de cães potencialmente perigosos* são as enunciadas na Portaria nº 422/2004, de 24 de abril, onde se enumeram as seguintes:

I) Cão de fila brasileiro;

II) *Dogue* argentine;

III) *Pit bull terrier*;

IV) *Rottweiller*;

V) *Staffordshire terrier* Americano;

VI) *Staffordshire terrier bull terrier*;

VII) *Tosa inu*.

A detenção, como *animais de companhia*, de *cães perigosos ou potencialmente perigosos* carece de licença emitida pela *junta de freguesia* da área de residência do detentor (art.

5º-1 do decreto) e o mesmo se impõe para outros animais, que não cães, perigosos ou potencialmente perigosos (art. 6º-1 do decreto).

d – Quanto aos *animais de companhia não perigosos nem potencialmente perigosos*, estabelece-se no art. 3º do referido Decreto-Lei nº 314/2003:

> 1 – *O alojamento de cães e gatos em prédios urbanos, rústicos ou mistos, fica sempre condicionado à existência de boas condições do mesmo e ausência de riscos higio-sanitários relativamente à conspurcação ambiental e doenças transmissíveis ao homem.*
>
> 2 – *Nos prédios urbanos podem ser alojados até três cães ou quatro gatos adultos por cada fogo, não podendo no total ser excedido o número de quatro animais, exceto se, a pedido do detentor, e mediante parecer vinculativo do médico veterinário municipal e do delegado de saúde, for autorizado alojamento até ao máximo de seis animais adultos, desde que se verifiquem todos os requisitos higio-sanitários e de bem-estar animal legalmente exigidos.*
>
> 3 – *No caso de frações autónomas em regime de propriedade horizontal, o regulamento do condomínio pode estabelecer um limite de animais inferior ao previsto no número anterior*
>
> 4 – *Nos prédios rústicos ou mistos podem ser alojados até seis animais adultos, podendo tal número ser excedido se a dimensão do terreno o permitir e desde que as condições de alojamento obedeçam aos requisitos estabelecidos no nº 1.*
>
> 5 – *Em caso de não cumprimento do disposto nos números anteriores, as câmaras municipais, após vistoria conjunta do delegado de saúde e do médico veterinário municipal, notificam o detentor para retirar os animais para o canil ou gatil municipal no prazo estabelecido por aquelas entidades, caso o detentor não opte por outro destino que reúna as condições estabelecidas pelo presente diploma.*
>
> 6 – *No caso de criação de obstáculos ou impedimentos à remoção de animais que se encontrem em desrespeito ao previsto no presente artigo, o presidente da câmara municipal pode solicitar a emissão de mandado judicial que lhe permita aceder ao local onde estes se encontram e à sua remoção.*

D – A regulamentação de que acaba de se deixar nota insere-se, como referimos, no âmbito da *disciplina administrativa*, mas – convém acrescentar agora – porque relacionada com o dever de *boa vizinhança* arrendatícia, terá necessariamente a ver, também, com o *fundamento de resolução* do *contrato de arrendamento*.

Se um dos *arrendatários* ultrapassa o número regulamentar de animais legalmente autorizados, tanto bastará para o *senhorio* poder resolver o contrato à luz da al. *a)* do art. 1083-2 CC.

Se não o ultrapassa, mas algum dos seus animais é grave e reiteradamente *incómodo*, constitui-se o *fundamento de resolução*.

Não virá a despropósito lembrar o velho caso dos galos de Santarém, que foram objeto de um pleito que se tornou célebre nos anos 60 do século passado, dirimido ainda à luz do Código de Seabra, uniformemente das instâncias ao Supremo, que rematou a questão assim:

I – Na falta de disposição legal que proíba aos habitantes de uma localidade o possuírem aves domésticas nos quintais das suas residências, o possuí-las nessas condições está dentro do poder de gozo da coisa que a lei (art. 2170 CC de 1867) confere ao respetivo proprietário ou arrendatário. II – Os ruídos normalmente provocados pelo cantar ou cacarejar dessas aves não podem considerar-se lesivos do direito à integridade física dos moradores das casas vizinhas, mesmo quando estes sejam doentes do foro oftalmológico, internados numa clínica da especialidade por virtude de intervenções cirúrgicas a que tenham sido submetidos, e carecidos de condições de tranquilidade e de repouso – SUPREMO, 06-05-69 (*Rev.Leg.Jurs.*, 103º, p. 371).

O aresto foi tirado por maioria, com dois votos de vencido do mesmo teor, manifestamente demagógico: *entre o prejuízo da saúde dos doentes e a utilidade de possuir no quintal uns galináceos que esses doentes perturbam, fui pelos doentes.*

Vaz Serra comentou desfavoravelmente a tese que fez vencimento com base em o direito à saúde e ao repouso essencial à existência física serem direitos da personalidade mais importantes em confronto com o de manter animais incómodos (*Rev. cit.*, p. 374).

A lição que retiramos deste caso é que não se pode, como vimos há pouco e a jurisprudência já tem corretamente distinguido, resolver a questão pelo simples confronto abstrato entre o *direito à saúde* e o *direito de propriedade.*

Os críticos – e os próprios juízes vencidos – esqueceram dois pontos concretos essenciais, resolvendo a questão pelo simples enunciado de princípios gerais e abstratos.

Primeiro ponto. Quando a clínica, se instalou, já "todos ou quase todos os vizinhos possuíam galináceos" (*Rev.cit.*, p. 371) – e, portanto a situação dita incómoda tinha a seu favor a *prioridade, e nem se resumia ao caso isolado dos galos invocados em juízo.*

Se a clínica foi licenciada perante esta situação limitativa e o titular aceitou instalá-la nessas circunstâncias, incorre em *venire contra factum proprium* se depois se voltar contra os vizinhos opondo-lhes uma incomodidade que já existia e tinha a obrigação de conhecer.

Segundo ponto. A situação concreta durou quinze anos sem qualquer queixa – o que, quanto a nós, comprova que a *incomodidade* não era *intolerável* ou, ao menos, *considerável* ou *importante*, mas apenas um pretexto para se dar largas a um desentendimento entretanto ocorrido entre os contendores.

É evidente – e nem a tese vencedora foi contra isso – que, *em termos absolutos* e *a priori*, entre o prazer idílico da companhia dos galináceos e a saúde dos doentes, esta é prevalecente, mas hoje em dia, a doutrina e a jurisprudência estão mais evoluídas.

Com razão, sustenta Gomes Canotilho ser incorreto juridicamente proclamar, *a priori* e em abstrato, que "pesa", "vale mais" ou é "mais forte" o ambiente "do que o direito de propriedade ou o direito de iniciativa económica privada"[428].

Concretamente, porém, em nosso parecer, não era isso que estava afinal aqui em causa.

E – Em suma, as *normas do regulamento de condomínio* reportam-se aos prédios constituídos em *propriedade horizontal.*

Semelhantes violações inserir-se-iam, mais propriamente, na *relação de condomínio* (em cujo âmbito se dirimiria o respetivo contencioso) do que na de *proprietário-arrendatário* da fração arrendada em que não cumpra o *arrendatário* o *regulamento.*

Parece que se quis, com a al. *a)* do art. 1083-2 CC, chamar à colação o *senhorio* para ele, através da *resolução do contrato,* pôr termo às violações do seu *arrendatário.*

O exemplo de um caso destes, oferecido durante os trabalhos preparatórios, foi o relativo a *animais de companhia*[429].

As infrações de tais regras, perpetradas pelo próprio *condómino,* como habitante da sua fração, naturalmente, hão de resolver-se, em contencioso da *propriedade horizontal,* mas podem igualmente ser suscitadas pelo *senhorio,* como *fundamento de resolução* da al. *a)* do art. 1083-2 CC, no caso de a fração ocupada pelo infrator estar a ser utilizada a título de *arrendamento.*

O caso seguinte foi julgado em contencioso de *propriedade horizontal,* porque se tratava de *infrator condómino,* mas podia igualmente qualificar-se como *fundamento de resolução* pelo *senhorio* se, em vez de *condómino,* fosse *arrendatário de um condómino.*

> – I – É legalmente possível que o regulamento ou Estatuto de Condomínio proíba a detenção de animais na parte comum ou própria, sobretudo se atentarem contra o repouso, saúde e tranquilidade dos condóminos. II – O administrador do condomínio tem legitimidade para mover ação contra o condómino pedindo que este seja obrigado a retirar o animal.
>
> Relação do Porto, 10-02-2004
>
> m://www.dgsi.pt/jtrp.nsf/0/12907d70eda9a52b80256e4500351247?OpenDocument)

VI – **Utilização contrária à lei, aos bons costumes ou à ordem pública.** O preceito atual é, com efeito, homólogo do anteriormente descrito como o facto de o *arrendatário*

[428] Joaquim Gomes Canotilho, *Proteção do Ambiente e Direito de Propriedade,* Coimbra Editora, 1995, p. 90.

[429] António Pinto Monteiro/Paulo Videira Henriques, *A cessação do contrato no Regime dos Novos Arrendamentos Urbanos* (o direito, 136º, 2004, II-III, p. 293).

"aplicar o prédio, reiterada ou habitualmente, a práticas ilícitas, imorais ou desonestas" (primitivo art. 1093-1, al. *c*), CC e art. 64-1, al. *c*), RAU).

Agora, prefere-se pôr o acento tónico na utilização *contrária à lei*, aos *bons costumes* ou à *ordem pública*.

Analogamente ao que já antes se sustentava geralmente na jurisprudência e na doutrina, tais atentados não têm de se cumular; basta que sejam só ou *ilegais*, ou *contrários aos bons costumes*, ou à *ordem pública*, para que este tipo de *causa de resolução* se tenha por preenchido[430].

Também não sofrerá dúvida, segundo cremos, que tais violações já não tenham de ser *continuadas* ou *reiteradas* como ainda no RAU se impunha: basta que, como se declara no começo deste nº 2 se proclama, que "pela sua gravidade e consequências" seja de molde a não dever exigir-se a continuação do arrendamento[431].

A questão maior que continua a suscitar-se é, porém, a de desvendar o preciso alcance de cada um dos conceitos caracterizadores deste exemplo de *causa de resolução*: a *contrariedade à lei*, por um lado, aos *bons costumes*, por outro, e à *ordem pública*, por fim.

Tentemos contudo, aprofundando o tema, determinar estas noções com o rigor possível.

A – A *contrariedade à lei*, com interesse para a nossa análise, poderá ser entendida numa de três perspetivas fundamentais: a *ilicitude penal*, a *ilicitude de contraordenação* e a *ilicitude civil*.

a – Sem desenvolver estes pontos e servindo-nos tão-somente de noções conclusivas, o *Direito Penal* – podemos dizê-lo – aproveita a ideia de *ilicitude*, também por vezes dita *antijuridicidade*, para integrar o conceito de *crime* que é, assim, um *comportamento* (ação ou omissão) intrinsecamente ilícito[432].

Como, porém, saber quando será *ilícito* ou *antijurídico* um dado facto, constituindo um crime? O Direito Penal encontrou um expediente muito prático e preciso para responder a esta pergunta, através da *tipicidade*.

É *crime* todo o facto voluntário descrito na lei como tal. Precisamente assim, era ele definido no art. 1º do Código Penal de 1886: *"Crime ou delito é o facto voluntário declarado punível na lei penal"*– e não é diferente o sentido da formulação mais pesada e angulosa

[430] Cf., para o Direito anterior, Relação do Porto, 22-10-1985 (*Colectânea*, X-4, p. 250) e, na doutrina, ANTÓNIO PAIS DE SOUSA, *Extinção do arrendamento urbano*, Almedina, Coimbra, 1985, p. 142; MÁRIO FROTA, *Arrendamento Urbano*, Coimbra Editora, 1987, p. 249.

[431] Neste sentido: JANUÁRIO DA COSTA GOMES/CLÁUDIA MADALENO, *Leis do Arrendamento Urbano Anotadas* (Coord. de ANTÓNIO MENEZES CORDEIRO), Almedina, 2014, p. 237,55.

[432] Como se diz, na feliz expressão de ARTURO ROCCO, hoje clássica, a *ilicitude* é "a própria essência, a natureza intrínseca, *o em si* do crime" (*L'oggetto del reato*, 1913, p. 475).

do Código de 1995, acentuando a *tipicidade da ilicitude*, "*Só pode ser punido o facto descrito e declarado passível de pena por lei anterior ao momento da sua prática*" (art. 1º-1).

Que levará o legislador a descrever um dado facto como passível de pena?

A resposta tem que ver com a função assinalável ao Direito Penal, e que, segundo a conceção que se nos apresenta como a mais perfeitamente elaborada, se destinará a assegurar as condições fundamentais da vida coletiva e, assim, a promover o aperfeiçoamento da vida em sociedade[433].

Sempre que determinado facto é de natureza tal que atente contra estes valores ou os ponha em perigo, será então tipificado na lei, associando-se-lhe a inflição de uma pena.

Naturalmente, este será o *ilícito* mais grave, entre as previsões da al. *b)* do art. 1083-2 CC, e aquele que mais frontalmente deverá levar à *resolução* do contrato de *arrendamento urbano.*

Outro tanto sucederá na hipótese do *arrendatário não habitacional* que é condenado por uma infração contra a economia ou contra a saúde, levada a cabo no prédio arrendado[434].

b – O pendor crescente da intervenção do Estado nos diferentes sectores da vida contemporânea, criando a necessidade de garantir a consistência prática das suas injunções normativas, deu origem a um cruciante dilema entre o excessivo e pernicioso alargamento do âmbito do Direito Penal, para acorrer a essas outras situações, e o deixar pelo contrário os novos ilícitos menores ao cuidado de um autónomo corpo de normas, menos severo na reprovação e mais expedito na reação.

Foi por esta hipótese que enveredou o legislador português, primeiro referindo-o expressamente na Constituição (al. *d)* do art. 168-1 e art. 182-3) e, depois, instituindo e definindo o chamado *ilícito de mera ordenação social* (numa expressão abreviada, a *contraordenação*) com a lei-quadro do seu regime jurídico: o Decreto-Lei nº 433/82, de 27 de outubro.

A *contraordenação* está, como o *crime*, sujeita à regra da *tipicidade*. Na definição legal, ela é assim formada por "*todo o facto ilícito e censurável que preencha um tipo legal no qual se comine uma coima*" (art. 1º do Decreto-Lei nº 433/82).

[433] Francesco Antolisei, *Manuale di dirito penale*, Giuffrè, Milano, 1963, p. 4.

[434] Hipótese curiosa, mas que se não tem posto, é a do devedor incurso no crime de *insolvência dolosa*. Na prática, tem sido corrente a negociação do *trespasse* do *estabelecimento comercial ou industrial* do *insolvente* pela *administração da insolvência*, vindo o *senhorio*, quando a classificação vier a ser proferida, a ser colocado perante o facto consumado da transmissão do *arrendamento*. A *insolvência dolosa* (art. 227 CP) ou *gravemente negligente*, embora *não intencional*, (art. 228 CP), é, todavia, um *ilícito penal* que, por natureza, se reconduz a *práticas reiteradas* com utilização do prédio arrendado, integrando decerto a *facti species* da al. c) do art. 1083-1 CC.
Afigura-se-nos por isso dever admitir-se a oposição que pretenda o *senhorio* deduzir contra a negociação imediata do *trespasse*, na pendência de autos de indiciação de *insolvência criminosa*.

O grau de reprovação ético-jurídica deste *ilícito*, que se denuncia pelo seu carácter *censurável* (art. 1º-2), é naturalmente menos intenso do que aquele que se encontra presente no *crime*.

Será pois, em princípio e salvo porventura os casos menores de *ilícitos mínimos*, perfeitamente admissível o enquadramento de uma *contraordenação* no âmbito da expressão "utilização contrária à lei" da al. c) do art. 1083-1 CC, desde que *reiteradamente* cometida com utilização do espaço arrendado.

Semelhante enquadramento parecer-nos-á particularmente adequado, designadamente no caso de, num *arrendamento não habitacional*, à *contraordenação* concretamente cometida, ter sido aplicada uma *pena acessória* de cassação de licenças ou autorizações relacionadas com o exercício da atividade do *arrendatário* (al. *b)* do art. 6º-1 do Decreto-Lei nº 191/83, de 16 de maio) ou de interdição de exercício da profissão ou atividade (al. *e)* do preceito citado).

c – Com a substituição da taxatividade pelo carácter exemplificativo dos fundamentos típicos, exemplificados na lei, deixou de ter cabimento a dúvida sobre se a *ilicitude civil* estaria também abrangida na fórmula da al. *b)* do art. 1083-2 CC.

Agora, "*qualquer das partes pode resolver o contrato nos termos gerais de direito, com base em incumprimento pela outra parte*" (art. 1083-1 CC).

Ponto é que tal incumprimento, "*pela sua gravidade e consequências, torne inexigível à outra parte a manutenção do arrendamento*" (art. 1083-2 CC).

Parece hoje em dia, pois, seguro que, qualquer utilização do espaço arrendado contrária à *lei civil*, que, pela sua gravidade e consequências, torne inexigível a manutenção do contrato pelo *senhorio*, integrará este segmento da *facti species* legal, e constitui, sem mais, *fundamento de resolução*.

São, quanto a nós, casos preclaros de *utilização contrária à lei*, a que se reporta a al. *b)* deste art. 1083-1, entre outros, o que ofenda a determinação do art. 1093-1, al. *b)*, CC de não se receberem mais de três hóspedes no espaço arrendado para habitação, salvo cláusula em contrário, ou o recebimento pela sublocação autorizada de sub-renda proporcionalmente superior ao que é devido pelo contrato de locação, aumentado de 20%, salvo se outra coisa tiver sido convencionada (art. 1062 CC),

Cremos, no entanto, que persiste como válido o entendimento que, no domínio do Direito anterior, nos foi censurado por ANTUNES VARELA (v. *Rev.Leg.Jurs.*, 122º, p. 157).

O Saudoso Professor, a propósito da pretensão de despejo contra um oculista casado, da Marinha Grande, que na loja arrendada tinha furtivos encontros amorosos, encarava as *práticas ilícitas* então contempladas na alínea *c)* do art. 64-1 RAU (e, no essencial, transportadas para o referido passo da al. *b)* do art. 1083-2 CC), à luz dos *parâmetros* mencionados no art. 483 CC, abrangendo, por conseguinte, a própria violação dos direitos absolutos de raiz familiar, "como é, segundo a melhor doutrina, a infração do dever de fidelidade conjugal".

Insistindo posteriormente na sua ideia segundo a qual a alínea (neste passo reproduzida na lei atual) investia contra o "*dever* (geral) *acessório de boa-fé* (igual a *lisura, retidão, compostura* ou *lealdade*) com que deve ser gozado o prédio alheio", acrescentou que a nossa construção era destituída de fundamento, ainda, porque "a ação cível de despejo nada tem que ver, é evidente, com a ação policial ou criminal contra a prática da prostituição, da corrupção de menores, etc."[435].

Se bem interpretamos, porém, o que quer que se quisesse exprimir com a referência aos "parâmetros" do art. 483 CC, insere-se no quadro da *responsabilidade extracontratual* – e não se vê, portanto, a que título seria ela chamada à colação, para definir um dado facto como *incumprimento contratual* e fundamento de *resolução do contrato,* pois era disso que se tratava então, como se trata agora.

Não temos nada a opor a que, nos termos do aludido preceito do Código Civil, seja a *infidelidade conjugal* passível de *responsabilidade civil* perante o *cônjuge* lesado e até fundamento de *divórcio.*

Recusamos é que semelhante *responsabilidade civil* corresponda a uma infração *do contrato de arrendamento* (porque, na verdade, se alguma relação contratual apresenta, é, antes, com o *contrato* (?)[436] *de casamento*), não com o *contrato de arrendamento.*

Seria forçado, parece-nos, querer ver no aproveitamento furtivo do arrendatário, por exemplo, uma aplicação do espaço arrendado a *fim diverso do convencionado.*

B – A segunda espécie referida na al. *b)* deste art. 1083-2 CC é a utilização do espaço arrendado contrária aos *bons costumes.*

Aqui, foi substituída a noção de *imoralidade* e *desonestidade,* de que se servia a fórmula anterior e que correspondia à fraseologia típica dos tempos do Estado Novo, pelas de contrariedade aos *bons costumes* ou à *ordem pública,* mais consentâneas com o discurso dos tempos que correm.

E é, quanto a nós, a tradução em letra de lei do pensamento de Menezes Cordeiro[437].

Parece-nos pois indispensável adaptar o texto legal à conceptualística do Ilustre Professor.

Nesta base, será atentatória dos *bons costumes* a utilização que viole regras de *comportamento familiar e sexual* ou *códigos deontológicos profissionais.*

[435] Pires de Lima/Antunes Varela, *Código Civil Anotado,* Coimbra Editora, II (4ª ed. rev. e act.), 1997, pp. 600-601.

[436] Sobre o ponto, v. Francisco Pereira Coelho/Guilherme de Oliveira (com a colaboração de Rui Moura Ramos), *Curso de Direito da Família,* I, 3ª ed., Coimbra Editora, 2003, pp. 243--246.

[437] Cf., ultimamente, *Manual de Direito das Sociedades,* I, 2ª ed., Almedina, Coimbra, 2007, pp. 726-727.

Todas as regras? Cremos que só relevam aquelas que, pela sua gravidade e consequências, tornem inexigível a manutenção do arrendamento pelo *senhorio.*

Assim, embora no plano familiar seja decerto contrária aos *bons costumes*, a utilização do oculista da Marinha Grande há pouco referida, nem mesmo a esta luz deverá considerar-se como *fundamento de resolução* pelo *senhorio*, pois situou-se na esfera de intimidade do *arrendatário*, parecendo exagerado considerar-se como um facto que torne inexigível ao *senhorio* a manutenção do arrendamento.

Também por outro lado, mas no mesmo rumo, não parece fundamento de *resolução do contrato de arrendamento*, a circunstância de o *arrendatário*, sendo casado, viver notória mas pacatamente em mancebia com pessoa também casada, no espaço arrendado, ao invés do que em tempos chegou a julgar-se[438].

Ao invés, a aplicação do espaço arrendado à prática da *prostituição* é sem dúvida fundamento de resolução em sintonia, aliás com a jurisprudência que sobre este ponto decretou, sob o domínio do Direito anterior, a *resolução* do *arrendamento urbano* com base na utilização *reiterada* ou *habitual* do prédio para semelhante prática[439].

No tocante às *infrações à deontologia* profissional, o ponto não tem sido debatido, entre nós, mas parece-nos seguro que as punições por faltas deontológicas graves do *arrendatário*, cometidas no prédio, devem considerar-se suscetíveis de integração do fundamento de *resolução* em apreço.

Assim, a *parteira abortadeira*, condenada como tal, ou o *advogado* irradiado da *Ordem* por atentado à deontologia, poderão ser despejados pelo *senhorio* do espaço arrendado onde os factos tiveram a sua sede.

C – A terceira e última espécie referida na al. *b)* do art. 1083-2 CC é a utilização contrária à *ordem pública*.

[438] Relação de Lisboa, 10-2-1956 (*Jurs.Rels.*, 2º-1, p. 75).
Na mesma corrente: – As relações sexuais extramatrimoniais reiteradas da mulher do arrendatário, além de ilícitas perante o direito civil e criminal também são de considerar imorais e desonestas segundo o juízo dominante em todas as camadas sociais da comunidade nacional, pelo que integram a hipótese prevista pela al. c) do nº 1 do art. 1093 CC – Relação do Porto, 15-5-1974 (*BMJ* nº 237, p. 303). Ainda na mesma linha: Relação de Lisboa, 11-2-1976 (*BMJ* nº 256, p. 165).
No correto sentido: Relação de Lisboa, 18-12-1969 (*Jurs.Rels.*, 10º-V, p. 908); Relação de Lisboa. 10-11-1971 (*BMJ* nº 211, p. 321); Relação do Porto, 22-10-1985 (*Colectânea*, X-4, p. 251); Relação de Coimbra, 9-5-1989 (*Rev.Leg.Jurs.* 122º, p. 121 – com anotação discordante de Antunes Varela, que não acompanhamos: cf. o que referimos no texto).
[439] SUPREMO, 1-10-1971 (*BMJ* nº 210, p. 110); Relação do Porto, 22-10-1985 (*Colectânea*, X-4, p. 250); Relação de Évora, 21-2-1991 (*Colectânea*, XVI-I, p. 303); Relação de Lisboa, 9-5-1991 (*Colectânea*, XVI-III, p. 134).

No plano dogmático, a *ordem pública* constitui *uma limitação à autonomia privada, resultante de princípios não formulados expressamente na ordem positiva, mas ínsitos no sistema e que dele se induzem pela interpretação ou, mais latamente, a construir pela ciência jurídica*[440].

Os seus contornos, perante os *bons costumes* não podem dizer-se perfeitamente definidos, variando entre os autores a inclusão de alguns aspetos de fronteira ora num ora noutro destes institutos.

Atendo-nos ao pensamento do inspirador deste passo da nossa lei, parece inserir-se na contrariedade à *ordem pública* o caso, até aqui com alguma frequência nos tribunais, da aplicação do espaço arrendado à *prática de jogo de azar*, suscitando o problema da sua qualificação.

A tal respeito, a jurisprudência tem adotado, por vezes, uma posição permissiva, restringindo a *resolução* do arrendamento aos *casos de jogo de azar* naquela aceção apertada do termo que, com os olhos postos nas concessões a casinos, é legalmente definida apenas por aqueles cujos resultados são *exclusivamente dependentes da sorte*.

Pensamos que não será a melhor solução, pois a *ordem pública* não requererá que rigorosamente se trate dos mais refinados *jogos de azar*, abarcando unicamente os *jogos de casino*, mas de todos aqueles que contrariem os princípios imanentes ao sistema, os quais não poderão deixar de compreender outros jogos a dinheiro, com paradas altas, onde o resultado é ainda em grande parte dominado pelo acaso, como o *pocker*, o *burro americano*, o *bluff*, a *buraca*, o *jogo do bicho* e semelhantes.

VII – **Uso do espaço arrendado para fim diverso daquele a que se destina.** O fundamento de *resolução* exemplificado na al. *c)* do art. 1093-2 CC corresponde à direta contrariedade à obrigação expressamente imposta ao *locatário*, em geral, na al. *c)* do art. 1038 CC, de não aplicar a coisa locada a "*fim diverso daqueles a que ela se destina*".

Também em qualquer *arrendamento*, o fim a que se destina o espaço arrendado poderá ser expresso no *contrato*, mais ou menos claramente, mais ou menos especificadamente, ou determinar-se por aplicação supletiva da lei.

A – Como se declara no art. 1027 CC, "*se do contrato e respetivas circunstâncias não resultar o fim a que a coisa locada se destina, é permitido ao locatário aplicá-la a quaisquer fins lícitos, dentro da função normal das coisas de igual natureza*".

Tratando-se, porém, de *prédio urbano* e não resultando do contrato a que *fim* se destinará o seu gozo, determina-se no nº 2 do novo art. 1067 CC que poderá o espaço arrendado "*ser gozado no âmbito das suas aptidões, tal como resulta da sua licença de utilização*".

[440] MENEZES CORDEIRO identifica-a assim: "o sistema não inclui apenas normas a retirar das fontes pela interpretação: ele abrange, antes, também princípios, a construir pela Ciência Jurídica" – *Tratado de Direito Civil Português*, I, Parte Geral, tomo I, Almedina, Coimbra, 2000, p. 507.

No que nos parece uma fórmula redonda, o nº 3 do mesmo artigo determina ainda: *"Na falta de licença de utilização, o arrendamento vale como habitacional se o local for habitável ou como não habitacional se o não for, salvo se outro destino lhe tiver vindo a ser dado"*.

Dirige-se a *arrendamentos* antigos, celebrados sem *licença de utilização*, e que subsistem nos termos em que foram constituídos.

Para o futuro, "*o arrendamento urbano só pode recair sobre locais cuja aptidão para o fim do contrato seja atestada pelas entidades competentes designadamente através de licença de utilização, quando exigível*" (novo art. 1070-1 CC)

B – Normalmente, porém, os *contratos de arrendamento* não são omissos quanto ao *fim* a que deve ser aplicado o espaço arrendado, utilizando-se geralmente fórmulas empíricas que podem exprimi-lo e soberanamente delimitar pela simples referência a um *genus* socialmente típico (habitação, comércio, exercício de *profissão liberal*) – haverá neste caso violação unicamente se se passar de um *genus* para outro – ou, pelo contrário, referindo-se uma *species* (exercício da profissão de advogado, de arquiteto... comércio de perfumaria, de peles, de ourivesaria, para casa de café, para venda de móveis, para venda de artigos elétricos e seus congéneres, para exploração de negócio de abertura de taberna, para comércio de mercearia e salsicharia ...)[441], havendo agora infração, *se mudar a espécie*.

É claro que, antes de mais, o apuramento da destinação contratual do espaço arrendado será função da *interpretação do negócio jurídico*, a que deverá naturalmente proceder-se, não apenas através do seu elemento *literal*, mas de acordo com o cânone da totalidade hermenêutica[442] e tendo em atenção as regras postas nos arts. 236 a 239 CC, que assim a convertem numa *questão de direito*.

C – Integrando-se a destinação do prédio ou fração fixada no contrato na regulamentação de interesses estipulados pelas partes, a simples *mudança do fim*, sem mais, *infringe* a *vinculação negocial* a que *ficou adstrito o arrendatário*, não relevando, portanto, nem que seja o novo fim mais *adequado* às qualidades concretas do prédio[443] nem que não tenha resultado daí qualquer prejuízo, antes vantagens, para o *senhorio*[444].

[441] TABET, *La locazione-conduzione*, (*Trattato di diritto civile e commerciale*, de ANTÓNIO CICU/FRANCESCO MESSINEO), Giuffrè – Milano, 1972, p. 463.

[442] MIRABELLI, *La locazione* (Tratado de VASSALLI), UTET-Torino, 1972, p. 512.

[443] MIRABELLI, *La locazione* (Tratado de VASSALLI), UTET-Torino, 1972, p. 514.

[444] MIRABELLI, *La locazione* (Tratado de VASSALLI), UTET-Torino, 1972, p. 514; MICCIO, *La locazione*, 2ª ed., rev., UTET, Torino, 1980, pp. 145-146; V.G.LOBO XAVIER, *Contrato de arrendamento; interpretação; aplicação do prédio a ramo de negócio diverso do convencionado e teoria do acessório* (*Rev.Leg.Jurs.* 116º, pp. 179-180); JOÃO BAPTISTA MACHADO, *Resolução do Contrato de Arrendamento Comercial – Uso do prédio para ramo de negócio diferente* (*Colectânea*, IX-2, pp. 16-18). Ainda no mesmo sentido: MANUEL HENRIQUE MESQUITA (*Rev.Leg.Jurs.* 126º, p. 281).

Sempre se considerou assim, tradicionalmente, e este entendimento não é minimamente afetado pela exigência da nova formulação arrendatícia do CC de o incumprimento só relevar quando se torne inexigível à outra parte a manutenção do *arrendamento*: se o fim foi designado especificamente, claro que se torna inexigível, *ipso facto*, a manutenção do *arrendamento*, se ele for mudado em infração do contratado.

D – Embora a expressão formal da lei ("uso... para fim diverso") possa sugerir a ideia de *substituição*, não é essencial que esta se configure, verificando-se o fundamento de *resolução*, igualmente, quando ao *fim* se *aditar outro*, diverso dele.

Neste caso, foi em tempos considerado, à sombra do preceito homólogo anterior, que não poderá o *senhorio* resolver o contrato, se o *fim aditado* tiver ligação ou conexão com o consentido, e for meramente *acessório* dele: *accessorium sequitur principale*[445].

O desenvolvimento da destinação estabelecida no contrato a *ramos de negócio* ou *fins conexos* (*preterdestinação*) *excede-a*, alterando o equilíbrio da regulamentação de interesses que se convencionou, constituindo efetiva *infração contratual*, além de que a natureza *acessória* em relação ao *fim principal* pode nem ser inócua, mas gravemente prejudicial, como quando se alargue a *atividade perigosa para o prédio*, ou que venha a ser *concorrencial* de atividades prosseguidas pelo próprio *senhorio*[446].

Em qualquer caso é, pois, sempre de rechaçar a aplicação da *teoria do acessório* a este fundamento, justificando-se a *resolução* do contrato, mesmo quando o *fim diverso* é meramente *subsidiário e acessório* do principalmente exercido, que é o único legítimo[447] – assim como não releva que só uma parte do espaço arrendado utilize o *fim diverso*.

[445] *Rev.Trib.*, 50º, p. 130; *Rev.Leg.Jurs.* 64º, p. 406 e 79, p. 311; Isidro Matos, *Arrendamento e aluguer*, Atlântida Editora, Coimbra, 1968, pp. 108-110; João de Matos, *Manual do arrendamento e do aluguer*, II, Livraria Fernando Machado, Porto, 1968, p. 205.
A jurisprudência também, por vezes, se tem feito eco deste entendimento, conquanto o tenha recusado em outras ocasiões. Exemplo recente do primeiro – não recomendável, em nossa opinião:
– Dado de arrendamento um prédio destinado ao exercício da indústria de alfaiataria e comércio derivado desta, e tendo-se passado a exercer no locado, além daquela, também como estabelecimento de pronto-a-vestir, destinado à venda de artigos de vestuário confecionados e fabricados por terceiros fora do estabelecimento, esta última atividade é um complemento da primeira e por isso deve considerar-se implicitamente autorizada, não constituindo fundamento de resolução do contrato – Relação do Porto, 19-3-1998 (*Colectânea*, XXIII-II, p. 211).

[446] Veja-se sobre este tema e neste mesmo sentido, V. G. Lobo Xavier, *Contrato de arrendamento; interpretação; aplicação do prédio a ramo de negócio diverso do convencionado e teoria do acessório* (*Rev. Leg.Jurs.* 116º, pp. 117 ss., *signanter*, pp. 156 ss).

[447] Também neste sentido: Rodrigues Bastos, *Dos contratos em especial*, Almedina, Coimbra, 1974, II, p. 156. Pais de Sousa que, na 1ª ed., parecia integrar-se nesta orientação, esclareceu depois o seu pensamento afirmando que, "se o locatário continua a explorar a título principal o ramo de negócio convencionado, exercendo apenas acessoriamente uma nova atividade, não

E – Questão distinta será, todavia, a de ser de *escassa importância* a dimensão do *fim diverso*, que se traduza numa diversificação *insignificante* e *negligenciável* do destino legítimo.

Segundo o Direito geral, o credor não poderá *resolver* o *negócio jurídico*, "*se o não cumprimento parcial, atendendo ao seu interesse, tiver escassa importância*" (art. 802-2 CC) – e não se vê razão plausível para excluir o *arrendamento urbano* de semelhante princípio[448].

O que importa é que não sirva isto para, na prática, se fazerem entrar pela janela comportamentos do *arrendatário* a que a lei fechou a porta.

F – O *fim diverso* não precisa de constituir um *uso pessoal do arrendatário*, para que sirva de fundamento à *resolução*. Basta, como se proclamava na al. *b)* do art. 64-1 RAU, que ele consinta que "*outrem use o prédio para fim ou ramo de negócio diverso*".

Continua a aplicar-se, embora não tenha sido expressamente reproduzido na formulação atual, decerto por se considerar este ponto já incluído na proibição do *uso* para *fim diverso*: é irrelevante que seja diretamente levado a cabo pelo próprio como por outrem com o seu consentimento.

G – Relativamente à diversidade de *fim* que se traduza numa específica *mudança de ramo de negócio*, não havendo uma definição legal do conceito, terá este de ser fixado caso a caso, parecendo imprescindível o recurso à *Classificação Portuguesa de Atividades Económicas* (CAE-Rev. 3).

se estará perante um motivo de resolução do contrato". Sugeriu mesmo que seria esta a lição de V.G. Lobo Xavier (cf. *Extinção do Arrendamento Urbano*, Almedina, Coimbra, 1985, pp. 235-236). Em face do que referimos no texto, a precisão, salvo o devido respeito, não foi feliz e nem sequer parecia exata a atribuição de pensamento idêntico ao Saudoso Professor que, no estudo citado, é muito claro em proclamar a tese de que, "se o arrendatário continua a explorar a *título principal* o ramo de negócio convencionado, apenas *acessoriamente* exercendo uma nova atividade, não se estará perante um motivo de resolução do contrato ... não pode de modo algum aceitar-se nos termos em que costuma ser formulada". "É que o exercício da atividade *acessória* assim definida" – acrescenta ainda – "poderia, de igual modo, lesar os interesses do senhorio" (cf. *estudo cit.*, *Rev. Leg.Jurs.* 116º, pp. 157-158). Registe-se, neste sentido, mais uma importante adesão: a de Antunes Varela (Pires de Lima/Antunes Varela, *Código Civil Anotado*, II (4ª ed. rev. e act.), Coimbra Editora, 1997, nota 3, d), ao art. 64 RAU, p. 600).
Este nos parece o entendimento preferível à luz da legislação atual.

448 *Sic:* V. G. Lobo Xavier, *Contrato de arrendamento; interpretação; aplicação do prédio a ramo de negócio diverso do convencionado e teoria do acessório* (*Rev.Leg.Jurs.* 116º, p. 180).
Perante homólogo preceito do Código Civil italiano, é também aí específico o entendimento a que aderimos: Giuseppe Mirabelli, *La locazione* (Tratado de Vassalli), UTET-Torino, 1972, p. 514; Renato Miccio, *La locazione*, 2ª ed., rev., UTET, 1980, pp. 143-144.

Casos interessantes julgados à luz da formulação anterior da lei:

– Estipulado na escritura de arrendamento que este é dado para "restaurante de 2ª classe", há mudança de fim se se verifica que no local funciona uma "casa de pasto" – Relação de Lisboa, 28-11-1989 (*Colectânea*, XIV-5, p. 123).

Semelhante decisão parece não levantar dúvidas de maior.

Pelo contrário, inaceitável será, quanto a nós, a jurisprudência seguinte:

– A atividade de exposição de produtos (ferragens) e da sua venda em prédio arrendado há várias décadas, com destino a "retém de ferragem", não representa afetação do mesmo a fim diverso do contratado, mas traduz uma conceção mais consentânea aos tempos atuais – Relação de Lisboa, 5-5-1994 (*Colectânea*, XIX-III, p. 87).

Como o acórdão considerou provado, o espaço arrendado, segundo o contrato firmado em 1910, destinava-se a "retém de ferragens".

Com esta finalidade, expressa na escritura respetiva, foi trespassado em 1984, tendo o *trespassário*, em 1986, pedido *autorização* ao *senhorio* para "transformar parte do locado em salão de exposição e venda ao público, autorização essa que não foi concedida".

Foi em infração, pois, da vontade do *senhorio* que passou o *arrendatário* a fazer, do espaço arrendado para *retém de ferragens*, uma *loja* de venda ao público e exposição de mercadorias.

O destino do prédio arrendado é soberanamente fixado pela vontade individual, e a Relação excedeu-se, decerto, admitindo a afetação do *armazém* a um fim diferente do contratado, sobrepondo-se ditatorialmente à vontade expressa do *senhorio*.

Parece óbvia a confusão que fez o acórdão, a pretexto de que tinha de *atualizar* a vontade das partes aos tempos modernos, entre *loja* e *armazém*. O que, porventura, estará hoje fora de uso é a expressão *armazém de retém*, não a mera função de *armazenagem*, que a ela corresponde, que a CAE – Rev. 3 integra na classe 5210, e expressamente então se contemplava no art. 5º-2, al. *e)*, RAU – ou a mera palavra *armazém*.

A interpretação *atualística* da Relação desconheceu a realidade histórica mais elementar, parecendo ter sido traída pela tradução por *armazém* das palavras, francesa *magazin*, e inglesa *store*, que na segunda metade do século XIX passaram a designar *grandes superfícies de comércio integrado* – uma realidade bem distinta da mera *armazenagem*, a que a velha designação *armazém de retém* se referia com precisão e era, evidentemente, aquela para que tinha sido arrendado o espaço em causa.

Na verdade, quando o *arrendamento* foi celebrado, em 1910, já há muito havia em Lisboa e eram célebres os *Armazéns Grandella*, abertos ao público no último quartel do século XIX, e os *Grandes Armazéns do Chiado*, que datam do ano da graça de 1894.

A palavra é a mesma e tem a mesma origem etimológica (do árabe, *al-mahazan*, vulgarmente pronunciada *al-mahazén=almazem*, do português antigo; ou, simplesmente, *mahazan=magazin*, francês e *magazzino* italiano), mas a ela correspondiam já nessa altura dois sentidos perfeitamente diferenciados: o importado da França e de

Inglaterra, correspondente ao de *grandes lojas,* e o de mero *depósito de mercadorias* (ou ainda de *estabelecimento de secos e molhados*) – que era especificamente designado pela expressão *armazém de retém.*

Não parecia legítimo, pois, apelar para a evolução histórica para converter uma finalidade de *depósito de mercadorias* em afetação a lugar de *vendas ao público.* Justamente se tem salientado, aliás, na doutrina estrangeira, que as circunstâncias a que se tem de atender para apurar a destinação do objeto arrendado pelas partes são as "existentes no momento da estipulação contratual, e não outras, que surjam sucessivamente"[449].

Mais jurisprudência sobre este tema, proferida sob o império do art. 64-1 RAU.

– Constando de um contrato de arrendamento que o locado se destina apenas a escritório, é de considerar verificada a causa de resolução inscrita no art. 64, nº 1, al. b) do *Regime do Arrendamento Urbano,* se naquele são ministradas aulas de formação a pessoas em horário pós-laboral – Relação de Lisboa, 19-10-1995 (*BMJ,* nº 450, p. 542).

– I – O contrato de arrendamento só será nulo por contrário à lei se a disposição legal por ele afrontada tiver natureza imperativa, por visar a satisfação de interesses de ordem pública. II – O contrato de arrendamento de fração autónoma para fim diverso do previsto em título constitutivo de propriedade horizontal colide com a proibição estabelecida no artigo 1422, nº 2, al. *c),* do Código Civil, mas esta proibição não prossegue qualquer interesse público, defendendo-se apenas os interesses dos condóminos contra utilizações inesperadas das frações integrantes da propriedade horizontal, que poderiam frustrar as suas expetativas conferidas pelo conteúdo do título. III – Por conseguinte, não tendo a regra do artigo 1422, nº 2, al. *c),* do Código Civil natureza imperativa, tal contrato de arrendamento não é nulo. IV – Todavia, relativamente aos demais condóminos, uma vez que deve ser salvaguardado o seu direito de impedirem que qualquer fração para fim diverso do constante do título constitutivo da propriedade horizontal, não pode o arrendatário opor-lhes o seu direito locatício, pelo que o contrato de arrendamento é ineficaz relativamente a esses condóminos, podendo estes impor-lhes a proibição do uso contrário ao fim dessa fração – Relação de Coimbra, 09-05-2006 (*Colectânea,* nº 191, p. 6).

– A atividade de "café e confeitaria" desenvolvida no arrendado – venda de café, chás, outras bebidas e bolos ou sandes – caracteriza-se como substancialmente diversa da de "restaurante"(confeção e venda de refeições completas no local(), não podendo ser considerada como uma atividade acessória da primeira.

Relação de Lisboa, 10-04-2018 (*Colectânea,* nº 285, p. 114)

[449] MIRABELLI, *La locazione* (Tratado de VASSALLI), UTET-Torino, 1972, p. 301; TABET, *La locazione-conduzione,* (*Trattato di diritto civile e commerciale,* de ANTÓNIO CICU/FRANCESCO MESSINEO), Giuffrè – Milano, 1972, p. 317.

VIII – **Não uso, pelo arrendatário, há mais de um ano.** Com a al. *d)* deste art. 1083-2 CC, a Lei nº6/2006 adotou um exemplo típico que não constava da frustrada *Reforma de 2004*, mas figurava no nosso Direito positivo anterior, em particular, da primitiva formulação do CC e do art. 64-1, als. *h)* e *i)* RAU.

Passou assim a ser exemplo de *fundamento de resolução pelo senhorio* o *não uso* do espaço arrendado pelo *arrendatário, "por mais de um ano, salvo nos casos previstos no nº 2 do artigo 1072"*.

Os casos ressalvados que se encontram previstos neste art. 1072-2 CC são os seguintes, em grande parte já vindos do Direito anterior, e o último da Lei nº 79/2014: *caso de força maior* ou de *doença; ausência por não mais de dois anos devida ao cumprimento de deveres militares ou profissionais* do próprio *arrendatário*, do *cônjuge* ou de quem viva com o *arrendatário em comunhão de facto*; ter sido *mantida a utilização* por quem, tendo o direito de usar o espaço arrendado, o fizesse *há mais de um ano; ausência devida à prestação de apoios continuados a pessoa com deficiência com grau de incapacidade superior a 60%, incluindo a familiares.*

Com este fundamento exemplificativo, a nova formulação reuniu num único tipo, conglobado, os dois tipos de *casos de resolução* que se encontravam dispersos, nas formulações legais anteriores por duas alíneas diferentes, uma prevendo o encerramento por mais de um ano do prédio *arrendado para comércio, indústria* ou *exercício de profissão liberal* (als. *h)* dos arts. 1093-1 CC [primitivo] e 64-1 RAU) e a outra reportando-se à *desabitação* por mais de um ano ou à *falta de residência permanente* (als. *i)* dos arts. 1093-1 CC [primitivo] e 64-1 RAU).

O acrescentamento operado pela Lei nº 6/2006 desta previsão atual parece-nos louvável, não só porque dissipa frontalmente qualquer dúvida acerca de que tal matéria continua a ser um caso em que *se torna inexigível ao senhorio a manutenção do contrato* como ainda porque, de uma penada, ao unificar as duas anteriores *causas de resolução*, se desfaz uma densa teia de desencontros jurisprudenciais e doutrinais que se tinham suscitado à sombra da anterior dispersão[450].

[450] MENEZES CORDEIRO condenou o aditamento deste exemplo resolutivo, quando ainda em *Projeto*, sugerindo a sua eliminação. O preceito – escreve – "impõe um uso efetivo que não se justifica para o futuro; uma pessoa pode querer tomar de arrendamento um local para o ter disponível; se pagar a renda e respeitar o contrato, não há obstáculo" (*O novo regime do arrendamento urbano* [O DIREITO, 137º, 2005, II, pp. 334-335]).
Supomos certeiro o entendimento do Ilustre Professor.
Se o caso resolutivo se aplicasse exclusivamente aos *arrendamentos livres*, não haveria nada a acrescentar. O problema é que ele rege tanto os *arrendamentos livres* como os *vinculísticos* e, para estes, não há a mínima justificação para se outorgar a proteção legal a um arrendatário que não ocupa a casa.
Pelo contrário, num *arrendamento livre*, as partes podem contratar o *não uso* por determinado período, ou até segundo o critério do *arrendatário*. É uma cláusula que supomos *lícita*, em princípio.
Vale a pena referir ainda, sobre este ponto, que, em Espanha, onde a lei de 1994 manteve análogo fundamento de *resolução* pelo *senhorio*, se equipara o *não uso* à *mudança de destino*, argumen-

Agora, é um dado certo que, estejamos perante o *encerramento* de espaço arrendado para *comércio, indústria ou exercício de profissão liberal*, ou então perante a *desabitação* ou *simples falta de residência permanente* do espaço arrendado *para habitação*, sempre, em qualquer destes casos, a *falta de uso por mais de um ano* torna *inexigível a manutenção do contrato por parte do senhorio*, é fundamento de *resolução* por este.

Em suma, deixou de haver a nossa anterior distinção entre *falta de residência permanente* e *desabitação*: o *não uso* tanto pode consistir numa *total desocupação* do espaço arrendado como apenas numa simples *residência intermitente* ou *não permanente*, quando o *arrendamento* tenha sido dado para a *residência primária* do *arrendatário* e *seu agregado familiar*.

Tudo isto é, atualmente, *não uso efetivo* do espaço arrendado *"para o fim contratado"*, a que se refere o art. 1072-1 CC – e quer se trate de *arrendamento para habitação* quer *para fins não habitacionais* (art. 1110-1 CC).

Complementarmente, o emprego da expressão *não uso* substitui com vantagem o termo *encerramento* ou a expressão *conservar encerrado*, dos diplomas anteriores.

Efetivamente, o *encerramento*, como de resto a *cessação da atividade*, eram meros *índices ostensivos* ou factos reveladores do que, no fundo, se traduzia no *não uso* do espaço arrendado – e é este *não uso* que, na sua essência, torna inexigível a manutenção do *arrendamento* por parte do *senhorio*, e justifica a rutura contratual, pois a *não utilização* sujeita o prédio a desgaste e deterioração que causa dano digno de tutela.

A substituição da expressão legal não teve em vista, por conseguinte, arredar o alcance da lei anterior, mas formulá-lo mais expressivamente no seu preciso conteúdo, esclarecendo-o poderosamente, não apenas para o futuro, mas também relativamente aos *arrendamentos vinculísticos*.

> Pode dizer-se com perfeita segurança que, neste sentido, ia já a jurisprudência mais esclarecida e frequente que se ocupou do tema, tanto no domínio ainda da primitiva redação arrendatícia do Código Civil como perante o Regime do Arrendamento Urbano.
>
> Respiguemos os sumários das decisões mais importantes a tal respeito.

tando-se deste modo, vinculisticamente: "a falta de uso ou a mudança de destino supõem, portanto, um incumprimento contratual grave, que pode produzir prejuízos ao senhorio, a quem não é indiferente que a habitação não seja efetivamente usada, porque em tais circunstâncias lhe faltará o cuidado e a manutenção de que todo o imóvel necessita" – RODRIGO BERCOVITZ/ RODRÍGUEZ CANO, *Comentários a la Ley de Arrendamientos Urbano*, 2ª ed., Aranzadi, 1997, p. 646. Citam, em apoio, uma sentença do tribunal de Pontevedra, de 20-02-96, segundo a qual o arrendatário não tem direito a ser indemnizado pelas deteriorações sofridas por infiltrações e humidades na habitação porque, entre outros motivos, "infrautilizava [*infrautilizaba*] o prédio arrendado, ao estar ausente durante largos períodos".
No mesmo sentido: JOSÉ ALFREDO CABALLETRO GEA, *Ley de Arrendamientos Urbanos – Reclamaciones, Desahucios*, Dykinson, S.L., Madrid, 2013, p. 303.

– Não pode considerar-se encerrado o prédio onde está instalado um estabelecimento comercial cujo proprietário continua a vender a mercadoria do seu ramo que tem em armazém, embora a porta da rua deixasse de se encontrar aberta (Relação de Évora, 02-12-76, *BMJ* nº 265, p. 289).

– O facto de o arrendado ter deixado de ser o local principal do estabelecimento, e passando a ser um simples armazém de mercadorias, não integra o conceito de encerramento do estabelecimento, para o efeito da resolução do contrato (Relação do Porto, 20-05-80, *Colectânea*, V-III, p. 78).

– Se a loja, a fábrica ou o escritório estiverem encerrados por muito tempo, o arrendamento deixa de ter justificação. Acresce que, para além de o edifício se estragar, o local desvaloriza-se, o que se traduz num prejuízo injusto para o senhorio. E também para o interesse geral que se não compadece com logradouros não aproveitados (Relação do Porto, 07-10-80, *BMJ* nº 300, p. 448).

– Não há encerramento se, destinando-se o prédio a atividade industrial, passa a ser usado como armazém de matérias-primas e produtos acabados, diretamente relacionados com aquela atividade (Relação de Évora, 16-01-86, *Colectânea*, XI-I, p. 222).

– O encerramento do locado só fundamenta a resolução do contrato se, para o arrendatário, nada ali existe de relevante (Relação do Porto, 11-03-93, *BMJ* nº 425, p. 618).

– Mantendo-se o local arrendado a funcionar como armazém, não pode considerar-se que o prédio está encerrado, mesmo que não se exerça ali outra atividade ou não permaneçam lá empregados da arrendatária, se estiver compreendido aquele uso no destino que, contratualmente, se lhe pode dar (SUPREMO, 02-03-95, *BMJ* nº 445, p. 441).

A – A regra é, pois, a de esta *falta de uso* integrar um *fundamento de resolução* – e vale aqui, quanto à noção de *não uso*, a conclusão, que já era consensual no domínio das formulações legais anteriores, de que *não o interrompem* os simples *usos intervalados*, entretanto ocorridos ao longo de um *não uso continuado*.

Não relevam, como bem se julgava já, anteriormente, meras utilizações ou *aberturas esporádicas*, que não descaracterizam o *estado de desocupação* em que é essencialmente mantido o espaço arrendado com o seu *não uso*.

Foi exatamente por isso que, com a redação do RAU, se eliminou o advérbio *consecutivamente*, que sempre tinha figurado nas formulações das leis anteriores, e a despeito das quais se entendia geralmente já assim: para evidenciar que as breves aberturas *esporádicas* não relevam; não, para retirar ao *encerramento* o *trato contínuo* ou *permanente* (na aceção de *não intermitente*), que devia ter.

Este *fundamento de resolução* está, de resto, em perfeita harmonia com o princípio, firmado expressamente no nº 1 do art. 1072 CC segundo o qual "*o arrendatário deve usar efetivamente a coisa para o fim do contrato, não deixando de a utilizar por mais de um ano*".

Violado este *dever*, sujeita-se à *resolução pelo senhorio.*

Um problema preliminar pode, no entanto, suscitar-se em presença do que já tem sido por vezes tratado na jurisprudência: se o *subaproveitamento* do espaço arrendado equivalerá ao *não uso.*

– Concluindo-se ter-se verificado o subaproveitamento do local arrendado, quanto a um dos locatários, este deficiente aproveitamento é uma das razões de ser (aquela que tem características de interesse público) do estabelecimento do direito à resolução do contrato – artigo 1093, nº 1, alínea *h)*, do Código Civil – SUPREMO, 19-09-89 (*BMJ* nº 389, p. 537).

– Um contrato que tem por objeto um imóvel, tenha ou não mais do que um número de polícia, vale como um todo, pelo que se não pode fracionar a parte que está ser utilizada da que se mostra encerrada, decretando-se o despejo em relação à parte encerrada e mantendo-se na parte restante mesmo com redução do montante da renda, sem acordo do locatário. Tal situação, para além de não se mostrar legalmente prevista, violaria os princípios gerais de direito, uma vez que implicaria a redução ou conversão unilateral do contrato de arrendamento noutro com objeto diferente – Relação de Lisboa, 02-03-2006 (Processo nº 965/2006-6)

B – O princípio geral de *resolução por não uso* cede, todavia, nos casos ressalvados referidos há pouco.

São, como se disse, os genericamente enunciados para ambos os tipos de *arrendamento urbano*, os contemplados no nº 2 do art. 1072 CC:

a) Caso de *força maior* ou de *doença*;

b) Ausência não superior a *dois anos*, devida a cumprimento de *deveres militares* ou *profissionais* do *arrendatário*, do *cônjuge* ou de quem viva com o arrendatário em *união de facto*;

c) Se se mantiver a utilização por quem, tendo direito a usar o espaço arrendado, o fizesse há mais de um ano;

d) Se a *ausência se dever a prestação de apoios continuados a pessoa com deficiência com grau de incapacidade superior a 60%, incluindo a familiares.*

Esta previsão legal inspirou-se em disposições anteriores, esparsas, as três primeiras, pelo final das als. *h)* (dos arts. 1093-1, primitivo, CC e 64-1 RAU) e pelos n.os 2 (dos mesmos artigos), e constituindo a última uma inovação da Lei nº 79/2014.

A concentração operada na lei atual é certamente meritória, pois tende a acabar com as injustificáveis diferenças de regime que surgiam na legislação anterior para as ressalvas dos *arrendamentos não habitacionais*, por um lado (als. *h)*), e dos *habitacionais* (als. *i)*), por outro.

Sustentava-se que, para os primeiros, as ressalvas só valiam por *dois anos*, como se referia expressamente nas als. *h)*, enquanto para os segundos os *dois anos* só se aplicavam à ressalva da *ausência*, a única, nas als. *i)*, que se referia aos *dois anos* de limite de duração justificativa.

Cremos que, no fundo, semelhante diferença resultava unicamente de não ter havido, quando da elaboração final destes passos na redação do CC, uma profunda reflexão e adequado aproveitamento dos textos anteriores, o que deveria ter confluído na unificação dos regimes legais.

Em face deste compreensível *lapsum legislatoris*, enveredou-se depois, por parte de certa doutrina, não pelo esforço interpretativo que de algum modo o minimizasse – mas, arrancando de uma interpretação meramente literal da lei, para tentar descobrir um fundamento para a injustificável diferença de regimes.

Defendeu-se então que tal destrinça tinha "a sua justificação na *maior necessidade* de *tutela* que tem o *direito do indivíduo à habitação* do que o direito do comerciante à *reserva* de *instalação* material para um estabelecimento comercial *encerrado...há mais de dois anos*"[451].

Com o devido respeito, esta justificação enfrentava diversas dificuldades que sempre nos pareceram insuperáveis.

Em primeiro lugar, porque é que a *ausência* do *arrendatário habitacional*, em cumprimento de deveres militares, no exercício de outras funções públicas ou de serviço por conta de outrem só relevava durante *dois anos*, para excluir a *resolução*, e já valia, "sem dependência de prazo", se resultasse de comissões de serviço público civil ou militar?

Em segundo lugar, por que relevavam estas *ausências* para o *arrendatário habitacional* – e, para o *não habitacional*, só a "ausência forçada" excluía a *resolução?*

Em terceiro lugar, porque é que a *doença* excluía a *resolução* perante o *arrendatário habitacional*, nos termos da al. *a)* do nº 2 do art. 64 RAU, e só a ressalvava se fosse compreendida na expressão *caso de força maior*, da al. *h)* do art. 64-1 RAU?

Em quarto e último lugar, é evidente a necessidade de mais forte tutela, em princípio, do *direito de arrendatário habitacional* do que a do *arrendatário não habitacional* – mas o que ficava por saber era se isso justificava a diferença de regimes neste ponto e, inclusivamente, se se guardava a necessária proporcionalidade quando, numa hipótese, o *caso de força maior* ou a *ausência forçada* só eram atendidos até uma duração de *dois anos*, enquanto na outra operavam mesmo que perdurassem indefinidamente, exceto as *ausências* que também para ela (primeira parte da al. *b)* do art. 64-2 RAU) se limitavam a *dois anos*.

Se, pois, não há dúvida de que se encontram agora unificadas – e bem – para todos os *arrendamentos urbanos* as ressalvas de *resolução pelo senhorio*, por *não uso* por parte do *arren-*

[451] ANTUNES VARELA (*Rev.Leg.Jurs.* 116º, p. 220).

datário, sobrou ainda, do aproveitamento muito substancial e preguiçoso que se fez de textos da antiga legislação, um discurso de entendimento não muito claro.

Não se exprime concretamente, para o *caso de força maior*, para a *doença* ou para *a prestação de apoios continuados a deficiente de mais de 60% de incapacidade, incluindo familiares*, qual o prazo por que poderão perdurar legitimamente.

Só para a *ausência* se afirmou um limite temporal, de *dois anos*, de eficácia da ressalva.

Para os factos contemplados nas als. *a), c)* e *d)* do novo art. 1072-2 CC, não se estabeleceu qualquer referência ao respetivo período de relevância excludente do fundamento de *resolução pelo senhorio.*

Na verdade, proclama-se na primeira destas alíneas, sem mais, que, no caso de *força maior* ou de *doença*, o *não uso* pelo *arrendatário* é lícito.

Na segunda, declara-se, pura e simplesmente, que, lícito será este *não uso*, se se mantiver uma utilização do espaço arrendado por quem, tendo esse direito, o exercesse há mais de um ano, isto é, já o ocupasse ao longo deste período quando se iniciou o *não uso* do *arrendatário.*

Por último, também para a al. *d)* se refere a licitude da ausência determinada por prestação de apoios continuados a deficiente com incapacidade superior a 60%, sem se referir por quanto tempo perdurará semelhante justificação.

Perguntar-se-á com toda a propriedade, por isso, perante o silêncio literal da lei, impedem todos estes factos a *resolução pelo senhorio?*

A entender-se que seria por tempo ilimitado, isso conduziria a eternizar a não ocupação do *arrendatário.*

A optar-se pela solução oposta, as ressalvas das als. *a), c)* e *d)* acabavam por não funcionar, pois duravam apenas pelo mesmo tempo de *um ano* de *não uso* que se exige para se constituir o *fundamento de resolução.*

Se o *senhorio* já não pode resolver o contrato pelo *não uso* durante *um ano*, sem necessidade de qualquer justificação, que utilidade teria então o recurso ao *caso de força maior*, à *doença*, à ocupação pelas pessoas da al. *c)* ou aos cuidados a deficiente da al. *d)* apenas durante esse período?

Não dispomos de trabalhos preparatórios que nos ajudem a dar resposta ao problema – mas, pela nossa parte, pensamos que não seria nada razoável protelar-se o *não uso* do *arrendatário* unicamente pelo *mais de um ano* que no corpo da al. *d)* se exige para se completar o fundamento da resolução. Não faz sentido que a lei conceda um *termo de graça* de *um ano* para a *resolução*, ao mesmo tempo que aditasse certas causas de justificação do não uso que só valessem afinal no decurso desse mesmo prazo.

A solução que nos parece equilibrada e mais conforme à lei terá de simultaneamente *limitar o não uso* do *arrendatário* e de ter em conta, para além disso, a duração da concreta ressalva verificada, obviamente para além do ano imposto no corpo da al. *d)* deste art. 1083-2 CC.

Ocorrida ela durante este período, o *não uso* do *arrendatário* "é lícito".

O *senhorio* terá, portanto, de esperar pelo decurso do ano da legitimação (dois, no caso de cumprimento de deveres militares ou profissionais), mais o ano sem ela que é o *termo de graça*, para poder então resolver o contrato.

Se acaso ela perdurar por mais de um ano, ao ultrapassar esta meta, parece

No moderno Direito espanhol, é uma solução análoga que sustenta a doutrina a respeito da justificação do *não uso* pelo *arrendatário*[452].

a – Por outro lado, a referência ao *caso de força maior* parece-nos despegada do sistema estruturado no nosso CC, surgindo aqui como simples e indesejável sobrevivência de velhas e obsoletas disposições legais.

O *caso de força maior* era uma figura já conhecida do Direito romano, onde se contrapunha diretamente ao *caso fortuito*.

Ulpiano distinguia-os pela *irresistibilidade* que caracterizava o primeiro, ante a *imprevisibilidade* em que se resolvia o segundo.

Deste modo, o *casus maior* designava *omnem vim cui resisti non potest,* enquanto o *casus fortuitus* se definia como aquele quanto ao qual *nullum humanum consilium prævidere potest.*

Era, fundamentalmente, nesta base que, no Código Civil de Seabra, se admitiam as duas figuras, integrando-as entre as três causas justificativas do incumprimento contratual: o *facto do outro contraente*, a *força maior* e o *caso fortuito* (art. 705).

O velho Código, sem embargo de as utilizar em numerosas disposições, não definia nem a *força maior* nem o *caso fortuito*, reconduzindo as duas figuras às noções de Ulpiano que a doutrina se limitava, então, a desenvolver e aplicar.

Na verdade, entendia-se, geralmente, que não havia, de facto, uma distinção de regime jurídico entre a *força maior* e o *caso fortuito*, salvo em áreas especiais de responsabilidade, como as dos *acidentes de viação* ou dos *acidentes de trabalho*, devendo para a generalidade dos efeitos falar-se indiferentemente de *força maior* ou de *caso fortuito*, em consonância, aliás, com a circunstância de, tanto no Código de Seabra como no Código Comercial, serem elas referidas quase sempre conjuntamente.

Nesta base, distribuíam-se essas áreas por três classes de factos que as podiam produzir: os cataclismos desencadeados pelas forças da natureza (tempestades, terramotos, inundações...), o ato de autoridade (*factum principis*) e o ato de terceiro (no qual se inclui a *guerra*)[453].

[452] Cf., por todos, Rodrigo Bercovitz/Rodríguez Cano, *Comentários a la Ley de Arrendamientos Urbano*, 2ª ed., Aranzadi, 1997, p. 647.

[453] Por todos, no domínio de vigência do Código de Seabra, v. Inocêncio Galvão Telles, *Manual de Direito das Obrigações*, Coimbra Editora, 1957, I, pp. 197-201.

No fundo, independentemente da sua origem e natureza, todos estes factos vinham a traduzir-se numa situação relevante – a *impossibilidade de cumprimento* por *causa não imputável ao devedor.*

É, efetivamente, a este conceito que recorre o Código Civil em vigor, no seu art. 790-1, em detrimento das antigas categorias da *força maior* e do *caso fortuito.*

Realmente, proclamando-se no art. 790-1 CC, como um princípio geral, que a obrigação se extingue "quando a prestação se torna impossível por causa não imputável ao devedor", compreende-se mal que, depois, no tratamento pontual das hipóteses em que essa *impossibilidade* se manifeste, volte a referir-se esta lançando mão das velhas expressões *força maior* ou *caso fortuito.*

As referências que ainda se encontrem no Código à *força maior* (p. ex., arts. 321; 505; 509-2, e os revogados 1093-1, al. *h)*, 1093-2, al. a) e 1099-2) devem ser tidas, em geral, como puras reminiscências de textos anteriores, que nele afloraram por mera inconsideração.

É o caso da que nos ocupa agora e que, da al. *h)* do primitivo art. 1093-1 CC, foi transposta acriticamente para o atual art. 1072-2 CC, diretamente respigada do art. 64-1 RAU.

O alcance da expressão *força maior,* usado no atual preceito do CC, deverá compreender assim, em nossa opinião, as hipóteses tradicionalmente apresentadas como ilustrações da *força maior* e do *caso fortuito,* mas enformadas segundo o molde do art. 790-1 CC, isto é, modelando-se como uma *impossibilidade* de ocupação do prédio, que seja *objetiva,* e *não imputável ao arrendatário.*

Esta era, de resto, a jurisprudência consagrada pelo SUPREMO (ac. de 6-1-1983 – *BMJ* nº 323, p. 352; *Rev.Leg.Jurs.*, 119º, p. 251 – brilhantemente relatado por MÁRIO DE BRITO), a propósito do *caso de resolução* da *não habitação* ou *falta de residência permanente.*

Subscrevemos pois, sem reservas, a tese fundamental sobraçada pelo SUPREMO, nesse aresto, e o alcance que deve ser atribuído à ressalva da *força maior,* a que aludia a al. *h)* do primitivo art. 1093-1 CC: o *não uso* pelo arrendatário, por mais de 1 ano, do espaço arrendado, não será fundamento de *resolução* do contrato de arrendamento pelo *senhorio* se foi determinado por factos naturais, da autoridade ou de terceiros, constitutivos de *impossibilidade objetiva de utilização, não imputável ao arrendatário.*

Nesta ordem de ideias, rejeitamos a ideia, por vezes sustentada na doutrina, de encarar esta *impossibilidade* no âmbito de um *juízo de valor* acerca da *razoabilidade* do comportamento omissivo do *arrendatário*: do que se trata é de uma *impossibilidade,* não de uma *causa de justificação* ou de uma *não exigibilidade.*

A esta luz, definem-se claramente as soluções de algumas das hipóteses mais frequentes que põem em jogo o conceito de *força maior* justificativa do *não uso* até ao limite de dois anos, tratadas até aqui quer a propósito do *encerramento* do espaço arrendado para fim não habitacional quer relativamente à *desabitação* ou *falta de residência permanente.*

a – Afigura-se-nos atual a jurisprudência firmada no sentido de a impossibilidade em que estará colocado o *arrendatário* de realizar por si, *ab initio*, a exploração a que se destina o estabelecimento, lhe é imputável, e não poderá assim, atento o disposto no art. 790 CC, considerar-se *força maior* impeditiva [apenas até aos dois anos, obviamente] da *resolução* por encerramento há mais de 1 ano – como bem se julgou no ac. Relação do Porto, de 7-4-1987 (*Colectânea*, XII-2, p. 231).

Não só a impossibilidade inicial mas ainda a subsequente *deterioração económica da atividade* desenvolvida no prédio pelo *arrendatário*.

De um modo geral, convirá a este respeito atentar em que, atendendo à regra estabelecida no art. 791 CC, a *impossibilidade subjetiva* só releva quanto à prestação de *facto infungível*.

O *encerramento* resultante de *dificuldades económicas* do *arrendatário* ou da sua *insolvência* constituirá, portanto, ou uma simples *dificultas præstandi* ou uma *impossibilidade* meramente *subjetiva*, insuscetíveis de integrar *força maior*.

Nesta matéria, deverá, pois, em nossa opinião, considerar-se paradigmático, pelo acerto da sua decisão, o aresto assim sumariado:

– Não constitui motivo de força maior o facto de a arrendatária comercial, atendendo à concorrência, ter vindo a sofrer prejuízos que a levaram a encerrar o estabelecimento. Assim, tal encerramento, durante mais de um ano, é causa de resolução contratual e de consequente despejo – Relação de Évora, 4-11-1982 (*Colectânea*, VII-5, p. 261).

A própria *declaração de insolvência*, constituindo uma *impossibilidade* meramente *subjetiva*, não deve ser entendida como *força maior*[454], impondo-se a realização do *trespasse* e regresso à atividade dentro do ano, no âmbito do processo respetivo, sem o que a *massa insolvente* perderá o *direito de locação* do *insolvente*.

Na mesma ordem de ideias e por maioria de razão, não se configura a *força maior* quando o *estabelecimento* (ou apenas o seu *recheio*) seja objeto de *penhora* ou *arresto*. Estas providências constituem simples *apreensões judiciais*, meras afetações ao fim processual prosseguido, que não envolvem o *encerramento* e não impossibilitam, senão *subjetivamente*, a continuidade da sua laboração.

Importará aliás não esquecer que, nestes casos, é o comportamento do *depositário* (*gestor* ou *liquidatário*) *judicial* que releva, e será a sua omissão, coberta ou não pelos titulares dos interesses que representa, que integrará o fundamento de *resolução* do

[454] Foi no que não atentou o ac. Relação de Lisboa, de 4-5-1975 (*BMJ* nº 247, p. 208), ao considerar como *força maior* a *insolvência* não propositadamente provocada pelo *arrendatário*, esquecendo-se de que a *inevitabilidade* tem de ser *objetiva*, e não apenas *subjetiva*, de que podia, com o *trespasse*, evitar-se o *encerramento* e, por cima de tudo isto, de que, em qualquer caso, o *encerramento* jamais poderia protelar-se para além de dois anos sem que, então inexoravelmente, determinasse a resolubilidade do contrato pelo *senhorio*, mesmo que existisse *força maior*.

contrato pelo *senhorio*, como bem se compreenderá e como referimos logo no início deste número.

b – Outra das questões que têm sido controvertidas é a da *deterioração do edifício*, tornando-o impróprio para a aplicação do *estabelecimento* ao fim a que se destina, ou para habitação primária, sem que se realizem as *obras* de *reparação* necessárias.

α – No ac. da Relação do Porto, de 3-2-1981 (*Colectânea*, VI-1, p. 146), julgou-se que a chuva introduzida pelas fendas do telhado no interior de um estabelecimento comercial, tornando-o impróprio, constitui, em si, *força maior* justificativa do seu encerramento pelo arrendatário.

Para este acórdão, a chuva "é, para o arrendatário, força maior que ele não pode evitar 'dentro das suas forças normais' (cf. J. Matos, *Arrendamento e Aluguer*, p. 114)".

Em nosso parecer, a qualificação não foi rigorosa: nem o *arrendatário* nem o *senhorio* podiam, decerto, evitar que chovesse, mas este facto não era impeditivo da laboração do estabelecimento.

O estado de conservação do edifício é que era o facto interferente na laboração – e a vencibilidade dessa situação estava, pelos vistos, ao alcance de qualquer das partes, não podendo, de modo nenhum qualificar-se como *força maior*.

Era, portanto, por outro rumo que deveria ser resolvida a controvérsia, não por este – quanto ao qual, aliás, nem curou o aresto de saber se já teriam passado os dois anos, caso em que, mesmo havendo *força maior*, a *resolução* teria de ser decretada.

Deu-se efetivamente como provado que se encontrava, "há anos", o prédio "em estado lastimoso e impróprio para o exercício de qualquer atividade".

A *necessidade de obras* só, porventura, em hipóteses muito especiais poderá pois, em nossa opinião, ser tida como *força maior* dilatória da *resolução* por dois anos de *não uso*.

β – Em sentido diferente da nossa conceção, foi defendida, a propósito de uma hipótese versada pelo SUPREMO, no seu acórdão de 6-1-1983 (*BMJ* nº 323, p. 352), uma aplicação da *força maior* como *causa justificativa* da *não residência permanente*, com base em esta omissão do *arrendatário* ser, no caso, *aceitável*, *compreensível* e *perfeitamente explicável*.

A controvérsia era a seguinte: em 25 de Maio de 1978, ruiu a parte sul de um prédio da Rua Saraiva de Carvalho, de Lisboa, afectando a parte sul de outro, que ficou por isso sem uma das paredes de duas das nove divisões do andar que no último prédio estava arrendado por 750$00 mensais.

Depois disso, em Abril de 1979, o *arrendatário* mudou a mobília para outra casa que arrendou, no mesmo bairro, e onde passou a fazer a sua vida doméstica.

Na ação de despejo movida pela *senhoria* do andar da Saraiva de Carvalho contra o arrendatário, por *falta de residência permanente*, deu-se como provado que "foi o facto de a autora não ter feito obras no andar arrendado que levou o réu a procurar outra casa".

O SUPREMO julgou configurada a *força maior*, na perspetiva da *impossibilidade* do art. 790-1 CC – pois a derrocada que destruiu a parede das duas divisões era um facto que tornava impossível, por causa não imputável ao *arrendatário*, gozar o andar arrendado, para os fins a que este se destinava, sendo irrelevante, para o efeito, poder o arrendatário realizar as *obras de reposição* necessárias, com direito a reembolso.

Comentando este aresto, o Saudoso Prof. ANTUNES VARELA, aprovou a conclusão jurisprudencial e desaplicou o art. 790-1 CC, sustentando que, ao afastar o *direito de resolução* com base em *força maior* ou em *doença*, a lei queria "efetivamente abranger os casos em que a não habitação ou a falta de residência permanente se torna *compreensível, aceitável, perfeitamente explicável*", em consequência daqueles factos.

Nesta perspetiva, a causa justificativa da saída do *locatário* não estava propriamente em o andar ter deixado de satisfazer à sua necessidade ou em se ter tornado *impossível* ao *arrendatário* gozar o andar arrendado para o fim a que se destinava, mas "em ele, *compreensivelmente, justificadamente, razoavelmente, o não querer* habitar, em consequência do facto de força maior registado" (*Rev.Leg.Jurs.*, 119º, p. 275; *os sublinhados da citação são do próprio texto, evidentemente*)[455].

Permanece para nós como inaceitável, neste acórdão, o ter-se convertido a *força maior* (que é uma *força superior* e *insuperável*) numa simples razão *atendível, justificável, compreensível* – e isto era tanto mais inaceitável quanto era certo que a intenção legislativa tinha sido a de cortar as asas ao *arbítrio judicial*, impedindo uma "prudente" mediação do julgador na caracterização dos *casos de resolução* pelo *senhorio*[456].

[455] Na mesma orientação: JANUÁRIO GOMES, *Arrendamentos para habitação*, Almedina, Coimbra, 1994, p. 234 e, segundo parece, ANTÓNIO PAIS DE SOUSA, *Anotações ao Regime do Arrendamento Urbano (RAU)*, 6ª ed., act., Editora Rei dos Livros, 2001, p. 220, nota 53.
Não se pense, porém, que não há jurisprudência representativa desta orientação. Com efeito, relativamente a um prédio urbano que ruiu parcialmente em consequência de um sismo, nos Açores, e quanto ao qual o *arrendatário* insistia em querer continuar a habitar o rés-do-chão respetivo, que ameaçava também ruir, foi julgado, a dado passo: "a imperiosidade de proceder à demolição do prédio tornou precária a continuação do apelante [o *arrendatário*] no gozo do rés-do-chão conforme o fim para que foi arrendado.... impõe-se concluir que a caducidade do arrendamento operou-se então temporalmente com a produção do sismo" – Relação de Lisboa, 19-12-1985 (*Colectânea*, X-5, p. 118).

[456] Cabe chamar aqui de novo atenção para a regra de "direito certo", anotada por PIRES DE LIMA – e ainda para estes passos, referidos à aplicação a fim diferente, mas plenamente adaptáveis ao nosso caso, porque de índole geral: "não há aqui violações *não abusivas* ou *pouco abusivas*" – VASCO LOBO XAVIER (*Rev.Leg.Jurs.* 116º, p. 179, nota 27); "... é doutrina comum que, no caso de se verificar certa violação do contrato que, por virtude de uma *cláusula resolutiva*, é fundamento de resolução, já não cabe ao juiz apreciar a *importância* dessa violação para efeitos resolutivos" – J. BAPTISTA MACHADO (*Resolução do contrato de arrendamento comercial/Colectânea*, IX-2, p. 18).

γ – A *falta de residência permanente*, relacionada com *deteriorações não reparadas* pelo *senhorio*, foi encarada em perspetiva diferente pela Relação do Porto, numa decisão que considerou o comportamento do *arrendatário* enquadrável na *exceção de não cumprimento*, e excluiu por esta porta o *caso de resolução* da al. i) do art. 64-1 RAU.

Decidiu-se, com efeito:

– Justifica-se a falta de residência permanente do arrendatário no prédio locado, se os tetos desse imóvel, por se encontrarem em precário estado de conservação, ameaçarem ruína, pondo em perigo a integridade física dos moradores. Trata-se de uma exceção de não cumprimento do contrato por parte do locatário e não de um caso de força maior – Relação do Porto, 16-1-1992 (*Colectânea*, XVII-I, p. 226. V., sobre este acórdão, a anotação de António Pais de Sousa [relator do aresto], nas suas *Anotações ao Regime do Arrendamento Urbano (RAU)*, 1994, 3ª ed., p. 186, nota 46).

Em 1972, pela renda mensal de 700$00, tinha sido arrendado para habitação o 1º andar de um prédio urbano situado em Águas Santas – Maia.

Em data não precisada pelo relatório do acórdão, os tetos começaram a ameaçar ruína, em consequência da humidade, tendo mesmo o teto do quarto de dormir acabado por desabar, em data igualmente não referida – deterioração que foi reparada pelo *arrendatário*.

Apesar das instâncias deste, o *senhorio* jamais reparou o teto e, antes que ele desabasse, o casal *arrendatário* pediu abrigo ao pai ou sogro dos respetivos cônjuges, indo estes residir para Ermesinde, onde passaram a fazer a sua vida.

Com estes dados, a Relação concluiu que, "embora o inquilino seja obrigado a residir permanentemente no imóvel... pode residir noutro local enquanto o senhorio não lhe assegurar o gozo do local com o mínimo de segurança", e era assim "manifesto que em seu favor tinha de funcionar a *exceptio non adimpleti contractus*" (p. 227).

A descrição do acórdão apontava para que deveriam as *obras* em causa considerar-se de *conservação extraordinária*.

A ser assim, o *senhorio* só seria então obrigado a realizá-las (salvo havendo acordo escrito nesse sentido), *se a sua execução lhe fosse ordenada pela câmara municipal competente* (art. 13-1 RAU).

O *arrendatário*, em presença da necessidade de *obras de conservação extraordinária* tinha, pois, de requerer à câmara que as determinasse – o que, no caso afirmativo, daria direito a *atualização das rendas* (art. 13-2 RAU).

Não o fazendo, de uma coisa, quanto a nós, não poderia certamente lançar mão sem incorrer num autêntico *venire contra factum proprium*: era retirar-se para Ermesinde até à consumação dos séculos, e vir invocar depois, contra a *falta de residência permanente*, a necessidade dessas mesmas *obras* cujo decretamento pela câmara ele não instaurou.

Sobre o mesmo tema decidiu-se ainda:

– I. Ruturas na canalização de água em termos de, logo que aberta a respetiva torneira de segurança, a água se infiltrar e cair no andar inferior não traduz o caso de força maior a que se reporta a al. a) do nº 2 do art. 64 RAU. II. Não há entre a obrigação de realização de obras na casa arrendada e o ónus de habitação por parte do arrendatário a correspetividade justificativa da invocação da exceção de incumprimento.

Relação de Lisboa, 11-3-1999 (*Colectânea*, XXIV-II, p. 89).

Concordamos plenamente com estas conclusões do douto aresto.

c – Outro caso que se tem analisado, no âmbito da *força maior*, é o de *não habitação* ou *falta de residência permanente* ocorrida em virtude de *prisão* do *arrendatário.*

No sentido de que a *prisão*, em *cumprimento de pena*, deve ser considerada *força maior* que impossibilita o *arrendatário* de viver com carácter de permanência na casa arrendada e, portanto, exclui a *resolução* pelo *senhorio*, decidiu-se no acórdão da Relação de Lisboa, de 5-4-1961 (*Jurs. Relações*, 7º-II, p. 275).

Em contrário, julgou-se, porém, no ac. Relação de Coimbra, de 8-11-1988 (*Colectânea*, XIII-5, p. 69), a considerar procedente a conclusão do recurso de acordo com a qual "o cumprimento de uma pena de prisão como consequência da prática de um crime tipificado na lei, é um evento absolutamente previsível, consequente, evitável e com cuja verificação o agente, ao cometer tal crime praticamente se conforma, não renunciando, apesar de poder prever a cominação da pena, a agir dessa forma" (p. 70).

Na doutrina, Pais de Sousa assumiu uma posição eclética, distinguindo a prisão em *cumprimento de pena*, que não seria caso de *força maior*, da *prisão preventiva incaucionável*, hipótese em que poderia o *arrendatário* "alegar e provar que foi indevidamente preso e pronunciado por não ter cometido o crime".

No primeiro caso, não haveria *força maior* e a *resolução* seria decretável; no segundo, não (*Extinção do arrendamento urbano*, 1985, 2ª ed., p. 291).

Em publicação ulterior, porém, o Ilustre Magistrado não faz distinção alguma e, aderindo à tese de Antunes Varela do *caso de força maior* "compreensível, justificável, perfeitamente razoável, aos olhos de um julgador compreensivo e avisado", passa a sustentar que "a pena de prisão não é caso de força maior" (*Anotações ao Regime do Arrendamento Urbano (RAU)*, 6ª ed., act., Editora Rei dos Livros, 2001, nota 53, p. 220).

Em nossa opinião, é esta a conclusão preferível.

A *resolução* do contrato de *arrendamento* não é uma *pena acessória* e, portanto, seja a *não habitação* ou *falta de residência permanente* devida a *cumprimento de pena* ou a mera *prisão preventiva*, sempre constitui ela uma *impossibilidade* que lhe é imputável.

Não tem a menor relevância para o caso a *presunção de inocência* do arguido até à condenação com trânsito em julgado.

Esta consideração respeita ao puro campo penal; não tem nada a ver com a *resolução* do contrato de arrendamento, que é, neste caso, admitida pelo legislador, em proveito do *senhorio*, sem atinência à culpa criminal e relevando unicamente a não imputabilidade da impossibilidade de habitação a facto do arrendatário.

Por maioria de razão e em face do que ficou dito acima, não há que levar em linha de conta a razoabilidade da omissão do *arrendatário*: a *impossibilidade* tem de ser apurada *objetivamente*, em *direito certo*; não, segundo o *prudente arbítrio* do julgador.

d – Sobre o *ónus da prova* decidiu-se, ainda, com interesse.

– O caso de força maior ou [a] ausência forçada do arrendatário surgem na alínea b) do art. 1093 CC como factos impeditivos da resolução do arrendamento, a provar, portanto, pelo arrendatário (réu), conforme dispõe o nº 2 do art. 342 CPC – Relação de Évora, 12-12-1995 (*BMJ* nº 452, p. 503).

B – Além da *força maior* ou da *doença*, também a *ausência* (esta por expressa e particular exigência, *que não perdure por mais de dois* anos) constitui motivo de sanação do *ilícito* do *não uso*, como *fundamento de resolução.*

Na doutrina, esta categoria legal, antes qualificada como *ausência forçada*, não tinha concitado grandes desenvolvimentos.

Disse-se, por um lado, que a *ausência forçada* "engloba os casos especialmente ligados à pessoa do arrendatário, que o impeçam de estar no local à testa do estabelecimento"[457].

Outras vezes, limitava-se o esclarecimento do conceito legal a um seu possível exemplo – o *serviço militar*[458].

Obviamente, a *ausência* não é aplicável ao caso de o *arrendatário* ser uma *pessoa coletiva*. Só tem cabimento equacioná-la relativamente ao *arrendatário pessoa individual* e, no fundo, não integra um novo fundamento, mas apenas uma aplicação particular da *força maior* que, em boa técnica, nem precisava sequer de ser enunciada, para além da *impossibilidade*.

A referência específica ao caso deriva de se ter querido assinalar-lhe uma duração de eficácia própria, mais longa, decorrente da sua especificidade.

C – O penúltimo caso de sanação da *ilicitude* do *não uso* é, como vimos, o de se ter deixado, no espaço arrendado, *quem o continue a utilizar*, suprindo a omissão do *arrendatário*.

A hipótese que, como se referiu, está prevista na al. *c)* do novo art. 1072-2 CC, tem de afastar, para ter autonomia, os outros casos (de *força maior*, de *doença*, de *ausência em cumprimento de deveres militares ou profissionais* ou de *apoios continuados a incapaz*).

É uma previsão legal que vem sendo tradicionalmente prevista na nossa legislação arrendatícia, agora numa *facti species* mais ampla: as leis anteriores aludiam aos *familia-*

[457] Antunes Varela (*Rev.Leg.Jurs.* 116º, p. 192).

[458] Pereira Coelho, *Arrendamento* (ed. dat.), Coimbra, 1988, p. 285.

res, e hoje em dia refere-se latamente que pode ficar na utilização do espaço arrendado, durante o *não uso* do seu *arrendatário*, "quem, tendo direito a utilizar o locado, o fizesse há mais de um ano".

No fundo, abrangem-se aqui, mais claramente, não apenas os *parentes* ou *familiares*, mas *todas as pessoas que vivam em economia comum com o arrendatário*, pertençam ou não à sua *família*[459].

A este respeito, parece continuar a justificar-se a anterior jurisprudência segundo a qual o requisito deixava de se cumprir no caso de, com a *omissão de uso* pelo *arrendatário*, *se desfazer a economia em comum*[460].

D – O último caso, acrescentado, como se tem referido pela Lei nº 79/2014 ao art. 1072, reporta-se à prestação de *apoios continuados a pessoas com deficiência de grau de incapacidade superior a 60%, incluindo familiares.*

Também estes só legitimarão o *não uso*, como se referiu, durante *um ano* (*em comentário ao art. 1072 teceremos mais desenvolvimentos sobre este ponto*).

E – Já se pôs a questão de saber se é admissível a dilatação do prazo de ressalva de *resolução* por vontade do *senhorio*, concluindo-se então pela negativa, pois a outorga legal do *direito de resolução* não tutela aqui, unicamente, o interesse do *senhorio*, mas também o *interesse público* na ocupação útil dos prédios[461].

A antiga ideia de a lei também proteger neste caso um *interesse público*, diferente do *interesse particular do senhorio* é, para nós, uma autêntica falácia, pois só ao *senhorio* é atribuída legitimidade para propor a *ação de despejo* – ele dispõe, para isso, de um *prazo de caducidade* que se não extingue enquanto permanecer o *facto duradouro* do *não uso* (o que pode protelar este por toda a eternidade) – e não tem o menor dever de reativar o espaço arrendado, após a obtenção do *despejo*.

É portanto hoje em dia, em nossa opinião, claramente legítima a estipulação convencional de outros prazos, e até de *não uso*, de acordo com circunstâncias concretamente estipuladas.

F – A prova do *não uso*, reportando-se a um *facto negativo*, não é muito fácil, na prática[462]. É clássico, a tal respeito, o brocardo latino *negativa non sunt probanda*.

[459] Este era já o alcance que MENEZES CORDEIRO/CASTRO FRAGA atribuíam à lei anterior (*Novo Regime de Arrendamento Urbano*, Almedina, Coimbra, 1990, p. 111, nota 4 ao art. 64).

[460] Como tradicionalmente vem sendo sustentado: ANTÓNIO PAIS DE SOUSA, *Anotações ao Regime do Arrendamento Urbano (RAU)*, 6ª ed., Editora Rei dos Livros, 2001, pp. 221-222; JORGE ALBERTO ARAGÃO *Arrendamento Urbano*, 7ª ed., Almedina, Coimbra, 2003, anotações ao art. 64 RAU.

[461] SUPREMO, 16-5-1985 (*BMJ* nº 347, p. 394).

[462] "É questão de facto apurar, através das provas dos autos, se o arrendatário tem a casa completamente fechada e desabitada, se a ocupa sempre, se a ocupa intermitentemente e neste caso quais as circunstâncias desta ocupação intermitente.

Hoje em dia, não é esta a regra, em matéria de *repartição do ónus da prova*, mas pensamos que deve o aforismo, ainda assim, servir para lembrar ao tribunal a dificuldade de prova relativamente a estas omissões, impondo-lhe um cuidado redobrado para poder atingir soluções equilibradas.

Geralmente, os *senhorios* oferecem, nestes casos, as poucas testemunhas que acederam a ir depor e documentos comprovativos da queda nas despesas do *arrendatário* em água, luz e gás.

Estes documentos são geralmente a pedra de toque do convencimento do tribunal – e com razão, pois são um dado objetivo revelador da falta de ocupação pelo *arrendatário*, em confronto com os depoimentos das testemunhas, geralmente contraditórios entre os de uma parte em relação às da outra.

É, pois, com alguma perplexidade que encaramos a seguinte jurisprudência assim sumariada.

– Os consumos mínimos de água e de energia elétrica não permitem concluir, só por si, que o locatário não tenha no arrendado residência permanente. Cumpria aos locadores provar essa falta de residência – Relação do Porto, 11-3-1996 (*Colectânea*, XXI-II, p. 184).

Tratando-se de um prédio situado numa rua da Póvoa do Varzim, será, razoavelmente, de admitir que a arrendatária tivesse mesmo residência *permanente* no prédio *sem gastar água nem luz*, se os consumos mínimos eram os cobrados de tabela? Não terá a Relação sido especiosa, aqui, contemporizando com uma situação que, temos de lembrar, seria infratora?

Razoável nos parece, pelo contrário, a seguinte jurisprudência.

– Dormir no locado não é suficiente para se concluir que o réu tem aí a sua residência permanente – Relação de Coimbra, 25-6-1995 (*BMJ* nº 448, p. 444).

O Tribunal Constitucional tem julgado *inconstitucional* o fornecimento de dados constantes de faturas especificadas de telecomunicações[463] – mas isso, que está certo, pois essas faturas desvendam os contactos com terceiros cuja revelação devassa a intimidade do titular, nada tem que ver com os dados relativos aos *consumos de gás*, *eletricidade* e *água* de um utente, para instrução de um processo em que se discuta o *uso ou não uso do espaço arrendado*.

Sonegar o fornecimento destes elementos ao tribunal, em nome de uma reserva da vida privada mal entendida, corresponderia a impedi-lo futilmente de conhecer um facto relevante para a decisão do pleito que, embora privado, não pode dizer-se

É questão de direito decidir, em face dos factos materiais apurados, se o arrendatário tem na casa residência permanente" – J. Alberto dos Reis, *Código de Processo Civil Anotado*, VI, Coimbra Editora Lda., 1953, p. 46.

[463] Pode ver-se também, entre outros, neste sentido, Tribunal Constitucional nº 241/02, de 29-05-2002 (*http://w3.tribunalconstitucional.pt/acordaos/acordaos02/201-300/24102.htm*)

verdadeiramente íntimo ou desproporcionado do interesse no seu conhecimento judicial.

Se o tribunal não pudesse averiguar se houve diminuição de consumos, então também deveria ser proibido de apurar onde esteve o *arrendatário* a residir ou, em última análise, se ele esteve, afinal, a habitar a casa arrendada, porque também este é um facto da sua vida privada – mas que se encontra em litígio e é o fundo da causa; logo, que pode e deve ser sindicado, sob pena de denegação de justiça.

G – *A sanção do art. 14-2 NRAU.* Estabelece o art. 14-2 NRAU, na redação da Reforma de 2012, não atingida em 2017, que, quando se intente *ação de despejo* com fundamento na *falta de residência permanente* do *arrendatário*, em Lisboa ou no Porto ou noutro concelho do País, e quando ele tenha, na área do seu concelho ou, para aquelas duas cidades, mesmo em concelho limítrofe, outra residência ou propriedade de imóvel *para habitação*, adquirida após o início da relação de arrendamento, sem ser por sucessão *mortis causa*, o *senhorio* pode cumular com o pedido de despejo o de uma indemnização em montante igual ao valor da renda determinada de acordo com os critérios previstos nas als. *a)* e *b)* do art. 35-2 NRAU, desde o termo do prazo para a contestação, até à efetiva entrega da casa arrendada.

Também neste caso é bem de notar que a redação do texto se ressente de influência de textos do passado.

O fundamento já não se reporta, como dantes, à *falta de residência permanente* mas, como se viu, ao *não uso* – e parece censurável que, tendo-se modificado a terminologia no preceito básico, se mantenha a anterior numa disposição particular a que, para cúmulo, se deu nova redação.

IX – **Cessão total ou parcial, temporária ou permanente e onerosa ou gratuita do gozo do espaço arrendado, quando ilícita, inválida ou ineficaz perante o senhorio.** De acordo com a previsão constante da alínea *e)* deste novo art. 1083-2 CC, é ainda exemplo de *fundamento de resolução pelo senhorio* do contrato de *arrendamento urbano* a "*cessão total ou parcial, temporária ou permanente e onerosa ou gratuita, do gozo do prédio, quando ilícita, inválida ou ineficaz perante o senhorio*".

A fórmula de 2006 não continha a expressão "do gozo do prédio" que foi acrescentada em 2012 depois de termos denunciado a omissão[464].

O princípio fundamental é o de o *arrendatário* não poder transferir para outrem o *gozo* total ou parcial, definitivo ou temporário, onerosa ou gratuitamente, do espaço arrendado, como ressalta do estabelecido na al. *f)* do art. 1038 CC, onde, entre as diferentes *obrigações do locatário* se enuncia a de "*não proporcionar a outrem o gozo total ou parcial da coisa*

[464] Cf. o nosso *Manual do Arrendamento Urbano*, II, 5ª ed., at., Almedina, 2011, p. 1118.

por meio de cessão onerosa ou gratuita da sua posição jurídica, sublocação ou comodato, exceto se a lei o permitir ou o locador o autorizar".

Cotejadas as duas disposições, esta, que se mantém inalterada desde a primitiva formulação locatícia do CC, ficou mais casuística e menos genérica do que aquela.

Parecendo embora desejável que se tivessem harmonizado as duas redações, resulta ao menos, desta diversidade, que se torna uma explicativa da outra.

Assim, o termo *cessão,* que integra o *fundamento de resolução pelo senhorio,* constante da citada al. *e)* deste novo art. 1082-2 CC, compreende, na especificação da al. *f)* do art. 1038, tanto uma *cessão de posição contratual* (art. 424 CC), como um *subarrendamento* (novo art. 1088 CC) ou um simples *comodato* (art. 1129 CC).

Qualquer destes casos é, em princípio, proibido ao *arrendatário;* o primeiro, no começo da al. *f)* do art. 1038 ("cessão onerosa ou gratuita da sua posição jurídica"); o segundo e o terceiro, logo a seguir, na mesma alínea ("sublocação ou comodato"); o segundo, ainda, no novo art. 1088 CC.

Mas a al. *e)* deste art. 1083-2 condiciona a *resolução* às circunstâncias de a *cessão* ser "*ilícita, inválida ou ineficaz perante o senhorio*".

Refere-se "ilícita" porque há cessões que são *lícitas* e não constituem fundamento de *resolução* pelo *senhorio*: a *locação de estabelecimento* (art. 1109-2) e o *trespasse* (art. 1112-1).

Fora destes casos, a cessão, sem autorização do senhorio, é ilícita porque, como se viu, a al. *f)* do art. 1038 a proíbe.

Exige-se ainda que seja *ineficaz perante o senhorio,* para abranger os atos *lícitos* que não sejam *eficazes* perante o *senhorio,* por não lhe terem sido *comunicados*: a *locação de estabelecimento* (art. 1109-2) e o *trespasse* "art. 1112-3).

Requer-se também que a cessão seja "inválida".

A fórmula primitiva do CC referia, no plural, que estes atos teriam de ser "ilícitos, *inválidos por falta de forma* ou ineficazes em relação ao senhorio" (al. *f)* do primitivo art. 1093-1). E foi mantida no RAU (art. 64-1, al. *f)*) – mas, desde a frustrada Reforma de 2004, passou a referir-se apenas a cessão *inválida,* tendo caído o acrescento "por falta de forma".

Desconhecemos a razão que terá determinado a nova fórmula, ao libertar a invalidade da sua referência à falta de forma.

Decerto, não se terá tido em vista justificar a *cessão* com *vício de forma*: seria então muito fácil fraudar a proibição. Mais justificadamente, ter-se-á pretendido deixar de restringir a *resolução* por *invalidade* à resultante de *falta de forma* para a estender aos próprios casos de *invalidade* por *vício de conteúdo.*

Simplesmente, como antes já se refere a *ilicitude,* e não há *ilicitudes válidas,* parece que ficou assim a haver uma desnecessária duplicação da referência à *invalidade.*

A ideia terá resultado de, muito provavelmente, se ter tido em vista referir a *cessão ilícita,* por contraposição à licitude dos casos de *locação de estabelecimento* e de *trespasse* mas, ao enunciar a regra nos termos em que ficou feita, parece evidente que a inclusão da *ilicitude,* seguida da *invalidade,* ficou *a chover no molhado.*

Uma coisa é muito firme: o *arrendatário* não pode, pois, refugiar-se no *vício de forma*, para pretender que não fez a *cessão*.

Só estará liberto da *resolução "se a lei o permitir ou o locador o autorizar"*.

A *autorização do senhorio* relativa à *cessão da posição jurídica de arrendatário*, segundo supomos (art. 425 CC, referido ao novo art. 1069 CC), ou ao *subarrendamento* (art. 1088-1 CC), só é válida se for dada por *escrito*.

A que for dada para *comodato*, parece que poderá ser apenas *verbal*.

Em qualquer caso, a falta de *autorização* é sempre sanada pelo ulterior *reconhecimento do senhorio* (art. 1049 CC).

– A transmissão da posição de locador, resultante da venda do prédio arrendado, integra o consentimento do primitivo senhorio para a sua utilização que vinha a ser feita por terceiro, por tolerância do arrendatário – SUPREMO, 15-10-1996 (*ColSTJ*, IV-III, p. 45).

No tocante à *permissão da lei*, constante da parte final da alínea do art. 1038 CC, têm-se em vista, como já se disse, os casos de *locação de estabelecimento* (art. 1109 CC), de *trespasse* (al. *a)* do art. 1112-1 CC) e de *transmissão da posição de arrendatário para o exercício da mesma profissão liberal ou sociedade profissional* (al. *b)* do art. 1112-1 CC).

A – No Direito anterior, chegou a sustentar-se que a *resolução* pelo *senhorio* seria excluída se a situação criada pelo *arrendatário* tivesse *carácter de precariedade*[465].

Como então opinámos, é preciso distinguir os atos através dos quais se proporciona a outrem um gozo de que, de facto, se demitiu, total ou parcialmente – o que será sempre fundamento de *resolução*, mesmo que a cessão seja gratuita e a título *precário* – dos de recebimento ocasional em casa de convidados seus, por cortesia e amizade, ou de aproveitamento de *curta* ausência, inclusivamente para guarda.

A redação formalmente muito ampla, imprimida à al. *e)* do art. 1083-2 CC ("a cessão, total ou parcial, temporária ou permanente e onerosa ou gratuita") favorece claramente – salvo melhor opinião – o nosso entendimento de então.

B – A enumeração destes três casos de cessão que facultam a *resolução* do *contrato de arrendamento* pelo *senhorio*, como ressalta claramente da aproximação deste passo do art. 1083-2 com a al. *f)* do art. 1038 CC, deve ser entendida a título meramente exemplificativo, parecendo-nos afastada certa antiga jurisprudência que recusava a *resolução* com

[465] Defendido na doutrina por António Pais de Sousa, *Extinção do Arrendamento Urbano*, Almedina, Coimbra, 1980, pp. 220-221; 1985, p. 263, e utilizado em alguns arestos: Relação do Porto, 24-10-1978 (*Colectânea*, III-4, p. 1262); Relação do Porto, 21-7-1983 (*BMJ* nº 329, p. 620).

fundamento em que, embora houvesse ocupação do prédio por estranhos, se não tinham provado factos caracterizadores de alguma das três antigas figuras[466].

> – Ceder a terceiros o gozo do locado é matéria de facto que corresponde a um conteúdo concreto a que o comum das testemunhas pode responder, e não juízo de facto ou de valor – Relação de Coimbra, 7-12-1995 (*BMJ* nº 452, p. 504).

X – **Mora do arrendatário, igual ou superior a três meses no pagamento da renda, encargos ou despesas que corram por conta do arrendatário; *purgatio moræ.*** A primeira e mais elementar obrigação de todo o *locatário*, como tal enunciada na alínea *a)* do art. 1038 CC, é a de pagar oportunamente o *aluguer* ou *renda* estipulada.

A – Historicamente, vinha sendo este, aliás, o primeiro caso de *resolução pelo senhorio* que se consagrava no nosso Direito positivo.

Ainda na frustrada *Reforma de 2004* ele figurava à cabeça, e bem, da enumeração constante do art. 1086 do respetivo *Projeto.*

Tradicionalmente, também, semelhante violação tanto existia quando pura e simplesmente o *não pagamento* se verificasse como quando o *arrendatário* tivesse satisfeito apenas *parte* do montante devido: em ambas as hipóteses, havia *falta de pagamento*, considerando-se então preenchido o *caso de resolução* pelo *senhorio* com o mero *incumprimento* pontual, sem qualquer *termo de graça.*

> – O facto de o senhorio ter contemporizado com atrasos anteriores, por parte do inquilino, no pagamento das rendas nunca pode consubstanciar, da sua parte, uma conduta vinculante para o futuro – Relação de Lisboa, 25-6-1998 (*BMJ* nº 476, p. 441).

> Ainda com algum interesse:

> – Penhorado em ação executiva o "direito ao arrendamento e trespasse" do estabelecimento comercial instalado no prédio arrendado e entregue o mesmo a fiel depositário, incumbe a este o giro do estabelecimento bem como a obrigação de pagar as rendas (art. 843 CPC)" – SUPREMO, de 24-11-1987 (*BMJ* nº 371, p. 427).

Com a *Reforma de 2006*, porém, este ponto levou uma grande volta.

Por um lado, deixou de ser o primeiro *fundamento de resolução* pelo *senhorio*, para passar a ser contemplado só no nº 3, à parte do rol enunciado no número anterior.

[466] Relação de Lisboa, 09-01-1985 (*Colectânea*, X-1, p. 137).
Na mesma orientação deste aresto e contra o que sustentamos no texto, pronunciou-se, no domínio da legislação anterior, Eridano de Abreu (*ROA*, 44º [1984], I, p. 100).

Por outro, passou a prever que, além da *renda*, possam impender sobre o *arrendatário* outros *encargos patrimoniais*, referidos no artigo como, além da *renda*, "encargos ou despesas" associando a *mora* respetiva à das *rendas* devidas (art. 1083-3 CC de então).

Por outro lado, estabeleceu-se, nesse nº 3, que só ocorria o fundamento de *resolução* quando o atraso de pagamento fosse *superior a três meses*.

Por outro, ainda, enquanto os restantes fundamentos do nº 2 deste artigo operavam "*nos termos da lei de processo*", isto é, por *ação de despejo* (art. 1084-2 CC), para este previa-se a *resolução pelo senhorio* por simples "*comunicação à contraparte*" (art. 1084-1 CC).

Ao *arrendatário* só restava, para evitar a destruição do contrato, *purgar a mora*, pagando as rendas em falta.

Mas como conseguiria o *senhorio*, na falta de *purgação*, obter a *evicção* dele?

Não antecipando a exposição, vamos vê-lo, de espaço, a propósito do art. 1084 (v. *infra*, nº 3., *sub* art. 1084).

Por agora, diremos apenas que estabelecia então o art. 14-3 $NRAU_{2006}$ que, na pendência da *ação de despejo* deveriam as rendas ser pagas ou depositadas "nos termos gerais".

Não ocorrendo isso, era o *arrendatário* notificado para pagar ou depositar, em 10 dias, a importância devida e a indemnização (art. 14-4 $NRAU_{2006}$) e, se a isso não acedesse, poderia o *senhorio* obter certidão dos autos, relativa a este facto, que constituiria, então, *título executivo* para se lançar no *processo de execução* para *entrega de coisa certa* (art. 14-5 $NRAU_{2006}$).

B – Com a Reforma de 2012, estes princípios sofreram profundas alterações.

Assim, quanto à *mora* tolerada ao *arrendatário*, passou-se do período *superior* a *três meses*, em 2006, para *igual* ou *superior* a *dois meses*, em 2012.

O *senhorio* poderia recorrer á *comunicação de resolução* depois de decorridos *dois meses* de atraso no *pagamento da renda* – que, entretanto, com a Lei nº 43/2017, voltaram, não propriamente para os *três meses* anteriores, mas para "*igual ou superior a três meses*".

Além disso, em 2012, pensando nos arrendatários que vão pagando, mas sistematicamente fora de prazo, tinha-se acrescentado um novo fundamento de *resolução pelo senhorio*, por *pequenos atrasos repetidos*.

Assim, no caso de o *arrendatário* se constituir em *mora superior a 8 dias* por *mais de quatro vezes seguidas ou interpoladas, num intervalo de doze meses* (este art. 1083-4), poderá ainda o *senhorio* recorrer à *comunicação de resolução do contrato*.

A *mora do arrendatário* continuou a reportar-se "*ao pagamento da renda, encargos ou despesas que corram por conta do arrendatário*", segundo a redação atual do preceito, neste passo conservada pela Lei nº43/2017, que se contentou com a subida do prazo para os referidos *três meses* – mas, logo em 2019, o legislador foi mais fundo aditando ao presente artigo um nº 6, a estabelecer que o *senhorio* só poderá resolver o contrato se tiver informado por carta registada o *arrendatário* de que é sua intenção pôr fim ao arrendamento naqueles termos: um ultimato.

Não é preciso que se configure a *mora* cumulativa destes elementos, bastando que compreenda, ou só a *renda, stricto sensu,* ou só os *encargos* ou só as *despesas,* embora possam naturalmente cumular-se.

Por ouro lado, se o *arrendatário* quiser pôr fim ao *fundamento de resolução,* há de pagar uma indemnização "igual a 20% do que for devido" (art. 1041-1 CC) – o que quer dizer que envolve as *rendas,* os *encargos* e as *despesas* que se encontrem em *mora.*

Já se tem posto – é certo – a dúvida sobre se a expressão "for devido" englobae também os *encargos* e as *despesas,* ou apenas as *rendas*[467] – mas parece que a hesitação não tem fundamento, uma vez que a expressão é suficientemente clara: "o que for devido" é *tudo quanto se dever,* e não apenas a *renda stricto sensu.*

Vai, ainda, neste sentido o nº 3 do presente art. 1083-3, quando expressamente declara ser inexigível ao *senhorio "a manutenção do arrendamento em caso de mora igual ou superior a três meses no pagamento da renda, encargos ou despesas que corram pelo arrendatário".*

Parece-nos que a simples *falta de pagamento,* mesmo que meramente parcial, de uma *renda,* que seja, por *três meses,* ou mais, será *fundamento de resolução pelo senhorio* através de *comunicação* ao *arrendatário* desde, evidentemente, que cumprido o requisito posto no nº 6 do presente artigo.

De acordo com o próprio teor literal da nossa lei, a *inexigibilidade de manutenção do contrato pelo senhorio não depende de se perfazerem três ou mais meses de rendas* mas, tão-somente, mais de três ou mais meses *de mora,* ainda que de uma só *renda* ou *parte de renda* ou, inclusivamente, só de *encargos acessórios lícitos* ou de *despesas,* ou só de partes suas[468].

A nossa jurisprudência, vinha ultimamente aplicando a *exceptio non adimpleti contractus* para reconhecer que não terá o *arrendatário* a obrigação de pagar a *renda* devida enquanto o *senhorio,* por sua parte, não proceda às *reparações* que corram de conta deste, e sem as quais haja uma impossibilidade, total ou parcial, do gozo do prédio.

> – O locatário só pode suspender o pagamento da renda (de toda a renda) quando se trate de não cumprimento do locador que exclua totalmente o gozo da coisa; no

[467] Nuno Manuel Pinto Oliveira, *Resolução do contrato de arrendamento* (*Sc.Ivr.,* nº 308, Outubro-Dezembro, 2006, pp. 657-659; Fernando baptista de Oliveira, *Resolução do Contrato no Novo Regime do Arrendamento Urbano,* Almedina, 2007, pp. 120-121 n.

[468] A *resolução do contrato de arrendamento* por *falta de pagamento de encargos de conta do arrendatário,* através da *ação de despejo,* não é inédita entre nós. Já no Decreto-Lei nº 25:851, de 14 de Setembro de 1935, se tinha estabelecido que a parte da *contribuição predial* correspondente a rendimento coletável excedente à *renda* deveria ser satisfeita pelo *arrendatário,* ficando a respetiva falta de pagamento equiparada, para todos os efeitos à falta de pagamento daquela (v., sobre o ponto, Pinto Loureiro, *Tratado da locação,* Coimbra Editora, 1947, II vol., pp. 283 ss).

caso de privação parcial do gozo imputável ao locador, o locatário apenas poderá suspender o pagamento de parte da renda – SUPREMO, 11-12-1984 (*BMJ* nº 342, p. 355).

– Se o locatário paga a renda e o locador não repara as deteriorações do imóvel que é obrigado a garantir, aquele pode suspender o pagamento de toda a renda, quando se trate de não cumprimento que exclua totalmente o gozo da coisa ou de parte dela, no caso de privação parcial do gozo imputável ao locador – Relação de Lisboa, 9-5-1996 (*Colectânea*, XXI-III, p. 87).

Esta jurisprudência oferecia, já então, margem a sérias objeções, a saber:

a) – O incumprimento da realização de obras, ainda que conduzisse à total impossibilidade de utilização do prédio, nunca poderia ser encarado – parece-nos – como *incumprimento total* do contrato pelo senhorio, pois outras obrigações, por força do contrato, impendiam sobre os seus ombros e, por suposto, essas estavam a ser cumpridas;

b) – Faltava entre a obrigação de realização das obras e o pagamento das rendas a *interdependência recíproca ou dialela* das duas obrigações, para se poder estabelecer rigorosamente entre elas a *exceptio*;

c) – O disposto nos arts. 14 a 16 RAU parecia de resto excluir muito claramente a *exceptio*, uma vez que, não cumprida a obrigação imputada ao senhorio pelo seu arrendatário, reconduzia este para o estabelecimento de contacto com a câmara municipal e o admitia, antes, a realizar diretamente as *obras*, de conta do senhorio, e a depositar a diferença de renda a aumentar em face das obras por que a câmara fez a notificação (art. 14-1 RAU).

Não constituiria isto a prova provada de que não podia o *arrendatário*, por sua alta recreação, suspender pura e simplesmente o pagamento das rendas?

Mais recentemente, porém, e no sentido que vimos defendendo, mas ainda à luz do Direito anterior:

– A exceção de não cumprimento do contrato pressupõe que a prestação exigida e a que se invoca para justificar a recusa sejam correlativas ou recíprocas. Se a arrendatária entrou no gozo da coisa e nesse gozo de manteve até ao despejo, não tendo, assim, a ocorrência das invocadas deficiências implicado a cessação do gozo, improcede "a exceptio" – SUPREMO, 4-4-2006 (*ColSTJ* nº 192, p. 33).

E também:

– I – O incidente da ação de despejo previsto no art. 58 do RAU, de despejo imediato por falta de pagamento das rendas vencidas na pendência da ação, apenas admite como oposição relevante a prova do pagamento ou do depósito das rendas em falta. II – Não releva, para tal, a alegação por parte do inquilino de exceção de incumprimento por parte do senhorio ou de direito de retenção do locado para garantir direito de indemnização por benfeitorias nele realizadas – SUPREMO, 5-12-2006 (*ColSTJ* nº 195, p. 144).

Aquilo que será aplicável, hoje em dia, por expressa disposição da lei, é antes a suscetibilidade de *resolução do contrato pelo arrendatário* (art. 1083-4 CC).

Quanto ao *modo* ou *modos de operar* a *resolução* pelo *senhorio*, em face de *mora* de *renda*, *encargos* ou *despesas*, a cargo do *arrendatário*, ou da *oposição do arrendatário a obra ordenada pela autoridade pública* rege depois o art. 1084 (*v., sobre o ponto, o artigo seguinte e seu comentário, particularmente o exposto em 4.*).

XI – **Oposição do arrendatário à realização de obra ordenada pela autoridade pública e caducidade da resolução pelo senhorio com este fundamento.** Como sabemos, é *obrigação do locador* assegurar ao *arrendatário* o *gozo da coisa para os fins a que se destina*.

Nessa base, o *senhorio* fica, em princípio, obrigado a realizar "*todas as obras de conservação, ordinárias ou extraordinárias, requeridas pelas leis vigentes ou pelo fim do contrato*" (art. 1074-1 CC).

Só assim não será, se se tiver estipulado que tais *obras* correm *de conta do arrendatário*, como a própria lei o legitima, na parte final da disposição acabada de citar.

Ora cabendo em princípio ao *senhorio* realizar tais *obras* e tendo alguma delas sido imposta pela própria *autoridade pública*, não poderá, naturalmente, o *arrendatário* opor-se à sua realização.

Fazendo-o, incorre em *fundamento de resolução pelo senhorio*, segundo a expressa previsão contida na 2ª parte do nº 3 deste art. 1083, quando proclama que é *inexigível* ao *senhorio* a manutenção do arrendamento no caso de oposição pelo arrendatário "*à realização de obra ordenada por autoridade pública*".

Esta *resolução* opera, como consta do seguinte art. 1084-2, 1ª parte, por *comunicação*.

A lei ainda concede uma tolerância de *60 dias* para o *arrendatário* cessar essa *oposição* (art. 1084-4 CC, na redação da Lei nº 43/2017, que aumentou o prazo de *um mês*, da Lei nº 31/2012, para *60 dias*).

Cessando esta, dentro de tal prazo, *caduca* a *resolução* que tenha sido oposta pelo *senhorio* com base nela, como se proclama, deslocadamente, no art. 1084-5.

Se permanece, para lá dele, o fundamento subsiste. Obviamente.

XII – **Hospedagem.** No art. 1093-1 CC, estabelece-se que, em *espaço arrendado para habitação*[469], podem residir todos aqueles que vivam em *economia comum* com o *arrendatário* (e em comentário a esse preceito veremos em que termos deverá ser enten-

[469] No artigo não se escreve exatamente assim mas, desde a versão original do CC, inadvertidamente, que podem residir "no prédio do arrendatário" (versão de 1966), como se a parte arren-

dida esta expressão) e, bem assim, salvo cláusula em contrário, "um máximo de três hóspedes".

Resulta, por conseguinte, desta disposição que, além dos exemplos acabados de analisar, não havendo cláusula contratual, se o *arrendatário* alojar *quatro hóspedes*, ou mais, disporá o *senhorio* deste fundamento legal de *resolução do contrato.*

O que é um *hóspede,* define-se no art. 1093-3 CC: *é a pessoa a quem o arrendatário proporcione habitação e preste habitualmente serviços relacionados com esta, ou forneça alimentos mediante retribuição.*

Trata-se, como logo se intui, de um fundamento de *resolução,* puramente objetivo, por natureza, sem margem para qualquer ponderação quanto às qualidades do prédio ou outro possível juízo de valor, e que encontrou o seu caldo de cultura na *facti species* do § 7º, al. *a),* do art. 5º da Lei nº 1:662, de 4 de setembro de 1924, a permitir o *despejo* do *arrendatário "quando, sendo o prédio arrendado para habitação, for aplicado a fins ilícitos ou desonestos ou ao exercício de qualquer comércio ou indústria".*

Com base na última parte do preceito, a dada altura, certa jurisprudência, não estando ainda definido o conceito de *hospedagem,* passou a considerar casos destes como fundamento de *despejo,* por integrarem a *indústria de "casa de hóspedes"* ou *"de pensão".*

A ideia, porém, não foi sem reação, pois logo surgiram decisões a afastar tal enquadramento, arrimando-se ao argumento de que o acolhimento de alguém em *casa arrendada para habitação,* em situação de *albergaria ou pousada,* não lhe confere o carácter de *estabelecimento industrial* devidamente licenciado nem, consequentemente, integra o exercício da *indústria de casa de hóspedes*[470].

Surgiu assim o *assento* de 22-1-1929, a decidir que *"há uso de prédio para fim diverso do convencionado quando, tendo sido arrendado para habitaçao, nele for exercida a indústria de casa de hóspedes ou pensão"*[471].

Poderá, na verdade, considerar-se que este *assento* será criticável no plano formal e dos conceitos. Ter alguém em casa que paga ao *arrendatário habitacional,* pela ocupação de uma parte dela e por prestação de serviços relacionados com a habitação, como tratamento de roupa, limpeza e arrumação da parte ocupada, não corresponderá estritamente ao exercício da indústria de hospedagem legalizada.

Na perspetiva dos valores e da *æquitas,* já cremos que ele estava certíssimo, pois interpretava latamente como exercício de uma *indústria albergueira doméstica* a simples prática informal de *pousada,* desviando-se do fim estritamente *habitacional* para que o *arrenda-*

dada fosse um prédio pertencente ao próprio arrendatário, ou simplesmente "no prédio" (versão de 1990 [art. 76-1 RAU], 2006 e 2012), como se ela fosse todo o prédio.

[470] José Pinto Loureiro, defendeu largamente este entendimento, mesmo após o *assento* de 22-1-1929 (*Tratado da Locação,* I, Coimbra Editora Limitada, 1946, p. 208).

[471] *Diário do Governo,* II série, de 5 de fevereiro de 1929; *Col.Dout.Acs.STJ.,* 28º, p. 22; *Rev.Leg. Jurs.*61º, p. 347.

mento fora concedido: a remuneração de dois ou três *hóspedes*, normalmente já superava, de longe, o preço da renda.

E tanto assim era que, cerca de duas décadas depois, com a Lei nº 2:030, a doutrina do *assento* veio a ser consagrada e regulada em letra de forma.

No Parecer da Câmara Corporativa, que constituiu o seu valioso trabalho preparatório, declarou-se, com plena razão e oportunidade, "ser indispensável regular melhor um dos fundamentos já existentes – o de ser indevidamente aplicado o prédio ao exercício de indústria" e, referindo o citado *assento* e ponderando que "um dos mais frequentes abusos na aplicação do prédio a fim diverso do convencionado está o exercício habitual do contrato de albergaria ou pousada, do qual o arrendatário aufere consideráveis proventos"[472], propôs uma norma interpretativa da Lei nº 1:662 a dispor: "considera-se, para efeito da alínea *a)* do § 7º do artigo 5º da Lei nº 1:662, de 4 de setembro de 1929, a prestação de albergaria ou pousada a mais de uma pessoa" (art. 27-2 do texto sugerido)[473].

Nesta base, a Lei nº 2:030 veio então a consignar um preceito onde expressamente estabeleceu, elevando exageradamente para *três hóspedes* a legitimação que fora sugerida apenas para um, que o *senhorio* poderia requerer o *despejo* "*no caso de hospedagem a mais de três pessoas, salvo sendo das indicadas no nº 1 do artigo 63*" (art. 67, al. *b)*).

E foi este *caso de resolução* pelo *senhorio* que veio depois a consagrar-se na formulação primitiva da enumeração taxativa do CC (art. 1093-1, al. *e)*, de então), definindo-se complementarmente, para o efeito, o que deveria entender-se por *hóspedes*: "*os indivíduos a quem o arrendatário proporcione habitação e preste habitualmente serviços relacionados com esta, ou forneça alimentos, mediante retribuição*" (art. 1109-3 CC) e declarando-se poder, no arrendamento para habitação, residir no prédio, além do arrendatário, "um máximo de três hóspedes" (art. 1109-1, al. *b)*).

Assim se fixou que pode haver duas classes de *hóspedes*: aquele a quem se proporcione *habitação e serviços relacionados com ela*, e o indivíduo a quem simplesmente *se forneça alimentos* – em ambos os casos, mediante retribuição.

E foi esta formulação que, com alguns retoques, passou para o RAU (arts. 64-1, al. *e)*, e 76-3).

Com a Reforma de 2006 e, depois com a de 2012, este *caso de resolução* não foi tipificado, mas continuou a repetir-se a definição de *hóspede*, nos termos anteriores (art. 1093-3 CC atual), e a estabelecer que, no *arrendamento habitacional*, pode residir, "no prédio"(!), "*um máximo de três hóspedes, salvo cláusula em contrário*" (art. 1093-1, al. *b)*).

É, hoje, inteiramente óbvio que este máximo constitui um exagero já pouco desculpável à data em que a então Assembleia Nacional subiu para este número a sugestão da Câmara Corporativa de permissão de apenas *um hóspede*, que referimos há pouco.

472 *Diário das Sessões*, Suplemento nº 83, 1947, 5 de fevereiro, nº 35, p. 470-(34).

473 *Diário das Sessões*, Suplemento nº 83, 1947, 5 de fevereiro, p. 470-(52)..

Nessa altura, as casas *para habitação* ainda tinham uma dimensão apreciável e chegavam, à vontade, como ainda hoje se vê em Lisboa, para nelas se instalarem *consultórios médicos* e *escritórios de advogados* ou *de empresários*; e as famílias ainda vinham de ser em grande número. Da nossa passagem pela Relação de Lisboa, na década de oitenta, ainda nos lembramos de um caso lá julgado relativamente a um andar na Avenida da Liberdade, de Lisboa, com dezasseis assoalhadas, *arrendado para habitação* e que, entretanto, tinha sido arvorado em *pensão* com, salvo erro, *dez hóspedes*.

É claro que a permissão atual de um máximo de *três hóspedes* está completamente desajustada à realidade dos nossos dias e só tem sobrevivido por inadvertência legislativa.

O art. 1084 CC não se refere concretamente ao *modo de operar* a *resolução pelo senhorio* fundada nesta hipótese, sendo de entender, se bem nos parece, que deverá ser o *despejo*, uma vez que a lei não a inclui nos casos para que basta a *comunicação*.

XIII – **Violação do limite máximo de sub-renda.** Admitido contratualmente o *subarrendamento*, desde cedo, porém, começou a nossa lei a sancionar o exagero de *sub-renda* praticado pelo *subarrendatário*.

O Decreto nº 5:411, de 17 de abril de 1919, foi implacável e abriu a penalização criminalizando-a: "*nenhum locatário ou sublocatário poderá sublocar qualquer prédio destinado a habitação exigindo renda superior àquela que paga ao senhorio ou ao locador ou sublocador, e não poderá recusar qualquer contrato de sublocação por essa mesma renda, sob pena, em qualquer caso, de desobediência qualificada*" (art. 109)[474].

Daí, passou para a Lei nº 1:662, de 4 de setembro de 1925 que, no § 2º do seu art. 7º, já bastante mais razoavelmente mas ainda com marcado exagero, estabeleceu que, "*na sublocação de todo ou parte do prédio, o locatário ou sublocatário só poderá receber uma renda proporcional àquela que paga ao senhorio aumentada de 50%*".

Aí, a sanção passou a ser a possibilidade de o senhorio requerer o despejo (§ 6º do art. 5º da mesma Lei).

Com a redação inicial do CC, o limite de sub-renda permitido foi, "*proporcionalmente superior ao que é devido pelo contrato de locação, aumentado de 20%, salvo se outra coisa tiver sido convencionada com o locador*" (art. 1062), preceito que tem sido mantido ao longo das diferentes Reformas ocorridas em matéria de *arrendamento*.

A violação não está concretamente enunciada como *fundamento de resolução* pelo *senhorio*, mas resulta, decerto, diretamente do estabelecido na al. *b)* do art. 1083-2 CC.

[474] Como se vê, a redação é de uma total infelicidade: nenhum locatário ou sublocatário poderá subarrendar o espaço arrendado mediante uma renda superior àquela a que está sujeito, sob pena de responder pelo crime de *desobediência qualificada* – e, se recusar a sublocação pela mesma renda, continuará a responder por esse crime.
Era preso por ter cão e preso por não o ter.
O que se quis antes significar foi que, se recusasse sublocar pelo preço inferior que lhe oferecessem, exigindo a renda superior à sua, seria igualmente sujeito às penas da *desobediência qualificada*.

Além disso, pôr-se-á a questão de saber se o *senhorio* terá ainda direito a haver do *arrendatário sublocador* o excesso de renda pago pelo *subarrendatário*, com fundamento em *enriquecimento sem causa* (art. 473 CC).

No ac. do SUPREMO, de 23-5-2001, para o caso diferente, mas homólogo deste, de o *arrendatário* ter subarrendado o espaço locado contra proibição contratual, admitiu-se o *enriquecimento* da diferença recebida do *subarrendatário* para a renda devida, fundando-se, para tanto, em que nem a *resolução* do contrato nem a substituição do *senhorio* ao *arrendatário* "permitiriam ao senhorio-proprietário obter a indemnização ou restituição das quantias pela locatária em consequência da sublocação"[475].

Teríamos alguma dúvida em subscrever, pelo menos por inteiro este aresto.

Primeiro, porque o *enriquecimento* nuca deveria ser determinado pela diferença entre a renda recebida e a devida pelo sublocador mas, posto que este, se a operação fosse lícita, poderia receber mais 20%, sobre a sua renda, nos termos do preceituado no art. 1062 CC, o *enriquecimento* deveria abater essa percentagem.

Depois, porque, ao *senhorio*, sendo o *subarrendamento total*, como era o caso, sempre lhe restaria o meio de se substituir ao *arrendatário* e passar a receber o total da *sub-renda* (art. 1090-1 CC).

O SUPREMO desvalorizou este fundamento sustentando, como se viu, que semelhante meio não permitiria a restituição das quantias entretanto recebidas pela *arrendatária*, mas faltou-lhe certamente ponderar que, só na altura da reação, teria o *senhorio* sabido da infração – pois se o *senhorio* sabia e deixou andar, *sibi imputet*.

Só para o período de *ignorância do senhorio* e pela diferença do art. 1062 CC para o total em excesso sobre os 20%, poderá haver, quanto a nós, *enriquecimento sem causa*.

Também neste caso cremos que o *modo de operar* a *resolução* pelo *senhorio* será a *ação de despejo*.

XIV – **Incumprimento contratual.** A infração de qualquer cláusula convencionada é também, claramente, uma *causa de resolução* do contrato pelo *senhorio* como, aliás, também pelo *arrendatário*, como resulta do expressamente determinado no nº 1 deste art. 1083: "*qualquer das partes pode resolver o contrato... com base em incumprimento do contrato*".

Parece recomendável que se declare isto expressamente numa concreta cláusula, afirmando-se que tal violação torna inexigível, pela sua gravidade e consequências, a manutenção do arrendamento.

Também neste caso, será através da *ação de despejo* que poderá o *senhorio* resolver o contrato.

[475] *ColSTJ*, IX-II, pp. 95-96

XV – **Alteração anormal das circunstâncias.** No Direito anterior, foi controvertida a suscetibilidade de se incluir entre os *fundamentos de resolução* estabelecidos para o *arrendamento urbano* a *alteração anormal das circunstâncias*, prevista no art. 437 CC.

A questão parecia, em geral, divorciada dos *arrendamentos vinculísticos*, quanto aos quais o *senhorio* só podia resolver o contrato com fundamento em casos muito contados, taxativamente previstos na lei (primitivo art. 1093-1 CC e art. 64-1 RAU), e o próprio *arrendatário* tinha de esperar, "nos termos gerais de Direito", pelo *incumprimento definitivo do senhorio* (antigo art. 1047 CC e art. 63 RAU).

Na verdade, um facto imprevisto que de imediato arrebatasse o interesse de uma das partes ou lhe tornasse inesperadamente muito gravosa a manutenção do contrato, ou teria de esperar, para a rutura contratual, pelo fundamento resolutivo muito pouco provável da outra parte, ou pela alternativa, se a ela pudesse recorrer, nos termos específicos da lei arrendatícia, da hoje chamada *oposição à renovação*.

Não faltou, apesar disso, quem tivesse defendido a aplicabilidade aos *arrendamentos vinculísticos* desta *válvula de segurança resolutiva*.

Não vale a pena reproduzir aqui os termos da controvérsia então suscitada, nem insistir na impropriedade, em nosso parecer, das ilustrações então oferecidas para a *alteração anormal das circunstâncias* em matéria arrendatícia, bastando remeter os interessados em maiores desenvolvimentos para a edição anterior desta obra[476].

Recordamos todavia que, rejeitando frontalmente, embora, a sua aplicação aos exemplos apresentados, ainda admitíamos e continuamos hoje a admitir a sujeição, dos próprios *arrendamentos vinculísticos*, ao mecanismo legal da superveniente *alteração anormal das circunstâncias* no tocante à *turbação da equivalência* circunscrita ao confronto da *renda legal* com o valor dc prestações acessórias do *senhorio* que formem *encargos* de sua conta.

Era o caso da hipótese, que teve certa frequência em Lisboa nas décadas de 40 e 50, de o *arrendamento habitacional* compreender a prestação de aquecimento central nos meses mais frios do ano, mediante caldeira instalada em dependência do prédio, com funcionamento e combustível a cargo do *senhorio* – o que, com a inflação e o *choque petrolífero*, ultrapassou em custo o próprio valor bruto das rendas[477] e acabou por ter uma execução prática da *alteração anormal das circunstâncias* á margem de qualquer intervenção judicial.

Foi ainda o caso, entre 75 e 85, de *rendas de frações autónomas* de prédios em *propriedade horizontal* se terem tornado significativamente inferiores à prestação de condomínio a pagar pelo *senhorio*.

[476] *Manual do Arrendamento Urbano*, 3ª ed. rev. e act., Almedina, 2001, pp. 755-760.

[477] É – note-se – uma hipótese diferente da contemplada nos acs. do SUPREMO, de 18-4-1985 (*BMJ*. nº 346, p. 229) e da Relação de Lisboa, de 7-6-1984 (*Colectânea*, IX-3, p. 145), em que a prestação de aquecimento central foi objeto de contrato autónomo, coligado ao *arrendamento*, e contra um preço ajustável segundo os custos do *thin fuel oil*.

No domínio do Direito atual e, naturalmente para os novos contratos, a solução afirmativa é abertamente sustentada por MENEZES LEITÃO, que não vê obstáculos legais a que seja solicitada pelo *senhorio* a *resolução do contrato* ou a sua *modificação segundo juízos de equidade*, "sempre que as circunstâncias em que as partes fundaram a decisão de contratar tiverem sofrido uma alteração anormal, se a exigência do cumprimento das suas obrigações afetar gravemente os princípios da boa fé e não estiver coberta pelos riscos próprios do contrato (art. 437, nº 1)"[478].

Estamos porém aqui perante um simples enunciado dos princípios gerais. Nenhuma aplicação concreta do instituto ao *arrendamento urbano* é analisada, e há até quem, arrancando da mesma ideia de aplicabilidade de princípio da figura da *alteração anormal das circunstâncias* ao *arrendamento urbano*, logo a restrinja tão significativamente como com a afirmação de que não poderá ela sobrepor-se aos *mecanismos específicos de desvinculação do senhorio*, como seria "se se admitisse a resolução por alteração anormal das circunstâncias com base numa necessidade superveniente da habitação do senhorio, fora dos casos de denúncia para habitação que a lei contempla"[479].

Pela nossa parte, pensamos que a disciplina da *alteração anormal das circunstâncias* terá, decerto, aplicação ao *arrendamento urbano*, naqueles casos em que a própria lei, inspirada na ocorrência de uma *anormal alteração*, editou regras próprias para a *locação*, como aquela que determina a *caducidade do contrato* em virtude de *perda* ou *expropriação* da coisa locada (als. *e)* e *f)* do art. 1051-1 CC) ou as que preveem o regime próprio da *impossibilidade* da prestação (arts. 790 ss CC) – e, bem assim, a constante do art. 47 da Lei nº 6/2006, de 27 de Fevereiro, para a *atualização extraordinária de renda antiga*.

Aí, não temos dúvidas em considerar presente no *arrendamento urbano*, por concretas consagrações legislativas, a *alteração anormal das circunstâncias*.

Fora disso e num plano geral, convém atentar em que, na verdade, o remédio do art. 437-1 CC tem o seu campo de eleição no plano das vinculações *económicas* do contrato.

Resulta isso, claramente, da principal fonte inspiradora do nosso preceito, que foi o art. 1467 do Código Civil italiano, onde a suscetibilidade de *resolução* é expressamente reportada à *eccessiva onerosità* superveniente da prestação a que se obrigou o contraente – e resulta ainda, não só do facto de o nosso legislador se ter baseado na disposição italiana, como também de o nosso próprio art. 437-1 referir expressamente o "lesado" e estar, portanto, a pensar igualmente na *base económica* do contrato.

É, aliás, geralmente reconhecido entre nós que se consagrou na nossa lei a *teoria da base negocial*[480], provendo, com a *resolução* (ou a *modificação*, segundo a equidade), a uma *turbação de equivalência* de que, como pondera a doutrina alemã, se terá de falar quando,

[478] LUÍS MANUEL TELES DE MENEZES LEITÃO, *Arrendamento Urbano*, 3ª ed., Almedina, 2007, pp. 105-106.

[479] MARIA OLINDA GARCIA, *Arrendamentos para comércio e equiparados*, Coimbra Editora, 2006, p. 215.

[480] VAZ SERRA (*Rev.Leg.Jurs.* 113º, p. 367); ANTUNES VARELA (*Rev.Leg.Jurs.* 119º, p. 85).

"em consequência de uma imprevista alteração da situação num contrato bilateral, as obrigações de ambas as partes se tornaram numa 'grosseira não relação', de modo que não pode o contrato já cumprir o seu sentido como contrato de troca. A razão de tal turbação de equivalência pode estar numa depreciação da moeda, numa alteração da legislação ou na situação política"[481].

Ora, na perspetiva da *base económica* do contrato, parece fora de toda a dúvida que a *válvula de segurança* do art. 437-1 CC muito dificilmente poderá aplicar-se ao *senhorio lesado*, de um *arrendamento urbano*, por ser aí o próprio legislador quem, através de normas injuntivas, contra ventos e marés, tem vindo a impor a manutenção da *base negocial*, ou a vai corrigindo, em seu critério, com acertos pontuais.

Ao *senhorio* não sobra, assim, mesmo nos novos contratos, apreciável margem de manobra para, por cima dessas correções e das hipóteses legalmente enunciadas como *casos de resolução* ou de *denúncia*, romper o contrato de *arrendamento urbano* ou obter a sua modificação segundo *juízos de equidade*, com base em *alteração anormal das circunstâncias*.

Isto mesmo tem sido, aliás, reconhecido na jurisprudência da Cassação italiana e, em geral, na doutrina da mesma nacionalidade, em face do art. 1467 do *Codice civile*, fonte do nosso art. 437 CC, jurisprudência e doutrina que sempre têm proclamado a inconciliabilidade do regime arrendatício com a *resolução* por *eccessiva onerosità*, admitindo-a só, de vez em quando, mas restritamente para aquelas prestações não concretamente sancionadas por uma explicita proibição de modificação da contraprestação – o que, ainda assim, não deixa de ser combatido, com fundamento em que tal concessão representaria um atentado à *ratio* da lei arrendatícia[482].

[481] Larenz, *Lehrbuch des Schuldrechts*, 1968, I, § 20, II.

[482] Veja-se, sobre o ponto, principalmente, Tabet, *La locazione-conduzione*, (*Trattato di diritto civile e commerciale*, de António Cicu/Francesco Messineo), Giuffrè – Milano, 1972, pp. 789-790.
Durante os trabalhos preparatórios do nosso Código Civil, aliás, já se tinha consciência certa do entendimento italiano do art. 1467, escrevendo então Vaz Serra que este não era aplicável ao *arrendamento de prédios urbanos* "seja qual for a relação em que o valor de uso do prédio venha a estar com a renda permitida pela legislação especial" (*Resolução ou modificação dos contratos por alteração das circunstâncias/BMJ* nº 68, p. 353).
Ao pendor mais recente da doutrina italiana sobre o tema, podemos tirar o pulso nos seguintes excertos de que damos nota:
"Desequilíbrio, pelo contrário, deriva da aplicação da legislação especial de bloqueio de rendas para as locações de imóveis urbanos e para o *affitto* de prédios rústicos; mas as consequências de tal desequilíbrio têm sido reguladas com remédios cada vez mais adequados pela própria legislação especial. E, de facto, quando se pôs o problema de excesso de valor das prestações acessórias do locador (despesas de condomínio, fornecimento de água, reparações extraordinárias) sobre o valor da retribuição correspondente (*del corrispettivo*) devida em execução das leis de bloqueio, as mesmas leis previram fazer reverter sobre o locatário, se não totalmente, ao menos em medida equitativa, o ónus correspondente" – Mirabelli, *La locazione* (Tratado de Vassalli), UTET-Torino, 1972, pp. 565-566.

XVI – **Resolução pelo arrendatário.** Não cremos que se justifique a previsão do nº 5 deste art. 1083, segundo a qual o *arrendatário* poderá *resolver* o contrato, designadamente, quando o *senhorio* não realize as *obras* que lhe incumbam para manter a *habitabilidade* da casa e, em geral, manter a aptidão desta para o uso a que se destina.

Nem no tempo do *vinculismo* o *arrendatário* resolvia o contrato por falta de obras que a *habitabilidade* impunha.

As *rendas* eram tão baratas que ele preferia ter de as fazer para aguentar a casa, a resolver o contrato.

Agora, que essa chaga está em processo de extinção e a esmagadora maioria dos prédios se submetem ao *arrendamento livre,* ou a casa tem *habitabilidade* e o contrato celebra-se, ou não a tem e o *arrendatário* procura outra que a tenha e não entra nela.

Se já está previsto, no nº 1, que "qualquer das partes pode resolver o contrato... com base em incumprimento pela outra parte", parece evidente que é excrescente este nº 5, ao determinar que pode o *arrendatário* resolver o contrato, designadamente, por não realizar o *senhorio* obras que a este caibam.

Para operar a *resolução,* como resulta do disposto no nº 2 do artigo seguinte, bastará ao *arrendatário* fazer a respetiva *comunicação* ao *senhorio.*

Artigo 1084 – Modo de operar

1 – A resolução pelo senhorio com fundamento numa das causas previstas no número 2 do artigo anterior é decretada nos termos da lei de processo.

2 – A resolução pelo senhorio quando fundada em causa prevista nos números 3 e 4 do artigo anterior bem como a resolução pelo arrendatário operam por comunicação à contraparte onde fundamentadamente se invoque a obrigação incumprida.

3 – A resolução pelo senhorio, quando opere por comunicação à contraparte e se funde na falta de pagamento de renda, encargos ou despesas que corram por conta do arrendatário, nos termos do número 3 do artigo anterior, fica sem efeito se o arrendatário puser fim à mora no prazo de um mês.

"O remédio [do art. 1467] não é todavia para as locações sujeitas a prorrogação legal ou bloqueio da renda, ode o sacrifício do locador (conexo ao desequilíbrio entre valor locativo e renda legal) encontra a sua justificação nas superiores exigências públicas que inspiram a legislação vinculística e não é portanto obviável, pela proibição legal de aumentos, mediante a oferta, da parte do locatário, nos termos do art. 1467, último inciso, da *reductio ad equitatem*" – LAZZARO/PREDEN/VARRONE, *Le locazione in regime vincolistico,* Giuffrè, Milano, 1978, p. 281.
"A resolução por excessiva onerosidade é, pelo contrário, excluída a respeito de locações vinculadas, considerando-se tal remédio incompatível com as disposições vinculísticas" – RENATO MICCIO, *La locazione,*2ª ed., rev., UTET,1980, p. 421.

4 – O arrendatário só pode fazer uso da faculdade conferida no número anterior uma única vez, com referência a cada contrato.

5 – Fica sem efeito a resolução fundada na oposição pelo arrendatário à realização de obra ordenada pela autoridade pública se, no prazo de 60 dias, cessar essa oposição.

(Redação ultimamente inovada pela Lei nº 43/2017, no seu nº 5, em mais uma das sucessivas alterações: subiu aqui para 60 dias a tolerância de um mês, para que a Lei nº 31/2012 tinha reduzido os três meses de 2006. Deste modo reduziram-se agora os três meses, que a Lei nº 6/2006 concedia, para os 60 dias atuais. Até ver.)

1. Apontamento introdutório

O preceito não é feliz.

Logo a epígrafe é vaga e indefinida: modo de operar, o quê?

Afinal, disciplina a *forma da resolução* pelo *senhorio*, ou pelo *arrendatário*, e acaba por mencionar, não um, mas dois *modos de operar*.

É óbvio que a epígrafe, para não ser tão inexpressiva, deveria, satisfatoriamente, ter referido algo como "modos de operar a resolução pelo senhorio ou pelo arrendatário".

O nº 2 é um vasto enunciado a que faltam elementarmente pausas.

Depois, os n.os 3, 4 e 5 não disciplinam o *modo de operar* ou a *forma de resolução*, mas factos excludentes de concretos *casos de resolução* pelo *senhorio*, referindo particularmente o nº 4 com que frequência poderá o *arrendatário* afastar a *resolução* pelo *senhorio* do número anterior, acrescentando-lhe, descabidamente, que só o poderá fazer "em cada contrato", uma excrescência que a Reforma de 2006 introduziu, no art. 1048-2, mas a tinha omitido neste preceito.

A epígrafe deveria, na verdade, acrescentar à fórmula referida acima uma referência a estes passos, ficando antes sensivelmente assim: "Modos de operar a resolução e sua caducidade".

Na mesma disposição, já temos também ouvido condenar, por pleonástica, a expressão "uma única", introduzida em 2006, no art. 1048-2 e nele reproduzida em 2012, mas cremo-la gramaticalmente irrepreensível porque "uma" não funciona aqui como numeral, mas como artigo indefinido[483].

Por último, o nº 2 é, na redação atual, uma tirada quilométrica e sem pausas, que exige do intérprete um fôlego de atleta em apurada forma para chegar ao seu termo.

No período do *vinculismo pleno*, só a *ação de despejo* constituía *modo de operar* a *resolução pelo senhorio*, como expressa e perentoriamente se declarava na formulação primitiva do art. 1047 CC: "*a resolução do contrato por falta de cumprimento por parte do arrendatário tem de ser decretada pelo tribunal*".

[483] Repare-se na expressão corrente e também correta "por umas duas ou três vezes".

A frustrada Reforma de 2004 propunha-se, meritoriamente, desjudicializar *cessação* e *não renovação*, no respetivo art. 1082-1, onde simplesmente proclamava que "*a cessação do arrendamento e a não renovação operam por comunicação à outra parte, mediante carta registada*"[484] mas, em 2006, com este art. 1084, só se admitiu a *comunicação* para a *resolução por mora do arrendatário* no pagamento da *renda, encargos* ou *despesas*, ou para a *oposição* deste à realização de *obra ordenada pela autoridade pública*.

Todos os outros casos de *resolução pelo senhorio* são para decretar "*nos termos da lei de processo*".

A *resolução pelo arrendatário* faz-se, naturalmente, sempre por *comunicação* ao *senhorio* (este art. 1084-2)

Foram estas soluções que a Reforma de 2012 acabou por sobraçar, e a de 2017 conservou.

No fundo, cremos que nem valeria a pena consignar aqui os *modos de operar*, uma vez que eles já constam das disposições gerais sobre a *resolução dos contratos* (art. 436 CC), não havendo necessidade, para o *arrendamento urbano* (mesmo para o *vinculístico* remanescente), de qualquer modo diferente.

2. O nº 1: modo de operar a resolução pelo senhorio, em presença das causas constantes do nº 2 do art. 1083

De acordo com o disposto no nº 1 deste art. 1084, a *resolução pelo senhorio*, fundada nas causas previstas no nº 2 do artigo anterior (violação das regras de higiene, utilização contrária aos bons costumes, uso para fim diverso, não uso por mais de um ano, salvo motivo justificado), operam "*nos termos da lei de processo*", distinguindo-se deste jeito das constantes dos n.os 3 e 4 do presente artigo (mora no pagamento da rendas, encargos ou despesas, e oposição pelo arrendatário à realização de obra determinada pela autoridade pública), as quais, pelo seu nº 2, se contentam com o modo de *comunicação* à contraparte.

Porquê, esta diversidade de modos de operar entre os fundamentos de *resolução* do nº 1 ou, pelo contrário, do nº 2?

Debalde se procurará, na Exposição de Motivos da Proposta de Lei nº 6/2006, onde a inovação se estabeleceu, uma explicação para semelhante destrinça.

Aliás, essa consulta será perturbadora, se bem nos parece, pois se, por um lado, nela se declara que a nova lei "*manterá a sua imperatividade em sede de cessação do contrato, mas abre-se a hipótese à resolução extrajudicial do contrato*" (al. *1)*), por outro, aí se afirma que "*nos casos de cessação por resolução com base em mora no pagamento da renda superior a três meses, ou devido a oposição pelo arrendatário à realização de obra ordenada pela autoridade pública, se o senhorio proceder à notificação judicial avulsa do arrendatário e este mantiver a sua conduta inadimplente, permite-se a formação de título executivo extrajudicial*" (al. 2)).

[484] Cf. *O Direito*, 136º, 2004-II-III, p.482.

Pareceria, em face do primeiro passo, que se teria aberto generalizadamente a porta à *resolução* através de *comunicação*, mas certo é que a entrada foi afinal apenas entreaberta para a *mora* no *pagamento da renda* ou das *despesas* e *encargos* devidos pelo *arrendatário* ou para a *oposição* deste *à realização de obra ordenada por autoridade pública.*

Porquê?

Se, realmente, já não seria plausível manter "os termos da lei de processo" como o modo de operar a *resolução*, ainda menos se compreenderá por que estranho motivo, não revelado na Exposição de Motivos, semelhante meio constitui a regra, abrindo-se uma exceção para a *mora* no *pagamento da renda, encargos* ou *despesas*, e para a *oposição do arrendatário* à *realização de obra ordenada por autoridade pública* que se passaram a poder fazer por simples *comunicação.*

Pensar-se-ia, porventura, que estes *fundamentos de resolução* teriam sido reservados para a simples *comunicação* por constituírem violações patentes do contrato pelo *arrendatário* mas, contemplando as outras formas enunciadas exemplificativamente no nº 2 do art. 1083, aí encontramos casos tão visíveis como eles, bastando referir o *uso para fim diverso* (al. *c)*) ou o *não uso por mais de um ano* (al. *d)*).

O *modo de operar* nele definido pelos "termos da lei de processo" significa o recurso à *açao de despejo.*

Esta é hoje disciplinada pelos arts. 14 a 15-S NRAU; 862-866 CPC; Decreto-Lei nº 1/2013, de 7 de janeiro (que criou o Balcão Nacional de Arrendamento) e Portaria nº 9/2013, de 10 de janeiro.

3. O nº 2: modo de operar a resolução pelo senhorio, fundada nas causas dos n.os 3 e 4 do artigo anterior

Em conformidade com o disposto no nº 2 deste art. 1084, a *resolução pelo senhorio*, fundada nas causas constantes dos n.os 3 e 4 do art. 1083 (*mora igual ou superior a três meses* no *pagamento de rendas, encargos ou despesas* e *oposição do arrendatário à realização de obra ordenada por autoridade pública*), faz-se por *comunicação* à contraparte "onde fundamentadamente se invoque a obrigação incumprida".

Obrigação incumprida é, naturalmente, a descrita através dos concretos factos de *falta de pagamento* ocorridos, que deverão mesmo ser enumerados, ou a concreta *oposição* à realização de *obra ordenada por autoridade pública.*

Quanto à imposição de *fundamentar a comunicação*, o advérbio usado pelo legislador (fundamentadamente) tanto pode significar a *fundamentação de facto*, impondo que se refiram, um a um, os incumprimentos verificados, com indicação de datas da *mora*, como, ainda, a *fundamentação de direito* que, supomos, bastará ser elementar, para não ter de recorrer-se a um jurista para a elaborar.

A *comunicação*, seja qual for a modalidade que se adote, deverá, pois, especificar sempre os *montantes* e *datas de mora* e, além disso, concluir que esses factos constituem infração da cláusula contratual x (aquela que estipula o montante e datas de pagamento de rendas) e da obrigação legal constante do art. 1038, al. *a)*, constituindo o fundamento de *resolução* pelo *senhorio* previsto no nº 3 (ou nº 4, ou n.os 3 e 4) do art. 1083 CC.

A exigência legal desta fundamentação, como se vê, é miudinha[485].

E por que forma se faz a *comunicação?*

I – Segundo se estabelece no art. 9º-7 NRAU, na redação de 2012, com alteração, em 2017 da sua al. *b)*, a *comunicação*, deve ser feita por uma de três formas:

a) – Por *notificação avulsa;*

b) – Por *"contacto pessoal de advogado, solicitador ou agente de execução, comprovadamente mandatado para o efeito, sendo feita na pessoa do notificando, com entrega de duplicado da comunicação e cópia dos documentos que a acompanhem, devendo o notificando assinar o original"* (texto de 2017);

c) Por *escrito assinado* pelo *senhorio*, remetido por *carta registada, com aviso de receção*, *"nos contratos celebrados por escrito em que tenha sido convencionado o domicílio caso em que é inoponível ao senhorio qualquer alteração do local, salvo se este tiver autorizado a modificação"* (texto de 2012, intocado depois).

A *notificação avulsa* vem regulada nos arts. 256-258 CPC.

É realizada por *agente de execução* designado pelo requerente ou pela secretaria, pode ainda ser realizada por *funcionário judicial*, e é pedida ao tribunal, estando sujeita a despacho prévio (art. 256-1 CPC).

O *contacto pessoal* faz-se nos termos descritos na al. *b)* do citado art. 9º-7 NRAU, que, como se vê, evidencia a deficiente redação do texto legal, desde 2006, onde avulta ainda, no texto de 2017, a falta de concordância gramatical na referência ao *contacto pessoal* "feita" na pessoa do notificando, numa reminiscência à *comunicação*, que ficou para trás.

Também aqui, parece desnecessária tamanha multiplicidade de modalidades, quando é óbvio que a mais simples, mais económica, mais rápida e mais prática é a de *escrito assinado*, remetido por *carta registada*, com *aviso de receção*, parecendo inútil uma previsão das outras duas.

Temos por certo que a Lei nº 31/2012, quando acrescentou este meio do *escrito assinado* aos outros dois unicamente previstos em 2006, deveria, em vez de aditá-lo, substituir os anteriores por este e redigir então o requisito em termos claros.

Na doutrina, MARIA OLINDA GARCIA considera, que ele só passa a ser utilizável "desde que entre as partes tenha havido expressa *convenção de domicílio* reduzida a escrito"[486] – e outros AA, sem análise, limitam-se a reproduzir o texto legal: "carta registada para o

[485] No **Formulário**, apresentamos um modelo de comunicação de resolução do contrato.

[486] MARIA OLINDA GARCIA, *Arrendamento Urbano Anotado – Regime Substantivo e Processual*, 3ª ed., Coimbra Editora, 2014, p. 184.

domicílio do arrendatário"[487], ou quem siga na mesma trilha daquela I.A.: "mas apenas nos contratos por escrito e em que haja domicílio convencionado"[488].

Também não falta quem, contrariamente, entenda, antes que a remessa da *carta* para o *domicílio* é requerida, *quando ele tenha sido convencionado*[489] – e esta parecerá a solução mais razoável, não obstante a ambiguidade do texto.

Repare-se.

Tradicionalmente, a lei não estabelecia quais os *elementos* que deveriam compor o *conteúdo* de um *contrato de arrendamento* e, nessa base, não se previa, nem para o *senhorio*, nem para o *arrendatário*, a necessidade, ou sequer a eventualidade de inclusão de uma cláusula a referir o *domicílio* de qualquer das partes, para o relacionamento entre elas, o qual se fazia, naturalmente, para a própria fração arrendada, para a *habitação* ou o escritório, consultório ou estabelecimento do *arrendatário*.

Foi, segundo cremos, unicamente com o Decreto-Lei nº 13/86, de 23 de janeiro, que, no seu art. 2º-1, pela primeira vez, se enunciaram as *menções* que deveriam constar do *contrato de arrendamento*, não se especificando, entre elas, o *domicílio das partes*, contentando-se singelamente o diploma, sob esse aspeto, com que se referissem "os sujeitos do contrato" (art. 2º-1, al. *a)*).

Depois disso, o RAU previu uma pormenorizada série de elementos que deveriam constar do conteúdo do contrato, sem minimamente se referir à previsão de um *domicílio* (art. 8º RAU), e o próprio Decreto-Lei nº 160/2006, na sua versão inicial, no enorme desenvolvimento que deu à alínea, descreveu-a assim: "a identificação das partes, incluindo a naturalidade, a data do nascimento e estado civil" – e foi só com a sua versão, dada pelo Decreto-Lei nº 266-C/2012, de 31 de dezembro, que se completou esta alínea e pela primeira vez se incluiu, no *conteúdo eventual* do contrato, a referência ao "*domicílio convencionado*", passando a constituir a al. *g)* do art. 3º daquele diploma.

Será razoável admitir que a Lei nº 31/2012, em 14 de agosto, tenha estabelecido, inovatoriamente, uma forma de *resolução* pelo *senhorio* endereçando-a, unicamente, para uma menção contratual que *não se usava, não estava legalmente prevista* e positivamente *não existia*, pois só o foi quatro meses depois e, para cúmulo, como simples *conteúdo eventual*?

A ser assim, em todos os contratos anteriores a inovação não se aplicaria esta, que estaria, deste modo, reservada exclusivamente aos futuros contratos que viessem a ter o cuidado de estabelecer um *domicílio convencionado*.

O nº 3 do art. 3º do Decreto-Lei nº 160/2006, acrescentado pelo Decreto-Lei nº 266-C/2012, parece mesmo admitir que a *resolução* pelo senhorio fundada em *mora de rendas* do

487 Amadeu Colaço, *Reforma do Novo Regime do Arrendamento Urbano*, 8ªed., Almedina, 2016, p. 235

488 Soares Machado/Regina Santos Pereira, *Arrendamento Urbano (NRAU)*, 3ªed., Petrony, 2014, p. 262.

489 José António de França Pitão/Gustavo França Pitão, *Arrendamento Urbano Anotado*, Quid Juris, 2017, p. 21.

arrendatário poderá ser feita para o local arrendado quando não se tenha convencionado *domicílio*, ao rezar assim: "*para o efeito do disposto na alínea g) do nº 1, o domicílio convencionado do arrendatário, ainda que não coincida com o endereço do imóvel arrendado, constitui o local para o qual lhe devem ser remetidas as comunicações e notificações relativas ao contrato de arrendamento*".

Todas estas considerações levam-nos a pender mais para a ideia de que a *resolução pelo senhorio* do contrato, fundada em *falta de pagamento de rendas*, poderá realmente usar a *comunicação* para o prédio arrendado, na ausência de *domicílio convencionado*.

No fundo, a *comunicação* por *carta*, independentemente de constituição contratual de *domicílio*, deveria ter sido, quanto a nós, o único modo de a operar, sendo os dois meios restantes perfeitamente desnecessários, de burocracia a mais e pouco práticos.

Quanto a estes, porém, perguntar-se-á: *notificação avulsa*, onde? *Contacto pessoal*, onde?

As respetivas alíneas não referem o *local* em que hão-de fazer-se.

Devem-no ser, antes de mais, no *domicílio convencionado*.

Não havendo esta convenção, que é apenas um *conteúdo eventual* do *contrato de arrendamento* (art. 3º, al. *g)*, do Decreto-Lei nº 160/2006), deverão ser então feitos, uma e outro, na *fração* ou *prédio arrendado*, nos termos gerais do nº 2 do art. 9º NRAU.

No tocante propriamente à *comunicação* por *escrito assinado pelo senhorio*, o art. 9º NRAU, manda, naturalmente, remetê-las ao *arrendatário*, "na falta de indicação deste por escrito em contrário", para o local arrendado, ou, constituindo ele a *casa de morada da família*, endereçando a comunicação para cada um dos dois *cônjuges*.

Não devem ser enviadas *cartas coletivas*, dirigidas aos *arrendatários F e J*, ou ao *arrendatário F e Esposa*, mas *a título individual*, uma para cada um, como se prevê no art. 12-1 NRAU, nesse caso e em geral se tem entendido, cremos que bem[490].

II – Em tempos menos próximos, suscitou-se a questão de saber se a *comunicação* era, na *mora de pagamento de rendas*, o único meio que o *senhorio* poderia usar, ou se lhe seria possível preteri-la, socorrendo-se imediatamente da *ação de despejo*.

Maria Olinda Garcia, no domínio da Reforma de 2006, sustentou a negativa, com fundamento em que a *ação de despejo* não poderia ser utilizada quando o *arrendamento* já tivesse cessado por outro meio, neste caso, pela *comunicação*[491].

A nosso ver, isto não estava certo pois, fazendo a *comunicação*, o *senhorio* limitava-se, nessa altura, a ficar com um *título executivo* (art. 15 $NRAU_{2006}$) e, se em vez de se lançar na *execução*, passasse ao *processo declarativo da ação de despejo*, só lhe aconteceria, então (art. 449-2, al. *c)*, CPC) como agora, nas mesmas condições (art. 535-2, al. *c)* CPC_{2013}), ser condenado nas custas, se o réu não contestasse.

[490] Cf., neste sentido, Francisco Castro Fraga, *Leis de Arrendamento Urbano Anotadas* (coord. de António Menezes Cordeiro), Almedina, 2014, p. 483, an. 9

[491] Maria Olinda Garcia, *A ação executiva para entrega de imóvel arrendado*, 2ª ed., Coimbra Editora, 2008, pp. 28 ss. Na mesma orientação, Fernando Baptista de Oliveira, *A Resolução do Contrato no Novo Regime do Arrendamento Urbano*, Almedina, 2007, pp. 129-131.

Outros Autores foram, porém, muito mais longe na rejeição daquele entendimento e chamaram a atenção para hipóteses várias em que, em vez da *comunicação*, teria o *senhorio* de optar pela *ação de despejo*, como no caso de o *arrendatário* se encontrar em parte incerta, o de haver, além da *mora*, outros fundamentos de *resolução*, o de preferir-se levar a controvérsia com o *arrendatário* para a *ação declarativa*, em vez de para a *execução*, ou a existência de uma consignação em depósito.

Foi-se inclusivamente a ponto de sustentar uma livre opção do *senhorio* em preterir a *comunicação* para se lançar, logo, na *ação de despejo*, arrolando-se um vasto rol de vantagens dessa preferência[492].

Assim se evitava o "compasso de espera" de *três meses* para a ocorrência da *mora*, do art. 1083-3, e dos outros *três meses* (hoje *um mês*) que, depois da *comunicação*, se davam ainda ao *arrendatário*, no art. 1084-3; evitar que a *execução* subsequente fique suspensa se for recebida a *oposição do arrendatário* – entre outras mais[493].

O entendimento teve um êxito notável, na doutrina, do mesmo passo que a jurisprudência foi sempre admitindo o livre recurso à *ação de despejo* após os *três meses* de graça, sem prévia *comunicação*[494].

[492] Soares Machado/Regina Santos Pereira, *Arrendamento Urbano*, 2ª ed., Livraria Petrony, 2007, pp. 133-134.

[493] Laurinda Gemas/Albertina Pedroso/João Caldeira Jorge, *Arrendamento Urbano*, 3ª ed., Quid Juris, 2009, pp. 409-410; David Magalhães, *A resolução do contrato de arrendamento urbano*, Fernando de Gravato Morais, *Novo Regime do Arrendamento Comercial*, 3ª ed., Almedina, 2011, p. 253.

[494] Assim, principalmente: SUPREMO, 13-03-2008: I – A resolução do contrato de arrendamento por falta de pagamento de renda pela via extrajudicial apresenta-se como uma faculdade, isto é, como mais um meio colocado à disposição do senhorio para pôr termo ao contrato, numa perspetiva de agilização e celeridade que o legislador quis imprimir à clarificação jurídica de tais situações após decurso de um período de três meses consecutivos de incumprimento (Processo nº 1154/2008-6); SUPREMO, 31-03-2009 (Processo nº 2150/08.6TBBRR.L1-7); SUPREMO, 06-05-2010 (438/08.5).SUPREMO, 15-03-2011 (Processo nº 2858/10.6TBCSC.L1-7); SUPREMO, 11-07-2013 (Processo nº 9779/12.6YYLSB.L1-2).
Na jurisprudência das Relações, podem citar-se, entre outros: Relação de Guimarães, 29-11-2007: Apesar de a lei (Nova Lei do Arrendamento Urbano) prever que a resolução do contrato fundado em mora superior a três meses no pagamento da renda opere extrajudicialmente, continua a ser possível o recurso à ação de despejo, para se obter a resolução judicial do contrato de arrendamento, com esse fundamento (Processo nº 2205/07-1); Relação do Porto, 20-01-2008: I – O senhorio não tem que aguardar por mora superior a três meses no pagamento de uma renda mensal para recorrer à via judicial e ver declarada a resolução do contrato por esse fundamento, em virtude da violação contratual do inquilino. II – A lei não retira o direito do senhorio recorrer à via judicial, em alternativa à resolução extrajudicial, nos casos previstos nos arts. 1083º, nº 3 e 1084º, n.ºs 1, 3 e 4 do CC, na redação do NRAU, e, muito menos, fora da referida previsão legal, que sempre se deve ter como norma excecional (Processo nº 0736573); Relação de Lisboa, 13-03-2008 (Processo nº 543/2008-1); Relação de Lisboa, 13-03-2008 (Processo nº 1154/2008-6); Relação de Guimarães, 10-07-2008 (Processo nº 1432/08-2); Relação do Porto,

Na nossa perspetiva, as vantagens que se atribuíam ao recurso imediato à *ação* eram mais ilusórias do que reais: a propositura, antes dos *três meses* necessários à *comunicação,* tornavam o *despejo* inexigível e acarretavam a condenação em custas e nos honorários do advogado do réu, nos termos do art. 662-3 CPC, de então, ao passo que a *comunicação* constituía *título executivo,* e admitia o recurso imediato à execução, nos termos do art. 15 $NRAU_{2006}$ – *mas, como quer que fosse, após 2012, deixou, quanto a nós, claramente de poder substituir-se a comunicação pela ação de despejo.*

Com efeito, de acordo com o que passou a dispor-se no art. 15-2, al. *e),* $NRAU_{2012}$, mantendo-se hoje em dia, apenas pode servir de base ao *procedimento especial de despejo,* "em caso de resolução por comunicação, o contrato de arrendamento, acompanhado do comprovativo da comunicação prevista no nº 2 do artigo 1084" (v. *infra*, ANEXO, art. 15 NRAU).

Sem, portanto, se juntar o comprovativo da *comunicação,* não poderá a *ação de despejo,* que se pretenda intentar, ter seguimento: é uma *condição da ação.*

E será com esta ação – e só com ela – que o *senhorio* conseguirá obter a evicção do *arrendatário* que não tenha desocupado voluntariamente o espaço arrendado (cf. art. 15-J NRAU).

4. Os n.os 3 e 4: purgação da mora do arrendatário, constante dos n.os 3 e 4 do artigo anterior

Vimos, em comentário ao art. 1083, qual o período de *mora do arrendatário* no *pagamento da renda* devida que será suficiente para justificar a *resolução pelo senhorio.*

Cabe agora atentar em como poderá o *arrendatário* purgar a sua *mora* impedindo tal *resolução.*

Sobre isto, dispõe o nº 3 deste art. 1084 que "*a resolução pelo senhorio, quando opere por comunicação à contraparte e se funde na falta de pagamento de renda, encargos ou despesas que corram por conta do arrendatário, nos termos do número 3 do artigo anterior, fica sem efeito se o arrendatário puser fim à mora no prazo de um mês*".

Era o que já se dispunha em 2006, com a redução, agora, para *um mês* dos exagerados *três meses* que então se davam ao *arrendatário* para *purgar a mora* e assim fazer caducar a *resolução* operada pela *comunicação* do *senhorio,* por falta de pagamento da *renda, encargos* ou *despesas.*

19-02-2009 (*Colectânea,* nº 212, XXXIV-I, p. 234); Relação de Lisboa, 31-03-2009 (*Colectânea,* nº 213, p. 105) Relação do Porto, 20-04-2009 (Processo nº 0837636); Relação de Lisboa, 28-05-2009 (Processo nº 3896/07-2); Relação de Lisboa, 02-07-2009: 1. O meio extrajudicial de resolução do contrato de arrendamento por falta de pagamento de rendas, previsto no NRAU, é optativo. 2. Assim, o senhorio pode resolver o contrato com esse fundamento, utilizando o meio processual comum de despejo logo que o arrendatário esteja em mora relevante. (Processo nº 438/08.5YXLSB.LS.S1); Relação de Coimbra, 02-11-2010 (Processo nº 715/08.5TBACN.C1); Relação de Lisboa, 27-01-2011 (Processo nº 528/10.4TBBRR.L1-8); Relação de Évora, 17-05-2012 (Processo nº 695/11.0); Relação do Porto, 25-10-2012 (Processo nº 1867/11.2TBMTS.P1).

Presentemente, só pode o *arrendatário* evitar o efeito da *comunicação de resolução* se puser termo à *mora* dentro de *um mês.*

Dentro de um mês, desde quando?

Obviamente, a contar da data do recebimento da *comunicação.*

Ante a *comunicação,* de acordo com o disposto no nº 4 deste art. 1084, só poderá purgar a *mora* por "*uma única vez, com referência a cada contrato*".

Aqui, não se compreende facilmente o que terá a lei em vista quando reporta a impossibilidade de repetição "*com referência a cada contrato*".

Esta expressão tinha sido acrescentada com a Reforma de 2006 ao que se dispunha no art. 1048-2 CC, no encalço da frustrada Reforma de 2004 – mas como compreendê-la agora?

Supomos que aquilo que se terá querido contemplar será a hipótese de, entre o mesmo *senhorio* e *arrendatário,* se celebrar mais de um contrato com *objetos mediatos* diferentes.

Por hipótese, celebra-se um *contrato de arrendamento* de um dos andares do prédio, *para habitação,* e um segundo tendo por objeto o rés-do-chão para outro fim.

Se o *arrendatário* se atrasa na renda de um dos contratos e, depois, purga a sua *mora,* ao atrasar-se na do outro, poderá também purga-la, pois respeita a *outro contrato*; não assim, se, por hipótese, se fez um *contrato único* para as diferentes frações.

O facto de o *senhorio* ser o mesmo, de acordo com esta determinação, não releva para o efeito de haver incorrido em *mora* no pagamento de rendas de contratos diferentes

O preceito refere apenas a circunstância de o *arrendatário pôr termo à mora.*

Não alude à importância que indemniza o período de incumprimento.

É o que se dispõe no art. 1041-1, quando estabelece que o *senhorio,* ante o atraso no pagamento das rendas ou alugueres – e vimos então que tem evoluído o *montante da purgação.* Ele era, na redação inicial do CC, o *dobro* do devido, aliás, já em redução de anteriores exigências, que começaram pelo *quíntuplo* (art. 5º, § 1º, als. *a)* e *b)* da Lei nº 1:662), que depois foi reduzido para o *triplo* (art. 76 da Lei nº 2:030), tendo os 50% surgido com o Decreto-Lei nº 293/77, de 20 de julho, que a Lei nº 13/2019 agora reduziu para 20%.

Propriamente no tocante à ressalva segundo a qual deixa de ser devida, se o contrato for resolvido pelo *senhorio* com base na *falta de pagamento da renda,* ela só surgiu, expressamente, com a primitiva versão do CC, pois certo é que a Lei nº 1:662 estabelecia somente a sanção do *quíntuplo* como um *modo de purgação da mora* e de *conservação do arrendamento* – e outro tanto parece que ocorreria com o *triplo,* da Lei nº 2:030 (art. 76-5).

Quer dizer: esta prestação reforçada de rendas sempre foi encarada como uma espécie de *multa* a pagar, *se o arrendatário quisesse conservar o arrendamento.*

Consequência disso era que o *despejo* então requerido não podia ser intentado ou prosseguir, quando o acréscimo fosse pago ou depositado em tempo útil: a *mora* tinha sido eficazmente purgada.

A ressalva expressa que, na parte final do art. 1041-1 CC, que se conserva em vigor desde a versão original do CC, tem, assim, o alcance de esclarecer, de tornar indiscutível que o *senhorio* não poderá despejar o *arrendatário* e receber, simultaneamente, o reforço de *renda* entregue ou depositado.

II – Nos termos do art. 1041 nº 1 do Código Civil constituindo-se o locatário em mora, o locador tem o direito de exigir, além das rendas em atraso, uma indemnização igual a 50% do que for devido, salvo se o contrato for resolvido com base na falta de pagamento.

III – O recorrido, com o acordo dos recorrentes, procedeu à entrega do imóvel dos autos e das respetivas chaves, tendo os recorrentes tomado conta do mesmo, em data não concretamente apurada mas posterior à data da apresentação da réplica (12/5/2004) e não posterior a 4 de Abril de 2006.

IV – Portanto, as partes fizeram cessar o contrato por mútuo consentimento como lhes era permitido pelo art. 62 do RAU e como veio também a ser consagrado no art. 1079 do Código Civil – aditamento introduzido pelo art. 3º do NRAU (Lei 6/2006 de 27/2).

Relação de Lisboa, 10-12-2009 (Processo nº 2143/03.0TCSNT.L1-1)

Neste caso, o *senhorio*, relativamente à *mora de rendas* sofrida, só poderá ser indemnizado pelo *juro moratório* (art. 806-1) quando, aliás, não tenha sofrido um *dano superior* (art. 806-3).

Mas o arrendatário, para excluir a resolução comunicada pelo senhorio, no prazo de um mês, aqui referido terá de pagar, durante o mês seguinte à comunicação, o montante devido de quatro meses (os três que se encontravam em mora mais o quarto que tem para a purgar) e os juros a que acabámos de aludir

5. O nº 5: caducidade da resolução pelo senhorio fundada em oposição do arrendatário a obra ordenada por autoridade pública

De acordo com o nº 5 deste art.1084, *fica sem efeito* a *resolução* do contrato pelo *senhorio*, fundada na *oposição do arrendatário* à realização de *obra ordenada pela autoridade pública*, se cessar essa oposição no prazo de *60 dias*.

Este *caso de resolução* do contrato pelo *senhorio*, previsto já no nº 3 do art. 1083, *caduca*, se o *arrendatário* cessar a oposição "no prazo de um mês", (parte final do nº 5 deste art. 1084).

O preceito não é mais explícito, mas ´parece de entender que esse mês se conta desde a data do recebimento da *comunicação* do *senhorio* a resolver o contrato, sendo-lhe aplicável o disposto no art. 279, als. *c)* e *d)*, CC.

Não parece ser esta a disposição legal mais adequada para situar nela a *caducidade da resolução*, pois se destina a disciplinar os modos de operar a *resolução do contrato*, que constitui matéria distinta da *caducidade de resolução.*

Artigo 1085 – Caducidade do direito de resolução

1 – A resolução deve ser efetivada dentro do prazo de um ano a contar do facto que lhe serve de fundamento, sob pena de caducidade.

2 – O prazo referido no número anterior é reduzido para três meses quando o fundamento da resolução seja o previsto nos números 3 ou 4 do artigo 1083.

3 – Quando se trate de facto continuado ou duradouro, o prazo não se completa antes de decorrido um ano da sua cessação.

(Redação da Lei nº 6/2006, com inovação do nº 2, passando o antigo nº 2 a atual nº 3)

Sobre a caducidade da resolução contratual

A pendência de um *fundamento de resolução,* por utilizar, especialmente num *contrato de execução continuada* como é o *arrendamento,* gera uma situação de *incerteza,* que seria inconveniente deixar perdurar indefinidamente.

Constituiria flagrante injustiça, decerto, admitir o seu exercício até tão tarde que confiasse o outro contraente, já então de *boa-fé* e sem *culpa grave,* no convencimento da continuação da vigência do contrato.

A lei deverá, portanto, impor ao titular do *direito de resolução* o ónus de exercê-lo num prazo certo e breve, sob pena de não poder, depois disso, vir a invocá-lo.

Semelhante exigência justifica-se tanto para as violações *instantâneas do arrendatário* como para as que se consubstanciam num facto *duradouro* ou *permanente,* pois em ambas as hipóteses subsiste, obviamente, a mesma situação de *incerteza* quanto à continuidade contratual e idêntico estado psicológico de *confiança* no não exercício do *direito de resolução,* que constituem o fundamento profundo, a causa determinante da estatuição da lei, e explicam que, decorrido que seja o *prazo de caducidade,* se perca a suscetibilidade de *resolução* do contrato, apesar de a contraparte se encontrar ainda em infração.

Se não se aceitar isto, jamais se surpreenderá o genuíno alcance da necessidade de tutela legal, verdadeiramente assente num princípio sensato de política legislativa.

Naturalmente, estamos aqui em presença de uma *caducidade por omissão,* a que se aplicam os princípios gerais dos arts. 328 a 333 CC.

I – Ora, como se tinha estabelecido já na Lei nº 1:662, de 4-9-1924, o direito de o *senhorio* intentar *ação de despejo,* pelos fundamentos de *resolução* então admitidos, *prescrevia, no fim de 6 meses,* contados da data em que, por qualquer meio, o *senhorio* tivesse notícia da "transgressão" (§ 8º do art. 5º).

Mal avisada, a Lei nº 2:030 revogou esta disposição – mas prontamente o novo Código Civil voltou ao bom caminho, estatuindo exatamente assim, para os *casos de resolução* enumerados no seu art. 1093-1:

"A ação de resolução deve ser proposta dentro de um ano, a contar do conhecimento do facto que lhe serve de fundamento, sob pena de caducidade" (art. 1094 CC).

Surpreendentemente, este preceito, que parecia redigido em termos de grande clareza, despertou funda divisão na jurisprudência e acesa polémica na doutrina, quanto a saber se o cômputo deste prazo se aplicava apenas aos *factos instantâneos,* ou se vigorava também quanto aos *factos continuados* ou *duradouros.*

II – À controvérsia pretendeu pôr cobro o *assento* de 3-5-1984 (*Diário da República*, 3-7-1984), segundo o qual, "*seja instantâneo ou continuado o facto violador do contrato de arrendamento, é a partir do seu conhecimento inicial pelo senhorio que se conta o prazo de caducidade estabelecido no artigo 1094 do Código Civil*".

A solução não agradou, porém, a certos sectores[495] e, cinco anos mais tarde, optou o Legislativo pela condenável e *inconstitucional* iniciativa de exautorar o *assento,* aprovando a Lei nº 24/89, de 1 de Agosto, que veio dar ao art. 1094 CC a redação seguinte:

"1 – *A ação de resolução deve ser proposta dentro de 1 ano a contar do conhecimento do facto que lhe serve de fundamento, sob pena de caducidade.*

2 – *O prazo de caducidade previsto no número anterior, quando se trate de facto continuado ou duradouro, conta-se* a partir[496] *da data em que o facto tiver cessado*"[497].

Foi esta redação do preceito do Código Civil que, depois, o art. 65 RAU reproduziu, *ipsis verbis.*

[495] Na doutrina, as opiniões acerca do *assento* dividiram-se. Enquanto ANTUNES VARELA o considerou *uma das muitas pedras negras* que na edificação da ordem jurídica o SUPREMO coloca (PIRES DE LIMA/ANTUNES VARELA, *Código Civil Anotado,* II, Coimbra Editora, 1986, p. 368), nós, pelo contrário, defendemos que a proposição do *assento* se nos afigurava "basicamente correta" (1ª ed. desta obra, 1984, p. 429) e, posteriormente, ORLANDO DE CARVALHO foi ainda mais longe e sustentou que, aplicado estritamente em relação às als. *b), d), e), f)* e *g),* a sua lição "é inteiramente exata, constituindo mesmo uma tardia, mas justíssima reposição do sentido da lei", não sendo, porém aplicável a sua solução "para as violações sucessivas ou reiteradas das als. *c), h), i)* e *j)* – *Alguns aspetos da negociação do estabelecimento* (*Rev.Leg.Jurs.* 118º, p. 233).

[496] O legislador deveria ter evitado o emprego desta expressão, que é condenada pelos gramáticos (v. LEITE DE VASCONCELOS, *Lições de Filologia*, p. 382; VASCO BOTELHO DE AMARAL, *Dicionário de dificuldades da língua portuguesa*, 1938). Podia perfeitamente ter grafado, antes, "desde a".

[497] A Assembleia da República tem, certamente, toda a legitimidade para legislar como muito bem entender sobre as matérias da sua competência, e podia, assim, em qualquer altura, modificar a lei de arrendamento ou o Código Civil. Não tem, todavia, o direito de interferir na esfera de atuação dos tribunais, aproveitando a sua competência legislativa para a exercer com *desvio do fim* para que lhe foi constitucionalmente atribuída, *exclusiva* e *abertamente* com o sentido de *inutilizar uma sentença judicial.*

A exautoração do *assento* de 1984, nos termos em que foi levada a cabo pela Lei nº 24/89, não constituiu portanto, em nossa opinião, unicamente uma deselegância para com o Poder Judicial, mas uma verdadeira e clara violação dos princípios contidos nos arts. 114-1 e 208-2 da Constituição.

Pretendeu-se significar, assim, que, se o facto em que assenta o *direito de resolução* for *continuado* ou *duradouro*, o *senhorio* pode conhecê-lo desde o início da sua verificação e deixá-lo protelar indefinidamente, sem que daí resulte *caducidade*.

O prazo desta só começará a correr quando o *arrendatário cessar a violação continuada*. Se a não cessar nunca, não caducará nunca o *direito de resolução* do *senhorio*.

Tratando-se, pelo contrário, de *facto instantâneo*, o *prazo de caducidade* começará a correr no próprio dia em que foi conhecido do *senhorio* (art. 329 CC, referido, então, ao art. 65-1 RAU).

Em nosso parecer, semelhante destrinça de regimes entre *factos instantâneos* e *factos continuados* tinha sido uma complicação da nossa jurisprudência, de que ela própria já se arrependera, com o *assento* de 3-5-1984, e que a doutrina deveria ter prontamente enterrado, não sendo louvável a opção legislativa da Lei nº 24/89, que acabou por ser acolhida pelo RAU[498] e pelas sucessivas alterações legislativas até ao atual art. 1085-3 CC.

Pareciam de fácil aplicação as regras enunciadas – e, todavia, não foram poucos os desencontros das opiniões doutrinais e dos julgados, afigurando-se-nos inevitável que viriam a ressurgir, com a reabertura da distinção entre *factos continuados ou duradouros* e *factos que não o são*.

Não é de estranhar assim que, quando nos foi dado ensejo de opinar sobre a frustrada *Reforma de 2004*, logo tivéssemos combatido a manutenção de idêntico preceito na nova formulação do CC.

Ainda sugerimos um nº 2 para o respetivo projeto de artigo, a declarar: "*se, porém, o facto continuado persistir para além de expirado o prazo de caducidade sem invocação do respetivo direito, poderá a todo o tempo ser assinado ao seu autor prazo razoável para a cessação do facto, sob pena de voltar a correr contra ele um novo e último prazo*".

A sugestão não foi, no entanto, acolhida e, assim, já com a Reforma de 2006, o nº 2 do novo art. 1085 CC veio manter a disposição legal anterior, mas nos termos seguintes: "*quando se trate de facto continuado ou duradouro, o prazo não se completa antes de decorrido um ano da sua cessação*".

> A expressão formal adotada agora não parece perfeita, quanto a nós. Ao referir-se que não se completa o prazo *antes de decorrido um ano da sua cessação*, está a admitir-se que poderá completar-*se ainda depois de completado um ano de cessação* e, simultaneamente, *a considerar-se a cessação, também ela, duradoura*.
>
> A expressão formal da frustrada Reforma de 2004 teria sido preferível. Rezava assim: "*Quando se trate de facto continuado ou duradouro, o decurso do prazo inicia-se na data da sua cessação*".

498 Para maior desenvolvimento deste tema, no âmbito do Direito anterior, pode ver-se o nosso *Curso de Direito dos Arrendamentos Vinculísticos*, Almedina, Coimbra, 1988, pp. 531-547.

Na nossa perspetiva e salvo o devido respeito pela opinião contrária, para além das dificuldades de qualificação dos incumprimentos do *arrendatário* em *instantâneos* e *duradouros*, também nos não parece justificável, em termos de política legislativa, que se faça iniciar o cômputo do *prazo de caducidade* na data em que eles *tenham cessado*: pode assim protelar-se a negligência do *senhorio* por longo tempo, perdurando a situação de incerteza acerca da *resolução* quase indefinidamente.

Temos vindo a defender que, em semelhantes situações, o *senhorio* deverá, primeiro, convidar o *arrendatário* a pôr termo ao *estado de resolução*, só podendo, depois, avançar com esta, se não for atendido – e, ressalvado sempre o devido respeito, é a solução que continua a parecer-nos preferível.

Aresto interessante, proferido no domínio da anterior formulação legislativa.

– O facto constitutivo do direito de resolução previsto na alínea *d)* do art. 64-1 RAU é o ato de realizar as obras, e não os respetivos efeitos, operando-se a caducidade decorrido um ano sobre o conhecimento do facto por parte do senhorio. Não tem eficácia interruptiva a anterior demanda – Relação do Porto, 27-6-1995 (*BMJ* nº 448, p. 430).

III – Nos casos de *pluralidade de senhorios* (*cônjuges* ou *comproprietários de prédio indiviso*), tem a jurisprudência enfrentado o problema de saber se o *conhecimento* do *fundamento de resolução*, por um deles se, *comunica aos outros* – e, bem assim, se esse *conhecimento* será oponível ao *novo senhorio* que suceda ao anterior.

A – Quanto a um caso resolutivo que seja unicamente do *conhecimento* de um *cônjuge senhorio*, não o sendo do outro, a jurisprudência firmou o seguinte princípio, por enquanto sem mais decisões conhecidas sobre o tema.

– Se o conhecimento é só do marido, a caducidade não se verifica – Relação de Coimbra, 23-10-1990 (*Colectânea*, XV-IV, p. 81). No mesmo sentido: Relação de Évora, 23-9-99 (Apel. Nº 577/98).

Estamos hoje em dia inteiramente convencidos de que semelhante jurisprudência não segue o bom caminho, pelas seguintes razões que sumariamente passamos a expor.

a) – Pode na prática haver, nesta matéria, *conhecimento* do marido, que não o seja também da mulher de que não está judicialmente separado de pessoas e bens, ou só de facto?

Pela nossa parte, afigura-se-nos que, segundo o *quod plerumque accidit*, os conhecimentos fundamentais à sobrevivência da relação arrendatícia por parte de um deles transmitem-se prontamente ao outro, devendo assim estabelecer-se, nesta matéria, uma presunção *hominis* de *comunicabilidade* dos mesmos conhecimentos ao outro *cônjuge*.

b) – Se um dos *cônjuges* não tem conhecimento dos factos que integram o *caso de resolução* do contrato, só poderá naturalmente valer-se deste *caso de resolução*, arrimado ao conhecimento do outro *cônjuge* e, sendo assim, não será razoável admitir-se um *taquit* quanto ao outro.

c) – De acordo com o disposto no art. 1678 CC, de resto, a *administração dos bens comuns* incumbe a *ambos os cônjuges* e, portanto, o conhecimento de um deles é *conhecimento de administrador*, ou seja, de *representante da comunhão* (art. 996-1 CC), por cujos atos "ou missões" esta responderá (art. 998-1 CC), não podendo, portanto, fazer-se prevalecer o desconhecimento do outro; como se proclama na doutrina germânica, a respeito dos administradores de sociedades, *die Kenntniss jeden Gesellschaftsführers ist die Kenntniss der Geselschaft*.

B – No caso específico de *compropriedade de prédio indiviso*, a jurisprudência não tem sido uniforme.

– Em princípio, contra todos os consortes deve ser feita a prova do conhecimento há mais de um ano do facto que fundamenta a acção de despejo, devendo considerar-se feita contra todos, quando se demonstrou o conhecimento de três administradores, designados por acordo de todos os consortes, havendo assim um conhecimento *directo* daqueles, e *indireto* destes – SUPREMO, 20-7-1982 (*BMJ* nº 319, p. 282 – o sumário é da nossa responsabilidade, pois o que figura no *Boletim* desfigura a decisão fundamental do aresto).

– O réu, para conseguir a declaração de caducidade de ação de despejo, pertencendo o prédio arrendado a vários comproprietários, tem de provar que todos eles têm conhecimento, há mais de um ano, do facto que serve de fundamento à ação. Só assim não será se os consortes tiverem confiado à administração do prédio a um deles, caso em que tudo se passa como se só este fosse o dono do prédio – Relação de Coimbra, 13-1-1987 (*Colectânea*, XII-1, p. 29).

– A caducidade do direito à resolução do contrato quanto a um dos cossenhorios é extensiva aos demais – Relação de Lisboa, 12-11-1987 (*Colectânea*, XII-5, p. 104).

A doutrina tem-se pronunciado geralmente contra ambas as teses.
Diretamente sobre a *pluralidade de senhorios*, também já se tem decidido.

– Havendo duas senhorias, a excepção de caducidade do direito de ação delas só pode verificar-se provando-se o conhecimento, por ambas, do facto em causa em tempo que leve a concluir pelo decurso do prazo respetivo antes da propositura da ação. – Relação de Lisboa, 9-6-1994 (*Colectânea*, XIX-III, p. 111).

C – Mais antiga e numerosa é a jurisprudência acerca da oponibilidade da *caducidade* ao *novo senhorio*.

A solução negativa foi consagrada no ac. da Relação de Lisboa, de 15-3-1972 (*BMJ* nº 215, p. 279), com fundamento em que, numa alienação *inter vivos*, o que se transmite é a *qualidade de senhorio*, e não o *facto conhecimento* que marca o início da contagem do prazo[499].

A mesma Relação tem, todavia, decidido também no sentido contrário:

> – A continuação da relação contratual locatícia entre o adquirente do prédio e o locatário, no caso de transmissão da coisa locada por acto entre vivos, entra na categoria de uma sub-rogação legal no contrato de locação e não na de cessão do contrato. Por isso, o sucessor vem a encontrar-se na mesma posição concreta em que se encontrava o autor da sucessão, pelo que não pode invocar factos que fundamentam o despejo se conhecidos pelo transmitente em prazo excedente ao da caducidade – Relação de Lisboa, 23-1-1976 (*Colectânea*, I-1, p. 208)[500].

Das duas, parece-nos a última a corrente mais bem fundada.

D – As *rendas* vencidas há mais de *um ano não* se extinguem, obviamente, com a *caducidade* do *direito de resolução* do *senhorio*.

A obrigação de pagamento subsiste pelo prazo da respetiva *prescrição* – o quinquénio estabelecido na al. *b)* do art. 310 CC e, havendo *mora de rendas*, *encargos* ou *despesas* que corram *por conta do arrendatário* "igual ou superior" a *três meses*, "é inexigível ao senhorio a manutenção do arrendamento" (art. 1083-3). Está-se perante um "*facto continuado ou duradouro*" que é fundamento de *resolução* do contrato pelo *senhorio* – mas durante quanto tempo poderá ele sobrestar na realização deste direito?

Uma coisa é a *dívida* e o direito de obter o seu pagamento, e outra é o *direito de resolução do contrato*, fundado nela, quanto ao qual logo o nº 1 do presente artigo declara que "*a resolução deve ser efetivada dentro do prazo de um ano a contar do conhecimento do facto que lhe serve de fundamento, sob pena de caducidade*".

A lei não quer, como se vê, que a ameaça de *resolução*, paire indefinidamente, sem se realizar, como uma espada de Dâmocles sobre a cabeça do *arrendatário* e, por isso, logo neste nº 1 condescende com o lapso até *um ano* sobre a data do facto, sob "pena de caducidade".

[499] Na mesma orientação, situaram-se: ANTÓNIO PAIS DE SOUSA, *Extinção do arrendamento urbano*, 2ª ed., Almedina, Coimbra, 1985, pp. 306-307; Relação de Lisboa, 28-9-1989 (*Colectânea*, XIV-IV, p. 134); Relação de Lisboa, 19-4-1990 (*Colectânea*, XV-II, p. 162).

[500] Na mesma linha: Relação de Lisboa, 9-1-1979 (*Colectânea*, IV-1, p. 75); Relação de Lisboa, 29-5-1990 (*Colectânea*, XV-III, p. 130).

E no nº 2, concretamente sobre a falta de pagamento de *rendas, encargos e despesas* a cargo do *arrendatário*, vai ela ainda mais fundo ao declarar que, neste caso, o prazo de caducidade "é reduzido para três meses".

A tal respeito, já se tem, aliás, sustentado que o *senhorio* dispõe apenas, para poder resolver o contrato, de *três meses* de *mora de rendas*, findos os quais, sem esse exercício, caducará tal direito, restando-lhe recorrer à execução para pagamento da quantia em dívida[501].

E, a ser assim, haveria o *senhorio* de ser cauto pois, como revelam Soares Machado/ Regina Santos Pereira, na maior parte das vezes, "opta pela resolução do contrato quando existe uma quantia considerável e que justifique os custos que a resolução implica"[502].

Queremos no entanto crer que semelhante entendimento começa por ser frontalmente contrário à lei: o art. 1083-3 declara expressamente, como referimos, que "é inexigível ao senhorio a manutenção do arrendamento de mora igual *ou superior a três meses* no pagamento da renda, encargos ou despesas".

E parece, alem disso, estranho, inconveniente e extremamente injusto, pois obriga o *senhorio* a manter, ocupando a sua casa, quem não a paga há mais de *três meses*, remetendo-o, como remedio, para uma longa e morosa ação executiva que poderá não vislumbrar bens suficientes para ele se ressarcir – assim se aboletando indefinidamente, à custa alheia, um *arrendatário* sem bens exequíveis, e deixando o *senhorio*, de resolução caducada.

Menezes Leitão, pelo contrário, sustenta a este respeito que, sendo a falta de pagamento de rendas um *facto continuado*, não terá sentido considerar-se que o *direito de resolução* caducou.

O que há, é uma "manifesta contradição" entre o dispositivo do nº 2 e o do nº 3 deste art. 1085, devendo, pois, fazer-se uma "interpretação restritiva do art. 1085, nº 3 (terá antes querido referir aqui, supomos, o nº 2), entendendo-se essa restrição de prazo como referida ao caso de o arrendatário ter pago posteriormente a renda, mas já não se poder prevalecer da faculdade prevista no art. 1084, nº 4. Só nesse caso é que o senhorio ficaria limitado a um prazo de três meses para o exercício da resolução"[503].

Em nosso parecer, esta é, certamente, uma construção bem mais razoável, limitando a *caducidade* da *resolução* do art. 1085-2 à hipótese de o *arrendatário* já ter desfeito, uma vez, a *comunicação de resolução* por falta de pagamento e não poder agora, ante outra *comunicação de resolução*, usar da mesma escapatória (art. 1084-4).

Que pensar?

O tema parece difícil, porque se encontra embrulhado em disposições formalmente contraditórias e de expressão pouco clara, mas, quanto a nós, acaba por ser fácil e intuitivo.

[501] Maria Olinda Garcia, *Arrendamento Urbano Anotado*, 3ª ed., Coimbra Editora, 2014, p. 44.

[502] José Carlos Soares Machado/Regina Santos Pereira, *Arrendamento Urbano, (NRAU)*, 3ª ed., rev. e aum., Petrony, 2014, p. 159.

[503] Luís Menezes Leitão, *Arrendamento Urbano Anotado*, Almedina, 2013, p. 156.

Analisando os textos legais, o disposto no nº 3 do art.1083, enquanto declara que "*é inexigível ao senhorio a manutenção do arrendamento em caso de mora igual ou superior a três meses no pagamento da renda*", encontrar-se-á em aberta contradição formal com o nº 2 do art. 1085, quando determina que a *resolução* pelo *senhorio*, que tenha por fundamento o disposto precisamente naquele nº 3, ou no nº 4 do mesmo preceito, deve ser efetivada no prazo de *três meses.*

Com efeito, se, por um lado, se estabelece que, enquanto, *pelo menos*, não se cumprirem *três meses* de *mora* de *rendas, encargos e demais despesas*, o *senhorio* não poderá *resolver* o contrato e, por outro, se decreta que o *prazo de caducidade de resolução* pela *mora* de *três meses* no pagamento das mesmas *rendas, encargos e despesas*, a contradição entre estes dois comandos não poderia ser mais patente; o *senhorio* precisa de esperar *três meses* sobre a ocorrência do incumprimento, para poder resolver o contrato; mas, cumpridos os *três meses*, ao tomar a iniciativa de *resolução*, depararia com a *caducidade* desse direito: o confronto saldar-se-ia por um autêntico nado morto.

Por seu turno, o nº 2 do citado art. 1085, ao proclamar que a *resolução*, com o referido fundamento, tem um *prazo de caducidade* de *três meses*, supostamente desde o respetivo *conhecimento*, como se intuiria em face da sua referência ao anterior nº 1, quando a mora se desenvolve, afinal, como um *facto duradouro*[504], a contradição formal crepitará agora, abertamente, entre este nº 2 e o nº 3 do mesmo artigo: sendo um *facto duradouro*, só caducaria depois de cumprido *um ano* sobre a sua *cessação* (nº 3); mas, consistindo em *mora* de *rendas, encargos ou despesas*, caducava logo que findos *três meses*, a contar do respetivo *conhecimento* (nº 2, referido ao nº 1): por um lado, *caduca* logo que se perfaçam *três meses* sobre o seu conhecimento; por outro, *não caduca* nesses *três meses* porque, sendo um *facto continuado*, só caduca *um ano* depois de ter cessado.

Como harmonizar, racionalmente, estas formais contradições?

A solução que referimos há pouco, a socorrer-se de uma interpretação restritiva do nº 2, entendendo que a *caducidade* de *três meses*, contados desde o *conhecimento do facto* se aplica unicamente ao caso de o *arrendatário* já ter *uma vez* gorado a *resolução do senhorio*, pagando nessa altura as *rendas, encargos e despesas* no prazo de *um mês*, não parece, quanto a nós, solucionar o problema.

[504] Apesar de *o ato de não pagamento*, em si, poder eventualmente ser, como pretende ORLANDO DE CARVALHO, um *facto instantâneo* – *Alguns aspetos da negociação do estabelecimento* (*Rev.Leg.Jurs.*, 118º, p. 230).
Facto continuado ou duradouro é, elementarmente, aquele cuja existência perdura, no tempo; é aquele que está. Curiosamente, já se julgou:
– A construção de uma garagem no locado em cimento e blocos e de que o senhorio logo toma conhecimento é um facto instantâneo.
Relação do Porto, 30-01-1997 (Processo nº 9630264)
Obviamente, o aresto confundiu o *facto*, em si, com o seu conhecimento visual. As pirâmides do Egito, que são um facto com séculos de existência, deparam-se ao turista *ictu oculi.*

Se o *arrendatário* se encontra, uma vez mais, perante uma *comunicação de resolução* pelo *senhorio*, fundada em nova dívida de *rendas, encargos e despesas*, essa iniciativa só poderá ser então adotada pelo *senhorio*, atento o disposto no art. 1083-3, "*em caso de mora igual ou superior a três meses*" – e se, precisamente nesse caso, na interpretação que estamos analisando, entra em aplicação restritiva a caducidade do art. 1085-2, ficaria então o *senhorio* sem tutela: só poderia resolver o contrato, volvidos *três meses* sobre o incumprimento – quando, passados *três meses* sobre o *conhecimento do facto*, caducaria o *direito de resolução*.

Cremos, antes, que a solução tem de ser outra, e só poderá ser a seguinte, quanto a nós.

Racionalmente, temos de coordenar as três disposições partindo da mais geral e fundamental para a mais limitada e específica.

Nesta base, há um princípio fundamental de que todos os outros derivam e ao qual se subordinam: é inexigível ao *senhorio* a manutenção do arrendamento em caso de *mora igual ou superior a três meses* no pagamento de *rendas, encargos ou despesas* de conta do arrendatário (art. 1083-3).

Surge pois aqui a grande norma para se obter a *resolução* do contrato.

É este o princípio fundamental.

Mas poderá o *senhorio* sobrestar indefinidamente na realização deste direito?

Entram então as limitações temporais e particulares dos n.os 2 e 3 deste artigo.

O nº 2 impor-lhe-ia que o exercesse no prazo de *três meses*, hipoteticamente sobre o seu *conhecimento*, mas, fundando-se na *mora* de cumprimento de *rendas, encargos ou despesas*, que constitui, fora de toda a dúvida, um *facto continuado* ou *duradouro*, determinar-lhe-ia o nº 3 que o não exercesse enquanto não se perfizesse *um ano* sobre a sua *cessação*.

Qual destes textos, formalmente contraditórios entre si, deverá prevalecer?

Pensamos que, antes de mais, quando o nº 2 declara que "*o prazo referido no número anterior é reduzido para três meses*", formal e realmente não agrega o *dies a quo* constante do nº 1. Efetivamente, não o refere, limitando-se a reduzir a dimensão de *um ano*, aí estabelecida, para *três meses*; logo, não temos de enfrentar qualquer dificuldade quanto à meta do início da contagem desse prazo.

E compreende-se que assim seja, pois o *facto* a que se refere o nº 1 é, necessariamente, um *facto instantâneo*, visto que o *prazo de caducidade* a que se reporta conta-se com início no respetivo *conhecimento*, ao passo que aquele que se tem vista no nº 2 é, por natureza e indiscutivelmente, um *facto continuado* ou *duradouro* e que, portanto, elementarmente impõe que a *caducidade* da *resolução* fundada nele só comece, antes, a computar-se desde a sua *cessação*.

Restará então saber se a *resolução* do *senhorio* por *dívida de rendas, encargos e despesas de conta do arrendatário*, sendo um *facto continuado*, se deverá reger pelo preceituado no nº 2, ou pelo nº 3 do artigo – mas pôr a pergunta é respondê-la.

O nº 3 é *geral*, para os *factos continuados*, enquanto o nº 2 é *especial* para o concreto *facto continuado* que é *dívida de rendas, encargos e despesas* de conta *do arrendatário* e, portanto, segundo o princípio hermenêutico *specialia generalibus derogant*, o direito de *resolução* quanto a esta caducará, cumpridos que sejam *três meses* sobre a sua *cessação*, e não no *ano* que é exigido no nº 3 para os restantes *factos continuados*.

– O prazo de caducidade do direito de resolução do contrato de arrendamento pelo senhorio, a que se refere o art. 1085, nº 2, do Código Civil, é de três meses a contar do conhecimento do facto que lhe serve de fundamento, ou seja, a contar, não do conhecimento da falta de pagamento da renda, mas do conhecimento da existência de mora de três meses no pagamento da renda (fundamento expresso no art. 1083º, nº 3, do Código Civil), pelo que o seu *dies a quo* nunca pode ser anterior ao decurso deste prazo de atraso no pagamento da renda.

Relação do Porto, 07-02-2019 (Processo nº 1257/18.6YLPRT.P1, também publicado na *Colectânea*, nº 282, p. 218).

Trata-se de uma extensíssima decisão, esquecida do conhecido adágio segundo o qual *lata sententia judex desinit esse judex*, que, em nosso entendimento, terá decidido bem, embora com uma fundamentação que temos por incorreta.

Os *senhorios*, segundo se relata, depois de terem notificado sem êxito a inquilina, por carta registada, em janeiro de 2018, para pagar as rendas em atraso, de maio a dezembro de 2017, sob a cominação de lhe ser resolvido o contrato, procederam, em março de 2018, à resolução do contrato, por notificação judicial avulsa.

A *inquilina*, ainda então, não pôs termo à mora, como lhe facultava o art. 1084-3, seguindo-se a ação de despejo que ela contestou, invocando, com interesse para este tema, a caducidade do direito de resolução dos senhorios, que este acórdão julgou improcedente, com o seguinte estranho raciocínio aritmético: "sobre o vencimento das rendas relativas a agosto, setembro e outubro decorreu um prazo de três meses em outubro, novembro e dezembro, respetivamente, fazendo surgir no final de cada um destes meses um fundamento de resolução.

Na falta de alegação e prova do contrário, deve entender-se que nessas datas (e não posteriormente) os Requerentes tomaram conhecimento dos factos – fundamento da resolução. Daí, quando, em março, requereram a notificação judicial avulsa da Recorrida, estavam dentro do prazo de três meses – relativamente a cada uma daquelas três rendas – a que se refere o nº 2 do art. 1085".

Neste cálculo, esqueceu-se que a resolução se baseou em mora de rendas, que se arrastava desde maio de 2017 a março de 2018 e mesmo com a *trouvaille* da divisão em apenas dois períodos trimestrais em que o segundo se iniciava com o último do anterior, não seria possível concluir-se que não iam mais de três meses até março de 2018, como já não é exato que, de outubro de 2017 a março de 2018 medeie, como se condignou, um período inferior a três meses.

O que, em nossa opinião, ocorria, no caso em apreço, era que entre maio de 2017 e março de 2018 mediou, efetivamente, um lapso superior a dez meses, mas o direito de resolução, em março de 2018, não tinha caducado porque, em primeiro lugar, o art. 1085-2 não manda realmente, como vimos, contar o prazo a que se refere desde o conhecimento do facto pois sendo este contínuo ou duradouro, só pode decorrer com a respetiva cessação.

O acórdão ainda citou, neste sentido, Menezes Leitão, mas acabou por não seguir o ensinamento do Ilustre Professor, com o fundamento de que a falta de pagamento "nem sempre o será", sem o explicar – e como poderia fazê-lo?

Se *o arrendatário* entrou em *mora* no pagamento da *renda*, torna-se permanente e continuado devedor dela até a pagar. Qualquer condescendência, adiamento ou prazo de pagamento que lhe venha a ser concedido constituirá, apenas, um intervalo *no próprio cumprimento* ou *amortização*; não, na dívida, em si, que, enquanto não for totalmente paga, persistirá existindo como um *facto continuado* e sem intermitências. As prestações de pagamento são meras amortizações da dívida, que apenas reduzem o seu montante, só a cessando no momento em que for totalmente saldada – e unicamente depois disso se começaria a contar o prazo de caducidade do nº 2, como se viu.

Artigo 1086 – Cumulações

1 – A resolução é cumulável com a denúncia ou com a oposição à renovação, podendo prosseguir a discussão a ela atinente mesmo depois da cessação do contrato, com a finalidade de apurar as consequências que ao caso caibam.

2 – A resolução é igualmente cumulável com a responsabilidade civil.

(Versão da Lei nº 6/2006)

O preceito foi inovado com a Lei nº 6/2006, por influência da frustrada Reforma de 2004, que o tinha proposto para esclarecer dúvidas de aplicação.

A Lei nº 31/2012 reproduziu-o, sem mais.

Durante a preparação da Reforma de 2004, limitamo-nos a sugerir um aperfeiçoamento formal para evitar a cacofonia da expressão "que ao caso caibam", substituindo-a por "que caibam ao caso" – o que não foi acolhido e persiste no texto em vigor.

Hoje, e no estádio atual do nosso Direito positivo, talvez fôssemos mais críticos.

Os Autores passam, em geral, por este preceito sem aprofundamentos dignos de nota.

Soares Machado/Regina Santos Pereira são, todavia, algo mais extensos e concluem que esta disposição legal, "embora tenham natureza claramente processual... parece ser de concluir que a cumulação será possível mesmo nos casos em que a resolução seja efetuada extrajudicialmente"[505].

[505] Soares Machado/Regina Santos Pereira, *Arrendamento Urbano*, 2ª ed., rev. e aum., Livraria Petrony, s/data, mas de 2007, pp.138-139

É certo que a *oposição à renovação* se faz sempre por *comunicação* e que é também por esta forma que a especial *denúncia* da al. *c)* do art. 1101 CC se realiza, mas cremos não poder retirar-se daí que tenha o preceito em vista contemplar as cumulações extrajudiciais.

O nº 1 é muito claro em revelar que se tem em vista a cumulação de pedidos na ação de despejo, pois expressamente admite a possibilidade de "prosseguir a discussão" e conclui que tem vista "apurar as consequências que ao caso caibam" – o que só pode acontecer num processo judicial.

Por seu turno, o nº 2 do artigo não faz mais do que repetir por outras palavras o que já se retirava do constante do nº 14 do art. 6º CCJ vigente quando o CPC_{61} incluiu essa matéria no seu texto (art. 470-2), entretanto repetida em 1968 (igual art. 470) e em Reformas posteriores.

Trata-se, sem dúvida, de um texto de Direito processual inserido a martelo no CC como um autêntico *penitus extraneus* que, para cúmulo, propriamente quanto ao seu nº 2, constitui pura repetição do que já consta do art. 15-5 NRAU.

Mal terá pois andado a Reforma de 2006 em trazer para aqui semelhante preceito e pior ainda andou a Reforma de 2012 em reproduzi-lo.

De resto, o normativo, em si, compreende-se mal.

Como entender que o tribunal condene em... *oposição à renovação*?

E como compreender que se *cumule* um *pedido de resolução* com um *pedido de denúncia*?

O que se refere agora como *cumulação*, se bem nos parece, só poderia ser entendido como *pedidos subsidiários*, mas tudo isto só teria e tem cabimento num CPC (arts. 554 e 555); não aqui.

Artigo 1087 – Desocupação

A desocupação do locado, nos termos do artigo 1081, é exigível após o decurso de um mês a contar da resolução se outro prazo não for judicialmente fixado ou acordado pelas partes.

(Redação da Lei nº 6/2006, com o prazo de desocupação reduzido de três meses para um mês)

A redução da dilação da entrega para *um mês* parece perfeitamente razoável.

Os anteriores *três meses* filiavam-se numa proteção exagerada do *arrendatário*.

Cremos que a matéria não tem dignidade para constituir um preceito autónomo, e caberia mais propriamente num número do art. 1081.

SUBSECÇÃO V – Subarrendamento

Artigo 1088 – Autorização do senhorio

1 – A autorização para subarrendar o prédio deve ser dada por escrito.

2 – O subarrendamento não autorizado considera-se, todavia, ratificado pelo senhorio se ele reconhecer o subarrendatário como tal.

(Reprodução integral do preceito da Reforma de 2006, correspondendo ao art. 1101 da redação inicial do CC que, de diferente, exigia então que a autorização se fizesse por escritura pública)

(Veja-se o comentário ao art. 1060)

A *necessidade de autorização* para *subarrendar* funda-se na obrigação que impende sobre o *locatário* de não proporcionar a outrem o gozo da coisa locada, "exceto se a lei ou o permitir ou o locador o autorizar" (art. 1038, al. *f)*, CC).

A *permissão legal* vem contemplada nos arts. 1109 (*locação de estabelecimento*) e 1112 (*trespasse*).

Entre nós, desde sempre tem-se admitido a suscetibilidade de um *subarrendamento* não apenas *parcial*, mas também *total* e até *em mais de um grau*[506].

Nalgumas ordens positivas, como é o caso da Espanha (art. 8º-2 LAU), para o *arrendamento habitacional*, admite-se apenas o *subarrendamento parcial*.

A *ratificação* resulta do *reconhecimento* pelo *senhorio* de um *subarrendamento* que não foi autorizado, mas em que ele acaba por consentir.

Apesar de autorizado, fica todavia limitado, quanto à *sub-renda*, pelos máximos percentuais constantes do art. 1062 CC, salvo expressa cláusula permissiva.

Quanto à forma do *subarrendamento*, temos sustentado que deverá ser a mesma que se exige para o *arrendamento*[507] como, aliás, agora se declara, no nº 1 do presente artigo a estabelecer expressamente apara ela "a forma escrita" – mas parece claro que ela só será exigível para o *subarrendamento autorizado*.

Se não o for, não deixará de ser considerado como *subarrendamento*, sem embargo da *falta de forma*, para o efeito de constituir uma violação contratual: aquele que ilicitamente *subloca de facto* pratica o ilícito, à mesma; de contrário, teríamos aí uma forma expedita de fraudar a lei.

Em contrário mas, quanto a nós e salvo o devido respeito, não terá julgado no melhor sentido:

[506] F. M. Pereira Coelho, *Arrendamento*, ed. pol., Coimbra, 1988, p.229.

[507] Cf., neste sentido, o nosso *Manual do Arrendamento Urbano*, I, 5ª ed., Almedina, 2009, p. 465. No mesmo sentido: Laurinda Gemas/Albertina Pedroso/João Caldeira Jorge, *Arrendamento Urbano*, 2ª reimp., Quid Juris, 2006, p. 196.

I – Sendo nulo um contrato de subarrendamento por falta de forma, não é possível obter em ação de despejo, quer a resolução de tal contrato tido por inexistente, quer o pagamento das rendas em atraso.

II – Os réus, na ação, ao invocarem a nulidade como meio de defesa, não podem ser censurados por abuso de direito.

SUPREMO, 01-06-1994 (Processo nº 085114)

No tocante ao *ónus da prova*, parece fora de dúvida que, se o *senhorio* aciona o *arrendatário*, a resolver o contrato por *subarrendamento não autorizado*, é ele que tem de provar que houve *subarrendamento*, mas é ao *arrendatário* que incumbirá demonstrar que foi dada *autorização formalmente válida* ou, na sua falta, que tenha havido *ratificação do senhorio*.

Assim:

– Pretendendo o réu valer-se de contrato de subarrendamento, exceção que lhe valeria a absolvição do pedido, a ele competia fazer a respetiva prova.

Relação do Porto, 16-05-1995 (Processo nº 16-05-1995)

No mesmo sentido:

– 3. Não tendo o réu demonstrado a autorização da autora para o subarrendamento, empréstimo ou cessão da posição jurídica, ou a sua comunicação àquela de um eventual trespasse ou cessão da exploração de estabelecimento, porque permitidos sem dependência da autorização do senhorio, não se verificam quaisquer factos impeditivos do direito à resolução do contrato exercitado pela autora.

Relação de Coimbra, 03-05-2005 (Processo nº 910/05)

Contra:

I – Incumbe ao senhorio que pretenda a resolução do contrato de arrendamento o ónus de prova do facto negativo "não autorização do subarrendamento" por ele invocado como causa de pedir.

V – Não litiga de má-fé quem se limita a insistir no recurso de revista, no quadro do ónus de prova, de que era do locatário o ónus de prova da autorização do subarrendamento e que os referidos factos provados integravam o instituto do enriquecimento sem causa.

SUPREMO, 11-11-2004 (Revista nº 3550/04 – 7ª Secção, www.stj.pt Sumários de acórdãos)

Pela nossa parte, não subscreveríamos a jurisprudência deste acórdão.

Se o *arrendatário*, como o *locatário*, está obrigado, por lei (al. *f)* do art. 1038 CC) a não subarrendar a coisa a outrem, salvo se for autorizado, *por escrito* (então, o nº 1 do art. 22 RAU, quando não a escritura pública e, agora, o nº 1 do presente artigo), pelo *senhorio*, por que estranha razão teria este o ónus de provar, quando aquele a subarrendou, que não o tinha autorizado a isso?

A regra é, segundo a lei, a de que o *arrendatário* não o podia fazer.

Se o fez, é óbvio que, para não ser considerado em *incumprimento*, será ele que terá de provar a *autorização* ou a *ratificação* do *senhorio*.

Quando este intenta resolver o contrato, não invoca como *causa de pedir* a *falta de autorização*, mas o *incumprimento* do preceituado na al. *f)* do art. 1038 CC.

É este o *fundamento de resolução* que poderá ser invocado pelo *senhorio* e, portanto, a sua real *causa de pedir* (al. *b)* do art. 1083-2 CC) e será só isto que terá de provar: que o *arrendatário* subarrendou.

Assim, se ele subarrendou e não impugna tal facto, só poderá defender-se alegando que foi *autorizado* ou *reconhecido* pelo *senhorio*; logo, nos termos do preceituado no art. 342-1-2 CC, é ainda ele, manifestamente, não o *senhorio*, quem tem de provar tal defesa.

De resto, não lhe basta a *autorização* ou o *reconhecimento* para legitimar o *subarrendamento*, mas ainda o ter cumprido o dever de fazer ao *senhorio* a respetiva *comunicação* (al. *g)* do art. 1038 CC), quanto à qual, em matéria de *ónus da prova*, bem se decidiu assim:

> I – A sublocação, ainda que autorizada pelo senhorio, só se torna eficaz em relação a este, quando o arrendatário lhe fez a comunicação a que alude a alínea *g)* do artigo 1038 do Código Civil.
>
> II – Em ação de despejo intentada com fundamento na falta de tal comunicação, compete ao arrendatário a prova de que tal comunicação foi feita.
>
> III – Em sede de recurso de revista, não pode o Supremo ocupar-se de matéria nova, isto é, que não tenha sido objeto de apreciação nas Instâncias.
>
> SUPREMO, 18-12-1984 (Processo nº 071914)

Artigo 1089 – Caducidade

O subarrendamento caduca com a extinção, por qualquer causa, do contrato de arrendamento, sem prejuízo da responsabilidade do sublocador para com o sublocatário, quando o motivo da extinção lhe seja imputável.

(Versão que vem já, invariável, do primitivo art. 1102 CC, reproduzida sucessivamente pelo art. 45 RAU e pela Lei nº 6/2006)

Parece óbvio que a cessação do *arrendamento* determine a extinção do *subarrendamento* contratado com base nele.

A responsabilidade do *sublocador* por ter dado causa a este facto decorre logo do disposto no art. 798 CC: *"o devedor que falta culposamente aio cumprimento da obrigação torna-se responsável pelo prejuízo que causa ao credor"*.

Note-se, contudo e se bem pensamos, que, se o *arrendamento* com base no qual foi prestado o *subarrendamento* for *vinculístico*, nem por isso a responsabilidade do *senhorio*, aqui chamado de *sublocador* subirá, visto que o *vinculismo* daquele não se transmite a este.

Artigo 1090 – Direitos do senhorio em relação ao subarrendatário

1 – Sendo total o subarrendamento, o senhorio pode substituir-se ao arrendatário, mediante notificação judicial, considerando-se resolvido o primitivo arrendamento e passando o subarrendatário a arrendatário direto.

2 – Se o senhorio receber alguma renda do subarrendatário e lhe passar recibo depois da extinção do arrendamento, é o subarrendatário havido como arrendatário direto.

(Versão que vem já da primitiva redação do art. 1103 CC, apenas com a substituição, no nº 2 do tempo do verbo de "será" para o atual "é", que ocorreu com a Reforma de 2006).

Esta curiosa hipótese, que entrou para o nosso Direito positivo com a Lei nº 2:030, admite uma *sub-rogação subjetiva* da relação arrendatícia primitivamente criada entre *senhorio* e *arrendatário* em que a pessoa deste é substituída pela do subarrendatário.

Na verdade, a hipótese legal não nos coloca efetivamente, se bem nos parece, ante um novo contrato com o antigo *subarrendatário*, mas perante o primitivo contrato, com a particularidade de passar a ter o *subarrendatário* como seu novo sujeito, no lugar do *arrendatário* anterior.

O que realmente acontece, pois, neste caso, não é um fenómeno de *extinção* da relação arrendatícia, como a linguagem legal sugere, mas uma hipótese de *modificação subjetiva* de tal relação.

A expressão "considerando-se resolvido o primitivo arrendamento" não é assim, se bem nos parece, tecnicamente correta, mas tem sobrevivido a todas as Reformas, que têm estado menos atentas a este passo e limitaram a área das suas preocupações ao aspeto menor da substituição do emprego do futuro "será" pelo presente "é".

A sub-rogação opera por vontade do *senhorio*, manifestada, segundo o imperativo legal que já deveria ter sido abrandado para a mera *comunicação*, através de *notificação judicial* ao *arrendatário* e ao *subarrendatário*, na qual se refira a opção adotada e seu fundamento legal.

O contrato quanto ao qual o primitivo *arrendatário* é sub-rogado pelo *subarrendatário* transmite-se para este na sua identidade inicial, mantendo-se o mesmo, para todos os efeitos não pessoais e, portanto, inclusivamente com a própria data de celebração que já tinha e pela qual continuarão a aferir-se as atualizações anuais de renda.

Na doutrina, já se tem entendido que, se o *senhorio* tiver autorizado o *subarrendamento total*, não poderá realizar-se esta *sub-rogação*, pois haveria então um *venire contra factum proprium*[508].

De acordo.

Mas se o *arrendatário* tiver subarrendado por mais de 20% da renda?

Será que poderá ele empolgar este lucro à custa do prédio que não lhe pertence? Ou será então possível ao *senhorio*, sub-rogar-se a ele?

Inclinamo-nos para a afirmativa. Será então aplicável, ainda assim, o disposto no art. 1062.

SUBSECÇÃO VI – Direito de preferência

Artigo 1091 – Regra geral

1 – O arrendatário tem direito de preferência:

***a*) Na compra e venda ou dação em cumprimento do local arrendado há mais de dois anos, sem prejuízo do previsto nos números seguintes;**

***b*) Na celebração de novo contrato de arrendamento, em caso de caducidade do seu contrato por ter cessado o direito ou terem findado os poderes legais de administração com base nos quais o contrato fora celebrado.**

2 – O direito previsto na alínea *b*) existe enquanto não for exigível a restituição do prédio, nos termos do artigo 1053.

3 – O direito de preferência do arrendatário é graduado imediatamente acima do direito de preferência conferido ao proprietário do solo pelo artigo 1535.

4 – A comunicação prevista no nº 1 do artigo 416 é expedida por carta registada com aviso de receção, sendo o prazo de resposta de 30 dias a contar da data da receção.

5 – É aplicável, com as necessárias adaptações, o disposto nos artigos 416 a 418 e 1410, sem prejuízo das especificidades, em caso de arrendamento para fins habitacionais, previstas nos números seguintes.

6 – No caso de venda de coisa juntamente com outras, nos termos do artigo 417, o obrigado indica na comunicação o preço que é atribuído ao locado bem como os demais valores atribuídos aos imóveis vendidos em conjunto.

[508] António Menezes Cordeiro, *Leis do Arrendamento Urbano Anotadas*, (coord. de António Menezes Cordeiro), Almedina, 2014, p. 256.

7 – Quando seja aplicável o disposto na parte final do nº 1 do artigo 417, a comunicação referida no número anterior deve incluir a demonstração da existência de prejuízo apreciável, não podendo ser invocada a mera contratualização da não redução do negócio como fundamento para esse prejuízo.

8 – No caso de contrato de arrendamento para fins habitacionais relativo a parte de prédio não constituído em propriedade horizontal, o arrendatário tem direito de preferência nos mesmos termos previstos para o arrendatário de fração autónoma, a exercer nas seguintes condições:

***a*) – O direito é relativo à quota-parte do prédio correspondente à permilagem do locado pelo valor proporcional dessa quota-parte face ao valor total da transmissão;**

***b*) – A comunicação prevista no nº 1 do artigo 416 deve indicar os valores referidos na alínea anterior;**

***c*) – A aquisição pelo preferente é efetuada com afetação do uso exclusivo da quota-parte do prédio a que corresponde o locado.**

9 – Caso o obrigado à preferência pretenda vender um imóvel não sujeito ao regime da propriedade horizontal, podem os arrendatários do mesmo, que assim o pretendam, exercer os seus direitos de preferência em conjunto, adquirindo, na proporção, a totalidade do imóvel em compropriedade.

(Redação da Reforma de 2006 e da Lei nº 64/2018, de 29 de outubro, esta, da al. a) do nº 1 e dos n.os 4 a 9)

1. Bosquejo introdutório

Como prontamente se vê, o presente artigo, na parte que ainda conserva da redação da Lei nº 6/2006, admite e começa por disciplinar dois distintos *direitos de preferência do arrendatário urbano*: um, na "*compra e venda*" ou *dação em cumprimento* do "local arrendado", e outro na *celebração de novo contrato*, por ter *caducado* aquele a que estava vinculado em virtude de terem findado os *poderes legais de administração* com base nos quais tinha sido celebrado.

Nenhum deles estava consagrado no Código de SEABRA.

Agora e na parte inovada pela Lei nº 64/2018, de 29 de outubro, reduz-se para *dois* os *três anos* de contrato que se exigiam ao *arrendatário, habitacional* ou *não habitacional*, para lhe ser reconhecida a *preferência* ante uma *compra e venda* ou *dação em cumprimento* do "local" arrendado pelo *locador*, acrescentando-se, mas unicamente em relação ao *arrendatário habitacional* e tratando-se de um prédio urbano *não constituído em propriedade horizontal*, o direito de preferir no valor proporcional de permilagem da respetiva *quota--parte*, e, a todos esses *arrendatários*, de adquirirem a totalidade, *em conjunto*, e *proporcionalmente*.

Historicamente, o *direito de preferência* do *arrendatário urbano* não foi logo reconhecido com o despertar do *vinculismo* republicano de 1910.

Só, com efeito, através da Lei nº 1:662, de 4 de setembro de 1924, veio a ser consagrado, no seu art. 11, unicamente a favor do *arrendatário comercial ou industrial*, nos termos seguintes:

> "*O principal locatário, comercial ou industrial, de prédio urbano pode usar do direito de opção, no termos da legislação geral, quando o senhorio vender o prédio.*
>
> § Único. *Se o principal locatário não puder ou não quiser usar desse direito poderá usá-lo qualquer dos outros locatários, pela ordem decrescente das rendas*".

Esta norma perdurou até à Lei nº 2:030, de 22 de junho de 1948.

O Projeto Sá Carneiro (Pai) previa, no seu artigo 16, o alargamento ao *arrendatário habitacional* do *direito de preferência* na *compra e venda* do prédio arrendado, mas a Câmara Corporativa manifestou-se contra esta solução.

No Parecer, relatado então por Pires de Lima, afirmou-se perentoriamente que semelhante inovação não devia ser aprovada.

> "*O direito de preferência, quando direito real de aquisição, implica uma severa restrição ao direito de propriedade e, além disso, embaraça gravemente o comércio jurídico*"[509].

Admitiu apenas tal direito ao *principal arrendatário comercial ou industrial*, já não apenas na venda mas também na "dação em pagamento" – como então se dizia – e mais pela razão de que não se devem alterar as leis senão quando "seja absolutamente necessário modifica-las, do que por qualquer outra"[510].

Deste modo, veio o art. 66 da Lei no 2:030 a estabelecer:

> "1. *Na venda ou dação em pagamento de prédios arrendados para comércio indústria ou exercício de profissão liberal, os arrendatários têm direito de preferência, graduado em último lugar, sucessivamente e por ordem decrescente das rendas.*
>
> *Não tem esse direito o arrendatário que não exercer no prédio há mais de um ano comércio, indústria ou profissão liberal.*
>
> 2. *Na regulamentação da propriedade horizontal, prever-se-á a preferência no andar ocupado pelo arrendatário nas condições do número anterior.*
>
> 3. *É extensivo às preferências prescritas neste artigo, na parte aplicável, o disposto no artigo 2309, §§ 4º e 5º, do Código Civil*".

Foi, portanto, já durante o debate e votação na Assembleia Nacional, onde entre os deputados proliferavam os advogados, que, obviamente *pro domo suo*, se estendeu este direito ao *arrendatário para exercício de profissão liberal.*

509 *Diário das Sessões*, Suplemento ao Nº 83, de 5 de fevereiro de 1947, p. 470-(31)

510 *Diário das Sessões*, Suplemento ao Nº 83, de 5 de fevereiro de 1947, p. 470-(32).

O preceito assim concebido veio a tornar-se no arquétipo das sucessivas Reformas arrendatícias que, ao longo do tempo, o foram reproduzindo, quase sempre mecanicamente, nas suas linhas fundamentais.

Isto aconteceu logo com a primitiva formulação do CC, onde o art. 1117 acolheu aquela disposição para o *arrendamento comercial ou industrial,* adaptando as suas remissões para os respetivos preceitos desse novo diploma e, quando houvesse *pluralidade de arrendatários,* substituindo a sucessão de preferentes por *ordem decrescente de rendas,* da Lei nº 2:030, por uma *licitação* entre eles.

O art. 1119 de então alargou o normativo ao *arrendamento para exercício de profissões liberais.*

Com a Revolução de abril, a Lei nº 63/77, de 25 de agosto, no seu art. 1º, admitiu latamente a *preferência* do *arrendatário habitacional.* Manteve a *licitação* entre eles, no caso de pluralidade de *preferentes* ainda que de diferente natureza, mas revertendo para o alienante a diferença pecuniária resultante dessa *licitação.*

Mas fez mais. Cumpriu o que a Lei nº 2:030 remetera para a disciplina da *propriedade horizontal* mas o CC rejeitara, e atribuiu ao *arrendatário de fração em propriedade horizontal* direito de preferência na *venda* ou *dação em cumprimento* da respetiva *fração.*

Desde então, as diferentes Reformas passaram a reconhecer sempre o *direito de preferência* ao *arrendatário habitacional.*

E não se ficaram por aqui.

Com o Decreto-Lei nº 328/81, de 4 de dezembro, num evidente exagero próprio da época, atribuiu-se *direito de preferência* na *compra e venda* do "*fogo*", sucessivamente, a quem, *há mais de cinco anos,* vivesse em *economia comum com o arrendatário* ou fosse seu *hóspede* e, independentemente de qualquer período, ao *subarrendatário* mais antigo, "*salvo se a sublocação fosse ineficaz em relação ao senhorio*" (art. 6º, referido ao art. 3º-1).

A Lei nº 46/85, de 20 de setembro, conservou estas *preferências* (art. 30, referido ao art. 28).

Em 1990, o RAU, para o *arrendamento sem duração limitada,* foi ainda marcadamente *vinculístico,* neste passo, pois excluiu unicamente os *hóspedes,* mas conservou o *direito de preferência* do *arrendatário habitacional,* "na compra do local arrendado", então apenas há *mais de um ano* (art.47-1), de todos os que vivessem em *economia comum* com o *arrendatário,* há *mais de cinco anos* (arts. 97-1, 90-1, al. *a)* e 76, al. *a)*), e dos *subarrendatários* (art. 97 e 90, al. *b)*), naturalmente há *mais de um ano.*

Excluiu todavia, prontamente, do *direito de preferência,* e bem, o *arrendatário* de *contrato de duração efetiva* (art. 99-2).

Em 2004, a frustrada Reforma propunha, finalmente, a orientação adequada para um art. 1096 CC, assim concebido:

> "*Nos arrendamentos urbanos regidos pela presente secção* [de prédios urbanos e outras situações nela previstas], *nenhuma das partes tem direito de preferência na compra e venda ou na dação em cumprimento do direito da outra, salvo preceito expresso em contrário*"[511].

[511] Cf. *O Direito,* 136º [2004], II-III, p. 485.

Era, decerto, este o normativo adequado, moderno e desempoeirado.

O *direito de preferência* embaraça a negociação. Como refere Menezes Cordeiro, muito justamente, "implica um congelamento de riqueza, dificulta os investimentos e instila na sociedade civil uma enorme litigiosidade"[512].

Em França, ao atribuir-se o *direito de preferência* ao *arrendatário*, não faltou prontamente o comentário mordaz da doutrina, a referir que semelhante direito é "assaz sedutor naquilo em que consegue uma feliz conciliação dos interesses em conflito: a espoliação do proprietário é evitada, pois permite obter-se da venda um preço normal, e o direito de habitação do locatário não é sacrificado, pois lhe é dado o ensejo de adquirir a propriedade do alojamento; será preciso ainda, entretanto, que ao benefício oferecido pelo legislador, que assim quis encorajar o acesso à propriedade, se junte o dos banqueiros, porque são relativamente pouco numerosos os locatários que tenham os meios financeiros para se poderem tornar adquirentes"[513]

Afloramento do nosso atraso, o ordenamento positivo português é ainda, segundo registam os Autores o que, de longe, mais vastamente consagra *direitos de preferência*.

Seguindo indiferente nesta via, a Reforma operada pela Lei nº 6/2006, de 27 de fevereiro, porém, não subscreveu a formulação, estabelecendo o atual art. 1091 CC que, primeiro, a Lei nº 31/2012, de 14 de agosto, depois a Lei nº 43/2017, mantiveram intocado, reconhecendo *preferência* a *todo o arrendatário*, inclusivamente o *não habitacional*, então com *mais de três anos* de *contrato de arrendamento*, tempo que a Lei nº 64/2918 reduziu para apenas *mais de dois anos*, na redação que imprimiu ao nº 1 do preceito.

A Lei nº 6/2006, plausivelmente, ainda afastou os *conviventes em economia comum* e os *subarrendatários*, mas a Lei nº 64/2018, que imprimiu a este artigo do CC a sua redação atual, conservando o direito que abrangia o *arrendatário não habitacional*, veio estabelecer, só para o *arrendatário habitacional*, um *direito de preferência* perante a *compra e venda* ou *dação em cumprimento* de prédios urbanos *não constituídos em propriedade horizontal* sobre a sua *quota-parte de prédio* e, ao conjunto deles, o de adquirirem todo o prédio em *compropriedade* e proporcionalmente às suas *quotas-partes*

Temos portanto, hoje em dia, três distintas *preferências* de *arrendatários*:

a) – O do *arrendatário habitacional* ou *não habitacional* na *celebração de novo contrato*, por ter caducado o que se havia celebrado, por cessação do direito ou por terem findado os poderes legais de administração com base nos quais ele fora outorgado;

b) – A do *arrendatário não habitacional* ou *habitacional* na *compra e venda* ou na *dação em cumprimento* da mera *fração arrendada*;

[512] António Menezes Cordeiro, *Leis do Arrendamento Urbano Anotadas* (coord. de António Menezes Cordeiro), Almedina, 2014, p. 259, an. 7

[513] Jean-Luc Aubert/Philippe Bihr, *La location d'habitation – loi du 6 juillet 1989*, Sirey, 1990, p. 186, n. 101.

c) – A do *arrendatário habitacional* na *compra e venda* ou *dação em cumprimento* de *prédio não constituído em propriedade horizontal.*

2. Interesse prático dos direitos de preferência do preceito

Parece evidente que, em qualquer dos três casos contemplados no preceito, a atribuição de *prelação* só terá mais interesse prático relativamente aos *arrendamentos vinculísticos*, parecendo, por isso, que se compreenderia melhor a sua inserção nas disposições transitórias do que no texto do CC.

É que, para os *contratos livres*, que são hoje a larga maioria, é bem de ver que o *senhorio*, se lhe interessar anular a *preferência* na *compra* ou *aceitação em cumprimento* dos seus *arrendatários*, esperará pelo momento em que possa lançar a *oposição à renovação* do contrato, para depois proceder à *venda* ou *dação em cumprimento* sem se deixar surpreender por qualquer *prelação.*

No tocante aos *arrendamentos vinculísticos*, aliás, haverá de se ter em conta, ainda, o disposto no art. 59-2 NRAU segundo o qual "*a aplicação da alínea a) do nº 1 do artigo 1091 do Código Civil não determina a perda do direito de preferência por parte do arrendatário que dele seja titular aquando da entrada em vigor da presente lei*".

O preceito, que, na sua base fundamental, vem já de Reforma de 2006 e, por isso, dificilmente se compreende a sua sobrevivência na Reforma de 2012, tem em vista ressalvar as alienações que, depois da entrada em vigor daquela Lei nº 6/2006, viessem a acontecer perante *arrendatários vinculísticos* existentes que já tivessem, ou entretanto perfizessem, mais de *um ano* de arrendamento, pois esse era o tempo com que o RAU (art. 47-1) se contentava e naquela altura foi elevado para os *três anos* atuais.

Difícil, porém, será encontrar algum caso prático de *arrendatário vinculístico* nestas condições, visto que, só por inadvertência, vinte e nove anos depois da entrada em vigor do RAU se terá celebrado algum *contrato sem duração limitada.*

De resto, também no próprio âmbito dos *arrendamentos vinculísticos*, a *prelação* do *arrendatário* não parece ter apreciável aplicação prática, dado o seu desvalor económico para o *arrendatário* e a sua falta de interesse em face de desfrutar de renda vil de que desfruta.

Relativamente à *preferência na celebração de novo contrato*, caducado o anterior, outro tanto parece ocorrer. Num regime de *arrendamento livre*, se o *arrendatário* quiser permanecer na casa, dificilmente necessitará de recorrer ao *direito de preferência* até porque será o próprio *senhorio*, antes de mais, que terá interesse em, pela renda de mercado que poderá exigir, não ter de mudar de *arrendatário.*

Por último quanto à *preferência* na aquisição de uma *quota-parte* em *prédio não constituído em propriedade horizontal*, criada pela Lei nº 64/2018, cremos que o objetivo fundamental do legislador terá sido dificultar a alienação do prédio, mais do que beneficiar os respetivos *arrendatários habitacionais.*

Que interesse pode ter um *arrendatário* em comprar certa porção de superfície de um prédio que não está constituído em *propriedade horizontal* e em cuja administração não tem cabimento nem voz?

3. Preferência do arrendatário na celebração de novo contrato, em virtude de caducidade do anterior pela cessação do direito ou dos poderes legais de administração com base nos quais foi celebrado: a fatuidade da hipótese legal

Embora só venha enunciado em segundo lugar, por requerer uma referência mais breve, afigura-se-nos preferível começar pela preferência do arrendatário na celebração de novo contrato por ter cessado o direito ou terem caducado os poderes legais de administração com base nos quais ele fora celebrado, constante da al. *b)* do nº 1 do presente artigo.

I – Ao contrário do que, à primeira vista poderia parecer, aqui forma-se também um verdadeiro *direito de preferência.*

Este, com efeito, não se constitui unicamente ante uma *compra* ou *aceitação em cumprimento,* podendo surgir igualmente em presença de outra figura compatível com ele, neste caso, um *arrendamento* dado a terceiro.

O estabelecido na al. *b)* deste art. 1091-1 CC, como genuína *preferência legal,* que é, consistirá, pois, na faculdade de o anterior *arrendatário* se substituir ao novo a quem o *senhorio* arrendou o mesmo espaço, em vista da *caducidade* daquele contrato por *cessação do direito* ou dos *poderes legais com base nos quais tinha sido celebrado.*

O que nele parece estranho é a sua contrariedade ao disposto no art. 405.

De acordo com este preceito, será dificilmente concebível, caducado o anterior contrato, impor ao titular do prédio ou fração a celebração de um novo *arrendamento* para com quem já não é seu *arrendatário.*

A atribuição legal estabelece-se pelo *favor locatarii* que informa fortemente o nosso legislador.

No Direito mais antigo, encontravam-se já vários exemplos de *preferências legais* em *arrendamentos,* bastando lembrar aquela que se tinha estabelecido no art. 2309 do Código de Seabra em favor de *proprietários de prédios encravados* ou de "donos dos prédios onerados com a respetiva servidão" sobre *arrendamentos* que se contratassem por *mais de dez anos* (§ 1º).

No período revolucionário que se seguiu ao 25 de abril, com o Decreto-Lei nº 420/76, de 28 de maio, repescou-se também uma *preferência no arrendamento.*

No seu art. 1º, nº 1, dispunha-se o seguinte:

> "1. *Gozam do direito de preferência relativamente a novo arrendamento para habitação, no caso de caducidade do anterior por morte do respetivo titular, ainda que não fosse o primitivo arrendatário, e sucessivamente:*
>
> *a) O subarrendatário;*
>
> *b) As pessoas a que se refere o artigo 1109 do Código Civil, desde que coabitem com o titular do arrendamento caducado há mais de cinco anos*".

Este preceito veio depois a ser invariavelmente reproduzido, substituindo-se a alusão a "*direito de preferência relativamente a novo arrendamento*" por "*direito a novo arrendamento*", no art. 3º-1 do Decreto-Lei nº 328/81, de 4 de dezembro; no art. 28-1 da Lei nº 46/85, de 20 de setembro, e no art. 90-1 RAU.

Foi com tais antecedentes que a Lei nº 6/2006, de 27 de fevereiro, adotou o art. 1091, mantido intocado tanto pela Lei nº 31/2012, de 14 de agosto, como pela Lei nº 79/2014 ou a Lei nº 43/2017, de 14 de junho.

Voltou assim a qualificar-se, na al. *b)* do seu nº 1, tal estatuição, ao lado da sua al. *a)*, como um *direito de preferência*, o que supomos correto, mas restringiu-se esta *preferência*, agora, ao caso de *caducidade do contrato de arrendamento* ou por "*ter cessado o direito ou terem findado os poderes legais de administração com base nos quais o contrato fora celebrado*".

Mas acrescentou-se-lhe que este direito só "*existe enquanto não for exigível a restituição do prédio, nos termos do artigo 1053*" (nº 2 do preceito).

Com isto, decretou-se, em nossa perspetiva, um perfeito *non sense*.

Importa, na verdade, ponderar que, sendo a *preferência* um *direito condicional*, só se formará ela se o respetivo titular pretender, de facto, arrendar a *terceiro* o prédio ou fração em causa.

Ora se este apenas poderá reivindicar o prédio ou fração *seis meses* após a ocorrência da "*caducidade*"[514], não poderá, ao longo desse lapso, arrendá-lo a outrem, mas apenas depois disso.

Enquanto a restituição não for exigível, perdurará, decerto, o contrato, e enquanto este perdurar, não terá o *senhorio*, decerto, *legitimidade* para celebrar outro contrato com *terceiro*, a não ser que o faça para ter efeito apenas após o termo do prazo do art. 1053.

Nos termos em que se confere esta *preferência*, bem pode, quanto a nós, dizer-se que a lei a dá ao *arrendatário*, com a mão direita da al. *b)* deste art. 1091-1, e logo lha retira, com a mão esquerda do seu nº 2.

Trata-se de um erro introduzido pela Lei nº 6/2006, que prontamente denunciámos, na 4ª edição do nosso *Manual*[515], repetindo a advertência na 5ª edição[516], mas o legislador, pelos vistos, não lê manuais, e nele reincidiu com as Reformas posteriores de 2012 (Lei nº 31/2012), 2014 (Lei nº 79/2014) e 2017 (Lei nº 43/2017) e 2018 (Lei nº 64/2018).

O *direito de preferência* assim criado não tem aptidão para apresentar uma relevância prática digna de registo, desde logo pelo próprio desinteresse do *arrendatário*: que vantagem lhe advirá da *preferência* num *arrendamento de mercado*, com *renda de mercado* e *prazo certo de mercado?*

Mais do que isso: não passará, na verdade, como o temos dito, de um *direito vazio*.

Laurinda Gemas/Albertina Pedroso/João Caldeira Jorge acham que exageramos neste diagnóstico, admitindo que "se pode conceber a celebração de um novo

[514] Temos sustentado que a caducidade primacial que dispara o período de carência seria assim uma caducidade de efeito retardado ou prolongado, visto que durante aquele período não há novo contrato, mas é o antigo que ainda subsiste.

[515] *Manual do Arrendamento Urbano*, II, 4ª ed., Almedina, 2008, pp. 826-827.

[516] *Manual do Arrendamento Urbano*, II, 5ª ed., Almedina, 2011, pp. 854-855.

contrato de arrendamento durante o período para o 'despejo do prédio'... embora com o diferimento da entrega do locado para um período posterior ao da sua desocupação pelo ex locatário"[517].

Perdoar-se-nos-á mas, numa hipótese tal, afigura-se-nos que começará, à cabeça, por ser muito duvidoso que se admita a configuração da *preferência* do *arrendatário sob caducidade*, num contrato cujos efeitos só podem produzir-se após ter expirado o prazo dentro do qual ele dispunha da *prelação*.

Mas, independentemente disto que, só por si, inutilizará a escapatória, certo esta sempre se nos afigurará, com o devido respeito, profundamente fantasista e inteiramente divorciada da realidade.

Quais seriam os *senhorios* e futuros *arrendatários* que iriam celebrar de antemão um *arrendamento* para o termo dos *seis meses*, quando sabem que, com isso, sujeitar-se-iam ao *direito de preferência* que certamente evitariam se o celebrassem exatamente no primeiro dia após o decurso desse prazo?

Qual seria o *candidato a arrendatário* que se abalançaria a tomar de arrendamento um prédio, ainda ocupado, que não poderia sequer visitar antes de se obrigar e, para cúmulo suscetível de ser inutilizado por um exercício de *preferência*?

É que o *arrendatário* atual só está obrigado a facultar o exame da coisa locada ao *locador* (al. *b)* do art. 1038); não, a estranhos e, portanto, sem tomar conhecimento preciso e pessoal do estado de conservação em que ela se encontra.

Na nossa perspetiva, não há que fugir. O direito de preferência estabelecido na al. b) do nº 1 do presente art. 1091 de uma total fatuidade.

II – À data em que escrevemos, o art. 9º-A, aditado ao Decreto-Lei nº157/2006 pela Lei nº 43/2017, de 14 de junho, atribuiu outro e surpreendente *direito de preferência* ao *arrendatário* que viu o seu *arrendamento* de *duração indeterminada* cessar por *denúncia* operada pelo *senhorio*, para *demolição* ou realização de *obra de remodelação ou restauro profundos* que obriguem a *desocupação* da unidade urbana arrendada, nos termos constantes da al. *b)* do art. 1101.

Com essa *denúncia* já lhe era reconhecido, quando não houvesse acordo quanto ao *realojamento* por período não inferior a *cinco anos*, o direito ao pagamento de todas as despesas e danos, patrimoniais e não patrimoniais por ele suportados "*não podendo o valor da indemnização ser inferior a dois anos de renda*" (art. 6º-1, al. *a)*, do DL nº 157/2006).

Em 2017, achou-se que isto ainda não era suficiente para compensar o *arrendatário* da perda da sua *locação* e, assim, num art. 9º-A do diploma, atribuiu-se-lhe, temporariamente, no prazo de *dois anos*, contados desde a cessação do *arrendamento* anterior, *preferência* em *novo arrendamento* que venha a ser prestado no prédio, depois de profundamente remodelado, restaurado ou reconstruído.

[517] LAURINDA GEMAS/ALBERTINA PEDROSO/JOÃO CALDEIRA JORGE.

O legislador progressista é tão cioso do seu protecionismo da parte mais fraca da relação locatícia, que, por vezes, nem se dará conta de que está a outorgar ilusórias vantagens.

Aqui o vemos, em 2017, a ter a preocupação de outorgar ao *arrendatário*, que *direito especial*?

Pois, precisamente, o de *preferência* num *arrendamento de mercado*, com *renda de mercado* e *prazo certo de mercado*.

Que utilidade prática terá um preceito destes?

4. A clássica preferência do arrendatário na venda ou na dação em cumprimento do prédio ou fração arrendada, constante da al. *a*) do nº 1 do preceito

Passemos então à clássica *preferência* do *arrendatário* na compra e venda ou *dação em cumprimento* do *inteiro prédio* ou *fração autónoma* arrendados.

O artigo começa agora, na al. *a*), modificada pela Lei nº 64/2018 por atribuir *direito de preferência* ao *arrendatário* de apenas *dois anos*, em vez dos *três* primitivos, na *compra e venda* ou *dação em cumprimento*, na sua expressa-o, do "local arrendado" como já desde 2006 se dizia.

I – Não exatamente como se grafou em outras formulações, refere-se aqui, na verdade, que o *direito de preferência* se reporta, antes de mais, à "compra e venda" do "local" arrendado.

Isto, porém, parece vago e pouco preciso; é apenas uma aproximação. O *arrendatário* não prefere propriamente tanto na *compra* como na *venda*: apenas se substitui, nessa "compra e venda", ao *comprador*, nos termos em que ela se encontra em trânsito, ou já realizada sem seu conhecimento.

Na primitiva formulação do então art. 1117 CC, consagrava-se antes a *prelação* do *arrendatário comercial ou industrial* "na venda" – o que nos parece, mesmo, menos correto.

Na *venda* não tem o *arrendatário* o menor *direito de preferência*.

Onde precisamente o tem é, como se disse, na *compra* a realizar ou realizada pelo adquirente, que se insere no contrato de *compra e venda*, pois é ao *comprador* que, pelo exercício do *direito de preferência*, se substitui, em virtude de o *senhorio* perder, com essa operação, o direto com base no qual deu a *locação*.

> Este ponto específico já foi, em tempos, apreciado pela Relação de Lisboa, no seu douto ac. de 25-02-1993, publicado na *Rev.Leg.Jurs.*, 125º, p. 348, e anotado por MANUEL HENRIQUE MESQUITA: era o de saber se o *arrendatário*, ante uma operação em que o *promitente-comprador* da fração locada era o seu *locador*, gozava ou não de *direito de preferência* na venda que viesse o *promitente vendedor* a fazer a esse *locador* em cumprimento da promessa.

Era evidente que não, como decidiu a Relação, no que MANUEL HENRIQUE MESQUITA concordou[518].

Mas o tema voltou a ser tratado ainda pela mesma Relação:

– I – É válido o contrato de arrendamento para habitação celebrado entre a promitente-compradora que obteve a tradição da coisa e os apelantes e ao abrigo do qual passaram a habitar naquela fração autónoma, apesar de não provado o conhecimento e consentimento da proprietária para a celebração desse contrato.

– II – Só quando coincidem na mesma pessoa as qualidades de proprietário e de senhorio, o locatário habitacional tem preferência na alienação do imóvel ou fração.

Relação de Lisboa, de 06-07-2010 (Processo nº 3098/04.9TBOER.L1-1 www.itij.pt)

Na verdade, o que, na perspetiva do legislador, justifica o *direito de preferência* é, como se referiu, a circunstância de o *senhorio* perder o domínio sobre o prédio arrendado e não, pelo contrário, a de adquiri-lo.

Além, no entanto, da *preferência na compra e venda* do *prédio* ou *fração arrendada*, o preceito atribui-lha ainda, como se disse, na *dação em cumprimento* "do local arrendado há mais de dois anos", mas também aqui parece óbvio que a *preferência* não recai sobre a *dação* mas, concretamente, sobre a *aceitação em cumprimento.*

Estas expressões de *preferência* começaram, no entanto, a usar-se deste modo e vêm sendo repetidas nas sucessivas versões legais e estão assim consagradas na nossa linguagem jurídica.

II – Encontrando-se este artigo na genérica Secção VII – *Arrendamento de prédios urbanos*, parece claro que a *preferência* constante do nº 1 do preceito, ao contrário da referida nos seus n.os 8 e 9, é atribuída tanto a um *arrendatário habitacional* como ao *não habitacional*[519].

III – Nada se tem preceituado diretamente quanto à *disponibilidade* das *preferências legais arrendatícias* e, assim, se serão atribuídas, *injuntiva* ou, antes, *dispositivamente.*

A propósito da *preferência legal* entre *comproprietários* já se sustentou, entre nós, que "nenhum comproprietário – e o mesmo se diga para os demais casos de preferências legais

[518] *Rev.Leg.Jurs.* 125º, p. 384.

[519] Assim também, expressamente, LAURINDA GEMAS/ALBERTINA PEDROSO/JOÃO CALDEIRA JORGE, *Arrendamento Urbano*, 3ª ed., Quidjuris, 2009, p. 431 e, ainda que implicitamente, ANTÓNIO MENEZES CORDEIRO, *Leis do Arrendamento Urbano Anotadas*, Almedina, 2014, p. 261, na. 18, ao referir-se ao *arrendatário*, sem mais..

– pode renunciar *antecipadamente quanto a toda e qualquer alienação*... pois isso equivaleria a modificar o regime legal da compropriedade, que é fixado *imperativamente* pela lei"[520].

Quem, todavia, qualifique a *preferência legal* como um *direito real de aquisição* tenderá, segundo cremos, a admitir a solução contrária, dado o conteúdo assinalado no art. 1305 CC ao *direito de propriedade* como um gozo pleno e exclusivo dos direitos de uso, fruição e *disposição*[521].

É, cremos, a solução preferível também quanto às *preferências legais arrendatícias.*

A nossa lei tem tido o cuidado de assinalar carácter *imperativo* a normas determinadas do regime do *arrendamento urbano.* Nas próprias disposições introduzidas de novo no Código Civil, animadas de uma intenção central liberalizante, não foi abandonada esta prática e, assim, estabeleceu-se no novo art. 1080 que "*as normas sobre a resolução a caducidade e a denúncia têm natureza imperativa, salvo disposição em contrário*".

Se, portanto, não foi editada disposição análoga, para a *preferência legal* do *arrendatário* de há mais de *dois anos*, é de crer que estamos aqui em presença de uma norma *não injuntiva* e que as partes poderão afastar no contrato.

Esta conclusão não é partilhada por LAURINDA GEMAS/ALBERTINA PEDROSO/JOÃO CALDEIRA JORGE, que defendem antes, ser a norma do art. 1091 de *carácter injuntivo* "porque, consagrando uma preferência legal, subjazem-lhe razões de interesse público". E arrolam, neste sentido outros Autores [522] – os quais, aliás, nos lugares citados, não se reportam ao *carácter injuntivo*, ou não, do *direito de preferência do arrendatário* na *compra* ou na *aceitação em cumprimento* do "local" arrendado, mas à sua *renúncia* ao exercício desse direito, ante a de uma operação ainda não ajustada com um terceiro e apresentada tão só como possível.

O problema que pomos não é esse, mas antes o de saber se o *direito de preferência* atribuído na lei ao *arrendatário* se encerra numa *norma injuntiva* ou, pelo contrário, num preceito meramente *dispositivo* sendo então lícito estipular, num concreto *contrato de arrendamento*, que o *arrendatário* não tem nele *preempção* ante uma *compra e venda* ou *dação em cumprimento* do "local" arrendado.

E não parece convincente afirmar-se que, pela simples atribuição do direito na lei, "subjazem-lhe razões de interesse público", uma vez que, como é sabido, o Direito posi-

[520] PIRES DE LIMA/ANTUNES VARELA (com a colaboração de M. HENRIQUE MESQUITA), *Código Civil Anotado*, III, Coimbra Editora, Limitada, 1987 (reimpressão), p. 370.

[521] Cf., sobre este ponto, principalmente, JOSÉ DE OLIVEIRA ASCENSÃO, *Direito Civil-Reais*, Coimbra Editora, 1993, 5ª ed., ver. e ampl., p. 310 e bem assim, ANTÓNIO MENEZES CORDEIRO, *Direitos Reais*, II, Centro de Estudos Fiscais da Direcção-Geral das Contribuições e Impostos, 1979, p. 784.

[522] É o caso de LAURINDA GEMAS/ALBERTINA PEDROSO/JOÃO CALDEIRA JORGE, *Arrendamento Urbano*, 3ª ed., Quid Juris, 2009, p. 432, reportando-se a HENRIQUE MESQUITA, *Rev.Leg.Jurs.*, 126º, p. 63; CARLOS LIMA, *Direitos Legais de Preferência* (*Estudos em Homenagem ao Prof Doutor Inocêncio Galvão Telles*, IV, Almedina, 2003, p. 515.

tivo não contém unicamente *normas injuntivas*, estabelecendo muitas vezes preceitos meramente *dispositivos*.

Aliás, o art. 1080', há pouco referido, não declara o carácter injuntivo de todas as normas arrendatícias, mas apenas, dentro delas, das respeitantes à *resolução*, à *caducidade* ou à *denúncia* e, mesmo essas, só "*salvo disposição em contrário*".

No caso do *direito de preferência do arrendatário*, nós pensamos que desenvolvendo-se ele através de um processo em que, estando definitivamente aprazada a *compra e venda* do local arrendado ou a sua *dação em cumprimento*, o *preferente* interpõe-se na operação, substituindo-se ao comprador ou aceitando a dação, pagando o preço que tinha sido ajustado, realiza um privilégio de casta, não democrático e que, portanto, se ajusta mal a ser estabelecido com força *imperativa*.

Como já em 1948 se afirmava, a *prelação* é indesejável porque entorpece a negociação e só em casos muito restritos deverá ser consagrada.

Obtempera-se por vezes que, atribuída ao *arrendatário habitacional* permite-lhe passar a ser *proprietário* da sua *habitação*, mas quem demonstrou já que esse é o seu provável interesse?

Na prática, ele pode não o ter, ou porque não está disposto a endividar-se para aceder à compra ou porque não é essa a sua opção de vida, quer porque a habitação na sua propriedade lhe embaraça a mobilidade, quer porque não está disposto a arcar com os incómodos a que um *proprietário* sempre está sujeito.

O atual Presidente da República é um bom exemplo desta opção.

De resto, no Direito comparado, a *preferência* raramente é atribuída ao *arrendatário* e, quando o é, ou se estabelece expressamente que as partes contratantes podem pactuar a *renúncia* do *arrendatário* ao seu "direito de aquisição preferente", como no art. 25-8 da Lei nº 29/1994 de Espanha ou, na própria Itália, onde a proteção do *arrendatário* é mais aguda, que a *prelação do arrendatário* só existe quando o *locador* recuse prorrogar, no seu termo, o *arrendamento habitacional* por pretender alienar o imóvel – mas, se o *senhorio* o vender sem fazer qualquer *comunicação* ao *arrendatário*, a *preferência* não se verificará e a relação locatícia ganhará contra o adquirente a *prorrogação* que se perspetivava, segundo o velho princípio *emptio non tollit locatum*[523].

IV – Uma questão que se tem posto, e é relevante, é a de saber se o *direito de preferência* será transmissível, ou não, por ato *inter vivos* ou *mortis causa*.

Se bem nos parece, a resposta, para o direito já exercido e perfeito, é certamente afirmativa nos dois casos – mas a mera *expectativa* de *preferência legal* não deve considerar-se tal.

Porquê?

[523] IACOPO PIETRO CIMINO/ANDREA COCCOCIA, *Le locazioni* (a cura di MAURIZIO DE GIORGI/DOMENICO/MAFFEI/CORRADO MARVASI), Wolters Kluver-CEDAM, 2015, pp. 215-216.

Porque a *preferência legal* é um direito dependente doutro direito e, portanto, como já o reconhecia o Saudoso Professor Castro Mendes, só é transmissível com a posição jurídica a que é inerente[524]. Quem é *arrendatário urbano* (*rural* ou *florestal*) transporta, na garupa do seu *direito de arrendatário*, o *direito de aquisição condicional* do prédio arrendado, que só poderá passar a terceiro por efeito da transmissão da *posição de arrendatário* à qual inere.

Assim, enquanto *direito condicional*, a *preferência legal* não pode transmitir-se autonomamente: é simples *inerência do direito de arrendatário.*

Exercido ele, porém, já não há dúvida: o *direito de preferência*, até aí apenas *ao dispor* do respetivo titular, através da declaração formulada pelo preferente, *é obtido* por este.

Subjetivou-se na sua esfera jurídica. Passou a constituir um "direito adquirido", deixando de se consubstanciar, propriamente, num *direito a preferir* dando *o tanto por tanto*, para constituir um *direito de aquisição* da *quota ideal* alienada mediante o preço que está já fixado. A diferença entre os dois momentos é perfeitamente caracterizada na nomenclatura italiana, quando faz corresponder a este segundo momento o *retratto* que sucede à *prelazione*.

Com o *retracto*, a *preferência legal* autonomiza-se do direito a que ineria até aí, e consolida-se como um direito *a se*, com um conteúdo de evidente e incontestável *utilidade patrimonial*, na esfera jurídica do declarante. Assim como este, realizada finalmente a aquisição, pode dispor imediatamente do prédio, assim também, uma vez feita a *declaração de preferência*, pode prontamente alienar o seu *direito de aquisição* a terceiro, sem que se admita ao proprietário do prédio, no *estado de sujeição* em que já se encontrava e permanece, fazer qualquer oposição.

A sua transmissibilidade decorre, portanto, da autonomização do direito de que dependia a *preferência legal* e do seu carácter *patrimonial*, que, como é sabido, se submete à *regra da transmissibilidade*, e pode portanto ser alienado sempre que não haja, como não há aqui, disposição em contrário. Note-se que, mesmo na *preferência convencional*, onde a intransmissibilidade é de regra, é-o apenas supletivamente, sendo admissível *estipulação em contrário* (art. 420 CC).

Afigura-se-nos, portanto, perfeitamente líquido que, proposta que foi a *ação de preferência*, mesmo antes da citação dos demandados já ficou preenchida a *conditio iuris* da manifestação da vontade de preferir e, portanto, *já está perfeita a preferência legal na esfera jurídica do seu titular*, sendo desde essa data transmissível a terceiro, *inter vivos* ou *mortis causa*.

V – Em vez de uma *venda* do *local arrendado*, pode acontecer, porém, que o *proprietário locador* venha, depois do *arrendamento há mais de dois anos*, a parcelar o seu direito de *propriedade plena* em *usufruto* e *nua propriedade*.

[524] João de Castro Mendes, *Teoria Geral do Direito Civil*, I, AAFDL, 1978 (impressão de 1988), p. 371, nota 869.

E tem-se posto, neste caso, relativamente ao *arrendamento rural*, mas em termos que se aplicam igualmente ao *arrendamento urbano*, a questão de saber se o *arrendatário* ainda terá *preferência* contra o adquirente de algum desses direitos parcelados, se não de ambos.

Na doutrina, defendeu-se que pode o *arrendatário* preferir sobre qualquer das duas alienações pois, se o *usufrutuário* passa a ocupar o lugar de *locador*, também o *radiciário* não ficará, com a alienação, liberto da *relação locatícia*[525] – ou então porque, doutro modo, poderia ele vir a ser lesado[526]

O *direito de preferência* tem contudo em vista proporcionar ao *arrendatário* a faculdade de tornar-se *proprietário* do espaço em que reside ou onde exerce a sua profissão – e jamais isso aconteceria se o pudesse usar nestes termos: *arrendatário* que compra o *usufruto* não se torna proprietário da unidade arrendada nem deixará de continuar como *arrendatário* pela simples transformação da *propriedade* do *locador* em *usufruto*.

Ampliar-se-ia portanto, nesse entendimento, o seu direito, sem servir ao fim para que foi outorgado: o de fazer, do *arrendatário*, um *proprietário*.

Não parece, pois, aceitável semelhante solução[527].

VI – Numa situação próxima da acabada de descrever, em que o *usufrutuário* tenha dado em *locação* o prédio e depois realize a *venda* ou *dação em cumprimento* do seu *usufruto*, também já se tem sustentado a legitimidade de o *arrendatário* lançar mão da *preferência*[528].

Milita contra semelhante entendimento a mesma razão acabada de apontar a respeito da questão anterior.

VII – Outro tema que vinha sendo tradicionalmente discutido, anteriormente à vigência da Lei nº 64/2018, era o de saber se o *arrendatário* de *uma parte do prédio* não constituído em *propriedade horizontal* teria *direito de preferência* no caso de *venda* ou *dação em cumprimento* do *inteiro edifício*.

Supor-se-ia, naturalmente, ser ele o único *arrendatário* a querer preferir.

Mas, como raramente o seria de todo o prédio, e nele haveria mais *arrendatários*, teríamos ou poderíamos, então, vir a ter *em concorrência*, vários *preferentes* na mesma posição.

525 M. Henrique Mesquita, *Rev.Leg.Jurs.* 132º, p. 191,

526 Jorge Alberto Aragão Seia, *Arrendamento Urbano*, 6ª ed., Almedina, 2002, pp. 291-292

527 Neste sentido: António Menezes Cordeiro, *Leis do Arrendamento Urbano Anotadas*, Almedina, 2014, p. 262, an. 23.

528 Sendo o contrato de arrendamento celebrado pelo usufrutuário, o arrendatário só goza do direito de preferir na venda ou dação em cumprimento do direito de usufruto, – e não da raiz ou nua propriedade – já que o titular desta é inteiramente alheio à relação de arrendamento em que se fundamenta o direito de preferência, nada tendo a ver com a relação locativa, que se extingue, de resto, logo que o usufruto termine. SUPREMO, 04-02-2010 (Processo nº 3370/ /05.0TBPVZ.P1.S1)

No mesmo sentido: M. Henrique Mesquita, *Rev.Leg.Jurs.* 132º, p. 191, n. 3; Jorge Alberto Aragão Seia, *Arrendamento Urbano*, 6ª ed., Almedina, 2002, p. 292

O entendimento de que qualquer *arrendatário* teria, nesse caso, *direito de preferência* era tradicionalmente reconhecido na jurisprudência, à luz do Direito anterior à Lei nº 6/2006, a que o SUPREMO se manteve fiel, mesmo depois disso.

Assim:

Havendo vários locatários, que não se uniram no seu direito de preferência a exercer perante terceiros não locatários, indicados como promitentes compradores, e, na falta de designação, abrir-se-á licitação entre todos para que se apure qual deles ficará com esse direito.

Relação de Lisboa, 29-03-1984 (Processo nº 0002325)

Cada locatário habitacional de um prédio tem, em caso de venda deste, um direito de preferência independente e autónomo, que pode exercer sozinho ou em litisconsórcio voluntário com outros.

Relação de Lisboa, 16-05-1985 (Processo nº 0021465)

O art. 47, nº 1, RAU, interpretado segundo os cânones estabelecidos no art. 9º CC, não se atendendo apenas ao seu sentido literal, continua a permitir ao arrendatário de prédio urbano não constituído em propriedade horizontal, alienado ou dado em cumprimento, o exercício do direito de preferência, contanto que o faça sobre a totalidade do prédio

Relação do Porto, 24-10-1995 (*BMJ* nº 450, p. 560).

I – O inquilino de uma unidade habitacional não qualificada como fração autónoma por o prédio em que se integra não se encontrar constituído em regime de propriedade horizontal, para exercer direito de preferência na venda da totalidade do imóvel a terceiro não locatário não tem de, previamente à propositura da ação de preferência, recorrer ao processo especial de notificação para preferência contra os demais inquilinos habitacionais do mesmo prédio a fim de primeiro se determinar quem pode exercer aquele direito, podendo propor a ação de preferência desacompanhado dos demais.

II – Havendo vários inquilinos habitacionais, verifica-se uma situação de existência de um prédio onerado com vários direitos legais de preferência concorrentes, cada um na titularidade de cada inquilino, que pode exercer isoladamente o seu, mesmo contra anterior preferente se for caso disso.

SUPREMO, 29-04-2003 (Processo nº 03A706)

I – Ainda que um prédio com vários andares não tenha sido submetido ao regime da propriedade horizontal, é o prédio, no seu todo físico, porque só este goza de autonomia jurídica e matricial, que importa considerar, para o efeito de subsunção da questão da preferência na alienação do prédio no seu todo.

II – Se a alienação projetada ou realizada se referir à totalidade do imóvel, não subordinado ao regime da propriedade horizontal, a preferência competirá a todos os coarrendatários das partes do mesmo prédio, cujo contrato perdure há mais de um ano.

SUPREMO, 25-03-2010 (Processo nº 5541/03.5TBVFR.P1.S1)

VI – Se o legislador tinha intenção de restringir a preferência aos casos de compra e venda de prédio constituído em propriedade horizontal devia tê-lo dito no art. 47º do RAU; não o tendo feito não pode a interpretação restringir com base em expressões de alcance dúbio (*favorabilia amplianda, odiosa restringenda*).

VII – Assim, o direito de preferência existe para a fração autónoma arrendada, no caso de o prédio estar constituído em propriedade horizontal, ou para todo o imóvel se este não estiver legalmente parcelado a preferência não pode incidir, apenas sobre a parte arrendada, não sendo de interpretar restritivamente o art. 47º, nº 1, do RAU.

SUPREMO, 12-01-2012 (Processo nº 72/2001.L1.S1

A Relação de Lisboa, julgando ainda sob o domínio do RAU (no âmbito da Lei 6/2006 não temos presente jurisprudência sua e, muito menos, à luz da Lei nº 31/2012), porém, decidiu, por vezes, em contrário.

Se a razão de ser da concessão do direito de preferência é a existência de um direito ao arrendamento, parece justo e proporcionado que o direito de preferência apenas tenha a extensão do direito ao arrendamento, isto porque o direito de preferência radica o seu fundamento no direito ao arrendamento, pelo que deve ter a mesma extensão material do que este

Relação de Lisboa, 17-02-2009 (Processo nº 10924/2008-1)

O arrendatário de parte do prédio, não constituído em regime de propriedade horizontal, não goza de direito de preferência na compra e venda da totalidade do prédio

Relação de Lisboa, 14-09-2010 (Processo nº 72/2001.L1-1)

Qual dos dois será o melhor entendimento?

O primeiro pode dizer-se que é fortemente maioritário na jurisprudência tradicional, mas o segundo tem sido preferido, mesmo ainda anteriormente á Lei nº 6/2006, como depois disso, por alguns qualificados Autores, que se fundam, ou, logicamente, na ideia de que o objeto da *preferência* não pode ser mais dilatado do que aquele sobre que se estende o *direito de arrendamento*; ou que, no limite, assim se concederia igualmente *direito de preferência* na *compra* ou *aceitação em cumprimento* de todo o prédio ao mero *arrendatário de apoios no telhado para instalação de cartazes publicitários*;[529] ou, por último, porque assim resulta da mudança da referência legal ao *prédio*, do primitivo art. 1117 CC para o *local arrendado*, que se começou a usar no RAU e passou para as Reformas seguintes[530].

Também Menezes Cordeiro, já perante as coordenadas oferecidas pela Lei nº 31/2012, considerou esta corrente preferível.

Segundo o Ilustre Professor, se o art. 1117 da primitiva formulação do CC atribuía a *preferência* ao *arrendatário não habitacional* na "venda do prédio arrendado", com o RAU e, a seguir, com a Lei nº 6/2006 e a Lei nº 31/2012, ligou-se a preferência ao "local arrendado", devendo por isso presumir-se que o legislador escolheu as palavras com critério, especialmente o de 2006, que já conhecia a polémica.

Além disso, ao atribuir a *preferência do arrendatário*, teve em vista oferecer-lhe acesso a instalações próprias, pondo termo ao *arrendamento*. "Transformar o inquilino de um fogo em dono do prédio (só) porque este não estava em propriedade horizontal, é uma operação de todo fora do objetivo legal, que apenas visaria lucrativos negócios imobiliários"[531].

É, em nosso parecer, um entendimento sage e sensato, que o legislador deveria, há muito, ter tido em vista, embora quanto ao qual a expressão "local arrendado" nos pareça pouco feliz.

Verbalmente, *local* não é, um *espaço limitado objeto do arrendamento* mas, na verdade, "*área ou região não especificada*"; "*área, cidade, edifício, etc. que constitui um ponto de referência, o centro de um acontecimento, ou que é usado para servir a um propósito*"[532], ou ainda "*sítio ou lugar*"; "*espaço considerado segundo as suas características particulares ou específicas; espaço próprio para determinado fim*"[533] – e tudo isto nos parece menos compatível com a ideia de *fração* arrendada do que com próprio prédio onde, numa *parte sua*, se tem *arrendamento*.

Teria sido preferível, quanto a nós, em vez desta vaga expressão, referir-se, por exemplo, o "espaço arrendado" ou a "fração arrendada", esta por contraposição à "fração autónoma" dos prédios em *propriedade horizontal*.

529 Laurinda Gemas/Albertina Pedroso/João Caldeira Jorge, *Arrendamento Urbano*, 3ª ed., Quid Juris, 2009, p. 435, n. 3.

530 M. Januário C. Gomes, *Arrendamentos comerciais*, 2ª ed., Almedina, 1991, pp. 203-204; José de Oliveira Ascensão, *Direito de Preferência do Arrendatário* (*Estudos em Homenagem ao Professor Doutor Inocêncio Galvão Telles*, III, Almedina, 2002, p.255).

531 António Menezes Cordeiro, *Leis do Arrendamento Urbano Anotadas* (coord. de António Menezes Cordeiro), Almedina, 2014, p. 262 an. 27.

532 *Dicionário Houaiss*, Local.

533 *Dicionário da Academia das Ciências de Lisboa*, Local.

Ultimamente, porém – cabe registar – ao arrepio da sua anterior jurisprudência, o SUPREMO emitiu um muito douto acórdão, superiormente relatado pelo Conselheiro Tavares de Paiva, assim sumariado:

> Na vigência do artigo 1091 do CC, introduzido pela Lei nº 6/2006, de 27 de Fevereiro, o arrendatário, há mais de três anos, de parte de prédio urbano não constituído em propriedade horizontal, não tem direito de preferência, sobre a parte arrendada ou a totalidade, na compra e venda ou na dação em cumprimento desse mesmo prédio.
> SUPREMO, 21-01-2016 (Processo nº 9065/12.1TCLRS.L1.S1)

Funda-se este magnífico aresto, por oposição à jurisprudência anterior, essencialmente, na vária e maioritária doutrina favorável a este entendimento e no argumento de que a expressão "*local arrendado é, repete-se, o exato espaço que as partes acordaram ser objeto do arrendamento: nem mais, nem menos*".

Quanto a este entendimento, temo-lo como o preferível.

Em síntese e, em resumo, a tese de que o *arrendatário para fim não habitacional de prédio não constituído em propriedade horizontal* parece, hoje em dia, mais consolidada, afigurando-se-nos reforçada inclusivamente pela circunstância de a Lei nº 64/2018 ter ultimamente atribuído *direito de preferência* nesses prédios exclusivamente ao *arrendatário habitacional* (nº 8 do presente artigo) *(v. infra, nº 5)*.

VIII – Debateu-se ainda, na jurisprudência, a questão de saber se o *direito de preferência* em causa poderá ser exercido, não apenas quando haja a *transmissão total* da coisa onerada por esse direito, mas ainda quando esteja unicamente em causa a alienação de uma fração ou *quota ideal* dessa coisa – e não faltaram julgados sufragando a solução negativa[534].

A – Julgou-se o caso concretamente a respeito do *arrendatário rural.*

Ante a disparidade de julgados, o *assento* de 09-02-93 fixou, na boa direção, a seguinte jurisprudência:

> *"O direito de preferência concedido ao arrendatário rural pelo artigo 29 da Lei nº 76/77, de 29 de setembro, abrange a venda de quota-parte"*[535].

[534] SUPREMO, 22-4-1982 (*Rev.Leg.Jurs.* 119º, p. 48); Relação de Lisboa, 18-11-1993 (*Colectânea*, XVIII-V, p. 125).

[535] *BMJ*, nº 424, p. 61. No mesmo sentido: Jorge Alberto Aragão Seia/Manuel Costa Calvão, *Arrendamento Rural Anotado,* Almedina, 1980, p.76; Antunes Varela (*Rev. Leg. Jur.*, 119º [1986-87] pp. 380-384 e 120ª, pp. 14-19); F. M. Pereira Coelho, *Arrendamento,* ed. pol., 1988, p. 339, já à luz do Decreto-Lei nº 235/88, de 25 de outubro, aliás, como já antes no âmbito de vigência da Lei nº 76/77, de 29 de setembro (*Arrendamento*, ed. pol. 1983-84, p. 192, n. 1).

Esta solução é, naturalmente, aplicável também ao *arrendatário urbano* – pois não há que distinguir, neste ponto, os dois casos.

E nada justifica que se pretenda afastar a *preferência* na *alienação* ou *dação em cumprimento* de apenas uma *quota ideal*, pois isso é, antes de mais, frontalmente contrariado pela circunstância de a própria lei expressamente conferir *direito de preferência* em concretos casos de alienação de *quotas ideais*.

Não se refere claramente, no art. 1409-1 CC que "*o comproprietário goza do direito de preferência e tem o primeiro lugar entre os preferentes legais no caso de venda, ou dação em cumprimento, a estranhos da quota de qualquer dos seus consortes*"?

Não sustentou já ADRIANO VAZ SERRA, em trabalhos preparatórios do nosso Código Civil, que a *preferência legal* existe, inclusivamente, em relação à alienação de, "somente, parte real ou ideal" da coisa, citando doutrina alemã no mesmo sentido[536]?

Em nosso parecer, semelhante entendimento é correto, antes de mais, porque a venda de uma *quota ideal* já *é*, literalmente, uma *venda* e, depois, porque, doutro modo, seria fácil de iludir a *preferência*, bastando ao obrigado alienar hoje metade, e mais tarde a outra metade.

Nada impede, pois, a configuração do *direito de preferência* na alienação de apenas uma *quota ideal*. Pode é ocorrer, no caso, uma concorrência de direitos, que levará a graduá-los segundo determinada hierarquia.

Assim, na venda da *quota do senhorio*, que é apenas *comproprietário* do prédio ou da fração arrendada, o *arrendatário* é naturalmente preterido pelos restantes *comproprietários* que concorram à preferência, nos termos conjugados dos preceitos constantes dos arts. 1091-4 e 1409 CC.

Isto é diferente de não haver *direito de preferência* em presença da alienação de uma *quota-parte* da titularidade do bem respetivo.

B – Num ponto restrito, contudo, tem sido, por vezes, negado o *direito de preferência do arrendatário* na alienação de uma *quota-parte*: o respeitante a venda de *quota ideal* de *herança indivisa*.

Quanto a esta questão, comecemos por assinalar que, como a *indivisão* da *herança* se costuma muitas vezes afirmar, em escritura pública, através de uma antiga fórmula tabeliónica a referir a contitularidade "*em comum e sem determinação de parte ou direito*[537]", alguns

[536] *Pacto de preferência ou de opção* (*BMJ* nº 76, p. 209, referindo, no mesmo sentido, ENNECCERUS/LEHMANN, § 117 (§ 340), II, 4).

[537] A expressão é ambígua e bem se andaria em varrê-la, de vez, do formulário notarial. Em certo sentido, é mesmo claramente incorreta. No plano jurídico, nenhuma *comunhão* existe sem *determinação* do respetivo *direito*: ou é do *direito de propriedade* ou é de um *usufruto* ou de qualquer outro *direito real*. Do mesmo modo, também por outro lado não existe *comunhão* sem *determinação* da *parte* que a cada um cabe nela: 1/3; 1/4; 3/5, etc. A própria *comunhão conjugal* reconduz-se à *meação*

notários – não são todos, felizmente – retiram daí a consequência de que a alienação da *quota* de qualquer consorte, porque se encontra *em comum* e *sem determinação de parte ou direito*, só poderá fazer-se com a intervenção de todos os consortes.

Cremos tratar-se de um entendimento injustificado e manifestamente entorpecedor do comércio jurídico, pois bastará então que um deles, por teimosia e má vontade, se recuse a intervir, para já não se poder fazer prontamente a alienação que qualquer outro tenha em vista.

Além disso, é certamente contrário à lei, visto que, de acordo com o preceituado no art. 1408-1 CC, "o comproprietário *pode dispor de toda a sua quota na comunhão ou de parte dela*, mas não pode, sem consentimento dos restantes consortes, alienar nem onerar *parte especificada* da coisa comum".

É o que, de resto, já se tem julgado repetidamente – mas o que algumas vezes tem então indevidamente ocorrido e agora nos importa analisar é que então se recuse reconhecer, nessa alienação, o *direito de preferência do arrendatário*[538].

Sustenta-se, nesse caso, que é isso que se determina no art. 2130-1 CC, segundo o qual "*quando seja vendido ou dado em cumprimento a estranhos um quinhão hereditário os herdeiros gozam do direito de preferência nos termos em que este direito assiste aos comproprietários*".

Como, porém, este entendimento nos não parece o melhor e poderá estar a ponto de se estabelecer, valerá a pena desenvolver um pouco o tema para se poder ajuizá-lo ponderadamente.

No aresto de 15-04-93, que, entre os acabados de citar, supomos ter sido aquele que mais largamente fundamentou a asserção, afirma-se o seguinte, na sua muito própria expressão: "*face ao preceituado no art. 2130 do CC a quem, na circunstância, a lei atribui o direito de preferência é quem for 'co-herdeiro'. O objetivo do legislador foi obstacularizar à entrada de estranhos na titularidade da herança e o locatário do prédio pertencente à herança é, manifesta-*

Cremos, pois. que a expressão tabeliónica só será válida no plano material: a *falta de determinação* ocorre no próprio bem, que não terá, assim, enquanto indiviso, sinais divisórios do que pertence a cada *comunheiro*.

[538] SUPREMO, 27-04-71 (*BMJ* nº 206, p. 76); SUPREMO, 15-04-93 (*ColSTJ*, I-2-p. 68); Relação do Porto, 14-02-2000 (*BMJ* nº 494, p. 399).

Já se tem citado também neste sentido o ac. da Relação de Évora, 23-04-98 (*Colectânea*, XXIII-2, p. 282), mas indevidamente, por leitura incompleta do seu teor. O aresto teve em presença uma alienação a herdeiros – e é óbvio, à face do art. 2130 CC, que só poderia equacionar-se um *direito de preferência* na alienação a estranhos.

Por seu turno, do ac. Relação do Porto, de 14-02-2000, só nos foi dado conhecer o sumário que vem publicado em *www.*Processo nº 9951369, que nos não revela os fundamentos em que se estribou e é do teor seguinte: I – No caso de alienação de um quinhão hereditário a pessoas estranhas à herança, só os co-herdeiros gozam de direito de preferência nessa alienação; não gozam desse direito os inquilinos dos bens pertencentes à herança e que venham, na partilha, a ser adjudicados aos cessionários do quinhão hereditário ou por eles licitados.

Em contrário: Relação do Porto, 11-11-77 (*Col. Jur.*, II, p.1212)

mente um estranho; é por isso que esse direito de preferência não é atribuído, sequer, aos legatários, como igualmente não existirá se houver cessão de todos quinhões hereditários"[539].

Ainda, no mesmo sentido fundamental, veio doutrinalmente sustentar-se, em comentário: "os co-herdeiros vendem apenas o que podem vender – os quinhões hereditários. As cessões realizadas não se identificam com a venda do prédio"[540].

Cremos, pela nossa parte e salvo melhor opinião, não ser tal entendimento de subscrever.

Relativamente ao acórdão, parece evidente a confusão em que se deixou enredar. Estriba-se, fundamentalmente, nos seguintes considerandos:

a) – O art. 2130-1 dá *preferência* unicamente aos *co-herdeiros*;

b) – Fê-lo para vedar o acesso de *estranhos* à *herança*;

c) – O *arrendatário* é, manifestamente, um *estranho*;

d) – Foi por isso que também se recusou a *preferência* aos *legatários*;

e) – E igualmente não há *preferência* se "houver cessão de todos os quinhões hereditários".

Ora, logo quanto ao *primeiro ponto*, parece óbvio que se lavra no equívoco de supor que o *direito de preferência do arrendatário* teria forçosamente de ser atribuído no art. 2130 CC, quando este preceito não passa de apenas uma, entre outras, de atribuições pontuais de *preferências* da nossa lei.

Onde esse direito se lhe conferia, à época (as escrituras de venda da herança datavam de 03/07/81 e 17/08/81), era no art. 1º da Lei nº 63/77, de 25 de agosto, como hoje em dia ele lhe é ainda outorgado no presente art. 1091.

Ignorar que o *arrendatário* tem um *direito de preferência* na *venda* ou *dação em cumprimento* do "local arrendado" (*id est*, da unidade arrendada), expressa e repetidamente atribuído em textos de lei, é, para nós, fazer tábua rasa da realidade mais evidente.

E não só ao *arrendatário*, em tais condições – pois, como se sabe, ainda a outros sujeitos confere a lei *direito de preferência*, pontualmente, e vai até mais longe, visto que, além disso, *faz uma graduação entre eles* (arts. 1091-3 e 1409-1 CC).

O ponto que, portanto, se levanta será antes o de saber se o art. 2130-1 CC, ao atribuir *preferência* aos *co-herdeiros*, *ipso facto* a recusou a quem o não for, derrogando-a, quanto estes, em esparsas disposições.

Em semelhante hipótese, contudo, parece bem de ver que o aludido preceito se limita a estabelecer, como se viu, que "os herdeiros" gozam do *direito de preferência* "nos termos

[539] É o argumento fundamental do ac. do SUPREMO, de 15-04-1993, citado na nota anterior, com o complicado neologismo que inventou: "obstacularizar". Teria sido mais simples grafar, corretamente, *obstaculizar*, como alguns dicionários registam e o próprio corretor da Porto Editora, aceita.

[540] JORGE ALBERTO ARAGÃO SEIA, *Arrendamento Urbano*, 6ª ed., Almedina, 2002, p. 297.

em que este direito assiste aos comproprietários" – e, portanto, nem adota qualquer advérbio de exclusão a impor que, em tais transmissões, "só" ou "apenas" os *herdeiros* gozem da *preferência*, nem deixa de dar a estes o grau de *preferência* dos *comproprietários* (o primeiro lugar) – e, assim, claramente evidencia que admite a existência de outros que com eles compitam.

Se mais nenhuns *preferentes* pudessem haver, por quê dar-lhes o lugar que assiste aos *comproprietários*, o primeiro lugar (art. 1409-1 CC)?

É claro que, nesta conformidade, se algum dos *co-herdeiros* preferir, o *arrendatário* será excluído, por estar graduado depois dele (cf. este art. 1091-3); não assim, se nenhum deles preferir e estiver unicamente em causa um *adquirente não-herdeiro*, como era o caso, pois *todos os herdeiros* venderam coletivamente os seus quinhões a um casal *estranho à herança*.

Esta primeira afirmação do acórdão afigura-se-nos, portanto, claramente equivocada.

Depois, no *segundo ponto*, volta o mesmo aresto, em nossa opinião, a enredar-se noutro equívoco.

É verdade que o art. 2130-1 concede *direito de preferência* aos *herdeiros* para obviar o acesso de *estranhos* à *herança*, mas simplesmente desta forma: quando algum deles quiser *vender* ou *dar em cumprimento* o seu *quinhão* a um *não-herdeiro*, qualquer *co-herdeiro* poderá exercer *preferência* para se substituir ao *estranho* e, por esta via, fazer permanecer o quinhão na *herança*.

Se, porém, nenhum *herdeiro* exercer a *preferência*, nessa alienação a um *estranho*, o quinhão sai da *herança* e, nesse caso, *uma vez que o bem exula do acervo hereditário*, qualquer titular de um *direito de preferência*, seja *arrendatário*, seja *comproprietário* ou outro, enfim, poderá evidentemente preferir, se o *accipiens*, mesmo sendo *preferente* apesar de *não-herdeiro*, estiver graduado abaixo dele.

Como pretender então que o *arrendatário* não tem *preferência* porque se quer evitar a saída da *herança* do quinhão *vendido* ou *dado em cumprimento* se, com essa *venda* ou *dação*, se lançará já o quinhão para as mãos de um *estranho*?

O equívoco está precisamente nisto: sustentar-se que o *arrendatário* não pode ser *preferente* porque desse modo a *herança* iria passar a um *estranho* quando, afinal, pela alienação, *ela já vai para o poder de um estranho* – e é só então que esse *estranho* será substituído pelo *estranho preferente*.

Não dar a *preferência* neste caso, com tal fundamento, é, quanto a nós, tão absurdo como *defender que é preciso apagar um fogo que está apagado*.

No *terceiro ponto*, ao sustentar-se que o *arrendatário* é um *estranho*, parte-se do pressuposto de que, pelo art. 2130, só os *herdeiros* podem ser *preferentes*, o que unicamente é verdade quando o queiram ser e exerçam a sua *preferência* na alienação a *estranhos* – mas se, pelo contrário, nenhum a exercer e não adquirir para si o *quinhão hereditário vendido* ou *dado em cumprimento*, esgotou-se a precaução do artigo e já qualquer outro *estranho* que, pelo seu estatuto, tenha *direito de preferência*, ficará obviamente sem qualquer impedimento para o exercício do seu direito perante o *estranho* adquirente para cujo poder tinha passado o *quinhão.*

No tocante ao *quarto argumento,* parece bem de ponderar que a omissão de *direito de preferência* a respeito do *legatário,* no art. 2130, não se funda, visivelmente, na ideia de que ele é um *estranho.* Sem embargo de o ser, poderia perfeitamente, como tal, ter esse direito desde que a lei lho facultasse.

A recusa da lei baseia-se antes em que, como *legatário,* não é *herdeiro* e, sendo assim, não tem qualidade para beneficiar do direito que a lei reconhece a este, pois a venda de um *quinhão hereditário* não afeta minimamente o seu legado. A substituir-se ele ao *estranho* comprador ou beneficiário da *dação em cumprimento,* é óbvio que não faria reverter o *quinhão* à *herança* e apenas engordaria o seu *legado.*

Podia o legislador, se quisesse, reconhecer-lhe um *direito de preferência* na *venda* ou *dação em cumprimento* a *estranho* de um *quinhão hereditário,* mas certo é que não reconheceu, e bem, um fundamento tão tutelável como o que encontrou, p. ex., no *comproprietário* ou no *arrendatário.*

Por último e quanto ao *quinto ponto,* ao referir-se que cessa a *preferência,* quando se aliene a totalidade da *herança,* reincide-se no equívoco de pensar que *só os herdeiros têm direito de preferência.*

O que acontece, nesse caso, é que nenhum dos *herdeiros* poderá preferir porque *todos alienaram o respetivo quinhão.* Quem aliena o seu quinhão desinteressa-se da conservação da *herança,* perdendo fundamento para preferir na alienação dos outros *quinhões.* Admiti-lo a preferir na venda de um quinhão de *co-herdeiro,* quando vendeu o seu, constituiria, se bem nos parece, um autêntico *venire contra factum proprium.*

Isto, porém, não impedirá de modo algum, como parece evidente, que, na *venda de todos os quinhões hereditários a um estranho,* outro *estranho* – que seja *preferente* – exerça o seu direito.

No tocante, por seu turno, ao entendimento doutrinal, há pouco referido, de que a cessão de um *quinhão hereditário* não é uma *venda,* parece inegável que, com ela, *o direito de propriedade* correspondente ao *quinhão* transmite-se necessariamente para a esfera jurídica do *accipiens.*

E o que será isto, senão uma *venda,* já que, por esse meio e em perfeita conjunção com o disposto no art. 874 CC, *"se transmite a propriedade de uma coisa, ou outro direito, mediante um preço"*?

Em suma, defendemos abertamente que o *arrendatário* também goza da *preferência* que o presente artigo lhe assinala na *cessão a estranhos do quinhão hereditário que envolva o "local" arrendado.*

Cremos, no entanto, que, se na aquisição desse quinhão se perfila outro *co-herdeiro,* este preteri-lo-á, nos termos da graduação constante do presente art. 1091-3 conjugado com o disposto nos arts. 1535-1 e 1409-1.

IX – Na *facti species* constante da al. *a)* do presente artigo, o *direito de preferência* reporta-se a uma *compra e venda* ou *dação em cumprimento* do "local arrendado" há *mais de dois anos.*

Ora, na prática, estas operações, quando relacionadas com um contrato, não configuram normalmente um *contrato definitivo*, levando a equacionar o tema igualmente em face da eventual ocorrência de um *contrato-promessa.*

Põe-se então o problema de saber se o *promitente vendedor* ou *dador em cumprimento* terão já a obrigação de oferecer a *preferência* ao *arrendatário*, ou se, pelo contrário, só ante o *projeto de contrato definitivo* surgirá tal dever.

Perguntar-se-á, no reverso da medalha, se o titular tem que exercer a sua *preferência* já em face do *contrato-promessa*, ou só em presença de um projeto de *contrato definitivo.*

> O tema tinha sido aflorado no ac. do SUPREMO, de 23-6-1992 (*Rev.Leg.Jurs.*, 126º, p. 52), que acabou por não assumir posição definida sobre ele, uma vez que, segundo decidiu, a prova dos autos de maneira alguma consentia que a carta de *comunicação* para exercício da preferência traduzisse "mera proposta de contrato-promessa e não que se estivesse em face da comunicação do 'projeto de venda e suas cláusulas', como consta da previsão do nº 1 do art. 416".

A expressão do art. 416-1 CC, "projeto *de venda*", que se adota, a respeito da *comunicação* a fazer ao titular, é bastante sugestiva neste sentido.

Basta um *projeto de venda.* Não é necessária uma *venda.*

Aliás, se o *contrato definitivo* já estivesse celebrado, consumara-se a venda sem se ter oferecido a *preferência.*

E não parece que exista expressão mais perfeita de *projeto de venda* do que um *contrato-promessa* em forma.

As imobiliárias, por exemplo, cercam-se sempre de um *contrato-promessa* com base no qual se oferece depois a *preferência.*

Diferente será, porém o caso de, em vez *projeto de venda*, se oferecer um *projeto de promessa de compra e venda.*

Como já se tem sustentado na doutrina, deverá considerar-se *irrelevante* ou *ineficaz* uma *notificação para preferência* relativamente a um *projeto*, não um *contrato definitivo*, mas de, apenas, um *contrato-promessa*[541].

[541] *Sic*: M. Henrique Mesquita (*Rev.Leg.Jurs.* 126º, p. 58 e Pires de Lima/Antunes Varela, *Código Civil Anotado*, III, 2ª ed., rev. e at (com a colaboração de M. Henrique Mesquita), Coimbra Editora, 1987, p. 372.

5. Graduação do direito de preferência ante a compra e venda ou dação em cumprimento do "local" arrendado

Pode ocorrer que, além do *arrendatário habitacional*, outras pessoas existam com *direito de preferência* na *venda* ou *dação em cumprimento* do prédio arrendado, como, p. ex., o *arrendatário não habitacional*, um *comproprietário* (art. 1409 CC), o *proprietário de prédio vizinho* que lhe dê *servidão legal de passagem* (art. 1555 CC) ou um *herdeiro de herança indivisa* (art. 2130 CC).

Para o caso de existirem estes outros *preferentes*, o nº 3 do presente artigo expressamente prevê uma hierarquia entre eles, graduando o *arrendatário imediatamente acima* do *proprietário do solo* no *direito de superfície* – o qual é, por seu turno, graduado em *último lugar*, na lei geral (art. 1535-1 CC).

O *arrendatário* terá prioridade sobre o *proprietário do solo*, no *direito de superfície*, mas ficará, assim, graduado em *penúltimo lugar*, no confronto com qualquer outro *preferente legal*.

Se, pois, se tratar de um *prédio urbano* com um ou mais *comproprietários*, estes ficarão graduados em primeiro lugar, preterindo os *arrendatários*, que só depois deles poderão exercer *preferência* (*preferência sucessiva*).

6. Venda ou dação em cumprimento de outra coisa além daquela sobre que incide a preferência

Uma particularidade que pode ocorrer, neste domínio, é a de se não vender ou dar em cumprimento a simples *coisa* sobre que recai a *prelação*, mas essa mesma *coisa* acompanhada de outra, juntamente com ela e por um *preço global*.

É uma hipótese que só veio a ser prevista no art. 417 CC_{1966} e que a formulação de 1967 do Código de Processo Civil adjetivou, com o seu art. 1459, hoje vertido no art. 1029 CPC_{2013}, denominando-a de *preferência limitada*.

Este preceito, seguindo o que se declara no art. 417, admite que deverá então o *preferente* notificado declarar que só quer preferir em relação à coisa sobre que tem *preferência*, "*requerendo logo a determinação do preço que deve ser atribuído proporcionalmente à coisa*".

A parte contrária pode, ainda, deduzir oposição, "invocando que a coisa preferida não pode ser separada sem prejuízo apreciável" (art. 1029-2 CPC_{2013}).

Se a oposição proceder, o *preferente* perde o seu direito, a não ser que exerça a *preferência* sobre todas as coisas.

Se improceder, seguem-se os termos estabelecidos nos n.os 2 a 4 do art. 1028 CPC_{2013} (*ex vi* do art. 1029-3 CPC_{2013})[542].

Tudo isto, porém, em termos gerais.

[542] Se a venda de edifício em propriedade horizontal abranger várias frações autónomas, a alienar por um preço global, tornar-se-á aplicável o disposto no art. 417 CC (ANTUNES VARELA, *Venda judicial de frações sujeitas ao direito de preferência do arrendatário* (*ColSTJ*, V-I, pp. 6-8).

Se o preferente for um arrendatário habitacional, , a Lei nº 64/2018 estabelece então, na redação que imprimiu ao presente artigo um conjunto de requisitos tais que, se bem pensamos, inutilizará a hipótese para esse caso.

Com efeito, se se pretender vender ou dar em cumprimento a coisa objeto da prelação conjuntamente com outra ou outras que não o são, por um preço único, determina agora o nº 6 do presente artigo que o *alienante* terá de comunicar ao *arrendatário preferente* o valor atribuído ao *espaço arrendado.*

Ora, se a *alienação* é de um conjunto por *preço único*, o *alienante* pretende realizá-la nestes precisos termos, assente em que a separação não poderá ser feita sem *prejuízo apreciável.*

Se lhe for exigido que separe o preço do *espaço arrendado*, em si, bem como o de cada imóvel do *conjunto* e, além disso, ainda se estabelece que o *prejuízo apreciável* acarretado pela separação não poderá fundar-se na *mera contratualização*, só poderá concluir-se de tudo isto que semelhante operação, envolvendo *arrendatários preferentes*, não será praticamente viável.

É o sacrifício do normal desenvolvimento do mercado, em benefício (que não chega a ser) do *arrendatário.*

7. Venda ou dação em cumprimento abrangendo a promessa de uma prestação acessória

Outra particularidade que pode ainda ocorrer e a lei contempla é a de a promessa de compra e venda ou dação em cumprimento abranger a promessa de uma prestação acessória.

Dela se ocupa o art. 1030 CPC_{2013}, a estabelecer que, quando o contrato projetado a envolva, deve o *preferente* que não a possa satisfazer, compensá-la em *dinheiro*, requerendo logo a sua *avaliação*, quando possível, ou pedir dispensa de a satisfazer, mostrando que *foi convencionada para afastar o seu direito* (nº 1), ou que, mesmo sem ela, *não deixaria a venda* (ou a *dação em cumprimento*) *de ser feita* (nº 2).

Decidido o incidente no sentido favorável ao *preferente*, seguem-se os termos previstos nos n.os 2 a 4 do art. 1028 CPC_{2013} (*ex vi* do preceituado no nº 3 do art. 1030 e nº 3 do art. 1029) – e, assim, se, nos 20 dias seguintes, não for celebrado o contrato, deve o *preferente* requerer, nos 10 dias subsequentes, que se designe dia e hora para a parte contrária receber o preço por termo nos autos, sob pena de ser depositado, podendo então o requerente depositá-lo no dia seguinte, se a parte contrária, devidamente notificada, não comparecer ou se recusar receber o preço (nº 2 do art. 1028).

Se, pelo contrário, a *prestação acessória* não for avaliável em dinheiro, será "excluída a preferência" (art. 418-1 CC).

Serão estes os termos também aplicáveis à hipótese de arrendatários preferentes pois, para estes, não editou a Lei nº 64/2018 particularidade alguma.

8. Arrendatários casados segundo um dos regimes da comunhão

"*Se o direito de preferência pertencer em comum aos cônjuges*" – refere o art. 1035 CPC_{2013} –"*é pedida a notificação de ambos, podendo qualquer deles exercê-lo*".

Cremos que, em vez do pedido, no *processo judicial* a que se reporta o preceito, poderá o *alienante* usar, mais simples e menos onerosamente, a *comunicação extrajudicial*, então preferentemente em comunicações separadas.

Não sendo assim, terá de ir a juízo.

Neste caso, afirma-se na lei, só irá ao processo (ou só comunicará extrajudicialmente) se o *direito de preferência* pertencer *em comum* a ambos os *cônjuges*.

Porquê?

Porque, como se sabe, nem todo o *casamento*, implica a *comunicabilidade do arrendamento*.

Declara-se efetivamente no art. 1068: "*o direito do arrendatário comunica-se ao seu cônjuge nos termos gerais e de acordo com o regime de bens vigente*"; assim, só se comunica nos regimes da *comunhão de adquiridos* (arts. 1724) ou da *comunhão geral* (art. 1732).

Então, o alienante ou comunica a ambos, *extrajudicialmente*, ou intenta contra eles o *processo de jurisdição voluntária* do art. 1035, pedindo as suas notificações, podendo qualquer dos *cônjuges* exercer a *preferência*, por si, ou os dois, conjuntamente.

9. Preferência dos arrendatários habitacionais ante a compra e venda ou dação em cumprimento de prédio não constituído em propriedade horizontal

A nova redação do presente artigo, imprimida pela Lei nº 64/2018, veio atribuir ao *arrendatário habitacional* de *prédio não constituído em propriedade horizontal*, nos seus n.os 8 e 9, acrescentados ao preceito, a par dos n.os 5, 6 e 7, um *direito de preferência*, na *compra e venda do prédio* ou sua *dação em cumprimento*, "*nos mesmos termos previstos para o arrendatário de fração autónoma*", com as particularidades que se especificam.

I – A *preferência* incide sobre a *quota-parte* do prédio correspondente à permilagem deste, "*pelo valor proporcional dessa quota-parte face ao valor total da transmissão*" (al. *a)*); a *comunicação* do art. 416-1 deve indicar os valores referidos na alínea anterior (al. *b)*); a aquisição pelo *preferente* é efetuada com a *afetação do uso exclusivo da quota-parte do prédio a que corresponde a parte arrendada* (al, *c)*).

O diploma não traz qualquer relatório elucidativo dos objetivos que se propõe, limitando-se a referir que "*garante o exercício do direito de preferência pelos arrendatários*".

A expressão, sendo de uma ambiguidade total, não explica nada.

Se *garante o direito de preferência*, apenas reforçaria uma titularidade anterior deste direito, quando a verdade é que ele enuncia, nos n.os 8 e 9 do presente artigo, uma atribuição de *direitos de preferência* não previstos anteriormente.

E não os atribui aos *arrendatários*, em geral, mas apenas aos *habitacionais*, como claramente resulta da concreta referência da parte final do nº 5 deste art. 1091 e, ainda mais expressiva e concretamente, do começo do seu nº 8. O *arrendatário não habitacional*, que se inclui na referência da al. *a)* do n~1 deste artigo, continua a tê-lo nos termos anteriores.

Disse-se nos meios de comunicação social que a inovação terá tido em vista conjurar uma grande operação em perspetiva de venda de vários prédios não constituídos em *propriedade horizontal*, aplicados a *habitação*, desembaraçando-se dos *inquilinos* e passando a dar aos imóveis um destino mais rendoso *não habitacional*.

Não se vê bem, no entanto, como conseguiria o *proprietário* fazer desabitar esses prédios, sobretudo se os seus *arrendatários* se encontrassem a coberto de *arrendamentos vinculísticos*.

Quanto aos *não vinculísticos*, não será esta providência, na nossa perspetiva, que evitará a adoção das respetivas *oposições à renovação* adminiculares da pretendida *alienação*.

Intui-se no entanto facilmente que, com ela, ficará a referida pretensão de *venda* ou *dação em cumprimento* seriamente prejudicada, no imediato: será bem de ver, com efeito, que não se encontrará prontamente comprador de um inteiro *prédio urbano* que consinta em partilhar, com algum estranho que venha a exercer a *preferência* nem que seja sobre uma exígua parte do edifício.

Aqui, de resto, ocorrerá o que temos visto sobre a atribuição de *preferência* aos *arrendatários* de um *prédio urbano* perante a alienação deste: ou o *arrendatário* está ligado a ele por um *arrendamento livre* e, nesse caso, o *senhorio proprietário* esperará pelo termo do contrato, opondo-se à sua *renovação*, antes de proceder à alienação, ou se está perante um *arrendamento vinculístico* e, neste caso, não terá, de regra, recursos para adquirir a sua parte.

Se os tivesse, de resto, não se justificaria que disfrutasse do *vinculismo*.

Isto, se é que o diploma, em vez de, apenas, aos futuros, pretende efetivamente aplicar-se também aos *arrendamentos* já existentes – o que não resulta claro dos seus termos.

A pretender aplicar-se aos *arrendamentos* já existentes, pôr-se-á, aliás, a questão de saber se não será, então, inconstitucional, por restringir direitos de *senhorios* que já tinham, então, *prédios arrendados*, não constituídos em *propriedade horizontal* (art. 18-3 da Constituição).

Com efeito, dispõe exatamente este preceito que "*as leis restritivas de direitos, liberdades e garantias têm de revestir carácter geral e abstrato e não podem ter efeito retroativo nem diminuir a extensão e o alcance do conteúdo essencial dos preceitos constitucionais*".

Opor-se-á, porventura, com o disposto na parte final do nº 2 do art. 12, segundo o qual a lei nova é aplicável quando disponha diretamente sobre o conteúdo de certas relações jurídicas, abstraindo dos factos que lhe deram origem. Esta lei poderia, assim, ser de aplicação imediata, sem retroatividade, pois disporia apenas para o conteúdo futuro de cada *arrendamento* de prédio *não constituído em propriedade horizontal*.

Não cremos, porém, que proceda o argumento.

A nova lei que decide sobre o *conteúdo* de um *negócio jurídico*, só será aplicável, sem retroatividade, como se tem entendido, se o facto a que dá origem for a ele indiferente.

Mas, se cria, de novo, um direito a favor de uma das partes de um *negócio jurídico* já celebrado e em curso de execução, mesmo se o contrato está sujeito a termo renovável, deve submeter-se ao Direito que rege ao tempo da sua conclusão, ainda que, renovando-se, passe a existir nova lei – como justamente referem cristalinamente ENNECCERUS/NIPPERDEY[543].

Nestes termos, os n.os 8 e 9 do artigo, segundo parece, só deverão, pois, ser aplicáveis aos *futuros arrendamentos* que vierem a celebrar-se após a sua entrada em vigor.

II – Nesta aplicação, de resto, como no seu todo, o diploma parece, realmente, esquisito. Não estará lá muito bem feito.

Não se impôs, como seria essencial (se é que isso seria legítimo), a prévia conversão do prédio em *propriedade horizontal* e, assim, o *arrendatário habitacional* que exerça a *preferência* sobre a sua *quota-parte* deixa de ser *arrendatário* para tornar-se *proprietário* dela, formando-se deste modo uma *área predial encravada no edifício*, sem participação na parte relativa ao acesso de serventia exterior pelos *arrendatários habitacionais* que, como consta da al. *a)* do art. 3º do Decreto-Lei nº 160/2006, deverá ser especificada nos respetivos *contratos de arrendamento*, visto que, sobre essa parte, não lhe foi dado, pela lei, o poder de uso condominial, se é que poderia, legitimamente, passar a dar-lho.

Para tanto, exigir-se-ia que fosse ainda fixada uma parte do edifício reservada a *uso comum* dos novos *titulares* que por ela seriam servidos – mas, sobre isso, guardou o diploma, de Conrado, um prudente silêncio.

Dizemos *titulares* e não *contitulares* nem, muito menos, *comproprietários* porque os *direitos de propriedade* dos antigos *arrendatários* não incidirão *em comum* sobre o prédio, mas unicamente sobre *partes especificadas deste*, "nos mesmos termos previstos para os arrendatários de fração autónoma".

Não há *comunhão* sobre *a mesma coisa* e, faltando esta, não pode haver *compropriedade.*

Não cremos, por isso que o *registo* da aquisição do *arrendatário* se deva fazer como *comproprietário* mas, simplesmente, como *proprietário* da *quota-parte* do prédio indiviso correspondente á respetiva permilagem concreta[544].

Mas no *arrendatário preferente* não é assegurado, na lei, qualquer direto sobre a parte do *prédio não constituído em propriedade horizontal*, que ao *arrendatário* assegurava o seu acesso ao exterior da área por si habitada e, deste modo, sem esse uso, visto que deixa de ser *arrendatário* para passar a *proprietário* da *quota-parte* habitada, ficará, afinal, com uma simples *fração encravada no edifício.*

[543] ENNECCERUS/KIPP/WOLF, *Tratado de Derecho Civil* (ENNECCERUS/NIPPERDEY) (trad. esp.), tomo I, 1º, 2ª ed., Bosch, Barcelona, 1953, p. 235.

[544] No sentido que rejeitamos, pode ver-se: JOSÉ ANTÓNIO DE FRANÇA PITÃO/GUSTAVO FRANÇA PITÃO, *Arrendamento Urbano Anotado*, 2ª ed., Quidjuris, 2019, p. 359.

Como tal, gozará ao menos, como será de supor, de uma *servidão de passagem para a via pública* (art. 1550-2).

Acontece que, neste caso, passará o *proprietário* do prédio onerado com a *servidão legal de passagem* a ter direito a adquirir a *quota-parte* encravada pelo seu "justo preço" (art. 1551-1), que não será outro, naturalmente, senão aquele que acabou de ser oferecido pela *preferência*.

A ser assim, chegar-se-ia a um imediato e contemporâneo desfazer do que se pretendeu fazer.

De qualquer modo e apesar disso, numa breve análise subsequente, tentaremos apurar, no breve escorço que se segue, como poderá tentar-se a sua aplicação.

III – Vejamos, então, como funcionará a *preferência legal* do *arrendatário habitacional, há mais de dois anos*, na *venda* ou na *dação em cumprimento* do *prédio não constituído em propriedade horizontal* e analisar os aspetos mais relevantes do respetivo regime jurídico.

Neste caso, o *arrendatário não habitacional* não terá, como já tivemos ensejo de referir, *direito de preferência*; só o terá quanto à alienação da inteira *fração* que ocupe ou do inteiro prédio que lhe esteja arrendado.

No tocante, porém, ao *arrendatário habitacional* e no caso em análise, importará começar por esclarecer que, com o proclamar-se, neste art. 1091-1, al. *a)*, que tem o *arrendatário habitacional direito de preferência "na compra e venda ou dação em cumprimento do local arrendado, ou de prédio não constituído em propriedade horizontal, há mais de dois anos"*, não ficará este imediatamente investido no poder de *comprar*[545] a *quota-parte* de que é *arrendatário*; tem de esperar por que se equacione ou corporize um negócio de transmissão – e, se este nunca vier a ser efetivamente projetado ou realizado, jamais poderá chegar a exercer a sua *prelação*.

A *eficácia jurídica* do *direito de preferência* do *arrendatário habitacional* encontra-se, pois, dependente da ocorrência de um *facto futuro* e *incerto* – a transmissão desse prédio – que não poderá por ele ser provocada.

Isto quer dizer que essa eficácia está dependente de uma *condição* e que tal direito é, assim, um *direito condicional*[546].

[545] O art. 1117 CC, na sua formulação primitiva, referia o *direito de preferência* à *venda*. Depois, o RAU passou a reconduzi-la à *compra e venda*, expressão que vem sendo reproduzida nas sucessivas Reformas arrendatícias, constando, hoje, do presente art. 1091-1, al. *a)*, mas nem uma nem outra das referências parece rigorosa: o *preferente* não se propõe, obviamente, substituir-se ao *vendedor* nem propriamente à *compra e venda* que se projeta celebrar ou celebrou, mas ao *comprador* de tal contrato ou ao *donatário em cumprimento* sem com isso se sub-rogar.

[546] Neste sentido, entre nós, José Pinto Loureiro, *Manual do direito de Preferência*, Coimbra Editora, 1944, p. 61 e AA que cita. A ideia de *direito condicional de formação* é ainda defendida, entre outros, por Martín Wolff, *Derecho de Cosas*, 2º (*Tratado de Derecho Civil*, Enneccerus/Kipp/Wolff), trad. esp., Bosch, 1951; pp. 140-142

Como opera a *condição?*

Depende.

Se o *alienante* ou *dador em cumprimento* oferecer a *preferência* ao respetivo titular, ante o *projeto* que concretamente tem em vista, e o *preferente* o exercer, realizam-se os termos seguintes e o contrato será então celebrado, produzindo-se a subjetivação do seu direito desde a data da celebração deste.

E se, por hipótese, a não oferecer, terá então o *arrendatário habitacional* o direito de se substituir, na área arrendada, ao adquirente, dando o preço correspondente à sua *quota-parte* de ocupação arrendatícia.

É a *eficácia real* do *direito de preferência*, consagrada no art. 1410-1, para o *comproprietário*, e de que o *arrendatário* também goza por expressa remissão constante do nº 5 do presente artigo: "*o comproprietário a quem se não dê conhecimento da venda ou dação em cumprimento tem o direito de haver para si a quota alienada*".

Como se declara, ainda, no art. 1028-4 $CPC_{2013,}$ o *vendedor* ou *dador em cumprimento*, pelo contrário, realizou a operação e o *arrendatário* pretende substituir-se ao *adquirente* e tem ganho de causa, é-lhe adjudicado o bem, "*retrotraindo-se os direitos da adjudicação à data do pagamento ou do depósito*".

A *condição* opera então *ex nunc*, como se admite, quanto a ela, na parte final do art. 276 CC, donde decorre que a retroatividade da *condição suspensiva* é apenas um *efeito natural*; não, um *efeito essencial*[547]

O *proprietário* ou *dador*, querendo *vender* ou *dar em cumprimento*, deve, por isso, previamente "*comunicar ao titular do direito o projeto de venda e as cláusulas do respetivo contrato*" (art. 416-1 CC).

Como deverá fazer-se tal *comunicação?*

IV – Em resposta a esta pergunta, poderá eventualmente supor-se, quanto à alienação sobre que se exerce a *preferência*, que não terá ela nada a ver com uma *transmissão forçada* em *ação executiva* e que só a *venda espontânea* do prédio, pelo seu *proprietário*, poderia disparar o exercício da *preferência legal* pelo respetivo titular.

Não é, no entanto, assim e, evidentemente, também num *processo executivo* se pode configurar uma *venda* onerada com *direitos de preferência*.

Nesse caso, terão de ser chamados os *preferentes* à *execução* para exercerem, querendo, o seu *direito de preferência*, como expressamente se prevê, hoje, nos arts. 819 ss CPC_{2013}.

[547] *Sic*: Carlos Alberto da Mota Pinto, *Teoria Geral do Direito Civil*, 4ª ed. (por António Pinto Monteiro/Paulo Mota Pinto), Coimbra Editora, 2005, p. 574. Assim doutrinava já Manuel Domingues de Andrade, *Teoria Geral da Relação Jurídica* (org. de A: Ferrer Correia/Rui de Alarcão), Livraria Almedina, 1960, II, pp. 381-382.

V – *A via extrajudicial; a comunicação da alienação a um único preferente*. É o caso mais simples. O *alienante* pode eleger a opção *extrajudicial* e, nos termos do art. 416-1, comunicar ao *titular* do *direito de preferência* o *projeto de venda* e as *cláusulas do respetivo contrato*.

Formalmente, a *comunicação* é constituída, nos termos constantes do nº 4 do presente artigo, por uma "*carta registada com aviso de receção*".

É claro que, estando o *projeto de alienação* ou de *dação em cumprimento* naturalmente dependente de o *preferente* vir a exercer a sua *prelação*, não haverá logo um *contrato definitivo* com o adquirente, não bastando, contudo, comunicar-se uma vaga e hipotética intenção de contratar, mas antes um *compromisso concreto e firme, apenas dependente do não exercício da prelação*.

A comunicação deve, pois, ser acompanhada das "*cláusulas do respetivo contrato*", não podendo portanto considerar-se cumprido este dever de *comunicação*, se não se indicarem os elementos fundamentais do negócio jurídico a celebrar.

Em vista da generalidade da expressão "cláusulas do respetivo contrato", tem sido, neste ponto, vasta a jurisprudência[548].

É, todavia, essencial que se refira:

a) – A existência de um projeto acabado e efetivo de alienação por compra e venda ou dação em cumprimento;

b) – A identidade do outro contraente;

c) – O montante ajustado;

d) – O local onde a operação se realizará;

e) – Sobre quem incidirá a responsabilidade pelos encargos acrescidos da operação.

Propriamente no tocante à essencialidade de enunciação do projeto de operação, cremos, porém, que não deve levar-se a exigência ao extremo, como já se tem aventado, de considerar que não haverá *renuncia* ao *direito de preferência* se o *preferente*, não obstante

[548] Citemos a seguinte: "As cláusulas que terá o proprietário de dar a conhecer ao notificado serão as que possam interessar-lhe para resolver se há de preferir ou não" (Vaz Serra, *Rev.Leg. Jurs.*, 112º, p. 316).
Entre elas, hão de designadamente figurar as condições de pagamento do preço. – SUPREMO, 31-05-1984 (*BMJ* nº 337, p. 353).
Tratando-se de uma compra e venda do prédio arrendado, a notificação deve conter, "não só o montante do preço, mas ainda o prazo ou prazos do respetivo pagamento, a data e local da realização do negócio, as cláusulas acessórias nele inseridas e, relativamente a certos direitos de opção (pense-se, por exemplo, na preferência de comproprietários), também o nome do terceiro interessado na compra" – M. Henrique Mesquita (*Rev.Leg.Jurs.* 126º, pp. 59-60).
– Basta que ao titular do direito de preferência seja dito da parte do vendedor do prédio de que aquele é arrendatário, que certa pessoa concretamente especificada o pretende comprar por certo preço, também especificado, e ao mesmo tempo àquele seja perguntado se quer preferir – SUPREMO, 17-1-1985 (*BMJ* nº 343, p. 301).

alguma falta de pormenor, responder abertamente que não está interessado, não quer preferir.

Seria nesse caso, em nossa opinião, consagrar um *venire contra factum proprium*, pois, se o titular declarou, sem mais, que não quer exercer o seu direito, sem exigir elementos mais precisos, demonstrou, liminar e cabalmente, estar desinteressado de preferir, independentemente do pormenor da alienação – e não deve poder voltar com a sua palavra atrás.

Em face da *comunicação*, fica o titular da *preferência* com a obrigação de o exercer, não dentro do prazo geral de 8 dias, do art. 416-2, mas no de *30 dias*, a contar da receção da *comunicação* (nº 4, *in fine*, do presente artigo) – "*sob pena de caducidade*" (art. 416-2).

Este prazo é *civil*, sendo portanto de respeitar, para o seu cômputo, as normas da lei substantiva, *maxime*, as do art. 279 CC, e não as dos *prazos judiciais*, designadamente as do art. 138 CPC_{2013}.

Respondendo, porém, o *preferente*, uma de duas: ou declara que não quer preferir e, então, verifica-se a *renúncia* ao *direito de preferência* ou, pelo contrário, manifesta a sua pronta vontade de preferir e coloca-se ao dispor do alienante para, no lugar, dia e hora que lhe for marcado comparecer para a realização da operação.

VI – *A via judicial*. O *alienante* pode todavia, em vez da *comunicação extrajudicial* que lhe é facultada (art. 416 CC), optar pela via *judicial*[549].

Muito raramente seguirá por este caminho, bem mais oneroso e demorado.

Mas quando o adotar, terá então de ir a juízo propor a *ação* com o *processo especial* de *notificação para preferência*, prevista e disciplinada no art. 1028 CPC[550].

O *preferente* será então notificado, com indicação do *preço* e das restantes cláusulas do contrato projetado[551], para exercer o *direito de preferência* no prazo dentro do qual, "segundo a lei civil" (art. 1028-1 CPC), pode ser exercido.

[549] A via judicial é de utilização facultativa, não necessária (Mário Júlio Almeida Costa, *Direito das Obrigações*, 10ª ed. reelaborada, 2006, p. 448, n.). No mesmo sentido: José Alberto dos Reis, *Processos Especiais*, 2º, Coimbra Editora, Lda., 1956, p. 523; Relação de Coimbra, 27-04-1948 (*BMJ* nº 9, p. 265).

[550] Constitui um verdadeiro processo especial e não uma notificação avulsa – SUPREMO, 05-01-1965 (*BMJ* nº 143, p. 182). – Não pode ser substituído por esta (*lug. prim. cit. na n. ant.*).

[551] As cláusulas que terá o proprietário de dar a conhecer ao notificado serão "as que possam interessar-lhe para resolver se há de preferir, ou não" (Vaz Serra, *Rev.Leg.Jurs*, 112º, p. 316).
– Entre elas, hão de designadamente figurar as condições de pagamento do preço – SUPREMO, 31-05-1984 (*BMJ* nº 337, p. 353).
Tratando-se de uma compra e venda do prédio arrendado, a notificação deve conter, "não só o montante do preço, mas ainda o prazo ou prazos do respetivo pagamento, a data e local da realização do negócio, as cláusulas acessórias nele inseridas e, relativamente a certos direitos de opção (pense-se, por exemplo, na preferência de comproprietários), também o nome do terceiro interessado na compra" – M. Henrique Mesquita (*Rev.Leg.Jurs.* 126º, pp. 59-60).

Semelhante prazo será, pois, quando se trate de preferente *arrendatário*, de *30 dias*, tal como para a *comunicação extrajudicial* (nº 4 do presente artigo).

A remissão do art. 1028-1 CPC_{2013} para "a lei civil" e, por conseguinte, tanto para a sua dimensão como para as regras do seu cômputo, bem revela que, apesar de tal prazo se inserir num *processo judicial*, continua a ter natureza *civil*, devendo o seu cálculo fazer-se pelos critérios do art. 279 CC.

O *arrendatário*, querendo então preferir, deve declará-lo, dentro desse prazo, "*mediante requerimento ou por termo no processo*" e, "*se nos 20 dias seguintes não for celebrado o contrato, deve requerer, nos 10 dias subsequentes, que se designe dia e hora para a parte contrária receber o preço por termo no processo, podendo o requerente depositá-lo no dia seguinte, se a parte contrária, devidamente notificada, não comparecer ou se recusar receber o preço*" (art. 1028-2 CPC_{2013}).

VII – A *preferência* dos diferentes *arrendatários habitacionais de prédio urbano não constituído em propriedade horizontal*, a que se reportam os n.os 8 e 9 do presente artigo, por vários ou todos que sejam, quando se trate de *preferências individuais* das respetivas *quotas-partes* seguirá ainda, se bem pensamos, o paradigma do *preferente único*.

Como as *prelações* não recaem, todas, indiscriminadamente, sobre a *coisa*, mas quanto a uma parte específica correspondente à *permilagem* do respetivo *arrendatário*, cremos que não se imporá ao *alienante* seguir o processo do art. 1036 CPC_{2013}, visto que o *direito de preferência* não lhes cabe, aqui, *em comum*, como exige este preceito, construído para os *comproprietários*.

E como a Lei nº 64/2018 não tratou de adjetivar a *prelação* que instituiu, parece, deste modo, que poderá ainda então o alienante fazer uma *comunicação extrajudicial* individualmente a cada um dos preferentes, notificando-o das condições específicas que a ele respeitem.

A cada um, em particular, deverá ser feita a *comunicação d*a alienação e cada um exercerá, por si, a *preferência* sobre a sua *quota-parte*.

O *projeto de alienação* deverá ser individualmente comunicado a cada um dos *arrendatários* que poderão preferir "*nos mesmos termos dos arrendatários de frações autónomas*", com a particularidade de cada um o fazer na *quota-parte* da área do seu *arrendamento* e na *permilagem* que lhe corresponda, podendo ainda todos os *arrendatários em conjunto* preferir na aquisição da totalidade do prédio, como veremos a seu tempo.

O *alienante* deve, pois, notificar cada um deles, através de *cartas registadas*, com *aviso de receção*, para exercerem, individualmente, a sua *preferência* no prazo de *30 dias*, após a receção, como se determina no nº4 deste artigo.

– Basta que ao titular do direito de preferência seja dito da parte do vendedor do prédio de que aquele é arrendatário, que certa pessoa concretamente especificada o pretende comprar por certo preço, também especificado, e ao mesmo tempo àquele seja perguntado se quer preferir – SUPREMO, 17-1-1985 (*BMJ* nº 343, p. 301).

Os requisitos dessa *comunicação* são os dos termos gerais que já referimos, constantes do disposto no art. 416-1: deve ela indicar "o projeto de venda", "as cláusulas contratuais" e, como vem sendo entendido, a *identidade do adquirente* – mais os específicos desta *prelação*, que não são enumerados como seu requisito, mas resultam do preceituado no corpo do nº 8 do presente artigo e sua al. *a)*, e que não podem deixar de se registar na *comunicação*: a *área de cada um dos pisos*, a ocupada pelo arrendatário respetivo, a sua *permilagem*; o *preço global da venda* e o preço da sua permilagem (v. modelo respetivo *in* FORMULÁRIO).

E se o *alienante* não fizer a *comunicação*?

VIII – *A via judicial.* Pensamos, à luz do disposto no art. 1410-1 CC, que cada um dos *arrendatários* que o pretenda terá então o direito, ante a omissão do *alienante*, de haver, para si, a *quota-parte* correspondente à sua *permilagem*, contanto que o requeira no prazo de *seis meses*.

Mas como determiná-la, se o *proprietário predial*, que lhe devia apresentar esse cômputo, nada lhe disse, alienando o *prédio* sem mais tir-te nem guar-te?

Cremos que não terá outro remédio, senão calculá-la ele, e oferecer o preço correspondente ao seu cálculo.

Não o fará, naturalmente, através de resposta à *comunicação*, que não existiu, mas socorrendo-se da *via judicial*, que será, neste caso, obrigatória

E então, como referia ALBERTO DOS REIS, *"entra em cena a ação de preferência"*[552].

Adotar-se-á, para o efeito, o *processo comum de declaração.*

O ponto que a tramitação deste processo mais viva controvérsia suscitou foi o de saber contra quem deverá ser proposta a *ação de preferência.*

Vinha o SUPREMO julgando repetidamente que, *unicamente contra o adquirente*, por faltar ao *alienante* interesse em opor-se à *prelação*, salvo no caso de contra ele se pedir uma *indemnização*[553].

O tema veio todavia a ser objeto de jurisprudência inconstante que tendeu a apontar noutra direção, após o acórdão, ainda do SUPREMO, de 14-5-1991 (*BMJ* nº 407, p. 498), que passou a exigir a presença do *alienante* ao lado do *adquirente*, por influência determinante da doutrina sustentada nesse sentido por ANTUNES VARELA[554], que calorosamente aplaudiu a mudança (*"uma luz no fundo do túnel"*)[555].

O entendimento chegou a ser consagrado nos arts. 79 e 77 dos *Anteprojetos* de 1988 e de 1993, e no art. 28-A CPC da versão do Decreto-Lei nº 329-A/95, de 12 de dezembro,

[552] JOSÉ ALBERTO DOS REIS, *Processos Especiais*, 2º, Coimbra Editora Lda., 1956, p. 525

[553] São neste sentido, entre outras, as suas decisões seguintes: SUPREMO, 18-12-1970 (*BMJ* nº 202, p. 208); SUPREMO, 20-5-1975 (*BMJ* nº 247, p. 155); SUPREMO, 1-2-1979 (*BMJ* nº 284, p. 146); SUPREMO, 7-6-1979 (*BMJ* nº 288, p. 307) e SUPREMO, 26-11-1980 (*BMJ* nº 301, p. 433).

[554] Além da referida no texto, podem arrolar-se as decisões seguintes: SUPREMO, 24-10-1991 (*BMJ* nº 416, p. 719) e SUPREMO, 27-9-1994 (*BMJ* nº 439, p. 502).

[555] *Rev.Leg.Jurs.* 126º, pp. 336-337.

que disciplinava especificamente a *legitimidade processual* nas *ações de preferência*, consagrando o entendimento de ANTUNES VARELA, mas o preceito veio a ser pura e simplesmente varrido do Código pela revisão do Decreto-Lei nº 180/96 – e, definitivamente, também não figura no CPC_{2013}.

Provavelmente, a importância da questão não justificará o calor da polémica nem as reviravoltas jurisprudenciais a que temos assistido[556].

Em favor de tal corrente, sustentava-se que tinha o *adquirente legitimidade* para a ação porque com ela se pretende sacrificar o seu direito. O *alienante* tinha *legitimidade* para ser demandado por ter transmitido o bem com infração do dever de o apresentar previamente à *preferência*.

A chamada dos dois ao processo, em *litisconsórcio passivo*, justifica-se "por ser um absurdo discutir judicialmente um direito nascido de um *facto ilícito* que lhe é imputado – e lhe poder trazer *consequências danosas* – sem a sua presença e com a negação aberta do princípio do *contraditório*"[557].

Além do mais, o *litisconsórcio necessário* teria, ao cabo de contas, a vantagem de evitar disparidade de julgados, se viessem a usar-se ações separadas para a *preferência* e para o exercício do *direito de indemnização* pelo facto ilícito do alienante[558].

Hoje em dia, em face da aludida opção iniciada com o Decreto-Lei nº 180/96, confirmada no CPC_{2013}, e da circunstância de se ter eliminado do art. 1410-1 CC a expressão "citação *dos réus*", que com este plural favorecia a tese do *litisconsórcio*, tem de admitir-se que se verifica uma decidida inflexão do próprio legislador contra ela.

Na verdade, não era muito convincente a ideia de que, baseando-se o autor da *ação de preferência* numa omissão do *alienante*, seria a sua presença essencial para contestar uma *ação* que lhe poderia acarretar *consequências danosas* – pois, a *ação de preferência* tem estritamente por objeto realizar o *ius retractionis* do *preferente* e, desde que se não cumule com ele nenhum pedido de indemnização ao *alienante*, nem este será prejudicado pela procedência do pedido, visto que já recebeu o preço da alienação, nem, evidentemente, poderá sofrer quaisquer consequências danosas da sua simples procedência: só em demanda ulterior – parece – poderá vir a ser condenado no ressarcimento dos danos que a sua omissão tenha eventualmente causado.

Tal omissão do *alienante* nem sequer poderá, obviamente, ser encarada como elemento constitutivo do *direito de preferência* que se pretende exercer. Não é ela que pos-

[556] Manifestámo-nos desde logo contra o entendimento de ANTUNES VARELA: *Manual do Arrendamento Urbano*, II, 4ª ed., Almedina, 2008, pp. 804-807; II, 5ª ed., at., Almedina, 2011, pp. 831-833. Veementemente no sentido que vimos defendendo: ANTÓNIO MENEZES CORDEIRO, *Leis do Arrendamento Urbano Anotadas*, (coord. de ANTÓNIO MENEZES CORDEIRO), Almedina, 2014, pp. 272-273, an. 88

[557] ANTUNES VARELA, *Rev.Leg.Jurs.* 126º, p. 365

[558] ANTUNES VARELA, *Rev.Leg.Jurs.* 126º, p. 372.

sibilita esse exercício, mas a *alienação*: seu facto constitutivo é, realmente, a *alienação* (sua primeira *conditio iuris*), aliada à *manifestação de vontade de exercício da preferência* através da ação (sua segunda *conditio iuris*).

Assim, e em vista do preceituado atualmente nos n.os 1 e 2 do art. 30 CPC, proclamando-se no primeiro que, nas suas palavras, o réu "é parte legítima quando tem interesse direto em contradizer" e acrescentando-se no segundo que, ainda nas suas palavras, o *interesse em contradizer* se exprime "pelo prejuízo que dessa procedência advenha", parece bem mais seguro recusar *legitimidade processual* ao *alienante* para a *ação de preferência* em que se não deduz qualquer pedido contra si do que impor a sua presença nessa ação em *litisconsórcio necessário*.

É esta, aliás, a tese que vem sendo consagrada na jurisprudência italiana para a *preferência legal* do herdeiro, na *herança indivisa*, e sobraçada na doutrina, estritamente para o caso de o preço da alienação ser satisfeito de imediato ou sem grande dilação; havendo uma dilação apreciável, já se admite a *legitimidade processual passiva* do *alienante*, visto que lhe não é indiferente a pessoa do devedor do preço nestas condições[559].

Análoga situação não litisconsorcial ocorre aliás, na Alemanha, onde, segundo pensamos, o exercício do *retracto*, no *direito real de preferência*, se dirige unicamente, desta feita, contra o *proprietário do imóvel*, ou seja, contra quem o é "à data em que o imóvel é vendido", "e, deste modo, nem mesmo contra quem tenha a propriedade *depois* da consumação da venda. Se V vende a C o seu imóvel, que se encontra onerado pelo direito de preferência de T, e o transmite a C, T tem de exercitar contra V o seu direito de preferência"[560].

Com a propositura da *ação*, terá ainda o autor, necessariamente, de depositar "o preço devido", nos 15 dias seguintes à sua instauração (art. 1410-1 CC, na redação do Decreto-Lei nº 68/96, de 31 de Maio)[561].

559 Cf., sobre este ponto, Lucio Moscarini, *Prelazione* (*Enciclopedia del diritto*, XXXIV [1985], p. 992).

560 Martin Wolff, *Derecho de Cosas* (trad. espanhola), 2º, Bosch, 1951, § 126, V, 1 (texto e nota 23), p. 140.

561 Sobre o ponto, v. Almeida Costa (*Rev.Leg.Jurs.* 129º, pp. 194-198). A locução "preço devido", por seu turno, tem sido objeto de controvérsia. O SUPREMO tem julgado predominantemente no sentido de que ela representa apenas a contraprestação paga ou a pagar pelo adquirente (cf. SUPREMO, 20-5-1986 – *BMJ* nº 357, p. 418, e jurisprudência que cita); cf. ainda SUPREMO, 17-03-1993 (*BMJ* nº 425, p. 564).

Pelo contrário, Antunes Varela sustenta envolver ela ainda os *encargos* conhecidos pelo depositante ou que deva razoavelmente conhecer, no momento, sem prejuízo de ulterior correção (*Rev.Leg.Jurs.* 119º, p. 111). No mesmo sentido se pronuncia também Inocêncio Galvão Telles: – Preço, para efeitos do art. 1410, nº 1, CC, é todo o sacrifício patrimonial que a adquirente suportou como consequência necessária da aquisição feita e que aproveite ao preferente: o preço em sentido técnico e restrito, no caso de compra e venda, o valor do crédito extinto, no caso de

Sobre o alcance da expressão *preço devido*, deverá fixar-se que aquilo que tem de se depositar, nessa data, não é necessariamente a totalidade do preço da alienação. Só o será, se a alienação tiver sido realizada com pagamento imediato do preço.

Se, porém, este for parcelado em prestações, o *preferente* só terá de depositar, nos 15 dias seguintes à *propositura*, as prestações vencidas nessa data.

As restantes serão depositadas à cadência em que se forem vencendo.

Doutro modo, o *preferente* não estaria a dar o *tanto por tanto*, como é de seu direito.

IX – *Preferência em conjunto dos arrendatários habitacionais sobre a totalidade do imóvel.* De acordo com o preceituado no nº 9 deste preceito, no caso de *venda* de um *imóvel não constituído em propriedade horizontal*, podem os seus *arrendatários habitacionais*, quando assim o pretendam, exercer os seus *direitos de preferência*, em conjunto, adquirindo, na proporção, a *totalidade do imóvel*.

Têm, portanto, de ser todos a preferir, e todos de serem *arrendatários habitacionais*, para, somando as suas *quotas-partes*, se cobrir a totalidade da área predial.

Se o rés-do-chão, como habitualmente, for ocupado por *arrendatários não habitacionais* ou, em suma, o prédio não estiver todo ele arrendado, já esta *preferência* não poderá aspirar a adquiri-lo na totalidade.

Mas, estando todo ele ocupado por *arrendatários habitacionais* e pretendendo estes preferir na *compra e venda* ou na *dação em cumprimento* e adquiri-lo na totalidade, como o deverão fazer?

Se o *alienante* procedeu à *venda* ou *dação*, sem fazer qualquer *comunicação* aos *arrendatários*, pensamos que não há dúvida nenhuma.

Eles têm, nos termos do art. 1410-1 *seis meses* para proporem a respetiva *ação de preferência com processo comum de declaração*, nos termos há pouco referidos.

E à mesma ação, julgamos que deverão recorrer se a *comunicação* não tiver sido feita em termos válidos, não se esperando agora pelo prazo concedido pelo referido art. 1410-1.

Se o *proprietário* fez *comunicações* regulares, por *carta registada* e *com aviso de receção*, a cada um dos *arrendatários*, não será fácil, na prática, oferecer uma aceitação comum, por via idêntica, dentro dos 30 dias assinados no nº 4 do presente artigo – mas, se cada um der a sua resposta e se se perfizer o total da *permilagem* do prédio, parecerá de concluir que todo ele foi preferido, preenchendo-se informalmente o *conjunto*.

dação em cumprimento; e, ainda, numa hipótese e noutra, a sisa paga, as despesas da escritura e do registo, quando obrigatório (*Direito de preferência/Colectânea*, IX-I, p. 5).
Mostrámos, em edições anteriores, a nossa preferência por este entendimento. Hoje em dia, porém, já não estamos tão seguros disso. A corrente jurisprudencial parece mais justa. A que título, por exemplo, deverá o *preferente* suportar o preço da *escritura* celebrada com o adquirente à sua revelia, e contra o seu direito?

SUBSECÇÃO VII – Disposições especiais do arrendamento para habitação

DIVISÃO I – Âmbito do contrato

Artigo 1092 – Indústrias domésticas

1 – No uso residencial do prédio arrendado inclui-se, salvo cláusula em contrário, o exercício de qualquer indústria doméstica, ainda que tributada.

2 – É havida como doméstica a indústria explorada na residência do arrendatário que não ocupe mais de três auxiliares assalariados.

(Reproduz o preceito constante da Reforma de 2006)

1. Apontamento introdutório

Ao iniciar as *disposições especiais do arrendamento para habitação*, prescinde-se de estabelecer o que seja e que espécies cabem nesta categoria.

Aliás, em parte alguma o CC define o que deve entender-se por *arrendamento habitacional* ou *para habitação*.

Damos uma nota pormenorizada a este respeito no comentário ao art. 1067, para que remetemos agora, quando se queira aprofundar este aspeto.

A aplicação supletiva intertemporal da indústria doméstica no arrendamento habitacional é analisada *supra*, nº 12-II-e, *sub* art. 1022.

2. Indústria doméstica

A inclusão de qualquer *indústria doméstica* no *uso residencial* de casa arrendada *para habitação* é um subproduto do *vinculismo* que nos chegou com a implantação da República.

Teve o seu caldo de cultura na organização social da primeira metade do sédulo XX e medrou com o sincretismo jurídico da legislação arrendatícia herdada do século XIX.

No Código de Seabra, a disciplina do *arrendamento* era, com efeito, muitíssimo rudimentar e comportava unicamente dois tipos arrendatícios: o de *prédios urbanos* (arts. 1623 a 1626) e o de *prédios rústicos* (arts. 1627 a 1631).

Só com o Decreto nº 5:411 se estabeleceu uma regulação muito desenvolvida que, embora não sistematizasse ainda os diferentes tipos que poderiam ocorrer no *arrendamento de prédios urbanos*, dedicava já nove artigos ao *arrendamento de estabelecimentos comerciais e industriais* (arts. 52 a 60).

Era então uma época em que a mulher não tinha, em geral, uma profissão própria, a par do marido, ocupando o seu tempo nas tarefas domésticas da residência da família. Tinha como habilitações costumeiras as chamadas *prendas domésticas*, que se traduziam em *conhecimentos de costura e culinária, tocar piano e falar francês.*

Compreende-se pois facilmente que, por vezes, para se acrescentarem uns dinheiros ao rendimento familiar, se dedicasse a realizar certos trabalhos caseiros, de *modista*, de *confeções de peles, bonés* ou *chapéus de senhora*, enquanto, por outro lado, certas profissões dos maridos, particularmente quando se tratasse de *profissões liberais*, se fizessem em *consultórios* ou *escritórios* instalados em um ou outro compartimento da *casa de habitação*.

Cunha Gonçalves, escrevendo em 1934, traça um retrato da época que ilustra bem o que acabámos de referir.

Afirmava então: "convém notar que as profissões liberais podem ser exercidas no domicílio de cada um. Se, nas grandes cidades, alguns médicos têm *consultórios*, a verdade é que a grande maioria deles não os tem; e, nas províncias, quase todos os advogados trabalham nos seus domicílios, não tendo uma casa especial, que possa chamar-se *estabelecimento industrial*"[562].

As *profissões liberais* não se autonomizavam juridicamente, submetendo-se tributariamente à *contribuição industrial*.

Neste quadro, o seu exercício em *casa arrendada para habitação*, como, de resto, a realização de *trabalhos caseiros* prestados remuneradamente a estranhos, levou alguns *senhorios*, pressionados pela *prorrogação forçada* da duração dos seus contratos, a intentarem *ações de despejo* fundadas na aplicação do espaço arrendado a *fim diverso do convencionado*.

E então, a jurisprudência dividiu-se praticamente a meio por meio.

Uma corrente, mais permissiva, julgava não haver desvirtuamento do *fim habitacional*, pois faltava o *estabelecimento*, enquanto outra, mais rigorista, entendia que tal prática não podia qualificar-se como *habitação*.

Mas foi assim que, ressalvada a antiga legislação ultramarina (Decreto nº 43 525, de 7-3-1961), só veio a ser instituída a solução permissiva, na nossa ordem positiva, com a versão primitiva do Código Civil de 1966.

Visou-se então, fundamentalmente, proteger a situação do *trabalhador artesanal* que realizasse a profissão na própria *residência*.

É certo que se trata, para mais com assalariados remunerados até ao número de três e tributada, em boa parte, de um *locupletamento à custa do senhorio* que arrendou a casa estritamente para *habitação* mas, em matéria de *vinculismo*, a grande regra é, como se vê, o *possidente que aguente*.

Dispunha-se, pois, no então art. 1108:

> "1– No uso residencial de prédio arrendado inclui-se o exercício de qualquer indústria doméstica, ainda que tributada.
>
> 2 – É indústria doméstica a exploração na sua residência pelo arrendatário ou pelos seus familiares, contanto que não ocupe mais de três auxiliares assalariados.
>
> 3 – Consideram-se familiares as pessoas designadas no número 3 do artigo 1040".

[562] Doutor Luiz da Cunha Gonçalves, *Tratado de Direito Civil em Comentário ao Código Civil Português*, VIII, Coimbra Editora, Limitada, 1934, pp. 658-659.

Era uma disposição que terá tido por fonte a legislação espanhola da época, onde então o art. 4º do Decreto nº 4/104 de 24 de Dezembro de 1964 dispunha assim:

> *"El contrato de inquilinato no perderá su carácter por la circunstancia de que el inquilino, su conyuge o pariente de uno u otro hasta el tercer grado que con cualquiera de ellos conviva, ejerza en la vivenda o en sus dependencias una profesion, funcion pública e pequeña industria doméstica, aun que sea objecto de tributación"*[563].

A expressão, que vem da origem, "*no uso residencial de prédio arrendado inclui-se o exercício de qualquer indústria doméstica*", parece pretender assimilar o ato de *residir, morar, habitar,* ao exercício de uma "indústria doméstica", o que, quanto a nós, não será rigoroso: *habitar é uma coisa; indústria, mesmo doméstica, é outra, não assimilável a uma habitação.*

O *arrendamento habitacional* de uma casa onde os seus *habitantes* passam a exercer uma *indústria doméstica* deixa, se bem nos parece, de ser *meramente habitacional* para constituir um *contrato misto de arrendamento habitacional e não habitacional.*

Deste modo, se, apesar da cláusula proibitiva, o *arrendatário* passar a exercer uma *indústria doméstica,* o *senhorio* terá, certamente, fundamento de *resolução do contrato*[564].

O que seja, porém, ima *indústria doméstica,* não parece fácil de determinar e tem sido objeto de entendimentos nem sempre conformes.

O nº 2 do preceito dá uma achega do seu alcance ao referir que "*é havida como doméstica a indústria explorada na residência do arrendatário que não ocupe mais de três auxiliares assalariados*" – mas, muito escassa, porque não define, afinal, o que entende como *indústria,* mas apenas quando, o que quer que ela seja, se terá por *doméstica* – aliás, com uma largueza sem critério.

Embora, como referem, Pires de Lima/Antunes Varela, se tenha pretendido legitimar a jurisprudência nacional que afastava do fundamento de *resolução* por *mudança do fim* certas atividades de *pequenos artífices* que trabalhavam na própria residência[565], isso nem sequer está sugerido nas palavras do preceito.

Não se especificou, como se vê, uma *profissão* ou o *exercício de função pública* da sua fonte espanhola mas, referindo-se unicamente à *indústria doméstica,* omitiu-lhe o carácter de "pequena" e, não contente com isso e sem o menor sentido das proporções, ainda lhe acrescentou a suscetibilidade do seu exercício com auxiliares até ao máximo de três.

[563] Gregorio Pecesbarba, *Legislación de arrendamentos urbanos,* 1965, p. 30; no mesmo sentido, podem ver-se também Carlos Lasarte Alvarez/António Moreno Andrade, *Arrendamientos urbanos y legislación complementaria,* 1985, p. 29.

[564] Cf. no sentido da suscetibilidade de resolução, António Menezes Cordeiro (Coord. de António Menezes Cordeiro), *Leis do Arrendamento Urbano Anotadas,* Almedina, 2014, p. 286, an. 15.

[565] Fernando Andrade Pires de Lima/João de matos Antunes Varela, *Código Civil Anotado,* II, 3ª ed., Coimbra Editora, 1986, p. 620.

Já se pensou no exagero que será uma *indústria doméstica* de, p.ex., a vulgar confeção, pela mulher do inquilino, de croquetes, rissóis, pastéis de bacalhau ou pudins Molotof, para fornecer uns restaurantes próximos, assessorada por três assalariados, a trabalhar todos na cozinha de um T-0, um T-1, T-2 ou T-3?

É óbvio que a sua formulação deveria compatibilizar o volume da *indústria* com a dimensão da casa.

Aliada porém, a esta indeterminação, restará determinar ainda o que se deverá ter como essa pequena *indústria*.

Não faltou logo quem a identificasse latamente com a própria *indústria transformadora*.

Mas, a *indústria transformadora*, a que título?

Que relação poderá ligar um *uso residencial, tout court*, à *indústria transformadora*?

Temos sempre pensado que, resultando a disposição legal de uma prática jurisprudencial antecedente, que assimilou *indústria doméstica*, como sempre foi chamada, às mais variadas atividades remuneradas exercidas em casa, muitas delas inassimiláveis, sequer, ao conceito técnico de *indústria*, o legislador utilizou o primeiro termo da expressão em sentido amplo e atécnico, assimilando-o mais à sua compatibilização com a reserva própria da vida doméstica do que à sua qualificação, afastando-a.

Deste modo, fica excluído à cabeça o *comércio*, pois, por sua natureza, devassa a intimidade habitacional e é incompatível com ela, mas *indústria* pode significar e significa toda a *atividade rendível*, industrial ou não, que, pelas suas características e dimensão, se compatibilize com o *uso residencial*[566].

Indústria doméstica será, assim, uma *cláusula geral*, não surpreendendo que se tenha vindo a saldar por uma vasta jurisprudência casuística, que, força é reconhecê-lo, se tem geralmente pautado por um equilíbrio sensato.

Considerou-se, na verdade, constituírem *indústrias domésticas*, entre outras *atividades lucrativas caseiras*, as seguintes:

566 Esta nossa ampla conceção da ideia de *indústria doméstica*, que vem sendo publicada, foi combatida circunstanciadamente pelo douto ac. da Relação de Coimbra, de 4 de Abril de 2000 (*Colectânea*, XXV-II, p. 39).
Considerou a Relação, que ela será tão ampla que permitirá "meter no mesmo saco" as mais diversas situações, levando "ao arbítrio e à insegurança", ao incluir no *uso residencial* "toda a atividade doméstica, com exclusão apenas do comércio".
Não nos parece exatamente assim, visto que, embora difusa, fica limitada pela sua compatibilidade com o *uso residencial* – mas o aresto, para o evitar, equiparou a tal *uso* unicamente "a atividade que se destina à produção de riqueza, com exclusão, portanto, de todas as restantes atividades domésticas que não integrem tal conceito", e acabou por excluir o cuidado de 6/7 crianças de tenra idade, "desde meses de vida até 3/4 anos" (*Colectânea*, XXV-II, pp. 39-40).
Quedamo-nos por perguntar se a atividade de *serviços* não produz riqueza; que incompatibilidade prática apresentará aquela que estava em causa com o *uso residencial* do prédio; e, por fim, se não tem sido repetidamente julgado o contrário do seu entendimento (cf. o que consta do texto).

a) – O exercício de *cartomancia* e *bruxaria:* Relação de Lisboa, 2-12-1959 (*Jurs. Rels.*, 5º, p. 841);

b) – A *carpintaria, com uso de uma serra de fita e de lixadeira:* Relação do Porto, 30-04-1971 (*BMJ* nº 207, p. 228), aliás, no mesmo sentido do seu ac. de 01-02-1963 (*Jurs.Rels.*, 9º, p. 136).

c) – A *atividade de sapateiro*, exercida pelo *arrendatário:* Relação de Lisboa, 12-07-1972 (*BMJ* nº 219, p. 252);

d) – A *atividade de barbeiro de fim-de-semana*, exercida pelo *filho do arrendatário* na cozinha do prédio arrendado para habitação: Relação do Porto, 11-05-1989 (*Colectânea*, XIV-III, p. 195);

e) – O *lavar e passar a ferro tecidos depois de bordados* por encomenda a bordadeiras a quem eram entregues os tecidos para esse efeito: Relação de Lisboa, 20-02-1990 (*Colectânea*, XV-I, p. 174);

f) – A atividade de *reparação de eletrodomésticos*: Relação de Lisboa, 22-04-1993 (Processo nº 0048966);

g) – A prestação de *serviços, durante o dia, a três crianças*, cuidando delas e alimentando-as: Relação de Lisboa, 11-10-1993 (Processo nº 083041);

h) – O aproveitamento do pátio para *constituir um estaleiro de lenha que se compra e, em parte, se destina a venda*: Relação do Porto, 14-11-1994 (Processo nº 0430469)

i) – A *reparação de automóveis*, exercida pelo arrendatário no locado destinado a habitação: Relação do Porto, 09-02-1999 (Processo nº 9821367);

j) – O *recebimento, cuidado e alimentação de duas crianças*: Relação de Lisboa, 4-1-1974 (*BMJ* nº 233, p. 229), simplesmente *de crianças*; Relação de Lisboa, 21-6-1983 (*BMJ* nº 335, p. 329), *tomar conta de três crianças:* Relação de Lisboa, 29-09-1994 (Processo nº 0083041), ou *prestar cuidados de ama de crianças*: Relação de Lisboa, 11-12-2003 (Processo nº 10114/2003).

Ao invés, julgou-se que *não* configuram *indústrias domésticas* suscetíveis de se incluírem no *uso residencial* do prédio:

a) – A *atividade de modista:* Relação de Coimbra, 26-5-1959 (*Jurs. Rels.*, 5º, p. 613);

b) – A de *cabeleireira*: Relação de Luanda, 26-8-1966, na época colonial (*Rev.Ivrs.*, I, p. 284);

c) – A atividade de *massagista de beleza* ou *calista*: Relação de Lisboa, 5-1-1972 (*BMJ* nº 213, p. 273),

d) – A *docência* do ensino primário a numerosas crianças em regime semelhante ao dos colégios e escolas: Relação de Lisboa, 6-6-1973 (*BMJ* nº 228, p. 263);

e) – A atividade desenvolvida por um filho dos locatários que *num coberto existente no locado*, além de reparar motas e motorizadas que depois expõe à venda na rua do lado oposto à casa, *vende motorizadas não precedidas de reparação*: Relação do Porto, 04-05-1999 (*Colectânea*, XXIV-III, p. 177);

f) – *Tomar conta de crianças de tenra idade*: Relação de Coimbra, 04-04-2000 (*Colectânea*, XXV-II, p. 39 – ao arrepio de jurisprudência constante arrolada na antecedente al. *j*)).

Todo este tema, porém, encontra-se estreitamente associado ao vinculismo como um benefício suplementar que o legislador atribuía ao arrendatário, sobrecarregando injustamente o locador.

Com a faculdade de se celebrarem *arrendamentos livres*, aberta pelo RAU, a sobrevivência deste preceito – que já há largo tempo foi varrido do Direito comparado, salvo, que se saiba, relativamente ao Direito angolano (art. 87 da Lei nº 26/15, de 23 de outubro), neste caso, por familiar influência portuguesa – constitui mero resíduo legislativo, arvorando este comentário num bosquejo de interesse fundamentalmente histórico.

Geralmente, convenciona-se agora a proibição do exercício de *indústria doméstica* e, quando se omita esta, o *senhorio* não precisará, se não excecionalmente, de resolver o contrato, bastando não o deixar *renovar*.

Artigo 1093 – Pessoas que podem residir no local arrendado

1 – Nos arrendamentos para habitação podem residir no prédio, além do arrendatário:

***a*) Todos os que vivam com ele em economia comum;**

***b*) Um máximo de três hóspedes, salvo cláusula em contrário.**

2 – Consideram-se sempre como vivendo com o arrendatário em economia comum a pessoa que com ele viva em união de facto, os seus parentes ou afins na linha reta ou até ao 3º grau da linha colateral, ainda que paguem alguma retribuição, e bem assim as pessoas relativamente às quais, por força da lei ou de negócio jurídico que não respeite diretamente à habitação, haja obrigação de convivência ou de alimentos.

3 – Consideram-se "hóspedes" as pessoas a quem o arrendatário proporcione habitação e preste habitualmente serviços relacionados com esta, ou forneça alimentos, mediante retribuição.

(Reproduz o preceito da Lei nº 6/2006 e, com ligeiras alterações, o primitivo art. 1109 CC e o art. 76 RAU)

1. Apontamento introdutório

Como o anterior, também este preceito devia ter sido varrido para as disposições transitórias do NRAU, pois só releva para os *arrendamentos vinculísticos*.

Não é à lei, em *ius imperii*, que cabe definir quem deve ocupar a casa arrendada, como na infindável descrição de parentes e aderentes deste artigo, sem nenhuma atenção pelas dimensões e características do recinto. É o contrato, no âmbito da autonomia negocial e sob o influxo do *intuitu personæ*.

À imagem do artigo antecedente, também este constitui uma prebenda (mais uma) para o *arrendatário*, à custa do *senhorio*, sem fundamento aceitável de política legislativa, como o vimos proclamando desde sempre[567].

O seu recorte legal e autonomização, no nosso Direito positivo, são, aliás, relativamente novos.

No Código Civil de Seabra, disciplinava-se o *contrato de locação*, por um lado (arts. 1595-1635), e o *contrato de albergaria ou pousada*, por outro (arts. 1419-1423).

O primeiro destes preceitos afirmava dar-se o *contrato de albergaria* "quando alguém presta a outrem albergue e alimento, ou só albergue, mediante a retribuição ajustada ou do costume".

Ao surgir, já durante a República, a desenvolvida legislação específica para o *arrendamento*, substituindo o normativo do velho Código Civil, os primeiros diplomas não contemplavam a prática de *albergaria* pelo *arrendatário para habitação* no prédio arrendado – a qual constituiria, assim, ou uma *sublocação* ou uma aplicação do prédio a *fim diferente do contratado*.

Foi só com a Lei nº 2:030, de 22 de junho de 1948, que veio a referir-se especificamente a *hospedagem* para, começando por se estabelecer a *presunção legal de sublocação* quando, durante mais de três meses, residissem na casa arrendada pessoas que não tivessem ido viver com o *arrendatário* no início do *arrendamento* e não fossem seus *parentes* ou *afins* na *linha reta* ou até ao 3º grau da *linha colateral*, ou quanto às quais não houvesse *obrigação de convivência* (art. 63-1), depois se proclamar que tal *presunção* ficava ilidida se tais pessoas *não fossem mais de três*, e houvesse prestação normal de alimentação ou de serviços por parte do *arrendatário* (art. 63-2), isto é, como também na mesma lei se referiu, "no caso de hospedagem a mais de três pessoas" (al. *b)* do art. 67).

Aqui, despontou, na nossa lei, a ideia de que deixaria de operar a *presunção* e o *senhorio* poderia então despejar o *arrendatário* quando este, sem autorização, prestasse *hospedagem* a mais de três pessoas[568].

No seguimento evolutivo de semelhante disciplina legal, porém, chegou-se à formulação primitiva do nosso CC, onde então se agravou injuntivamente a situação do *senhorio*, com um art. 1109 em que expressamente se permitia ao *arrendatário* ter "um máximo de três hóspedes", "não obstante cláusula em contrário", (art. 1109-1, al. *b)*).

[567] Cf. os nossos *Curso de Direito dos Arrendamentos Vinculísticos*, 1ª ed., Almedina, 1984, pp. 258-259; 2ª ed., Almedina, 1988, p. 245; *Manual do Arrendamento Urbano*, 1ª ed., Almedina, 1996, p.227, etc. Recentemente, no mesmo sentido: António Menezes Cordeiro, *Leis do Arrendamento Urbano Anotadas* (coord. de António Menezes Cordeiro), Almedina, 2014, p. 290.

[568] Veja-se, sobre o tema, Pedro Veiga, *Nova Legislação de Inquilinato*, 1948, notas 74, 139 e 140.

O exagero, porém, acabou por ser banido com o RAU, quando este determinou que o *arrendatário habitacional* podia ter um máximo de *três hóspedes*, mas apenas quando não houvesse *"cláusula em contrário"* (art. 76).

Foi esta ressalva que se manteve com a Reforma de 2006 e perdura agora, imutável, no presente artigo – mas, ainda assim, é de assinalar que semelhante disposição só releva quanto aos *arrendamentos vinculísticos*.

Para os *arrendamentos habitacionais*, ainda que se não tenha estabelecido uma cláusula proibitiva, pode sempre o *senhorio* libertar-se do *inquilino* com sobrelotação ou hospedagem, não lhe renovando o contrato.

O preceito devia, pois, já ter sido banido do CC, mantendo-se, quando muito nas disposições transitórias do NRAU.

Não tem homólogo em qualquer Ordem Jurídica, salvo, que tenhamos dado por isso, no Direito angolano (art. 89 da Lei nº 26/15, de 23 de outubro), obviamente sob tocante influência portuguesa.

2. Todos os que vivam com o arrendatário em economia comum

Referindo o proemio e a al. *a)* do nº 1 que podem residir "no prédio", além do *arrendatário*, todos os que vivam com ele em *economia comum*, define-se depois, no nº 2 deste artigo, o que, para o efeito, significará esta expressão.

Consideram-se sempre como *vivendo em economia comum*:

a) – A pessoa que com ele viva em união de facto;

b) – Os seus parentes ou afins na linha reta;

c) – Os parentes até ao 3º grau da linha colateral, ainda que prestem alguma retribuição;

d) – As pessoas relativamente às quais, por força da lei ou de negócio jurídico que não respeita à habitação, haja obrigação de convivência ou de alimentos.

A *união de facto* vem definida no art. 1º-2 da Lei nº 7/2001, de 11 de maio, na redação da Lei nº 23/2010, de 30 de agosto.

É a seguinte: *"a união de facto é a situação jurídica de duas pessoas que, independentemente do sexo, vivam em condições análogas às dos cônjuges há mais de dois anos"*.

A expressão "independentemente do sexo" chega a ser insólita: como é que duas pessoas vivem "em condições análogas às dos cônjudes" sem sexo?

O que se quer dizer é que esse sexo poderá ser *hétero* ou *homo* – e convenhamos que não será fácil dizê-lo discretamente de outra maneira.

No tocante ao disposto na al. *b)*, convirá recordar: *"parentesco é o vínculo que une duas pessoas, em consequência de uma delas descender da outra ou de ambas descenderem de um progenitor comum"* (art. 1578 CC). Este é o parentesco na *linha reta* (art. 1580-1 CC).

Quanto ao referido na al. *c)*, *linha colateral* é aquela em que *"nenhum dos parentes descende do ouro, mas ambos procedem de um progenitor comum"* (art. 1580-1 CC).

Nestes, o cômputo dos *graus*, que se contam por "*tantas pessoas quantas formam a linha de parentesco*" (art. 1581-1 CC) e o 3º grau acha-se "*subindo por um dos ramos e descendo pelo outro, mas sem contar o progenitor comum*" (art. 1581-2 CC).

Exemplificando: A (1º grau) B (pai ou mãe: 2º grau) C (avô ou avó, progenitor comum, não se conta) D (filho desse seu avô ou avó: 3º grau)

O 3º grau é assim o que se forma entre *tio(a)(s)* e *sobrinho(a)(s)*.

Relativamente ao referido na al. *d), as pessoas obrigadas a convivência por força da lei ou de negócio jurídico que não respeite diretamente à habitação*, pode dizer-se que o único caso não abrangido anteriormente será o do *cônjuge* (art. 1672 CC), quanto ao qual o que surpreende é que só agora esteja contemplado, quando deveria vir acima da própria *união de facto*.

3. Hóspedes

Na al. *b)*, no seguimento do que consta do corpo do preceito, a referir quem pode , nos *arrendamentos habitacionais*, residir no prédio, além do *arrendatário*, declara-se estar em tais condições "*um máximo de três hóspedes*".

Admite-se deste modo a aplicação da casa arrendada para habitação ao exercício da *hospedagem*, que não se identifica com a *habitação* e converte, *ope legis*, o *contrato de arrendamento habitacional* em *contrato misto*.

A benesse sem medida surge na época vinculística, como um dos muitos afloramento do *favor locatoris* em que foi fértil, mal se compreendendo, mesmo então, que o limite imposto fosse absoluto e sem atender às dimensões concretas do fogo.

Mesmo sob a sua égide, parece evidente que semelhante limite será unicamente o *máximo admitido* em relação a uma casa que poderá efetivamente comportá-lo, de acordo com a lotação para que foi construída.

Ultrapassá-lo, representaria, em números absolutos, não associá-lo, mas converter o *uso residencial* em *estabelecimento de hospedaria*, introduzir o *sobrealojamento* na *habitação* do *inquilino* e seu agregado familiar, alterar significativamente o tipo arrendatício convencionado.

O legislador não deve ter pretendido nem um nem outro destes desvios, impondo-se ao intérprete um particular cuidado na fixação do exato sentido do comando legal, com vista a não enveredar por eles.

Nesta ordem de ideias, defendemos abertamente que não deve o limite servir e não tem de ser chamado à colação para resolver hipóteses de casas arrendadas que, pelo seu porte, não consintam tal número de *hóspedes*.

O exemplo crítico figurado por Mário Frota, da instalação de *três hóspedes* num T-0, parece-nos a mais perfeita ilustração de que tal hipótese não constituiria uma aplicação viável da *facti species* do primitivo art. 1109 CC, nessa parte reproduzido pelo art. 76 RAU (e agora pelo novo art. 1093 CC), pois é materialmente impossível uma prestação de autêntica *hospedagem* a três pessoas (a uma, que fosse), pelo *inquilino*, no interior de uma casa com tão exígua dimensão e estrutura.

A prática de *hospedagem* nessas condições tem de ser equiparada ao excesso do limite legal, ainda que seja igual ou inferior a *três* o número de *hóspedes* – cumprindo, pois, subsumi-la ao fundamento de *resolução* contemplado na al. b) do novo art. 1083-2, referido à al. b) do novo art. 1093-1 CC.

Em contrapartida, em casa cuja dimensão os comporte, supomos que não se frustrará o objetivo tutelado neste preceito quando, pelo nascimento de uma criança, na família dos *hóspedes*, passe a haver uma quarta pessoa nesta categoria; nem literalmente seria o limite aplicável ao caso, pois a alínea não refere *pessoas*, mas *hóspedes*, e parece fora de toda a dúvida essencial a este conceito que se esteja em presença de um adulto. Uma criança não faz um *hóspede*.

Só, pois, quando esta, pela sua idade e crescimento, venha a poder assimilar-se a um adulto, teremos preenchido, em nossa opinião, o quarto hóspede que excederá o limite legal.

Pode por outro lado acontecer (e têm-nos sido noticiados casos desses) que venha o *inquilino*, aproveitando o benefício vinculístico do *bloqueio de rendas*, a auferir da *hospedagem*, um lucro exagerado, em patente desproporção com a *renda* que paga e os serviços que presta.

Têm-nos citado exemplos de *arrendatários* que, pagando uma renda de € 34,00 mensais, recebem € 350,00 dos seus hóspedes a que, para além da habitação, apenas prestam o serviço de tratamento de roupas e o estrito mobiliário de um quarto de dormir.

Em nosso parecer, casos destes, em que a prestação de mobiliário de um quarto de dormir e de tratamento de roupas excede em mais de dez vezes a prestação de *habitação* da inteira casa, e outros análogos, integram indubitavelmente um *excesso manifesto*, um autêntico *abuso do direito* por parte do *arrendatário*.

Temos entendido que casos destes configuram um *abuso do direito de arrendatário*, com base no qual poderá ser decretada a *resolução* do contrato – hoje em dia muito facilitada pela previsão legal de uma utilização *"contrária aos bons costumes"*, da al. *b)* do nº 2 do novo art. 1083 CC[569].

Hoje em dia, em que o *vinculismo* não é mais do que resíduo arrendatício de locatários idosos ou diminuídos, cremos que se não justificava já, nas sucessivas Reformas que, depois do RAU, têm sido introduzidas na legislação arrendatícia, a reprodução, aqui, deste art. 1093 que, quando muito, deveria ter sido relegado para as disposições transitórias do NRAU.

[569] Cf. o nosso *Manual do Arrendamento Urbano*, I, 5ª ed., Almedina, 2009, pp. 306-307. No mesmo sentido: António Menezes Cordeiro, *Leis do Arrendamento Urbano Anotadas* (coord. de António Menezes Cordeiro), Almedina, 2014, p. 290.

Mas o que vêm a ser os *hóspedes*?

O nº 3 define-o, considerando tal *as pessoas a quem, mediante retribuição, o arrendatário proporcione habitação e habitualmente preste serviços relacionados com esta, ou forneça alimentos.*

Decompondo esta definição nos seus elementos, encontramos os seguintes:

a) – Pessoa a quem, mediante retribuição;

b) – Se proporcione habitação; e

c) – Se prestem habitualmente serviços relacionados com a habitação ou se forneça alimentação;

O primeiro elemento revela-nos logo o seu carácter abnorme.

O *arrendatário,* sem autorização do proprietário, utiliza a casa que recebeu em *arrendamento habitacional* para exercer aí um *negócio de hospedagem.*

Ocorre perguntar: qual a legitimidade deste locupletamento?

No segundo elemento, proporcionar *habitação,* parece tecnicamente muito duvidoso. *Hospedagem,* dificilmente se poderá identificar com *habitação.*

Esta, como temos visto, *é morar ou residir de um modo assaz estável* (cf. *supra,* nº 3-I, *sub* art. 1067).

Ora, salvo raríssimas exceções, não se verá um *hóspede* a residir, de modo *assaz estável,* no lugar em que se hospeda. Faltar-lhe-á, na esmagadora maioria dos casos, a *estabilidade*; por outro lado, não se limitaria, ainda assim, a *residir*: *recebe serviços,* como *alimentação, lavagem de roupa* e *arrumo de instalações* que, de modo nenhum, compõem, por si, ou participam sequer do conceito de *habitação.*

Por um lado, é mais do que esta; por outro, será quase sempre menos do que ela.

Para ser tecnicamente rigorosa, a lei deveria antes referir que proporciona *alimentação ou estada acompanhada de serviços relacionados com esta.*

4. O alojamento local

A conclusão acabada de firmar suscita-nos uma breve análise da figura do *alojamento local,* sobre que, ultimamente, se tem publicamente proclamado a sua natureza *habitacional,* por operadores interessados na sua exploração e até, uma ou outra vez, por alguns tribunais[570].

O que é, afinal, o *alojamento local*?

[570] Relação do Porto, 16-09-2016 (Processo nº 4910/16.5T8PRT-A.P1), proferido em procedimento cautelar – mas revogado no respetivo processo definitivo do mesmo caso pelo ac. da mesma Relação de 27-04-2017 (Processo nº 13721/16.7T8PRT.P1) – e SUPREMO, de 28-03-2017 (Proc. nº 12579/16.0T8LSB.L1.S1).
Fizemos o comentário a estes arestos em *Do alojamento local, na sua relação com a propriedade horizontal* (*Rev.Dir.Civ.*, II-3, pp. 561-574)

Este instituto surgiu entre nós com o Decreto-Lei nº 39/2008, de 7 de Março, transpondo para o nosso Direito positivo a Diretiva nº 2006/123/CE, do Parlamento Europeu e do Conselho, de 12 de dezembro de 2006.

Não foi, no entanto regulado logo aí, pois aquele decreto-lei limitou-se a referir que se consideravam *"estabelecimentos de alojamento local as moradias, apartamentos e estabelecimentos de hospedagem que, dispondo de autorização de utilização, prestem serviços de alojamento temporário, mediante remuneração, mas não reúnam os requisitos para serem considerados empreendimentos turísticos"*

A sua disciplina específica surgiu unicamente seis anos depois, com o Decreto-Lei nº 128/2014, de 29 de agosto, alterado pelo Decreto-Lei nº 63/2015, de 23 de abril, e, por último, pela Lei nº 62/2018, de 22 de agosto.

Este novo diploma teve primacialmente em vista estabelecer providências mais apertadas para o licenciamento do *alojamento local*, que se mostravam, aliás, bem necessárias.

Fora disto, situou-se essencialmente na perspetiva tradicional de regulação das *instalações* em que se prestam estes serviços, com ligeiríssimas alterações de forma.

Nunca chegou a dar-se uma definição legal da nova figura, mas, desde a primitiva redação daquele diploma, foi expressa e iniludivelmente integrado na Secção I, subclasse 55201 ou 55204, da Classificação das Atividades Económicas, Rev. 3, compondo um dos tipos de *Alojamento, restauração e similares* (art. 6º-2, al. *e)*, do Decreto-Lei nº 128/2014).

Logo, é incontestável que o instituto em questão não integra o conceito de *habitação* mas de uma *hospedagem*.

Esta modalidade de *hospedagem* é, aliás, também muito conhecida no Direito comparado, como oferecendo apenas *dormida* e *pequeno-almoço*, tendo por isso ganho a sigla *B&B*, da designação inglesa *bed and breakfast* (*cama e pequeno almoço*), que também na Alemanha se usa bastante.

No Brasil, recebeu o nome de *cama e café* e uma disciplina legal muito completa, através da Portaria nº 100, de 16 de junho de 2011, do Ministro de Estado e do Turismo, integrada no *Sistema Brasileiro de Classificação de Meios de Hospedagem*, constituindo um dos sete tipos de *meios de hospedagem* admitidos: o *Hotel*, de 1 a 5 estrelas; o *Resort*, de 4 e 5 estrelas; o *Hotel Fazenda*, de 1 a 5 estrelas; o *Cama e Café*, de 1 a 4 estrelas; o *Hotel Histórico*, de 3 a 5 estrelas; a *Pousada* de 1 a 5 estrelas; e a *Flat/Appart-hotel*, de 3 a 5 estrelas.

Em França, designa-se de *chambre d'hôtes*, tendo a sua regulamentação mais desenvolvida sido relegada para as Regiões, do mesmo modo que em Itália e Espanha.

Trata-se portanto de uma *hospedagem* que, como tal, se distingue clara e legalmente da simples *habitação*.

Se esta é, como temos visto, uma *residência assaz estável*, a ponto de, sendo *habitual*, constituir o *domicílio* de uma pessoa (art. 82-1 CC), só com claro desconhecimento ou aberta infração da lei se quererá identifica-la com a chamada *habitação por curtos períodos* que unicamente com manifesta impropriedade de linguagem se poderá assim denominar (v. *supra*, nº 3-I, *sub* art. 1067).

Com a redação atual do Decreto-Lei nº 128/2014, que lhe foi imprimida pela Lei nº 62/2018, de 22 de agosto, os meios de comunicação social proclamaram sistematicamente e com relevo que, com o novo regime, os *condomínios* ganharam poder, isto porque os *condóminos* passaram a poder pedir ao município, com justificação para o efeito, que cancele o registo da propriedade e, além disso pedir aos alojadores um aumento de contribuição até 30%.

A afirmação não será, contudo, esclarecida.

Passou-se, na verdade, a permitir, simbolicamente, que os *condóminos* em cujo *condomínio* se estabelecesse um *alojamento local*, através de deliberação maioritária, fundamentada, da sua assembleia "*decorrente da prática reiterada e comprovada de atos que perturbem a normal utilização do prédio bem como de atos que causem incómodo e afetem o descanso dos condóminos*" dessem conhecimento ao Presidente da Câmara Municipal territorialmente competente, que "decidirá sobre o pedido".

Isto não passa, como é evidente, de um puro obséquio aos presidentes das Câmaras Municipais, que nenhum reforço útil acrescenta aos poderes dos *condóminos*, já que a prática demonstra que, no mais aberto desrespeito dos direitos deles, vêm sistematicamente iludindo a lei, a autorizar *alojamentos locais* que têm propiciado pingues réditos aos respetivos municípios, como se tem noticiado.

Os poderes dos *condomínios* não foram, pois, reforçados, mas apenas respeitados.

Assim:

a) – Nos termos do art. 6º-1, al. *a)*, do diploma, desde a sua primitiva redação, continua a exigir-se, para a *comunicação prévia* a apresentar à Câmara Municipal, de instalação de um *alojamento local*, a "*autorização de utilização ou título de utilização válido do imóvel*".

Ora, na prática, se o edifício é de construção posterior a 1951 e tem *licença de utilização* para *habitação*, o que as Câmaras Municipais têm feito é identificar o *alojamento local* que, por lei expressa, é integrado, no âmbito das atividades económicas de *alojamento, restauração e similares*, ilegalmente, como *habitação*, não considerando, por isso, incorrer em violação da *licença de utilização*.

E se acaso se tratar de prédio constituído em *propriedade horizontal*, cujo *regulamento de condomínio* restringe o uso do prédio a *habitação*, do mesmo modo não têm visto óbice à utilização de qualquer das suas *frações autónomas* em *alojamento local*.

É claro que, nesta base, nem os *condóminos* ganham nada em reclamar para o Presidente infrator, nem precisam de alegar incómodos reiterados perpetrados pelos *hóspedes*.

Eles são *proprietários exclusivos* das respetivas *frações autónomas*, mas ainda *comproprietários* das *partes comuns* do prédio (art.1420-1 CC).

Como *comproprietários* destas, festão sujeitos às limitações impostas aos *comproprietários de coisas imóveis* (art. 1422-1 CC) e, nessa base, qualquer *comproprietário*, por si, pode opor-se a factos imiscuídos na *parte comum* que não resultem da sua utilização específica (art. 1346 CC).

Mais.

Nos termos do preceituado no art. 1422-2, al. *c)*, CC, é "especialmente vedado aos condóminos" dar à sua *fração autónoma uso diverso do fim a que é destinada* – e ainda, em geral, praticar "*quaisquer atos ou atividades que tenham sido proibidos no título constitutivo*" (al. *d)* do art. 1422-2 CC).

Nenhum destes preceitos foi revogado pela Lei nº 62/2018 e, à sua luz, inserindo-se o *alojamento local, ex vi* do disposto no art. 6º-2, al. *e)*, do Decreto-Lei nº 128/2014, na secção I, *Alojamento, restauração e similares*, subclasses 55201 e 55204 da Classificação das Atividades Económicas Rev. 3, só com frontal violação da lei se poderá pretender qualifica-lo de *habitação.*

Assim, qualquer *condómino* de *condomínio de habitação*, sem carecer de uma maioria nesse sentido (e tendo-a, melhor será) para impugnar, em juízo, o exercício de *alojamento local* por outro *condómino*, e fazê-lo cessar.

A aplicação a *uso diverso da habitação* assinalada no *título constitutivo* da *propriedade horizontal* tem sido, aliás, muito frequente, tendo ocasionado vasta jurisprudência condenando a infração e fazendo-a cessar.

– Para os fins da alínea c) do art. 1422 do Código Civil, constitui uso diverso do fim pra que foram destinados a instituição de um laboratório de análises clínicas e de um consultório médico em dois andares do prédio em regime de propriedade horizontal cujo título de constituição os destinou a habitação.

SUPREMO, 29-01-1974 (Processo nº 064824)

– A deliberação da assembleia de condóminos, tomada por maioria, , no sentido de permitir em tal fração a instalação e funcionamento de um salão de cabeleireiro, além de exorbitar da respetiva competência administrativa, está ferida de nulidade que pode ser conhecida em qualquer tempo, sendo-lhe aplicável o regime do nº 2 do artigo 1423 do Código Civil.

SUPREMO, 01-06-1983 (Processo nº 070822)

– Segundo o artigo 1422, nº 2, do Código Civil é especialmente vedado ao condómino dar à sua fração um fim diverso do fim a que se destina, o que aconteceu com o Réu, pois sendo a fração destinada a garagem, ele afetou-a a bobinagem e novelagem de fios, com o correspondente armazenamento.

SUPREMO, 14-11-1985 (Processo nº 072997)

– Não podem ser utilizadas para atividade de esteticista nem para consultório médico as frações que no título de propriedade horizontal são destinadas a habitação.

Relação de Coimbra, 17-01-1993 (*BMJ* nº 436, p. 614)

– Constando do título constitutivo da propriedade horizontal que a fração autónoma se destina a habitação, em consonância com o projeto aprovado pela câmara municipal, existe desvio do fim inicial se tal fração é dada de arrendamento.

SUPREMO, 15-02-1999 (Processo nº 99B967).

– Os contratos celebrados com os adquirentes de várias frações não podem proceder (*sic*) contra o que constar do título constitutivo da propriedade horizontal.

SUPREMO, 17-06-2001 (Processo nº 01B1350)

– Os termos utilizados nos títulos constitutivos de propriedade horizontal, para definição do destina das frações autónomas, devem ser interpretados em função das características do imóvel bem como do destino dado às demais frações.

SUPREMO, 28-05-2002 (Processo nº 02B1432 [processo não sumariado; sumário, nosso])

– I – Por comércio tem de entender-se, não o sentido normativo defendido pelo recorrente, mas o sentido vulgar e corrente de mediação de trocas, coincidente com o seu sentido económico, aquele que um declaratário normal......

– II – Assim, naquela fração do réu pode ser exercitada a atividade de comércio e não qualquer atividade industrial; ora, ao exercer a atividade da restauração, o réu faz da sua fração um uso indevido diverso do fim a que se destina, um uso não normal da fração por contrário ao do título constitutivo da propriedade horizontal – 1422, nº 2, al. *c)*, do CC.

SUPREMO, 15-05-2008 (Processo nº 08B779)

IV – Não existe similitude entre um estabelecimento comercial e um consultório médico, porquanto, quanto a este, o elemento preponderante é o próprio médico.

V – A doutrina e jurisprudência vêm entendendo que, no âmbito de profissões liberais, não há trespasse, embora possa ocorrer cessão da posição contratual, nos termos do art. 122 do RAU, e, atualmente, do art. 1112º, nº 1, al. *b)*, do CC.

VI – Tendo os autores acabado de ingressar no condomínio, sobre eles impendia o ónus de se informarem sobre se estava ou não agendada alguma assembleia geral. A ausência dos mesmos naquela assembleia é, por isso, irrelevante, para efeitos do disposto no artigo 1432, nº 6, do CC, pois só pode considerar-se ausente quem devia ser convocado e não compareceu.

SUPREMO, 22-03-2011 (Processo nº 321/2002.E1.S1).

Como ilustra esta nota intercalar, é antiga, vasta, assinalavelmente uniforme e certeira a jurisprudência acerca de *desvio do fim* do *condomínio* por algum dos seus *condóminos*.

Especificamente sobre a aplicação a *alojamento local* de um *condomínio destinado a habitação*, a jurisprudência inicial, ante a novidade, nem sempre atinou com a correta e expressa qualificação legal e, confundindo-o, por vezes, com a *habitação*, acabou por considerar que não se incorria, com isso, em desvio do *fim habitacional*.

Foi o caso do ac. da Relação do Porto, de 16-09-2016 (Processo nº 4910/16.5T8PRT-A.P1), proferido em *procedimento cautelar*, mas prontamente revogado – e bem – no *processo definitivo*, pelo ac. da mesma Relação, de 27-04-2017 (Processo nº 13721/16.7T8 SPRT.P1).

E foi ainda o caso do ac. do SUPREMO, de 28-03-2017[571] que, confundindo primariamente *hospedagem* com *habitação*, esquecendo que esta só se configura com uma "*residência assaz estável*" (v. *supra*, nº 3-I, *sub* art. 1062) e infringindo frontalmente o disposto no art. 6º-2, al. *e)*, do Decreto-Lei nº 128/2014, de 29 de agosto, revogou o certeiro ac. da Relação de Lisboa, de 20-10-2016 (Processo nº 12579-16.0T8LSB.L1-8).

Parece, contudo que a jurisprudência começa a firmar-se no sentido que temos por correto, visto que, mais recentemente o ac. da Relação do Porto veio perfilar-se no bom sentido da jurisprudência anterior.

Decidiu-se, nesse douto aresto, superiormente relatado pelo Desembargador Rui Moreira, assessorado pelos Desembargadores Lina Baptista e Fernando Samões:

– O exercício da atividade de alojamento local numa fração destinada a habitação viola o fim que lhe foi fixado no título de propriedade horizontal

Relação do Porto, 11-04-2018 (Colectânea, nº 285, p. 203; Processo nº 1755/ /12.5TVLSB.L1.S1).

Curiosamente, qualquer dos acórdãos que decidiram corretamente, a nosso ver, que o *alojamento local* não pode ser assimilado a *habitação*, omitiu o fundamento, quanto a nós, essencial e decisivo, resultante da sua qualificação legal, constante do art. 6º-2, al. *e)*, do Decreto-Lei nº 128/2014, mantido integralmente pela Lei nº 62/2018 como um **serviço integrado na secção I, *Alojamento, restauração e similares*, subclasses 55201 ou 55204 da CAE. Rev. 3.**

Em síntese, passando ao *arrendamento habitacional*, também o simples *arrendatário* – e não unicamente o *proprietário* – de uma fração autónoma destinada a *habitação* não fica autorizado, pelo seu *contrato para fim habitacional*, a estabelecer, na fração arrendada, um *alojamento local*.

[571] Processo nº 12579/18.078LSB.L1.S1. Fizemos uma larga análise crítica desta jurisprudência em *Do alojamento local, na sua relação com a propriedade horizontal* (*Rev.Dir.Civ.*, II [2017], 3, pp.561-574) – para onde remetemos o leitor interessado.

E se o condómino, autorizado pelo Regulamento do Condomínio a arrendar a sua fração, o der em locação para *alojamento local*, obviamente também por essa via entrará em infração.

DIVISÃO II – Duração

Artigo 1094 – Tipos de contratos

1 – O contrato de arrendamento urbano para habitação pode celebrar-se com prazo certo ou por duração indeterminada.

2 – No contrato com prazo certo pode convencionar-se que, após a primeira renovação, o arrendamento tenha duração indeterminada.

3 – No silêncio das partes, o contrato considera-se celebrado com prazo certo pelo período de cinco anos.

(Redação da Lei nº 6/2006, com alteração do nº 3 pela Lei nº 31/2012, que atribuiu ao nº 3 o valor de celebração com prazo certo na Lei nº 6/2006 tido por de duração indeterminada, conformando-se a Lei nº 43/2017, mas subindo o prazo para a enormidade de cinco anos)

1. Apontamento introdutório

Como prontamente ressalta da expressão literal deste preceito, admitem-se, quanto à sua *duração*, dois tipos de *arrendamento habitacional* com denominação própria, o *de prazo certo* ou o *de duração indeterminada*, e um terceiro, sem *nomen iuris*, mas que podemos denominar *de duração mutável*.

A terminologia tipológica do preceito começou a despontar, historicamente com o RAU, que começou por aludir a *arrendamentos para habitação* com *duração efetiva* (art. 98, epígrafe e nº 1), em sinonímia com a expressão *duração limitada* (epígrafe da subsecção I da secção VI e art. 98-3).

É, porém, com a frustrada Reforma de 2004, que se estabeleceu na terminologia legal através da dicotomia dos *arrendamentos para habitação*: com *prazo certo*, ou de *duração indeterminada* (art. 1099).

Daqui passou, com a Reforma de 2006, para este artigo, que a Reforma de 2012, como as de 2017, 2018 e 2019 conservaram.

Põe-se todavia a questão de saber se a nomenclatura *com prazo certo* será tecnicamente a melhor, pois não faltam Autores de referência a dar como exemplo de *termo final* o *arrendamento por um ano* ou o prazo de *máxima duração de trinta anos*, do art. 1025 ou mesmo e diretamente que a expressão preferível para o presente artigo seria "*com termo certo*"[572].

[572] Manuel A. Domingues de Andrade, *Teoria Geral da Relação Jurídica*, (org. por A. Ferrer Correia/Rui de Alarcão), II, Almedina, 1960, p. 386; Inocêncio Galvão Telles, *Manual dos*

Efetivamente, na terminologia do Código, *prazo* e *termo* não são vocábulos sinónimos, como resulta, na sua terminologia, do disposto no art. 296, quando refere que as regras do art. 279 são aplicáveis, na falta de disposição especial, "*aos prazos e termos fixados por lei, pelos tribunais ou por qualquer outra autoridade*".

Se a lei exprime "prazos e termos", será porque, como pensam os Autores, não se trata da mesma realidade com dois nomes, mas de duas realidades distintas[573].

Que diferença haverá então entre o *prazo* e o *termo*?

Não parece que se possa ela estabelecer em função de o primeiro ser fixado por lei, pelos tribunais ou por qualquer autoridade, e o segundo por convenção das partes.

Se esta é a espécie mais corrente no *termo*, em qualquer dos outros três primeiros casos pode verificar-se um *termo final*.

São, supomos, apenas formas diferentes de especificar o tempo, embora a lei por vezes confunda, na denominação adotada, as respetivas espécies.

Cremos, por nós, que, enquanto o *prazo* (ou *período*) constitui *um espaço entre dois momentos*, o do início e o do fim, para a realização de determinado ato, o exercício de determinado direito ou para a formação deste, o *termo final certo* (*dies certus an certus quando*) coloca o acento tónico no seu limite final estabelecendo uma duração perfeitamente delimitada, em si.

Exemplos de *prazos* são os estabelecidos na lei de processo para a prática de determinados atos processuais (*prazos adjetivos*), designadamente para a propositura de certas ações, para a contestação, para a interposição de um recurso, para as suas alegações, para a prolação despachos ou da sentença, etc..

Também no Direito substantivo encontramos casos de *prazos* (*prazos substantivos*), como o estabelecido para a arguição da *anulabilidade* do negócio jurídico, constante do art. 287-1; os de *prescrição*, dos arts 309, 310 e 311, 316 e 317; etc.

Serão, assim, propriamente *termos* os que as partes fixarem entre si no *arrendamento urbano para habitação*, como uma duração expressamente delimitada, conforme o disposto na primeira parte do art. 1094-1, tal como o será também aquele que, no silêncio das partes, para o mesmo contrato se manda fixar, nos termos do art. 1094-3, na redação de 2017, o "*prazo certo de cinco anos*".

A lei denomina-o de *prazo*, mas, tecnicamente, pelas razões atrás expostas, melhor o denominaria de *termo*.

Podemos pois concluir que o nosso Direito positivo contempla dois tipos de *arrendamento urbano habitacional* que, nos termos do art. 1110-1, serão extensíveis aos *não habita-*

Contratos em Geral (ref. e at.), 4ª ed., Coimbra Editora, 2002, p. 280; ANTÓNIO MENEZES CORDEIRO, *Leis do Arrendamento Urbano Anotadas* (coord. de ANTÓNIO MENEZES CORDEIRO), Almedina, 2014, p. 292, an. 12.

573 Não falta porém, mesmo assim, quem adote a sinonímia: PEDRO PAIS DE VASCONCELOS, *Teoria Geral do Direito Civil*, 6ª ed., Almedina, 2010, p. 616.

cionais: o *arrendamento com termo certo*[574] e o *arrendamento sem termo certo*, que denomina *de duração indeterminada*.

2. Arrendamento de termo certo

Na definição da *locação*, constante do art. 1022, afirma-se que, através dela, o *locador* se obriga a proporcionar um gozo *temporário*.

Não há, pois, como temos dito, *locações perpétuas* e, portanto, quando se dá um prédio ou parte de prédio urbano em *arrendamento*, normalmente estipula-se o seu *período de duração*, pela indicação do seu *termo*.

Pode o clausulado, sem viciar o contrato, ser omisso e, prevenindo esta hipótese, declara a lei, hoje em dia, que se terá então por celebrado com "*prazo certo, pelo período de cinco anos*" (nº 3 deste mesmo artigo).

Não há, porém, uma definição legal de *arrendamento de "prazo" certo*, tão evidente parece a expressão.

O que se deverá admitir é que será aquele que se faz com uma *duração definida*, no seu limite temporal, o *termo certo*: por um, dois, três quatro anos, etc (*sobre duração máxima e mínima de arrendamento dito de prazo certo, v. infra, nº 2, sub art. 1095*).

Não é necessário que o limite, quando estipulado, seja levado à precisão das mais diminutas unidades de tempo (o segundo, ou sua fração, o minuto ou a hora) mas, na prática, usa-se estabelecer como unidade definidora do termo o *dia* ("é estabelecido para o presente contrato o termo certo de seis anos, iniciando-se em 1 de novembro de 2013 e findando em 31 de outubro de 2019, renovando-se automaticamente no seu termo").

É claro que, nesta fórmula usual, há expressões dispensáveis, mas que as partes gostam de consignar para pôr ênfase e colorido no discurso.

Em primeiro lugar, a lei não exige que se exarem palavras sacramentais.

Não será, pois, preciso declarar que o contrato tem o "prazo certo": se ele é por *seis anos*, tem o seu limite perfeitamente definido por esta unidade de tempo; o seu prazo de duração está, com tal especificação, tornado *certo*; não será, nunca, de "*duração indeterminada*".

Em segundo lugar, se se referiu a *data de início*, a al. *c)* do art. 279 CC já fixava, por si, o *dia do seu termo*.

Vamos ver que o art. 1095-1 reforça esta conclusão.

A denominação destina-se a distinguir, entre si, os dois subtipos arrendatícios: um, de *termo certo* (de "*prazo certo*", nas palavras da lei) e outro, de "*duração indeterminada*", além, claro está, do de *duração mutável* (nº 2 do presente artigo), bem como, por último, o de, assim denominado, "de habitação não permanente ou para fins especiais transitórios".

Quando o contrato seja omisso quanto à duração do prazo, estabelece-se no nº 3 do presente artigo que se considera como celebrado por *cinco anos*.

[574] É também a expressão preferida por António Menezes Cordeiro, *Leis do Arrendamento Urbano Anotadas* (coord. de António Menezes Cordeiro), Almedina, 2014, p. 292, an, 12.

Este prazo supletivo tem variado ao longo das diferentes Reformas arrendatícias. Em 2006, passava a *arrendamento de duração indeterminada*. Em 2012, valeria o prazo de *dois anos*. Em 2017, fixou-se nos *cinco anos* atuais.

3. Arrendamento de "duração indeterminada"; a cláusula contratual arvorada em tipo legal

Além do "*prazo certo*", prevê expressamente o preceito, no seu nº 1, a "*duração indeterminada*" (cf. *infra*, nº 1, *sub* art. 1099).

Como se viu acima, este tipo legal foi uma criação de 2006, pescada na frustrada Reforma de 2004.

No Direito comparado, que tivéssemos dado por isso, apenas no Brasil se reconhece limitadamente esta figura quando, desde a versão primitiva do § 1º do art. 46 da sua Lei nº 8.245, de 18-10-1991, se declara que, "*findo o prazo ajustado, se o locatário continuar na posse do imóvel alugado por mais de trinta dias sem oposição do locador, presumir-se-á a prorrogação da locação por prazo indeterminado, mantidas as demais cláusulas e condições do contrato*".

Não se trata propriamente aí, portanto, de um novo tipo legal abertamente caracterizado, mas de um *contrato com prazo*, que se vai prorrogando indefinidamente até que, "a qualquer tempo", o *locador* lhe oponha uma *denúncia* com 30 dias para a desocupação (§ 2º).

Não se conhecem as razões que levaram a consagrar entre nós, ao lado do arrendamento dito "com *prazo certo*", o de *duração indeterminada*, que jamais tinha surgido em legislação anterior.

Porventura, o legislador tinha em vista os *arrendamentos vinculísticos* remanescentes que, pela *prorrogação forçada* que os onerava, acabavam por não ter, na prática, efetivo prazo de duração.

Estabelecia-se então, no art. 24-1 do *Regime de Transição para o Novo Regime do Arrendamento Urbano* da frustrada Reforma de 2004, que os *arrendamentos habitacionais* celebrados anteriormente à entrada em vigor do RAU permaneciam submetidos a este, desde que o *arrendatário* demonstrasse ter idade superior a *sessenta e cinco anos* e rendimento anual bruto corrigido inferior a *cinco salários mínimos anuais*. Se o rendimento fosse superior, apesar da idade, ficava atido a *renda condicionada* (art. 24-2).

Relativamente aos restantes casos que passassem ao novo regime consideravam-se "*concluídos, salvo acordo em contrário, por duração indeterminada, mas não podem ser denunciados, por iniciativa do senhorio, antes de decorridos três anos*" (art. 26-1).

Abria-se então, depois de se prever, num projetado art. 1099-1 uma dicotomia de *arrendamentos para habitação*: de *prazo certo* ou com *duração indeterminada*, espraiando-se o regime desta pelos arts.1104 a 1107.

Este tipo legal de *arrendamento* serviria então fundamentalmente para isso, em 2004.

A Lei nº 6/2006, de 27 de fevereiro, aproveitou a inovação e, no novo art. 1094-1 CC, estabeleceu expressamente que o arrendamento para habitação "pode celebrar-se com *prazo certo* ou por *duração indeterminada*".

Entretanto, abriu uma subdivisão para os *contratos de duração indeterminada* e dedicou-lhes os arts. 1099 a 1104 CC.

Além disso, nas normas transitórias do NRAU, determinou ainda, precisamente no art. 26-4, que os "contratos sem duração limitada", celebrados depois do RAU (*habitacionais*) e do Decreto-Lei nº 257/95 (*não habitacionais*) portanto, os de *regime vinculístico* dessas datas, "regem-se pelas regras aplicáveis aos contratos de duração indeterminada", com as três especificidades aí enumeradas.

E estabeleceu também, em *normas transitórias* e para os *arrendamentos habitacionais* e *não habitacionais* anteriores àqueles dois marcos, portanto, os arrendamentos vinculísticos de raiz, se aplicavam, "com adaptações", as normas postas naquele art. 26 (art. 28 $NRAU_{2006}$).

A Lei nº 31/2012, de 14 de agosto, reproduziu, nestes pontos, integralmente as disposições de 2006 (arts. 26 e 28 $NRAU_{2012}$) que, entretanto, permaneceram intocadas em 2017 e 2019.

Ora, ao mandar aplicar aos *arrendamentos sem duração limitada* as regras dos *contratos de duração indeterminada*, estabeleceu então uma estreita ligação entre esses arrendamentos e o tipo legal do *arrendamento habitacional de duração indeterminada*. O alargamento aos *não habitacionais* surge pela via do art. 1110-1 CC, *in fine*.

Simplesmente, por um lado, o regime estabelecido para a *duração indeterminada* limita-se a prever as diferentes formas de *denúncia* que comporta: *denúncia do arrendatário* (art. 1100); *denúncia pelo senhorio* (art. 1101); *denúncia para habitação* (art. 1102); *denúncia justificada* (art. 1103).

Não constitui um tipo completo em si mesmo, mas apenas um pequeno acervo de quatro preceitos reguladores da sua cessação que foram sucessivamente transpostos do art. 69 da Lei nº 2:030, de 22 de junho de 1948, para os arts. 1095 a 1100 da primitiva redação do CC, destes para os arts. 68 a 73 RAU e agora, desde 2006, constituem os arts. 1099 a 1103 CC.

São disposições reguladoras da *denúncia do contrato de arrendamento* que foram arvoradas em de tipo legal de *arrendamento para habitação com duração indeterminada* – extensível, como se disse aos *arrendamentos não habitacionais* – constituído apenas por sucessivas disposições reguladoras de *denúncia* cujo interesse prático se reconduzirá afinal, essencialmente, aos *arrendamentos vinculísticos*, levando-nos a interrogarmo-nos sobre a real justificação da sua elevação a tipo legal autónomo.

Quanto ao seu rigor dogmático, porém, como se tem referido, não poderá ele ser posto em dúvida perante a definição de *locação* do art. 1022 CC, pois o *gozo temporário* que se lhe exige não contradiz a perduração temporal por período indeterminado até ao máximo de *trinta anos* (art. 1025), desde que seja assegurada a utilização prevista, através de uma adequada e proporcionada *denúncia*.

O que temos dificuldade de lhe reconhecer é a dignidade de um tipo legal autónomo, bem como do seu real interesse prático.

4. Arrendamento de duração mutável

O nosso legislador pós 2006 foi ainda mais longe e admitiu que as partes, além do *prazo certo* ou da *duração indeterminada*, convencionem antes um *tipo híbrido*, de *prazo certo* seguido de *duração indeterminada*.

No nº 2 do presente artigo, com efeito, admite-se que, num contrato de *prazo certo*, se convencione que, "*após a primeira renovação, o arrendamento tenha duração indeterminada*".

A linguagem é restritiva demais.

Não é só para depois do termo da *primeira duração* que se admite a passagem à indeterminação temporal mas, naturalmente, será ainda admissível que se convencione a passagem a *duração indeterminada* só com a segunda ou posterior *prorrogação*.

Mas é claro, a nosso ver, que tudo isto é meramente teórico, sem a menor tradução prática.

Artigo 1095 – Estipulação de prazo certo

1 – O prazo deve constar de cláusula inserida no contrato.

2 – O prazo referido no número anterior não pode, contudo, ser inferior a um nem superior a trinta anos, considerando-se automaticamente ampliado ou reduzido aos referidos limites mínimo e máximo quando, respetivamente, fique aquém do primeiro ou ultrapasse o segundo.

3 – O limite mínimo previsto no número anterior não se aplica aos contratos para habitação não permanente ou para fins especiais transitórios, designadamente por motivos profissionais, de educação e formação ou turísticos, neles exarados.

(Art. 1087, na versão primitiva do CC, e art. 98 RAU; art. 1095 da Reforma de 2006, com alterações introduzidas pela Lei nº 31/2012; novas alterações dos n.os 2 e 3 pelo art. 2º da Lei nº 13/2019, de 12 de fevereiro, a qual mandou ainda, no seu art. 13, repristinar o nº 3, na redação de 2006, quando, afinal, com a alteração moldada no seu art. 2º, já o tinha então repristinado)

1. Cláusula de prazo

O nº 1 atual, que vem já da Reforma de 2006, declara simplesmente isto: "*o prazo deve constar de cláusula inserida no contrato*".

Portanto, para se estabelecer um *termo certo*, bastará exprimir *a dimensão exata desse termo*: 30 dias, dois, três, quatro anos, porque estes espaços temporais *já são certos, em si*.

Se, porém, o contrato for omisso quanto a este ponto, o *prazo* será de *cinco anos*, como se determina na norma supletiva do art. 1094-3 (na redação de 2017), continuando, pois, a ser um contrato de *prazo certo*.

2. Duração máxima e mínima

O nº 2, especificando, para o *arrendamento*, o que já se tinha fixado para a *locação*, em geral, no art.1025 CC, determina expressamente que o "*prazo certo*" do contrato não poderá ser superior a *trinta anos.*

O limite mínimo surgiu, no nosso Direito positivo, com o RAU que, no seu art. 98-2, expressamente determinou que o prazo não podia ser inferior a *cinco anos,*

A afirmação de *limites, mínimo e máximo,* para o *arrendamento de termo certo,* fazia-se também na frustrada Reforma de 2004, onde um proposto art. 1100 estabelecia, no seu nº 2, que o *prazo certo* do *arrendamento habitacional* "*não pode, contudo, ser inferior a três nem superior a trinta anos*".

A fórmula foi repescada pela Reforma de 2006, subindo-se o *limite mínimo* para *cinco anos* ("*o prazo...não pode, contudo, ser inferior a cinco anos nem superior a trinta*").

Este limite mínimo deixou, porém, de se proclamar na Reforma de 2012, o que foi mantido pela de 2017, mas veio a ser reintroduzido depois, como se vê, em 2019, agora com outro *período mínimo.*

Com efeito, como resulta do disposto no nº 2 do presente artigo, a *duração* contratada para o *arrendamento urbano* não pode ser inferior a *um ano*, salvo quanto aos contratos de *breve termo.*

O mínimo de *um ano* não é afastado pelo disposto no art. 1096-2, quando estabelece que o contrato de *prazo certo* se *renova* por períodos sucessivos de *igual duração* ou de *três anos* "se esta for inferior", antes parece literalmente confirmado neste passo, ao referir, concretamente, "se esta" (a *duração*) for inferior.

O passo admite, inequivocamente, que se convencionem *durações* inferiores a *três anos*. E, como se refere no presente artigo, não sofre dúvida que será legítimo estipular-se um arrendamento com essa duração, ou seja, que a duração mínima seja efetivamente de *um ano*,.

E aceita-se bem que só a primeira o seja, visto que, ao celebrar-se um contrato renovável de arrendamento, será compreensível que se lhe peça certa estabilidade.

Deve todavia notar-se que a imposição de um mínimo temporal determinado, proporciona, efetivamente, estabilidade ao *arrendatário* mas, protelando-se acentuadamente a duração, tem um preço: eleva-lhe a renda, pois o *senhorio* tenderá a precaver-se subindo um montante que seria mais modesto por um prazo menos longo.

No Direito comparado, encontramos períodos que, geralmente, se fixam em *três anos.*

Em Espanha, há, com efeito, no *arrendamento para habitação*, um *limite mínimo*, oponível ao *senhorio*, que é de *três anos* (art. 9º da Lei 1994, de 24 de novembro); em França, quando o *senhorio* é uma *pessoa física* (art. 4º, II item), aplica-se tradicionalmente o mesmo prazo mínimo de *três anos* (art. 10 da Lei nº 89-462, de 6 de julho), na Itália foi ultimamente aumentado para *quatro anos*, com um primeiro período de *prorrogação* de outros *quatro*, que só em certos casos poderá ser afastada pelo *senhorio* (art. 2º da Lei nº 431, de 9 de dezembro de 1998).

Cremos que a ideia de reproduzir, para o *arrendamento*, em particular, o *limite máximo*, posto para a *locação*, em geral, obedece estritamente a uma ideia de simetria, sem alcance significativo.

Como se refere a propósito do art. 1025, o *limite máximo de duração* da *locação* fundou-se nos ideais da Revolução Francesa, que levavam a pôr-se termo a todos os resíduos de feudalismo corporizados em *contratos de duração perpétua* e que tendiam à instituição de *direitos reais*.

Ora, sendo o *contrato de locação* fonte de *direitos obrigacionais* e de *carácter temporário*, como o salienta a sua definição legal no art. 1022 CC, é natural que, na falta de estipulação convencional de um termo para a sua *duração* e não havendo particular disposição temporal, valha a norma geral limitadora, como a do nosso art. 1025 CC, bebida no Código Civil italiano, que já a recebera, aliás, do Código anterior – e este, por sua vez, do art. 1763 do Código Napoleónico. E valha tanto para um *arrendamento com prazo certo*, sem necessidade da reedição deste nº 2, como para um *arrendamento de duração indeterminada*.

Semelhante limite temporal destina-se essencialmente a evitar que se formem *locações perpétuas*.

Importará contudo salientar que as grandes e perniciosas durações arrendatícias dos velhos tempos, que se referem em comentário ao art. 1025, ocorreram sempre no estrito âmbito do *arrendamento rural*.

No plano do *arrendamento urbano* e, particularmente, do *habitacional*, em que se situa a presente disposição, não se conhecem exemplos de *arrendamentos* estipulados por períodos tão dilatados, nem terá sentido exprimir um *limite máximo*, designadamente o de *trinta anos*, aqui estabelecido, particularmente quando, logo a seguir, no art. 1096-1 CC, se determina que o contrato com *prazo certo* "renova-se automaticamente no seu termo", *sem qualquer limite de repetição*, escancarando assim a porta para, através de sucessivas *prorrogações*, perdurar indefinidamente – como até tem sido injuntivamente imposto aos *arrendamentos vinculísticos*, que perduram por toda a vida do *arrendatário* e até para além dela.

Aquele limite trinteno nem revelará, de resto, hoje em dia, perigo apreciável, visto que, no contrato de *termo certo*, seja qual for a *duração* convencionada, igual ou superior a *um ano*, o *arrendatário* poderá sempre, sem prejuízo do disposto, ainda, no nº 4 do preceito, denunciá-lo com a antecedência de 120 dias do termo pretendido, decorrido que seja *um terço* do período ajustado (art. 1098-3, al. *a)*, CC).

E nos contratos de *duração indeterminada*, a defesa do *arrendatário* é ainda mais pronta, pois bastam-lhe *seis meses* de duração efetiva do contrato para o poder denunciar, igualmente com a antecedência de 120 dias do termo pretendido (art. 1100-1, al. *a)*, CC)[575].

[575] A desproporção comparativa destes tempos de *denúncia* parece incontestável (v. *infra*, comentário aos artigos respetivos).

Quanto a nós, pois, esta imposição do limite dos *trinta anos* a respeito dos *arrendamentos urbanos* não passa de uma velha sobrevivência de ultrapassadas conceções, que se reproduzem, em geral, nas legislações por mera força da inércia.

Na prática, como se referiu há pouco, os nossos *arrendamentos vinculísticos* desrespeitam-no, constantemente aberta e indefinidamente, sem que o Tribunal Constitucional (não indo, a nosso ver, pelo melhor caminho), veja nisso a menor inconstitucionalidade.

Artigo 1096 – Renovação automática

1 – Salvo estipulação em contrário, o contrato celebrado com prazo certo renova-se automaticamente no seu termo e por períodos sucessivos de igual duração ou de três anos se esta for inferior, sem prejuízo do disposto no número seguinte

2 – Salvo estipulação em contrário, não há lugar a renovação automática nos contratos previstos no nº 3 do artigo anterior.

3 – Qualquer das partes pode opor-se à renovação, nos termos dos artigos seguintes.

(Reprodução, em parte, do art. 1054, que vem já da primitiva redação do CC, com ligeira atualização, correspondendo ao art. 100 RAU, reproduzindo, em parte, o mesmo artigo da Reforma de 2006, com alteração de redação e, ainda, com alteração dos n.os 1 e 2 pela Lei nº 13/2019, a subir o prazo do nº 1 para fixar o limite mínimo de três anos e remeter a nova disposição do nº 2 para o arrendamento constante do artigo anterior)

1. Apontamento introdutório

A epígrafe vem do *vinculismo*.

"*Salvo estipulação em contrário*", a iniciar o nº 1 e, depois, o nº 2, é tecnicamente reprovável, pois manda a boa regra que não se inicie um comando normativo pela sua exceção.

Fica, porém, claro que será perfeitamente legítimo que se estipulem *prorrogações*, no contrato, por períodos diferentes da *duração* deste e até diferentes de *prorrogação* para *prorrogação*.

Domina aqui a autonomia contratual.

Com a Reforma de 2012, corrigiram-se alguns defeitos de redação, de 2006, mas manteve-se o de iniciar os n.os 1 e 2 pela ressalva, além de se passar a usar, no nº 2, o condenável estrangeirismo "não há lugar", que a Lei nº 13/2019 manteve, como se vê.

O nº 1 particulariza, para o *arrendamento* o disposto no nº 2 do art. 1054, em geral, para a *locação*.

No nº 3, que é desnecessário, fez-se ainda uma condenável remissão para a frente.

2. A "renovação"

A epígrafe do preceito e, depois, os seus diferentes três números, referem-se à *renovação* do contrato, a qual, segundo o nº 1, se faz, "salvo estipulação em contrário", "*por períodos sucessivos de igual duração ou de três anos se esta for inferior*" – mas, no art. 655-2 CC, relativamente à *fiança do locatário*, depois de se aludir aos "períodos de *renovação*", acaba-se por mencionar a "primeira *prorrogação*".

Também, no nº 3 do art. 1097, no mesmo sentido, se declara que "*a oposição à primeira renovação do contrato, por parte do senhorio, apenas produz efeitos decorridos três anos da celebração do mesmo*".

Há, portanto, uma regra e uma exceção.

A regra é que, na falta de estipulação própria, as *renovações* operam "*por períodos sucessivos de igual duração*" da *duração contratual* – e a exceção é que a *oposição à renovação* só pode ser eficaz decorridos que sejam *três anos* sobre o início do arrendamento,

I – Mas trata-se de uma verdadeira *renovação*, ou antes de *prorrogação* do contrato[576]?

No Direito comparado, a Espanha adota o termo *prorrogação* (*prórroga*) na epígrafe do art. 10 da Lei nº 29/1994, de 24 de novembro, e na versão inicial do texto[577]: "*Si llegada la fecha de vencimiento del contrato, o de qualquiera de sus* prórrogas...".

A opção é, aqui, intencional e está em contradição com o que constava do projeto e se consignava na legislação anterior e no Código Civil, em que se usava antes a expressão *recondução tácita* (*tácita reconducción*).

E é ainda repetida no art. 36-2. Ela conforma-se, de resto, com a jurisprudência constante do Tribunal Supremo, que distingue uma e outra figuras entendendo que a *prorrogação* pressupõe uma continuidade temporal do *mesmo* contrato, enquanto a *renovação tácita* envolve uma *novação* seguida de um novo contrato[578].

[576] A disposição foi visivelmente influenciada pelo art. 1598 do Código Civil italiano que, depois de, no seu art. 1597, especificamente ter mencionado a *renovação tácita do contrato* (*rinnovazione tacita del contratto*) e que a locação se tem por *renovada* (*rinovatta*) se, caducado o termo dela, o arrendatário permanece e é deixado na detenção da coisa locada, declara que, traduzindo, "as garantias prestadas por terceiros estendem-se às obrigações derivadas da prorrogação (*proroghe*) da duração do contrato".

[577] A Ley nº 4/2013, de 4 de junho alterou sensivelmente o seu texto numa direção menos liberal, mas manteve a epígrafe e a denominação, embora, em certo passo, envolva confusamente os dois termos ("*su vontade de renovarlo, el contrato se prorrogará*"), mas reforça a destrinça, no segundo item: "*Al contrato prorrogado, le seguirá siendo de aplicación el régimen legal y convencional al que estuviera sometido*". .

[578] Que a doutrina mais recente por vezes especificamente secunda; p.ex., José Alfredo Caballero Gea, *Ley de Arrendamientos Urbanos, Reclamaciones, Desahucios*, Dykinson, 2013, p. 117.

Na doutrina da nacionalidade, sustenta-se que o legislador conhecia perfeitamente a destrinça entre os dois conceitos[579]: a *prorrogação* assenta numa *vontade presumida*, é uma *prorrogação voluntária*, ao passo que, nas legislações, francesa ou italiana, a *renovação tácita* tem a sua origem na simples ausência de notificação da vontade de não renovar[580].

Na Itália, com efeito, a distinção entre elas é também claramente estabelecida desde longa data, remontando já a ABELLO[581], e é, ainda hoje, referida pelos Autores[582].

MIRABELLI, por exemplo, sustenta que a *prorrogação* (*"prorroga"*), no sentido estritamente lexical, significa coisa distinta da *renovação* (*rinovazione*), pois, enquanto esta significa o nascimento de uma nova relação de conteúdo igual à precedente, aquela é, pelo contrário, a continuação da mesma relação e neste sentido, a legislação vinculística impõe, não a formação de uma nova relação, "mas o prolongamento desta com os novos termos de vez em vez previstos pela lei"[583].

Prontamente acrescenta, porém, que, na prática e na legislação, nem sempre a *prorrogação* indica um fenómeno homogéneo, subsistindo, para além da *caducidade*, situações que melhor correspondem à *renovação*[584].

Entre nós, a continuidade da relação arrendatícia após o termo contratado, por *tácito consenso*, era já admitida desde antiga data, como num costume publicado nos paços do concelho de Lisboa, em 1373, revelado por GAMA BARROS[585].

Dizia-se *renovado* o contrato, e chamava-se a esta continuidade contratual *recondução tácita*[586].

579 Embora não falte quem afirme que, nos trabalhos preparatórios, deputados e senadores incorreram numa "desgraçada plasmação legislativa da comprovada confusão entre prorrogação e tácita renovação" – JUAN JOSE MARIN LOPEZ, *Comentarios a la Ley de Arrendamientos Urbanos*, (coord. de RODRIGO BERCOVITZ RODRIGUEZ-CANO), 2ª ed., Aranzadi Editorial, Pamplona, 1997, p. 224.

580 LUIS ROJO AJURIA, *Comentario a la Ley de Arrendamientos*(dir.de FERNANDO PANTALEÓN PRIETO), 2ª ed., Editorial Civitas SA, Madrid, 1995, p. 158.

581 LUIGI ABELLO, *Trattato della locazione*, I, 2ª ed., Napoli-Torino, 1915, pp. 643 ss.

582 Entre outros, ANTONIIO GUARINO, *Locazione* (Tratado de GIUSEPPE GROSSO/FRANCESCO SANTORO PASSARELLI), Casa Editrice de Francesco Vallardi, Milano, 1965, p. 39.

583 GIUSEPPE MIRABELLI, *La locazione* (Tratado de VASSALLI), UTET, 1972, p. 560. No mesmo sentido: ANDREA TABET, *La locazione-conduzione* (Tratado de CICU/MESSINEO), Dott. A. Giuffrè, Milano, 1972, pp. 739-741, acentuando que o instituto da *prorrogação* tem sido aplicado pela legislação vinculística, tanto no período bélico de 1914-18 como posteriormente a 1940 (p. 739).

584 GIUSEPPE MIRABELLI, *La locazione* (Tratado de VASSALLI), UTET, 1972, p. 561. A mesma imprecisão legislativa é também apontada por GIULIO CATELANI, *Manuale della locazione*, Dott. Giuffrè Editore, Milano, 1990, p.343.

585 HENRIQUE DA GAMA BARROS, *História da Administração Pública em Portugal nos séculos XII a V*, 2ª ed., (dirigida por TORQUATO DE SOUSA SOARES), 3º, p. 314

586 MANUEL ANTÓNIO COELHO DA ROCHA, *Instituições de direito civil portuguez*, 2º, 7ª ed., aperfeiçoada, 1907, § 839.

No Código do Visconde de SEABRA, previa-se a hipótese. Proclamava-se, no seu art. 1618: "*Se, depois de findar o arrendamento, o arrendatário continuar sem oposição na fruição do prédio, presumir-se-á* renovado *o contrato...*". E especificamente para o *arrendamento de prédios urbanos*, no art. 1624: "*Presume-se* renovado *o contrato, se o arrendatário não se tiver despedido, ou o senhorio não o despedir ao tempo e pela forma costumados na terra*".

E era igualmente como *renovação* que o instituto se designava ainda no Decreto nº 5:411 (arts. 29 e 30) e veio ainda a denominar-se na versão primitiva do art. 1054 CC_{1966}, que é a atual, apenas com a substituição, como se revelou acima, da referência à *denúncia*, que então nele figurava, pela expressão que hoje dele consta, *oposição à renovação*.

Era, de resto, o que por vezes vinha ocorrendo na legislação avulsa, como no Regulamento da Sisa, de 23 de dezembro de 1899 – e também se usava entre os Autores, quando consideravam, nestes casos, *renovado* o contrato e havia assim, segundo uns, uma *recondução tácita*[587] enquanto outros a designavam indiferentemente assim ou de *renovação tácita*[588].

Mas, entretanto, com as sucessivas Reformas do *arrendamento urbano*, a terminologia veio a afinar-se, fixando-se na denominação de *renovação* do preceito presente, a qual surge ainda esparsa pelos arts. 1055 e 1056, 1096, 1097 e 1098 CC – e a forma de a impedir, que se designava de *denúncia*, na formulação primitiva do CC e ainda no RAU (art. 68), passou a denominar-se de *oposição à renovação* logo com a frustrada Reforma de 2004 (arts. 1101 a 1103), depois perfilhada pela de 2006 e conservada em 2012, 2017 e 2019.

Temos, desde a primeira hora, combatido esta nomenclatura, que não está de acordo com o sentido literal da palavra, sendo este mais perfeitamente revelado pelo termo *prorrogação*, enquanto a *renovação* pressupõe a *novação* do contrato anterior e a sua substituição por um novo contrato de conteúdo igual ao anterior.

Não vamos desenvolver agora a fundamentação deste nosso entendimento, que já foi largamente sustentado em trabalhos anteriores[589], mas lembraremos apenas o seguinte.

a) – O legislador, ao proibir ao intérprete que considere um "pensamento legislativo que não tenha na letra da lei um mínimo de correspondência verbal" (art. 9º-2 CC), *ipso facto* está, ele próprio, obrigado a revelar o seu pensamento *com perfeição*. Não poderá portanto esperar que se aceite, e muito menos que se louve, quando afirma uma *prorrogação* por meio da palavra *renovação*;

b) – Se queria, neste caso, afirmar uma efetiva *renovação*, deveria exigir que lhe sucedesse um *novo contrato*, e não, como na verdade sucede, contentar-se com a subsistência de um contrato que afinal vai perdurando por períodos de de igual ou de diferente duração;

c) – Se efetivamente ocorresse uma *renovação*, seria exigível novo *imposto do selo* a cada *novo contrato com o conteúdo do anterior*, o que não acontece nem é desejável;

[587] JOSE DIAS FERREIRA, *Codigo Civil Portuguez Annotado*, IV, Imprensa Nacional, Lisboa, 1875, p. 81.

[588] LUIZ DA CUNHA GONÇALVES, *Tratado de Direito Civil em Comentário ao Código Civil Português*, VIII, Coimbra Editora, 1934, pp. 704, 708, 709, 710

[589] Cf., por último, o nosso *Manual do Arrendamento Urbano*, II, 5ª ed., Almedina, 2011, pp. 925 ss.

d) – A prova provada de que a *renovação* é realmente uma *prorrogação* é que as *atualizações anuais de rendas* se começaram a fazer, em função da data inicial do contrato: logo, é ele que persiste; não há *novo contrato*, como teria de ser, a cada "renovação";

e) – A ideia de qualificar o *arrendamento renovado* como um *arrendamento de facto*, que fez carreira na primeira metade do século passado[590], está hoje definitivamente desacreditada pelo absurdo que representa considerar como *de facto* um arrendamento que é especificamente considerado como tal, em letra de lei;

f) – A referência a *renovação* parece ainda particularmente desadequada sempre que as partes, como este art. 1054 expressamente prevê, convencionem a continuidade do contrato, findo o seu termo de duração, por períodos diferentes do previsto na lei, e mesmo que lhe chamem "renovação", como frequentemente ocorre na prática, por influência da terminologia legal.

Daqui decorrerá, naturalmente, em nosso modesto parecer, que a *oposição* suscitada contra a continuidade do contrato por idêntico ou diferente período também deveria, como se verá a seu tempo, levar a denominação apropriada e identificar-se com o instituto que verdadeiramente integra.

II – A *prorrogação tácita* é uma determinação injuntiva da lei?

Ou meramente supletiva?

Obviamente é *supletiva*: a expressão "*salvo estipulação em contrário*", colocada, condenavelmente, a abrir o comando, aí está.

Quer isto dizer que se pode celebrar um contrato de arrendamento que exclua a *prorrogação.*

É certamente lícita a cláusula seguinte: "*este contrato tem o período de duração de x anos, caducando no seu termo sem qualquer renovação*".

A duração que, no nº 1, se determina agora, supletivamente, em *igual período de prazo certo* do contrato, tem variado ao longo das sucessivas versões do Código; em 2006, era de *três anos*; passou para *dois*, em 2012 e foi reposta nos *três anos* com a Reforma de 2019.

A sua aplicação intertemporal a contratos posteriores a 1990 (RAU) e 1995 (Decreto-Lei nº 257/95) foi analisada *supra*, 12-I, *sub* art. 1022.

As partes podem sempre, no contrato com *prazo certo,* convencionar que o contrato *caduque* no seu termo, em vez de se *prorrogar.*

Se, porém, se estabelecer uma duração de contrato, sem mais, seguir-se-lhe-á, obviamente, uma *renovação* de *três anos.*

É o que resulta inevitavelmente da declaração que inicia o nº 1: "*salvo estipulação em contrário, o contrato celebrado com prazo certo renova-se automaticamente no seu termo*".

[590] Sobre o ponto, v. INOCÊNCIO GALVÃO TELLES, *Arrendamento* (lições publicadas pelos alunos BENTO GARCIA DOMINGUES e MANUEL RIBEIRO), Pro Domo, 1944-1945), pp. 268-270.

Tem, pois, de haver uma declaração de caducidade do contrato no termo da sua duração, para se afastar o funcionamento implícito da renovação.

O nº 2 corroborará ainda esta conclusão, ao excecionar das *renovações tácitas* os contratos impropriamente ditos de *habitação não permanente* ou para *fins especiais transitórios.*

3. A inovação levada ao nº 1 pela Lei nº 13/2019

Com a Reforma de 2012, tinha-se estabelecido, neste art. 1096-1, que, salvo estipulação contratual em contrário, o contrato de *prazo certo* renovava-se *"no seu termo e por períodos sucessivos de igual duração"*.

A Reforma de 2017 não aflorou este ponto mas, agora, com a Lei nº 13/2019, veio estabelecer-se, pegando na redação de 2012, que, *"salvo estipulação em contrário, o contrato celebrado com prazo certo renova-se automaticamente no seu termo e por períodos sucessivos de igual duração ou de três anos se esta for inferior"*.

Limitou-se, pois, a acrescentar à frase *"períodos sucessivos de igual duração"* a expressão *"ou de três anos se esta for inferior"*.

Num primeiro momento, poderia ser-se levado a pensar, já que o preceito se inicia pela ressalva de *estipulação em contrário* e se reporta à *celebração do contrato*, que continuaria ainda a ser possível estipularem as partes *períodos de renovação inicial* inferiores a *três anos*: este período vigoraria, só, *"salvo estipulação contratual em contrário"*.

Tal entendimento seria ainda confirmado pela circunstância de o legislador de 2019 se identificar fundamentalmente, na alternância democrática, com o de 2006, a cuja Reforma agora reverte, aliás, frequentemente, a qual estabelecia, precisamente, que o *arrendamento habitacional* se renovava, no seu termo, por períodos mínimos de *três anos*, *"se outros não estiverem contratualmente previstos"* (art. 1096-1, de então).

Parece no entanto que, neste passo, o legislador não obedeceu à sua tendência natural pois, adiante, no art. 1097-3, veio expressamente determinar que *"a oposição à primeira renovação"*, por parte do senhorio, *"apenas produz efeitos decorridos três anos da celebração do mesmo"*

A *primeira renovação* afere-se pois, certamente, em função da *duração* iniciada com a celebração. Pode, porventura, convencionar-se teimosamente o contrato com a *duração* de *um ano*, como vimos, perante o art. 1095-2, que é legítimo; simplesmente, como não permite a lei que, nesse caso, o *senhorio* se oponha a que ele se renove, chegado o seu termo, a sua *duração*, por imperativo legal, terá de ser, forçosamente, prolongada pelo período que se estende até ser legítima a *oposição á renovação.*

Imporá assim a lei, neste passo, um autêntico *vinculismo arrendatício temporário* que cessa, logo que cumpridos os *três anos* iniciais de *duração efetiva*.

Se, especificamente, a *oposição à primeira renovação* não pode, porém, realizar-se antes de decorridos os imperativos *três anos*, será de inferir, *a contrario*, que as *posteriores*, poderão perfeitamente efetuar-se sem que tenha de observar-se idêntico prazo.

Aliás, esta conclusão parece de algum modo confirmada quando o nº 3 do presente artigo estabelece que *"qualquer das partes pode opor-se à renovação nos termos dos artigos seguin-*

tes" – e estes expressamente preveem períodos de *pré-aviso* de *arrendamentos* de *durações* iguais ou superiores a *um ano* (als. *b)* dos arts. 1097-1 e 1098-1).

Objetar-se-á, porventura, que as als. *c)* e *d)* dos mesmos artigos também referem *durações* ou *renovações* inferiores a *um ano*, que não são, hoje, legalmente admissíveis, visto não haver contratos de *prazo certo* de *duração* inferior àquele período – mas cremos que, sem razão, pois da circunstância de estas hipóteses se terem tornado descabidas, por alteração da lei, e subsistir a sua previsão por mera inadvertência, não se segue que aquelas que continuam em harmonia com a norma atual se tenham por inválidas, quando, por si, afinal se coordenam com as durações atualmente admitidas.

Como formular, então, um contrato em que se pretenda convencionar *prorrogações* de menos de *três anos*, posteriores à primeira, obrigatória, e só ela, por esse período?

Para se responder rigorosamente a esta pergunta, terá, pensamos nós, de previamente se apuar se as *renovações*, já que o termo legal, por si, assim o sugerirá, terão de ser iguais à *duração do contrato*, ou se poderão, antes, ser determinadas com períodos diferentes dessa *duração*.

Ora, se remontarmos à formulação do preceito correspondente na frustrada Reforma de 2004 que foi a fonte inspiradora das posteriores, estabelecia-se então, no seu art. 1101-1: "*o contrato celebrado com prazo certo renova-se automaticamente no seu termo e por períodos mínimos sucessivos de três anos, se outros não estiverem contratualmente previstos*".

Meridianamente, não se impunha que as *renovações* apresentassem dimensão idêntica à *duração contratual*.

Depois, com a Reforma de 2006 e sob sua notória influência, observou-se esse mesmo princípio, determinando-se então, no seu art. 1096-1, que "*o contrato celebrado com prazo certo renova-se automaticamente no seu termo e por períodos mínimos sucessivos de três anos, se outros não estiverem contratualmente previstos*".

Exprimia-se, por outras palavras, a mesma ideia de que as *renovações automáticas* teriam a dimensão que as partes livremente estabelecessem, independentemente da *duração contratual* estipulada.

A fórmula do preceito, em 2012, insistiu também na mesma ideia, salientando que as sucessivas renovações seriam sempre de *igual dimensão*, entre si, mas independente da *duração contratual*: "*o contrato celebrado com prazo certo renova-se automaticamente no seu termo e por períodos sucessivos de igual duração*".

No tocante à dimensão, o que a lei impunha é que as *renovações*, fosse qual fosse a *duração contratual* do *prazo certo*, fossem sempre, entre si, de igual período.

Cremos, por fim, que, muito embora a redação do preceito, em 2019, se tivesse embrulhado um pouco, é a mesma ideia dimensional das *renovações* que persiste. Refere agora o preceito que "*o contrato celebrado com prazo certo renova-se automaticamente no seu termo e por períodos sucessivos de igual duração ou de três anos se esta for inferior*".

O embrulho está no acrescento à redação anterior, "*ou de três anos se esta for inferior*".

Será que, com ele, se pretendeu fixar sucessivas renovações de *nunca menos de três anos*?

Cremos que semelhante dúvida é efetivamente dissolvida pelo disposto no art. 1097-2, na redação da mesma Reforma, segundo o qual *"a oposição à primeira renovação do contrato, por parte do senhorio, apenas produz efeitos decorridos três anos da celebração do mesmo"*.

O que o legislador agora pretendeu fixar foi apenas que, se a duração contratual estipulada fosse de dimensão inferior a *três anos*, o *senhorio* só poderia inicialmente lançar, uma *oposição à renovação* quando preenchidos, no mínimo, *três anos* sobre a sua celebração.

Parece, pois, de pensar de tudo isto que é perfeitamente legítimo estipularem-se *"renovações"* de períodos *iguais entre si*, ainda que *diferentes da duração contratual.*

Cremos portanto e em conclusão poder validamente estabelecer, ao celebrar-se o contrato, que este terá, necessariamente, uma *duração de três anos*, prorrogando-se, no seu termo, por *sucessivas renovações*, de *dois* ou de *um ano*, *quatro* ou *cinco*, como enfim se pretender (*veja-se. no Formulário final deste Comentário, o modelo que apresentamos de contrato legítimo, de arrendamento para habitação, com prazo certo de três anos e prorrogações inferiores a àquele período*).

4. Arrendamentos de prazo não superior a 30 dias

Na frustrada Reforma de 2004, previa-se um art. 1092, a estabelecer: *"não há renovação automática nos contratos para habitação não permanente ou para fins especiais transitórios"*.

Esta formulação atendia a uma crítica de forma que, durante os trabalhos preparatórios, tínhamos feito à redação primitiva.

Penitenciamo-nos, hoje, de não termos ido mais longe e objetado à própria existência do preceito que inspirou e conduziu ao que se dispõe agora no nº 2 deste artigo, quando se refere que, *"salvo estipulação em contrário, não há lugar a renovação automática nos contratos celebrados por prazo não superior a 30 dias"*.

Na disposição atual, ressalvou-se a *estipulação em contrário*, no que se fez bem, mas – e mal, quanto a nós – principiou-se pela ressalva e voltou-se ao estrangeirismo do "não há lugar" que a formulação final de 2004 tinha corrigido.

Além disso, insere-se num quadro de *arrendamento habitacional*, quando uma estada com a curta duração aqui prevista não se destina, em nosso parecer, a *habitação*, mas a um período de *férias* ou a um *fim especial transitório* e que, por isso, melhor se situaria entre os *arrendamentos não habitacionais*.

O que persiste, depois disto tudo, é que, enquanto nos *arrendamentos* de maior duração, a que se refere o nº 1, na falta de convenção em contrário, o contrato *"renova-se"*, no seu termo, nos de duração até 30 dias, como se declara no nº 2, não há *"renovação"* – mas, se houver estipulação em contrário, como se refere no preceito, e mesmo não a havendo, acrescentamos nós, se no termo do contrato, o *arrendatário* se deixa ficar, com a concordância do *senhorio*, afinal haverá *"renovação"*.

Artigo 1097 – Oposição à renovação deduzida pelo senhorio

1 – O senhorio pode impedir a renovação automática do contrato mediante comunicação ao arrendatário com a antecedência mínima seguinte:

***a*) – 240 dias, se o prazo de duração inicial do contrato ou da sua renovação for igual ou superior a seis anos;**

***b*) – 120 dias, se o prazo de duração inicial do contrato ou da sua renovação for igual ou superior a um ano e inferior a seis anos;**

***c*) – 60 dias, se o prazo de duração inicial do contrato ou da sua renovação for igual ou superior a seis meses e inferior a um ano;**

***d*) – Um terço do prazo de duração inicial do contrato ou da sua renovação, tratando-se de prazo inferior a seis meses.**

2 – A antecedência a que se refere o número anterior reporta-se ao termo do prazo de duração inicial do contrato ou da sua renovação.

3 – A oposição à primeira renovação do contrato, por parte do senhorio, apenas produz efeitos decorridos três anos da celebração do mesmo, mantendo-se o contrato em vigor até essa data, sem prejuízo do disposto no número seguinte.

4 – Excetua-se do número anterior a necessidade de habitação pelo próprio ou pelos seus descendentes em 1º grau, aplicando-se, com as devidas adaptações, o disposto no artigo 1102 e nos n.os 1, 5 e 9 do artigo 1103

(Redação da Lei nº 43/2012, que aproveitou apenas o proémio do artigo de 2006, que fixava o prazo único de um ano para todos os casos e, de novo, especifica os prazos dispersos pelas diferentes alíneas agora acrescentadas, e da Lei nº 13/2019 que aditou ao preceito os n.os 3 e 4.)

1. Ideia geral; o nº 1 do preceito

Estamos aqui, desde o art. 1093, como é bom lembrar, em presença de uma norma particular relativa ao *arrendamento habitacional.*

Não há, porém, como prontamente se vê, uniformidade de nomenclatura nem propriedade desta quando, por um lado, se consagra que o *senhorio* pode *impedir* a *renovação,* em vez de se declarar que pode *opor-se à renovação* (como se começou por grafar no art. 1055).

A referência a *impedir,* em vez de *opor,* vem do RAU (art. 68), em que ainda não se referia a *oposição á renovação,* mas a *denúncia,* como constava da primitiva redação do CC.

Por outro lado, também não será, supomos, tecnicamente rigoroso declarar que a parte poderá *impedir a renovação automática,* dado que *automático é aquilo que funciona por si, independentemente da vontade individual.*

A expressão tem feito carreira, mas supomos que seria mais adequado referir que o *senhorio* se *opõe à prorrogação tácita, à prorrogação implícita* ou ainda se assim se quiser, *à prorrogação supletiva.*

A expressão adotada na lei vem do *vinculismo*, quando a *prorrogação* se verificava indefetivelmente, *fosse qual fosse a estipulação contratual e a vontade do senhorio*. Ainda aí, porém, ela não era *automática* porque, se ocorria fosse qual fosse a vontade do *senhorio*, poderia ser afastada por vontade do *arrendatário*.

Além disso, o preceito duplica ou especializa, relativamente ao *senhorio* (e, como veremos depois, com o artigo seguinte, relativamente ao *arrendatário*), o disposto no art. 1055, com a particularidade curiosa de se alterarem os prazos constantes das als. *c)* e *d)*.

Por quê estes, em vez daqueles, e por quê aqueles, em vez destes?

Os de *oposição à renovação pelo senhorio*, aqui estabelecidos, reduzem significativamente o da Lei nº 6/2006, que era único e de *um ano*.

O exagero desse período era manifesto: será porventura proporcionado dar um ano ao arrendatário para encontrar outra casa para habitar?

Com a presente disposição, opta-se por sucessivos prazos, escalonados em função das diferentes *durações* ou *prorrogações contratuais*, de *seis ou mais anos;* de *um ou mais anos e menos de seis*; de *seis meses ou superior, mas inferior a um ano*; por fim de *prazo inferior a seis meses*.

A ideia de escalonamento dos prazos de *oposição à renovação* não parece ter aceitável razão de ser.

Por quê, haver um período mais longo para um contrato de maior duração?

O RAU fixava um prazo único, fosse qual fosse a período de *duração* ou de *prorrogação*, e a mesma foi a opção da Lei nº 6/2006.

Prazo único se encontra também, geralmente, no Direito comparado.

Em Espanha, adota-se o prazo mínimo de *30 dias* (art. 10-1 da Ley 29/1994), que parece curto; em França, nas sucessivas leis de arrendamento, tem-se fixado, invariavelmente, o de *seis meses*, que o art. 5 da Lei ALUR (*Loi* 2014-366, de 24 de março) continuou a respeitar; e os mesmos *seis meses* se estabelecem também tradicionalmente na Itália, mas tanto para a *oposição* do *senhorio* como para a do *arrendatário* (art. 2º da *Legge* 1998 n. 431)[591].

Realmente, não se vê razão para se dar ao *arrendatário* prazos muito mais curtos do que para o *senhorio*: se o *arrendatário* precisa de um tempo razoável para procurar outra casa, também o *senhorio* necessita de, sensivelmente, igual tempo para preparar o seu aprontamento e ajustar *novo arrendamento*.

Não se compreende igualmente, por outro lado e como referimos, que se estabeleça o escalonamento de períodos, em função da duração contratual: não é perante um *arrendamento* mais longo que se demorará mais a encontrar nova casa.

E por que será que um *arrendamento* convencionado com a duração de *um ano*, que vem sendo sucessivamente renovado há, por hipótese, *oito anos*, tem a *oposição à renovação* de 120 dias (al. *b)* do nº 1 do artigo), e um contrato de *seis anos*, que não se quer renovar, exija uma oposição de 240 dias (al. *a)* do nº 1 o preceito)?

[591] Cf. GIUSEPPE DE LUCIA, *Le locazioni* (a cura di MAURIZIO DE GIORGI/DOMENICO MAFFEI/CORRADO MARVASI), Wolters Kluwer/CEDAM, 2015, pp. 698-699.

A nossa crítica não se fica, no entanto, por aqui.

Com a Reforma de 2019, estabeleceu-se, no art. 1095-2, que o prazo mínimo de um contrato de *termo certo* é de *um ano* – mas, depois, neste preceito, deixou intocadas as estatuições que vinham sendo feitas nas als. *c)* e *d)* para contratos de durações inferiores a esse período.

Se deixou de haver contratos com essas dimensões, não têm, agora tais alíneas campo de aplicação: *deviam ter sido eliminadas.* A menos que se reportem residualmente aos arrendamentos ditos de "habitação não permanente" ou para fins especiais transitórios, que não se sujeitam aos limites de duração do arrendamento habitacional e que, não estando, em princípio, sujeitos a renovação espontânea, a venham a ter por estipulação das partes (art. 1096-2)

Independentemente, porém, do que fica ponderado, um problema importante se suscita: o de saber se os prazos das alíneas são *imperativos*, ou se, pelo contrário, poderão ser afastados por outros mediante livre estipulação das partes.

A doutrina, em geral, entende que este preceito estará sujeito à *imperatividade* imposta no art. 1080, apesar de aí se não referir a *oposição à renovação.*

Chega a sustentar-se que seria inconcebível estabelecer-se um prazo de breves dias para a *oposição* do *senhorio.*

O remédio para isso, em nossa opinião, estaria nos limites de ordem geral, que a nossa lei opõe à liberdade individual que o art. 405-1 oferece às partes, de incluírem nos contratos com, supomos, duvidoso português, "as cláusulas que lhes aprouver". Elas não podem, antes de mais, ser, como aí se declara, contrárias à lei, mas ainda, como se refere no art. 280-2, não podem igualmente ser ofensivas dos *bons costumes.*

De acordo, porém, com o disposto no art. 1080, "*as normas sobre a resolução, a caducidade e a denúncia do arrendamento urbano têm natureza imperativa, salvo disposição legal em contrário*".

Como se vê, declaram-se *imperativas* as normas de cessação do *arrendamento* constituídas apenas pela *resolução*, a *caducidade* e a *denúncia.*

Ficam assim de fora as respeitantes à *oposição à renovação*, a que respeita o presente artigo.

Isto é tanto mais curioso quanto é certo que, segundo o disposto no art. 1110-1, para os *arrendamentos não habitacionais*, as regras relativas à *duração*, *denúncia* e *oposição à renovação* dos contratos para *fins não habitacionais* "são livremente estabelecidas pelas partes".

Esta é, portanto, uma *disposição legal* liberta da imperatividade constante do art. 1080: constitui, nas suas palavras, uma "disposição legal em contrário".

Mas por que se terá omitido, para a cessação do *arrendamento habitacional*, a *oposição à renovação*, que expressamente foi prevista para os *arrendamentos não habitacionais*?

Sobre tal ponto, não dá a doutrina uma resposta uniforme.

Segundo uma opinião, este art. 1097 "tem natureza imperativa quando estabelece prazos de antecedência mínima para exercício do direito extintivo do senhorio", pois seria estranho que se estabelecesse um prazo de 8 dias para o senhorio se *opor à renovação*[592].

Segundo outra, sustenta-se que, no art. 1080, a *oposição à renovação* não terá sido referida porque, nesse caso, a forma da extinção é a *caducidade* que resulta da *oposição à renovação*, e não propriamente esta[593].

Na nossa perspetiva, o legislador de 2012, como o de 2017, 2018 e 2019, não conseguiram ainda afinar adequadamente o tema, à vista da descoordenação que se apontou entre o disposto nos arts. 1080 e 1110-1.

Não é aceitável que a *oposição à renovação* não constitua, em si, no art. 1080, uma forma de *cessação do arrendamento*, porque absorvida pela *caducidade*, e já o seja, expressamente, no art. 1110-1 – e, mais ainda, quando, em 2019, se a manteve na nova forma então dada ao art. 1110-1, deixando na mesma o art. 1080.

Além disso, em comentário ao art. 1079 (cf. *supra*, nº 2-II-**B**, *sub* art. 1079), tivemos ensejo de referir que a chamada, entre nós, *oposição à renovação* acaba, em nossa opinião, por ter o alcance direto e preciso de fazer cessar o contrato – e deveria, pois, figurar entre as restantes.

Se o legislador assenta numa construção dogmática em que a *oposição à renovação* não é uma *forma de cessação do contrato*, mas apenas um ato que, limitando-se a excluir a sua *renovação*, acaba por o sujeitar, mediata e reflexamente, à *caducidade*, impor-se-ia, pensamos nós, que o explicitasse na própria lei, até porque este tratamento do instituto seria novo, no nosso Direito positivo, e representado por outras figuras nas outras ordens jurídicas (*sobre o ponto v. ainda supra, 2-II-**B**, sub art. 1079*).

Quanto a nós, os prazos (os deste artigo e os do seguinte), deviam poder ser estipulados mais à feição do próprio contrato e da conveniência das partes.

Por que não haveria, estas, de poderem estabelecer, num *arrendamento habitacional* de *duração periódica* de, por exemplo, *seis anos*, uma *oposição à renovação* do *senhorio* com um aviso prévio, designadamente, de *120 dias*, em vez dos manifestamente exagerados *240* que a lei estabelece?

Quatro meses são, certamente, um período razoável para se procurar, encontrar e ajustar nova habitação.

E logo que o não fosse o período convencionado de *pré-aviso*, sempre restaria considera-lo inválido, por contrária aos *bons costumes*.

Não vemos, em suma, fundamento de Direito a constituir que se oponha a a tal solução.

592 Maria Olinda Garcia, 3ª ed. *Arrendamento Urbano Anotado*, Coimbra Editora, 2014, p. 31.

593 António Menezes Cordeiro, *Leis do Arrendamento Urbano Anotadas* (coord. de António Menezes Cordeiro), Almedina, 2014, p. 220.

Se bem que seja esta a nossa ideia, os termos, em que se encontra redigido o preceito, estabelecendo antecedências "mínimas" e o disposto no art. 1180, não admitirão tal entendimento – e é pena.

2. Oposição à renovação

Reporta-se a lei, no presente artigo, à *oposição à renovação* por parte do *senhorio*, para depois se dedicar àquela que é suscitada pelo *arrendatário*, no artigo seguinte.

Ao invés, quanto à *denúncia*, começa a regulá-la, quanto ao *arrendatário*, no art. 1100, para, só depois, no art. 1101, principiar a disciplinar a do *senhorio*.

Pensamos que o Código deveria, para ser coerente e ordenado, usar a mesma sequência nos dois casos.

Sobre a ideia geral de *oposição à renovação*, pode ver-se o que se comenta em nº 2-II-B, *sub* art. 1079.

O nº 3 do preceito sofreu uma nova redação com a Lei nº 13/2019, a estabelecer que a *oposição à primeira renovação* do contrato, por parte do *senhorio*, apenas produz efeitos decorridos *três anos* da celebração do mesmo – de modo que, pretendendo-se celebrar um contrato com períodos de *prorrogação contratual* mais curtos, terá de se estipulá-los só para depois da verificação da primeira, que, necessariamente, terá de esperar pela consumação daquele período (v. *supra*, nº 3, *sub* art. 1096).

Esta é a regra geral, mas há, atualmente, dois casos particulares, a considerar, que passamos a referir.

O primeiro é o que foi objeto de um diploma transitório – a Lei nº 30/2018, de 16 de julho – que entrou em vigor no dia seguinte, para ser aplicado apenas até 31 de março de 2019 (art. 6º).

Não tem relatório que explique a razão desta insólita e original *transitoriedade* de escassos nove meses e meio, limitando-se a referir, em cabeçalho, que se destinaria a proteger *arrendatários idosos* ou *com deficiência*, que *residam na mesma casa há mais de quinze anos*.

Impôs assim que, *dentro daquele período*, a *oposição à renovação* (bem como a *denúncia*) pelo *senhorio*, de *arrendamentos habitacionais* em que o *arrendatário* resida na casa *há mais de quinze anos*, à data de 17 de julho de 2018 e idade igual ou superior a *sessenta e cinco anos* ou comprovada *incapacidade igual ou superior a 60%*, só poderá fazer-se "nas situações previstas na alínea *a)* do artigo 1101 de Código Civil" (art. 3º-1).

Esta restrição, porém, não se verificaria se a *oposição* (ou a *denúncia*) tivesse sido acompanhada de *indemnização* (art. 5º, al. *a)*) ou se a extinção do contrato tivesse sido determinada por *decisão judicial* (art. 5º, al. *b)*).

Na nossa perspetiva, o diploma não primava, nem pelo que preceituava, nem pela sua perfeição técnica.

Se a situação do *arrendatário* era digna de tutela, não se justificaria, em nosso parecer, que só tivesse sido decretada transitoriamente, já que *idade* ou *incapacidade* são características que não se regeneram nunca e, muito menos, perderiam a sua importância durante os escassos meses da sua aplicação.

Constituindo elas circunstâncias dignas de tutela, sempre ficaria por se explicar que o encargo, que suscitam, incida sobre o *senhorio*, em vez de recair sobre o próprio Estado.

Além disso e, no tocante propriamente à *oposição*, legitimá-la quando ela ocorra "nas situações previstas na al. *a)* do art. 1101", é, em nossa opinião, confundir os requisitos específicos de uma *denúncia* com os próprios da *oposição à renovação*.

Poderia a lei, é certo, numa opção, digamos excecional, declarar a licitude de *oposição à renovação* a realizar pelo processo da *denúncia* do art. 1101, al. *a)* mas, em boa técnica, teria, quanto a nós, de a mandar então aplicar; não, de declarar que a *oposição à renovação* seria lícita em situações que não são próprias dela nem com ela se coadunam.

O carácter transitório desta providência poderá, de algum modo, explicar-se com outra providência legislativa que veio a surgir pouco depois, mas ainda dentro do seu período de eficácia e que retoma o tema, entre a disciplina arrendatícia mais vasta que edita.

Referimo-nos à Lei nº 13/2019, de 12 de fevereiro.

Este diploma, veio agora, na verdade, impor, não apenas transitoriamente mas em definitivo, um limite à faculdade de o *senhorio* se *opor à renovação*: esta será então só possível, em *arrendamentos habitacionais* de *duração limitada*, previstos no art. 26-1 NRAU, cujo *arrendatário*, à data da sua entrada em vigor (13-02-2019), resida, há mais de *vinte anos* (não, em apenas *quinze*), no espaço arrendado, e tenha, como fixava o diploma anterior, idade igual ou superior a *sessenta e cinco anos* ou grau comprovado de *deficiência igual ou superior a 60%* – note-se bem, se estiver sujeita a "*atualização ordinária da renda nos termos gerais*" (art. 14-3).

Antes de mais, note-se que o período de *vinte anos de arrendatário* só se conta, como se referiu, até à entrada em vigor do diploma em referência, não incluindo os vinte anos que só venham a completar-se depois disso.

Apenas estão compreendidos, pois, os *arrendatários* de arrendamentos anteriores a 13 de fevereiro de 1999.

Por seu turno, os contratos de *duração limitada* previstos no nº 1 do art. 26 NRAU são os posteriores ao RAU, mas anteriores à Lei nº 6/2006, de *duração limitada*.

Estes contratos, como os outros, estão, em geral, sujeitos a *atualização anual ordinária*, mas as partes podem, nos termos do preceituado no art. 1077-1, ter estipulado atualizações específicas, diferentes das *supletivas* previstas, no seu nº 2.

Com a expressão "*apenas pode opor-se...havendo lugar à atualização ordinária da renda nos termos gerais*", parece querer significar-se, difusamente, que tais contratos, quando se encontrem sujeitos a *atualizações convencionais*, nos termos daquele art. 1077-1, e em que os *arrendatários* estejam nas condições descritas, passam a ser *vinculísticos*.

A ser assim, tratar-se-á de uma imposição retroativa, como já tivemos ensejo de o referir (v. *supra*, nº 2, *sub* art. 1077) atentando contra o que a lei permitia antes, expressamente, afigura-se-nos abertamente *inconstitucional* e, mesmo, desequilibrada: por que é que o *arrendatário* sujeito a atualizações de renda que convencionou livremente fica isento de *oposição à renovação* para o resto dos seus dias, e aquele, nas mesmas condições, que se encontra sob *atualizações ordinárias*, já não o está?

Sem dúvida que a *não renovação* do contrato, nos casos de *arrendatários* nas condições constantes da lei, pode, por vezes, embora não sempre, suscitar necessidade de proteção.

Simplesmente, tal proteção, quando se entenda relevante, deve e tem de ser suportada pelo Estado, em vez de este, enjeitando as suas responsabilidades e (perdoe-se-nos a expressão futebolística), *chutando para canto*, a transformr num encargo da propriedade privada.

A própria providência, em si, parece, no entanto, estar fadada a ter um resultado contraproducente.

Em face dela é de esperar uma corrida dos senhorios à oposição à renovação dos inquilinos prestes a atingirem a idade-problema.

Em vez de os proteger, prejudicou-os, sem dúvida alguma.

3. Comunicação ao arrendatário

A *comunicação*, a declarar a *oposição à renovação*, é o modo por que esta se realiza e opera.

Quem a deve fazer?

Obviamente, quem tenha *legitimidade*, por parte do *senhorio*.

Naturalmente, quem, nessa qualidade, subscreveu o contrato, ou quem o represente ou ainda quem lhe tenha sucedido nessa qualidade.

O tema só levantará dificuldades quando, designadamente, haja *pluralidade de senhorios*.

Neste caso, dispõe o art. 11-1 NRAU que a *comunicação* deve ser feita *"por todos ou por quem a todos represente"* – oque é elementar, para que um deles não haja no desconhecimento ou contra o outro – mas o oposto vem sendo subscrito pela jurisprudência, quando se trate de *cônjuges* em face de *arrendamento* de *prazo certo* não superior a *seis anos*.

Vem sendo decidido que, tratando-se de um *ato de administração ordinária*, poderá qualquer deles, isoladamente, subscrever a *comunicação*.

> – I – No caso de arrendamento feito por ambos os cônjuges, se a qualquer deles, por se tratar de ato de administração ordinária, for lícito resolver o contrato, só o cônjuge autor dessa declaração deve subscrever a comunicação.
>
> – II – Doutro modo, dar-se-ia o absurdo de se exigir para a comunicação da declaração de resolução uma intervenção que se dispensa para a declaração dessa resolução e de se restringir, através das formalidades da comunicação, os poderes de administração que a lei substantiva reconhece a qualquer dos cônjuges.
>
> Relação do Porto, 02-02-2010 (Processo nº 2630/08.3TBVLG-A.P1)

– Apesar de o NRAU, em sede de arrendamento por parte de senhorios, exigir que a comunicação ao arrendatário seja subscrita por todos eles, sendo também os senhorios casados, não carece já tal comunicação de ser assinada por ambos os cônjuges.

Relação de Guimarães, 04-12-2012 (*Colectânea*, nº 242, p. 266)

– II – A oposição à renovação de um contrato de arrendamento por período inferior a seis anos, de um bem comum, pode ser atuada por um só dos cônjuges, uma vez que está em causa um ato de administração ordinária

– III – A comunicação da declaração de oposição à renovação do contrato pode ser subscrita por apenas um dos cônjuges dado que, doutro modo, dar-se-ia o absurdo de se exigir para a comunicação da declaração uma intervenção que se dispensa para a declaração, ela mesma, e de se restringir através das formalidades de comunicação, os poderes de administração que a lei substantiva reconhece – imperativamente – a qualquer dos cônjuges.

Relação de Lisboa, 25-09-2018 (*Colectânea*, nº 289, p. 98)

NOTA. Não obstante esta constância jurisprudencial, quanto a *arrendamentos* celebrados por prazo *até seis anos*, temos sérias dúvidas em aceitar que ela observe o melhor entendimento da lei, o qual, no acórdão da Relação de Lisboa, chega ao paroxismo de admitir que um dos *cônjuges* use isoladamente da *oposição à renovação*, mesmo *contra a vontade do outro*, "sem prejuízo do disposto no art.1681do CC" (*Colectânea* nº 289, p. 103, n. 18).

Cremos, na verdade, que, nestas decisões, se parte, por um lado, de um princípio, nao tão linear como se pretende, aceitando-o axiomaticamente, quando teria de ser debatido e demonstrado e, por outro, que se conclui por um argumento *ad absurdum* que assenta em base que temos por não verdadeiras.

O princípio não será firme – supomos – porque, se é verdade que a *locação*, como se declara, no art. 1024-1, é, para o *locador*, um *ato de administração ordinária*, e verdade é ainda que cada um dos *cônjuges* tem legitimidade para a prática de *atos de administração ordinária* relativamente aos *bens comuns do casal* (art. 1678-3), não o será menos que, contra esta regra geral, especialmente se dispõe, sem mais, que, salvo no regime de separação de bens, *carece do consentimento de ambos os cônjuges dar de arrendamento* – e, portanto, ainda que este seja apenas até *seis anos* (art. 1682-A, nº 1, al. *a*)).

Se dúvidas ainda houvesse sobre este sentido do preceito, elas seriam prontamente dissipadas pelo seguinte passo de Francisco Pereira Coelho/Guilherme de Oliveira, depois de incluírem o arrendamento a par da constituição de direitos reais de gozo ou de garantia que "significa uma limitação pesada do uso e da fruição, que pode ser equivalente, em termos práticos, à perda do valor do bem": "justifica-se a inclusão, neste regime, da proibição de dar de arrendamento, ainda que a locação seja considerada em princípio, um ato de administração ordinária" – acrescentando, por fim, que o mesmo se passa no Direito italiano[594].

Este preceito é, de resto, especial para o *arrendamento*, e deve naturalmente prevalecer sobre o princípio geral de *administração dos bens comuns do casal*

Foi certamente por isso, no caso dos autos, em qualquer dos julgados, que o *arrendamento* que estava em causa foi sempre dado, conjuntamente, por *ambos os cônjuges*.

Ora, se só os dois podem *dar de arrendamento*, parece que, do mesmo modo, só os dois poderão *resolver*, *revogar* ou *opor-se à renovação* desse mesmo arrendamento.

Temos, por nós, não obstante o passo citado ser muito ulterior a 90 e 95, ponderado que esta exigência de *litisconsórcio conjugal* surgida com a Reforma da Família, de 1977, justificava-se então plenamente porque o *arrendamento* era nessa época necessariamente *vinculístico* e deixava o *senhorio* obrigado senão para toda a vida do *arrendatário*, pelo menos à sua mercê.

Cessada essa imposição legal, já deveria passar a prevalecer a regra do art. 1024 e do art. 1678-3, a que se subordinaram os acórdãos em referência.

Simplesmente, o principal responsável técnico da Reforma da Família continua a defender hoje a manutenção do regime estabelecido em 77 e sobre essa Reforma sucederam-se as do arrendamento de 1990, 1995, 2006, 2012, 2014, 2017, 2018 e 2019, sem jamais se ter tocado no art. 1682-A-1, al. *a*).

Será que o intérprete poderá, por si, passar por cima de tudo isto e considerá-la revogada?

Tendemos, embora com ponderosas dúvidas, a admitir que sim (v. desenvolvimento sobre este ponto *supra*, nº 2-II, *sub* art. 1024).

Mas será que, mesmo assim, se resolveria, o problema nos termos firmados nos acórdãos *sub judice*?

Cremos que não.

Os diferentes *contratos de arrendamento* foram, todos, subscritos por ambos os *cônjuges senhorios*. Daqui decorre que, constituída a relação por ambos, só por ambos se lhe pode pôr termo.

Quando mais não seja, soçobra, nesta base, o ponto de partida.

Só isto, que fosse, já condenava o decidido, mas acresce que, relativamente ao que se conclui, por absurdo, ainda menos aceitável nos parece.

Realmente, o pretenso absurdo de poder então o *cônjuge*, isoladamente, *declarar* a *oposição à renovação*, no último caso, e a *resolução*, nos dois primeiros, e não poder fazer depois do mesmo modo a *comunicação* deles, não poderá sequer equacionar-se porque a verdade é que não há, na lei, dois atos distintos de cada um desses casos: nem a

594 Francisco Pereira Coelho/Guilherme de Oliveira, *Curso de Direito da Família*, I, 3ª ed., Coimbra Editora, 2003, p. 430.

resolução nem a *oposição à renovação* se fazem duplicadamente por *declaração*, seguida de *comunicação*, mas apenas, em singelo, *por comunicação*, como soberanamente resulta do preceituado nos arts. 1084-2 e 1097-1, respetivamente).

É unicamente por *comunicação*, pois, que se opera a *resolução*, a *denúncia* ou a *oposição à renovação*, a qual, havendo *pluralidade de senhorios*, como se declara, em boa e sã doutrina, no art. 11-1 NRAU, deverá, "sob pena de ineficácia", ser subscrita "por todos ou por quem a tidos represente" ou, não sendo conjuntamente formalizada, em *comunicações* separadas de cada um dos autores.

Como se faz *a comunicação* ao *arrendatário*?

Nos termos do preceituado nos arts. 9º a 13 NRAU.

Pode, pois, realizar-se mediante *escrito assinado pelo senhorio* e remetido por *carta registada com aviso de receção* (nº 1), mas também ainda por notificação avulsa ou por contacto pessoal de advogado, solicitador ou agente de execução (art. 9º-7).

O meio mais expedito e usado é, sem dúvida, a *carta* – que deve ser remetida para "o local arrendado", salvo se o contrato contiver um *domicílio convencionado*, o qual, nos termos do art. 3º-3 do Decreto-Lei nº 160/2006, na redação do Decreto-Lei nº 266-C/2012, de 31 de dezembro, deverá servir para aí se receberem "as comunicações e notificações relativas ao contrato de arrendamento", se outro endereço não tiver entretanto sido indicado (art. 9º-2 NRAU).

Se o *arrendatário* for *casado*, o *direito de arrendamento* comunica-se, geralmente, ao seu *cônjuge*, nos termos do art. 1068 CC e, nessa base, deve-lhe também ser feita a *comunicação*.

Não parece recomendável uma *comunicação* endereçada coletivamente ao *arrendatário* e seu *cônjuge*; devendo antes fazer-se duas *comunicações*, uma para cada um.

4. O nº 2

Note-se ainda que este nº 2 também constitui uma repetição, agora, *ipsis verbis* do nº 2 do art. 1055.

Semelhante duplicação não se verificava, nem na primitiva redação do CC nem no RAU nem na frustrada Reforma de 2004, tendo surgido, sem se saber porquê, com a Reforma de 2006 – que a de 2012 e as restantes, neste passo, vêm copiando acriticamente.

5. Os prazos

Na Reforma de 2006, o *senhorio* tinha um prazo único de *um ano* de *pré-aviso* a observar.

Agora, como se vê, previu-se uma cascata de antecedências sobre o termo do prazo em curso, consoante os tempos de duração aprazados para o respetivo contrato ou, se ele estiver já em *prorrogação*, para os desta (nº 2).

Está muito claro que os prazos contam-se por *dias*, reportando-se o seu último *dia* àquele em que findará o contrato, como se declara no nº 2.

Assim, terminando o *contrato* ou a *prorrogação* em 30 de novembro, para um prazo de 120 dias, como o da al. *b)* do nº 1, deverá fazer-se chegar a *comunicação* ao *arrendatário* ou *arrendatários* em 2 de agosto anterior.

O que não se compreende é que se estabeleçam aqui e no artigo seguinte prazos de *oposição à renovação* que se não coadunam com os já previstos para a de qualquer dos contraentes no art. 1055.

Na versão inicial do Código, não havia esta disparidade, que acaba por inutilizar tal preceito, visto que o presente art. 1097 e o seguinte são especiais e prevalecem sobre ele.

É ainda visível que o prazo da al. *a)* é excessivo.

Uma oposição com a antecedência de *oito meses* é, já o referimos, um perfeito exagero.

Não é fantasia; é a realidade pura e dura.

Ilustra-o este caso prático, vindo ao nosso conhecimento por estes dias.

Um português, residente na Cidade do Cabo, onde tem negócios, é proprietário de uma fração autónoma de prédio em propriedade horizontal, em Lisboa, que deu de arrendamento, para *habitação,* pelo *prazo certo* de *seis anos,* que se cumpririam em 30 de setembro de 2019.

Pretendendo, entretanto, vir residir para cá, e passar a habitar essa fração, comunicou, cumprindo o prazo de *pré-aviso,* de 240 dias, a sua *oposição à renovação do contrato,* em 20 de janeiro de 2019, para o seguinte 30 de setembro.

Um escasso mês depois, recebe comunicação do *inquilino* de que já tinha aprazado outra casa e que, portanto, sairia da fração em 31 de maio.

Opunha-lhe deste modo a *denúncia-réplica,* de que podia servir-se, à luz do preceituado no nº 4 do artigo seguinte.

Será este, porventura, um caso isolado?

Quer dizer: a própria existência de uma disposição legal a estabelecer a suscetibilidade de *denúncia do arrendatário* à *oposição à renovação do senhorio* parece, quanto a nós, constituir a prova provada da excessiva dimensão assinalada à *oposição à renovação,* em especial, a constante da al. *a)* do nº 1 do presente artigo.

6. Eficácia da oposição à renovação

Comunicada a *oposição à renovação,* em termos e no prazo da lei, produz-se o seu efeito: o contrato não se renovará, no seu termo, e assim, cumprido o período de duração a que estava sujeito, cessará ele, por *caducidade.*

Não pode portanto admitir-se que subsista a eficácia do contrato depois disso – embora já tenha sido julgado o contrário.

Referimo-nos ao ac. da Relação de Lisboa, de 22-01-2019, com o número de processo 1316/18.5YLPRT.L1-7, que será disso verdadeiro exemplo, em nossa opinião.

Segundo o sumário publicado na *Colectânea,* nº 292, p. 339, sintético, mas elucidativo, decidiu o seguinte:

I – Mesmo quando se verifique um desfasamento entre o termo previsto do contrato de arrendamento e a data posterior da prática do ato administrativo que confere ao estabelecimento instalado no arrendado a distinção de "loja com história", deve a arrendatária beneficiar do regime consignado no art. 13, nº 3, da Lei nº 42/2017, de 14 de junho, impondo-se ao senhorio o impedimento da oposição à renovação do contrato de arrendamento de arrendamento e o prazo adicional de cinco anos de vigência contratual.

II – O prolongamento do contrato imposto pelo referido preceito legal não ofende a proibição da retroatividade consagrada no art. 13, n.os 2 e 3 da Constituição da República Portuguesa.

No nosso pensamento, outra, bem diferente, deveria ter sido a decisão.

Certamente, a Lei nº 42/2017, de 14 de junho, retomando um tema de inegável interesse social e aprovando providências de preservação das "lojas com história", deverá considerar-se meritória e digna de louvor.

O seu aproveitamento, porém, para decretar, como ocorre no seu art. 13, n.os 2 e 3, referido ao art. 51-4, al. *d)*, NRAU, a respeito de "estabelecimento ou entidade de interesse histórico e cultural ou social local", a restauração por mais cinco anos de vinculismo, a arrendatário recém-entrados em prazo certo, é que não poderá deixar de parecer descabido.

Que relação prática, de doutrina ou de justiça poderá explicar que a atribuição da distinção a uma "loja com história" seja acompanhada de um retorno ao vinculismo do seu arrendatário?

A nosso ver, nenhuma. A distinção pesa, isso sim, sobre o proprietário, que fica obrigado a preservar esse estatuto, não podendo, por arrendamento ou alienação, alterar-lhe o destino, independentemente do arrendatário que tiver.

Só porventura poderá explicar-se esta insólita tirada legislativa supondo-se que este legislador terá achado que ficaria a condizer, já que se passava a a tratar de uma "loja com história", que o seu arrendatário, recentemente entrado para o progresso do prazo certo, voltasse a ter ainda uma *patine* de vinculismo, ao menos, por um último e saudoso lustro.

Ora, sendo assim já de si tão despropositado este passo da lei, o acórdão sumariado acima ainda carregou mais nas tintas, ultrapassando o alcance da lei, em vez de a aplicar nos seus estritos termos.

O caso era o seguinte, como poderá ver quem mais detidamente o leia, na sua versão eletrónica do IGFEJ: meses antes do histórico Decreto-Lei nº 257/95, precisamente em 30 de março de 1995, e, portanto, ainda em regime vinculístico, foi dada em arrendamento, para o uso do seu comércio, a determinada sociedade e nas palavras do acórdão, a "centenária e emblemática 'Casa da S'".

O que seja a "Casa da S.", não é referido.

Mesmo, contudo, que doutrinalmente se tenha como aceitável o encobrimento dos nomes das partes em contenciosos que não se relacionem com o pudor ou a honra dos litigantes, o que, para nós, não será a solução preferível, uma coisa temos como indeclinável: a denominação de "loja com história" não poderá nunca ser publicamente ocultada, em aresto que lhe diga respeito, sob pena de logo se pôr em causa o acerto e a justiça da distinção atribuída.

Mas, adiante.

Desenrolando-se o arrendamento desde aquela data, aconteceu que, em 8 de abril de 2013, propôs o senhorio à arrendatária, em vista da entrada em vigor da Lei nº 31/2012, que o contrato a que estavam presos, desde 1995, passasse a transitar para o NRAU, constituindo desde logo um *arrendamento com prazo certo*, de *cinco anos*, e com a renda atualizada que então propôs.

A arrendatária respondeu a esta proposta, no dia 22 seguinte, declarando precisamente: "*lamentamos ter de recusar o aumento proposto, e informar V. Excia que aceitamos que o nosso contrato passe a ter o prazo certo de cinco anos*".

Perante esta resposta, o senhorio concordou em não atualizar a renda, fixando-se deste modo o contrato em *de termo certo* por *cinco anos* que se cumpririam em 30 de abril de 2018.

Surgindo entretanto a Lei nº 42/2017, a determinar, no nº 3 do seu art. 13, referido ao art. 51-4, al. *d)*, NRAU, que não poderiam os senhorios, quando os respetivos arrendamentos tenham transitado para o NRAU nos termos da lei então aplicável, *opor-se â renovação do contrato* "por um período adicional de cinco anos", quando se tratasse de estabelecimento de *interesse histórico e cultural ou social local*, logo a arrendatária, em 15 de maio de 2017, mais de um mês antes da publicação do diploma, apresentou a candidatura do espaço arrendado a essa distinção.

Em contrapartida, o senhorio, no dia 27 seguinte, comunicou à arrendatária a sua *oposição à renovação* do contrato, devendo ele cessar, assim, em 30 de abril de 2018.

Nesta corrida contra o tempo, surgiu finalmente a declaração do interesse histórico da loja em questão, num dia de julho de 2018, não revelado no processo.

Incontornavelmente, quando ocorreu esta declaração, já o contrato tinha cessado há três meses, em 30 de abril anterior.

O que dispunha a lei?

O art. 13-3, ao remeter para o art. 51-4, al. *d)*, mandava expressamente aplicar a sua imposição vinculística ao estabelecimento ou entidade de interesse histórico e cultural ou social local "reconhecido pelo município".

Será pois bem de ver, quanto a nós, que, perante o seu articulado, não bastará que exista um processo pendente a tal respeito nem, muito menos, relevará a consideração, perfeitamente hipotética, ponderada no acórdão, de que, aquando da entrada em vigor da Lei nº 42/2017, tanto o senhorio como a arrendatária sabiam perfeitamente que, "caso a arrendatária fosse – como indiscutivelmente é – uma "loja com história" não cessaria afinal em 30 de Abril de 2018, renovando-se por um período adicional de cinco anos".

Na verdade, os mencionados preceitos não se referem a meras expectativas ou a apriorísticas afirmações de "indiscutível" qualificação pessoal de "lojas com história" mas, unicamente, àquelas que são como tal, *reconhecidas pelo município*, reconhecimento esse que não tem em vista o interesse dos arrendatários, mas prosseguir um interesse público e social local que, sendo duradouro, se referirá, pelo contrário, predominantemente ao seu proprietário, muito mais do que ao arrendatário – tenha este o regime arrendatício que tiver.

Tanto isto é evidente e tanto o acórdão o reconhece, que o fundamento em que afinal se estriba para decidir como decidiu, não é propriamente o disposto no art. 13-3 da Lei nº 42/2017, conjugado com o art. 51-4, al. *d)*, NRAU, a que manifestamente não atende.

Se tivesse atendido a estes preceitos, a decisão estava arrumada exatamente na forma oposta à que se adotou.

A Relação partiu antes da ideia – que não é, obviamente, a da lei – de que a instituição de "lojas com história" é um privilégio atribuído aos arrendatários e, nesta ordem de ideias, não podem eles ser prejudicados pela demora na atribuição municipal dessa distinção.

Por isso, sem o menor apoio nos referidos arts. 13-3 e 51-4, al. *d)*, passou por cima da legítima cessação do contrato e determinou a sua ressurreição para, de seguida, o considerar em vigor por mais cinco anos, nos termos que tinham começado por ser acordados noutro pressuposto.

A verdade, nua e crua, é que o contrato *estava extinto quando o município atribuiu a distinção* – e só desde esse momento, e não antes, passou a poder falar-se de "loja com história".

A lei é claríssima, pensamos nós, em reportar-se mais do que aos contratos ainda em vigor, àqueles em que senhorio e arrendatário, dentro do período legal, ainda não viram manifestada a *oposição à renovação*.

Fixe-se, com rigor, o seu texto: "não podem os senhorios *opor-se à renovação*... por um período adicional de cinco anos"; logo, o que ela literalmente proíbe é que os senhorios se *oponham à renovação; se esta já foi tempestivamente realizada, não está abrangida*.

E menos o estará a *oposição* consumada e, mais ainda, com a subsequente *cessação* já produzida.

Ao arrepio de tudo isto, o acórdão decidiu como decidiu, porque se lhe afigurou antes "insofismável que a inquilina não poderá ser prejudicada, afetada ou penalizada pelos atrasos derivados do anormal funcionamento da máquina administrativa autárquica no processo de reconhecimento da sua distinção enquanto *"loja com história"*.

Ou seja: está fixado no interesse patrimonial do arrendatário.

Faz tábua rasa de *oposições à renovação* já manifestadas, de *extinções contratuais* já ocorridas e, em suma, do próprio ato de *reconhecimento municipal*, sem o qual não há "loja com história".

O que o determina, unicamente e em vez de tudo isto, é que *o arrendatário já tenha requerido o reconhecimento* de "loja histórica".

Se o município não satisfez o seu pedido – não determinado por um elevado interesse histórico e cultural social local, mas pelo egoístico e ganancioso objetivo do arrendatário de gozar por mais cinco anos da renda de favor que lhe tinha sido outorgada – retrotrai-lhe o reconhecimento, até que paralise a oposição em curso.

Aquilo que o impressiona e em que se funda é ter como "insofismável que a inquilina não poderá ser prejudicada, afetada ou penalizada pelos atrasos derivados do anormal funcionamento da máquina administrativa autárquica no processo de reconhecimento da sua distinção enquanto *"loja com história"*.

Isto, como se o desiderato do reconhecimento operado pelo município fosse dar mais cinco anos de duração contratual ao arrendatário.

Como se fosse para esse fim patrimonial e egoístico, em vez do superior interesse histórico e cultural que realmente o inspira.

Assim, o que no processo se discutiu e o encheu de palavras a respeito de inconstitucionalidades era perfeitamente marginal, ante a frontal ilegalidade da decisão em manifesta oposição à letra, ao fim e ao interesse tutelado.

Mas, além disso, outra magna discordância opomos ao aresto.

O arrendatário, com a sua resposta escrita à proposta do senhorio, obteve uma renda moderada e prestou o seu acordo expresso em letra de forma a passarem a reger-se, daí por diante, por um *contrato de prazo certo.*

Mal, porém, ouviu falar em que iria aprovar-se uma lei que daria um brinde aos arrendatários em transição para o NRAU, de mais cinco anos de contrato, não aguardou que o município, oficiosamente ou a requerimento de outrem, se pronunciasse nesse sentido – e acorreu pressuroso a requerer o reconhecimento de "loja com história", ainda a lei não tinha sequer sido publicada!

Este comportamento, em aberta contradição com o que antes tinha livremente aceitado, obtendo uma não atualização da renda, ao longo de todo o tempo já passado, em frontal violação do preceituado no art. 406-1 do nosso Código Civil, imporia, a nosso ver, a sua qualificação como *comportamento de má fé*, e incurso em *abuso do direito.*

Ou não será assim?

É estranho como, perante tudo isto, o acórdão tenha sido votado por unanimidade.

Artigo 1098 – Oposição à renovação ou denúncia pelo arrendatário

1 – O arrendatário pode impedir a renovação automática do contrato mediante comunicação ao senhorio com a antecedência mínima seguinte:

a) – 120 dias, se o prazo de duração inicial do contrato ou da sua renovação for igual ou superior a seis anos;

b) – 90 dias, se o prazo de duração inicial do contrato ou da sua renovação for igual ou superior a um ano e inferior a seis anos;

c) – 60 dias, se o prazo de duração inicial do contrato ou da sua renovação for igual ou superior a seis meses e inferior a um ano;

d) – Um terço do prazo de duração inicial do contrato ou da sua renovação, tratando-se de prazo inferior a seis meses.

2 – A antecedência a que se refere o número anterior reporta-se ao termo do prazo de duração inicial do contrato ou da sua renovação.

3 – Sem prejuízo do disposto no número seguinte, decorrido um terço do prazo de duração inicial do contrato ou da sua renovação, o arrendatário pode denunciá-lo a todo o tempo, mediante comunicação ao senhorio com a antecedência mínima seguinte:

a) – 120 dias do termo pretendido do contrato, se o prazo deste for igual ou superior a um ano;

b) – 60 dias do termo pretendido do contrato, se o prazo deste for inferior a um ano.

4 – Quando o senhorio impedir a renovação automática do contrato, nos termos do artigo anterior, o arrendatário pode denunciá-lo a todo o tempo, mediante comunicação ao senhorio com uma antecedência não inferior a 30 dias do termo pretendido do contrato.

5 – A denúncia do contrato, nos termos dos n.os 3 e 4, produz efeitos no final de um mês do calendário gregoriano, a contar da comunicação.

6 – A inobservância da antecedência prevista nos números anteriores não obsta à cessação do contrato mas obriga ao pagamento das rendas correspondentes ao período de pré-aviso em falta, exceto se resultar de desemprego involuntário, incapacidade permanente para o trabalho ou morte do arrendatário ou de pessoa que com este viva em economia comum há mais de um ano.

(Art. 1103 da frustrada Reforma de 2004, preceito da Lei nº 6/2006, com desenvolvimento e redação do final do nº 6 da Lei nº 13/2019, de 12 de fevereiro)

1. Ideia geral

A fonte inspiradora deste preceito foi o art. 1103 da frustrada Reforma de 2004 que, num nº 1, remetia a *oposição à renovação pelo arrendatário* para o regulado na disposição anterior, quanto ao *senhorio*, "com as necessárias adaptações" e, depois, nos seus únicos dois números seguintes, disciplinava a *denúncia do arrendatário*.

Para o *senhorio* estabelecia, nesse art. 1102, o prazo de *um ano* e, para o *arrendatário*, no nº 2 do seu art. 1103, o prazo de *180 dias*.

A Lei nº 6/2006 manteve, no art. 1098 de então, o total anterior de três números, mas reduziu para *120 dias* o prazo para a *oposição* do *arrendatário* – mantendo, no seu art.1097, o *ano* que se estabelecia em 2004.

Agora, manteve-se, no art. 1097, a disciplina do prazo para a *oposição* do *senhorio*, nos termos que a seu respeito estudamos acima, reportando-se neste artigo ao *arrendatário*, como dantes.

Mas o preceito engordou entretanto para seis números, continuando todavia, como em 2006, a regular, primeiro, a *oposição à renovação pelo arrendatário*, e, depois, a *denúncia* a levar a cabo por ele.

Não parece digna de louvor a ideia de regular no mesmo artigo diferentes institutos, como a *oposição à renovação* e a *denúncia*.

Também, como temos visto (cf. *supra*, 2-II-**B**, *sub* art. 1079), a denominação de *renovação* não parece a mais apropriada, pois antes se ajeita, mais propriamente, à ideia de *prorrogação*.

Parece ainda de salientar a falta de uniformidade terminológica, ao voltar a referir-se aqui, *impedir a renovação*, nos n.os 1 e 4, quando a criticável nomenclatura que tinha sido eleita optava pela denominação de *oposição à renovação*.

2. Os prazos

Como prontamente se vê, o preceito oferece ao *arrendatário* três séries de períodos para pôr termo ao contrato:

a) – Uma, no nº 1, para se *opor à renovação* do contrato de *prazo certo*, com as antecedências de 120 dias, se o termo do contrato ou da sua prorrogação for igual ou superior a *seis anos*; de 90 dias, se os mesmos termos forem de período igual ou superior a *um ano* e inferior a *seis*; de 60 dias, se forem iguais ou superiores a seis meses e inferiores a um ano; de apenas *um terço* dessas durações se eles forem inferiores a *seis* meses

Como prontamente se vê, só por inadvertência legislativa, porém, continua a prever-se, nas als. *c)* e *d)* deste número, *oposições à renovação* de contratos de *durações inferiores a um ano*, quando se passou a estabelecer, no art. 1095-2, que o prazo contratual "*não pode, contudo, ser inferior a um ano*".

Isto, no tocante à *oposição à renovação* do contrato pelo *arrendatário*.

b) – Depois, relativamente à *denúncia* do contrato, vem outra, no nº 3, do artigo.

Aí, é ela admitida ao *arrendatário*, após decorrido *um terço da duração contratual*, estipulando-se as antecedências mínimas de *pré-aviso* de 120 ou de 60 dias, a primeira para o caso de contratos com *termo certo* igual ou superior a *um ano*, e a segunda, para funcionar em contratos de termo "inferior a um ano" – esta, do mesmo modo que há pouco referimos, só por inadvertência continua a ser prevista, pois já não há contratos de tão curta duração.

Num caso e noutro, ainda poderíamos, num primeiro momento, porventura pensar que tais hipóteses, ao menos, se aplicariam aos contratos antigos, mas prontamente se concluirá que não é assim – pois, em presença do que se determina no art. 297-1, "*a lei que estabelecer, para qualquer efeito, um prazo mais curto do que o fixado na lei anterior é também aplicável aos prazos que já estiverem em curso, mas o prazo só se conta a partir da entrada em vigor da nova lei*".

c) – Uma terceira e última hipótese (nº 4), esta também de *denúncia do arrendatário* – uma, digamos, *denúncia-réplica* – que se contrapõe à *oposição à renovação* que o *senhorio* tenha deduzido e que, contra ela, poderá ser apresentada, com 30 dias de antecedência sobre o termo pretendido para o contrato.

Será bem de ver, em nossa opinião, que as dimensões dos prazos de *oposição à prorrogação* ou de *denúncia*, constantes das duas primeiras alíneas, são excessivas.

O *senhorio*, ao sair o *arrendatário* do espaço arrendado, não tem de procurar nova casa, mas outro *arrendatário*, e o tempo para essa busca não se relaciona, obviamente, com a *duração* do *contrato de arrendamento* que cessou.

Parece, portanto, doutrinalmente recomendável que, pelo contrário, haja, em vez de vários, um prazo único, independente da *duração contratual*.

Em Espanha, dá-se um prazo único de *30 dias* (art. 10-1 da Ley 29/1994).

Por que não haveríamos nós de perfilhar esse, ou outro, próximo dele?

De notar, a este respeito, que já se tem sugerido, entre nós, a alteração dos n.os 3 e 6 do presente artigo, perante a extensão dos prazos neles postos para a *oposição à renovação* e para a *denúncia*, pois serão afinal mais penalizadores para "o arrendatário que, por algum motivo superveniente, não pode continuar a viver no local arrendado" do que se deixar de pagar a renda, uma vez que o *senhorio* poderá então, segundo o disposto no art. 1083-3 CC, resolver o contrato logo que se perfaçam, hoje, com a Lei nº 43/2017, *três meses* em atraso, não havendo então a obrigação de pagar mais do que esses *meses*[595].

Por outro lado, no tocante à *denúncia* do *arrendatário*, de contrato a decorrer, sem *oposição à renovação* pelo *senhorio*, parece louvável não a permitir, em qualquer caso, antes de decorrido *um terço* da duração contratual.

I – Como se refere no nº 2 do artigo, os prazos de *oposição à renovação* pelo arrendatário contam-se em relação ao termo da *duração contratual* ou de cada *prorrogação* que esteja a decorrer, consoante o período de vida em que se encontra o contrato.

Os das suas *denúncias*, tanto a que é oposta após decorrido *terço da duração contratual* (nº 3 do presente artigo) como a *denúncia-réplica*, que se contrapõe à *oposição à renovação* suscitada pelo *senhorio*, são para produzir efeito no último dia do mês respetivo (nº 5 do preceito).

II – Uma importante questão que se suscita é ainda a de saber se eles serão *supletivos* ou, pelo contrário, *imperativos*, sobrepondo-se então aos porventura estipulados pelas partes.

595 Maria Olinda Garcia, *Arrendamento Urbano Anotado*, 3ª ed., Coimbra Editora, 2014, p. 58.

É um tema a que já nos referimos a propósito do artigo anterior (v. *supra*, nº 1, *sub* art. 1097).

Em nossa modesta opinião, não existirá real justificação para estes prazos serem *injuntivos*. As partes deviam poder ter autonomia para estipular os prazos de *oposição à renovação* ou de *denúncia*, que mais se ajustassem ao contrato celebrado, ainda que díspares dos aqui s supletivamente estabelecido.

Qualquer contrariedade à razoabilidade e à boa-fé, que venha a verificar-se, na prática, seria corrigida através da *ofensa aos bons costumes*.

Assim o não entende o legislador.

Como resulta do preceituado no art. 1080, encontrando-nos aqui em presença de normas sobre a *denúncia* (pelos vistos, como também sobre a *oposição à renovação*), terão *natureza imperativa*.

3. Comunicações

Tanto a *oposição à renovação* como a *denúncia* opostas pelo *arrendatário*, seguem, quanto à forma, os princípios estabelecidos nos arts. 9º a 11 do NRAU.

Para mais desenvolvimentos, v., com as devidas adaptações, o que se refere quanto ao *senhorio*, no nº 3 do artigo antecedente.

4. Denúncia do arrendatário perante a oposição à renovação suscitada pelo senhorio

O nº 4 deste artigo só veio a ser estabelecido com a Lai nº 31/2012.

Até então, no RAU, ainda se admitiu uma então chamada *revogação* pelo *arrendatário*, com um *aviso prévio* de *90 dias*, mas essa era uma *denúncia atípica*, realizada "a todo o tempo", do contrato; isto é, que se podia propor ao longo da sua vigência (art. 100-4 RAU).

Com a Lei nº 6/23006, de 27 de fevereiro, o preceito foi adotado, com alterações, só permitindo a agora já chamada de *denúncia* epois de o *arrendamento* ter durado *seis meses* e com um *aviso prévio* dilatado para *120 dias* (art. 1098-2, de então).

Não havia a previsão específica de uma defesa do *arrendatário* à *oposição à renovação* do *senhorio*, e ele podia então ver-se compelido, ante essa *oposição*, a ter entretanto arranjado nova casa para habitar e, até ao termo do arrendamento a que estava preso, ter de passar a pagar duas rendas: a da antiga casa e a da nova, que iria habitar.

Foi só, pois, como referimos, em 2012, que a lei passou a admitir a suscetibilidade de, ante a *oposição à renovação* do *senhorio*, responder com uma *denúncia* com a antecedência de apenas 30 dias, que se prevê ainda hoje no nº 4 deste artigo, pois a sua redação foi mantida inteiramente em 2017, 2018 e 2019.

É certamente meritória esta disposição.

A produção dos efeitos desta, como da que só se pode fazer após o decurso, ao menos, de *um terço* da duração contratual, do nº 3, tem, como expressamente se declara na lei, de perfazer-se no último dia do mês respetivo (nº 5).

Além disso, e como vem sendo estabelecido no nº 6 deste artigo, pode o *arrendatário* não respeitar os prazos postos, quer para a sua *oposição à renovação* do nº 1, quer para as *denúncias*[596] constantes dos n.os 3 e 4, que isso não obstará às respetivas eficácias, ficando ele sempre obrigado ao pagamento das rendas correspondentes aos períodos respetivos de pré-aviso.

Já se tem referido que estas rendas serão impostas como uma sanção pecuniária, a qual será devida ainda que se demonstre que o senhorio não ficou prejudicado por ter entretanto arrendado a casa nesse ínterim[597].

Parece que, se se tratasse de uma sanção, constituiria antes uma quantia fixa, como se fora uma multa, sem coincidência com o valor das rendas correspondentes ao período de *aviso prévio*.

O *arrendatário* terá antes, quanto a nós, de desembolsar as rendas respetivas porque correspondem ao período que o legislador considerou razoável para se dar conhecimento ao *senhorio* da *denúncia* e compensá-lo da perda de tempo que sofreu para nova contratação.

Também já, por outro lado, tem sido censurada a obrigação do *arrendatário* de pagar as rendas relativas ao *pré-aviso* a que está obrigado e que não respeitou, constante do nº 6 deste artigo, por tutelar o interesse do *senhorio*, de receber as rendas correspondentes aos períodos de *pré-aviso*, prejudicando o *arrendatário* que pretenda extinguir o contrato antes de tempo, até, por hipótese, porque o seu local de trabalho passou a ser noutra localidade.

Seria, neste contexto, diz-se, de admitir, numa ideia de maior equilíbrio dos interesses em conflito, que os dois prazos legalmente fixados (para a *denúncia*, por um lado, e o de *pré-aviso*, por outro), corressem simultaneamente pois, desta forma, observando-se o período de *pré-aviso* dentro do prazo necessário a criar-se um direito de *denúncia*, sempre se daria ao *senhorio* tempo suficiente para publicitar a sua intenção de celebrar um novo contrato[598]

Já referimos que os períodos constantes da lei, tanto de *oposição à renovação* como de *denúncia*, são, em nossa opinião, excessivamente longos, não se justificando que as suas durações variem em função da duração contratual ou da sua renovação – mas temos abertamente como inaceitável a escapatória de se incluir o período de *pré-aviso* de *denúncia do arrendatário* no cômputo da *duração contratual* que, desse modo, seria encurtado: faria o pré-aviso antes de completado o terço exigido por lei.

[596] A lei chama-lhes *denúncia* porque designam manifestações de vontade de cessação do contrato sem subordinação ao termo do *prazo certo* para ele estabelecido. Serão, por assim dizer, *denúncias atípicas* em confronto com a verdadeira *denúncia*, privativa dos *contratos de duração indeterminada*.

[597] Laurinda Gemas/Albertina Pedroso/João Caldeira Jorge, *Arrendamento Urbano*, 3ª ed. Quid Juris, 2009, p. 462.

[598] Sobre o ponto: Maria Olinda Garcia, *Arrendamento Urbano Anotado*, 3ª ed., Coimbra Editora, 2014, pp. 56-59.

Não pode esquecer-se, independentemente de toda à proteção que se deva dispensar ao arrendatário, que, quando ele contrata, aceita a duração em vista do teor da sua vida e não vai, certamente, envolver-se num arrendamento habitacional para *seis anos*, se está em perspetivas de mudar de local de trabalho.

Não é um mentecapto que se vincula a obrigações que não estejam em correspondência com os seus interesses.

Não deve, por isso, em nossa opinião, ser tratado como tal, mas como ser responsável.

Curiosamente, é de notar, por fim, que, a esta obrigação constante da lei – que já de trás vinha sendo estabelecida no nº 6 – segundo a qual, em vez de o *arrendatário* sofrer a continuação do decurso do contrato, dever apenas pagar as rendas respeitantes ao período de *pré-aviso* não respeitado, opôs, por último, a Lei nº 13/2019 uma ressalva esquisita, a dispensá-lo desse pagamento nos casos de "*desemprego involuntário, incapacidade permanente para o trabalho ou morte do arrendatário ou de pessoa que com este viva em economia comum há mais de um ano*".

Curiosa providência social, esta, a expensas do *senhorio*.

Summo rigore, tais fatalidades deveriam antes ser postas a cargo do Estado; não, do *senhorio*, que para isso não contribuiu minimamente.

Aliás, ocorrendo elas ao *arrendatário*, por que o levariam a mudar de casa, *denunciando*, para o efeito, o contrato de *arrendamento da sua habitação*?

Não se concebe facilmente que o *desemprego involuntário*, a *incapacidade permanente*, a sua *morte* ou *a de pessoa que com ele vivia em economia comum* o determinem a isso, senão a ocorrência da própria *morte*, quanto à qual, usando de humor negro, sempre se poderá dizer que realmente *se muda para a última morada*.

E é assim. Tanto o legislador leva a peito o seu acendrado intento de proteção do *arrendatário* que, por vezes, como aqui, acaba por atribuir-lhe seguranças da mais improvável verificação prática.

SUBDIVISÃO II – Contrato de duração indeterminada

Artigo 1099 – Princípio geral

O contrato de duração indeterminada cessa por denúncia de uma das partes, nos termos dos artigos seguintes.

(Reprodução integral da versão da Lei nº 6/2006)

1. Apontamento liminar

Temos de reconhecer que, embora incorrendo no pecadilho de admitir um subtipo legal, em nosso parecer, inútil e até pouco compatível com a natureza intrínseca da *loca-*

ção (cf. *supra* nº 3, *sub* art. 1094), a Reforma de 2004 já estabelecia, nos seus arts. 1099 a 1107 da divisão dedicada à *duração do arrendamento*, uma sistematização compreendendo dois subtipos legais: de *prazo certo* e de *duração indeterminada*.

A última destas denominações inspirava-se nos remanescentes *arrendamentos vinculísticos* que, apesar de terem sido convencionados com uma *expressa duração limitada*, continuavam a perdurar indefinidamente para além dela, em face da *prorrogação forçada* que lhes estava imposta, mas a que se pretendia pôr termo através de legislação complementar de transição para o regime geral do *arrendamento urbano*.

A Lei nº 6/2006, porém, afastou a ideia da liquidação vinculística, mas aproveitou a dicotomia, e determinou que os *arrendamentos "sem duração limitada"* passavam a reger-se pelas regras dos *contratos de duração indeterminada*, com as particularidades que para o efeito editou (art. 26-4 $NRAU_{2006}$).

Realmente, foi então criado, ao lado do *arrendamento com prazo certo*, um novo tipo, que se denominou *de duração indeterminada*.

A Reforma de 2012 e as posteriores, de 2017, 2018 e 2019 têm conservado, fundamentalmente a disciplina estabelecida em 2006 e é assim que continua a fazer-se começando por este artigo que, curiosamente, se quando se tem dificuldade em iniciar uma narrativa e alguém logo nos recomenda que comecemos, então, pelo princípio, neste caso o legislador não seguiu o conselho e começou pelo fim: "*o contrato de duração indeterminada cessa por denúncia de uma das partes, nos termos seguintes*".

Em vão se busca em todo o articulado da inteira subdivisão que passou a dedicar-se exclusivamente ao *arrendamento de duração indeterminada*, a mais breve disciplina da caracterização, formação e conteúdo deste subtipo legal.

O que tão somente ocorre como disciplina é, a abrir, no presente artigo e como se disse, a declaração de que ele *cessa por denúncia*.

Isto nem sequer parece rigoroso, na sua indeterminação.

O *arrendamento de duração indeterminada* não cessa unicamente por *denúncia*, mas ainda por todas as outras formas de cessação, salvo a *oposição à renovação*, já que a espécie em presença não comporta "renovação".

Seguem-se, a completar a subdivisão, quatro artigos, todos eles dedicados às diferentes modalidades de *denúncia* de que será passível o *arrendamento de duração indeterminada*: a *denúncia pelo arrendatário* (art. 1100), a *denúncia pelo senhorio* (art. 1101), a *denúncia para habitação* (art. 1102) e a *denúncia justificada* (art. 1103).

Em suma e uma vez que toda a regulação contida na subdivisão a mais se não dirige, todo o subtipo legal, parece ter sido afinal contemplado unicamente para sobre ele se explanar uma larga exposição sobre a *denúncia* própria de *contratos de duração indeterminada* que, em si mesmos, serão até de duvidoso ou, ao menos, escasso interesse prático.

Para quê celebrar um *arrendamento de duração indeterminada*, se o realizado *com prazo certo* se pode renovar indefinidamente?

A razão determinante da criação deste subtipo legal de *arrendamento para habitação* é, supomos, a que já alinhámos acima (cf. *supra*, nº 3, *sub* art. 1094), com cabimento mais próprio entre o articulado de *normas transitórias* do NRAU.

2. Aspetos mais salientes do regime

Limitando-se esta subdivisão a regular, estritamente, as diferentes *denúncias* do *arrendamento de duração indeterminada*, tudo o mais do seu regime terá de retirar-se das diferentes disposições que interessarem ao caso.

A sua suscetibilidade de previsão convencional consta de uma norma mais remota: o art. 1094-1, onde se estabelece que o *arrendamento urbano para habitação* "pode celebrar-se com prazo certo ou por duração indeterminada", parecendo excluí-lo assim do *arrendamento não habitacional*; logo, porém, o disposto no art. 1110-1 dissipa todas as dúvidas, admitindo também a *duração indeterminada* nos *arrendamentos não habitacionais*.

Por outro lado e como resulta do referido nº 1 do art. 1094, tem naturalmente este subtipo legal de ser concretamente celebrado pelas partes e, nessa base, de constar de *forma escrita* (art. 1069).

Quanto a esta, suscita-se uma questão que importa enfrentar: em 2006, a exigência de *forma* opunha-se unicamente a *arrendamentos por mais de seis meses* (art. 1069 de então).

Para os *contratos de prazo certo*, não suscitava ela qualquer dúvida – mas o que deveria entender-se para os *de duração indeterminada*?

Deveriam considerar-se como celebrados por mais de *seis meses* e, como tal, também sujeitos a celebração *por escrito*? Ou deveria antes considerar-se que havia uma lacuna a preencher pelo disposto no art. 1069, de então, para o *contrato de prazo certo*?

Não é aceitável que, tendo admitido pela primeira vez os contratos de *duração indeterminada*, o legislador de 2006, ao estabelecer o requisito de *forma*, não tenha optado por uma fórmula mais abrangente mas, de qualquer modo, não é admissível, escrutinando todas as espécies de *denúncia*, que qualquer contrato de *duração indeterminada* possa ter uma duração inferior a *seis meses*.

Sendo assim, também ele, já então, estava sujeito à *forma escrita*.

Estava nessa altura, e está agora, após a Lei nº 31/2012, que já não requer, como dantes, os *seis meses* de duração para exigir a *forma escrita* do *arrendamento* (art. 1069).

Será ainda de assinalar que a *duração indeterminada* não deverá ser entendida como duração indefinida, que se prolonga eternamente.

Certo é que a *indeterminação temporal* não se compadece com uma duração certa ou determinada, mas que não poderá deixar de se conter dentro da extrema fixada no art. 1025.

No fundo, porém, e se bem pensamos, o limite é puramente simbólico porque, sendo um arrendamento de duração que não é determinada, poderá, de facto, como o próprio arrendamento *com prazo certo*, perdurar para lá dos *trinta anos*, desde que as partes assim vão aceitando.

O que pela nossa parte condenamos é que a ultrapassagem de tal fasquia se faça impositivamente a alguma das partes – e é isso que, com a colaboração da nossa jurisprudência tem sido afinal admitido em matéria de *arrendamentos vinculísticos* (cf. *supra*, II *sub* art. 1025)

Artigo 1100 – Denúncia pelo arrendatário

1 – Sem prejuízo do disposto no número seguinte, após seis meses de duração efetiva do contrato, o arrendatário pode denunciá-lo, independentemente de qualquer justificação, mediante comunicação ao senhorio com a antecedência mínima seguinte:

_a_) – 120 dias do termo pretendido do contrato, se, à data da comunicação, este tiver um ano ou mais de duração efetiva;

_b_) – 60 dias do termo pretendido do contrato, se, à data da comunicação, este tiver até um ano de duração efetiva.

2 – Quando o senhorio denunciar o contrato nos termos da alínea c) do artigo seguinte, o arrendatário pode denunciá-lo a todo o tempo, mediante comunicação ao senhorio com uma antecedência não inferior a 30 dias do termo pretendido do contrato.

3 – A denúncia do contrato, nos termos dos números anteriores, produz efeitos no final de um mês do calendário gregoriano, a contar da comunicação.

4 – À denúncia pelo arrendatário é aplicável, com as necessárias adaptações, o disposto no nº 6 do artigo 1098.

(Redaçao bastante modificada da Lei nº 31/2012, com retificação, no nº 2, constante da Declaração de Retificação nº 59-A/2012 de 12 de outubro)

1. Pré-avisos de denúncia pelo arrendatário

Sobre a ideia de *denúncia*, em si, veja-se o referido em **3.** – II – **B** *sub* art. 1079.

Como a própria epígrafe do artigo logo o revela, este preceito reporta-se à *denúncia* do *arrendamento de duração indeterminada*.

A Reforma de 2012 substituiu o prazo único estabelecido em 2006, de 120 dias da antecedência, assinado ao *arrendatário* para denunciar o contrato de *duração indeterminada*, independentemente do tempo que tivesse durado, pela escala que consta agora das als. *a)* e *b)*, de 120 e 60 dias, após *seis meses de duração efetiva*, consoante o contrato, à data da *comunicação*, tiver durado, respetivamente *um ano ou mais*, ou *menos de um ano* e, naturalmente, *mais de seis meses*.

Assim, enquanto pela Lei nº 6/2006, um contrato que, por hipótese, tivesse durado apenas *um mês*, poderia ser desfeito, com o *pré-aviso* de *120 dias*, ao cabo de *cinco meses*, agora o mínimo consentido subiu para *oito meses* (os *seis* sempre exigíveis, mais os *dois de pré-aviso*).

Não parece que a diferença justifique a Reforma.

Como se dispõe no nº 3, estes *pré-avisos* operam para o final do respetivo mês do calendário.

Consoante o preceituado, por outro lado, no nº 4, os *pré-avisos* podem ser substituídos pelo pagamento das rendas correspondentes aos respetivos períodos.

2. A contradenúncia do arrendatário

Como o *senhorio*, nos termos da al. *c)* do art. 1101 também tem o direito de *denunciar* o *arrendamento de duração indeterminada* com um *pré-aviso* de *cinco anos*, dá a lei, nesse caso, ao *arrendatário*, no nº 2 deste art. 1100, o direito de contrapor-lhe uma *denúncia* sua, para os 30 dias imediatos à *comunicação* recebida.

Em boa técnica legislativa, compreende-se mal regular aqui uma reação que se enquadra na factualidade do artigo seguinte. Era aí, e não aqui, que deveria inserir-se este ponto.

O sistema de *denúncia* e *contradenúncia* compreende-se bem.

Uma vez que o *arrendatário* fica sem casa, logo que encontre outra deve poder pôr termo ao *arrendamento*, para evitar que, durante o tempo que resta para a *denúncia do senhorio*, esteja a pagar duas rendas.

O que não se compreende é que se estabeleça um *pré-aviso* tão dilatado para a *denúncia* do *senhorio*.

Uma vez que esta é legalmente admitida, um lustro, para o *arrendatário* encontrar, contratar outra casa e sair, constitui um patente enormidade. Ao menos, impusesse-se, antes, que o *senhorio* não pudesse denunciar o contrato antes de este ter durado *cinco anos*.

É que um período tão largo não se justifica como *pré-aviso* e denúncia antes que se pretende protelar o mais possível a estada do *arrendatário* na casa arrendada.

Artigo 1101 – Denúncia pelo senhorio

O senhorio pode denunciar o contrato de duração indeterminada nos casos seguintes:

***a*) – Necessidade de habitação pelo próprio ou pelos seus descendentes em 1º grau;**

***b*) – Para demolição ou realização de obra de remodelação ou restauro profundos que obriguem à desocupação do locado, desde que não resulte local com características equivalentes às do locado, onde seja possível a manutenção do arrendamento;**

***c*) – Mediante comunicação ao arrendatário com antecedência não inferior a cinco anos sobre a data em que pretenda a cessação.**

(A matriz deste preceito remonta ao art. 69 da Lei nº 2:030, aproveitado e aperfeiçoado pelo art. 1101 da primitiva redação do CC. Reconduz-se, com as alterações que foi

sucessivamente recebendo, no RAU e na Lei nº 6/2006, ao que se dispunha no primitivo art. 1096 CC, sofrendo por fim alterações introduzidas pela Lei nº13/2019)

1. Apontamento introdutório

A presente disposição compreendia-se perfeitamente na versão primitiva do CC, que disciplinava o *arrendamento urbano* numa perspetiva estruturalmente *vinculística*.

Então, o *senhorio* tinha estas estreitas janelas para se libertar do contrato: a *necessidade de habitação*; de *construir no imóvel a sua residência*; de *ampliar o prédio arrendado*; ou de *construir novos edifícios em termos de aumentar o número de locais arrendados*.

Era assim e para tais finalidades que o primitivo art. 1096 do Código consentia ao *senhorio* a *denúncia judicial* do contrato.

Com o RAU, permitiu-se a celebração de *contratos de duração efetiva para habitação*, mas sobraram como vinculísticos os anteriores e os para fins *não habitacionais* que, só com o Decreto-Lei nº 257/95, vieram a poder celebrar-se livremente – mas subsistiu, sem mais, o normativo desta *denúncia do senhorio* (arts. 69-73), com ligeiras alterações.

É claro que, embora se continuasse a prevê-la em termos de aplicação genérica, semelhante *denúncia* só passava, então, a interessar aos *arrendamentos vinculísticos* subsistentes, porque, relativamente aos *não vinculísticos*, o *senhorio* passou a dispor de outros meios mais prontos e menos onerosos de se libertar do *arrendatário*.

O legislador, porém, continuou preso ao passado e, em vez de transpor este preceito para a disciplina transitória dos *arrendamentos vinculísticos remanescentes* criou, com a Lei nº 6/2006, o subtipo irreal do *arrendamento de duração indeterminada*, e transpôs para aqui o normativo que só àqueles *arrendamentos* realmente quadrava (cf. *supra*, 3 *sub* art. 1094)

Como nota de modernidade, acrescentou-lhe a *denúncia livre* da al. *c)*, então com um *pré-aviso* descomunal de *cinco anos*, que a Lei nº 31/2012 reduziu para os ainda fartos *dois anos*, e a Lei nº 43/2017 conservou, mas a Lei nº 13/2019 veio repor, alterando a redação da alínea.

Cinco anos de *pré-aviso* de *denúncia* são, manifestamente, uma eternidade, um destempero que não se encontra em lugar nenhum do Direito comparado.

Tudo o que, na matéria, exceda *seis meses* pecará por excesso.

Se este subtipo, já de si, não tinha aplicação prática digna de registo, ele só relevava efetivamente nos *arrendamentos vinculísticos* para utilização das faculdades constantes das als. *a)* ou *b)*, agora, mais do que nunca passará, quanto a este ponto, segundo cremos, a constituir um exercício inútil de ficção legislativa.

Mas por que plantaram então aqui as hipóteses dessas duas alíneas?

Cremos que unicamente porque o legislador estabeleceu, no art. 26-4 $NRAU_{2006}$, copiado acriticamente pelo $NRAU_{2012}$, que "*os contratos sem duração limitada regem-se pelas regras aplicáveis aos contratos de duração indeterminada*" com algumas especificidades que se enunciaram então.

Não se trata, pois, de disposições de aplicação geral de que o *senhorio não vinculístico* tenha interesse prático em lançar mão, até porque, dispondo de contratos de *termo certo*, só um *senhorio* desavisado se servirá deste subtipo contratual.

2. Necessidade de habitação

Conforme se prevê na al. *a)*, o *senhorio* poderá *denunciar* o contrato de arrendamento de *duração indeterminada para habitação* quando necessite do prédio ou fração locada para *habitação pelo próprio* ou por um seu *descendente em 1º grau.*

Impropriamente, a lei refere aqui *descendentes*, no plural, como se tivesse de haver necessidade de mais de um para cada *denúncia.*

De qualquer modo, esta é, insistimos, uma disposição que só tem interesse prático relativamente aos *arrendamentos vinculísticos remanescentes.*

Fora desse quadro, o *senhorio* dispõe da *oposição à denúncia*, nos *arrendamentos com prazo certo* e, nos de *duração indeterminada*, como o de que aqui se trata, da *denúncia ad nutum* do da al. *c)*, que é mais ágil e barata.

No âmbito *vinculístico*, constituía uma janela de abertura à recuperação pelo *senhorio* do seu prédio ou fração, amarrados ao vínculo da *prorrogação forçada.*

I – ***A necessidade.*** Não bastará ao *denunciante* o mero *propósito* de habitar o prédio arrendado: para ter direito a desalojar o *arrendatário*; será ainda indispensável, nesta hipótese, como se declara na al. *a)* deste art. 1102, que *se verifique uma efetiva necessidade de habitação.*

Se o *senhorio* (ou, sendo caso disso, o *descendente*) *já está servido*, e apenas se move pelo objetivo de mudar de bairro ou de concelho limítrofe das cidades de Lisboa ou Porto, ou de casa no mesmo bairro ou concelho, por capricho ou um qualquer motivo fútil, não terá direito à *denúncia.*

Esta só é concedida, pois, para satisfazer uma *real necessidade de habitação*, isto é, para obviar a um seu *estado de insatisfação*[599].

Como semelhante noção, assim precisada, é ainda muito vaga, a lei tratou de a cercar de certos *requisitos delimitativos*, que constituem como que balizas ou pontos de referência *essenciais* à sua configuração legal. Sem algum desses requisitos, não poderemos portanto dizer que nos encontramos em presença de *necessidade de habitação.*

No domínio do Direito anterior, debateu-se e houve jurisprudência desencontrada sobre se a *necessidade* resultaria, *per se*, dos elementos estabelecidos na lei, ou se teria ainda de fazer-se concretamente a sua prova.

[599] Como se definiu no ac. (inédito) da Relação de Lisboa, de 11-12-1979 (Proc. nº 13 548), a *necessidade* de casa para habitação não é uma qualidade avaliada e voluntariamente atribuída pelo juiz, em seu prudente arbítrio, mas um dado apreendido pelos sentidos como carência de ordem económico-material que constitui um *facto conclusão.*

O segundo termo desta alternativa brotou da pena de José Alberto dos Reis, a defender que seria preciso demonstrar diretamente a *necessidade de habitação* – e ilustrava a sua asserção com um exemplo: imagine-se que uma pessoa é dona de prédio situado em Coimbra, que se encontra arrendado. Não tem aí outra casa. Verifica-se o requisito de não ter casa nessa área (atual al. *b)* do art. 71-1 RAU). O *senhorio* vive em Lisboa, onde tem os seus negócios e ocupações. Não poderá, pois pedir a *denúncia* do arrendamento de Coimbra, embora preencha aquele requisito, porque lhe falta o outro, a *necessidade de habitação* [600].

O entendimento constituía, certamente, uma teórica hipótese de escola, imaginosa, mas incongruente: se o *senhorio* tinha o seu centro de negócios em Lisboa, não poderia, materialmente, habitar em Coimbra – e ficava já então (art. 70-2 da Lei nº 2:030), como agora (art. 1103-6-7 CC), sujeito a uma pesada indemnização e à reocupação da casa pelo *arrendatário* ou ao seu realojamento.

Mas a autoridade do grande Mestre impressionou a jurisprudência influenciando alguns arestos que arvoraram o tribunal em juiz da necessidade de habitação, chegando a recusá-la em casos como o intento de trocar a residência num modesto centro urbano por uma grande cidade, ou na pretensão de um quarto para cada filho quando poderia evitar-se o desalojamento do arrendatário instalando os rapazes em beliches de um quarto e as raparigas em beliches de um quarto diferente – e outras arbitrariedades semelhantes.

Cremos que isso tudo já estará hoje em dia ultrapassado, devendo assim fixar-se a *necessidade de habitação* pelo real intento do *senhorio* de habitar a casa arrendada, de que é *proprietário, comproprietário* ou *usufrutuário,* há mais de *dois anos* (art. 1102-1, al. *a)*), ou mesmo antes disso, no caso de *sucessão,* por não ter outra, há mais de *um ano,* que seja *própria* e satisfaça as suas *necessidades de habitação,* nos concelhos de Lisboa e Porto, ou seus concelhos limítrofes, e, quanto ao resto do país, no respetivo concelho (art. 1102-1, al. *b)*).

Tratando-se agora de *denúncia* através de *comunicação* (art. 1103-1), supomos aconselhável que o *denunciante* a acompanhe de certidão do registo predial ou de fotocópia do IMI, a comprovar a *propriedade, compropriedade* ou *usufruto* há *mais de dois anos.*

II – ***O caso particular do arrendamento não habitacional.*** A lei não é expressa quanto a saber se a *denúncia* fundada na *necessidade de habitação*, a que se refere a al. *a)* do art. 1101 CC, será oponível ao *arrendatário não habitacional,* quando é certo que vem prevista no quadro do *arrendamento habitacional* e não parece curial aplicar-se a *habitação* um espaço cuja *licença de utilização* não autoriza outra finalidade, que não seja a *habitação.*

Como, porém, tal *licença* só começou a ser passada em 1951, havendo assim, na prática, numerosos prédios que, construídos para determinado fim, vieram a destinar-se depois

[600] Cfr. *Rev.Leg.Jurs.* 83º, p. 87; *Processos Especiais,* 1955, 1º, p. 176.

a outros, mais rendosos, chegou a aceitar-se a aplicabilidade da *denúncia para habitação* ao *arrendatário não habitacional*[601].

Em contrapartida, a disposição do nº 2 do art. 107 RAU apontava no sentido de que a lei estaria a pensar unicamente na *denúncia* contra o *arrendatário habitacional*.

Sempre nos pareceu dificilmente concebível, depois de 1951, determinar o tribunal (pois então ela só poderia fazer-se judicialmente, ao invés de agora – art. 1103-1) uma *denúncia para habitação* de espaço legalmente reservado a *fim não habitacional*[602].

Aceita-se que a *denúncia para demolição, obra ou restauro profundos* se possa opor ao *arrendatário não habitacional*; para *direta habitação* de prédio construído depois de 51 e *licenciado para outro fim*, não[603].

Hoje, o assunto está expressamente resolvido por lei: o art.1110-A-1, na redação da Lei nº 13/2019, que só admite para esse arrendamento a denúncia fundada nas als. *b)* e *c)* do presente artigo. .

III – ***Prevalência da necessidade do senhorio sobre a do arrendatário.*** Entre a *necessidade de habitação* do *arrendatário* e a do *senhorio*, entendia-se que prevaleceria a deste, por ser mais forte o seu direito (de *propriedade*) do que o (de *arrendamento*) do *arrendatário*.

Foi nesta base que, designadamente, o Tribunal Constitucional julgou repetidamente não haver inconstitucionalidade na disposição legal que então já admitia a *denúncia* de um *arrendamento vinculístico* com fundamento na *necessidade de habitação do senhorio*.

– Às normas do Código Civil respeitantes a *denuncia* do contrato de arrendamento *para habitação* pelo *senhorio*, com fundamento na necessidade deste em utilizar o prédio para a sua habitação, visam resolver um conflito entre o direito a habitação do senhorio, fundado no seu direito de propriedade sobre o referido prédio urbano, e o do inquilino fundado no contrato de arrendamento, sendo perfeitamente legitimo, de um ponto de vista constitucional, que o legislador de primazia ao direito do senhorio.

TRIBUNAL CONSTITUCIONAL, 01-04-1992 (Processo nº 90-0122)

– É razoável que o legislador, colocado perante um conflito de direitos – de um lado, o direito a habitação do senhorio, fundado num direito real próprio, e, por outro, o direito a habitação do inquilino, fundado num contrato de arrendamento, cujo

[601] Relação de Coimbra, 19-12-89 (*Colectânea*, XIV-5, p. 68).

[602] Cf. o nosso *Manual*, II, 5ª ed., Almedina, 2011, p. 1004.

[603] Cf., em sentido contrário, Francisco de Castro Fraga, *Leis do Arrendamento Urbano Anotadas*, (Coord. de António de Menezes Cordeiro), Almedina, 2014, pp. 471, ans. 17 e 18 e 472, an. 25.

objeto e o imóvel que pertence ao senhorio – não podendo dar satisfação a ambos os direitos, sacrifique o direito do inquilino ao direito do senhorio.

Este tem "melhor direito" do que o inquilino.

TRIBUNAL CONSTITUCIONAL, 08-04-1992 (TCB19920408921512)

Isto é verdade, embora apenas quando estejam estritamente em confronto as *necessidades de habitação* de *senhorio* e de *arrendatário*, mas podem acrescer circunstâncias que aconselhem solução diferente

Não faria sentido, por exemplo – pensamos nós – desalojar uma família de 4 ou mais membros para instalar um solteirão; sobretudo, se essa família compreendesse membros idosos, inválidos ou sofrendo de incapacidade para o trabalho – como só com a Lei nº 55/79, de setembro, veio reconhecer-se.

Curiosamente, porém, esta lei, interditou ainda a *denúncia* quando o *arrendatário* estivesse na casa *há mais de vinte anos*, o que, depois, se subiu ainda para *trinta anos* – benesse que, nesta dimensão, não houve coragem de afastar por parte das várias Reformas ocorridas ao longo de mais de *trinta anos*, senão ultimamente pela de 2012 (art. 26-4, al. *a)*, $NRAU_{2012}$)

Na verdade, nunca se soube explicar que digno fundamento sustentava a manutenção no prédio ou fração arrendada de um *arrendatário*, só porque aí se mantinha a usufruir uma *renda de favor* há mais de *trinta anos*.

A existência deste benefício remontava, como se disse, à Lei nº 55/79, de 15 de setembro, uma época muito marcada, entre nós, por fortes ataques dirigidos pelos poderes públicos à propriedade privada.

Não se conhecia, em todo o Direito comparado, idêntica e tão clamorosamente injusta prebenda ao *arrendatário*.

Muito mais razoável foi a Lei Quilliot, que passou a impor que não pudesse o *senhorio* despejar, por *necessidade de habitação*, o *arrendatário* com *mais de setenta anos* de idade e um rendimento inferior a uma vez e meia o salário mínimo, exceto se o *senhorio pessoa física* tivesse mais de sessenta anos de idade (art. 14 desse diploma).

Na nossa perspetiva, é por isso lamentável a decisão adotada sobre o tema pelo Tribunal Constitucional no infelicíssimo ac. de 11-10-2000 (Processo nº 204/2000), de que aqui damos conta, para memória futura.

Já o estudámos detidamente no nosso *Manual do Arrendamento Urbano*, escusando-nos agora de reproduzir o que então se disse.

Contentemo-nos com uma síntese muito breve, mas que temos por elucidativa.

Um casal de emigrantes portugueses, a residir em França, *há mais de trinta anos*, estando a mulher com *setenta e um anos* de idade e querendo regressar a Portugal, para passar a viver em Lisboa, num prédio de que ela era *senhoria* nesta cidade, foi ao 17º

Juízo Cível de Lisboa, intentar contra o seu *arrendatário* uma *ação de despejo* atinente à obtenção da *denúncia* do arrendamento, por *necessidade de habitação própria.*

O réu contestou, alegando, ter *mais de sessenta e cinco anos de idade* – e o juiz declarou-se habilitado a conhecer do pedido logo no saneador, onde prontamente julgou a ação *improcedente* em virtude de o *arrendatário* ter mais de *sessenta e cinco anos de idade* e *não ser inconstitucional não se atender à superior idade da senhoria.*

Apelou a Autora para a Relação, invocando a ofensa ao *princípio constitucional da igualdade,* visto ser mais idosa do que o *inquilino* – mas sem êxito.

Recorreu, por fim, para o Tribunal Constitucional que, reconhecendo embora que o *senhorio,* "se tiver sessenta e cinco anos de idade ou mais, encontra-se, no que concerne à idade e à necessidade da casa, em situação idêntica à do inquilino que já tenha atingido aquela idade", acabou afinal por desatender a pretensão com fundamento em que, com a iniciativa da *denúncia* do contrato, "provoca um tratamento desigual em situações onde está ausente a diferença material que justificou a solução da lei" pois, com essa denúncia, o inquilino "*vê-se forçado a mudar os hábitos e rotinas de vida, que foi criando pelo facto de viver muitos anos no mesmo sítio, e, bem assim, a afastar-se dos amigos que aí fez*".

Dificilmente se encontrará, entre as decisões dos nossos tribunais, aresto mais chocante do que este.

Repare-se.

Começou por declarar haver igualdade entre *senhorio* e *inquilino* com pronto atropelo, pois sendo o primeiro mais idoso do que o segundo, havia uma precedência dentro da igualdade – que foi injustamente omitida.

Acabou depois por, surpreendentemente, fundamentar apenas o *decisum* na futilidade lamecha e completamente estranha ao conflito de não se dever privar o *arrendatário* de viver no mesmo sítio e do convívio dos amigos que fez no bairro.

Mas, porventura, este convívio não será preterido e desprezado pelo legislador quando a *denúncia* legitimamente se dirija a *arrendatário* com menos de sessenta e cinco anos?

E era isso que, afinal, se debatia?

Obviamente, não.

A controvérsia que tinha sido submetida ao pretório era a de saber, pura e simplesmente, se o art. 107-1, al. *a)*, RAU, ao impedir a *denúncia do arrendamento,* fundada em *necessidade de habitação,* quando o *arrendatário* tenha mais de *sessenta e cinco anos,* poderia ser oposto ao *senhorio* mais idoso do que ele, sem violação do princípio consagrado no art. 13-1 da nossa Constituição, segundo o qual "*todos os cidadãos têm a mesma dignidade social e são iguais perante a lei*".

O que havia a decidir, em suma, era se o tribunal entendia que a senectude da *senhoria* era, ou não, constitucionalmente tão digna proteção como a do *arrendatário*: se aquele preceito, pensado para o *arrendatário,* sem mais distinções, teria de ser aberto à idade *do senhorio* e então afastado, quando este fosse mais idoso do que ele.

O conhecimento do Direito comparado até concitava a isso[604], mas o acórdão, na preocupação não exteriorizada, mas claramente praticada, de dar ao *arrendatário* o estatuto de *tratamento mais favorável*, derivou para fundamentos descabidos e para uma desconcertante puerilidade, que o tornam alvo, com todo o respeito, da mais severa condenação.

Nele, só seguramente se salva o voto de vencida da Conselheira MARIA DOS PRAZERES BELEZA, ao declarar-se como tal, por considerar que "a norma que constitui o objeto do presente recurso, contida na al. *a)* do nº 1 do artigo 107 do Regime do Arrendamento Urbano, interpretada no sentido de que '*a limitação ao direito de denúncia para habitação do senhorio aí contemplada pode ser oposta mesmo ao senhorio de idade igual ou superior à do inquilino*', é inconstitucional por ofensa do princípio da igualdade". *Ex digito, gigans.*

Nesta matéria, outro ponto pode ser suscitado em hipótese já decidida.

I – O art. 107, nº 1, do RAU, não é inconstitucional quando interpretado no sentido de que o senhorio não pode denunciar o contrato de arrendamento quando o inquilino tenha mais de 65 anos de idade, ainda que o senhorio não tenha casa nessa localidade e tenha mais de 65 anos de idade.

II – Constitucionalmente não se proíbem situações diferentes, mas só quando a desigualdade for arbitrária. As diferenciações de tratamento só são constitucionalmente legítimas quando forem materialmente fundadas, ou seja, quando forem razoáveis ou racionais.

Relação de Lisboa, 17-11-2009 (Processo nº 48/09.0TBPPNI.L1-7)

A questão opôs uma senhoria de sessenta anos, com a necessidade de fazer cerca de 200 quilómetros por dia de Peniche-Lisboa-Peniche, a um inquilino com 76 anos,

604 Só o Direito francês, que tenhamos presente, ostenta uma norma a ponderar a idade do *arrendatário idoso* que receber *congé* do *senhorio*. Aí se estabelecia já então, e se mantém hoje em dia, no art. 15-III da Lei 89-462, que o *despejo* (*congé*) para utilização própria, para venda ou "por um motivo sério e legítimo", não pode ser oposto a um inquilino com *mais de setenta anos* de idade e cujos *rendimentos anuais sejam inferiores a uma vez e meia o montante anual do salário mínimo*, sem que lhe seja oferecido um alojamento que satisfaça às suas necessidades e às suas possibilidades, dentro dos limites geográficos considerados numa lei de 1948; esta limitação cessa, todavia, se o *senhorio* for uma pessoa física com *mais de sessenta anos*, ou se os seus rendimentos forem *inferiores a uma vez e meia o montante anual de salário mínimo*.
Sobre o ponto: ALAIN BOITUZAT, *La Loi Quilliot du 22 juin 1982*, 1982, pp. 119-120; JEAN-LUC AUBERT/PHILIPE BIHR, *La location d'habitation*, Sirey-Paris, 1990, p. 182.

mas proprietário de uma casa de habitação na mesma área da que trazia arrendada, gozando assim de uma renda naturalmente superior à que pagava à senhoria.

Na nossa perspetiva, parece doloroso coonestar tão flagrante injustiça.

Fere flagrantemente o *princípio da igualdade* que quem possua casa própria no local, tenha a idade que tiver, tenha as incapacidades que tiver, usufrua de semelhante parasitismo.

Seja porém como for e sem prejuízo da inutilidade prática do presente artigo perante os *arrendamentos livres*, deve reter-se que o limite das *idades relativas* de *arrendatário* e *senhorio* só funciona para os *arrendamentos vinculísticos remanescentes*, pois foi restritivamente a estes que o art. 26-4, al. *a)*, $NRAU_{2012}$ expressamente o mandou aplicar.

No tocante à permanência do *arrendatário* no prédio ou fração por *trinta anos ou mais*, o favor cessou com o $NRAU_{2012}$ que, ao invés da legislação anterior, circunscreveu a ressalva à al. *a)* do art. 107-1 RAU, deixando muito justamente a al. *b)* de tal preceito no tinteiro.

Convém ainda ter presente que nos arts. 1102 e 1103 se contém uma regulamentação minuciosa do funcionamento da *denúncia do arrendamento* pelo *senhorio* para *habitação própria* ou de *descendentes seus em 1º grau.*

Há que esclarecer estas expressões.

A *necessidade de habitação* suscetível de fundamentar a *denúncia pelo senhorio de um contrato de arrendamento habitacional* tanto pode ser própria, se viver solitariamente, como e – vale a pena acrescentar prontamente – do seu *agregado familiar*, como de um *descendente seu em 1º grau.*

A lei utiliza a palavra no plural mas, evidentemente, não está em causa uma necessidade coletiva dos *descendentes em 1º grau.*

Também, havendo *agregado familiar*, a *necessidade habitacional do senhorio* terá de ser entendida, não individualmente, mas no contexto familiar em que se enquadra.

Se o senhorio vive com uma família numerosa e se apresta a denunciar o arrendamento de um T-0, será óbvio que não poderá usar tal *denúncia.*

Qualquer destas circunstâncias, assim entendida, será, por si, contudo, bastante para nela assentar a *denúncia do senhorio* que, deste modo, podemos referir genericamente como *denúncia para habitação*, pois a qualquer delas preside um regime comum que se desenvolverá pelo artigo seguinte.

Semelhante propósito não poderá, decerto, circunscrever-se a uma *piedosa intenção*, mas terá mesmo de se efetivar materialmente, logo que desocupado espaço arrendado.

Nesta ordem de ideias, impõe expressamente a lei, com efeito, que deve o *senhorio* ou o *descendente em 1º grau*, quando for essa a hipótese, "dar ao local a utilização invocada no prazo de *três meses* e por um período mínimo de *dois anos*" (art. 1103-5).

A não ocupação nestes termos, salvo *motivo não imputável ao senhorio*, torna-o responsável por uma severíssima "*indemnização correspondente a dez anos de renda*" (art. 1103-9).

IV – ***A necessidade do descendente em 1º grau.*** Por outro lado, "o direito de denúncia para habitação do descendente está sujeito à verificação do requisito previsto na alínea *a)* do nº 1 deste art. 1102, relativamente ao *senhorio* e do da alínea *b)* do mesmo número "para o descendente" (art. 1102-3).

Que quer isto dizer?

No domínio da formulação primitiva do RAU, tinha-se suscitado uma corrente de jurisprudência a exigir, para se conceder a *denúncia* por *necessidade de habitação de descendente em 1º grau*, que alegasse ainda e provasse o *senhorio*, ou *proprietário*, que, *além do descendente*, também *não dispunha o próprio denunciante de casa habitável pelo descendente.*

Não se nos afigura semelhante jurisprudência aceitável.

Nessa perspetiva, tinha-se situado o ac. Relação do Porto, de 20-9-1994, quando julgou que, pretendendo o pai denunciar o contrato de arrendamento de que é *senhorio*, com fundamento em necessidade de habitação de um seu filho, terá de alegar e provar que tanto ele como esse seu filho não têm, há mais de um ano, na respetiva área, casa própria ou arrendada que satisfaça às necessidades de habitação daquele descendente – Relação do Porto, 20-9-1994 (*Coletânea*, XIX-IV, p. 187)[605].

Fundamento invocado pela Relação: não é justo que, tendo o *senhorio*, porventura, *outra casa de habitação*, além daquela que compartilhava com o casal do *filho carecido de habitação própria*, vá desocupar *o inquilino* para servir o *filho*: *sirva-o com esta segunda casa*.

Referimos então ser decerto louvável que as decisões judiciais intentem realizar a equidade, mas *est modus in rebus*.

No processo, como resultava do relatório do acórdão, jamais se tinha aventado a eventualidade de o denunciante possuir uma segunda habitação, disponível para o alojamento em causa. O que se deu como provado foi que ele habitava a fração autónoma que constituía a cave de um prédio em regime de propriedade horizontal; era titular da fração constituída pelo rés-do-chão do mesmo prédio, ocupada por outro filho; e, ainda, da fração constituída pelo 1º andar que se encontrava arrendada ao casal demandado.

A Relação reconheceu que, se compartilhava o filho da cave habitada pelos pais, decerto *tinha necessidade de habitação própria*, proclamando que "não é sem razão que a sabedoria popular consagrou na fórmula do rifão 'quem casa quer casa' a natural necessidade de os recém-casados constituírem o seu lar próprio" – mas, assaltada por uma dúvida oficiosa, recusou a *denúncia* que a 1ª instância tinha concedido, por não ter sido alegado e, consequentemente, não poder ser provado, que não dispunha o denunciante de "outra casa própria ou arrendada que satisfaça às necessidades de habitação do descendente considerado" (*Coletânea citada*, p. 190).

[605] Na mesma orientação: Relação de Lisboa, 28-11-1996 (*Coletânea*, XXI-V, p. 115).

Em face de semelhante grau de exigência, apeteceria perguntar se não seria de ir mais longe e impor que se alegasse e provasse ainda (porque não?) que também os próprios pais da nora não tinham casa que pudesse abrigar o casal sem ter de desalojar um *inquilino.*

Não se tinha seguido o melhor entendimento e foi isso que prontamente se afastou através do nº 3, acrescentado pelo Decreto-Lei nº 329-B/2000, ao art. 71 RAU, agora integralmente reproduzido no nº 3 do novo art. 1102 CC.

Fica definitivamente esclarecido que, fundando-se a *denúncia* na *necessidade de habitação do descendente,* o que tem de alegar-se e provar-se, quanto ao *denunciante,* é que ele é "proprietário, comproprietário ou usufrutuário do prédio", nos termos requeridos na al. *a)* do nº 1 do mesmo artigo, e que, por outro lado, *não tem o descendente em 1º grau residência que satisfaça às suas necessidades de habitação,* nos termos da al. *b)* desse nº 1.

Descendente em 1º grau, uma vez que, *"na linha reta há tantos graus quantas as pessoas que formam a linha de parentesco, excluindo o progenitor"* (art. 1581-1), é o *filho.*

Atento o disposto no art. 1986-1, *filho* é ainda o *adotado* em *adoção plena*: "pela adoção plena o adotado adquire a situação de filho do adotante e integra-se com os seus descendentes na família deste, extinguindo-se as relações familiares entre o adotado e os seus ascendentes e colaterais naturais, sem prejuízo do disposto nos artigos 1602 e 1604"[606].

Não assume esta qualidade o *adotado* em *adoção restrita.*

V – ***Indemnização devida ao arrendatário.*** O art. 1102-1 estabelece ainda uma *indemnização,* a pagar ao *arrendatário,* correspondente a um *ano de renda.*

3. Demolição ou realização de obra de remodelação ou restauro profundos que obriguem à desocupação do prédio ou fração arrendada

De acordo com o disposto na al. *b)* deste artigo, o *senhorio* pode ainda denunciar o *arrendamento de duração indeterminada,* para *habitação,* por *necessidade de demolição* do prédio ou fração, ou de *obra de remodelação ou restauro profundos* que obriguem à *desocupação.*

Trata-se, como prontamente se verá, de outra norma que dificilmente funcionará perante um *arrendamento não vinculístico.* Com efeito, num *arrendamento de prazo certo,* não será fácil de vislumbrar, atentos os estreitos prazos por que se renovam, necessidades tão graves de *desocupação* como as que a alínea prevê. E quanto aos de *duração indeterminada,* tendo o *senhorio* sempre à mão a *denúncia ad nutum* da al. *c),* facilmente a poderá utilizar, pelo menos, na esmagadora maioria dos casos. E tendo-a, optará sempre por ela.

Mas atentemos na disciplina, certamente mais cabida para os *arrendamentos vinculísticos* remanescentes e, então, melhor colocada no NRAU.

[606] Nestes dois artigos contemplam-se os *impedimentos dirimentes* e *impedientes* de casamento do *adotado* com a sua *família natural.*

Esta tem ainda, depois de alguma breve regulamentação no art. 1103-2, principalmente de atender ao desenvolvidamente regulamentado no Decreto-Lei nº157/2006, de 8 de agosto[607].

Além disso, em vista do preceituado no art. 14-3 da Lei nº 13/2019, a *denúncia* da al. *b)* do presente artigo, cujo *arrendatário habitacional* de um contrato ulterior à vigência do RAU que, à data da entrada em vigor daquela Lei (13-02-2019), resida há mais de *vinte anos* no espaço arrendado e tenha idade igual ou superior a *sessenta e cinco anos* ou grau comprovado de *deficiência igual ou superior a 60%*, só poderá fazer-se "*havendo lugar à atualização ordinária da renda, nos termos gerais*".

Cremos que esta disposição terá ainda revogado, por mês e meio, o que se preceituava na Lei nº 30/2018, de 16 de julho, pois esta tinha vigência transitória, para cessar em 31 de março de 2019.

Ela era ainda mais excludente, ao impor as mesmas restrições fundamentais para *arrendatários habitacionais* com, a mesma idade ou incapacidade, mas com apenas, *quinze anos* de contrato.

A fonte histórica destes preceitos é, certamente, o antigo o art. 107 RAU.

Este diploma, tendo passado a admitir os *arrendamentos habitacionais de duração efetiva*, como os denominou, previu também uma válvula de segurança para os estreitos casos em que se poderia ainda pôr termo a *arrendamentos vinculísticos* remanescentes, vindos do art. 1096 CC.

É pois, segundo cremos, este art. 107 RAU que tem inspirando as limitações que, desde 2006, veem de Reforma para Reforma a repetir-se ou suceder-se – e será então nessa linha que surge agora a limitação do referido art. 14-3 da Lei nº 13/2019 a declarar, como se referiu, que o senhorio, tendo o *arrendatário habitacional* sessenta e cinco ou mais anos, ou uma incapacidade igual ou superior a 60% e mais de vinte anos de arrendamento, só poderá fazer uso da al. *b)* do presente artigo "*havendo lugar à atualização ordinária da renda nos termos gerais*" (v., para o arrendamento de duração limitada, nº 2, sub art. 1077 e nº 2, sub art. 1097).

Este preceito tem uma redação de rara infelicidade.

Repare-se. Declara assim: "*Nos contratos de arrendamento habitacionais de duração limitada previstos no nº 1 do artigo 26 do NRAU... o senhorio apenas pode opor-se à renovação ou proceder à denúncia do contrato com o fundamento previsto na alínea b) do artigo 1101 do Código Civil...*".

Como é bem de ver, os contratos de *duração limitada* não são passiveis de *denúncia* com o fundamento previsto na al. *b)* do art. 1101, que é privativa dos de *duração indeterminada*.

Falta, obviamente, na frase a expressão "*bem como nos de duração indeterminada*" – mas, independentemente disso, para este subtipo arrendatício, a disposição é estranhíssima,

[607] Declaração de Retificação nº 68/2006, de 3 de outubro; alteração pelo Decreto-Lei nº 306/2009, de 23 de outubro; alteração e republicação pela Lei nº 30/2012, de 14 de agosto; alteração e republicação com a Lei nº 43/2017.

pois a *denúncia* constante da al. *b)* do presente artigo como, aliás, este subtipo de *arrendamento urbano*, só surgiram, como se sabe, com a Lei nº 2006, não tendo portanto, ainda agora, decorrido os *vinte anos de arrendatário* de *arrendamento de duração indeterminada*, que se põe como requisito.

Será, pelos vistos e se bem pensamos, neste passo, uma norma em branco, pelo menos, até 28 de junho de 2026.

4. A denúncia potestativa da al. *c)*

A al. *c)* deste art. 1101 também, por seu turno, carece de um pequeno aperfeiçoamento: quando se declara que "*mediante comunicação ao arrendatário com antecedência não inferior a cinco anos*", esqueceu-se, elementarmente, uma vírgula entre "arrendatário" e "com", indispensável para significar que a antecedência é da *comunicação*; não, do *arrendatário*, como está escrito.

Independentemente disto, porém, será de ponderar que, num contrato de *arrendamento habitacional*, de *duração indeterminada*, *não vinculístico*, o *senhorio* pode livremente pôr-lhe termo mediante *denúncia* com a antecedência não inferior, atualmente, a *cinco anos* "*sobre a data em que pretende a cessação*".

Era este o termo primitivamente estabelecido com a Lei nº 6/2006.

A Lei nº 31/2012, reduziu-o para *dois anos*, mas a Lei nº 13/2019, repôs o termo primitivo de *cinco anos*, que é, notoriamente, uma enormidade.

Um lustro, para o *arrendatário*, simplesmente, arranjar novas instalações?

É óbvio que a intenção da lei não é estabelecer o prazo da *denúncia*, mas protelar condenavelmente, o mais possível, a permanência do *arrendatário* no imóvel.

Foi por este *pré-aviso* ser tão exagerado que se repristinou o art. 1104, onde se exige que a *denúncia* seja, depois, *confirmada*, sob pena de *ineficácia*, por *comunicação* com a antecedência máxima de *quinze meses* e mínima de *um ano*, relativamente à data da sua efetivação.

Esta constituirá a efetiva e adequada dimensão da *denúncia*, apresentada como a sua *confirmação*.

A sua *comunicação* deverá necessariamente ser feita, nos termos do preceituado no art. 9º-1 NRAU, por "*escrito assinado pelo declarante e remetido por carta registada com aviso de receção*".

A carta deverá conter o endereço completo do *senhorio* seu subscritor (art. 9º-5 NRAU) e ser dirigida, "*na falta de indicação por escrito em contrário*", para o *espaço arrendado* (art. 9º-2 NRAU).

Se a carta for devolvida por o destinatário recusar recebê-la ou não a tiver levantado no prazo previsto no regulamento dos serviços postais (art. 10-1, al. a) NRAU) ou tiver sido recebida por pessoa distinta do destinatário (art. 10-1, al. *b)* NRAU) e não houver domicílio convencionado no contrato, nos termos do art. 9º-7, al. *c)* NRAU, deverá o senhorio enviar nova carta, decorridos que sejam 30 a 60 dias sobre a data da primeira (art. 10-3 NRAU),

Artigo 1102 – Denúncia para habitação

1 – O direito de denúncia para habitação do senhorio depende do pagamento do montante equivalente a um ano de renda e da verificação dos seguintes requisitos:

***a*) Ser o senhorio proprietário, comproprietário ou usufrutuário do prédio há mais de dois anos ou, independentemente deste prazo, se o tiver adquirido por sucessão;**

***b*) Não ter o senhorio, há mais de um ano, na área dos concelhos de Lisboa ou do Porto e seus limítrofes ou no respetivo concelho quanto ao resto do País casa própria que satisfaça as necessidades de habitação própria ou dos seus descendentes em 1º grau.**

2 – (*Revogado*)

3 – O direito de denúncia para habitação do descendente está sujeito à verificação do requisito previsto na alínea *a*) do nº 1 relativamente ao senhorio e do da alínea *b*) do mesmo número para o descendente.

(Reformula o mesmo preceito na redação que lhe era assinada pela Lei nº 6/2006)

1. Apontamento introdutório

Enferma o preceito do mesmo vício do artigo anterior: só interessará, naturalmente, aos *arrendamentos vinculísticos* remanescentes; sem embargo de se referir a *arrendamento de duração indeterminada* (este não é exclusivo dos *arrendamentos vinculísticos* remanescentes), está deslocado aqui, deveria ter sido incluído entre as *disposições transitórias* do NRAU.

2. Senhorio proprietário, comproprietário ou usufrutuário há mais de dois anos, ou adquirente por sucessão

A *denúncia* pelo *senhorio* a que o presente artigo se reporta, atento o que se dispõe no art. 1103-1, deixou de ser *judicial*, como ainda era segundo a Reforma de 2006, operando agora, nos termos de tal preceito, por simples *comunicação* ao *arrendatário* em que se invoquem os requisitos postos neste art. 1102 e, portanto, ainda mediante o "*pagamento do montante equivalente a um ano de renda*" – o pré-requisito que no seu corpo se refere.

O montante desta *indemnização*, constituía um *incremento patrimonial* sujeito a IRS, de acordo com o disposto na al. *e)* do art. 9º do CIRS, que a Lei nº 3/2019, veio isentar, acrescentando a sua exceção ao teor da alínea.

A necessidade desta indemnização será mais um aspeto que, não sendo instante a *necessidade de habitação*, levará, na prática, a renunciar o *senhorio* à utilização de tal *denúncia* e aproveitar, antes, o momento propício de *oposição à renovação*.

A al. *a)* do preceito estabelece o primeiro requisito da *denúncia, para habitação*, pelo *senhorio*: ser este *proprietário*; quando não, *comproprietário*; quando não, *usufrutuário* do prédio ou fração arrendada.

A alusão ao *senhorio* é mais narrativa do que essencial e justifica-se porque tendo sido o subscritor do contrato, é natural que seja ele a denunciá-lo.

Pode, na verdade, não se ser *senhorio* e ter-se legitimidade para denunciar o contrato por *necessidade de habitação*, como no caso do *comproprietário* ou o do *usufrutuário* não signatário dele.

No tocante às qualidades referidas na alínea, de *proprietário, comproprietário* ou *usufrutuário* exige-se ainda que terão de existir *há mais de dois anos*, salvo se tiverem sido adquiridas por *sucessão*.

A *denúncia* deve obedecer ao disposto no nº 1 do art. 1103 e, em particular, expor o respetivo fundamento, arrogando-se, à qualidade que detém pelo referido período ou, não sendo assim, por *sucessão*.

Requerendo-se que seja o *denunciante proprietário, comproprietário* ou *usufrutuário*, exclui-se necessariamente da titularidade do *direito de denúncia* o *senhorio* que tenha celebrado o contrato *no uso de poderes legais de administração*, sem deter alguma daquelas qualidades.

Só, pois, um *proprietário*[608], *comproprietário* ou *usufrutuário* poderá comunicar a *denúncia* do contrato de *arrendamento para habitação de duração indeterminada*, se reunir ainda as restantes condições legais.

Veremos adiante se o *nu proprietário* também deterá este direito, tema que é controverso.

I – ***O comproprietário.*** Dediquemos, para já, alguma análise ao caso do *comproprietário*, que o seja há mais de *dois anos*, ou sendo-o por *sucessão*, em qualquer tempo, do mesmo modo com fundamento em *necessidade de habitação* própria, ou de *descendente seu em 1º grau*.

Este requisito, data apenas da primitiva formulação do Código Civil, não incluindo então o *descendente em 1º grau*.

Não constava ainda, expressamente, da Lei nº 2:030, durante a vigência da qual, aliás, já a *denúncia* no caso de *pluralidade de titulares* do prédio arrendado era estudada e debatida fundamentalmente em relação aos *comproprietários* ou aos *co-herdeiros*.

Anteriormente à primitiva formulação arrendatícia do Código Civil, sustentava-se que a *denúncia* do arrendamento *para habitação própria*, por um dos *contitulares*, só poderia ser decretada mediante expresso e prévio *assentimento* dos outros[609].

[608] Já se tem sustentado, contra esta qualidade, a *nulidade* da aquisição da propriedade de casas económicas do Estado, alienadas contra o disposto nos arts. 40 ss. Decreto-Lei nº 608/73, de 14 de Novembro, *ex vi* do disposto no art. 1º-1 do Decreto-Lei nº 376/76, de 19 de Maio (cf. ac. da Relação do Porto, de 31-1-1985 [*Coletânea*, X-I, p. 154]).

[609] Alberto dos Reis, *Processos Especiais*, I, Coimbra Editora, 1955, p. 179.

O mesmo entendimento continuou a ser subscrito, após a vigência do Código, com fundamento em que este diploma afirmava só poder a *denúncia* ser usada *uma vez* (al. *c)* do art. 1098-1 CC, exigência eliminada pelo RAU)[610].

Não era, no entanto, esta uma opinião pacífica, havendo pelo contrário quem sustentasse ter-se o Código Civil limitado a incluir entre os requisitos da *denúncia* o de ser-se *comproprietário* sem, neste caso, lhe ajuntar quaisquer limitações, o que certamente então inculcava ter-se querido prescindir da intervenção ou do *acordo* dos restantes.

É que, propriamente quanto à afirmação da primeira das aludidas doutrinas, de que a *necessidade de acordo* dos restantes *comproprietários* se justificaria, porque a *denúncia* só pode ser feita *uma vez,* o argumento caiu pela base, com a entrada em vigor do art. 71-1 RAU, que eliminou pura e simplesmente a alínea *c)*, que constava do primitivo art. 1098-1 CC, e exigia esse requisito, aliás já não interpretável, então, nesse sentido[611].

Por outro lado – acrescentava-se – se algum dos *comproprietários* porventura tivesse também interesse em ocupar o prédio, teria de ter a iniciativa de intervir na ação do *comproprietário denunciante* – então necessária em vez da simples comunicação atual – alegando e provando que se encontrava nas condições legalmente exigidas, cumprindo então ao tribunal decidir a qual deles deveria ser atribuída a prioridade[612].

Em favor da primeira destas doutrinas e em desfavor da segunda, chegava a dizer-se que não se via qual o meio processual a ser usado contra o *denunciante* pelo *comproprietário* com melhor direito, o qual poderia inclusivamente só vir a dar pela *denúncia* do arrendamento após o trânsito em julgado da respetiva decisão[613].

Pela nossa parte, rejeitávamos a objeção.

O meio processual para a intervenção do *comproprietário* menos lesto seria, em nosso parecer, obviamente, a *oposição espontânea* regulada, então, nos arts. 342-346 CPC (correspondentes aos atuais arts 333-337), que poderia ser deduzida enquanto não estivesse designado dia para a audiência de *discussão e julgamento* da causa em 1ª instância ou, não tendo esta cabimento, *"enquanto não estiver proferida sentença"* (art. 342-2 CPC [correspondente ao atual art. 333-2])[614]

610 Isidro Matos, *Arrendamento e Aluguer,* Atlântida Editora, Coimbra, 1968, p. 246; António Pais de Sousa, *Extinção do Arrendamento Urbano,* 2ª ed. cor. e aum., Almedina, Coimbra, 1985, pp. 110-111; Pereira Coelho, *Arrendamento,* 1980-1981, p. 212, nota 1; 1984, p. 228, nota 1; 1988, p. 70, nota 1.

611 Como temos desenvolvido desde o nosso *Curso de Direito dos Arrendamentos Vinculísticos,* 1988, 2ª ed., pp. 560-561.

612 Antunes Varela, *Rev.Leg.Jurs.* 101º, pp. 172-176. Esta doutrina veio a ser consagrada no douto ac. da Relação de Évora, de 26-3-1980 (*Coletânea*, V-3, p. 14).

613 Pais de Sousa, *Extinção do Arrendamento Urbano,* Almedina, Coimbra, 2ª ed. cor. aum., 1985, p. 111.

614 Entendimento que veio mais tarde a ser também subscrito por Aragão Seia, *Arrendamento Urbano,* 5ª ed., Almedina, 2000, p. 447 – que tivéssemos dado por isso, desde essa edição, mantendo-se depois nas seguintes (cf. anotações ao art. 71).

Hoje em dia, com a adoção da *denúncia* não já *judicial* mas por *comunicação* (art. 1103-1), o problema não se põe nesses termos.

Perante a *denúncia*, o *arrendatário* não poderá opor-lhe qualquer dissídio entre os *comproprietários* pois, para ele, tal questão é *res inter allios*.

Qualquer *comproprietário* pode subscrever, nessa qualidade, a *comunicação* de *denúncia para habitação própria* ou de *descendente seu em 1º grau* e o *arrendatário* nem poderá opor-se à *denúncia*, mesmo na falta de acordo de outro ou outros *comproprietários*, pois qualquer deles poderá sempre servir-se da casa para si, contanto que não a empregue para *fim diverso* daquele a que se destina e não prive os outros consortes do uso a que têm direito, como se decreta no art. 1406-1 CC.

Aliás, o *comproprietário denunciante* irá, com a sua *comunicação*, investir-se na posição do *arrendatário* dos outros *contitulares*, não os privando assim da *aplicação arrendatícia* que tinham relativamente à casa, e continuarão a ter.

Na verdade, não sendo natural que renunciem os restantes à quota-parte de *renda* que estavam a usufruir, e não podendo o *denunciante*, nos termos do citado preceito, locupletar-se com a utilização gratuita em proveito exclusivo, a investidura do *comproprietário* utente na posição de *inquilino* será, se bem nos parece, a solução mais intuitiva para a conciliação dos interesses em confronto, que, naturalmente, constituirão objeto de reflexão interna e subsequente acordo.

A questão complica-se no caso de haver interesses conflituantes no uso da casa, por exemplo, por outro *comproprietário* também a querer para a *habitar*, ou dar de *habitação* a um *descendente seu em 1º grau*.

Nesse caso, o dissídio resolver-se-á internamente, mediante deliberação por maioria absoluta, nos termos do disposto no art. 1407-1 CC e, se necessário, através de recurso ao tribunal, que "*decidirá segundo juízos de equidade*" (nº 2 do mesmo artigo).

II – ***O usufrutuário.*** Analisado o caso do *comproprietário*, passemos ao *usufrutuário*, a que, por fim, se refere a al. *a)* do nº 1 do presente artigo.

Como resulta da mesma alínea, também o simples *usufrutuário* há mais de *dois anos*, ou sendo-o por *sucessão*, imediatamente, tem direito à *denúncia* do *arrendamento habitacional de duração indeterminada*, por *necessidade de habitação própria* ou de *descendente em 1º grau*.

A referência ao *usufrutuário* não constava ainda dos projetos que conduziram à Lei nº 2:030.

O próprio parecer da Câmara Corporativa, relatado por Pires de Lima, não o referia, limitando-se a aludir genericamente ao *senhorio*.

Foi na versão final da Lei que, no seu art. 69, al. *b)*, 1º, se referiu o direito â *denúncia* "do proprietário ou usufrutuário".

O primitivo art. 1098-1, al. *a)*, do CC de 66, retomando o tema, acrescentou-lhe o *comproprietário*: "*ser proprietário, comproprietário ou usufrutuário*".

E foi esta fórmula que se consolidou e se encontra agora no presente artigo.

Compreende-se, aliás, a atribuição do direito de *denúncia* também ao *usufrutuário*, pois ele, como se sabe e decorre do disposto no art. 1439 CC, tem um direito gozar, temporária e plenamente a coisa ou direito alheio sem lhe alterar o forma ou substância.

Como *direito temporário*, pretender-se-ia que se lhe limitasse o direito a quando ainda o seu gozo perdurasse, por exemplo, por tempo que se exigia ao *proprietário* ou *comproprietário* sobre a casa a que se reportasse a *denúncia* – mas o legislador jamais estabeleceu semelhante limitação.

III – ***O nu proprietário.*** O *nu proprietário* não é verdadeiramente alheio ao *arrendamento* celebrado pelo *usufrutuário*.

É de considerar que, no nosso Direito positivo, foi rejeitada a conceção do *usufrutuário* como um *proprietário temporário* – o que comprime a sua posição, em favor do *radiciário*.

Na vigência do *arrendamento*, é sobre este que impende a obrigação de realizar as *reparações extraordinárias* do prédio (art. 1473-1 CC). Ele pode, inclusivamente, opor-se à própria celebração do *contrato de arrendamento*, se não respeitar o destino económico da coisa (art. 1446 CC).

Findo o *usufruto* e caducado por isso o *arrendamento* que vigorava, fica o *nu proprietário*, tornado assim *proprietário pleno*, onerado a dar *preferência* na celebração de novo contrato com esse *arrendatário*, nos termos do art. 1091-1, al. *b)*, CC.

Por que não admitir que, enquanto ainda *nu proprietário*, necessitando ele do prédio para aí construir a sua *residência* ou para *habitá-lo*, embora não tenha sido ele o signatário do contrato, celebrado diretamente com o *usufrutuário*, possa intentar contra o *arrendatário*, a respetiva ação de *denúncia*?

Tanto parece aceitável este entendimento que, mesmo aqueles que liminarmente o têm recusado, acabam, por vezes, por vir a reconhecer ao *radiciário* direito de *denúncia* através de uma qualidade colateral e, para ele, verdadeiramente abnorme.

Com efeito, já se tem julgado e defendido que, tendo sido o *nu proprietário* quem, nessa qualidade, celebrou o *contrato de arrendamento* como *senhorio*, não se lhe poderá negar aquele direito[615].

É verdade que, no proémio do art. 1102-1 CC (como, antes, no art. 1098-1 CC e no art. 71-1 RAU) se refere diretamente ao "direito de denúncia para habitação *do senhorio*" – mas cremos que, com esta expressão, não houve o propósito legislativo de restringir o comando àqueles que, para além de *proprietários, comproprietários* ou *usufrutuários* reúnam em si a qualidade de *senhorio*[616].

[615] SUPREMO, 3-3-1983 (*BMJ* nº 325, p. 548; *ROA*, 44º-1, p. 105; *Rev.Leg.Jurs.* 120º, p. 45); ANTUNES VARELA, *Rev. Leg. Jur.*, 120º, p. 53.

[616] Como o sustenta CARLOS LIMA, *Arrendamento – Denúncia, Usufruto e Nua propriedade* (*ROA*, 44º-I, pp. 114-115).

Se assim fosse, também o *usufrutuário* quando, como tal, não acumulasse a qualidade de *senhorio*, não teria *direito de denúncia*, e tão pouco o teria o *nu proprietário*, em tal construção, porque, sendo embora *senhorio*, não era *proprietário pleno*[617] – ou, então, poderia o *radiciário*, como *senhorio*, usar a *denúncia*, mas para a habitação do *usufrutuário*, a quem cabe o gozo do prédio.

Todas estas construções parecem artificiais e insatisfatórias.

Realmente, o art. 1102-1 CC (em reprodução do art. 71-1 RAU, por sua vez, repetindo o primitivo art. 1098-1 CC) não situa o *senhorio* como *titular do direito de denúncia*, apenas o reconduzindo à posição do natural sujeito do contrato com o *arrendatário* do prédio ou fração – e fá-lo, tão somente, por ser essa a hipótese normal; não, porque tenha em vista excluir o *proprietário, comproprietário* ou *usufrutuário*, quando não for *senhorio* – ou, muito menos, para dar *direito de denúncia* a quem seja *senhorio*, sem todavia poder ser incluído nalguma daquelas categorias essenciais.

O *nu proprietário*, seja ou não *senhorio*, é *proprietário*; logo, em nossa opinião, tem pleno cabimento numa delas (*proprietário*) e, *só por esse facto*, já poderia denunciar o *contrato de arrendamento* para *habitação* própria ou de seu descendente em 1º grau, sem embargo de o gozo do prédio estar *temporariamente* encabeçado no *usufrutuário* – à imagem do que acontece com qualquer dos *comproprietários*, a despeito de a nenhum destes caber o uso exclusivo da coisa (art. 1406-1 CC).

Em contrário, mais recentemente, mas ainda no domínio da legislação anterior:

– O radiciário nu comproprietário, como tal, ainda que o seja há mais de cinco anos, não tem o direito de denúncia do contrato de arrendamento – Relação de Lisboa, 23-10-1997 (*Coletânea*, XXII-IV, p. 121).

Este excelente aresto, relatado brilhantemente por VARGES GOMES, não obstante generosamente conceder alguma qualidade à nossa argumentação, pondera sermos o único autor a sustentar a suscetibilidade de *denúncia* do mero *radiciário*.

Relativamente ao panorama nacional, será porventura esse o caso – mas, se nos é permitido, sempre gostaríamos de acrescentar que não receamos estar sós enquanto estivermos convencidos da justeza e rigor do nosso entendimento. Cresce, todavia, a corrente que já vai admitindo essa suscetibilidade, antes recusada, ao nu proprietário *que tenha sido o senhorio do contrato*. Depois do Professor ANTUNES VARELA[618], pode-

[617] Como se refere no ac. do SUPREMO, de 3-3-1983, acima citado, e o recorda ANTUNES VARELA, *Rev.Leg.Jurs.* 120º, p. 52.

[618] *Rev.Leg.Jurs.* 120º, p. 53, e PIRES DE LIMA/ANTUNES VARELA, *Código Civil Anotado*, II, 4ª ed., Coimbra Editora, 1997 p. 628, aqui referindo a nossa opinião em contrário, "mas sem razões convincentes" – aliás, modificando, ao que parece, o entendimento expresso na *Revista*, segundo o qual, o art. 1096 "abrange no seu espírito, tanto o proprietário pleno, como o nu proprietário que, na qualidade de senhorio, cede o prédio em arrendamento a outrem".

mos ainda passar a referir também, neste sentido, SEQUEIRA RIBEIRO[619], JANUÁRIO GOMES[620] e ARAGÃO SEIA[621].

Terá de reconhecer-se que representa isto já um consolador avanço no sentido do nosso entendimento – o qual, aliás, cremos que mais se reforçará se ponderarmos que, como resultava do disposto no art. 71-1 RAU e resulta agora do art. 1102-1, al. *a)*, não bastará ser-se *senhorio* do contrato para se poder *denunciar* este: é preciso ser-se *proprietário, comproprietário* ou *usufrutuário* do espaço arrendado.

Ora se, impugnando a nossa tese, se sustentar que ele não é *proprietário*, como admitir que poderá denunciar o contrato, ainda que seja simples *senhorio?* Se, pelo contrário, se entender que lhe falta, para o efeito, a qualidade de *senhorio*, entraremos numa questão fundamentalmente adjetiva, e bastaria nesse caso exigir (nem vamos longe disso) que fosse o *senhorio usufrutuário* a denunciar o contrato, em favor do *radiciário.*

Já agora, não fecharemos este apontamento sem salientar que não se entendem entre si os seguidores desta construção quanto a saber se, sendo o *radiciário* o *senhorio* do *arrendamento*, a circunstância de não o admitir a denunciar representaria impedir também a denúncia ao *usufrutuário carecido de habitação* (é a conclusão de ARAGÃO SEIA – cf. o que refere o Saudoso Conselheiro a pp. 445), ou se conduziria antes a aceitar-se que ambos (*radiciário* e *usufrutuário*) teriam tal direito, o primeiro como *senhorio* e o segundo através duma *ação de reivindicação*, como parece ser o entendimento de CARLOS LIMA, ANTUNES VARELA, SEQUEIRA RIBEIRO e JANUÁRIO GOMES.

A última destas soluções, como logo se notará, resolve-se numa construção muito próxima da nossa, de que só se afasta, afinal, enquanto rejeita ao *radiciário não senhorio* legitimidade para denunciar o contrato, em clara contradição com o que se admite para o *comproprietário não senhorio* ou para o *senhorio proprietário pai* (al. *a), in fine*, do art. 69-1 RAU, atualmente reproduzida pela alínea homóloga do número homólogo do art. 1102 CC) – e, para cúmulo, passando pela nossa desenvolvida argumentação contrapondo-se-lhe apenas, na expressão de ANTUNES VARELA, a não argumentativa qualificação de "sem razões convincentes"[622].

3. Necessidade de descendente em 1º grau

(v. *supra*, nº 2-III, *sub* art. 1101)

O *herdeiro de herança indivisa*, como tem sido julgado, beneficia também deste direito de *denúncia*, não obstante poder não vir ulteriormente a ser-lhe atribuída qualquer quota no prédio ou fração arrendada.

619 Cf. *Sobre a denúncia no contrato de arrendamento para habitação*, p. 71.

620 Cf. *Arrendamentos para habitação*, 2ª ed., Almedina, 1996, p. 291.

621 *Arrendamento Urbano*, Almedina, 2000, 5ª ed., p. 446. Nas duas edições posteriores, manteve o entendimento.

622 Cf. PIRES DE LIMA/ANTUNES VARELA, *Código Civil Anotado*, II, 4ª ed., Coimbra Editora, 1997, p. 628, nota 7.

Artigo 1103 – Denúncia justificada

1– A denúncia do senhorio com qualquer dos fundamentos previstos nas alíneas *a*) e *b*) do artigo 1101 é feita mediante comunicação ao arrendatário com antecedência não inferior a seis meses sobre a data pretendida para a desocupação e da qual conste de forma expressa, sob pena de ineficácia, o fundamento da denúncia.

2 – Quando a denúncia tiver o fundamento previsto na alínea *b*) do artigo 1101, a comunicação referida no número anterior é acompanhada, sob pena de ineficácia da denúncia, dos seguintes documentos:

a) – Comprovativo de que foi iniciado, junto da entidade competente, procedimento de controlo prévio da operação urbanística a efetuar no locado; e

b) – Termo de responsabilidade do técnico autor do projeto legalmente habilitado que ateste que a operação urbanística reúne os pressupostos legais de uma obra de demolição ou de uma obra de remodelação ou restauro profundos e as razões que obrigam à desocupação do locado.

3 – A denúncia a que se refere o número anterior é confirmada, sob pena de ineficácia, mediante comunicação ao arrendatário, acompanhada dos seguintes documentos:

a) – Alvará de licença de obras ou título da comunicação prévia;

b) – Documento emitido pela câmara municipal, que ateste que a operação urbanística constitui, nos termos da lei, uma obra de demolição ou uma obra de remodelação ou restauro profundos para efeitos de aplicação do disposto na alínea *b*) do artigo 1101, quando tal não resulte do documento referido na alínea anterior.

4 – Na situação prevista no número anterior, a desocupação tem lugar no prazo de 60 dias contados da receção da confirmação, salvo se não se encontrar decorrido o prazo previsto no nº 1, caso em que a desocupação tem lugar até ao termo do último dos prazos.

5 – O senhorio que haja invocado o fundamento referido na alínea *a*) do artigo 1101 deve dar ao local a utilização invocada no prazo de três meses e por um período mínimo de dois anos.

6 – A invocação do disposto na alínea *b*) do artigo 1101 obriga o senhorio, mediante acordo e em alternativa:

a) – Ao pagamento de uma indemnização correspondente a dois anos de renda, de valor não inferior a duas vezes o montante de 1/15 do valor patrimonial tributário do locado;

b) –A garantir o realojamento do arrendatário por período não inferior a três anos.

7 – Caso as partes não cheguem a acordo no prazo de 30 dias a contar da receção da comunicação prevista no nº 1, aplica-se o disposto na alínea *a*) do número anterior.

8 – Metade da indemnização deve ser paga após a confirmação da denúncia e o restante no ato da entrega do locado, sob pena de ineficácia.

9 – Salvo motivo não imputável ao senhorio, o não cumprimento do disposto no nº 5, ou o não início da obra no prazo de seis meses contados da desocupação do locado, obriga o senhorio ao pagamento de uma indemnização correspondente a dez anos de renda.

10 – Da denúncia pelo senhorio não pode resultar uma duração total do contrato inferior a dois anos.

11 – A denúncia prevista na alínea *b*) do artigo 1101 é objeto de legislação especial, sem prejuízo do disposto nos números anteriores.

(Redação da Lei nº 31/2012,com significativas alterações introduzidas pela Lei nº 79/2014, de 19 de dezembro, pela Lei nº 43/2017, esta para, no nº 4, subir unicamente o prazo anterior, de 15 dias, para os atuais 60 dias e, nos n.os 6 e 8 lhes dar as redações que se consignam e, por último, pela Lei nº 13/2019, de 12 de fevereiro que deu aos n.os 9 e 11 a redação que se consigna)

Tem andado o legislador, como se vê, a desenvolver e a aperfeiçoar este texto de um artigo que se nos afigura descabido no CC.

Artigo 1104 – Confirmação da denúncia

No caso previsto na alínea *c*) do artigo 1101, a denúncia deve ser confirmada, sob pena de ineficácia, por comunicação com a antecedência máxima de 15 meses e mínima de um ano relativamente à data da sua efetivação.

(Era o preceito assim formulado pela Lei nº 6/2006, que o art. 13 da Lei nº 43/2012 revogou e, por último, a Lei nº 13/2019), através do seu art. 2º repôs nos termos aqui consignados e duplicadamente repristinou, depois, no seu art. 13).

A necessidade deste preceito resulta da exagerada dimensão de *cinco anos* que, primeiro, a Lei nº 6/2006 atribuiu à *denúncia*, na al. *c)* do art. 1101, e que, depois, a Lei nº 31/2012 reduziu para *dois anos*, período, mesmo assim, excessivo, e, por fim, à data em que escrevemos, a Lai nº 13/2019 repôs na dimensão primitiva.

É evidente que um tão largo período não é adequado a uma *denúncia*, mal disfarçando o propósito de protelar a estada do *arrendatário*, com notória e condenável parcialidade.

E tão pouco cuidadoso foi o último dos citados diplomas que, depois de ter dado a este artigo, no seu art. 2º, a redação que aqui ostenta, adiante, no art. 13, como se não lhe tivesse dado redação alguma, declara que ele é repristinado na redação da Lei nº 6/2006.

DIVISÃO III – Transmissão

Artigo 1105 – Comunicabilidade e transmissão em vida para o cônjuge

1 – Incidindo o arrendamento sobre casa de morada de família, o seu destino é, em caso de divórcio ou de separação judicial de pessoas e bens, decidido por acordo dos cônjuges, podendo estes optar pela transmissão ou pela concentração a favor de um deles.

2 – Na falta de acordo, cabe ao tribunal decidir, tendo em conta a necessidade de cada um, os interesses dos filhos e outros fatores relevantes.

3 – A transferência ou a concentração acordadas e homologadas pelo juiz ou pelo conservador do registo civil ou a decisão judicial a elas relativa são notificadas oficiosamente ao senhorio.

(Redação que vinha já da Lei nº 6/2006)

1. Apontamento introdutório

Este preceito remonta a sua origem ao art. 45 da Lei nº 2:030 que, perante o princípio da *incomunicabilidade* do *direito de arrendatário*, dispunha assim:

"1 – *Requerida a separação de pessoas e bens ou o divórcio, podem os cônjuge4s acordar em que o direito de arrendamento para habitação fique ao não arrendatário. Na falta de acordo, o juiz, a requerimento de qualquer dos interessados, decide na sentença, tendo em conta a sua situação patrimonial, as circunstâncias de facto, as circunstâncias relativas à ocupação da casa, o interesse dos filhos, a culpa do arrendatário na separação ou divórcio e o facto de o arrendamento ser anterior ou posterior ao casamento.*

2 – *Se houver filhos e o processo tiver de ser remetido ao tribunal de menores, a este competirá decidir.*

3 – *A transmissão do direito ao arrendamento para o cônjuge do arrendatário por acordo ou decisão judicial, só produz efeitos em relação ao senhorio, se for requerida a sua notificação dentro de 30 dias, a contar do trânsito em julgado da sentença de da separação ou divórcio, ou da decisão proferida pelo tribunal de menores.*"

Tal disposição veio depois a ser fundamentalmente reproduzida e aperfeiçoada no CC, onde o seu art. 1110 rezava então assim:

"1 – *Seja qual for o regime matrimonial a posição de arrendatário não se comunica ao cônjuge e caduca por sua morte, sem prejuízo do disposto nom artigo seguinte.*

2 – *Obtido o divórcio ou a separação judicial de pessoas e bens, podem os cônjuges acordar em que a posição de arrendatário fique pertencendo a qualquer deles.*

3 – *Na falta de acordo, cabe ao tribunal decidir, tendo em conta a situação patrimonial dos cônjuges, as circunstâncias de facto relativas à ocupação da casa, o interesse dos filhos, a culpa*

imputada ao arrendatário na separação ou no divórcio, o facto de ser o arrendamento anterior ou posterior ao casamento, e quaisquer outras circunstâncias atendíveis; estando o processo pendente no tribunal de menores, cabe a este a decisão.

4 – *A transferência do direito ao arrendamento para o cônjuge do arrendatário, por efeito de acordo ou decisão judicial, deve ser notificada oficiosamente ao senhorio".*

Nota-se bem a paternidade dos dois preceitos; do primeiro, como relator do Parecer da Câmara Corporativa que conduziu à Lei nº 2:030, e do último, pela sua intervenção fundamental na redação final do CC: o Prof. PIRES DE LIMA, em colaboração com o então Ministro da Justiça.

Quem não tenha vivido essa época, surpreender-se-á, porventura, com o presente dispositivo legal. Obtido o *divórcio* ou a *separação judicial de pessoas e bens dos cônjuges*, podem estes livremente acordar entre si a quem fica pertencendo a *posição de arrendatário*. Na falta de acordo, o tribunal decidirá a quem atribuí-la.

E o *senhorio*? Não tem uma palavra sobre se estará interessado, ou não, nesse *arrendatário* com quem não contratou?

No período anterior ao RAU, o *senhorio*, lançado o seu prédio no *mercado de arrendamento*, perdia todo o poder de comando sobre ele, pois o seu uso passava vitaliciamente, para o *arrendatário* e seus *sucessores*.

Era o *vinculismo arrendatício*, estabelecido em geral nas legislações, temporária e excecionalmente, para obviar às situações criadas pelo estado de necessidade advindo das duas grandes guerras – mas, entre nós, facciosamente transformado em regime estrutural com o novo CC: "*nos arrendamentos a que esta secção se refere* [a relativa ao arrendamento de prédios urbanos e rústicos não rurais], *o senhorio não goza do direito de denúncia, considerando-se o contrato renovado se não for denunciado pelo arrendatário nos termos do artigo 1055*".

Cessado o *vinculismo*, porém, a que título se admitirá a negociação a que se reporta este preceito, à revelia do *senhorio*, como se o *arrendatário* e seus familiares fossem os donos do prédio?

O proprietário arrenda-o a determinado *arrendatário*, *intuitu personæ*, como é da natureza da *locação*, e a verdade é que não parece nada razoável que, pelo *divórcio* ou *separação* deste, terceiros distribuam o *arrendamento* entre si, como se fossem eles os proprietários prediais, ou que o tribunal se intrometa a distribuir um poder que se contém no *direito de propriedade* do respetivo titular e, concretamente para a *locação*, em frontal contrariedade com o princípio estabelecido na al. *d)* do art. 1051 CC.

Um comando como o que se estabelecia no primitivo art. 1110 CC, para os *arrendamentos vinculísticos*, deixa obviamente de ter qualquer justificação num *arrendamento livre* para que o CC está, neste momento, a dispor.

Quando, porém, com o RAU se admitiu, em 1990, a celebração de *arrendamentos livres para habitação* (art. 98 RAU) e seria assim de esperar que esta disciplina se reservasse, em Direito transitório, aos *arrendamentos vinculísticos* remanescentes, em vez disso – *por mera velocidade adquirida*, supomos nós – repetiu-se o preceito, com caráter de generalidade, no art. 84:

> "1 – *Obtido o divórcio ou a separação judicial de pessoas e bens, podem os cônjuges acordar em que a posição de arrendatário fique pertencendo a qualquer deles.*
> 2 – *Na falta de acordo, cabe ao tribunal decidir, tendo em conta a situação patrimonial dos cônjuges, as circunstâncias de facto relativas à ocupação da casa, o interesse dos filhos, a culpa imputada ao arrendatário na separação ou no divórcio, o facto de ser o arrendamento anterior ou posterior ao casamento, e quaisquer outras circunstâncias atendíveis; estando o processo pendente no tribunal de menores, cabe a este a decisão.*
> 3 – *Estando o processo pendente no tribunal de família, cabe a este a decisão.*
> 4 – *A transferência do direito ao arrendamento para o cônjuge do arrendatário, por efeito de acordo ou decisão judicial, deve ser notificada oficiosamente ao senhorio*".

Não se deu o legislador então conta de que semelhante atribuição do *direito de arrendatário* só poderia agora valer quando o *senhorio* nela consentisse.

E tão distraído tem andado que, chegado à Lei nº 6/2006, de 27 de fevereiro, continuou a admitir o mesmo preceito com carácter geral – e até, num requinte surpreendente, lhe retocou a forma.

Surgiu assim o art. 1105 CC:

> 1 – *Incidindo o arrendamento sobre a casa de morada da família, o seu destino é, em caso de divórcio ou separação judicial de pessoas e bens, decidido por acordo dos cônjuges, podendo estes optar pela transmissão ou pela concentração a favor de um deles.*
> 2 – *Na falta de acordo, cabe ao tribunal decidir, tendo em conta a necessidade de cada um, os interesses dos filhos e outros fatores relevantes.*
> 3 – *A transferência ou a concentração acordadas e homologadas pelo juiz ou pelo conservador do registo civil ou a decisão judicial a elas relativas são notificadas oficiosamente ao senhorio*"

Foi esta disposição que, como se vê, depois a Lei nº 31/2012 reproduziu integralmente como norma de carácter geral dos *arrendamentos livres*.

Imagine-se então, num *arrendamento* destes em que, perante o *divórcio* ou a *separação*, houve discórdia que se arrastou até à decisão judicial. Ocorrida esta e comunicada ao *senhorio* a decisão, acontece que, no dia seguinte, é a data própria para ele comunicar ao *arrendatário* a sua *oposição à renovação do contrato*.

Para que serviu tão laboriosa regulamentação?

Cremos pois que o lugar adequado para semelhante disposição deveria ser no NRAU, como *norma transitória*.

2. Comunicabilidade e transmissão em vida ao cônjuge nos arrendamentos vinculísticos remanescentes

Não se tendo editado entre as normas transitórias uma específica disposição para os *arrendamentos vinculísticos* a disciplinar a *comunicabilidade* e a *transmissão do direito de arrendatário em vida para o cônjuge*, põe-se naturalmente a questão de saber se o presente preceito lhes será, mesmo assim, aplicável também a eles.

Cremos que será principalmente a esses arrendamentos que se aplicará.

O NRAU distingue, por um lado, os *contratos habitacionais* posteriores ao RAU e os *não habitacionais* posteriores ao Decreto-Lei nº 257/95, sujeitando-os ao disposto no art. 26 NRAU e, por outro, os anteriores àqueles dois marcos que, por sua vez submete ao preceituado nos arts. 27 ss NRAU.

Ora, para os contratos anteriores, o art. 28 NRAU manda aplicar, "com as necessárias adaptações, o disposto no artigo 26" – o qual, além do mais, que não vem para o caso, determina que, com as indispensáveis especificidades, "passam a estar submetidos ao NRAU".

Isto quer dizer que, independentemente das particularidades que se editam no NRAU, eles submetem-se, em geral, às próprias normas do CC, atento ainda o preceituado no art. 12-2, *in fine*, CC[623].

Deste modo, o presente art. 1105, que não tem qualquer interesse para o regime geral do *arrendamento urbano*, onde se insere, acaba por, ainda assim, ter relevância prática no tocante aos remanescentes *arrendamentos vinculísticos* em cuja disciplina particular deveria ter sido, antes, inserido.

3. Casa de morada da família

O instituto da *casa de morada da família* surgiu, na nossa legislação, com a lei de família aprovada com o Decreto-Lei nº 496/77, de 25 de novembro.

No plano arrendatício, é um instituto datado

Tratava-se então de substituir a tradicional *administração do casal* em que pontificava o *chefe de família* pelo sistema de *administração conjunta*, que hoje domina – e, naturalmente, o novo regime alastrou também à *casa destinada a habitação do agregado familiar.*

Enquanto o primitivo art. 1672-1 estabelecia que "a mulher deve adotar a residência do marido", com a Reforma de 1977, o art. 1673-1, substituiu-se este princípio pela norma segundo a qual "*os cônjuges devem escolher de comum acordo a residência da família, atendendo, nomeadamente, às exigências da sua vida profissional e aos interesses dos filhos e procurando salvaguardar a unidade da vida familiar*".

Coerentemente, estabeleceu-se então, por um lado, que, seja qual for o *regime de bens*, "*a alienação, oneração, arrendamento ou constituição de outros direitos pessoais de gozo sobre a casa de morada da família carece sempre do consentimento de ambos*" (art. 1682-A-2).

623 Cf., neste sentido, LUÍS MENEZES LEITÃO, *Arrendamento Urbano*, 6ª ed., Almedina, p. 185.

Por outro, que carecem ainda de *autorização de ambos*, relativamente à *casa de morada da família*, a *resolução* ou *denúncia* do contrato de arrendamento pelo *arrendatário*; a *revogação* do arrendamento por mútuo consentimento; a *cessão da posição de arrendatário*; o *subarrendamento* ou o *empréstimo* total ou parcial (art. 1682-B).

Em suma, fosse qual fosse o *cônjuge arrendatário*, o *contrato de arrendamento* foi então blindado: só com o consentimento de ambos poderá ser-lhe posto termo.

Mas se, de comum acordo, escolhessem como *residência da família*, nos termos do art. 1673-1, um *imóvel próprio* de um dos *cônjuges*, sendo o casamento com *separação de bens*, ainda havia *casa de morada da família*, pois o titular não podia livremente alienar o respetivo imóvel, sem necessidade de consentimento do outro (citado art. 1682-A-2).

A lei não definiu então o conceito do instituto, mas é fácil de ver, pela sua designação, que *casa de morada da família é o domicílio conjugal*, a residência habitual do agregado familiar. E não se restringe a uma *casa arrendada*, mas compreenderá toda aquela que, por direito próprio, foi eleita para ser ocupada estavelmente, embora, como ressalta do pormenor posto nos dois preceitos acrescentados ao art. 1682, tenha sido sobre ela que mais fortemente se fez incidir o acento tónico.

Importa atentar em que a rutura, por um dos *cônjuges*, deste domicílio, não extingue a *casa de morada da família*. Como refere lapidarmente Pereira Coelho, "seria um verdadeiro absurdo que, se um dos cônjuges abandona o outro ou força o outro a abandoná-lo, a 'casa de morada da família' deixasse de o ser só por esse facto, podendo aquele cônjuge, por consequência, aliená-la livremente"[624].

Na legislação arrendatícia, porém, o RAU ignorou por completo a denominação, estabelecendo, no seu art. 84, a regulação que, com a Lei nº 6/2006, de 27 de fevereiro, se reproduziu, mas relacionando-a agora, expressamente, com a *casa de morada da família*, o que, por fim, a Lei nº 31/2012 voltou a reproduzir textualmente.

No fundo, estamos perante uma reprodução mecânica que, com mais ou menos retoque, se repete desde a Lei nº 2:030 sem se ter na necessária conta as transformações que o Direito positivo sucessivamente vai tendo.

Designadamente, com a *comunicabilidade conjugal arrendatícia*, constante do art. 1068, sendo então *arrendatários* os dois *cônjuges*, nem sequer seria preciso apelar para a *casa de morada da família* para se exigir o consentimento de ambos na iniciativa da cessação do contrato.

Tudo isto, porém, só poderá dizer respeito aos *arrendamentos vinculísticos* remanescentes; não tem interesse prático relativamente aos de *duração efetiva* existentes que, no fundo, constituem o objeto da regulação constante do CC.

4. Divórcio

O *divórcio* é, como se sabe, a *dissolução do casamento*.

624 *Rev. Leg. Jur.*, 123º, p. 369.

Pode ser decretado por *mútuo consentimento* ou, como agora se diz, *sem consentimento de um dos cônjuges* (art. 1773-1).

A segunda modalidade, antes dita de *divórcio litigioso*, segue o processo contemplado nos arts. 931 e 932 CPC.

Intentada a ação, o juiz começará por procurar obter uma *conciliação* ou, não sendo esta possível, o *acordo quanto aos alimentos* e quanto à *regulação do exercício de responsabilidades parentais dos filhos*, bem como quanto à utilização da *casa de morada da família* (art. 931-2 CPC).

Decorrido o prazo para a apresentação de *contestação*, seguem-se os termos do processo comum (art. 932 CPC).

O *divórcio por mútuo consentimento* corre perante o *conservador do registo civil*, seguindo os termos constantes do art. 14 do Decreto-Lei nº 272/2001, de 13 de outubro, e instaurado mediante requerimento assinado por ambos os cônjuges e instruído com uma relação dos bens comuns, com indicação dos respetivos valores ou, se puderem proceder à partilha, nos termos do CRC, o acordo desta ou o seu pedido; certidão da sentença que tiver regulado as responsabilidades parentais, quando haja filhos menores ou acordo sobre estas; acordo sobre a prestação de alimentos ao cônjuge que deles careça; acordo sobre lo destino da casa de morada da família; certidão de escritura antenupcial, quando a tenha havido (art. 1775 CC).

Não sendo o requerimento ao *conservador* acompanhado de algum dos acordos referidos, o processo será apresentado ao *tribunal* (art. 1778-A CC).

Perante o *conservador*, como perante o *juiz*, o processo seguirá então os termos constantes dos arts. 931 e 932 CPC.

5. Separação judicial de pessoas e bens

A *separação judicial de pessoas e bens*, como é sabido, não dissolve o casamento; apenas interrompe a *sociedade conjugal*, pondo termo à *convivência dos cônjuges* e à *comunhão de bens*.

Como se declara no art. 1795-A, "*não dissolve o vínculo conjugal, mas extingue os deveres de coabitação e assistência sem prejuízo do direito a alimentos; relativamente aos bens, a separação produz os efeitos que produziria a dissolução do casamento*".

Como o *divórcio*, também ela pode ser obtida por *mútuo consenso*, ou *sem consentimento do outro cônjuge* sujeitando-se num caso e noutro aos termos processuais que são comuns a um e outra.

Artigo 1106 – Transmissão por morte

1 – O arrendamento para habitação não caduca por morte do arrendatário quando lhe sobreviva:

_a_) Cônjuge com residência no locado;

_b_) Pessoa que com ele vivesse em união de facto há mais de um ano;

c) Pessoa que com ele vivesse em economia comum há mais de um ano.

2 – (*Revogado pelo art. 12 da Lei nº 13/2019*)[625]

3 – Havendo várias pessoas com direito à transmissão, a posição do arrendatário transmite-se, em igualdade de circunstâncias, sucessivamente para o cônjuge sobrevivo ou pessoa que com o falecido vivesse em união de facto, para o parente ou afim mais próximo ou, de entre estes, para o mais velho ou para a mais velha de entre as restantes pessoas que com ele residissem em economia comum.

4 – O direito à transmissão previsto nos números anteriores não se verifica se, à data da morte do arrendatário, o titular desse direito tiver outra casa, própria ou arrendada, na área dos concelhos de Lisboa ou do Porto e seus limítrofes ou no respetivo concelho quanto ao resto do País.

5 – A morte do arrendatário nos seis meses anteriores à data da cessação do contrato dá ao transmissário o direito de permanecer no local por período não inferior a seis meses a contar do decesso.

(Redação da Lei nº 6/2006 com alterações formais e acrescentamento dos n.os 3 e 4)

1. Evolução histórica

À cabeça, importa salientar que este preceito não tem aplicação aos *arrendamentos livres* anteriores à data da entrada em vigor da Lei nº 6/2006, em 28 de junho de 2006, pois o art. 26-2 NRAU manda aplicar-lhes, antes o disposto nos arts. 57 e 58 NRAU.

Fixe-se ainda que, como prontamente se declara, logo no começo do seu nº 1, o que se dispõe aqui só tem cabimento para o *arrendamento habitacional*; para os *não habitacionais*, impera o art. 1113, só lhes sendo aplicável, com as necessárias adaptações, o art. 1107, relativo à *comunicação da morte do arrendatário*, como no art. 1113-2 se declara.

Posto isto, parece de salientar que o presente artigo, decalcado sobre o que se dispunha e dispõe para o *arrendamento vinculístico* e se propõe agora para o *arrendamento livre*, tropeça em vários desacertos que dificultam a sua interpretação.

A matriz desta regulação remonta, com efeito e, mais retintamente, à Lei nº 2:030, que dispunha exatamente assim, no seu

Artigo 46

"1 – O arrendamento para habitação não caduca por morte do primitivo arrendatário se lhe sobreviver cônjuge não separado judicialmente de pessoas e bens ou de facto ou de4scendente ou ascendente que com ele vivesse há pelo menos mais de um ano.

[625] A redação anterior era a seguinte: "Nos casos previstos nas alíneas *b)* e *c)* do número anterior, a transmissão da posição de arrendatário depende de, à data da morte do arrendatário, o transmissário residir no locado há mais de um ano".

2 – A transmissão do direito ao arrendamento estabelecido no número anterior defere-se pela ordem seguinte:

a) – Ao cônjuge sobrevivo;

b) – Aos descendentes, preferindo o mais próximo;

c) – Aos ascendentes, preferindo igualmente o mais próximo.

3 – A transmissão a favor dos descendentes ou ascendentes do primitivo arrendatário também se verifica por morte do cônjuge deste, quando, nos termos do presente artigo ou do anterior, lhe tenha sido transmitido o direito ao arrendamento. Esta segunda transmissão só pode dar-se em favor de pessoas que vivam com o cônjuge do primitivo arrendatário pelo menos há um ano.

4 – Quando o arrendatário não residir no prédio e nele viver o seu cônjuge, descendentes ou ascendentes, o arrendamento não caduca por morte do arrendatário e transmite-se nos termos dos nos 1 e 2 deste artigo.

5 – No caso de se não verificar a transmissão, por não existirem pessoas nas condições previstas neste artigo, é aplicável o artigo 43."

Neste art. 43, previa-se o *despejo* fundado na *extinção* do *arrendamento*, então dita *resolução*.

Como certeiramente refere Menezes Cordeiro, este preceito situava-se no contexto "de um vinculismo extremo, em que o arrendamento tendia para um desmembramento da propriedade"[626].

Entretanto, foi ele a fonte fortemente inspiradora do primitivo art. 1111 CC – mas depois, passando em claro breves alterações ditadas por diplomas avulsos, surgiu o RAU que, como temos visto, vibrou a primeira grande machadada no *vinculismo*, ao permitir que, daí para o futuro, se celebrassem contratos de *arrendamento para habitação* de *duração efetiva* (art. 98 RAU).

Estranhamente, porém, continuou a editar, com carácter geral, um preceito de *transmissão por morte* do *arrendatário*, na linha do que vinha sendo determinado para os *arrendamentos vinculísticos*, repescando-se quase inteiramente o primitivo art. 1111 CC – tendência que se repetiu, depois, com a Lei nº 6/2006.

Repare-se.

Nas *disposições transitórias*, tendo por objeto, os *arrendamentos vinculísticos* remanescentes, surge a disposição seguinte do NRAU:

Artigo 57

Transmissão por morte no arrendamento para habitação

1 – O arrendamento para habitação não caduca por morte do primitivo arrendatário quando lhe sobreviva:

[626] António Menezes Cordeiro, *Leis do Arrendamento Urbano Anotadas* (coord. de António Menezes Cordeiro), Almedina, 2014, p. 345, an. 11.

a) – Cônjuge com residência no locado;

b) – Pessoa que com ele vivesse em união de facto, com residência no locado;

c) – Ascendente que com ele convivesse há mais de um ano;

d) – Filho ou enteado com menos de um ano de idade ou que com ele convivesse há mais de um ano e seja menor de idade ou, tendo idade inferior a vinte e seis anos, frequente o 11º ou 12º ano de escolaridade ou estabelecimento de ensino médio ou superior;

e) Filho ou enteado maior de idade, que com ele convivesse há mais de um ano, portador de deficiência com grau comprovado de incapacidade superior a 60%.

2 – Nos casos do número anterior, a posição do arrendatário transmite-se, pela ordem das respetivas alíneas, às pessoas nele referidas, preferindo, em igualdade de condições, sucessivamente, o ascendente, filho ou enteado mais velho.

3 – Quando ao arrendatário sobreviva mais de um ascendente, há transmissão por morte entre eles.

4 – A transmissão a favor dos filhos ou enteados do primitivo arrendatário, nos termos dos números anteriores, verifica-se ainda por morte daquele a quem tenha sido transmitido o direito ao arrendamento nos termos das alíneas a), b) e c) do nº 1 ou nos termos do número anterior.

Como prontamente se verá, todo este artigo está decalcado sobre o primitivo art. 1111, o que bem se compreenderá em presença dos *arrendamentos vinculísticos remanescentes*, para os quais dispõe o transcrito art. 57 NRAU.

Para aplicação a *arrendamentos livres*, careceria, naturalmente, de outra conformação moldada antes sobre esta nova realidade, em vez da negligente adaptação realizada.

Menezes Cordeiro censura severamente a redação que se imprimiu a este artigo, afirmando, com razão, que o legislador de 2006 "(re)tomou o rumo surrealista de 1977, uma vez que manteve, no essencial, o vinculismo"[627].

Na verdade, em vez de uma transmissão que não é transmissão, visto que atribui arrendamento a quem não era *arrendatário*, o que se impunha decretar aqui, em nosso parecer, seria antes dar aos legítimos ocupantes uma dilação de entrega da casa ao *senhorio*, razoavelmente compatível com a ocorrência do *falecimento do arrendatário*.

Propriamente quanto ao *cônjuge*, que aqui indevidamente se refere sem mais, haveria, naturalmente, q eu atender à situação em que se encontrava, à vista do disposto no art. 1068: se casado em regime matrimonial de *comunicabilidade*, continuaria como *arrendatário*, beneficiando embora, no mínimo, da dilação posta para os ocupantes, no caso de a prorrogação estar então iminente; se não beneficiava da comunicabilidade, ficaria, nesse caso, em igualdade de situações com os outros ocupantes.

[627] António Menezes Cordeiro, *Leis do Arrendamento Urbano Anotadas* (coord. de António Menezes Cordeiro), Almedina, 2014, p. 348, an. 28.

Em suma, este é, em nossa opinião, um artigo descuidadamente concebido, a precisar de uma revisão mais cuidada, que tem faltado.

2. O preceito do nº 1, al. *a)*

Na al. *a)* do nº 1 deste artigo, prevê-se, tal como vinha sucedendo na vigência da primitiva versão do CC, que, com a *morte do arrendatário*, o *arrendamento não caduca* e transmite-se para o *cônjuge sobrevivo*.

O que, porém, deveria antes ditar-se, num *arrendamento livre*, em vista da *comunicabilidade* que se passou a decretar no art. 1068 CC, na redação de 2006, seria que o *arrendamento* não caducaria com o falecimento do *arrendatário*, se lhe sobrevivesse *cônjuge com ele casado segundo o regime matrimonial que não fosse o da separação.*

Além disso, uma vez que o *cônjuge* nestas condições é, no caso mais corrente, também *arrendatário*, por *comunicabilidade*, o que unicamente interessaria dispor, quanto a ele, seria que, quando a cessação contratual estivesse para ocorrer em período muito próximo depois do *falecimento* do *arrendatário*, disporia o outro de uma *prorrogação* compatível com um ponderável período para a entrega da casa.

A falta de coordenação e a impropriedade de linguagem parecem, portanto, evidentes.

3. A revogação do nº 2 do artigo e as als. *b)* e *c)* do seu nº 1

Na redação da Lei nº 6/2006, o nº 1 deste art. 1106 referia, numa al. *a)*, que o *arrendamento para habitação* não caducava por morte do *arrendatário* se lhe sobrevivesse *cônjuge* ou "*pessoa que com o arrendatário vivesse em união de facto há mais de um ano*".

Depois, na al. *b)* do mesmo número, hoje transposta para uma al. *c)*, acrescentava-se a este caso a sobrevivência de "*pessoa que com ele residisse em economia comum e há mais de um ano*".

Em presença da expressão verbal destes dois passos, suscitou-se de imediato a dúvida sobre se a lei se referia à pessoa que vivia com o *arrendatário* apenas *more uxoris* (ou simplesmente em *economia conjunta*), há *mais de um ano*, na casa *arrendada para habitação*, ou, usando-se, como se usa, a própria expressão "união de facto" (ou "em economia comum"), exigiria antes, para elas verdadeiramente se configurarem, que se tivessem consolidado pelo período de *dois anos* – como legalmente se requeria para que se constituísse uma "união de facto", na Lei nº 7/2001, de 11 de maio (e para a "economia comum", na Lei nº 6/2001), e se exige ainda agora, para a primeira, na Lei nº 23/2010, de 30 de agosto: "*A união de facto é a situação jurídica de duas pessoas que, independentemente do sexo, vivam em condições análogas às dos cônjuges há mais de dois anos*" (art. 1º-2 desta Lei).

O mesmo, aliás, se estabelece também, *mutatis mutandis*, para a *economia comum* que, no art. 2º-1 da Lei nº 6/2001, se define nestes termos: "*Entende-se por economia comum a situação de pessoas que vivam em comunhão de mesa e habitação há mais de dois anos e tenham estabelecido uma vivência em comum de entreajuda ou partilha de recursos*".

A dúvida foi tão cruciante na doutrina que suscitou, não apenas uma ou duas interpretações distintas mas, como MENEZES CORDEIRO oportunamente arrolou, nada menos de *cinco entendimentos diferentes*[628].

Pela nossa parte, logo em janeiro de 2008, escrevemos que "qualquer que seja a solução para o quebra-cabeças criado pela ligeireza do legislador de 2006, terá sempre de se respeitar a imposição legal de que não se configuram *uniões de facto* nem *economias comuns* sem uma consolidação de dois anos.

Nesta conformidade, o mínimo que se pode exigir é que, *quando elas se tenham iniciado em outra residência*, terão, ao menos, de, *dentro dos dois anos*, somar *um ano* na do *arrendatário* predefunto".

E acrescentámos: "será exagero, supomos, requerer-se, como também já tem sido sustentado, que perdurem dois anos fora e mais um ano na residência *de qua agitur*, como é o caso de SOARES MACHADO/REGINA SANTOS PEREIRA"[629]

Com a Reforma de 2012, tomou esta a louvável iniciativa de empreender a clarificação do problema interpretativo, editando um nº 2, a estabelecer, quanto à transmissão por *morte do arrendatário* para a pessoa que com ele vivia há mais de *um ano*, em *união de facto* ou em *economia comum* como se previa, e prevê, nas als. *b)* e *c)* do nº 1, que ela dependeria ainda de "*à data da morte do arrendatário, o transmissário residir no locado há mais de um ano*".

A fórmula não era muito feliz, mas, conjugada com as duas alíneas, apontava para ter de se reunirem os requisitos da *união de facto* ou da *economia comum* com *mais de um ano* na residência, consagrando, assim, a solução que tínhamos preconizado e nos parecia, e continua a parecer, a mais equilibrada.

Com a inexplicável revogação deste nº 2 interpretativo, levada ultimamente a cabo pela Reforma de 2019, a verdade é que não ficou fácil desvendar que objetivo terá ela aqui em vista.

Desconhecia o legislador a enorme divisão de entendimentos que a fórmula de 2006 tinha suscitado, e o objetivo esclarecedor do nº 2 de 2012 – e revogou-o assim, inadvertidamente, com o único propósito de repor a redação primitiva?

Só pode, seriamente, admitir-se que terá sido nesse desconhecimento que veio a optar pela revogação – e, agora, só nos restará, naturalmente, voltar ao princípio.

Temos, assim, de pensar de novo e como em 2008 que, se o legislador se contentasse com uma residência *more uxoris* ou de *economia conjunta*, durante apenas esse *mais de um ano*, não as referiria diretamente pelas suas denominações legais, visto que tais institutos só podem legalmente conformar-se após uma prévia maturação de *mais de dois anos*.

Antes de completado este período, a incontestável verdade é que, pura e simplesmente, não há, à face da lei, nem *união de facto* nem *economia comum*.

[628] ANTÓNIO MENEZES CORDEIRO, *Leis do Arrendamento Urbano Anotadas*, Almedina, 2014, p. 349, an. 31.

[629] *Manual do Arrendamento Urbano*, II, 4ª ed., Almedina, 2008, p, 622 e n.

Ora, como as meras convivências em comum, por *mais de um ano*, sem comporem os *mais de dois* legalmente exigidos para se terem por constituídos os institutos como tal denominados nas duas alíneas do nº 1 do presente artigo, terá portanto, quanto a nós, para se merecer a não caducidade do arrendamento, por falecimento do *arrendatário*, de estar consumado então o período para elas exigido, embora, por hipótese, pouco provável mas possível, só venha ele a completar-se com o indispensável *mais de um ano* de estada na residência onde o *arrendatário* veio a falecer.

Continua a parecer-nos excessivo e até arbitrário que tal prazo tenha de completar-se para além do ano de indispensável residência nessa casa, apesar de Menezes Cordeiro preferir esta solução, por deverem ponderar-se os interesses do *senhorio* ante situações passageiras ou meras fraudes[630].

Com o devido respeito, pensamos que a advertência terá razão de ser para os entendimentos que prescindam dos *mais de dois anos* indispensáveis à configuração dos institutos em causa; não, para o nosso, que os exige, embora se perfaçam unicamente quando somados ao *mais de um ano* na residência do falecimento.

Mesmo neste caso, os institutos ficam consolidados e não pode dizer-se, quanto a nós, que haja outro prejuízo para o *senhorio* que não o estritamente resultante dos preenchimentos da exigência legal.

Aliás, em *contratos de duração limitada*, como estes que se estão a perspetivar, a perduração ocupacional por *mais seis meses* ou pelo que faltar para a próxima renovação, pouco ou nada afetará, na prática, o interesse do *senhorio*.

Mas importa ainda, a concluir, não dever deixar de se ter presente que estas hipóteses, se bem nos parece, não passam de ideais construções imaginosas, de difícil ou muito rara verificação prática.

Muitas coincidências terão de repetir-se, para a *comunhão de facto* ou a *economia comum* se iniciarem numa residência e, pouco depois, mudarem para outra, onde o convivente que é *arrendatário*, e não o outro, faleça após concluído aí *um ano*.

Segundo o que será vulgar acontecer, é a convivência em comum perdurar na mesma casa.

Aliás, o que, nestes casos de *união de facto* ou de *economia comum*, é ainda corrente, é constituírem-se como *arrendatárias* as duas pessoas em causa.

4. O nº 3 e a cascata de transmissões que estabelece: o conteúdo não-conteúdo

É no nº 3 do presente artigo que, no seguimento do que se tem estabelecido para os *arrendamentos vinculísticos*, se esboça, um tanto confusamente, convenha-se, o rol de pessoas para as quais, "em igualdade de circunstâncias, sucessivamente" se transmitirá a *posição de arrendatário*.

[630] António Menezes Cordeiro, *Leis do Arrendamento Urbano Anotadas* (coord. de António Menezes Cordeiro), Almedina, 2014, p. 349, an. 32.

Não se compreende bem, num *arrendamento habitacional livre*, celebrado *intuitu personæ*, como todos, que, morto o *arrendatário*, a lei imponha terceiros, conviventes em vida com ele, como seus sucessores na posição de *arrendatários*.

Ou há uma situação de *comunicabilidade conjugal* em que, caducado o arrendamento com o falecido, restará em vigor o *arrendamento comunicado*, ou, quanto aos outros acompanhantes, deveria antes caber uma simples *dilação de conveniência* de entrega da casa.

Quanto a esta dilação, porém, nem seria necessário estabelecê-la aqui, uma vez que, no art. 1053 já está ela expressamente decretada.

A ideia de encabeçar um deles na *posição de arrendatário* deverá, por ventura, ter mais propriamente em vista determinar qual deles deverá passar a pagar a *renda*, enquanto subsistir a ocupação – mas até isso parece antes um desnecessário *afiar o bico ao lápis*, pois todos eles, logicamente, serão responsáveis, porque ocupantes, e as pessoas designadas sucessivamente para a posição de *arrendatário* nem serão as mais solvíveis mas antes as mais respeitáveis.

No fundo, este nº 3, se bem pensamos, não passará de uma reminiscência vinculística, espuriamente transposta para o *arrendamento livre*.

Sob essa inspiração tutelar, admite-se na verdade que, "*havendo várias pessoas com direito à transmissão*", logo declara que a posição do *arrendatário* transmite-se, "*em igualdade de circunstâncias, sucessivamente*":

a) – Para o cônjuge sobrevivo;

b) – Para a pessoa que com o falecido vivesse em união de facto;

ç) – Para o parente ou afim mais próximo;

d) – "Ou, de entre estes, para o mais velho ou para a mais velha de entre as restantes pessoas que com ele residissem em economia comum".

Em primeiro lugar, o *cônjuge*.

Mas é claro que o *cônjuge* só poderá figurar na lista se estiver casado em regime de *separação de bens*, porque, em qualquer outro regime matrimonial, ante a celebração do contrato comunica *ipso facto*, como se sabe, na *posição de arrendatário*, nos termos do preceituado no art. 1068 e, deste modo, o decesso do *arrendatário* deixa intacto o seu *arrendamento*, embora então tenha de se entender, contra a letra do nº 1 deste artigo, que o do falecido, esse, caduca mesmo.

Se, em vez disso, havia entre os que residiam com o falecido quem com ele estivesse numa relação de *união de facto*, ficará esta pessoa no lugar de *arrendatário*.

Não sendo tal o caso, segue-se-lhe, na enumeração deste nº 3, a catadupa seguinte: *"o parente ou afim mais próximo ou, de entre estes, para o mais velho ou para a mais velha das restantes pessoas que com ele residissem em economia comum"*.

Destrinçando, temos, em primeiro lugar, o *parente* ou *afim* mais próximo.

Não se estabelece prioridade entre eles. Suponha-se que residiam simultaneamente o *pai* e o *sogro*; para qual deles, *parente* ou *afim* do mesmo grau, passa a *posição de arrendatá-*

rio? Para o *parente*, em vez do *afim*? Ou para *o mais velho* dos dois? Ou, ainda, o mais velho entre os que, entre os restantes, residiam com o falecido em *economia comum*?

Não vale a pena esmiuçar, tentando responder a estas interrogações.

Jã foi tempo em que semelhantes hipóteses suscitavam controvérsia.

Hoje em dia, o tema é meramente hipotético

5. O nº 4: a exclusão da transmissão se o titular tiver, na área, outra casa própria ou arrendada

Com a Reforma de 2012, acrescentou-se ao artigo o seu nº 4, que ainda é atual, a recusar a sucessão no *direito de arrendatário* do falecido quando "*o titular desse direito tiver outra casa, própria ou arrendada, na área dos concelhos de Lisboa ou do Porto e seus limítrofes ou no respetivo concelho quanto ao resto do País*".

Trata-se, obviamente, de aproximada reprodução do nº 3 do art. 57 NRAU, que a Reforma de 2012 acrescentou ao Direito transitório e acrescentou também aqui, como se começou por dizer, mais por uma questão de simetria do que por imperativo de justiça.

Se a disposição se justificava plenamente em matéria de transmissão por *morte do arrendatário* de um *arrendamento vinculístico* e tem aí pleno cabimento, já, contudo, para o *arrendamento livre* não apresenta, em nosso parecer, qualquer justificação.

Uma vez mais, o legislador não conseguiu despegar-se do *vinculismo* que se lhe entranhou na alma.

Não tem qualquer espécie de sentido recusar a *transmissão por morte* num *arrendamento livre*, em virtude de o titular ter, na mesma área, para sua residência, outra *casa de habitação*, própria ou arrendada – uma vez que a sua permanência no espaço arrendado, cessará logo dentro dos *seis meses* do nº 5 deste artigo ou, sendo a *renovação* mais distante, logo que o *senhorio*, se isso lhe convier, deite mão da oposição à renovação e ponha termo ao contrato.

Compreende-se certamente no plano dos *arrendamentos vinculísticos*, em que a permanência do arrendatário será vitalícia.

No *arrendamento livre*, como é o caso, a ressalva posta neste número não passa, a nosso ver, de uma *regra-ficta*, sem aplicabilidade prática que justifique a sua existência.

Não se compreende como o legislador de 2012 se lembrou dela.

6. O nº 5 do artigo: a sobrevivência mínima do contrato

Com o nº 5, estabeleceu-se, desde a Reforma de 2006 (aí, como um nº 3 do artigo), a dilação de entrega da casa ao *senhorio*.

Uma vez que, segundo o nº 3, se prevê o encabeçamento de uma de certas pessoas, num quadro de sucessão, na *posição de arrendatária*, ficando a qualificada para o efeito então à mercê da primeira *oposição à renovação* que o *senhorio* lhe quisesse mover, surgiu esta disposição a fixar em *seis meses* sobre a data do decesso o período mínimo de permanência na casa.

Como estamos em presença de *arrendamentos livres*, o "transmissário" ficará, se quiser, encabeçado nessa situação, enquanto o *senhorio* lhe não mover uma *oposição à renovação* e pode, inclusivamente, continuar como *arrendatário* por sucessivas *renovações tácitas*.

Se, porém, a data da *renovação* se situar antes dos *seis meses*, prevenindo uma *oposição á renovação* que o *senhorio* lhe quisesse logo mover, estabelece-se então aqui que ele tem o direito de permanecer no espaço arrendado *"por período não inferior a seis meses"*.

Este prazo é o mesmo que no art. 1053 se estabelece para a restituição do prédio em virtude *caducidade do arrendamento* e que já então considerámos exagerado.

Aceitamos que o *decesso do arrendatário*, sobretudo quando seja inesperado, cause uma grave perturbação no seio dos conviventes mas, ainda assim, parecerá excessivo, como em geral o são os concedidos ao *senhorio*, no art. 1097, para a *oposição à renovação*, tão largos que, como julgamos estar informados, raramente são totalmente aproveitados, na prática.

Artigo 1107 – Comunicação

1 – Por morte do arrendatário, a transmissão do arrendamento, ou a sua concentração no cônjuge sobrevivo, deve ser comunicada ao senhorio, com cópia dos documentos comprovativos e no prazo de três meses a contar da ocorrência.

2 – A inobservância do disposto no número anterior obriga o transmissário faltoso a indemnizar por todos os danos derivados da omissão.

(Redação da Lei nº 6/2006)

1. A comunicação da morte do arrendatário

A *comunicação* ao *senhorio* da *morte do arrendatário* não estava prevista no nosso Direito positivo até que, com a Lei nº 46/85, de 20 de setembro, se aditou um nº 5 ao art. 1111 de então do Código Civil, a impô-la como um dever do *transmissário não renunciante*.

Era um normativo que se ajustava ao arrendamento de carácter *vinculístico* que então regia exclusiva e soberanamente.

A sua inserção, com todo o peso de provas e de sanções para a omissão, neste lugar dedicado ao *arrendamento livre*, onde a *transmissão por morte* do *direito de arrendamento* deve antes determinar a *caducidade* do contrato, nos termos da al. *d)* do art. 1051 CC, parece claramente descabida.

O que acontece na prática, com estes *arrendamentos*, é que tal preceito acaba por não ter aplicação: o falecimento é comunicado verbalmente ao *senhorio*, logo se convencionando se o convivente supérstite pretende continuar no prédio, ou a data da sua saída, numa simplicidade própria de *arrendamento livre*.

Com a Reforma de 2006, ao estabelecer-se, para o *arrendatário casado*, a *comunicabilidade* do *direito de arrendamento* "nos termos gerais e de acordo com o regime de bens vigente", suscitou-se a ideia de acrescentar à previsão de *transmissão* a hipótese da "concentração no cônjuge sobrevivo", que aparece agora no nº 1 do preceito, desde 2006, que a Reforma de 2012 conservou.

Já vimos que a *concentração* não designa propriamente um conceito jurídico, sendo mesmo incompatível com a ideia de *comunicabilidade* (v. *supra*, nº 2, *sub* art. 1068).

I – O prazo para a *comunicação* principiou por ser, desde então, de 180 dias, cifrando-se agora, como se vê, em metade desse tempo: *três meses*.

O seu cômputo deve fazer-se, pensamos nós, de acordo com o disposto no art. 279, al. *c)*, CC: "*o prazo fixado em semanas, meses ou anos, a contar de certa data, termina às 24 horas do dia que corresponda, dentro da última semana, mês ou ano, a essa data; mas se no último mês não existir dia correspondente, o prazo finda no último dia desse mês*".

Assim, se o falecimento ocorrer no dia 31 de março de determinado ano, o prazo de *três meses* completar-se-á às 24 horas do dia 30 de junho seguinte, 91 dias depois.

Não é o mesmo, como se vê, fixar o prazo *em meses*, ou *em dias*, como se fazia por exemplo, no RAU.

II – As simples cópias dos *documentos comprovativos*, a que alude o nº 1, são, naturalmente, as da *certidão de óbito* do *arrendatário* falecido e da *certidão de casamento* do transmissário casado, que lhe há de suceder.

Quanto à *união de facto* do transmissário, SALTER CID dá conta de ser corrente, pelo menos no centro e sul do país, a sua prova por *atestado* da Junta de Freguesia, à luz da competência que lhes outorgava o art. 27-1, al. *f)*, do Decreto-Lei nº 100/84, de 29 de março, de "atestar a residência, *vida* e situação económica dos cidadãos", pois "o termo 'vida' pode entender-se como reportado à chamada 'prova de vida' (de que se está vivo em determinado momento), mas também às circunstâncias que rodeiam a 'vida' de alguém", as quais, "a não serem do 'conhecimento direto' de 'qualquer dos membros do executivo' da Junta, podem ser provadas 'por testemunho' ou mesmo 'mediante declaração do próprio' interessado (cf. art. 1º do Decreto-Lei nº 217/88)"[631].

Neste sentido, também PEREIRA COELHO/GUILHERME DE OLIVEIRA, sustentam que a prova documental da *união de facto* não deverá excluir-se "interpretando com largueza o termo *vida*" do art. 34-1 do Decreto-Lei nº 135/99, de 22 de abril, pois, se o Decreto-Lei nº 100/84, de 29 de março, a que aquele diploma se reporta, foi entretanto revogado, certo é que não o foi o Decreto-Lei nº 135/99[632].

[631] NUNO DE SALTER CID, *A Proteção da Casa de Morada da Família no Direito Português*, Almedina, 1996, p.394, n. 203.

[632] FRANCISCO PEREIRA COELHO/GUILHERME DE OLIVEIRA (com a colaboração de RUI MOURA RAMOS), 3ª ed., Coimbra Editora, 2003, pp. 110-111 e n. 80.

Lembramos ainda que também LAURINDA GEMAS/ALBERTINA PEDROSO/JOÃO CALDEIRA JORGE (*Arrendamento Urbano*, 3ª ed., Quid Juris, 2009, p. 503) afirmam, *a priori*, que a demonstração

É, a nosso ver, uma interpretação *imaginosa*, visto a *prova de vida*, a que a lei se reportava, ser um facto tão patente ante a pessoa real que se apresenta, que deixou já, até, de ser exigida, substituindo-se pela inexistência da revelação do falecimento.

Passar daí para os *costumes de vida do cidadão* ou do *casal* afigura-se-nos constituir um passo algo difícil de dar. Nesse caso, na falta de algum executivo municipal conhecedor da vida familiar dos seus munícipes, teria a prova, afinal, de vir a ser feita por *testemunhas*. Nesse caso, lá teríamos de voltar à *prova testemunhal* e, então, que acrescentaria o *atestado* a ela?

Além disso, se é verdade que o art. 34 do Decreto-Lei nº 135/99 não foi revogado, certo é que ele se reportava expressamente a atestados passados "nos termos" do Decreto-Lei nº 100/84 e, tendo este diploma sido ulteriormente revogado, parece muito difícil considerar semelhante remissão ainda de pé.

Relativamente, por outro lado, ao convivente *em economia comum*, não referem os Autores como se faria a sua prova, mas seria concebível aplicar-lhe o mesmo raciocínio desenvolvido para a *união de facto*.

A importância que se tem posto na prova que o titular da transmissão terá de fazer assenta no pressuposto da relevância que para ele tem a obtenção da qualidade de *arrendatário*.

Isso relevará apenas quanto a um *arrendamento vinculístico*, onde o transmissário desejará, *à outrance*, manter-se na casa arrendada e o *senhorio*, pelo contrário, lançaria mão de quanto lhe pudesse valer para não reconhecer tal direito.

Simplesmente, o interesse de semelhante prova nem já releva, sequer, em muitos casos, para este *arrendamento*, de vez que, com o $NRAU_{2012}$ (e as alterações introduzidas pela Lei nº 79/2014, de 19 de dezembro), as *rendas habitacionais* puderam ser aumentadas *em função* do *RABC do agregado familiar*, o que levou, na prática, a fixar-se este, ou porque o documento do competente serviço de finanças, a exibir obrigatoriamente (art. 32-1 NRAU), *prontamente o revelava*, ou porque, omitindo o *arrendatário* a sua situação familiar, logo o *senhorio* a desvendava e impunha.

Toparam-se, na prática, não poucos casos destes.

2. Sanção da inobservância do disposto no nº 1

O nº 2 deste artigo estabelece, para a *falta de comunicação* imposta no seu nº 1, o dever de indemnizar por "todos os danos" derivados dela.

Mais uma vez, ressalta o descabimento deste preceito, que surge aqui deslocadamente a propósito do *arrendamento livre*, quando deveria antes figurar como *disposição transitória* do NRAU, para os *arrendamentos de pretérito*, lugar onde foi omitido.

da união de facto se faz por "atestado da Junta de Freguesia que comprove a convivência com o arrendatário e os seus termos".

Esta ideia de se impor uma sanção para o *incumprimento do dever de comunicação* surgiu unicamente com o RAU, onde o seu primitivo art. 89-3 veio estabelecer, para o faltoso, "*o dever de indemnizar por todos os danos derivados da omissão*".

Com o Decreto-Lei nº 278/93, de 10 de agosto, alterando a redação do RAU, emendou-se a mão: aquele nº 3 foi revogado e, num art. 89-D, estabeleceu-se então que o incumprimento determinaria a *caducidade do direito*.

Era isto que estava certo.

A Reforma de 2006, porém, regrediu, voltando à infeliz fórmula do revogado art. 89-3 RAU – e o pior é que a Reforma de 2012 conservou intacto o seu preceito, outro tanto tendo acontecido com as de 2017, 2018 e 2019, como agora se pode ver.

Na doutrina, tem-se condenado severamente esta solução[633].

Como calcular os *danos* a ressarcir?

A falta ou atraso da *comunicação* produz na esfera jurídica do *senhorio* algum *dano material* ou *moral*?

Não se vislumbra qual possa ser.

SUBSECÇÃO VIII – Disposições especiais do arrendamento para fins não habitacionais

Artigo 1108 – Âmbito

As regras da presente subsecção aplicam-se aos arrendamentos urbanos para fins não habitacionais, bem como, com as necessárias adaptações e em conjunto com o regime geral da locação civil, aos arrendamentos rústicos não sujeitos a regimes especiais.

(Redação da Lei nº 6/2006)

1. Premissa introdutória

Foi com o art. 1067 que, desde a Reforma de 2006, se distribuiu a disciplina do *arrendamento urbano* por apenas dois subtipos fundamentais: o do *arrendamento habitacional* e o do *arrendamento não habitacional*, substituindo a tradicional tetralogia que a nossa legislação vinha adotando (v. *supra*, n.os 1 e 2, *sub* art. 1067).

Nesta base, aqui se inicia precisamente a disciplina do último dos dois tipos: o dos *arrendamentos não habitacionais*.

[633] Cf., designadamente, Soares Machado/Regina Santos Pereira, *Arrendamento Urbano*, 2ª ed., Livraria Petrony, s/data, (2007?) p. 89; António Menezes Cordeiro (coord. de António Menezes Cordeiro), *Leis do Arrendamento Urbano Anotadas*, Almedina, 2014, pp. 352-353, an. 18.

Constitui uma ampla categoria onde se aglutinam, pelo fim *não residencial*, todos os *arrendamentos* das diferentes finalidades que a autonomia privada possa conceber, designadamente os "os arrendamentos rústicos não sujeitos a regimes especiais".

Lembremos os mais salientes.

2. Arrendamentos com um fim comercial ou industrial

A mais importante e complexa é, certamente a do *arrendamento para um fim mercantil, industrial ou de serviços*, uma categoria que melhor caberia, autonomamente e em si mesma, num Código Comercial, mas surge aqui, por imperativo de totalidade sistemática e integrada numa subsecção de várias espécies, em conformidade com a prática generalizada do Direito comparado – e, mais do que isso, por imperativo do disposto no art. 482 CCom, segundo o qual "*o contrato de aluguer comercial será regulado pelas disposições do Código Civil que regem o contrato de aluguer e quaisquer outras aplicações deste Código, salvo as prescrições relativas aos fretamentos de navios*" (para outros desenvolvimentos, v. *infra*, nº 2-II-**B**, *sub* art. 1109 e nº 2-I, *sub* art. 1112).

A este *arrendamento*, certamente, se aplicam praticamente todos os artigos da subsecção e alguns deles são-lhe mesmo exclusivamente aplicáveis: o art. 1109, dedicado à *locação de estabelecimento*, e o art. 1112, respeitante ao *trespasse*.

A antiga referência às duas categorias (*comercial* ou *industrial*) era irrelevante pois, esteja-se perante um ou outro destes fins, o regime arrendatício será exatamente o mesmo.

Não havia, como não há, hoje em dia, preceitos da lei que se apliquem a um destes casos que não sejam também aplicáveis ao outro, salvo, obviamente o constante de lei norma ou legislação especial.

3. Arrendamento de loja em centro comercial

Na nossa perspetiva e em geral no Direito comparado, o contrato de fruição temporária e remunerada de espaços componentes de *centros comerciais* (*shopping centres* ou *shopping centers*) constitui um efetivo *contrato de arrendamento urbano* que, unicamente, careceria de uma ou outra disposição especial dentro desse quadro.

As disposições do CC, relativas ao *arrendamento não habitacional*, inclusive as dirigidas especificamente ao *arrendamento comercial ou industrial*, são-lhe, na nossa perspetiva, plenamente aplicáveis.

Não tem sido esse o entendimento generalizado da doutrina e da jurisprudência nacionais, como largamente relatámos em 3., *sub* art. 1064, para onde agora remetemos.

Está ultimamente, porém, a notar-se alguma tendência, entre nós, para a qualificação que vimos preconizando, em aproximação ao que desde sempre se tem passado no estrangeiro e à opinião que expendemos no lugar citado.

4. Arrendamento para exercício de profissão liberal

Ainda no Decreto nº 5:411, além do *arrendamento habitacional* se referia apenas o *arrendamento comercial e industrial* (subsecção III – arts. 52-60).

Efetivamente, só bem mais tarde, com a Lei nº 2:030, surgiu a menção ao *arrendamento para exercício de profissão liberal*, sujeitando-o a celebração por *escritura pública* (art. 37-1, al. *b)*) e referindo-o ainda nos arts. 49-2-3; 52; 64-1, e 66-1.

Não é de estranhar este aparecimento tardio em vista da dificuldade que a nossa lei teve, desde sempre, em fixar o que seria *profissão liberal*.

Bastará lembrar que o citado Decreto nº 5:411, ao contemplar unicamente o "arrendamento comercial e industrial", caía já aí na indefinição ao empregar a *copulativa* pela *alternativa* e, não contente com isto, ao pretender definir *industrial*, limitou-se a referi-lo como "*todo o indivíduo que, como tal, esteja sujeito à respetiva contribuição, e que não seja comerciante*" (art. 52, § único).

Remetia-se deste modo a definição, impropriamente, para um conceito fiscal – e se isto era assim para destrinçar o *industrial* do *comerciante*, pior era ainda para distinguir o *industrial* do *profissional liberal* pois, com a submissão à lei fiscal, acabavam todos os *não comerciantes* a ser irmanados aos *industriais*, porque todos se sujeitavam à *contribuição industrial*, desde o Regulamento da Contribuição Industrial, de 16 de julho de 1896.

Em 1962, ao aprovar-se o Código do Imposto Profissional com o Decreto-Lei nº 44:305, de 27 de abril desse ano, aí se incluíram então, não apenas os *profissionais liberais*, mas uma ampla gama de profissionais, incluindo os próprios *artesãos*, quanto aos quais ainda hoje a doutrina por vezes se embaraça em destrinça-los da *profissão liberal* e, mesmo, da *indústria*.

De todo o modo, foi com a Lei nº 2:030 que surgiu entre nós a referência ao *arrendamento para exercício de profissão liberal* – e logo aí se atribuiu ao *arrendatário* um privilégio condenável: o de poder fazer, "*sem autorização do senhorio a cessão do direito ao arrendamento de prédios destinados ao exercício de profissões liberais, quando continuarem a ser aplicados à mesma profissão*" (art. 64-1).

Não constava do projeto da Câmara Corporativa tal favor mas, na Assembleia Nacional, povoada nessa altura de *profissionais liberais*, veio ele a ser estabelecido *pro domo sua* – e ainda hoje perdura.

Com o novo Código Civil, em 1966, foi o *arrendamento "para exercício de profissões liberais"* previsto como um tipo arrendatício autónomo, a par do *habitacional* e do para *comércio ou indústria* (primitivos arts. 1119 e 1129) (sobre o tema, *v.* nº 1, *sub* art. 1067).

Daí passou para o RAU, onde se manteve a mesma sistematização essencial, que passou, mais tarde, a ser acrescentada de uma última categoria: a dos "arrendamentos para outros fins não habitacionais" que, já então, poderia ter absorvido os *comerciais*, os *industriais* e os *para exercício de profissão liberal* e com vantagem ter aglutinado todos e não apenas parte dos *arrendamentos* não dedicados à *habitação* (art. 123 RAU).

Com a Reforma de 2006 e, ulteriormente, com as de 2012, 2017, 2018 e 2019, este *arrendamento para exercício de profissão liberal* deixou, por fim, de ser um subtipo autónomo, mas insere-se, obviamente, entre os *arrendamentos não habitacionais*.

Nunca, porém, os diversos diplomas arrendatícios que o tinham estabelecido e regulado como um tipo autónomo se ocuparam em definir o que deveria ter-se como *profissão liberal*.

Assim, deixando, as qualificações fiscais, o que terá então de se entender como tal, entre os arrendamentos *para fim não habitacional*?

A lei não o estabelece, e continua, ainda hoje, a não ser fácil fixar uma definição rigorosa do que se tenha por *profissão liberal*.

A expressão não ajuda: *profissional* é também e entre outros, o *comerciante*, o *industrial*, o *artesão*; e *liberal*, isto é, o exercício da profissão *com independência*, é também o que acontece ou pode acontecer naqueles três casos.

Se a sua destrinça para o *comerciante* se consegue, geralmente, sem dificuldades de maior, *comerciante* é aquele que faz da prática de atos de comércio profissão, já relativamente ao *industrial* não será ela assim tão fácil.

Classicamente, a *indústria* constituirá uma atividade produtiva que se caracteriza pela *criação de utilidades incorporadas na matéria*.

A *profissão liberal*, produz *utilidades não incorporadas na matéria mas numa prestação de serviços*. Estes constituem "ações de indivíduos que satisfazem necessidades de outros indivíduos"[634].

Mas semelhante definição é tão ampla que, para além de uma *profissão liberal*, envolve uma pelo menos larga faixa do *artesanato* – e não se pode dizer, que uma *cabeleireira*, uma *manicura*, um *calista*, um *serralheiro*, um *funileiro*, um *sapateiro*, um *forrador*, um *eletricista*, uma *costureira*, um *alfaiate*, etc. sejam *profissionais liberais*; são, efetivamente, *artesãos*.

Classicamente, costuma distinguir-se uma atividade da outra, dizendo-se que a *profissão liberal exige uma habilitação de nível superior*, que não ocorre no *artesanato*, mesmo quando neste predomine o *esforço intelectual ou artístico* sobre o *manual*.

Os *médicos*, os *advogados e jurisconsultos*, os *arquitetos* formavam assim os notórios representantes das *profissões liberais*, em contraposição àqueles que também prestavam serviços de determinada especialidade sem serem dotados de uma *formação de nível superior*.

Simplesmente, este critério tem-se esbatido com o moderno aprofundamento técnico que certas profissões, antes relegadas para o nível do *artesanato*, têm tido ultimamente, exigindo-se agora licenciaturas onde antes pontificava a prática e o ensinamento recebido dos mais velhos e habilidosos.

Naturalmente, será de admitir o acesso destes novos casos à categoria de *profissões liberais*.

634 J.J. Teixeira Ribeiro, *Rev. Leg. Jur.*, 116º [1983], p. 10.

Importará, por outro lado, ter presente que, perante a antiga legislação, em que se dedicava um regime específico ao *arrendamento para exercício de profissão liberal*, a distinção apresentava, no plano arrendatício, uma relevância específica.

Agora, integrada a hipótese numa ampla subsecção para *fins não habitacionais*, relevará fundamentalmente, saber se ao *artesanato* será também aplicável a disposição constante do art. 1109 bem como a do art. 1112-1, al. *b)* (v., sobre o ponto, o comentário ao art. 1112).

5. Arrendamento para exercício de artesanato

O nosso Código Comercial identifica o *artesão*, sem o saber[635], ao referir, na segunda parte do § 1º do seu art. 230, que não se considera como incluído no item 1º deste artigo, que se reporta ao industrial de indústria transformadora, "*o artista, industrial, mestre ou oficial de ofício mecânico que exerce diretamente a sua arte, indústria ou ofício, embora empregue para isso, ou só operários, ou operários e máquinas*".

Tentar defini-lo com rigor é, porém, difícil porque se trata de um instituto em constante mutação em vista da evolução da atividade económica.

Já há largos anos, o *Bureau International du Travail* proclamou, com verdade, a impossibilidade de uma definição sua "válida para todos os casos e para todos os tempos".

De qualquer modo, certo é que o *artesanato* é uma categoria numerosa de modestos empresários que, em França, tem sido referenciada como constituindo "uma classe média entre o salariado e a burguesia comerciante"[636] e logrou, desde 1985, obter um *Côde de l'artisanat*, concatenando a vária legislação avulsa que lhe tinha sido dedicada.

É decerto um setor relevante da atividade económica que não deve ser ignorado. Assim, com a consciência das imprecisões que o envolvem, poderemos, num máximo de aproximação, designar como *artesão* o *profissional independente que exerce, só ou assistido por familiares ou por um pequeno número de colaboradores, um ofício especializado de natureza predominantemente manual*.

Como se acabou de expor no número antecedente, também o *arrendamento para exercício de artesanato* cabe e submete-se às normas desta subsecção.

A todas elas?

A jurisprudência, à falta de legislação específica, não tem distinguido.

Assim, inclusivamente o art. 1109, ao disciplinar a *locação de estabelecimento*, será aplicável ao *estabelecimento artesanal*.

Do mesmo modo, o art. 1112, no que se reporta ao *trespasse* de *estabelecimento comercial ou industrial*.

[635] Naquela época, referia-se apenas, entre nós, estar-se então perante um ato de *simples indústria*, sem a especulação associada à compra e venda mercantil e, portanto, sem a natureza de exercício do comércio. (v., sobre o ponto, Luiz da Cunha Gonçalves, *Comentário ao Código Comercial Português*, I, Empreza Editora J.B, 1914, pp. 592-593).

[636] Georges Ripert/René Roblot/Michel Germain/Louis Vogel, *Traité de Droit Commercial*, I, 17ª ed., L.G.D.J., 1998, p. 136.

Poderá, pois, p. ex., uma *cabeleireira, arrendatária* da *parte de prédio* onde tem instalado o seu salão, transmitir a outra pessoa, por *ato entre vivos, sem autorização do senhorio*, a sua posição de *arrendatária*, quer a título de *locação de estabelecimento* quer a título de *trespasse.*

Já não lhe será aplicável, por outro lado, o disposto no art. 1112-1, al. *b)*, que é específico do *arrendamento para exercício de profissão liberal* e não deverá, assim, ser alargado a outros domínios.

Assim se tem julgado, designadamente:

– Constitui cessão de exploração de estabelecimento de cabeleireira constituído por duas salas vazias, mas integrado numa exploração mais ampla desse hotel, acoplada à de várias lojas de diversos ramos de negócio.

SUPREMO, 04-05-1993 (*ColSTJ*, I-II, p. 86 – *sumário da nossa responsabilidade, em suprimento do apresentado pela Colectânea, que, em nosso parecer, na sua vagueza, não dá ideia precisa do que se decidiu*)

6. Arrendamento para fim limitado de espaço não habitável

O arrendamento para *fim limitado* de *espaço não habitável* veio a prever-se, inovatoriamente, na al. *e)* do seu art. 5º-2 RAU, que rezava assim: "*os arrendamentos de espaços não habitáveis, para afixação de publicidade, armazenagem, parqueamento de viaturas e outros fins limitados, especificados no contrato, salvo quando realizados em conjunto com arrendamentos de locais aptos para habitação ou para exercício do comércio*".

Depois, no art. 6º-1, estabelecia-se que a estes *arrendamentos* se aplicava o *regime geral da locação* e, bem assim, os arts. 2º a 4º, 19 a 21, 44 a 46, 74 a 76 e 83 a 85, 88 e 89 RAU.

Excluíam-se, portanto, tal como para o *arrendamento de estância de lazer* ou *para fim especial transitório*, os arts. 68 a 73, deste modo afastando-os do *vínculo da prorrogação forçada*, que se estabelecia no art. 68-2, e as disposições reguladoras da *atualização de rendas*, constantes dos arts. 30 a 39, libertando-os do *bloqueio de rendas.*

Constituíam, em suma, *arrendamentos livres.*

Pedagogicamente, exemplificou-se, referindo os mais correntes: para *afixação de publicidade*, para *armazenagem*, para *estacionamento de viaturas.*

Este articulado levantou imediatamente uma dúvida.

Sendo o preceito inovador, discutiu-se se ele teria ou não *natureza interpretativa* e, portanto, se seria ou não de aplicação retroativa, nos termos do art. 13 CC[637]., mas a questão não oferecia interesse prático, uma vez que, mesmo os Autores que recusavam essa natureza, logo reconheciam a sua aplicação aos casos anteriores visto estarmos em presença

[637] Era a tese de MENEZES CORDEIRO/CASTRO FRAGA, *Novo Regime do Arrendamento Urbano Anotado*, 1990, p. 55, nota 7. Em sentido contrário, porém, decidiu o ac. da Relação do Porto, de 11-12-1995 (*BMJ* nº 452, p. 485).

de disposições sobre o conteúdo da relação locativa, independentemente do contrato que lhes deu origem e, portanto, aplicáveis às relações já existentes (art. 12-2, 2ª parte, CC)[638].

Com a Reforma de 2006, a categoria deixou de ser concretamente prevista na lei, ficando assim incluída no tipo lato dos *arrendamentos para fins não habitacionais*.

Critica-se, por vezes, esta omissão[639], mas certo nos parece que, por um lado, não terá sentido uma disposição a libertar do *vinculismo* uma disciplina legal arrendatícia que nunca se considerou vinculística e, por outro lado, não fará falta uma regulação específica desta figura, dado que a subsecção é ampla e inclui os necessários comandos gerais aplicáveis a todas as espécies que caibam nela, a par de uma ou outra disposição específica de alguma, expressamente identificada.

É, de resto, assim que se dispõe geralmente no Direito comparado, parecendo muito simples determinar o regime das mais conhecidas.

Analisemo-lo.

I – ***Arrendamento de parede ou de apoios no telhado para afixação de publicidade.*** O primeiro problema que semelhante espécie suscita é o de saber se poderá realmente qualificar-se como *locação* ou se será antes um *contrato atípico*.

A questão foi suscitada em tempos, em Itália, por Biondi, que subscreveu a tese de que, não apresentando o uso da coisa, na *locação*, as características da *generalidade* e da *abstração* que se verificam, por exemplo, na *propriedade* ou no *usufruto*, a atribuição do gozo de uma *parede externa* ou do *telhado*, para afixação de publicidade constituía uma aplicação anormal do edifício e, portanto, não integraria uma *locação*, mas um *contrato inominado*[640].

Foi um entendimento que não veio a fazer carreira nem na doutrina nem na jurisprudência da Itália.

A doutrina importante pendeu antes para defender que se, por um lado, é verdade que a utilização de uma *parede*, de *um muro* ou de um *telhado*, para instalação de um *painel de publicidade*, não aproveita o *prédio urbano* na sua *função normal*, também não será decerto menos verdadeiro que os direitos pessoais de gozo de coisa alheia podem ter um conteúdo variável, segundo autonomia privada[641].

[638] Cf. F. M. Pereira Coelho, *Breves notas ao "Regime do Arrendamento Urbano"* (*Rev.Leg.Jurs.* 125º, p. 264, nota).

[639] Veja-se, sobre o ponto, designadamente, Pedro Romano Martinez, *Celebração e execução do contrato de arrendamento segundo o Novo Regime do Arrendamento Urbano /NRAU) – O Direito*, 137º [2005], II, p. 340.

[640] Albano Biondi, *Astrattezza del diritto di godimento del proprietario, Giur. It.*, I-1, 1952, pp. 938 ss.

[641] Neste sentido: Claus-Schettini, *Le c. d. servitù irregolari e il diritto di appogiare insigne pubblicitarie dulle pareti esterne gi un immobile, Foro it.*, I, 1952, pp. 19 ss; Atonio Guarino, *Locazione*, Casa Editrice Dr. Francesco Vallardi, 1965, p. 14, n. 64; Giuseppe Mirabelli, *La Locazione*, Unione Tipografico-Editicr Torines, 1972, p, 250; Andrea Tabet, *La Locazione-conduzione*, Dott. A. Giuffrè, 1972, pp. 232-234.

O problema que se levanta será pois, unicamente, o de saber se, vigorando o *vinculismo*, ele seria também aplicável a *arrendamentos* de uso *diverso da função normal do prédio*, mas pôr este problema é resolvê-lo pois, faltando no concreto contrato a concessão das utilidades que justificaram o *vinculismo*, faltaria fundamento para a sua aplicação – isto sem referir já que, sendo ele de natureza excecional, à face do disposto no art. 405 CC, não consentiria aplicação analógica (art. 11 CC)[642].

Tais *arrendamentos* seriam já então, portanto, *livres* ainda quando fossem celebrados sob o geral domínio *vinculístico*.

Hoje em dia e como tal, o contrato deve ser celebrado por *escrito* (art. 1069).

Tratando-se, como se trata, de *arrendamento não habitacional*, rege-se, fundamentalmente, pelo disposto nos arts. 1108 ss e, assim, na falta de estipulação, considera-se realizado com *prazo certo*, pelo período de *cinco anos*, não podendo o *arrendatário* opor-se à sua renovação com antecedência inferior a *um ano* (art. 1110-2).

No seu termo, *prorroga-se automaticamente* por períodos de igual duração, salvo estipulação em contrário (art. 1096-1, referido ao art. 1110).

Mas, obviamente, não têm aplicação ao caso os arts. 1109, e 1112, pois não há aqui um *estabelecimento* ou um *espaço* para exercício de *profissão liberal*.

II – ***Armazenagem.*** O segundo exemplo excecionado pelo art. 5º-2, al. *e)*, RAU da aplicação geral das normas de *arrendamento* foi o da *armazenagem*.

Em que consiste ela?

Armazém, deriva etimologicamente do árabe: *al-mahazan*, vulgarmente pronunciada *al-mahazén=almazem*, no português antigo; ou, simplesmente, *mahazan=magazin*, francês e *magazzino* italiano).

Originalmente, o termo árabe, aplicava-se aos *depósitos de armas e munições* e, portanto, mais propriamente na aceção de *arsenal* mas, na sua adoção europeia, vieram a atribuir-se-lhe dois sentidos perfeitamente diferenciados: o adotado em França e na Inglaterra, relativo a *grandes lojas*, depois também importado por nós, e o de mera instalação urbana

Em Portugal, defendeu-se, igualmente que, "ao arrendamento de um muro não são aplicáveis as disposições do artigo 1083 e seguintes, visto o contrato não ter por objeto o prédio urbano ou rústico na sua função normal (aquela que imprime natureza especial ao contrato e determina um regime próprio)" – . Pires de Lima/Antunes Varela (*Código Civil Anotado*, 3ª ed., 1986, pp. 365-366). No mesmo sentido: Pereira Coelho (*Rev. Leg. Jur.*, 185º, p. 264, n. 23.
Em contrário, porém, pronunciou-se Oliveira Ascensão: "se essa cláusula fosse de entender no sentido de permitir a denúncia por parte do senhorio essa cláusula seria nula, uma vez que contrariaria o regime que recentemente se vem chamando de 'vinculismo' do arrendamento mercantil" – *Colectânea*, XVIII-III, p. 22.

[642] Como também se refere na Itália: Andrea Tabet, *La Locazione-conduzione*, Dott. A. Giuffrè, 1972, p. 234. Andrea Tabet, *La Locazione-conduzione*, Dott. A. Giuffrè, 1972, Andrea Tabet, *La Locazione-conduzione*, Dott. A. Giuffrè, 1972, p. 234.

para *depósito de mercadorias* (ou ainda de *estabelecimento de secos e molhados*) – que era especificamente designado pela expressão *armazém de retém*.

É neste sentido que importa agora fixar-nos e, assim, que a *armazenagem* que temos em vista, consiste na *colocação e estacionamento de bens materiais em edificação ou lugar a isso destinado*.

A hipótese pode compreender diferentes modalidades.

Numa delas, o *senhorio* de um *arrendatário habitacional*, em contrato autónomo, obriga-se a conceder-lhe o gozo de um departamento separado para recolha da sua *viatura* mediante uma *renda*.

É o que temos vindo, em escritos anteriores, a denominar de concessão de *garagem doméstica*, que nem por isso deixaria de constituir uma *armazenagem*.

Tradicionalmente, entendia-se que a autonomia documental não podia dar ao contrato mais do que mera natureza complementar do *arrendamento para habitação*, em cuja espécie e regime jurídico naturalmente se enquadrava.

Nós próprios, ainda na 2ª instância, tínhamos relatado um acórdão, tirado por unanimidade (Relação de Lisboa, 4-12-1978 [*Colectânea*, III-5, p. 1570]), em que se proclamava que as partes "não poderiam ter clausulado a denunciabilidade potestativa por parte do senhorio porque a proibição imperativa do artigo 1095 do Código Civil não se restringe aos arrendamentos destinados à habitação e antes se estende, como é sabido, a todos os arrendamentos de prédios urbanos não excetuados pelo artigo 1083-2 do mesmo diploma"[643].

Ponderávamos também, no nosso *Manual*, que a circunstância de a recolha de viatura em compartimento separado da *casa de habitação* se inseria plenamente no quadro de vida não comunitária que caracteriza o *uso residencial*.

Mas estamos hoje em dia longe de pensar assim, mesmo para aquela época.

Por um lado, não tem sentido considerar-se *vinculístico* um *arrendamento* que não careça, pelas suas particulares características, de especiais providências de *proteção social*.

Por outro, a parte final da al. *e)* do art. 5º-2 RAU, a ressalvar das exceções aquelas que tivessem sido contratadas "em conjunto com locais aptos para habitação ou para exercício do comércio", deveria ser entendida em termos hábeis: tais *arrendamentos* não tinham sido celebrados "em conjunto", mas *em separado* e *autonomamente* em relação ao *arrendamento habitacional* respetivo.

É pois, a nosso ver, a qualificação que lhes deve ser dada.

[643] No mesmo sentido: Relação de Lisboa, 02-04-1978 (*Colectânea*, III-3, p. 904); Rel. Lxª, A Lei Quilliot, por expressa disposição do seu art. 2º, aplicava-se a todas as locações para habitação ou fim misto profissional e de habitação, "assim como às garagens, parques, jardins e outros locais arrendados acessoriamente ao local principal pelo mesmo locador".

E o mesmo, reforçadamente, se deve considerar para a concessão, mesmo anteriormente ao RAU, remunerada e temporária do gozo de *garagens* a *arrendatários* que nem sequer acumulavam tal situação com a de *arrendatários habitacionais* do concedente dessa recolha.

Simplesmente, também neste caso se sustentava então a cote que, não havendo, com a recolha de viaturas, desvio à função normal da aplicação do prédio, e constituindo um *arrendamento urbano*, ficava sujeito ao *vinculismo*.

O entendimento recebeu nessa altura, inclusivamente, o apoio de ANTUNES VARELA. O Saudoso Professor, em anotação ao ac. do SUPREMO, de 2-12-1981, em tal sentido, referiu que, tratando-se efetivamente de um arrendamento, não gozava todavia da tutela de *arrendamento habitacional, comercial ou industrial* ou *para exercício de profissão liberal*, constante dos arts. 1107 e seguintes, mas beneficiava "quer do regime comum da locação quer da tutela especial concedida a todos os arrendamentos de prédios urbanos (e de prédios rústicos não sujeitos a regime especial)"[644].

A jurisprudência, para um caso de *armazenagem de mercadorias* em três de um conjunto de imóveis destinados a esse fim, ainda flutuou.

No ac. da Relação do Porto, de 22-3-1983 (*Colectânea*, VIII-2, p. 236), tinha-se julgado (com um voto de vencido) que três contratos idênticos, através de cada um dos quais a proprietária "transferiu para o outro contraente o uso e fruição de um armazém, mediante a contrapartida de uma retribuição mensal", embora não se tenha estabelecido um limite de duração ao gozo da coisa e expressamente se tenha declarado que lhes era excluída a natureza locativa, integram os traços que se ajustam perfeitamente aos elementos essenciais do *contrato de locação* descrito no art. 1022 CC.

Este aresto foi, contudo, revogado pelo ac. do Supremo, de 26-4-1984 (*BMJ* nº 336, p. 401), que o qualificou antes como um *contrato atípico*, aliás também com um voto de vencido – obtendo a tese vencedora anotação desfavorável de M. J. ALMEIDA COSTA (*Rev. Leg.Jur.*, 118º, pp. 153 ss).

A ideia de enquadrar estes contratos no âmbito *vinculístico* assentava, no fundo, no argumento central de que, para lá das exceções consignadas no art. 1083 CC, todas as locações de imóveis tenderiam a ser capturadas pelo *vinculismo*, arvorando este na regra geral, quando na verdade não passava de exceção ao *princípio da autonomia da vontade* que pontifica em matéria contratual.

E parece hoje facilmente visível que, não se tratando de um ato relacionado com o *comércio do arrendatário* e não beneficiando, em si, das características de necessidade de tutela social em que se apoia o *vinculismo*, só poderia inserir-se no quadro de uma sim-

[644] ANTUNES VARELA – *Rev. Leg. Jur.*, 118º, pp. 83-84.

ples *locação*, de um mero *arrendamento livre*, isento da aplicação especialíssima do art. 1095 de então[645].

Foi nessa base, que louvavelmente surgiram, em 1990, os já citados arts. 5º-2 e 6º-1 RAU, a inscrever a *armazenagem* na enumeração dos arrendamentos libertos do *vinculismo*.

Assim se insere o caso agora entre os *arrendamentos não habitacionais*, por cujas normas se regerá, excetuados os preceitos dos arts. 1109 e 1112, visto não envolver um *estabelecimento comercial* ou *industrial*.

III – ***Estacionamento de viaturas.*** Outra exceção ao *vinculismo* operada pelo RAU, nos seus referidos arts. 5º-2 e 6º-1, foi o que então denominou de *"parqueamento" de viaturas*.

Hoje em dia, são muito vulgares, nas cidades, recintos ou espaços de ruas destinados a *estacionamento*, remunerado segundo o tempo de utilização, de viaturas em espaços assinalados no piso, para cada uma delas.

Juridicamente, a figura aproxima-se do *depósito*.

O condutor *deposita* a sua viatura? Ou é o proprietário ou explorador das instalações ou dos espaços que lhe dá de *locação* a parte ocupada pelo veículo dentro de linhas traçadas no piso que ele escolher entre as que estejam vagas?

Em Madrid, é corrente afixarem as proprietárias das instalações dizeres bem visíveis, referindo que a recolha da viatura *não constitui um depósito*, não se responsabilizando a empresa pelo seu eventual furto ou o de objetos nela deixados.

Na verdade, falta aqui o elemento de *guarda da coisa*, essencial à configuração do *depósito*, devendo antes ver-se nesta figura uma obrigação de *prestação do gozo da coisa*, mediante *retribuição*, que constitui uma *locação*.

Obviamente, trata-se de uma espécie que jamais reuniu, em si, traços que reclamassem tutela *vinculística*, justificando plenamente a sua inclusão entre as figuras enumeradas nos referidos arts. 5º-2 e 6º-1 RAU.

Simplesmente, assim como no RAU as normas que expressamente se lhes consideravam aplicáveis nem sempre quadravam com os *arrendamentos* nele referidos, também agora nem a Lei nº 6/2006 nem a Lei nº 31/2012 cuidaram de estabelecer normas próprias que para este *arrendamento* se impõem.

Deste modo, a *forma escrita*, a que todo o *arrendamento* deve estar sujeito, nos termos do art. 1069, aqui é substituída por um *bilhete* (*ticket*) que se retira à entrada ou em máquinas próprias implantadas nas ruas.

Nos parques de estacionamento, obtido bilhete onde mecanicamente se fixa o momento da entrada, levanta-se automaticamente uma travessa basculante que impe-

[645] Dispunha então esse preceito: "Nos arrendamentos a que esta secção se refere, o senhorio não goza do direito de denúncia, considerando-se o contrato renovado se não for denunciado pelo arrendatário nos termos do artigo 1055".

dia o acesso, para depois, no fim da utilização, ser lido numa máquina que determina o tempo de utilização.

Isto, quando não se disponha de *via verde*, porque, nesse caso, nem sequer se chega a utilizar qualquer *bilhete*, pois, dispondo-se então de uma adequada *célula fotoelétrica*, a travessa basculante abre-se automaticamente à entrada, sem emitir qualquer *bilhete*, e depois, à saída, levanta-se outra travessa basculante, ficando automaticamente registado o tempo de utilização, a pagar ulteriormente por *débito em conta*.

A tanto se reduz a *forma escrita* deste *arrendamento*.

Além disso, no tocante ao carácter *temporário*, essencial ao instituto da *locação*, a nossa lei, quanto aos próprios *arrendamentos não habitacionais* (art. 1110-1), desdobra-os em duas espécies de duração: com *prazo certo* ou de *duração indeterminada*.

Concretamente em relação aos *arrendamentos não habitacionais*, estabelece-se ainda que, na falta de estipulação (e é sempre este o caso, no *arrendamento para estacionamento de viaturas*) "o contrato considera-se celebrado com prazo certo pelo período de cinco anos" (art. 1110-2).

Ora isto é totalmente desajustado a semelhante *arrendamento*, quanto ao qual, aliás, não quadra a nenhuma das espécies de duração previstas na lei, pois o *estacionamento* subordina-se antes a uma *duração cronometrada*.

Falta, em suma, no nosso Direito positivo, uma breve mas adequada disciplina deste tipo arrendatício.

Relativamente à regulação constante da subsecção VIII só o art. 1110-1 lhe será, em pequena parte, aplicável (quando permite que as suas regras são livremente estabelecidas pelas partes e, mesmo assim, *cum grano salis*).

IV – ***Arrendamento de espaços não habitáveis para "outros fins limitados, especificados no contrato, salvo quando realizados em conjunto com arrendamentos de locais aptos para habitação ou para exercício do comércio"***. Terminava exatamente assim a al. *e)* do art. 5º-2 RAU, levantando logo uma questão: a ressalva final abarcava toda a previsão da alínea, ou só esta parte?

Tal como estava redigida e como a interpretou MENEZES CORDEIRO que, como se sabe, foi o grande obreiro técnico do diploma, dirigia-se a todas as espécies nele enumeradas.

Portanto, qualquer *arrendamento* de *espaço não habitável*, contratado autonomamente, para um fim especificado, diferente da afixação em parede ou telhado de *painel publicitário*, para *armazenagem* ou para *estacionamento de viaturas* era, já então, *não vinculístico*.

Os mais correntes destes podem considerar-se as *portagens* em *autoestradas* ou *pontes* a elas sujeitas, os *arrendamentos* de *janelas* ou *varandas*, os chamados *"alugueres" de cofres-fortes*, os e os *arrendamentos para fim desportivo*.

Analisemo-los especificada, mas brevemente.

A –"*Aluguer" de cofres-fortes.* Os nossos bancos dispõem, em geral, em recintos menos expostos dos seus balcões, de acesso reservado, defendidos por grossas portas de ferro com fechaduras de segredo onde ficam instalados pequenos *cofres-fortes*, encrustados em segurança, para uso dos clientes com quem estabelecem individualmente um chamado contrato de *aluguer de cofre-forte*.

O utente paga por isso uma prestação anual.

Temos aqui, indubitavelmente, um *arrendamento*, não um *aluguer*, como se lhe chama, pois os *cofres-fortes* cujo gozo se proporciona *não são portáteis* e estão incorporados na estrutura do edifício, fazendo *parte integrante* dele (al. *e)* do art. 202-1 CC).

As suas estipulações são fixadas num impresso que o banco proporciona.

Temos ainda aqui um *arrendamento não habitacional* que, pelas suas particulares características, se ajusta mal ao articulado constante dos arts. 1108 e ss., fazendo falta uma breve mas adequada disciplina, para lá do que as partes possam livremente estabelecer, de acordo com o previsto no art. 1110-1.

B – *Arrendamentos de janelas ou varandas.* Não são usuais, entre nós, mas, nos países em monarquia, os casamentos reais fazem cortejos a que muitas pessoas pretendem assistir de *janelas* ou *varandas* de edifícios situados nas ruas por onde passam.

Assim se convencionam contratos em que, por certo preço, se proporciona o uso delas a terceiros e que originaram um contencioso interessante, no Reino Unido (os *coronation cases*), por ocasião do casamento do rei Eduardo VII, cujo cortejo nupcial teve de ser adiado, por súbita doença ocorrida dois dias antes, vindo a ser realizado só cerca de mês e meio depois.

Trata-se, verdadeiramente, de um *suburrendamento* que, não estando proibido ao *inquilino*, pelo seu *arrendamento habitacional*, estará sujeito ao disposto nos arts. 1088 a 1090.

Apesar de dado por um *inquilino habitacional* destina-se, efetivamente, a um fim *não habitacional*: é um *subarrendamento* de *espaço não habitável*, para um *fim especial transitório, especificado no contrato.*

Também para este caso faz falta uma breve mas adequada disciplina legal que o envolvesse.

C – *Arrendamento para percurso automóvel sob portagem.* Modernamente, entre nós, é muito usada a travessia automóvel de pontes ou circulação em autoestradas sujeitas a portagem.

Esta utilização faz-se exatamente através de um contrato de arrendamento celebrado eletronicamente ou por aquisição de bilhete no local do ingresso, estabelecendo-se a renda, no final, em função do troço percorrido.

Não pode, obviamente, qualificar-se como um *arrendamento rústico*.

Embora o *urbano* receba a sua denominação de *urbe*, a cidade, a autoestrada ou a ponte são construções civis equiparadas às que se fazem nas cidades, devendo pois enquadrar-se entre os *arrendamentos urbanos*.

D – *Arrendamento para fim desportivo*. No domínio do Direito anterior, foi controvertido o seu enquadramento jurídico, indistintamente em relação a *prédios urbanos* e a *prédios rústicos*[646].

A jurisprudência submeteu-o aos preceitos comuns do *arrendamento urbano*[647], mas a doutrina relutava, por vezes, em admiti-lo[648].

Os trabalhos preparatórios do Código Civil registaram a adesão ao princípio que vinha consagrando a jurisprudência[649] e que, já no domínio de aplicação deste Código, se continuou a abraçar[650].

O enquadramento que, no sistema do RAU, lhe foi reconhecido – e que, segundo nos parecia, *compreendia unicamente o arrendamento de prédio urbano destinado a fim desportivo* – foi, portanto, o que tradicionalmente vinha sendo consagrado na jurisprudência e na melhor doutrina, independentemente da natureza *urbana* ou *rústica* do prédio em presença.

Assim, o arrendamento de *prédio rústico* para *fim desportivo* deixou de ser *vinculístico* regendo-se unicamente pelas normas do RAU não excetuadas do seu art. 6º.

Com a redação de 2006 do art. 1108 CC, incluindo entre os *arrendamentos não habitacionais* os *"rústicos não sujeitos a regime especial"*, continuou sem interesse fazer qualquer discriminação, para este efeito, entre *arrendamentos de prédios rústicos* e de *prédios urbanos* afetados a um *fim desportivo*.

Ambos cabem, naturalmente, na disciplina do *arrendamento não habitacional*, como resulta da parte final do citado preceito, integralmente reproduzido em 2012.

Num caso, será mais vulgar estar-se em presença de um *prédio rústico* afetado a um *fim desportivo*, como acontecerá, quanto ao uso de um *campo de golfe*, enquanto noutros será mais corrente a utilização de um *prédio urbano*, como sucederá relativamente a uma *piscina* ou um *ginásio*.

Naquela hipótese, a categoria arrendatícia acabará por ser absorvida pela previsão legal de *arrendamento rústico não sujeito a regime especial*.

Em ambas as hipóteses, faz falta uma breve mas adequada disciplina legal que as envolvesse.

E – *Arrendamentos rústicos não sujeitos a regime especial*. A definição de *prédio rústico* surge no art. 204-2 CC, designando-o por *"uma parte delimitada do solo e as construções nele existentes que não tenham autonomia económica"*.

[646] Sobre *arrendamento para fim desportivo* no domínio da legislação anterior ao Código Civil, v. *Rev.Trib.*, 72º, pp. 162 ss.

[647] – O arrendamento para um campo de jogos de desporto deve ser regido pelos preceitos comuns dos arrendamentos urbanos – Relação de Lisboa, 24-11-1951 (*BMJ* nº 31, p. 427).

[648] Cf. *Rev.Trib.*, 86º, p. 149.

[649] Inocêncio Galvão Telles, *Contratos Civis* (*BMJ* nº 83, p. 159).

[650] Cf., designadamente, Relação do Porto, 3-4-1984 (*Colectânea*, IX-2, p. 225).

O *campo de golfe* que apresente uma *construção urbana* ao seu serviço integra-se certamente num *prédio rústico*. Mas o preceito exige mais: que este prédio *não esteja sujeito a regime especial*.

Com esta limitação, quer referir-se o *arrendamento rural*, governado pelo Decreto-Lei nº 294/2009, de 13 de outubro.

– I – Será de qualificar como arrendamento de prédio rústico o que tem por objeto um terreno, cuja utilização (a prática do futebol) constitui o fim principal do contrato e uma construção nele existente (destinada a balneário e vestuário), com uma função meramente complementar e subordinada em relação àquele.

– II – O arrendamento em causa é um *arrendamento de prédio rústico não sujeito a regime especial*, regulado, com as necessárias adaptações, pelas regras aplicáveis aos arrendamentos urbanos para fins não habitacionais e em conjunto com o regime geral da locação civil, nos termos do art. 1108º do CC (na redacção dada pela Lei nº 6/2006).

– III – O regime da denúncia/oposição à renovação do contrato pelo senhorio, aplicável aos arrendamentos rústicos não sujeitos a regime especial, celebrados antes da entrada em vigor do RAU, é o previsto no regime geral da locação (arts. 1054 e 1055 do CC).

SUPREMO, 24-09-2013 (Processo nº 317/09.9TBOLH.E1.S1 – também publicado na *ColSTJ* nº 251, p. 60, com um sumário menos expressivo do que este).

Este douto aresto, ao contrário do que tinha julgado a Relação, interpretou restritivamente o passo do presente artigo "e em conjunto com o regime geral da locação civil, aos arrendamentos rústicos não sujeitos a regimes especiais", no sentido de que a *denúncia* e a *oposição à renovação*, se regem especificamente pelo disposto nos arts. 1054 e 1055, acabando por aplicar a esta o prazo do art. 1055 que não passa, afinal, como então salientamos, de urna reprodução, deslocada, *especificamente para o arrendamento* e *ipsis verbis*, do que, no lugar próprio, se dispõe no art. 1097.

F – ***Arrendamento para um fim associativo cultural, recreativo, político ou outro.*** Esta é outra importante categoria, dentro do *arrendamento para fim não habitacional*, e que é constituída quando se presta o *arrendamento* de um prédio ou parte de prédio a uma associação *stricto sensu*, para o exercício da sua *atividade*, designadamente, *cultural filantrópica* ou *de recreio*, ou a um *partido político*, a um *sindicato*, ou outra associação para a realização do seu fim não habitacional.

Em todos estes seis casos, estamos em presença de um *arrendamento urbano*, para *fim não habitacional*, disciplinado pelos novos arts. 1108 a 1113 CC.

Artigo 1109 – Locação de estabelecimento

1 – A transferência temporária e onerosa do gozo de um prédio ou de parte dele, em conjunto com a exploração de um estabelecimento comercial ou industrial nele instalado, rege-se pelas regras da presente subsecção, com as necessárias adaptações.

2 – A transferência temporária e onerosa de estabelecimento instalado em local arrendado não carece de autorização do senhorio mas deve ser-lhe comunicada no prazo de um mês.

(Redação da Lei nº 6/2006)

1. Premissa introdutória

Notoriamente, este artigo está mal colocado aqui.

Imediatamente a seguir à norma do art. 1108, a encimar o âmbito da subsecção, deveria situar-se a regra geral do regime dos *arrendamentos não habitacionais*, a qual saltou para o art. 1110, dando a primazia a um preceito especialíssimo, como este, que regula um instituto tão particular como é a *locação de estabelecimento comercial ou industrial* instalado em *prédio urbano* arrendado para a sua exploração.

O ilogismo vem da Lei nº 6/2006 que, ao conformá-lo com rigor, aperfeiçoando o traço impreciso e indefinido que vinha da primitiva versão do CC e do RAU, não o soube agora situar devidamente.

Aliás, depois, com a regulação que se imprimiu ao *trespasse*, também não se seguiu, como se verá em comentário a esse preceito, a sistematização mais adequada.

A denominação que se colocou na epígrafe do artigo abrange apenas uma parte do negócio jurídico que a compreende: a *locação do estabelecimento comercial ou industrial.*

Sendo este uma *coisa móvel* complexiva e unitária de *coisas móveis* constitui, em si, um *aluguer de estabelecimento* – compreendendo-se, embora, que seja disciplinado entre os *arrendamentos não habitacionais* porque esse *aluguer* se imbrica no *subarrendamento* do *prédio urbano* onde se aloja o *estabelecimento*, e que forma a parte especificamente caracterizante deste *contrato misto.*

A agora denominada *locação de estabelecimento* começou, entre nós, por constituir, à margem da lei, uma *prática mercantil.*

As primeiras referências legais de que temos notícia do instituto são de *ordem fiscal*, pois surgem a estabelecer um imposto para a sua contratação: a Lei nº 1:668, de 9 de setembro de 1924, reportando-o, no seu art. 8º, à cedência, a título oneroso, do direito ao arrendamento de prédio ou parte de prédio em que se encontre instalado estabelecimento comercial ou industrial, e o Decreto nº 11:440, de 3 de fevereiro de 1926, que definiu a cedência onerosa do direito ao arrendamento, para o efeito daquele art. 8º como a transmissão, por qualquer período, dos locais onde se achem instalados estabelecimentos comerciais ou industriais.

Entretanto, a jurisprudência, vergada ao peso do *vinculismo*, foi-se enredando na qualificação do instituto, ora encarando-o como um *arrendamento*, preso, como tal, pelos *vínculos*, ora fugia a estes sobrevalorizando a "concessão de exploração".

Ainda com a Lei nº 2:030, o legislador fugiu ao problema, limitando-se a proclamar que *"a cessão do direito ao arrendamento comercial ou industrial sem autorização escrita do senhorio só pode verificar-se no caso de traspasse"* (art. 64-2), mas *"pode fazer-se, sem autorização do senhorio, a cessão do direito ao arrendamento de prédios destinados ao exercício de profissões liberais, quando continuem a ser aplicados ao exercício da mesma profissão"* (art. 64-1).

Quanto à *locação de estabelecimento comercial ou industrial*, nada, embora mencionasse o *trespasse*.

Foi unicamente com o Decreto nº 43 525, de 07-03-1961, a aprovar o regime do *arrendamento urbano* para o Ultramar, que se concedeu à *locação de estabelecimento comercial ou industrial* um regime específico.

Em termos ainda algo nebulosos, é certo, mas na direção correta.

Estabeleceu, com efeito, no seu art. 3º-1, o seguinte:

> *"Será havido exclusivamente como arrendamento o contrato pelo qual o locador, que no prédio, ou em parte dele, explore comércio, indústria, ou outra atividade lucrativa, transfere temporária e onerosamente para o locatário, juntamente com a fruição do imóvel ou daquela sua parte, a dos móveis, utensílios, alfaias, aparelhos ou maquinismos nele existentes com vista a essa exploração e que, para tal efeito, constituam com o prédio, ou com a dita parte dele, uma unidade económica"*.

Complementarmente, no art. 52-3, proclamava-se que este *arrendamento* se eximia à *prorrogação forçada*.

Outro tanto veio pouco depois a estabelecer-se, mas numa expressão verbal *à rebours*, no art. 1085 da formulação primitiva do CC, e já recorrendo a um paralelo com o *trespasse*:

> "1 – *Não é havido como arrendamento de prédio urbano ou rústico o contrato pelo qual alguém transfere temporária e onerosamente para outrem, juntamente com a fruição do prédio, a exploração de um estabelecimento comercial ou industrial nele instalado.*
>
> 2 – *Se, porém, ocorrer alguma das circunstâncias previstas no nº 2 do artigo 1118, o contrato passa a ser havido como arrendamento do prédio*".

À primeira vista, pareciam contraditórias as disposições do diploma ultramarino e da primitiva formulação do Código: enquanto naquele se referia que "será havido como arrendamento", neste declarava-se, perentoriamente, "não é havido como arrendamento" – mas a divergência era mais formal do que substancial: se, no primeiro, se afirmou que *se estava perante um arrendamento*, mas *sem prorrogação forçada*, no segundo declarou-se *não ser havido como arrendamento*, para significar – convenhamos que enigmaticamente – o afastamento de tal *prorrogação*.

Ao dizer-se *"será havido como arrendamento"*, fazia-se uma equiparação a esta figura. Ao referir-se *"não é havido como arrendamento"*, não se recusava, no fundo, a natureza arrendatícia, mas excluía-se – por essa forma sibilina – o seu traço de *prorrogação forçada*[651].

[651] Inocêncio Galvão Telles embora reconhecesse a legitimidade de locação de uma universalidade, recusava essa ideia aqui porque, de acordo com a letra da lei, mais do que do seu espí-

Anote-se ainda que a formulação colonial era fortemente influenciada, no plano formal, pelo texto do *Projeto de Código Civil*, na sua 1ª revisão ministerial[652], mas subtraindo-lhe, louvavelmente, o *vínculo* que nele se conservava.

Curiosamente, este passo do diploma foi alvo de fortes críticas da doutrina nacional, que sempre nos pareceram excessivas[653].

Assacou-se-lhe que vedava a criação jurisprudencial, quando, na verdade, legislava seguindo a corrente jurisprudencial fixada ultimamente, à míngua de lei concreta, e, portanto, coonestando-a e reforçando-a.

Orlando de Carvalho, por seu turno, censurou-lhe asperamente a "redução do fenómeno ao arrendamento imobiliário, como estranhamente se propugna no doc. nº 43 525"; o não ser propriamente "a classificação como arrendamento que verdadeiramente nos espanta (posto pareça tecnicamente errada por o estabelecimento não ser um imobiliário)"; e, um pouco adiante, "o que nos surpreende no doc. nº 43 525 é a classificação deste contrato como 'arrendamento de prédio'"; "essa ideia de reduzir a locação de estabelecimento a uma locação de prédio, 'resolver' o problema da sua natureza jurídica (como se às leis coubesse resolver esses problemas!) é que é verdadeiramente inesperada na fase em que nos encontramos de consciência deste fenómeno"; "em Portugal... não vemos nenhuma voz autorizada a defender que a locação de estabelecimento seja tão só uma locação de prédio urbano".

Por último, acaba por reconhecer que, "do art. 3º do doc. nº 43 525 não se fez, felizmente, decorrer a consequência mais clamorosa da consideração do acordo como arrendamento, qual seja, a da subordinação desse acordo à renovação obrigatória da relação locativa que se estatuiu no art. 52... mantendo-se fiel ao princípio defendido pelo S.T.J. para a 'cessão de exploração'"[654].

Em tudo isto, Orlando de Carvalho limita-se afinal, na nossa perspetiva, a invetivar, repetidamente e sem sair daí, a classificação do contrato como *arrendamento*, que lhe parece tecnicamente errada por o *estabelecimento* não ser um *imobiliário*, a ideia de reduzir a *locação do estabelecimento* a uma *locação de prédio*, quando nunca se viu em Portugal nenhuma voz autorizada a defender que a *locação de estabelecimento* seja tão só uma *locação de prédio urbano*.

rito, quem explorava o *estabelecimento* não o fazia na qualidade de locatário – *Manual dos Contratos em Geral* – Refundido e Atualizado, Coimbra Editora, 2002, p.415,

652 Estava assim então redigido: 1 – *É havido como arrendamento o contrato pelo qual o locador transfere temporária e onerosamente para o locatário, juntamente com a fruição do prédio, qualquer indústria, comércio ou outra atividade lucrativa explorada no mesmo prédio*" – *BMJ* nº 120, p. 111.

653 Pode ver-se logo na 1ª edição do nosso *Curso de Direito dos Arrendamentos Vinculísticos*, Almedina, 1984, p. 371, n. e, depois, repetida nas sucessivas edições da obra, com o mesmo título, ou entretanto substituído por *Manual do Arrendamento Urbano*.

654 Orlando de Carvalho, *Critério e estrutura do estabelecimento comercial*, Coimbra, 1967, pp. 268 ss, n. 83.

Ora, perscrutando o preceito, nós, pela nossa parte, não conseguimos vislumbrar nele a mais ligeira afirmação de que a *locação de um estabelecimento não passa de uma locação de prédio*, que ela *seja tão só a locação de prédio urbano* e, muito menos, a *resolução do problema da natureza jurídica da locação de estabelecimento.*

O que nele pode ver-se, quanto a nós, é apenas que *será havido como arrendamento* o contrato pelo qual o locador, que no prédio, ou em parte dele, explore comércio, indústria, ou outra atividade lucrativa, *transfira, temporária e onerosamente, para o locatário, juntamente com a fruição do imóvel ou daquela sua parte,* os móveis e utensílios que constituam com o prédio ou parte dele uma unidade económica.

O que tão somente se declara *ser havido como arrendamento* é a *transmissão conjunta* do gozo temporário e oneroso do *imóvel* e dos instrumentos que constituem a unidade económica nele alojada; nunca, a *locação de estabelecimento*, que jamais individualiza, mas a que sabiamente deu relevo ao impor que este arrendamento não era *vinculístico.*

Nisto, não vemos nós qualquer erro técnico, dado que a própria lei ainda hoje qualifica – e bem – como *arrendamento de prédio urbano*, a *locação de imóveis mobilados* (art. 1065).

Semelhantemente, veio a suceder com o então elogiado art. 1085, onde se começa por declarar que não é havida como arrendamento a fruição de *prédio urbano ou rústico* juntamente com a *exploração de um estabelecimento comercial ou industrial*, e se acaba por afirmar que já o será se se verificar alguma das circunstâncias que descaracterizam o *trespasse.*

A localização do art. 1085 entre as *disposições gerais* do *arrendamento de prédios urbanos e rústicos não rurais* compreendia-se, pela circunstância de o preceito declarar que, na hipótese em apreço, não se estava em presença de um *arrendamento, tout court* – mas, depois, o RAU, ponderando que a matéria tinha *natureza comercial*[655], levou-a para o capítulo do *arrendamento para comércio ou indústria* e reproduziu-o no seu art. 111, substituindo o termo *fruição* por *gozo* e, dando um passo em frente na caracterização do instituto, atribuiu-lhe a epígrafe *cessão de exploração de estabelecimento comercial.*

Foi só com a frustrada Reforma de 2004 que o instituto veio, finalmente, a receber a sua caracterização atual.

Então previa-se, para o seu art. 1112 e sob a epígrafe *locação de estabelecimento*, a disposição seguinte:

"1 – *A transferência temporária e onerosa do gozo de um prédio ou parte dele, em conjunto com a exploração de um estabelecimento comercial ou industrial nele instalado, rege-se pelas regras do arrendamento urbano para comércio ou indústria, com as necessárias adaptações.*

2 – *Quando a transferência recaia sobre estabelecimento instalado em local arrendado, é dispensável a autorização do senhorio.*"

[655] António Menezes Cordeiro/Francisco Castro Fraga (com a colaboração de Ana Sousa Botelho/Maria Esperança espadinha), *Novo Regime do Arrendamento Urbano*, Almedina, 1990, p. 150.

Como pode ver-se, o presente art. 1109, com a redação que já vem da Reforma de 2006, reproduziu o nº 1 de 2004, substituindo-lhe apenas a referência ao *arrendamento urbano para comércio ou indústria* pela locução "pelas regras da presente subsecção", visto já não haver, como então se previa, uma subsecção para os *arrendamentos comerciais ou industriais* e outra dedicada ao *arrendamento para exercício de profissão liberal*, mas apenas uma, para os *arrendamentos não habitacionais*.

No nº 2, além da dispensa de *autorização* do *senhorio*, o preceito exige, louvavelmente, que lhe seja *comunicada* a transferência.

Passou, pois, como se disse, a ser assim, com a Reforma de 2006, e continua exatamente assim, com a Reforma de 2012, que, com esta disposição, reproduziu integralmente o preceito da Reforma anterior, como também se tem referido.

2. Estabelecimento comercial ou industrial

O preceito não define o que seja um *estabelecimento* e, para entender o seu normativo, teremos de principiar por inquirir em que realidade se consubstanciará ele. É semelhante figura que, antes de mais, se situa no centro desta disciplina e tem de ser como nela é especificamente encarada que a deveremos entender[656].

I – Na linguagem vulgar (e até em alguns diplomas legais menos recentes) usa-se esta expressão, ou só a palavra *estabelecimento*, para designar o próprio *edifício* ou *prédio* onde se realiza a atividade comercial ou industrial, havendo assim em tal modo de dizer como que uma metonímia, a referir o *conteúdo* pelo *continente* – mas o conceito jurídico de *estabelecimento* exclui liminarmente da sua composição os *bens imóveis* (cf. art. 206-1 CC), pelo que só poderá compreender, não um *prédio*, mas, eventualmente, o direito ao uso daquele a que, por hipótese, esteja ligado e, além disso, os *utensílios*, as *máquinas* e *mercadorias*, *marcas* e *insígnias* – em suma, todas as *coisas corpóreas móveis*, as *incorpóreas* e os *direitos* que formem o *conjunto unitário teleologicamente composto para a realização de determinado fim*.

[656] O desenvolvimento que se segue, como facilmente se pode verificar, vem por nós sendo feito, com apenas sucessivos aperfeiçoamentos, desde a 1ª ed. do nosso *Curso de Direito dos Arrendamentos Vinculísticos*, Almedina, 1984, passando daí à sua 2ª edição e, depois, às sucessivas edições do *Manual do Arrendamento Urbano*, em 1966, 1999, etc., quase todas existentes na excelente Biblioteca da Faculdade de Direito de Lisboa.
No *Curso de Direito das Sociedades*, numa breve passagem de distinção entre os conceitos de *empresa* e de *estabelecimento*, limitamo-nos a referi-lo, aliás, sem chamar-lhe "coisa" ou "universalidade", mas simplesmente como "*um complexo objetivo e unificado de bens patrimoniais móveis congregados pelo operador económico para a realização da sua atividade*" e tivemos inclusivamente o cuidado de, "para mais desenvolvimentos", remeter para o nosso *Manual do Arrendamento Urbano*, 2ª ed., pp. 523 ss (p. 360 da 5ª ed), – afigurando-se-nos por isso injusta a observação que nos faz Nuno Aureliano, no seu magnífico ensaio, *A Obrigação de não Concorrência do Trespassante* (*Estudos em Homenagem ao Professor Doutor Inocêncio Galvão Telles*, IV, Almedina, 2003, p. 729, n.43, d2), de que aí falamos "da 'simples coisa ou universalidade que é o estabelecimento (...porém em termos ambíguos, pois não especifica nem o tipo de coisa nem a modalidade da universalidade").

Para o definirmos, convirá no entanto desembaraçar-nos, antes de mais, de uma ambiguidade terminológica em que, na nossa perspetiva, incorrem aqueles autores que empregam o termo *estabelecimento* em sinonímia com *empresa*, considerando que *estabelecimento* e *empresa* designam a mesma realidade – a qual não carecerá, assim, de destrinça nem justificará o recurso a uma aceção particular para cada um dos vocábulos[657].

É verdade que não se facilita, no nosso Direito positivo, este objetivo esclarecedor, pois se encontram nele numerosos exemplos do emprego de cada um dos dois termos em sentidos diferentes.

Particularmente quanto à ideia de *empresa*, há realmente um grupo de diplomas legais que utilizam a palavra num significado amplo, de *operador económico dotado de organização*. É o caso do Regime Geral das Instituições de Crédito e Sociedades Financeiras, no seu Título X-A, aditado pelo art. 2º do Decreto-Lei nº 232/96, de 5 de Dezembro (cuja epígrafe, na republicação do Decreto-Lei nº 157/2014, de 24 de outubro, se reporta, como dantes, além de outras, às *empresas de investimento*) – entre tantos outros que poderiam ser também citados.

Fala-se então de *empresa* (não de *estabelecimento*) para designar um *operador económico*, um *sujeito*, portanto, de relações jurídicas – aceção que é, naturalmente, aceitável no próprio plano doutrinal.

Neste plano, adota-se, no entanto, ainda a mesma palavra para designar uma realidade mais restrita: a *organização*, em si, isto é, o *elemento pessoal ou subjetivo que, organizado em diferentes posições hierárquicas e funcionais, realiza determinada atividade económica*. É a noção *institucional* de *empresa*, que não a equipara já a um *sujeito* da relação jurídica, mas à *organização do pessoal* que assiste ao *empresário*.

Será antes esta noção de *empresa*, como logo se vê, que se encontrará efetivamente mais próxima da ideia de *estabelecimento* – embora também com ela se não deva afinal identificar, quando a cotejarmos com o alcance que a este é assinalado nos passos mais notórios da nossa legislação que se lhe referem.

Em suma e em síntese, deve sempre ter-se presente a destrinça que está, aliás, bem patente na feliz *facti species* do art. 2555 do Código Civil italiano, quando proclama, traduzindo: "*o estabelecimento [azienda] é o complexo dos bens organizados pelo empresário para o exercício da empresa [impresa]*" – e como o vimos defendendo desde a primeira hora[658], contra a doutrina dominante.

[657] J. G. Pinto Coelho, *Lições de Direito Comercial*, 1957, 3ª ed. rev., pp. 82 e 86; Orlando de Carvalho, *Critério e estrutura do estabelecimento comercial*, 1967, I, pp. 7-11, nota 3; Ferrer Correia, *Lições de Direito Comercial* (ed. policopiada, com a colaboração de Manuel Henrique Mesquita e António Caeiro), 1973, I, 201; Jorge Manuel Coutinho de Abreu, *Da empresarialidade–As empresas no Direito*, 1996, p. 5-10.

[658] Cf. já o nosso *Curso de Direito dos Arrendamentos Vinculísticos*, 1ª ed., Almedina, 1984, pp. 355-357, depois, *Manual do Arrendamento Urbano*, 1ª ed,, Almedina, pp. 483-484 – e as sucessivas edições deste. Valiosamente neste sentido, pode ver-se: António Menezes Cordeiro, *Leis do Arrendamento Urbano Anotadas* (Coord. de António Menezes Cordeiro), Almedina, 2014, p. 376, n. 25.7.

Desembaraçados desta confusão preliminar, que por vezes ocorre na análise de alguns Autores de referência, partamos então para a estrita delimitação do conceito de *estabelecimento*.

O termo vem frequentemente usado na lei em diferentes aceções, nem todas, naturalmente, tecnicamente aceitáveis.

Assim:

a) – É utilizada a denominação *estabelecimento* para se designar o *lugar* onde é exercida a atividade comercial ou fabril, p. ex., nos arts. 95, nº 2[659], e 263, § único, CCom[660] – ideia que, aliás, era a abertamente exprimida na definição que se consagrava no art. 52 do Decreto nº 5:411[661];

b) – A mesma designação serve também para referir todo o conjunto das *coisas corpóreas* (*res quæ cerni vel tangi esse possunt*) e respetivas instalações, de que dispõe o *empresário* para o exercício das sua atividade, como as máquinas, utensílios, móveis e edifícios que formam a sua parte material e instrumental – e, neste sentido, é o termo empregado no art. 425 CCom[662];

c) – Ou para referir uma *universalidade* formada pelo conjunto de elementos que compõem o ativo e o passivo contabilizado, como constava da disposição, hoje revogada, do art. 603, al. *i)*, CPC[663];

d) – Ou ainda, na expressão "estabelecimento individual de responsabilidade limitada", para designar o *património autónomo* formado por um *comerciante em nome individual* para o exercício da sua atividade mercantil (Decreto-Lei nº 248/86, de 25 de Agosto);

659 "Consideram-se como armazéns ou lojas de vendas abertos ao público:

....

2º. Os que estabelecem os comerciantes não matriculados, toda a vez que tais estabelecimentos se conservem abertos ao público por 8 dias consecutivos, ou hajam sido anunciados por meio de avisos avulsos ou nos jornais, ou tenham os respetivos letreiros usuais".

660 "O caixeiro despedido terá direito ao salário correspondente a esse mês, e o patrão não será obrigado a conservá-lo no estabelecimento nem no exercício das suas funções".

661 "Considera-se estabelecimento comercial ou industrial, para os efeitos desta lei, todo o prédio urbano, ou parte dele, que o comerciante ou industrial tome de arrendamento para o exercício da sua profissão".

662 "Todos os seguros, com exceção dos mútuos, serão comerciais a respeito do segurador, qualquer que seja o objeto; e relativamente aos contraentes, quando recaírem sobre géneros ou mercadorias destinados a qualquer ato de comércio, ou sobre estabelecimento comercial".

663 "Na determinação do valor dos bens observar-se-á o seguinte:

....

i)– O valor do estabelecimento comercial ou industrial, considerado como universalidade que compreende tanto o ativo como o passivo, é determinado segundo o último balanço e também de harmonia com este se determina o valor das partes ou quotas em sociedades que não sejam por ações".

e) – Ou, por fim, como ocorria no anterior Código da Propriedade Industrial (aprovado pelo Decreto nº 30 679, de 24-8-1940), onde, para efeitos de transmissão de *marcas registadas* independentemente do *estabelecimento*, este era definido como "*a universalidade constituída por loja, armazém, fábrica, adega ou local de exploração de qualquer indústria ou comércio e todo o seu ativo e passivo, inclusive direito à locação, chave, nome, insígnia, clientela e outros valores*" (§ 3º do seu art. 118).

De todas estas referências, a última, não reproduzida, aliás, no atual Código da Propriedade Industrial, aprovado pelo Decreto-Lei nº 36/2003, de 5 de março, é, certamente, a mais concreta e próxima da realidade, embora tenha de considerar-se, em certo sentido, ultrapassada – pois inclui, no acervo de bens que podem compor um *estabelecimento*, coisas *imóveis* que, como é certo e se retira, hoje, do disposto no art. 206-1 CC, não poderão participar das *coisas compostas* ou *universalidades*.

As outras, tirante a do sentido da linguagem comum que a legislação mais antiga assimilou e o caso particular do *estabelecimento individual de responsabilidade limitada* (que de *estabelecimento* só tem o nome, porque, na nossa perspetiva, de verdadeiro *estabelecimento* não tem nada), limitam-se, em regra, a realçar aspetos parcelares do que efetivamente deverá ter-se como *estabelecimento*.

Summo rigore, este deverá antes ser entendido como um *complexo objetivo e unificado de bens patrimoniais, móveis, teleologicamente congregados pelo operador económico numa coisa só, para a realização da sua atividade*.

Complexo de bens.

Um espaço vazio, sem o recheio que o deveria compor, não será, portanto, ainda, um *estabelecimento* (cf. *infra*, III).

Complexo de *bens* que, pois, envolverá, não apenas as coisas *materiais* ou *corpóreas móveis*, mas também as *coisas imateriais* ou *incorpóreas e os direitos*, com valor económico, que lhes dão agilidade instrumental como, designadamente, o *direito de locação* sobre o prédio ou parte dele, em que eventualmente se aloje, o *nome* ou *insígnia* do *estabelecimento* (arts. 284-285 CPI) ou o seu *aviamento* – que está para o *estabelecimento comercial ou industrial* como a fertilidade do solo está para uma *exploração agrícola*.

Parece-nos, assim, inaceitável a proposição do ac. do SUPREMO, de 21-11-1996 (*BMJ* nº 461, p. 451) segundo a qual a "clientela" não é elemento constitutivo do *estabelecimento*. O aresto funda-se na circunstância de não ser concebível, num sistema de livre concorrência, um "direito sobre a clientela".

Trata-se de um equívoco manifesto. Não está em causa, obviamente, a venda autónoma e isolada de um *direito de clientela*, mas a valorização que ela poderá emprestar ao preço do universo global.

Nesta base, cremos que ninguém contesta e não será discutível que a *clientela*, o *achalandage*, o *goodwill*, o *avviamento* ou, como quer que se lhe chame, seja um elemento integrante do *estabelecimento comercial* e que lhe pode aumentar significativamente o valor de mercado. A circunstância de ser uma realidade "movediça" não obsta à sua comercialidade, nesta base, constituindo, como se informa na literatura francesa, um *direito de propriedade comercial*.

Coisa distinta é não ter o *estabelecimento* um *goodwill* significativo. Em síntese, a *clientela* é um elemento constitutivo *normal* do *estabelecimento comercial*, embora possa, em casos específicos, ter um valor negligenciável.

Trata-se, portanto, como se vê, de uma realidade prevista e disciplinada para certos efeitos no Direito positivo que, finalmente, constitui, como pode hoje dizer-se pacífico, uma *universalidade*. Na nossa ordem jurídica, milita em favor de semelhante conclusão a norma constante do art. 206-1 CC, quando dispõe que "*é havida como coisa composta, ou universalidade de facto, a pluralidade de coisas móveis que, pertencendo à mesma pessoa, têm um destino unitário*".

Certos Autores atribuem ao *estabelecimento*, entre nós, a natureza jurídica de uma *universalidade de facto*.

Por que não, a de uma *universalidade de direito* ? Que diferença fará uma da outra? Por que não, uma coisa e outra[664]?

A destrinça entre *universalidade de facto* e *universalidade de direito* não tem relevância prática; é meramente conceptual. Em princípio, visto que toda a *universalidade* é uma globalização reconhecida pelo Direito, que a trata como *uma coisa só*, incorpórea, dir-se-ia só existirem *universalidades de direito*, mas parece preferível admitir a dicotomia, desde que fundada na composição respetiva: *universalidade de direito* será, nesta base, a que compreende não apenas as *coisas corpóreas* mas ainda as *incorpóreas* e os *direitos patrimoniais* – distinguindo-se então da *universalidade de facto* e das *coisas compostas*, que são formadas apenas por *coisas móveis corpóreas*, globalizadas segundo o *critério teleológico* ou *funcional* do seu titular.

Parece portanto inaceitável, a nosso ver, integrar no *estabelecimento* as *pessoas* que o fundaram e dele se servem, como por vezes é afirmado quando se identifica com uma *empresa*[665]. O *estabelecimento* pode ser objeto de uma *venda*, de uma *locação*, etc. e as *pessoas* não podem, obviamente, ser vendidas ou locadas: são *sujeitos de direitos*; não, *objeto de negócios* de terceiros.

II – O presente artigo não refere apenas o *estabelecimento*, em si; adjetiva-o, qualificando-o como *comercial* ou *industrial*.

[664] Como pretende OLIVEIRA ASCENSÃO (*Lições de Direito Comercial*, ed. pol., 1986/87, I, pp. 527-528).

[665] MIGUEL J: A. PUPO CORREIA, *Direito Comercial – Direito da Empresa*, (com a col. de ANTÓNIO JOSÉ TOMÁS/OCTÁVIO CASTELO PAULO), 12ª ed., rev e at., EDIFORM, Lisboa, 2011, p. 50.

A – Não definindo o preceito estas qualidades, terão elas de ser entendidas de acordo com a natureza da atividade para o serviço da qual o *empresário* as congregou instrumentalmente em *universalidade.*

Não há, juridicamente, uma contraposição dos dois vocábulos.

Nesta base, e na perspetiva mais próxima da conceção que informa o nosso Código Comercial, diremos que é *comercial* o *estabelecimento* ligado à atividade formada pelos *atos de comércio* implicitamente enumerados no art. 2º CCom, em síntese, os que integram a *distribuição,* de que é arquétipo a *compra e venda mercantil;* a *atividade de serviços,* quer os *financeiros* (*instituições de crédito* e *sociedades financeiras* – cfr. o *Regime Geral de Instituições de Crédito e Sociedades Financeiras,* aprovado pelo Decreto-Lei nº 298/92, de 31 de Dezembro, com significativas alterações e aditamentos introduzidos por sucessivos diplomas e ultimamente republicado pelo Decreto-Lei nº 157/2014, de 24 de outubro) quer os de *seguros* (arts. 425-462 CCom) – e que é *estabelecimento industrial* o ligado ao que no art. 230 CCom se arrola como *empresas comerciais*: a *indústria transformadora* (*item* 1º), por um lado, e, por outro, os *serviços,* como o *fornecimento continuado* (*item* 2º), a *atividade leiloeira* (*item* 3º), a *exploração de espetáculos* (*item* 4º), a *edição* de obra literária, científica ou artística (*item* 5º), a *construção civil* (*item* 6º) e os *transportes* (*item* 7º).

Ficam deste modo fora de tais qualificações, por exemplo, o *ginásio* de um clube, o *consultório* de um dentista, o *escritório* de um advogado, ou o *atelier* de um arquiteto.

Só o *estabelecimento comercial* ou *industrial* se compreende na *locação de estabelecimento* constante deste artigo e do seu regime beneficia.

Em antiga jurisprudência, à luz da primitiva redação do CC, já neste sentido se decidia.

– Um externato de ensino secundário e primário não é um estabelecimento comercial ou industrial para o efeito do artigo 1118 do Cód. Civil...

Relação do Porto, 30-11-1982 (*Colectânea,* V, p. 219)

O tema pode ser mais duvidoso perante a *locação* de um *estabelecimento de artesanato,* como um *salão de cabeleireiro* alojado em *prédio urbano,* ou um *estabelecimento de ferreiro, sapateiro, alfaiate* ou *fotógrafo* nele instalado.

Poder-se-ia dizer que, não sendo tal hipótese prevista neste artigo, não lhe seria aplicável. Certo é, porém, que a jurisprudência, sem análise, não tem destrinçado a particularidade.

Assim:

– Constitui cessão de exploração de estabelecimento de cabeleireira, o contrato intitulado de "cessão de exploração" pelo qual se proporcionava o gozo temporário e oneroso de duas salas vazias, mas integradas material e funcionalmente, na exploração mais ampla do hotel em que se situavam, acopladas a várias lojas de diversos ramos de negócio.

SUPREMO, 04-05-1993 (*ColSTJ*, ano I, tomo II, p. 86 – *sumário da nossa responsabilidade, em substituição do apresentado pela Colectânea, que, em nosso parecer, na sua vagueza, não dá ideia completa da decisão*).

O aresto só pôde julgar assim, em nosso parecer, porque:

1º – Estando perante um contrato celebrado em 1985 e, portanto, sob o domínio da primitiva redação do CC, onde o art. 1085 de então expressamente reportava a figura em apreço como a *exploração* de "um estabelecimento comercial ou industrial", não inquiriu e omitiu por completo a questão de saber se o pretenso *estabelecimento* era, ou não, *comercial*; bastou-lhe concluir que era um *estabelecimento*, sem mais;

2º – E quanto a saber se duas salas vazias fazem um *estabelecimento*, concluiu que, integrando-se elas funcionalmente na exploração do hotel onde materialmente se situavam, constituiriam um *estabelecimento em formação*, numa confusão grosseira entre dois *estabelecimentos* distintos: o *estabelecimento hoteleiro* e o *estabelecimento artesanal de cabeleireira*; duas salas vazias, num edifício hoteleiro, tanto podem, evidentemente, ser aplicadas a *cabeleireira* como a uma *boutique*, a salas de jogos, ginásio, etc.

E enquanto não tiverem os *instrumentos* e *utensílios* indispensáveis ao seu funcionamento, como tal, jamais poderão, obviamente, ser considerados *estabelecimentos*, em si, aplicáveis a uma função autónoma.

Esta é que é a jurisprudência certa e consolidada de que adiante se dá nota (*cf. infra, III*).

B – Tratando-se de um *estabelecimento comercial ou industrial*, dir-se-á que esta *locação* terá natureza *comercial*, deveria ter sido regulada nessa lei e será pelo Direito comercial que, no omisso, serão integráveis as lacunas deste instituto.

Acontece que o próprio CCom relegou a disciplina do *arrendamento de comércio* para os quadros do Direito civil (art. 482 CCom), não nos parecendo admissível, no omisso, o recurso àquele diploma (v. *infra*, nº 2-I *sub* art. 1112).

III – Constituindo o *estabelecimento comercial ou industrial* uma *universalidade* de *coisas* não apenas *incorpóreas* e *direitos*, mas também *corpóreas*, há de, naturalmente ocupar certo espaço, geralmente, num *prédio* ou *parte de prédio urbano*, que pode ser do próprio titular, como se refere no nº 1, ou *arrendado*, como se prevê expressamente no nº 2 do presente artigo.

Na pluralidade dos seus componentes, torna-se, na prática, muitas vezes difícil determinar quando se poderá dizer que já existe, ou se ainda existe um *estabelecimento comercial ou industrial*, transacionável, como tal, ou quando se estará apenas em presença de meras realidades isoladas e dispersas, insuscetíveis de o caracterizarem.

É o debatido problema da determinação do chamado *âmbito mínimo* ou *âmbito necessário do estabelecimento*, que tem sido muito estudado na doutrina e por vezes tem ocupado a jurisprudência – isto é, o de saber quando é que, faltando elementos integrantes, porque já deixaram de existir ou porque ainda não o compuseram, na sua formação, existam os suficientes para que se possa considerar que nos encontramos em presença de um *estabelecimento*.

De uma parte, diz-se que ele ocorrerá na transmissão que envolva bens "suscetíveis de 'aprisionarem' a imagem do todo", isto é, quando "*espelharem* essa mesma imagem aos olhos do público. O público acredita, em presença desses bens, que ali está e subsiste determinado estabelecimento". O conjunto de bens que se tem identificado com essa suscetibilidade é, segundo se diz, aquilo que "a doutrina, com mais ou menos felicidade, designa lá fora por *achalandage* e (ou) *clientèle*, ou por *avviamento*, ou por *Chancen*, ou por *good-will of business* ou *good-will of trade* – mas conjunto que não tem, considerado em abstrato, de incluir forçosamente um certo elemento e não outro"[666].

De outra parte, apela-se antes ao critério da *aptidão funcional*. Se o conjunto, como base de uma função produtiva, tem um significado diferente do assinalável aos elementos que o compõem, há um *estabelecimento*, ainda que ele não possa operar imediatamente, por falta de algum elemento que o complete.

O *estabelecimento incompleto* poderá então, desde que disponha de *aptidão funcional*, ser já (ou ainda) considerado como *estabelecimento*[667].

O primeiro entendimento afigura-se profundamente teórico e de muito difícil aplicação prática. Quando é que um tribunal poderá decidir que a realidade em presença espelha a imagem do todo aos olhos do público? Faz-se uma perícia? E que processo técnico o determinará?

Atende-se a prova testemunhal?

O segundo critério é bem mais lógico e prático. Se faltam elementos, mas os que restam permitem a continuação do seu *funcionamento*, compreende-se bem que se conclua pela existência de *estabelecimento*, embora *mínimo*.

Mas a jurisprudência, enunciando um critério teórico de determinação, acaba, por vezes, por decidir à margem dele.

Temos, em nossa opinião, um claro exemplo disso, entre outros, no seguinte acórdão do Supremo Tribunal de Justiça, publicado pela *Atualidade Jurídica*:

[666] ORLANDO DE CARVALHO (*Rev.Leg.Jurs.* 115º, pp. 167-168).

[667] JOSÉ OLIVEIRA ASCENSÃO, *Lições de Direito Comercial* (ed. pol.), 1986/87, I, pp. 509-510.

– O estabelecimento comercial, enquanto objeto de negócio, é um complexo de elementos ou meios em que o mesmo radica e o tornam reconhecível – Supremo, 28-5-1997 (*Act.Jur.*, I, nº 8, p. 12).

Como se vê, este sumário denuncia abertamente a adesão do aresto ao critério de ORLANDO DE CARVALHO de determinação do *estabelecimento* pelo *espelho por que se projeta no público da sua imagem* – mas como se fez afinal a sua aplicação prática ao caso concretamente submetido ao pretório?

Tratava-se de um *estabelecimento industrial de oficina de reparações automóveis e estação de serviço* despojado de uma parte dos seus utensílios, entre eles o macaco hidráulico, mas acompanhado do *escritório* onde um empregado se encarregava do expediente empresarial e do atendimento telefónico.

Perscrutou o Supremo, em observância do que se sumariou, se aquilo que foi objeto de transferência ainda *espelhava no público* a ideia de *estabelecimento*?

Parece-nos que não. Limitou-se a ponderar que o escritório era apenas um elemento do *estabelecimento*, não o *estabelecimento*, e que não representava o "mínimo de funcionalidade para que se possa dizer que, com a transferência... se procurou a transferência do próprio estabelecimento comercial".

Aqui, passou para o *critério da funcionalidade remanescente*.

Por último, fez funcionar as alíneas do art. 1118-2 CC, racionando assim: no caso, verificavam-se as *presunções de não trespasse* e não se ilidiu a presunção, para desse modo se provar que, "com a transmissão dos escritórios se transmitiram os elementos caracterizadores da sua empresa". A não transferência do *estabelecimento*, ou seja, de uma organização concreta de fatores de produtivos de posição no mercado "é índice de que com a transmissão dos escritórios, tão-somente houve cessão da posição de arrendatária".

Outra jurisprudência:

– Um restaurante é passível de *cessão de exploração* – SUPREMO, 2-3-1983 (*BMJ*, nº 325, p. 536).

– Um campo de *golfe* para exploração de atividade económica lucrativa é suscetível de *cessão de exploração* – Relação de Évora, 29-3-1984 (*Coletânea*, IX-2, p. 278). Sobre este tema, v. SUPREMO, 18-7-1985 (*BMJ* nº 349, p. 471 e *Rev.Leg.Jurs.*, 123º, p. 330, com anotação de ANTUNES VARELA, a pp. 343 ss e 356-366).

No ac. da Relação do Porto, de 10-2-1987 (*Coletânea*, XII-I, p. 220), doutamente relatado pelo Saudoso Conselheiro TATO MARINHO, qualificou-se como *locação de estabelecimento* – e não como simples *arrendamento do lugar*, como tinha sido designado pelas partes – o contrato pelo qual uma delas concedeu à outra, por três anos sucessivamente renováveis até dez anos, mediante remuneração, a utilização de uma sala de espetáculos, com a exploração de espetáculos públicos e exibições "da arte cinematográfica".

– A locação de estabelecimento corresponde à cedência temporária do estabelecimento como um todo. Estando o estabelecimento instalado em prédio arrendado, essa cedência implica a transferência da fruição deste. Não é necessária autorização do senhorio para a locação do estabelecimento – Relação de Coimbra, 10-5-1988 (*BMJ* nº 377, p. 565).

– O sentido corrente e normal que se tem em vista quando se menciona que se destina a loja um determinado espaço, é o sentido de nesse local se instalar um estabelecimento comercial e não um estabelecimento em que se exerça atividade industrial como é o caso da restauração, implicando esta atividade violação do disposto no artigo 1422/2, alínea *c)*, do Código Civil.

SUPREMO, 28-01-2016 (Processo nº 3076/06.3TVLSB.L1.S1)

Não é, todavia, necessário que já tenha iniciado a sua atividade.

Pode estar completo ou pelo menos, funcional, e não ter, ainda começado a funcionar, que nem por isso deixará de ser já passível de negociação e, como tal, de dever considerar-se como *estabelecimento*, isto é, como realidade *que está*.

Assim o referia Ferrer Correia quando sustentava "haver que distinguir entre a hipótese de um prédio que traz em si a marca do seu destino, e a daquele que, ademais disso já se encontra provido dos meios indispensáveis à sua utilização como empresa: na primeira hipótese é sempre um prédio e apenas um prédio que se negocia, na segunda, já se tratará de uma locação (se for esse o caso) de estabelecimento não sujeita ao regime da renovação obrigatória"[668].

É um entendimento que pode dizer-se consolidado na jurisprudência:

– Pode ser objeto de contrato de locação ou cessão de exploração o estabelecimento comercial que ainda não tenha entrado em funcionamento porquanto o que essencialmente importa para chegar à conclusão de que determinada organização constitui um estabelecimento comercial ou industrial é a prova da sua aptidão para entrar em funcionamento, como tal, ou seja, dentro do fim para que foi criado; e não a de que a sua exploração se tenha iniciado já.

SUPREMO, 18-07-1985 (*Rev. Leg. Jur.*, 123º, p. 330)

– Não é essencial que a organização comercial esteja em movimento, essencial é que a estrutura organizativa esteja potencialmente apta ou vocacionada, à funcionalidade e ao destino.

SUPREMO, 18-04-2002 (Processo nº 02B538)

[668] A. Ferrer Correia, *Sobre a projetada Reforma da legislação comercial portuguesa* (*Temas de Direito Comercial e de Direito Internacional Privado*, Almedina, 1989, p. 58).

– Configura um contrato de cessão de exploração de estabelecimento ou locação de estabelecimento, o contrato pelo qual uma das partes cede à outra por determinado prazo e mediante pagamento duma contrapartida mensal, o direito de exploração de estabelecimento comercial de *snack-bar*, transferindo para esta última o mobiliário e equipamento indispensáveis ao seu funcionamento, apesar de ainda não ter havido aí clientela nem até então ter sido aí exercida qualquer atividade.

SUPREMO, 19-04-2012 (Processo nº 5527/04.2TBLRA.C1.S1)

3. Locação do estabelecimento comercial ou industrial e seu regime

O nº 1 do presente artigo, ao referir a "*transferência temporária e onerosa do gozo de um prédio ou de parte dele, em conjunto com a exploração de um estabelecimento comercial ou industrial nele instalado*", serve-se de palavras muito próximas das que, no art. 1022, definem a *locação*, para tornar deste modo muito claro que aquilo que precisamente tem em vista é a *locação* do *estabelecimento comercial ou industrial*.

Será assim incontestável que aquela figura que começou a praticar-se, sem base em lei própria, sob a designação de *cessão da exploração* de um *estabelecimento comercial ou industrial* instalado num *prédio urbano*, ou *parte dele*, cumulativamente com a *locação* deste, integra, hoje em dia, uma *locação de estabelecimento* (*arrendamiento de negócio*, em Espanha; a *location-gérance*, da França; *locazione di azienda; affitto di azienda, affitto* ou simplesmente, *fitto*, da Itália; *Pacht eines Handelsgeschäfts*, da Alemanha), por que é designada, desde o primitivo art. 1682-3 CC aos ulteriores, nº 1 da al. *b)* do art. 1682-A e al. *c)* do nº 2 do art. 246 CSC.

I – ***Estabelecimento instalado em prédio próprio ou, em todo o caso, não arrendado e estabelecimento instalado em prédio arrendado.*** O nº 1 do artigo contempla, como se vê, uma *locação do estabelecimento* situado em *prédio urbano*, ou *parte dele, prestada por quem, não sendo arrendatário deste*, detenha todavia a qualidade de seu *proprietário, usufrutuário, fiduciário*, em suma, quem quer que possua legitimidade para o dar em arrendamento conjuntamente com a fruição do *estabelecimento*.

A sua redação não é, em nosso parecer, a melhor: depois de se aludir à "*transferência temporária e onerosa do gozo do prédio*" para significar a *locação* – no que não vai mal – acrescenta-lhe que ela se fará "*em conjunto com a exploração de um estabelecimento*" – o que já nos não parece aceitável, porque não é, propriamente, a *exploração* que se transfere, mas o *gozo* ou *fruição* do *estabelecimento* para, com isso, o poder explorar.

O nº 2, por seu turno, ocupa-se especificamente da *locação* do *estabelecimento comercial ou industrial*, realizada pelo *arrendatário* do *prédio* ou *parte de prédio* onde esse *estabelecimento* está fisicamente instalado; numa metonímia em que o nosso legislador é frequente, em matéria de *arrendamento*, neste nº 2, como em outros passos, trocou o *prédio* pelo *local*.

É portanto na essência de uma *locação de estabelecimento* que se ocupa o artigo, nas duas circunstâncias previstas.

E, consistindo o *estabelecimento comercial ou industrial*, como *universalidade*, que é, numa *coisa móvel*, pareceria apropriado qualificar a sua *locação* como um *aluguer* – o *aluguer do estabelecimento*.

Será decerto assim, quando a ela se proceda tendo-o por objeto, isoladamente. Tratando-se de um *estabelecimento* não agregado a um *lugar* determinado (por exemplo, um *circo*), terá, na verdade, de denominar-se a sua *locação* de *aluguer*, e sujeitar-se às normas próprias deste, sem que, nesse caso, entre em aplicação o presente artigo, apesar de estarmos, aí, também em presença de uma *locação de estabelecimento*.

Já não será singelamente assim, perante o instituto disciplinado no presente artigo – pois, tratando-se de um *estabelecimento* indissociavelmente instalado num *prédio urbano* ou *parte dele*, acarreta consequências acrescidas, na relação predial que, inclusivamente, até impuseram a separação do seu normativo por dois números diferentes: num caso, o *arrendamento do prédio* coligado ao *aluguer do estabelecimento*; no outro, a *sublocação* do prédio acompanhada do *aluguer do estabelecimento*.

Note-se porém que, nesta análise legal, haverá, se bem pensamos, alguma simplificação.

O *locador* de *estabelecimento comercial ou industrial* instalado em *prédio* ou *parte de prédio urbano* também, por sua vez, poderá não ser *proprietário* ou *usufrutuário*, etc. do *estabelecimento* mas, simplesmente, seu *arrendatário*, fazendo em tal caso uma *sublocação* deste, a par da *locação* ou *sublocação* do gozo do *prédio*, se é que não fará mesmo, no livre exercício da sua autonomia negocial, uma *cessão da posição contratual*.

Em qualquer destas hipóteses, a *locação de estabelecimento* instalado em *prédio urbano* constitui, por um lado, obviamente, um *contrato nominado*; por outro, um *contrato misto*: em ambas, isto é, seja o prédio *não arrendado* ou *arrendado*, se estipula, cumulativamente, no primeiro caso, um *arrendamento* do *prédio urbano*, ou *fração*, e um *aluguer* do *estabelecimento*, enquanto no último, há, mais propriamente, a par deste *aluguer*, um *subarrendamento* do *prédio ou fração arrendada*, ou uma *cessão da posição contratual*.

Esta figura complexa constitui pois, sem dúvida alguma, um *contrato nominado* que será ainda, para além de um esboço de *subtipo de locação*[669], um *contrato misto* na espécie de *contrato múltiplo*, segundo a nomenclatura de GALVÃO TELLES, [670]

Na de ENNECCERUS, não será propriamente um *contrato misto*, mas uma *união de contratos com dependência bilateral*[671].

[669] Como a qualifica MENEZES CORDEIRO (*Leis do Arrendamento Urbano Anotadas* [coord. de ANTÓNIO MENEZES CORDEIRO], Almedina, 2014, p. 359, anot. 27)

[670] INOCÊNCIO GALVÃO TELLES, *Manual dos Contratos em Geral*, Reprint, 3ª ed., Lex, Lisboa,1995, pp. 387-388,

[671] Cf. LUDWIG ENNECCERUS/HEINRICH LEHMANN, *Derecho de Obligaciones* (trad. espanhola de BLAS PÉREZ GONZALEZ/JOSÉ ALGUER, 2ª ed., ao cuidado de JOSÉ PUIG BRUTAU), tomo II-2º, Bosch, Barcelona, 1950, pp. 6-7.

Apesar de, no seu *nomen iuris*, constar unicamente a denominação de *locação de estabelecimento*, correspondente a um dos contratos, na sua inteira composição entra ainda, no caso de *estabelecimento* instalado quer em *prédio urbano não arrendado* quer em *prédio arrendado*, um segundo contrato: o de *arrendamento* (ou *subarrendamento*) do *prédio urbano*.

A sua específica disciplina legal é, no entanto, muito lacunar.

Apenas quanto ao instalado em *prédio não arrendado*, se declara, no nº 1 deste artigo, que a *locação de estabelecimento* se rege "pelas regras da presente subsecção com as necessárias adaptações".

O nº 2, por si, limita-se a referir que, encontrando-se o *estabelecimento* instalado em "local" *arrendado*, a "transferência" não carece de *autorização do senhorio*.

Como se deverá preencher este vazio legal?

Sob a vigência do RAU, julgava-se deste modo:

– A locação de estabelecimento comercial é um contrato atípico que se rege pelas declarações negociais de quem nele outorga e, subsidiariamente, pelas normas do contrato típico de estrutura mais próxima – que é o arrendamento para exercício de comércio ou indústria – e pelas regras comuns dos contratos.

SUPREMO, 13.07-2004 (*ColSTJ*, nº 176, p. 145)

Neste acórdão, ainda se chegou a denomina-lo, pitorescamente, "de tipo contratual atípico" (p. 147).

Pensamos que, num e noutro dos dois números, não deixam nunca de estar em causa dois *gozos* distintos, cada qual com objeto próprio: o consubstanciado *na fruição do estabelecimento* e o respeitante ao *gozo do prédio*, em si, que deverá então, necessariamente, passar também para a esfera jurídica do *locatário do estabelecimento*, juntamente com o primeiro: sem o *gozo* do *prédio*, não pode, decerto, ter-se a *fruição* do *estabelecimento* que nele está incrustado.

Deste modo, no caso do nº 1 do artigo, o *locador* do *estabelecimento e do prédio* é, simultaneamente, *proprietário* (ou, de qualquer modo, *não arrendatário*) *do prédio* ou *da parte dele*, ao passo que, no do nº 2, é *locador do estabelecimento, locatário do prédio e sublocador deste*, havendo assim uma *sub-renda*, correspondente ao *gozo* do *prédio*, que pode, naturalmente, fundir-se numa *renda única*, compreensiva das duas.

Como *arrendatário do prédio*, se o seu *arrendamento* é *vinculístico, vinculístico* parece continuar também a ser o *subarrendamento*, perante o *subarrendatário*, enquanto a *locação* do *estabelecimento* jamais o será.

Poderá, portanto, locar-se o *estabelecimento* instalado em prédio arrendado com *prazo certo* (art. 1095, referido ao art. 1110) ou com *duração indeterminada* (art. 1099, referido ao art. 1110).

A nossa lei é omissa quanto a saber se, na falta de estipulação nesse sentido, a *oposição à renovação* ou a *denúncia* pelo *locador* importa ter de indemnizar o *locatário*, por *perda de aviamento.*

Como vimos, na França e na Itália, aceita-se geralmente, quando não é mesmo de lei, o dever de indemnização, por parte do *locador* (cf. *supra*, nº 3-II, **A** e **B**, *sub* art. 1064).

De qualquer modo, como o *aluguer* está indissociavelmente ligado ao *subarrendamento*, o vínculo deste ficará sempre, dessa forma e enquanto ela durar, presente na *locação de estabelecimento.*

Por ouro lado, tratando-se de um *subarrendamento total*, o *senhorio* do *prédio* não poderá, neste caso, substituir-se ao seu *arrendatário*, nos termos do art. 1090-1, pois, desse modo, não ganharia apenas a posição do simples *locatário* do seu prédio, mas enriquecer-se-ia ainda, injustamente, com a de *locador* de um *estabelecimento* que não é seu.

Pela *renda do prédio*, continua a responder o *arrendatário* deste, perante o seu *senhorio*. Mas parece que, não a pagando o *arrendatário*, poderá o *subarrendatário* apresentar-se a pagá-la ao *senhorio do prédio*, não podendo este recusar o seu recebimento (art. 767-1 CC).

II – ***O caso específico de estabelecimento instalado em prédio arrendado: a necessidade de comunicação e a atávica desnecessidade de autorização do senhorio; o tema da suscetibilidade de dação do estabelecimento a destino diferente.*** De acordo com o disposto no nº 2 do presente artigo, a *locação* de *estabelecimento instalado em prédio arrendado* não carece de *autorização* do *senhorio* do prédio, mas deve-lhe ser *comunicada* no prazo de *um mês*.

A necessidade de *comunicação* é precípua e elementar.

A desnecessidade de *autorização* constitui, em nosso parecer, um atavismo de lei, dificilmente justificável.

Ela vem do tempo do *vinculismo*, por mera repetição acrítica de preceitos dessa época e representa um atentado ao *direito de propriedade* do *senhorio*, não tendo, hoje em dia, a menor espécie de sentido quando aplicada a um *arrendamento livre*, como a seu respeito se desenvolve adiante, a propósito do *trespasse* (v. *infra*, nº 2-III, *sub* art. 1112).

Perguntar-se-á ainda se, para além da *locação*, outras formas poderão negociar-se tendo por *objeto mediato* a *universalidade* que é o *estabelecimento*?

Isoladamente, em si, poderá este, certamente, ser *vendido*, conferido em *penhor*, como garantia de determinada obrigação, ou ser objeto de uma *dação em cumprimento*, solvendo--a. Ou, também, atribuído em *usufruto* ou em *comodato*; ou constituir uma *parte social* ou *quota*.

Nenhuma dúvida se levantará sobre isso.

Diferente é, contudo, o caso atual de o titular do *estabelecimento* o ter instalado em *prédio urbano*, de que é simples *arrendatário*, porque então ele tem o *gozo* do *prédio* só através do *arrendamento* que lhe foi conferido e terá, por um lado, de respeitar o contrato que lho concedeu e, por outro, a posição do *titular do prédio*.

Nesta perspetiva, nem admitimos a possibilidade de dação em *locação financeira*, admitida por Gravato Morais com fundamento em que consiste numa "'cessão do gozo temporário de uma coisa móvel' instalada num prédio arrendado 'mediante retribuição' (art. 1º DL 149/95)"[672].

É que uma coisa é a *locação financeira* regulada no referido diploma e outra é a *locação, tout court*, disciplinada no CC, e se a primeira pode ter por objeto a *cessão* de uma *coisa móvel*, a segunda, embora neste caso se refira também a uma *coisa móvel*, acrescenta-lhe um requisito: o de estar instalada num *prédio urbano*, determinando-lhe um regime próprio, muito diferente daquele que a *locação financeira*, na sua particular função, tem em vista.

E nem parece aceitável que a dispensa de *autorização do senhorio* para que se dê *locação do CC* a um *estabelecimento comercial* instalado no seu prédio, o onere também quanto a uma *locação financeira*, de natureza e regime legal muito diferente.

Se, já para a própria *locação de estabelecimento* se não justifica, *de lege ferenda*, a dispensa de *autorização* do *senhorio do prédio*, muito menos se aceitará, em nosso parecer, o seu alargamento a outros domínios.

Só, portanto, à *locação do CC* poderá este art. 1109 ser aplicado.

Propriamente quanto ao *estabelecimento instalado em prédio arrendado*, haverá ainda que atender, num primeiro passo, aos termos do *contrato de arrendamento do prédio*, que se celebrou.

Se ele data de antes da entrada em vigor do Decreto-Lei nº 257/95 e é, portanto, um contrato *vinculístico*, analisaremos esse caso adiante (*infra*, nº 4).

Se, ao invés, é posterior a tal data e constitui um *arrendamento livre*, na concreta hipótese do nº 2 do presente artigo, perguntar-se-á, se o contrato contiver, por hipótese, uma cláusula a proibir qualquer *sublocação*, por cima da desnecessidade de *autorização* estabelecida neste artigo, será ainda assim legítimo, ao *arrendatário do prédio*, dar o seu *estabelecimento* em *locação* a terceiro?

Dir-se-á que sim, pois tendo embora tal cláusula o sentido de estabelecer uma *proibição absoluta*, desde que o nº 2 do presente artigo expressamente a dispensa perante a *locação de estabelecimento*, constituirá uma norma de *ordem pública*, determinada pela necessidade de rendibilização da riqueza criada pelo *arrendatário*, que não poderá, portanto, ser afastada pela vontade das partes.

Mas, sendo tal, perguntar-se-á ainda se poderá também o *arrendatário*, em vez de em *locação*, dar o *estabelecimento* em *usufruto*? Em *comodato*? Entrar com ele como *parte* ou *quota* de uma *sociedade* em que queira ingressar?

[672] Fernando de Gravato de Morais, *Locação financeira de estabelecimento comercial* (*Nos 20 anos do Código das Sociedades Comerciais* II, Faculdade de Direito de Coimbra/Coimbra Editora, 2007, p. 630).

O tema tem sido equacionado especialmente a propósito, não sabemos bem porquê, da aplicação intertemporal dela e do *trespasse*, de que se ocupou, primeiro, o art. 26-6 do $NRAU_{2006}$ e, depois, o art. 28-3 $NRAU_{2012}$.

Analisaremos, por isso, esta questão adiante, mais de espaço (v. *infra*, nº 4 do presente artigo), limitando-nos, por ora, a ponderar que a solução afirmativa tem sido defendida com fundamento em que militam essencialmente, nessas e noutras hipóteses, *as mesmas razões* que levaram o legislador a dispensar, para a *locação de estabelecimento* a *autorização* do *senhorio do prédio*, devendo por isso aplicar-se-lhes a norma, *extensivamente*.

Pela nossa parte, cremos que não deverá ir-se tão longe.

Por um lado, o Direito do arrendamento urbano é muito firme em condenar a aplicação do *prédio* pelo *arrendatário* a *fim diverso* daquele a que se destina, ainda que com isso não o desgaste mais, ou o não desvalorize, e, assim, se a sua *sublocação* é excecionalmente permitida, sem *autorização* do *senhorio*, não se seguirá plausivelmente daí que o sejam também, na maior liberdade, um *comodato*, um *usufruto*, uma integração como *participação social*, etc.

Por outro, a norma em presença, segundo todos reconhecem, é *excecional*: a regra, em matéria de *arrendamento urbano*, é ser necessária a *autorização* do *senhorio* – e *autorização por escrito* – para se poder *subarrendar*.

Só neste caso particular de *subarrendamento* que envolve a *locação* de um *estabelecimento comercial ou industrial* (para além do *trespasse* de que se ocupa o art. 1112), se dispensa, fugindo à regra, a *autorização do senhorio*.

Ora, aplicar tal *exceção* aos casos onde, em vez de *locação de estabelecimento*, há um *comodato*, um *usufruto* ou uma *entrada social*, etc., parece-nos que não constituirá uma simples *extensão do preceito*, pois envolve uma aplicação da lei a *casos paralelos*, a institutos diferentes e com regimes próprios, fazendo-se de tal modo uma *aplicação analógica*; não, *interpretação extensiva* – e isso é proibido pelo disposto no art. 11 CC *(cf., sobre o ponto, infra, 4)*.

De qualquer modo, afigura-se-nos, por fim, que este problema não fará hoje sentido, em presença de um *arrendamento livre* em que o *senhorio*, na primeira data de *prorrogação* do contrato, poderá livremente opor-se a ela, deitando por terra um destino atribuído ao prédio à sua revelia.

III – ***Cotejo com o trespasse.*** A *locação de estabelecimento comercial ou industrial*, de que trata este artigo, constitui, por outro lado, uma figura jurídica de grandes similitudes com o seu *trespasse*, de que se ocupa o art. 1112.

Como se distinguem os dois casos?

No primeiro, ocorre:

a) – Uma *transmissão* apenas *temporária*[673] – enquanto, no *trespasse*, ela é necessariamente *definitiva*;

[673] Como, aliás, tem sido já decidido: – Para que a transferência, juntamente com o gozo do prédio, de exploração de um estabelecimento comercial ou industrial não seja tida como arren-

b) – Uma simples *exploração* do *estabelecimento* – quando o *trespasse* compreende, não apenas a transmissão da sua *fruição,* mas algo mais do que isso, a própria *titularidade* dele.

Uma *locação* é, necessariamente, um *ato entre vivos,* ao passo que a transmissão da *titularidade* do *estabelecimento* pode realizar-se *entre vivos* ou *mortis causa,* Por isso, para o *trespasse,* houve a necessidade de especificar que só o era o *ato entre vivos,* ao passo que aqui não houve essa necessidade e nada se disse.

A similitude dos dois institutos levou o nosso legislador a enunciar, a respeito do *trespasse,* algumas disposições que são também próprias da *locação de estabelecimento,* mas foram, quanto a ela, omitidas.

Veremos isso daqui a pouco.

IV – ***Disposições reguladoras do regime legal.*** No nº 1, estabelece-se um princípio geral: a *locação de estabelecimento comercial ou industrial,* instalado em *prédio urbano,* rege-se pelas regras postas para os *arrendamentos não habitacionais,* "com as necessárias adaptações".

Ela compreende, pela generalidade com que se encontra formulada e como bem se compreenderá, toda a *locação de estabelecimento instalado em prédio urbano,* tanto quando este é pertença do *locador* do *estabelecimento* como quando é simples *arrendatário* desse prédio, como especificamente se contempla no nº 2 deste artigo.

Em ambos os casos, na verdade, estamos perante um *contrato misto* de *contratos múltiplos*: o *arrendamento* (ou *subarrendamento*) *do prédio* e o *aluguer do estabelecimento.*

Dentro dos *arrendamentos não habitacionais* que, deste modo, disciplinam o nosso instituto, encontramos, além deles, a sua regra geral, constante do art. 1110, segundo a qual a sua *duração, denúncia* e *oposição à renovação* são as "livremente estabelecidas pelas partes, aplicando-se, na falta de estipulação, o disposto quanto ao arrendamento para habitação" (nº 1), mas a omissão relativa à *duração do contrato* imporá que ele se tenha então por celebrado *com prazo certo, pelo período de cinco anos.* não podendo o *arrendatário* denunciá-lo com antecedência inferior a *um ano* (nº 2).

Esta remissão para as normas reguladoras do *arrendamento habitacional* não esgota, contudo, o rol das disposições locatícias subsidiárias que completam o quadro normativo da *locação de estabelecimento,* havendo ainda que atender às disposições gerais estabelecidas para o *arrendamento de prédios urbanos* (arts. 1064 ss), quando não às próprias disposições gerais da *locação* (arts. 1022 ss).

A – ***Forma.*** Assim, não havendo preceito regulador da *forma* entre os relativos aos *arrendamentos não habitacionais* nem entre os postos a propósito do *arrendamento para habi-*

damento do prédio é necessário que ela seja temporária – SUPREMO, 2-6-1999 (*ColSTJ*, VI-II, p. 102).

tação, tem de recorrer-se, entre as disposições estabelecidas para o *arrendamento de prédios urbanos*, ao art. 1069 e concluir que a *locação de estabelecimento* deve ser celebrada *por escrito* e conter as menções estabelecidas no art. 2º do Decreto-Lei nº 160/2006, de 8 de agosto (com a redação que lhe foi dada pelo Decreto-Lei nº 266-C, de 31 de dezembro)

B – ***Estabelecimento instalado em prédio arrendado.*** Relativamente a esta hipótese particular, dispõe o nº 2 do presente artigo que a sua celebração não carece de *autorização* do *senhorio*, a quem, todavia, deverá ser *comunicada*.

A *desnecessidade de autorização*, apesar de levar agregada a *locação* do próprio *prédio* ou *parte dele*, será de molde a causar estranheza, pois se dispõe, assim, do gozo do prédio, à revelia do *senhorio*, quando, em princípio, se impõe a necessidade da sua *autorização* (art. 1088).

Costumava, todavia, justificar-se tal desnecessidade, invocando que o *estabelecimento* constituía uma riqueza produzida pelo seu titular e, doutra forma, não poderia ele rendibilizar o produto do seu capital e trabalho.

Com isto, o *senhorio* de *prédio* ou *parte de prédio urbano* onde o *estabelecimento* estivesse instalado era, na verdade, muito sacrificado e tornava-se ainda necessário prevenir fraudes aproveitadoras do *gozo* da *unidade predial*, a coberto de uma *locação de estabelecimento* meramente de fachada.

As mais patentes são enunciadas na lei, unicamente em relação ao *trespasse*, embora sejam igualmente aplicáveis à *locação de estabelecimento*.

Assim, também quanto a ela, não será reconhecida como tal, quando, como se declara para aquele na al. *a)* do art. 1112-2, a pretensa *locação* não compreenda, em conjunto, as "*instalações, utensílios, mercadorias ou outros elementos que integrem o estabelecimento*".

E, igualmente, não será reconhecida quando, à imagem do que se declara para o *trespasse*, na al. *b)* do art. 1112-2, a *locação* "*vise o exercício, no prédio, de outro ramo de comércio ou indústria ou, de um modo geral, a sua afetação a outro destino*".

A jurisprudência tem-se ocupado deste tema específico.

– Comprovando-se nas instâncias que, à data da celebração da escritura pública de cessão de exploração não existia qualquer estabelecimento comercial a funcionar ou a entrar em atividade tendo os autores, proprietários do imóvel, entregue ao réu, por efeito daquele contrato, as frações nuas e vazias e foi depois o réu que montou o estabelecimento comercial, tendo, para isso, adquirido maquinarias e o mobiliário necessário e também praticado as diligências de índole administrativa indispensáveis ao funcionamento do estabelecimento, tal contrato não é de cessão de exploração de estabelecimento comercial, mas de arrendamento urbano.

SUPREMO, 25-01-2001 (Revista nº 3152/00 – 7ª Secção)

– Se os atavios que se encontravam no estabelecimento – balcão, prateleiras e expositores vazios – não são específicos de um estabelecimento de papelaria mas de qualquer estabelecimento comercial, o mesmo acontecendo com o aparelho de ar condicionado e o sistema de vídeo vigilância, isto é, se os utensílios deixados no locado não comportam o mínimo necessário para o exercício da atividade comercial de papelaria que ali se desenvolvia, não pode qualificar-se o negócio celebrado como de locação de estabelecimento ou cessão de estabelecimento comercial, devendo ser qualificado como subarrendamento para fins não habitacionais

SUPREMO, 29-11-2011 (Processo nº 1072/07.2TBSSB.L1.S1)

– A norma constante do art. 1109, nº 2, do CC, reveste a natureza de uma norma interpretativa.

SUPREMO, 24-01-2012 (Processo nº 466/06.5TBCBT.G1.S1)

– Inexistindo uma organização de elementos (corpóreos e incorpóreos) apta a funcionar como um estabelecimento comercial, inexistirá, também, qualquer cessão de exploração ou locação de estabelecimento.

SUPREMO, 20-03-2012 (Processo nº 1903/06.4TVLSB.L1.S1)

Propriamente quanto à particularidade da *locação de estabelecimento* instalado em *prédio* ou *parte de prédio arrendado*, importará mencionar ainda que, se se dispensa a *autorização* do *senhorio do prédio*, não se dispensa, contudo, que a *locação* lhe seja *comunicada*, no prazo de *um mês*, como expressamente se estabelece no nº 2 do presente artigo, reproduzindo a inovação da Reforma de 2006, relativamente ao texto que constava da frustrada Reforma de 2004.

Exige-se apenas a *comunicação*. Tal como a imposição está feita na lei, não se torna necessário especificar os termos em que foi celebrada a *locação*.

Compreende-se mal a dilatação do prazo de *comunicação* para *um mês*, constante do nº 2 deste artigo, desde 2006, relativamente ao prazo geral, de *15 dias*, constante da al. *g)* do art. 1038 CC e que, por sinal, continua a ser aplicável ao *trespasse* (art. 1112-3).

A *falta da comunicação* dá ao *senhorio* do *prédio* o direito de *resolver* o seu *arrendamento*, inutilizando a *locação de estabelecimento*.

Maria Olinda Garcia sustentou, ainda à luz da Reforma de 2006, que, havendo, em princípio, *direito de resolução*, será todavia também necessário que a falta de *comunicação*, "*pela sua gravidade ou consequências, torne inexigível à outra parte a manutenção do arrendamento*"[674] – e, no mesmo sentido, se pronuncia igualmente Coutinho de Abreu[675].

[674] Cf., respetivamente, *A nova disciplina do arrendamento urbano*, Coimbra Editora, 2006, p. 41.

[675] *Curso de Direito Comercial*, I, 9ª ed., Almedina, 2013, p. 322.

Com o devido respeito, não nos parece que seja assim.

Se a lei marca um prazo para a *comunicação*, findo esse prazo, verifica-se a omissão do *arrendatário* que é, por si e sem mais, suficientemente grave para tornar inexigível à outra parte a manutenção do *arrendamento*: os prazos marcados por lei são sempre *perentórios*. Todo o prazo é para se cumprir estritamente, sem distinção por pequenas ou grandes ultrapassagens.

Segundo o expressamente disposto no art. 1049 CC, o *senhorio* só não terá direito à *resolução do contrato "se tiver reconhecido o beneficiário da cedência como tal, ou ainda, no caso da alínea g)* [do art. 1038 CC], *se a comunicação lhe tiver sido feita por este"*[676].

Assim, aliás, o tem entendido – e bem – a jurisprudência:

– A omissão de comunicação, por parte do arrendatário ao senhorio, da celebração de um contrato de cessão de exploração de estabelecimento comercial constitui, nos termos do art. 64, nº 1, al. *f)* do RAU, fundamento de resolução do contrato de arrendamento.

SUPREMO, 24-01-2012 (Processo nº 466/06.5TBCBT.G1.S1)

Em sentido contrário, julgou mais recentemente, a Relação de Guimarães, em decisão assim sumariada, que não parece aceitável:

II – Os arrendatários que constituam uma sociedade por quotas que passou a explorar o estabelecimento comercial instalado no locado devem comunicar tal cedência do gozo do arrendado aos senhorios, nos termos da al. g) do art. 1038 do CC, ainda que sejam os únicos sócios da aludida sociedade.

III – É de considerar que a omissão da comunicação da cedência referida em II não assumiu gravidade que fundamente a resolução do contrato de arrendamento se os primitivos inquilinos, tendo recebido a comunicação dos senhorios tendo em vista a atualização das rendas e a transição para o regime do NRAU, de imediato deram a conhecer aos senhorios que o locado estava a ser explorado pela aludida sociedade...

Relação de Guimarães, 21-04-2016 (*Colectânea*, nº 277, p. 295)

Na nossa perspetiva, no caso *sub judice*, a falta de *comunicação* é, sem mais, *fundamento de resolução*. O que, porém, se verificou é que não houve uma real *locação de estabelecimento*, pois os seus gestores eram os mesmos: simplesmente, passaram a geri-lo sob forma societária.

[676] Cf., neste sentido: LAURINDA GEMAS/ALBERTINA PEDROSO/JOÃO CALDEIRA JORGE, *Arrendamento Urbano*, 3ª ed., Quid Juris, 2009, p. 509, n.6.

Note-se que a *comunicação* deverá ser feita nos termos do art. 9º NRAU. LAURINDA GEMAS/ALBERTINA PEDROSO/JOÃO CALDEIRA JORGE obtemperam que, neste caso, não carece o preceito de ser seguido, pois "a situação que lhe subjaz não se refere à cessação da relação arrendatícia"[677] – mas parece que o citado art. 9º contém uma disciplina que é a adequada para a generalidade das *comunicações escritas*, não obstante referir-se apenas, como notam, às *cessação do contrato, atualização da renda e obras*.

A sua breve enumeração deve, a nosso ver, ter-se como meramente *enunciativa*.

Observá-la é, de resto, um elementar imperativo de segurança. Doutro modo, o *comunicador* ficará, inerme, nas mãos de um hipotético *reconhecimento do senhorio*[678].

C – ***Duração.*** A *locação de estabelecimento*, como contrato misto, que é, de *aluguer* e de *subarrendamento urbano não habitacional*, está expressamente sujeita aos princípios gerais deste tipo arrendatício e, assim, como se declara no nº 1 do presente artigo, *pode estipular-se por qualquer tempo*, inclusivamente *por tempo indeterminado*, considerando-se, na falta de estipulação, celebrado com *prazo certo* de *cinco anos*.

Sendo estipulada com *prazo certo*, esta *locação* fica, naturalmente, e *salvo estipulação em contrário*, sujeita a *renovação tácita*, por períodos de igual duração, nos termos do art. 1096, *ex vi* do presente art. 1109 e do art. 1110.

Pode, todavia, ser inversamente estipulada de *duração indeterminada*, submetendo-se então às disposições aplicáveis dos arts. 1099 ss.

D – ***Cessação da locação de estabelecimento***

a – ***Oposição à renovação.*** Se a *locação de estabelecimento* for feita através de um contrato *com prazo certo*, e estiver portanto sujeita a *renovação tácita*, pode então levantar-se *oposição à renovação*, quer por parte do *locador do estabelecimento* quer por iniciativa do seu *locatário*.

Regem, nesse caso, os arts. 1097 e 1098, *ex vi* do preceituado nos arts. 1109-1 e 1110-1, sendo as antecedências respetivas mais longas para o *locador do estabelecimento* do que para o *locatário*.

O *senhorio do prédio* (ou da *parte arrendada*), se este ou esta também estiver arrendada com *prazo certo* tem certamente direito de *oposição à renovação*, fazendo com isso caducar a *sublocação* existente, nos termos gerais, deixando o *estabelecimento*, sem apoio.

Na prática, uma suscetibilidade destas terá de ser acautelada.

[677] Loc. cit. na n. anterior.

[678] Remetendo para a observância do artigo, preferencial ou sem mais: SOARES MACHADO/REGINA SANTOS PEREIRA, *Arrendamento Urbano*, 2ª ed., rev. e at., Livraria Petrony, s/data [2007[, p. 183; LUÍS MENEZES LEITÃO *Arrendamento Urbano*, 6ª ed, Almedina, 2013, p. 130.

O tema pode complicar-se quando o estabelecimento comercial ou industrial estiver instalado em prédio arrendado em regime vinculístico (sobre este ponto, v. comentário ao art. 28 HRAU)

b – ***Caducidade*** (Sobre o tema, v. comentário ao art. 1051)

c – ***Denúncia.*** Tal como, no *arrendamento habitacional,* decorrido *um terço* do prazo de *duração do contrato,* o *locatário* pode denunciá-lo, nos termos do art. 1098-3, parece que também aqui, *na falta de estipulação para o caso,* lhe será isso permitido (art. 1110), respeitando as mesmas antecedências.

Se, em vez de *prazo certo,* a *locação de estabelecimento* tiver sido celebrada *por tempo indeterminado,* regem aí, também *na falta de estipulação em contrário,* as *denúncias* previstas para o *arrendamento habitacional.*

Nesse caso, o *locatário,* decorridos *seis meses* sobre a duração do seu contrato, poderá denunciá-lo, com as antecedências das alíneas aplicáveis do art. 1100-1. E pode ainda *contra denunciá-lo,* com a simples antecedência de *30 dias,* quando o seu *senhorio,* nos termos da al. *c)* do art. 1101, tenha usado da *denúncia do contrato* com o aviso prévio mínimo de *cinco anos* (art. 1100-2).

Em qualquer das hipóteses, se o *locatário* se antecipar às antecedências legais, ficará ainda assim obrigado a pagar as *rendas* correspondentes aos respetivos lapsos, exceto se a sua contradenúncia resultar de desemprego involuntário, etc. (cf. arts. 1098-6 e 1100-4).

O *locador* do *estabelecimento* de *contrato por tempo indeterminado* poderá, por seu turno, igualmente *na falta de estipulação em contrário, denunciar* livremente a *locação* com o ciclópico *aviso prévio* mínimo de *cinco anos,* há pouco referido.

Dispondo o *locador* desta *denúncia,* não têm, para ele, interesse prático as *denúncias justificadas* das als. *a)* e *b)* do art. 1101.

d – ***Resolução.*** Sendo omisso o art. 1110-1 a respeito da *resolução,* as normas a observar, quanto a ela, serão, como resulta do que referimos acima (*supra,* IV), as constantes dos arts. 1083 e 1084, em especificação dos princípios gerais constantes dos art. 1047 e 1050.

E – ***Posterior exercício do mesmo ramo pelo locador e concorrência desleal.*** O *locador,* após ter dado o *estabelecimento comercial ou industrial* em locação, pode pretender dedicar-se ao mesmo ramo que vinha sendo exercido e, se o fizer em local distante e em condições que não prejudiquem o rendimento tirado pelo *locatário* no *estabelecimento* que lhe foi locado, não incorrerá, por isso, em qualquer *ilícito.*

Mas se o fizer na proximidade deste e em condições que efetivamente afetem o comércio ou a indústria do *locatário* já se porá a questão de saber se não incorrerá por isso em *concorrência desleal.*

O tema, embora possa surgir também quanto a *locação de estabelecimento*, tem sido debatido estritamente a propósito do *trespasse* e, por isso, para evitar repetições inúteis, limitamo-nos aqui a remeter para o desenvolvimento que se faz *infra*, nº 6, *sub* art. 1112.

4. Importância prática atual da locação de estabelecimento comercial ou industrial

A *locação de estabelecimento* vinha tendo até aqui uma aplicação prática muito relevante na vida dos negócios, mercê do *bloqueio de rendas* largamente associado ao *vinculismo*.

Relativamente a *estabelecimentos* instalados em *prédio* ou *parte de prédio* arrendado em *regime vinculístico*, a sua prática beneficiava de rendas baixíssimas que, mesmo quando não fossem o fundamental objetivo do negócio, sempre o influenciavam significativamente.

Os contratos eternizavam a sua duração, pesando injustamente ao longo dos tempos sobre a riqueza criada pelo *senhorio do prédio*.

Verdadeiramente, estabelecera-se um gritante parasitismo imobiliário.

O legislador de 2006, foi sensível ao escândalo e, saudavelmente, quis pôr-lhe termo, editando o art. 26-6 NRAU, a estabelecer que cessava para os "*contratos sem duração limitada*" (ou seja, os *vinculísticos*), *não habitacionais*, a proibição da *denúncia potestativa* que para eles se estabelecia no nº 4, al. *c)*, do art. 26 NRAU.

A previsão legal estava assim concebida:

"*Em relação aos arrendamentos para fins não habitacionais, cessa o disposto na alínea c) do nº 4 quando:*

a) Ocorra trespasse ou locação do estabelecimento após a entrada em vigor da presente lei;

b) Sendo o arrendatário uma sociedade, ocorra transmissão inter vivos de posição ou posições sociais que determine a alteração da titularidade em mais de 50% face à situação existente aquando da entrada em vigor da presente lei".

Portanto, cessando a proibição do referido nº 4, o *senhorio* do *prédio* ou *parte de prédio* onde estivesse instalado um *estabelecimento comercial* ou *industrial* ficava autorizado, *para os casos que ocorressem depois da entrada em vigor da lei*, a *denunciar* o arrendamento com a antecedência legal então prevista na al. *c)* do art. 1101: de *cinco anos*.

Foi uma machadada real no *negócio* que vinha prosperando à sombra do *vinculismo*.

Com a Reforma de 2012, reeditou-se a providência, agora no art. 28-3 NRAU, continuando a antecedência da *denúncia* a ser de *cinco anos*, apesar de, nos termos da al. *c)* do art. 1101, ela ter, nessa altura, baixado para apenas *dois anos*, que voltaram, de novo, aos *cinco anos*, com a Reforma de 2019

A de 2006 tinha-se "esquecido" de incluir na referência as *cessões de escritórios, consultórios* e *ateliers* de *exercício de profissão liberal* que, condenavelmente[679], já de trás vinha sendo associada ao *trespasse* e à *locação de estabelecimento* como forma de transmissão arrendatícia à margem de *autorização do senhorio*.

[679] V., sobre o tema, *infra*, 7., *sub* art. 1112.

Em 2012, porém, foram também estes abrangidos pela suscetibilidade de *denúncia* do *senhorio*, a par de se repetirem as hipóteses das duas alíneas da Reforma anterior.

Rezava assim a al. *a)* do art. 28-3 NRAU: "*ocorra trespasse, locação do estabelecimento ou cessão do arrendamento para o exercício de profissão liberal*".

A seguir, no nº 4 do mesmo artigo, estabeleceu-se, contudo, uma norma de Direito intertemporal: as situações referidas nestas duas alíneas são as que "*ocorram após a entrada em vigor da presente lei*".

Deste modo, concedeu-se um *bónus* suplementar às transmissões ainda não denunciadas no âmbito de vigência da Lei nº 6/2006: o dispositivo legal passou a aplicar-se unicamente às ocorridas depois da entrada em vigor da Lei nº 31/2012.

Se isso se justificava relativamente à extensão aos arrendamentos para *exercício de profissão liberal*, não tinha, por outro lado, razão plausível para ser alargado aos casos anteriormente contemplados na lei.

Com a Reforma de 2019, o mesmo legislador que por este meio, em 2006, corajosamente e com todo o mérito, gizou um meio de pôr termo às *negociatas dos trespasses* e *locações de estabelecimento*, que por décadas e décadas vinham sendo escandalosamente realizadas, revogou, pura e simplesmente, sem dizer porquê, os n.os 2 a 5 do art. 28 $NRAU_{2012}$.

Não sendo de supor que se tenha arrependido do seu rasgo, parecerá antes de admitir que terá repensado o problema e concluído pela desnecessidade atual de semelhante providência.

Analisamos este ponto em comentário ao art. 28 NRAU, para onde remetemos.

Artigo 1110 – Duração, denúncia ou oposição à renovação

1 – As regras relativas à duração, denúncia e oposição à renovação dos contratos de arrendamento para fins não habitacionais são livremente estabelecidas pelas partes, aplicando-se, na falta de estipulação, o disposto quanto ao arrendamento para habitação, sem prejuízo do disposto no presente artigo e no seguinte.

2 – Na falta de estipulação, o contrato considera-se celebrado com prazo certo, pelo período de cinco anos, não podendo o arrendatário denunciá-lo com antecedência inferior a um ano.

3 – Salvo estipulação em contrário, o contrato celebrado por prazo certo renova-se automaticamente no seu termo e por períodos sucessivos de igual duração ou de cinco anos se esta for inferior, sem prejuízo do disposto no nº 2 do artigo 1096.

4 – Nos cinco primeiros anos após o início do contrato, independentemente do prazo estipulado, o senhorio não pode opor-se à renovação.

(Redação da Lei nº 6/2006, alterada pela Lei nº 43/2012 e, depois, pela Lei nº 13/2019 em relação ao nº 1 e com aditamento dos n.os 3 e 4)

1. Premissa introdutória

O preceito da Lei nº 6/2006, aqui reproduzido, nos seus n.os 1, com alterações, e 2, inspirou-se, quase totalmente, no art. 1113 da frustrada Reforma de 2004, então dedicado especificamente ao *arrendamento para comércio ou indústria*, mas, entre outros aspetos, tinha alargado o prazo supletivo de *duração contratual*, então estabelecido em *três anos*, para *dez anos*, agora encurtados, como se vê, para *cinco anos*.

Por vezes, embora raramente, o legislador desta informação reconhece, como aqui, o exagero próprio e, louvavelmente, emenda a mão.

Esta disposição refere-se expressamente à *duração, denúncia* e *oposição à renovação*, mandando seguir, para estes casos, *"sem prejuízo do disposto neste artigo e no seguinte"*, a *estipulação das partes* e, na falta dela, as disposições estabelecidas para o *arrendamento habitacional* que, deste modo, se tem como paradigmático.

E faltando este?

Devem então, naturalmente, aplicar-se as *disposições gerais*.

Passemos uma rápida revista ao regime geral dos *arrendamentos não habitacionais*.

2. Celebração

Rege a disposição geral do *arrendamento de prédios urbanos*, constante do art. 1069: devem os contratos de *arrendamento não habitacional* ser celebrados *por escrito*.

3. Duração e renovações contratuais

Não será ilegal, embora nos não pareça o mais curial, que as partes estipulem, por hipótese, *um ano* (art. 1095-2, *ex vi* do nº 1 do presente artigo), *dois, quatro, cinco*...para a duração contratual, pois não será isso contrariado pelo que se dispõe no nº 4, ou seja, de que não poderá o *senhorio* deduzir *oposição à renovação* nos primeiros, *cinco anos* de duração contratual.

Mas, sendo assim, já não parece aceitável que a efetiva *duração mínima* venha a ser, como já se tem aventado, de *seis anos*[680] – *um ano* de mínimo legal, mais os *cinco* para a *oposição â renovação* – visto que, cumprido que fosse o *ano* estipulado, o contrato, para perdurar, teria sofrido uma *renovação*, a primeira, e, persistindo na sua sobrevivência, só à quinta, não à primeira, poderia o *senhorio* deduzir uma primeira *oposição à renovação*, quando o que a lei se limita, aqui, a proclamar é que, seja qual for a *duração contratual* estipulada, não poderá o *senhorio* usar de *oposição à renovação* "nos cinco primeiros anos *após o início do contrato*"; não, *cinco anos* após a *primeira renovação*.

Deste modo, bastará, para se cumprir a lei, que determinada *renovação contratual*, não sendo embora *a primeira*, coincida com o quinquénio – por exemplo, quando se estabele-

[680] Como opinam José António de França Pitão/Gustavo França Pitão, *Arrendamento Urbano Anotado*, 2ª ed., Quidjuris, 2019, p. 434 e Edgar Alexandre Martins Valente, *Arrendamento Urbano*, Almedina, 2019, p. 48.

çam períodos de *um ano*, sucessivamente renováveis por iguais períodos, para o *senhorio* poder *opor-se à renovação* de um contrato logo que completados os primeiros *cinco anos* de duração contratual.

O que será, porém, mais lógico estabelecer, visto que ao contrato não poderá pôr-se termo, pelo *senhorio*, antes dos primeiros *cinco anos*, que se lhe dê antes a duração dos *cinco anos*, mas *renováveis por períodos sucessivos e iguais*, entre si, de *um, dois, três, quatro* ou, em suma, os mais anos que se pretendam (v., para o *arrendamento habitacional, supra*. nº 3, *sub* art. 1096).

Por outro lado, omisso o contrato quanto sua *duração*, tem-se o *arrendamento não habitacional*, por celebrado com "*prazo certo*", por *cinco anos* – como se refere no nº 2.

Adotou-se aqui, como se vê, o mesmo período supletivo de *duração contratual* do *arrendamento habitacional*, constante do nº 3 do art. 1094, após a Reforma de 2019.

Cremos que a diferença que se estabelecia, na Reforma de 2012, adotando uma dimensão menor para o *arrendamento habitacional*, era certamente mais equilibrada, pois o *arrendamento não habitacional* exige, na prática, mais estabilidade.

Mas é ainda aplicável, no mais, o disposto no art. 1094, para o *arrendamento para habitação*, como se prevê no nº 1 do presente artigo.

É assim legítimo estabelecer-se que, em vez de *prazo certo*, se convencione o *arrendamento não habitacional* por *tempo indeterminado* (art. 1094-1, *ex vi* deste art. 1110-1) ou, sendo com *duração periódica*, que, na *primeira prorrogação*, passe a por *tempo indeterminado* (art. 1094-2).

O nº 3 do art. 1094, sobre a duração supletiva do contrato, não é aplicável, porque está substituído pelo disposto no nº 2 do presente art. 1110 – o que, hoje em dia, é indiferente, pois a Lei nº 13/2019 substituiu, naquele artigo para o *arrendamento habitacional*, sem fundamento aceitável, convenhamos, o período de *dois anos*, que se tinha estabelecido, por *cinco anos*, exatamente o mesmo período supletivamente estabelecido para os *arrendamentos não habitacionais*, no nº 2 do presente artigo.

Não poderão, também, os *arrendamentos não habitacionais*, por último e por seu turno, ser celebrados por mais de *trinta anos* (art. 1025).

4. Oposição à renovação

Se o contrato é celebrado com "*prazo certo*", "*renova-se automaticamente no seu termo*" (art. 1096-1), mas "*qualquer das partes pode opor-se à renovação*" (art. 1096-3).

A terminologia, como temos referido, não é a melhor, mas é aquela que tradicionalmente tem sido adotada pela nossa lei. Mais correto seria, quanto a nós, referir *prorrogação*, porque é, verdadeiramente esse, em nosso entender, o efeito que se produz, se qualquer das partes não se opuser à sua *prossecução tácita* – a denominada *oposição à renovação* (arts. 1096-1; 1097 e 1098).

A *oposição* faz-se por *declaração de vontade* em tal sentido, observando-se o disposto nos arts. 9º a 13 NRAU.

Mas tem de respeitar certa *antecedência* sobre o termo do prazo contratual, que difere consoante a *qualidade do declarante* e o *prazo do contrato.*

É nos arts. 1097 e 1098 CC que se estabelecem os diferentes períodos de *pré-aviso*, mas, aqui, levanta-se uma dificuldade acrescida: de acordo com o disposto no art. 1080, tais períodos são *injuntivos*, como neste sentido se pronuncia a doutrina dominante que, como vimos, não acompanhamos (cf. *supra*, nº 2-II, *sub* art. 1096; *supra*, nº 2-I, *sub* art. 1097; *supra*, nº 2, *sub* art. 1098)?

Propriamente quanto às *antecedências legais*, sendo o *senhorio* a opor-se, deverá então fazê-lo com a de *240 dias*, se o *prazo certo* do contrato for de *seis anos*, ou *mais*; de *120 dias*, se o prazo do contrato for de *um ano*, ou *mais*; *60 dias*, se o prazo for igual ou superior a *seis meses* e de *um terço da sua duração*, quando esta for inferior a *seis meses* (art. 1097).

É isto que está escrito na lei mas, como temos referido, os prazos respeitantes a contratos de duração inferior a *um ano* não têm aplicação porque a Lei nº 13/2019 deixou de os admitir, subsistindo naqueles preceitos as respetivas previsões por evidente inadvertência legislativa (v., *supra*, nº 1, *sub* art. 1097 e nº 2, *sub* art. 1098).

Para o *arrendatário*, as *antecedências* da *oposição* serão mais breves, para as mesmas durações contratuais: *120 dias*; *90 dias*; *60 dias*; e *um terço* (art. 1098) – e também aqui ocorre a mesma inadvertência do legislador quanto às duas últimas durações contratuais.

Acontece ainda que, como expressamente se declara no nº 1 deste art. 1110, semelhantes regras são "*livremente estabelecidas pelas partes*", só vindo elas a aplicar-se "*na falta de estipulação das partes*".

Portanto, nos *arrendamentos não habitacionais*, não pode haver dúvida alguma: os prazos dos arts. 1097 e 1098 são, simplesmente, *supletivos.*

Mas como opera a *oposição à renovação*?

Sobre este ponto preceituam, deslocadamente, os arts. 9º a 12 NRAU.

De acordo com o nº7 da primeira destas disposições, poderá revestir-se de uma das seguintes formas:

a) notificação avulsa;

b) "contacto pessoal" de advogado, solicitador, ou agente de execução mandatado para o efeito;

c) escrito assinado constituído por carta registada, com aviso de receção.

Perguntar-se-á se esta enumeração é taxativa, ou se poderá ser meramente exemplificativa.

A pergunta tem interesse porque, para além da usual comunicação verbal ou telefónica entre *senhorio* e *arrendatário*, tem sido cada vez mais utilizado entre eles o *correio eletrónico.*

Quando haja aceitação eletrónica oposição à renovação, não vemos qualquer inconveniente em reconhecer-se como válido e eficaz esse meio.

Se, por exemplo, o arrendatário acusa receção do correio eletrónico e depois vem recusar a validade da oposição, agirá com má fé e não deverá ser atendido.

Não assim, no caso de omissão de receção pelo destinatário, quanto à qual não será possível a continuação do uso correio eletrónico, por não poder saber-se se houve, ou não, efetivo conhecimento da receção.

Mas a enumeração legal dos meios de *oposição à renovação* parece, na verdade, desnecessariamente variada e com a escusada previsão de uma espécie cara e, por isso, desusada e mal enunciada, ao referir o "contacto pessoal", que sugere um inapropriado gesto físico, pelo que realmente é: uma *apresentação pessoal*.

A *notificação avulsa* ainda é, vez por outra, adotada – mas o meio mais frequente é, realmente, o da *carta registada* com *aviso de receção*.

Poderá ela ser substituída por *comunicação eletrónica*?

Cremos que seria um meio perfeitamente legítimo que tem por vezes, na prática, sido adotado complementarmente.

Perante a *carta registada*, pode verificar-se uma de três reações:

a) recusa do arrendatário a receber a carta:

b) receção por quem não é arrendatário e assuna o comprovativo da entrega;

c) aceitação da carta.

Se a carta é recebida, seja o recibo assinado pelo próprio ou por terceiro, a *comunicação* é plenamente *eficaz* (art. 10-1 NRAU).

Se não o for, terá de ser enviada nova *carta registada* com *aviso de receção*, "decorridos que sejam 30 a 60 dias sobre a data do envio da primeira carta (art. 10-3 NRAU)", devendo agora, se a nova carta voltar a ser devolvida, considerar-se a *comunicação* como recebida "no 10º dia posterior ao do seu envio" (art. 10-4 NRAU).

Semelhante determinação, no seu conjunto, é clamorosamente injusta, na forma como vem sendo mantida desde a Reforma de 2006.

Se o *arrendatário é habitacional*, não pode deixar de residir na casa arrendada.

Se é *não habitacional*, mais patentemente tem aí o seu estabelecimento.

A que título é que pode ter a casa desabitada ou o seu estabelecimento encerrado, a ponto de a *carta registada* não ser recebida ou não ser tempestivamente levantada ou, ainda ser sobranceiramente devolvida, senão para escapar à *comunicação*?

Se rejeita receber a *carta*, revela um comportamento molesto, cheio de segundas intenções.

E, em face de tudo isto, proporciona-se-lhe, ainda para cúmulo, uma *nova comunicação*, 30 ou 60 dias depois, que só terá efeito no 10º dia posterior a este segundo envio?

Entretanto, passou o período de *pré-aviso* e o contrato acaba por se renovar.

Uma vez que a falta de receção só poderá dever-se à má fé do *arrendatário*, a consequência natural deste comportamento desleal deveria antes ser, em nossa opinião, a de considerar-se a *comunicação* recebida no 10º dia posterior ao primeiro envio.

Já se tem sustentado que, neste passo, a lei seguiu a *teoria da receção*, consagrada no art. 224, mas nem isso, pois essa teoria, como é sabido, o que exige é que "a declaração *tenha chegado ao seu poder*. O conhecimento presume-se *juris et de jure*"[681].

De qualquer modo, o que fica dito será mais um motivo para se estabelecer sempre, *no contrato de arrendamento* o *domicílio convencionado*, nos termos do preceituado no art. 3º-3 do Decreto-Lei nº 160/2006 pois, nesse caso, nos termos do preceituado na al. *c)* do art. 9º-7 NRAU, não pode ao *senhorio* ser oposta qualquer alteração ao local de comunicação e não terá, assim, de haver segunda *comunicação* (v. *infra*, nº 3-XIV, *sub* art. 1070).

5. Revogação

Não é referida, no presente artigo, mas é obviamente lícita, conforme o disposto no art. 1082, "*mediante acordo a tanto dirigido*", celebrado por *escrito*, "*quando não seja imediatamente executado ou quando contenha cláusulas compensatórias ou outras cláusulas acessórias*".

6. Denúncia

A *denúncia* do contrato pode ser oposta, quer pelo *senhorio* quer pelo *arrendatário*, nos termos seguintes.

Pelo *senhorio*, unicamente quando o contrato foi celebrado com *duração indeterminada*, o tipo arrendatício que, na prática, poderá, eventual mas raramente, surgir entre os *arrendamentos não habitacionais*.

São-lhe, neste caso, reconhecidos, como no *habitacional* onde ainda mais dificilmente surgirão, dois tipos de *denúncia*: a *denúncia justificada* e a *denúncia potestativa*.

A *denúncia justificada* é a que se funda em motivo ponderável, previsto na lei.

São admissíveis, no *arrendamento habitacional*, duas hipóteses desta primeira espécie de *denúncia* (art. 1101, als. *a)* e *b)*):

a) – Necessidade do prédio arrendado para o aplicar a *habitação própria* ou de descendente em 1º grau (al. *a)*);

b) – Necessidade de *demolição* ou realização de *obra ou restauro profundos, que obriguem à sua desocupação* (al. *b)*).

Nos *arrendamentos não habitacionais*, que estamos a referir, o *senhorio* não pode servir-se com base na necessidade do espaço arrendado para o aplicar a *habitação* (art. 1110-A-1); apenas poderá *denunciar* o contrato com fundamento na aludida *demolição ou necessidade de realização de obra ou restauro profundos que obriguem a desocupação* (art. 1101, al. *b)*), ou, ainda, no caso de *denúncia potestativa* (al. *c)* do art. 1101), como se declara no art. 1110-A-1, aditado pela Lei nº 13/2019.

A denúncia constante da al. a) do art. 1101 só foi excluída com a Lei nº 13/2019, não se sabe porquê.

[681] PIRES DE LIMA/ANTUNES VARELA, *Código Civil Anotado*, I, 4ª ed., at., (com a colaboração de M. HENRIQUE MESQUITA), Coimbra Editora, Limitada, 1987, p. 214, *et alii*.

Eventualmente, ter-se-á pensado que uma casa aplicada a arrendamento não habitacional, ou não poderia ser aplicada a habitação por a sua licença não permitir dar-lhe esse uso ou não ter aptidão para isso – mas, se foi esse o fundamento, não tem razão de ser. Há numerosas casa de construção anterior a 1951

Denúncia potestativa é aquela que o *senhorio* pode fazer por sua livre vontade de pôr termo ao contrato.

Esta *denúncia* faz-se por *comunicação* ao *arrendatário*, com a *antecedência* de *cinco anos* sobre a data em que pretende a cessação, que eram exigidos na Lei nº 6/2006, reduzidos para *dois anos* pela Lei nº 31/2012 e subidos, em 2019, para os *cinco anos* primitivos.

Por seu turno, a *denúncia* pelo *arrendatário* pode ser feita livremente após *um ano* (art. 1110-2, *in fine*) de duração inicial ou da respetiva renovação, com a *antecedência* de *120 dias* do termo pretendido, quando o contrato for de duração igual ou superior a *um ano* (art. 1098-3, *ex vi* deste art. 1110-1).

O prazo de *60 dias*, previsto na al. *b)* do nº 3 do art. 1098, não tem, hoje, aplicação, como temos vindo a referir.

Mas dispõe ainda o *arrendatário* de uma *denúncia*, chamada, por vezes, *denúncia breve* (Menezes Cordeiro): se o *senhorio* denunciar o contrato de *duração indeterminada*, nos termos da al. *c)* do art. 1102, o *arrendatário* poderá contrapor-lhe logo uma *denúncia-réplica* com, pelo menos, *30 dias* de *antecedência* (art. 1100-2).

7. Resolução

Sendo omisso o art. 1110-1 a respeito da *resolução*, as normas a observar, serão as constantes dos arts. 1083 e 1084, em especificação dos princípios gerais constantes dos art. 1047 e 1050.

Artigo 1110-A – Disposições especiais relativas à denúncia e oposição da renovação pelo senhorio

1 – Nos contratos de arrendamento não habitacional, o senhorio apenas pode denunciar o contrato nos casos previstos nas alíneas *b*) e *c*) do artigo 1101.

2 – A denúncia prevista no número anterior obriga o senhorio a indemnizar separadamente o arrendatário e os trabalhadores do estabelecimento pelos prejuízos que, comprovadamente, resultem da cessação do contrato de arrendamento, sem prejuízo do disposto no número seguinte.

3 – No que respeita ao arrendatário, a indemnização prevista no número anterior não tem lugar se o arrendamento tiver sido objeto de trespasse nos três anos anteriores.

4 – No caso da alínea *b*) do artigo 1101 do Código Civil, ao valor da indemnização devida ao arrendatário nos termos do nº 2 é deduzido o valor da

indemnização prevista na alínea *a*) do nº 1 do artigo 6º do regime jurídico das obras em prédios arrendados, aprovado pelo Decreto-Lei nº 157/2006, de 8 de agosto, na sua redação atual.

(Aditado pela Lei nº 13/2019)

1. A deficiente redação da epígrafe

Como se declara, na epígrafe deste artigo, reportar-se-ia ele a disposições especiais apostas à *denúncia* e à *oposição à renovação* do contrato de *arrendamento não habitacional.*

Mais uma vez, porém, a Lei nº 13/2019, que aditou este art. 1110-A ao CC, não cuidou devidamente da sua redação, colocando o intérprete em palpos de aranha para vislumbrar o que se pretende dispor.

Os desacertos começam na epígrafe e alastram pelos números fora do artigo.

Quanto à primeira, intitula-se "*disposições especiais relativas à denúncia e oposição da renovação*", quando deveria, menos imperfeitamente, ter-se grafado "*relativas à denúncia e à oposição à renovação*".

É que, de uma parte, *denúncia* e *oposição à renovação* não formam um conceito complexo e único, mas institutos distintos. Portanto, as disposições especiais que se editam não são comuns, mas específicas de cada um deles.

De outra, não existe uma *oposição* levada a cabo pela própria *renovação,* como a expressão "*oposição da renovação*" significará, mas uma *oposição à renovação,* isto é, aquela *oposição* que se dirige contra a *renovação tácita* do contrato.

Por último – particularidade curiosa – embora se refira, na epígrafe, corrigindo, a *oposição à renovação,* todo o artigo é exclusivamente dedicado à *denúncia,* não havendo, quanto àquela, qualquer disposição especial que se lhe dedique.

Mas passemos da epígrafe ao corpo do artigo.

2. A restrição constante do nº 1

A *denúncia* referida na epígrafe reporta-se unicamente, como aí se especifica, àquela que o *senhorio* opõe ao *arrendatário* no contrato de *arrendamento urbano de duração indeterminada.*

É este um subtipo arrendatício que, no art. 26-4 NRAU, se manda aplicar aos *arrendamentos sem duração limitada* – os remanescentes *arrendamentos vinculísticos* – mas desconhecido, geralmente, da prática de *arrendamentos livres,* que prefere exclusivamente, por assim dizer, o subtipo de *prazo certo.*

No *arrendamento habitacional,* este subtipo arrendatício admite legalmente ao *senhorio* a *denúncia* para *habitação própria ou de descendente em 1º grau*; a para *demolição ou realização de obra ou restauro profundos que obriguem a desocupação*; e a *denúncia livre* (als. *a*), *b*) e *c*) do art. 1101).

O nº 1 do presente artigo adicionado pela Lei nº 13/2019, excluiu a suscetibilidade de *denúncia pelo senhorio* com fundamento na *necessidade de habitação* própria ou de descendente em 1º grau, ao determinar, que, no *arrendamento não habitacional*, "*o senhorio apenas pode denunciar o contrato nos casos previstos nas alíneas b) e c) do art. 1101*".

É uma exclusão que não se estabelecia nas anteriores Reformas, desconhecendo-se as razões que a terão determinado agora.

Porventura, ter-se-á suposto que um *arrendamento para fim não habitacional* não poderá ser usado habitacionalmente mas, se assim foi, a restrição não terá fundamento, pois bastará ser o prédio anterior a 1951, como tantos dessa época há por aí, que foram construídos *para habitação* e inicialmente ocupados como tal, e se encontram, hoje em dia, arrendados como *consultórios médicos* ou *escritórios de advogados*.

Em Lisboa, todos conhecemos variadíssimos casos desses, na Avenida Guerra Junqueiro, na Avenida António Augusto de Aguiar e em várias outras artérias da cidade.

De acordo com o disposto no art. 1067, "*na falta de licença de utilização, o arrendamento vale como habitacional se o local for habitável*".

Seria, pois, quanto a nós, perfeitamente legítimo utilizar-se a *denúncia* para esse efeito, em vista da existência de apartamentos nestas condições.

A exclusão de suscetibilidade de *denúncia* em semelhante hipótese, afigura-se-nos, portanto, uma restrição condenável e tecnicamente descabida.

3. Indemnizações devidas pelo senhorio denunciante

Segundo prontamente se declara no nº 2, o *senhorio* que faça uso das *denúncias* constantes do número anterior e únicas permitidas, na restrição que no nº 1 se começou por fazer, obrigam o *senhorio* a indemnizar, separadamente, o *arrendatário* e os *trabalhadores* deste.

Semelhante imposição faz-se, uma vez mais, em redação deficiente, ao impor-se-lhe que indemnize "pelos *prejuízos* que comprovadamente, resultem da cessação do contrato de arrendamento, sem *prejuízo*..." – repetindo assim, muito proximamente, os "*prejuízos*" e o "*prejuízo*".

I – Independentemente, porém, deste pecadilho literário – e agora mais gravemente – a redação deixa novamente a desejar quando se refere à *indemnização* que se faz recair sobre *o senhorio denunciante*: declara-se logo no começo do nº 2 do artigo, com efeito, nas suas palavras, que "*a denúncia prevista no número anterior* obriga o senhorio a indemnizar separadamente o arrendatário e os trabalhadores".

Acontece que esse número não contempla *uma denúncia* só, mas *duas*: a da al. *b)* e a da al. *c)*, ambas do art. 1101.

A qual delas se quer referir? À *denúncia justificada* da al. *b)*? Ou à *denúncia potestativa* da al. *c)* do preceito?

Ou às duas?

A redação não ajuda mas, se se refere a *denúncia prevista no número anterior* e este menciona duas *denúncias*, parece ser de entender que são as duas; *a* "*denúncia prevista no número anterior*" quererá, afinal significar *as denúncias previstas no número anterior*.

Se fosse apenas uma delas, qual teria afinal de ser a tida em vista? Não se vê razão para ser uma em vez da outra.

Cremos, de resto, ser também esta a interpretação que já começou a dar-se a este passo do preceito[682].

Em ambos os casos, pois, será devida *indemnização*, pelo *senhorio*, separadamente ao *arrendatário* e aos seus *trabalhadores*.

As *indemnizações* a prestar, estabelecer-se-ão, conforme se declara neste nº 2, aferidas pelos "*prejuízos que comprovadamente resultem da cessação do contrato de arrendamento*".

Terão, portanto, os respetivos beneficiários, *arrendatário* e *trabalhadores*, de os demonstrar, os segundos, cremos que de acordo com a legislação laboral.

Esta imposição, que caberá em qualquer das duas referidas *denúncias*, a constante da al. *b)* e a da al. *c)*, não parece doutrinalmente aceitável, visto que, seguramente, só deveriam ressarcir-se danos que derivem de uma cessação de *arrendamento* inopinada, inesperada ou maliciosa – e aquela que resulta do estrito exercício de um legítimo direito não deve, naturalmente, considerar-se causadora deles: os que eventualmente se suscitassem, não a teriam por causa.

Parece de ponderar que a *denúncia livre* é atribuída ao *denunciante* porque não é admissível, no contrato de *arrendamento de duração indeterminada*, como, de resto, em qualquer espécie de *locação*, vincularem-se as partes sem possível limite temporal.

Castigar o *senhorio* justamente denunciante, é aproximar o *arrendamento* ao *vinculismo* – e o *vinculismo arrendatício* não se justifica jamais, é um assomo coletivista, puro autoritarismo antidemocrático e anacrónico.

Por isso, tal como se permite ao *arrendatário* desembaraçar-se do contrato em circunstâncias tidas por adequadas, sem incorrer em *indemnização*, também por outro lado se tem de atribuir ao *senhorio* a suscetibilidade de, em termos julgados já equilibrados, aliás, por este mesmo legislador, em 2006, e expressamente estabelecidos, poder libertar-se da obrigação contratual por si assumida, sem ter, por isso, de indemnizar a parte contrária ou quem quer que seja.

Deste modo, pensamos nós, não terá o menor sentido passar a submete-lo a um *dever de indemnizar* que, então, muito justamente não lhe tinha sido imposto.

Tal cominação, agora determinada, constitui um constrangimento clamoroso, injusto e marcadamente condenável.

Quando o *arrendatário* celebra esse mesmo contrato, sabe, de antemão, que ele poderá sempre ser livremente denunciado, mediante um *pré-aviso* imenso, agora subido para *cinco anos*, que lhe darão mais do que tempo para resolver a sua vida (al. *c)* do art. 1101) – e não é, nestas circunstâncias, tomado de surpresa; nem ele, nem os *trabalhadores* que lá

[682] José António de França Pitão/Gustavo França Pitão, *Arrendamento Urbano Anotado*, 2ª ed., Quidjuris, 2019, p. 437; Edgar Alexandre Martins Valente, *Arrendamento Urbano*, Almedina, 2019, p. 49-50.

se radicaram e de que o *senhorio* não é, obviamente, a respetiva entidade patronal nem a eles se prende por qualquer vínculo.

Na contratação arrendatícia, tudo está, de antemão, expressamente estabelecido e livremente aceite entre os respetivos sujeitos.

Portanto, ante uma *livre denúncia*, legalmente declarada, *neminem lædit qui suo jure utitur.*

Se só esta ponderação já demonstrará, pois, o descabimento da presente imposição, mais o revelará, ainda, se ponderarmos que, no contrato de *prazo certo*, a sua *oposição à renovação* não acarreta análoga implicação – e, mais do que isso, no próprio *arrendamento de duração indeterminada para habitação*, o arrendatário, que é então privado da sua *habitação*, ao ser objeto de uma *denúncia potestativa*, não tem direito a qualquer indemnização por tal facto.

Impô-la aqui, nestas circunstâncias, e quando a *denúncia* da al. *c)* do art. 1101 dispõe, aliás, de um *pré-aviso* gigantesco que constitui uma indispensável porta entreaberta contra a vinculação interminável do *arrendamento de duração indeterminada*, será certamente, em nosso parecer, uma autoritária adstrição condenável, uma clara nota de larvar saudosismo vinculístico.

Semelhante consequência específica, afigura-se portanto, em conclusão, como um inconveniente mais, e inconveniente sério, que levará a fugir-se, na prática, a este inconsequente e traiçoeiro subtipo arrendatício.

Mas poderá, ao menos, haver para este caso algum remédio?

Perguntar-se-á então se, para as partes se livrarem deste inconveniente, será lícita a cláusula contratual em que se estipule o não cabimento de *indemnização* em caso de *denúncia potestativa pelo senhorio.*

A resposta à pergunta dependerá de saber se a norma que prevê estas *indemnizações*, no caso particular da *denúncia potestativa* será *injuntiva* ou, antes, apenas *dispositiva.*

A Lei nº 13/2019 não traz preâmbulo que nos habilite a esclarecer o ponto e, do facto de ela estabelecer estas indemnizações, em responsabilidade objetiva, não se seguirá, necessariamente, que seja *injuntiva*, pois também podem haver, na contratação, cláusulas de irresponsabilidade lícitas.

Além disso, do facto de o *arrendamento urbano* ter por fonte um *contrato* que, dentro dos limites da lei, poderá incluir as cláusulas que às partes bem parecerem (art. 405-1), não repugnará, porventura, a legitimidade de uma exclusão negocial destas *indemnizações* – certo sendo que seguro, seguro, será fugir deste subtipo arrendatício e deixá-lo restringido aos *arrendamentos vinculísticos.*

II – As duas *indemnizações* devidas em qualquer das *denúncias* referidas no nº 1 e a que se reporta este nº 2 em análise (da al. *b)* ou da al. *c)*), uma e outra, separadamente, terão por destinatários o *arrendatário* e os *trabalhadores do estabelecimento.*

Em que consistirão?

O preceito não refere os seus parâmetros, sendo certo que, quanto ao *arrendamento habitacional de duração indeterminada*, não sendo devida *indemnização* perante a *denúncia livre*, cabem no entanto ante a *denúncia justificada*, em alternativa, *dois anos de renda*, de valor não inferior a 1/15 do valor patrimonial tributário do espaço arrendado, ou *realojamento* por período não inferior a *três anos* (arts. 1103-6 e 6º-1 do Decreto-Lei nº 157/2006).

Tratando-se aqui, porém, de *arrendamento não habitacional*, não teria sentido indemnizar o *arrendatário* e, muito menos os *trabalhadores* de que o *senhorio*, repete-se, não é a entidade patronal, atribuindo-lhes *dois anos de rendas* ou *realojamento durante três anos*, mas antes, tanto no caso de *denúncia potestativa* como de *denúncia justificada*, pelo valor dos *danos sofridos*.

São, como declara o preceito, vagamente, os "*os prejuízos que, comprovadamente, resultem da cessação do contrato de arrendamento*".

Serão portanto e se bem pensamos – tanto na *denúncia justificada* por necessidade de demolição ou realização de obra ou restauro profundos como na *denúncia livre*, não obstante não dever esta, em boa e sã doutrina, considerar-se causadora, em si, de *prejuízos* – quanto ao *arrendatário*, os que derivem de não conseguir obter novo *arrendamento* para a instalação do seu *estabelecimento* e, quanto aos *trabalhadores*, apesar de não ser o senhorio a sua entidade patronal, os resultantes de perda de emprego.

4. A pretensa dedução à indemnização devida pelo senhorio que denuncie o contrato nos termos da al. *b*) do art. 1101

No tocante, estritamente, à *denúncia* para *demolição* ou realização de *obra de remodelação ou restauro profundos* que obriguem a *desocupação* do espaço arrendado, a *indemnização* devida ao *arrendatário*, a que se refere o nº 2 do presente artigo, é depois, no nº 4, expressamente mandado deduzir à ali fixada, o valor da indemnização prevista na al. *a)* do art. 6º-1 do Decreto-Lei nº 157/2006, que é aliás expresso pelo mínimo correspondente a *dois anos de renda*, não podendo este ser inferior a duas vezes o montante de 1/15 do valor patrimonial tributário do locado.

Parece uma dedução inútil, quando não impossível, pois não é possível tirar ao todo o que lá se não contém.

Quando o art. 1110 manda aplicar aos *arrendamentos não habitacionais* o disposto para o *arrendamento habitacional*, decerto não incorpora os preceitos exclusivamente habitacionais, por sua natureza, como, designadamente, os arts. 1092 e 1093.

Ora na categoria destes, situa-se precisamente, segundo cremos, a disposição do nº 6 do art. 1103, repetida no art. 6º do Decreto-Lei nº 157/2006, privativos da *denúncia de arrendamento habitacional* e não adaptáveis a um *arrendamento não habitacional*.

Para nos certificarmos de que assim é, bastará atentar em que em ambos os preceitos, com efeito, esta *indemnização* é decretada "*mediante acordo e em alternativa*" de uma al. *b)*, a que consistirá antes em "*garantir o realojamento do arrendatário por período não inferior a três anos*".

Ou seja: dois anos de renda ou três anos de realojamento não têm aptidão para constituir indemnização por *denúncia* de um *arrendamento não habitacional*.

Ora, sendo assim, uma dúvida pertinente se põe ao intérprete: se a dedução é produto de um equívoco, será que nada haverá então a descontar à indemnização estatuída no nº 2?

Ou desconta-se, à mesma, porque o legislador, equivocado, embora, certo é que a mandou descontar?

Já se tem optado por esta opção,[683] mas cremos que o entendimento preferível será o de que esta indemnização do art. 6º do Decreto-Lei nº 157/2006 não deverá ser descontada.

O legislador, ao mandá-la descontar, demonstrou cabalmente que os parâmetros de *indemnização* na *denúncia* da al. *c)* e na da al. *b)* deveriam ser equiparados, evitando que a da al. *b)* fosse ainda sobrecarregada com a determinada naquele diploma.

Ora, uma vez que ela afinal não tem de ser abatida, a circunstância de se mandar abatê-la está satisfeita por natureza, não terá de ser feita.

5. Exclusão, no que respeita ao arrendatário-trespassário, do dever de indemnizar, no caso de trespasse nos três anos anteriores à denúncia

No nº 3 do presente artigo, exclui-se estritamente, "*no que respeita ao arrendatário*", o dever de *indemnização* estabelecido no seu nº 2, "*se o arrendamento tiver sido objeto de trespasse nos três anos anteriores*".

Semelhante declaração sofre aliás, quanto a nós, de um desacerto técnico (mais um), ao excluir a *indemnização*, "*se o arrendamento tiver sido objeto de trespasse*" – quando, como é elementar, o que se trespassa não é o *arrendamento*, mas o *estabelecimento*.

O *trespasse* vem definido e disciplinado no art. 1112, consistindo na transmissão do *estabelecimento comercial ou industrial*, acompanhada de transferência, em conjunto, das instalações, utensílios, mercadorias ou outros elementos que o integram e da *posição do arrendatário* seu titular, sem necessidade de *autorização do senhorio*.

No art. 28-3 NRAU$_{2012}$ como, aliás, no art. 26-4 NRAU$_{2006}$, admitia-se, e bem, que, se o *trespasse* fosse realizado por *arrendatário vinculístico*, seria permitido ao *senhorio* quebrar o vínculo arrendatício e *denunciar potestativamente* o *arrendamento*, após *cinco anos* sobre a sua ocorrência, sem se sujeitar a *indemnização*.

Referia-se expressamente esta faculdade à denúncia da al. *c)* do art. 1101.

A Lei nº 13/2019, porém, revogou aquele preceito, pondo termo à suscetibilidade moralizadora dessa denúncia.

Aqui encontramo-nos antes e apenas em presença de um *arrendamento livre* do subtipo de *duração indeterminada* a estabelecer que a *denúncia do senhorio*, sem especificação, isto é, seja a fundada na al. *b)*, seja a constante da al. *c)* do art. 1101, estará isenta, "*no que respeita ao arrendatário*", da "*indemnização prevista no número anterior*", ou seja, daquela *indemnização* que se destina a ressarcir os danos ocasionados pela cessação do contrato.

[683] EDGAR ALEXANDRE MARTINS VALENTE, *Arrendamento Urbano*, Almedina, 2019, p. 50.

No tocante propriamente à *indemnização*, temos para nós que a lei é clara em recusá-la ao *arrendatário*, quando tenha havido alguma das duas únicas *denúncias* admitidas no artigo, desde que tenha ocorrido *trespasse* do estabelecimento "*nos três anos anteriores*"[684].

Ou seja: quando o *senhorio* denuncie o contrato, quer fundado em *demolição ou necessidade de reparação ou restauro profundos* que obrigue a *desocupação*, quer em *denúncia livre*, e tenha havido *trespasse*, nos últimos *três anos*, deixará de ter de indemnizar "no que respeita ao arrendatário".

Isto, note-se, de passagem, é diferente do que havia até à Lei nº 13/2019, no *trespasse* de *estabelecimento comercial ou industrial* instalado em prédio ou parte de prédio urbano sujeito a *arrendamento vinculístico*.

Este não admitia *denúncia livre*, pois estava afastada pela subsistência do art. 107 RAU, mas passava a admiti-la, pela ocorrência do *trespasse*, sem jamais se ficar sujeito a indemnizar quem quer que fosse.

Aqui, estamos em presença de um *arrendamento não vinculístico*, de *duração indeterminada*, suscetível de ser denunciado, justificada ou livremente, sob *indemnização* – a qual, porém, havendo *trespasse* nos últimos *três anos*, deixará de existir apenas "*no que respeita ao arrendatário*".

Esta expressão da lei enseja, no entanto, várias dúvidas interpretativas.

Que arrendatário deixa de ter direito a *indemnização*? O *arrendatário-trespassante*, ou o *arrendatário-trespassário*?

Certamente, supomos, o *arrendatário-trespassário*, que é quem está na posição de *arrendatário* quando a *denúncia* se realiza.

Por que lhe chama então a lei simplesmente *arrendatário*, se aquele a quem o *senhorio* arrendou o espaço urbano foi ao *trespassante*, que já então deixou de ser *arrendatário*?

O legislador, para ser claro, deveria antes ter referido o *trespassário* ou o *arrendatário-trespassário*.

É este que perde a *indemnização*.

Mas quando deixará ele de ser indemnizado, se o *estabelecimento* tiver sido objeto de *trespasse* nos "*três anos anteriores*"?

Como se contam estes *três anos* "anteriores", relativamente à *denúncia* do *senhorio*?

Deverá o *senhorio* fazê-la logo no momento em que se perfazem os *três anos*?

Parece que sim. Se for antes disso, ainda o período designado não se cumpriu.Se for algum tempo depois, já passaram os *três anos*.

[684] Recusamos, pois, a interpretação dada a este passo por José António. França Pitão/Gustavo França Pitão segundo a qual "o arrendatário teria direito a receber uma indemnização que tenha em conta os danos emergentes e os lucros cessantes do estabelecimento que tinha instalado no locado" – *Arrendamento Urbano Anotado*, 2ª ed., Quidjuris, 2019, p. 437.
Quanto a nós, é exatamente o contrário que a disposição determina, ao declarar que o arrendatário *não tem direito* à indemnização prevista no número anterior.

Parece pois que, para beneficiar da *não indemnização*, deverá fazer a *denúncia*, não no próprio dia em que se completem os *três anos* de *trespasse* – então ainda não saberá, normalmente da sua existência – mas no da *comunicação* da sua realização que se impõe no art. 1112-3, o que, ainda assim, será dificílimo de cumprir, na prática, se levado ao rigor do próprio dia, uma vez que, para a *comunicação*, é dado um prazo de 15 dias (art. 1038, al. *g*)).

Além disso, como, normalmente, a *denúncia* de que se disporá, em vista do *trespasse*, será a *denúncia livre*, a qual está sujeita a um *pré-aviso de cinco anos* (art. 1101, al. *c*), na redação de 2019), os "*três anos anteriores*" acabarão por se converterem, ao cabo de contas, em *cinco*.

Estes prazos, se estivéssemos em presença de um legislador mais habilitado, deveriam certamente harmonizar-se e conjugar-se entre si.

Não será, no entanto, de entender que, em vista do *pré-aviso* necessariamente mais vasto do que os *três anos*, a *indemnização* deixaria de subsistir, por se terem entretanto extinguido – pois semelhante resultado seria o pior de tudo: o artigo estava a decretar uma exclusão de *indemnização* que acabava por não se poder excluir.

Mas por que deixará o *arrendatário*, neste caso, de ser ressarcido?

Por que, cumprido o *triénio*, se continua a ter de indemnizar os *trabalhadores*, de que o *senhorio* não é a *entidade patronal* e já não tem de se indemnizar o *arrendatário-trespassário*?

Pareceria antes natural que, se alguém tivesse de indemnizar os *trabalhadores*, teria de ser o *trespassário* que é, no caso, a *entidade patronal* e quem assumiu o *trespasse*; nunca, o *senhorio*, que não é a *entidade patronal*, não causou o *trespasse* – e apena faz uso de um direito que é seu.

O que, em nossa opinião, não se justifica nem, até onde nos foi dado investigar, tem paralelo no Direito comparado (não o tem em Espanha, em França, na Itália ou no Brasil), é impor-se ao *senhorio* uma indemnização, em caso de *trespasse*, aos próprios *autores do negócio* ou a trabalhadores que não são seus.

Artigo 1111 – Obras

1 – As regras relativas à responsabilidade pela realização das obras de conservação ordinária ou extraordinária, requeridas por lei ou pelo fim do contrato, são livremente estabelecidas pelas partes.

2 – Se as partes nada convencionarem, cabe ao senhorio executar as obras de conservação, considerando-se o arrendatário autorizado a realizar as obras exigidas por lei ou requeridas pelo fim do contrato.

(Redação da Lei nº 6/2006)

1. Premissa introdutória

Nem a redação primitiva do CC nem o RAU continham, em matéria de *responsabilidade pela realização de obras*, qualquer disposição específica campo do *arrendamento para comércio ou indústria*.

Esta disposição apareceu unicamente com o Decreto-Lei nº 257/95.

Daí passou para a Lei nº 6/2006, ao substituir a regulação de tipos específicos, que dominava na nossa legislação, pela disciplina genérica dos *arrendamentos não habitacionais.*

A norma tem transitado nos seus termos fundamentais para as restantes Reformas arrendatícias.

2. O regime

São simples as regras editadas.

A responsabilidade pela realização das *obras de conservação ordinária ou extraordinária,* requeridas por lei ou pelo fim do contrato, *são livremente estabelecidas pelas partes.*

Na *falta de convenção,* cabem ao *senhorio* as *obras de conservação,* sejam de *conservação ordinária* ou *extraordinária;* a lei não distingue.

Ao *arrendatário* competem as *obras exigidas por lei* ou requeridas pelo *fim do contrato.*

Artigo 1112 – Transmissão da posição do arrendatário

1 – É permitida a transmissão por ato entre vivos da posição do arrendatário, sem dependência da autorização do senhorio:

***a*) – No caso de trespasse de estabelecimento comercial ou industrial;**

***b*) – A pessoa que no prédio arrendado continue a exercer a mesma profissão liberal ou a sociedade profissional de objeto equivalente.**

2 – Não há trespasse:

***a*) – Quando a transmissão não seja acompanhada de transferência, em conjunto, das instalações, utensílios, mercadorias ou outros elementos que integram o estabelecimento;**

***b*) – Quando a transmissão vise o exercício, no prédio, de outro ramo de comércio ou indústria ou, de um modo geral, a sua afetação a outro destino.**

3 – A transmissão deve ser celebrada por escrito e comunicada ao senhorio.

4 – O senhorio tem direito de preferência no trespasse por venda ou dação em cumprimento, salvo convenção em contrário.

5 – Quando, após a transmissão, seja dado outro destino ao prédio, ou o transmissário não continue o exercício da mesma profissão liberal, o senhorio pode resolver o contrato.

(Redação da Lei nº 6/2006)

1. Premissa introdutória

A localização deste artigo, separadamente do art. 1109, que disciplina a *locação de estabelecimento,* ao compreender, a par do *trespasse,* a disciplina da *cessão da posição de arrendatário de profissão liberal,* não se integra, em nosso parecer, numa sistematização adequada.

Por um lado, relativamente à *locação de estabelecimento*, primeiro o legislador de 2006 e, depois, o de 2012, que neste passo servilmente o copiou, entregaram-se, quanto a ela, a uma regulação lacunar que, como se viu, tem de ser integrada em passos relevantes, pela presente disposição (v. *supra*, nº 3, IV-**B**, *sub* art. 1109).

Por outro, se se envolveu neste artigo 1112 o tratamento da *cessão da posição de arrendatário para exercício de profissão liberal*, em vez de lhe reservar uma disposição própria, parece que, então, este mesmo preceito deveria também ter-se ocupado da *locação de estabelecimento*, submetendo-a aos aspetos comuns que só quanto ao *trespasse* enunciou, nas als. *a)* e *b)* do seu nº 2.

Propriamente quanto à disciplina legal do *trespasse*, na estrutura que hoje o caracteriza, pode dizer-se que ela é, compreensivelmente, de data recente. Depois da iniciativa de um frustrado projeto de lei sobre o "*traspasse de estabelecimentos comerciais*", ensaiado ainda no século XIX pelo Deputado Pereira de Miranda[685], veio o Decreto de 12-11-1910, publicado escassas cinco semanas sobre a proclamação da República, estabelecer, no § 4º do seu art. 33, o seguinte:

> "*Os prédios e estabelecimentos a que se refere este artigo* [aqueles em que "por facto do arrendatário, em virtude da clientela por ele alcançada, a casa arrendada se encontre em circunstâncias de valer mais renda do que valia ao tempo em que se fez o arrendamento"] *podem ser sublocados sem autorização do senhorio, mas só em caso de trespasse do mesmo negócio, passando então para o sublocatário os direitos do arrendatário, e ficando este solidariamente adstrito às suas obrigações*".

Como se vê, o *trespasse* é aqui configurado como uma *sublocação* que envolve, conjuntamente com a fruição do espaço arrendado, uma transmissão do *estabelecimento* que, pela clientela alcançada por *facto do arrendatário*, veio a produzir mais-valia da *renda*. O *trespassante* continua, solidariamente com o *trespassário*, adstrito às obrigações de *arrendatário*.

A seguir, o Decreto nº 4:499, de 27-6-1918, estabeleceu, no § único do seu art. 32:

> "§ Único. *Tratando-se de sublocação de casa onde exista algum estabelecimento comercial ou industrial ou de prédio nele compreendido, não poderá o senhorio recusar a autorização quando haja trespasse do mesmo negócio, com tudo que a este diga respeito*".

Mais tarde, o Decreto nº 5:411, de 17-4-1919, pegou no mesmo instituto, e para tratá-lo assim: "*Em caso de trespasse de estabelecimento comercial ou industrial, considera-se nele compreendida a sublocação do prédio ou parte do prédio em que esse estabelecimento esteja instalado, sem necessidade de autorização do senhorio*".

Com a Lei nº 1:662, de 4-9-1924, pela primeira vez, foi estabelecido para o *trespasse*, em favor do *senhorio*, um *direito de preferência*, na seguinte regulação:

685 Pode ser consultado no *Diário das Sessões da Câmara dos Pares*, 1888, pp. 392 ss.

"Artigo 9º. *Os trespasses de estabelecimentos comerciais ou industriais só terão validade quando reduzidos a escritura pública, devendo nela especificar-se o preço do trespasse.*

§ Único. *O senhorio terá sempre direito de opção, nos termos gerais*".

Sobre tal preceito, explicou então Pinto Loureiro que, "nos termos da lei geral... não pode o comerciante ou industrial passar a estranhos o seu estabelecimento, se o dono do prédio em que ele se encontra instalado o quiser tanto por tanto"[686].

Deste diploma, passou a sua disciplina para a Lei nº 2:030, de 22-6-1948, que, no nº 1 do seu art. 64, pela vez primeira no nosso Direito positivo, veio contemplar, paralelamente:

a) – A *cessão da posição de arrendatário para exercício de profissão liberal*

b) – O *traspasse*, como então grafou, à moda de Seabra.

Quanto a este, fê-lo no nº 2 do mesmo artigo, do modo seguinte:

"2 – *A cessão do direito ao arrendamento comercial ou industrial sem autorização escrita do senhorio só pode verificar-se no caso de traspasse.*

Entende-se que há sublocação ou cessão do direito ao arrendamento:

a) – Quando no local passar a exercer-se outro ramo de comércio ou indústria e, em geral, se lhe for dado novo destino;

b) Se a transmissão do local não for acompanhada da transferência, em conjunto, das instalações, utensílios, mercadorias ou outros elementos que caracterizam o estabelecimento".

Aqui, na sequência, aliás, de ponderação feita durante os trabalhos preparatórios, há uma nota nova, na evolução legislativa: o *trespasse*, que até então fora concebido como uma *sublocação* do prédio arrendado, acoplada à transmissão do *estabelecimento*, passou a ser abertamente afastado desta, como era efetivamente rigoroso no plano dogmático: a lei afirmou em que termos autorizava o *trespasse*, mas acrescentou, logo a seguir, que ele não se identifica com uma *sublocação*, que poderá, na prática, pretender mascarar, não sendo então verdadeiro *trespasse*.

Veio, a seguir, o Código Civil atual, que acrescentou às duas contempladas na Lei nº 2:030 uma terceira figura e, assim, tratou do *trespasse* (art. 1118), ocupou-se da *cessão da exploração do estabelecimento comercial* (art. 1085) e regulou, por fim, a *cessão da posição de arrendatário para exercício de profissão liberal* (art. 1120).

O RAU reproduziu fundamentalmente o preceito da primitiva formulação do CC – e foi assim que, com a Lei nº 6/2006, se chegou à formulação atual, posteriormente reproduzida pela Lei nº 31/2012, que a legislação posterior manteve incólume e hoje assim vigora.

O *trespasse*, em presença do *arrendamento vinculístico*, foi, mais do que a *locação de estabelecimento*, uma figura muitíssimo usada, em efetivo e patente locupletamento à custa dos *senhorios*, aproveitando-se do *bloqueio de rendas*.

[686] José Pinto Loureiro, *Tratado da locação*, III, Coimbra Editora Limitada, 1947, p. 215.

O *senhorio* não podia atualizá-las, mas o *arrendatário* aproveitava-se disso e negociava, o seu *estabelecimento* por bom preço, em função da renda exígua por que era explorado.

Fundava-se a lei em que, com a criação e existência do *estabelecimento*, se criava uma riqueza que, de justiça, deveria poder ser negociada pelo seu titular, quando, ao longo de décadas e décadas, se fizeram "trespasses" por elevado preço, em que o valor decisivo era realmente constituído pela exiguidade da renda[687].

Repetiam-se os *trespasses* por gerações e gerações de *arrendatários titulares de estabelecimentos.*

Só com o $NRAU_{2006}$, finalmente, em louvável iniciativa, se pôs termo a esta prática imoral, ao permitir-se, então, quanto aos *arrendamentos sem duração limitada*, que, *cinco anos* após o *trespasse*, o *senhorio* denunciasse o *arrendamento* (art. 26-6 $NRAU_{2006}$) – o que a legislação posterior tem mantido (art. 28-3 $NRAU_{2012}$) (v. ainda *supra*, nº 4, *sub* art. 1109).

No tocante aos *arrendamentos livres*, o *trespasse* durará o que o *senhorio* quiser que dure, sem se *opor à renovação* e, por isso, pode bem dizer-se que este instituto perdeu quase toda a sua importância.

No presente artigo, além de se disciplinar o *trespasse*, contempla-se ainda, a transmissão da posição de *arrendatário* para *exercício de profissão liberal*, o *direito de preferência do senhorio*, em caso de *trespasse*, a *descaracterização* deste, quando ele tenha em vista a mudança de ramo ou a afetação a outro destino não permitido no contrato, e o direito de resolução do senhorio quando, após a celebração, ocorra, nas mesmas condições, a aplicação a outro destino.

2. Noção de trespasse de estabelecimento comercial ou industrial e seu regime

O que deve entender-se *por trespasse de estabelecimento comercial ou industrial?*

O termo *trespasse* (etimologicamente, *passar além de*) usa-se na linguagem comum em diferentes aceções, como a de *jejum* da Semana Santa, *dor profunda*, *transmissão*, *falecimento*, ou outras que se registam nos dicionários – e pode ainda ser grafado como *trespasso*, ou em formas de sabor arcaico tais como *trespassamento*, *traspasse* (a usada no art. 1595 do CC Seabra, no art. 64-2 da Lei nº 2:030, de 22-06-1948, no Decreto nº 43:525, de 7-3-1961, que disciplinava os *arrendamento* do ultramar português, e no art. 70 do Decreto nº 48:547, de 27-08-1968, que regulava o *traspasse* de farmácias) – e ainda *traspasso*.

Em sentido jurídico, há vestígios antigos da sua utilização entre nós.

[687] Como se notava inclusivamente no domínio da própria contabilidade: "...acontece com frequência efetuarem-se trespasses com o fim único... de obter... a transmissão do arrendamento"– Carlos Baptista da Costa/Gabriel Correia da Costa, *Contabilidade Financeira* 3ª ed., 1997, p. 632.
O caso não ocorria só em Portugal. Assim, em França: "le bail est parfois l'element plus important du fonds de commerce – Jean Paillusseau/Jean-Jacques Caussan/Henri Lazareski/Philippe/Peyramaure, *La cession d'entreprise*, 3ª ed., 1993, p. 132.

É, sem dúvida, a um conceito jurídico de *trespasse* (embora numa formulação literária) que se reporta MANUEL BERNARDES, no seguinte passo do seu *Estímulo Prático*: "... salvo quisesse admitir algum partido honrado e haver *trespassado* legitimamente o dito domínio e posse" (XX, 161).

Já nas *Lendas da Índia*, aliás, GASPAR CORREIA empregara o vocábulo *trespassamento*, para exprimir igualmente um conceito jurídico: "na culpa dos *trespassamentos* que mando fazer, e dou licença, dos ofícios, e vendas, o consentia porque os passavam a outros" (I, p. 905).

Também o *Projeto de Regimento da Companhia das Índias*, de 1693, aludia à "trespassação de qualquer cabedal ou parte dele".

Posteriormente, o Alvará de 16 de Dezembro de 1757 empregou a palavra *traspasso*, no que pode dizer-se a primeira fonte de direito positivo a ocupar-se do instituto. O Código de SEABRA, na definição de *locação*, usou a flexão verbal "traspassa" na aceção de *transfere* ou *transmite*, não num sentido técnico-jurídico rigoroso: "dá-se contrato de locação quando alguém traspassa a outrem..." (art. 1595).

No Código Civil vigente, fala-se ainda, a propósito do *usufruto*, na possibilidade de o *usufrutuário* o "trespassar" (art. 1444-1 CC) e, a respeito do *direito de uso e habitação*, na impossibilidade de o *usuário* ou o *morador* "trespassar" o seu direito (art. 1488 CC) – mas é evidente que, nestes casos, que nada têm a ver com um *estabelecimento comercial* ou *industrial*, o nosso CC adota o termo numa aceção diferente. Diz-se, numa opção decerto discutível, que, estando aqui em causa um *direito real*, se fugiu ao emprego do termo *cessão*, mais ligado aos *direitos de crédito*, preferindo-se o termo *trespassar*, por "ser mais genérico e menos comprometido"[688].

A aceção que aqui nos interessa é unicamente a técnica e própria do nosso tema – aquela que nasceu, para o nosso Direito positivo, com o Decreto de 12-11-1910 e que se reporta a um *estabelecimento* instalado em *prédio arrendado*, pois foi essa que suscitou uma disciplina normativa específica, formando um instituto autónomo.

A presente disposição legal, como aliás é da nossa tradição legislativa neste ponto, não enuncia a sua definição mas, dos traços que descreve na disciplina que estabelece, parece-nos poder retirar-se a seguinte noção da figura.

É, pois, *trespasse* a *transmissão* inter vivos *da titularidade de um estabelecimento comercial ou industrial, integrante do conjunto complexivo dos seus elementos constitutivos, conjuntamente com a cessão da posição de arrendatário do prédio ou parte de prédio urbano onde esse estabelecimento está instalado, com vista ao exercício do mesmo ramo de comércio ou indústria que nele se exercia.*

Em suma, constitui um *ato complexo*, nas duas componentes fulcrais que o integram:

a) – A *transmissão voluntária*, inter vivos, *da titularidade do estabelecimento*;

b) – A *cessão da posição de arrendatário.*

[688] PIRES DE LIMA/ANTUNES VARELA, *Código Civil Anotado*, III, Coimbra Editora, 1972, nota 2 ao artigo 1444.

I – ***Localização do trespasse na enciclopédia jurídica; a sua "civilização"***. Se o *trespasse* tem por objeto, como se acabou de referir, um *estabelecimento comercial ou industrial* instalado num *prédio urbano*, parece intuitivo o seu enquadramento no âmbito do Direito comercial.

É a posição assumida, p.ex., por Nuno Aureliano[689].

Na verdade, ainda que tal *estabelecimento* esteja instalado em prédio arrendado para o respetivo exercício, sempre estaremos em presença de um *arrendamento para comércio ou indústria*; logo, retintamente *mercantil*.

Simplesmente, o nosso Código Comercial, não tendo ainda então conhecido a figura do *trespasse*, prontamente relegou a disciplina do *arrendamento comercial* para o Direito civil, ao estabelecer, no seu art. 482, que "*o contrato de aluguer comercial será regulado pelas disposições Código Civil que regem o contrato de aluguer e quaisquer outras deste Código, salvas as disposições relativas ao fretamento de navios*".

Assim se *civilizou* o *arrendamento mercantil* – e foi até quanto ao *arrendamento*, sem mais, que, como vimos (*supra*, nº 1, *sub* o presente artigo), a referência legal ao *trespasse* surgiu com o Decreto de 12-11-1910, passando depois a constar de sucessivos diplomas do instituto assim genericamente concebido.

Já com a primitiva versão da disciplina da *locação* do CC atual, a regulação do *arrendamento de prédio urbano ou rústico não rural*, para além das *disposições gerais*, veio a especializar-se por três tipos: o *arrendamento para habitação* (arts. 1107-1111); o *arrendamento para comércio ou indústria* (arts. 1112-1118) e o *arrendamento para exercício de profissões liberais* (arts. 1119-1120).

Entre os preceitos relativos ao *arrendamento para comércio ou indústria* incluía, precisamente, uma disposição a reger especificamente o *trespasse*: o art. 1118.

E se, com a Reforma de 2006 e, depois em 2012, se especificaram os tipos de *arrendamento urbano* simplesmente em *habitacionais* e *não habitacionais*, a verdade é que, nos últimos, incluiu o *arrendamento mercantil*, contando-se entre as disposições dedicadas particularmente a este, o preceito homólogo do antigo art. 1118, o atual art. 1112, que estamos comentando agora, a regular precisamente o *trespasse*.

Esta "civilização" é tão marcada que as próprias disposições específicas do arrendamento destinado ao *exercício do comércio ou indústria*, mas integradas na ampla categoria dos *não habitacionais*, também são abrangidas, na falta de estipulação das partes, pelo "*disposto quanto ao arrendamento para habitação*" (art. 1110-1, *in fine*).

Cremos, assim, que o nosso instituto, na sequência do disposto no art. 482 CCom, se integrou plenamente no Direito civil, regulado pelas respetivas normas do CC.

[689] Segundo afirma, "como decorre da qualificação anteriormente realizada do próprio trespasse enquanto negócio jurídico" (cf. Nuno Aureliano, *A Obrigação de não Concorrência do Trespassante* [*Estudos em Homenagem ao Professor Doutor Inocêncio Galvão Telles*, IV, Almedina, 2003, p. 168, n. 186])

Inclusivamente, quando ocorra uma *concorrência desleal* entre *trespassante* e *trespassário*, parece que não será de recorrer aos *usos honestos do comércio*, como por vezes se referiu, mas, num âmbito mais geral e não mercantil, "*contrário às normas e usos honestos de qualquer ramo de atividade económica*", como se refere no art. 381 do Código da Propriedade Industrial, em vigor.

Parece, pois, incorreto, ao cabo de contas, submetê-lo aos princípios e normas do Direito comercial.

II – ***Trespasse e locação de estabelecimento comercial ou industrial.*** É, como se vê, uma figura muito próxima da *locação de estabelecimento comercial ou industrial* instalado em *prédio arrendado* (art. 1109), da qual se distingue, fundamentalmente, porque esta é uma transmissão *temporária* do *gozo do estabelecimento* e do *prédio* em que está instalado por *arrendamento*, ou não, ao passo que o *trespasse* constitui uma transmissão da própria *titularidade* de um *estabelecimento* necessariamente instalado em *prédio arrendado*, acompanhada da transmissão da *posição de arrendatário* deste, independentemente da autorização do *senhorio* (*sobre estas noções, veja-se o desenvolvimento expendido no comentário constante do nº 2-II e III do art. 1109*).

Porque o *trespasse* é a alienação da *titularidade de estabelecimento* e da *posição de arrendatário*, nas circunstâncias definidas neste preceito, fora delas poderá eventualmente chamar-se "trespasse" a qualquer outra *transmissão de estabelecimento* mas, nesse caso, já não será o *trespasse* aqui definido e regulado – o instituto que, ao ser contemplado nas leis de *arrendamento urbano*, desde 1910, ganhou este nome neste específico domínio[690].

Quando, por outro lado, o *arrendamento* seja *vinculístico*, o *trespasse* não lhe retira tal natureza e continuará a beneficiar desse regime, enquanto existir, e que perdurará por quaisquer *trespasses* que sucessivamente venham a fazer-se, já que o *trespassário* é, simultaneamente *cessionário da posição de arrendatário*.

III – ***A transmissão.*** Quando se refere que o *trespasse* é uma *transmissão* da titularidade do *estabelecimento* conjuntamente com a *cessão da posição de arrendatário*, como começamos por defini-lo, de que espécie de *transmissão* se trata?

Voluntária, ou mesmo forçada?

Entre vivos, ou também *mortis causa*?

Definitiva, ou temporária?

Onerosa, ou podendo também ser gratuita?

A título singular, ou a título universal?

[690] Em sentido diferente: NUNO AURELIANO, *A obrigação de não concorrência*, (*Estudos em Homenagem ao Professor Doutor* INOCÊNCIO GALVÃO TELLES, IV, Almedina, 2003,p. 740).

A – Se só a *voluntária*, ou se poderá também ser *forçada* é tema sobre que não há unanimidade e não será simples.

Inocêncio Galvão Telles definia o *trespasse* como *"a transmissão 'inter vivos' voluntária e onerosa de um estabelecimento comercial ou industrial"*[691].

No mesmo sentido se manifestou também outro Autor, a propósito da incorporação de uma sociedade noutra, proclamando que, com o *trespasse*, "se opera uma transmissão *voluntária* e a título *singular*"[692].

Este entendimento pode parecer contrariado com as *execuções para pagamento de quantia certa*, quando por vezes, na prática, se ordena a *penhora* do "direito ao arrendamento e trespasse".

Pela nossa parte, cremos, contudo, que esta expressão é errónea. O SUPREMO já intentou corrigi-la.

> – *O conteúdo da nomeação à penhora do direto ao arrendamento e trespasse de um estabelecimento é o próprio estabelecimento como unidade jurídica* – SUPREMO, 3-2-1981 (*Rev. Leg.Jur.*, 115º, p. 251)[693].

Durante a plena vigência do *vinculismo*, os *trespasses* faziam-se, sucessivamente, ao longo de décadas, à revelia dos *senhorios*.

A própria lei, no auge do paroxismo vinculístico, chegou a dispor, com o Decreto-Lei nº 329-A/95, 12 de dezembro, ao acrescentar ao Código de Processo Civil, então em vigor, um art. 862-A onde se estabelecia, no seu nº 2, que, quando o juiz o entendesse conveniente, determinasse *"a realização de uma avaliação por perito, tendo em vista o apuramento do valor do estabelecimento para efeitos de trespasse"*.

Tratava-se, obviamente, de uma violência inaceitável, à custa do proprietário do prédio, que assim via o próprio tribunal a negociar *trespasses* em injusto locupletamento por parte dos *arrendatários*.

O Código atual não sancionou o destempero, admitindo unicamente a *penhora do estabelecimento* (art. 782 CPC_{2013}) ou a *do direito ao estabelecimento* (nº 5).

Declara-se neste nº 5 que *"a penhora do direito ao estabelecimento comercial não afeta a penhora anteriormente realizada sobre bens que o integrem, mas impede a penhora posterior sobre bens nele compreendidos"*.

[691] *Arrendamento* (lições publicadas pelos Alunos Bento Garcia Domingues/Manuel A. Ribeiro), Pro-Domo, Lisboa, 1944-45, p. 230.

[692] Fernando Pessoa Jorge, *Transmissão do arrendamento comercial por efeito de incorporação de sociedade locatária* (o direito, 122º [1990], nº II, p. 479).

[693] Com pleno aplauso de Antunes Varela, que assim o comentou: "E, com semelhante amplitude, não resta a menor dúvida de que o art. 863, na sua remissão, compreende também, na sua remissão, do direito ao estabelecimento comercial, como unidade jurídica, se esta for realmente admitida, como o acórdão aceita, pela legislação processual vigente" (*Rev.Leg.Jurs.* 115º, p. 255).

O que pode, pois, penhorar-se, hoje em dia, são apenas *os bens compreendidos no estabelecimento*; nunca, o *direito de arrendamento* que só será naturalmente transmissível, *sem autorização do senhorio*, à sombra deste artigo, a um *arrendatário*, e *por uma vez*, para poder rendibilizar o seu *estabelecimento* – e não indefinidamente, por sucessivos *arrendatários*.

Não cremos, pois, que a *execução* possa dar origem a *trespasses forçados*.

No tocante, por outro lado, à *insolvência* do titular do *estabelecimento comercial ou industrial*, se o respetivo processo constitui uma *execução universal* que tem a finalidade de liquidar o património do *insolvente* (art. 1º do Código da Insolvência e de Recuperação de Empresas [CIRE]), e se se determina que *"a declaração de insolvência não suspende o contrato de locação"* (art. 108-1 CIRE) e, ainda, que cabe ao *administrador* prover "*no entretanto*" [*exatamente assim*] "*à conservação e frutificação dos direitos do insolvente e à continuação da exploração da empresa, de for o caso*" (art. 55-1, al. *b)* CIRE), poderá efetivamente ser-se levado a pensar, à primeira vista, que, no decurso da administração ou na liquidação final, seria legítimo *trespassar* o *estabelecimento* do *insolvente*.

Não pensamos, porém, que seja assim.

O *trespasse*, *sem autorização do senhorio*, a que alude este artigo, logo no *prœmio* do seu nº 1, não pode, hoje em dia – e referimo-lo há pouco – considerar-se repetível *ad infinitum*, como violentamente se aceitava, no domínio do *vinculismo*, transigindo-se condenavelmente com essa violência.

A lei só tem em vista, um único *trespasse* – ela não refere "os trespasses" mas, muito singularmente, "em caso de trespasse" – não sendo, aceitável a sua extensão a sucessivas edições da operação, como se fossem os *arrendatários* os proprietários do prédio a cujo *arrendamento* tem de estar ligado o *estabelecimento*.

Nesta conformidade, cremos que também não pode ver-se aqui um *trespasse forçado*.

Reportemo-nos ainda a um caso que já tem sido estudado, sob este prisma: a *fusão de sociedades* em que uma delas seja titular de *estabelecimento comercial ou industrial* instalado em *prédio arrendado*.

Será que, daí, por efeito da *fusão*, não resultará automaticamente um *trespasse* do *estabelecimento* da *sociedade trespassária*, volvida em *trespassante*, para a *sociedade resultante*?

O tema começou a ser proposto quando a noção de *trespass*e não era ainda muito rigorosa e mesmo antes da primitiva versão do CC, para a qual passou.

José Alberto dos Reis afirmou que não caducava o *arrendamento* com a *dissolução* ou *extinção* da *sociedade*, mas transmitia-se para a pessoa ou entidade para a qual passasse o *estabelecimento*[694].

Cunha de Sá, no domínio, já, da primitiva redação do CC, sustentou que, sendo *arrendatária* uma *sociedade comercial*, pela *dissolução* ou *extinção* desta, que é equiparada à

[694] Cf. José Alberto dos Reis (*Rev. Leg. Jur.*, 81º, p. 330).

morte de *pessoa física*, na al. *e)* do art. 1051, a sua posição contratual transmite-se "à pessoa ou entidade para a qual passar o estabelecimento"[695].

PIRES DE LIMA/ANTUNES VARELA, por sua vez, chegaram à mesma conclusão, mas antes com fundamento em que a hipótese "é um caso de transmissão entre vivos do estabelecimento, e, portanto, um caso de trespasse"[696].

PESSOA JORGE, porém, subscreveu a tese contrária, sustentando que, embora a *incorporação* tenha *natureza negocial*, os seus efeitos típicos *decorrem da lei* e é só com o *registo*, que tem aqui natureza constitutiva, nos termos do art. 112 CSC, que a *transmissão* opera, constituindo assim uma *transmissão a título universal*, não integrando, pois, um *trespasse*[697].

Pela nossa parte, temos sempre defendido que não há *trespasse*, na hipótese em presença, mas noutra base.

Fundamo-nos em que não há *morte súbita* nas *sociedades*.

Os seus bens não se evaporam com a *dissolução*. Ocorrida esta, a *sociedade* entra em *liquidação*, ao longo da qual vai sofrendo, na bela imagem de JOSÉ TAVARES, numa lenta *agonia*, só se extinguindo "pelo registo do encerramento da liquidação" (art. 160-2 CSC).

Deste modo, com a *fusão*, o que se verifica, de acordo com a Diretiva 90/434/CEE, de 23 de julho de 1990, não é uma *extinção* da *sociedade incorporada*, como por vezes se refere no CSC, mas uma *dissolução sem liquidação* da *sociedade fundida* em *estabelecimento estável* da *sociedade resultante*[698] – não havendo assim, propriamente, uma *transmissão* para esta,

[695] FERNANDO AUGUSTO CUNHA DE SÁ, *Caducidade do Contrato de Arrendamento* I, Cadernos de Ciência e Técnica Fiscal, 1968, p. 277.

[696] FERNANDO ANDRADE PIRES DE LIMA/JOÃO DE MATOS ANTUNES VARELA, *Código Civil Anotado*, II, 3ª ed-, Coimbra Editora Limitada, 1986, p. 636.

[697] FERNANDO PESSOA JORGE, *Transmissão do arrendamento comercial por efeito da incorporação da sociedade locatária* (*O Direito*, 122º-II [1990], pp. 477-478).

[698] É o entendimento professado, aliás, no Direito comparado que configura a *fusão*, não como uma *extinção* da sociedade fundida, mas como *modificação* das sociedades participantes. Cf. CARLO SANTAGATA, *La fusione tra società*, Morano, Napoli, 1964, pp. 93 ss; FRANCESCO FERRARA JOR.,*Gli imprendotri e le socetà*, 6ª ed., Giuffrè Editore, 1975, P. 637; FRANCESCO MARINI, *La fusione delle società nei suoi aspetti* ributari, CEDAM, 1982, pp. 21-28; GIUSEPPE FERRI, *Le società*, (Tratado de VASSALLI), 3ª ed., UTET, 1989, p. 981; GIAN FRANCO CAMPOBASSO, *Diritto Commerciale, 2 (Diritto delle società)*, 4ª ed., CEDAM, 1999, p. 576; GIUSEPPE FERRI JOR./GIUSEPPE GUIZZI, *Il progetto e i documenti preparatori. Decisione di fusione e tutela dei creditori* (*Il nuovo diritto delle società* [*Liber amicorum* GIAN FRANCO CAMPOBASSO *direto da* P. ABADESSA/G. B. PORTALE] 4, reimp. UTET, 2007, propriamente como uma "reorganização não só complexiva, mas que envolve, necerssariamente, mais de uma uma empresas organixadas em forma de sociedades" (p.240); FRANCESCO FERRARA JOR./FRANCESCO CORSI (traduzindo): "o complexo empresarial das sociedades pré-existentes não desaparece, mas sobrevive, potencializado, na nova entidade, assim como os sócios das pré-existentes sociedades continuam a ser sócios, embora associados a outros, da sociedade resultante da fusão. O fenómeno, portanto, é mais assimilável a uma modi-

mas uma *dissolução* da primeira na segunda, *como um torrão de açúcar dissolvido no café*; e, pela falta daquela, não se integra um *trespasse.*

Decorria daqui que, não configurado este, e surgindo com a *sociedade resultante,* novos sócios e sociedades no gozo do prédio arrendado onde o *estabelecimento* se encontra instalado, sem autorização do contrato e sem a capa do *trespasse,* poderia então o *senhorio* resolver o *contrato de arrendamento.*

Não vemos assim, em suma, caso algum em que se possa qualificar verdadeiramente como *trespasse* uma *transmissão forçada.* Ele configurar-se-á, sempre, como uma *transmissão voluntária.*

B – Transmissão *inter vivos,* ou também *mortis causa*? Segundo a expressão formal do artigo, ocorre, desde logo, que uma *sucessão hereditária* da titularidade do *estabelecimento* instalado em *prédio arrendado* não poderá integrar um *trespasse.*

É que, ao preceituar ser permitida a transmissão, *por ato entre vivos,* da *posição de arrendatário,* "no caso de trespasse", *ipso facto* circunscreve-se literalmente esta figura à transmissão *entre vivos* – e, realmente, a doutrina dominante, em face da mesma expressão legal contida em preceitos anteriores, atribuiu-lhe, apoditicamente, esse carácter[699].

Alguns Autores, porém, não concluíram do mesmo modo e admitiram poder ainda conformar-se um *trespasse,* desnecessitando de *autorização do senhorio,* nas transmissões *mortis causa,* argumentando nesse caso por *identidade de razão*[700].

Importa distinguir.

A *morte do arrendatário* de um *estabelecimento comercial ou industrial* está prevista no art. 1113, onde se determina que, com o decesso, *não caduca* o *arrendamento,* mas os *sucessores* podem renunciar à transmissão.

O *estabelecimento* passa então a ser explorado pelo *sucessor não renunciante,* sem que, para isso, tenha intervindo um *ato voluntário* de específica transmissão do *estabelecimento.*

ficação estatutária e como tal é de facto disciplinado" (*Gli imprenditori e le società,* 15ª ed., Giuffrè Editore, Milano, 2011, p. 978).

699 Situam-se claramente nesta corrente: Orlando de Carvalho, *Critério e estrutura do estabelecimento,* I, Coimbra, 1967, p. 599, n. 2; A. Ferrer Correia, *Sobre a projetada Reforma da legislação comercial portuguesa,* Livraria Almedina, 1968, p. 57; Isidro Matos, *Arrendamento e aluguer,* Atlântida Editora, 1968, p. 313; Jorge Alberto Aragão Seia, *Arrendamento Urbano Anotado,* 7ª ed., Almedina, 2003, n. ao art. 115; Jorge Manuel Coutinho de Abreu, *Curso de Direito Comercial,* I, 9ª ed., Almedina, 2013, p. 285.

700 Sic: F. M. Pereira Coelho, *Arrendamento* (ed. pol.), 1980-81; p. 175, n. 1; 1984, p. 191, n. 1; 1988, p. 214, n. 1; José Maria V. Barbosa de Magalhães, *Do estabelecimento comercial,* Edições Ática, 1950, pp. 219, 235. E 241. No mesmo sentido: SUPREMO, 24-01-1950 (*BMJ* nº 17, p. 281).

É verdade que o *sucessor* não carecerá de *autorização do senhorio* para encabeçar a titularidade, mas isso não se verifica por se ter realizado um *trespasse*, mas em vista da *sucessão hereditária*.

Não há, então, nenhum *ato voluntário* de transmissão do *estabelecimento* e nem pode, sequer, considerar-se que a hipótese envolva uma *identidade de razão* perante o *trespasse*.

O *sucessor* é *herdeiro*; não se identifica minimamente com um *trespassário*.

Pode, no entanto, querer realizar-se um *ato voluntário* de concreta e específica transmissão do *estabelecimento*, a um *terceiro*, por *morte*.

Temos então um *legado*.

Aqui, parecem reunir-se todos os elementos constitutivos do *trespasse*, pois haverá neste caso um ato voluntário de concreta transmissão do estabelecimento do *de cuiús* para o legatário – mas ficaremos entretanto em antagonismo com o requisito constante do art. 1112-1 quando o caracteriza expressamente como uma transmissão por *ato entre vivos*.

O que importará nesse casse caso saber é se se tornará necessário equiparar o legado a um trespasse para se passar sem a autorização do senhorio.

Parece que a simples transmissão *mortis causa*, *ex vi* do disposto no art. 1113, será suficiente para desnecessitar dessa autorização.

C – Definitiva, ou temporária? O *trespasse* envolve a *titularidade do estabelecimento* (embora conexa com a *cessão da posição de arrendatário*); logo, trata-se, evidentemente, de uma *transmissão definitiva*.

Como consensualmente vem sendo entendido e como elementarmente decorre do teor literal das disposições legais que se lhe referem, tem por objeto a *titularidade* do *estabelecimento comercial ou industrial*; não, a simples *exploração* de que seja instrumento. É o que pode portanto dizer-se, *hoc sensu*, uma transmissão *definitiva*.

A mera transmissão *pro tempore* não forma um *trespasse* – aceção que parece seguramente confirmada pela destrinça que se estabelece entre o *trespasse*, referido neste art. 1112, e a *locação de estabelecimento* que se contempla no art. 1109.

D – Onerosa, ou podendo ser também gratuita? É, geralmente, um *ato oneroso*, mas pode também ser *gratuito*, pois o *senhorio do prédio*, nos termos do nº 4 deste artigo, só tem *direito de preferência* no *trespasse* quando este se realizar "*por venda ou dação em cumprimento*".

Na verdade, sobretudo a *venda* é o ato oneroso mais frequente por que se consuma, podendo naturalmente também o ser a *dação em cumprimento*, como o nº 4 o refere, um *comodato*, uma *permuta*, etc.

E – A título singular, ou podendo ser ainda a título universal?

Poderá, porventura, pôr-se ainda a questão de saber se, tendo o *trespasse* imprescindivelmente por objeto mediato um *estabelecimento*, constituirá, assim, uma transmissão *a título singular*, ou se poderá, noutros casos, verificar-se como uma transmissão a *título universal*?

O *estabelecimento* é, como se disse, um conjunto de coisas incorpóreas e corpóreas móveis que, pela sua transmissão, são alienadas *como um todo*, uma *universalidade*.

Apesar disso, em Pessoa Jorge considera-se que esta transmissão se faz *a título singular*, pois "é óbvio que a transmissão de uma universalidade não é, por isso, uma transmissão a título universal"[701] – e, pela nossa parte, num primeiro impulso, seguimos este entendimento; mas uma reflexão mais detida leva-nos a corrigir a afirmação.

As expressões a *título singular* e a *título universal* derivam das expressões latinas, respetivamente, *ut* (ou *uti*) *singuli* e *ut* (ou *uti*) *universi* significando, a primeira, *cada um*, ou *um a um* e, a segunda, *em conjunto*[702].

Ora se, por um lado, o *estabelecimento* é transmitido *globalmente* e, mais ainda, conjuntamente com o *direito de arrendamento* do prédio onde necessariamente está instalado, parece fora de dúvida de que estamos aqui perante uma transmissão *a título universal*.

F – Nestes termos, será de concluir, em suma, que o *trespasse* de um *estabelecimento comercial ou industrial instalado num prédio arrendado* consiste numa transmissão *voluntária, entre vivos, definitiva* (e não temporária), *geralmente onerosa* e a *título universal, conjuntamente com a cessão da posição de arrendatário do prédio ou parte de prédio urbano em que está instalado.*

IV – ***A atávica desnecessidade de autorização do senhorio do prédio onde o estabelecimento está instalado.*** De acordo com o expressamente estabelecido logo no nº 1 deste artigo, o titular do *estabelecimento* instalado em *prédio arrendado*, para transferir cumulativamente o *gozo* desse *prédio*, conjuntamente com o *trespasse* do *estabelecimento* nele instalado, *não precisa de autorização do senhorio*.

É uma grave oneração para este, como já o referimos a propósito da *locação de estabelecimento* (v. *supra*, nº 3-II, *sub* art. 1109) fundada na circunstância de o *arrendatário*, com a exploração do seu *estabelecimento*, ter criado uma riqueza que, segundo se tem sustentado, será de justiça poder negociá-la sem o impedimento que o *senhorio* lhe poderia opor, negando a *autorização* para a alienação do *gozo arrendatício*.

[701] Fernando Pessoa Jorge, *Transmissão do arrendamento comercial por efeito de incorporação da sociedade locatária* (*O Direito*, 122º-II [1990], p. 479, texto e n. 2).

[702] Ver, sobre este ponto, Gérard Cornu, *Vocabulaire juridique*, 2ª ed. rev. e aum., Presses Universitaires de France, 1987, Entradas *Ut singuli* e *ut universi*.

E também já se tem defendido, justificando este benefício, que, com a exploração do *estabelecimento*, ele valorizou a *renda*.

No âmbito de vigência do *vinculismo*, servia o argumento para justificar o *trespasse*, à *revelia* do *senhorio do prédio*: se era ele que a valorizava, era ele que teria direito a receber essa mais-valia – mas certo é que, quanto a nós, o argumento provava demais, e por duas inquestionáveis razões: porque, estando a renda bloqueada, efetivamente não se valorizava, e porque, sendo ela, afinal, o rendimento do *prédio*, dificilmente se compreenderia que beneficiasse inteiramente o *arrendatário*, esquecendo-se completamente o *senhorio*.

Aliás, na prática, o que geralmente ocorria, era a circunstância de ela, com o *bloqueio* a que estava sujeita, ser muitíssimo inferior à *renda de mercado*, e era, no fundo, essa *mais-valia* que, ao cabo de contas, se negociava, num efetivo e injusto *locupletamento à custa do senhorio*.

A remediá-lo, exigiu platonicamente a lei que o *trespasse* envolvesse, necessariamente, o conjunto das componentes constitutivas do *estabelecimento*, tendo o cuidado de referir, entre elas, as *instalações*, os *utensílios*, as próprias *mercadorias* "e outros elementos" que o integrem (al. *a)* do nº 2 deste artigo).

O requisito levou a doutrina e a jurisprudência a equacionarem a noção de *estabelecimento mínimo*, de que nos ocupámos a propósito da *locação de estabelecimento* e que não iremos agora repetir porque o que se referiu então serve inteiramente para o *trespasse* (v. *supra*, nº 2-III, *sub* art.1109).

Tudo isto, porém, não justifica, a nosso ver, a suscetibilidade de *trespasse* sem a *autorização* do *senhorio*, que a nossa lei concede, injustamente, ao *arrendatário*.

O prédio é do *senhorio*, e o seu *gozo* não deverá jamais ser objeto de cessão, pelo *arrendatário*, sem o seu consentimento; a riqueza criada através do *estabelecimento comercial ou industrial* não lhe dá jus a transmiti-la conjuntamente com *um direito que não é seu*.

No Direito comparado, que tenhamos dado por isso, só a Espanha, agasalha este excesso.

Em outros países, não sucede tal.

Por exemplo, corretamente, na Itália e em França, o *trespasse* – como, aliás, a *locação de estabelecimento* – não podem ser opostos ao *senhorio* do prédio que neles não consentiu[703].

[703] Na Itália, mesmo após a Lei nº 392, de 27-07-1978, cujo art. 36, ainda em vigor, inicia o seu comando estabelecendo que "o arrendatário pode sublocar o imóvel ou ceder o contrato de locação mesmo sem o consentimento do senhorio", mas o não termina sem referir que o *senhorio* pode opor-se-lhe, por "graves motivos", a jurisprudência tem continuado a julgar que *não pode ceder-se o contrato de locação sem o consenso do senhorio*. (v. sobre o ponto, GIUSEPPE DE LUCIA, *Cessione, successione, cessazione del contratto di locazione* [MAURIZIO DE GIORGI/DOMENICO MAFFEI/CORRADO MARVASI, *Le locazioni*, Wolters Kluwer/CEDAM, 2015, pp. 525 ss, *maxime*, p. 529]); no

A persistência portuguesa em estabelecer esta dispensa só se explicará, em nossa opinião, por mera irreflexão do legislador, repetindo um requisito que deixou de ter sentido no Direito positivo atual ou por incoercível reminiscência vinculística.

V – ***Necessidade de comunicação ao senhorio,*** Dispensada a *autorização* do *senhorio* onde o *estabelecimento comercial ou industrial* está instalado, não o é a *comunicação do trespasse,* que sempre lhe deve ser feita, como expressamente se impõe no nº 3 deste artigo.

Ao contrário do que se dispôs para a *locação de estabelecimento,* aqui não se estabeleceu qualquer prazo para a sua realização.

Deve atender-se, por isso, à regra geral do art. 1038, al. *g*), respeitando o prazo de *15 dias.*

A desarmonia de *prazos de comunicação* no *trespasse* e na *locação de estabelecimento* não faz sentido mas, vinda já da Lei nº 6/2006, a Lei nº 31/2012 não deu por ela, e assim se mantém.

Do mesmo mdo como sustentamos para a *locação de estabelecimento,* pensamos que também aqui a *comunicação* deverá obedecer aos requisitos postos no art. 9º NRAU e a sua falta, ferindo o *trespasse* de *ineficácia* "perante o senhorio", de acordo com o disposto nesta al. *e*), *in fine,* do art. 1083-2, constituirá fundamento de *resolução* por este, do *contrato de arrendamento,* nos termos desse preceito e tal como foram também referidos para a *locação de estabelecimento* (*v. supra, nº 3-IV-**B**, sub art. 1109*).

VI – ***Forma.*** O *trespasse* deve ser realizado *por escrito,* como se exige no nº 3 do presente artigo, a par da exigência de *comunicação* ao *senhorio,* que acabámos de referir.

Se essa é, de resto, a exigência posta para a *celebração do arrendamento* e, em particular, para o *arrendamento não habitacional,* só não seria assim se se quisesse estabelecer uma exigência formal específica para o *trespasse.*

A repetição que deste modo se verifica, só será explicável, a nosso ver, pela tradição legislativa que vem já da primitiva redação do CC: o art. 1118-3, de então.

A inobservância de *forma* implica a *nulidade* do *trespasse,* nos termos gerais do art. 220.

VII – ***Prédio da instalação, arrendado em regime vinculístico.*** Como se referiu, se o prédio arrendado ainda está sujeito ao *vinculismo,* o *trespasse* não retira essa natureza ao seu *arrendamento* e sempre se entendeu que o *trespassário,* esse e todos os que sucessivamente lhe viessem a suceder, beneficiavam desse regime.

mesmo sentido: Antonio Piraino, *Le locazioni commerciali* (AAVV) Wolters Kluwer/cedam, 2015, pp. 202 ss.

Em França, por seu turno, o art. 21 do Decreto 53-960, de 30-09-1953 ainda em vigor e integrado no code de commerce, interdita qualquer sublocação sem autorização do senhorio nestes precisos termos: "*Sauf stipulatio contractuelle ai bail ou accord du bailleur, toute sous-location totale ou partielle est interdite*". Sobre o tema, cf., ainda Bernard Saintourens/Jacques Lafond/Beatrico Vial-Pedroletti, *Code des baux,* Litec, Paris, 2007, p. 412.

Naturalmente, desde que o *arrendamento não habitacional*, anteriormente a 1995 era sempre *vinculístico* e não havia *arrendamentos livres*, parece óbvio que não poderia ser de outra forma.

E foi assim, aliás, que, durante decénios e decénios, o *negócio dos trespasses* fundados em *rendas miseradas* prosperou com injusto prejuízo do *titular imobiliário*.

Com a Reforma de 2006, estabeleceu-se no entanto a este respeito, para os *arrendamentos de pretérito*, no art. 26-6 NRAU:

> "*Em relação aos arrendamentos para fins não habitacionais, cessa o disposto na alínea c) do nº 4 quando:*
>
> *a) Ocorra trespasse ou locação do estabelecimento após a entrada em vigor da presente lei;*
>
> *b) Sendo o arrendatário uma sociedade, ocorra transmissão inter vivos de posição ou posições sociais que determine a alteração da titularidade em mais de 50% face à situação existente aquando da entrada em vigor da presente lei*".

Portanto, com a cessação da proibição constante do referido nº 4, o *senhorio* do *prédio* ou *parte de prédio* onde, em *arrendamento vinculístico*, estivesse instalado um *estabelecimento comercial* ou *industrial* ficava autorizado, *apenas para os casos que ocorressem depois da entrada em vigor da lei*, a *denunciar* o *arrendamento* com a antecedência legal então prevista na al. *c)* do art. 1101, de *cinco anos* para os *arrendamentos sem duração determinada*.

É claro que, podendo então o *senhorio* denunciar o contrato *cinco anos* após a *comunicação* do *trespasse*, este limitava-se a só ter interesse para o *trespassário*, se fosse ainda económico pagar uma renda de mercado.

O NRAU_{2012} manteve, depois, a providência, mas só para os *trespasses*, que viessem a verificar-se depois da sua entrada em vigor, em *arrendamentos vinculísticos*, reeditando assim, no seu art. 28-3, o que em 2006 constava do art. 26-6.

Na prática, estudaram-se logo os mais imaginosos expedientes para fraudar o preceito.

O mais corrente foi o de encobrir o *trespasse* celebrando-se um *mandato irrevogável* ao *encoberto trespassário*.

Não temos notícia de qualquer controvérsia que se tenha suscitado quanto a tal escapatória.

Entretanto, inesperadamente, o mesmo legislador de 2006, ele próprio, veio depois, em 2019, arrependido da sua, aliás, justamente notável providência, revogar, no art. 12, al. *b)*, da Lei nº 13/2019, os n.os 3 a 5 do art. 28 NRAU_{2012}.

Terá, porventura, pensado que já não existem casos práticos de *trespasses* ligados ao *vinculismo* que justificassem a necessidade do preceito? Ou tratar-se-á, antes, de uma questão de ignara inconstância legislativa?

Ou ainda, admitido que o *trespassário*, como novo *arrendatário*, que é, só adquiriu esta posição após o Decreto-Lei nº 257/95, já só será *arrendatário com prazo certo* de *cinco anos*?

A ser assim, o que se nos afigura a correta solução, aí teremos a explicação mais plausível para a súbita revogação operada em 2009 (v., sobre o ponto, comentário ao art. 28 NRAU).

3. Simulação de trespasse

No nº 2 do presente artigo, descrevem-se duas hipóteses que, se ocorrerem com a celebração do *trespasse*, o descaracterizam.

Declara-se aí, efetivamente:

> "*Não há trespasse:*
>
> *a) – Quando a transmissão não seja acompanhada de transferência, em conjunto, das instalações, utensílios, mercadorias ou outros elementos que integram o estabelecimento;*
>
> *b) – Quando a transmissão vise o exercício, no prédio, de outro ramo de comércio ou indústria ou, de um modo geral, a sua afetação a outro destino.*"

Este passo tem origem, no nosso Direito positivo, na Lei nº 2:030 que, no seu art. 64-2, dispôs assim:

> "2 – *A cessão do direito ao arrendamento comercial ou industrial sem autorização escrita do senhorio só pode verificar-se no caso de trespasse.*
>
> *Entende-se que há sublocação ou cessão do direito ao arrendamento:*
>
> *a) – Quando no local passar a exercer-se outro ramo de comércio ou indústria e, em geral, se lhe for dado novo destino;*
>
> *b) – Se a transmissão do local não for acompanhada da transferência, em conjunto, das instalações, utensílios, mercadorias ou outros elementos que caracterizem o estabelecimento*".

Daí transitou para o art. 1118-2 da primitiva redação do CC, com a permuta da ordem das alíneas entre si, e ligeiras alterações formais; depois para o RAU, onde constituiu o art. 115-2, e, por fim, para o art. 1112-2 CC da Reforma de 2006 e da de 2012, que o reproduziu.

Segundo certa corrente de opinião, formada em seguida ao tratamento do *trespasse* pela Lei nº 2:030 e depois repetida axiomaticamente por vários autores, as duas alíneas conteriam meras *presunções iuris tantum* da inexistência de *trespasse*, não passando assim do que, com assinalável tautologia, já chegou a designar-se como os *índices semióticos* da não ocorrência da figura.

A ideia inspirou-se, de algum modo, nos trabalhos preparatórios da Lei nº 2:030, mais concretamente, no Parecer da Câmara Corporativa relatado por Pires de Lima, onde se escreveu que um "suposto trespasse" seguido de aplicação a um fim diferente pelo *accipiens* demonstraria que "um acto aparentemente correto envolvia uma fraude".

Ainda assim, só muitos anos depois da entrada em vigor da Lei nº 2:030 surgiu Ferrer Correia, em 1969, a proclamar que "a circunstância de o trespassário passar a exercer no prédio outro ramo de comércio ou indústria só fará presumir (presunção relativa, portanto) que a intenção das partes ao celebrar o contrato foi a de a de realizar, não um autêntico trespasse, mas um simples subarrendamento"[704].

Bastante depois disso, ORLANDO DE CARVALHO – que, em 1966, ampla e profundamente tinha estudado o tema sem aflorar este aspeto – veio configurar depois, em 1977, as duas alíneas, qualificando-as como "índices meramente semióticos da inexistência efetiva da transmissão do complexo"; um pouco adiante, não utilizando expressamente o termo *presunção*, não deixa de a sugerir, na frase "embora a alínea *b)* [atual al. *a)*] pressuponha que não existe trespasse...", ou quando qualifica a ulterior mudança de destino como constituindo "simplesmente um indício"[705].

Mais tarde PEREIRA COELHO, aderiu circunstanciadamente ao mesmo entendimento: "trata-se, segundo a melhor interpretação do preceito (cf. sobretudo O. CARVALHO, *Rev. Leg.Jurs.*, 110º, pp. 102 ss), de dois *índices* que constituem, tecnicamente, *presunções* de inexistência de trespasse..." – e, um pouco adiante, "...como os 'índices do art. 1118, nº 2 [atual art. 1112-2] constituem simples presunções *iuris tantum* de inexistência de trespasse..."[706].

Combatemos este entendimento desde a primeira hora[707] por sempre nos ter parecido que os termos da lei eram perentórios: se ocorresse alguma das circunstâncias constantes das alíneas, a consequência não era *presumir-se* que não tinha ocorrido *trespasse* mas que, terminantemente e sem suscetibilidade de prova em contrário, não se tinha celebrado *trespasse* algum.

Certo é que, hoje em dia e que nos lembre, já não se vêm Autores a sustentar a tese da *presunção*[708].

O que, nas alíneas, impressiona é antes, quanto a nós, a sua imperfeição técnica.

[704] (*Reivindicação do estabelecimento comercial como unidade jurídica/Estudos Jurídicos*, 1969, II, pp. 267-268 nota – afirmação aliás, que não constava ainda da primeira publicação deste ensaio, em 1957).

[705] *Rev. Leg. Jur.*, 110º, pp.111-113.

[706] *Arrendamento* eds. policopiadas, 1980-81, pp. 176-177; 1984, pp. 192-193; 1988, pp. 215-216. No mesmo sentido, podem ver-se ainda: M. JANUÁRIO C. GOMES, *Arrendamentos Comerciais*, 2ª ed., Almedina, 1991, p. 171: "Pese embora a redação utilizada do art. 115, estamos perante meras presunções de inexistência de trespasse (contra: PINTO FURTADO, *Curso*, 2ª ed., p. 309)...ou, como diz ORLANDO DE CARVALHO... perante índices semióticos de não transmissão de estabelecimento"; MÁRIO FROTA, *Arrendamento Urbano Anotado e Comentado* (com a colaboração de PAULO MOREIRA DA CUNHA): "A lei estabelece neste passo meras presunções ilidíveis de inexistência de trespasse".

[707] Cf. o nosso *Curso de Direito dos Arrendamentos Vinculísticos*, 1ª ed. Almedina, 1984, pp.364-365, a 2ª ed. da mesma obra e, depois, as sucessivas edições do *Manual do Arrendamento Urbano*.

[708] Circunscritamente à al. *b)* de 2006, ainda, no entanto, como tal a qualifica MANUEL JANUÁRIO DA COSTA GOMES, sem contudo desenvolver o ponto (cf. *Breves Notas sobre as "Disposições do arrendamento para fins não habitacionais" no Projeto do NRAU* (*O Direito*, 117º – II [2005], p. 387)

I – Com efeito, proclamar, como a al. *a)*, que *não há trespasse* quando não se tenham transferido as instalações, utensílios, mercadorias ou outros elementos que integram o *estabelecimento*, é uma lapalissada farfalhenta que não define coisa alguma e se limita a dizer o óbvio: que *não há trespasse quando se não tenham transmitido os elementos que compõem o estabelecimento*.

No plano do *estabelecimento mínimo*, o que importaria exprimir – e isso já nos pareceria um comando significativo – seria antes que não integra um *trespasse* a transmissão que *não envolva os elementos do estabelecimento indispensáveis à sua continuidade funcional*.

II – Por outro lado, quanto à al. *b)*, a afirmação de que *não há trespasse quando a transmissão vise o exercício, no prédio, de outro ramo de comércio ou indústria ou, de um modo geral, a sua afetação a outro destino* é, em nossa opinião, manifestamente incorreta, pois semelhante negociação envolve decerto um *trespasse*; simplesmente, com ele, as partes têm em vista dar ao *estabelecimento* trespassado destino diferente do que lhe estava a ser dado.

O legislador, com o comando em presença, pretende, no fundo, ferir tal *trespasse* de *invalidade* – e seria, assim, mais correto, em nosso parecer, exprimi-lo afirmando que *não é válido* o *trespasse* que *vise aplicar o estabelecimento a uma atividade diferente da que nele vinha sendo exercida*.

Se o *trespasse* realizado *visa*, ou não, o exercício de outro destino, é questão que nos não parece, salvo melhor opinião, constituir um *índice de não trespasse*, mas antes a prova que o *senhorio* terá de fazer, se pretender resolver o contrato com esse fundamento.

III – ***Hipóteses atípicas de não trespasse.*** Outros casos há, porém, que, parecendo constituir *trespasse*, não o serão, embora não tenham sido aqui tipificados como tal – pois, no rigor dos princípios, não envolvem, segundo cremos, uma real transmissão do *estabelecimento*.

A – Assim, em nosso parecer, não se configura um *trespasse* quando uma sociedade do Código das Sociedades Comerciais *transforma* o seu tipo social, *sem dissolução* (cf. art. 130-3 CSC), pois mantém então a primitiva *personalidade jurídica* – e não envolve, assim, uma real transmissão do *estabelecimento*.

B – Do mesmo modo, não se configurará, se bem pensamos, um *trespasse* no caso de *fusão*[709] de *sociedades*, ou *cisão* (v. *supra*, III-**A**, *sub* o presente artigo).

[709] Neste sentido: Pessoa Jorge, *Transmissão do arrendamento comercial por efeito da incorporação da sociedade locatária* (o direito, 122º [1990], pp. 463-480). Para o I.A., não há então *trespasse* porque por ele se opera uma transmissão *voluntária* e a *título singular*, sujeita a *escritura pública*, ao passo que, na *fusão por incorporação*, a transmissão da posição de *arrendatária* tem *fonte legal* e está integrada numa transmissão a *título universal* (p. 479).

Não deve, na verdade, ver-se nestas operações uma verdadeira transmissão do *estabelecimento comercial* da *sociedade contribuidora* para a *sociedade beneficiária* mas, como se proclama na Diretiva 90/434/CEE, uma *transformação* da primeira, *dissolvida na segunda, sem liquidação*, em *estabelecimento estável* desta.

Por outras palavras e como bem se compreenderá, com a *fusão* ou *cisão*, não ocorre uma *alienação do estabelecimento* de A em favor de B, mas uma *dissolução de A em B*, através da qual B incorpora A, em si própria, e se torna numa como que – exclusivamente ou apenas em parte – sua *encarnação*.

Em suma, é de concluir que, com a *fusão* ou *cisão*, não é o *estabelecimento* que *se trespassa*; é o titular que se *transpersonaliza* – e não há pois, nesses casos, uma *transmissão* ou *trespasse do estabelecimento*, mas uma *sub-rogação* da *sociedade contribuidora* pela *sociedade beneficiária*.

– Sendo uma sociedade, arrendatária de parte de prédio urbano, incorporada, mediante fusão, noutra sociedade, a falta de *comunicação* ao senhorio é fundamento de despejo

Relação de Lisboa, 25-10-94 (*Rev. Leg. Jur.*, 127º, p. 382, com comentário favorável de Henrique Mesquita)

A necessidade de comunicação tem uma razão de ser: o controlo do senhorio da legitimidade da transmissão efetuada (Orlando de Carvalho, *Critério e Estrutura do Estabelecimento Comercial*, I, Coimbra, 1967, pp. 620 e 623).

– A transmissão do direito ao arrendamento decorrente de um negócio de fusão de sociedades não necessita de autorização do senhorio nem de lhe ser comunicada.

Relação de Coimbra, 24-6-1997 (*Rev.Leg.Jurs.*, 131º, p. 147 e *Colectânea*, XXII-III, p. 36 – *o sumário que enunciámos não é o de nenhum destes lugares, pois não parece, qualquer deles, dar nota precisa do essencial da decisão, mas da nossa responsabilidade*).

A *Revista* publica uma anotação de M. Henrique Mesquita combatendo esta solução com base, fundamentalmente, em que a tese do acórdão, de que a *fusão* não implica uma verdadeira extinção das sociedades incorporadas, "não tem hoje o menor apoio na lei, onde se consagra uma solução diametralmente oposta", e lembra, a propósito, o disposto no art. 112 CSC.

Pela nossa parte, concordamos com o decidido pela Relação de Coimbra, como decorre do que ficou dito acima.

Outros arestos mais recentes:

– A fusão da sociedade arrendatária com outra sociedade não determina a extinção do contrato de arrendamento por caducidade, transmitindo-se este para a sociedade incorporante, sem necessidade de consentimento do senhorio. Contudo, essa transmissão deve ser comunicada ao senhorio.

Relação de Lisboa, 18-05-2006 (*Colectânea* nº 181, p. 96).

I – Dum ponto de vista substancial, que não apenas formal, a extinção das sociedades incorporadas, referida no art. 112, al. *a)*, CSC, não constitui uma verdadeira extinção, mas sim, e apenas, uma transformação dessas sociedades. II – Porque assim é, a fusão não determina a caducidade dos contratos de arrendamento de que as sociedades incorporadas sejam titulares; e nem também é necessária a anuência do senhorio para a transmissão do arrendamento a que dá lugar, sendo inexigível comunicação prévia da fusão. III – De atender, porém, ao interesse do senhorio de conhecer o negócio que operou a transmissão do arrendamento por forma a permitir-lhe ajuizar da sua legalidade e conhecer a identidade do novo inquilino, é exigível a comunicação prevista na al. *g)* do art.1038 C.C. – SUPREMO, 06-12-2006 (06B3458 Net).

O problema que se suscita, a este respeito, é se semelhante entendimento não entrou em crise com a hipótese legal advinda da al. *b)* do art. 26-6 $NRAU_{2006}$, de 27 de Fevereiro, agora reproduzida no art. 28-3, al. *b)*, $NRAU_{2012}$, segundo as quais o *senhorio* poderá denunciar o contrato logo que, sendo *arrendatária* uma *sociedade*, nesta se verifique uma alteração em mais de 50% da titularidade das *posições sociais*, ocorrida por efeito de uma transmissão *inter vivos*.

Pela nossa parte, pensamos que sim, mas apenas para os *arrendamentos vinculísticos*, a que a norma se destina; não, para os *arrendamentos livres*, aos quais não é aplicável, nem eles têm, sequer, necessidade de semelhante disposição.

C – Outro caso que nos parece não envolver *trespasse* nem, no entanto, exigir *autorização* prévia do *senhorio* embora não dispense a *comunicação* ulterior, *a simile* do disposto na al. *g)* do art. 1038, é a *estrita conversão do exercício individual em exercício societário do mesmo ramo de comércio, indústria ou artesanato no estabelecimento alojado em prédio arrendado.*

Vem aqui à colação uma hipótese curiosa, tratada em tempos na Relação do Porto, em acórdão que supomos inédito (de 1987/88, Proc. nº 242/5ª), de um *arrendamento para exercício de barbearia*, em Viana do Castelo, aos dois profissionais que exerciam a sua arte numa "loja ampla" da Rua Aurora do Lima, a eles arrendada para o efeito.

Em 23 de Outubro de 1986, comunicaram os *arrendatários* à *senhoria* que deveriam os recibos das rendas passar a ser preenchidos em nome da firma Reis & Barroso Limitada, da sociedade que tinham os dois barbeiros constituído entre si, para exploração do seu ramo.

A *senhoria* recusou, porém, que houvesse neste caso um *trespasse* e intentou a *ação de despejo*, que a Relação julgou procedente, por considerar que a constituição da *sociedade* entre os *coarrendatários* envolveu um *comodato* da loja, apesar de não ter sido fixado prazo para a sua restituição, porque seria nesse caso aplicável a regra do art. 1137 CC (restituição com o findar do uso), e que houve *cessão da posição contratual* de *arrendatários*, ilícita, porque não consentida.

Na nossa perspetiva, a ação improcedia, porque, nos termos em que a "cessão" fora constituía, em rigor, mero *exercício societário da profissão* até aí realizada, a par, pelos dois barbeiros.

Hipótese análoga, em que se consagrou o mesmo entendimento:

I – Há autonomia entre as figuras do comerciante em nome individual e de sociedade unipessoal que advém, entre outras razões, de a última, ao contrário da primeira, ter responsabilidade limitada.

II – O locatário não pode transferir a sua posição contratual fora do condicionalismo do art. 1038, al. *f)*, do CC.

III – Não tendo a cedência sido autorizada pelo senhorio nem obedecido ao formalismo do trespasse, o locador pode resolver o contrato, ao abrigo do art. 64, nº 1, al. *f)*, do RAU.

Relação do Porto, 06-04-2006 (*Colectânea*, nº 190, p. 184).

O segundo destes arestos (Relação do Porto, 04-06-2006) tinha sido estudado no Curso de Mestrado em Ciências Jurídicas por nós lecionado na Universidade Lusíada de Lisboa, durante o ano letivo de 2006/2007.

No âmbito deste Curso, apresentou a mestranda MÁRCIA PORTELA um importante relatório, profusamente ilustrado com a citação de jurisprudência relacionada com o tema.

Quanto ao fundo da questão, mostrou-se favorável ao decidido pela Relação, sobretudo impressionada pela circunstância de lhe parecer digno de tutela o interesse do *senhorio* que, quando "contrata com uma pessoa singular tem a garantia de que a contraparte só se alterará com o seu consentimento (cf. art. 424, nº 1, CC), salvos os casos específicos em que o legislador prevê transmissões do arrendamento à revelia da vontade do senhorio".

Certamente que sim – e não somente quando arrenda a uma *pessoa singular* como também quando contrata com *pessoa coletiva*.

O interesse do *senhorio* não pode deixar de estar presente em qualquer caso, mas o que necessariamente releva é saber se a conversão do *exercício do comércio em nome individual* numa *sociedade unipessoal* do próprio comerciante envolve uma *transmissão do estabelecimento de um, para a outra*.

Nós, pela nossa parte, continuamos a pensar que, em todo o geométrico exercício conceptualista do acórdão, a solução perfilhada imprescindivelmente pressupunha que tivesse o *arrendatário* realizado uma *transmissão* para a *sociedade unipessoal*, ou seja – cúmulo dos cúmulos – que tivesse afinal celebrado um *contrato consigo mesmo*.

Incontestavelmente, não teria outra natureza o negócio realizado pelo até aí *comerciante em nome individual* e agora *sócio único da sociedade unipessoal*, com esta, através do respetivo *gerente* – quer dizer, ele mesmo, a um tempo, *arrendatário*, de uma parte, e *gerente e sócio único da sociedade*, de outra parte.

Quanto a nós, pois, o *arrendatário* nem cedeu "a outrem" o *gozo do prédio* nem transmitiu o *direito de arrendatário* ou a titularidade do *estabelecimento comercial*.

Não o fez, não tinha necessidade de o fazer, nem podia sequer tê-lo feito, sob pena de incorrer com isso num *a semet ipse*.

Simplesmente, ele continuou aí, pessoal e materialmente desacompanhado, à mesma, de outras pessoas, utilizando o *estabelecimento comercial* e gerindo a sua *sociedade unipessoal* – mas exercendo agora o seu comércio *sob forma societária*.

Em semelhante perspetiva, ele continuará presente em todo o seu exercício, agora como *sociedade unipessoal de quota* – uma simples fórmula técnica posta pelo Direito ao serviço do anterior *comerciante em nome individual*.

Com o devido respeito, aqui, foi portanto a 1ª instância quem se situou no rumo certo.

D – Não há *trespasse* na simples aquisição do ativo e passivo de uma *sociedade*.

– Não são sinónimas a transmissão do ativo do estabelecimento e a transmissão deste como universalidade; e, em nenhuma universalidade como tal, se dá o fenómeno de ficar obrigado a pagar o passivo quem adquirir o ativo

SUPREMO, 30-4-1996 (*ColSTJ*, IV-II, p. 42).

4. Aplicação ulterior do prédio a outro destino, salvo convenção em contrário

A aplicação do prédio a *destino* ou *ramo de comércio ou indústria diferentes* do convencionado no contrato de arrendamento volta a ser objeto de regulação no nº 5 do artigo, agora não já como estipulação ou propósito informador do próprio contrato, mas como *prática sobrevinda durante a sua execução*.

Declara-se nesse número constituir ela *fundamento de resolução* pelo *senhorio* – mas, seguidamente, impõe-se igualmente esta consequência ao *transmissário* de *profissão liberal* que "não continue o exercício da mesma profissão liberal".

São, na nossa perspetiva, duas imperfeições na mesma disposição.

Primeira. A aplicação do prédio a *fim diverso* daquele a que se destina é já *fundamento de resolução*, nos termos da al. *c)* do art. 1083-2: não precisava de ser aqui repetida.

Segunda. Para além de inútil, a previsão, num mesmo número, do desvio do *comerciante ou industrial* e da *mudança de profissão* de *profissão liberal* mistura institutos distintos.

O vício, que já vem de 2006, deveria ter sido corrigido em 2012.

É claro que se está prever, aqui, que o contrato não contém uma cláusula de autorização do destino adotado pois, sendo assim, não existiria nenhuma infração e, portanto, não poderia, então, ser ele resolvido (*v., para mais desenvolvimentos, o comentário ao* nº 4-VII, *sub* art. 1083).

5. Direito de preferência do senhorio em caso de trespasse de estabelecimento comercial ou industrial

A hipótese mais antiga, no nosso Direito positivo, de *direito de preferência do senhorio* em caso de *trespasse* de *estabelecimento comercial ou industrial* foi consagrada no § único do art. 9º da Lei nº 1:662, de 4-9-1924.

Rezava assim, depois de, no corpo do artigo, estabelecer a exigência de forma legal do *trespasse*:

"§ Único. *O senhorio terá sempre o direito de opção nos termos da legislação geral.*"

Mais tarde, a Lei nº 2:030 e a primitiva redação do CC esqueceram esta *preferência*, que só veio a ressuscitar com o RAU, onde o seu art. 117-1 veio estabelecer que, "*no trespasse por venda ou dação em cumprimento do estabelecimento comercial, o senhorio do prédio arrendado tem direito de preferência*".

I – ***A preferência do senhorio de arrendamento para exercício de profissão liberal.*** Como nessa altura o *arrendamento para exercício de profissão liberal* constituía um tipo próprio, que admitia a *cessão da posição de arrendatário* sem *autorização* do *senhorio* a pessoas que no prédio continuassem a exercer *a mesma profissão* e se mandava aplicar-lhe o disposto em vários artigos relativos ao *arrendamento para comércio ou indústria*, entre eles o preceito correspondente ao *direito de preferência* do *senhorio* em caso de *trespasse*, pareceu aceitável que também o *senhorio* nesta hipótese o teria.

A doutrina, no entanto, dividiu-se a este respeito, e a jurisprudência oscilou, tendo o SUPREMO chegado a proferir o seu *acórdão uniformizador* de 12-06-1996, admitindo o *direito de preferência*, em face das disposições constantes do RAU a remeterem para o *direito de preferência* atribuído ao *senhorio* do prédio, no *trespasse*, não lhe sendo exigível que estivesse habilitado para o exercício da *mesma profissão*.

II – ***Preferência do senhorio de arrendamento comercial ou industrial.*** Atualmente, porém, o nº 4 do presente artigo é claro em conceder o *direito de preferência* exclusivamente ao *senhorio de arrendamento para comércio ou indústria* e unicamente em caso de *trespasse por venda ou dação em cumprimento* – mas a questão controvertida quanto à *cessão do direito de arrendatário para o exercício de profissão liberal* vem ainda marginalmente a propósito, porque se suscita também aqui o tema de saber se a *preferência do senhorio* de *arrendamento comercial ou industria*l terá a natureza de um *retracto* ou *resgate*, pois pode bem acontecer que não esteja habilitado para continuar a exploração do *estabelecimento*.

Sobraria então tal natureza para a *preferência* no *trespasse*?

Certo é que a conceção do *direito de preferência do senhorio*, em caso de *trespasse*, como um *resgate*, tem sido severamente combatida, invocando-se o empobrecimento que determinaria a aniquilação do *estabelecimento* trespassado.

A este propósito, JANUÁRIO COSTA GOMES, à luz do RAU, verberou severamente o legislador de então, por se ter orientado, segundo afirmou, "por uma filosofia fundiária algo retrógrada, permitindo ao proprietário 'resgatar' a coisa de que é dono, ficando a dúvida sobre se, no plano dos 'trabalhos preparatórios', equacionou alternativas de direito positivo em ordem a salvaguardar os interesses do senhorio, sem comprometer os estabelecimentos"[710].

Obtemperou, no entanto, MENEZES CORDEIRO – decerto referindo-se à atualidade – que "o direito de preferência conferido ao senhorio não é um resgate da coisa, de modo a conseguir desmantelar o estabelecimento, só para reaver o objeto da sua propriedade... O senhorio interessado não pode agir na hipótese de qualquer trespasse mas apenas, na de venda ou dação. Além disso, ele terá de adquirir todo o estabelecimento, mantendo-o em funções, nas precisas condições em que o faria o trespassário interessado"[711].

No plano abstrato, o entendimento afigura-se-nos irrecusável.

Já no âmbito das realidades práticas da vida, seja-nos permitido pensar, ressalvado o devido respeito, que não será exatamente assim.

Antes de mais, porque, de duas, uma: ou o *trespasse* tem por objeto um valor significativo do *estabelecimento* e, nessa altura, o *arrendatário* vem às boas e negoceia com o *senhorio* uma elevação da *renda*; ou apenas releva pelo baixo valor desta e, nesse caso, pouco ou nada o *resgate* sacrificará.

Depois, a lei não restringe o *direito de preferência* ao caso de o *senhorio* ser profissional ou apenas versado no *mesmo ramo* de *comércio ou indústria* do utilizado no *estabelecimento* trespassado; como poderá então um *proprietário imobiliário*, que não é, sequer, *comerciante* nem *industrial*, mantê-lo em atividade nas precisas condições em que o faria o *trespassário* interessado?

A ser assim, o *direito de preferência*, atribuído na lei, seria afinal praticamente simbólico, pois só muito raramente poderia ser exercido. Nem há, de resto, dispositivo legal a prever a reversão do *trespasse* ao *statu quo ante*, se o *senhorio* preferente tiver desmantelado o *estabelecimento*.

Perante isto, proclamar que ele está obrigado a prosseguir a laboração do *estabelecimento*, nas precisas condições em que o faria o *trespassário* interessado, perdoe-se-nos, mas será irrealista.

E se em matéria de *trespasse* fosse relevante subordinar o exercício de tal *preferência* à garantia de sobrevivência da laboração do *estabelecimento*, de certo modo, nem sequer poderia haver *arrendamentos livres*, porque a *oposição à renovação* ou a *denúncia* do *senhorio* também o põem necessariamente em crise.

[710] JANUÁRIO COSTA GOMES, *Arrendamentos comerciais*, Almedina, Coimbra, 1991, pp. 176-179.

[711] ANTÓNIO MENEZES CORDEIRO, *Leis do Arrendamento Urbano Anotadas* (coord. de ANTÓNIO MENEZES CORDEIRO), Almedina, 2014, p. 381, an. 50.

A *preferência do senhorio* parece antes, quanto a nós, ter surgido, na Lei nº 1:662, como um meio de defesa do *senhorio* perante *trespasses de fachada* que os *arrendatários* negociavam, por bom preço as disputadas rendas exíguas, a coberto de exauridos *estabelecimentos* dos prédios onde estavam instalados.

Afastada pela Lei nº 2:030, durante mais de quarenta anos, proliferaram, como é conhecido, *trespasses* chorudos, até que o RAU, num louvável propósito moralizador, a restaurou, norteado, segundo o seu grande obreiro técnico, por dois objetivos: "dar uma oportunidade ao senhorio de recuperar um bem que a ordem jurídica, supostamente, lhe atribuiu e permitir à sociedade civil, ela própria, pôr um travão nas simulações ocorridas no trespasse, que assumem foros de escândalo"[712].

De todo o exposto, ressuma, em nossa opinião:

a) – Que o remédio do *direito de preferência do senhorio* não terá sido, porventura, tecnicamente o melhor;

b) – Que, deste modo, não deverá, em boa e sã doutrina, subsistir no Direito atual.

Não terá sido tecnicamente o melhor, porque escapa aos *senhorios* de fracos recursos. Foram numerosíssimos os *trespasses* que se praticaram por verbas tão avultadas que a maior parte dos *senhorios* não lhes podia chegar.

A escapatória encontrada, para os *arrendamentos vinculísticos* com a Reforma de 2006 (art. 26-6 NRAU) e mantida em 2012 (art. 28-3 NRAU), mas revogada, em 2019, pelo próprio legislador que a tinha criado em 2006, afigurava-se-nos bem mais apropriada: perante o *trespasse*, o *senhorio*, se o seu *arrendatário* fosse pessoa física, ante o *trespasse*, poderia *denunciar* o contrato para, daí a *cinco anos*; se fosse *sociedade*, desde que se verificasse transmissão *inter vivos* de posição ou posições sociais que determinassem a alteração da titularidade em mais de 50%.

De todo o exposto parece ressaltar, em nossa opinião, que não se justifica, não terá sentido estabelecer este *direito de preferência* do *senhorio* para os *arrendamentos livres*.

Uma norma a disciplinar o *direito de preferência do senhorio* em caso de *trespasse* não deverá figurar no normativo dos arrendamentos atuais, mas entre as *disposições transitórias*, reportando-se aos *arrendamentos vinculísticos*.

O nº 4 do presente artigo é, pois, quanto a nós, um anacronismo completo, a pedir varredela.

6. Posterior exercício do mesmo ramo pelo trespassante: concorrência desleal

Na atividade económica, é excecional a situação de *monopólio*; a sua grande regra é a sujeição à *concorrência* dos respetivos operadores.

Porque constitui um exercício de liberdade.

[712] António Menezes Cordeiro/Francisco Castro Fraga (com a colaboração de Ana Sousa Botelho/Maria Esperança Espadinha), *Novo Regime do Arrendamento Urbano Anotado*, Almedina, 1990, p.152.

Por ser um fator de progresso.

E ser, enfim, um ditame constitucional, proclamado no art. 61-1: "*A iniciativa económica privada exerce-se livremente nos quadros definidos na Constituição e pela lei e tendo em conta o interesse geral*".

Envolvendo quase sempre uma luta árdua, tem suscitado desde sempre duas questões fundamentais:

a) – Se será lícito estipular, no *contrato de trespasse*, uma *cláusula proibitiva* do exercício ulterior pelo *trespassante*, em outro *estabelecimento*, de concorrência ao *trespassário*;

b) – Se, mesmo na ausência de qualquer *cláusula* nesse sentido, será lícito ao *trespassante* passar, após o contrato, a *fazer concorrência* ao *trespassário*, noutro *estabelecimento*.

I – O primeiro destes temas pode dizer-se já antigo.

A doutrina da primeira década do século passado sustentou, radicalmente, a *invalidade* de tais cláusulas[713].

O que impressionava, nessa limitação contratual, era ficar o *trespassante* vinculado a nunca mais exercer o mesmo ramo, tolhido indefinidamente sem poder voltar a servir-se do meio de subsistência para que estava preparado, ainda quando já se tinha dado ao *trespassário* o tempo suficiente para fixar a clientela inerente ao *trespasse*.

Por isso, perante cláusulas que limitavam a *não concorrência* a um período restrito, já se aceitou a validade de estipulações razoáveis[714].

A jurisprudência, desde cedo, as reconheceu.

Assim, o ac. da Relação de Lisboa, de 16-07-1910 (*Gaz. Rel. Lxª*, 24º, p. 796) julgou válida a cláusula pela qual, no *trespasse* de uma loja de modas, a sua modista se obrigou a não estabelecer um *atelier* de costura, na cidade de Lisboa, nos seguintes cinco anos.

No seu ac. de 04-08-1914, a mesma Relação julgou em semelhante sentido quanto à cláusula que interditava a modista do estabelecimento trespassado a não se estabelecer por si, nem sob sociedade, tanto em Lisboa como no Porto[715].

Este aresto veio a ser confirmado pelo SUPREMO, 16-03-1915[716].

Mais recentemente, porém, arrepiou-se caminho e veio a julgar-se em sentido contrário.

713 Foi o caso de Guilherme Alves Moreira, *Instituições de Direito Civil*, I, Imprensa da Universidade, Coimbra, 1907, p. 471: José Gabriel Pinto Coelho, *Das cláusulas acessórias dos negócios jurídicos*, I, Imprensa da Universidade, Coimbra, 1909, p. 289; Redação da *Revista de Legislação e Jurisprudência*, 44º, p. 44; 45º, pp. 70 e 296.

714 Assim, António Augusto Cerqueira (*Rev. Leg. Jur.*, 43º, p. p. 295 e 44º, p. 42; Luiz da Cunha Gonçalves, *Tratado de Direito Civil*, IV, Coimbra Editora, 1931, p. 367; José Maria V. Barbosa de Magalhães (*Gaz. Rel. Lxª*, 24º, p, 798 e 38º, p. 104); *Rev. Just.*, 29º, p. 34 e 293; *Rev. Trib.*, 61º, p. 375 e 67º, p. 205 e a própria Redação da *Rev. Leg. Jur.*, 52º, p. 204.

715 *Gaz. Rel. Lxª*, 28º, p. 341.

716 *Col. Of.*, 14º, p. 114.

Assim:

– Sendo nula a cláusula de um trespasse pela qual os trespassantes se obrigaram a cessar a atividade do estabelecimento trespassado, não participando, por si ou por interposta pessoa, de qualquer empresa que tenha por objeto exercer a atividade que era explorada nesse estabelecimento, visto ser irrenunciável o direito ao trabalho, não incorrem em concorrência desleal por ter-se um deles empregado, no ano seguinte, numa empresa do mesmo ramo, a laborar nessa área (*sumário da nossa responsabilidade*).

Relação de Coimbra, 01-06-1999 (*Colectânea*, XXIV-III [1999], p. 37)

Trata-se, é certo, de um acórdão isolado, mas vale a pena debruçar-nos sobre o caso decidido e extrair dele a lição que importa.

O sumário que dele deu a *Colectânea* é o seguinte:

"I – *Para que exista uma violação da obrigação de não concorrência por parte do empresário trespassante de um dado estabelecimento, é necessário demonstrar que este se haja estabelecido de novo, i.e., que ele continue a desenvolver a mesma atividade comercial por conta própria e, logicamente, em condições que lhe permitam desviar em seu favor a clientela do estabelecimento de que abriu mão.*

II – *Não se verifica essa violação quando o trespassário celebra contrato de trabalho com empresa que se dedica na mesma zona à mesma atividade comercial*".

Por que é que optamos por fazer um novo sumário do aresto?

Porque, a nosso ver, a questão que tinha sido posta ao pretório e que precisamente estava em causa era a existência de uma cláusula contratual pela qual os trespassantes se obrigaram precisamente a cessar a atividade exercida no estabelecimento trespassado e a não participar de qualquer empresa que tenha por objeto o exercício do mesmo ramo.

A Relação, ao iniciar a análise do caso, enredou-se numa questão lateral, sem interesse para o fundo da causa – e não correta – de que, para que exista *concorrência*, "é necessário demonstrar que este se haja estabelecido de novo" e, influenciada por esta falsa premissa e admitindo até que poderiam "surgir sérias dúvidas quanto aos processos de concorrência" da empresa empregadora, acabou efetivamente por dar como inválida a cláusula contratual, "por estar a pôr em causa" o "direito ao trabalho que é um direito fundamental (art. 58, nº 1, da Constituição), insuscetível de sofrer qualquer limitação contratual".

E foi efetivamente com base nesta invalidade que julgou improcedente a ação.

Com plena razão, Nuno Aureliano opôs ao aresto duras críticas, apontando-lhe três incorreções, só interessando ao nosso comentário a primeira delas: a de que, ao contrário do julgado, o *direito ao trabalho* é suscetível de *limitação contratual*, como o demonstrava, na altura, o disposto no art. 36, nº 2, da Lei do Contrato de Trabalho, segundo o qual era lícita a cláusula escrita do contrato de trabalho pela qual se limitasse a atividade do trabalhador por um período máximo de *três anos*, subsequente à cessação do contrato e desde que se lhe atribuísse uma remuneração durante esse período[717].

Hoje em dia, a Lei do Contrato de Trabalho, aprovada pelo Decreto-Lei nº 49 408, de 24 de novembro de 1969, está revogada pelo Código do Trabalho, aprovado pela Lei nº 99/2003, de 27 de agosto, que, todavia, reproduziu no seu art. 146-2 aquele preceito, reduzindo apenas para *dois anos* os *três* ali assinados.

Mantém-se deste modo, com a apontada redução temporal, o raciocínio então aduzido.

Simplesmente, a cláusula constante do *trespasse* dos autos não continha qualquer *limite temporal*, assim como não se lhe aduzia qualquer *limitação espacial* e, nesta base, se bem nos parece, inquinava irrecusavelmente de *invalidade*, nos termos absolutos em que se encontrava redigida.

Cremos, todavia, que semelhante *invalidade* não a deveria afetar quando, na prática, se reduzisse o seu espaço de aplicação à área geográfica compreendida na atividade do *estabelecimento*. E efetivamente limitava-se: o distrito de Aveiro.

Por outro lado, quanto à limitação temporal, o mesmo Autor reduzia-a então aos *dois anos* estabelecidos para o *contrato de agência*, aplicáveis ao *trespasse* por analogia[718].

Pela nossa parte e salvo melhor opinião, não cremos que, atualmente, seja de apelar para a analogia desse contrato.

Com efeito, de acordo com o disposto no art. 28-3 NRAU, atribui-se ao *senhorio*, em caso de *trespasse* de *estabelecimento instalado em prédio arrendado* (*locação de estabelecimento* ou *transmissão de arrendamento para exercício de profissão liberal*), o direito de denunciar o arrendamento, após cumpridos *cinco anos* sobre a data da sua celebração.

Pensamos que será antes um *limite temporal* dessa dimensão que poderá ser posto à *concorrência* do *trespassante*.

E, nestes termos, será certamente lícito, em nossa opinião, estipular *cláusulas contratuais* limitativas da *concorrência* do *trespassante*.

II – Volvendo à segunda hipótese que se começou por enunciar, de *ausência de qualquer estipulação contratual*, também neste ponto têm, por vezes, surgido alguns desencontros.

Ainda à luz do Código de SEABRA, defendeu a Redação da *Rev. Leg. Jur.* (52º, pp. 204-208), que o *trespassante* não pode abrir, após o *trespasse*, outro *estabelecimento* que fosse prejudicar a clientela do *trespassado*.

[717] NUNO AURELIANO, *A Obrigação de não Concorrência do Trespassante* (*Estudos em Homenagem ao Professor Doutor Inocêncio Galvão Telles*, IV, Almedina, 2003, pp. 780-781.

[718] NUNO AURELIANO, *A Obrigação de não Concorrência do Trespassante* (*Estudos em Homenagem ao Professor Doutor Inocêncio Galvão Telles*, IV, Almedina, 2003, p. 795.

E pode bem dizer-se que a doutrina recente é praticamente unânime nesse sentido, variando apenas o fundamento em que se estriba.

Barbosa de Magalhães, também sob o domínio do Código de Seabra, sustentava que, independentemente de quaisquer cláusulas limitativas de exercício ulterior do *trespassante*, a instalação do novo *estabelecimento* do mesmo ou de similar ramo de negócio, "é, por aplicação dos arts. 702, 704 e 705 do CC, um ato ilícito, de natureza contratual, que dá lugar à aplicação das respetivas sanções" – o que reforçava ainda com a aplicação do Código da Propriedade Industrial de então quando definia e sancionava a *concorrência desleal*[719].

Ferrer Correia, já sob o domínio do CC em vigor, ensinava que, "segundo o entendimento atualmente pacífico na doutrina e jurisprudência estrangeiras, o alienante de determinado estabelecimento, nomeadamente no caso de venda, fica obrigado a não exercer uma atividade análoga que, pela sua localização, lhe permita manter ou reconquistar a clientela do estabelecimento cedido. Impende sobre ele uma *obrigação de não concorrência*", a qual "aparece como um simples corolário do princípio geral de direito civil que impõe ao vendedor a obrigação de entregar a coisa vendida e de nada fazer que perturbe a sua posse e fruição por parte do comprador"[720].

Proximamente, Mendes de Almeida, funda a *não concorrência* do *trespassante* numa *obrigação implícita* que sobre ele impende[721].

Coutinho de Abreu, vê na circunstância a ideia de *obrigação implícita* que decorre dos "negócios de alienação de empresas" e, tentando perscrutar um fundamento para esta obrigação, vislumbra-a no "dever de o vendedor entregar a coisa vendida e assegurar o gozo pacífico dela", deste modo revertendo ao entendimento de Ferrer Correia[722].

[719] Assim, entre outros: José Maria V. Barbosa de Magalhães, *Do estabelecimento Comercial*, Edições Ática, 1951, pp.289-290: António Menezes Cordeiro, *Leis do Arrendamento Urbano Anotadas* (coord. de António Menezes Cordeiro), Almedina, 2014, p. 382, ans. 52 e 53.

[720] A Ferrer Correia, *Lições de Direito Comercial* (ed. pol. com a colaboração de Manuel H. Mesquita e António A, Caeiro), Universidade de Coimbra, 1973, pp.234 e 236 e *Reprint*, Lex, 1994, pp. 135 e 136. Exatamente a mesma doutrina expendeu, depois, em *Sobre a projetada Reforma da legislação comercial portuguesa* (*Temas de Direito Comercial e de Direito Internacional Privado*, Livraria Almedina, Coimbra, 1989, pp. 62 e 63). No mesmo sentido, Miguel A. J. Pupo Correia, *Direito Comercial – Direito da Empresa*, 12ª ed., Ediforum, 2º011, p. 71.

[721] José Augusto Mendes de Almeida, *Negociação e Reivindicação do Estabelecimento Comercial*, Almedina, 1993, pp. 41-43

[722] Jorge Manuel Coutinho de Abreu, *Da empresarialidade – As Empresas no* Direito, Almedina, Coleção Teses, 1996, p. p. 356 e *Curso de Direito Comercial*, I, 9ª ed., Almedina, 2013, p.300. No mesmo sentido podem citar-se ainda, designadamente: Maria Elisabete Ramos, Comentário ao ac. da Relação de 13-03.96 (*Rev. Jur. da Universidade Moderna*, I, nº 1 [1998], pp. 352 e 358) e Manuel Nogueira Serens, *Trespasse de Estabelecimento Comercial* – Parecer (*ColSTJ* IX-II [2001], pp. 5-21).

Recorrendo igualmente à existência de uma *obrigação implícita*, NUNO AURELIANO considera simplista o referido fundamento, preferindo situá-lo na analogia com o disposto para o *contrato de agência*, no art. 9º do no Decreto-Lei nº 178/86, de 3 de julho (alterado pelo Decreto-Lei nº 118/93, de , onde se admite a estipulação de o *agente* não exercer, após a cessação do contrato, atividades que estejam em concorrência com as da outra parte, por um período de *dois anos*[723].

Uma última posição nos parece dever ser referida.

È a tese que pura e simplesmente funda a *não concorrência* na *boa fé*.

Na expressão de MENEZES CORDEIRO, "impõe-se *ex bona fide* e como dever pós-eficaz, uma obrigação de não concorrência a qual apenas pode ser considerada caso a caso"[724].

Na nossa perspetiva, a ideia do *ilícito contratual*, manifestada por BARBOSA DE MAGALHÃES, não parece aplicável à hipótese senão quando no contrato se tenha estabelecido a proibição de *não concorrência* e, não havendo nenhuma estipulação, cair-se-ia na tese da *cláusula implícita* que tão preconizada é na doutrina.

Simplesmente, se a *cláusula implícita* é tal – como o revela NOGUEIRA SERENS – por "as partes nada convencionarem"[725], não bastará, pensamos nós, uma pura *omissão* para se poder retirar daí que fica proibida a *concorrência*.

É que, segundo o disposto no art. 218 CC, "*o silêncio vale como declaração negocial quando esse valor lhe seja atribuído por lei, uso ou convenção*".

Ora, não se vislumbrando *uso* ou *convenção* impondo a *não concorrência*, teríamos de procurar na *lei* esse valor de declaração negocial. Não o encontraremos, porém, se não nos enganamos quando se recorra aos preceitos do Código de SEABRA, citados por BARBOSA DE MAGALHÃES – como aos homólogos do Código vigente – pois respeitam ao cumprimento dos contratos e, com a *entrega do estabelecimento*, em termos regulares, *cumpre-se a obrigação*.

O que continua por solucionar é o condenável comportamento ulterior do *trespassante* e, quando então se pretenda cobrir esta hipótese deslocando o valor de declaração negocial do art. 218 para o *princípio geral*, invocado por FERRER CORREIA, que "impõe ao vendedor a obrigação de entregar a coisa vendida e de nada fazer que perturbe a sua posse e fruição por parte do comprador"[726], estaremos em crer que a segunda parte de

[723] NUNO AURELIANO, *A Obrigação de não Concorrência do Trespassante* (*Estudos em Homenagem ao Professor Doutor Inocêncio Galvão Telles*, IV, Almedina, 2003, pp. 766 e 772-783.

[724] ANTÓNIO MENEZES CORDEIRO, *Leis do Arrendamento Urbano Anotadas* (coord. de ANTÓNIO MENEZES CORDEIRO), Almedina, 2014, p. 382, an. 53.

[725] MANUEL NOGUEIRA SERENS, *Trespasse de Estabelecimento Comercial* – Parecer (*ColSTJ* IX-II [2001], p. 7.

[726] E que também designadamente sufragam, designadamente, MARIA ELISABETE RAMOS, Comentário ao ac. da Relação de 13-03.96 (*Rev. Jur. da Universidade Moderna*, I, nº 1 [1998], p. 352) e MANUEL NOGUEIRA SERENS, *Trespasse de Estabelecimento Comercial* – Parecer (*ColSTJ* IX-II [2001], p. 6).

tal princípio, ou seja, a perturbação da posse e fruição já exorbitará da mera posição de *vendedor*. É, se bem pensamos, uma reminiscência do preceituado no art. 1581 do Código de SEABRA, que obrigava o vendedor "a assegurar a propriedade e posse pacífica do comprador", obrigação que não foi reproduzida no Código atual que se limita a impor-lhe "a obrigação de entregar a coisa" (al. *b)* do art. 879).

Na nossa perspetiva, não poderá dizer-se que exista uma *obrigação contratual implícita* de *não concorrência*.

Esta é antes, independentemente de qualquer acordo negocial, uma conduta ulterior do *trespassante*, ao dedicar-se à mesma atividade, na área de influência do *estabelecimento* trespassado e sem dar tempo ao *trespassário* para consolidar a respetiva *clientela*, um ato contrário aos *costumes honestos*, uma *concorrência desleal*, perfeitamente caracterizada no art. 381 do Código da Propriedade Industrial em vigor, segundo o qual "*constitui concorrência desleal todo o ato de concorrência contrário às normas e usos honestos de qualquer ramo de atividade económica*".

Nesta base, cremos que constituirá um comportamento, em si, ofensivo da *boa fé*, que infringe diretamente, hoje em dia, o disposto no art. 762-2 CC.

III – A baliza temporal de não concorrência, por parte do *trespassante*, é, a nosso ver, aquela que há pouco referimos: em concordância com o prazo assinado no art. 28-3 NRAU para a *denúncia* do *senhorio* onde está instalado o *estabelecimento*, os *cinco anos* aí determinados.

IV – Já se tem posto a questão de saber se o exercício ulterior da mesma atividade do *estabelecimento* trespassado, na sua área de exercício e dentro da baliza temporal de carência, por outras pessoas que não o *trespassante*, mas com ele relacionadas, como o *cônjuge*, o *filho* ou, quando o *trespasse* tenha sido feito por uma *sociedade*, os seus *sócios*[727].

Cremos. com NUNO AURELIANO, que nenhum deles estará obrigado a não fazer concorrência ao *trespassário*, salvo quando atuem como *interposta pessoa* do *trespassante* (art. 579-2 CC)

V – No plano, por seu turno, da jurisprudência mais recente, tem-se notado alguma flutuação.

[727] Sobre o ponto, principalmente: JORGE MANUEL COUTINHO DE ABREU, *Curso de Direito Comercial*, I, 9ª ed., Almedina, 2013, pp. 303-304; NUNO AURELIANO, *A Obrigação de não Concorrência do Trespassante* (*Estudos em Homenagem ao Professor Doutor Inocêncio Galvão Telles*, IV, Almedina, 2003, pp., 783-789.

Assim:

III – Trespassado o estabelecimento comercial, porque o empresário passa a ser o trespassário e porque as qualidades e atuação do empresário trespassante não fazem parte do trespasse, este não integra no seu conceito a obrigação acessória de não concorrência com o estabelecimento trespassado, podendo o empresário trespassante exercer atividade similar em novo estabelecimento.

Relação de Porto, 13-03-96 (*Colectânea*, XXI-II, p. 200)

II – A clientela não é elemento do estabelecimento.

III – Num sistema de livre concorrência como é o nosso, não é concebível um "direito sobre a clientela".

SUPREMO, 21-11-96 (*BMJ* nº 461, p. 451)

– O transmitente de um estabelecimento comercial [salão de cabeleireiro] assume, através do contrato de transmissão uma obrigação implícita de não concorrência com o transmissário, ficando obrigado em certo espaço e durante certo tempo, a não iniciar atividade similar à exercida através do estabelecimento transmitido.

Relação de Coimbra, 21-01-1997 (*Colectânea*, XXII-I [1997], p. 25)

II – O vendedor do estabelecimento, mesmo que não se vincule expressamente, fica obrigado com o comprador, dentro de coordenadas de espaço e tempo, a não iniciar a atividade que se identifique com a do estabelecimento.

III – É o princípio de obrigação implícita de não concorrência, exceção à regra da liberdade de concorrência, emanado da perspetiva dinâmica do estabelecimento.

....

VIII – Constituem concorrência desleal os atos reputados pela consciência normal dos comerciantes contrários aos usos honestos do comércio, que sejam suscetíveis de causar prejuízo à empresa dum competidor pela usurpação ainda que parcial, da sua clientela.

SUPREMO, 17-02-1998 (*ColSTJ*, VI-I, p. 79)

I – A transmissão definitiva por trespasse da propriedade dum estabelecimento de pastelaria, confeitaria e café envolve o conjunto de todos os seus elementos corpóreos e incorpóreos, contando-se entre os últimos a clientela (quer a certa, resultante de relações contratuais já estabilizadas quer a virtual correspondente a expectativas de que novos clientes se dirijam à empresa.

2 – Deve entender-se nesta medida que tal negócio é integrado por uma cláusula implícita de não concorrência, de harmonia com a qual constitui concorrência ilícita a captação de clientela do estabelecimento trespassado pelo trespassante.

3 – O fundamento jurídico da obrigação de não concorrência encontra-se na norma do artigo 879, b), conjugada com o princípio fundamental da boa-fé fixado no art. 762, nº 2, ambos do Código Civil.

4 – Comete ilícito contratual por violação da obrigação de não concorrência o dono duma pastelaria, confeitaria e café denominada D que cerca de oito meses após o respetivo trespasse abre na mesma rua, a cerca de trezentos metros de distância, um estabelecimento denominado D dedicado ao mesmo ramo de negócio e nele continua a usar o número do telefone da pastelaria trespassada.

SUPREMO, 13-03-2007 (Processo nº 06A4523)

7. Transmissão da posição do arrendatário a pessoa que, no prédio arrendado, continue a exercer a mesma profissão liberal, ou a sociedade profissional de objeto equivalente

Tendo presente o que seja *profissão liberal* (*cf. supra, nº 4, sub art. 1108*), compreender-se-á bem o que se estabelece na al. *b)* do nº 1 e nº 5 do presente art. 1112: na primeira, permite-se que o *arrendatário* dessa profissão transmita a sua *posição de arrendatário* "*a pessoa que no prédio arrendado continue a exercer a mesma profissão*", por *ato entre vivos*, sem dependência de *autorização* do *senhorio*; na segunda, determina-se que, quando após a transmissão, o *transmissário* não continue o exercício da mesma profissão, o *senhorio* pode *resolver* o contrato.

Esta regulação, vertida num preceito dedicado ao *trespasse*, não parece obedecer à melhor técnica legislativa: a que título se insere numa norma relativa ao *trespasse*, a cessão do mero arrendamento a outro profissional da mesma profissão, que não constitui, obviamente, nenhum *trespasse*?

O pior, porém, como vimos referindo, é que o direito de o *profissional liberal* transmitir a sua *posição de arrendatário* a outro profissional, embora da mesma profissão, à revelia do *senhorio*, não pode deixar de constituir, em nosso modesto parecer, uma providência censurável, que só lhe foi concedida com a Lei nº 2:030, mas se tem mantido de então para cá, mais censuravelmente ainda porque, entretanto, com a rarefação do *vinculismo*, o preceito perdeu todo o interesse que tinha, não alimentando mais os *negociozinhos* que à sua sombra vinham sendo praticados.

Justificava-se então este comando, ponderando "ser justo conceder ao arrendatário do imóvel com esse fim, ou aos seus sucessores (à semelhança do que sucede com o dono do estabelecimento comercial) a possibilidade de mobilizarem economicamente em seu proveito o valor locativo que o locatário tenha conquistado, com o seu trabalho e o prestígio do seu nome para o imóvel onde a sua profissão foi exercida"[728].

Com o devido respeito, não há paralelo com o *estabelecimento comercial* e não pode, além disso, deixar de parecer curiosa a afirmação de se *mobilizar economicamente* um "valor locativo" que, por um lado, não era próprio, mas do *senhorio* e, por outro, que não se tinha

[728] Pires de Lima/Antunes Varela, *Código Civil Anotado*, 4ª ed. rev. e at., Coimbra Editora, 1997, p. 723.

afinal *valorizado*, mas *desvalorizado* em função do bloqueio mitigado das *avaliações fiscais*, e por isso se negociava favoravelmente em inegável *locupletamento à custa do senhorio*.

Por seu turno, quanto à negociação do *prestígio do nome*, não abonava nada em favor da deontologia.

Será decerto por tudo isto que não temos notícia, em todo o Direito comparado, da existência de providência semelhante.

Não demos por ela, com efeito, nem em França, nem Espanha[729], nem no Reino Unido, nem na Itália, nem no Brasil – tendo-se repercutido unicamente em Angola, mas sob piedosa influência fatal do nosso RAU (art. 128 da Lei nº 26/15, de 23 de outubro).

Foi por isso que, ao ter-nos sido dado opinar durante os trabalhos preparatórios da frustrada *Reforma de 2004*, quando, numa fase embrionária, se propunha um novo art. 1119 para o CC, reproduzindo o art. 122 RAU, manifestámo-nos logo no sentido de se introduzir a desnecessidade de *autorização do senhorio* para a abertura do *profissional liberal* arrendatário a uma *sociedade profissional* – mas, em contrapartida, que se circunscrevesse a disposição legal à transmissão por *morte*, e só ao *cônjuge* ou *parente* que já exercesse a mesma profissão com o *arrendatário*[730].

Esta restrição do instituto não vingou então e o mesmo se passou, depois, com a Reforma de 2006 – e só em 2012 se acrescentou a "*cessão do arrendamento para exercício de profissão liberal*" ao *trespasse*, nos termos que ficaram referidos.

De qualquer forma, a *cessão da posição de arrendatário de profissão liberal* a quem exerça a mesma profissão tornou-se irrelevante, fora do *vinculismo*, pois já ninguém se presta agora a pagar uma *chave* de *escritório*, *consultório* ou *atelier* quando a *renda* é a de mercado e o *senhorio* poderá opor-se à *prorrogação* do contrato, no termo da sua *duração*.

[729] Em Espanha, a cessão do direito de arrendatário é estabelecida amplamente, é certo, para qualquer "*actividad empresarial o professional*" (art. 32-1 da Ley 29/1994, mas sempre, segundo o entendimento jurisprudencial constante, salvo quando o contrato não o proíba expressamente (cf. José Manuel Fínez, *Comentario a la Ley de Arrendamientos Urbanos* (Fernando Pantaleón Prieto/Luis Rojo Ajuria/José Manuel Fínez/María EugeniaFraile), Editorial Civitas, Madrid, 1995, p. 343.

[730] "Penso – escrevemos nós então – que não deve recusar-se a desnecessidade de autorização do senhorio à abertura do profissional liberal a uma sociedade profissional, que poderá constituir um decisivo marco da progressão na carreira digno tutela. Em contrapartida, recusaria a negociação *mortis causa* da posição contratual do arrendatário individual, restringindo a sua sucessão ao cônjuge ou parente que já exercesse aí, em vida dele, a mesma profissão".
Propunha nessa base que se concebesse, em lugar do projetado, um artigo assim estritamente concebido:
"1 – A transmissão da posição de arrendatário para exercício de profissão liberal em favor de uma sociedade profissional por ele constituída, ou de que passe a participar não depende de autorização do senhorio.
2 – Por morte do arrendatário pessoa física para exercício de profissão liberal, a sua posição transmite-se ao cônjuge ou parente que, à data desse falecimento, exercesse com o arrendatário a mesma profissão"

Relativamente, porém, aos *arrendamentos vinculísticos*, o problema persiste, levantando-se agora, que a Lei nº 13/2019 revogou a suscetibilidade de *denúncia do senhorio*, em face da cessão do espaço arrendado para *exercício de profissão liberal* constante do art. 28-3, al. *a)*, $NRAU_{2012}$ a questão de saber se, em face dessa revogação, se voltou agora a poder ceder indefinida e sucessivamente tais espaços.

Como opinamos em comentário ao art. 28 NRAU, cremos que também aqui a primeira cessão coloca o cessionário em arrendamento livre (v. sobre este ponto, *supra*, nº 2-VII, *sub* este mesmo artigo e, bem assim, o comentário ao art. 28 NRAU).

Artigo 1113 – Morte do arrendatário

1 – O arrendamento não caduca por morte do arrendatário, mas os sucessores podem renunciar à transmissão, comunicando a renúncia ao senhorio no prazo de três meses, com cópia dos documentos comprovativos da ocorrência.

2 – É aplicável o disposto no artigo 1107, com as necessárias adaptações.

(Redação da Lei nº 6/2006)

1. Arrendatário pessoa física

A *morte do locatário*, ou a sua *extinção*, sendo *pessoa coletiva*, determinam, em regra, a *caducidade do contrato*, como se proclama na alínea *d)* do art. 1051-1 CC – mas esta norma é apenas *supletiva*, pois pode ser afastada por *convenção escrita* em contrário.

Na verdade, como se declara no art. 1059-1 CC, "a posição contratual do locatário *é transmissível* por morte dele ou, tratando-se de *pessoa coletiva*, pela extinção desta, *se assim se tiver convencionado por escrito*" [*grifados, nossos, evidentemente*].

Este é o princípio para a *locação.*

Propriamente para o *arrendamento não habitacional* e, ao contrário do que sucedia com o *arrendamento urbano para habitação*, nos para *comércio ou indústria*, ou para *exercício de profissão liberal*, como se distinguiam com a primitiva redação do CC e até à Lei nº 6/2006, vigorava a regra de que eles não caducavam por *morte* do *arrendatário.*

Declarava-se, com efeito, no art. 112-1 RAU que não caducava o *arrendamento comercial ou industrial* "por morte do arrendatário", alargando-se por outro lado, no art. 121 RAU, esta disposição também aos *arrendamentos para exercício de profissão liberal.*

Ora, ao proclamar que tais *arrendamentos* não caducavam por *morte do arrendatário*, não se definia, para eles, qualquer regime específico de transmissão do *direito do arrendatário* aos seus *sucessores*, limitando-se aquele preceito a disciplinar a *comunicação* por estes, ao *senhorio*, da morte do *arrendatário* – que devia então fazer-se no prazo de *180 dias*, com a junção dos *documentos autênticos e autenticados* que comprovassem o direito dos *sucessores* – e que estes podiam renunciar ao *arrendamento*, comunicando *a renúncia*, no prazo de *30 dias.*

Devia, portanto, entender-se que, nestes casos, já o *direito de arrendatário* obedeceria ao regime geral do *fenómeno sucessório*[731].

Agora, o mesmo entendimento será de subscrever, por maioria de razão, pois se proclama a *comunicabilidade* na disposição geral do novo art. 1068 CC, "nos termos gerais e de acordo com o regime de bens vigente" – e, na senda do Direito anterior, igualmente se preceitua neste art. 1113, para os *arrendamentos não habitacionais*, que não caduca o *arrendamento* por *morte do arrendatário*, "*mas os sucessores* [frise-se "os sucessores"] *podem renunciar à transmissão, comunicando a renúncia ao senhorio no prazo de três meses, com cópia dos documentos comprovativos da ocorrência*".

Assim, os *sucessores* do *arrendatário* falecido entram na titularidade do respetivo direito, como representantes do *de cuius*, não havendo aqui, propriamente, uma *modificação da relação de arrendamento* – e não se põe, de modo algum, a necessidade de os *sucessores* do *arrendatário* carecerem do *consentimento do senhorio* para ingressarem na posição contratual de *arrendatários*[732].

Por outro lado, como facto submetido ao *Direito sucessório*, ocorre que, ao contrário do que se passa com o *arrendamento para habitação*, aqui, pode o *arrendatário* dispor *mortis causa* do seu direito e, com o seu decesso, poderá certamente aparecer em presença do *senhorio* um *sucessor testamentário*, em vez dos *sucessores legais*.

A lei não especifica, nem se vê por que deveria especificar só estes, pois não há razão para excluir os *sucessores testamentários*.

Só os *legatários* de um *estabelecimento*, sem mais, estarão afastados desta *sucessão*, pois surgiriam aqui como *trespassários mortis causa*, quando só o *trespasse entre vivos* é admitido (art. 1112 CC).

O *sucessível* não é naturalmente obrigado a aceitar a *sucessão*.

Aceitando-a, deverá observar o disposto no novo art. 1107 CC, comunicando a *morte do arrendatário* ao *senhorio* no prazo de *três meses* a contar da ocorrência.

O termo *renúncia*, agora no prazo de *três meses*, utilizado pelo presente art. 1113-1 (à imagem do primitivo art. 1113 CC), não será tecnicamente o mais rigoroso.

Diz-se *renúncia* o *negócio jurídico unilateral pelo qual o respetivo titular abdica do seu direito, faculdade ou qualidade jurídica*.

Nesta aceção ampla, ainda se poderia falar de *renúncia*, se a declaração do *sucessível* se fizesse antes da morte do autor da herança (aliás, invalidamente, art. 2028 CC), porque, depois dela, o termo técnico mais rigoroso para designar tal realidade seria o de *repúdio* (cf. arts. 2062 e 2067 CC).

Esta *comunicação*, a que alude a lei, encerra pois, rigorosamente, um *repúdio*.

[731] *Sic*: José de Oliveira Ascensão, *Direito Civil – Sucessões*, 5ª rd. Rev., Coimbra Editora, 2000, pp. 250-251.

[732] Em sentido diferente: Fernando Pessoa Jorge, *Transmissão de arrendamento comercial por efeito por efeito de incorporação da sociedade locatário* (*O Direito*, 122º-II [1990], p. p. 470); Manuel Januário da Costa Gomes, *Arrendamentos comerciais*, 2ª ed., Almedina, 1991, p. 272.

Com a *comunicação* da *transmissão por morte do arrendatário não habitacional*, que deve igualmente fazer-se no *prazo de três meses*, com cópia dos documentos comprovativos (art. 1107-1, referido ao art. 1113-1), o *sucessível* tornar-se-á então *sucessor*, nos termos gerais.

Se, porém, não cumpriu os deveres correspondentes, no prazo respetivo, responderá pelos *danos* que com esse comportamento omissivo acarretar ao *senhorio* (arts. 1113-2 e 1107-2).

2. Arrendatário pessoa coletiva

Quid iuris, se o *arrendatário*, em vez de *pessoa física*, for uma *pessoa coletiva*?

O preceito só refere a morte, sendo portanto omisso quanto à extinção de arrendatária pessoa coletiva.

Propriamente para a *locação*, dispondo sobre a sua *caducidade*, refere-se aí expressamente que esta se verifica por *morte do locatário* "ou, tratando-se de pessoa coletiva, *pela extinção desta*, salvo cláusula em contrário" (al. *d)* do art. 1051).

Mas, quanto ao *arrendamento não habitacional*?

Em nosso parecer, tratando-se de *arrendatário pessoa coletiva*, a *extinção* desta não deixa *transmissários* ou *sucessores* e, assim, a *caducidade* do *contrato de arrendamento*, não havendo cláusula em contrário, será então a consequência lógica do evento.

A determinação dos efeitos da *extinção* da *pessoa coletiva* foi, no entanto, no domínio do Direito anterior, objeto de opiniões desencontradas que importará considerar, na sua transposição para a lei vigente.

Efetivamente, foi ainda no domínio do Decreto nº 5:411, de 17-4-1919, que julgou o SUPREMO não caducar o *arrendamento comercial ou industrial* com a *extinção* da *sociedade arrendatária*, visto o *estabelecimento comercial* ser um valor dela que tem de ser considerado na *liquidação e partilha*, sendo negociável [733] .

Na doutrina, ALBERTO DOS REIS não aceitava a validade do fundamento, que entendia eivado de *petição de princípio*, mas abundava na mesma conclusão, apelando antes para a circunstância de o princípio da lei ser o da transmissibilidade: com a *dissolução* ou *extinção* da sociedade – acrescentava – o arrendamento "transmite-se à pessoa ou entidade para a qual passar o estabelecimento"[734].

Nessa altura, o art. 58 do Decreto nº 5:411 (que foi ressalvado pelo art. 44 da Lei nº 2:030) limitava-se a afirmar que, "não obstante a morte do senhorio ou do arrendatário", o *arrendamento de estabelecimentos comerciais ou industriais* subsistia

Com o novo Código Civil, porém, a disciplina legal veio a ter uma formulação mais precisa e desenvolvida – mas continuou geralmente a sustentar-se a subsistência fundamental da tese de ALBERTO DOS REIS, supomos que, principalmente, pelo

[733] Ac. de 16-12-1948 (*BMJ* nº 4, p. 179, e *Rev.Trib.*, 66º, p. 41).

[734] *Rev.Leg.Jurs.*81º, p. 330.

peso da tradição, embora se diversificassem, depois, os entendimentos, num subjetivismo bastante cavado.

Assim, PIRES DE LIMA/ANTUNES VARELA sustentaram abertamente que aquela doutrina "era e é exata em face do Código Civil"; simplesmente, não poderia ela fundar-se numa transmissão com base no art. 1113 CC (homólogo, exatamente, do atual art. 1113): "o caso é de transmissão entre vivos do estabelecimento e, portanto, um caso de trespasse previsto no art. 1118 [correspondente ao atual art. 1112 CC]. Não havendo transmissão do estabelecimento o arrendamento caduca, por força da al. d) do art. 1051"[735].

ISIDRO MATOS defendeu, por sua parte, que, na verdade, "o legislador visou assegurar a continuidade do estabelecimento além da morte do arrendatário ou da extinção da pessoa coletiva", não vendo razão que possa tê-lo induzido "a regular de modo diverso situações inteiramente idênticas"[736] .

Basicamente neste rumo de pensamento se situou também JANUÁRIO GOMES, especificando que, no caso de *morte* ou *extinção,* como já o tinha referido CUNHA DE SÁ[737], "a cessação da personalidade jurídica não determina, de per si, a caducidade do contrato", sendo de entender que, quando o art. 1113 CC falava em "sucessores", não excluía as *pessoas coletivas,* já porque a palavra *sucessão* pode ser utilizada na aceção muito ampla, de simples assunção de alguém ao direito de outrem, já porque as transmissões da posição de arrendatário não têm que ser necessariamente explicadas através do fenómeno sucessório[738].

O SUPREMO, por seu turno, num douto aresto relatado pelo Conselheiro SANTOS CARVALHO, julgou constituir o art. 1113 CC (homólogo do atual, como se referiu) "um afloramento do princípio da subsistência e transmissibilidade do direito de arrendamento comercial, em caso de morte quando se trate de pessoa singular ou de dissolução ou extinção, no caso de pessoa coletiva. Esta dá lugar à adjudicação dos bens da sociedade extinta aos respetivos sócios pela partilha que necessariamente se lhe segue, não sendo, por isso, caso de transmissão entre vivos nem havendo que recorrer à figura jurídica do trespasse"[739].

Sobre este ponto poderá ter ainda interesse o ac. SUPREMO, de 29-9-1998 (*ColSTJ*, VI-III, p. 38) sumariado e comentado *supra*, nº 81-III).

[735] *Código Civil Anotado*, II, 3ª ed., Coimbra Editora, 1986, p. 636 – passo não reproduzido na edição seguinte.

[736] *Arrendamento e Aluguer*, Atlântida Editora, Coimbra, 1968, pp. 295 ss.

[737] *Caducidade do Contrato de Arrendamento*, I, Centro de Estudos Fiscais da Direcção-Geral de Contribuições e Impostos, 1968, p. 276.

[738] M. JANUÁRIO GOMES, *Arrendamentos Comerciais*, 2ª ed. remod., Almedina, Coimbra, 1986, pp. 33-34; 1991 pp. 267 ss.

[739] Ac. de 19-06-1984 (*BMJ* nº 338, p. 400).

Pois bem. O nosso pensamento sobre o tema tem-se amoldado mais cingidamente à tradicional linha de expressão do art. 1113 CC (cuja versão primitiva tinha sido ainda integralmente reproduzida pelo art. 112-1 RAU).

Com o advento do Código Civil, com efeito, veio estatuir-se, de uma parte, quanto à *locação* em geral, expressamente o seguinte, como acima se referiu: o contrato de locação *caduca* "por morte do locatário ou, tratando-se de pessoa coletiva, pela extinção desta, salvo convenção em contrário" (al. *d)* do art. 1051).

Por outro, especificamente quanto ao *arrendamento comercial e industrial*, dispôs-se, no primitivo art. 1113 (como depois no art. 112-1 RAU – e, agora, no atual art. 1113-1, para todo o *arrendamento não habitacional*) que "não caduca por morte do arrendatário, mas os sucessores podem renunciar à transmissão, comunicando a renúncia ao senhorio no prazo de trinta dias [agora elevado para três meses]".

Como se vê, a nossa lei, desde o Código Civil, reporta a *não caducidade* do *arrendamento não habitacional* (em exceção ao *princípio geral da locação* posto na al. *d)* do art. 1051 CC) apenas à *morte do arrendatário*, omitindo qualquer referência à *extinção da pessoa coletiva* a que alude a regra geral de *caducidade da locação*.

Por que razão o terá feito?

Em nosso entender há, pelo menos, uma boa razão para isso: a exceção ao regime geral, introduzida para o *arrendamento comercial ou industrial* e, agora, para o *não habitacional*, tem o sentido de fazer corresponder um *fenómeno sucessório* à *não caducidade*.

Não o denuncia apenas a referência expressa da lei aos "sucessores" do *arrendatário*: é o próprio regime para que implicitamente remete, que o comprova.

Ninguém jamais ousou contestar que, com a exclusão da *caducidade* do *contrato de arrendamento*, o primitivo art. 1113 CC teve precisamente em vista, no caso que governava, remeter o regime do *direito de arrendatário* para as *regras sucessórias* – sendo efetivamente elas que se aplicavam então, continuaram a aplicar-se à luz da sua fiel reprodução pelo art. 112-1 RAU e se aplicam ainda agora, em face do atual art. 1113-1 CC.

Afigura-se-nos portanto, se bem nos parece e com o devido respeito pela opinião contrária, descabido e perturbador lembrar, a este propósito, que poderá o termo "sucessão" comportar, em Direito, uma aceção ampla que não tenha de ser necessariamente explicada pelo *fenómeno sucessório*[740].

Bem sabemos que sim, que tal aceção é também possível, em abstrato: acontece, simplesmente, que não foi esse o sentido que a lei teve concretamente em vista.

O art. 1113-1 atual (como o primitivo e como o art. 112-1 RAU) remete, realmente, para as regras sucessórias. Disso não há que duvidar; logo, é a *sucessão* própria do *direito sucessório* que ele tem em vista – e não outra qualquer.

[740] Como lembra MANUEL JANUÁRIO DA COSTA GOMES, *Arrendamentos Comerciais*, 2ª ed., Almedina, Coimbra, 1991 p. 273.

Sendo assim, tornar-se-á inteiramente plausível que no preceito se refira unicamente a *morte* do *arrendatário indivíduo*, e se omita a *extinção* do *arrendatário pessoa coletiva*.

Realmente, esta, como se sabe, não determina a abertura de um *fenómeno sucessório*[741], realizando-se, em presença da respetiva *dissolução*, a destinação do seu património, através de *liquidação judicial* ou *extrajudicial*, segundo normas próprias que nada têm a ver com os princípios do *direito das sucessões*.

Nesta ordem de ideias, a omissão de referência à *extinção* da *pessoa coletiva* não era então, como o não é hoje, unicamente um imperativo de correção terminológica: era, e é ainda, imposta pela circunstância de lhe não ser aplicável o regime *sucessório* para que se remete.

Ora se a *extinção* do *arrendatário pessoa coletiva* não foi contemplada na exceção aberta na lei para o *arrendamento não habitacional*, forçoso nos parecerá então de concluir que a hipótese cai na *regra geral*, de *caducidade da locação*, prevista na al. d) do art. 1051 CC.

Note-se bem a real relação entre os dois preceitos. A al. *d)* do art. 1051 CC *contém a regra* – a regra de *caducidade* da *locação* perante a *morte* ou a *extinção* do *arrendatário*.

O art. 1113-1 CC enuncia uma *exceção*. Ele ressalva dessa regra, para o *arrendamento não habitacional*, unicamente o caso de *morte do arrendatário individual*.

Não será admissível, pois, alargar este comando *excecional* a outras hipóteses não previstas nele – nem faz o menor sentido, assim, ver nele o afloramento de um princípio geral de subsistência do *arrendamento não habitacional* em caso de *extinção* de *pessoa coletiva* – e por duas razões fundamentais.

A primeira, só por si já decisiva, é que *não há nenhum princípio geral de subsistência do arrendamento não habitacional em face da extinção do arrendatário pessoa coletiva*.

O SUPREMO afirmou-o, no douto aresto há pouco citado, mas certo é que nem sequer tentou demonstrar de onde terá inferido semelhante princípio, na verdade inexistente.

A segunda é que, não referindo o art. 112-1 RAU (como, evidentemente, também não referia o art. 1113 e agora o art. 1113-1) o caso de *extinção*, não poderá ser este mesmo preceito invocado como afloramento da regra de um caso *que ele próprio não refere*.

De tudo isto, ressuma ainda, e em conclusão, em nosso modesto parecer, a improcedência do argumento (aduzido por Isidro Matos) da necessidade de tratamento igual da *morte* e da *extinção*, por constituírem "situações inteiramente idênticas".

Não o são, nem têm a mesma disciplina jurídica.

À *morte* segue-se o *fenómeno sucessório*; a *extinção* tem um regime específico muito diferente: ou se integra num quadro de *dissolução* com *liquidação e partilha* e, nesse caso, não dá origem a elas, pois apenas lhes sucede, no tempo (cf. art. 160-2 CSC), ou corresponde a uma *dissolução sem liquidação* e, aí, aquilo a que se chamará propriamente *extinção* será a cessação da personalidade jurídica por efeito da *dissolução* noutra ou noutras socieda-

[741] Sobre este ponto, v., designadamente, entre nós, José de Oliveira Ascensão, *Direito Civil – Sucessões*, 5ª ed., Coimbra Editora, 2000, p. 136.

des, sem *sucessão universal*, mas verdadeiramente, como se declara na Diretiva 90/434/CEE, numa "transformação da sociedade contribuidora em estabelecimento estável da sociedade beneficiária"[742].

Como pode, então, pretender-se que são equiparáveis os casos de *morte* do *arrendatário não habitacional pessoa física* e a *extinção* do *arrendatário não habitacional pessoa coletiva?*

O que, em nossa opinião, deve pois entender-se é antes que, ocorrido um *facto dissolutivo* do *arrendatário não habitacional*, não haverá ainda *caducidade* dessa *locação*, que na al. *d)* do art. 1051 CC se associa unicamente à *extinção*, ou seja, ao *termo da personalidade jurídica* que se enquadra numa *dissolução com liquidação* (art. 160-2 CSC); não, na resultante de *dissolução sem liquidação*, que se traduzirá numa simples *transformação*.

Deste modo, o *arrendatário não habitacional, em dissolução*, terá ainda *legitimidade* para *trespassar* o seu *estabelecimento*, nos termos do art. 1112 CC – mas, atenção, não é o *facto dissolutivo* que produz automaticamente o *trespasse*.

Este terá de ser um *ato dos liquidatários*, que necessariamente deverá processar-se com a *forma legal* e em termos de oponibilidade ao *senhorio* (que acima estudamos, (cf. *supra*, nº 77-I-**E**-**b**-**c**-**H**).

Faltando esse ato de transmissão, em forma legal, não poderá, certamente, ter-se por configurado o *trespasse*.

Decorrerá daí que, se produzirá então a *caducidade do arrendamento*, com a *extinção* do *arrendatário*, à vista do disposto na referida al. *d)* do art. 1051 CC[743]

Na mesma corrente de pensamento, também terceiros, legitimados a obterem a *venda forçada* do *estabelecimento comercial* poderão, com isso, alcançar a transmissão do arrendamento do prédio onde o *estabelecimento* se encontre instalado, já na pendência da *dissolução* do *arrendatário*, mas ainda antes da sua *extinção*.

Importa, por último, atentar no argumento que impressiona a opinião adversa de que, a verificar-se a caducidade do arrendamento com a extinção da pessoa coletiva, se destruirão os estabelecimentos feridos por essa cessação do arrendamento.

742 Aderindo a este entendimento, v. PIRES DE LIMA/ANTUNES VARELA, *Código Civil Anotado*, II Coimbra Editora, 1997, (4ª ed. rev. act.), p. 707 e ARAGÃO SEIA, *Arrendamento Urbano*, Almedina, 2003, 7ª ed., nota ao art. 112.

743 Não parece portanto correta, salvo o devido respeito, a decisão constante do citado ac. do SUPREMO, de 19-6-1984 *(BMJ* nº 338, p. 336), uma vez que não respeitou as regras de transmissão voluntária do *estabelecimento* (art. 1118 CC), afirmando a subordinação da hipótese à disciplina do art. 1113 CC, quando nem este artigo se refere à *extinção* da sociedade nem manda aplicar as regras de liquidação e partilha da *dissolução social,* mas o estrito regime do *direito sucessório.*
No bom sentido:
– Não se opera qualquer transmissão do direito ao arrendamento do local de instalação de um estabelecimento comercial se, na escritura de dissolução da sociedade por quotas respetiva, se dá esta por liquidada, por inexistência de ativo e de passivo – SUPREMO, 21-1-1986 (*BMJ* nº 353, p. 475).

Não vemos assim, na prática. Os titulares acautelam sempre o evento, orientando a sobrevivência dele ante a extinção da sociedade.

III – Quanto ao momento do início do efeito caducante, levanta-se um pequeno problema.

Por um lado, a hipótese não foi excluída da dilação de "seis meses sobre a verificação do facto", que se impõe no art. 1053 CC para todos os *casos de caducidade*, excerto o termo do prazo estipulado para a *duração do contrato*, ou estabelecido por lei.

Por outro, com a *morte* ou *extinção* do *arrendatário* cessa *ipso facto*, obviamente, o gozo da coisa, não se vendo motivo para o diferimento do efeito extintivo para depois desse evento.

Que solução deve prevalecer?

A última, certamente, por não poder admitir-se a eficácia do *arrendamento* em relação ao *arrendatário*, para além da sua *morte* ou *extinção* em circunstâncias inconceptíveis de evitar a *caducidade*.

ANEXO

NRAU
(republicação da Lei nº 31/2012)

(CAP. II)

TÍTULO I – Novo Regime do Arrendamento Urbano

CAPÍTULO II – Disposições gerais

SECÇÃO I – Comunicações

Artigo 9º – Forma da comunicação

1 – Salvo disposição da lei em contrário, as comunicações legalmente exigíveis entre as partes relativas a cessação do contrato de arrendamento, atualização da renda e obras são realizadas mediante escrito assinado pelo declarante e remetido por carta registada com aviso de receção.

2 – As cartas dirigidas ao arrendatário, na falta de indicação por escrito deste em contrário, devem ser remetidas para o local arrendado.

3 – As cartas dirigidas ao senhorio devem ser remetidas para o endereço constante do contrato de arrendamento ou da sua comunicação imediatamente anterior.

4 – Não existindo contrato escrito nem comunicação anterior do senhorio, as cartas dirigidas a este devem ser remetidas para o seu domicílio ou sede.

5 – Qualquer comunicação deve conter o endereço completo da parte que a subscreve, devendo as partes comunicar mutuamente a alteração daquele.

6 – O escrito assinado pelo declarante pode, ainda, ser entregue em mão, devendo o destinatário apor em cópia a sua assinatura, com nota de receção.

7 – A comunicação pelo senhorio destinada à cessação do contrato por resolução, nos termos do nº 2 do artigo 1084 do Código Civil, é efetuada mediante:

a) Notificação avulsa;

**b*) Contacto pessoal de advogado, solicitador ou agente de execução, comprovadamente mandatado para o efeito, sendo feita na pessoa do notificando, com entrega de duplicado da comunicação e cópia dos documentos que a acompanhem, devendo o notificando assinar o original;

c) Escrito assinado e remetido pelo senhorio nos termos do nº 1, nos contratos celebrados por escrito em que tenha sido convencionado o domicílio, caso em que é inoponível ao senhorio qualquer alteração do local, salvo se este tiver autorizado a modificação.

Artigo 10 – Vicissitudes**

1 – A comunicação prevista no nº 1 do artigo anterior considera-se realizada ainda que:

**a*) A carta seja devolvida por o destinatário se ter recusado a recebê-la;

b) O aviso de receção tenha sido assinado por pessoa diferente do destinatário;

c) Sejam devolvidas por não terem sido levantadas no prazo previsto no regulamento dos serviços postais.

2 – O disposto no número anterior não se aplica às cartas que:

a) Constituam iniciativa do senhorio para a transição para o NRAU e atualização da renda, nos termos dos artigos 30 e 50;

b) Integrem título para pagamento de rendas, encargos ou despesas ou que possam servir de base ao procedimento especial de despejo, nos termos dos artigos 14-A e 15, respetivamente, salvo nos casos de domicílio convencionado nos termos da alínea *c*) do nº 7 do artigo anterior.

**c*) Sejam devolvidas por não terem sido levantadas no prazo previsto no regulamento dos serviços postais.

3 – Nas situações previstas no número anterior, o senhorio deve remeter nova carta registada com aviso de receção, decorridos que sejam 30 a 60 dias sobre a data do envio da primeira carta. (texto da Lei nº 13/2019, que acrescentou ao anterior a vírgula que surge agora entre "receção" e "decorridos")

* Os preceitos precedidos do sinal * apresentam a redação que lhe foi outorgada pela Lei nº 43/2017, de 14 de junho.

** Texto corrigido, desde este artigo em diante, do sistemático erro ortográfico do *Diário da República*, ao grafar os artigos de lei superiores ao 9º como numerais ordinais, quando devem ser e são numerais cardinais.

4 – Se a nova carta voltar a ser devolvida, nos termos da alínea *a*) do nº 1, e da alínea *c*) do nº 2, considera-se a comunicação recebida no 10º dia posterior ao do seu envio.

5 – Nos casos previstos nas alíneas *a*) e *b*) do nº 7 do artigo anterior, se:

a) O destinatário da comunicação recusar a assinatura do original ou a receção do duplicado da comunicação e cópia dos documentos que a acompanhem, o advogado, solicitador ou agente de execução lavra nota do incidente e a comunicação considera-se efetuada no próprio dia face à certificação da ocorrência;

b) Não for possível localizar o destinatário da comunicação, o senhorio remete carta registada com aviso de receção para o local arrendado, decorridos 30 a 60 dias sobre a data em que o destinatário não foi localizado, e considera-se a comunicação recebida no 10º dia posterior ao do seu envio.

(Os n.os 3 e 4 têm redação dada pela Lei nº 13/2019)

Artigo 11 – Pluralidade de senhorios ou de arrendatários

1 – Havendo pluralidade de senhorios, as comunicações devem, sob pena de ineficácia, ser subscritas por todos, ou por quem a todos represente, devendo o arrendatário dirigir as suas comunicações ao representante, ou a quem em comunicação anterior tenha sido designado para as receber.

2 – Na falta da designação prevista no número anterior, o arrendatário dirige as suas comunicações ao primeiro signatário e envia a carta para o endereço do remetente.

3 – Havendo pluralidade de arrendatários, a comunicação do senhorio é dirigida ao que figurar em primeiro lugar no contrato, salvo indicação daqueles em contrário.

4 – A comunicação prevista no número anterior é, contudo, dirigida a todos os arrendatários nos casos previstos no nº 2 do artigo anterior.

5 – Se a posição do destinatário estiver integrada em herança indivisa, a comunicação é dirigida ao cabeça de casal, salvo indicação de outro representante.

6 – Nas situações previstas nos números anteriores, a pluralidade de comunicações de conteúdo diverso por parte dos titulares das posições de senhorio ou de arrendatário equivale ao silêncio.

Artigo 12 – Casa de morada de família

*1 – Se o local arrendado constituir casa de morada de família, as comunicações previstas no nº 2 do artigo 10 devem ser dirigidas a cada um dos cônjuges, sob pena de ineficácia.

2 – As comunicações do arrendatário podem ser subscritas por ambos ou por um só dos cônjuges.

3 – Devem, no entanto, ser subscritas por ambos os cônjuges as comunicações que tenham por efeito algum dos previstos no artigo 1682-B do Código Civil.

SECÇÃO II – Associações

Artigo 13 – Legitimidade

1 – As associações representativas das partes, quando expressamente autorizadas pelos interessados, gozam de legitimidade para assegurar a defesa judicial dos seus membros em questões relativas ao arrendamento.

2 – Gozam do direito referido no número anterior as associações que, cumulativamente:

***a*) Tenham personalidade jurídica;**

***b*) Não tenham fins lucrativos;**

***c*) Tenham como objetivo principal proteger os direitos e interesses dos seus associados, na qualidade de senhorios, inquilinos ou comerciantes;**

***d*) Tenham, pelo menos, 3000, 500 ou 100 associados, consoante a área a que circunscrevam a sua ação seja de âmbito nacional, regional ou local, respetivamente.**

SECÇÃO III – Assédio no arrendamento

(Secção aditada pela Lei nº 12/2019)

Artigo 13-A – Produção de assédio

É proibido o assédio no arrendamento ou no subarrendamento, entendendo-se como tal qualquer comportamento ilegítimo do senhorio, de quem o represente ou de terceiro interessado na aquisição ou na comercialização do locado, que, com o objetivo de provocar a desocupação do mesmo, perturbe, constranja ou afete a dignidade do arrendatário, subarrendatário ou das pessoas que com estes residam legitimamente no locado, os sujeite a um ambiente intimidativo, hostil, degradante, perigoso, humilhante, desestabilizador ou ofensivo, ou impeça ou prejudique gravemente o acesso e a fruição do locado.

Artigo 13-B – Intimação para tomar providências

1 – Sem prejuízo da responsabilidade civil, criminal ou contraordenacional decorrente dos atos e omissões em que se consubstancie o comporta-

mento previsto no artigo anterior, o arrendatário pode intimar o senhorio a tomar providências ao seu alcance no sentido de:

a) Cessar a produção de ruído fora dos limites legalmente estabelecidos ou de outros atos, praticados por si ou por interposta pessoa, suscetíveis de causar prejuízo para a sua saúde e a das pessoas que com ele residam legitimamente no locado;

b) Corrigir deficiências do locado ou das partes comuns do respetivo edifício que constituam risco grave para a saúde ou segurança de pessoas e bens;

c) Corrigir outras situações que impeçam a fruição do locado, o acesso ao mesmo ou a serviços essenciais como as ligações às redes de água, eletricidade, gás ou esgotos.

2 – A intimação prevista no número anterior é feita nos termos do artigo 9º e deve conter a exposição dos factos em que se fundamenta.

3 – Independentemente da apresentação da intimação prevista no nº 1, o arrendatário pode requerer à câmara municipal competente a realização de uma vistoria ao locado para verificação das situações previstas no nº 1, a qual possui natureza urgente e deve ser realizada no prazo máximo de 20 dias, devendo o respetivo auto ser emitido até 10 dias após a sua realização.

4 – No prazo de 30 dias a contar da receção da intimação prevista nos n.os 1 e 2, o senhorio deve, mediante comunicação a enviar ao arrendatário nos mesmos termos, demonstrar a adoção das medidas necessárias para corrigir a situação visada ou expor as razões que justifiquem a não adoção do comportamento pretendido pelo arrendatário.

5 – Em caso de falta de resposta nos termos previstos no número anterior, ou caso a situação se mantenha injustificadamente por corrigir, sem prejuízo da responsabilidade civil ou criminal que possa resultar dos mesmos factos e da possibilidade de recurso aos demais meios judiciais ou extrajudiciais ao seu dispor, o arrendatário pode:

a) Requerer uma injunção contra o senhorio, destinada a corrigir a situação exposta na intimação; e

b) Exigir ao senhorio o pagamento de sanção pecuniária no valor de 20 € por cada dia a partir do final do prazo previsto no número anterior, até que o senhorio lhe demonstre o cumprimento da intimação nos termos do artigo 9º ou, em caso de incumprimento, até que seja decretada a injunção prevista na alínea anterior.

6 – A sanção pecuniária prevista na alínea *b*) do número anterior é elevada em 50% quando o arrendatário tenha idade igual ou superior a 65 anos ou grau comprovado de deficiência igual ou superior a 60%.

7 – A intimação prevista nos n.os 2 e 3 caduca, extinguindo-se a respetiva sanção pecuniária, se a injunção prevista na alínea *a*) do número anterior não for requerida no prazo de 30 dias a contar do termo do prazo previsto no nº 4, ou se for indeferida.»

SECÇÃO IV*

(*Renumeração do art. 3º-2 da Lei nº 12/2019*)

Resolução de litígios

(*Denominação do art. 3º-3 da Lei nº 12/2019*)

SUBSECÇÃO I – Ações judiciais

(*Epígrafe retificada pela Declaração de Retificação nº 59-A/2012*)

Artigo 14 – Ação de despejo

1 – A ação de despejo destina-se a fazer cessar a situação jurídica do arrendamento sempre que a lei imponha o recurso à via judicial para promover tal cessação e segue a forma de processo comum declarativo.

2 – Quando o pedido de despejo tiver por fundamento a falta de residência permanente do arrendatário e quando este tenha na área dos concelhos de Lisboa ou do Porto e seus limítrofes ou no respetivo concelho quanto ao resto do País outra residência ou a propriedade de imóvel para habitação adquirido após o início da relação de arrendamento, com exceção dos casos de sucessão mortis causa, pode o senhorio, simultaneamente, pedir uma indemnização igual ao valor da renda determinada de acordo com os critérios previstos nas alíneas *a*) e *b*) do nº 2 do artigo 35 desde o termo do prazo para contestar até à entrega efetiva da habitação.

3 – Na pendência da ação de despejo, as rendas que se forem vencendo devem ser pagas ou depositadas, nos termos gerais.

4 – Se as rendas, encargos ou despesas, vencidos por um período igual ou superior a dois meses, não forem pagos ou depositados, o arrendatário é notificado para, em 10 dias, proceder ao seu pagamento ou depósito e

* Texto legal segundo a republicação da Lei nº 79/2014, de 19 de dezembro, determinada pelo seu art. 8º, que é do teor seguinte:
Artigo 8º
Republicação
São republicados no anexo à presente lei, da qual faz parte integrante, o capítulo II do título I e os títulos II e III da Lei nº 6/2006, de 27 de fevereiro, com a atual redação e atualização das remissões relativas a artigos do Código de Processo Civil para os correspondentes artigos do Código aprovado pela Lei nº 41/2013, de 26 de junho.

ainda da importância da indemnização devida, juntando prova aos autos, sendo, no entanto, condenado nas custas do incidente e nas despesas de levantamento do depósito, que são contadas a final.

5 – Em caso de incumprimento pelo arrendatário do disposto no número anterior, o senhorio pode requerer o despejo imediato, aplicando-se, em caso de deferimento do requerimento, com as necessárias adaptações, o disposto no nº 7 do artigo 15 e nos artigos 15-J, 15-K e 15-M a 15-O.

(Redação da Lei nº 6/2006, alterada pela Lei nº 31/2012)

1. Apontamento introdutório

Literalmente, *despejo* é o ato pelo qual se retira de um continente o seu conteúdo. O Dicionário da Academia das Ciências define-o como a "extração do conteúdo de um recipiente".

Desde longa data se usa a palavra em Direito, entre nós, para designar a *ação declarativa-executiva* destinada a desocupar, do seu arrendatário, a coisa por ele ocupada.

As Ordenações Afonsinas ainda a referiam como o "esbulho", "penhora" ou "lançar fora", mas o Código de SEABRA, bebendo-a na Novíssima Reforma Judiciária, já adotava, no seu art. 1632, esta denominação, que se usa também no Brasil (arts. 59 ss da Lei nº 8.245, de 18-04-1991) e em Angola (arts. 60 ss da Lei nº 26/15, de 23 de outubro).

Em Espanha, adota-se a designação *desahucio*; na Itália, a de *rilascio*; em França, referem-se-lhe os Autores, como uma *action de reprise* ou de *résiliation*; na Alemanha, denomina-se *Räumung*.

O termo *despejo* não parece feliz, até pela carga pejorativa que encerra; teria sido preferível, por exemplo, usar-se *desocupação* ou *desalojamento*.

Disciplinava-se no Código de Processo Civil, embora, a espaços, passasse a constar de legislação avulsa.

No CPC_{1939} e, depois, nos seus derivados, constituía uma *ação declarativa-executiva* em que a parte *executiva* era muito breve e eficaz.

Ainda assim, como a parte *declarativa* se arrastava lentamente e a sentença final, fosse qual fosse o valor da causa, admitia recurso para a Relação, os *arrendatários*, sempre que o quisessem, conseguiam geralmente retardar o *despejo* por *cinco ou mais anos*.

O RAU incluiu a sua disciplina, com fundamento em que o novo CPC deixaria de o contemplar[1], substituindo então a sua parte *executiva* por uma *ação executiva para entrega de coisa certa*, naturalmente ainda mais complexa e morosa.

[1] ANTÓNIO MENEZES CORDEIRO/FRANCISCO CASTRO FRAGA (com a colaboração de ANA SOUSA BOTELHO/MARIA ESPERANÇA ESPADINHA), *Novo Regime do Arrendamento Urbano*, Almedina, 1990, p. 103.

Nem mesmo assim, portanto, se pôs termo a este estado de coisas, que constituía um descrédito judicial bem como um desperdício económico e, por isso, quando sofremos o resgate de 2011, foi o caso objeto do *Memorando de Entendimento* com os nossos credores, estipulando-se que providenciássemos, para a violação de contrato, um *processo de despejo extrajudicial* que apontasse a um encurtamento do tempo de *despejo* para *três meses*[2].

Em observância desta convenção, passando embora em claro uma solução *extrajudicial*, estabeleceram-se as novas normas de um *despejo* mais expedito, mantendo-se embora a tradicional suscetibilidade de recurso para a Relação, *independentemente do valor da alçada.*

Independentemente do "*valor da causa e da'sucumbência*"'– declara-se no art. 629-3, al. *a)*, CPC_{2013} – é sempre admissível recurso para a Relação "*nas ações em que se aprecie a validade, a subsistência ou a cessação dos contratos de arrendamento, com exceção dos arrendamentos para habitação não permanente ou para fins transitórios*".

Mais do que isso, conservou-se também o particular *efeito suspensivo* desse recurso (art. 647-3, al. *b)*, CPC_{2013}).

No tocante a este particular regime, ele vinha já, de resto, entre nós, do Decreto nº 10:774, de 19-05-1925, que, no seu art. 5º, dispunha: "*da sentença que ordenar o despejo haverá sempre recurso até ao Supremo Tribunal de Justiça*" e, num § 1º, estabelecia ainda que a *apelação suspenderia o despejo até à decisão definitiva.*

O exagero do recurso até ao SUPREMO, sem alçadas, era evidente, mas, o legislador de então considerava a disposição tão razoável que, não dispondo o Decreto de força para legislar em semelhante matéria, logo publicou, em seu socorro, a Lei nº 1:825, de 06-01-1926, atribuiu-lhe "força de lei"

Mais tarde, veio ela a ser restringida, no seu âmbito genérico, pois compreendia "o despejo", sem mais, e o art. 982, II *item*, $CPC_{1939,}$ passou antes a estabelecer: "*terá efeito suspensivo a apelação interposta da sentença que decretar o despejo de prédios urbanos destinados a habitação e sujeitos a regime especial de proteção ao inquilino*".

Assim, o efeito *suspensivo* do recurso que, desde 1925, funcionava das instâncias ao SUPREMO, *para todo o despejo*, passou em 1939 a ocorrer unicamente a respeito do *arrendamento habitacional protegido.*

Posteriormente, a Lei nº 2:030, de 23-06-1948, retomou o tema e passou dispor nestes termos, no seu art. 80:

"1. *As decisões proferidas nas ações de despejo e em quaisquer outras em que se aprecie a subsistência de contratos de arrendamento admitem sempre recurso para o Tribunal da Rela-*

[2] "*IV) to provide for na extrajudicial rvicton procedure for breach of contract, aiming at shortening, the eviction time to three months*" – *Letter of Intent. Memorandum of Economic and Financial.Policies* (*Portuguese version*), *end Technical Memorandum of Understanding*, 6,1, IV.

ção. Da decisão deste tribunal cabe recurso para o Supremo Tribunal de Justiça se o valor da causa exceder a alçada.

2. *É revogado o artigo 5º do Decreto nº 10:774 de 19 de maio de 1925*".

No Parecer da Câmara Corporativa, relatado por Pires de Lima, fundamentou-se este preceito, aprovado pela Assembleia Nacional, nos seguintes termos:

"Julga a Câmara Corporativa que a situação dos inquilinos e a situação dos senhorios devem sem dúvida ser igualadas em matéria de recursos, suprimindo-se a anomalia criada pelo decreto nº 10:774, e julga também, com o autor do projeto [Sá Carneiro (Pai)], que o simples regresso à regra geral das alçadas não é de aconselhar... as questões relativas ao arrendamento urbano envolvem interesses e melindres que mal se coadunam com a inexistência de recurso"[3].

Quer dizer: aplicou-se o regime de exceção à alçada da 1ª instância – e só a esta – a todo o arrendamento, mas ficou-se por aqui.

Nem uma palavra sobre o efeito da *apelação* que o art. 972-II CPC_{1939}, como se viu, especializou para o *arrendamento habitacional protegido.*

Além disso, na nossa perspetiva, o fundamento tido por evidente, de que "a situação dos inquilinos e a situação dos senhorios devem sem dúvida ser igualadas", estribado numa pura ideia distributiva, é enganoso.

Na verdade, as duas situações, a de *arrendatário*, réu em *ação de despejo*, e a de *senhorio*, autor na mesma ação, não são equiparáveis: o primeiro, se for injustamente despejado, sem efeito suspensivo, fica, perante a desocupação do prédio ou fração arrendada, numa situação dificilmente reparável, ao passo que o *senhorio*, perante homóloga injustiça, apenas retardará o objetivo que se propõe.

Era no que, com razão, atentavam o Decreto de 1925 e o CPC_{1939} e que, depois, veio justamente a triunfar, embora no tocante, apenas, ao *efeito suspensivo da apelação.*

Da Lei 2:030, passou-se para o comando do art. 980 CPC_{1961}, que dispunha nestes termos:

"1. *Nas ações de despejo de prédios urbanos e em todas aquelas em que se aprecie a subsistência de contratos de arrendamento sobre prédios da mesma natureza, é sempre admissível recurso para a Relação, qualquer que seja o valor da causa.*

2. *Tem valor suspensivo a apelação interposta da sentença que decrete o despejo de prédio urbano destinado a habitação e sujeito a regime especial de proteção ao inquilino, ou destinado ao exercício de comércio, indústria ou exercício de profissão liberal*".

Em 1968, o preceito sofre apenas aperfeiçoamentos formais e, atualmente, reproduz-se, como se viu, com ligeiros aperfeiçoamentos formais e de fundo.

[3] *Diário da Sessões*, Suplemento ao nº 83, 1947, 5 de fevereiro, p. 470 (46).

A disciplina legal da figura consta agora, fundamentalmente, dos arts. 14 a 15-S NRAU, complementada com a regulação do *justo impedimento* (art. 16 NRAU) e da *consignação em depósito* (arts. 17 a 23 NRAU) – mas ainda do disposto nos arts. 859-865 CPC_{2013}, para a *execução do despejo*, que segue o *processo de execução para entrega de coisa certa*, com as particularidades, dentro dele, que se estabelecem nos arts. 862-865; do Decreto-Lei nº 1/2013, de 7 de janeiro (que criou o *Balcão Nacional de Arrendamento*), e da Portaria nº 9/2013, de 10 de janeiro.

Com a Lei nº 13/2019, porém, intercalou-se nesta matéria – algo forçadamente, convenhamos – a disciplina então editada da *injunção* em matéria de *arrendamento* (IMA) destinada a efetivar certos direitos do *arrendatário*, acrescentando ao articulado então existente, os arts. 15-T e 15-U, que a seu tempo comentaremos.

Ocupemo-nos, para já, da ainda denominada no presente normativo de *ação de despejo*.

Não há dúvida de que, perante a nova regulação, esta ação passou a ser muito mais célere, sobretudo quando a petição, liminarmente recebida pelo BNA, não é contestada.

Tem, no entanto, sido notado que a taxa de indeferimento do BNA é muito elevada.

Segundo os dados publicados, o BNA recebeu 20 806 requerimentos, entre janeiro de 2013 e novembro de 2017, mas recusou 8 304, cifrando-se deste modo nuns apreciáveis 39,9% que, de algum modo, se explicarão pela novidade e complexidade do sistema.

É de esperar que, com a sua rodagem, esta percentagem se reduza consideravelmente.

De acordo com uma informação pública da DECO, os mais vulgares fundamentos de rejeição terão sido:

a) Não se indicar o fundamento do despejo nem se juntar os documentos obrigatórios;

b) Não se indicar o valor da renda;

c) Não se referir a modalidade de apoio judiciário ou não juntar documento comprovativo do seu pedido ou da sua concessão;

d) Não se mencionar o lugar de notificação do inquilino;

e) Não se identificar o cônjuge do arrendatário;

f) Nos arrendamentos antigos, em que houve sucessão, a respetiva menção junto da Autoridade tributária;

g) Falta de comprovativo do pagamento do imposto do selo, se devido, ou de liquidação do IRS ou IRC dos últimos quatro anos.

Será útil, introdutoriamente, esboçar em brevíssimos traços os termos básicos do *procedimento de despejo*, facilitando a compreensão do seu regime legal, que se espraia pelos artigos que se seguem.

São os seguintes:

Requerimento, a apresentar no BNA, a formular o *pedido de despejo*, que pode ser deduzido cumulativamente com o de *pagamento de rendas, encargos ou despesas* que corram por conta do *arrendatário*, desde que lhe tenha sido comunicado o montante em dívida (art. 15-5 NRAU;

Rejeição ou aceitação, pelo BNA;

No caso de *rejeição*, apresentação de outro requerimento, no prazo de 10 dias;

Havendo *aceitação*, imediata *notificação do requerido*, por carta registada, com aviso de receção, para desocupar o prédio ou fração arrendada e, sendo caso disso, pagar ao requerente a quantia pedida e a taxa por ele liquidada;

Oposição do arrendatário, no prazo de 15 dias (art. 15-F-1 NRAU).

Analisemos pois, de seguida, a disciplina legal, da aqui chamada *ação de despejo* depois denominada apropriadamente – do art. 15 em diante – de *procedimento de despejo*.

2. Alcance do procedimento especial de despejo

Na epígrafe da subsecção, que sofreu retificação, usa-se a expressão: "ações judiciais", que não parece obedecer a grande rigor técnico, pois o articulado que se segue não regula especificamente uma *ação judicial*, dita de *despejo*, mas, pormenorizadamente, o *procedimento especial de despejo* que, como se verá, não é uma *ação judicial*, mas um *procedimento* que se inicia e decorre numa *secretaria judicial*, embora geralmente se complete, então sim, com uma *ação judicial*.

No nº 1, define-se a *ação de despejo* como aquela que se destina a fazer cessar a situação jurídica do arrendamento "*sempre que a lei imponha o recurso à via judicial*".

A expressão final relaciona-se com a exigência estabelecida no art. 1084-1 de que a *resolução* do contrato pelo *senhorio*, com fundamento nalguma das causas previstas no nº 2 do art. 1083, é decretada não, *ipsis verbis*, com "recurso à via judicial", mas "nos termos da lei de processo".

Tem-se pois aqui em vista determinar o princípio geral de que, quando a lei exigir que a cessação coativa do *contrato de arrendamento*, se faça *nos termos da lei de processo*, é a *ação declarativa*, com *processo comum*, que deve ser usada, com início no Balcão do Arrendamento Urbano (BNA).

Semelhante *ação* apresenta, realmente, virtualidade para fazer cessar o *arrendamento*; não tirava até então, no entanto, o *arrendatário* do imóvel arrendado. Para alcançar semelhante desiderato, deveria o *senhorio* recorrer, de seguida, à *execução para entrega de coisa certa*, uma opção que foi introduzida no nosso Direito positivo pelo RAU.

Nos termos do preceituado em geral, no art. 85 CPC, a *execução* correria *nos próprios autos de declaração*, tramitada de forma *autónoma*, exceto quando o processo tivesse entretanto de subir em recurso, "caso em que corre no traslado", observando-se, no mais, o disposto no citado preceito – mas vamos ver que, com o *despejo* agora disciplinado não será bem isso que acontecerá (cf. *infra*, IV, *sub* art. 15-J).

Para o caso mais óbvio de *cessação do arrendamento*, pelo *senhorio*, por *não pagamento de rendas, encargos e despesas* pelo *arrendatário*, surgiu, na Reforma de 2012, o *procedimento de despejo*, que é amplamente disciplinado nos artigos seguintes do NRAU, atribuindo-se, num art. 14-A, acrescentado com essa Reforma, força de *título executivo* ao *contrato de arrendamento*, quando acompanhado do *comprovativo* de *comunicação ao arrendatário* do montante em dívida.

O *procedimento de despejo* é ainda o meio que *o senhorio* deve usar para obter a *cessação do arrendamento,* com uma antecedência de *seis meses* sobre a data pretendida para a *desocupação,* no *arrendamento de duração indeterminada,* com base em *denúncia justificada* para *habitação própria* ou de *descendente em 1º grau,* para *demolição* ou realização de *obra de remodelação ou restauro profundos* que obriguem à desocupação do prédio ou fração arrendada, ou mesmo em *denúncia potestativa* com pré-aviso de *cinco anos* (art.1103-1, referido ao art. 1101).

Outro tanto sucede também no contrato de *prazo certo,* quando o *senhorio* pretenda pôr termo ao *arrendamento* por *oposição à renovação* (art. 1097-1) ou, como se disse, *resolvê-lo* em presença de *mora do arrendatário* no pagamento da *renda, encargos* ou *despesas* de sua conta, igual ou superior a *três meses* (art. 1084-2).

Agora, como mais de espaço se verá (art. 15-J) havendo título ou decisão judicial, para desocupação do espaço arrendado, "o agente de execução, o notário ou, na falta destes ou sempre que a lei lhe atribua essa competência, o oficial de justiça desloca-se imediatamente ao locado para tomar posse do imóvel".

É claro que, para a *cessação pelo arrendatário,* não tem cabimento o *despejo*: basta-lhe, como é elementar, desocupar a casa na devida oportunidade.

Para pôr termo ao *arrendamento*, usará unicamente a *comunicação* (arts. 1084-2, *in fine*, e 1098-1) – e procede, ele próprio, à *desocupação.*

3. Pagamento ou depósito das rendas que se forem vencendo na pendência da ação de despejo

Segundo o disposto no nº 3, as *rendas* que se forem vencendo na pendência da *ação de despejo* serão *pagas* ou *depositadas* "nos termos gerais".

Estes são, fundamentalmente, os consignados substantivamente nos arts. 841-846 CC, e os processuais, constantes dos arts. 17-23 NRAU (v. ANEXO – NRAU).

Se não houver pagamento ou depósito, notifica-se o *arrendatário* para o fazer, em 10 dias, e, não o fazendo, poderá o *senhorio* requerer logo o *despejo imediato* (nº 5 do presente artigo).

4. Rendas, encargos ou despesas não pagas

Qual o alcance do nº 4 deste artigo ao dispor que, *"se as rendas, encargos ou despesas, vencidos por um período igual ou superior a dois meses, não forem pagos ou depositados, o arrendatário é notificado para, em 10 dias, proceder ao seu pagamento ou depósito e ainda da importância da indemnização devida"*?

Seja qual for o fundamento da *ação de despejo,* o *arrendatário* está naturalmente, sempre obrigado a continuar a pagar as *rendas* que se forem vencendo, enquanto ocupar a casa, nos termos gerais (nº 3 do artigo) mas, aqui, está a pensar-se em *ações* com fundamento diverso da *falta de pagamento de renda, encargos ou despesas,* estabelecendo-se então que, com a cessação desse *pagamento,* por *dois meses ou mais,* o *arrendatário* será notificado, oficiosamente, segundo parece resultar da expressão literal do texto, para proceder a ele ou ao seu *depósito*, no prazo *10 dias*, como se disse.

É de notar que começou por haver um paralelo entre este período de *mora* ocorrida na pendência da *ação declarativa de despejo* e o considerado necessário, no art. 1083-3, para que se tornasse inexigível ao *senhorio* a manutenção do *arrendamento*,

Efetivamente, na Reforma de 2006, exigia-se, para os dois casos, igual duração: a *superior a três meses.*

Na de 2012, considerou-se suficiente, para se tornar inexigível ao *senhorio* a manutenção do *arrendamento*, a *mora* de *dois meses ou mais* mas, concomitantemente, reduziu-se exatamente para a mesma dimensão, o período a que se reportava, e reporta ainda, o nº 4 do presente artigo.

Depois porém, com a Reforma de 2017, ao subir-se de novo a *mora* do art. 1083-2, mas apenas para a marca *igual ou superior a três meses,* manteve-se este período *igual ou superior a dois meses,* para que tinha passado em 2012.

Teria sido por mera inadvertência que não se igualaram os dois casos? Ou propositadamente?

Cremos que não haverá fundamento sério a impor a igualdade dos dois prazos.

Até, havendo pleito em juízo, seria perfeitamente razoável uma severidade maior e, inclusivamente, que ao *devedor* fosse exigida a regra geral do cumprimento das obrigações contratuais: que elas sejam, *pontualmente cumpridas,* nos termos do disposto no art. 406-1.

A *indemnização* que acresce ao montante em dívida é, como se sabe, a constante do art. 1041-1: 50% do que for devido, as custas do incidente e nas despesas de levantamento do depósito (nº 4 deste art. 14 NRAU).

Faltando o *pagamento* ou o *depósito*, o *senhorio* poderá requerer o *despejo imediato,* seguindo-se com as necessárias adaptações, o disposto no nº 7 do artigo 15 e nos artigos 15-J, 15-K e 15-M a 15-O NRAU, como se declara na parte final do nº 5 deste art. 14 NRAU, isto é, o juiz tem de pronunciar-se imediatamente sobre a autorização de *entrada no domicílio*, o agente de execução, notário ou o oficial de justiça desloca-se imediatamente ao imóvel para *tomar posse dele,* só se diferindo a consumação da diligência nos termos constantes do art. 15-O NRAU.

Artigo 14-A – Título para pagamento de rendas, encargos ou despesas

1 – O contrato de arrendamento, quando acompanhado do comprovativo de comunicação ao arrendatário do montante em dívida, é título executivo para a execução para pagamento de quantia certa correspondente às rendas, aos encargos ou às despesas que corram por conta do arrendatário.

2 – O contrato de arrendamento, quando acompanhado de comunicação ao senhorio do valor em dívida, prevista no nº 3 do artigo 22-C do regime jurídico das obras em prédios arrendados, aprovado pelo Decreto-Lei

nº 157/2006, de 8 de agosto, é título executivo para a execução para pagamento de quantia certa correspondente à compensação pela execução de obras pelo arrendatário em substituição do senhorio.

(Acrescentado com a Lei nº 31/2012. Os n.os 2 e 3 foram aditados pela Lei nº 13/2019 de 12 de fevereiro)

Segundo o disposto no art. 703-1, al. *d)*, CPC, são ainda *títulos executivos "os documentos a que, por disposição especial, seja atribuída força executiva"*.

Aqui temos uma dessas disposições.

Será um *título executivo* que só interessará quando o *senhorio* pretenda executar unicamente a dívida do seu *arrendatário* que, entretanto, já tenha abandonado o prédio ou fração arrendada, porque, se o tiver ainda de despejar, terá todo interesse e poderá, como expressamente lhe é facultado no art. 15-5 NRAU, cumular, no *procedimento de despejo*, o pedido deste e a condenação no *pagamento* das *rendas, encargos* e *despesas* devidas, juntando para o efeito o comprovativo da *comunicação* ao *arrendatário* do montante em dívida, cumulativamente, claro está, com o *contrato de arrendamento* e o comprovativo da *comunicação de resolução,* exigidos no art. 15-2, al. *e)*, NRAU

SUBSECÇÃO II – Procedimento especial de despejo

(Epígrafe retificada pela Declaração de Retificação nº 59-A/2012)

Artigo 15 – Procedimento especial de despejo

1 – O procedimento especial de despejo é um meio processual que se destina a efetivar a cessação do arrendamento, independentemente do fim a que este se destina, quando o arrendatário não desocupe o locado na data prevista na lei ou na data fixada por convenção entre as partes.

2 – Apenas podem servir de base ao procedimento especial de despejo independentemente do fim a que se destina o arrendamento:

***a)* Em caso de revogação, o contrato de arrendamento, acompanhado do acordo previsto no nº 2 do artigo 1082 do Código Civil;**

***b)* Em caso de caducidade pelo decurso do prazo, não sendo o contrato renovável, o contrato escrito do qual conste a fixação desse prazo;**

***c)* Em caso de cessação por oposição à renovação, o contrato de arrendamento acompanhado do comprovativo da comunicação prevista no nº 1 do artigo 1097 ou no nº 1 do artigo 1098 do Código Civil;**

***d)* Em caso de denúncia por comunicação pelo senhorio, o contrato de arrendamento, acompanhado do comprovativo da comunicação prevista na alínea *c)* do artigo 1101 ou no nº 1 do artigo 1103 do Código Civil ou da comunicação a que se refere a alínea a) do nº 5 do artigo 33 da presente lei;**

e) Em caso de resolução por comunicação, o contrato de arrendamento, acompanhado do comprovativo da comunicação prevista no nº 2 do artigo 1084 do Código Civil, bem como, quando aplicável, do comprovativo, emitido pela autoridade competente, da oposição à realização da obra;

f) Em caso de denúncia pelo arrendatário, nos termos dos n.os 3 e 4 do artigo 1098 do Código Civil e dos artigos 34 e 53 da presente lei, o comprovativo da comunicação da iniciativa do senhorio e o documento de resposta do arrendatário.

3 – Para efeitos do disposto na alínea *d*) do número anterior, o comprovativo da comunicação prevista no nº 1 do artigo 1103 do Código Civil é acompanhado dos documentos referidos nos n.os 2 e 3 do mesmo artigo ou, sendo caso disso, de cópia da certidão a que se refere o nº 7 do artigo 8º do Decreto-Lei nº 157/2006, de 8 de agosto, que aprova o regime jurídico das obras em prédios arrendados.

4 – O procedimento especial de despejo previsto na presente subsecção apenas pode ser utilizado relativamente a contratos de arrendamento cujo imposto do selo tenha sido liquidado ou cujas rendas tenham sido declaradas para efeitos de IRS ou IRC.

5 – Quando haja lugar a procedimento especial de despejo, o pedido de pagamento de rendas, encargos ou despesas que corram por conta do arrendatário pode ser deduzido cumulativamente com o pedido de despejo no âmbito do referido procedimento desde que tenha sido comunicado ao arrendatário o montante em dívida, salvo se previamente tiver sido intentada ação executiva para os efeitos previstos no artigo anterior.

6 – No caso de desistência do pedido de pagamento de rendas, encargos ou despesas, o procedimento especial de despejo segue os demais trâmites legalmente previstos quanto ao pedido de desocupação do locado.

7 – Sempre que os autos sejam distribuídos, o juiz deve pronunciar-se sobre todas as questões suscitadas e, independentemente de ter sido requerida, sobre a autorização de entrada no domicílio.

8 – As rendas que se forem vencendo na pendência do procedimento especial de despejo devem ser pagas ou depositadas, nos termos gerais.

(Declaração de Retificação nº 59-A/2012, de 12 de outubro. Redação da Lei nº 31/ /2012, alterada pela Lei nº 79/2014)

1. "Procedimento especial" de despejo

O nº 1 da presente disposição, insistindo no que já se tinha declarado no nº 1 do art. 14 NRAU, volta a definir a *ação de despejo* como o meio de *cessação do arrendamento* independentemente do fim a que este se destina e, portanto, seja ele *habitacional* ou *não habitacional*.

Já vimos, em comentário a esse preceito, que a definição é incompleta, pois aquilo que, rigorosamente, a *ação* tem vista, para além da cessação contratual, e para o que a denominação que ostenta por seu turno aponta, é *a desocupação do imóvel arrendado*.

Denomina-a a lei de *procedimento especial*, e não de *processo*, embora como tal por vezes ainda declarada na própria lei, como era designada anteriormente.

No Direito Processual Civil, a palavra *processo* (Código de Processo Civil, formas de processo, processo de declaração, processo de execução, processos especiais, processos de jurisdição voluntária, processos de suprimento) usa-se, tradicionalmente, para designar um percurso progressivo de atos e trâmites para a obtenção de determinada providência.

Desde a Revisão de 1995-96, porém, reservou-se a palavra *procedimento* para referir como tal os que até se denominavam de *processos cautelares*, porque não seriam propriamente *ações*, ainda que preparatórias de outras, como se entendia em 1939, nem *incidentes*, pois ocorrem "à margem do tratamento do objeto do processo" e não têm incidência na decisão final, "embora conduzam, como as ações, a um julgamento, seguido ou não de uma providência de tipo executivo e se articulem como incidentes, com uma causa de que são dependência"[4].

Não seria, assim, tecnicamente correto continuar a designar esta *não-ação* como *processo de despejo*, mas antes como um "*procedimento especial de despejo*", que constitui apenas um "meio processual", como se declara no nº 1, se qualifica na epígrafe do artigo; depois, em vários passos do preceito e, ainda, em outras disposições do NRAU – um *quase-processo*, em suma,

Cremos, na verdade, que a sua qualificação legal se fundará na ideia de que se trata de uma tramitação desenvolvida em breves termos muito simples e expeditos, chamando-se-lhe *procedimento* para acentuar esse seu carácter elementar de, como lhe chamamos, *quase-processo*.

2. Os pressupostos processuais do procedimento especial de despejo

No nº 2 deste artigo, faz-se uma vasta enumeração dos documentos, apenas, que "*podem servir de base ao procedimento especial de despejo independentemente do fim a que se destina o arrendamento*".

"Apenas podem servir de base" – proclama-se no preceito; logo, não são substituíveis por outros: constituem requisitos indispensáveis para se decidir sobre o mérito da causa.

São, portanto, *pressupostos processuais* das específicas *ações* a que respeitam, embora não sejam os únicos: o nº 4 do presente artigo exige ainda, para todo o *procedimento de despejo*, que se tenha pago o *imposto do selo* do *contrato de arrendamento* e que

[4] José Lebre de Freitas/A Montalvão Machado/Rui Pinto, *Código de Processo Civil Anotado*, 2º, Coimbra Editora, 2001, p. 1.

tenham sido declaradas as rendas (efetivamente pagas, claro está) para efeitos de IRS ou IRC.

O *senhorio* que pretenda despejar o *arrendatário* terá, para o efeito, de previamente os reunir para assim poder iniciar o *procedimento.*

Não será de equacionar aqui a sua necessidade na hipótese de o "arrendamento" não ter respeitado a *forma legal* ou, por outro fundamento, ser *inválido,* porque o meio então adequado é a *ação de invalidade*; nunca, o *procedimento especial de despejo* – mas este caberá ainda, porque a lei expressamente assim declara e regula, quando o contrato tenha sido *revogado,* tenha *caducado* ou *cessado por oposição à renovação.*

I – ***Revogação do contrato.*** É a hipótese prevista na al. *a)* deste número.

Segundo o disposto no art. 1082-2, a *revogação* só será reduzida a escrito quando não for imediatamente executada ou quando contenha cláusulas compensatórias ou outras cláusulas acessórias.

Sendo imediatamente executada, não será preciso o *despejo*: a desocupação está feita. Por isso, para o caso contrário, se exige aqui, além do exemplar do *contrato,* a junção do documento comprovativo do *acordo da revogação,* igualmente indispensável ao *procedimento.*

II – ***Caducidade do contrato pelo decurso do prazo, não sendo contrato renovável.*** É a hipótese contemplada na al. *b).*

O art. 1051 enumera sete hipóteses de *caducidade do contrato de locação* mas, nesta alínea, tem-se em vista unicamente a constante da al. *a)*: "*findo o prazo estipulado ou estabelecido por lei*".

Não sendo o contrato renovável: como se prevê, no art. 1096-1, o *arrendamento para habitação,* celebrado com prazo certo, é automaticamente renovável, "salvo estipulação em contrário" – e o *não habitacional* segue-lhe no encalço (art. 1110-1).

Findo o prazo de contrato *não renovável,* ele, naturalmente, caduca: poderá então usar-se o *procedimento,* nos termos do presente artigo, bastando para o efeito instruir o *requerimento* com o exemplar do *contrato.*

III – ***Cessação do contrato por oposição à renovação.*** É a hipótese prevista na al. *c).*

Impõe-se, neste caso, que se junte o *documento escrito do contrato,* acompanhado da *comunicação* do nº 1 do art. 1097 ou a do nº 1 do art. 1098.

No primeiro caso, trata-se da *comunicação do senhorio,* a opor-se à prorrogação implícita do contrato.

No segundo, tem-se em vista a *comunicação do arrendatário* para o mesmo fim.

IV – ***Denúncia pelo senhorio.*** É o caso enunciado na al. *d).*

A alínea compreende três hipóteses de *denúncia do contrato pelo senhorio*: a da al. *c)* do art. 1101-1 CC, relativa à *denúncia potestativa* do *contrato de arrendamento de duração indeter-*

minada, a *denúncia justificada* com o fundamento da al. *a)* do mesmo artigo ou o da sua al. *b)*, e a do art. 33-5 NRAU, segundo a qual, em *atualização de renda vinculística*, não aceite o valor proposto pelo *arrendatário*, denuncie o contrato mediante uma indemnização correspondente a cinco anos de renda, no valor médio das propostas por ele e pelo arrendatário.

Há de juntar, em qualquer destes casos, o *documento do contrato* e o comprovativo da *comunicação* da respetiva *denúncia*.

E não só.

O nº 3 deste artigo 15 complementa o que na alínea se preceitua, exigindo que os *documentos* que requer sejam acompanhados daqueles que se referem nos n.os 2 e 3 do mesmo artigo (*comprovativo* de que foi iniciado junto da entidade competente *procedimento de controlo prévio* e, quando isenta deste controlo, um *descritivo* da operação urbanística a efetuar, indicando que está isenta desse controlo).

O referido nº 3 do citado art. 15 acrescenta ainda que, *sendo caso disso*, deverá juntar-se *cópia da certidão* a que se refere o nº 7 do artigo 8º do Decreto-Lei nº 157/2006, de 8 de agosto, que aprova o regime jurídico das obras em prédios arrendados – mas este nº 7 foi revogado pelo art. 3º da Lei nº 43/2017, sem cuidar de eliminar esta parte do nº 3 do art. 15 NRAU, que, deste modo, ficou desde então sem sentido.

V – ***Resolução pelo senhorio por comunicação.*** Enunciada na al. *e)*.

Além dos diversos fundamentos de *resolução* do contrato de arrendamento pelo *senhorio*, em outros dois casos, poderá ele resolvê-lo, desta feita, dispondo do *procedimento especial de despejo*: por *falta de pagamento* de rendas, encargos ou despesas, por parte do *arrendatário*, ou por se opor este à realização de *obra ordenada pela autoridade pública* (art. 1083-3).

No primeiro caso, há de juntar *documento do contrato* e comprovativo da *comunicação de resolução*.

No segundo, além deles, o *comprovativo emitido pela entidade de competente da oposição à realização da obra*.

VI – **Denúncia pelo arrendatário.** A que respeita a al. *f)*.

Enunciada assim, a alínea parece despropositada: se o *arrendatário* denuncia o contrato, vai então despejar-se a si próprio?

É claro que não se trata disso.

A hipótese refere-se ao caso de o *arrendatário* ter validamente *denunciado* o contrato mas, apesar disso, conservar-se no prédio ou fração arrendada, impondo-se ao *senhorio* despeja-lo.

As *denúncias do arrendatário*, previstas nesta alínea são: a que ele utilize em contrato de *termo certo*, decorrido um terço da sua da sua duração inicial ou da sua prorrogação (art. 1098-3); a que suscite, em face de *oposição à renovação* por parte do *senhorio*, nos termos do art. 1098-4, e, ainda a que oponha à atualização de renda vinculística, de acordo com o disposto nos arts. 31-3, al. *d)*, 34 e 53 NRAU.

Segundo então se refere nesta al. *f)*, terá de juntar-se comprovativo da iniciativa do *senhorio* (art. 30 NRAU) e o documento de resposta do *arrendatário* (art. 31 NRAU).

Curiosamente, faltou na alínea a referência ao *documento do contrato*.

Trata-se, supomos, de um lapso que deverá ser corrigido na prática.

Sem *contrato*, não pode haver *procedimento especial de despejo*.

VII – ***Imposto do selo e declaração dos recebimentos de rendas.*** O nº 4 do artigo exige ainda que tenha sido pago *imposto do selo* e que *as rendas tenham sido comunicadas* para efeitos de IRS ou de IRC, de onde seria de concluir que se imporia ainda, irrefragavelmente, juntar os comprovativos destes pagamentos.

A este respeito, importa ter também em atenção o disposto no art. 15-C-1, al. *h)*, NRAU, na redação da Lei nº 79/2014, segundo o qual o requerimento de propositura só pode ser recusado, entre outros requisitos não preenchidos, se "*não se mostrar pago o imposto do selo ou liquidado o IRS ou o IRC pelas rendas relativas ao locado, nos últimos quatro anos, salvo se o contrato for mais recente*".

Vem de longa data a imposição de o *autor* da *ação* ter de demonstrar, logo com a *petição*, e como referia já o art. 480-7º CPC_{1939}, que satisfez "*ás exigências fiscais*", mas a alínea atual exagerou enormemente ao estabelecer tão violenta prova.

Não se justifica minimamente o excesso.

O CPC atual determina antes, muito mais razoavelmente, que "*não obsta ao recebimento ou ao prosseguimento das ações, incidentes ou ou procedimentos cautelares que pendam perante os tribunais judiciais a falta de demonstração pelo interessado do cumprimento de quaisquer obrigações de natureza tributária que lhe incumbam*" (art. 274-1 CPC_{2013}) e "*quando se trate de ações fundadas em atos provenientes do exercício de atividades sujeitas a tributação e o interessado não haja demonstrado o cumprimento de qualquer dever fiscal que lhe incumba, a secretaria ou o agente de execução deve comunicar a pendência da causa e o seu objeto à administração fiscal...sem que o andamento regular do processo seja suspenso*" (nº 3 do preceito).

É estranho que, sendo tão recente esta disposição, logo se lhe tenha sucedido, com a redação da Lei nº 79/2014, uma imposição tão pesada e policial como a acabada de referir.

3. Despacho liminar: autorização de entrada no domicílio

O *procedimento de despejo* dá entrada no BNA, que só o apresenta à distribuição logo após recebida a *oposição* do requerido (art. 15-H-1 NRAU).

Presentes então os autos ao juiz, deverá este, naturalmente, proferir despacho em que, segundo se refere no nº 7 do presente artigo, se deverá pronunciar sobre todas as questões suscitadas e, "*independentemente de ter sido requerida, sobre a autorização da entrada no domicílio*".

Não tendo havido oposição, o BNA converte o *requerimento de despejo* em *título de desocupação* da casa (art. 15-E NRAU) – e, se se tratar de domicílio do réu e ele não sair espontaneamente, haverá que requerer autorização ao juiz para se entrar na casa (v. comentário ao art. 15-E NRAU e 15-L NRAU).

Artigo 15-A – Balcão Nacional do Arrendamento

1 – É criado, junto da Direção-Geral da Administração da Justiça, o Balcão Nacional do Arrendamento (BNA), destinado a assegurar a tramitação do procedimento especial de despejo.

2 – O BNA tem competência em todo o território nacional para a tramitação do procedimento especial de despejo.

O BNA foi instalado pelo Decreto-Lei nº 1/2013, de 7 de janeiro e regulamentado neste diploma e na Portaria nº 9/2013, de 10 de janeiro, adiante publicados.

Refere-se, no art. 2º do primeiro dos mencionados diplomas:

"*Declara-se instalado o BNA como secretaria judicial com competência exclusiva para a tramitação do procedimento especial de despejo em todo o território nacional*".

Atendendo a que a que o requerimento, embora preferencialmente deva ser processado pela via eletrónica, poderá, em vez disso, ser apresentado em *suporte de papel.*

Com o Despacho nº 1/2013, de 10 de janeiro de 2013, da Direção-Geral da Administração da Justiça, foi estabelecido o rol das secretarias dos tribunais competentes para a tramitação das *ações de despejo.*

No mesmo dia, a Portaria nº 7/2013 estabeleceu o mapa do pessoal do quadro do BNA, formando uma secretaria judicial, com sede no Porto, e constituída por 1 secretário judicial, 1 escrivão de Direito, 1 escrivão adjunto e 8 escrivães auxiliares.

Artigo 15-B – Apresentação, forma e conteúdo do requerimento de despejo

1 – O requerimento de despejo é apresentado, em modelo próprio, no BNA.

2 – No requerimento deve o requerente:

***a*) Identificar as partes, indicando os seus nomes e domicílios, bem como os respetivos números de identificação civil;**

***b*) Indicar o seu endereço de correio eletrónico se pretender receber comunicações por meios eletrónicos;**

***c*) Indicar o tribunal competente para apreciação dos autos se forem apresentados à distribuição;**

d) Indicar o lugar onde deve ser feita a notificação, o qual, na falta de domicílio convencionado por escrito, deve ser o local arrendado;

e) Indicar o fundamento do despejo e juntar os documentos previstos no nº 2 do artigo 15;

f) Indicar o valor da renda;

g) Formular o pedido e, no caso de pedido para pagamento de rendas, encargos ou despesas, discriminar o valor do capital, juros vencidos e outras quantias devidas;

h) Juntar comprovativo do pagamento do imposto do selo ou comprovativo da liquidação do IRS ou do IRC relativo aos últimos quatro anos e do qual constem as rendas relativas ao locado, salvo se o contrato for mais recente;

i) Indicar que pretende proceder ao pagamento da taxa devida ou, sendo o caso, indicar a modalidade de apoio judiciário concedido, bem como juntar documento comprovativo da respetiva concessão, sem prejuízo do disposto no nº 7;

j) Designar o agente de execução ou o notário competente para proceder à desocupação do locado;

k) Designar agente de execução para proceder à execução para pagamento das rendas, encargos ou despesas em atraso, nos casos em que seja designado notário para proceder à desocupação do locado ou este venha a ser competente;

l) Assinar o requerimento.

3 – Havendo pluralidade de arrendatários ou constituindo o local arrendado casa de morada de família, o requerente deve ainda identificar os nomes e domicílios de todos os arrendatários e de ambos os cônjuges, consoante o caso.

4 – Sem prejuízo do disposto no nº 6 do artigo 15, durante o procedimento especial de despejo não é permitida a alteração dos elementos constantes do requerimento, designadamente do pedido formulado.

5 – A entrega do requerimento de despejo por advogado ou solicitador é efetuada apenas por via eletrónica, com menção da existência do mandato e do domicílio profissional do mandatário.

6 – O requerente que, sendo representado por advogado ou solicitador, não cumprir o disposto no número anterior fica sujeito ao pagamento imediato de uma multa no valor de 2 unidades de conta processuais.

7 – Faltando, à data da apresentação do requerimento, menos de 30 dias para o termo do prazo de prescrição ou de caducidade, ou ocorrendo outra causa de urgência, deve o requerente apresentar documento comprovativo do pedido de apoio judiciário requerido, mas ainda não concedido.

8 – O procedimento considera-se iniciado na data do pagamento da taxa devida ou na data da junção do documento comprovativo do pedido ou da concessão de apoio judiciário, na modalidade de dispensa ou pagamento faseado da taxa de justiça e dos demais encargos com o processo.

É de salientar que o requerimento do *despejo* deve ser apresentado através do BNA, sediado na Direção-Geral da Administração da Justiça, como se tem referido, e unicamente em *modelo próprio.*

É o que se declara no nº 1 do presente normativo, podendo ser logo recusado pelo BNA quando tal não seja observado (art. 15-C-1, al. *g*)).

Quanto à indicação do tribunal a que se refere o nº 2, al. *c*), esse deve ser, como se refere no art. 15-S-7, o da *localização do imóvel arrendado.*

Se o *requerente* é representado por *advogado* ou *solicitador* que não apresente o requerimento por *via eletrónica,* fica sujeito ao pagamento de uma multa de 2 unidades de conta processuais (nº 6).

Atente-se no que referimos, em nota introdutória submetida à epígrafe *Despejo,* a respeito das rejeições liminares pelo BNA, que se têm registado na prática.

Artigo 15-C – Recusa do requerimento

1 – O requerimento só pode ser recusado se:

a) Não estiver endereçado ao BNA;

b) Não indicar o fundamento do despejo ou não for acompanhado dos documentos previstos no nº 2 do artigo 15;

c) Não estiver indicado o valor da renda;

d) Não estiver indicada a modalidade de apoio judiciário requerida ou concedida, bem como se não estiver junto o documento comprovativo do pedido ou da concessão do benefício do apoio judiciário;

e) Omitir a identificação das partes, o domicílio do requerente, os números de identificação civil ou o lugar da notificação do requerido;

f) Não estiver assinado;

g) Não constar do modelo a que se refere o nº 1 do artigo anterior;

h) Não se mostrar paga a taxa;

i) Não se mostrar pago o imposto do selo ou liquidado o IRS ou IRC pelas rendas relativas ao locado, nos últimos quatro anos, salvo se o contrato for mais recente;

j) O pedido não se ajustar à finalidade do procedimento.

2 – Nos casos em que haja recusa, o requerente pode apresentar outro requerimento no prazo de 10 dias subsequentes à notificação daquela, consi-

derando-se o procedimento iniciado na data em que teve lugar o pagamento da taxa devida pela apresentação do primeiro requerimento ou a junção do documento comprovativo do pedido ou da concessão do benefício do apoio judiciário na modalidade de dispensa ou de pagamento faseado da taxa de justiça e dos demais encargos com o processo.

No nº 1, é de referir que, literariamente, falta uma vírgula entre "recusado" e "se".

Importa atentar no que se refere na nossa nota introdutória, quanto aos fundamentos mais comuns de rejeição liminar, pelo BNA, que se têm registado, na prática.

Artigo 15-D – Finalidade, conteúdo e efeito da notificação

1 – O BNA expede imediatamente notificação para o requerido, por carta registada com aviso de receção, para, em 15 dias, este:

***a*) Desocupar o locado e, sendo caso disso, pagar ao requerente a quantia pedida, acrescida da taxa por ele liquidada;**

***b*) Deduzir oposição à pretensão e ou requerer o diferimento da desocupação do locado, nos termos do disposto nos artigos 15-N e 15-O.**

2 – Havendo vários requeridos, a notificação é expedida para todos eles, nos termos e para os efeitos previstos no número anterior.

3 – A notificação é expedida para o local indicado no requerimento de despejo, aplicando-se, com as necessárias adaptações, o disposto no artigo 228, nos n.os 3 a 5 do artigo 229 e no nº 2 do artigo 230 do Código de Processo Civil, não havendo lugar à advertência prevista no artigo 233 do mesmo Código.

4 – O ato de notificação deve conter:

***a*) Os elementos referidos nas alíneas *a*) a *h*) do nº 2 do artigo 15-B e, se for caso disso, no nº 3 do mesmo artigo;**

***b*) A indicação do prazo para a oposição e a respetiva forma de contagem;**

***c*) A indicação de que, na falta de desocupação do locado, de oposição dentro do prazo legal ou do pagamento ou depósito das rendas que se venceram na pendência do procedimento especial de despejo, será constituído título para desocupação do locado com a faculdade de o requerente a efetivar imediatamente;**

***d*) Nos casos de pedido de pagamento das rendas, encargos ou despesas em atraso, a indicação de que, na falta de pagamento da quantia pedida e da taxa liquidada pelo requerente, são ainda devidos juros de mora desde a data da apresentação do requerimento;**

e) A indicação de que a dedução de oposição cuja falta de fundamento o requerido não deva ignorar o responsabiliza pelos danos que causar ao requerente e determina a condenação em multa de valor não inferior a 10 vezes a taxa devida.

5 – A notificação efetuada nos termos do presente artigo interrompe a prescrição, nos termos do disposto no artigo 323 do Código Civil.

De lamentar, no plano literário, a expressão "e ou" da al. *b)* do nº 1 do artigo.

De lamentar ainda, no nº 3, o estrangeirismo *"não havendo lugar"*.

No nº 4, al. *a)*, tão vasto é o rol de elementos a mencionar, no ato de notificação, que, na prática, será mais simples preenchê-los juntando uma *cópia* do *requerimento de despejo.*

Artigo 15-E – Constituição de título para desocupação do locado

1 – O BNA converte o requerimento de despejo em título para desocupação do locado se:

a) Depois de notificado, o requerido não deduzir oposição no respetivo prazo;

b) A oposição se tiver por não deduzida nos termos do disposto no nº 4 do artigo seguinte;

c) Na pendência do procedimento especial de despejo, o requerido não proceder ao pagamento ou depósito das rendas que se forem vencendo, nos termos previstos no nº 8 do artigo 15.

2 – O título de desocupação do locado é autenticado com recurso a assinatura eletrónica.

3 – Constituído o título de desocupação do locado, o BNA disponibiliza o requerimento de despejo no qual tenha sido colocada a fórmula de título para desocupação do locado ao requerente e ao agente de execução, notário ou oficial de justiça designado, consoante os casos, nos termos definidos por portaria do membro do Governo responsável pela área da justiça.

De notar também aqui, literariamente, que no proémio do nº 1 falta uma vírgula entre "locado" e "se".

A Portaria referida no nº 3, é a Portaria nº 9/2013.

De acordo com o disposto no art. 19 dessa Portaria, o *título de desocupação* é disponibilizado eletronicamente nos endereços seguintes: *www.bna-mj. pt* ou *www.ciyius.mj.pt.*

Constituído o *título de desocupação* e disponibilizado, como se refere no nº 3, forma-se deste modo um *título injuntivo* que, por *falta de oposição*, será de imediata efetivação do *despejo*[5].

Se assim não fosse, não haveria, como se manda neste preceito, que converter logo o *requerimento* em *título para desocupação* (nº 1), nem que *autenticá-lo* nesta altura, com recurso a *assinatura eletrónica* (nº 2), nem, em suma, que disponibilizá-lo ao *requerente* (nº 3).

E mais do que isso.

No art. 15-L-1 admite-se claramente uma *desocupação* a operar em *procedimento* que não tenha sido distribuído ao juiz.

Ainda assim, o preceito impõe que, sendo a *desocupação* a efetuar, de *domicílio*, e se não for este voluntariamente libertado pelo *arrendatário*, terá de ser, pelo *agente de execução, notário* ou *oficial de justiça*, requerido ao tribunal judicial da respetiva localização, em modelo que consta da página eletrónica do BNA (art. 12 da Portaria nº 9/2913), que seja autorizada a *entrada imediata*.

Para o caso de *pedido de despejo*, cumulado com o de *pagamento de rendas, encargos ou despesas*, estabelecem-se os trâmites então a seguir de forma, aliás, um tanto embrulhada, que se analisará *infra*, em 15-J, *sub* IV.

Artigo 15-F – Oposição

1 – O requerido pode opor-se à pretensão no prazo de 15 dias a contar da sua notificação.

(Retificação constante da Declaração de Retificação nº 59-A(2012).

2 – A oposição não carece de forma articulada, devendo ser apresentada no BNA apenas por via eletrónica, com menção da existência do mandato e do domicílio profissional do mandatário, sob pena de pagamento imediato de uma multa no valor de 2 unidades de conta processuais.

(Retificação constante da Declaração de Retificação nº 59-A(2012).

3 – Com a oposição, deve o requerido proceder à junção do documento comprovativo do pagamento da taxa de justiça devida e, nos casos previstos nos n.os 3 e 4 do artigo 1083 do Código Civil, ao pagamento de uma caução no valor das rendas, encargos ou despesas em atraso, até ao valor máximo correspondente a seis rendas, salvo nos casos de apoio judiciário, em que está isento, nos termos a definir por portaria do membro do Governo responsável pela área da justiça.

4 – Não se mostrando paga a taxa ou a caução previstas no número anterior, a oposição tem-se por não deduzida.

[5] Neste sentido, Rui Pinto, *Leis do Arrendamento Urbano Anotadas* (coord. de António Menezes Cordeiro), Almedina, 2014, p. 439, an. 5.

5 – A oposição tem-se igualmente por não deduzida quando o requerido não efetue o pagamento da taxa devida no prazo de cinco dias a contar da data da notificação da decisão definitiva de indeferimento do pedido de apoio judiciário, na modalidade de dispensa ou de pagamento faseado da taxa e dos demais encargos com o processo.

1. Oposição

Como se refere no nº 2, não carece de ser *articulada*, devendo ser apresentada no BNA, por *via eletrónica*; quando se apresente em papel, fica-se sujeito a *multa*.

Tem de ser subscrita por *advogado*. Este preceito tem uma redação ambígua, pois declara apenas que o *requerido* deve, na sua *oposição*, mencionar a existência de *mandato* e o *domicílio do mandatário*, quando o art. 15-S-3 NRAU é perentório em afirmar que, "*no procedimento especial de despejo, é obrigatória a constituição de advogado para a dedução de oposição*".

Ao invés, o requerimento inicial pode ser apresentado por advogado, solicitador e pelo próprio senhorio (art. 3º da Portaria nº 9/2013, art. 15-B-5-6 NRAU).

A sua apresentação está sujeita a pagamento da *taxa de justiça prevista* na tabela II do Regulamento de Custas Judiciais (art. 22-2 do Decreto-Lei nº 1/2013), que deve ser junta à oposição, como se declara no nº 3 do presente artigo.

Tem-se entendido, e tem lógica, que a *oposição*, tal como ocorre no processo civil, em geral, serve para nela se apresentar a *defesa* do *requerido* e *toda a sua defesa* (art. 573-1 CPC_{2013}); nem poderia ser de outro modo, uma vez que, como vamos ver, não dispõe o *requerido* de outra peça contestatória.

Pode pois, certamente, defender-se não só por *impugnação* como também por *exceção*.

Mais duvidoso é saber se poderá deduzir *reconvenção*, como já se tem defendido e até julgado embora, tanto quanto julgamos saber, neste caso, minoritariamente.

Liminarmente, o entendimento, esbarra, como lembra Laurinda Gemas, com o disposto no art. 266-3 CPC quando proclama que "*não é admissível a reconvenção, quando ao pedido do réu corresponda uma forma de processo diferente da que corresponde ao pedido do autor*"[6].

Este é o caso em presença, pois ao pedido do *requerente* corresponde o *procedimento especial de despejo*, disciplinado nos arts. 15 NRAU, enquanto ao *pedido reconvencional* do *requerido* corresponderia o *processo comum de declaração*.

Em todo o caso, nesta perspetiva, haveria ainda uma escapatória, pois o art. 266-3 CPC acaba por conceder que, apesar disso, o juiz a admita, se as duas formas em confronto não forem absolutamente incompatíveis nas respetivas tramitações, e desde que haja na *reconvenção* um interesse relevante, "ou quando a apreciação conjunta das pretensões seja indispensável para a justa composição do litígio".

Por esta via, ao juiz é reservada uma ampla margem, dentro do seu prudente arbítrio, para abrir a porta à *reconvenção*.

[6] Laurinda Gemas, *Algumas Questões Controversas*, Rev. *CEJ*, 2013, II, p. 23.

A questão fundamental situa-se portanto, antes, em saber se o *procedimento especial de despejo*, na sua brevíssima fórmula, será compatível com a apresentação de um *pedido reconvencional* e, portanto, com a necessária ou ao menos recomendável *resposta* do *requerente* e o julgamento respetivo.

Pela nossa parte, julgamos abertamente que o *procedimento de despejo*, que se quer brevíssimo, não se coaduna com a formulação de um *pedido de reconvenção.*

A sua formulação de 2012 (Lei nº 31/2012) e 2014 (Lei nº 79/2014) constituiu, a nosso ver, um importante grito de recusa daquele passado extremamente marcado por um negro cortejo de procrastinação que, no plano judiciário, nos remeteu para o maior atraso, no mundo evoluído, em matéria de *despejo.*

E o expediente dilatório assentava então, exatamente, em deduzir-se uma *reconvenção* de imaginárias *benfeitorias*, que estavam quase sempre *expressamente proibidas no contrato* e nele afirmadas *sem direito de indemnização*, mesmo quando autorizadas por escrito e que, à sombra de um duvidosíssimo *enriquecimento sem causa* (como podia ser sem causa se tinha sido livre e expressamente convencionado?), ocupavam uma *ação de despejo* por nunca menos de cinco anos!

Foi este verdadeiro escândalo que, no último dos resgates que o país vem sofrendo desastradamente com desoladora frequência desde 1851, nos foi censurado, recomendando-se-nos, no *Memorando de Entendimento*, que os *despejos* deveriam passar a ultimar--se, em média, em *três meses* – e foi isto, onde uma *reconvenção* só surgiria como Pilatos no Credo, que, com a nova redação que se imprimiu ao NRAU, através da Lei nº 31/2012 e, ainda, da Lei nº 79/2014, se quis pôr em prática.

Por mais que se pretenda fazer disso tábua rasa, a *reconvenção* introduzirá necessariamente mais um termo no procedimento e uma *delonga* no desenvolvimento da *audiência*, a atrasar a ultimação do procedimento.

Admiti-la, levaria sempre a ter de se aumentar o *valor da causa*, com todas as consequências que daí adviriam,

Pela nossa parte, pensamos antes, convictamente, que devemos emancipar-nos desse atavismo.

À cabeça, julgamos nós, será de ter presente que a *reconvenção* não é um estrito *meio de defesa*, mas uma *nova ação*, um *contra-ataque* que se enxerta no quadro da *ação* existente, fundamentalmente por *economia processual.*

Quando ela não seja admitida, não é, portanto, o *direito de defesa* que é cerceado, mas um *direito de ação* que é remetido para o lugar próprio.

Não parece pois, e em conclusão, de se considerar legitimado um *contra-ataque* estritamente fundado na circunstância de que se deve dar ao *demandado* os mais amplos direitos *de defesa.*

Decisivamente, pensamos por fim que, se o normativo do *procedimento de despejo* é omisso, importaria começar por averiguar se a omissão consiste, em si mesma, numa *inadmissão* ou, pelo contrário, numa *lacuna.*

Não havendo nada que, nos termos referidos, deva levar a pensar numa *lacuna*, mais do que numa *inadmissão por omissão*, e aventando-se, apesar de tudo estar-se em presença de uma *lacuna*, importaria então, em nosso modo de ver, que teria ela de ser preenchida, como se estabelece no art. 10-1, "*segundo a norma aplicável aos casos análogos*".

"*Há analogia sempre que no caso omisso procedam as razões justificativas da regulamentação do caso previsto na lei*" (art. 10-2).

Ora, sendo assim, um procedimento muito breve e expedito como o de *despejo* não deverá ser colmado pelo articulado do processo mais desenvolvido e complexo, mas *pelo mais breve que, pela sua brevidade, a ele se assemelhe*.

Não parece, por conseguinte, legítimo, para uma possível, embora hipotética *lacuna* da disciplina de um *procedimento especial de despejo*, recorrer ao disposto para o *processo de declaração* constante dos arts. 552 a 589 CPC, organizado para abarcar até as causas mais complexas e que, portanto, admitirá a *reconvenção*.

Quando o CPC admitia três formas aplicáveis segundo a complexidade do *processo de declaração*, o mais simples era o *sumaríssimo* – e, esse, esmagadoramente se sustentava que não admitia *reconvenção*.

Ante o CPC_{1939}, era, com efeito, omisso o seu art. 798 a tal respeito – e aqui tínhamos já, se bem pensamos, uma *omissão-negação* pois, em face dela, logo propugnou a *Revista de Legislação e Jurisprudência* (82º, p.11) a sua inadmissibilidade.

O mesmo entendimento era defendido por ALBERTO DOS REIS: "quanto à reconvenção, deve entender-se que não é admissível em processo sumaríssimo"[7].

Ainda neste sentido, pronunciava-se também MANUEL DE ANDRADE[n].

Na mesma altura, CASTRO MENDES que, depois, mudou a sua opinião, revelou-se igualmente do mesmo entendimento[8].

Pode bem dizer-se, deste modo, que, na doutrina, com as sucessivas revisões do Código. se foi sistematicamente rejeitando, pela esmagadora maioria dos Autores, a suscetibilidade de *reconvenção* em *processo sumaríssimo* onde o *despejo* atual encontrava um lugar paralelo por que pudessem integrar-se as suas lacunas[9].

[7] Professor ALBERTO DOS REIS, *Código de Processo Civil Anotado*, VI, Coimbra Editora Lda., 1953, p. 493.

[8] JOÃO DE CASTRO MENDES, *Manual de Processo Civil*, Coimbra Editora Lda., 1963, p. 478 e *Rev. Fac.Dir.Lx*ª, XVI

[9] Além dos já citados, há pouco, ARTUR ANSELMO DE CASTRO, *Direito Processual Civil Declaratório*, I, Almedina, 1981, p. 171; ANTUNES VARELA/J. MIGUEL BEZERRA/SAMPAIO E NORA, *Manual de Processo Civil*, 2ª ed. rev. e act., Coimbra Editora limitada, 1985, p. 746; PAULO PIMENTA, *Reconvenção* (*BFDC*, LXX, 1994, pp. 492-495); FERNANDO BRANDÃO FERREIRA PINTO, *Lições de Direito Processual Civil*, Almedina, 1997, p. 461; CARLOS FRANCISCO DE OLIVEIRA LOPES DO REGO, *Comentários ao Código de Processo Civil*, 1999, Almedina, Artigo 794; JORGE AUGUSTO PAIS DE AMARAL, *Direito Processual Civil*, 4ª ed., Almedina, 2003, p. 406; SALVADOR DA COSTA, *A injunção e as Conexas Acção e Execução*, 6ª ed., Almedina, 2008, pp. 86-89; JOSÉ JOÃO BAPTISTA, *Processo Civil*, I, 8ª ed., Coimbra Editora, 2008, p. 489; MONTALVÃO MACHADO/PAULO PIMENTA, *O Novo Processo Civil*, 12ª ed., 2010, Almedina, p. 275; ABÍLIO NETO, *Despejo de Prédios Urbanos*,

Até que a formulação do CPC_{2013}, em vigor, acabou com ele.

E assim, se procurarmos, hoje, uma analogia para o *procedimento especial de despejo*, tal como está construído com a Reforma de 2012/ 2014, confirmada em 2017, deveremos, em princípio, equacionar lugares paralelos nas ações para que são competentes os *julgados de paz* (Lei nº 78/2001, de 13 de julho) ou no procedimento destinado a exigir o cumprimento de obrigações pecuniárias emergentes de contratos de valor não superior á alçada do tribunal de 1ª instância, regulado pelo Decreto-Lei nº 269/98, de 1 de setembro. e que se denomina de *injunção.*

Já se tem recorrido à primeira hipótese para extrair dela a conclusão de que, tal como nos *julgados de paz,* é excecionalmente admitida a *reconvenção* para se fazer valer o *direito a benfeitorias* ou *despesas relativas à coisa cuja entrega é pedida,* como consta do art. 48-1 da Lei nº 78/2001, também ela seria admissível no *procedimento de despejo*[10].

Com o devido respeito, pensamos antes que a analogia mais próxima do *despejo* é antes a *injunção.*

Ediforum, 2016, pp. 100-102; Rui Pinto que, depois de ter entendido o contrário (*Leis do Arrendamento Urbano Anotadas* [coord. de António Menezes Cordeiro], Almedina, 2014, p. 444, an. 10), mudou de opinião e passou a escrever que "a *oposição ao procedimento especial de despejo,* prevista no artigo 15-F ss. da Lei nº 6/2006, de 27 de fevereiro, também não admite reconvenção" – *Código de Processo Civil Anotado,* I, Almedina, 2018, p. 400 .
Note-se todavia que, ultimamente mas, em publicações anteriores ao CPC_{2013}, notou-se uma ligeira tendência regressiva, para a admissibilidade da *reconvenção* em *processo sumaríssimo*: Miguel Teixeira de Sousa, *Estudos sobre o novo processo civil,* Lex, Lisboa, 1997, p. 366, fundando-se no disposto no art. 3º-3 CPC, de então, hoje integralmente reproduzido pelo $CPC_{2013,}$ segundo o qual "o juiz deve observar e fazer cumprir ao longo de todo o processo, o princípio do contraditório"; José Lebre de Freitas/Armindo Ribeiro Mendes, *Código de Processo Civil Anotado,* III, Coimbra Editora, 2003, pp. 233-234, recusando este fundamento e preferindo socorrer-se da norma do anterior art. 464 que mandava aplicar ao *processo sumaríssimo* as disposições que lhe eram próprias e, subsidiariamente, as do processo sumário, bem como, "em segundo lugar, as o que estiver estabelecido para o processo ordinário". J. P. Remédio Marques, por fim, alinhava pela mesma conclusão, defendendo que nenhuma razão ponderosa existia para obstar ao *pedido reconvencional* no processo sumaríssimo, antes assim impunha o princípio da *economia processual,* mas devendo o *autor* defender-se em *articulado próprio*; não, como queria Teixeira de Sousa, na própria audiência de julgamento (*Acção Declarativa à Luz do Código Revisto,* 3ª ed., Coimbra Editora, 2011, p. 716).

[10] J. P. Remédio Marques, *Acção Declarativa à Luz do Código Revisto,* 3ª ed., Coimbra Editora, 2011, p. 716.
I – A ação subsequente a um procedimento de injunção corresponde a uma ação especial regulada pelas disposições que lhe são próprias, em conformidade com o disposto no art. 549-1 NCPC.
II – Seguindo a ação os termos da ação declarativa especial para cumprimento de obrigações pecuniárias emergentes de contratos, não é admissível a reconvenção.
SUPREMO, 24-09-2015 (*ColSTJ* nº 267, p. 71)

Embora os processos dos *julgados de paz* estejam concebidos e sejam orientados por princípios de simplicidade, adequação, informalidade, oralidade e absoluta economia processual (art. 2º-2 da Lei), encontram-se mais afastados do *despejo* do que a *injunção*.

Não será por acaso que o próprio *despejo* terá sido expressamente excluído da sua *competência* (art. 9º-1, al. *g*)) – e isso é logo um fundamento decisivo, a nosso ver, para não se dever ir por aí elegendo o como recurso analógico para a colmatagem das lacunas normativas da disciplina processual do *despejo*.

É a *injunção* o regime que lhe fica mais próximo e, certamente, o mais afim, constituindo portanto, em nossa opinião, o recurso mais indicado para lhe preencher as omissões e para apontar, pela analogia, as próprias dúvidas de interpretação.

Escorados neste entendimento, porque na *injunção* de valor não superior a 15.000,00 € não se admite *reconvenção*[11], concluímos que também no *despejo*, aliás como tradicionalmente era já a doutrina fortemente maioritária, escudada na lei anterior.

No domínio da legislação atual, esta nos parece, ainda, a jurisprudência maioritária. Veja-se.

> 1 – A criação do procedimento especial de despejo (regulado nos termos dos arts. 15º a 15-S da Lei 6/2006, de 27/02 (NRAU) com as alterações introduzidas pela Lei 31/2013, de 14/08) e, consequentemente, do Balcão Nacional do Arrendamento, destinado à sua tramitação, correspondeu a uma opção legislativa que teve o propósito de introduzir maior celeridade em matéria de despejo dos imóveis arrendados, tendo como finalidade "dinamizar o mercado do arrendamento urbano", operando para esse efeito, a desjudicialização desta matéria.
>
> 2 – Atenta a natureza célere e urgente do procedimento em apreço, com prazos apertados de tramitação e decisão, tal procedimento não se compadece com ações cruzadas, como é o caso da reconvenção.
>
> Relação de Évora, 30-06-2014 (Processo nº 1572/13.5YLPRT.P1)

> 1 – A criação do procedimento especial de despejo (regulado nos termos dos arts. 15 a 15-S da Lei 6/2006, de 27/02 (NRAU) com as alterações introduzidas pela Lei 31/2013, de 14/08) e, consequentemente, do Balcão Nacional do Arrendamento, destinado à sua tramitação, correspondeu a uma opção legislativa que teve o propósito de introduzir maior celeridade em matéria de despejo dos imóveis arrendados, tendo como finalidade "dinamizar o mercado do arrendamento urbano", operando para esse efeito, a desjudicialização desta matéria.

[11] Como se tem entendido: Edgar Valles, *Cobrança Judicial de Dívida, Injunções e Respectivas Execuções*, 8ª ed., Almedina, 2018, p. 128.

2 – Atenta a natureza célere e urgente do procedimento em apreço, com prazos apertados de tramitação e decisão, tal procedimento não se compadece com ações cruzadas, como é o caso da reconvenção.

Relação do Porto de 20-11-2014 (Processo nº 3588/13.2YLPRT.E1)

Contra, porém:

No procedimento especial de despejo, o inquilino pode, na oposição, reconvencionar o pagamento de benfeitorias (ao contrário do que acontece nas ações declarativas especiais do DL 269/98 e nas injunções de valor inferior a 15.000€).

Relação de Lisboa, 27-04-2017 (Processo nº 3222/16.9YLPRT-2)

NOTA CRÍTICA DE DISSENTIMENTO:

Neste sumário, "elaborado pelo Relator" – e, portanto, de maior responsabilidade – não parece de deixar sem reparo o solecismo que surge em "reconvencionar". O instituto processual da *reconvenção* não se constitui morfologicamente de *convenção* (acordo), mas de *convir* (vir a propósito) e, daí, re + convir – *reconvir* (recuperar; reaver; acusar o acusador para reduzir ou anular a culpa própria; *contra pedido do demandado ao demandante*), em que o infinitivo do verbo é, portanto, *reconvir* – e não "reconvencionar", como se grafou[12].

Mas deixemos o pormenor e analisemos o decidido em oposição ao firmado nos dois arestos anteriormente citados.

Como resulta do sumário, rejeitou-se, aqui, a analogia do *despejo* com os processos do Decreto-lei nº 269/98 e de *injunção.*

Com que fundamento? Fez-se, acaso, o paralelo entre eles?

Não se fez.

Começou-se por se apoiar teoricamente no entendimento minoritário que admitia a reconvenção com fundamento no princípio da economia processual e no interesse do réu em contrapor à ação contra ele posta pedidos estreitamente conexos com os do autor, o que "não é de menosprezar".

Aduziu o aresto, a seguir, que o art. 15-H-2 NRAU permite a existência de "um novo articulado, sempre que seja necessário garantir o contraditório, isto é, pode então haver um articulado de *resposta.*

A rematar, abona-se em vária jurisprudência que cita unicamente pela matrícula eletrónica dos respetivos acórdãos.

[12] Veja-se, a propósito, o Houaiss, o Aurélio e, bem assim, João Antunes Lopes, *Dicionário de Verbos Conjugados,* entrada: *reconvir.*

Sem querermos alongar-nos na análise desta fundamentação, certo é que não a temos por convincente.

O apoio doutrinário, sendo, em geral, anterior à formulação atual do procedimento de despejo, parece desatualizado e, inclusivamente, quando se socorre de Rui Pinto, esquece que o Ilustre Professor, como tivemos ensejo de referir em nota, reviu a sua posição anterior, mudando de parecer.

Na verdade e no nosso entendimento, o apelo ao *princípio da economia processual*, que é inteiramente de observar, em geral, quando se está em presença de um processo de *tramitação ordinária*, pode tornar-se inconveniente e proibitivo a dilatar um procedimento de brevíssima tramitação, descaracterizando-o e frustrando-lhe o essencial objetivo de prontidão para que foi criado.

É por isso que, formas processuais como a do Decreto-Lei nº 296/98 e a de *injunção*, dominadas pelo objetivo de rápida ultimação, fugindo à sua observância, excluem do seu âmbito a *reconvenção*, não observando o princípio.

Do mesmo modo, num procedimento historicamente bem marcado pelo imperativo, até cronométrico, de brevidade, como o do despejo de 2012/2014, confirmado em 2017, pretender admitir-lhe uma reconvenção, dilatando-o por mais um articulado, com todo o seu cortejo de novos factos, argumentos e contra argumentos, provas e contra provas, aumentando-lhe o valor da ação, com as respetivas consequências recursórias, constituiria decerto, em nosso parecer, não apenas – permita-se-nos a expressão – tentar meter o Rossio na Betesga, mas regredir, revertendo-se ao passado de má memória e, em última análise, subverter a intenção fundamental da lei.

O argumento mais apreciável do aresto é pois, em nossa opinião, o que retira do disposto no art. 15-H-1 NRAU, quando refere que a oposição é notificada ao requerente no momento em que o BNA envia os autos para a distribuição e, a seguir, do que consta do nº 2 do mesmo preceito, segundo o qual o juiz pode convidar as partes a "aperfeiçoares as peças processuais ou, no prazo de 10 dias, apresentarem novo articulado sempre que seja necessário garantir o contraditório".

Raciocina-se então que o requerente não é, portanto, "notificado só com a notificação para julgamento" e que, além disso, "é possível a existência de um novo articulado... ou seja, pode haver um articulado de resposta".

Sendo este o passo em que diretamente se formula o argumento tido por decisivo, o problema é que o que se retira deles é mais o que se pretende que a lei diga, do que aquilo que, se bem nos parece, ela propriamente declara.

Na verdade, a *oposição* não é *notificada* ao *requerente*: apenas lhe é enviada a respetiva *cópia*, ao "apresentar os autos à distribuição" – o que se faz sempre, independentemente de *pedido de reconvencional*, pelo simples efeito de ter sido apresentada *oposição*.

Por outro lado, a verdade é que o nº 2 do artigo não afirma que o juiz deve notificar o requerente para apresentar "um novo articulado" mas, antes, que "pode convidar as partes" a "aperfeiçoarem as peças processuais" ou "apresentarem novo articulado sempre que seja necessário garantir o contraditório"

A diferença é como do dia para a noite. Não se trata, portanto, *de um novo articulado*, a acrescentar aos existentes, mas *de novo articulado*, corrigido ou aperfeiçoado, *para substituir o anterior*.

Aliás, se fosse permitida *reconvenção*, não caberia facultativamente ao juiz, como preceitua o artigo, convidar as partes a aperfeiçoarem peças processuais, mas uma simples *resposta*, a juntar espontaneamente aos autos pelo *senhorio*.

Por último, citam-se ainda, em apoio do seu entendimento, dois acórdãos que, julgando sobre outra matéria, referem, *de passagem* e *sem que o tema estivesse sub judice*, a admissibilidade, segundo, exatamente, os mesmos Autores aqui citados, de *reconvenção* em *procedimento de despejo* – e, depois, vários outros que, segundo se refere, demonstram "que, normalmente, as reconvenções por benfeitorias são aceites pelos tribunais, ao menos no distrito judicial de Lisboa".

Serão, segundo se refere, os seguintes: Relação de Lisboa, 09-07-2015 (Processo nº 2684/14.3YLPRT.L1-7); Relação de Lisboa, 17-03-2016 (Processo nº 2090/15.2YLPRT.L1-6); Relação de Lisboa, 02-06-2016 (Processo nº 4274/15.4YLPRT.L1-8) e Relação de Lisboa, 12-10-2017 (Processo nº 4058-12.ITJLSB.L1-2).

Tivemos a preocupação de os consultar – e concluímos daí que só os dois últimos respeitam, realmente, a um *procedimento de despejo* com um *pedido reconvencional* por *benfeitorias* mas, curiosamente, ambos instaurados anteriormente à entrada em vigor da Lei nº 31/2012.

2. Pedido de despejo e de condenação no pagamento de rendas, encargos ou despesas em atraso; caução

O disposto no nº 3 deste preceito, quanto à caução que o *arrendatário* com rendas em atraso deve prestar, tem suscitado um desencontro de jurisprudência que importa analisar.

Segundo uma corrente, a declaração nele feita de que o requerido, nos casos previstos nos n.os 3 e 4 do art. 1083 CC, deve juntar à sua oposição documento comprovativo de pagamento de uma *caução* até ao valor máximo correspondente a *seis rendas*, "*salvo nos casos de apoio judiciário, em que está isento, nos termos a definir por portaria do membro do Governo responsável pela área da justiça*", é contrariada pelo disposto na Portaria nº 9/2013 quando, no seu art. 10-2, veio estabelecer que o documento comprovativo do pagamento da caução "*deve ser apresentado juntamente com a oposição, independentemente de ter sido concedido apoio judiciário ao arrendatário*".

Ora, sendo os dois diplomas em antagonismo de forças diferentes, há de prevalecer aquilo que se preceitua no mais forte, naturalmente, a *lei*; não a *portaria* – e, nestes termos, o *requerido*, dispondo de *apoio judiciário*, estará dispensado de prestar *caução*, como se determina, segundo esta interpretação, no nº 3 do presente artigo.

Podem citar-se em tal sentido os acs. da Relação de Lisboa, de 19-02-2015 (Processo nº 4118/14.4TCLRS.L1.-2); de 28-04-2015 (Processo nº 1945/14.6YLPRT-A.L1-7); e de 09-12-2015 (Processo nº 451/15.6YLPRT.L1-2); e da Relação do Porto, de 03-03-2016 (Processo nº 3055/15.OYLPRT.P1); de 05-06-2017 (Processo nº 2375/16.0YLPRT-A.P1); e de 26-10-2017 (*Colectânea*, nº 281, p. 187 – com um extenso voto de vencido).

Opostamente, sustenta-se que não há contradição entre os diplomas em causa, pois este nº 3, ao proclamar que o requerido está isento "nos termos a definir por portaria", limita-se a remeter para o que, livremente, ela viesse a determinar.

Nesta orientação, são de referir os acs. da Relação de Évora, de 25-09-2014 (Processo nº 1091/14.2YLPRT-A.E1)[13]; e da Relação de Lisboa, de 18-06-2015 (Processo nº 2563-14YLPRT.L1-6)[14]; de 09-07-3015 (Processo nº 2684/14.3YLPRT.L1-7)[15]; e de 17-12-2015 (Processo nº 272/15.2YLPRT.L1-2).

Qual das duas correntes merece acolhimento?

Em nossa opinião, certamente a segunda.

Com efeito, a tese de que há contradição e, logo, a prevalência deste nº 3 sobre o que se dispõe no nº 2 do art. 10 da portaria, estriba-se em dois pilares únicos, muito claramente definidos, por exemplo, no ac. da Relação do Porto, de 5 de junho de 2017, um dos mais bem escritos e recentes, à data em que escrevemos, que em boa parte, aliás, se estribou no ac. da Relação de Lisboa, de 28-04-2015:

a) – O presente nº 3 declara que o requerido deve, com a sua oposição, proceder ao "*pagamento de uma caução no valor das rendas, encargos e despesas em atraso até ao valor de máximo correspondente a seis rendas, salvo nos casos de apoio judiciário, em está isento, nos termos a definir em portaria do membro do Governo responsável pela área da justiça*";

[13] Sumário: Em incidente de oposição ao despejo por falta do pagamento de rendas, a concessão do apoio judiciário ao arrendatário apenas o isenta do pagamento da taxa de justiça devida e não também do depósito da caução no valor das rendas em atraso, pelo que se o não fizer, a oposição tem-se por não deduzida.

[14] Sumário: Em incidente de oposição ao despejo por falta do pagamento de rendas, a concessão do apoio judiciário ao arrendatário apenas o isenta do pagamento da taxa de justiça devida e não também do depósito da caução no valor das rendas em atraso, pelo que se o não fizer, a oposição tem-se por não deduzida

[15] Sumário: ... VI – Está-se, pois, perante uma caução que, como tal, se destina, apenas, a garantir a posição do senhorio, pelo que, o que for despendido a esse título, não implica, necessariamente, que o arrendatário fique desapossado do respetivo valor em definitivo. VII – Considera-se, deste modo, que se está perante norma restritiva que se revela proporcional e evidencia uma justificação racional, procurando garantir o adequado equilíbrio face, nomeadamente, ao direito de propriedade privada, constitucionalmente protegido, tal como o direito de acesso ao direito e à tutela jurisdicional efetiva. VIII – Assim, a norma constante do nº 4, do art. 15º-F, do NRAU, não é inconstitucional, já que não viola o direito fundamental de acesso ao direito e aos tribunais, consagrado no art. 20º, nº 1, da CRP, não afetando de forma irreversível o direito à via jurisdicional.

b) – O nº 2 do art. 10 da Portaria nº 9/2013 declara, por seu turno, que o documento comprovativo do pagamento da *caução* "*deve ser apresentado juntamente com a oposição, independentemente de ter sido concedido apoio judiciário*".

Assim e antes de mais, segundo o elemento literal que claramente ressalta da expressão daquele preceito, "salvo nos casos de apoio judiciário em que está isento" (*sublinhado, do texto*) parece que o legislador quis isentar o requerido com apoio judiciário de pagar a caução.

Depois – e aqui vem o elemento racional – sujeitar o requerido o pagar a caução "*pode equivaler a coartar ou anular o direito de defesa do arrendatário que se encontre em precária situação económica*".

O que a nós, porém, parece é que, antes de mais, na interpretação literal dos textos correspondentes ao presente nº 3 e ao nº 2 da portaria, se faz, em todas as decisões desta corrente, *uma inegável e indevida amputação no primeiro destes preceitos.*

O nº 3 não para, na verdade, em "*salvo nos casos de apoio judiciário, em que está isento,*" – e não é, obviamente, de boa hermenêutica fixar-lhe o sentido e alcance esquecendo a continuidade da frase, como se o discurso tivesse parado ali.

Se o intérprete só se reporta a este passo, omitindo o trecho que se lhe segue, acaba por só fixar aquilo que ele quere; não, o que o todo manda.

Na verdade, quando o preceito refere que deve proceder-se ao pagamento da *caução*, "*salvo nos casos de apoio judiciário, em que está isento, nos termos a definir por portaria do membro do Governo responsável pela área da justiça*", este passo interpretado no seu todo, não determina que o requerido está, sem mais, isento de *pagamento de caução*, nos casos de *apoio judiciário*, mas *unicamente, que o estará naqueles que venham a ser referidos por portaria.*

Quer dizer, o texto, quando analisada a totalidade da sua expressão linguística, não contém uma afirmação acabada, de *isenção de pagamento de caução*, em caso de *apoio judiciário* – mas, unicamente, *uma delegação em portaria, a emitir,* daquelas eventualidades em que tal *isenção* venha a ser fixada.

Não vale a pena esgotarmo-nos em citações de grandes Autores para se demonstrar o óbvio de que uma norma de fonte hierárquica superior não pode ser anulada por outra, inferior, pois não é isso que está realmente em causa: a norma de fonte hierárquica superior, aqui, simplesmente *delegou* na inferior – o que, evidentemente, é possível e universalmente aceito.

Ora, sendo assim, ao contrário do que refere a corrente jurisprudencial em apreço, este nº 3 *não decreta a isenção*; parte, antes, de um *pressuposto de não isenção,* para vir a ser pesado e estabelecido no diploma subsequente.

Acontece que, entre a lei delegante (14-08-2012) e a portaria delegada (10-01-2013), houve um hiato de quase *dezassete meses.*

Durante esse período inicial, o requerido, com *apoio judiciário*, estava isento de pagar a *caução*, nas ações que, em juízo, viessem a ser propostas contra ele?

Cremos que seria, então, difícil admiti-lo: faltava uma determinação dos casos em que haveria *isenção* e, sem ela não haveria cobertura legal para a reconhecer na hipótese concretamente configurada.

Surgiu, entretanto, o diploma delegado e *não estabeleceu isenção alguma*: o documento comprovativo do pagamento da caução – proclamou – deve ser apresentado juntamente com a oposição, "*independentemente de ter sido concedido apoio judiciário*".

Pretender que, por esta forma, a portaria incorreu num *excesso de delegação*, nem está de acordo com a regra da *não isenção* nem resolverá nada: se a lei manda que, por ato avulso posterior, se especifique em que concretas circunstâncias ficará o requerido *isento*, e falta esse ato, reverteríamos à situação intertemporal de há pouco: se não estão estabelecidas as respetivas hipóteses de *isenção*, o mais que se poderia concluir seria a impossibilidade de individualmente configurá-las, na prática, caso por caso.

Cairíamos assim na *não isenção*.

Mas importa, além disso ponderar – e decisivamente – que a solução de não se dar ao requerido com *apoio judiciário* isenção de pagamento da *caução* não é, minimamente condenável, *de iure condendo*, antes se apresenta como a única solução eticamente aceitável, no plano dos princípios

É sem razão que a corrente jurisprudencial em apreço pretende, sob este aspeto, optar pela *isenção de pagamento da caução* porque, de contrário, equivaleria "*a coartar ou anular o direito de defesa do arrendatário que se encontre em precária situação económica*".

Não é assim, evidentemente.

Quando no nº 4 do presente art. 15-F se declara que "*a oposição tem-se por não deduzida*" o que daí decorre é que o BNA, como manda o art. 15-E-1, al. *b)*, NRAU, converte o *requerimento de despejo* em *título executivo*, coloca-lhe a fórmula de *título para desocupação* e disponibiliza-o ao *requerente* e ao *agente de execução, notário* ou *oficial de justiça designado* (art. 15-E-3 NRAU), para se executar a *desocupação* – e, uma vez que se deduziu matéria de *oposição*, "*apresenta os autos â distribuição e remete ao requerente cópia da oposição*" (art. 15-H-1 NRAU).

Como sustenta, com razão, Rui Pinto, a conversão do *requerimento de despejo* em *título para desocupação* "não impede que o PED se convole para conhecimento da oposição ao requerimento do despejo nos termos dos 15-F e 15-H"[16]

Portanto, o *requerido* vai ver apreciada a defesa que apresentou perante o tribunal; não lhe é minimamente coartado ou anulado o seu direito.

O que, em nossa opinião, parece teleologicamente inadmissível, por eticamente reprovável, é que, sem prestar *caução* nem pagar as *rendas* que se forem vencendo, não seja imediatamente despejado, para não agravar o prejuízo do *senhorio*, e seja, pelo contrário,

[16] Rui Pinto, *Leis do Arrendamento Urbano Anotadas* (coord. de António Menezes Cordeiro), Almedina, 2014, p. 439, an.8.

mantido a pleitear, desfrutando *à la bonne* do imóvel arrendado, com o apoio da *assistência judiciária*, isto é, permissivamente subsidiado por todos nós.

A aplicação prática também não deve ser desprezada e. nesta perspetiva, sem nos alongarmos no exame de todos os casos desta corrente, certo é que, na hipótese do ac. da Relação de Lisboa, de 28-04-2015, estava-se em presença de um *arrendatário não habitacional* que, desde fevereiro de 2014, portanto há catorze meses, à data do aresto, ocupava o imóvel sem pagar nem garantir a renda, subindo já a dívida a mais de 11.000,00 €.

Por sua vez, no ac. da Relação do Porto, de 5 de junho de 2017, que expressa, mas abstratamente, se determinou pelo propósito de *"não coartar ou anular a defesa de arrendatário em precária situação económica"*, a concreta defesa, segundo o relatado na decisão, era a de que ele, *arrendatário*, não tinha pago as rendas, tão somente, porque o *senhorio* "de forma categórica recusa receber o valor das rendas, pretendendo obter fundamento para fazer cessar o contrato de arrendamento".

Nesta base, não se socorreu, como seria natural e lhe era concretamente facultado pelos arts. 841 e 1042, da *consignação em depósito*, mas lançou-se na obtenção de *apoio judiciário* para, desta feita, se conservar a ocupar a casa sem pagar a renda nem a caução que lhe incumbia – evidenciando-se claramente, afinal, como um simples *profiteur*.

E caberá finalmente perguntar a que título, em nome de que princípio moral, com que dignidade e justiça é que o Estado presta *apoio judiciário* a litigantes de semelhante estirpe, sem concomitantemente se responsabilizar pelo prejuízo económico que a parte contrária venha eventualmente a suportar com o pleito?

Dicant padoani.

Artigo 15-G – Extinção do procedimento

1 – O procedimento especial de despejo extingue-se pela desocupação do locado, por desistência e por morte do requerente ou do requerido.

2 – O requerente pode desistir do procedimento especial de despejo até à dedução da oposição ou, na sua falta, até ao termo do prazo de oposição.

3 – Nos casos previstos nos números anteriores, o BNA devolve a pedido do requerente o expediente respeitante ao procedimento especial de despejo e notifica o requerido daquele facto se este já tiver sido notificado do requerimento de despejo.

Mais uma vez, temos de assinalar a imperfeição literária do texto da lei.

No nº 3 deste artigo, entre a palavra "devolve" e a expressão "a pedido do requerente", falta uma vírgula, igualmente omitida em "requerente": "...devolve, a pedido do requerente, o expediente".

É certamente de condenar, ainda, a vizinhança de duas palavras rimadas nesta sequência final, que poderia ser evitada se se desse à frase outra construção,

Aqui se determina a extinção do *procedimento especial de despejo* ante a ocorrência de alguma das seguintes hipóteses:

a) – Pela *desocupação* do imóvel arrendado;

b) – Por *desistência do procedimento* pelo *requerente*, até à apresentação da *oposição* do *requerido* ou, na sua falta, até ao termo do prazo em que deveria apresentar-se (nº 2 do preceito);

c) – Por *morte* do *requerido*;

d) – Por *morte* do *requerente*.

A ocorrência de qualquer destes casos, pode suscitar algumas dúvidas.

Analisemos cada um deles, por si.

I – ***Desocupação do imóvel.*** O que se decreta, nos diversos números deste artigo é, como sugestivamente se declara na sua epígrafe, a *extinção do procedimento*; não, a matéria do *foro judicial*, que no *requerimento* eventualmente se contenha e cujo conhecimento e decisão venha a caber, não ao BNA, mas ao tribunal.

A *desocupação do imóvel* poderá ocorrer logo em pleno *procedimento de despejo* quando, por hipótese, não tenha havido *oposição* do *requerido*.

II – ***Desistência do procedimento pelo requerente.*** Esta expressão deve entender-se, em nossa opinião, como aliás o sugere a expressão e se confirma pelo disposto na al. *e)* do art. 10-1 do Decreto-Lei nº 1/2013 e do art. 11-1 da Portaria nº 9/2013, como *desistência do pedido*, ainda no BNA: "desistência do pedido, nos termos do nº 2 do artigo 15-G".

Se o *requerente* desiste do *pedido*, não poderá, obviamente, voltar a pedi-lo pois, com a desistência, *extingue o direito que pretendia fazer valer* (art. 285-1 CPC).

Será que lhe é admitido, ainda no BNA, desistir apenas da *instância*?

Não vemos, no NRAU, no Decreto-Lei nº 1/2013 ou na Portaria nº 9/2013, nenhuma disposição que, de perto ou de longe, o admita e supomos até que tal pedido não se coadunará com a natureza sumária e, por assim dizer, *de um procedimento de despejo.*

Com a desistência da instância, ficaria então o *procedimento* a aguardar o impulso processual (art. 281-1 CPC), até aos *seis meses*, à espera da *deserção*?

Não nos parece conforme à sua natureza

Isto não impedirá que, em caso de imperfeição, em vez da *desistência do procedimento*, se apresente outro *requerimento*, como se admite no art. 15-C-2 NRAU.

III – ***Morte do requerido.*** Embora possa haver, segundo a norma arrendatícia, sucessão contratual, o *procedimento de despejo* não se compadece, pela sua natureza breve e o seu desenrolar numa *secretaria judicial*, com um *incidente de suspensão da instância*, nos termos de art. 270 CPC.

Este poderá certamente ocorrer na fase *judicial* mas, nesta disposição, trata-se unicamente da ocorrência do facto, como dos restantes, no âmbito do *procedimento especial de despejo*.

E não haverá outra solução.

Persistindo o fundamento, pode então propor-se outro PED contra o sucessor.

IV – ***Morte do requerente***. Não há, igualmente, em *procedimento especial de despejo*, incidente de *suspensão da instância*, por *morte do requerente*.

Artigo 15-H – Distribuição e termos posteriores

1 – Deduzida oposição, o BNA apresenta os autos à distribuição e remete ao requerente cópia da oposição.

2 – Recebidos os autos, o juiz pode convidar as partes para, no prazo de 5 dias, aperfeiçoarem as peças processuais, ou, no prazo de 10 dias, apresentarem novo articulado sempre que seja necessário garantir o contraditório.

3 – Não julgando logo procedente alguma exceção dilatória ou nulidade que lhe cumpra conhecer ou não decidindo logo do mérito da causa, o juiz ordena a notificação das partes da data da audiência de julgamento.

4 – Os autos são igualmente apresentados à distribuição sempre que se suscite questão sujeita a decisão judicial.

Recebida a *oposição*, passa-se à *forma judicial*.

O BNA procede, caso seja necessário, à digitalização da *oposição* e à sua introdução no sistema informático, remetendo eletronicamente o processado ao tribunal designado pelo requerente, para o efeito de apresentação à *distribuição* (art. 9º-3 Portaria nº 9/ /2013).

Se o *procedimento* tiver mais do que um *requerido*, só será naturalmente remetido após a última *oposição*, ou ter passado o prazo para ela (art. 9º-4 da Portaria nº 8/2013).

Como tivemos já ensejo de referir, a respeito do que se dispõe no nº 2 do presente artigo, a faculdade que se dá ao juiz de convidar as partes a "apresentarem novo articulado sempre que seja necessário garantir o contraditório" não abre margem à admissão de um novo articulado de *resposta* à *reconvenção*.

Esta não é admitida no *procedimento especial de despejo* e, se o fosse, não surgiria a convite do juiz, mas seria de juntar, no prazo correspondente, independentemente de um convite facultativo, como é o caso em presença (v. comentário *supra* nº 1, *sub* art. 15-F).

Artigo 15-I – Audiência de julgamento e sentença

1 – A audiência de julgamento realiza-se no prazo de 20 dias a contar da distribuição.

2 – Não é motivo de adiamento da audiência a falta de qualquer das partes ou dos seus mandatários, salvo nos casos de justo impedimento.

3 – Se as partes estiverem presentes ou representadas na audiência, o juiz procura conciliá-las.

4 – Frustrando-se a conciliação, produzem-se as provas que ao caso couber.

5 – Qualquer das partes pode requerer a gravação da audiência.

6 – As provas são oferecidas na audiência, podendo cada parte apresentar até três testemunhas.

7 – A prova pericial é sempre realizada por um único perito.

8 – Se considerar indispensável para a boa decisão da causa que se proceda a alguma diligência de prova, o juiz pode suspender a audiência no momento que reputar mais conveniente e marcar logo dia para a sua continuação, devendo o julgamento concluir-se no prazo de 10 dias.

9 – Finda a produção de prova, pode cada um dos mandatários fazer uma breve alegação oral.

10 – A sentença, sucintamente fundamentada, é logo ditada para a ata.

A *sentença,* caso julgue procedente o *pedido,* bastará, por si, para se proceder à *desocupação,* não havendo então necessidade de se emitir um *título de desocupação imediata,* como resulta dos termos do nº 1 do artigo seguinte – e, havendo-se cumulativamente solicitado e deferido a condenação em pagamento de *rendas, encargos ou despesas* devidas pelo *arrendatário,* ela será também *título executivo para pagamento de quantia certa,* segundo o disposto nos arts. 15-J-5 NRAU e 703-1, al. *a),* CPC_{2013}.

Artigo 15-J – Desocupação do locado e pagamento das rendas em atraso

1 – Havendo título ou decisão judicial para desocupação do locado, o agente de execução, o notário ou, na falta destes ou sempre que lei lhe atribua essa competência, o oficial de justiça desloca-se imediatamente ao locado para tomar a posse do imóvel, lavrando auto da diligência.

2 – O senhorio e o arrendatário podem acordar num prazo para a desocupação do locado com remoção de todos os bens móveis, sendo lavrado auto pelo agente de execução, notário ou oficial de justiça.

3 – O agente de execução, o notário ou o oficial de justiça podem solicitar diretamente o auxílio das autoridades policiais sempre que seja necessário o arrombamento da porta e a substituição da fechadura para efetivar a posse do imóvel, aplicando-se, com as necessárias adaptações, o disposto no nº 6 do artigo 757 do Código de Processo Civil.

4 – Quando a desocupação do locado deva efetuar-se em domicílio, a mesma só pode realizar-se entre as 7 e as 21 horas, devendo o agente de execução, o notário ou o oficial de justiça entregar cópia do título ou decisão

judicial a quem tiver a disponibilidade do lugar em que a diligência se realiza, o qual pode assistir à diligência e fazer-se acompanhar ou substituir por pessoa da sua confiança que, sem delonga, se apresente no local.

5 – O título para desocupação do locado, quando tenha sido efetuado o pedido de pagamento das rendas, encargos ou despesas em atraso, e a decisão judicial que condene o requerido no pagamento daqueles constituem título executivo para pagamento de quantia certa, aplicando-se, com as necessárias adaptações, os termos previstos no Código de Processo Civil para a execução para pagamento de quantia certa baseada em injunção.

6 – Nos casos previstos no número anterior não há lugar a oposição à execução.

Na expressão do preceito, reprovamos abertamente o estrangeirismo "há lugar", constante do seu nº 6.

Na sua epígrafe, referem-se duas operações distintas: uma, tratada aqui mais largamente, a "desocupação do locado", e outra, de modo mais sucinto, o "pagamento das rendas em atraso", que será depois desenvolvida e regulamentada no art. 12 do Decreto-Lei nº 1/2013.

Comecemos pela *desocupação do imóvel arrendado*, a que refere o nº 1 deste preceito.

I – ***Desocupação do imóvel arrendado.*** O nº 1 deste preceito, começa por uma condição: "havendo título ou decisão judicial para desocupação do locado".

Assim, a *decisão judicial* já será *título suficiente*, como é natural, para a *desocupação* que a seguir se descreve.

Mas, independentemente dela, pode ainda *haver título*.

É o caso previsto e descrito no art. 15-E, em que o BNA "converte o requerimento de despejo em título para desocupação do locado".

No presente artigo, enunciam-se unicamente os grandes pilares do incidente – a *deslocação ao imóvel*, a *tomada de posse* deste e o *auto da diligência* – encontrando-se a disciplina dos trâmites que o compõem e por que concretamente pode desenrolar-se esparsamente reguladas em várias disposições.

Como se vê, hoje em dia, a *desocupação coativa do espaço arrendado* realiza-se através do *procedimento de despejo*, não tendo já aplicação ao caso as normas processuais que disciplinavam a *execução para entrega de coisa certa* e que então eram chamadas a completar a *ação declarativa de despejo* – mas cremos ter havido aqui uma descoordenação legislativa pois, a seguir à Lei nº 31/2012 que deu esta força ao *procedimento de despejo*, surgiu o CPC_{2013}, onde se incluíram os arts. 862 a 865 a disciplinar uma "*execução para entrega coisa imóvel arrendada*"(art. 862 CPC_{2013}), a tramitação de um "*diferimento da desocupação de imóvel arrendado para habitação*" (art. 863 CPC_{2013}), os termos desse diferimento (art. 865 CPC_{2013}), que serão, portanto, autênticas *normas em branco*.

A – *Notificação ao requerido para desocupar o imóvel.* Antes de mais, a *deslocação* não se fará nunca sem que, logo após ter sido aceito o *requerimento de despejo*, o BNA, por *carta registada*, com *aviso de receção*, notifique o *arrendatário* para *desocupar o imóvel*, pagar a quantia cumulativamente pedida pelo *requerente*, acrescida da taxa devida, *opor-se ao despejo*, ou requerer o *diferimento da desocupação* (art. 15-D NRAU).

B – *Disponibilização de título de desocupação.* Se, não houver *oposição do requerido*, a *deslocação ao imóvel* far-se-á imediatamente, tendo no entanto o *agente de execução*, *notário* ou *oficial de justiça* de estar munido do *título de desocupação* em que o BNA converteu o *requerimento de despejo* (art. 15-E-1 NRAU), autenticado com recurso a *assinatura eletrónica* (art. 15-E-2 NRAU) e por ele, para o efeito, disponibilizado ao *requerente* e ao *executor* (art. 15-E-3 NRAU).

C – *Horário da desocupação.* O horário para a realização da *desocupação de domicílio*, como consta do nº 4 do presente artigo, estende-se entre as 7 e as 21 horas, repetindo, neste passo, o que se estabelece no art. 757-5 CPC a respeito da *execução para pagamento de quantia certa*.

Parece óbvio que este período é desnecessariamente longo e excessivo: no inverno, abrange a noite nos seus extremos.

O horário geralmente praticado nos *condomínios*, entre as 8 e as 18 horas seria suficiente e muito mais razoável

D – *Posse imediata e sem necessidade de autorização judicial.* Prevê a lei (art. 14-2 do Decreto-Lei nº 1/2013) a improvável suscetibilidade de se encontrar a casa *desocupada* e com indícios de *abandonada*.

a –Se, ao deslocar-se o executor ao local, encontrar o imóvel sem ocupação de quaisquer pessoas, indiciando estar *abandonado*, declara-se na citada disposição que a sua *tomada de posse* pelo *executor* poderá fazer-se, sem necessidade de *autorização do juiz*.

É uma hipótese puramente teórica e com muito pouca probabilidade de ocorrer, na prática.

Se a casa está *abandonada*, para que quererá o *senhorio* meter-se em despesas e pedir ao BNA o seu *despejo*, quando pode livremente tomar conta dela?

Pedir-lhe que despeje o que já está despejado?

Não faz sentido.

O legislador quis, no entanto, prever a remota suscetibilidade de ela vir a ocorrer, e contemplou-a no art. 14-2 do Decreto-Lei nº 1/2013, para declarar, num rasgo bizantino, a desnecessidade, neste caso, de *autorização judicial*, para se tomar posse do imóvel, mas haverá que previamente se afixar, à porta, um aviso de que vai efetuar-se a entrada, dentro, pelo menos, de 20 dias, deverá certificar-se de que o fornecimento de água e o de eletricidade estão interrompidos, o recetáculo do correio se encontra cheio e pessoa residente na área e "com conhecimento direto" confirme o abandono (art. 14-3-4 do Decreto-Lei nº 1/2013).

b – Mais provável será o caso de se ter formado acordo entre *requerente* e *requerido* para este deixar o imóvel devoluto.

É o que se prevê no nº 2.

Então, a tomada de posse do imóvel far-se-á no dia aprazado, igualmente sem necessidade de *autorização do juiz*, lavrando então o *executor*, como se prevê, o respetivo *auto* e investindo, por último, o *requerente* na sua posse, entregando-lhe os documentos e as chaves que existam, notificando o *requerido* e quaisquer *detentores* de que respeitem o direito do *requerente* (art. 15-1 do Decreto-Lei nº 1/2013), ou, se este for apenas *comproprietário*, investindo-o na sua *quota-parte* (art. 12-2 do referido diploma).

E – ***Não-cumprimento do acordo e autorização judicial para entrada imediata.*** Se tiver havido o acordo previsto no nº 2, entre *senhorio* e *arrendatário*, e este o incumprir, como no caso de, sem prévio acordo, o *requerido* não assentir em retirar-se, só se poderá forçar a *entrada imediata* no imóvel mediante prévia *autorização do juiz*, se o *procedimento* não lhe tiver sido ainda distribuído (art. 15-L-1 NRAU).

Essa apresentação será em tal caso feita através do BNA, "*por via eletrónica e de forma automatizada*", não obedecendo, portanto, a qualquer modelo (art. 10-2 do Decreto-Lei nº 1/2013, e art. 12 da Portaria nº 9/2013).

F – ***Solicitação de auxílio às autoridades policiais.*** Sempre que seja necessário "o arrombamento da porta e a substituição da fechadura", declara o nº 3 do mesmo preceito, o *executor poderá* (se assim o entender) solicitar o auxílio das *autoridades policiais* mas, na prática, cremos que será certamente mais preciso um carpinteiro ou um serralheiro do que um polícia.

O recurso às autoridades policiais foi inspirado no art. 757-6 CPC, para que remete o nº 3 do presente artigo 15-J, aqui se acrescentando que as *autoridades policiais* serão remuneradas pela prestação desse auxílio, de acordo com portaria a publicar, a qual estabelecerá ainda "*as modalidades de auxílio a adotar e os procedimentos de cooperação entre os serviços judiciais e de segurança, nomeadamente quanto às comunicações a efetuar preferencialmente por via eletrónica*".

II – ***Título executivo para pagamento de quantia certa baseada em injunção.*** Os n.os 5 e 6 deste art. 15-J passam a disciplinar, num salto discursivo, do *processo de execução* para pagamento de *rendas, encargos e despesas*, que tenham sido pedidos cumulativamente com o de *despejo*.

E declara-se então no nº 5, que o "título de desocupação do locado" e a *condenação judicial* no pagamento das *rendas, encargos* ou *despesas* são *título executivo para pagamento de quantia certa*.

Que a *decisão judicial condenatória* o seja, é evidente, parecendo até inútil dizê-lo, pois essa natureza lhe é já atribuída no art. 703-1, al. *a)*, CPC_{2013}.

O que não se compreende facilmente, porque não é essa a sua função, é que se declare um *título de desocupação* também como *título executivo para pagamento de quantia certa* – além do mais, desnecessariamente para o efeito.

Depois de, nos primeiros quatro números do artigo, se disciplinar a *desocupação* do imóvel arrendado no âmbito do *procedimento*, o nº 5, passando em claro a ação declarativa, em geral, inserida na forma judicial, salta para o caso específico da *execução* destinada a obter o pagamento de *rendas, encargos ou despesas.*

Refere-se, deste modo, que semelhante *execução* é a *para pagamento de quantia certa* baseada em *injunção* e, portanto, constitui um *processo executivo sumário* (art. 550-2, al. *b)*, CPC_{2013}), que segue os termos constantes dos arts. 855-858 CPC_{2013}, sem que ao *executado* sejam aplicáveis, numa hipotética *oposição*, as limitações do art. 857 CPC_{2013} aos fundamentos constantes do art. 729 CPC_{2013}, pois o nº 6 do presente artigo 15-J expressamente determina que, neste caso *nem há, sequer, oposição à execução.*

O seu desenvolvimento processual é depois estabelecido no art. 12 do Decreto-Lei nº 1/2013, sob a epígrafe "*execução para pagamento de rendas, encargos ou despesas*", que regulamenta a matéria de forma bastante embrulhada, misturando confusamente a *desocupação do imóvel* com a *execução para pagamento de quantia certa.*

Aí se estabelece, com efeito, que, formulado, no *requerimento de despejo,* o pedido de *pagamento de rendas, encargos ou despesas*, o BNA faz a conversão do requerimento em *título de desocupação.* – e outro tanto fará ante *decisão judicial* (corpo do nº 1).

Neste passo, referindo a *decisão judicial*, estará então a lei implicitamente a pensar, não já na hipótese de um *requerimento* inicial *não contestado*, mas ante a *sentença de condenação,* decretada em face de um *requerimento* inicial que foi objeto de *oposição.*

Num caso ou noutro, pois, disponibiliza-se ao *requerente* e ao *agente de execução, notário* ou *oficial de justiça*, o título, no qual tenha sido colocada a *fórmula de título de desocupação do imóvel em causa.*

Porquê, num caso ou noutro?

Porque, tendo havido *oposição*, não se faz logo a *desocupação* do imóvel arrendado, mas apenas mediante prévia *ação declarativa* entretanto tramitada em tribunal e culminada em *decisão judicial.*

Só, posto isto, se procederá à *desocupação* decretada e, por fim, à *execução para pagamento de quantia certa;*

Nesta base, notifica-se o *requerente* para, em 10 dias:

a) Juntar ao procedimento comprovativo do pagamento da *taxa de justiça* respeitante á *execução para pagamento de quantia certa*, sem o que se haverá como *desistência da execu-*

ção, visto que se cumulam as duas decisões: a de *desocupação* e a de se proceder à *execução para pagamento de quantia certa*;

b) Indicar mandatário, caso ainda o não tenha feito, para o patrocinar na *execução*, juntando *procuração*;

Se a taxa não vier a ser paga neste prazo, declara-se no nº 2 do mencionado preceito que tal "*é havido como desistência do pedido de pagamento de rendas, encargos ou despesas*".

Este é um ponto em que a doutrina sustenta geralmente, a *inconstitucionalidade* do cominatório, por ser *desproporcionado*[17].

Parte-se do princípio de que, por incumprimento de uma obrigação processual de natureza tributária, vê o *senhorio* extintos os seus créditos que, por *sentença*, já lhe tinham sido reconhecidos.

Bastaria – diz-se – que o efeito fosse a *desistência da instância*[18].

Pela nossa parte, não vemos onde esteja a desproporção.

O *requerente* está no procedimento e tem de o acompanhar. Se deixou de pagar a taxa dentro do prazo que lhe foi assinalado, o mais provável será que assim procedeu porque não quer ter mais despesas com uma cobrança em que deixou de crer, pela insolvência do *arrendatário*, emigração ou outro motivo que o levaria a arcar com despesas judiciárias sem esperança de êxito.

A *desistência da instância* levaria a ter os autos parados até ao termo dos *seis meses* da sua *deserção* (art. 281-1 CPC), no âmbito de um procedimento que se quer expedito e que se não compadece com semelhante delonga.

Além do mais, tendo havido *justo impedimento*, não fica o *requerente* impedido de o invocar e dele beneficiar (art. 16 NRAU).

Se, pelo contrário, é paga a taxa, recebidos o comprovativo do seu pagamento e a designação de *mandatário*, até aí não apresentado e respetiva *procuração*, o BNA remete o processado, por via eletrónica, para o tribunal, para aí decorrer a referida *ação declarativa* e, depois, no tribunal próprio, a *execução para pagamento de quantia certa*.

Artigo 15-K – Destino dos bens

1 – O agente de execução, o notário ou o oficial de justiça procede ao arrolamento dos bens encontrados no locado.

2 – O arrendatário deve, no prazo de 30 dias após a tomada da posse do imóvel, remover todos os seus bens móveis, sob pena de estes serem considerados abandonados.

[17] Cf., neste sentido, LAURINDA GEMAS, *Algumas Questões Controversas* (*RCEJ*, 2013, II, p.29); RUI PINTO, *Leis do Arrendamento Urbano Anotadas* (coord. de ANTÓNIO MENEZES CORDEIRO), Almedina, 2014, p. 447, an.13; ABÍLIO NETO, *Despejo de Prédios Urbano Anotado*, EDIFORUM, 2016, p. 131.

[18] RUI PINTO, *Leis do Arrendamento Urbano Anotadas* (coord. de ANTÓNIO MENEZES CORDEIRO), Almedina, 2014, p. 447, an.13.

Este preceito, como o seguinte, que aliás, logicamente, precederia este, deveriam, a nosso ver, seguir-se ao que se dispõe nos n.os 1 a 4 do artigo anterior sem intercalação dos n.os 5 e 6 dessa disposição legal, que regulam uma fase processual posterior.

> "Nas situações previstas no nº 1 do artigo 15-K da Lei nº 6/2006, de 27 de fevereiro, em que não tenha sido possível proceder à notificação do requerido para, no prazo de 30 dias, proceder à remoção dos bens móveis, o agente de execução, o notário ou o oficial de justiça afixa, na data em que procede ao arrolamento dos bens encontrados, a notificação na porta do imóvel, considerando-se o requerido notificado para efeitos do disposto no nº 2 do mesmo artigo."
>
> (Art. 16 do Decreto-Lei nº 1/2013, de 7 de janeiro)

Artigo 15-L – Autorização judicial para entrada imediata no domicílio

1 – Caso o arrendatário não desocupe o domicílio de livre vontade ou incumpra o acordo previsto no nº 2 do artigo 15-J e o procedimento especial de despejo não tenha sido distribuído a juiz, o agente de execução, o notário ou o oficial de justiça apresenta requerimento no tribunal judicial da situação do locado para, no prazo de cinco dias, ser autorizada a entrada imediata no domicílio.

2 – O requerimento previsto no número anterior assume caráter de urgência e deve ser instruído com:

***a*) O título para desocupação do locado;**

***b*) O documento comprovativo do pagamento da taxa de justiça devida.**

3 – Se a considerar necessária, o juiz procede à audição do arrendatário.

4 – São motivos de recusa do requerimento de autorização para entrada no domicílio, designadamente:

***a*) Não ter sido utilizado o modelo de requerimento ou este não estar devidamente preenchido;**

***b*) O requerimento não estar instruído com os documentos referidos no nº 2;**

***c*) A violação do disposto nos artigos 9º, 10 e 15-D.**

5 – Conferida autorização judicial para entrada no domicílio, o agente de execução, o notário ou o oficial de justiça desloca-se imediatamente ao locado para tomar a posse do imóvel, aplicando-se o disposto nos n.os 2 a 4 do artigo 15-J e no artigo anterior.

6 – O disposto nos números anteriores é aplicável, com as necessárias adaptações, aos casos em que a entrada no locado dependa de autorização judicial nos termos da lei.

É, como se vê, uma disposição que, pela matéria a que respeita, não deveria ter o afastamento do art. 15-J que lhe foi dado.

I – Perante a recusa do *arrendatário* em sair do imóvel e estando-se ainda em tramitação de *procedimento* ante o BNA, tal situação obrigará, como se preceitua neste nº 1, a solicitar de imediato a *autorização do juiz*.

Que juiz?

O da *localização do imóvel*, como nele se proclama.

E como se solicita?

Através de *requerimento em modelo constante da página eletrónica* do BNA (art. 12 da Portaria nº 9/2013).

II – Como resulta do disposto no nº 2, o requerimento a solicitar a autorização tem de ser instruído com o *título de desocupação* emitido pelo BNA e o documento comprovativo do pagamento da *taxa de justiça* devida para este efeito, que é a de 0,2 UC (art. 22-3 do Decreto-Lei nº 1/2013).

III – Entre os motivos de recusa da autorização solicitada, alinham-se, na al. *c)* do nº 4 deste artigo, a violação do disposto no art. 9º NRAU (não ter havido a *comunicação de resolução* que o requerente devia ter feito, ou não se ter obedecido aos requisitos postos para ela); no art. 10 NRAU (não tenha sido feita nova *comunicação* quando a primeira seja devolvida por o *destinatário* se ter recusado a recebê-la ou não ter levantado o aviso de receção, ou quando, por último, tenha sido assinado por pessoa diferente do destinatário; ou no art. 15-D (não ter sido regularmente feita notificação ao *requerido* para, em 15 dias, desocupar o imóvel e deduzir *oposição*, ou, sendo o caso, não terem sido preenchidos os restantes requisitos aí referidos).

Artigo 15-M – Suspensão da desocupação do locado

1 – O agente de execução, o notário ou o oficial de justiça suspende as diligências para desocupação do locado sempre que o detentor da coisa, ao qual não tenha sido dada a oportunidade de intervir no procedimento especial de despejo, exibir algum dos seguintes títulos, com data anterior ao início daquele procedimento:

_a_) Título de arrendamento ou de outro gozo legítimo do prédio, emanado do senhorio;

_b_) Título de subarrendamento ou de cessão da posição contratual, emanado do arrendatário, e documento comprovativo de haver sido requerida no prazo de 15 dias a respetiva notificação ao senhorio ou de este ter especial-

mente autorizado o subarrendamento ou a cessão ou, ainda, de ter reconhecido o subarrendatário ou cessionário como tal.

2 – Tratando-se de arrendamento para habitação, o agente de execução, o notário ou o oficial de justiça suspende as diligências executórias quando se mostre, por atestado médico que indique fundamentadamente o prazo durante o qual se deve suspender a execução, que a diligência põe em risco de vida a pessoa que se encontra no local, por razões de doença aguda.

3 – Nos casos referidos nos números anteriores, o agente de execução, o notário ou o oficial de justiça lavra certidão das ocorrências, junta os documentos exibidos e adverte o detentor, ou a pessoa que se encontra no local, de que as diligências para a desocupação do locado prosseguem, salvo se, no prazo de 10 dias, requerer ao juiz do tribunal judicial da situação do locado a confirmação da suspensão, juntando ao requerimento os documentos disponíveis, dando do facto imediato conhecimento ao senhorio ou ao seu representante.

4 – Ouvido o senhorio, o juiz do tribunal judicial da situação do locado, no prazo de cinco dias, decide manter suspensas as diligências para a desocupação ou ordena o levantamento da suspensão e a imediata prossecução daquelas.

Repare-se no pouco cuidado posto na redação da lei. No nº 3, grafa-se o prazo de dias em algarismos; no nº 4, sem a menor uniformidade, grafa-se por extenso.

A finalidade primária do presente artigo é conjurar o perigo de o *senhorio* se ter servido de um *arrendatário simulado* para conseguir despejar o verdadeiro *arrendatário, subarrendatário* ou *cessionário de posição contratual* – mas acaba por imiscuir estranhamente, na sua disciplina, a hipótese de *desocupação* de *imóvel arrendado para habitação* de que se ocupa depois no art. 15-N NRAU, para contemplar aqui, especificamente a *doença aguda* do *arrendatário.*

O preceito é repetido de perto, com aperfeiçoamento de redação, pelo atual art. 863 CPC que padece aliás de idêntica indevida mistura e contempla, assim, três fundamentos para a *suspensão da desocupação*:

a) Apresentação de *documento de arrendamento* ou de outro gozo legítimo passado pelo *senhorio*;

b) Apresentação de documento pelo de *título de subarrendamento* ou de cessão de posição contratual passado pelo *arrendatário* e acompanhado de documento comprovativo de haver sido feita notificação ao *senhorio*, no prazo de 15 dias, do título respetivo, ou do seu *reconhecimento* por ele;

c) Tratando-se de *arrendamento para habitação*, apresentação de *atestado médico* que fundamentadamente declare que a diligência põe o ocupante em *perigo de vida* por *doença aguda*, especificando o prazo por que deve suspender-se a diligência.

Em qualquer dos casos, o *executor* suspende imediatamente a diligência, recolhe o documento ou documentos apresentados, lavra certidão da ocorrência (o nº 3 refere-a no plural, não se sabe bem porquê) e adverte o detentor (o preceito acrescenta-lhe a despropósito, "ou a pessoa que se encontra no local" – o que não ocorre no art. 863 CPC) de que a diligência prosseguirá, salvo se, no prazo de 10 dias, requerer ao juiz da situação do imóvel a confirmação da suspensão (nº 3) e dará, por fim, conhecimento do facto ao *senhorio*.

O *detentor da coisa* – como o denomina o nº 1 – entregará o seu *requerimento de confirmação da suspensão*, dentro desse prazo, "exclusivamente ao BNA" (art. 11-1, al. *b)* da Portaria nº 9/2013 e art. 10-, al. *b)*, do Decreto-Lei nº 1/2013), que o *apresentará à distribuição*, por via eletrónica e de forma automatizada (art. 10-2 do Decreto-Lei nº1/2013) ao *tribunal do imóvel*, paga, que seja, a *taxa de justiça*, nos termos previstos na tabela II do Regulamento das Custas Judiciais (art. 22-4, al. *a)*, do Decreto-Lei nº 1/2013) e comprovado o facto pelo respetivo *documento único de cobrança* (DUC).

Chegado o *procedimento* ao juiz, ele terá 5 dias para decidir manter a *suspensão* ou determinar a imediata prossecução da diligência, ouvido o *senhorio* (nº 4 do presente art. 15-M NRAU) que, também ele, para a sua *resposta*, terá de pagar a respetiva *taxa de justiça* (art. 22-4, al. *a)*, *in fine*, do Decreto-Lei nº 1/2013).

Uma de duas serão as hipóteses que se apresentam à *decisão judicial*:

a) Apreciar a genuinidade dos documentos apresentados;

b) Verificar se, tratando-se efetivamente de doença aguda, a deslocação para o exterior é, efetivamente, suscetível de pôr em risco a vida do inquilino.

O segundo ponto terá de ser decidido em *prudente arbítrio*.

Jurisprudência:

3 – A suspensão da execução do despejo de prédio urbano destinado à habitação por doença pressupõe que a pessoa que se encontra na casa a desocupar sofra de doença aguda, de tal modo que ponha em risco a sua vida, no caso de ter de mudar de residência no decurso do despejo, devendo o atestado médico fundamentar o prazo durante o qual se deve suspender a execução.

4 – Para tal, é relevante tanto a doença do arrendatário, como ainda a dos familiares com ele conviventes em comunhão de mesa e de habitação ou de outras pessoas que, igualmente, residam consigo em economia comum.

5 – A expressão "doença aguda" significa doença súbita e inesperada por contraposição a doença crónica, que é de longa duração.

6 – A esquizofrenia que, desde Janeiro de 2005, obriga o filho do executado a um tratamento ambulatório, não constitui uma "doença aguda", para efeitos do disposto no art. 930-B, nº 3, pelo que, tratando-se de uma doença crónica de um ocupante da casa cuja entrega se requer, mesmo que possa pôr em risco a vida do doente por uma

sua ansiedade agudizante, não é justificativo da suspensão da execução para entrega de coisa imóvel arrendada.

Relação de Lisboa, 12-06-2008, (Processo nº 4457/2008-6).

Decisão que temos como certa

A lei refere "doença aguda" (nº 2 do presente artigo).

Artigo 15-N – Diferimento da desocupação de imóvel arrendado para habitação

1 – No caso de imóvel arrendado para habitação, dentro do prazo para a oposição ao procedimento especial de despejo, o arrendatário pode requerer ao juiz do tribunal judicial da situação do locado o diferimento da desocupação, por razões sociais imperiosas, devendo logo oferecer as provas disponíveis e indicar as testemunhas a apresentar, até ao limite de três.

2 – O diferimento de desocupação do locado para habitação é decidido de acordo com o prudente arbítrio do tribunal, devendo o juiz ter em consideração as exigências da boa-fé, a circunstância de o arrendatário não dispor imediatamente de outra habitação, o número de pessoas que habitam com o arrendatário, a sua idade, o seu estado de saúde e, em geral, a situação económica e social das pessoas envolvidas, só podendo ser concedido desde que se verifique algum dos seguintes fundamentos:

_a_) Que, tratando-se de resolução por não pagamento de rendas, a falta do mesmo se deve a carência de meios do arrendatário, o que se presume relativamente ao beneficiário de subsídio de desemprego, de valor igual ou inferior à retribuição mínima mensal garantida, ou de rendimento social de inserção;

_b_) Que o arrendatário tem deficiência com grau comprovado de incapacidade igual ou superior a 60%.

3 – No caso de diferimento decidido com base na alínea _a_) do número anterior, cabe ao Fundo de Socorro Social do Instituto de Gestão Financeira da Segurança Social pagar ao senhorio as rendas correspondentes ao período de diferimento, ficando aquele sub-rogado nos direitos deste.

1. Cotejo do preceito com o disposto no art. 864 CPC

O preceito respeita, como resulta evidente da própria epígrafe, a um *imóvel arrendado para habitação* e encontra-se repetido no art. 864 CPC_{2013} com uma ligeiríssima diferença de redação na al. *b)* do nº 2.

Não são facilmente compreensíveis estas repetições legais que convertem o legislador num *relógio de repetição* e, por vezes, servem mesmo para complicar a tarefa do intérprete.

2. Âmbito do preceito

O presente artigo tem em vista o *diferimento* da *desocupação* de *imóvel arrendado para habitação*, fundado em *razões sociais imperiosas* que se verifiquem em *arrendamento para habitação* que consistam:

a) Na sua resolução por falta de pagamento de rendas decorrente de carência de meios do *arrendatário*; ou

b) Na *incapacidade* deste, *igual ou superior* a 60%.

O primeiro destes fundamentos não parece fácil de ocorrer, na prática.

Declara-se, na al. *a)* do nº 2 que a carência de meios do *arrendatário* se presume relativamente ao beneficiário de subsídio de desemprego, de valor igual ou inferior à retribuição mínima mensal garantida, ou de rendimento social de inserção.

Ora não se vê que alguém nestas condições esteja alojado em casa de renda de mercado ou, mesmo em habitação de renda vinculística, pois em ambas as hipóteses para aí se terem alojado haveriam de ter posses para tal.

As próprias *rendas vinculísticas* são, hoje em dia, aferidas pelo RABC do agregado familiar.

De qualquer modo, a determinação deste preceito parece contraditória: começa por declarar que o *diferimento de desocupação* deverá ser considerado de acordo com o *prudente arbítrio* do tribunal, devendo o juiz ter em consideração as exigências da *boa fé*, a circunstância de o *arrendatário não dispor imediatamente de outra habitação*, o *número de pessoas* que habitam com o *arrendatário*, a sua *idade*, o seu *estado de saúde* e, em geral, a *situação económica e social das pessoas envolvidas* – e, depois desta longa tirada, conclui que *só poderá ser deferido* ante a carência de meios que acabámos de referir ou no caso de *incapacidade igual ou superior* a 60%

Quanto a esta, enquanto aqui referimos o que se dispõe na al. *b)* do nº 2 do presente artigo, no CPC contempla-se uma *incapacidade* "*superior* a 60%".

Qual destas disposições deverá então prevalecer?

Numa primeira ideia, supor-se-á que, sendo o CPC de 2013 e a Reforma do NRAU de 2012, prevaleceria o Código, por ser de data posterior: *lex posterior derogat priori.*

Simplesmente, a Lei nº 79/2014, de 19 de dezembro mandou republicar, no seu art. 8º e republicou o Capítulo II do Título I e os Títulos II e III da Lei nº 6/2006 e, assim, este art. 15-N.

Ora, se a mandou republicar, não foi certamente "para vista", mas para tornar mais clara e precisa a sua obrigatoriedade e, sendo assim, cremos que a al. *b)* aqui firmada, porque de data ulterior à estabelecida no CPC, sobrepõe-se a ela, em face da sua posteridade.

Sendo por outro lado, omissa a lei quanto à prova da *incapacidade*, como deverá fazer-se esta?

Abílio Neto propõe que se siga o disposto para a concessão de crédito bonificado e, assim, de acordo com a Lei nº 64/2014, de 26 de agosto, mas o sistema aí consignado estabelece um processo moroso que leva o interessado a, junto do Centro de Saúde da residência, obter certificado e requerer ao delegado de saúde a convocação de uma junta médica para avaliação do grau de incapacidade[19].

Pensamos antes que a prova será feita através de prévia apresentação de *atestado médico*, podendo o juiz determinar que o facultativo seja por ele interrogado em juízo para melhor o esclarecer: se, nos termos do artigo seguinte, pode ouvir até três testemunhas, por que não há de poder ser esclarecido e, convencido, ou não, pelo médico que ateste a incapacidade?

3. Mora do Fundo de Socorro Social e custos do diferimento da desocupação

Como se declara no nº 3 do artigo, *"no caso de diferimento decidido com base na alínea a) do número anterior, cabe ao Fundo de Socorro Social do Instituto de Gestão Financeira da Segurança Social pagar ao senhorio as rendas correspondentes ao período de diferimento, ficando aquele sub-rogado nos direitos deste"*.

Se o Fundo de Socorro Social, recebida a notificação do tribunal, como se impõe no art. 15-O NRAU, se atardar no pagamento ao *senhorio* das *rendas* devidas, já se tem julgado, em face de legislação antecedente semelhante à atual, que terá de pagar os juros correspondentes à mora.

> I – Em ação de despejo de habitação por falta do pagamento de rendas devido a carência económica do arrendatário, para se decidir sobre o diferimento da desocupação do prédio com a consequente condenação do Fundo de Socorro Social do Instituto de Gestão Financeira da Segurança Social para pagar as rendas do respetivo período, não é o mesmo citado para tomar posição nos autos.
>
> II – O controlo da situação cabe exclusivamente ao juiz e a decisão a diferir a desocupação é oficiosamente comunicada ao Fundo.
>
> III – Notificado da decisão, se o Fundo não pagar atempadamente as rendas vencidas no período diferido de desocupação, incorre em mora e terá de pagar os respetivos juros.
>
> Relação do Porto, 13-07-2000 (Processo nº 0030558)

E na hipótese da *incapacidade* referida na al. *b)*? É o *senhorio* que, em suprimento do Fundo de Socorro Social do Instituto de Gestão Financeira da Segurança Social, suporta os custos desse *diferimento da desocupação*?

> I – A decisão do incidente relativo ao diferimento de desocupação não é sindicável por via de recurso, na medida em que é proferida "de acordo com o prudente arbítrio do tribunal", isto é, no uso legal de um poder discricionário;

[19] Abílio Neto, *Despejo de Prédios Urbanos Anotado*, Ediforum, 2016, p. 148.

II – Cabendo apenas ajuizar no recurso quanto à oportunidade da decisão em tal matéria proferida por virtude da mesma ter dispensado a produção de outras provas, como a testemunhal oferecida pelo executado, e não sobre os critérios levados em conta, deve concluir-se que nenhuma formalidade foi preterida se o Tribunal "a quo" considerou irrelevante, na sua ponderação, a matéria que fora alegada face à prova que já se achava produzida nos autos.

Relação de Lisboa, 19-03-2013 (Processo nº 7104/11.2YYLSB-A.L1-7)

Artigo 15-O – Termos do diferimento da desocupação

1 – O requerimento de diferimento da desocupação assume carácter de urgência e é indeferido liminarmente quando:

_a_) Tiver sido apresentado fora do prazo;

_b_) O fundamento não se ajustar a algum dos referidos no artigo anterior;

_c_) For manifestamente improcedente.

2 – Se o requerimento for recebido, o senhorio é notificado para contestar, dentro do prazo de 10 dias, devendo logo oferecer as provas disponíveis e indicar as testemunhas a apresentar, até ao limite de três.

3 – O juiz deve decidir o pedido de diferimento da desocupação por razões sociais no prazo máximo de 20 dias a contar da sua apresentação, sendo, no caso previsto na alínea _a_) do nº 2 do artigo anterior, a decisão oficiosamente comunicada, com a sua fundamentação, ao Fundo de Socorro Social do Instituto de Gestão Financeira da Segurança Social.

4 – O diferimento não pode exceder o prazo de cinco meses a contar da data do trânsito em julgado da decisão que o conceder.

O carácter de urgência, referido no nº 1, é explicado no art. 15-S, nº 5 NRAU, ao remeter a contagem dos *prazos* para o disposto no CPC, não se suspendendo durante as *férias judiciais* nem sofrendo qualquer *dilação*.

A apresentação do *requerimento de diferimento* da *desocupação* está sujeita a *taxa de justiça* (art. 22-4, al. *b*), do Decreto-Lei nº 1/2013).

A *contestação* do *senhorio*, a que se refere o nº 2 do presente artigo, está igualmente sujeita a *taxa de justiça* (art. 22-4, al. *b*), *in fine*, do Decreto-Lei nº 1/2013).

A *comunicação* ao Funde Socorro Social faz-se, de acordo com o disposto no nº 2, al. *a*), do art. 15-N NRAU, quando o juiz tenha *deferido* o *diferimento*, na *resolução* por *falta de pagamento de rendas*.

O prazo máximo de *cinco meses* de *diferimento* parece exagerado.

Se o *senhorio* tem de esperar *três meses* para poder resolver o contrato (art. 1083-3) e, depois, se lhe somam ainda *cinco meses* de *diferimento*, mais o que o procedimento demorou até chegar aí, parece fácil de ver o excesso que tal prazo constitui.

Artigo 15-P – Impugnação do título para desocupação do locado

1 – O arrendatário só pode impugnar o título para desocupação do locado com fundamento na violação do disposto nos artigos 9º, 10 e 15-D.

2 – A impugnação prevista no número anterior é apresentada ao juiz do tribunal judicial da situação do locado, no prazo de 10 dias a contar da deslocação do agente de execução, do notário ou do oficial de justiça ao imóvel para a sua desocupação, ou do momento em que o arrendatário teve conhecimento de ter sido efetuada a sua desocupação, podendo ser acompanhada de cópia do título para desocupação do locado.

3 – A impugnação observa as seguintes regras:

***a)* A prova é oferecida com o requerimento;**

***b)* A parte requerida é notificada para, em 10 dias, se opor à impugnação e oferecer prova;**

***c)* A impugnação tem sempre efeito meramente devolutivo, seguindo, com as necessárias adaptações, a tramitação do recurso de apelação, nos termos do Código de Processo Civil.**

1. Objeto do preceito

É de fixar que a *impugnação* de que aqui se trata é, estritamente, a que se dirige ao *título de desocupação*.

Este pode ter sido emitido ante a *falta de oposição ao requerimento de despejo*, nos termos do disposto na al. *a)* do art. 15-E-1 NRAU ou tendo-se por *não deduzida* (al. *b)* do mesmo artigo) ou, ainda, na pendência do *procedimento* por *falta de pagamento ou depósito de rendas vencidas ou que se forem vencendo*, nos termos da al. *c)* do mesmo preceito.

Havendo *sentença* a decretar o *despejo*, não se emite *título de desocupação*: a própria *decisão judicial* determina, por si, a *desocupação*, e a *impugnação* dela faz-se através de *apelação*, nos termos do preceituado no art. 15-Q NRAU, em conjunção com o disposto no art. 629 CPC.

Não é esta a hipótese de que trata o artigo.

2. Fundamentos da impugnação do título de desocupação

São taxativos.

Em vista do que se determina no nº 1 a impugnação do *título para desocupação* só pode ter como fundamento a violação do disposto no art. 9º NRAU (não ter havido a *comunicação de resolução* que o requerente devia ter feito, ou não se ter obedecido aos requisitos postos para ela); no art. 10 NRAU (não tenha sido feita nova *comunicação* quando a primeira seja devolvida por o *destinatário* se ter recusado a recebê-la ou não ter levantado o aviso de receção, ou quando, por último, tenha sido assinado por pessoa diferente do destinatário; ou no art. 15-D (não ter sido regularmente feita notificação ao *requerido* para, em 15 dias, desocupar o imóvel e deduzir *oposição* ou, sendo o caso, não terem sido preenchidos os restantes requisitos aí referidos).

3. Apresentação da impugnação

Declara-se no nº 2 do artigo que a *impugnação* é deduzida no prazo de 10 dias, contados desde a deslocação do *executor* ao local do imóvel, para realizar a diligência, ou desde a data do *conhecimento*, por parte do *impugnante*, de que esta foi realizada na sua ausência – e "*é apresentada ao juiz do tribunal judicial da localização do locado*".

O NRAU é omisso sobre o ponto, mas parece certo que a *impugnação* só poderá atacar isoladamente vícios intrínsecos do *título de desocupação* pois, se o *requerido* do *procedimento de despejo* deduziu *oposição*, é aí que terá de apresentar a sua *defesa* e *toda a defesa* (art. 573-1 CPC) e se, pelo contrário, a não deduziu, perimiu-se, com isso, o direito de a combater, salvo tratando-se de algum *meio de defesa superveniente* que, em princípio, não se prevê qual possa ser (art. 573-2 CPC).

Nestes termos, declara ainda o nº 2 do presente artigo, como há pouco se referiu, que a *impugnação* "é apresentada ao juiz" mas, afinal, embora a ele dirigida – pois é ele que vai decidir – será entregue no BNA (art. 10-1, al. *d)*, do Decreto-Lei nº 1/2013 e art. 11-1, al. *d)*, da Portaria nº 9/2013), o qual, atento o disposto na al. *b)* do nº 3, notificará ainda o *senhorio* para se opor e oferecer prova, em 10 dias, e só depois de recebida esta ou ultimado o respetivo prazo, remeterá todo o processado ao tribunal, por *via eletrónica* (nº 2 do artigo).

Está sujeita a *taxa de justiça*, calculada nos termos previstos na tabela II do Regulamento das Custas Judiciais (art. 22-4, al. *c)* do Decreto-Lei nº 1/2013) e deve ser subscrita por *advogado* (art. 16-S-3-4 NRAU)

A *impugnação* há de indicar ainda a *prova de que dispõe* (al. *a)* do nº 3).

Que prova?

Se a *impugnação* diz respeito à indevida *desocupação*, a sua prova está toda no *procedimento*. Se foi realizada a *desocupação*, existe o respetivo *auto* (art. 15-J NRAU). Se se fez tábua rasa da *oposição* ao *requerimento do senhorio*, lá estará também (art. 15-F NRAU), sendo certo que o *procedimento* deveria, nessa altura, ter sido já apresentado à *distribuição* (art. 15-h-1 NRAU).

De modo que a *prova* a apresentar pelo *impugnante* do *título de ocupação* será, em regra, só documental.

4. Tramitação do incidente

Declara-se na al. *c)* do nº 3 que a "*parte requerida*" é notificada para, em 10 dias, se opor à *impugnação* e oferecer prova.

Também esta *oposição* se encontra sujeita a *taxa de justiça*, calculada nos termos previstos na tabela II do Regulamento das Custas Judiciais (art. 22-4, al. *c)* do Decreto-Lei nº 1/2013) e deve ser subscrita por *advogado* (art. 16-S-3-4 NRAU).

Mas a terminologia da al. *c)* do nº 3 do presente artigo deixa muito a desejar.

Se há uma *impugnação* a determinada diligência do *procedimento de despejo*, não ficamos em presença de um *requerimento* mas, como se refere esparsamente em todo o artigo, ante uma *impugnação* e, portanto, quem provocou inicialmente a diligência e se opõe ao *impugnante* não é um *requerido*, mas o próprio *requerente do procedimento*.

Em rigor, deveria antes firmar-se que é notificada, como se preferir, a *parte contrária*, a *contraparte* ou o *requerente do procedimento de despejo*; jamais, o *requerido*.

Parece, por outro lado, estranha a referência, na al. *c)*, de que *"a impugnação tem sempre efeito meramente devolutivo"* e segue, com as devidas adaptações, *"a tramitação do recurso de apelação nos termos do Código de Processo Civil"*.

Nem a *impugnação* é uma *apelação* ou a ela se assemelha, nem, na verdade, segue a tramitação desse recurso.

O que na realidade se passa é que a *impugnação* se dirige ao juiz, sendo para o efeito entregue no BNA, como se referiu, para, conjuntamente com a *contra impugnação*, ser apresentada à *distribuição* (art. 15-H-4 NRAU), entrando em tribunal e, assim, na *forma judicial*, sendo então apreciada em *processo declarativo*, de acordo, por analogia, com o disposto no art. 15-H NRAU[20].

5. O problema da utilidade do preceito

Para que servirá este processado, assim tão completamente estabelecido?

Já se tem dito que o presente art. 15-P é uma "válvula de segurança", a operar quando o *arrendatário*, não tenha sido objeto de *comunicação de resolução* do contrato pelo *senhorio* ou, pelo menos, de *comunicação* regular, ou quando não lhe tenha sido regularmente notificado pelo BNA, nos termos do art. 15-D NRAU, o *procedimento de despejo* e a respetiva *cominação*.

Haverá assim *falta de título*, contra a qual poderá reagir[21].

Quanto a nós, começamos por não compreender que, se o que se pretende é aniquilar o *título de desocupação*, dos três fundamentos de *impugnação* que se enumeram no nº 1 deste artigo, só um respeite a vício que nele possa alojar-se: o que se refere à violação do art. 15-D onde, na verdade, no seu nº 4 se enumera uma extensa panóplia de elementos que devem ser transpostos para a notificação ao *arrendatário* e onde será fácil catar algum que tenha sido olvidado.

Simplesmente, se o *requerimento de despejo* só poderá ser convertido em *título de desocupação* se o *arrendatário* não tiver apresentado uma *oposição* que possa ser tida como tal, ou se tiver deixado de pagar as *rendas devidas* – de que lhe servirá impugná-lo?

É que, se, por hipótese, houve um erro e o BNA fez a conversão do *requerimento* em *título de desocupação* quando, afinal, tinha havido *oposição*, nesta já o *arrendatário* deduziu toda a sua defesa contra o *despejo* e se, depois disso, ainda veio a ser confrontado com um

[20] Sensivelmente neste sentido, mas apelando para o disposto no art. 15-I NRAU, v. Maria Olinda Garcia, *Arrendamento Urbano Anotado*, 3ª ed., Coimbra Editora, 2014, pp. 230-231.

[21] Como sustenta Maria Olinda Garcia, *Arrendamento Urbano Anotado*, 3ª ed., Coimbra Editora, 2014, pp. 229-230.

título de desocupação, para que lhe servirá opor-se especificamente a ele, com *efeito meramente devolutivo*?

Ante um vício tão grave, compreender-se-ia, perante a existência de *oposição*, que se admitisse uma direta *impugnação*, com *efeito suspensivo da diligência*, mas, quanto a isso, já dispõe o *arrendatário*, eficazmente, da resistência à efetivação da *desocupação*, diretamente prevista no art. 14-1 do Decreto-Lei nº 1/2013[22] e, bem assim, por maioria de razão, no art.15-L-1 NRAU.

Em suma, na nossa perspetiva, o dispositivo do presente artigo 15-P NRAU carece de aplicação prática relevante; não passa de um mero *flatus vocis*.

Não será de admirar, por isso, que não exista jurisprudência a seu respeito.

Artigo 15-Q – Recurso da decisão judicial para desocupação do locado

Independentemente do valor da causa e da sucumbência, da decisão judicial para desocupação do locado cabe sempre recurso de apelação, nos termos do Código de Processo Civil, o qual tem sempre efeito meramente devolutivo.

1. Nota introdutória

A redação deste preceito é, quanto a nós, desastrada.

É condenável a repetição tão próxima do advérbio *sempre*, afinal completamente inútil.

Por que se escreve "cabe *sempre* recurso de apelação... o qual tem *sempre* efeito meramente devolutivo", quando a *apelação* é o único recurso admissível para a Relação e o efeito dele só pode ser aquele que aqui se lhe assinala?

E como se isso não bastasse, ainda se emprega, em corrutela, a derivação popular "sucumbência" aportuguesada do vocábulo italiano *soccombenza*, vulgar no Brasil, mas entre nós abertamente de rejeitar e sem entrada no *Dicionário da Academia das Ciências*.

Um legislador menos iletrado diria antes, muito simples e corretamente: "*da decisão judicial, independentemente do valor da causa e daquele em que se tiver decaído, cabe recurso de apelação, com efeito meramente devolutivo, nos termos do Código de Processo Civil*".

No caso, porém, a afirmação de que o recurso tem o "efeito meramente devolutivo, nos termos do Código de Processo Civil" tem de ser entendida *cum grano salis*, pois o efeito que o Código atribui à *apelação* é o *suspensivo* (art. 647-3, al. *b*), CPC).

Discordamos inteiramente da opção pela admissibilidade de recurso independentemente do *valor da causa*, a enxamear os tribunais de *bagatelas arrendatícias* e a atrasar desnecessariamente e sem justo fundamento o *despejo*.

[22] "Carece de prévia autorização judicial a entrada imediata no imóvel arrendado para tomar posse sempre que o mesmo constitua domicílio e o requerido não o desocupe de livre vontade" (v. ANEXO)

2. Âmbito do preceito

Segundo a letra da lei, o *recurso de apelação*, a interpor, cabe sempre "da decisão judicial para desocupação do locado".

Esta é mais uma expressão infeliz do torturado diploma.

Ao referir que, da decisão judicial para desocupação, cabe *sempre* recurso de apelação, quererá dizer que, de tal decisão, haverá um recurso obrigatório para a Relação, embora com efeito meramente devolutivo?

Claro que não.

Quererá então dizer que só quando a 1ª instância decretar a desocupação do imóvel arrendado haverá recurso?

Também não, obviamente.

Maria Olinda Garcia admite, apesar da deficiente formulação verbal do preceito, que o recurso compreende "tanto a impugnação do título para desocupação do locado (artigo P), como a ação para oposição à pretensão do locador (artigo 15-F, 15-H e 15-I)"[23].

Por seu turno, Rui Pinto sustenta que este preceito "tem paralelo no(s) 629/3, *a)* do nCPC": conclui deste juízo que, independentemente do valor da causa e da "sucumbência", é sempre admissível recurso para a Relação, "*nas ações em que aprecie a validade, a subsistência ou a cessação de contratos de arrendamento, com exceção dos arrendamentos para habitação não permanente ou para fins especiais transitórios*" será esta regra de recursos que, ao cabo de contas, se aplicará – com a seguinte particularidade: a apelação terá efeito meramente devolutivo, podendo assim "proceder-se à execução provisória da decisão judicial para desocupação do locado".[24]

Estamos de acordo

Já se tem, quanto a este efeito, aventado a sua *inconstitucionalidade*, por contrariar, supomos, o direito de defesa do arrendatário[25].

Não cremos, salvo o devido respeito, que se deva entender assim.

O NRAU, no *despejo*, não deixa, nunca, o *arrendatário* desprotegido.

Se ele, ainda na forma de *procedimento de despejo*, se opuser fisicamente à *desocupação*, perante o *agente de execução*, e mesmo que anteriormente tenha acordado com o *senhorio* uma data para deixar livre o imóvel, do que, entretanto, se arrependeu, susta-se a diligência e submete-se a resistência à superior decisão do juiz (art. 15-L NRAU).

[23] Maria Olinda Garcia, *Arrendamento Urbano Anotado*, 3ª ed., Coimbra Editora, 2014, p. 231.

[24] Rui Pinto, *Leis do Arrendamento Urbano Anotadas* (coord. de António Menezes Cordeiro), Almedina, 2014, p. 458, an.1.

[25] Abílio Neto, *Despejo de Prédios Urbanos Anotado*, edIforum, 2016, p. 156.

Se estiver munido de título de gozo do imóvel que não tenha sido acionado, pode *suspender* a execução (art. 15-M NRAU).

Se for efetivamente *arrendatário*, mas existirem razões imperiosas, de *ordem social*, que se oponham à *desocupação*, pode obter o *diferimento* dela e obter até, durante o respetivo período, o apoio patrimonial do Fundo de Socorro Social do Instituto de Gestão Financeira da Segurança Social (art. 15-N NRAU).

Só não poderá – e aí, muito bem – é suspender o *despejo* em que foi condenado por *sentença* emitida em *audiência de julgamento* (art. 15-I NRAU), protelando a *desocupação* em que foi condenado.

Parece, por último, de assinalar que o *efeito meramente devolutivo* é a regra da *apelação* (art. 647-1 CPC), só não o tendo sido atribuído ao *despejo* porque o Código não prevê os específicos casos ponderáveis que o NRAU passou a prever.

Artigo 15-R – Uso indevido ou abusivo do procedimento

1 – Aquele que fizer uso indevido do procedimento especial de despejo do locado incorre em responsabilidade nos termos da lei.

2 – Se o senhorio ou o arrendatário usarem meios cuja falta de fundamento não devessem ignorar ou fizerem uso manifestamente reprovável do procedimento especial de despejo, respondem pelos danos que culposamente causarem à outra parte e incorrem em multa de valor não inferior a 10 vezes a taxa de justiça devida.

3 – O disposto no número anterior é ainda aplicável ao detentor do locado ou a qualquer outro interveniente no procedimento especial de despejo que, injustificadamente, obste à efetivação da desocupação do locado.

4 – Incorre na prática do crime de desobediência qualificada quem infrinja a decisão judicial de desocupação do locado.

1. "Nos termos da lei"

A expressão suscita um problema a deslindar: ela significa a responsabilidade própria da *litigação de má fé*, do art. 542 CPC, a, nos termos gerais, responsabilidade civil por atos ilícitos dos arts. 483 ss CPC, ou as duas?

Cremos, com Maria Olinda Garcia, que o preceito apontará para a última destas alternativas[26].

Quanto a nós, a segunda encontra-se claramente expressa no nº 1 deste preceito.

[26] Maria Olinda Garcia, *Arrendamento Urbano Anotado*, 3ª ed., Coimbra Editora, 2014, p. 233.

A *litigação de má fé* ressalta claramente da expressão constante do seu nº 2, em que se condena o uso, pelas partes, de "meios cuja falta de fundamento não devessem ignorar ou fizerem uso manifestamente reprovável do procedimento especial de despejo" – e, ainda, da previsão final desse número de condenação em multa *não inferior* a 10 vezes a taxa de justiça devida.

2. Desobediência à decisão judicial de desocupação

O nº 4 não admite resistência à *desocupação* decretada por *decisão judicial*, resistência que, como temos visto, é lícita quando ainda nos encontramos na forma de *procedimento* e ante o *título de desocupação* em que o converteu o BNA.

Agora, o não reconhecimento, pelo *arrendatário*, da *decisão judicial de desocupação* constitui *crime de desobediência qualificada*, o qual se encontra previsto e punido no art. 348-2 CP.

Ante a *oposição* do ocupante, o *executor* deverá, pois, não só levantar o respetivo *auto*, como ainda solicitar diretamente, se necessário, o auxílio das *autoridades policiais* (art. 15-J-3 NRAU)

Artigo 15-S – Disposições finais

1 – Ao procedimento especial de despejo aplica-se o regime de acesso ao direito e aos tribunais, com as necessárias adaptações e as seguintes especificidades:

a) O prazo previsto no nº 1 do artigo 33 da Lei nº 34/2004, de 29 de julho, é reduzido para 10 dias;

b) Não se aplica o disposto no nº 2 do artigo 33 da Lei nº 34/2004, de 29 de julho;

c) Sendo requerido apoio judiciário para dispensa de pagamento ou pagamento faseado das taxas e demais encargos, equivale ao pagamento da taxa a que alude o nº 7 do artigo 15-B a junção do documento comprovativo da apresentação do respetivo pedido.

2 – Em caso de indeferimento do pedido de apoio judiciário na modalidade de dispensa ou de pagamento faseado de taxa e demais encargos com o processo, o requerente deve efetuar o pagamento da taxa devida no prazo de 5 dias a contar da data da notificação da decisão definitiva de indeferimento, sob pena de extinção do procedimento ou, caso já tenha sido constituído título para desocupação do locado, de pagamento do valor igual a 10 vezes o valor da taxa devida.

3 – No procedimento especial de despejo, é obrigatória a constituição de advogado para a dedução de oposição ao requerimento de despejo.

4 – As partes têm de se fazer representar por advogado nos atos processuais subsequentes à distribuição no procedimento especial de despejo.

5 – Aos prazos do procedimento especial de despejo aplicam-se as regras previstas no Código de Processo Civil, não havendo lugar à sua suspensão durante as férias judiciais nem a qualquer dilação.

6 – Estão sujeitos a distribuição a autorização judicial para entrada imediata no domicílio, a suspensão da desocupação do locado e o diferimento da desocupação de imóvel arrendado para habitação, previstos nos artigos 15-L a 15-O, bem como os demais atos que careçam de despacho judicial.

7 – O tribunal competente para todas as questões suscitadas no âmbito do procedimento especial de despejo é o da situação do locado.

8 – Os atos a praticar pelo juiz no âmbito do procedimento especial de despejo assumem carácter urgente.

9 – Compete ao membro do Governo responsável pela área da justiça regulamentar o procedimento especial de despejo, nomeadamente, nas seguintes matérias:

a) Aprovação do modelo de requerimento de despejo;

b) Forma de apresentação dos requerimentos de despejo, oposição, autorização judicial para entrada imediata no domicílio, suspensão da desocupação do locado e diferimento da desocupação de imóvel arrendado para habitação;

c) Forma de apresentação da impugnação do título para desocupação do locado e da oposição à mesma;

d) Forma de pagamento da caução devida pela dedução de oposição à desocupação do locado;

e) Forma de apresentação da contestação do pedido de diferimento da desocupação;

f) Modo de designação, substituição e destituição do agente de execução, notário ou oficial de justiça;

g) Forma de disponibilização do título de desocupação do locado;

h) Comunicações e notificações;

i) Fixação de taxas e forma de pagamento;

j) Remuneração do agente de execução ou notário ou pagamento de taxa no caso de intervenção de oficial de justiça.

1. Apontamento formal

Na frase da al. *c)* do nº 1 do artigo "sendo requerido apoio judiciário para dispensa de pagamento ou pagamento faseado das taxas", falta uma preposição "para" imediatamente antes da segunda palavra "pagamento". Devia ter-se redigido assim: "sendo requerido apoio judiciário para dispensa de pagamento ou para pagamento faseado das taxas...".

No nº 2 do artigo, a republicação de 2014 grafou "cinco dias", quando a opção do legislador iniciada com o CC de 1966 é a de, nos prazos de dias, se redigir o período respetivo por algarismos, como bem tinha sido usado na versão de 2012 e nós preferimos registar no preceito: "5 dias".

2. Os prazos das als. *a)* e *b)* do nº 1

Se for requerido *apoio judiciário* na modalidade de nomeação de patrono judiciário e pagamento de honorários de patrono (art. 16-1, al. *b)* da Lei nº 34/2004), o prazo de 30 dias fixado nessa Lei para a propositura do processo, em geral, pelo patrono designado pela Ordem dos Advogados (art. 33-1), é, para o *procedimento de despejo*, reduzido para, apenas, 10 dias.

Admitindo o art. 33-2 da referida Lei que o patrono designado peça *prorrogação de prazo* para a propositura, fundamentando o pedido, estabelece-se aqui, para o *procedimento de despejo*, na al. *b)*, que essa faculdade não tem aplicação.

São, assim, mais dois afloramentos da natureza *urgente* do *procedimento especial de despejo*.

3. Constituição de advogado

O nº 3 exige a *constituição de advogado* para a dedução de *oposição* ao *requerimento*, como já resulta do disposto no art. 15-F-2 NRAU; portanto, não será ela exigida para o *requerimento*.

Logo, porém, no nº 4, acrescenta-se que "*as partes têm de se fazer representar por advogado nos atos processuais subsequentes à distribuição no procedimento especial de despejo*".

"Distribuição *no* procedimento especial de despejo" não parece muito bem dito: teria sido preferível grafar "distribuição *do* procedimento especial de despejo".

4. Os prazos do procedimento especial de despejo

O nº 5, condenavelmente, não prescindiu do estrangeirismo "não havendo lugar".

Estabelece amplamente que, aos prazos previstos no *procedimento especial de despejo*, se aplicam as regras previstas no CPC, especificando, quanto ao seu *cômputo*, que corre mesmo durante as *férias judiciais*.

Assim, o princípio fundamental da *continuidade dos prazos*, constante do art. 138 CPC, é também aplicável ao *procedimento especial de despejo*, continuando todavia, ao contrário do que se dispõe para os processos, em geral, a correr durante as *férias judiciais*, não admitindo qualquer *dilação*, como prontamente o declara este nº 5, num afloramento claro do seu carácter *urgente*.

Se o processo não fosse *urgente*, a que título é que os seus prazos correriam mesmo durante as *férias judiciais*?

Por que se obrigariam os magistrados que cumpram os seus prazos a interromperem o retempero de forças para despacharem um processo *não urgente*?

5. Natureza urgente do procedimento especial de despejo

O nº 8 do presente artigo afirma que "*os atos a praticar pelo juiz no âmbito do procedimento especial de despejo assumem carácter urgente*" suscitando a questão de saber se todo o *procedimento* terá esta natureza, ou apenas quanto à sua estada na 1ª instância, como a expressão verbal do preceito o sugere.

Queremos crer que o preceito refere a natureza *urgente* mais a propósito do seu desenvolvimento na 1ª instância do que porque a queira restringir a esse período.

É que toda a estrutura do *procedimento especial de despejo* está manifestamente construída, na *redução dos seus prazos; cômputo durante férias* e "sem dilação alguma"; na economia e simplicidade de termos, e na adoção de certas providências que se caracterizam pelo objetivo de se finalizar prontamente constituindo-o, apenas como um *procedimento* que não chega a *processo* – tudo isto o caracteriza, a nosso ver, como *urgente*.

E que é esse o seu verdadeiro carácter, revela-o ainda, prontamente, o *elemento histórico* da *interpretação*.

Este *procedimento* foi, com efeito, moldado em 2012 em vista da recomendação da *troica* de se estabelecer um *procedimento de despejo* muito mais rápido do que os *cinco anos* que, escandalosamente, estavam a durar, em média, entre nós, as *ações de despejo*.

Fixou-se mesmo então, como temos dito, uma meta que se considerava recomendável como tempo normal para a sua conclusão: *três meses*.

Foi para se alcançar este objetivo que se traçou o novo *procedimento*, moldando-o pela *injunção*.

De resto e definitivamente, se, no nº 5 deste artigo, vimos que os *prazos do procedimento*, não se suspendem e *continuam a contar-se durante as férias judiciais sem dilação alguma*, aqui está a marca indelével e específica da *urgência*.

A jurisprudência tarda todavia, por vezes, em assimilar esse espírito estruturante do seu normativo legal, interpretando-o sob influência de um passado que o legislador substituiu.

Exemplo disso é o seguinte acórdão, assim sumariado.

> I. Segundo os números 5 e 8 do artigo 15-S da Lei nº 6/2006, de 27-02, na redação dada pela Lei nº 31/2012, de 14-08, no procedimento especial de despejo ali regulado, os prazos correm em férias judiciais e os atos a praticar pelo juiz têm carácter urgente, não existindo norma que estabeleça, em termos globais, a urgência desse procedimento.
>
> II. Afora aquelas duas hipóteses, não é lícito qualificar todo aquele procedimento como urgente, o que deixa de fora os prazos para as partes interporem recurso ordinário, que é de trinta dias, ainda que correndo em férias judiciais, nos termos da 1ª parte do nº 1 do artigo 638 do CPC *ex vi* do nº 5 do mencionado art. 15-S da Lei nº 6/2006.
>
> III. A arguição de nulidades da decisão final ao abrigo dos artigos 615, nº 1, alíneas *b)* a *e)*, e 666, nº 1, do CPC só é dedutível por via recursória quando aquela

decisão admita recurso ordinário, nos termos conjugados dos artigos 615, nº 4, 2ª parte, e 674, nº 1, alínea c), do mesmo Código, e portanto como fundamento acessório desse recurso.

IV. Se aquela decisão não admitir recurso ordinário, as referidas nulidades só são arguíveis mediante reclamação perante o próprio tribunal que proferiu tal decisão, nos termos dos artigos 615, nº 4, 1ª parte, e 617, nº 6, do CPC.

V. Não sendo admissível recurso ordinário, em termos gerais, por virtude da ocorrência de dupla conforme, as nulidades previstas nas alíneas *b)* a *e)* do nº 1 do artigo 615 do CPC só são arguíveis por via recursória, se a revista for interposta a título especial ou de revista excecional nos termos dos artigos 629, nº 2, e 672, nº 1, do CPC, respetivamente.

VI. Não tendo a Recorrente interposto a revista a título especial ou excecional, mas apenas com fundamento em nulidade por omissão de pronúncia, a mesma não é admissível, nos termos conjugados dos artigos 615, nº 4, e 671, nº 3, do CPC, sem prejuízo da eventualidade de o tribunal *a quo* conhecer ainda daquela nulidade, ao abrigo e nos termos do disposto no nº 5 do artigo 617 do mesmo Código.

SUPREMO, 24-11-2016 (Processo nº 470/15.2T8MNC.G1-A.S1)

NOTA:

Neste acórdão, o tema que interessa, para o caso, é o que se desenvolve ao longo dos dois primeiros pontos do sumário, onde se pondera que, no *procedimento especial de despejo*, os prazos correm em *férias judiciais* e os *atos a praticar pelo juiz* têm carácter *urgente* mas, salvo estes dois aspetos – conclui – não é lícito qualificar todo o procedimento como urgente.

E como fundamenta esta conclusão?

Proclamando simplesmente que, em certos casos, a lei qualifica determinados processos como *urgentes*, na sua globalidade, sem distinção de atos ou fases neles integrados, mas essa não foi a solução consagrada para o *procedimento do despejo*, quanto ao qual apenas nestes dois casos se lhe atribuiu tal natureza.

Na verdade, o Código de Processo Civil refere-se, em vários passos, a *processos urgentes* e, que nos lembre, no seu art. 363-1, determina, efetivamente, que os *procedimentos cautelares* "*revestem sempre carácter urgente, precedendo os respetivos atos qualquer outro serviço judicial não urgente*" e, no seu art. 880-1, quanto ao *processo especial de tutela da personalidade*, que "*os recursos interpostos pelas partes devem ser processados como urgentes*".

Mas o que quer isto dizer?

Qual é o regime legal dos chamados *processos urgentes*?

Explica-o o art. 138-1, *in fine*, CPC, quando refere que o prazo estabelecido por lei ou fixado pelo juiz é *contínuo*, suspendendo-se no entanto durante as *férias judiciais*, salvo, no caso que nos interessa, se "*se tratar de atos a praticar em processos que a lei considere urgentes*".

Além disso, dispõe ainda o art. 156-3 CPC que, nestes processos, os *despachos* ou *promoções* devem ser proferidos "*no prazo máximo de 2 dias*".

Processo *urgente* é, então e sem dúvida alguma, *aquele cujos prazos não se suspendem durantes as férias judiciais e em que os despachos e promoções deverão ser exarados no prazo máximo de 2 dias.*

Quando, pois, o nº 5 deste art. 15-S NRAU declara que, aos *prazos* do *procedimento especial de despejo*, "*aplicam-se as regras previstas no Código de Processo Civil, não havendo lugar à sua suspensão durante as férias judiciais nem a qualquer dilação*" parece evidente e incontestável que se está a reportar a um *processo urgente*, pelo seu regime.

Se este é o estatuto do *processo urgente*, como poderá negar-se o carácter *urgente* do *procedimento de despejo*, sem contrariar a própria evidência?

Na nossa perspetiva, o entendimento da Relação era evidentemente o correto, não se compreendendo esta decisão do SUPREMO, tirada estranhamento, aliás, por *unanimidade* de distintíssimos Adjuntos.

Dir-se-á que, como, no fundo, se rejeitou o recurso, com outro fundamento, não teriam de votar de *vencidos*, e isso é certo – mas, porventura, já terá caído em desuso a declaração que, por mais do que desejámos, tivemos de adotar durante o nossa carreira em tribunais superiores, "votei a conclusão"?

SUBSECÇÃO III – Injunção

Artigo 15-T – Injunção em matéria de arrendamento

1 – A injunção em matéria de arrendamento (IMA) é um meio processual que se destina a efetivar os seguintes direitos do arrendatário:

***a*) Pagamento de quantia certa em dívida por execução de obras em substituição do senhorio, em caso de execução de intimação ao abrigo do nº 2 do artigo 89 do regime jurídico de urbanização e de edificação, aprovado pelo Decreto-Lei nº 555/99, de 16 de dezembro, ou do nº 1 do artigo 55 do regime de jurídico de reabilitação urbana, aprovado pelo Decreto-Lei nº 307/2009, de 23 de outubro, quando a injunção seja titulada pelo contrato de arrendamento, acompanhado da comunicação no nº 3 do artigo 22-C do regime jurídico das obras em prédios arrendados, aprovado pelo Decreto-Lei nº 157/2006, de 8 de agosto e de cópia da intimação a que se reporta;**

***b*) Pagamento de quantia certa do valor de compensação em dívida de execução de obras em substituição do senhorio, nos casos de reparações previstas nos n.os 1 ou 2 do artigo 1036 do Código Civil, quando a injunção seja titulada pelo contrato de arrendamento, acompanhado da comunicação pre-**

vista no nº 3 do artigo 22-C do regime jurídico de obras em prédios arrendados, aprovado pelo Decreto-Lei nº 157/2006, de 8 de agosto;

c) Cessação de atividades causadoras de risco para a saúde do arrendatário, quando a injunção seja titulada pela intimação dirigida pelo arrendatário nos termos da alínea *a*) do nº 2 do artigo 13-B acompanhada por auto emitido pela autoridade policial ou equiparada ou pela Câmara Municipal competente;*

d) Correção de deficiências do locado causadoras de risco grave para a saúde ou para a segurança de pessoas ou bens, quando a injunção seja titulada pela intimação dirigida pelo arrendatário nos termos da alínea *b*) do nº 2 do artigo 13-B acompanhada por auto emitido pela câmara municipal competente*;

e) Correção de impedimento da fruição do locado, quando a injunção seja titulada pela intimação dirigida pelo arrendatário nos termos da alínea *c*) do nº 1 do artigo 13-B acompanhada por auto emitido pela câmara municipal competente*.

2 – Caso seja demonstrada a apresentação de requerimento da vistoria prevista no nº 3 do artigo 13-B*, dentro do prazo estabelecido no nº 7 do mesmo artigo, a câmara municipal é notificada para envio do referido auto nio prazo de 20 dias, suspendendo-se o processo até receção do referido auto, sem prejuízo do disposto no número seguinte.

3 – Com o decretamento das injunções previstas nas alíneas *c*) a *e*) do nº 1, a sanção pecuniária prevista no nº 5 do artigo 13-B*, passa a ser, por cada dia de incumprimento a partir dessa data, no valor de 50 euros, podendo ser deduzida pelo arrendatário do pagamento das rendas mensais vincendas a partir dessa data, até que o cumprimento da injunção seja demonstrado pelo senhorio ao arrendatário nos termos do artigo 9º

4 – À sanção pecuniária prevista no número anterior aplica-se o disposto no nº 6 do artigo 13-B*.

5 – O processo de injunção em matéria de arrendamento é objeto de diploma próprio.

(Subsecção e preceito, acompanhado, este, do seguinte, aditados pela Lei nº 13/2019, de 12 de fevereiro)

* Retificado pela Declaração de Retificação nº 11/2019, de 4 de abril.
* Retificado pela Declaração de Retificação nº 11/2019, de 4 de abril.
* Retificado pela Declaração de Retificação nº 11/2019, de 4 de abril.
* Retificado pela Declaração de Retificação nº 11/2019, de 4 de abril.
* Retificado pela Declaração de Retificação nº 11/2019, de 4 de abril.
* Retificado pela Declaração de Retificação nº 11/2019, de 4 de abril.

Breve apontamento

Este preceito, como se tem referido, foi acrescentado pela Lei nº 13/2019, de 12 de fevereiro, que explicitou o seu objetivo numa epígrafe a proclamar ser constituída por "medidas destinadas a corrigir situações de desequilíbrio entre arrendatários e senhorios, a reforçar a segurança e a estabilidade do arrendamento urbano e a proteger arrendatários em situação de especial fragilidade".

A criação e disciplina de uma *injunção* ao serviço *do arrendatário* e a sua disciplina constante do presente artigo, a complementar por diploma delegado no Governo para ser aprovado no prazo de 180 dias constitui uma das mais importantes providências destinadas à consecução desse desiderato.

Em sentido vulgar, *injunção* é o *ato ou efeito de impor uma obrigação.*

Este foi o nome que, em processo civil, veio a ser atribuído ao procedimento mediante o qual o titular de um crédito de valor inferior a metade da alçada da Relação (€ 15.000.00) intenta obter, de forma célere e simplificada, um título executivo para a realização do seu crédito.

Foi criado pelo Decreto-Lei nº 404/93, de 10 de dezembro, sendo hoje regulado pelo Decreto-Lei nº 269/98, de 1 de setembro, que, até 2008, sofreu 15 alterações (uma média de 1,5 por ano), tendo-se fixado aí, até aos nossos dias.

Por estranho que pareça, o seu aparecimento não foi determinado pelo propósito de atender às necessidades dos credores de pequenas dívidas, mas de libertar os tribunais da perturbação que o número incomportável das respetivas ações causava.

Com a disciplina legal do *procedimento*, começou a processar-se liminarmente na secretaria judicial do tribunal, tendo, só mais tarde sido criado o *Balcão Nacional de Injunções.*

No seu encalço, é agora criado o *procedimento de injunção* para a cobrança de créditos que o *arrendatário* tenha sobre o *senhorio*, instituindo-se um serviço especial no Ministério da Justiça – o *Serviço de Injunção em Matéria de Arrendamento* (SIMA) – enunciando-se no presente artigo aqueles que serão objeto de *injunção.*

Em síntese, reportam-se a créditos do *arrendatário* por execução de obras em substituição do *senhorio*, no caso de intimação em cumprimento do regime jurídico de urbanização e de edificação, ou do regime de jurídico de reabilitação urbana; por obras e despesas urgentes, que se não compadeçam com as delongas judiciais do art. 1036 CPC; cessação de atividades causadoras de risco para a saúde do arrendatário que determinem a imposição de uma sanção pecuniária; correção de deficiências do espaço arrendado, causadoras de risco grave para a saúde ou para a segurança de pessoas ou bens; e correção de impedimento da fruição do locado.

Destas cinco situações as duas primeiras respeitam a execução de obras pelo *arrendatário*, em substituição do *senhorio*, quanto às quais, não temos presente que tenham suscitado até hoje, contenciosos judiciais.

Surgem, realmente, alguns casos, em contratos antigos, de contencioso relativo a obras a realizar – e do que temos dado conta, curiosamente, na esmagadora maioria, julgados contra as pretensões do *arrendatário*.

Nos contratos celebrados já neste século, é corrente a presença de uma cláusula declarando que tanto a parte comum do prédio como espaço como a fração autónoma arrendada se encontram em bom estado, como consta do modelo de contrato que apresentamos em *Formulário*, "designadamente o pavimento, as paredes, portas e janelas, canalizações, instalação elétrica e tetos".

As restantes respeitam a casos ditos de *assédio do senhorio*, só previstos pela Lei nº 12/2019, de que não há ainda registos.

Não parece de prever, pois, que as providências previstas neste artigo e no seguinte venham a apresentar uma frequência prática que as justifique, não passando, afinal, das meras *providências-emblema* que, por enquanto, aparentam ser.

O futuro, porém, soberanamente o dirá.

Artigo 15-U – Serviço de Injunção em Matéria de Arrendamento

1 – É criado, junto da Direção-Geral da Administração da Justiça, o Serviço de Injunção em Matéria de Arrendamento (SIMA), destinado a assegurar a tramitação da injunção em matéria de arrendamento prevista no artigo anterior.

2 – O SIMA tem competência em todo o território nacional.

SECÇÃO V

(*Renumeração do art. 3º da Lei nº 12/2019*)

Justo impedimento

Artigo 16 – Invocação de justo impedimento

1 – Considera-se «justo impedimento» o evento não imputável à parte em contrato de arrendamento urbano que obste à prática atempada de um ato previsto nesta lei ou à receção das comunicações que lhe sejam dirigidas.

2 – O justo impedimento deve ser invocado logo após a sua cessação, por comunicação dirigida à outra parte.

3 – Compete à parte que o invocar a demonstração dos factos em que se funda.

4 – Em caso de desacordo entre as partes, a invocação do justo impedimento só se torna eficaz após decisão judicial.

SECÇÃO VI
(Renumeração do art. 3º da Lei nº 12/2019)
Consignação em depósito

Artigo 17 – Depósito das rendas

1 – O arrendatário pode proceder ao depósito da renda quando ocorram os pressupostos da consignação em depósito, quando lhe seja permitido fazer cessar a mora e ainda quando esteja pendente ação de despejo.

2 – O previsto na presente secção é aplicável, com as necessárias adaptações, ao depósito do valor correspondente a encargos e despesas a cargo do arrendatário.

Artigo 18 – Termos do depósito

1 – O depósito é feito em qualquer agência de instituição de crédito, perante um documento em dois exemplares, assinado pelo arrendatário, ou por outrem em seu nome, e do qual constem:

a) A identidade do senhorio e do arrendatário;
b) A identificação do locado;
c) O quantitativo da renda, encargo ou despesa;
d) O período de tempo a que ela respeita;
e) O motivo por que se pede o depósito.

2 – Um dos exemplares do documento referido no número anterior fica em poder da instituição de crédito, cabendo o outro ao depositante, com o lançamento de ter sido efetuado o depósito.

3 – O depósito fica à ordem do tribunal da situação do prédio ou, quando efetuado na pendência de processo judicial, do respetivo tribunal.

Artigo 19 – Notificação do senhorio

1 – O arrendatário deve comunicar ao senhorio o depósito da renda.

2 – A junção do duplicado ou duplicados das guias de depósito à contestação, ou figura processual a ela equivalente, de ação baseada na falta de pagamento produz os efeitos da comunicação.

Artigo 20 – Depósitos posteriores

1 – Enquanto subsistir a causa do depósito, o arrendatário pode depositar as rendas posteriores, sem necessidade de nova oferta de pagamento nem de comunicação dos depósitos sucessivos.

2 – Os depósitos posteriores são considerados dependência e consequência do depósito inicial, valendo quanto a eles o que for decidido em relação a este.

Artigo 21 – Impugnação do depósito

1 – A impugnação do depósito deve ocorrer no prazo de 20 dias contados da comunicação, seguindo-se, depois, o disposto na lei de processo sobre a impugnação da consignação em depósito.

2 – (*Revogado.*)

3 – O processo de depósito é apensado ao da ação de despejo, em cujo despacho saneador se deve conhecer da subsistência do depósito e dos seus efeitos, salvo se a decisão depender da prova ainda não produzida.

Artigo 22 – Levantamento do depósito pelo senhorio

1 – O senhorio pode levantar o depósito mediante escrito em que declare que não o impugnou nem pretende impugnar.

2 – O escrito referido no número anterior é assinado pelo senhorio ou pelo seu representante, devendo a assinatura ser reconhecida por notário quando não se apresente o bilhete de identidade respetivo.

3 – O depósito impugnado pelo senhorio só pode ser levantado após decisão judicial e de harmonia com ela.

Artigo 23 – Falsidade da declaração

Quando a declaração referida no artigo anterior seja falsa, a impugnação fica sem efeito e o declarante incorre em multa equivalente ao dobro da quantia depositada, sem prejuízo da responsabilidade penal correspondente ao crime de falsas declarações.

SECÇÃO VII

(*Renumeração do art. 3º da Lei nº 12/2019*)

Determinação da renda

Artigo 24 – Coeficiente de atualização

1 – O coeficiente de atualização anual de renda dos diversos tipos de arrendamento é o resultante da totalidade da variação do índice de preços

no consumidor, sem habitação, correspondente aos últimos 12 meses e para os quais existam valores disponíveis à data de 31 de agosto, apurado pelo Instituto Nacional de Estatística.

2 – O aviso com o coeficiente referido no número anterior é publicado no *Diário da República* até 30 de outubro de cada ano.

Artigo 25 – Arredondamento

1 – A renda resultante da atualização referida no artigo anterior é arredondada para a unidade de cêntimo imediatamente superior.

2 – O mesmo arredondamento aplica-se nos demais casos de determinação da renda com recurso a fórmulas aritméticas.

TÍTULO II – Normas transitórias

CAPÍTULO I – Contratos habitacionais celebrados na vigência do Regime do Arrendamento Urbano e contratos não habitacionais celebrados depois do Decreto-Lei nº 257/95, de 30 de setembro.

Artigo 26 – Regime

1 – Os contratos para fins habitacionais celebrados na vigência do Regime do Arrendamento Urbano (RAU), aprovado pelo Decreto-Lei nº 321-B/90, de 15 de outubro, bem como os contratos para fins não habitacionais celebrados na vigência do Decreto-Lei nº 257/95, de 30 de setembro, passam a estar submetidos ao NRAU, com as especificidades dos números seguintes.

2 – À transmissão por morte aplica-se o disposto nos artigos 57 e 58

3 – Quando não sejam denunciados por qualquer das partes, os contratos de duração limitada renovam-se automaticamente no fim do prazo pelo qual foram celebrados, pelo período de dois anos ou, quando se trate de arrendamento não habitacional, pelo período de três anos, e, em ambos os casos, se outro prazo superior não tiver sido previsto.

4 – Os contratos sem duração limitada regem-se pelas regras aplicáveis aos contratos de duração indeterminada, com as seguintes especificidades:

a) Continua a aplicar-se o disposto na alínea *a*) do nº 1 do artigo 107 do RAU;

b) Para efeitos das indemnizações previstas no nº 1 do artigo 1102 e na alínea *a*) do nº 6 e no nº 9 do artigo 1103 do Código Civil, a renda é calculada de

acordo com os critérios previstos nas alíneas *a*) e *b*) do nº 2 do artigo 35 da presente lei;

***c*) O disposto na alínea *c*) do artigo 1101 do Código Civil não se aplica se o arrendatário tiver idade igual ou superior a 65 anos ou deficiência com grau comprovado de incapacidade igual ou superior a 60%.**

5 – Em relação aos arrendamentos para habitação, cessa o disposto na alínea *a*) do número anterior após transmissão por morte para filho ou enteado ocorrida depois da entrada em vigor da presente lei.

6 – (*Revogado.*)

7 – Os direitos conferidos nos números anteriores ao arrendatário podem ser invocados pelo subarrendatário quando se trate de subarrendamento autorizado ou ratificado nos termos da lei.

O art. 14-3 da Lei nº 13/2019 veio dispor o seguinte:

Nos contratos de *arrendamento habitacional de duração limitada* previstos no nº 1 do artigo 26 do NRAU, aprovado pela Lei nº 6/2006, de 27 de fevereiro, cujo arrendatário, à data de entrada em vigor da presente lei, resida há mais de vinte anos no locado e tenha idade igual ou superior a sessenta e cinco anos ou grau comprovado de deficiência igual ou superior a 60%, o senhorio apenas pode opor-se à renovação ou proceder à denúncia do contrato com o fundamento previsto na alínea *b)* do artigo 1101 do Código Civil, aprovado pelo Decreto-Lei nº 47344/66, de 25 de novembro, com a redação dada pela presente lei, havendo lugar à atualização ordinária da renda, nos termos gerais.

CAPÍTULO II – Contratos habitacionais celebrados antes da vigência do RAU e contratos não habitacionais celebrados antes do Decreto-Lei nº 257/95, de 30 de setembro

SECÇÃO I – Disposições gerais

Artigo 27 – Âmbito

As normas do presente capítulo aplicam-se aos contratos de arrendamento para habitação celebrados antes da entrada em vigor do RAU, aprovado pelo Decreto-Lei nº 321-B/90, de 15 de outubro, bem como aos contratos para fins não habitacionais celebrados antes da entrada em vigor do Decreto-Lei nº 257/95, de 30 de setembro.

Artigo 28 – Regime

1 – Aos contratos a que se refere o artigo anterior aplica-se, com as necessárias adaptações, o disposto no artigo 26, com as especificidades constantes dos números seguintes e dos artigos 30 a 37 e 50 a 54

2 – Aos contratos referidos no número anterior não se aplica o disposto na alínea *c)* do artigo 1101 do Código Civil.

3 – (*Revogado pelo art. 12, al. b) da Lei nº 13/2019*)

4 – (*Revogado pelo art. 12, al. b) da Lei nº 13/2019*)

5 – (*Revogado pelo art. 12, al. b) da Lei nº 13/2019*)

6 – Os direitos conferidos nos números anteriores ao arrendatário podem ser invocados pelo subarrendatário quando se trate de subarrendamento autorizado ou ratificado nos termos da lei.

Os números revogados tinham a seguinte redação:

> 3 – Em relação aos arrendamentos para fins não habitacionais, a antecedência a que se refere a alínea *c)* do artigo 1101 do Código Civil é elevada para cinco anos quando:
>
> *a)* Ocorra trespasse, locação do estabelecimento ou cessão do arrendamento para o exercício de profissão liberal;
>
> *b)* Sendo o arrendatário uma sociedade, ocorra transmissão inter vivos de posição ou posições sociais que determine a alteração da titularidade em mais de 50%.
>
> 4 – O disposto no nº 3 apenas é aplicável quando as situações referidas nas respetivas alíneas a) e b) ocorram após a entrada em vigor da presente lei.
>
> 5 – Se o arrendatário tiver idade igual ou superior a 65 anos ou deficiência com grau comprovado de incapacidade igual ou superior a 60%, a invocação do disposto na alínea *b)* do artigo 1101 do Código Civil obriga o senhorio, na falta de acordo entre as partes, a garantir o realojamento do arrendatário em condições análogas às que este já detinha, quer quanto ao local quer quanto ao valor da renda e encargos.

Com esta súbita e inexplicada revogação dos n.os 3 a 5, o mesmo legislador de 2006 anulou, ele próprio, em 2019, a louvável providência que antes tinha aprovado com o objetivo de pôr termo à *negociata dos trespasses*, que vinha proliferando ao longo do muitíssimo longo período de *vinculismo*, em indecoroso locupletamento à custa do *senhorio*.

Sobretudo porque se trata do mesmo legislador, surpreende de imediato a inesperada reviravolta.

Refletindo no entanto sobre o tema, supomos que deverá haver uma justificação para o facto.

Os contratos de *arrendamento não habitacional*, ulteriores ao Decreto-Lei nº 257/95, são normalmente estipulados com *prazo certo* e, quanto a eles, a prática de *trespasses* ou de *locações de estabelecimento* aninhado em prédio arrendado nem se faz à custa do *senhorio* nem este fica, perante ela, sem defesa.

O problema surgia e era agudo quando grassava o *vinculismo.*

Hoje, porém, mesmo se o *trespassante* dispuser de um *arrendamento vinculístico*, quando ele se despoja da sua qualidade arrendatícia para, lucrativamente, *trespassar* o negócio a outrem, parece incontestável que não ficará o *trespassário* a beneficiar do *vinculismo* que existia, o qual não era, nem é, *habitacional*, nem *hereditário*, nem dispõe, em suma, de fundamento para sobreviver, como tal, em prol de novo *arrendatário.*

Não ocorrendo o estabelecido no art. 58 NRAU, ste adquire a qualidade arrendatícia, puramente *ex novo*, através de um *negócio jurídico.*

Logo, firmar-se-á, certamente, num *arrendamento de prazo certo* de *cinco anos* (art. 1094-3).

Sendo assim, a providência surgida onze anos depois do Decreto-Lei nº 257/95, em 2006, a bem dizer chovia no molhado; era desnecessária, neste ponto, compreendendo-se que, quanto a ela, tenha sido revogada pelo seu próprio criador.

No tocante à segunda parte da providência, quando dispunha sobre o subterfúgio da constituição de uma *sociedade* para explorar o mesmo *estabelecimento* e quando nela venha a ocorrer transmissão *inter vivos* de posição ou posições sociais, em mais de 50% face à situação anterior, parece que a sua subsistência seria ainda útil para se tornar mais clara a situação.

Cremos todavia que, numa análise percuciente do tema, não deverá passar a entender-se de outro modo, sendo de considerar ainda que, ultrapassados os 50% de participações, ocorrerá, automaticamente, um *trespasse.*

Isto, para o *trespasse.*

Para a *locação de estabelecimento,* algo de semelhante nos parece que se poderá pensar.

Se o *locador de estabelecimento* é titular deste e do próprio prédio em que ele se encontra instalado, a questão será simples: a *locação do estabelecimento* é um simples *aluguer* livremente negociável.

Se o *locador de estabelecimento* alojado em *prédio arrendado* beneficia de um *regime vinculístico* sobre o gozo do prédio ou respetiva parte dele pensamos que a subtransmissão do gozo relativo ao invólucro predial, seja realizada por *cessão da posição contratual* ou por *sublocação,* sob a vigência do Decreto-Lei nº 257/95 ou sob as Reformas arrendatícias posteriores, fora do âmbito do preceituado no art. 58 NRAU, retirará ao *arrendatário transmissário* o vínculo existente, passando, desde aí, a ser *arrendatário* de *prazo certo* por *cinco anos.*

Só este entendimento, aliás, explicará plausivelmente a revogação dos aludidos n.os 3 a 5 pelo mesmo legislador que, em 2006, os tinha editado.

Artigo 29 – Benfeitorias

1 – Salvo estipulação em contrário, a cessação do contrato dá ao arrendatário direito a compensação pelas obras licitamente feitas, nos termos aplicáveis às benfeitorias realizadas por possuidor de boa-fé.

2 – A denúncia do contrato de arrendamento nos termos da alínea *d*) do nº 3 do artigo 31 e da alínea *d*) do nº 3 do artigo 51 confere ao arrendatário o direito a compensação pelas obras licitamente feitas, nos termos aplicáveis às benfeitorias realizadas por possuidor de boa-fé, independentemente do estipulado no contrato de arrendamento e ainda que as obras não tenham sido autorizadas pelo senhorio.

3 – A cessação do contrato de arrendamento para fins não habitacionais por iniciativa do senhorio, nos termos da alínea *b*) do artigo 1101 do Código Civil e da alínea *a*) do nº 5 do artigo 33, aplicável por força do artigo 52, confere ao arrendatário o direito a compensação pelas obras licitamente feitas, nos termos aplicáveis às benfeitorias realizadas por possuidor de boa-fé, independentemente do estipulado no contrato de arrendamento e ainda que as obras não tenham sido autorizadas pelo senhorio.

SECÇÃO II – Arrendamento para habitação

Artigo 30 – Iniciativa do senhorio

(Epígrafe retificada pela Declaração de Retificação nº 59-A/2012)

A transição para o NRAU e a atualização da renda dependem de iniciativa do senhorio, que deve comunicar a sua intenção ao arrendatário, indicando, sob pena de ineficácia da sua comunicação:

a) O valor da renda, o tipo e a duração do contrato propostos;

b) O valor do locado, avaliado nos termos dos artigos 38 e seguintes do Código do Imposto Municipal sobre Imóveis (CIMI), constante da caderneta predial urbana;

c) Cópia da caderneta predial urbana;

d) Que o prazo de resposta é de 30 dias;

e) O conteúdo que pode apresentar a resposta, nos termos do nº 3 do artigo seguinte;

f) As circunstâncias que o arrendatário pode invocar, isolada ou conjuntamente com a resposta prevista na alínea anterior, e no mesmo prazo, conforme previsto no nº 4 do artigo seguinte, e a necessidade de serem apresentados os respetivos documentos comprovativos, nos termos do disposto no artigo 32;

g) As consequências da falta de resposta, bem como da não invocação de qualquer das circunstâncias previstas no nº 4 do artigo seguinte.

Artigo 31 – Resposta do arrendatário

1 – O prazo para a resposta do arrendatário é de 30 dias a contar da receção da comunicação prevista no artigo anterior.

2 – Quando termine em dias diferentes o prazo de vários sujeitos, a resposta pode ser oferecida até ao termo do prazo que começou a correr em último lugar.

3 – O arrendatário, na sua resposta, pode:

a) Aceitar o valor da renda proposto pelo senhorio;

b) Opor-se ao valor da renda proposto pelo senhorio, propondo um novo valor, nos termos e para os efeitos previstos no artigo 33;

c) Em qualquer dos casos previstos nas alíneas anteriores, pronunciar-se quanto ao tipo e à duração do contrato propostos pelo senhorio;

d) Denunciar o contrato de arrendamento, nos termos e para os efeitos previstos no artigo 34

4 – Se for caso disso, o arrendatário deve ainda, na sua resposta, invocar, isolada ou cumulativamente, as seguintes circunstâncias:

a) Rendimento anual bruto corrigido (RABC) do seu agregado familiar inferior a cinco retribuições mínimas nacionais anuais (RMNA), nos termos e para os efeitos previstos nos artigos 35 e 36;

b) Idade igual ou superior a 65 anos ou deficiência com grau comprovado de incapacidade igual ou superior a 60%, nos termos e para os efeitos previstos no artigo 36.

5 – As circunstâncias previstas nas alíneas do número anterior só podem ser invocadas quando o arrendatário tenha no locado a sua residência permanente ou quando a falta de residência permanente for devida a caso de força maior ou doença.

6 – O arrendatário pode, no prazo previsto no nº 1, reclamar de qualquer incorreção na inscrição matricial do locado, nos termos do disposto no artigo 130 do CIMI, junto do serviço de finanças competente.

7 – A reclamação referida no número anterior não suspende a atualização da renda, mas, quando determine uma diminuição do valor da mesma, há lugar à recuperação pelo arrendatário da diminuição desse valor desde a data em que foi devida a renda atualizada.

8 – O montante a deduzir a título de recuperação da diminuição do valor da renda, calculado nos termos do número anterior, não pode ultrapassar,

em cada mês, metade da renda devida, salvo quando exista acordo entre as partes ou se verifique a cessação do contrato.

9 – A falta de resposta do arrendatário vale como aceitação da renda, bem como do tipo e da duração do contrato propostos pelo senhorio, ficando o contrato submetido ao NRAU a partir do 1º dia do 2º mês seguinte ao do termo do prazo previsto nos n.ºs 1 e 2.

10 – Caso o arrendatário aceite o valor da renda proposto pelo senhorio, o contrato fica submetido ao NRAU a partir do 1º dia do 2º mês seguinte ao da receção da resposta:

a) De acordo com o tipo e a duração acordados;

b) No silêncio ou na falta de acordo das partes acerca do tipo ou da duração do contrato, este considera-se celebrado com prazo certo, pelo período de cinco anos.

11 – O RABC é definido em diploma próprio.

Artigo 32 – Comprovação da alegação

1 – O arrendatário que invoque a circunstância prevista na alínea *a*) do nº 4 do artigo anterior faz acompanhar a sua resposta de documento comprovativo emitido pelo serviço de finanças competente, do qual conste o valor do RABC do seu agregado familiar.

2 – O arrendatário que não disponha, à data da sua resposta, do documento referido no número anterior faz acompanhar a resposta do comprovativo de ter o mesmo sido já requerido, devendo juntá-lo no prazo de 15 dias após a sua obtenção.

3 – O RABC refere-se ao ano civil anterior ao da comunicação.

4 – O arrendatário que invoque as circunstâncias previstas na alínea *b*) do nº 4 do artigo anterior faz acompanhar a sua resposta, conforme os casos, de documento comprovativo de ter completado 65 anos ou de documento comprovativo da deficiência alegada, sob pena de não poder prevalecer-se das referidas circunstâncias.

Artigo 33 – Oposição pelo arrendatário e denúncia pelo senhorio

1 – Sem prejuízo do disposto nos artigos 35 e 36, caso o arrendatário se oponha ao valor da renda, ao tipo ou à duração do contrato propostos pelo senhorio, propondo outros, o senhorio, no prazo de 30 dias contados da receção da resposta daquele, deve comunicar ao arrendatário se aceita ou não a proposta.

2 – A oposição do arrendatário ao valor da renda proposto pelo senhorio não acompanhada de proposta de um novo valor vale como proposta de manutenção do valor da renda em vigor à data da comunicação do senhorio.

3 – A falta de resposta do senhorio vale como aceitação da renda, bem como do tipo e da duração do contrato propostos pelo arrendatário.

4 – Se o senhorio aceitar o valor da renda proposto pelo arrendatário ou verificando-se o disposto no número anterior, o contrato fica submetido ao NRAU a partir do 1º dia do 2º mês seguinte ao da receção, pelo arrendatário, da comunicação prevista no nº 1 ou do termo do prazo aí previsto:

a) De acordo com o tipo e a duração acordados;

b) No silêncio ou na falta de acordo das partes acerca do tipo ou da duração do contrato, este considera-se celebrado com prazo certo, pelo período de cinco anos.

5 – Se o senhorio não aceitar o valor de renda proposto pelo arrendatário, pode, na comunicação a que se refere o nº 1:

a) Denunciar o contrato de arrendamento, pagando ao arrendatário uma indemnização equivalente a cinco anos de renda resultante do valor médio das propostas formuladas pelo senhorio e pelo arrendatário;

b) Atualizar a renda de acordo com os critérios previstos nas alíneas *a*) e *b*) do nº 2 do artigo 35, considerando-se o contrato celebrado com prazo certo, pelo período de cinco anos a contar da referida comunicação.

6 – A indemnização a que se refere a alínea *a*) do número anterior é agravada para o dobro ou em 50% se a renda oferecida pelo arrendatário não for inferior à proposta pelo senhorio em mais de 10% ou de 20%, respetivamente.

7 – Sem prejuízo do disposto no número seguinte, a denúncia prevista na alínea *a*) do nº 5 produz efeitos no prazo de seis meses a contar da receção da correspondente comunicação, devendo então o arrendatário desocupar o locado e entregá-lo ao senhorio no prazo de 30 dias.

8 – No caso de arrendatário que tenha a seu cargo filho ou enteado menor de idade ou que, tendo idade inferior a 26 anos, frequente o 11º ou o 12º ano de escolaridade ou cursos de ensino pós-secundário não superior ou de ensino superior, a denúncia prevista na alínea *a*) do nº 5 produz efeitos no prazo de um ano, devendo então o arrendatário desocupar o locado e entregá-lo ao senhorio no prazo de 30 dias.

9 – A indemnização prevista na alínea *a*) do nº 5 e no nº 6 é paga no momento da entrega do locado ao senhorio.

10 – No período compreendido entre a receção da comunicação pela qual o senhorio denuncia o contrato e a produção de efeitos da denúncia, nos ter-

mos dos n.os 7 e 8, vigora a renda antiga ou a renda proposta pelo arrendatário, consoante a que for mais elevada.

Artigo 34 – Denúncia pelo arrendatário

1 – Caso o arrendatário denuncie o contrato, a denúncia produz efeitos no prazo de dois meses a contar da receção pelo senhorio da resposta prevista na alínea *d*) do nº 3 do artigo 31, devendo então o arrendatário desocupar o locado e entregá-lo ao senhorio no prazo de 30 dias.

2 – No caso previsto no número anterior não há lugar a atualização da renda.

Artigo 35 – Arrendatário com RABC inferior a cinco RMNA

*1 – Caso o arrendatário invoque e comprove que o RABC do seu agregado familiar é inferior a cinco RMNA, o contrato só fica submetido ao NRAU mediante acordo entre as partes ou, na falta deste, no prazo de oito anos a contar da receção, pelo senhorio, da resposta do arrendatário nos termos da alínea *a*) do nº 4 do artigo 31.

*2 – No período de oito anos referido no número anterior, a renda pode ser atualizada nos seguintes termos:

a) O valor atualizado da renda tem como limite máximo o valor anual correspondente a 1/15 do valor do locado;

b) O valor do locado corresponde ao valor da avaliação realizada nos termos dos artigos 38 e seguintes do CIMI;

c) O valor atualizado da renda corresponde, até à aprovação dos mecanismos de proteção e compensação social:

i) A um máximo de 25% do RABC do agregado familiar do arrendatário, com o limite previsto na alínea *a*);

ii) A um máximo de 17% do RABC do agregado familiar do arrendatário, com o limite previsto na alínea *a*), no caso de o rendimento do agregado familiar ser inferior a € 1500 mensais;

**iii*) A um máximo de 15% do RABC do agregado familiar do arrendatário, com o limite previsto na alínea *a*), no caso de o rendimento do agregado familiar ser inferior a € 1000 mensais;

**iv*) A um máximo de 13% do RABC do agregado familiar do arrendatário, com o limite previsto na alínea *a*), no caso de o rendimento do agregado familiar ser inferior a € 750 mensais;

**v*) A um máximo de 10% do RABC do agregado familiar do arrendatário, com o limite previsto na alínea *a*), no caso de o rendimento do agregado familiar ser inferior a € 500 mensais.

d) O arrendatário pode pedir a reavaliação do locado nos termos do Código do IMI. (*alínea aditada pela Lei nº 13/2019*)

3 – Quando for atualizada, a renda é devida no 1º dia do 2º mês seguinte ao da receção, pelo arrendatário, da comunicação com o respetivo valor.

* 4 – Sem prejuízo do disposto no número seguinte, o valor atualizado da renda, no período de oito anos referido no nº 1, corresponde ao valor da primeira renda devida.

5 – Nos anos seguintes ao da invocação da circunstância regulada no presente artigo, o inquilino faz prova dessa circunstância, pela mesma forma e até ao dia 30 de setembro, quando essa prova seja exigida pelo senhorio até ao dia 1 de setembro do respetivo ano, sob pena de não poder prevalecer-se daquela circunstância.

*6 – Findo o prazo de oito anos referido no nº 1, o senhorio pode promover a transição do contrato para o NRAU, aplicando-se, com as necessárias adaptações, o disposto nos artigos 30 e seguintes, com as seguintes especificidades:

a) O arrendatário não pode invocar as circunstâncias previstas nas alíneas do nº 4 do artigo 31;

**b*) No silêncio ou na falta de acordo das partes acerca do tipo ou da duração do contrato, este considera-se celebrado com prazo certo, pelo período de cinco anos.

Artigo 36 – Arrendatário com idade igual ou superior a 65 anos ou com deficiência com grau de incapacidade igual ou superior a 60%

1 – A transição do contrato para o NRAU fica sujeita a acordo das partes, aplicando-se, no que respeita ao valor da renda, o disposto nos números seguintes, caso o arrendatário invoque e comprove que:

a) Possui idade igual ou superior a sessenta e cinco anos ou deficiência com comprovado grau de incapacidade igual ou superior a 60%; ou que

b) Reside há mais de cinco anos no locado cônjuge, unido de facto ou parente do arrendatário no primeiro grau da linha reta, que se encontre numa das condições previstas na alínea anterior, sendo o RABC do agregado familiar inferior a 5 RMNA.

2 – Se o arrendatário aceitar o valor da renda proposto pelo senhorio, a nova renda é devida no 1º dia do 2º mês seguinte ao da receção, pelo senhorio, da resposta.

3 – Se o arrendatário se opuser ao valor da renda proposto pelo senhorio, propondo um novo valor, o senhorio, no prazo de 30 dias contados da receção da resposta do arrendatário, deve comunicar-lhe se aceita ou não a renda proposta.

4 – A falta de resposta do senhorio vale como aceitação da renda proposta pelo arrendatário.

5 – Se o senhorio aceitar o valor da renda proposto pelo arrendatário, ou verificando-se o disposto no número anterior, a nova renda é devida no 1º dia do 2º mês seguinte ao da receção, pelo senhorio, da resposta ou do termo do prazo para esta, consoante os casos.

6 – Se o senhorio não aceitar o valor da renda proposto pelo arrendatário, o contrato mantém-se em vigor sem alteração do regime que lhe é aplicável, sendo o valor da renda apurado nos termos das alíneas *a*) e *b*) do nº 2 do artigo anterior, sem prejuízo do disposto no número seguinte.

7 – Se o arrendatário invocar e comprovar que o RABC do seu agregado familiar é inferior a cinco RMNA:

a) O valor da renda é apurado nos termos dos n.os 2 e 3 do artigo anterior;

**b*) O valor da renda vigora por um período de dez anos, correspondente ao valor da primeira renda devida;

c) É aplicável o disposto no nº 5 do artigo anterior. (*Retificação da Declaração de Retificação nº 59-A/2012*)

8 – Quando for atualizada, a renda é devida no 1º dia do 2º mês seguinte ao da receção, pelo arrendatário, da comunicação com o respetivo valor.

*9 – Findo o período de dez anos a que se refere a alínea *b*) do nº 7:

a) O valor da renda pode ser atualizado por iniciativa do senhorio, aplicando-se, com as necessárias adaptações, o disposto nos artigos 30 e seguintes, não podendo o arrendatário invocar a circunstância prevista na alínea *a*) do nº 4 do artigo 31;

b) O contrato só fica submetido ao NRAU mediante acordo entre as partes.

10 – Em caso de transição do contrato para o NRAU nos termos do artigo 30 e seguintes, sem que tenha sido exercido o direito à aplicação do disposto nos n.os 1 ou 7 do presente artigo, se o arrendatário residir há mais de quinze anos no locado e o demonstrar mediante atestado emitido pela junta de freguesia da sua área de residência, e tiver à data da transição do contrato, idade igual ou superior a 65 anos de idade ou grau comprovado de deficiência igual ou superior a 60%, o senhorio apenas pode opor-se à renovação do contrato com o fundamento previsto na alínea *b*) do artigo 1101 do Código Civil, aplicando-se com as devidas adaptações os requisitos estabelecidos no artigo 1102 do mesmo Código[27].

[27] Redação da Lei nº 13/2019. A anterior era a seguinte: "No caso previsto no número anterior, o arrendatário pode ter direito a uma resposta social, nomeadamente através de subsídio

Sobre o disposto neste número, estabeleceu o art. 14-4 da Lei nº 13/2019 o seguinte:

4 – A redação conferida pela presente lei ao nº 10 do artigo 36 do NRAU, só produz efeitos no dia seguinte à data da cessação da vigência da Lei nº 30/2018, de 16 de julho, que estabelece o regime extraordinário e transitório para proteção de pessoas idosas ou com deficiência que sejam arrendatárias e residam no mesmo locado há mais de quinze anos.

A Lei nº 30/2018, de 16 de julho, estabeleceu a data da cessação dos seus efeitos em 31 de março de 2019.

11 – Na renovação do contrato prevista no número anterior, o senhorio pode proceder à atualização extraordinária da renda até ao limite estabelecido nas alíneas *a*) e *b*) do nº 2 do artigo 35 do NRAU, aplicando-se para o efeito o disposto nos artigos 30 e seguintes daquele regime jurídico, mantendo-se o valor da referida renda quando este seja igual ou superior àquele limite.

12 – A atualização extraordinária da renda prevista no número anterior não pode ultrapassar anualmente 20% do valor da diferença entre 1/15 do Valor Patrimonial Tributário do locado e da renda anterior à atualização extraordinária ali prevista.

13 – No caso previsto no nº 9 e no caso de atualização extraordinária de renda previsto no número anterior, o arrendatário tem direito a subsídio de renda, nos termos de diploma próprio, sem prejuízo sem prejuízo do acesso às demais modalidades de apoio habitacional aplicáveis.

(Os n.os 1 e 10 têm a redação da Lei nº 13/2019, que acrescentou ainda ao artigo os n.os 11 a 13)

Artigo 37 – Valor da renda

Se o valor da renda apurado nos termos da alínea *b*) do nº 5 do artigo 33, do nº 2 do artigo 35 ou dos n.os 6 e 7 do artigo 36 for inferior ao valor que resultaria da atualização anual prevista no nº 1 do artigo 24, é este o aplicável.

Artigos 38 a 49

(Revogados.)

de renda, de habitação social ou de mercado social de arrendamento, nos termos e condições a definir em diploma próprio".

SECÇÃO III – Arrendamento para fim não habitacional

Artigo 50 – Iniciativa do senhorio

A transição para o NRAU e a atualização da renda dependem de iniciativa do senhorio, que deve comunicar a sua intenção ao arrendatário, indicando:

a) O valor da renda, o tipo e a duração do contrato propostos;

b) O valor do locado, avaliado nos termos dos artigos 38 e seguintes do CIMI, constante da caderneta predial urbana; (*Retificação da Declaração de Retificação nº 59-A/2012*)

c) Cópia da caderneta predial urbana;

d) Que o prazo de resposta é de 30 dias;

e) O conteúdo que pode apresentar a resposta, nos termos do nº 3 do artigo seguinte;

f) As circunstâncias que o arrendatário pode invocar, isolada ou conjuntamente com a resposta prevista na alínea anterior, e no mesmo prazo, conforme previsto no nº 4 do artigo seguinte, e a necessidade de serem apresentados os respetivos documentos comprovativos, nos termos do disposto no nº 6 do mesmo artigo;

g) As consequências da falta de resposta, bem como da não invocação de qualquer das circunstâncias previstas no nº 4 do artigo seguinte.

Artigo 51 – Resposta do arrendatário

1 – O prazo para a resposta do arrendatário é de 30 dias a contar da receção da comunicação prevista no artigo anterior.

2 – Quando termine em dias diferentes o prazo de vários sujeitos, a resposta pode ser oferecida até ao termo do prazo que começou a correr em último lugar.

3 – O arrendatário, na sua resposta, pode:

a) Aceitar o valor da renda proposto pelo senhorio;

b) Opor-se ao valor da renda proposto pelo senhorio, propondo um novo valor, nos termos e para os efeitos previstos no artigo 52;

c) Em qualquer dos casos previstos nas alíneas anteriores, pronunciar-se quanto ao tipo ou à duração do contrato propostos pelo senhorio;

d) Denunciar o contrato de arrendamento, nos termos e para os efeitos previstos no artigo 53.

4 – Se for caso disso, o arrendatário deve ainda, na sua resposta, nos termos e para os efeitos previstos no artigo 54, invocar uma das seguintes circunstâncias:

a) Que existe no locado um estabelecimento comercial aberto ao público e que é uma microempresa;

b) Que no locado funciona uma pessoa coletiva de direito privado sem fins lucrativos, regularmente constituída, que se dedica à atividade cultural, recreativa, de solidariedade social ou desportiva não profissional, e declarada de interesse público ou de interesse nacional ou municipal, ou uma pessoa coletiva de direito privado que prossiga uma atividade declarada de interesse nacional;

c) Que o locado funciona como casa fruída por república de estudantes, nos termos previstos na Lei nº 2/82, de 15 de janeiro, alterada pela Lei nº 12/ /85, de 20 de junho.

d) Que existe no locado um estabelecimento ou uma entidade de interesse histórico e cultural ou social local reconhecidos pelo município, nos termos do respetivo regime jurídico. (*aditado pelo art. 9º da Lei nº 42/2017, de 14 de junho, vigente desde 24 deste mês*)

5 – Para efeitos da presente lei, «microempresa» é a empresa que, independentemente da sua forma jurídica, não ultrapasse, à data do balanço, dois dos três limites seguintes:

a) Total do balanço: € 2 000 000;

b) Volume de negócios líquido: € 2 000 000;

c) Número médio de empregados durante o exercício: 10.

6 – O arrendatário que invoque uma das circunstâncias previstas no nº 4 faz acompanhar a sua resposta de documento comprovativo da mesma, sob pena de não poder prevalecer-se da referida circunstância.

7 – É aplicável, com as necessárias adaptações, o disposto nos n.os 6 a 10 do artigo 31.

Sobre o aditamento da al. *d)* do nº 4, operado pela Lei nº 42/2017, de 14 de junho, importa ter em atenção o disposto no seu art. 13, que é do teor seguinte:

Artigo 13

1 – Os municípios que tenham procedido ao reconhecimento de estabelecimentos e entidades de interesse histórico e cultural ou social local devem proceder à confirmação do mesmo ao abrigo dos critérios previstos no artigo 4º da presente lei no prazo de 60 dias seguintes após a entrada em vigor da mesma, sem prejuízo da consulta pública prevista no nº 3 do artigo 6º.

2 – Sem prejuízo do procedimento previsto na secção III do capítulo II do título II da Lei nº 6/2006 de 27 de fevereiro que aprovou o NRAU, os arrendamentos de imóveis que se encontrem na circunstância prevista na alínea *d)* do nº 4 do artigo 51 da referida lei, na redação dada pela presente lei, não podem ser submetidos ao NRAU pelo prazo de cinco anos a contar da entrada em vigor da presente lei, salvo acordo entre as partes.

3 – Em relação aos imóveis que se encontrem na circunstância prevista na alínea *d)* do nº 4 do artigo 51 da **Lei** nº 6/2006, de 27 de fevereiro, que aprova o NRAU, na redação dada pela presente lei, e cujos arrendamentos tenham transitado para o NRAU nos termos da lei então aplicável, não podem os senhorios opor-se à renovação do novo contrato celebrado à luz do NRAU, por um período adicional de cinco anos.

Não se compreende, em nosso parecer, nem tem fundamento aceitável o estabelecido nos n.os 2 e 3 do presente artigo. Aproveitou-se uma oportunidade não oportuna para oferecer uma dádiva injusta e indecorosa aos arrendatários sob um vinculismo retrógrado, mais próprio de república popular do que de uma democracia evoluída.

Por que é que, sendo o estabelecimento histórico e cultural ou social local, há de ter uma especiosa prorrogação vinculística?

Que tem de ver uma coisa com a outra?

Se o estabelecimento foi qualificado com estas características, até, pelo contrário, o que antes deveria prever-se seria, por um lado, a imposição ao senhorio de manutenção em funcionamento da "loja com história" e proibição de aplicação a fim diferente e, por outro lado, atribuir-se-lhe um fundamento de resolução do arrendamento por exploração prejudicial a essa qualidade.

Artigo 52 – Oposição pelo arrendatário e denúncia pelo senhorio

Sem prejuízo do disposto no artigo 54, é aplicável à oposição pelo arrendatário e à denúncia pelo senhorio, com as necessárias adaptações, o disposto no artigo 33, com exceção do nº 8.

Artigo 53 – Denúncia pelo arrendatário

À denúncia pelo arrendatário é aplicável, com as necessárias adaptações, o disposto no artigo 34.

Artigo 54 – Invocação de circunstâncias pelo arrendatário

***1 – Caso o arrendatário invoque e comprove uma das circunstâncias previstas no nº 4 do artigo 51, o contrato só fica submetido ao NRAU mediante acordo entre as partes ou, na falta deste, no prazo de dez anos a contar da receção, pelo senhorio, da resposta do arrendatário nos termos do nº 4 do artigo 51.**

***2 – No período de 10 anos referido no número anterior, o valor atualizado da renda é determinado de acordo com os critérios previstos nas alíneas *a)* e *b)* do nº 2 do artigo 35.**

3 – Se o valor da renda apurado nos termos do número anterior for inferior ao valor que resultaria da atualização anual prevista no nº 1 do artigo 24, é este o aplicável.

4 – Quando for atualizada, a renda é devida no 1º dia do 2º mês seguinte ao da receção, pelo arrendatário, da comunicação com o respetivo valor.

5 – Nos anos seguintes ao da invocação da circunstância regulada no presente artigo, o inquilino faz prova dessa circunstância, pela mesma forma e até ao dia 30 de setembro, quando essa prova seja exigida pelo senhorio até ao dia 1 de setembro do respetivo ano, sob pena de não poder prevalecer-se daquela circunstância.

*6 – Findo o período de 10 anos referido no nº 1, o senhorio pode promover a transição do contrato para o NRAU, aplicando-se, com as necessárias adaptações, o disposto nos artigos 50 e seguintes, com as seguintes especificidades:

a) O arrendatário não pode invocar novamente qualquer das circunstâncias previstas no nº 4 do artigo 51;

**b*) No silêncio ou na falta de acordo das partes acerca do tipo ou da duração do contrato, este considera-se celebrado com prazo certo, pelo período de cinco anos;

**c*) Durante o prazo de cinco anos previsto na alínea anterior e na falta de acordo das partes acerca do valor da renda, o senhorio pode atualizar a renda, de acordo com os critérios previstos nas alíneas *a*) e *b*) do nº 2 do artigo 35, com aplicação dos coeficientes de atualização anual respetivos, definidos nos termos do artigo 24.

Artigo 55 – Resposta do arrendatário

(*Revogado.*)

Artigo 56 – Atualização imediata da renda

(*Revogado.*)

SECÇÃO IV – Transmissão

Artigo 57 – Transmissão por morte no arrendamento para habitação

1 – O arrendamento para habitação não caduca por morte do primitivo arrendatário quando lhe sobreviva:

a) Cônjuge com residência no locado;

b) Pessoa que com ele vivesse em união de facto há mais de dois anos, com residência no locado há mais de um ano;

c) Ascendente em 1º grau que com ele convivesse há mais de um ano;

d) Filho ou enteado com menos de um ano de idade ou que com ele convivesse há mais de um ano e seja menor de idade ou, tendo idade inferior a 26 anos, frequente o 11º ou o 12º ano de escolaridade ou estabelecimento de ensino médio ou superior;

e) Filho ou enteado, que com ele convivesse há mais de um ano, com deficiência com grau comprovado de incapacidade igual ou superior a 60%;

f) Filho ou enteado que com ele convivesse há mais de cinco anos, com idade igual ou superior a 65 anos, desde que o RABC desde que o RABC do agregado seja inferior a 5 RMNA. (*Aditada pela Lei nº 13/2019*)

2 – Nos casos do número anterior, a posição do arrendatário transmite-se, pela ordem das respetivas alíneas, às pessoas nele referidas, preferindo, em igualdade de condições, sucessivamente, o ascendente, filho ou enteado mais velho.

3 – O direito à transmissão previsto nos números anteriores não se verifica se, à data da morte do arrendatário, o titular desse direito tiver outra casa, própria ou arrendada, na área dos concelhos de Lisboa ou do Porto e seus limítrofes ou no respetivo concelho quanto ao resto do País.

4 – Sem prejuízo do disposto no número seguinte, quando ao arrendatário sobreviva mais de um ascendente, há transmissão por morte entre eles.

5 – Quando a posição do arrendatário se transmita para ascendente com idade inferior a 65 anos à data da morte do arrendatário, o contrato fica submetido ao NRAU, aplicando-se, na falta de acordo entre as partes, o disposto para os contratos com prazo certo, pelo período de 2 anos.

6 – Salvo no caso previsto na alínea *e*) do nº 1, quando a posição do arrendatário se transmita para filho ou enteado nos termos da alínea *d*) do mesmo número, o contrato fica submetido ao NRAU na data em que aquele adquirir a maioridade ou, caso frequente o 11º ou o 12º ano de escolaridade ou cursos de ensino pós-secundário não superior ou de ensino superior, na data em que perfizer 26 anos, aplicando-se, na falta de acordo entre as partes, o disposto para os contratos com prazo certo, pelo período de 2 anos.

I – O óbito do arrendatário determina a caducidade do contrato de arrendamento para habitação.

II – Tal caducidade, porém, não se verifica se ao arrendatário sobreviver cônjuge não separado judicialmente de pessoas e bens ou de facto, o que pressupõe que entre o arrendatário e o seu cônjuge exista ou aparente existir a comunhão de vida típica da relação conjugal, que se manifesta na comunhão de cama, mesa e habitação e na vontade de ambos de a manter.

III – Inexistindo essa comunhão, e independentemente da causa da separação dos cônjuges e da sua imputabilidade a um deles (por exemplo, o arrendatário), o arrendamento não se comunica nem se transmite ao cônjuge sobrevivo deste, caducando com o óbito.

IV – A causa da separação de facto do casal e a sua imputabilidade a qualquer dos cônjuges não são oponíveis ao senhorio.

SUPREMO, 07-10-2010 (Processo nº 1755/12.5TVLSB.L1.S1)

Contra:

– A alínea a(do número 1 do art. 85 RAU deve ser interpretada restritivamente naqueles casos em que o cônjuge arrendatário abandona o arrendado, continuando a viver neste o cônjuge sobrevivo após a separação de facto.

Relação de Lisboa, 24-02-2000 (Colectânea, XXV-I, p. 126

– A alínea *a)* do nº 1 do artigo 85 do RAU, que prevê que o arrendamento para habitação não caduca por morte do primitivo arrendatário (...), se lhe sobreviver cônjuge não separado judicialmente de pessoas e bens ou de facto, deve ser interpretada restritivamente, no sentido de se não excluir o cônjuge separado de facto que, aquando da separação, continuou a residir no locado.

SUPREMO, 01-03-2018 (*ColSTJ*, nº 286, p. 245; ITIJ Processo nº 1755/12.5TVLSB.L1.S1).[28]

Temos vindo a dissentir do entendimento, á luz do RAU, dos dois últimos arestos

Perante esse diploma, como aliás, em face da primitiva redação do CC, fosse qual fosse o *regime de bens*, não havia a chamada *comunicabilidade* conjugal do *direito ao arrendamento*, caducando o contrato, com o falecimento do *arrendatário*, exceto sobrevivendo-lhe "cônjuge não separado judicialmente *ou de facto*" – *e a última destas duas circunstâncias era, efetivamente, em ambas os processos em apreço, a hipótese dos autos.*

[28] Contra: I – O óbito do arrendatário determina a caducidade do contrato de arrendamento para habitação. II – Tal caducidade, porém, não se verifica se ao arrendatário sobreviver cônjuge não separado judicialmente de pessoas e bens ou de facto, o que pressupõe que entre o arrendatário e o seu cônjuge exista ou aparente existir a comunhão de vida típica da relação conjugal, que se manifesta na comunhão de cama, mesa e habitação e na vontade de ambos de a manter. III – Inexistindo essa comunhão, e independentemente da causa da separação dos cônjuges e da sua imputabilidade a um deles (por exemplo, o arrendatário), o arrendamento não se comunica nem se transmite ao cônjuge sobrevivo deste, caducando com o óbito. IV – A causa da separação de facto do casal e a sua imputabilidade a qualquer dos cônjuges não são oponíveis ao senhorio. SUPREMO, **07-10-2010 (Processo nº** 1755/12.5TVLSB.L1.S1).

Nem, em rigor, nos parece que se tenha feito uma interpretação "restritiva", quando o que se praticou, foi antes alargar o alcance da exceção da lei a um caso não referido por ela e, portanto, fazendo uma *interpretação extensiva.*

A lei decretava a *não caducidade* do *arrendamento habitacional* por morte do arrendatário, se lhe sobrevivesse cônjuge não separado judicialmente *ou de facto.* e esta jurisprudência aplicou a *não caducidade* à rutura dos laços conjugais pelo marido, arrendatário ainda vivo, que cessou a convivência com a mulher, a qual, apesar da separação operada por iniciativa do marido, se entendeu que continuava a não estar separada dele.

Haverá interpretação mais extensiva do que esta?

Na nossa perspetiva, a última decisão teria de ser julgada, não com sujeição ao articulado do RAU, mas antes à luz do NRAU (aplicável *ex vi* do seu art. 26-2), segundo o qual o *arrendamento habitacional* não caduca por morte do arrendatário quando lhe sobreviva "cônjuge com residência no locado".

Foi precisamente porque o RAU expressamente recusava a hipótese que o NRAU veio estabelecê-la, retroativamente.

Os sumários destas decisões aludem a *interpretação restritiva* por as respetivas decisões ficcionarem que a *separação de facto* que a lei referia era, só a que envolvia a mulher, porque quando só o marido, não morto mas ainda vivo, abandonasse o lar conjugal, pelos vistos, continuavam afinal os dois a viver... juntos.

*Artigo 57-A – Transmissão por morte no realojamento para habitação por obras ou demolição

No caso de morte do arrendatário realojado por efeitos da alínea *b*) do artigo 1101 do Código Civil por iniciativa do senhorio, o arrendamento não caduca por morte do primitivo arrendatário, aplicando-se-lhe o regime previsto no artigo anterior.

[Aditado pela Lei nº 43/2017]

Artigo 58 – Transmissão por morte no arrendamento para fins não habitacionais

1 – O arrendamento para fins não habitacionais termina com a morte do primitivo arrendatário, salvo existindo sucessor que há mais de três anos exerça profissão liberal ou explore estabelecimento comercial, no locado, em comum com o arrendatário primitivo.

2 – O sucessor com direito à transmissão comunica ao senhorio, nos três meses posteriores ao decesso, a vontade de continuar a exploração.

TÍTULO III – Normas finais

Artigo 59 – Aplicação no tempo

1 – O NRAU aplica-se aos contratos celebrados após a sua entrada em vigor, bem como às relações contratuais constituídas que subsistam nessa data, sem prejuízo do previsto nas normas transitórias.

2 – A aplicação da alínea *a*) do nº 1 do artigo 1091 do Código Civil não determina a perda do direito de preferência por parte de arrendatário que dele seja titular aquando da entrada em vigor da presente lei.

3 – As normas supletivas contidas no NRAU só se aplicam aos contratos celebrados antes da entrada em vigor da presente lei quando não sejam em sentido oposto ao de norma supletiva vigente aquando da celebração, caso em que é essa a norma aplicável.

Artigo 60 – Norma revogatória

1 – É revogado o RAU, aprovado pelo Decreto-Lei nº 321-B/90, de 15 de outubro, com todas as alterações subsequentes, salvo nas matérias a que se referem os artigos 26 e 28 da presente lei.

2 – As remissões legais ou contratuais para o RAU consideram-se feitas para os lugares equivalentes do NRAU, com as adaptações necessárias.

Artigo 61 – Manutenção de regimes

Até à publicação de novos regimes, mantêm-se em vigor os regimes da renda condicionada e da renda apoiada, previstos nos artigos 77 e seguintes do RAU.

Artigo 62 – Republicação

O capítulo IV do título II do livro II do Código Civil, composto pelos artigos 1022 a 1113, é republicado em anexo à presente lei.

Artigo 63 – Autorização legislativa

1 – Fica o Governo autorizado a aprovar no prazo de 120 dias os diplomas relativos às seguintes matérias:

a) Regime jurídico das obras coercivas;

b) Definição do conceito fiscal de prédio devoluto.

2 – Em relação ao regime jurídico das obras coercivas, a autorização tem os seguintes sentido e extensão:

a) O diploma a aprovar tem como sentido permitir a intervenção em edifícios em mau estado de conservação, assegurando a reabilitação urbana nos casos em que o proprietário não queira ou não possa realizar as obras necessárias;

b) A extensão da autorização compreende a consagração, no diploma a aprovar, das seguintes medidas:

i) Possibilidade de o arrendatário se substituir ao senhorio na realização das obras, com efeitos na renda;

ii) Possibilidade de as obras serem efetuadas pela câmara municipal, ou por outra entidade pública ou do sector público empresarial, com compensação em termos de participação na fruição do prédio;

iii) Possibilidade de o arrendatário adquirir o prédio, ficando obrigado à sua reabilitação, sob pena de reversão;

iv) Limitações à transmissão do prédio adquirido nos termos da subalínea anterior;

v) Possibilidade de o proprietário de fração autónoma adquirir outras frações do prédio para realização de obras indispensáveis de reabilitação.

3 – Em relação à definição do conceito fiscal de prédio devoluto, a autorização tem os seguintes sentido e extensão:

a) O diploma a aprovar tem como sentido permitir a definição dos casos em que um prédio é considerado devoluto, para efeitos de aplicação da taxa do imposto municipal sobre imóveis;

b) A extensão da autorização compreende a consagração, no diploma a aprovar, dos seguintes critérios:

i) Considerar devolutos os prédios urbanos ou as suas frações autónomas qu.e, durante um ano, se encontrem desocupados;

ii) Ser indício de desocupação a inexistência de contratos em vigor com prestadores de serviços públicos essenciais, ou de faturação relativa a consumos de água, eletricidade, gás e telecomunicações;

iii) Não se considerarem devolutos, entre outros, os prédios urbanos ou frações autónomas dos mesmos que forem destinados a habitação por curtos períodos em praias, campo, termas e quaisquer outros lugares de vilegiatura, para arrendamento temporário ou para uso próprio;

c) A extensão da autorização compreende ainda a definição, no diploma a aprovar, dos meios de deteção da situação de devoluto, bem como a indicação da entidade que a ela procede e do procedimento aplicável.

Artigo 64 – Legislação complementar

1 – O Governo deve aprovar, no prazo de 120 dias, decretos-leis relativos às seguintes matérias:

a) Regime de determinação do rendimento anual bruto corrigido;

b) Regime de determinação e verificação do coeficiente de conservação;

c) Regime de atribuição do subsídio de renda.

2 – O Governo deve aprovar, no prazo de 180 dias, iniciativas legislativas relativas às seguintes matérias:

a) Regime do património urbano do Estado e dos arrendamentos por entidades públicas, bem como do regime das rendas aplicável;

b) Regime de intervenção dos fundos de investimento imobiliário e dos fundos de pensões em programas de renovação e requalificação urbana;

c) Criação do observatório da habitação e da reabilitação urbana, bem como da base de dados da habitação;

d) Regime jurídico da utilização de espaços em centros comerciais.

Artigo 65 – Entrada em vigor

1 – Os artigos 63 e 64 entram em vigor no dia seguinte ao da publicação da presente lei.

2 – As restantes disposições entram em vigor 120 dias após a sua publicação.

FORMULÁRIO

CONTRATO DE ARRENDAMENTO URBANO PARA HABITAÇÃO COM PRAZO CERTO

F_________________________, portador do cartão de cidadão nº _______, válido até __ de __ de ____, do NIF nº_________, nascido em ________________, em __ de ___ de ____, viúvo, residente na Rua _______________________1700-197 LISBOA

e

M____________________, portador do cartão de cidadão nº 0000000, nº __________ ___, válido até_________________,, o NIF_____________; nascido ________,em __ de ___ de _____, casado com ________________________, portadora do cartão de cidadão nº ________, válido _______e do NIF___________, nascida em _________________, em ___ de ___ de ______,

celebram, entre si, o presente contrato de arrendamento para habitação com prazo certo, em que intervêm como fiadores* do cumprimento das obrigações de arrendatário

Simão Simões, empresário, portador do bilhete de identidade nº ___________, emitido pelos Serviços de Identificação Civil de ________, em 00 de 00 de 0000, e o número de contribuinte fiscal 000000000, nascido em _____, em 00 de 00 de 0000, e residente na ________________, 2970-265 SESIMBRA, e sua Mulher, Simone Simões portadora do bilhete de identidade nº __________, emitido pelos Serviços de Identificação Civil de ________, em 00 de 00 de 0000, e o número de contribuinte fiscal 000000000, nascida em _____, em 00 de 00 de 0000 e residente no mesmo local,

* Hoje em dia, é corrente o risco de dispensar-se o fiador, pela dificuldade que se verifica na sua obtenção.

nos termos e com as estipulações seguintes:

1ª – O primeiro contraente, na qualidade de proprietário do ___º andar direito que constitui a fração ____ do prédio urbano constituído em propriedade horizontal,, dotada de regulamento, de que se anexa cópia, situado na Rua República da Bolívia nº 00, da cidade de Lisboa, inscrito na matriz predial sob o artigo 000 da freguesia de Benfica, com a licença de utilização para fim habitacional, emitida pela Câmara Municipal de Lisboa em _______________com o nº ________ e o certificado energético nº _______________, emitido em ____________, dá em arrendamento ao segundo contraente a referida fração.

2ª – Este arrendamento destina-se a habitação do segundo contraente e seu agregado familiar de dimensão compatível com a lotação normal do fogo; constituindo violação contratual que, pela sua gravidade e consequências, tornará inexigível a manutenção do contrato pelo senhorio a sua utilização em residência por período superior a ______ meses, de familiares em número excedente em mais de duas pessoas da lotação adequada à sua estrutura física.

3ª – Integra-se no uso do fogo a utilização em comum do hall de entrada, escadas, ascensores e patamares dos respetivos andares do prédio.

4ª – Nos termos do artigo 1095 do Código Civil, e sujeito ao respetivo regime legal, é estabelecido para o presente contrato o prazo certo de três anos, com início em 00 de _______ de 0000 e termo em 00 de _________ de 0000, prorrogando-se no seu termo, por sucessivos períodos de ____ ano(s).

5ª – A renda é estipulada no montante de € 000,00 (_____ euro) mensais, pagáveis por transferência para a conta bancária do NIB 000 000 000 000 000 000 000 (ou para a Conta da Caixa Geral de Depósitos nº 0000 0000000000), dentro dos prazos previstos no art. 1075-2 do Código Civil e com as legais atualizações anuais**.

6ª – Para os devidos efeitos, declaram ambos os contraentes encontrar-se o fogo arrendado em bom estado de conservação, designadamente o pavimento, as paredes, portas e janelas, canalizações, instalação elétrica e tetos.

7ª – Constitui obrigação do inquilino realizar as pequenas obras de conservação que vierem a tornar-se necessárias no interior do fogo, como desentupimentos da canalização, pronta reparação das suas ruturas, na área interior do fogo, e de torneiras entretanto avariadas, reposição de vidraças quebradas, pintura de paredes que se sujarem com o uso, e outras obras análogas, bem como, no termo do contrato, as indispensáveis à restituição do fogo ao estado em que o recebeu, res-

** Estas atualizações são as aplicáveis supletivamente, podendo estabelecer-se antes, livremente, as que forem acordadas. (cf. 2-II, *sub* art. 1077).

salvado o uso próprio de uma prudente utilização – tudo, sem direito de indemnização ou direito de retenção.

8ª – É proibida, ao arrendatário, a realização de quaisquer outras obras, sem prévia autorização escrita do senhorio, as quais não poderão ser unilateralmente levantadas, nem darão direito a indemnização ou a retenção.

9ª – São proibidas, sem prévia autorização escrita do senhorio, a sublocação, cessão da posição contratual ou a mera concessão de hospedagem ainda que a menos de três hóspedes, constituindo qualquer destes factos um incumprimento contratual que, pela sua gravidade e consequências, torna inexigível a manutenção do contrato pela contraparte.

10ª – É proibido o exercício na residência de qualquer indústria doméstica, constituindo a respetiva violação contratual um incumprimento que, pela sua gravidade e consequências, torna inexigível a manutenção do contrato pelo senhorio.

11ª – O fiador garante, solidariamente e sem benefício de excussão prévia, o cumprimento das obrigações decorrentes do presente contrato para a arrendatária, incluindo as relativas às atualizações legais de rendas, por todo tempo de duração que ficou convencionado e suas eventuais prorrogações.

12 – O domicílio convencionado do arrendatário e de sua Mulher, para o qual deverão ser remetidas as comunicações e notificações relativas ao contrato de arrendamento ou sua cessação, é fixado na fração ora arrendada e o do senhorio na sua suprarreferida residência**.

Lisboa, 00 de ____________ de 0000

Os contraentes:____

____

____

Os fiadores:____

____

____

** Esta cláusula é muito útil, até porque, em caso de comunicação da resolução do contrato por falta de pagamento de rendas, evita a necessidade de uma segunda carta em face de recusa de receção pelo arrendatário ou de assinatura do aviso por pessoa diferente do destinatário (art. 10-2, al. *b)*, NRAU.

CONTRATO DE ARRENDAMENTO URBANO PARA HABITAÇÃO COM PRAZO CERTO*

_______________, portador do cartão de cidadão nº 0000000, válido até 00 de 00 de 0000, com o número de identificação fiscal 000000000, nascido em _________________, em 00 de 00 de 0000, casado, residente na Rua _______________________0000-000 __________

na qualidade de senhorio; e

_______________________portadora do cartão de cidadão nº 0000000, válido até 00 de 00 de 0000, com o número de identificação fiscal 000000000, nascida em __________________, em 00 de 00 de 0000, solteira, residente na Rua ________________________0000-000 _________________, e

r_____________, portadora do Cartão de Cidadão nº_________ válido até___________ com o número de identificação fiscal_______________, nascida em __________________, em ___de ___ de____, solteira, residente______________________,

na qualidade, ambas, de arrendatárias, em que intervém como **fiador**

______________________________, empresário, portador do Cartão de Cidadão nº __________, válido até 00 de 00 de 0000, e o NIF 000000000, nascido em _____, em 00 de 00 de 0000, e residente na Rua ______________, 0000-000_______________,

celebram com o primeiro outorgante o presente contrato de **arrendamento para habitação com prazo certo,** nos termos seguintes:

1ª – O primeiro contraente, na qualidade de proprietário do _____ **andar** ________que constitui a **fração** ________do prédio urbano constituído em propriedade horizontal, dotada de regulamento, de que se anexa cópia, situado na Rua República da Bolívia nº 00, da cidade de Lisboa, inscrito na matriz predial sob o artigo 000 da freguesia de Benfica, com a **licença de utilização para fim habitacional,** emitida pela Câmara Municipal de Lisboa em _____________

* Como atualmente está a usar-se com frequência a figuração do cônjuge ou, mais ainda, do para cônjuge no arrendamento para habitação, damos aqui um modelo que adota a inclusão desse contraente.

com o nº _________ e o **certificado energético** nº _______________, emitido em _____________, dá em arrendamento aos segundos contraentes a referida fração.

2ª – Este arrendamento destina-se **a habitação** das segundas contraentes e seu agregado familiar **de dimensão compatível com a lotação normal do fogo**; constituindo violação contratual que, pela sua gravidade e consequências, tornará inexigível a manutenção do contrato pelo senhorio a sua utilização em residência por período superior a ______ meses, de familiares em número excedente em mais de duas pessoas da lotação adequada à sua estrutura física.

3ª – Integra-se no uso do fogo a utilização em comum do *hall* de entrada, escadas, ascensores e patamares dos respetivos andares do prédio.

4ª – Nos termos do artigo 1095 do Código Civil, e sujeito ao respetivo regime legal, é estabelecido para o presente contrato o **prazo certo** de **três anos**, com início em 00 de _______ de 0000 e termo em 00 de _________ de 0000 prorrogando-se no seu termo, por sucessivos períodos de igual duração entre si de ____ **ano(s)**.

5ª – A renda é estipulada no montante de **€ 000,00** (_____ euro) mensais, pagáveis por transferência para a conta bancária do NIB 000 000 000 000 000 000 000 (ou para a Conta da Caixa Geral de Depósitos nº 0000 0000000000), dentro dos prazos previstos no art. 1075-2 do Código Civil e com as legais atualizações anuais.

6ª – Para os devidos efeitos, declaram os contraentes **encontrar-se o fogo arrendado em bom estado de conservação**, designadamente o pavimento, as paredes, portas e janelas, canalizações, instalação elétrica e tetos.

7ª – Constitui obrigação das inquilinas realizar as **pequenas obras de conservação** que vierem a tornar-se necessárias no interior do fogo, como desentupimentos da canalização, pronta reparação das suas ruturas, na área interior do fogo, e de torneiras entretanto avariadas, reposição de vidraças quebradas, pintura de paredes que se sujarem com o uso, e outras obras análogas, bem como, no termo do contrato, as indispensáveis à restituição do fogo ao estado em que o recebeu, ressalvado o uso próprio de uma prudente utilização – tudo, **sem direito de indemnização** ou **direito de retenção.**

8ª – É proibida, às arrendatárias, a realização de quaisquer outras obras, **sem prévia autorização escrita do senhorio**, as quais não poderão ser unilateralmente levantadas, **nem darão direito a indemnização** ou a **retenção.**

9ª – São **proibidas**, sem **prévia autorização escrita do senhorio**, a **sublocação, cessão da posição contratual** ou a mera **concessão de hospedagem ainda que a menos de três hóspedes,** constituindo qualquer destes factos um **incumprimento contratual que, pela sua gravidade e consequências, torna inexigível a manutenção do contrato pela contraparte.**

10ª – **É proibido o exercício na residência de qualquer indústria doméstica**, constituindo a respetiva violação contratual um **incumprimento que, pela sua gravidade e consequências, torna inexigível a manutenção do contrato pelo senhorio.**

11ª – O fiador garante, solidariamente e sem benefício de excussão prévia, o cumprimento das obrigações decorrentes do presente contrato para a arrendatária, incluindo as relativas às atualizações legais de rendas, por todo tempo de duração que ficou convencionado e suas eventuais prorrogações.

12ª – O **domicílio convencionado** das arrendatárias, para o qual deverão ser remetidas as comunicações e notificações relativas ao contrato de arrendamento ou sua cessação, é fixado na fração ora arrendada e o do senhorio na sua suprarreferida residência

Lisboa, 00 de ____________ de 0000

Os contraentes: ______________________________

____

____

____

O fiador ______________________________

CONTRATO DE ARRENDAMENTO PARA HABITAÇÃO COM PRAZO CERTO SEM RENOVAÇÃO

__________, portador do cartão de cidadão nº 0000000, válido até 00 de 00 de 0000, com o NIF ___________, nascido em _____________, em __ de ___ de ____, casado, residente na Rua ______________1700-197 LISBOA, na qualidade de senhorio,

e na qualidade de arrendatários,

________________________portador do cartão de cidadão nº 0000000, válido até 00 de 00 de 0000, com o NIF ___________, nascido em _____________, em __ de ___ de _____, residente na Rua _______________________1700-197 LISBOA casado com ,____________, portadora do Cartão de Cidadão nº_______, válido até_________, com o NIF__________, residente no mesmo local,

celebram entre si o presente contrato de **arrendamento para habitação com prazo certo,** em que intervém como fiador

___________, portador do cartão de cidadão nº _____, válido até ________, com o NIF___________, residente em ___________________,

nos termos e com as estipulações seguintes

1ª – O primeiro contraente, na qualidade de proprietário do **1º andar direito** que constitui a **fração C** do prédio urbano constituído em propriedade horizontal,, dotada de regulamento, de que se anexa cópia, situado na Rua República da Bolívia nº 00, da cidade de Lisboa, inscrito na matriz predial sob o artigo 000 da freguesia de Benfica, com a **licença de utilização para fim habitacional,** emitida pela Câmara Municipal de Lisboa em _____________com o nº _______ e o **certificado energético** nº ______________, emitido em ___________, dá em arrendamento ao segundo contraente a referida fração.

2ª – Este arrendamento destina-se **a habitação** do segundo contraente e seu agregado familiar **de dimensão compatível com a lotação normal do fogo**; constituindo violação contratual que, pela sua gravidade e consequências, tornará inexigível a manutenção do contrato pelo senhorio a sua utilização em residência por período superior a ______ meses, de familiares em número excedente em mais de duas pessoas da lotação adequada à sua estrutura física.

3ª – Integra-se no uso do fogo a utilização em comum do *hall* de entrada, escadas, ascensores e patamares dos respetivos andares do prédio.

4ª – Nos termos do artigo 1095 do Código Civil, e sujeito ao respetivo regime legal, é estabelecido para o presente contrato o **termo certo** de **rrês anos**, com início em 00 de _______ de 0000 e termo em 00 de _________ de 0000, **caducando no seu termo, sem renovação.**

5ª – A renda é estipulada no montante de **€ 000,00** (_____ euro) mensais, pagáveis por transferência para a conta bancária do NIB 000 000 000 000 000 000 000 (ou para a Conta da Caixa Geral de Depósitos nº 0000 0000000000), dentro dos prazos previstos no art. 1075-2 do Código Civil e com as legais atualizações anuais.

6ª – Para os devidos efeitos, declaram ambos os contraentes **encontrar-se o fogo arrendado em bom estado de conservação**, designadamente o pavimento, as paredes, portas e janelas, canalizações, instalação elétrica e tetos.

7ª – Constitui obrigação do inquilino realizar as **pequenas obras de conservação** que vierem a tornar-se necessárias no interior do fogo, como desentupimentos da canalização, pronta reparação das suas ruturas, na área interior do fogo, e de torneiras entretanto avariadas, reposição de vidraças quebradas, pintura de paredes que se sujarem com o uso, e outras obras análogas, bem como, no termo do contrato, as indispensáveis à restituição do fogo ao estado em que o recebeu, ressalvado o uso próprio de uma prudente utilização – tudo, **sem direito de indemnização** ou **direito de retenção**.

8ª – É proibida, ao arrendatário, a realização de quaisquer outras obras, **sem prévia autorização escrita do senhorio**, as quais não poderão ser unilateralmente levantadas, **nem darão direito a indemnização** ou a **retenção.**

9ª – São **proibidas**, sem **prévia autorização escrita do senhorio**, a **sublocação**, **cessão da posição contratual** ou a mera **concessão de hospedagem ainda que a menos de três hóspedes,** constituindo qualquer destes factos um **incumprimento contratual que, pela sua gravidade e consequências, torna inexigível a manutenção do contrato pela contraparte.**

10ª – **É proibido o exercício na residência de qualquer indústria doméstica**, constituindo a respetiva violação contratual um **incumprimento que, pela sua gravidade e consequências, torna inexigível a manutenção do contrato pelo senhorio.**

11ª – O fiador garante, solidariamente e sem benefício de excussão prévia, o cumprimento das obrigações decorrentes do presente contrato para a arrendatária, incluindo as relativas às atualizações legais de rendas, por todo tempo de duração que ficou convencionado e suas eventuais prorrogações.

12ª – O **domicílio convencionado** do arrendatário e de sua Mulher, para o qual deverão ser remetidas as comunicações e notificações relativas ao contrato de arrendamento ou sua cessação, é fixado na fração ora arrendada e o do senhorio na sua suprarreferida residência.

Lisboa, 00 de ________________ de 0000

Os contraentes:

____

____

____

O fiador:

____

____

CONTRATO DE ARRENDAMENTO URBANO, COM PRAZO CERTO, PARA EXERCÍCIO DE COMÉRCIO DE VENDA DE LIVROS, JORNAIS, OUTROS ARTIGOS DE PAPELARIA E TABACARIA

FERNANDO FERNANDES, portador do cartão de cidadão nº 0000000, válido até 00 de 00 de 0000, com o número de identificação fiscal 000000000, nascido em ____________________, em 00 de 00 de 0000, casado, residente na Rua __________________________1700-197 LISBOA

e

CARLOS CARLOTO LIMITADA, sociedade de quotas de responsabilidade limitada, com sede na Rua_______---nº ____,1000-00 Lisboa, registada na CRC de Lisboa sob o nº ______, com o NIPC 000000000, neste ato representada pelo seu sócio gerente CARLOS ALBERTO CARLOTO, portador do cartão de cidadão nº 000000000, válido até 00 de 00 de 0000, nascido em _______________, em 00 de 00 de 0000, casado com CARLA CARLOTO, com o cartão de cidadão nº 000000000, válido até _________________, nascida em ________________, em 00-00-0000, residentes os dois na Rua .___________________________

celebram entre si o presente contrato de **arrendamento para o exercício de venda de livros, jornais, outros artigos de papelaria e tabacaria, com prazo certo,** em que intervêm, como **fiadores** do cumprimento das obrigações da arrendatária,

SIMÃO SIMÕES, empresário, portador do bilhete de identidade nº __________, emitido pelos Serviços de Identificação Civil de ________, em 00 de 00 de 0000, e o número de contribuinte fiscal 000000000, nascido em _____, em 00 de 00 de 0000, e residente na _______________, 2970-265 SESIMBRA, e sua mulher, SIMONE SIMÕES portadora do bilhete de identidade nº __________, emitido pelos Serviços de Identificação Civil de ________, em 00 de 00 de 0000, e o número de contribuinte fiscal 000000000, nascida em _____, em 00 de 00 de 0000 e residente no mesmo local, nos termos e com as estipulações seguintes.

1ª – Os primeiros contraentes, **proprietários** do **rés-do-chão direito** que constitui a **fração B** do prédio urbano situado na Rua _______________ nº 00, da cidade de Lisboa, inscrito na matriz predial sob o artigo nº 000 da freguesia de _____________, com a **licença de utilização** a que corresponde o nº _______________, para fim **não habitacional,** dá de arrendamento à segunda contraente a referida fração.

2ª – Este arrendamento é conferido para o **exercício do comércio de venda a retalho de livros, jornais e artigos de papelaria e de tabacaria*.**

3ª – Nos termos do artigo 1094-1, referido ao art. 1110-1, ambos do Código Civil, e sujeito ao respetivo regime legal, o presente contrato é celebrado **por cinco anos**, com início em 00 de _______ de 0000 e termo em 00 de _________ de 0000, prorrogando-se no seu termo, por períodos sucessivos de ______**ano(s)**, conforme o admitido no art. 1110-3 do referido Código.

4ª – A renda é estipulada em correspondência com o calendário gregoriano, no montante de **€ 000,00** (_____ euro) mensais, pagáveis no domicílio do senhorio, ou por transferência para conta bancária através do NIB 000 000 000 000 000 000 000 (ou da Conta da Caixa Geral de Depósitos nº 0000 0000000000), dentro dos prazos e com as atualizações anuais, de acordo com os coeficientes da lei (arts. 1075 e 1077 CC)*.

5ª – Para os devidos efeitos, declaram ambos os contraentes encontrar-se a fração arrendada em bom estado de conservação, designadamente o pavimento, as paredes, portas e janelas, canalizações, instalação elétrica e tetos.

6ª – Constitui obrigação da arrendatária realizar as pequenas obras de conservação que vierem a tornar-se necessárias no interior da fração, como desentupimentos da canalização, pronta reparação das suas ruturas e de torneiras entretanto avariadas, reposição de vidraças quebradas, pintura de paredes que se sujarem com o uso, e outras obras análogas, bem como, no termo do contrato, as indispensáveis à restituição do espaço arrendado ao estado em que o recebeu, ressalvado o uso próprio de uma prudente utilização – tudo sem **direito de indemnização** ou **direito de retenção**.

7ª – É proibida, ao arrendatário, a realização de quaisquer outras obras, **sem prévia autorização escrita do senhorio**, as quais não poderão ser unilateralmente levantadas, **nem darão direito a indemnização** ou a **retenção.**

8ª – O **domicílio convencionado** da arrendatária, para o qual deverão ser remetidas as comunicações e notificações relativas ao contrato de arrendamento ou sua cessação, é estabelecido na fração ora arrendada e o dos senhorios na sua suprarreferida residência**.

9ª – Os fiadores garantem, solidariamente e sem benefício de excussão prévia, o cumprimento das obrigações decorrentes do presente contrato para a arrenda-

* Outro fim não habitacional será, naturalmente, inserido aqui, em vez deste.

* Estas atualizações são as aplicáveis supletivamente, podendo estabelecer-se antes, livremente, as que forem acordadas. (cf. 2-II, *sub* art. 1077).

** Esta cláusula é muito útil, até porque, em caso de comunicação da resolução do contrato por falta de pagamento de rendas, evita a necessidade de uma segunda carta em face de recusa de receção pelo arrendatário ou de assinatura do aviso por pessoa diferente do destinatário (art. 10-2, al. *b)*, NRAU.

tária, incluindo as relativas às atualizações legais de rendas, por todo tempo que o presente contrato venha a durar.

Lisboa, 00 de ______________ de 0000

Os contraentes:

____

____

Os fiadores:

____

____

DECLARAÇÃO ELETRÓNICA DE RECIBOS DE RENDAS

A declaração pela *net* é muito simples de fazer, mas há uma prevenção a ter em conta: se não se está inscrito nas Finanças como proprietário do imóvel, desista-se de tentar registar, por si, o *contrato* ou o *recibo de renda eletrónico*. Mesmo que seja comproprietário: *só com a senha de quem lá está registado se consegue entrar*.

No próprio portal abre-se, à esquerda, um *site* com o YOUTUBE que dá algumas explicações.

São estes os traços fundamentais da *declaração de contrato*.

O Portal das Finanças, deve procurar-se, na net, como se sabe, na forma de *http://www.portaldasfinancas.gov.pt*.

Ao clicarmos este Portal, geralmente aparece uma página onde figura **ARRENDAMENTO**: clique-se.

Surge NIF (preencher o NIF do declarante)

SENHA DE ACESSO (preencher a senha do declarante)

ENTRAR: clique

INÍCIO DE CONTRATO

COMUNICAR INÍCIO DE CONTRATO: clique

CARACTERIZE O CONTRATO

REFERÊNCIA: (escrever, p. ex.: 1º direito,) TIPO DE CONTRATO (clique seta à direita em ARRENDAMENTO)

FINALIDADE (clique seta à direita: HABITACIONAL (PERMANENTE)

DATA DE INÍCIO (escrever a data em quatro algarismos por *ano* [ex.: 2016], dois por *mês* [ex.: 02] e dois por *dia* [ex.: 01])

DATA DO TERMO (escrever no modo anterior a data do termo do contrato)

INDIQUE OS IMÓVEIS (aparece uma orelha onde estão inscritos os imóveis que o declarante tenha registados nas Finanças a seu favor; se não aparecer, é porque o imóvel não está registado nas Finanças a favor do titular que se apresentou). Clique no imóvel cujo arrendamento pretende declarar.

SE NECESSÁRIO, INDIQUE A PARTE DO IMÓVEL ARRENDADA. Escreva, se for esta a opção como é, em geral: toda a fração.

RETENÇÃO NA FONTE: adote a opção (no arrendamento para habitação: isenta, nos termos do art. 101.....)

RECIBO DE RENDA:

RECIBO DE RENDA. EMITIR RECIBO DE RENDA: clique

ADICIONAR CONTRATO: clique

Caracterize o tipo de contrato. Indique o tipo de contrato. Clique na seta da direita e selecione ARRENDAMENTO.

Data de início: (inscreve-se essa data em algarismos por ano [quatro algarismos], mês [dois algarismos, ex.: 02] e dia [dois algarismos]). No retângulo da direita baixa, CONFIRMAR: Clique

ADICIONAR CONTRATO: clique.

ELEMENTOS DO CONTRATO. REFERÊNCIA. (inscrever o andar arrendado; ex.: 2º DIREITO). FINALIDADE (selecionar o caso; ex."Habitacional (Permanente)")

INDIQUE O IMÓVEL QUE PRETENDE ADICIONAR (se, no retângulo não constar o imóvel, aparece ADICIONAR OUTRO IMÓVEL QUE NÃO CONSTA NESTA LISTA clique aí e preencha os dados do imóvel a registar)

INDIQUE OS LOCADORES. 1º LOCADOR (inscreva o NIF dele) QUOTA-PARTE DA RENDA (ex. 1/1)

1º LOCATÁRIO. PAÍS: (ex.: PORTUGAL). NIF: (inscreva o NIF do locatário) RETENÇÃO NA FONTE: clique na seta da direita e selecione SEM RETENÇÃO ART. 101, nº 1, CIRS.

RENDA (ex.: 450,00)

EMITIR RECIBO DE RENDA ATIVO: clique

RECIBO

EMITENTE LOCADOR LOCATÁRIO, etc. PERÍODO A QUE RESPEITA A RENDA (preencher início e fim desse período) renda: clique. EMITIR: clique

Confirma que pretende, etc. EMITIR: clique

RECIBO. IMPRIMIR: clique. FICHEIRO-IMPRIMIR. Clique

RECIBOS DE RENDAS DE PRÉDIOS OU FRAÇÕES INDIVISAS

Se se faz a *comunicação do contrato* no seu todo e *em comum*, indica-se a renda total e, depois, na emissão de recibos, tem de se preencher os dados de todos os comproprietários.

Se se faz a comunicação e a emissão de recibos *individualmente*, há que referir, na comunicação do contrato, apenas a fração de renda que cabe àquele que comunica e, depois, na emissão de recibos, ao aparecer a menção dos diferentes comproprietários ou co-herdeiros, eliminar todos os outros, clicando em REMOVER, para cada um deles, e fazer-se a emissão individual desse comproprietário.

COMUNICAÇÃO DE CESSAÇÃO DE CONTRATO

Chega-se a este objetivo quando se está na página de EMISSÃO DE RECIBO DE RENDA, ou entrando nela, pois aí se encontrará, numa coluna da esquerda, várias opções de entrada, entre as quais a de CESSAÇÃO DO CONTRATO.

É o *site* que interessa quando sai um arrendatário.

FÓRMULA DE CARTA DE ATUALIZAÇÃO DA RENDA (registada e com aviso de receção)

Setúbal, 14 de novembro de 2017

Exma. Srª Drª Maria da Conceição Martins
Rua de São Teodoro, 18-20º esquerdo
0000-000 LISBOA

Hipólito da Conceição e Silva, residente na Rua Francisco Sá Carneiro, nº 21 – 20º – Direito, 2900-226 SETÚBAL senhorio do contrato de arrendamento habitacional de que Vª Exª é inquilino nessa morada, desde 1 de fevereiro de 2012, pelo prazo certo de três anos, renováveis por períodos de dois anos, com a renda mensal de € 400,00, atualizável em conformidade com o disposto no art. 1070 do Código Civil e de acordo com os coeficientes anuais publicados no *Diário da República*, não tendo até ao momento usado desta faculdade, vem por este meio comunicar a atualização do referido montante desde o correspondente a fevereiro de 2018 e, sucessivamente, em cada mês posterior, passando, pois, a ser de € **407,33** (**euro quatrocentos e sete e trinta e três cêntimos**), nos termos seguintes, incluindo às atualizações recuperadas de 2016 e 2017.

Coeficiente do Aviso nº 10784/2015: 1,0016; renda € 400,64
Coeficiente do Aviso nº 11562/2016: 1,0054; renda € 402,81
Coeficiente do Aviso nº 11053/2017: 1,0112; renda: **€ 407,33**

Solicitando que tome boa nota do conteúdo da presente comunicação, subscreve-se, com os melhores cumprimentos, o

____

Hipólito da Conceição e Silva

OUTRA FÓRMULA DE CARTA DE COMUNICAÇÃO DE ATUALIZAÇÃO DA RENDA (registada e com aviso de receção)

João FRANCISCO LUCAS DA COSTA
Rua Silva Pacheco, 9 – 7º – Dir.
0000-000 LISBOA

Lisboa, de novembro de 2019

Exma. Senhora D. Rute da Costa Duarte
Rua República da Bolívia 88 – 20º – Esquerdo
1500-547 LISBOA

Como senhorio do 2º andar direito do prédio situado na Rua República da Bolívia nº 88 1500-547 LISBOA, de que Vossa Excelência é arrendatária, venho, em conformidade com o disposto no art. 1077, nº 2, al. *a)*, do Código Civil, comunicar por este meio que, nos termos do Aviso nº 13745/2018, publicado no *Diário da República*, II série, de 26 de setembro de 2018, a renda que se encontra em vigor entre nós deverá ser atualizada, de acordo com o coeficiente 1,0115, para **€ 411,35** (**quatrocentos e onze euro e trinta e cinco cêntimos**), durante o próximo ano de 2019 e desde a vencível no próximo dia 1 de janeiro desse ano.

Com os melhores cumprimentos, subscreve-se o

____
João Francisco Lucas da Costa

FÓRMULA DE COMUNICAÇÃO DE RESOLUÇÃO DO CONTRATO DE ARRENDAMENTO PELO SENHORIO, POR FALTA DFE PAGAMENTO DE RENDAS

JOÃO FRANCISCO LUCAS DA COSTA
Rua Silva Pacheco, 9 – 7º – Dir.
0000-000 LISBOA

Lisboa,_____de ______________de _________

Exma. Senhora D. Rute da Costa Duarte
Rua República da Bolívia 88 – 20º – Esquerdo
1500-547 LISBOA

Como senhorio do 20º andar esquerdo do prédio urbano nº 88 da Rua República da Bolívia, 1500-547 LISBOA, de que Vossa Excelência é arrendatária, verificando que não se encontram pagas as rendas relativas aos meses de ________________e ocorrendo que este facto é fundamento legal de **resolução do contrato**, nos termos do preceituado no artigo 1083-3 do Código Civil, venho por este meio e de acordo com o disposto no artigo 1084-2 do mesmo Código, comunicar-lhe essa **resolução**, para todos os efeitos legais, devendo, pois, desocupar o referido andar e entrega-lo livre de pessoas e bens, a mim ou a quem me representar, no prazo de **um mês**, conforme o disposto no art. 1087 do Código Civil, prazo que se contará desde o dia do recebimento desta, sem prejuízo do imediato pagamento da dívida de rendas em atraso.

Sem outro assunto, subscreve-se
ATENCIOSAMENTE

____

João Francisco Lucas da Costa

FÓRMULA DE SEGUNDA COMUNICAÇÃO DE RESOLUÇÃO POR FALTA DFE PAGAMENTO DE RENDAS (por falta de receção da 1ª carta – art. 10-3 NRAU)

Lisboa,_____de _____________de _________

Exma. Senhora D. __________________________
Rua ____________________________
0000-000 ______________________________

Como senhorio do ______ andar __________ do prédio urbano nº ___ da Rua ________________________ de que Vossa Excelência é arrendatária, verificando que não se encontram pagas as rendas relativas aos meses de______________________________, ocorre por este facto o fundamento legal de resolução do nosso contrato.

Tendo eu procedido à comunicação desta **resolução** por meio de carta registada com aviso de receção, não foi ela por Vossa Excelência recebida nem levantada no prazo previsto pelo regulamento postal [ou: veio o aviso de receção assinado por pessoa diferente de Vossa Excelência].

Nestes termos e atento disposto no artigo 10-3 NRAU, venho pela presente, mais uma vez, comunicar-lhe a **resolução do nosso contrato**, em vista do preceituado no artigo 1083-3 do Código Civil, devendo pois ser desocupado o referido andar e entregue, livre de pessoas e bens, a mim ou a quem me representar, no prazo de **um mês**, a contar do dia do recebimento desta ou, havendo nova devolução, no 10º dia posterior ao presente envio (art. 10-3 NRAU), sem prejuízo do imediato pagamento da dívida de rendas em atraso.

Sem outro assunto, subscreve-se
ATENCIOSAMENTE

____
João Francisco Lucas da Costa

FÓRTMULA DE COMUNICAÇÃO DE RESOLUÇÃO DO CONTRATO DE ARRENDAMENTO PELO SENHORIO, POR FALTA DFE PAGAMENTO DE RENDAS
(Comunicação ao cônjuge, simultânea, mas pessoal)

JOÃO FRANCISCO LUCAS DA COSTA
Rua___________, ___-____-___.
0000-000 LISBOA

_____________,_____de ______________de __________

Exmo. Senhor ____________________________
Rua ____________________________________
________-____________________________

Como senhorio do ___º andar ________do prédio urbano nº _____ da Rua________________, ______-___ LISBOA, de que Vª Exª, em vista do disposto no art. 1068 do Código Civil, por comunicabilidade do contrato de arrendamento tomado por sua Exma. Esposa, é coarrendatário, ocorrendo que não se encontram pagas as rendas relativas aos meses de outubro, novembro e dezembro de 2018 e sendo que este facto fundamento legal de **resolução do contrato**, nos termos do preceituado no artigo 1083-3 do Código Civil, venho por este meio e de acordo com o disposto no artigo 1084-2 do mesmo Código, comunicar-lhe essa **resolução**, para todos os efeitos legais, devendo, pois, desocupar o referido andar e entrega-lo livre de pessoas e bens, a mim ou a quem me representar, no prazo de **um mês**, conforme o disposto no art. 1087 do Código Civil, prazo que se contará desde o dia do recebimento desta, sem prejuízo do imediato pagamento da dívida de rendas em atraso.

Sem outro assunto, subscreve-se
ATENCIOSAMENTE

____
João Francisco Lucas da Costa

FÓRMULA DE COMUNICAÇÃO DE OPOSIÇÃO À RENOVAÇÃO DO CONTRATO
(carta registada e com aviso de receção)

Lisboa,____ de _________________ de _______

Exmo. Senhor José da Costa Fraga
Rua Infante D. Henrique, nº 100 – 20º – Direito
2685-212 PORTELA LRS

Carlos Manuel Gaspar, contribuinte nº___________ com o Cartão de cidadão nº ____________, residente em___________________________, senhorio do 20º andar direito do prédio nº_______ da Rua ________________ desta cidade, de que Vossa Excelência é arrendatário, vem por este meio, nos termos e com a dilação do art. 1097-1, al. *a)*, do Código Civil, comunicar que, não lhe convindo a prorrogação do nosso contrato de arrendamento, vem, por este meio, **opor-se à sua renovação**, devendo portanto o mesmo cessar no **próximo dia 30 de novembro do ano em curso** e ser o referido andar entregue nessa data, livre de pessoas e bens, entregando as chaves à Porteira.

Sem outro assunto, subscreve-se
ATENCIOSAMENTE

____

FÓRMULA DA COMUNICAÇÃO SIMULTÂNEA, MAS EM SEPARADO, AO ARRENDATÁRIO E SEU CÔNJUGE, DE OPOSIÇÃO À RENOVAÇÃO DO CONTRATO (carta registada e com aviso de receção)

Exma. Senhora D. Carolina da Costa Fraga
Rua Infante D. Henrique, nº 100 – 20º – Direito
2685-212 PORTELA LRS

CARLOS MANUEL GASPAR, contribuinte nº___________ com o Cartão de cidadão nº ___________, residente em_______________________, senhorio do 10º andar direito do prédio constituído em propriedade horizontal, nº_______ da Rua ______________________, de que Vª Exª, em vista do disposto no art. 1068 do Código Civil, é arrendatária, por comunicabilidade do contrato de arrendamento tomado pelo seu Exmo. Esposo, vem por este meio, nos termos e com a dilação do art. 1097-1, al. *a)*, do Código Civil, comunicar que, não lhe convindo a prorrogação do referido contrato, não lhe convindo a prorrogação deste, **se opõe à sua renovação**, devendo, portanto, cessar o arrendamento em referência no **próximo dia ______ de ____________do ano em curso** e ser o referido andar entregue nessa data, livre de pessoas e bens, a mim, ou a quem me represente.

Sem outro assunto, subscreve-se
ATENCIOSAMENTE

____

____

FÓRMULA DA COMUNICAÇÃO PARA EXERCÍCIO DE DIREITO DE PREFERÊNCIA DE ARRENDATÁRIO

Exmo. Senhor António de Oliveira Santos
Rua República da Bolívia, 498 – 1º – Esquerdo
1500-547 LISBOA

Lisboa,
Excelentíssimo Senhor:

Carlos Pimenta de Castro, contribuinte nº_____________, com o cartão de cidadão nº_____________, residente na Avenida (Rua, Praça) _____________, casado no regime de comunhão de adquiridos com Odete Salreu Pimenta de Castro, portadora do cartão de cidadão nº _____________ e residente no aludido lugar, como senhorio o primeiro e ambos proprietários da fração autónoma A, correspondente ao 1º andar esquerdo da Rua República da Bolívia nº 498 desta cidade de Lisboa e de que Vossa Excelência é arrendatário, assumiram o projeto de venda da fração autónoma em referência e, dispondo Vª Exª de direito de preferência nessa venda, nos termos do art. 1091-1, al. *a)*, do Código Civil, vêm por este meio e de acordo com o preceituado no art. 416-1 do mesmo diploma, oferecer-lhe o exercício de preferência nessa venda, nos termos seguintes:

a) Os projetados compradores são Pedro Costa Ribeiro dos Santos e Mulher, Ana Rita Fernandes Carvalho;

b) A escritura pública será outorgada dentro dos 60 dias seguintes ao passado dia __ de ____;

c) O preço da venda é de 165.000,00 € (cento e sessenta e cinco mil euro) com pagamento a pronto;

d) Todas as despesas e encargos relativos à transmissão de imóvel, designadamente o Imposto Municipal sobre Transmissões Onerosas, o Imposto do Selo e os emolumentos notarias são de conta do comprador.

Em vista do disposto no art. 1091-4 do citado Código, tem portanto Vossa Excelência, **30 (trinta) dias para me comunicar se deseja, ou não, exercer o seu direito de preferência** sob os precisos termos em que a operação se encontra projetada.

Sem outro assunto, subscrevem-se com os melhores cumprimentos

____
Carlos Pimenta de Castro

____
Odete Salreu Pimenta de Castro

COMUNICAÇÃO PARA EXERCÍCIO DE PREFERÊNCIA DE ARRENDATÁRIO HABITACIONAL NA VENDA DE PRÉDIO NÃO CONSTITUÍDO EM PROPRIEDADE HORIZONTAL

Exmo. Senhor ______________________
Rua
0000-000 LISBOA

Lisboa,
Excelentíssimo Senhor:

Empresa de Comércio de Automóveis, Lda. com sede na Avenida (Rua, Praça) nº____________________, o registo na CRC e o Número de Identificação de Pessoa Coletiva proprietária do prédio sito na Rua com os n.os de polícia a de cidade de não constituído em propriedade horizontal, tendo assumido o projeto de venda deste, na sua totalidade e, dispondo Vª Exª, nos termos do art. 1091-8, do Código Civil, de **direito de preferência** nessa operação, restritamente à quota-parte que lhe está arrendada, com a área de________ perfazendo a permilagem de ___, vêm por este meio e de acordo com o preceituado no art. 416-1 do mesmo diploma, comunicar-lhe que as cláusulas fundamentais do projeto de venda são as seguintes:

a) O projetado comprador é a Sociedade de Eletrodomésticos, Limitada;

b) A escritura pública será outorgada dentro dos 60 dias seguintes ao passado dia ____;

c) O preço da venda é de € (__) com pagamento a pronto;

d) Nesta conformidade, o encargo correspondente à preferência pela sua quota-parte será de € (__);

e) Todas as despesas e encargos relativos à transmissão de imóvel, designadamente o Imposto Municipal sobre Transmissões Onerosas o Imposto do Selo e os emolumentos notarias são de conta do comprador.

Em vista do disposto no art. 1091-4 do citado Código, tem portanto Vossa Excelência, **30 (trinta) dias para me comunicar se deseja, ou não, exercer o seu direito de preferência** sob os precisos termos em que a operação se encontra projetada.

Sem outro assunto, subscreve-se com os melhores cumprimentos

____
Empresa de Comércio de Automóveis Limitada

ÍNDICE GERAL